Schätzungen im Steuerrecht

Fälle – Methoden – Vermeidung – Abwehr

Von

Michael Brinkmann

5., neu bearbeitete Auflage

ERICH SCHMIDT VERLAG

Bibliografische Information der Deutschen Nationalbibliothek
Die Deutsche Nationalbibliothek verzeichnet diese Publikation in der Deutschen Nationalbibliografie; detaillierte bibliografische Daten sind im Internet über http://dnb.d-nb.de abrufbar.

Weitere Informationen zu diesem Titel finden Sie im Internet unter
http://ESV.info/978-3-503-19116-1

Zitiervorschlag:
Brinkmann, Schätzungen im Steuerrecht, 5. Auflage 2020

1. Auflage 2010
2. Auflage 2012
3. Auflage 2015
4. Auflage 2017
5. Auflage 2020

ISBN 978-3-503-19116-1 (gedrucktes Werk)
ISBN 978-3-503-19117-8 (eBook)
ISSN 1860-0484

Alle Rechte vorbehalten
© Erich Schmidt Verlag GmbH & Co. KG, Berlin 2020

Druck: Kösel, Altusried-Krugzell

Vorwort

Die **Schätzung** der Besteuerungsgrundlagen ist ein unverzichtbares **Kernelement** des deutschen Steuerrechts. § 162 AO als die zentrale Vorschrift schließt die unvermeidbare Lücke zwischen dem materiellen Recht auf der einen und dem nicht oder nicht hinreichend feststellbaren Sachverhalt auf der anderen Seite. Unstreitig würde es der Systematik und der Zielsetzung der Besteuerung, vor allem der angestrebten gerechten Lastenverteilung, entgegenstehen, wenn dem Grunde nach feststehende, aber quantitativ nicht aufklärbare Tatbestände unbeachtet blieben. Deshalb ist es grundsätzlich erforderlich und gerechtfertigt, wenn in solchen Fällen die Schätzung als Mittel der Sachverhaltsfeststellung eingreift. Zu den Aufgaben des Steuerberaters gehört es allerdings, den Mandaten vor dem Grunde nach unzulässigen und vor überhöhten Steuerfestsetzungen auf der Grundlage des § 162 AO zu schützen.

Das Hauptanwendungsgebiet der Schätzung ist nach wie vor die **Außenprüfung,** weshalb sie seit der ersten Auflage im Zentrum der nachfolgenden Ausführungen steht. Da die Digitalisierung auch vor den Verprobungen und Schätzungen der Außenprüfung nicht Halt gemacht hat, sieht sich der Steuerberater zunehmend mit verfeinerten und neuen Analysen der Buchführungsdaten konfrontiert. Das vorliegende Handbuch soll deshalb über die ausführliche Erläuterung der „klassischen" Verprobungs- und Schätzungsmethoden hinaus auch Hilfestellung dabei leisten, neue Analysevarianten und damit zusammenhängende Begriffe wie „rollierende Zeitreihen" oder „doppelskalierte Einzelgrafen" in den Kontext der Rechtsprechung zum § 162 AO einzuordnen. Denn letztere ist der Maßstab, nach dem am Ende die Rechtmäßigkeit einer Schätzung beurteilt wird und an dem deshalb die Abwehrberatung auszurichten ist. Die heute üblichen EDV-gestützten Verprobungen und Schätzungen haben wegen des oftmals komplexen Datenmaterials und der nicht immer auf Anhieb transparenten Programme zu einer gewissen technischen Überlegenheit der Finanzverwaltung geführt, welche auch der BFH erkannt hat. Diese Rechtsprechung gilt es aus Steuerberatersicht zu nutzen, um erfolgreiche Gegenargumentationen aufbauen zu können.

Häufig sind die mangelhafte Aufzeichnung von Einnahmen oder gar eine vorsätzliche Manipulation der **Kassenführung** der Grund für Erhöhungen der erklärten Umsätze und Gewinne durch den Betriebsprüfer. Dem sog. „Barbereich" sollte der Steuerberater deshalb besondere Aufmerksamkeit widmen. Bereits seit dem 1.1.2017 können Steuerpflichtige in diesem Zusammenhang nicht mehr von der bis dahin geltenden Übergangsregelung für ältere Kassen profitieren, nach der sich der Außenprüfer mit verdichteten Tagesendsummenbons zufriedengeben musste, wenn letztere bestimmte Formalien erfüllten. Für Zeiträume ab dem 1.1.2020 ist darüber hinaus das „Gesetz zum Schutz vor Manipulationen an digitalen Grundaufzeichnungen" als ein weiterer Schritt auf

Vorwort

dem Weg zur besseren Kontrolle der „Barbranche" zu beachten. Die neuen Vorschriften machen ggf. Anpassungen in den Unternehmen erforderlich. Der Weg zu einer besser überprüfbaren Kassenführung ist damit augenscheinlich von zahlreichen Änderungen und noch dazu von vielen unklaren und teilweise widersprüchlichen Rechtsbegriffen geprägt. Mit Hilfe der entsprechenden Erläuterungen und Fallbeispiele soll sowohl dem Unternehmen als auch dem Steuerberater mit diesem Handbuch ausreichend Material an die Hand gegeben werden, um im konkreten Fall eine rechtlich fehlerfreie und gleichzeitig wenig belastende Lösung für die Erfassung des Bargeldverkehrs zu finden und diese notfalls auch im Verfahren gegenüber dem Finanzamt durchzusetzen.

Um eigene Nachteile durch Schätzungsbescheide zu vermeiden, muss der **Steuerberater** sein Verhalten schließlich nicht nur nach der optimalen Lösung für den Mandanten, sondern auch am eigenen Schutz vor Regressansprüchen oder berufsrechtlichen Folgen ausrichten. Der neunte Teil des Handbuchs gibt entsprechende Hinweise für das optimale Verhalten im Schätzungsfall.

Werl, im Januar 2020   Michael Brinkmann

Inhaltsverzeichnis

Vorwort	5
Abkürzungsverzeichnis	13

1 Allgemeine Grundsätze der Schätzung ... 21
- 1.1 Rechtfertigung und Inhalt des § 162 AO ... 21
- 1.2 Gegenstand der Schätzung ... 22
- 1.3 Schätzung von Grundsachverhalten ... 24
- 1.4 Schätzung als das „letzte Mittel" ... 26
- 1.5 Unvermeidbare Schätzungen ... 30
- 1.6 Typisierungen und Pauschbeträge ... 32
- 1.7 Grundsatz der größten Wahrscheinlichkeit ... 34
- 1.8 Verletzung von Mitwirkungspflichten ... 35
- 1.9 Schätzungsrahmen ... 40
- 1.10 Nichtiger Schätzungsbescheid ... 42
- 1.11 Schätzungsverbote ... 48
- 1.12 Begründung der Schätzung ... 50
- 1.13 Erlass der Steuerschulden ... 50
- 1.14 Beratungshilfe ... 51

2 Nichtabgabe der Steuererklärung ... 53
- 2.1 Allgemeines ... 53
- 2.2 Gefahren für den Steuerpflichtigen ... 54
- 2.3 Gefahren für den Steuerberater ... 55
- 2.4 Vermeiden der Schätzung ... 56
  - 2.4.1 Fristablauf ... 56
  - 2.4.2 Zwangsgeld ... 57
  - 2.4.3 Schätzungsandrohung ... 59
- 2.5 Maßnahmen nach erfolgter Schätzung ... 60
  - 2.5.1 Prüfen der Wirksamkeit des Steuerbescheids ... 60
  - 2.5.2 Einspruch ... 63
  - 2.5.3 Klage ... 67
  - 2.5.4 Revision und Nichtzulassungsbeschwerde ... 77
  - 2.5.5 Einreichen der Steuererklärung ... 78
  - 2.5.6 Erhebungsverfahren ... 81

3 Außenprüfung ... 87
- 3.1 Allgemeines ... 87
- 3.2 Risiko für den Steuerpflichtigen ... 87
- 3.3 Risiko für den Steuerberater ... 88
- 3.4 Schätzungsberechtigung des Außenprüfers ... 88

Inhaltsverzeichnis

3.5	Richtigkeitsvermutung gemäß § 158 AO	91
3.5.1	Allgemeines	91
3.5.2	Ordnungsgemäße Buchführung	93
3.5.3	Ordnungsmäßigkeit der EDV-Buchführung	104
3.5.4	Aufbewahrung von Unterlagen	131
3.5.5	Kassenführung	138
3.6	Widerlegen der Richtigkeitsvermutung	212
3.6.1	Allgemeines	212
3.6.2	Einzelprüfung	213
3.6.3	Verprobung	216
3.6.4	Widerlegen der Richtigkeitsvermutung durch Erklärung des Steuerpflichtigen	236
3.7	Überprüfung von Verprobung oder Schätzung	236
3.8	Gewinnermittlungsart	238
3.8.1	Bedeutung	238
3.8.2	Gewinnermittlungsart	238
3.8.3	Auswirkung der Schätzung auf den Bilanzenzusammenhang	241
3.8.4	Wechsel der Gewinnermittlungsart	241
3.9	Schätzungsmethoden	242
3.9.1	Allgemeines	242
3.9.2	Richtsatzschätzung	244
3.9.3	Aufschlagskalkulation	248
3.9.4	Zeitreihenvergleich	255
3.9.5	Kassenfehlbeträge	263
3.9.6	Ungeklärte „Einlagen"	264
3.9.7	Geldverkehrsrechnung	267
3.9.8	Bargeldverkehrsrechnung	272
3.9.9	Fehlende ungebundene Entnahmen	273
3.9.10	Vermögenszuwachsrechnung	274
3.9.11	Sicherheitszuschlag	276
3.9.12	Hochrechnung	280
3.10	Typische Einwendungen	280
3.10.1	Allgemeines	280
3.10.2	Spielbank- und Lottogewinne	282
3.10.3	Darlehen	283
3.10.4	Unterstützung durch Angehörige oder Bekannte	287
3.10.5	„Fremdes Geld"	288
3.10.6	Verkauf von Privatvermögen und Erbschaften	289
3.10.7	Vorhandene Mittel zu Beginn des Betrachtungszeitraums	290
3.10.8	Steuerfreie Auslandseinkünfte	291
3.10.9	Versicherung an Eides Statt	291
3.10.10	Aktuelle Einkommens- und Vermögenslage	292

3.10.11	Einstellung des Betriebs	293
3.10.12	Sachverständigengutachten	293
3.11	Verfahrensrechtliche Einwendungen	294
3.11.1	Allgemeines	294
3.11.2	Verfahrensfehler vor und während der Außenprüfung	294
3.11.3	Fehlende Berichtigungsvorschrift	295
3.11.4	Ablauf der Festsetzungsfrist	296
3.11.5	Verwirkung	298
3.11.6	Treu und Glauben	298
3.11.7	Verbindliche Zusage	300
3.11.8	Verbindliche Auskunft	300
3.11.9	Tatsächliche Verständigung	300
3.12	Einspruch	301
3.13	Finanzgerichtliches Verfahren	304
3.13.1	Allgemeines	304
3.13.2	Gerichtseigene Prüfer und andere Sachverständige	312
3.13.3	Bundesfinanzhof	317
3.13.4	Prozesskostenhilfe	327
3.13.5	Aussetzung der Vollziehung	332
3.13.6	Risiken für Prozessbevollmächtigte	334

4 Benennung von Gläubigern und Zahlungsempfängern ... **335**
- 4.1 Allgemeines ... 335
- 4.2 Sachlicher Anwendungsbereich ... 337
- 4.3 Abgrenzung zu Geschenken ... 340
- 4.4 Abgrenzung zu strafbaren Vorteilszuwendungen ... 341
- 4.5 Anteilige Kürzung ... 341
- 4.6 Art und Umfang der Benennung ... 343
- 4.7 Zumutbarkeit des Benennungsverlangens ... 344
- 4.8 Ausländische Gesellschaft ... 347
- 4.9 Erhöhte Anforderungen nach § 16 AStG ... 350
- 4.10 Vermittlung und durchlaufende Posten ... 351
- 4.11 Beweisvorsorge ... 353
- 4.12 Verfahrensfragen ... 355
- 4.13 Klageverfahren ... 356
  - 4.13.1 Finanzgericht ... 356
  - 4.13.2 Bundesfinanzhof ... 357
- 4.14 Strafrechtliche Aspekte ... 357
- 4.15 Haftung des Steuerberaters ... 358

5 Tatsächliche Verständigung ... **359**
- 5.1 Allgemeines ... 359
- 5.2 Wirksamkeitsvoraussetzungen ... 362
  - 5.2.1 Erschwerte Sachverhaltsermittlung ... 362
  - 5.2.2 Ordnungsgemäße Vertretung ... 363

	5.2.3	Kein offensichtlich unzutreffendes Ergebnis	365
	5.2.4	Kein unzulässiger Druck	366
5.3	Wirkung der tV		367
5.4	Änderung und Aufhebung		371
5.5	Gemeinsame Entscheidung mit dem Mandanten		373
5.6	Verfahrensrechtliche Hinweise		374
5.7	Prüfschema tV		374

6 Schätzung bei bestimmten Auslandssachverhalten (§ 162 Abs. 3 AO) ... 375
  6.1 Hintergrund der Regelung ... 375
  6.2 Verwaltungsanweisungen ... 376
  6.3 Unmittelbarer Anwendungsbereich des § 90 Abs. 3 AO ... 376
  6.4 Stammhaus und Betriebsstätte ... 377
  6.5 Sachverhaltsdokumentation ... 377
  6.6 Angemessenheitsdokumentation ... 378
  6.7 Sonderregelung für kleinere Unternehmen ... 378
  6.8 Grundtatbestand (§ 162 Abs. 3 AO) ... 379
  6.9 Zuschlag (§ 162 Abs. 4 AO) ... 381

7 Schätzung bei fehlendem Grundlagenbescheid ... 383
  7.1 Allgemeines ... 383
  7.2 Verluste aus Beteiligungen ... 385
  7.3 Verfahrensfragen ... 385

8 Strafrechtliche Aspekte der Schätzung ... 387
  8.1 Nebeneinander von Steuer- und Strafverfahren ... 387
  8.2 Steuerhinterziehung durch Nichtabgabe der Erklärung ... 389
  8.3 Abgabe der Erklärung nach Einleitung des Strafverfahrens ... 393
  8.4 Schätzung im Strafverfahren ... 395
    8.4.1 Allgemeines ... 395
    8.4.2 Richtsatzschätzung ... 399
    8.4.3 Geldverkehrsrechnung ... 400
    8.4.4 Vermögenszuwachsrechnung ... 401
    8.4.5 Aufschlagskalkulation ... 402
    8.4.6 Zeitreihenvergleich ... 403
    8.4.7 Kassenfehlbeträge ... 404
    8.4.8 Sicherheitszuschlag ... 405
    8.4.9 Mathematisch-statistische Methoden ... 406
    8.4.10 Betriebsausgaben ... 407
    8.4.11 Übernahme der steuerlichen Schätzung durch das Strafgericht ... 407
    8.4.12 Verständigung im Steuerstrafverfahren ... 409
    8.4.13 Vermögensabschöpfung ... 410
  8.5 „Strafrechtliche Vorfrage" ... 411
  8.6 „Geschätzte" Selbstanzeigen ... 415

9 Schätzung aus Steuerberatersicht		423
9.1	Allgemeines	423
9.2	Schätzung wegen Nichtabgabe der Steuererklärung	423
9.3	Unvollständiger oder unrichtiger Jahresabschluss	425
9.4	Berufshaftpflichtversicherung	430
9.5	Ansprüche des Steuerberaters gegen den Mandanten	430

10 Branchenhinweise und Einzelfragen ... 431

Anhang ... 479

Literatur ... 519

Stichwortverzeichnis ... 557

Abkürzungsverzeichnis

A	Abschnitt
a. A.	anderer Auffassung
a. a. O.	am angegebenen Ort
ABDA	Bundesvereinigung Deutscher Apothekerverbände
Abs.	Absatz, Absätze
AdV	Aussetzung der Vollziehung
a. E.	am Ende
AEAO	Anwendungserlass zur Abgabenordnung
AEntG	Arbeitnehmerentsendegesetz
a. F.	alte Fassung
AfA	Absetzung für Abnutzung
Alt.	Alternative
Anm.	Anmerkung
AO	Abgabenordnung
AO-StB	Der AO-Steuerberater (Zeitschrift)
Ap	Außenprüfung
ApoR	Apotheke und Recht (Zeitschrift)
Art.	Artikel
AStG	Außensteuergesetz
AStW	Aktuelles aus dem Steuer- und Wirtschaftsrecht (Zeitschrift)
Az.	Aktenzeichen
BayVGH	Bayerischer Verwaltungsgerichtshof
BB	Betriebs-Berater (Zeitschrift)
BBG	Bundesbeamtengesetz
BBK	Bilanzierung, Buchführung, Kostenrechnung (Zeitschrift)
BBP	Betriebswirtschaft im Blickpunkt (Zeitschrift)
BC	Bilanzierung, Rechnungswesen und Controlling (Zeitschrift)
BeamtStG	Gesetz zur Regelung des Statusrechts der Beamtinnen und Beamten in den Ländern
BeherbStatG	Beherbergungsstatistikgesetz
BEPS	Base Erosion and Profit Shifting
BerHG	Beratungshilfegesetz
BestVerfModG	Gesetz zur Modernisierung des Besteuerungsverfahrens
BewG	Bewertungsgesetz
BFH	Bundesfinanzhof

Abkürzungsverzeichnis

BFH/NV	Sammlung veröffentlichter und nicht veröffentlichter Entscheidungen des BFH
BGB	Bürgerliches Gesetzbuch
BGBl.	Bundesgesetzblatt
BGH	Bundesgerichtshof
BGHSt	Entscheidungen des Bundesgerichtshofs in Strafsachen
BilMoG	Bilanzrechtsmodernisierungsgesetz
BMF	Bundesministerium der Finanzen
BMWi	Bundesministerium für Wirtschaft und Energie
Bp	Betriebsprüfung
BR	Bundesrat
BRAO	Bundesrechtsanwaltsordnung
BR-Drs.	Bundesratsdrucksache
BSI	Bundesamt für Sicherheit in der Informationstechnik
bspw.	beispielsweise
BStBK	Bundessteuerberaterkammer
BStBl. I	Bundessteuerblatt Teil I
BStBl. II	Bundessteuerblatt Teil II
BT	Bundestag
BT-Drs.	Bundestagsdrucksache
BtPrax	Betreuungsrechtliche Praxis (Zeitschrift)
BuStra	Bußgeld- und Strafsachenstelle
BVerfG	Bundesverfassungsgericht
BVerwG	Bundesverwaltungsgericht
BWA	Betriebswirtschaftliche Auswertung
BWL	Betriebswirtschaftslehre
BZSt	Bundeszentralamt für Steuern
bzw.	beziehungsweise
ca.	circa
cl	Zentiliter
DB	Der Betrieb (Zeitschrift)
DBA	Doppelbesteuerungsabkommen
DEHOGA	Deutscher Hotel- und Gaststättenverband
DFKA	Deutscher Fachverband für Kassen- und Abrechnungssystemtechnik
d. h.	das heißt
Diss.	Dissertation
DSAG	Deutschsprachige SAP Anwendergruppe e. V.
DSGVO	Datenschutz-Grundverordnung

DStBV	Deutscher Steuerberaterverband e. V.
DStR	Deutsches Steuerrecht (Zeitschrift)
DStRE	Deutsches Steuerrecht Entscheidungen (Zeitschriftenbeilage)
DStZ	Deutsche Steuerzeitung (Zeitschrift)
ECR	Electronic Cash Register (Registrierkasse)
EDI	Electronic Data Interchange
EDV	Elektronische Datenverarbeitung
EFG	Entscheidungen der Finanzgerichte
EGAO	Einführungsgesetz zur Abgabenordnung
EPROM	Erasable Programmable Read Only Memory
ErbSt	Erbschaftsteuer
EStB	Der Ertrag-Steuerberater (Zeitschrift)
EStDV	Einkommensteuerdurchführungsverordnung
EStG	Einkommensteuergesetz
EStH	Einkommensteuer-Hinweise
EStR	Einkommensteuerrichtlinien
evtl.	eventuell
f.	folgende [Seite]
FA	Finanzamt
FÄ	Finanzämter
FahrlG	Gesetz über das Fahrlehrerwesen
FAIT	Fachausschuss für Informationstechnologie
ff.	folgende [Seiten]
FFA	Filmförderanstalt
FG	Finanzgericht
FGO	Finanzgerichtsordnung
FinVerw	Finanzverwaltung
FN	Fußnote
FR	Finanz-Rundschau (Zeitschrift)
FS	Festschrift
FVerlV	Funktionsverlagerungsverordnung
FVG	Finanzverwaltungsgesetz
FZV	Fahrzeug-Zulassungsverordnung
GAufzV	Gewinnabgrenzungsaufzeichnungsverordnung
GbR	Gesellschaft bürgerlichen Rechts
GDPdU	Grundsätze zum Datenzugriff und zur Prüfung digitaler Unterlagen
GEMA	Gesellschaft für musikalische Aufführungs- und mechanische Vervielfältigungsrechte

Abkürzungsverzeichnis

GewO	Gewerbeordnung
GewStG	Gewerbesteuergesetz
GG	Grundgesetz
ggf.	gegebenenfalls
GKG	Gerichtskostengesetz
gl. A.	gleiche(r) Auffassung
GmbH	Gesellschaft mit beschränkter Haftung
GmbHG	Gesetz betreffend die Gesellschaften mit beschränkter Haftung
GmbHR	GmbH-Rundschau (Zeitschrift)
GmbH-Stpr	GmbH-Steuerpraxis (Zeitschrift)
GoB	Grundsätze ordnungsgemäßer Buchführung
GoBD	Grundsätze zur ordnungsmäßigen Führung und Aufbewahrung von Büchern, Aufzeichnungen und Unterlagen in elektronischer Form sowie zum Datenzugriff
GoBS	Grundsätze ordnungsgemäßer EDV-gestützter Buchführungssysteme
GrS	Großer Senat
GüKG	Güterkraftverkehrsgesetz
GuV	Gewinn- und Verlustrechnung
GVR	Geldverkehrsrechnung
GwG	Geldwäschegesetz
HFR	Höchstrichterliche Finanzrechtsprechung
HGB	Handelsgesetzbuch
h. M.	herrschende Meinung
Hs.	Halbsatz
IDEA	Interactive Data Extraction and Analysis
i. d. F.	in der Fassung
i. d. R.	in der Regel
i. d. S.	in diesem Sinne
IDW	Institut der Wirtschaftsprüfer
i. e. S.	im engeren Sinn
ifst	Institut Finanzen und Steuern
i. H. v.	in Höhe von
IKS	Internes Kontrollsystem
IT	Informationstechnik
incl.	inclusive
INF	Die Information über Steuer und Wirtschaft (Zeitschrift)

INSIKA	Integrierte Sicherheitslösung für messwertverarbeitende Kassensysteme
InsO	Insolvenzordnung
i. S.	im Sinne
i. S. d.	im Sinne des/der
i. S. e.	im Sinne einer, im Sinne eines
IStR	Internationales Steuerrecht (Zeitschrift)
i. S. v.	im Sinne von
i. V. m.	in Verbindung mit
IWB	Internationale Wirtschaftsbriefe (Zeitschrift)
IZA	Informationszentrale für steuerlich relevante Auslandsbeziehungen
JStG	Jahressteuergesetz
KAG	Kommunalabgabengesetz
KassenG	Gesetz zum Schutz vor Manipulationen an digitalen Grundaufzeichnungen – Kassengesetz (auch: Kassensicherheitsgesetz)
KassenSichV	Verordnung zur Bestimmung der technischen Anforderungen an elektronische Aufzeichnungs- und Sicherungssysteme im Geschäftsverkehr – Kassensicherungsverordnung
KÖSDI	Kölner Steuerdialog (Zeitschrift)
KostRMoG	Kostenrechtsmodernisierungsgesetz
KP	Kanzleiführung professionell (Zeitschrift)
krit.	kritisch
KSR	Kommentiertes Steuerrecht (Zeitschrift)
KStG	Körperschaftsteuergesetz
Kza.	Kennzahl
lat.	lateinisch
LfSt	Landesamt für Steuern
LG	Landgericht
lit.	littera
LKA	Landeskriminalamt
l.S.	letzter Satz
LSG	Landessozialgericht
LSt	Lohnsteuer
lt.	laut
Ltd.	Limited (Private Limited Company)
LuF	Land- und Forstwirtschaft
m	Meter

MaBV	Makler- und Bauträgerverordnung
MBP	Mandat im Blickpunkt (Zeitschrift)
m. E.	meines Erachtens
Mio.	Million(en)
MMR	MultiMedia und Recht (Zeitschrift)
MPG	Medizinproduktegesetz
m. w. N.	mit weiteren Nachweisen
MwSt	Mehrwertsteuer
MwStSystRL	Mehrwertsteuersystemrichtlinie
n. F.	neue Fassung
NJW	Neue Juristische Wochenschrift (Zeitschrift)
Nr.	Nummer
NRW	Nordrhein-Westfalen
NStZ	Neue Zeitschrift für Strafrecht
NVwZ	Neue Zeitschrift für Verwaltungsrecht
NWB	Neue Wirtschaftsbriefe (Zeitschrift)
NZB	Nichtzulassungsbeschwerde
NZWiSt	Neue Zeitschrift für Wirtschafts-, Steuer- und Unternehmensstrafrecht
o. ä.	oder ähnlich
OECD	Organisation for Economic Co-operation and Development
OFD	Oberfinanzdirektion
o. g.	oben genannt
OHG	Offene Handelsgesellschaft
OLG	Oberlandesgericht
OVG	Oberverwaltungsgericht
OWiG	Gesetz über Ordnungswidrigkeiten
PAngV	Preisangabenverordnung
PATR/Q-med	Patientenrecht und Qualitätsmanagement (Zeitschrift)
PBefG	Personenbeförderungsgesetz
PC	Personal Computer
Pkw	Personenkraftwagen
PLU	Price-Look-Up
PStR	Praxis Steuerstrafrecht (Zeitschrift)
ProstSchG	Prostituiertenschutzgesetz
PZU	Postzustellungsurkunde
R	Richtlinie
RAO	Reichsabgabenordnung
RAS	Rohgewinnaufschlagsatz

Rev.	Revision
RFH	Reichsfinanzhof
rkr.	rechtskräftig
RStBl.	Reichssteuerblatt
RVG	Rechtsanwaltsvergütungsgesetz
Rz.	Randziffer
S.	Satz, Seite
SAM	Steueranwaltsmagazin (Zeitschrift)
SchwarzArbG	Schwarzarbeitsbekämpfungsgesetz
SchwGBG	Schwarzgeldbekämpfungsgesetz
SGB	Sozialgesetzbuch
sog.	sogenannt
SPIO	Spitzenorganisation der deutschen Filmwirtschaft
SRP	Summarische Risikoprüfung
StB	Der Steuerberater (Zeitschrift)
StBerG	Steuerberatungsgesetz
Stbg	Die Steuerberatung (Zeitschrift)
StBp	Die Steuerliche Betriebsprüfung (Zeitschrift)
StBVV	Steuerberatervergütungsverordnung
StBW	Steuerberaterwoche (Zeitschrift)
StC	SteuerConsultant (Zeitschrift)
StE	Steuer-Eildienst (Zeitschrift)
SteuerHBekV	Steuerhinterziehungsbekämpfungsverordnung
SteuerStud	Steuer und Studium (Zeitschrift)
StGB	Strafgesetzbuch
StPO	Strafprozessordnung
StraBuSt	Straf- und Bußgeldsachenstelle
StrEG	Gesetz über die Entschädigung für Strafverfolgungsmaßnahmen
StuB	Steuern und Bilanzen (Zeitschrift)
StuW	Steuer und Wirtschaft (Zeitschrift)
StV	Strafverteidiger (Zeitschrift)
StWa	Steuerwarte (Zeitschrift)
TÄHAV	Verordnung über tierärztliche Hausapotheken
TÜV	Technischer Überwachungsverein
tV	Tatsächliche Verständigung
Tz.	Textziffer
u. a.	unter anderem
UR	Umsatzsteuer-Rundschau (Zeitschrift)

Abkürzungsverzeichnis

UStAE	Umsatzsteueranwendungserlass
UStB	Der Umsatzsteuerberater (Zeitschrift)
UStDV	Umsatzsteuerdurchführungsverordnung
UStG	Umsatzsteuergesetz
USt-ID-Nr.	Umsatzsteueridentifikationsnummer
usw.	und so weiter
u. U.	unter Umständen
v.	von, vom
VersR	Versicherungsrecht (Zeitschrift)
VG	Verwaltungsgericht
vgl.	vergleiche
VGV	Verwaltungsgrundsätze Verfahren
VR	Verwaltungsrundschau (Zeitschrift)
VV	Vergütungsverzeichnis
VWGBsGa	Verwaltungsgrundsätze Betriebsstättengewinnaufteilung
VZR	Vermögenszuwachsrechnung
WaffG	Waffengesetz
wistra	Zeitschrift für Wirtschaft, Steuer und Strafrecht
WES	Wareneinsatz
Wpg	Die Wirtschaftsprüfung (Zeitschrift)
WWS	Warenwirtschaftssystem
XBRL	Extensible Business Reporting Language
XML	Extensible Markup Language
Xpider	Extended Spider
z. B.	zum Beispiel
ZfZ	Zeitschrift für Zölle und Verbrauchsteuern
ZIP	Zeitschrift für Wirtschaftsrecht
ZKF	Zeitschrift für Kommunalfinanzen
ZPO	Zivilprozessordnung
ZRV	Zeitreihenvergleich
ZUGFeRD	Zentraler User Guide des Forums elektronische Rechnung Deutschland
zzgl.	zuzüglich
z. Zt.	zur Zeit

1 Allgemeine Grundsätze der Schätzung

1.1 Rechtfertigung und Inhalt des § 162 AO

Der steuerliche Eingriff in die Vermögens- und Rechtssphäre des Einzelnen gewinnt seine Rechtfertigung auch und gerade aus dem staatlichen Ziel einer **gerechten Lastenzuteilung**.[1] Eine gleichmäßige und gesetzmäßige Besteuerung entsprechend § 85 AO setzt aber die Kenntnis der dafür relevanten Sachverhalte voraus. Deshalb sind Besteuerungsgrundlagen gemäß § 88 AO zu ermitteln, was aber naturgemäß nicht immer mit zumutbarem Aufwand möglich ist.[2] Mit § 162 AO hat sich der deutsche Gesetzgeber für die Fälle nicht möglicher Ermittlungen für die Schätzung entschieden, weil durch das alternative Außerachtlassen nicht berechenbarer und nicht ermittelbarer Besteuerungsgrundlagen keine gerechte Besteuerung erreicht werden könnte.[3] Die Schätzung folgt damit aus dem Gebot der Rechtsanwendungsgleichheit i. S. v. Art. 3 GG und ist nicht in das Ermessen des jeweiligen Sachbearbeiters oder Prüfers gestellt, sondern zwingend durchzuführen.[4] Sie ist deshalb in vollem Umfang gerichtlich überprüfbar.[5] Der bisweilen auftauchende Begriff des „Schätzungsermessens"[6] ist insofern irreführend. Eine gewisse Ähnlichkeit der Schätzung mit der Ermessensentscheidung ergibt sich allerdings daraus, dass es grundsätzlich einen Schätzungsrahmen[7] gibt und dass der aus dieser Bandbreite auszuwählende Wert vom FA nach den allgemeinen Grundsätzen der AO zu bestimmen ist.

§ 162 AO soll vor allem eine **effektive Besteuerung** gewährleisten. „Effektiv" bedeutet dabei nicht nur umfassende, sondern auch zügige Steuerfestsetzung unter Berücksichtigung von Kostengesichtspunkten. Ein so gestalteter Gesetzesvollzug liegt im Interesse sowohl der staatlichen Finanzwirtschaft als auch des Steuerbürgers. Langjährige Prüfungen steuerlicher Tatbestände müssen die Ausnahme bleiben, eine Beweiserhebung sollte letztlich nicht teurer sein als der Steuerbetrag, um den es geht.[8] Darüber hinaus erfordert das Verifikations-

---

1 BVerfG v. 27.6.1991 2 BvR 1493/89, BStBl. II 1991, 654.
2 Siehe hierzu im Einzelnen unter 1.4.
3 Die Schätzung wird als „Urelement" der Besteuerung bezeichnet, vgl. *Schumann/Wähnert*, Stbg 2012, 535 unter Hinweis auf Lukas II 1 bis 5 und *Goldshteyn/Thelen*, BB 2015, 236, die darauf hinweisen, dass diese Maßnahme bereits in der Bibel erwähnt ist, vgl. auch *Schumann*, S. 3.
4 Sog. „Schätzungsbefehl". Das „non liquet" darf nicht zu Lasten der Gemeinschaft gehen, vgl. z. B. *Becker/Schumann/Wähnert*, DStR 2017, 1243, 1245, *Schumann*, S. 72 ff., *Nöcker*, NWB 2016, 3157, 3164. Lediglich die Auswahl der Schätzungsmethode wird vom BFH als Ermessensentscheidung verstanden, vgl. BFH v. 11.12.1984 VIII R 131/76, BStBl. II 1985, 354, 358.
5 BFH v. 19.2.1987 IV R 143/84, BStBl. II 1987, 412.
6 Z. B. BFH v. 1.12.1998 III B 78/97, BFH/NV 1999, 741.
7 Wegen Einzelheiten siehe unter 1.9.
8 BFH v. 25.10.1985 VI R 15/81, BStBl. II 1986, 200.

prinzip, dass im Besteuerungsverfahren die Dauer von Einzelprüfungen nicht so niedrige Prüfungsquoten verursacht, dass die Gleichmäßigkeit der Besteuerung nicht mehr gewährleistet werden kann.[9] Praktisch bedeutet „Schätzen", im Hinblick auf einen unvollständigen Sachverhalt auf der Grundlage bekannter Tatsachen und Indizien Schlussfolgerungen zu ziehen und dabei ein Ergebnis anzustreben, für das die größte **Wahrscheinlichkeit** spricht.[10] Damit handelt es sich um eine besondere Art der Sachverhaltsfeststellung. Die Beseitigung eines Ermittlungsmangels ist das einzig legitime Ziel.[11] Deshalb sind Strafschätzungen unzulässig.[12]

§ 162 AO gilt nicht im **Erhebungsverfahren**,[13] insbesondere nicht im Bereich der Vollstreckung.[14] Beide Verfahren setzen wirksame Steuerbescheide voraus, die ggf. auf Schätzungen beruhen können. Auch die Haftungsschuld nach §§ 69 ff. AO kann nicht unmittelbar durch Schätzung bestimmt werden. Der Haftungsanspruch kann sich aber auf einen Steueranspruch beziehen, den das FA durch Erlass eines Schätzungsbescheids realisiert hat.[15]

1.2 Gegenstand der Schätzung

Zu schätzen sind die **Besteuerungsgrundlagen**,[16] nicht die Steuer selbst.[17] Aus einer geschätzten Besteuerungsgrundlage können ggf. andere abgeleitet werden.[18] In der Praxis werden allerdings bei Betriebsprüfungen und vor allem bei Steuerfahndungsprüfungen Einigungen über die Mehrsteuer erzielt. Der Prüfer wird dann die nicht zu ermittelnden Besteuerungsgrundlagen so schätzen, dass sich die „abgestimmte" Nachzahlung ergibt. Ob eine solche Vorgehensweise aus dem dokumentierten Akteninhalt überhaupt sichtbar wird, mag dahinstehen. Unmittelbare Vereinbarungen über Steueransprüche sind im Hinblick auf Gesetzmäßigkeit und Gleichmäßigkeit der Besteuerung jedenfalls unzulässig. Diese Auffassung ist für Rechtsanwender wie Außenprüfer oder Steuerberater allerdings oftmals etwas problematisch. Denn bei einer Schätzung von Umsätzen oder Gewinnen ergibt sich automatisch die Frage nach der steuerlichen Auswirkung. Sie allein wird das Kriterium sein, nach dem dem Vorschlag der

---

9 BFH v. 16.5.2013 II R 15/12, BStBl. II 2014, 225. Allgemein zum Verifikationsprinzip BVerfG v. 9.3.2004 2 BvL 17/02, BStBl. II 2005, 56 und BVerfG v. 27.6.1991 2 BvR 1493/89, BStBl. II 1991, 654.
10 Zu Einzelheiten siehe 1.7. Die Schätzung ist ein Vorgang des ggf. wertenden Schlussfolgerns und der Subsumtion, vgl. BFH v. 26.2.2002 X R 59/98, BStBl. II 2002, 450.
11 *v. Groll* in Gräber, § 96 Rz. 13.
12 Zu diesem Thema siehe 1.9 a. E. und 1.10.
13 §§ 218 ff. AO.
14 §§ 249 ff. AO.
15 *Cöster* in Koenig, § 162 Rz. 12.
16 Gewinn, Umsatz, Einnahmen, Ausgaben etc.; Gegenstand der Schätzung sind „numerische und ähnliche Verhältnisse", vgl. *Frotscher* in Schwarz/Pahlke, § 162 Rz. 1, bzw. „quantitative" Besteuerungsmerkmale, BFH v. 10.2.2015 V B 87/14, BFH/NV 2015, 662.
17 Z. B. *Buciek* in Beermann/Gosch, § 162 Rz. 23; *Joecks* in Joecks/Jäger/Randt, § 370 Rz. 79.
18 FG des Saarlands v. 21.6.2012 1 K 1124/10, EFG 2012, 1816, Rz. 53.

jeweils anderen Seite zugestimmt werden kann oder nicht. Mit Hilfe der ihm zur Verfügung stehenden Software ist es für den Betriebsprüfer zumindest bei überschaubaren Firmenstrukturen „technisch" kein Problem, Nachzahlung und anzusetzende Besteuerungsgrundlagen aufeinander „abzustimmen". M. E. ist ein solches Vorgehen mit § 162 AO vereinbar, da letztlich doch die Besteuerungsgrundlagen geschätzt werden, wenn auch unter Berücksichtigung ihrer steuerlichen Auswirkungen.

Soll ein Schätzungsbescheid angefochten werden, ist genau zu prüfen, **welche Besteuerungsgrundlagen** nach § 162 AO angesetzt wurden. Einspruch bzw. Klage haben nur Aussicht auf Erfolg, wenn dargelegt wird, dass gerade diese Berechnungsgröße vom FA „überschätzt" oder „unterschätzt" wurde. Wurden z. B. Betriebsausgaben im Schätzungswege abgezogen, so ist der Nachweis einzelner Kosten nicht geeignet, den vom FA angenommenen Wert in Frage zu stellen, solange die nachgewiesenen Ausgaben den geschätzten Betrag nicht übersteigen. Wird die Besteuerungsgrundlage „Gewinn" geschätzt, so ist sogar der nachträgliche Nachweis aller Betriebsausgaben für sich gesehen ungeeignet, die Zahl des FA zu erschüttern, auch wenn die nachgewiesenen Aufwendungen höher sind als diejenigen, von denen das FA ausgegangen ist, denn es besteht z. B. die Möglichkeit, dass das FA die Einnahmen zu niedrig angesetzt hat.

Beispiel:
Da keine ordnungsgemäße Buchführung vorgelegt werden konnte, hat der Betriebsprüfer zunächst den Umsatz in der Weise geschätzt, dass er die Bankzugänge addiert und einen moderaten Unsicherheitszuschlag vorgenommen hat. Ausgehend von der Richtsatzsammlung nimmt der Prüfer anschließend einen Gewinn i. H. v. 25 % dieses Umsatzes an. Verweist der Steuerpflichtige nunmehr auf zusätzliche Ausgabenbelege in geringer Höhe, die dem Betriebsprüfer nicht vorgelegen haben, so ist der Gewinn nicht automatisch um diesen Betrag zu reduzieren. Von einem Einspruch ist hier wegen der Möglichkeit der Verböserung[19] abzuraten.

Aus dem genannten Grund kommt nach Durchführung einer Vollschätzung[20] des Gewinns wegen nichtordnungsgemäßer Buchführung z. B. keine Teilwertabschreibung einzelner Wirtschaftsgüter in Betracht.[21] Solche bilanziellen Vorgänge sind in dem geschätzten Gewinn zumindest theoretisch berücksichtigt, auch wenn der die Schätzung durchführende Sachbearbeiter oder Betriebsprüfer tatsächlich keine Teilwertabschreibung in seine Überlegungen einbezogen hat. Dasselbe gilt z. B. für die betrieblichen Steuerrückstellungen, d. h. sie sind bei der Höhe des geschätzten Gewinns grundsätzlich schon berücksichtigt und können ihn deshalb nicht nachträglich mindern.[22]

---

19 § 367 Abs. 2 S. 2 AO.
20 Zum Begriff siehe unter 1.4.
21 FG des Saarlands v. 23. 5. 2006 1 K 476/02, juris.
22 FG München v. 21. 2. 1992 8 K 4618/89, juris.

1 Allgemeine Grundsätze der Schätzung

1.3 Schätzung von Grundsachverhalten

Bei einer Schätzung wird von der Verwirklichung eines gesetzlichen Tatbestands ausgegangen.[23] Umstritten ist deshalb, inwieweit das FA berechtigt ist, einen sog. Grundsachverhalt, z. B. die Ausübung einer gewerblichen Tätigkeit, zu schätzen.[24] Typisch ist der Fall, dass bei festgestelltem Vermögenszuwachs im Dunkeln bleibt, woher die entsprechenden Mittel stammen. Eine **Besteuerung „auf Verdacht"** soll unterbleiben.[25] Werden Vermögenszuwächse aufgedeckt, kommt deshalb eine Schätzung gewerblicher Einkünfte nicht in Betracht, wenn das FA keine weiteren Anhaltspunkte dafür hat, dass der Steuerpflichtige überhaupt einer Erwerbstätigkeit oder einer unternehmerischen Tätigkeit nachgegangen ist.[26] In Extremfällen lassen die FG aber Ausnahmen zu, vor allem wenn der Steuerpflichtige keine Erklärungen dafür geben kann, aus welchen Mitteln er seinen Lebensunterhalt bestritten hat.[27] Im Ergebnis kann damit auch ein Grundsachverhalt jedenfalls in den Fällen geschätzt werden, in denen das Aufklärungsdefizit eindeutig in der vom Steuerpflichtigen beherrschten bzw. zu verantwortenden Sphäre liegt.[28] Das folgt aus dem allgemeinen Grundsatz, dass FA und FG einen Sachverhalt, der sich in der Sphäre des Steuerpflichtigen abgespielt hat, nicht von Amts wegen in vollem Umfang aufklären müssen, wenn der Steuerpflichtige seiner Obliegenheit zur nachvollziehbaren Schilderung des Sachverhalts nicht nachgekommen ist.[29] Dieselbe Lösung entspricht dem in § 444 ZPO enthaltenen Rechtsgedanken, nach dem der sog. **Beweisverderber** aus seinem Verhalten keinen Vorteil ziehen darf.[30] Umgekehrt scheidet die Schätzung eines Grundsachverhalts jedenfalls aus, wenn das Aufklärungsdefizit nicht in der Sphäre des Steuerpflichtigen liegt.[31]

Die Nichtabgabe der **Gewerbeabmeldung** kann sich für den Steuerpflichtigen als nachteilig erweisen, obwohl sie zunächst keine steuerliche Bedeutung hat. Denn das FA muss zwar grundsätzlich die Ausübung einer gewerblichen Tätigkeit durch den Steuerpflichtigen nachweisen. Das gilt aber nicht, wenn der

---

23 BFH v. 10.2.2015 V B 87/14, BFH/NV 2015, 662.
24 Die Problematik wurde offen gelassen in BFH v. 22.6.2006 IV R 56/04, BStBl. II 2006, 838. § 162 AO soll nach wohl h. M. nur „numerische und ähnliche Verhältnisse" erfassen, vgl. z. B. *Frotscher* in Schwarz/Pahlke, § 162 Rz. 1. Gegen die Schätzung von Grundsachverhalten auch *Trzaskalik* in Hübschmann/Hepp/Spitaler, § 162 Rz. 35, unter Hinweis auf BFH v. 18.12.1984 VIII R 195/82, BStBl. II 1986, 226 sowie Rüsken in Klein, § 162 Rz. 9b: „Hinreichend konturierter" Sachverhalt muss zu voller Gewissheit festgestellt werden können. A. A. evtl. *Krömker* in Lippross/Seibel, § 162 Rz. 8.
25 BFH v. 28.5.1986 I R 265/83, BStBl. II 1986, 732; *Grashoff*, Rz. 593.
26 BFH v. 7.7.1997 X B 229/96, BFH/NV 1997, 886.
27 FG München v. 24.8.2004 15 K 2848/02, juris; FG München v. 15.11.1990 10 K 752/89, juris; Hessisches FG v. 23.4.1990 10 K 5057/88, juris; FG Köln v. 24.4.1986 V K 77/83, EFG 1986, 474. Die Schätzung von Grundsachverhalten bei Verletzung von Mitwirkungspflichten bejahend *Seer* in Tipke/Kruse, § 162 Rz. 3 und *Cöster* in Koenig, § 162 Rz. 33.
28 Vgl. *Seer* in Tipke/Kruse, § 162 Rz. 5, 20 und 24a; *Jakob*, Rz. 191.
29 BFH v. 11.12.2003 V B 102/03, BFH/NV 2004, 649.
30 *Seer* in Tipke/Kruse, § 162 Rz. 5. Zum Beweisverderber siehe auch unter 1.8.
31 BFH v. 22.6.2006 IV R 56/04, BStBl. II 2006, 838.

1.3 Schätzung von Grundsachverhalten

Betrieb noch angemeldet ist. Dann ist es vielmehr Sache des Steuerpflichtigen, glaubhaft darzulegen, dass er der fraglichen Beschäftigung trotz unterbliebener Gewerbeabmeldung nicht mehr nachgegangen ist.

Hat in den **Vorjahren** ein Gewerbebetrieb bestanden, ist es im Zweifel Sache des Steuerpflichtigen, zu belegen, dass daraus keine Einkünfte mehr erzielt wurden. Behauptet er ohne Nachweise, dass sein Einzelunternehmen zu einem bestimmten Zeitpunkt auf eine Gesellschaft übergeleitet oder im Namen einer GbR betrieben wurde, ergeben sich hierfür aber keine Anzeichen aus der Akte, so kann das FA im Wege der Schätzung weiterhin von der Existenz des Einzelunternehmens ausgehen.[32]

Das **FA kann die Problematik der Grundsachverhaltsschätzung** ggf. **umgehen**, wenn die Schätzung auf eine nicht eingereichte Steuererklärung gestützt werden kann. Denn wird pflichtwidrig keine Steuererklärung eingereicht, ergibt sich die Schätzungsbefugnis bereits aus dieser Tatsache, sodass sich die Frage der ggf. unzulässigen Grundsachverhaltsschätzung nicht stellt.[33] Will das FA bei der Schätzung von einem Grundsachverhalt ausgehen, der nicht den Tatsachen entspricht, sollte für den betroffenen Zeitraum jedenfalls eine Steuererklärung eingereicht werden. Denn dadurch entfällt der Schätzungsgrund der Nichtabgabe und die Unzulässigkeit der Schätzung eines Grundsachverhalts kann im weiteren Verlauf des Verfahrens geltend gemacht werden.

Eng verwandt mit der Frage der Grundsachverhaltsschätzung ist die Problematik der **Zurechnung** von geschätzten Umsätzen und Gewinnen. Immer wieder ist in der Praxis festzustellen, dass vermeintliche Mehrsteuern nicht realisiert werden, weil die Besteuerungsgrundlagen dem falschen Steuersubjekt zugerechnet werden. Bei der **Umsatzsteuer** kommt es für die Frage, ob eine Leistung dem Handelnden zuzurechnen ist, grundsätzlich darauf an, ob der Handelnde gegenüber dem Leistungsempfänger im eigenen Namen oder berechtigterweise im Namen eines anderen bei der Ausführung entgeltlicher Leistungen aufgetreten ist.[34] Leistender kann deshalb auch ein sog. **„Strohmann"** sein. Das ergibt sich schon aus der engen Anbindung des Umsatzsteuerrechts an das Zivilrecht. Wenn jemand im Rechtsverkehr als ein solcher Strohmann im eigenen Namen, aber für Rechnung eines anderen auf, der nicht selbst als berechtigter oder verpflichteter Vertragspartner in Erscheinung treten will, ist zivilrechtlich nur der Strohmann aus dem Rechtsgeschäft berechtigt und verpflichtet. Die Rechtsprechung hat deshalb Umsätze selbst dann einer ausländischen „Strohmann-Gesellschaft" zugerechnet, wenn diese sich zur Erfüllung ihrer Leistungsverpflichtungen eines inländischen Unternehmens als Erfüllungsgehilfen bedienen musste, weil sie selbst nicht über die notwendigen personellen und sach-

---

32 FG des Saarlands v. 7.3.2002 1 K 213/99, juris.
33 Vgl. hierzu Sächsisches FG v. 12.7.2007 1 K 112/04, EFG 2008, 88, einschränkend aber BFH v. 10.2.2015 V B 87/14, BFH/NV 2015, 662.
34 *Robisch* in Bunjes, § 1 Rz. 89.

lichen Mittel verfügte.[35] Die Zurechnungsfrage im Bereich der **Ertragsteuer** ist danach zu beantworten, wer die in Rede stehenden Einkünfte erzielt hat. Für die Einkünfte aus Gewerbebetrieb ist das diejenige Person, die selbstständig und nachhaltig in der Absicht der Gewinnerzielung tätig wird. Das gilt auch für die Fälle offener und verdeckter Stellvertretung. In beiden Fällen ist der Vertretene „Einkünfteerzieler", sofern das Unternehmen auf seine Rechnung und Gefahr betrieben wird und er dem Vertreter gegenüber weisungsberechtigt ist.[36] Maßgeblich ist, wer Unternehmerinitiative entfalten kann und Unternehmerrisiko trägt. Der Einsatz typischer Strohmänner oder Strohfrauen führt im Bereich der Ertragsteuer in aller Regel nicht dazu, dass die Einkünfte einer solchen „vorgeschobenen" Person zugerechnet werden. Der Schätzungsbescheid muss vielmehr an den Hintermann als „Einkünfteerzieler" gerichtet werden.[37]

1.4 Schätzung als das „letzte Mittel"

Nur wenn die Finanzbehörde die Besteuerungsgrundlagen weder ermitteln noch berechnen kann, kann und muss sie sie – als ultima ratio – schätzen. Der BFH definiert die Schätzung nämlich als ein Verfahren, Besteuerungsgrundlagen mit Hilfe von Wahrscheinlichkeitsüberlegungen zu ermitteln, die die größte Wahrscheinlichkeit der Richtigkeit für sich haben, wenn eine **sichere Feststellung** trotz des Bemühens um Aufklärung **nicht möglich** ist.[38] Unabdingbare Voraussetzung einer jeden Schätzung ist damit zunächst die tatsächliche Unmöglichkeit, den maßgeblichen Lebenssachverhalt auf „genauere" Art und Weise zu bestimmen. Erst dann, wenn ersichtlich keine Möglichkeit[39] anderweitiger Sachverhaltsfeststellung besteht, darf und muss die FinVerw zum Mittel der Schätzung greifen,[40] sie darf somit nur „Beweismittelersatz" sein.[41] Der Vorrang der Ermittlungen betrifft auch solche bei fremden Dritten wie Kreditkartenunternehmen, Lieferanten etc. Solche Auskunftsersuchen sind jedenfalls zulässig, wenn die Sachverhaltsaufklärung bei den Beteiligten nicht zum Ziel führt oder keinen Erfolg verspricht.[42]

---

35 FG München v. 28.7.2011 14 K 300/08, juris.
36 BFH v. 6.12.1995 I R 40/95, BStBl. II 1997, 118 zur offenen Stellvertretung, BFH v. 2.4.1971 VI R 149/67, BStBl. II 1971, 620 zur verdeckten Treuhand.
37 Zu einem Handelsvertreter, der wegen seiner Haupttätigkeit als Beamter seine Ehefrau „vorgeschoben" hatte, siehe BFH v. 4.11.2004 III R 21/02, BStBl. II 2005, 168.
38 BFH v. 26.4.1983 VIII R 38/82, BStBl. II 1983, 618.
39 Gemeint ist in diesem Zusammenhang immer eine praktikable, zumutbare Möglichkeit, siehe hierzu weiter unten. Vgl. z.B. für den nicht mit zumutbarem Aufwand feststellbaren und deshalb zu schätzenden tatsächlichen monatlichen WES BFH v. 20.10.2017 4 K 4206/14, BFH/NV 2017, 1204, Rz. 140.
40 BFH v. 18.12.1984 VIII R 195/82, BStBl. II 1986, 226; VG Schleswig-Holstein v. 9.11.2004 14 A 129/04, juris zur Fremdenverkehrsabgabe.
41 FG Münster v. 6.9.2001 8 K 7080/97 E, EFG 2003, 45.
42 § 93 Abs. 3 und § 200 Abs. 3 AO, zur Ermittlung bei Geschäftspartnern siehe auch BFH v. 18.10.1983 VIII R 215/82, juris; einschränkend BFH v. 29.7.2015 X R 4/14, BStBl. II 2016, 135.

1.4 Schätzung als das „letzte Mittel"

> *Beispiel:*
> A vermittelt Verträge für die Z-Versicherung. Legt er keine Abrechnungen vor, ist anstelle einer freien Schätzung nach § 93 Abs. 1 S. 3 AO ein Auskunftsersuchen an die Z-Versicherung geboten.

Der Vorrang von Ermittlung und Berechnung wird oft verkannt, wenn sich bestimmte Schätzungsverfahren oder Größen als typisch „etabliert" haben. Steht aber z. B. fest, dass ein betrieblicher Pkw nicht privat genutzt wurde, ist keine Privatentnahme zu erfassen. Es liegt dann kein Grund für eine Schätzung vor.

Vom FA werden demnach **ernsthafte Versuche** verlangt, die Steuer zu berechnen oder zu ermitteln, bevor es zur Schätzung greift.[43] Die Behörde soll auch die Möglichkeit einer partiellen Ermittlung der Besteuerungsgrundlagen wahrnehmen.[44] Zu den auszuschöpfenden Ermittlungsmöglichkeiten kann auch die Befragung von Zeugen gehören.[45] Nicht zulässig ist eine Schätzung, wenn Ermittlungen möglich, aber zeitaufwändig sind.[46] Die Ermittlungspflicht des FA findet ihre aber **Grenze** dort, wo Ermittlungen oder Berechnungen zwar theoretisch möglich, aber **nicht zumutbar** sind. „Zumutbar" bedeutet in diesem Zusammenhang vor allem „in einem angemessenen zeitlichen Rahmen". Denn zur Wahrung des Verifikationsprinzips darf im Besteuerungsverfahren die Dauer von Einzelprüfungen nicht so niedrige Prüfungsquoten verursachen, dass die Gleichmäßigkeit der Besteuerung nicht mehr gewährleistet ist.[47] Eine Schätzung ist deshalb auch bei grundsätzlich genau bestimmbaren Zielgrößen möglich, wenn andere Ziele wie Zeit- oder Kostenersparnis vorrangig sind.[48]

> *Beispiel:*
> Der Betriebsprüfer muss wegen weiterer Nachforschungen im Hinblick auf die betriebliche Veranlassung einer Zahlung keine Auslandsreise antreten, wenn es bei dem aufzuklärenden Sachverhalt um eine steuerliche Auswirkung von 100 € geht.

Ebenso kann das FA nach § 162 AO vorgehen, wenn der Steuerpflichtige es ablehnt, nähere Einzelheiten über den Geschäftsverkehr mit seinen angeblichen ausländischen Lieferanten mitzuteilen und es deshalb für die Behörde unmöglich wird, den Sachverhalt auf einfache Weise zu erforschen. Weiter entfernt liegende Beweise müssen jedenfalls nicht erhoben werden, wenn von vornherein Zweifel daran bestehen, ob der Sachverhalt auf diese Weise aufge-

---

43 BFH v. 31. 5. 1991 V S 1/91, BFH/NV 1992, 119.
44 BFH v. 15. 4. 2015 VIII R 49/12, juris, Rz. 19; *Krömker* in Lippross/Seibel, § 162 AO Rz. 25: „Ermittlungspflicht nicht völlig aufgehoben".
45 BFH v. 16. 12. 2014 X B 114/14, BFH/NV 2015, 511.
46 BFH v. 17. 3. 1994 VI R 120/92, BStBl. II 1994, 536. Zur Arbeitserleichterung durch Schätzung *Trzaskalik* in Hübschmann/Hepp/Spitaler, § 162 Rz. 13.
47 BFH v. 16. 5. 2013 II R 15/12, BStBl. II 2014, 225.
48 *Barthel*, Stbg 2017, 315.

1 Allgemeine Grundsätze der Schätzung

klärt werden kann.[49] Maßgebend für die Frage der Zumutbarkeit von Ermittlungen sind der jeweilige Ermittlungsgegenstand und die Aktionsmöglichkeiten des mit der Entscheidung befassten Finanzbeamten. Dem Außenprüfer sind deshalb weitergehende Ermittlungen zuzumuten als dem Sachbearbeiter im Veranlagungsbezirk.[50] Nicht jede zeitaufwändige Ermittlung ist unzumutbar.[51] Allgemein gilt: Je stärker der Verantwortungsbereich des Steuerpflichtigen betroffen ist, desto weniger muss das FA tätig werden, bevor es schätzt.[52] Bei geringem Ermittlungsaufwand hat das FA aber auch bei verweigerter Mitwirkung seitens des Steuerpflichtigen keine Schätzungsbefugnis.

Soweit ein Rückgriff auf **elektronische Daten** wie z. B. bei Einkünften aus nichtselbstständiger Arbeit oder bei Renteneinkünften möglich ist, dürfte kein Raum für Zuschläge auf der Grundlage von § 162 AO bestehen, da in diesen Fällen eine Ermittlung keinen unverhältnismäßigen Aufwand verursacht.[53]

Nach § 162 Abs. 2 S. 1 AO ist eine Schätzung auch geboten, wenn der Steuerpflichtige eine **weitere Auskunft verweigert.** Gemeint sind wohl Situationen, in denen der Steuerpflichtige zunächst Angaben unstreitig richtige gemacht hat, die aber den Sachverhalt nicht in dem notwendigen Maße aufklären konnten. Ein „Verweigern" weiterer Angaben ist dann anzunehmen, wenn der Steuerpflichtige diese Angaben auf Anforderung durch das FA nicht erteilt, obwohl er hierzu in der Lage wäre. Kann er hingegen die Auskunft nicht erteilen, ist das kein „Verweigern" i. d. S. Allerdings greift dann i. d. R. die erste Alternative des § 162 Abs. 2 S. 1 AO ein.[54]

Hat der Steuerpflichtige die **Versicherung an Eides Statt** verweigert, ergibt sich die Schätzungsbefugnis des FA explizit aus § 162 Abs. 2 S. 1 AO, aber auch schon aus Abs. 1 der Vorschrift, weil in dieser Situation keine weiteren Ermittlungsmöglichkeiten bestehen. Denn die Versicherung an Eides Statt ist ihrer Natur und auch ihren gesetzlichen Voraussetzungen nach bereits das letzte Mittel der Wahrheitsfindung.[55] Ihre Abgabe kann gemäß § 95 Abs. 6 AO auch nicht mit Zwangsmitteln durchgesetzt werden.

Ein besonderer Schätzungsanlass liegt darüber hinaus vor, wenn tatsächliche Anhaltspunkte für die Unrichtigkeit oder Unvollständigkeit der vom Steuerpflichtigen gemachten Angaben zu steuerpflichtigen Einnahmen oder Betriebsvermögensmehrungen bestehen und der Steuerpflichtige die Zustimmung zum **Kontenabruf** nach § 93 Abs. 7 S. 5 AO nicht erteilt. Eine solche Aufforderung kommt z. B. in Betracht, wenn aufgeklärt werden soll, ob der Steuerpflichtige

---

49 BFH v. 13.3.1985 I R 7/81, BStBl. II 1986, 318.
50 BFH v. 24.10.1985 IV R 75/84, BStBl. II 1986, 233.
51 BFH v. 17.3.1994 VI R 120/92, BStBl. II 1994, 536.
52 *Schmidt-Liebig*, NWB F 17, 1857.
53 Wie hier *Günther*, AO-StB 2015, 108, 109.
54 *Buciek* in Beermann/Gosch, § 162 Rz. 47.
55 Vgl. § 95 Abs. 1 S. 2 AO; *Schumann*, S. 50.

1.4 Schätzung als das „letzte Mittel"

betriebliche Erlöse zutreffend in seiner Buchführung erfasst hat oder ob steuerpflichtige Einnahmen auf „private" Konten geflossen sind.[56]

Ausgehend von dem Gedanken der Schätzung als dem letzten Mittel werden verschiedene **Schätzungsarten**[57] beschrieben, die allerdings für die konkrete Problemlösung nur selten hilfreich sind. Welche Schätzungsart zur Anwendung kommt, ist in Betriebsprüfungsfällen[58] oftmals nach dem „Zustand der Buchführung" zu entscheiden.[59]

Die sog. **Vollschätzung** bezieht sich bei der Ertragsteuer auf den Gewinn und bei der Umsatzsteuer auf den Umsatz.[60] Sie soll in Betracht kommen, wenn der Steuerpflichtige pflichtwidrig keine Bücher vorlegt[61] oder wenn seine Buchführung „kein Vertrauen verdient".[62] Auch bei einer solchen Vollschätzung müssen grundsätzlich alle Merkmale und Einzelheiten einer Buchführung berücksichtigt werden, auch wenn sie Fehler aufweist. Eine Vollschätzung ist solange unzulässig, wie eine Richtigstellung durch Ergänzungs- oder Teilschätzungen erfolgen kann.[63]

Die **Ergänzungsschätzung** betrifft hingegen einzelne Besteuerungsmerkmale. Mit ihrer Hilfe sollen punktuelle Ungewissheiten ausgeräumt werden. Typisch ist die Schätzung der unentgeltlichen Wertabgaben bei der Erstellung des Jahresabschlusses und der Umsatzsteuererklärung. Als weitere Beispiele können z. B. die Nutzungsdauer von Wirtschaftsgütern oder die Aufteilung von Kaufpreisen genannt angeführt werden.

Zwischen Vollschätzung und Ergänzungsschätzung findet sich gelegentlich der Begriff der **Teilschätzung.** Hierunter kann sowohl die gesamte Schätzung selbstständiger Einzelbesteuerungsgrundlagen als auch die Schätzung von einzelnen Teilen einer bestimmten Besteuerungsgrundlage verstanden werden.[64] Danach ist z. B. die Schätzung der Einkünfte aus Gewerbebetrieb bei ansonsten vollständiger Übernahme der Werte lt. Steuererklärung oder die Schätzung von Bareinnahmen bei ansonsten vollständiger Übernahme des Buchführungsergebnisses begrifflich eine „Teilschätzung".

Aus dem Ultima-Ratio-Prinzip und den daraus resultierenden o. g. verschiedenen Arten der Schätzung ergibt sich, dass die Verpflichtung des FA zur **Ermittlung** der Besteuerungsgrundlagen auch bei Vorhandensein eines gewissen

---

56 Vgl. *Apitz* in StBp-Handbuch, Kza. 4757, auch zu anderen Ermittlungsmöglichkeiten bei den Einkünften aus Kapitalvermögen.
57 Z. B. BFH v. 14. 12. 2011, XI R 5/10, BFH/NV 2012, 1921.
58 Siehe zu diesem Thema insgesamt Teil 3.
59 *Wied* in Blümich, § 4 Rz. 90.
60 *Seer* in Tipke/Kruse, § 162 Rz. 47.
61 BFH v. 3. 12. 1981 IV R 99/77, BStBl. II 1982, 273.
62 BFH v. 18. 12. 1984 VIII R 195/82, BStBl. II 1986, 226; BFH v. 2. 2. 1982 VIII R 65/80, BStBl. II 1982, 409.
63 BFH v. 13. 10. 1976 I R 67/75, BStBl. II 1977, 260; FG des Saarlands v. 23. 5. 2006 1 K 107/05, EFG 2006, 1214.
64 *Seer* in Tipke/Kruse, § 162 Rz. 48.

1 Allgemeine Grundsätze der Schätzung

Schätzungsanlasses nicht gänzlich aufgehoben.[65] Das kommt im Gesetz durch die Formulierung „... soweit die Besteuerungsgrundlagen nicht ermittelt oder berechnet werden können" in § 162 AO zum Ausdruck. Das Fortbestehen einer – wenn auch teilweise eingeschränkten[66] – Ermittlungspflicht bedeutet u. a., dass fundierten Aussagen und Darstellungen des Steuerpflichtigen zumindest in zumutbarem Umfang nachgegangen werden muss und sie ggf. bei Durchführung der Schätzung zu berücksichtigen sind. Vor allem aber ist die Schätzung in vielfacher Hinsicht auf den Bereich **beschränkt**, in dem der Schätzungsanlass besteht. Dabei erscheint noch selbstverständlich, dass die Einkommensteuer eines Steuerpflichtigen nur für das Jahr im Wege der Schätzung festgesetzt werden darf, für das z. B. keine Steuererklärung eingereicht wurde. Wesentlich mehr Diskussionen können sich aber z. B. im Bereich der Bp ergeben, wenn z. B. nur ein geringer Teil der Umsätze bar erzielt wird und im Bereich der Kassenführung Mängel festgestellt wurden. Sind die Bankumsätze nachgewiesen und bestehen keine Anhaltspunkte für ihre Unvollständigkeit, kann darf ein Sicherheitszuschlag nur im Hinblick auf die Barumsätze und nicht bezogen auf den Gesamtumsatz erfolgen.[67] Ggf. können Zuschätzungen auf einzelne Veranstaltungen o. ä. begrenzt sein, wenn nur für diese keine ordnungsgemäßen Aufzeichnungen vorgelegt werden können.[68]

1.5 Unvermeidbare Schätzungen

Unter § 162 AO fallen u. a. Fragen der **Bewertung**,[69] schon weil es in den meisten Fällen keine andere Möglichkeit der Wertbestimmung als diejenige der Schätzung gibt. Darüber hinaus können weder der Steuerpflichtige mit der Erklärungsabgabe noch das FA mit seiner Veranlagung warten, bis die am Stichtag bestehenden tatsächlichen und rechtlichen steuerlich relevanten Verhältnisse geklärt sind und jede Ungewissheit der Bewertung beseitigt ist.[70] Schon aus diesem Grund sind bei der Erstellung von Jahresabschlüssen und Steuererklärungen Schätzungen unvermeidbar.[71]

> *Beispiel:*
> Die Höhe einer Garantierückstellung ist umso genauer zu bestimmen, je mehr tatsächliche Garantiefälle nach dem Stichtag bekannt sind. Wegen der gesetzlichen Gewährleistungsfristen besteht aber erst nach mehreren Jahren Gewiss-

---

65 *Krömker* in Lippross/Seibel, § 162 Rz. 25.
66 Vgl. hierzu insbesondere den unter 1.8 dargestellten Problembereich der Verletzung von Mitwirkungspflichten.
67 FG Münster v. 4.7.2017 5 K 1188/15 U, EFG 2017, 1552, Rz. 37.
68 BFH v. 12.7.2017 X B 16/17, BFH/NV 2017, 1204, Rz. 104.
69 Z. B. nach §§ 9, 10, 38 ff. BewG und §§ 6, 8 Abs. 2, 16 Abs. 3 S. 7 EStG, vgl. *Cöster* in Koenig, § 162 Rz. 19.
70 BFH v. 4.2.1958 I 173/57 U, BStBl. III 1958, 109.
71 *Bornheim/Kröber*, S. 305. Als Beispiel werden dort u. a. der Teilwert und die Nutzungsdauer eines Wirtschaftsguts genannt.

heit. Da der Steuerpflichtige aber nicht bis zu diesem Zeitpunkt mit der Abgabe der Erklärung warten kann, hat er die voraussichtliche Inanspruchnahme unter Betrachtung der Vergangenheit im Wege der Schätzung zu quantifizieren.

Bei der Bewertung handelt sich aber wohl rechtstheoretisch nicht um eine fehlende Ermittlungsmöglichkeit i. S. v. § 162 Abs. 1 S. 1 AO, weil es in der dort angesprochenen Situation dem Grundgedanken nach um eine theoretisch denkbare, tatsächlich aber nicht existente Ermittlungs- oder Errechnungsmöglichkeit geht. Die die Bewertung regelnden Normen enthalten von vornherein eine Reduzierung des Beweismaßes, die in der Literatur als **genereller Schätzungsauftrag** beschrieben wird.[72]

Dass es sich bei der Bewertung immer um eine Schätzung handelt, beeinflusst u. a. den Pflichtenumfang nach durchgeführter Bilanzaufstellung oder Erklärungsabgabe: Kennt der Steuerpflichtige bei der Aufstellung der Bilanz Umstände, die die Schätzung beeinflussen, nicht, so ist er deshalb nicht verpflichtet, die von ihm nach bestem Gewissen aufgestellte Bilanz zu berichtigen, wenn er später diese Erkenntnis erlangt.[73]

Eine Schätzung ist unumgänglich, wenn eine **Ermittlung oder Berechnung** aus tatsächlichen Gründen **nicht möglich** ist. Es ist z. B. nicht bzw. nicht ohne zumutbaren Aufwand zu ermitteln, in welchem Umfang bei Gaststätten oder Bäckereien Waren durch den Betriebsinhaber oder seine Angehörigen verzehrt worden sind. Die Privatentnahmen sind folglich zu schätzen. Das BMF stellt hierzu Richtsatzsammlungen auf. Hier finden sich für die einzelnen Branchen empirisch gewonnene Werte, die im Einzelfall anzupassen sind. Ebenso ist z. B. die für die AfA maßgebliche Nutzungsdauer von Wirtschaftsgütern zu schätzen. Denn naturgemäß weiß niemand, wie lange ein Pkw im Betrieb genutzt werden kann. Auch wenn es bei der Prüfung, ob eine verdeckte Gewinnausschüttung vorliegt, z. B. um die Angemessenheit eines Geschäftsführergehaltes geht, wird man um eine Schätzung nicht umhinkommen. I. d. R. unvermeidbar sind Schätzungen im Zusammenhang mit bestimmten Aufteilungen. So ist der Kaufpreis für ein bebautes Grundstück im Verhältnis der Verkehrswerte auf die beiden Wirtschaftsgüter Grund und Boden und Gebäude zu verteilen, weil nur für das Gebäude Abschreibungen in Anspruch genommen werden können.

Schließlich sind Schätzungen insofern unvermeidbar und damit zulässig, als eine exakte Wertermittlung zwar theoretisch möglich, tatsächlich aber **unzumutbar** ist. So wird z. B. die Bestandsaufnahme von Schrottbeständen unter bestimmten Voraussetzungen für unzumutbar und insofern eine Schätzung für zulässig gehalten.[74] Für die Frage der Zumutbarkeit ist auf das jeweilige Verwaltungsverfahren abzustellen. So sind einem Außenprüfer wegen seiner rechtlichen und tatsächlichen Möglichkeiten weitergehende Ermittlungen zuzumu-

---

72 Cöster in Koenig, § 162 Rz. 19; Seer in Tipke/Kruse, § 162 Rz. 12.
73 BFH v. 11.10.1960 I 56/60 U, BStBl. III 1961, 3.
74 BFH v. 27.8.1953 IV 296/52 U, BStBl. III 1953, 357.

ten als dem Innendienst oder der betriebsnahen Veranlagung.[75] Doch auch der Außenprüfer muss keine Tätigkeiten vornehmen, die in ihrem Kernbereich Aufgabe des Steuerpflichtigen sind.[76] Zu Recht bestehen die FÄ auch bei der sog. „zeitnahen Ap"[77] i.d.R. darauf, dass für das letzte geprüfte Jahr Jahresabschluss und Steuererklärung vorliegen.

Wenn eine Schätzung im Ergebnis **keine steuerlichen Auswirkungen** hat, mindern sich sowohl die Anforderungen an die Darlegungen des Steuerpflichtigen als auch das Maß der vom FA bzw. FG vorzunehmenden Ermittlungen, weil der Untersuchungsgrundsatz kein Selbstzweck ist, sondern der Gleichmäßigkeit der Besteuerung dient.[78]

Schätzungen durch den Steuerpflichtigen dürfen **nicht willkürlich** erfolgen, sondern sie müssen fundiert sein. Die entsprechenden Schätzungserwägungen müssen deshalb aber nicht etwa schriftlich zusammen mit der Bilanz beim FA eingereicht werden, sondern es genügt, wenn sie sich aus den Unterlagen des Steuerpflichtigen ergeben. Kann der Steuerpflichtige keine erschöpfende und glaubwürdige Erklärung für die wirtschaftlichen Gründe seiner Schätzung geben, so wird das FA im Rahmen einer späteren Überprüfung selbst schätzen müssen und dabei ggf. von einem für den Steuerpflichtigen ungünstigen Sachverhalt ausgehen.

1.6 Typisierungen und Pauschbeträge

Gesetzliche Pauschbeträge sind keine Schätzung i.S.d. §162 AO, sondern dienen im Gegenteil gerade dazu, eine Schätzung zu vermeiden. So werden den FÄ z.B. umfangreiche Ermittlungen oder eben bisweilen schwierige Schätzungen erspart, wenn die Werbungskosten eines Arbeitnehmers im Einzelfall 1.000 € nicht übersteigen.[79] Als Folge werden dann aber Arbeitnehmer, die Werbungskosten i.H.v. z.B. 900 € bestreiten müssen und solche, die tatsächlich keine Werbungskosten haben, steuerlich gleich behandelt, was im Hinblick auf Art. 3 GG durchaus als bedenklich angesehen werden kann.[80] Besonders deutlich wird der Unterschied zwischen gesetzlicher Typisierung (keine Schätzung) und Schätzung i.S.d. §162 AO am Beispiel der steuerlichen Behandlung der privaten Pkw-Nutzung. Im Ertragsteuerbereich hat sich der Gesetzgeber für eine Typisierung dahingehend entschieden, dass der Wert der privaten Pkw-Nutzung pro Monat mit 1% des Bruttolistenpreises als Entnahme zu erfassen ist.[81] Für die Umsatzsteuer erfolgt eine solche Typisierung nicht, so dass der Wert der in der privaten Pkw-Nutzung liegenden fiktiven sonstigen Leistung

---

75　BFH v. 24.10.1985 IV R 75/84, BStBl. II 1986, 233.
76　Z.B. geordnete Rechnungsablage, Erstellung des Jahresabschlusses oder der Steuererklärung.
77　Im Idealfall einjähriger Prüfungsturnus.
78　FG Hamburg v. 13.9.2002 VI 163/01, EFG 2003, 975.
79　Arbeitnehmerpauschbetrag, §9a Nr. 1 EStG.
80　Ungleiches darf nicht gleich behandelt werden.
81　§6 Abs. 1 Nr. 4 EStG.

1.6 Typisierungen und Pauschbeträge

gemäß § 3 Abs. 9a UStG, insbesondere der Anteil der privaten Fahrten an der gesamten Nutzung des Pkw nach wie vor „frei" zu schätzen ist. Nach Ansicht des BFH ist die Ein-Prozent-Regel des Ertragsteuerrechts gerade kein sachgerechter Aufteilungsmaßstab für die Umsatzsteuer.[82]

Ähnlich wie mit gesetzlichen Typisierungen verhält es sich mit den zahlreichen **Pauschalierungen**, die in den Richtlinien, Erlassen und Verfügungen der Fin-Verw zu finden sind.[83] Denn sie werden im Allgemeinen als für die Verwaltung verbindlich erachtet[84] und sind auch vom FG zu beachten, d. h. der Steuerpflichtige hat letztlich einen Rechtsanspruch darauf, nach diesen allgemeinen Verwaltungsanweisungen besteuert zu werden.[85] Etwas anderes soll nur gelten, wenn die Pauschalierungen im Einzelfall zu einer offensichtlich unzutreffenden Besteuerung führen.[86] Wenn dies ausnahmsweise der Fall ist, muss eine insofern „freie" Schätzung erfolgen.[87] Zutreffend wird auf die „Befriedungsfunktion" von Pauschalierungen vor allem bei üblicher Weise emotional geprägten Themen wie der privaten Nutzung betrieblicher Gegenstände verwiesen.[88]

Sog. **Nichtbeanstandungsgrenzen** sind innerdienstliche Anweisungen, auf deren Berücksichtigung kein Rechtsanspruch besteht. Weder Verwaltung noch FG sind daran gebunden.[89] Es gelten deshalb zwar die allgemeinen Grundsätze der Feststellungslast bzw. der Schätzung, die FG sind in diesem Bereich aber durchaus geneigt, entsprechende Aufwendungen als nachgewiesen anzusehen.[90]

Die **Rechtsprechung** grenzt die Schätzungsbefugnis dadurch ein, dass sie bestimmte typisierte Schätzungen als unzulässig betrachtet.[91] Andererseits hat sie selbst sog. **typisierte Schätzungen** entwickelt, so z. B. die Annahme, dass eine Ferienwohnung dann, wenn eine genaue anderweitige Feststellung insofern nicht möglich ist, in den nicht aufklärbaren Zeiten zu 50 % selbst genutzt und zu 50 % vermietet wird.[92] Es handelt sich in einem solchen Fall um eine Schätzung i. S. d. § 162 AO, aber mit der Besonderheit, dass dem FA die „freie" Beweiswürdigung durch das Richterrecht de facto entzogen ist.

---

82 BFH v. 4. 11. 1999 V R 35/99, BFH/NV 2000, 759.
83 Im Ergebnis gl. A. *Seer* in Tipke/Kruse, § 162 Rz. 11, kritisch zu Pauschbeträgen bei möglicher Ermittlung *Rüsken* in Klein, § 162 Rz. 13.
84 Sog. „Selbstbindung der Verwaltung", vgl. BFH v. 12. 11. 2009 VI B 66/09, BFH/NV 2010, 884; BFH v. 23. 4. 2015 V R 32/14, BFH/NV 2015, 1106.
85 BFH v. 20. 10. 1999 X R 69/96, BStBl. II 2000, 259; BFH v. 12. 4. 1984 IV R 112/81, BStBl. II 1984, 554.
86 BFH v. 25. 10. 1985 VI R 15/81, BStBl. II 1986, 200.
87 BFH v. 28. 3. 2012 VI R 48/11, BStBl. II 2012, 926.
88 Vgl. *Streck*, Die Außenprüfung, S. 128.
89 Vgl. z. B. zur sog. Arbeitsmittelpauschale FG Brandenburg v. 25. 2. 1999 5 K 631/98 E, EFG 1999, 601.
90 BFH v. 5. 7. 2012 VI R 50/10, BFH/NV 2013, 293.
91 Z. B. die Anwendung der Ein-Prozent-Regel im Bereich der Umsatzsteuer.
92 BFH v. 6. 11. 2001 IX R 97/00, BStBl. II 2002, 726.

Geht das FA bei seiner Schätzung von bestimmten Durchschnittswerten aus, die es als **Erfahrungswerte** aus anderen Prüfungen bezeichnet, muss es dem FG ermöglicht werden, die Angemessenheit der betreffenden Durchschnittswerte festzustellen.[93] Setzt das FA vermeintliche Erfahrungswerte an, sollte die Offenlegung entsprechender Unterlagen beantragt werden. Die „Erfahrungswerte" erweisen sich nicht selten als subjektive Eindrücke des Prüfers. Allgemeine statistische Unterlagen sind hingegen durchaus Schätzungshilfen, mit denen ein Verfahrensbeteiligter jederzeit rechnen muss.[94]

1.7 Grundsatz der größten Wahrscheinlichkeit

Durch die Schätzung sollen die Besteuerungsgrundlagen angesetzt werden, die die größtmögliche Wahrscheinlichkeit für sich haben,[95] sie ist deshalb weder Strafe noch Zwangsmittel, sondern füllt die Lücke zwischen dem fehlenden bzw. unklaren Sachverhalt und der Notwendigkeit der Steuerfestsetzung. Das Ziel des § 162 AO, nach Möglichkeit die „richtigen" Besteuerungsgrundlagen anzusetzen, verbietet die Einbeziehung von „Strafzuschlägen". Hiervon zu unterscheiden ist allerdings der zulässige sog. Sicherheitszuschlag,[96] der im Interesse einer gleichmäßigen Besteuerung insbesondere dazu dient, zu vermeiden, dass derjenige Steuerpflichtige, der seine Pflichten verletzt, gegenüber dem pflichtbewussten und ehrlichen Bürger Vorteile erlangt.

Nach § 162 Abs. 1 S. 2 AO sind **alle bedeutsamen Umstände** zu berücksichtigen, nicht nur die für den Steuerpflichtigen negativen. Bei der Schätzung ist letzterer allerdings mit seinen Angaben in das Schätzungsverfahren einzubeziehen, d.h. die von ihm gemachten Angaben sind bei der Schätzung zu beachten.[97]

Das Ziel des § 162 AO, die sachlich richtigen Besteuerungsgrundlagen anzusetzen, bedeutet zwar theoretisch, dass trotz formeller Buchführungsmängel keine Schätzung erfolgen darf, wenn das sachliche Ergebnis dieser Buchführung richtig ist.[98] Diese grundsätzlich richtige Aussage darf aber nicht zu der Annahme verleiten, das FA müsse bei nichtordnungsgemäßer Buchführung die sachliche Unrichtigkeit des Buchführungsergebnisses nachweisen. Tatsächlich ist nämlich weder dem Steuerpflichtigen noch dem FA dieses richtige Ergebnis be-

---

93 BFH v. 17.6.2004 IV R 45/03, BFH/NV 2004, 1618.
94 BFH v. 2.3.2003 I B 43/02, BFH/NV 2003, 1027.
95 Ständige Rechtsprechung, z.B. BFH v. 19.2.2018 II B 75/16, juris, Rz. 49; BFH v. BFH v. 26.2.2002 X R 59/98, BStBl. II 2002, 450. Insbesondere der Abschuss einer tV spricht für eine sehr hohe Wahrscheinlichkeit der dort dokumentierten Schätzung, vgl. *Seer* in Tipke/Kruse, § 158 Rz. 10.
96 Näheres hierzu siehe 3.9.11.
97 BFH v. 17.7.1989 X B 39/89, BFH/NV 1990, 551; BFH v. 18.8.1993 II B 45/93, BFH/ NV 1994, 252.
98 Siehe auch *Seer* in Tipke/Kruse, § 162 Rz. 43, unter Hinweis auf FG Hamburg v. 20.11.2006 2 V 194/06, juris, allerdings ist zu beachten, dass in dem dortigen Fall ein „zweifellos richtiges Buchführungsergebnis" vorlag.

kannt. Damit ist gerade der typische Fall des § 162 Abs. 1 AO gegeben, d. h. das FA **muss** schätzen, und zwar je nach Grad der Pflichtverletzung durch den Steuerpflichtigen zu dessen Ungunsten.[99]

Eine **„griffweise Schätzung"**[100] ist dadurch gekennzeichnet, dass eine Datenbasis nicht vorhanden ist oder sie „keine oder insgesamt nur eine geringe Korrelation zur Zielgröße" aufweist.[101] Der BFH geht davon aus, dass eine solche „griffweise Schätzung" von den denkbaren Schätzungsmethoden diejenige ist, die mit den größten Unsicherheiten behaftet ist und konkreten Tatsachengrundlagen vollständig oder nahezu vollständig entbehrt.[102] Unter Zugrundelegung dieser Definition muss m. E. eine Abgrenzung zum besonders praxisrelevanten Fall des Sicherheitszuschlags vorgenommen werden, denn letzterer nimmt schon rein rechnerisch auf die erklärten Besteuerungsgrundlagen als „Datenbasis" Bezug.[103] Er stellt deshalb eine besonders qualifizierte Art der griffweisen Schätzung dar. Nicht zu verwechseln ist die zulässige griffweise Schätzung mit der grundsätzlich unzulässigen Schätzung eines sog. Grundsachverhalts.[104]

1.8 Verletzung von Mitwirkungspflichten

Warum Besteuerungsgrundlagen weder ermittelt noch berechnet werden können, ist für die Höhe der daraus resultierenden Schätzung grundsätzlich unbeachtlich. Folgerichtig sollen bei der Wertfindung alle bekannten Umstände zugunsten wie zuungunsten des Steuerpflichtigen zu berücksichtigen sein.[105] Trotz dieser größtmögliche Objektivität verlangenden Regelung ist das Verhalten des Steuerpflichtigen von immenser Bedeutung für die Schätzung. Ein deutlicher Hinweis darauf, dass vor allem Pflichtverletzungen auf Seiten des Steuerpflichtigen in die Schätzung einzubeziehen sind, findet sich in § 162 Abs. 2 AO. Die dort aufgeführten Schätzungsanlässe ergeben sich ausschließlich aus einem pflichtwidrigen Verhalten des Steuerpflichtigen, z. B. aus der Nichtabgabe seiner Steuererklärung. Die Rechtsprechung hat hierin eine Wertung durch den Gesetzgeber gesehen und die Zusammenhänge zwischen Schätzung, Schätzungsrahmen, Ermittlungspflicht des FA und Mitwirkungspflicht des Steuerbürgers wie folgt gelöst:

Das starre **Feststellungslast**-Verteilungsschema, nach dem der Steuerpflichtige steuermindernde Tatsachen und das FA steuererhöhende Sachverhalte belegen

---

99 Zu den Auswirkungen von Pflichtverletzungen auf die Schätzung allgemein siehe die nachfolgenden Ausführungen, zur Richtigkeitsvermutung einer ordnungsgemäßen Buchführung siehe 3.5.
100 Vgl. bereits RFH v. 24. 9. 1925 VI A 155/25, StuW 1925, Nr. 609, zum besonderen Fall des Sicherheitszuschlags siehe 3.9.11.
101 *Barthel*, Stbg 2017, 315.
102 BFH v. 28. 9. 2011 X B 35/11, BFH/NV 2012, 177, Rz. 11.
103 Auch wenn absolute Beträge angesetzt werden, orientieren sich diese an den erklärten Beträgen. Wegen Einzelheiten zum Sicherheitszuschlag siehe 3.9.11.
104 Siehe unter 1.3.
105 Vgl. § 162 Abs. 1 S. 2 AO.

1 Allgemeine Grundsätze der Schätzung

muss, findet – als ultima ratio – nur Anwendung, wenn ein Sachverhalt trotz Ausschöpfung aller zugänglichen und zumutbaren Ermittlungsmöglichkeiten nicht oder nicht vollständig aufgeklärt werden kann.[106] Vor einer Entscheidung nach den Regeln der Feststellungslast ist vorrangig der Sachverhalt aufzuklären und, soweit dies nicht gelingt, eine Reduzierung des Beweismaßes unter Berücksichtigung von Mitwirkungspflichtverletzungen vorzunehmen.[107]

Aus den o. g. Gründen kann nicht nach den Regeln der Feststellungslast entschieden werden, wenn die mangelhafte Sachaufklärung darauf beruht, dass der Steuerpflichtige abgabenrechtliche **Mitwirkungspflichten verletzt** hat, die ihm gerade zu dem Zweck auferlegt sind, derartige Mängel zu vermeiden.[108] Dann muss die Entscheidung vielmehr die konkrete Verfahrenssituation berücksichtigen und dem Umstand Rechnung tragen, dass der Pflicht zur vollständigen und wahrheitsgemäßen Erklärung über tatsächliche Umstände[109] eine Mitverantwortung für die Folgen entspricht, die eintreten, wenn das Ziel vollständiger Sachverhaltsermittlung nicht erreicht wird.[110]

Besonders deutlich wird die Mitverantwortung des Steuerpflichtigen an der Regelung des § 162 Abs. 2 S. 1 AO, wonach sich FA und FG mit einem geringeren Grad an Überzeugung begnügen können, als dies i. d. R. nach § 88 AO bzw. nach § 96 Abs. 1 S. 1. Hs 1 FGO erforderlich ist.[111] Aus der gemeinsamen Verantwortung des Steuerpflichtigen einerseits und der Finanzbehörde sowie des FG andererseits für die vollständige Sachaufklärung im Geltungsbereich des Abgabenrechts folgt u. a., dass sich die Ermittlungspflicht der Finanzbehörde[112] und auch diejenige des FG[113] mindert, wenn ein Steuerpflichtiger ihm auferlegte allgemeine oder besondere Mitwirkungs-, Informations- oder Nachweispflichten verletzt.[114] Kriterien und Ausmaß der Reduzierung von Sachaufklärungspflicht und Beweismaß lassen sich dabei nicht generell festlegen, sondern nur von Fall zu Fall bestimmen.[115] Dabei können mit unterschiedlicher Gewichtung der Grad der Pflichtverletzung, der Grundsatz der Verhältnismäßigkeit, der Gedanke der Zumutbarkeit und ggf. die gesteigerte Mitverantwortung aus vor-

---

106 Z.B. BFH v. 14.12.2011 XI R 5/10, BFH/NV 2012, 1921; BFH v. 12.12.2000 VIII R 36/99, BFH/NV 2001, 789.
107 BFH v. 23.3.2011 X R 44/09, BStBl. II 2011, 884; BFH v. 15.2.1989 X R 16/86, BStBl. II 1989, 462.
108 Grundlegend zu diesem Gedanken BFH v. 15.2.1989 X R 16/86, BStBl. II 1989, 462.
109 Vgl. für das FG-Verfahren § 76 Abs. 1 S. 3 FGO.
110 Sog. „Sphärenverantwortlichkeit", vgl. z. B. *Seer* in Tipke/Kruse, § 158 Rz. 8 und § 162 Rz. 4; BFH v. 9.7.1986 I B 36/86, BStBl. II 1987, 487, vgl. für das FG-Verfahren § 76 Abs. 1 S. 3 FGO.
111 Sog. Reduzierung des Beweismaßes, vgl. BFH v. 13.3.1985 I R 7/81, BStBl. II 1986, 318.
112 § 88 Abs. 1 AO.
113 § 76 Abs. 1 S. 2–4 und § 96 Abs. 1 S. 1 FGO.
114 BFH v. 15.2.1989 X R 16/86, BStBl. II 1989, 462; BFH v. 20.5.1969 II 25/61, BStBl. II 1969, 550.
115 BFH v. 15.2.1989 X R 16/86, BStBl. II 1989, 462; FG Hamburg v. 11.11.2014 6 K 206/11, juris; FG Berlin-Brandenburg v. 28.9.2015 4 V 4076/15, juris.

1.8 Verletzung von Mitwirkungspflichten

angegangenem Tun, z. B. bei außergewöhnlicher Sachverhaltsgestaltung oder „ungeordneten Verhältnissen", bedeutsam sein.[116] Erhebliche Bedeutung kommt in diesem Zusammenhang dem Gedanken der **Beweisnähe** zu.[117] Die Verantwortung des Steuerpflichtigen für die Aufklärung des Sachverhalts ist danach umso größer, je mehr Tatsachen oder Beweismittel der von ihm beherrschten Informations- oder Tätigkeitssphäre angehören.[118] FA und FG müssen einen Sachverhalt, der sich in der Sphäre des Steuerpflichtigen bzw. des Klägers abgespielt hat, nicht in vollem Umfang aufklären, wenn der Kläger seinerseits der Verpflichtung zu einer nachvollziehbaren Schilderung nicht nachgekommen ist.[119] Dieser Grundsatz gilt z. B. dann, wenn sich der Steuerpflichtige in einem im Anschluss an eine Ap geführten Einspruchsverfahren weigert, die maßgeblichen Geschäftsbelege erneut vorzulegen.[120] Fest steht, dass der „Beweisverderber" oder „Beweisvereitler" aus seinem Verhalten keinen Vorteil ziehen darf.[121] Zur Vermeidung eines solchen Ergebnisses sind belastende Unterstellungen möglich.[122] Die Anwendbarkeit der Beweislastregeln, die sich im Bereich der Schätzungen stark am Verhalten der Beteiligten und an den vorhandenen Erkenntnismöglichkeiten orientieren, ist durch den BFH wiederholt betont worden.[123] Die Beweisnähe eines Steuerpflichtigen für die in seiner Sphäre liegenden steuererheblichen Tatsachen verschiebt die Grenze der zumutbaren Mitwirkung zu seinen Lasten umso mehr, je personenbezogener, ungewöhnlicher, verwickelter, schwerer zugänglich, atypischer und undurchsichtiger die behaupteten Verhältnisse sind.[124]

> *Beispiel:*
> Der Steuerpflichtige will aus Misstrauen gegenüber Banken enorme Bargeldbeträge zu Hause aufbewahrt haben, ohne das aber glaubhaft machen zu können. Das FA kann von einer verzinslichen Anlage ausgehen und gemäß § 162 AO entsprechende Zinseinnahmen berücksichtigen.[125]

---

116 BFH v. 12.6.1975 IV R 10/72, BStBl. II 1975, 853; BFH v. 7.7.1983 VII R 43/80, BStBl. II 1983, 760.
117 *Seer* in Tipke/Kruse, § 162 Rz. 8.
118 Sog. "Sphärenverantwortlichkeit", vgl. z. B. BFH v. 7.7.1983 VII R 43/80, BStBl. II 1983, 760; BFH v. 20.3.1987 III R 172/82, BStBl. II 1987, 679; BFH v. 30.11.1989 I R 14/87, BStBl. II 1990, 993; BFH v. 14.8.1991 X R 86/88, BStBl. II 1992, 128; BFH v. 21.1.2005 VIII B 163/03, juris.
119 BFH v. 11.12.2003 V B 102/03, BFH/NV 2004, 649.
120 FG Düsseldorf v. 28.7.2009 15 K 829/06, G, U, F, juris.
121 Rechtsgedanke des § 444 ZPO i. V. m. § 155 FGO.
122 BFH v. 13.3.1985 I R 7/81, BStBl. II 1986, 318; FG Düsseldorf v. 28.7.2009 15 K 829/06 G, U, F, juris.
123 Z. B. BFH v. 15.2.1989 X R 16/86, BStBl. II 1989, 462.
124 FG Baden-Württemberg v. 26.11.2010 10 K 43/10, EFG 2011, 804; FG Düsseldorf v. 7.9.2007 9 K 3577/05 E, F, juris.
125 FG Nürnberg v. 3.6.2003 VI 99/99, EFG 2003, 1356, nachgehend BFH v. 21.1.2005 VIII B 163/03, BFH/NV 2005, 835.

1 Allgemeine Grundsätze der Schätzung

Der Umfang der Pflichtverletzung durch den Steuerpflichtigen beeinflusst darüber hinaus die qualitativen Anforderungen, die von den FG an die Schätzung gestellt werden. Diese Anforderungen nehmen mit der Schwere der festgestellten Mängel auf Seiten des Steuerpflichtigen ab.[126] So rechtfertigen schwerwiegende Buchführungsmängel ein verhältnismäßig grobes Schätzungsverfahren.[127] Diese Auffassung des BFH ist von großer praktischer Bedeutung, da dem FA in den Fällen schwerer Pflichtverletzungen i. d. R. auch weniger oder weniger glaubwürdige Daten und Informationen zur Durchführung der Schätzung zur Verfügung stehen. Zwangsläufig kann dann auch gar nicht anders als „grob" geschätzt werden. Der Steuerpflichtige kann bei fehlenden Unterlagen nicht verlangen, dass besonders umfangreiche und Zeit raubende Ermittlungen angestellt werden.[128] Bei der Beantwortung der Frage, in welchem Umfang der Steuerpflichtige an der Sachverhaltsaufklärung mitwirken muss und wie differenziert auf der anderen Seite die Schätzung des FA sein muss, ist immer die steuerliche Auswirkung einzubeziehen. Das ergibt sich schon daraus, dass der Untersuchungsgrundsatz[129] des § 88 AO kein Selbstzweck ist.

Im Streit um **steuererhöhende oder steuerbegründende Tatsachen** gilt damit: Kann ein Sachverhalt nicht aufgeklärt werden, weil der Steuerpflichtige seiner Mitwirkungspflicht nur in unzureichendem Umfang nachgekommen ist, reduziert sich das Beweismaß dahingehend, dass der Schätzung die größtmögliche Wahrscheinlichkeit zu Grunde zu legen ist. Hat der Steuerpflichtige seine Mitwirkungspflichten nicht verletzt, bleibt es hingegen beim Regelbeweismaß. Das FA muss die entsprechenden Tatsachen, z. B. das Vorliegen Steuerpflichtige Umsätze, nachweisen.

> *Beispiel:*
> Stellt das FA Zuwächse auf Konten fest, ist die Buchführung aber ordnungsgemäß, müssen weitere Erkenntnisse hinzutreten, um zur Hinzuschätzung betrieblicher Einnahmen zu gelangen. Hat der Steuerpflichtige aber z. B. seine Buchführung vernichtet, nachdem er mit der Entdeckung der Zusatzkonten konfrontiert wurde und hat das FA deshalb kaum noch Prüfungsmöglichkeiten, steht der Annahme betrieblicher Einnahmen im Schätzungswege nichts entgegen. Auch wenn das FA konkrete Umstände dafür darlegt, dass ein durch Gesamtvermögensvergleich ermittelter Vermögenszuwachs aus nicht versteuerten Einkünften herrührt, greifen die Grundsätze der objektiven Beweislast nicht ein. Die Finanzbehörde muss insoweit nicht die Verwirklichung eines konkreten Steuertatbestands durch den Steuerpflichtigen nachweisen.[130]

---

126 BFH v. 2.2.1982 VIII R 65/80, BStBl. II 1982, 409, 413; *Seer* in Tipke/Kruse, § 162 Rz. 40.
127 BFH v. 12.7.2017 X B 16/17, BFH/NV 2017, 1204; BFH v. 12.4.1988 VIII R 154/84, BFH/NV 1989, 636; FG des Saarlands v. 20.4.2012 1 K 1156/10, juris. Häufig wird darauf hingewiesen, dass dort, wo „ein grober Klotz" liege, ein „grober Keil" Anwendung finden müsse, vgl. z. B. *Wähnert*, StBp 2011, 107, 109.
128 BFH v. 17.1.1963 V 296/59, HFR 1963, 378.
129 Siehe hierzu 1.1.
130 BFH v. 19.11.1987 IX R 81/84, juris, nachgehend BVerfG v. 25.4.1989 1 BvR 7/88, juris.

1.8 Verletzung von Mitwirkungspflichten

Im Streit um **steuermindernde Tatsachen** ist zu beachten: Bei unzureichender Mitwirkung des Steuerpflichtigen bleibt es beim Regelbeweismaß, so dass die Folgen der Unerweislichkeit hier vom Steuerpflichtigen zu tragen sind.[131] Ist der Steuerzahler seinen Pflichten hingegen in ausreichendem Umfang nachgekommen, reduziert sich das Beweismaß zu seinen Gunsten auf die höchstmögliche Wahrscheinlichkeit.

Beispiel:

Der Steuerpflichtige gibt an, täglich 200 km aus beruflichen Gründen mit seinem Pkw zu fahren. Das FA fordert ihn auf, für die Zukunft ein Fahrtenbuch zu führen sowie sämtliche Kosten im Zusammenhang mit dem Pkw im Rahmen der Steuererklärung nachzuweisen. Der Steuerpflichtige ignoriert die Aufforderung. Das FA ist in einem solchen Fall bei der nächsten Veranlagung berechtigt, die Fahrtkosten zu schätzen und dabei von dem für den Steuerpflichtigen ungünstigsten Sachverhalt auszugehen. Kommt der Steuerpflichtige der Aufforderung jedoch nach und sind die Angaben zu den dienstlich gefahrenen Kilometern schlüssig und glaubhaft, so spricht die größtmögliche Wahrscheinlichkeit dafür, dass die geltend gemachten Kosten tatsächlich angefallen sind.

Streit um die Feststellungs- und Beweislast ergibt sich häufig in solchen Fällen, in denen die **Zuordnung von Geldzuflüssen** völlig unklar ist.

Beispiele:

- Beim angeblich vermögenslosen Asylbewerber A werden 300.000 € gefunden.
- Auf dem Bankkonto eines Hartz IV-Empfängers gehen 4 Mio. € ein. Dies wird durch die Geldwäsche-Aufsicht der Bank festgestellt.
- A ist Leiter einer Mülldeponie der C-GmbH. Auf seinem Bankkonto gehen jährlich 80.000 € in Teilbeträgen von 500 € bis 5.000 € ein. Es handelt sich um Bareinzahlungen ohne Absender.

In diesen Fällen müssen die fraglichen Geldbeträge zunächst der richtigen Person zugeordnet werden. Das erfolgt durch Befragung des Steuerpflichtigen oder Dritter[132] wie z. B. des Überweisenden, wenn dieser bekannt ist. Ist der Steuerpflichtige nicht zur Auskunft bereit, so entfällt die Feststellungslast des FA, obwohl es sich um Steuer begründende Tatsachen handelt. Damit wird das FA in den o. g. Beispielsfällen zu Recht von gewerblichen Einkünften ausgehen und diese der Besteuerung unterwerfen, wenn die jeweiligen Steuerpflichtigen den Sachverhalt nicht aufzuklären bereit sind. Eine Entscheidung nach den Grundsätzen der Feststellungslast kommt nicht in Betracht, sofern die Steuerpflichtige keinen Beitrag zur Sachaufklärung leisten.

In der **Praxis** ist vielfach zu beobachten, dass der Steuerpflichtige seitens der Behörde mit „Aufgaben" zur Beschaffung von Beweismitteln überfordert wird in der Hoffnung, später mit der Verletzung von Mitwirkungspflichten argumentieren zu können. Dem ist entgegenzutreten und zu prüfen, ob die entsprechen-

---

131 BFH v. 24.6.1997 VIII R 9/96, BStBl. II 1998, 51.
132 Subsidiär wegen § 93 Abs. 1 S. 3 AO.

1 Allgemeine Grundsätze der Schätzung

den Anfragen überhaupt sinnvoll sind. Die Verletzung der Pflicht zur Beschaffung von Beweismitteln kann nur zu nachteiligen Rechtsfolgen führen, wenn zumindest Anhaltspunkte dafür bestehen, dass mit Hilfe der betreffenden Beweismittel überhaupt eine weitere Sachverhaltsaufklärung möglich gewesen wäre.

Für **Auslandssachverhalte** gilt § 90 Abs. 2 AO und damit eine erhöhte Mitwirkungspflicht des Steuerpflichtigen[133] Hintergrund ist die Tatsache, dass die Finanzbehörden im Ausland auf erhebliche Ermittlungsschwierigkeiten rechtlicher und tatsächlicher Art stoßen und der Gesetzgeber diesen „Nachteil" durch eben diese erhöhte Mitwirkungspflicht ausgleichen wollte. Die Verletzung der aus § 90 Abs. 2 AO resultierenden erhöhten Mitwirkungspflicht führt zur Schätzungsbefugnis des FA.[134] Um § 90 Abs. 2 AO gerecht zu werden, muss der Steuerpflichtige Beweismittel nicht nur benennen, sondern diese ggf. auch beschaffen. Weiterhin hat er bereits bei der „Gestaltung seiner Verhältnisse"[135] eine entsprechende Beweisvorsorge zu treffen. Im finanzgerichtlichen Verfahren muss der Kläger ggf. einen im Ausland ansässigen Zeugen stellen, wenn es um den Nachweis eines im Ausland verwirklichten Sachverhalts geht.[136] Manche Betriebsprüfer neigen allerdings dazu, vom Steuerpflichtigen Unterlagen größeren Ausmaßes aus dem Ausland herbeischaffen zu lassen und dann für den Fall, dass ihm dies nicht gelingt, auf die Rechtsfolge des § 90 Abs. 2 AO zu verweisen und negative Schlussfolgerungen für die Besteuerung zu ziehen.[137] Dem ist entgegenzutreten, weil § 90 Abs. 2 AO eine solche quasi unbegrenzte Anforderung von Unterlagen nicht rechtfertigt. Insbesondere ergibt sich aus dieser Vorschrift keine Pflicht, Unterlagen erst erstellen zu lassen. Weiterhin muss das verlangte Tun in einem vertretbaren Verhältnis zu dem angestrebten Aufklärungserfolg und der vermuteten steuerlichen Auswirkung stehen. So ist es z. B. unverhältnismäßig, wegen einzelner Geschäftsvorfälle die gesamte Buchführung einer Auslandstochter anzufordern.

1.9 Schätzungsrahmen

Der Schätzungsrahmen beschreibt die Bandbreite der Werte, die zu einer zulässigen Schätzung führen. Es liegt in der Natur der Sache, dass nicht nur ein einziger Wert zu einer rechtmäßigen Schätzung führt, sondern dass mehrere „richtige" Schätzwerte existieren. Denn mit jeder Schätzung sind Abweichungen von den tatsächlichen Verhältnissen verbunden, weil sie in Unkenntnis der wahren Gegebenheiten erfolgt.[138]

---

133 Gemäß § 74 Abs. 1 S. 4 FGO gilt diese Vorschrift auch im FG-Verfahren.
134 § 162 Abs. 2 AO: „Zu schätzen ist insbesondere dann, wenn der Steuerpflichtige ... seine Mitwirkungspflicht nach § 90 Abs. 2 verletzt."
135 § 90 Abs. 2 S. 3 AO.
136 BFH v. 25.4.2006 X B 38/05, BFH/NV 2006, 1444.
137 „Faktische Beweislastumkehr". Siehe zu diesem Thema auch die Darstellung zu § 160 AO in Teil 4.
138 BFH v. 20.12.2000 I R 50/00, BStBl. II 2001, 381.

1.9 Schätzungsrahmen

Beispiele:
- Der Verkehrswert eines unbebauten Grundstücks liegt zwischen 50.000 und 60.000 €.
- Verschiedene Nachkalkulationen im Rahmen einer Ap führen zu einem Gewinn zwischen 100.000 und 150.000 €.
- Bei der Bemessung einer verdeckten Gewinnausschüttung ist von einem angemessenen Geschäftsführergehalt zwischen 100.000 € und 180.000 € auszugehen.

Dabei ist der Schätzungsrahmen umso größer, je weniger Einzelheiten des Sachverhalts ermittelt werden können.[139] Als maßgebliches Kriterium für den Schätzungsrahmen ist darauf abzustellen, dass die Schätzung schlüssig und zumindest noch **wirtschaftlich möglich** ist.[140] Dabei kann die Schlüssigkeit grundsätzlich nur auf der Grundlage der internen Aktenvermerke nachvollzogen werden.[141] Im Rechtsstreit ist deshalb Akteneinsicht zu beantragen. Für die Frage der wirtschaftlichen Möglichkeit kann das Verhältnis von Umsatz und Gewinn eine Rolle spielen.[142] Vor allem aber muss der Betrieb seiner Kapazität nach in der Lage sein, die angesetzten Umsätze und Gewinne zu erwirtschaften.

Beispiel:
Frau F betreibt einen Marktstand. Aufzeichnungen über Wareneinkauf und Warenverkauf fehlen. Vergleichbare Stände auf diesem Markt mit diesem Warenangebot und entsprechendem Personal erzielen monatlich 5.000 € Gewinn. Bei F wird durch eine fehlerhafte EDV-Eingabe der monatliche Gewinn mit 500.000 € angesetzt. Diese Schätzung ist offensichtlich wirtschaftlich unmöglich, da der Schätzungsrahmen für jeden Dritten erkennbar überschritten ist. Der Schätzungsbescheid ist nichtig.[143]

Als entscheidend für den schließlich auszuwählenden Wert innerhalb des Schätzungsrahmens wird das Maß der **Pflichtverletzung** durch den Steuerpflichtigen gesehen.[144] Dabei soll derjenige, der die Schätzung verursacht hat, keinen Vorteil daraus ziehen, dass das FA die Besteuerungsgrundlagen entgegen der Regel nicht ermitteln oder berechnen kann.[145] Wird eine Schätzung wegen Verletzung der Buchführungs- oder Aufzeichnungspflichten erforderlich, so kann sich das FA deshalb an der **oberen Grenze** des Schätzungsrahmens orientieren, weil der Steuerpflichtige vermutlich Einkünfte verheim-

---

139 FG des Saarlands v. 21.1.2004 1 K 144/03, EFG 2004, 699.
140 BFH v. 26.2.2018 X B 53/17, BFH/NV 2018, 820. Für die Frage des wirtschaftlich Möglichen kann z.B. das Verhältnis von Umsatz und Gewinn herangezogen werden, vgl. BFH v. 13.10.2003 IV B 85/02, BStBl. II 2004, 25.
141 Vgl. FG Köln v. 21.3.1995 13 K 6492/94, EFG 1996, 571.
142 Vgl. BFH v. 13.10.2003 IV B 85/02, BStBl. II 2004, 25.
143 Zum Problem der Nichtigkeit von Schätzungsbescheiden insgesamt siehe 1.10.
144 Die Ausführungen unter 1.8 sind deshalb zu beachten.
145 BFH v. 26.10.1994 X R 114/92, BFH/NV 1995, 373; BFH v. 9.3.1967 IV 184/63, BStBl. III 1967, 349.

lichen will.[146] Dieses Vorgehen gebietet schon das Prinzip der Gleichmäßigkeit der Besteuerung, denn die Schätzung soll verhindern, dass Steuerpflichtige, die für die Möglichkeit der Nachprüfung aller in Frage kommenden Verhältnisse sorgen, höhere Steuern zahlen als diejenigen, bei denen eine Nachprüfung unmöglich ist.[147]

Die genannten Grundsätze finden ihre Grenze dort, wo eine Schätzung willkürlich erfolgt und den Schätzungsrahmen verlässt.[148] Deshalb sind sog. **Straf- oder Mondschätzungen** auch bei feststehender Pflichtverletzung unzulässig.[149] Die Grenze lässt sich treffend mit der Redewendung „Die Kirche muss im Dorf bleiben" umschreiben.

Das Vorliegen einer unzulässigen Strafschätzung kann sich nicht nur aus dem Tenor des Bescheids ergeben, sondern auch aus dem Geschehensablauf der Veranlagung. So spricht z. B. vieles für eine willkürliche Steuerfestsetzung, wenn ohne besondere Begründung die mutmaßlichen Zinsen gegenüber den vorherigen Schätzungen um mehr als 50.000 € erhöht werden.[150]

1.10 Nichtiger Schätzungsbescheid

Ein Schätzungsbescheid ist nur in **Ausnahmefällen** nichtig gemäß § 125 Abs. I AO. Ein derartiger Ausnahmefall liegt vor, wenn der Bescheid die an eine ordnungsgemäße Verwaltung zu stellenden Anforderungen in einem so erheblichen Maß verletzt, dass von niemand erwartet werden kann, ihn als verbindlich anzuerkennen. Der Fehler muss von einem solchem Ausmaß und von einer solchen Schwere sein, dass er den davon betroffenen Akt der öffentlichen Gewalt als mit der rechtsstaatlichen Ordnung unvereinbar und schlechterdings unerträglich erscheinen lässt.[151] Selbst grobe Schätzungsfehler führen i. d. R. nur zur Rechtswidrigkeit des Bescheids.[152] Nichtigkeit soll nur vorliegen, wenn Steuern willkürlich und bewusst zum Nachteil des Steuerpflichtigen festgesetzt

---

146 BFH v. 28. 7. 2015 VIII R 2/09, BStBl. II 2016, 447; BFH v. 15. 7. 2014 X R 42/12, BFH/NV 2015, 145; BFH v. 15. 5. 2002 X R 33/99, BFH/NV 2002, 1415; BFH v. 21. 6. 2000 IV B 138/99, BFH/NV 2001, 2; BFH v. 1. 12. 1998 III R 78/97, BFH/NV 1999, 741; BFH v. 1. 10. 1992 IV R 34/90, BStBl. II 1993, 259; BFH v. 19. 7. 1985 III R 189/82, BFH/NV 1986, 446; FG Hamburg v. 7. 9. 2010 3 K 13/09, EFG 2010, 2057; FG Hamburg v. 18. 11. 2009 6 K 90/08, AO-StB 2010, 238; FG des Saarlands v. 15. 2. 2005 1 K 323/01, rkr., juris; *Rüsken* in Klein, § 162 Rz. 38.
147 Z. B. BFH v. 15. 2. 1989 X R 16/86, BStBl. II 1989, 462; BFH v. 9. 3. 1967 IV 184/63, BStBl. III 1967, 349; FG des Saarlands v. 1. 9. 1998 1 V 226/98, EFG 1998, 1554 und FG des Saarlands v. 8. 5. 1981 I 73-75/79, juris.
148 Sog. „Willkürverbot".
149 BFH v. 1. 10. 1992 IV R 34/90, BStBl. II 1993, 259; FG Köln v. 21. 3. 1995 13 K 6492/94, EFG 1996, 571.
150 FG Münster v. 25. 4. 2006 11 K 1172/05 E, EFG 2006, 1130.
151 BFH v. 27. 6. 2006 VII R 34/05, BFH/NV 2006, 2024.
152 Vgl. dazu z. B. BFH v. 12. 12. 2013 X B 205/12, juris; BFH v. 18. 4. 2006 VII R 77/04, BStBl. II 2006, 578; BFH v. 23. 1. 2003 VIII B 161/02, BFH/NV 2003, 881; BFH v. 1. 10. 1992 IV R 34/90, BStBl. II 1993, 259; FG München v. 13. 2. 2012 14 K 361/11, juris; FG München v. 30. 3. 2010 13 K 2600/08, juris; *Buciek* in Beermann/Gosch, § 162 Rz. 175.

1.10 Nichtiger Schätzungsbescheid

werden. Dies ist allerdings nicht nur bei subjektiver Willkür des handelnden Bediensteten anzunehmen, sondern auch, wenn das Schätzungsergebnis trotz der vorhandenen Aufklärungsmöglichkeiten krass von den tatsächlichen Gegebenheiten abweicht und in keiner Weise erkennbar ist, dass überhaupt und ggf. welche Schätzungserwägungen angestellt wurden, wenn somit ein „objektiv willkürlicher" Hoheitsakt vorliegt.[153] Das bedeutet aber wiederum nicht, dass die Begründung für den Bescheidempfänger plausibel und überzeugend sein muss.[154] Nichtigkeit wegen „objektiver Willkür" liegt jedenfalls i. d. R. nicht vor, wenn das FA keine Möglichkeit hat, den Sachverhalt weiter aufzuklären, wie dies z. B. bei den Einkünften aus Kapitalvermögen regelmäßig der Fall ist.[155]

Die für die Nichtigkeit erforderliche Offenkundigkeit des Fehlers muss sich nicht für den betroffenen Steuerpflichtigen, sondern für einen **gedachten verständigen Dritten** ergeben, dem die Kenntnis aller in Betracht kommenden Umstände unterstellt werden kann und der in der Lage ist, den Fehler in seiner besonderen Schwere zu erkennen.[156]

In folgenden Fällen werden **nichtige** Steuerbescheide angenommen:

- Schätzung des Jahresumsatzes ohne Berücksichtigung der Voranmeldungen auf das Zweieinhalbfache des Vorjahresumsatzes,[157]
- Schätzung eines Umsatzes in Höhe des 25fachen des tatsächlichen Umsatzes lt. Steuererklärung,[158]
- Nichtberücksichtigung einer BWA, die zuvor zur Herabsetzung von Vorauszahlungen geführt hat,[159]
- Schätzung, die erkennbar dazu dient, lediglich Druck auf den Steuerpflichtigen auszuüben und nicht zum Ziel hat, der Realität möglichst nahe zu kommen,[160]
- Schätzung, die ausschließlich zur Wahrung der Festsetzungsfrist erfolgt,[161]
- Annahme eines Reingewinns i. H. v. 82 % des Umsatzes bei einem Bauunternehmen,[162]

---

153 BFH v. 13.10.2003 IV B 85/02, BStBl. II 2004, 25; BFH v. 15.5.2002 X R 34/99, BFH/NV 2002, 1415; FG Münster v. 25.4.2006 11 K 1172/05 E, EFG 2006, 1130.
154 BFH v. 17.3.2009 VII R 40/08, BFH/NV 2009, 1287.
155 FG Münster v. 4.7.2003 11 K 1325/02 E, juris.
156 BFH v. 23.8.2000 X R 27/98, BFH/NV 2001, 355; *Günther*, AO-StB 2016, 201, 202.
157 FG Baden-Württemberg v. 23.9.1987 XII K 227/86, EFG 1988, 143.
158 FG Köln v. 22.5.2014 11 K 3056/11, EFG 2014, 1739.
159 FG Brandenburg v. 9.12.1997 3 K 967/96 E, EFG 1998, 706.
160 FG München v. 4.9.2008 2 K 1865/08, EFG 2009, 142.
161 Niedersächsisches FG v. 24.1.1995 I 457/90, EFG 1995, 408.
162 FG München v. 4.9.2008 2 K 1865/08, EFG 2009, 142, im Streitfall waren allerdings noch andere Gesichtspunkte zu berücksichtigen, die dann insgesamt zur Annahme der Nichtigkeit führten.

1 Allgemeine Grundsätze der Schätzung

- Ansatz von Einkünften aus Kapitalvermögen in 11facher Höhe der Zinsen des Vorjahres ohne sachlichen Grund, Gesamtbetrag der Einkünfte als Bemessungsgrundlage für die Berechnung der mutmaßlichen Zinsen.[163]
- Das FA nimmt keine an Wahrscheinlichkeitsmaßstäben orientierte Schätzung vor, sondern geht davon aus, dass grundsätzlich keine negativen Einkünfte geschätzt werden dürfen.[164]
- Das FA schätzt die Einkünfte eines Ende Oktober zugezogenen Ausländers, der im Januar des nächsten Jahres gegenüber dem FA im Rahmen eines Fragebogens die Aufnahme einer Tätigkeit als selbstständiger Forstarbeiter mit voraussichtlichen Einkünften von 10.000 € angegeben hat, nach Nichtabgabe der Steuererklärung für das Jahr des Zuzugs unter der Annahme von Einkünften nach § 19 EStG von 30.000 € und einem Gewinn von 2.000 €, später von 6.000 €, ohne dass entsprechende Schätzungsüberlegungen erkennbar sind.[165]
- Der Sachbearbeiter teilt nach Aufgabe des Bescheids zur Post, aber vor dessen Zugang mit, der Bescheid sei falsch und solle deshalb nicht bekanntgegeben werden.[166]
- Der Steuerbescheid ergeht für einen Zeitraum, für den bereits ein wirksamer Steuerbescheid gegenüber demselben Adressaten erlassen wurde, ohne dass sich aus dem Wortlaut des Bescheids oder im Wege der Auslegung ergibt, in welchem Verhältnis der zuletzt ergangene zu dem zuvor ergangenen Bescheid steht.[167]
- Die Schätzung soll allein die Festsetzungsfrist wahren.[168]
- Das FA ist fälschlicher Weise davon ausgegangen, dass keine negativen Einkünfte geschätzt werden dürfen.[169]
- Umsätze wurden dem falschen Unternehmer zugerechnet.[170]

Hingegen liegen ggf. **rechtswidrige, aber wirksame** Bescheide in den nachstehend aufgeführten Fällen vor:

- möglicherweise zu hohe Schätzung,[171]
- wesentlich überhöhte Festsetzung eines Steuer- oder Haftungsbetrags,[172]

---

163 FG Münster v. 25.4.2006 11 K 1172/05 E, EFG 2006, 1130.
164 Sächsisches FG v. 9.6.2010 8 K 43/10, StBW 2010, 1022.
165 FG München v. 23.2.2010 13 K 3668/08, StBW 2010, 881.
166 BFH v. 28.5.2009 III R 84/06, BStBl. II 2009, 949.
167 BFH v. 23.8.2000 X R 27/98, BStBl. II 2001, 662.
168 Niedersächsisches FG v. 24.1.1995 I 457/90, EFG 1995, 408.
169 Sächsisches FG v. 9.6.2010 8 K 43/10, StBW 2010, 1022.
170 FG Düsseldorf v. 7.8.1986 XIV/IX 520/83 E, juris.
171 BFH v. 20.7.1994 I B 11/94, BFH/NV 1995, 198.
172 BFH v. 1.10.1992 IV R 35/94, BFH/NV 1994, 470; BFH v. 14.1.1992 VII R 112/89, BFH/NV 1992, 365.

1.10 Nichtiger Schätzungsbescheid

- unrichtige Anwendung des Rechts oder falsche Annahme über das Bestehen einer gesetzlichen Grundlage,[173]
- Fehlen einer erforderlichen Begründung,[174]
- mangelhafte Begründung,[175]
- der Bescheid lässt nicht erkennen, dass überhaupt bzw. welche Schätzungserwägungen angestellt worden sind,[176]
- unterbliebene Anhörung gemäß § 91 AO,[177]
- dürftige oder unzutreffende Begründung einer Einspruchsentscheidung.[178] Als Folge der Wirksamkeit ist Rechtsschutz in dieser Situation nur noch durch Klageerhebung zu erlangen.
- Erlass eines Änderungsbescheids, obwohl die verfahrensrechtlichen Voraussetzungen für die Berichtigung oder die Änderung nicht gegeben waren,[179]
- Angabe einer falschen Änderungsvorschrift,[180]
- die dem Bescheid zu Grunde liegende Steuererklärung wurde entgegen der gesetzlichen Vorschrift nicht eigenhändig unterschrieben,[181]
- der Bearbeiter im FA hat seine Zeichnungsbefugnis überschritten,[182]
- der Folgebescheid beruht auf einem nichtigen Grundlagenbescheid,[183]
- die Steuerbescheide sind nach einer Ap ergangen, obwohl keine wirksame Prüfungsanordnung vorliegt,[184]
- das FA hat ohne Vorbehalt der Nachprüfung geschätzt,[185]
- das FA hat entgegen einer innerdienstlichen Weisung ohne Nachprüfungsvorbehalt geschätzt,[186]

---

173 BFH v. 1.10.1981 IV B 13/81, BStBl. II 1982, 133.
174 BFH v. 26.11.1996 IX R 77/95, BStBl. II 1997, 422.
175 BFH v. 17.3.2009 VII R 40/08, BFH/NV 2009, 1287. Für die Frage, ob die Begründung ausreicht, soll nach teilweise vertretener Auffassung das objektiviert zu beurteilende Verständnis des konkreten Steuerpflichtigen maßgebend sein, vgl. *Zaumseil*, BB 2011, 2071, 2072.
176 BFH v. 17.3.2009 VII R 40/08, BFH/NV 2009, 1287, m.w.N. Siehe hierzu *Nöcker*, AO-StB 2016, 271, 272.
177 FG Bremen v. 28.11.1985 II 185/84 K, EFG 1986, 369.
178 BFH v. 9.5.199 IV B 58/95, BFH/NV 1996, 871.
179 BFH v. 3.8.2005 I B 20/05, BFH/NV 2005, 1971; FG München v. 24.4.1996 1 K 2685/92, EFG 1996, 960.
180 BFH v. 25.11.1980 VIII R 32/77, BStBl. II 1981, 419.
181 BFH v. 15.11.1991 VI R 81/89, BStBl. II 1992, 224.
182 BFH v. 13.5.1987 II R 140/84, BStBl. II 1987, 592.
183 BFH v. 23.6.1995 X B 302/94, juris.
184 BFH v. 11.12.1987 VI R 143/84, BFH/NV 1988, 284.
185 FG Baden-Württemberg v. 1.3.2001 3 K 125/98, juris.
186 FG des Saarlands v. 4.7.2002 1 K 195/01, juris; FG Nürnberg v. 29.7.2008 2 K 1697/2007, juris; FG München v. 9.12.2010 14 K 2836/09, AO-StB 2011, 329.

- die Schätzung ist zu hoch, es steht aber fest, dass der Steuerpflichtige Arbeiten „an der Steuer vorbei" ausgeführt hat,[187]
- ein ändernder Bescheid ist nicht als Änderungsbescheid bezeichnet und lässt eine Rechtsgrundlage für die Änderung nicht erkennen,[188]
- der Bescheid ist unzulässiger Weise mit dem Vorbehalt der Nachprüfung versehen,[189]
- in den Steuerakten befinden sich keine Unterlagen, aus denen sich die Grundlagen der Schätzung ergeben,[190]
- die Schätzung ist zwar überhöht, es wurden aber keine Einwendungen gegen den angekündigten Schätzungsrahmen erhoben,[191]
- das FA schätzt, nachdem der Steuerpflichtige seit mehreren Jahren keine Steuererklärungen mehr abgegeben hat, gegenüber den letzten Voranmeldungen Umsätze i. H. v. ca. 37 % hinzu und kürzt die Vorsteuer von dort erklärten 3.000 € auf 1.000 €,[192]
- der Bescheid beruht auf einer unwirksamen tV,[193]
- die Festsetzungsfrist war bei Erlass des Bescheids bereits abgelaufen,[194]
- der Bescheid beinhaltet eine Häufung von einzelnen Fehlern,[195]
- Schätzung von Einkünften i. H. v. 0 € trotz erheblicher Werbungskostenüberschüsse in den Vorjahren,[196]
- der Sachbearbeiter hatte zwar die Absicht, den Steuerpflichtigen durch das Schätzungsergebnis zu sanktionieren, dies ist aber letztlich im Bescheid nicht umgesetzt worden.[197]

Die **fehlende Dokumentation** der Schätzungserwägungen muss nicht zwangsläufig bedeuten, dass entsprechende Überlegungen nicht angestellt wurden.[198] Der Bearbeiter im FA kann sich gegen den Einwand der Nichtigkeit des von ihm erlassenen Bescheids z. B. durch einen **Aktenvermerk** schützen, aus dem sich seine Schätzungserwägungen ergeben. Ein solcher Vermerk dient auch der Selbstkontrolle. In einem späteren Verfahren wird jedenfalls durch die Darstellung der Schätzungserwägungen der sich sonst mangels vorhandener Anhaltspunkte aufdrängende Eindruck vermieden, bei der Eingabe in die EDV seien aus Absicht oder aus Versehen „einige Nullen dazugefügt" worden. Beruft sich

---

187 FG des Saarlands v. 4.7.2002 1 K 195/01, juris.
188 BFH v. 29.6.2005 VII B 328/04, BFH/NV 2005, 2150.
189 FG Düsseldorf v. 8.9.1987 XI 79/85 F, EFG 1988, 96.
190 BFH v. 23.1.2003 VIII B 161/02, BFH/NV 2003, 881.
191 FG Baden-Württemberg v. 9.9.2003 1 K 145/02, juris, rkr.
192 Niedersächsisches FG v. 21.10.2008 12 K 219/07, DStRE 2009, 1277.
193 FG Münster v. 17.1.2007 5 K 1308/04, E, U, juris.
194 BFH v. 3.3.2011 III R 45/08, BStBl. II 2011, 673.
195 BFH v. 15.3.1995 I R 61/94, BFH/NV 1995, 1036.
196 FG München v. 1.10.2009 11 K 175/09, rkr., juris.
197 BFH v. 6.8.2018 X B 22/18, BB 2018, 2596.
198 FG Münster v. 25.8.2005 3 K 2783/03 E, juris, a. A. wohl FG München v. 4.9.2008 2 K 1865/08, EFG 2009, 142.

1.10 Nichtiger Schätzungsbescheid

die Finanzbehörde auf einen solchen Aktenvermerk, sollte Akteneinsicht beantragt werden. Sind die Seiten der Akte z. B. nicht nummeriert, könnte der Vermerk grundsätzlich auch erst nachträglich gefertigt worden sein und hat deshalb einen geringeren Beweiswert. Die Feststellung einer fehlenden Dokumentation der Schätzungserwägungen in der Steuerakte kann für ein ggf. anschließendes finanzgerichtliches Verfahren erhebliche Bedeutung haben. Denn in einem solchem Fall muss das FG weitere Feststellungen zu der Frage der Schätzungserwägungen treffen. Fehlen sie im Urteil, ist ein Verstoß gegen die Verpflichtung zur Sachaufklärung nach § 76 Abs. 1 FGO naheliegend, so dass der BFH den Fall ggf. sofort nach §§ 116 Abs. 6 FGO zur anderweitigen Verhandlung und Entscheidung an das FG zurückverweisen oder dies nach § 126 Abs. 3 Nr. 2 FGO im Revisionsverfahren aussprechen könnte.[199]

Ob der Umstand, dass die **Nichtigkeit** erst längere Zeit nach Erhalt des Bescheids geltend gemacht wird, ausreicht, um dem Steuerpflichtigen die Berufung auf den Nichtigkeitseinwand nach den Grundsätzen der Verwirkung zu versagen, ist streitig.[200]

Außerhalb der Rechtsbehelfsfrist ist bei entsprechendem Sachverhalt ein Antrag auf Feststellung der Nichtigkeit nach § 125 Abs. 5 AO zu stellen. Es kann jedoch auch unmittelbar Feststellungsklage nach § 41 FGO einreicht werden, weil die Mitteilung des FA, der Bescheid sei wirksam, ohnehin nur eine Auskunft bzw. eine „Wissenserklärung" ohne Verwaltungsakt-Qualität ist.[201] Einspruch bzw. Anfechtungsklage sind grundsätzlich die gegenüber dem Antrag nach § 125 Abs. 5 AO bzw. gegenüber der Feststellungsklage zu bevorzugenden Rechtsbehelfe bzw. Rechtsmittel, insbesondere weil im Feststellungsverfahren ausschließlich die zur Nichtigkeit bzw. Unwirksamkeit führenden Fehler berücksichtigt werden können, wohingegen im Anfechtungsverfahren auch etwaige sonstige Fehler des Bescheids überprüfbar sind. Auch muss der Steuerpflichtige selbst im Erfolgsfalle mit dem jederzeit möglichen Widerruf der Nichtigkeitsfeststellung rechnen, ohne sich gegen den Widerruf mit einem Rechtsbehelf wehren zu können.[202] Darüber hinaus ist die Abgrenzung zwischen einem nichtigen und einem nur rechtswidrigen Bescheid oft schwierig, so dass eine vorsichtige Beratung sicherheitshalber stets davon ausgehen sollte, dass der Bescheid nur rechtswidrig ist. Zur Vermeidung der Bestandskraft ist deshalb nach Möglichkeit innerhalb der Rechtsbehelfsfrist Einspruch einzulegen.[203]

---

199 *Nöcker*, AO-StB 2016, 271, 273.
200 Ablehnend FG Münster v. 25. 4. 2006 11 K 1172/05 E, EFG 2006, 1130, bejahend FG München v. 17. 9. 2004 8 K 3369/03, EFG 2005, 918; *Schumann*, S. 187, unter Hinweis auf BFH v. 17. 6. 1992 X R 47/88, BStBl. II 1993, 174.
201 BFH v. 15. 11. 1991 VI R 81/89, BStBl. II 1992, 224; BFH v. 17. 10. 1985 VII R 185/83, BFH/NV 1986, 720.
202 Vgl. *Grube*, DStZ 2011, 569.
203 Gl. A. *Apitz*, DStZ 1994, 588.

Ein Antrag auf **AdV** ist i. d. R. zulässig, wenn er mit der Nichtigkeit des angefochtenen Bescheids begründet wird.[204] Die scheinbare Wirkung nichtiger Bescheide kann durch AdV außer Kraft gesetzt werden.[205] Wenn die Rechtsbehelfsfrist abgelaufen ist und Klage auf Feststellung der Nichtigkeit erhoben wurde, kommt als vorläufiger Rechtsschutz aber nur die **einstweilige Anordnung** nach § 114 FGO in Betracht.[206]

Die **Klage** auf Feststellung der Nichtigkeit von Steuerbescheiden ist **nicht fristgebunden** und setzt keinen vorherigen Antrag nach § 125 Abs. 5 AO oder ein anderes Vorverfahren beim FA voraus.[207] Im Klageverfahren kann die Geltendmachung der Nichtigkeit im Vergleich zur betragsmäßigen Anfechtung aber zu einem höheren Streitwert und damit ggf. zu höheren Kosten führen.[208]

Nichtige Steuerbescheide sind gemäß § 124 Abs. 3 AO unwirksam. Sie erzeugen keine Rechtswirkungen. Aus ihnen darf nicht vollstreckt werden. Nichtige Verwaltungsakte sind **nicht heilbar** gemäß § 126 Abs. 1 AO.

1.11 Schätzungsverbote

Schätzungsverbote liegen im zulässigen Gestaltungsspielraum des Gesetzgebers,[209] denn dieser darf stets Nachweise für einen den Steuerpflichtigen begünstigenden Tatbestand verlangen und grundsätzlich auch Höchstbeträge für bestimmte abzugsfähige Kosten festlegen.[210]

Beispiele für die Abhängigkeit begünstigender Rechtsfolgen von gesetzlich bestimmten Nachweisen sind der Behindertenpauschbetrag[211] oder die Umsatzsteuerfreiheit von Exporten.[212] Ein Schätzungsverbot besteht nach § 6 Abs. 1 Nr. 4 EStG auch hinsichtlich des Umfangs der privaten Pkw-Nutzung, sofern kein ordnungsgemäßes Fahrtenbuch geführt wird.[213] Dann ist zwingend die Ein-Prozent-Methode anzuwenden. Wenn gesetzlich bestimmte Höchstbeträge festgeschrieben sind, z. B. beim Verpflegungsmehraufwand, kann über § 162 AO kein höherer Ansatz erfolgen. Über § 162 AO können auch solche Aufwendungen nicht berücksichtigt werden, die entgegen der Verpflichtung nach § 4 Abs. 5 EStG nicht gesondert aufgezeichnet wurden.

Ein weiteres Beispiel für ein Schätzungsverbot ist die **Vorsteuer**. Die Schätzung von Vorsteuern ist deshalb ausgeschlossen, weil der Besitz der Originalrech-

---

204 BFH v. 21.4.1995 V B 91/94, BFH/NV 1995, 1042.
205 BFH v. 19.4.1988 VII B 167/87, BFH/NV 1989, 36.
206 BFH v. 26.2.1993 I B 113/91, BFH/NV 1993, 349; BFH v. 1.10.1981 IV B 13/81, BStBl. II 1982, 133.
207 BFH v. 17.10.1985 VII R 185/83, BFH/NV 1986, 720; FG München v. 4.9.2008 2 K 1865/08, EFG 2009, 142.
208 BFH v. 24.9.2003 II E 2/03, BFH/NV 2004, 209.
209 BFH v. 24.2.2000 III R 59/98, BStBl. II 2000, 273.
210 *Becker*, StBp 2006, 187.
211 Nachweis gemäß § 65 I EStDV.
212 Ausfuhrnachweise gemäß § 8 UStDV.
213 *Rüsken* in Klein, § 162 Rz. 17b.

1.11 Schätzungsverbote

nung materiellrechtliche Voraussetzung des Vorsteuerabzugs ist.[214] Fehlende Rechnungen sollen nicht durch eine Schätzung ersetzt werden können.[215] Allerdings kann der Steuerpflichtige den Nachweis, dass er im Besitz der Originalrechnung war, nicht nur durch Vorlage der Originalrechnung, sondern mit allen nach der AO bzw. der FGO verfahrensrechtlich zulässigen Beweismitteln führen, z. B. durch Zweitausfertigungen, Rechnungskopien und Zeugenaussagen.[216] Einem Beweisantrag auf Vernehmung von Zeugen muss das FG allerdings nur nachkommen, wenn er hinreichend substantiiert ist. Damit muss er sich auf konkret bezeichnete Eingangsleistungen beziehen.[217] Grundsätzlich denkbar sind Schätzungen bei Inanspruchnahme des Vorsteuerabzugs aus Leistungen mit geringeren Rechnungsanforderungen wie bei Kleinbeträgen und Fahrausweisen.[218] In Zweifelsfällen kann eine tV über die abzugsfähige Vorsteuer sinnvoll sein.[219]

Für die Praxis von besonderer Bedeutung sind die sog. **gemischt-veranlassten Aufwendungen** i. S. v. § 12 Nr. 1 S. 2 EStG. Darunter sind solche Aufwendungen zu verstehen, die sowohl eine Einkunftsquelle als auch die Privatsphäre des Steuerpflichtigen betreffen. Der BFH hat das über Jahrzehnte geltende Aufteilungs- und Abzugsverbot zumindest grundsätzlich aufgegeben.[220] Bestehen keine Zweifel daran, dass ein nach objektivierbaren Kriterien abgrenzbarer Teil der Aufwendungen betrieblich oder beruflich veranlasst ist, ist seine Quantifizierung aber nicht ohne weiteres möglich, kann deshalb der Anteil nach § 162 AO bestimmt werden.[221] Eine Schätzung z. B. mit dem Ziel, sich „irgendwie" zu einigen, ist allerdings in den Fällen unzulässig, in denen Kosten aus materiellrechtlichen Gründen die steuerliche Bemessungsgrundlage nicht mindern dürfen.

> *Beispiel:*
> Aufwendungen für die eigene Wohnung, Ernährung, Kleidung etc. sind durch die Vorschriften zur Berücksichtigung des steuerlichen Existenzminimums, d. h. durch den Grundfreibetrag und ggf. durch die Kinderfreibeträge abgegolten. Sie können daher nicht als Betriebsausgaben oder Werbungskosten abgezogen werden.[222]

---

214 BFH v. 20. 6. 1984 I R 129/80, juris; BFH v. 12. 6. 1986 V R 75/78, BStBl. II 1986, 721; FG München v. 24. 2. 2011 14 K 1715/08, juris; a. A. *Seer* in Tipke/Kruse, § 162 Rz. 28.
215 *Wagner* in Sölch/Ringleb, § 15 Rz. 81; zu Ausnahmen und Billigkeitsmaßnahmen nach § 163 AO siehe A 15.11 Abs. 5 und 6 UStAE.
216 BFH v. 12. 5. 2003 V B 226/02, BFH/NV 2003, 1226; BFH v. 16. 4. 1997 XI R 63/93, BStBl. II 1997, 582.
217 BFH v. 23. 10. 2014 V R 23/13, BStBl. II 2015, 313.
218 §§ 33, 34 UStDV; *Wagner* in Sölch/Ringleb, § 15 Rz. 81.
219 Siehe 5.2.1 a. E.
220 BFH v. 21. 9. 2009 GrS 1/06, BStBl. II 2010, 672, zur Interpretation durch die FinVerw siehe BMF v. 6. 7. 2010, BStBl. I 2010, 614.
221 Z. B. BFH v. 21. 3. 2019 VIII B 129/18, juris.
222 BMF v. 6. 7. 2010, BStBl. I 2010, 614.

1 Allgemeine Grundsätze der Schätzung

1.12 Begründung der Schätzung

Da eine Schätzung im Einspruchsverfahren überprüfbar sein muss, ist sie vom FA zu begründen.[223] Die FG stellen hier aber keine hohen Anforderungen. Erforderlich sind vielmehr grundsätzlich **nur Wertangaben** der Besteuerungsgrundlagen. Es sind zunächst keine Ausführungen dazu erforderlich, weshalb bestimmte Schätzungsgrundlagen angenommen oder bestimmte Schätzungsmethoden angewandt wurden.[224] Die Schätzung hat lediglich in sich schlüssig zu sein, wobei es ausreicht, wenn sie z. B. aufgrund interner Aktenvermerke nachvollzogen werden kann.[225]

Eine **weitergehende Erläuterung** der Schätzung wird aber bei besonderem Anlass verlangt.[226] Ein solcher wird darin gesehen, dass das FA ohne von selbst erkennbaren Grund in erheblichem Umfang von der Steuererklärung abweichen ist.[227] Eine über die Zahlen hinausgehende Begründung ist darüber hinaus jedenfalls erforderlich, wenn Streit über die Höhe der Schätzung besteht.[228]

Verfahrenstechnisch kann die Begründung eines Schätzungsbescheids auch dadurch erfolgen, dass auf einen **Betriebsprüfungsbericht** Bezug genommen wird.

1.13 Erlass der Steuerschulden

Liegen wirksame und bestandskräftige Bescheide nach § 162 AO vor und sind diese inhaltlich oder verfahrensrechtlich nicht zu berichtigen, stellt sich die Frage nach Alternativen. Ein Antrag auf Erlass der Steuerschulden gemäß § 227 AO scheitert i. d. R. jedenfalls dann, wenn die Steuerfestsetzung – wie meistens bei Schätzungen – auf unzureichenden Angaben des Steuerpflichtigen beruht. Dann wird der Erlass sogar abgelehnt, wenn die Steuerfestsetzung offensichtlich falsch ist und ein rechtzeitiges Vorgehen gegen diese Festsetzung unmöglich war.[229] **Persönlich erlasswürdig** ist der Steuerpflichtige, wenn die Steuererhebung seine wirtschaftliche oder persönliche Existenz vernichten oder ernstlich gefährden würde. Das ist der Fall, wenn ohne Billigkeitsmaßnahmen der notwendige Lebensunterhalt vorübergehend oder dauernd nicht mehr bestritten werden kann.[230] Die Ablehnung des Erlasses von Umsatzsteuer aus persönlichen Billigkeitsgründen ist aber z. B. nicht ermessensfehlerhaft, wenn die Einnahmen eines selbstständig tätigen Steuerpflichtige, der pflichtwidrig keine Umsatzsteuervoranmeldungen abgegeben hat, bei Abgabe der Jahreser-

---

223 *Seer* in Tipke/Kruse, § 162 Rz. 52. Zum Begründungszwang allgemein siehe § 121 AO.
224 *Drüen* in Klein, § 162 Rz. 53, m. w. N.; Niedersächsisches FG v. 22. 5. 2002 2 K 517/01, juris.
225 FG Köln v. 21. 3. 1995 13 K 6492/94, EFG 1996, 571.
226 BFH v. 23. 1. 2003 VIII B 161/02, BFH/NV 2003, 881; BFH v. 11. 2. 1999 V R 40/98, BStBl. II 1999, 382.
227 BFH, 11. 02. 1999 V R 40/98, BStBl. II 1999, 382.
228 *Drüen* in Klein, § 162 Rz. 53.
229 BFH v. 17. 12. 1997 III R 8/94, BFH/NV 1998, 93.
230 BFH v. 24. 10. 1988 X B 54/88, BFH/NV 1989, 885.

klärung soweit zurückgegangen waren, dass er die Umsatzsteuer nicht mehr aus seinen laufenden Einkünften finanzieren konnte, während ihm dies bei rechtzeitiger Abgabe der Voranmeldungen noch möglich gewesen wäre.[231] Der Steuerpflichtige ist persönlich nicht erlasswürdig, wenn die rückständigen Steuerforderungen im Wesentlichen auf den Feststellungen einer Betriebs- bzw. Steuerfahndungsprüfung beruhen, nach deren Feststellungen der Steuerpflichtige in gravierender Weise gegen Aufzeichnungspflichten verstoßen hat und der Steuerpflichtige wegen Steuerhinterziehung rechtskräftig verurteilt wurde.[232]

Bei der **gerichtlichen Überprüfung** einer einen Erlass ablehnenden Entscheidung ist die Sach- und Rechtslage im Zeitpunkt der letzten Verwaltungsentscheidung maßgebend.[233] Erst im Gerichtsverfahren nachgeschobene Gründe sind insofern unbeachtlich.[234]

Ein **Steuerberater**, dessen Mandant aufgrund einer Schätzung veranlagt worden ist, muss nach Auffinden von Beweisurkunden, die eine günstigere Veranlagung rechtfertigen würden, alle Möglichkeiten zugunsten des Mandanten ausschöpfen. Hierzu gehört auch ein evtl. Antrag auf Billigkeitserlass.[235]

1.14 Beratungshilfe

In Schätzungsfällen sollte grundsätzlich an die Möglichkeit der Beratungshilfe gedacht werden. Denn in diesem Bereich handelt es sich bei den potentiellen Mandanten häufig um weniger zahlungskräftige Personen und damit möglicher Weise um Anspruchsberechtigte.[236] Bei der Beratungshilfe auf dem Gebiet des Steuerrechts sind Steuerberater seit 2014 den Rechtsanwälten gleichgestellt.

Die Beratungshilfe umfasst allgemein die **Beratung** und – soweit erforderlich – die **Vertretung** von einkommensschwachen bzw. mittellosen Ratsuchenden im außergerichtlichen Bereich. Dagegen gelten für die Hilfeleistung im Rahmen eines gerichtlichen Verfahrens die Vorschriften über die PKH.[237]

Steuerberater und Steuerbevollmächtigte sind nach § 3 Abs. 1 S. 2 BerHG „im Umfang ihrer jeweiligen Befugnis zur Rechtsberatung" zur Beratungshilfe befugt. Das bedeutet, dass die Befugnis zur Gewährung von Beratungshilfe nicht auf Angelegenheiten des Steuerrechts beschränkt ist, sondern auch solche Angelegenheiten umfasst, für die der Steuerberater zur Rechtsdienstleistung be-

---

231 BFH v. 9.2.1987 IV B 53/86, BFH/NV 1987, 488.
232 FG Köln v. 30.6.2010 5 K 3256/09, juris, rkr.
233 *v. Groll* in Gräber, § 102 Rz. 13, m. w. N.
234 BFH v. 17.2.2000 V B 117/99, BFH/NV 2000, 973.
235 OLG Düsseldorf v. 18.10.1990 18 U 92/90, StB 1991, 378.
236 Z. B. wenn kein Geld für eine ordnungsgemäße Buchführung und Abschlusserstellung vorhanden ist und es dementsprechend später zur Beanstandung durch die Bp kommt.
237 §§ 114 ff. ZPO, zur PKH im Nichtabgabefall siehe 2.5.3.5, bei Schätzungen durch die Bp 3.13.4.

fugt ist. Ein Beispiel für eine beratungshilfefähige Tätigkeit in steuerlichen Angelegenheiten ist die Prüfung von Steuerbescheiden und Einspruchsentscheidungen.

Vorbehaltlich der Prüfung einer mutwilligen Inanspruchnahme ist für die Bewilligung der Beratungshilfe anders als z.B. für die Gewährung von PKH nicht Voraussetzung, dass anwaltliche Hilfe oder Hilfe durch einen Steuerberater erforderlich ist.[238] Nach § 1 Abs. 1 Nr. 2 BerHG darf dem Ratsuchenden aber keine anderen zumutbare Möglichkeit zur Verfügung stehen, Hilfe zu erlangen. In steuerlichen Angelegenheiten ist insoweit die kostenlose **Auskunftserteilung durch die FÄ** nach § 89 Abs. 1 AO und § 42e EStG gegenüber der Beratungshilfe **vorrangig**. Die Beratung durch Lohnsteuerhilfevereine stellt nur dann eine anderweitige Hilfsmöglichkeit dar, wenn dort bereits eine Mitgliedschaft besteht.

Darüber hinaus wird Beratungshilfe nur zur Wahrnehmung von Rechten gewährt.[239] **Keine Beratungshilfe** kommt daher in den Fällen in Betracht, in denen es um die Erfüllung von steuerlichen Aufzeichnungs-, Anmelde- und Erklärungspflichten geht. Die Gewährung von Beratungshilfe scheidet somit z.B. bei der Erstellung der Finanzbuchführung, der Lohnabrechnungen und von Jahresabschlüssen aus.

Die **Vergütung** des Steuerberaters für Fälle der Beratungshilfe richtet sich nach den Vorschriften des RVG.[240] Der Steuerberater ist verpflichtet, den Mandanten bei begründetem Anlass auf die Möglichkeit der Beratungshilfe hinzuweisen, z.B. wenn der Mandant Umstände mitteilt, die auf eine Anspruchsberechtigung hinweisen, oder wenn für den Steuerberater aus den Einkommens- und Vermögensverhältnissen des Mandanten erkennbar ist, dass ein Anspruch auf Beratungshilfe bestehen könnte. Bei Verletzung der Hinweispflicht besteht das Risiko, dass sich der Steuerberater gegenüber dem Mandanten in Höhe des an ihn gezahlten Honorars – abzüglich der Beratungshilfegebühr i. H. v. 15,00 €, die der Mandant auch im Falle der Bewilligung von Beratungshilfe zu zahlen hätte – schadenersatzpflichtig macht und er abgesehen von der Beratungshilfegebühr kein Honorar erhält. Eine weitere Hinweispflicht besteht in dem Fall, in dem die Beratungshilfe erst nachträglich nach der Leistungserbringung beantragt wird. Wird die Beratungshilfe in diesem Fall nicht bewilligt, kann der Steuerberater nur dann nach den allgemeinen Vorschriften der StBVV abrechnen, wenn er den Mandanten bei Mandatsannahme darauf hingewiesen hat.[241] Deshalb empfiehlt sich die Anfertigung eines entsprechenden Gesprächsprotokolls.

---

238 *Groß*, § 1 Rz. 42.
239 § 1 Abs. 1 BerHG.
240 § 8 Abs. 1 S. 1 BerHG i. V. m. § 44 RVG, Ziff. 2500 ff. VV.
241 § 8a Abs. 4 BerHG.

2 Nichtabgabe der Steuererklärung

2.1 Allgemeines

Die Abgabe der Steuererklärung ist eine **wesentliche Mitwirkungspflicht**, weil sie eine sachgerechte Besteuerung ermöglicht.[1] Es ist deshalb allgemein anerkannt und durch § 162 Abs. 2 S. 2 AO ausdrücklich bestimmt, dass das FA die Besteuerungsgrundlagen bei Nichtabgabe schätzen muss.[2] Das ergibt sich schon aus der Forderung nach einer gleichmäßigen und gesetzmäßigen Besteuerung gemäß § 85 AO. Ohne die Möglichkeit der Schätzung hätten säumige Steuerpflichtige rechtliche Vorteile, obwohl sie ihre gesetzliche Mitwirkungspflicht verletzen.

Die Schätzung im Nichtabgabefall setzt anders als die Schätzung allgemein nicht das Fehlen von Ermittlungsmöglichkeiten voraus,[3] denn durch die Nichtabgabe seiner Steuererklärung haben der Bürger bzw. das Unternehmen ihre Mitwirkungspflichten in einem solchen Umfang verletzt, dass sich die grundsätzlich Ermittlungspflicht des FA entsprechend reduziert.[4] Es ist dann also z. B. kein Auskunftsersuchen an Geschäftsfreunde etc. erforderlich, um die Besteuerungsgrundlagen zu bestimmen. Gibt der Steuerpflichtige keine Erklärung ab, reduziert sich die Ermittlungspflicht des FA auf ein Mindestmaß, faktisch auf den Akteninhalt.[5] Insbesondere muss keine Ap durchgeführt werden, um die Besteuerungsgrundlagen zu ermitteln.[6]

Wer zur Abgabe einer Steuererklärung verpflichtet ist, ergibt sich aus den Einzelsteuergesetzen.[7] Die Verpflichtung trifft ggf. den gesetzlichen Vertreter wie z. B. den Geschäftsführer einer GmbH, den Vermögensverwalter oder den Insolvenzverwalter.[8] Grundsätzlich müssen alle in der Zeit der gesetzlichen Vertretung fälligen und überfälligen Erklärungen eingereicht werden.[9] Hiervon gibt es nur wenige Ausnahmen.

---

1 Deklarationsprinzip, vgl. z. B. *Luer/Lühn*, BB 2012, 2019.
2 Zur Schätzung im Nichtabgabefall insgesamt siehe z. B. *Günther*, AO-StB 2015, 108; *Bruschke*, DStZ 2006, 222. Der Nichtabgabefall ist neben der Ap der Hauptanwendungsbereich des § 162 AO.
3 Ggf. a. A. *Seer* in Tipke/Kruse, § 162 Rz. 36.
4 Vgl. hierzu 1.8.
5 Zu den Zusammenhängen zwischen der Mitwirkungspflicht des Steuerpflichtigen und der Ermittlungspflicht des FA allgemein siehe auch 1.8.
6 FG des Saarlands v. 26. 5. 2004 1 K 181/02, juris.
7 § 149 Abs. 1 S. 1 AO.
8 Zwangsmittel gegen den Insolvenzverwalter sind in diesem Zusammenhang weder unverhältnismäßig noch ermessensfehlerhaft, und zwar auch, wenn nicht mit steuerlichen Auswirkungen der Erklärungen zu rechnen ist, vgl. *Brockmeyer* in Klein, § 328 Rz. 7.
9 So z. B. BFH v. 4. 2. 1998 XI R 47/97, BFH/NV 1998, 682.

2 Nichtabgabe der Steuererklärung

Beispiel:
Wer gemäß § 55 BRAO als Abwickler einer Rechtsanwaltskanzlei bestellt ist, ist Vermögensverwalter nach § 34 Abs. 3 AO bezogen auf das Kanzleivermögen. Er hat zwar die steuerlichen Pflichten des ehemaligen Rechtsanwalts zu erfüllen, soweit sie sich auf das Kanzleivermögen und auf die Zeit der Bestellung als Kanzleiverwalter beziehen. Der Abwickler muss aber Umsatzsteuervoranmeldungen nur für die Zeiträume abgeben, in denen er zum Abwickler bestellt ist. Die Jahresumsatzsteuererklärung muss nur die Umsätze aus dem Zeitraum erfassen, in dem er zum Abwickler bestellt war.[10]

Eine Steuererklärung muss auch derjenige abgeben, den das FA nach pflichtgemäßem Ermessen dazu **auffordert**.[11] Die Schätzungsbefugnis besteht bei Nichtabgabe auch, wenn der Steuerpflichtige bestreitet, zur Abgabe verpflichtet zu sein, das FA ihn seiner Meinung nach also zu Unrecht aufgefordert hat, eine Erklärung abzugeben. Denn es steht dem Steuerpflichtigen frei, die angeforderte Erklärung abzugeben und damit der aus der Verletzung der Erklärungspflicht hergeleiteten Schätzungsbefugnis zu entgehen.[12] So muss z. B. nach Aufforderung eine Umsatzsteuervoranmeldung selbst dann abgegeben werden, wenn sie im Ergebnis auf null lautet.[13]

Zu einer ordnungsgemäßen Erklärung gehört bei Gewerbetreibenden und Freiberuflern auch der entsprechende **Jahresabschluss** mit Bilanz und Gewinn- und Verlustrechnung bzw. die **Einnahmenüberschussrechnung** nach § 4 Abs. 3 EStG. Denn nur anhand dieser Unterlagen kann das FA die Zahlen in der Erklärung überprüfen.[14]

Die Schätzungsbefugnis wegen Nichtabgabe besteht über den Wortlaut der Vorschrift hinaus auch, wenn die **Erklärung** offensichtlich **unvollständig, unschlüssig** oder **unzutreffend** ist[15] oder wenn der Steuerpflichtige nicht über die erforderlichen Unterlagen verfügt, um die Steuererklärung erstellen zu können. Im letztgenannten Fall verlangt die Rechtsprechung, dass der Steuerpflichtige unter Offenlegung der Tatsache, dass es sich dabei um eine Schätzung handelt, die Besteuerungsgrundlagen erklärt.[16]

2.2 Gefahren für den Steuerpflichtigen

Der „geschätzte" Steuerpflichtige wird häufig mit **höheren Steuern** belastet, als er nach materiellem Recht schuldet.[17] Denn das FA wird die Besteuerungs-

---

10 FG Berlin-Brandenburg v. 17.1.2013 7 K 7141/09, juris; ähnlich zum Zwangsverwalter eines Grundstücks BFH v. 18.10.2001 V R 44/00, BStBl. II 2002, 171.
11 § 149 Abs. 1 S. 2 AO.
12 Sächsisches FG v. 12.7.2007 1 K 112/04, EFG 2008, 88, rkr.
13 BFH v. 7.9.2006 V B 204/05, BFH/NV 2006, 2312.
14 FG Münster v. 16.9.2003 5 K 6008/99 U, juris.
15 BFH v. 23.10.1992 VI R 62/88, BStBl. II 1993, 117; FG Köln v. 8.2.1993 3 K 3313/92, EFG 1993, 444.
16 FG Münster v. 24.4.2010 5 K 4084/09 U (PKH), juris.
17 *Joecks* in Joecks/Jäger/Randt, § 370 Rz. 80.

grundlagen, vor allem also die mutmaßlich erzielten Umsätze und Gewinne, zulässiger Weise[18] eher hoch als niedrig annehmen. Vielfach wird z. B. von den Vorjahreswerten bzw. den eingereichten Umsatzsteuervoranmeldungen ausgegangen, welche dann um einen bestimmten Prozentsatz erhöht bzw. aufgerundet werden.[19] Doch auch der seltene Fall der zu niedrigen Schätzung ist aus Sicht des Steuerpflichtigen problembehaftet. Denn zumindest der objektive Tatbestand der Steuerhinterziehung ist in dieser Konstellation erfüllt, da die Steuer durch pflichtwidriges In-Unkenntnis-Lassen des FA zu niedrig festgesetzt wurde. Vor allem in den zahlreichen Fällen, in denen für mehrere aufeinanderfolgende Jahre keine Steuererklärung eingereicht wird, besteht die Gefahr, dass ein Steuerstrafverfahren eingeleitet wird. Das führt dann zur Durchsuchung beim Steuerpflichtigen, bei seinem Steuerberater und bei der Bank. Zudem sind geschäftsschädigende Auskunftsersuchen bei Geschäftsfreunden wahrscheinlich. Neben der Bestrafung muss mit hohen Verteidigerkosten gerechnet werden.[20]

Grundsätzlich werden vom FA im Schätzungsfall sämtliche **Haftungstatbestände** der AO geprüft.[21] Für den Geschäftsführer einer GmbH ergibt sich im Fall der zu niedrigen, billigend in Kauf genommenen Schätzung z. B. die Gefahr der Haftung über § 71 AO.[22] Zu strafrechtlichen Risiken und sonstigen Sanktionen siehe Teil 8.

2.3 Gefahren für den Steuerberater

Erlässt das FA einen Schätzungsbescheid, kommt es oftmals zu Vorwürfen des Mandanten, da er der Ansicht ist, es sei vom Steuerberater zu verantworten, dass die Erklärung nicht eingereicht wurde. Der Steuerberater seinerseits verweist dann oft darauf, dass der Mandant angeforderte Unterlagen noch nicht oder aber zu spät eingereicht habe. Durch Schätzungsbescheide entsteht somit oftmals ein Spannungsfeld zwischen Steuerberater, Mandant und FA. Der in Rede stehende Schaden ist besonders groß, wenn der Bescheid bestandskräftig ist und die Steuerschuld deshalb zwingend beglichen werden muss.[23]

---

18 Siehe hierzu 1.8.
19 Zur Zulässigkeit dieser Vorgehensweise vgl. FG München v. 27. 1. 2006 9 V 3845/05, juris; Hessisches FG v. 24. 2. 2005 6 K 3148/03, juris; FG Hamburg v. 6. 2. 1997 II 142/95, juris; Bayerisches LfSt v. 4. 7. 2016, FR 2016, 730, auch zur Zulässigkeit der Schätzung von Vorsteuern in diesem Zusammenhang unter Hinweis auf BMF v. 30. 6. 1981, BStBl. I 1981, 508, Rz. 25.
20 Zur strafrechtlichen Problematik der zu niedrigen Schätzung siehe auch 8.2.
21 FG des Saarlands v. 25. 10. 1990 2 K 202/86, EFG 1991, 446.
22 Neben der ohnehin zu prüfenden Haftung gemäß § 69 AO.
23 Wegen Einzelheiten zur Schätzung aus Steuerberatersicht siehe Teil 9.

2.4 Vermeiden der Schätzung

2.4.1 Fristablauf

Das FA erlässt keinen Bescheid, solange die Frist zur Abgabe der Erklärung noch nicht abgelaufen ist.[24] Eine gewährte **Fristverlängerung** ist damit der beste Schutz gegen unliebsame Schätzungsbescheide. Dennoch ist von zu häufiger Antragstellung abzuraten. Denn ist das Büro chronisch überlastet und können die Erklärungen deshalb nicht rechtzeitig fertig gestellt werden, wird das Problem nur verschoben. Die Möglichkeit der Fristverlängerung sollte vielmehr als möglicher „Puffer" für Krankzeiten o. Ä. betrachtet werden.

Um eine Fristverlängerung zu erhalten, kann erwogen werden, die **Umsatzsteuererklärung,** deren Erstellung i. d. R. weniger Aufwand erfordert als die Ertragsteuererklärungen und der dafür erforderliche Jahresabschluss, vorab zeitnah einzureichen. Das fördert die Statistik des Sachbearbeiters im FA und wird i. d. R. als Zeichen der Kooperationsbereitschaft verstanden.

Über einen Antrag auf Fristverlängerung entscheidet das FA durch Verwaltungsakt, welcher an keine besondere Form gebunden ist.[25] Wird die Fristverlängerung telefonisch gewährt, sollte der Steuerberater einen entsprechenden Aktenvermerk fertigen, da die Zuständigkeit der Sachbearbeiter in den Veranlagungsstellen häufig wechselt. Gegen eine Ablehnung ist der Einspruch gegeben.[26] Ein solcher Einspruch kann von Bedeutung sein, wenn später um die Rechtmäßigkeit eines **Verspätungszuschlags** gestritten wird.[27] Denn bei einer nicht angefochtenen und damit formell bestandskräftigen Ablehnung kann im Verfahren gegen die Festsetzung eines Verspätungszuschlags die Rechtswidrigkeit der Ablehnung m. E. nicht geprüft werden.[28]

Die Frist ist gewahrt und die Schätzungsbefugnis des FA entfällt, wenn die Steuererklärung beim FA eingereicht worden ist. Für die Abgabe der Steuererklärung sind in den meisten Fällen **elektronische Kommunikationsmittel** zu nutzen.[29] Soweit eine Abgabe in Papierform zugelassen ist, muss sie nach amtlich vorgeschriebenem Vordruck erfolgen.[30] Eine elektronisch übermittelte Steuererklärung ist nur bei qualifizierter elektronischer Signatur wirksam.[31] Auch Bilanzen sowie Gewinn- und Verlustrechnungen sind grundsätzlich pa-

---

24 Zur gesetzlichen Abgabefrist siehe § 149 AO. Für Steuererklärungen ab dem Veranlagungszeitraum 2018 ist der gesetzlich vorgeschriebene Abgabetermin der 31.7. des Folgejahres.
25 § 119 Abs. 2 AO.
26 § 347 AO.
27 Nach § 152 Abs. 2 S. 2 AO steht eine Fristverlängerung auch dem „automatischen" Verspätungszuschlag nach § 152 Abs. 2 AO entgegen. Zum Verspätungszuschlag ab dem 1. 1. 2019 insgesamt siehe z. B. *Zaumseil*, BB 2019, 861.
28 Allerdings offen gelassen in BFH v. 19. 6. 2001 X R 83/98, BStBl. II 2001, 618.
29 Vgl. z. B. *Deckers/Fiethen*, MMR 2013, 158.
30 § 150 Abs. 1 S. 1 AO.
31 § 87a Abs. 3 AO.

pierlos in Form eines XBRL-Datensatzes zu übermitteln.[32] Die Übermittlungspflicht der E-Bilanz besteht auch bei freiwilliger Bilanzierung[33] und unabhängig von der Rechtsform und der Größenklasse des Unternehmens.[34]
Die Steuererklärung kann abweichend vom Gesetz in **Papierform** eingereicht werden, wenn eine **besondere Härte** i. S. v. § 150 Abs. 8 AO vorliegt. Das ist der Fall, wenn dem Steuerpflichtigen die Schaffung der erforderlichen technischen Möglichkeiten nur mit nicht unerheblichem finanziellen Aufwand möglich ist oder wenn seine individuellen Kenntnisse und Fähigkeiten für eine elektronische Ermittlung nicht ausreichen. Eine in Papierform abgegebene Erklärung kann als konkludenter Härtefallantrag nach § 150 Abs. 8 AO gewertet werden.[35] Wird eine Steuererklärung oder eine Bilanz entgegen der gesetzlichen Verpflichtung nicht elektronisch, sondern in Papierform eingereicht, und liegt keine besondere Härte i. S. v. § 150 Abs. 8 AO vor, könnte zwar eine Schätzungsbefugnis angenommen werden, wenn man davon ausgeht, dass eine wirksame Erklärungsabgabe nur vorliegt, wenn sie der in der AO bzw. dem Einzelsteuergesetz vorgeschriebenen Form entspricht.[36] Grundlage der Schätzung muss dann aber die eingereichte Steuererklärung in Papierform sein, so dass im Ergebnis grundsätzlich eine Veranlagung entsprechend den Werten der Steuererklärung durchgeführt wird. Die Frage der wirksamen Erklärungsabgabe kann jedoch Bedeutung erlangen, wenn es um den Beginn der Festsetzungsfrist geht, denn sie beginnt nach § 170 Abs. 2 S. 1 AO grundsätzlich mit Ablauf des Jahres, in dem die entsprechende Steuererklärung eingereicht, d. h. wirksam abgegeben wird.[37] Darüber hinaus verhindert nur die wirksame Erklärungsabgabe die Möglichkeit bzw. Verpflichtung des FA, einen Verspätungszuschlag nach § 152 AO festzusetzen.

2.4.2 Zwangsgeld

In der Praxis schätzt der Sachbearbeiter des Veranlagungsfinanzamts, wenn er mit dem Zwangsgeldverfahren – erst Zwangsgeldandrohung, dann Zwangsgeldfestsetzung – nicht „weiterkommt".[38] Dann wird das Zwangsgeldverfahren in aller Regel „aus verfahrensökonomischen Gründen" eingestellt, weil der Fall im Sinne der in der Verwaltung sehr wichtigen Statistik „erledigt" ist. Das verstößt zwar gegen § 149 Abs. 1 S. 4 AO, denn die Pflicht zur Abgabe der Steuererklä-

---

32 Vgl. § 5b EStG. Die E-Bilanz soll eine umfassende Modernisierung des Besteuerungsverfahrens insbesondere vor dem Hintergrund des sog. Risikomanagements ermöglichen, vgl. *Weber-Grellet* in Schmidt, § 5b Rz. 1.
33 BMF v. 28. 9. 2011, BStBl. I 2011, 855, Rz. 1.
34 Zu Einzelheiten zur E-Bilanz siehe z. B. *Merker*, StWa 6/2013, 83.
35 Vgl. Gesetzesbegründung zu § 150 Abs. 8 AO, BT-Drs. 16/10940 v. 13. 11. 2008.
36 Die grundsätzlich Schätzungsbefugnis bejahend *Weber-Grellet* in Schmidt, § 5b Rz. 6.
37 Vgl. zu diesem Thema *Gebhardt*, AO-StB 2012, 246.
38 Eine Schätzung ist aber auch ohne vorhergehendes Zwangsgeldverfahren zulässig, vgl. BFH v. 20. 10. 1993 II R 59/91, BFH/NV 1994, 176; *Rätke* in Klein, § 149 Rz. 8.

2 Nichtabgabe der Steuererklärung

rung bleibt danach auch nach erfolgter Schätzung bestehen.[39] Für den Steuerpflichtigen ist dieses Verhalten aber insofern von Vorteil, als er sich „nur" noch um den Schätzungsbescheid kümmern muss. Das Zwangsgeldverfahren kann m. E. auch noch fortgeführt werden, wenn die Schätzung nicht unter Vorbehalt der Nachprüfung erfolgt ist und eine Änderung der Steuerfestsetzung nach Abgabe der Steuererklärung nur noch unter eingeschränkten Voraussetzungen möglich ist.[40]

Da ein einmal gezahltes Zwangsgeld **nicht erstattet** wird,[41] kann die Empfehlung für den Normalfall nur lauten, die Zahlung nach Möglichkeit bis zur Abgabe der Steuererklärung hinauszuzögern, zumal keine Verzinsung des Zwangsgelds erfolgt.[42] Bei hohen Beträgen kann es günstiger sein, auf eine Schätzung und auf eine Aufhebung der Zwangsgeldfestsetzung hinzuwirken, da die dadurch festgesetzten Nachzahlungen nach dem Einreichen der Steuererklärung erstattet werden, soweit sie nicht gerechtfertigt waren.

Allgemein gilt zwar der Grundsatz, dass ein Zwangsgeld rechtswidrig ist, wenn das zu Grunde liegende Handlungsverlangen rechtswidrig ist.[43] Gegen ein Zwangsgeld kann aber grundsätzlich nicht mit der Begründung vorgegangen werden, dass eine Verpflichtung zur Abgabe der Erklärung nicht bestehe. Denn zur Erklärungsabgabe ist u. a. verpflichtet, wer hierzu vom FA aufgefordert wird.[44]

Androhung und Festsetzung eines Zwangsgelds sind wegen § 393 AO rechtswidrig und daher aufzuheben, wenn für den Steuerpflichtigen die Gefahr der Selbstbelastung besteht.[45] Die Einleitung eines Strafverfahrens ist hierfür nicht erforderlich. Ebenfalls rechtswidrig ist eine wiederholende Zwangsgeldandrohung, wenn das vorherige Zwangsgeld noch nicht eingezogen wurde.[46] Weist das FA Einsprüche gegen Zwangsgeldandrohung und/oder Zwangsgeldfestsetzung wegen Nichtabgabe einer Steuererklärung zurück, muss für den Einspruchsführer grundsätzlich erkennbar sein, dass das FA den zwischenzeitlichen Erlass eines Schätzungsbescheids in seine Ermessensentscheidung einbezogen hat.[47] Ist eine Anordnungsverfügung des FA, z.B. eine solche zur

---

39 Zur Vorrangigkeit des Zwangsgeldverfahrens gegenüber der Schätzung z. B. BFH v. 23.8.1994 VII R 143/92, BStBl. II 1995, 194 und FG Köln v. 22.5.2014 11 K 3056/11, EFG 2014, 1739.
40 A. A. *Bruschke*, DStZ 2006, 222: Ermessensspielraum der Verwaltung hinsichtlich der Wahl ihrer Mittel in diesen Fällen überschritten.
41 FG Baden-Württemberg v. 9.3.1995 6 K 197/94, EFG 1995, 868.
42 § 233a AO betrifft nur Steuernachforderungen und Steuererstattungen.
43 BFH v. 28.10.2009 VIII R 78/05, BStBl. II 2010, 455.
44 BFH v. 17.1.2003 VII B 228/02, BFH/NV 2003, 594, siehe auch 2.1.
45 Zum Zwangsmittelverbot und zum Nebeneinander von Steuer- und Strafverfahren insgesamt 8.1.
46 FG Bremen v. 28.3.2000 299226K 2, EFG 2000, 720, rkr.
47 FG Bremen v. 28.3.2000 299355K 2, EFG 2000, 720, rkr.

Abgabe einer Steuererklärung, fehlerhaft, so ist auch die nachfolgende Androhung ebenso wie die Festsetzung eines Zwangsgelds rechtswidrig.[48]

2.4.3 Schätzungsandrohung

Die übliche Ankündigung der Schätzung ist **kein Verwaltungsakt** i. S. v. § 118 AO, sondern lediglich Ausfluss des Anspruchs auf rechtliches Gehör nach § 91 AO.[49] Sie ist deshalb nicht selbstständig mit Rechtsbehelfen anfechtbar. Da die „Schätzungsandrohung" lediglich eine Mitteilung bzw. eine Absichtserklärung darstellt, ist die Finanzbehörde aber auch nicht verpflichtet, sich an diese Ankündigung zu halten. Damit kann die spätere tatsächliche Schätzung bei entsprechender Sachlage der Höhe nach durchaus von der angekündigten Schätzung abweichen. Der Steuerpflichtige hat **keinen Anspruch** auf Umsetzung einer Schätzungsandrohung in einen entsprechenden Bescheid. Für die Schätzungsandrohung reicht es aus, wenn der Steuerpflichtige auf die bevorstehende Schätzung hingewiesen wird. Ein Hinweis, in welcher Höhe die Besteuerungsgrundlagen geschätzt werden, ist nicht erforderlich.[50] In den Fällen der Nichtabgabe ist es sogar ausreichend, wenn das FA den Steuerpflichtigen zur Abgabe der Erklärung aufgefordert hat. Eine zusätzliche Anhörung soll dann nicht erforderlich sein.[51]

Eine „voreilige" Schätzung stellt **keine Amtspflichtverletzung** dar, weil die Schätzung grundsätzlich die gesetzlich vorgesehene Reaktion des FA in Nichtabgabefällen ist. Darüber hinaus wird die Amtspflichtverletzung dadurch ausgeschlossen, dass der Steuerpflichtige die Möglichkeit hat, Einspruch einzulegen und die fällige Steuererklärung abzugeben.[52]

Im Ergebnis macht es für den Steuerberater wenig Sinn, das Fehlen einer Anhörung isoliert geltend zu machen. Allenfalls bei versäumter Einspruchsfrist kann in besonderen Fällen ggf. **Wiedereinsetzung** in den vorigen Stand gemäß § 110 AO[53] erreicht werden. Die Schätzungsandrohung bindet das FA zwar nicht, wird aber bei der nachfolgenden Schätzung ohne vorherige Mitteilung davon abgewichen, so verletzt dies den Grundsatz der Gewährung rechtlichen Gehörs und kann zur Rechtswidrigkeit des Bescheids führen.[54] Nicht immer kann das FA dann nach erfolgter Aufhebung und Heilung des Formfehlers einen neuen Bescheid gleichen Inhalts erlassen, z. B. dann nicht, wenn die Festsetzungsfrist bereits abgelaufen ist.

---

48 BFH v. 15. 9. 1992 VII R 66/91, BFH/NV 1993, 76, m. w. N.
49 Zum Anspruch auf Anhörung vor einer Schätzung z. B. *Rüsken* in Klein, § 162 Rz. 39.
50 Hessisches FG v. 12. 12. 1978 VIII 10/78, EFG 1979, 374.
51 FG Köln v. 18. 12. 1998 11 K 1550/98, EFG 1998, 1561 und FG Düsseldorf v. 22. 9. 1995 14 K 5287/92 F, EFG 1996, 83.
52 OLG Düsseldorf v. 12. 11. 1992 18 U 160/92, Stbg 1993, 233.
53 Siehe hierzu nachfolgend 2.5.2.
54 FG Baden-Württemberg v. 8. 11. 2000 2 K 91/00, juris.

2 Nichtabgabe der Steuererklärung

Die Schätzungsandrohung basiert in aller Regel auf einem sog. **"Vorjahresvergleich"**[55] bzw. auf den eingereichten Umsatzsteuervoranmeldungen. Dabei werden die Besteuerungsgrundlagen ausgehend von den Angaben des Steuerpflichtigen für vorangegangene Veranlagungszeiträume ermittelt und ggf. durch Zu- oder Abschläge an veränderte Verhältnisse angepasst. Es handelt sich naturgemäß um eine sehr grobe Schätzungsmethode, die aber aufgrund der geringen Ermittlungsmöglichkeiten des Innendienstes zulässig ist. Sie hat ihre Berechtigung, weil den Erklärungen des Steuerpflichtigen für die Vorjahre Richtigkeit und Vollständigkeit beigemessen wird, weil der Steuerpflichtige keine Einwendungen gegen die Festsetzungen der Vorjahre erhoben hat und weil Lebenssachverhalte grundsätzlich über einen Besteuerungszeitraum hinaus Bestand haben.[56] Steht fest, dass die Unternehmensführung des Betriebsnachfolgers in etwa der des Vorgängers entspricht, steht das Steuergeheimnis der Offenbarung der Vergleichszahlen des Vorgängerbetriebes nicht entgegen.[57] Sind in den **Vorjahren** Schätzungen vom Steuerpflichtigen **akzeptiert** worden, kann für das aktuelle Jahr grundsätzlich ein höherer Gewinn angesetzt werden.[58]

2.5 Maßnahmen nach erfolgter Schätzung

2.5.1 Prüfen der Wirksamkeit des Steuerbescheids

Übergibt der Mandant dem Steuerberater einen Schätzungsbescheid, besteht immer Prüfungs- und in den meisten Fällen auch Handlungsbedarf. Wichtig ist zunächst in der richtigen Reihenfolge zu klären, ob ein wirksamer Bescheid vorliegt, ob er unter Vorbehalt der Nachprüfung steht und – vor allem wenn das nicht der Fall ist – ob die Einspruchsfrist abgelaufen ist.

Zunächst lohnt damit also die Prüfung, ob überhaupt ein **Steuerbescheid wirksam** bekannt gegeben wurde. Falls nicht, ist das FA aufzufordern, den entsprechenden Bescheid erstmalig bekanntzugeben. Obwohl dadurch etwas Zeit gewonnen ist, sollte in jedem Fall parallel dazu die Fertigstellung der Steuererklärung forciert werden. Das gilt auch, wenn erkennbar zugunsten des Steuerpflichtigen geschätzt wurde. Zwar ist das kein Fall der Berichtigungspflicht nach § 153 AO, da keine, also auch keine unzutreffende Steuererklärung eingereicht wurde.[59] Die Nichtabgabe selbst kann aber eine Steuerhinterziehung darstellen.[60]

---

55 Das ist die im Veranlagungsbereich am häufigsten angewandte Schätzungsmethode, vgl. *Seer* in Tipke/Kruse, § 162 Rz. 54.
56 BFH v. 12.4.1988 VIII R 154/84, BFH/NV 1989, 636; FG des Saarlands v. 27.11.1990 1 K 6/89, EFG 1991, 166.
57 BFH v. 4.7.200 X B 135/05, BFH/NV 2006, 1797.
58 FG Hamburg v. 14.1.2004 I 231/02, juris.
59 Z.B. *Stöcker* in Beermann/Gosch, § 153 Rz. 15.
60 Siehe hierzu 8.2.

2.5 Maßnahmen nach erfolgter Schätzung

Will das FA aus einem Bescheid vorgehen, den der Steuerpflichtige nicht erhalten hat, ist es wichtig, gegenüber dem FA **frühzeitig** auf die fehlende Bekanntgabe hinzuweisen, da sonst der Vorwurf erhoben wird, das lange „Stillhalten" spreche gegen die Glaubhaftigkeit des Vortrags.

Bei der Prüfung der wirksamen Bekanntgabe ist zunächst darauf zu achten, wie der Bescheid übersandt bzw. zugestellt wurde. Die FÄ versenden Steuerbescheide aus Kostengründen auch in Schätzungsfällen i.d.R. mit **einfachem Brief.** Dadurch tragen sie das Risiko, dass viele Bescheide den Adressaten nicht erreichen. Die Einschaltung privater Firmen hat die Situation in den letzten Jahren eher verschlechtert. Nicht selten kommt es vor, dass Steuerpflichtige mit Mahnungen oder sogar Vollstreckungsmaßnahmen konfrontiert werden, obwohl sie deren Anlass gar nicht kennen, weil sie den entsprechenden Steuerbescheid nicht erhalten haben. In diesem Fall ist das FA aufzufordern, die durchgeführten Maßnahmen aufzuheben und weitere zu unterlassen, solange kein wirksamer Steuerbescheid vorliegt. Der Beweis der Aufgabe eines Verwaltungsakts zur Post an einem bestimmten Tag kann durch das FA nicht nach den Regeln des Anscheinsbeweises geführt werden, wenn die Absendung nicht in einem Absendevermerk der Poststelle des FA festgehalten ist. Da sich die Aufgabe von Verwaltungsakten zur Post im Wissens- und Verantwortungsbereich des FA abspielt, hat es insofern die erforderliche Beweisnähe,[61] deshalb trägt es insoweit grundsätzlich die Feststellungslast. Allerdings kann das FA bei fehlendem Absendevermerk darlegen, wie der Ablauf der Postversendung gestaltet war und welche Maßnahmen ergriffen worden sind, um die Gewähr für die Übereinstimmung von Bescheiddatum und tatsächlichem Aufgabetag zu bieten.[62] In einem finanzgerichtlichen Verfahren wird dann ggf. von einem entsprechend zur Post gegebenen Bescheid ausgegangen, so dass die Drei-Tage-Fiktion des § 122 AO Anwendung findet.[63]

Behauptet das FA, einen Bescheid bekanntgegeben zu haben, liegt dieser aber nicht vor, so ist darauf zu achten, nach entsprechendem Hinweis nicht nur eine **Kopie** des vermeintlich bekannt gegebenen Bescheids aus den Akten des FA zu erhalten, sondern eine „echten" erstmaligen Bescheid mit aktuellem Datum. Dadurch können spätere Diskussionen über die Bekanntgabe vermieden werden.

Die **Empfangsvollmacht,** die auf dem Mantelbogen oder an entsprechender Stelle der elektronischen Steuererklärung erteilt werden kann, bezieht sich nur auf den Steuerbescheid des betreffenden Jahres. Geht dem FA die Steuererklärung erst nach Erlass eines Schätzungsbescheids zu, konnte und musste die Vollmacht noch nicht berücksichtigt werden.[64] Im Übrigen gilt ohne anderslau-

---

61 BFH v. 28.9.2000 III R 43/97, BStBl. II 2001, 211.
62 BFH v. 13.2.2008 XI B 218/07, BFH/NV 2008, 742; BFH v. 16.5.2007 V B 169/06, BFH/NV 2007, 1454; BFH v. 30.11.2006 XI B 13/06, BFH/NV 2007, 389; BFH v. 22.5.2006 X B 190/05, BFH/NV 2006, 1681; BFH v. 23.8.2005 V B 115/04, BFH/NV 2006, 84.
63 Niedersächsisches FG v. 25.11.2015 9 K 215/14, EFG 2016, 433.
64 FG München v. 21.11.2007 10 K 421/07, juris.

2 Nichtabgabe der Steuererklärung

tende Empfangsvollmacht der Grundsatz, dass Steuerbescheide dem Steuerpflichtigen bekanntzugeben sind, auch wenn dieser sich gegenüber der Finanzbehörde durch einen Steuerberater vertreten lässt.[65] Häufig geben Steuerpflichtige einen Bescheid an den Steuerberater weiter, ohne darauf hinzuweisen, dass dieser mit **PZU** zugestellt wurde. Dann kommt es nicht selten zu verspäteten Einsprüchen, weil der Berater von einer Bekanntgabe mit einfachem Brief und der damit verbundenen Bekanntgabefiktion des § 122 Abs. 2 AO ausgeht.[66] Auch wenn die FG in derartigen Fällen ggf. Wiedereinsetzung in den vorigen Stand gewährt haben,[67] sollte die Art der Bekanntgabe routinemäßig erfragt werden, um Risiken zu vermeiden, da der BFH in diesem Bereich eine strengere Linie verfolgt.[68] Der Steuerberater muss demnach zwingend klären, **wie** die Bekanntgabe des Schätzungsbescheids erfolgt ist. Das ist aus dem Bescheid selbst nicht erkennbar, auch nicht aus der Rechtsbehelfsbelehrung.[69] Deshalb ist nach dem **Briefumschlag** zu fragen. Dort ist das Datum der Zustellung dokumentiert, so dass eine zutreffende Fristberechnung möglich wird.[70] Nimmt der Steuerberater einen Bescheid für seinen Mandanten entgegen, so muss er vor allem dann, wenn der Bescheid später als nach der Drei-Tage-Fiktion des § 122 Abs. 2 AO zugeht, Maßnahmen treffen, die ihm erlauben, zu dem Tag des Zugangs substantiiert vorzutragen und einem gegenteiligen Standpunkt des FA entgegenzutreten.[71] Der Briefumschlag ist zur Handakte zu nehmen.[72]

Gefährlich ist die **wahrheitswidrige Behauptung,** den Bescheid nicht erhalten zu haben. Dies führt zu einer wesentlichen Verschlechterung des Klimas mit dem FA. Anschließend erfolgt eine rechtssichere Bekanntgabe per Zustellungsurkunde, Fax oder durch Übergabe durch einen Vollziehungsbeamten. Im Einzelfall wird der Zugang sogar nachweisbar sein,[73] so dass strafrechtliche Konsequenzen drohen. Der bestrittene Zugang kann durch Prüfung des Posteingangsbuchs, der Handakte oder durch Vernehmung von Angestellten widerlegt werden. Zwar ist der tatsächliche Zugang im Zweifel vom FA nachzuweisen,[74] es gibt aber keinen Grundsatz, wonach die einfache Behauptung, den Bescheid nicht erhalten zu haben, zwingend zu der Annahme führt, dieser sei nicht

---

65 BFH v. 30.7.1980 I R 148/79, BStBl. II 1981, 3.
66 Bei Bekanntgabe mit PZU gilt die Drei-Tage-Regelung des § 122 Abs. 2 AO nicht, vgl. z. B. BFH v. 14.10.2003 IX R 68/98, BStBl. II 2003, 898; BFH v. 19.6.1991 I R 77/89, BStBl. II 1991, 826.
67 FG Hamburg v. 19.1.1988 V 64/87, EFG 1988, 339 und FG des Saarlands v. 7.10.1987 1 K 104/87, EFG 1988, 55.
68 BFH v. 9.8.2000 I R 33/99, BFH/NV 2001, 410; BFH v. 17.3.1994 V R 136/92, BFH/NV 1995, 465.
69 BFH v. 29.10.1974 I R 37/73, BStBl. II 1975, 121.
70 Vgl. zu diesem Thema ausführlich *Pump*, AO-StB 2011, 339.
71 BGH v. 13.2.1992 IX ZR 105/91, DB 1992, 940.
72 FG Hamburg v. 28.4.2004 III 446/03, EFG 2004, 1471.
73 Z. B. weil versehentlich aus dem angeblich unbekannten Bescheid zitiert wird.
74 FG des Saarlands v. 27.10.2010 1 K 1275/07, EFG 2011, 754.

2.5 Maßnahmen nach erfolgter Schätzung

bekanntgegeben worden. FA und FG müssen den maßgeblichen Sachverhalt soweit wie möglich aufklären.[75] Indizien für den Zugang von Steuerbescheiden können insbesondere vorliegen, wenn einem Steuerpflichtigen mehrfach seine Steuerschulden bekanntgegeben worden sind, ohne dass er diese oder die entsprechenden Steuerbescheide bestreitet.[76] Ebenfalls ein Indiz für den Zugang kann die Tatsache darstellen, dass der Steuerpflichtige in Schriftstücken den vermeintlich nicht zugegangenen Bescheid erwähnt oder dass der Steuerbescheid mit anderen Schriftstücken zusammen versandt worden ist, deren Zugang nicht bestritten wird.

2.5.2 Einspruch

Liegt ein wirksamer Bescheid vor und ist die Schätzung zu hoch, ist die Möglichkeit des Einspruchs zu prüfen. Er kann jederzeit **kostenfrei** zurückgenommen werden, allerdings besteht im Rechtsbehelfsverfahren kein Anspruch auf Erstattung von Anwalts- oder Steuerberatungskosten.[77] Der Einspruch kann in Papierform oder mit einfacher E-Mail[78] eingelegt werden.[79] Er ist – wie sich aus der dem Steuerbescheid beigefügten Rechtsbehelfsbelehrung und aus § 348 AO ergibt – innerhalb eines Monats beim zuständigen FA einzulegen. In Zweifelsfällen ist bezüglich des rechtzeitigen Eingangs der Eingangsstempel der Behörde maßgebend, denn er gilt als öffentliche Urkunde, die grundsätzlich als Beweis für Zeit und Ort des Eingangs eines Schreibens zu Grunde zu legen ist.[80] Die **Einspruchsfrist** ist gewahrt, wenn der Einspruch der Finanzbehörde rechtzeitig, d. h. innerhalb eines Monats[81] nach Bekanntgabe des Bescheids zugegangen ist. Dafür trägt der Einspruchsführer die Feststellungslast, ohne dass sich auf einen Anscheinsbeweis oder eine Zugangsfiktion berufen kann.[82]

Wurde die Rechtsbehelfsfrist unverschuldet versäumt, kann nach § 110 AO **Wiedereinsetzung in den vorigen Stand** beantragt werden. Dabei sind die Anforderungen an den Vortrag des Steuerpflichtigen allerdings hoch. Zur Glaubhaftmachung der rechtzeitigen Absendung eines Schriftsatzes ist es z. B. erforderlich, das Postausgangsbuch vorzulegen und den Absendevorgang dahingehend schlüssig darzustellen, welche Person zu welcher Zeit in welcher Weise den Brief, in dem sich das betreffende Schriftstück befunden haben soll, aufgegeben hat.[83] Die Erkrankung des Prozessbevollmächtigten kann nur als schuldlose Verhinderung und damit als Wiedereinsetzungsgrund gewertet werden, wenn die Krankheit plötzlich und unvorhersehbar auftritt und so schwer

---

75 BFH v. 6.9.1989 II R 233/85, BStBl. II 1990, 108.
76 BFH v. 29.4.1999 V B 173/98, BFH/NV 1999, 1442.
77 FG München v. 30.4.2009 15 K 320/09, juris, rkr.
78 Ohne qualifizierte elektronische Signatur.
79 § 357 AO.
80 FG Hamburg v. 5.5.2006 2 K 92/05, juris.
81 § 355 AO; zur Jahresfrist bei unterbliebener oder unrichtiger Belehrung vgl. § 356 Abs. 2 AO.
82 BFH v. 21.9.2007 IX B 79/07, BFH/NV 2008, 22.
83 BFH v. 14.2.2002 VII B 112/01, BFH/NV 2002, 798.

2 Nichtabgabe der Steuererklärung

ist, dass es dem Prozessbevollmächtigten nicht zumutbar ist, die Frist zu wahren oder wenigstens einen Vertreter rechtzeitig einen Vertreter zu stellen.[84]

Eine Wiedereinsetzung kommt grundsätzlich in Betracht, wenn die Frist wegen **fehlender** oder **falscher Begründung** der Festsetzung versäumt wurde:[85]

> *Beispiel:*
> Im Schätzungsbescheid wird objektiv fehlerhaft ausgeführt, dass der Steuerbescheid auf der Steuererklärung beruht. Die entsprechende Erläuterung im Bescheid lautet: „Die Festsetzung erfolgte auf der Grundlage der Angaben in Ihrer Steuererklärung." Der Steuerpflichtige legt keinen Einspruch ein. Hier fehlt der gemäß § 126 AO nötige Hinweis, dass die Besteuerungsgrundlagen geschätzt worden sind. Zudem ist der Hinweis auf die – objektiv fehlende – Steuererklärung falsch. Dadurch ist die rechtzeitige Einlegung des Einspruchs verhindert worden. Er kann deshalb gemäß §§ 110, 126 AO auch noch nach Ablauf der Rechtsbehelfsfrist eingelegt werden.

Die FG stellen hinsichtlich der Begründung eines Steuerbescheids aber keine hohen Anforderungen an die FÄ. Grundsätzlich genügen im Nichtabgabefall die Angabe der Besteuerungsgrundlagen und der Hinweis, dass die Schätzung wegen Nichtabgabe der Steuererklärung erfolgt.[86]

Insgesamt ist die Rechtsprechung zur Wiedereinsetzung eher restriktiv. So kommt z. B. keine Wiedereinsetzung in Betracht, wenn eine ordnungsgemäß notierte Einspruchsfrist aufgrund fehlerhaften Vermerks zum **Vorbehalt der Nachprüfung** versäumt wird.[87] Ferner soll eine Einspruchsfrist auch nicht deshalb unverschuldet versäumt sein, weil der Steuerpflichtige bei Zugang des Bescheids nicht steuerlich beraten war.[88]

Das FA hat im Übrigen **keine Dispositionsbefugnis** dahingehend, einen objektiv verspätet eingelegten Einspruch außerhalb der Möglichkeit der Gewährung von Wiedereinsetzung in den vorigen Stand als fristgerecht zu behandeln.[89]

Das **Antragsverfahren** auf Wiedereinsetzung ist in § 110 II bis 4 AO geregelt. Neben dem Fehlen eines groben Verschuldens ist zwingende Voraussetzung für den Erfolg, dass der Antrag binnen einer Frist von einem Monat nach Wegfall des Hindernisses gestellt wird, der Antrag ebenfalls innerhalb der Monatsfrist begründet wird und die Tatsachen der Begründung glaubhaft gemacht werden. Weiterhin muss die versäumte Handlung, hier also das Einlegen des Einspruchs, innerhalb der Monatsfrist nachgeholt werden. Letzteres ist in aller Regel der Fall, da der Antrag zusammen mit dem Einspruch übersandt wird. Der o. g. maßgebende Zeitpunkt, zu dem das Hindernis weggefallen ist, liegt

---

84 FG des Saarlands v. 10.4.1996 1 K 135/95, EFG 1996, 956.
85 § 126 Abs. 3 AO.
86 BFH v. 11.2.1999 V R 40/98, BStBl. II 1999, 382; Niedersächsisches FG v. 22.5.2002 2 K 517/01, juris. Insgesamt zur Begründung eines Schätzungsbescheids siehe unter 1.12.
87 FG Köln v. 28.4.2010 7 K 3373/08, EFG 2010, 1566.
88 BFH v. 27.7.1988 I R 159/84, BFH/NV 1990, 8.
89 FG Berlin v. 13.12.2002 9 K 9526/00, EFG 2003, 1218.

2.5 Maßnahmen nach erfolgter Schätzung

regelmäßig vor, sobald der Steuerpflichtige von der Fristversäumnis Kenntnis erlangt hat oder bei Anwendung der gebotenen Sorgfalt hätte Kenntnis erlangen können und sobald er unter Berücksichtigung der jeweiligen Umstände einen Antrag auf Wiedereinsetzung beim FA hätte stellen können.[90]

Die für die Zulässigkeit des Einspruchs erforderliche **Beschwer** nach § 350 AO setzt voraus, dass geltend gemacht wird, in welchem Umfang die Schätzung zu Unrecht erfolgt sein soll. Pauschale Kritik reicht nicht aus. In einem finanzgerichtlichen Verfahren sind die nach Auffassung des Steuerpflichtigen anderweitig anzusetzenden Besteuerungsgrundlagen betragsmäßig zu bezeichnen, damit das FG das Anfechtungsbegehren bestimmen kann. Das gilt entsprechend für das Einspruchsverfahren. Damit kann der vom Berater gefertigte Einspruch vom FA als unzulässig verworfen werden, wenn dieser sich ohne weitere Begründung und insbesondere ohne Bezeichnung der anderweitig anzusetzenden Besteuerungsgrundlagen gegen einen Schätzungsbescheid wendet. Auch der – alternativ zum Einspruch mögliche – Antrag auf schlichte Änderung gemäß § 172 Abs. 1 Nr. 2 lit. a AO muss das Begehren innerhalb der Einspruchsfrist zumindest in groben Zügen erkennen lassen, d. h. ein entsprechender abweichender Lebenssachverhalt muss rechtzeitig vorgetragen werden. Eine nach Schätzung eingereichte Steuererklärung stellt die notwendige Konkretisierung i. S. d. § 172 Abs. 1 Nr. 2 lit. a AO dar.[91] Es ist aber gefährlich, lediglich einen Antrag auf schlichte Änderung zu stellen und keinen Einspruch einzulegen, wenn die Steuererklärung nicht innerhalb der Rechtsbehelfsfrist erstellt werden kann, da die Konkretisierung des Antrags damit im Ergebnis zu spät erfolgt. Vielmehr sollte sich der Steuerberater darum bemühen, aus den Unterlagen, die bereits vorliegen,[92] eine fundierte Einspruchsbegründung zu liefern.

Die kommentarlos eingereichte **Steuererklärung** ist im Zweifel **als Einspruch** gegen den Schätzungsbescheid zu werten.[93] Die Formvorschriften für die Abgabe der Steuererklärung gelten dabei nicht.[94] Das bietet insbesondere den Vorteil, dass AdV gewährt und die teuren Säumniszuschläge nach § 240 AO i. H. v. 1 % pro Monat. vermieden werden können.[95] Geht die Erklärung nach Ablauf der Einspruchsfrist ein und steht der Schätzungsbescheid nicht unter Vorbehalt der Nachprüfung, ist die Erklärung als Änderungsantrag nach § 173 AO zu behandeln. Führt die Berücksichtigung der Angaben zu einer höheren

---

90 BFH v. 21. 12. 2011 VIII B 30/11, BFH/NV 2012, 599.
91 Niedersächsisches FG v. 28. 8. 2009 13 K 144/09, EFG 2009, 1811.
92 Z. B. auf der Grundlage einer BWA.
93 BFH v. 27. 2. 2003 V R 87/01, BStBl. II 2003, 505, aber auch schon BFH v. 12. 4. 1967 VI 389/65, BStBl. III 1967, 382. Anders evtl. bei Bescheid unter Vorbehalt der Nachprüfung FG Thüringen v. 12. 5. 2016 1 K 94/15, juris.
94 So zum Antrag auf schlichte Änderung FG Rheinland-Pfalz v. 21. 2. 2011 5 K 2680/09, juris.
95 Ein Erlass scheidet regelmäßig aus, vgl. FG Nürnberg v. 30. 6. 2009 3 K 846/2008, juris, rkr.

2 Nichtabgabe der Steuererklärung

Steuer, so ist die Änderung gemäß § 173 Abs. 1 Nr. 1 AO vorzunehmen, andernfalls wird die Berichtigung i. d. R. wegen groben Verschuldens abgelehnt.[96] Das FA kann dem Steuerpflichtigen zur Begründung des Einspruchs eine **Ausschlussfrist** nach § 364b AO setzen. Zwar erwähnt das Gesetz die Steuererklärung nicht, sondern spricht allgemein von Tatsachen, Beweismitteln und Urkunden, die Steuererklärung kann aber nach dem Sinn und Zweck des § 364b AO verlangt werden.[97]

Liegt ein ordnungsgemäß bekanntgegebener Steuerbescheid vor, ist die Rechtsbehelfsfrist abgelaufen und kann keine Wiedereinsetzung in den vorigen Stand erreicht werden, kommt eine Änderung des Bescheids zumeist nur noch in Betracht, wenn er unter **Vorbehalt der Nachprüfung** erlassen wurde.[98] Dabei besteht die Änderungsmöglichkeit auch bei einem rechtswidrigen Vorbehalt der Nachprüfung.[99] Lt. BFH ist eine Schätzung unter Vorbehalt der Nachprüfung geboten, wenn der Steuerpflichtige für eine Ap vorgesehen ist oder wenn sich für eine zutreffende Schätzung keine oder kaum ausreichende Anhaltspunkte aus den Akten ergeben und der Sachverhalt deshalb weiter aufgeklärt werden soll.[100] Der Steuerpflichtige hat aber **keinen Anspruch** darauf, dass der Schätzungsbescheid unter Vorbehalt der Nachprüfung ergeht.[101] Etwas anderes kann aber gelten, wenn dem Steuerpflichtigen die für die Erstellung der Steuererklärung erforderlichen Unterlagen mit einiger Sicherheit nur vorübergehend nicht zur Verfügung stehen.[102] Die Verwaltungsauffassung geht dahin, im Nichtabgabefall i. d. R. unter Vorbehalt der Nachprüfung zu schätzen, zumindest dann, wenn der Fall für eine Überprüfung offen gehalten werden soll oder damit gerechnet werden kann, dass der Steuerpflichtige seiner Erklärungspflicht noch nachkommen wird. Damit bleiben für eine endgültige Schätzung im Grunde nur die „hoffnungslosen" Fälle, d. h. solche Situationen, in denen von vornherein feststeht, dass keine Steuererklärung mehr eingereicht wird. Dieser Rahmen ist aber zu eng und ergibt sich nicht aus dem Gesetz. Das FA hat das Recht, in bestimmten Fällen unmittelbar ohne Vorbehalt der Nachprüfung zu schätzen,[103] wovon insbesondere Gebrauch gemacht wird, wenn der Steuerpflichtige wiederholt erst nach Erlass eines Schätzungsbescheids seiner Erklärungspflicht nachgekommen ist. Eine Verpflichtung zur Aufnahme des Vorbehalts der Nachprüfung in allen Schätzungsfällen ist aus dem Gesetz nicht abzuleiten, die Finanzbehörde ist insofern in ihrer Entscheidung frei.[104] Selbst ein

---

96 § 173 Abs. 1 Nr. 2 AO.
97 BFH v. 10. 6. 1999 IV R 23/98, BStBl. II 1999, 664; BFH v. 19. 3. 1998 V R 7/97, BStBl. II 1998, 399; *Krüger*, StBp 2000, 98.
98 Insbesondere scheitert eine Berichtigung nach § 173 Abs. 1 Nr. 2 AO im Schätzungsfall regelmäßig am groben Verschulden des Steuerpflichtigen.
99 BFH v. 14. 9. 1993 VIII R 9/93, BStBl. II 1995, 2.
100 BFH v. 2. 6. 1990 IV B 187/89, BFH/NV 1991, 459.
101 FG Rheinland-Pfalz v. 18. 12. 2007 2 K 2211/06, EFG 2008, 350.
102 FG München v. 18. 4. 1995 7 K 2/93, EFG 1995, 866.
103 FG Baden-Württemberg v. 1. 3. 2001 3 K 125/98, juris.
104 FG Baden-Württemberg v. 19. 5. 2008 6 K 526/07, juris.

2.5 Maßnahmen nach erfolgter Schätzung

Verstoß gegen innerdienstliche Weisungen, unter Vorbehalt der Nachprüfung zu schätzen, führt nicht zur Nichtigkeit des Bescheids.[105] Geht der steuerliche Berater fälschlicher Weise davon aus, der Bescheid sei unter Vorbehalt der Nachprüfung ergangen, und versäumt er deshalb die Rechtsbehelfsfrist, rechtfertigt das keine Wiedereinsetzung in den vorigen Stand.[106]

2.5.3 Klage

2.5.3.1 Allgemeines

Wird die beantragte, von der Schätzung abweichende Steuerfestsetzung vom FA durch Einspruchsentscheidung abgelehnt,[107] so stellt sich die Frage, ob hiergegen Klage beim FG eingelegt werden sollte. Zunächst ist dabei zu prüfen, ob die Klagefrist von einem Monat nach § 47 FGO noch nicht abgelaufen ist.[108] Ist eine Klage verfahrensrechtlich möglich, müssen **Erfolgsaussichten und Kostenrisiko** gegeneinander abgewogen werden. Im Nichtabgabefall ist eine Klage ohne Abgabe der Steuererklärung i.d.R. erfolglos. Weder ein Sachverständigengutachten[109] noch die Vernehmung von Zeugen[110] werden als zulässige Alternative angesehen. Zu bedenken ist ferner, dass die Chancen auf PKH im Nichtabgabefall äußerst gering sind.[111]

2.5.3.2 Zulässigkeit

Das **Klageziel** muss erkennbar sein und die Beschwer ist geltend zu machen.[112] Für die Bezeichnung des Gegenstands des Klagebegehrens ist es erforderlich, den Streitpunkt so zu umreißen, dass er von anderen denkbaren Streitpunkten abgrenzbar ist.[113] Es reicht nicht aus, wenn der Steuerpflichtige ohne weitere Begründung geltend macht, die Schätzung sei zu hoch.[114] Dann ist die Klage unzulässig. Durch den Antrag auf Aufhebung eines Schätzungsbescheids ist das Klagebegehren jedenfalls dann nicht hinreichend bezeichnet, wenn Anhaltspunkte dafür vorliegen, dass der Kläger tatsächlich nur eine Herabsetzung der festgesetzten Steuer begehrt.[115] Die kommentarlos beim FA eingereichte Steuererklärung ist keine Klageerhebung nach § 47 Abs. 2 FGO.[116]

---

105 FG Nürnberg v. 29.7.2008 2 K 1697/2997, juris, rkr.
106 FG Baden-Württemberg v. 19.5.2008 6 K 526/07, juris; FG des Saarlands v. 10.4.1996 1 K 135/95, EFG 1996, 956.
107 Der Abschluss des Einspruchsverfahrens ist Voraussetzung für die Zulässigkeit der Klage.
108 Zur Möglichkeit der Wiedereinsetzung in den vorigen Stand siehe unten.
109 BFH v. 24.3.1998 I B 106/97, BFH/NV 1998, 1200.
110 FG Düsseldorf v. 18.11.1991 10 K 598/85 F, U, EFG 1992, 209.
111 Wegen Einzelheiten hierzu siehe unter 2.5.3.5.
112 BFH v. 8.3.1995 X B 243, 244/94, BStBl. II 1995, 417.
113 BFH v. 18.2.2003 VIII B 218/02, BFH/NV 2003, 1186.
114 BFH v. 26.11.1979 GrS 1/78, BStBl. II 1980, 99; v. Groll in Gräber, § 79b Rz. 12 zu § 79b FGO und § 65 Rz. 65.
115 BFH v. 8.7.1998 I R 23/97, BStBl. II 1998, 628.
116 BFH v. 21.2.1991 V R 2/87, BFH/NV 1992, 44; BFH v. 28.6.1989 I R 67/85, BStBl. II 1989, 848.

2 Nichtabgabe der Steuererklärung

Der Steuerpflichtige muss klar zum Ausdruck bringen, dass er Klage erheben und diese durch die Abgabe der Steuererklärung begründen will. Die kommentarlos eingereichte Erklärung allein hindert weder die Bestandskraft der Bescheide durch Verjährung noch ermöglicht sie eine AdV.

Der Steuerpflichtige ist hinsichtlich der Begründung der Klage nicht auf die Abgabe der Steuererklärung beschränkt. Er kann alle Einwendungen geltend machen, die die Rechtmäßigkeit des Bescheids in Frage stellen und somit auch nur einzelne Besteuerungsgrundlagen angreifen und durch Beweismittel oder schlüssige Sachverhaltsdarstellungen entkräften.[117] Kann der Steuerpflichtige keine Steuererklärung einreichen, muss der Steuerpflichtige also **substantiiert** darlegen, weshalb die Besteuerungsgrundlagen seiner Meinung nach zu hoch angesetzt wurden. Soweit wegen fehlender Unterlagen genaue Angaben nicht möglich sind, hat er dabei anhand der ihm zugänglichen Erkenntnisquellen zumindest darzustellen, weshalb die Schätzung nach seiner Meinung niedriger ausfallen muss.[118]

Eine **isolierte Anfechtungsklage** gegen die Einspruchsentscheidung ist ausnahmsweise zulässig, wenn es im Interesse des Steuerpflichtigen ist, eine außergerichtliche Tatsacheninstanz nicht zu verlieren.[119] Das kann der Fall sein, wenn das FA den Einspruch wegen Nichtvorlage der Steuererklärung als unbegründet zurückgewiesen hat.[120] Kann die Steuererklärung nicht zeitgleich mit der Klage eingereicht werden, ist aus Kostengründen darauf zu achten, dass der Klageantrag der Höhe nach nicht im Widerspruch zu den eigenen Angaben steht. Bei der Jahresumsatzsteuer dürfen deshalb die Voranmeldungen grundsätzlich nicht unterschritten werden.

Hebt das FA nach Einsprüchen gegen Schätzungsbescheide den Vorbehalt der Nachprüfung in der Einspruchsentscheidung auf, kann ein isoliert gegen die Aufhebung des Vorbehalts der Nachprüfung gerichteter Klageantrag grundsätzlich keinen Erfolg haben. Dem Steuerpflichtigen kann in einem solchen Fall allenfalls dann ein schutzwürdiges Interesse zugebilligt werden, wenn er an der Abgabe der endgültigen Steuererklärung gehindert ist und er das bis zum Abschluss des Verwaltungsverfahrens substantiiert dargelegt hat.[121]

---

117 *Bruschke*, DStZ 2006, 222, unter Hinweis auf BFH v. 8.9.2003 V B 37/02, BFH/NV 2004, 8.
118 BFH v. 31.7.2007 VIII B 41/05, BFH/NV 2007, 2304.
119 Zur grundsätzlichen Unzulässigkeit einer isolierten Anfechtung siehe BFH v. 16.7.1992 VII R 61/91, BFH/NV 1993, 39.
120 FG Berlin v. 13.2.1985 VI 39/84, juris.
121 FG München v. 4.12.1997 7 K 254/97, juris.

2.5 Maßnahmen nach erfolgter Schätzung

Ausreichend für die Bezeichnung des Klagebegehrens ist:
- Das Einreichen der vollständigen Steuererklärung beim FG[122] bzw. die Bezugnahme auf die dem Gericht vorliegende Erklärung bis zum Schluss der mündlichen Verhandlung,[123]
- das Einreichen der Steuererklärung beim FA zwar erst nach Klageerhebung, aber noch vor Zustellung der Klage und evtl. Fristsetzung nach § 65 Abs. 2 S. 2 FGO,[124]
- die Darlegung des tatsächlichen Werts einer einzelnen Besteuerungsgrundlage,[125]
- die Angabe des Umsatzes, der Vorsteuern und des Gewinns,[126]
- die zutreffende Erläuterung, die Steuererklärung sei zwischenzeitlich bereits beim FA eingereicht worden,[127]
- die substantiierte Behauptung, der Bescheid sei nichtig,[128]
- bei einem bezifferten Klageantrag ist der Sachverhalt in groben Zügen aus der Einspruchsentscheidung erkennbar.[129]

Unzureichend für die Bezeichnung des Klagebegehrens ist:
- Die Ankündigung einer noch einzureichenden Steuererklärung,[130]
- die bloße Bezugnahme auf den angefochtenen Bescheid,[131]
- das Einreichen der „nackten" Steuererklärung, wenn die erforderlichen Anlagen und Erläuterungen wie GuV, Jahresabschluss etc. fehlen,[132]
- die allgemein gehaltene Behauptung, die Schätzung sei zu hoch,[133]
- die Klageschrift enthält nur den Antrag, das Vorverfahren für notwendig zu erklären sowie im Fall der Klageabweisung die Revision zuzulassen und der Kläger teilt zum Schluss der mündlichen Verhandlung lediglich ergänzend mit, der Gewinn sei zu hoch geschätzt. Unzureichend ist die Klagebegrün-

---

122 Vgl. Urteilsbegründung in BFH v. 26.1.1995 V B 63/94, BFH/NV 1995, 896.
123 BFH v. 14.7.1992 VIII R 86/89, BFH/NV 1993, 38.
124 BFH v. 17.2.2000 I R 119/97, BFH/NV 2000, 972.
125 FG Köln v. 21.9.2000 7 K 147/99, EFG 2000, 1400.
126 BFH v. 17.1.2002 VI B 114/01, BStBl. II 2002, 306; BFH v. 17.4.1996 X R 98/95, BFH/NV 1996, 900.
127 BFH v. 30.7.1997 I B 115/96, BFH/NV 1998, 66.
128 FG Köln v. 18.2.1998 11 K 1550/98, EFG 1998, 1561.
129 BFH v. 24.5.2000 VI R 183/98, BFH/NV 2000, 1480.
130 BFH v. 30.9.2014 I B 164/13, BFH/NV 2015, 216; BFH v. 4.4.2011 VIII B 96/10, BFH/MV 2011, 1172; BFH v. 6.9.2001 VIII B 26/01, BFH/NV 2002, 68; BFH v. 17.6.1998 X B 138/97, BFH/NV 1999, 187.
131 BFH v. 11.8.2000 IV S 4/00, juris.
132 FG Hamburg v. 4.10.1999 EFG 2000, 231, für die Körperschaftsteuer FG München v. 9.10.2009 7 K 4012/08, juris.
133 BFH v. 22.2.2005 III S 17/04 (PKH), BFH/NV 2005, 1124.

dung in dieser Konstellation jedenfalls dann, wenn der Kläger auch den Einspruch nicht begründet hat,[134]
- ein Antrag auf Aufhebung des Bescheids, ohne dass tatsächlich Aufhebungsgründe vorgetragen werden und deshalb angenommen werden muss, dass in Wirklichkeit eine Herabsetzung der Steuer begehrt wird,[135]
- der Hinweis auf beschlagnahmte Unterlagen. Der Kläger muss in einem solchen Fall diejenigen Angaben machen, die ohne die beschlagnahmten Unterlagen möglich sind.[136] Im Übrigen wird es allgemein für zulässig gehalten, die beschlagnahmten Unterlagen an einen Steuerberater zu treuen Händen herauszugeben, damit dieser die ausstehende Steuererklärung erstellen kann,
- die Vorlage einer BWA und einer Zwischenbilanz ohne Steuererklärung.[137]

Neben der ausreichenden Bezeichnung des Klagebegehrens ist erforderlich, dass die Klage **fristgerecht** beim FG eingeht. Die Frist beträgt gemäß § 47 FGO **einen Monat** ab Bekanntgabe der Einspruchsentscheidung, welche aus Kostengründen nicht immer mit PZU erfolgt. Bei Bekanntgabe mit einfachem Brief gilt die Drei-Tage-Fiktion des § 122 AO. Ist die Frist zur Erhebung der Klage abgelaufen, muss zunächst die ordnungsgemäße Bekanntgabe der Einspruchsentscheidung geprüft werden. Hat der Steuerberater unter Vorlage einer schriftlichen Vollmacht im Namen und im Auftrag seines Mandanten Einspruch eingelegt, so muss er die Einspruchsentscheidung erhalten. Ansonsten gilt:[138]

Hat ein steuerlicher Berater namens und im Auftrag seines Mandanten Einspruch erhoben und dabei zwar keine schriftliche Vollmacht beigefügt, besteht aber kein Anlass zu Zweifeln an seiner Bestellung zum Bevollmächtigten, setzt die Bekanntgabe an ihn die Klagefrist in Gang. Wurde der Einspruch aber vom Steuerpflichtigen selbst eingelegt und ergibt sich aus dem nachfolgenden Auftreten des steuerlichen Beraters im Rechtsbehelfsverfahren nicht eindeutig seine Bestellung zum Bevollmächtigten für das Verfahren, muss dem Steuerpflichtigen die Einspruchsentscheidung zugestellt werden.

Unter den Voraussetzungen des § 56 FGO kann bei versäumter Frist **Wiedereinsetzung in den vorigen Stand** gewährt werden. Sie wird sinnvoller Weise mit der Klage beantragt.[139]

Ob die Frist vom Antragsteller bzw. seinem Verfahrensbevollmächtigten **schuldlos** i. S. v. § 56 FGO versäumt wurde, richtet sich nicht nach der allgemeinen Verkehrsanschauung, sondern nach den besonderen Umständen des **Ein-**

---

[134] BFH v. 4.4.2011 VIII B 96/10, BFH/NV 2011, 1172.
[135] BFH v. 8.7.1998 I R 23/97, BStBl. II 1998, 628; BFH v. 23.1.1997 IV R 84/95, BStBl. II 1997, 462.
[136] BFH v. 26.2.2010 VIII B 17/08, BFH/NV 2010, 1083; BFH v. 19.1.2000 II B 112/99, BFH/NV 2000, 1103.
[137] FG München v. 22.7.2003 9 K 5036/01, juris.
[138] BFH v. 18.1.1995 I B 181/93, BFH/NV 1995, 852.
[139] Zum Schriftformerfordernis siehe weiter unten. Zu einem Beispiel siehe Anhang 7.

zelfalls und nach den **persönlichen Verhältnissen** des Beteiligten. Entscheidend ist dabei die ihm nach seinen individuellen Fähigkeiten zumutbare Sorgfalt. Verschuldet ist die Säumnis allerdings schon bei leichter Fahrlässigkeit, wobei die sich aus dem jeweiligen Einzelfall ergebenden Sorgfaltserfordernisse maßgebend sind.[140] Der Antrag auf Wiedereinsetzung muss nach § 155 FGO i. V. m. § 236 Abs. 1 ZPO sämtliche Formvoraussetzungen der Rechtshandlung erfüllen, für die die Frist versäumt worden ist. Da die Klageerhebung Schriftform erfordert, muss also auch der Antrag auf Wiedereinsetzung in den vorigen Stand schriftlich gestellt werden. Ein Wiedereinsetzungsantrag ist nur dann hinreichend begründet, wenn die innerhalb der Zweiwochenfrist gegebene Darstellung aller entscheidungserheblichen Umstände, ihre Richtigkeit unterstellt, den Schluss auf eine unverschuldete Fristversäumnis zulässt. In Vertretungsfällen ist eine lückenlose Schilderung der Fristenkontrolle unerlässlich.[141] Die Gewährung der Wiedereinsetzung ist nach § 56 Abs. 5 FGO unanfechtbar. Die Verweigerung der Wiedereinsetzung kann aber beim BFH in dem Verfahren angefochten werden, dass gegen die Entscheidung über die nachgeholte Handlung statthaft wäre. Die Kosten des Wiedereinsetzungsverfahrens trägt nach § 136 Abs. 3 FGO immer der Antragsteller. Dabei ist es insbesondere unerheblich, ob die Wiedereinsetzung gewährt oder der Antrag abgelehnt wurde. Erfolgt die Entscheidung über die Wiedereinsetzung in einem gesonderten Beschluss, wird darin auch über die Kosten des Verfahrens entschieden.

Zur Vermeidung von **Verfahrensfehlern** im Rahmen eines Antrags auf Wiedereinsetzung in den vorigen Stand beim FG ist somit zu beachten:

- Der Antrag ist innerhalb von zwei Wochen nach Wegfall des Hindernisses zu stellen.
- Der Antrag ist entbehrlich, wenn die versäumte Rechtshandlung innerhalb dieser zwei Wochen nachgeholt wird.
- Die Tatsachen zur Begründung des Antrags sind bei der Antragstellung oder im Verfahren über den Antrag vorzutragen und glaubhaft zu machen.
- Nach Ablauf der zwei Wochen können Tatsachen ergänzt oder nachgeschoben werden.
- Ein völlig anderer Sachverhalt kann nach Ablauf der zwei Wochen nicht mehr vorgetragen werden.
- Ist die versäumte Frist bereits seit einem Jahr abgelaufen, kann keine Wiedereinsetzung mehr beantragt und auch nicht ohne Antrag bewilligt werden. Eine Ausnahme gilt nur bei höherer Gewalt.[142]

2.5.3.3 Schätzungsbefugnis des Finanzgerichts

Gemäß § 96 FGO gilt § 162 AO im finanzgerichtlichen Verfahren sinngemäß. Das FG erhält hierdurch die gleiche Schätzungsbefugnis wie sie das FA im

---

140 BFH v. 12.12.2011 X B 50/11, BFH/NV 2012, 440.
141 BFH v. 25.8.2000 X R 47/99, juris.
142 § 56 Abs. 3 FGO.

2 Nichtabgabe der Steuererklärung

Verwaltungsverfahren hat,[143] aber auch die gleiche Verpflichtung zur Schätzung.[144] Dies gilt ebenfalls für das Aussetzungsverfahren.[145] Einer erneuten Aufforderung zur Abgabe der ausstehenden Steuererklärung bedarf es nicht.[146] Das FG muss seine Schätzung begründen,[147] kann sich dabei aber grundsätzlich auf die Punkte beschränken, die substantiiert bestritten werden.[148] Verweigert der Steuerpflichtige seine Mitwirkung, indem er angeforderte Unterlagen nicht vorlegt, und setzt das FA daraufhin die Steuer nach § 162 AO fest, kann das FG bei seiner Schätzung auf die Schätzung des FA Bezug nehmen und diese grundsätzlich ohne weitere Einschränkungen übernehmen, wenn die Unterlagen noch immer nicht vorgelegt worden sind. Dann liegt keine mangelhafte Sachaufklärung i. S. d. § 76 FGO vor, da die Aufklärungspflicht des FG durch die Mitwirkungspflicht der Beteiligten begrenzt wird.[149] Das FG hat eine Schätzung auch dann selbst vorgenommen, wenn es die Schätzung des FA prüft und als eigene übernimmt. Es handelt sich um eine Beweiswürdigung, die revisionsrechtlich dem **materiellen Recht** zuzuordnen ist.[150]

Die in § 96 FGO normierte Befugnis des FG zur eigenen Schätzung ist gerechtfertigt und notwendig, weil Schätzungsbescheide wegen Nichtabgabe nicht ohne weiteres aufgehoben werden können.[151] Geht das FA bei der Schätzung von einem Gewinn i. H. v. 100.000 € aus, bestreitet der Steuerpflichtige hingegen, überhaupt einen Gewinn erzielt zu haben und gelangt das FG schließlich zu der Erkenntnis, der Gewinn müsse sachgerecht auf 80.000 € geschätzt werden, so wäre ohne eigene Schätzungsbefugnis des FG keine zufriedenstellende Lösung zu finden: Der Bescheid könnte nicht nach § 100 Abs. 3 S. 2 AO aufgehoben und die Klage weder abgewiesen – sie ist teilweise begründet – noch ihr stattgegeben werden können, denn sie ist auch nicht in vollem Umfang begründet. § 96 FGO ermöglicht in dieser Situation, dass der Klage teilweise stattgegeben und die Steuer im Urteil auf der Grundlage des Gewinns i. H. v. 80.000 € festgesetzt werden kann.

Hat sich das FG mit einer Schätzung des FA auseinanderzusetzen, so sind die Voraussetzungen hierfür anders als bei der Überprüfung von Ermessensentscheidungen. Gemäß § 102 FGO überprüft das FG solche Ermessensentscheidungen wie z. B. die Ablehnung einer Stundung darauf, ob die gesetzlichen Grenzen des Ermessens überschritten worden sind. Gerade dies macht die Anfechtung in diesem Bereich aus Sicht der Beratung äußerst schwierig. Denn hat

---

143 BFH v. 14. 9. 1993 VII R 84-85/92, BFH/NV 1994, 683.
144 BFH v. 12. 8. 1999 XI R 27/98, BFH/NV 2000, 537. Den Verwaltungsgerichten steht anders als den FG keine eigene Schätzungsbefugnis zu, vgl. OVG Lüneburg v. 19. 12. 2018 9 LA 48/18, juris.
145 FG Münster v. 14. 3. 1988 V 772/88, EFG 1989, 473.
146 BFH v. 9. 2. 2005 X B 21/04, BFH/NV 2005, 1114.
147 § 96 Abs. 1 S. 3 FGO.
148 BFH v. 6. 2. 1991 II R 87/88, BStBl. II 1991, 459; *v. Groll* in Gräber, § 96 Rz. 19.
149 BFH v. 11. 2. 1993 V R 128/89, BFH/NV 1994, 109.
150 BFH v. 12. 10. 2005 VIII B 241/04, BFH/NV 2006, 326.
151 § 100 Abs. 3 S. 2 FGO.

sich das FA innerhalb seines Ermessensspielraums bewegt, kann die Klage keinen Erfolg haben. Die Schätzung der Besteuerungsgrundlagen ist jedoch **keine Ermessensentscheidung** und fällt daher nicht unter § 102 FGO.[152] Das FG muss deshalb z. B. prüfen, ob ein vorhandener Schätzungsrahmen zu Recht voll ausgeschöpft wurde oder aber ein anderer Wert innerhalb dieses Rahmens der Besteuerung zu Grunde zu legen ist.

Wird die Klage durch Einreichen der ausstehenden Steuererklärungen begründet, müssen diese und ggf. der entsprechende Jahresabschluss vom Steuerpflichtigen bzw. vom Geschäftsführer unterschrieben worden sein. Wird die fehlende Unterschrift auch im Klageverfahren nicht nachgeholt, so kommt den Steuererklärungen grundsätzlich kein Beweiswert zu, so dass die Klage abgewiesen wird und die Schätzung bestehen bleibt.[153]

Sinnvoll ist, die fertige Steuererklärung im Original an das FA zu schicken und dem FG eine Kopie zuzuleiten. Wird erklärungsgemäß veranlagt, kann die Klage zurückgenommen oder der Rechtsstreit in der Hauptsache für erledigt erklärt werden. Die Kosten sind wegen § 137 FGO ohnehin vom Kläger zu tragen.[154] Wird nicht erklärungsgemäß veranlagt, muss die Klage weiterverfolgt und der Klageantrag ggf. angepasst werden.

2.5.3.4 Ausschlussfrist nach § 79b FGO

Bei ausstehender Steuererklärung setzt der Berichterstatter häufig eine **Ausschlussfrist**.[155] Das hat wohl in erster Linie arbeitsökonomische Gründe, denn nach fruchtlosem Ablauf der Ausschlussfrist kann die Klage abgewiesen werden, ohne weiter in den Fall „einsteigen" zu müssen. Ein solches Vorgehen ist legitim.[156] Eine ausdrückliche Aufforderung zur Abgabe der Steuererklärung soll zwar nicht von § 79b Abs. 2 FGO gedeckt sein,[157] dass bedeutet aber nur, dass die Klage in einem solchen Fall nicht abgewiesen werden kann, ohne sich mit den Einwendungen gegen die Schätzung auseinander zu setzen.[158] Das FG versagt jedenfalls nicht das rechtliche Gehör, wenn es eine Ausschlussfrist zur Vorlage der Steuererklärung gesetzt hat und nach fruchtlosem Fristablauf in den Urteilsgründen auf den sachlichen Einwand des Klägers gegen die Schätzung des FA eingeht. Das Setzen der Ausschlussfrist begründet insbesondere

---

152 BFH v. 1.12.1998 III B 78/97, BFH/NV 1999, 741.
153 FG München v. 3.2.1997 7 K 908/96, juris.
154 Z. B. FG Hamburg v. 11.7.2008 8 K 44/08, EFG 2008, 1907. Eine Ausnahme stellt die willkürliche und nicht nachvollziehbare Schätzung dar, vgl. BFH v. 30.8.1996 I R 15/96, BFH/NV 1997, 195, siehe hierzu auch weiter unten.
155 §§ 65 Abs. 2, 76 Abs. 3 und § 79b FGO.
156 Zur grundsätzlichen Zulässigkeit von Maßnahmen gemäß § 65 Abs. 2 S. 2 FGO in Schätzungsfällen siehe BFH v. 10.9.2002 X B 46/02, BFH/NV 2003, 71.
157 BFH v. 26.10.2011 IV B 119/10, BFH/NV 2012, 260; BFH v. 24.5.2000 VI R 182/99, BFH/NV 2000, 1481.
158 BFH v. 23.6.2003 III B 111/02, BFH/NV 2003, 1434. Das FG wird ggf. nicht zur Abgabe der Erklärung, sondern zur Angabe von Tatsachen und Beweismitteln auffordern, aus denen sich ergibt, dass niedriger hätte geschätzt werden müssen.

nicht die Besorgnis der Befangenheit des Richters.[159] Die Frist zur Bezeichnung des Klagegegenstands ist nicht zu verlängern, wenn das Fehlen der noch ausstehenden Steuererklärungen z. B. mit einer noch nicht erledigten Buchführung für weit zurückliegende Jahre begründet wird.[160] Vielmehr müssen erhebliche Gründe dargelegt und glaubhaft gemacht werden.[161] Zur erforderlichen Glaubhaftmachung erheblicher Gründe für eine Fristverlängerung[162] reicht das bloße „Erbieten" der Glaubhaftmachung allerdings nicht aus.[163] Bei bereits versäumter Frist kommt ggf. eine Wiedereinsetzung in den vorigen Stand in Betracht.[164]

Besonders schwierig wird die Situation, wenn die Sach- und Rechtslage bereits in einer mündlichen Verhandlung erörtert worden ist und es nur noch um die Einreichung der Erklärung geht. Denn dann soll keine die Revision ermöglichende Verletzung des rechtlichen Gehörs vorliegen, wenn das FA nach Eingang eines Fristverlängerungsantrags ohne weiteren Schriftwechsel zur Sache entscheidet.[165]

Eine im Einspruchsverfahren gemäß § 364b AO gesetzte **Ausschlussfrist**[166] führt aus Sicht des FA selten zum Erfolg, weil das FG nach Erlass der entsprechenden Einspruchsentscheidung zwar „den Faden aufnehmen" und gemäß § 76 Abs. 3 FGO die nachgereichte Steuererklärung zurückweisen kann, aber gemäß § 76 Abs. 3 S. 2 i. V. m. § 79b Abs. 3 FGO hierzu nicht verpflichtet ist. Insbesondere wenn die Berücksichtigung der Steuererklärung den Rechtsstreit nicht zu verzögern droht, soll die nachgereichte Steuererklärung antragsgemäß berücksichtigt werden.[167] Eine Klageabweisung wegen verspäteten Vorbringens kann allerdings erfolgen, wenn es dem Finanzamtsvertreter z. B. in der mündlichen Verhandlung nicht zuzumuten ist, die Erklärung zumindest überschlägig zu prüfen. Diese Situation wird wegen der Kürze der zur Verfügung stehenden Zeit regelmäßig gegeben sein. Haben FA oder FG Ausschlussfristen gesetzt, so ist deshalb anzustreben, die ausstehende Erklärung zumindest vor der mündlichen Verhandlung einzureichen.

Die **Kosten** des Verfahrens sind nach § 137 FGO auch im Erfolgsfall, d. h. bei erklärungsgemäßer Veranlagung, dem Kläger aufzuerlegen.[168] Hat das FA eine Frist nach § 364b AO gesetzt, ist das durch § 137 FGO klargestellt. Diese Rechtsfolge soll sogar dann eintreten, wenn das FA sich im Hinblick auf Unklarheiten bei der Anwendung der §§ 172, 364b AO und 76 Abs. 3 FGO zunächst geweigert

---

159 BFH v. 23.6.2003 III B 111/02, BFH/NV 2003, 1434.
160 FG des Saarlands v. 7.12.2004 1 K 236/04, juris.
161 § 155 FGO i.V.m. § 224 Abs. 2 ZPO.
162 §§ 54 II i.V.m. § 224 Abs. 2 ZPO.
163 BFH v. 1.8.1996 XI B 149-150/95, BFH/NV 1997, 131.
164 § 65 Abs. 2 S. 3 i.V.m. § 56 FGO.
165 BFH v. 19.7.1985 III R 189/82, BFH/NV 1986, 446.
166 Siehe unter 2.5.2.
167 BFH v. 9.9.1998 I R 31/98, BStBl. II 1999, 26.
168 FG Hamburg v. 11.7.2008 8 K 44/08, EFG 2008, 1907.

hat, einen entsprechenden Abhilfebescheid zu erlassen.[169] Nur bei einer „überzogenen" Schätzung sind die Kosten ggf. vom FA zu tragen.[170]

Umstritten ist, wie das Verfahren fortzuführen ist, sobald die Steuererklärung im laufenden Klageverfahren eingereicht worden ist. Noch relativ unproblematisch ist dabei die Situation, in der der angefochtene Bescheid in Form der Einspruchsentscheidung unter **Vorbehalt der Nachprüfung** steht. In den meisten Fällen wird das FA dann – ggf. nach Rücksprache mit dem FG – die Steuerfestsetzung auf der Basis der eingereichten Steuererklärung ändern, dies dem FG anschließend förmlich mitteilen und dann den Rechtsstreit seinerseits für erledigt erklären. Ob der Kläger ebenfalls den Rechtsstreit für erledigt erklärt oder aber die Klage zurücknimmt, ist für die Höhe der festzusetzenden Kosten unbeachtlich.

Das FA kann die unter Vorbehalt der Nachprüfung stehende Steuerfestsetzung nach erfolgter Abhilfe noch jederzeit – unabhängig vom Abschluss des Klageverfahrens – in vollem Umfang überprüfen, wenn es den Vorbehalt der Nachprüfung im Rahmen des Abhilfebescheids zunächst bestehen lässt. Die Behörde ist nicht verpflichtet, den Vorbehalt der Nachprüfung bei Berücksichtigung der Steuererklärung bereits während des anhängigen Klageverfahrens aufzuheben. Eine solche Verpflichtung besteht erst nach einer abschließenden Prüfung i. S. v. § 164 Abs. 3 AO, die nicht während des Klageverfahrens erfolgen muss.

Problematischer ist es, wenn der angefochtene Bescheid nicht unter Vorbehalt der Nachprüfung steht. Gemäß § 100 Abs. 3 S. 1 FGO kann das FG zwar grundsätzlich, wenn es eine weitere Sachaufklärung für erforderlich hält, den Verwaltungsakt „in Gestalt der Einspruchsentscheidung" aufheben, soweit die noch erforderlichen Ermittlungen nach Art und Umfang erheblich sind und die Aufhebung auch unter Berücksichtigung der Belange der Beteiligten sachdienlich ist.[171] Allerdings ist ein solches Vorgehen unzulässig, wenn der Steuerpflichtige seiner Erklärungspflicht nicht nachgekommen ist und deshalb die Besteuerungsgrundlagen geschätzt worden sind.[172]

2.5.3.5 Prozesskostenhilfe

In den typischen **Nichtabgabefällen** wird **keine PKH** gewährt.[173] Etwas anderes würde dem Sinn und Zweck der §§ 137, 138 Abs. 2 S. 3 FGO entgegenstehen. Denn danach sind die Kosten des Klageverfahrens im Nichtabgabefall grund-

---

169 BFH v. 13. 5. 2004 IV B 230/02, BStBl. II 2004, 833.
170 BFH v. 30. 8. 1996 I R 15/96, BFH/NV 1997, 195: Schätzung hielt sich nicht in „vertretbaren Grenzen".
171 Die Beteiligten sind auf die Absicht des Gerichts, nach § 100 Abs. 3 S. 1 FGO zu entscheiden, hinzuweisen, vgl. BFH v. 30. 7. 2004 IV B 143-144/02, BFH/NV 2005, 359.
172 § 100 Abs. 3 S. 2 FGO. Kritisch *Lange* in Hübschmann/Hepp/Spitaler, § 100 Rz. 65.
173 BFH v. 22. 12. 1997 X B 90/97, BFH/NV 1998, 740; BFH v. 5. 11. 1992 X B 167/92, BFH/NV 1993, 324; FG Münster v. 21. 4. 2010 5 K 4084/09 U (PKH); FG Berlin-Brandenburg v. 22. 8. 2008 6 S 1617/04 PKH, EFG 2009, 207; siehe aber BFH v. 25. 7. 1986 VIII B 79/84, juris: Verhalten des Steuerpflichtigen rechtfertigt keine zu hohe Gewinnschätzung. Zur PKH allgemein siehe auch 3.13.4.

sätzlich vom Steuerpflichtigen zu tragen.[174] Es ist nicht Sinn der PKH, den Beteiligten für überflüssige und unnötige Verfahren zu Lasten der Allgemeinheit Geldmittel für die Nachreichung von Steuererklärungen zur Verfügung zu stellen.[175] Die zum Teil abweichende BFH-Rechtsprechung, die lediglich auf das innerprozessuale Verhalten ab Klageerhebung abstellt,[176] ist gerade für den Nichtabgabefall nur schwer nachvollziehbar. Der BFH hat bisher grundsätzlich offen gelassen, ob eine Rechtsverfolgung mutwillig und damit der PKH nicht zugänglich ist, wenn der Steuerpflichtige sich schätzen lässt und die Steuererklärung erst im gerichtlichen Verfahren vorlegt.[177] Die Rechtsverfolgung ist jedenfalls mutwillig und ein Antrag auf Gewährung von PKH deshalb abzulehnen, wenn der Kläger seinem Vertreter nicht ermöglicht, die Klage substantiiert zu begründen, indem er ihm die erforderlichen Unterlagen nicht aushändigt bzw. er noch nicht einmal Kontakt mit ihm aufnimmt.[178] Sicher ist ferner, dass keine PKH gewährt wird, wenn der Bescheid unter Vorbehalt der Nachprüfung steht und eine Berichtigung somit auf einfacherem Weg erreicht werden kann.[179] An der erforderlichen hinreichenden Erfolgsaussicht fehlt es, wenn gegenüber der Schätzung nur unsubstantiierte Behauptungen aufgestellt werden.[180] Hinreichende Erfolgsaussicht liegt nicht vor, wenn die Steuererklärung in wesentlichen Teilen unvollständig vorgelegt wird und mit Zweifeln behaftet ist.[181] Der Steuerpflichtige, der sich im PKH-Verfahren darauf beruft, Schätzungsbescheide litten offenkundig an einem schwerwiegenden Fehler i.S.d. § 125 AO, muss mindestens seine abweichende Schätzung näher belegen oder nachweisen, dass ihm die Erfüllung seiner Erklärungspflicht unmöglich gewesen sei ist.[182]

Die gewährte PKH umfasst nicht die Erstattung der Kosten für die Erstellung der Buchführung, des Jahresabschlusses und der Anfertigung der Steuererklärungen.[183] Hierbei handelt es sich um Kosten zur Erfüllung originärer steuerlicher Pflichten, die unabhängig vom gerichtlichen Verfahren sind.[184] Deshalb kann auch kein Steuerberater beigeordnet werden.[185]

---

174 BFH v. 5.11.1992 X B 167/92, BFH/NV 1993, 324, siehe auch FG Köln v. 18.6.2004 10 Ko 6574/03, EFG 2004, 1627; gegen die Gewährung von PKH in dieser Fallgruppe auch *Brandis* in Tipke/Kruse, § 142 Rz. 49 und *Schwarz* in Hübschmann/Hepp/Spitaler, § 142 Rz. 41.
175 Zum PKH-Antrag des Insolvenzverwalters siehe 2.1. a. E.
176 Z.B. BFH v. 11.11.1999 III B 40/99, BFH/NV 2000, 722; *Stapperfend* in Gräber, § 142 Rz. 43, m.w.N.
177 Vgl. BFH v. 26.10.1994 X B 156/94, BFH/NV 1995, 725, aber Beiordnung eines Prozessbevollmächtigten auf jeden Fall zu versagen.
178 BFH v. 9.7.1996 IV B 105/95, BFH/NV 1997, 58.
179 FG Düsseldorf v. 26.2.2006 16 K 139/04 E (PKH), EFG 2006, 577.
180 BFH v. 6.2.1991 X B 184/90, BFH/NV 1991, 405.
181 Niedersächsisches FG v. 6.1.1997 IX 1/96 S, EFG 1997, 694.
182 BFH v. 22.9.2004 III S 12/04 (PKH), juris.
183 FG München v. 10.9.1986 II 108/86 PKH, EFG 1987, 131; Niedersächsisches FG v. 6.1.1997 IX 1/96 S, EFG 1997, 694.
184 Niedersächsisches FG v. 19.11.2002 5 S 12/02, EFG 2003, 333.
185 BFH v. 22.5.2006 X B 187/05, BFH/NV 2006, 1507.

2.5.4 Revision und Nichtzulassungsbeschwerde

Nichtabgabefälle sind nur sehr **selten** Gegenstand von BFH-Verfahren. Die folgenden Erläuterungen beschränken sich auf diejenigen Aspekte, die besonders im Nichtabgabefall Bedeutung haben.[186]

Schätzungen sind dem **materiellen Recht** zuzuordnen und können deshalb grundsätzlich vom BFH nicht überprüft werden.[187] § 118 FGO hat hier Vorrang vor § 96 FGO. Der BFH hat keine eigenständige Schätzungsbefugnis, er kann aber darüber entscheiden, ob die Schätzung zulässig war, d. h. nicht auf einem Rechtsirrtum oder auf Verfahrensmängeln beruhte. NZB und Revision müssen somit im Schätzungsfall darlegen, dass die vorgenommene Schätzung im Einzelfall gegen Denkgesetze verstößt, insbesondere die gezogenen Folgerungen unschlüssig sind, dass allgemeine Erfahrungssätze oder anerkannte Schätzungsmethoden missachtet worden sind, dass das FG den Sachverhalt weiter hätte aufklären müssen oder dass Verfahrensfehler vorliegen. Dabei war die unzutreffende Schätzung selbst früher nicht als Verfahrensfehler i. S. v. § 115 Abs. 2 Nr. 3 FGO angesehen worden.[188] Der BFH lässt die Revision nunmehr zu, wenn eine Schätzung weit außerhalb der Wahrscheinlichkeit liegt,[189] weil solche Schätzungen willkürlich und mit der rechtsstaatlichen Ordnung unvereinbar sind.[190]

Im Einzelnen ist zu beachten:

- Der Vortrag, das FA habe Besteuerungsgrundlagen unzutreffend geschätzt, ist keine ausreichende Rüge eines Verfahrensmangels.[191]
- Die Rüge mangelnder Sachaufklärung ist im Schätzungsfall nur ordnungsgemäß dargelegt, wenn der Schätzung eine konkrete zahlenmäßig fassbare Berechnung entgegengesetzt wird.[192]
- Es genügt nicht, lediglich einen Faktor der Schätzung in Zweifel zu ziehen und die anderen unberücksichtigt zu lassen.[193]
- Ein Schätzungsergebnis, das schlüssig, wirtschaftlich möglich und vernünftig ist, kann nicht auf einem schwerwiegenden Fehler beruhen, insbesondere wenn sich die Schätzung auf Aussagen des Steuerpflichtigen und mit ihm in Geschäftsbeziehungen Stehender stützt.[194]

---

186 Wegen einer ausführlichen Darstellung der BFH-Verfahren siehe 3.13.3.
187 BFH v. 31.7.2007 X B 36/07, juris; BFH v. 20.12.2006 I B 65/06, BFH/NV 2007, 745.
188 BFH v. 28.6.1999 VII B 330/98, BFH/NV 2000, 3; BFH v. 29.9.1998 III B 74/98, BFH/NV 1999, 488.
189 Z. B. Abweichen von Richtsätzen um 300 % oder Gewinn von 94 % des Umsatzes.
190 BFH v. 13.10.2003 IV B 85/02, BStBl. II 2004, 25; BFH v. 12.8.2003 IV B 189/01, BFH/NV 2003, 1604, *Ruban* in Gräber, § 115 Rz. 69.
191 BFH v. 11.5.2005 IV B 144/03, BFH/NV 2005, 1612.
192 Vgl. BFH v. 3.3.2006 V B 15/05, BFH/NV 2006, 1366.
193 BFH v. 2.11.2004 X B 93/03, juris.
194 BFH v. 7.11.2005 X B 49/05, BFH/NV 2006, 359.

2 Nichtabgabe der Steuererklärung

- Der Einwand, ein Sachverständigengutachten hätte eingeholt werden müssen, ist in Schätzungssachen regelmäßig nicht geeignet, einen Verfahrensmangel zu begründen.[195] Schätzungen als solche können schon deshalb nicht Gegenstand eines Sachverständigenbeweises sein, weil sie sich nicht auf Tatsachenfeststellungen beschränken.[196]
- Die fehlende Möglichkeit der Akteneinsicht ist keine ausreichende Bezeichnung eines Verfahrensmangels.[197]
- Als Verfahrensrüge kann nicht geltend gemacht werden, dass das FG nicht zur Schätzung berechtigt war, dass eine falsche Schätzungsmethode gewählt wurde, oder dass das FG gegen Schätzungsgrundsätze verstoßen habe.

Gesetzgeber[198] und Rechtsprechung[199] haben den FG aufgegeben, den **Schätzungsweg** im Urteil darzustellen. Das ist sachgerecht, denn ohne eine solche Darstellung wäre die Entscheidung kaum anzugreifen. Damit der BFH eine Überprüfung vornehmen kann, muss das finanzgerichtliche Urteil erkennen lassen, welche Tatsachen Eingang in die Schätzung gefunden haben und auf welchem Weg das Ergebnis zu Stande kam.[200] Eine Begründung dergestalt, nach dem Inhalt der Akten sei der Bescheid nicht zu beanstanden, reicht dafür nicht. Die Grundlagen der Schätzung müssen im Urteil dargestellt werden oder es muss zumindest auf konkrete Stellen in den Akten des FA Bezug genommen werden.[201]

Aus Beratersicht ist es wichtig, im Revisions- bzw. NZB-Verfahren deutlich zu machen, worin genau die Rechtsverletzung gemäß § 40 Abs. 2 FGO liegt. Es reicht dabei nicht aus, den Umfang der zu schätzenden Besteuerungsgrundlagen in das Ermessen des Gerichts zu stellen und selbst keinen Schätzungsrahmen anzugeben, von dem das FG ersichtlich abgewichen sein soll.[202]

2.5.5 Einreichen der Steuererklärung

Der Schätzung kann grundsätzlich in jedem Stadium des Verfahrens durch Einreichen der ausstehenden Erklärung „der Boden entzogen" werden. Das gilt nach § 172 Abs. 1 S. 3 AO auch noch nach Erlass einer Einspruchsentscheidung innerhalb der Klagefrist, so dass die Kosten für das Klageverfahren vermieden werden können, indem ein entsprechender Antrag auf schlichte Änderung

---

195 Die Rechtsprechung hält die Finanzrichter für ausreichend sachkundig, über die Höhe der Schätzung zu befinden, vgl. BFH v. 14.9.2013 X B 176/12, BFH/NV 2013, 1445; BFH v. 18.11.1998 X B 78/98, BFH/NV 1999, 651; BFH v. 30.9.1998 X B 28/98, X B 29/98, BFH/NV 1999, 491. Zum Recht auf Sachverständigenbeweis umfassend z. B. *Ratschow*, DStR 2018, 2100.
196 BFH v. 18.11.1998 X B 79/98, BFH/NV 1999, 651.
197 BFH v. 13.11.1995 V B 91/95, BFH/NV 1996, 553.
198 § 96 Abs. 1 S. 3 FGO.
199 BFH v. 25.7.1990 III B 112/89, BFH/NV 1991, 415.
200 BFH v. 17.1.1989 VIII R 370/83, BFH/NV 1989, 698.
201 Vgl. BFH v. 11.4.1990 I R 119/85, BFH/NV 1991, 415.
202 *Ruban* in Gräber, vor § 115 Rz. 18 unter Hinweis auf BFH v. 20.3.1980 IV R 53/77, BStBl. II 1980, 450.

2.5 Maßnahmen nach erfolgter Schätzung

gestellt wird.[203] Sobald dem FA die Steuererklärung vorliegt, gelten die allgemeinen Grundsätze, insbesondere § 158 AO, wonach das Ergebnis einer ordnungsgemäßen Buchführung grundsätzlich für die Besteuerung maßgebend ist. Das FA darf bei vorliegender Steuererklärung nicht ohne Grund auf seiner Schätzung beharren oder eine andere Schätzung durchführen und die Erklärung ignorieren.[204] Die nachträgliche Vorlage von Gewinnermittlungen und Steuererklärungen führt aber nicht zur Korrektur der Schätzung, wenn die Zahlen in sich nicht nachvollziehbar und nicht durch Belege unterlegt sind.[205] Ebensowenig ausreichend ist die Vorlage einzelner Belege oder Anlagen. Die vollständige Erklärung ist grundsätzlich beim FA abzugeben, kann aber auch dem Betriebsprüfer übergeben werden, wenn er zur Prüfung des entsprechenden Zeitraums bereits „vor Ort" ist. Dann muss keine zusätzliche Ausfertigung an das FA geschickt werden. Zur Abgabe der Steuererklärung als Begründung des Einspruchs oder der Klage gibt es kaum eine Alternative. So ist das FG z. B. nicht verpflichtet, zur weiteren Sachverhaltsaufklärung Zeugen zu vernehmen, solange die Steuererklärung nicht abgegeben worden ist.[206]

Zu überlegen ist, ob die Erklärung quasi kommentarlos oder verbunden mit einem **Einspruch** beim FA eingereicht wird. Wird die Steuerfestsetzung antragsgemäß und zeitnah berichtigt, ergeben sich i. d. R. zwar keine Unterschiede, mehr Bedeutung erlangt die Problematik aber, wenn der Steuererklärung nicht in allen Punkten gefolgt wurde und der gegen den Änderungsbescheid gerichtete Einspruch zu spät eingelegt wird. Der Steuerpflichtige ist dann daran interessiert, dass bereits die Steuererklärung als Einspruch beurteilt wird, dem noch nicht vollumfänglich stattgegeben wurde, weil dann weitere Änderungen möglich sind. Nach BFH[207] ist die kommentarlos eingereichte Steuererklärung im Zweifel als Einspruch zu interpretieren. Im Fall der einheitlichen und gesonderten Gewinnfeststellung sieht der BFH sogar die Einkommensteuererklärung eines der Beteiligten unter bestimmten Voraussetzungen als Einspruch gegen den Feststellungsbescheid an.[208] Ein Änderungsantrag und kein Einspruch wird angenommen, wenn der Bescheid unter Vorbehalt der Nachprüfung steht.[209] Damit wird effektiver Rechtsschutz auch ohne Auslegung des Antrags als Einspruch erreicht.

Bei der **Umsatzsteuer** finden die Grundsätze des **Steueranmeldungsverfahrens**[210] nach erfolgter Festsetzung grundsätzlich keine Anwendung mehr.

---

203 Die Vorschrift wurde insbesondere für diese Fälle eingeführt, vgl. BT-Drs. 14/1514, 47. Die Möglichkeit besteht aber nicht mehr im Verfahren vor dem BFH, vgl. *Seer* in Tipke/Kruse, § 162 Rz. 105.
204 FG des Saarlands v. 14. 2. 1986 I 130/85, juris.
205 FG Hamburg v. 9. 12. 2002 VI 35/02, juris.
206 FG Düsseldorf v. 18. 11. 1991 10 K 598/85 F, U, EFG 1992, 209; zur begrenzten Ermittlungspflicht des FA im Nichtabgabefall siehe auch 2.1.
207 BFH v. 27. 2. 2003 V R 87/01, BStBl. II 2003, 505.
208 BFH v. 24. 8. 2004 VIII R 7/04, BFH/NV 2005, 11.
209 FG Nürnberg v. 11. 9. 2003 VI 322/2002, EFG 2003, 1751.
210 §§ 167 ff. AO.

2 Nichtabgabe der Steuererklärung

Damit ist die nachgereichte Umsatzsteuererklärung entweder Einspruch oder Änderungsantrag. Etwas anderes gilt aber bei Schätzungen unter Vorbehalt der Nachprüfung: Die verspätet eingereichte Steuererklärung ist eine Anmeldung i. S. v. §§ 167, 168 AO, die zugleich einen Antrag gemäß § 164 Abs. 2 AO enthält. Führt die Anmeldung zu einer Erhöhung der zu entrichtenden Steuer, steht sie mit ihrem Eingang einer nach § 164 Abs. 2 AO geänderten Steuerfestsetzung gleich. Führt die Steueranmeldung hingegen zu einer Herabsetzung der bisher zu entrichtenden Steuer oder zu einer Steuervergütung, treten diese Rechtwirkungen erst ein, wenn das FA der Steueranmeldung gemäß § 168 AO zustimmt.

Die Abgabe der Steuererklärung beseitigt die Schätzungsbefugnis des FA nicht automatisch. Die Behörde bleibt z. B. **weiterhin zur Schätzung berechtigt**, wenn

- die vorgelegte Gewinnermittlung mit erheblichen Mängeln behaftet ist,
- die sich aus der Richtsatzverprobung ergebenden erheblichen Zweifel, ob die Einnahmen vollständig erklärt wurden, nicht ausgeräumt werden können,
- kein Nachweis über Privatanteile bei den geltend gemachten Betriebsausgaben erfolgt und auch nicht erklärt werden kann, aus welchen anderen Mitteln der Verlust aus dem Betrieb und der Lebensunterhalt bestritten wurden,[211] oder
- nur die „nackte" Steuererklärung ohne Jahresabschluss bzw. ohne Gewinnermittlungsunterlagen eingereicht wird. Denn so kann der Sachbearbeiter die Richtigkeit und Schlüssigkeit des Zahlenwerks nicht überprüfen,[212]
- die Steuererklärung unleserlich ist,[213]
- nur ein Jahresabschluss übersandt wird, der lediglich auf der Auswertung der laufenden Konten beruht,[214]
- die Besteuerungsgrundlagen nur formlos mitgeteilt werden. Allerdings kann in diesem Fall trotz fortbestehender Schätzungsberechtigung häufig zumindest ein Teilerfolg erzielt werden.[215]

Auch die nach Schätzung eingereichte Steuererklärung ist zu **unterschreiben**,[216] was wegen des hohen Zeitdrucks in diesen Fällen aber häufig vergessen wird.[217] Die Einzelsteuergesetze sehen in aller Regel eine eigenhändige Unterschrift vor.[218] Da die eigenhändige Unterschrift der Identitätsfeststellung dient, erfordert sie einen individuellen Schriftzug, der charakteristische Merkmale

---

211 FG München v. 14.10.2004 15 K 959/02, juris.
212 FG Münster v. 4.9.2000 5 V 3786/00 U, juris; FG München v. 12.6.1998 7 V 1273/98, EFG 1998, 1453.
213 *Rätke* in Klein, § 150 Rz. 7.
214 FG des Saarlands v. 23.5.2006 1 K 107/05, EFG 2006, 1214.
215 BFH v. 9.5.1996 IV B 59/95, BFH/NV 1996, 801.
216 Zu Ausnahmen z. B. im Krankheitsfall siehe § 150 Abs. 3 AO.
217 Das Aufkleben eines Unterschriftszettels kann die Unterschrift nicht ersetzen.
218 Z. B. § 25 EStG.

aufweist und sich nach dem gesamten Schriftbild als Unterschrift eines Namens darstellt.[219] Bei elektronisch übermittelten Steuererklärungen und Steueranmeldungen ersetzt die qualifizierte elektronische Signatur nach dem Signaturgesetz die gesetzlich angeordnete Schriftform.[220] Ein Bevollmächtigter darf die Erklärung nur unterschreiben, wenn die Voraussetzungen des § 150 Abs. 3 AO vorliegen. Danach kommt die Unterschrift durch einen Bevollmächtigten zum einen in Betracht, wenn der Steuerpflichtige wegen seines körperlichen oder geistigen Zustands nicht in der Lage ist, die Unterschrift eigenhändig zu leisten bzw. ihre Bedeutung zu erkennen. Zum anderen ist die Vertretung möglich, wenn der Steuerpflichtige sich auf einer längeren Auslandsreise befindet. Das betrifft aber nur Auslandsaufenthalte in weiter Entfernung und über einen längeren Zeitraum. Nicht unter diese Regelung fällt z. B. eine mehrwöchige Urlaubsreise im europäischen Ausland, wenn sie seit Längerem geplant war und wenn die postalische Erreichbarkeit gewährleistet ist.[221] Unterzeichnet ein Vertreter, muss dies entsprechend kenntlich gemacht werden.[222] Der Steuererklärung wird teilweise kein Beweiswert beigemessen, wenn die fehlenden Unterschriften sogar im Klageverfahren nicht nachgeholt wurden.[223] Strafrechtlich kommt es auf das Fehlen einer gesetzlich vorgesehenen Unterschrift nicht an.[224]

2.5.6 Erhebungsverfahren

2.5.6.1 Allgemeines

Neben der Anfechtung der überhöhten Schätzung gilt es vor allem, Schaden durch **Vollstreckungsmaßnahmen** der Finanzbehörde zu vermeiden. Denn auch aus Schätzungsbescheiden kann vollstreckt werden, auch wenn sie noch nicht bestandskräftig sind.[225] Wegen der erheblichen wirtschaftlichen und persönlichen Bedeutung der einzelnen möglichen Maßnahmen wie Kontopfändungen etc. bis hin zur Haft liegt das Interesse an ihrer Vermeidung auf der Hand. Das Vollstreckungsverfahren läuft aufgrund der Struktur des FA parallel zum Festsetzungsverfahren: Der Veranlagungsbezirk erlässt den Bescheid und bearbeitet zunächst den Einspruch, welcher ggf. an die Rechtsbehelfsstelle zur Entscheidung abgegeben wird. Die für die Steuererhebung zuständige Stelle mahnt ausbleibende Beträge an und leitet schließlich Vollstreckungsmaßnahmen ein. Der Steuerberater ist gefordert, bei Abwehrmaßnahmen beide Verfahren zu koordinieren. Viel Ärger entsteht nämlich dadurch, dass die genannten Stellen sich unzureichend abstimmen. Nicht selten erscheint der Vollziehungsbeamte beim Steuerpflichtigen, obwohl die Steuererklärung bereits vor Wo-

---

219 BFH v. 8.10.2014 VI R 82/13, BFH/NV 2015, 371; BFH v. 25.3.1983 III R 64/82, BStBl. II 1983, 479.
220 § 87a Abs. 3 AO.
221 BFH v. 29.3.2001 III R 48/98, BStBl. II 2001, 629.
222 BFH v. 7.11.1997 VI R 45/97, BStBl. II 1998, 54.
223 FG München v. 3.2.1997 7 K 908/96, juris.
224 BGH v. 27.9.2002 5 StR 97/02, wistra 2003, 20.
225 *Pump/Fittkau*, S. 129.

2 Nichtabgabe der Steuererklärung

chen beim FA eingereicht wurde, dort aber noch nicht bearbeitet werden konnte. Das kann der Steuerberater am einfachsten dadurch vermeiden, dass er die für die Erhebung zuständigen Stellen selbst über die erfolgte Erklärungsabgabe informiert.

Die FÄ bekämpfen die Nichtabgabefälle dadurch, dass keine „Abholfälle" mit Ratenzahlung an den Vollziehungsbeamten mehr geduldet werden. Stattdessen erfolgt eine Kontopfändung, die für den Steuerpflichtigen weitreichende Folgen haben kann. Ist keine Kontopfändung möglich, wird der Steuerpflichtige ggf. schnell zur Abgabe des Vermögensverzeichnisses vorgeladen. In der letztgenannten Situation kann häufig noch über einen Verzicht gegen Abgabe der Steuererklärung bis zu einem bestimmten Datum verhandelt werden.

Bleiben die Steuerbeträge fällig, wird im Verfahren gegen einen Abrechnungsbescheid über entstandene **Säumniszuschläge** nicht geprüft, ob die der Entstehung der Säumniszuschläge zu Grunde liegende Schätzung rechtswidrig war. Die nachträgliche Änderung von Schätzungsbescheiden rechtfertigt den Erlass von Säumniszuschlägen nicht.[226] Sie bleiben nach der eindeutigen gesetzlichen Regelung des § 240 I 4 AO grundsätzlich bestehen. Säumniszuschläge werden nicht durch Verwaltungsakt festgesetzt, sondern entstehen per Gesetz. Der Rechtsschutz erfolgt durch einen Antrag auf Erlass eines Abrechnungsbescheids, gegen den Einspruch eingelegt werden kann. Erst gegen die nachfolgende Einspruchsentscheidung kann Klage erhoben werden. Die Erfolgsaussichten einer solchen Klage sind aber gering, wenn der Steuerbescheid nicht ausnahmsweise nichtig ist: Ein nichtiger Bescheid ist gemäß § 124 Abs. 3 AO unwirksam und kann keine Säumniszuschläge auslösen. Allerdings sind Schätzungsbescheide selten nichtig.[227] Dann bleiben die bis zum Erlass eines Änderungsbescheids angefallenen Säumniszuschläge grundsätzlich bestehen. Die Verpflichtungsklage auf Erlass der Säumniszuschläge setzt einen Erlassantrag, eine Erlassablehnung und ein hiergegen gerichtetes erfolgloses Einspruchsverfahren voraus.

2.5.6.2 Aussetzung der Vollziehung

Ein erfolgreicher Antrag auf AdV nach § 361 AO setzt voraus, dass die Rechtsbehelfsfrist noch nicht abgelaufen ist[228] und dass die ausstehende Steuererklärung zusammen mit dem Antrag eingereicht wird. Kann die Erklärung noch nicht fertiggestellt werden, hat das FA i. d. R. keine „ernstlichen Zweifel an der Rechtmäßigkeit der Steuerfestsetzung", so dass der Antrag abgelehnt wird.[229] Durch die bloße Ankündigung der Erklärung bzw. durch die Behauptung, die

---

226 BFH v. 15.10.2004 III B 2/04, juris; FG Nürnberg v. 30.6.2009 3 K 846/2008, juris, rkr.
227 Siehe 1.10.
228 Vgl. z. B. BFH v. 5.6.2000 V S 10/00, BFH/NV 2000, 1237.
229 Zur AdV bei Einreichung der Erklärung z. B. Bayerisches LfSt v. 26.5.2006, DB 2006, 1343.

2.5 Maßnahmen nach erfolgter Schätzung

tatsächlichen Besteuerungsgrundlagen wichen von der Schätzung ab, werden solche ernstlichen Zweifel nicht begründet.[230]

Zwar führen nachträglich eingereichte Steuererklärungen im Allgemeinen zu ernstlichen Zweifeln an der Rechtmäßigkeit des Steuerbescheids, wenn sich aus ihnen eine geringere Steuerschuld ergibt.[231] Das gilt jedoch nicht, wenn das FA gegen den Inhalt der Steuererklärung gewichtige Einwendungen geltend macht und der Antragsteller keinen ernsthaften Versuch unternimmt, die beanstandeten Unstimmigkeiten aufzuklären,[232] oder wenn das FA neben der Steuererklärung noch Unterlagen und Belege angefordert hat, diese aber der Steuererklärung nicht beigefügt sind. Auch die AdV wegen unbilliger Härte gemäß § 361 Abs. 2 S. 2 Alt. 2 AO setzt Zweifel an der Rechtmäßigkeit des angefochtenen Bescheids voraus.[233]

AdV sollte nur in der **Höhe** beantragt werden, in der die Steuerschuld durch das Einreichen der Erklärung tatsächlich entfällt. Denn für den Teil der Steuernachforderung, der nach erklärungsgemäßer Veranlagung verbleibt, sind gemäß § 237 AO Aussetzungszinsen i. H. v. 6 % festzusetzen. Erschwerend kommt hinzu, dass Aussetzungszinsen für Verfahren, die Personensteuern betreffen, steuerlich nicht abzugsfähig sind.

Für den Zeitpunkt, bis zu dem eine Aussetzung bzw. Aufhebung der Vollziehung rückwirkend zu gewähren ist, kommt es im Wesentlichen darauf an, **ab wann** ernstliche Zweifel an der Rechtmäßigkeit des Bescheids erkennbar vorlagen. Bei Schätzungsbescheiden wegen Nichtabgabe ist dies regelmäßig erst in dem Zeitpunkt anzunehmen, in dem die Steuererklärung beim FA eingereicht wird. Ein Erlass der davor entstandenen Säumniszuschläge würde den §§ 227, 240 und 361 AO widersprechen.[234] In der Praxis wird dennoch oft rückwirkend eine AdV „ab Fälligkeit" gewährt, so dass die Säumniszuschläge insgesamt entfallen.

2.5.6.3 Stundung

Die Stundung gemäß **§ 222 AO** ist eine weitere Möglichkeit, das Erhebungsverfahren nach Ergehen des Schätzungsbescheids zu stoppen. Die FÄ gewähren sie vielfach nur, wenn innerhalb einer bestimmten Frist nachgewiesen wird, dass ein Steuerberater mit der Erstellung der ausstehenden Erklärungen beauftragt worden ist. Es handelt sich um eine auflösende Bedingung gemäß § 120 AO, so dass die Stundung automatisch ohne Widerruf erlischt, wenn die Frist abgelaufen ist. Die Beträge sind dann sofort fällig, ohne dass es hierzu einer Mahnung oder einer Erinnerung bedarf.

---

230 *Seer* in Tipke/Kruse, § 69 Rz. 94.
231 BFH v. 9. 11. 1994 I S 12/94, BFH/NV 1995, 1039.
232 BFH v. 9. 11. 1994 I S 12/94, BFH/NV 1995, 1039.
233 FG München v. 7. 10. 2004 6 V 3036/04, juris.
234 FG München v. 25. 11. 1998 1 K 4575/97, juris.

Zu bedenken ist beim Stundungsantrag ebenso wie beim Antrag auf AdV, dass die Stundung mit 0,5 % pro Monat und damit sehr hoch verzinst wird. Bei niedrigem Zinsniveau ist es deshalb jedenfalls bei vorhandener Liquidität günstiger, die Nachzahlung zunächst zu entrichten. Für den Fall der Klageerhebung muss das FA bei Erfolg des Klägers Prozesszinsen nach § 236 AO i. H. v. 0,5 % pro Monat zahlen, für das Einspruchsverfahren gilt das allerdings nicht.[235]

Für die Entscheidung über einen Stundungsantrag kommt es wie auch bei anderen Billigkeitsmaßnahmen im Erhebungsverfahren vor allem auf die wirtschaftliche Situation des Antragstellers, bei verheirateten Antragstellern auf die wirtschaftliche Situation beider Ehegatten an. In der Praxis wehrt sich der Antragsteller hiergegen i. d. R. mit dem Hinweis, dass seit Jahren Gütertrennung vereinbart worden sei. Diesem Argument steht jedoch die Rechtsprechung des BVerfG entgegen.[236] Danach ist es berechtigt, wenn bei der Stundung und anderen staatlichen Hilfsmaßnahmen zur Deckung des notwendigen Lebensbedarfs der Lebensbedarf und die zu seiner Deckung vorhandenen Mittel für nicht getrenntlebende Ehegatten einheitlich berücksichtigt werden. Zur Begründung verweist das BVerfG u. a. auf entsprechende familienrechtliche Unterhaltsregelungen.

2.5.6.4 Vollstreckungsaufschub

Gemäß § 258 AO kann das Erhebungsverfahren auch durch einen Vollstreckungsaufschub unterbrochen werden. Er kann erst beantragt werden, sobald im FA eine sog. **„Rückstandsanzeige"** erstellt wurde. Da es sich insoweit um einen für den Steuerpflichtigen nicht erkennbaren behördeninternen Vorgang handelt, sollte in geeigneten Fällen frühzeitig mit der Vollstreckungsstelle Kontakt aufgenommen werden.

Vollstreckungsaufschub wird gewährt, wenn die Vollstreckung **unbillig** ist. Das ist der Fall, wenn die Vollstreckung oder einzelne Vollstreckungsmaßnahmen dem Vollstreckungsschuldner einen unangemessenen Nachteil brächten, der durch kurzfristiges Zuwarten oder eine andere Vollstreckungsmaßnahme vermieden werden kann.[237] Nachteile und Härten, die üblicher Weise mit jeder Vollstreckungsmaßnahme verbunden sind und die jeden Vollstreckungsschuldner treffen, begründen für sich allein noch keine Unbilligkeit der Vollstreckung. Das gilt auch für den häufig vorliegenden Fall, dass die Ablehnung des Vollstreckungsaufschubs die Gefahr einer **Insolvenz** erhöht oder die Einleitung eines Insolvenzverfahrens nach sich zieht.[238] Denn es kommt für die Frage des Vollstreckungsaufschubs allein auf die Unbilligkeit der Vollstreckung und nicht auf den aktuellen wirtschaftlichen Status des Schuldners an.[239]

---

235 *Rüsken* in Klein, § 236 Rz. 15.
236 BVerfG v. 21. 2. 1961 1 BvR 314/60, BVerfGE 12, 181, 190.
237 BFH v. 18. 11. 2011 XI B 56/10, BFH/NV 2011, 199; BFH v. 15. 1. 2003 V S 17/02, BFH/NV 2003, 738.
238 BFH v. 31. 5. 2005 VII R 62/04, BFH/NV 2005, 1743.
239 BFH v. 18. 11. 2010 XI B 56/10, BFH/NV 2011, 199.

2.5 Maßnahmen nach erfolgter Schätzung

Einwendungen gegen die Rechtmäßigkeit des zu vollstreckenden Verwaltungsakts sind nicht nach § 258 AO, sondern gemäß **§ 256 AO** außerhalb des Vollstreckungsverfahrens mit den hierfür zugelassenen Rechtsbehelfen zu verfolgen.[240] Die mit der Erhebung befassten Dienststellen nehmen deshalb zur Höhe der Schätzung i. d. R. keine Stellung. Vor allem die Vollziehungsbeamten sind angehalten, zur Rechtmäßigkeit der Bescheide keine Äußerung abzugeben. Die mit der Vollstreckung betrauten Bearbeiter werden aber dennoch prüfen, ob Einwendungen gegen die Schätzung ggf. als Einspruch gegen den Steuerbescheid anzusehen sind und deshalb dem Veranlagungsbezirk oder der Betriebsprüfungsstelle zugeleitet werden müssen. Zur Sicherheit sollte der Steuerpflichtige bzw. der Steuerberater aber selbst mit der Veranlagungs- oder der Betriebsprüfungsstelle Kontakt aufnehmen und dafür sorgen, dass die Einwendungen gegen die Schätzung dort gewürdigt werden können.

2.5.6.5 Erlass

Zum Antrag auf Erlass allgemein siehe zunächst 1.13. In den **typischen Nichtabgabefällen** kommt ein Erlass der Steuerschulden nach § 227 AO i. d. R. nicht in Betracht.[241] Die Voraussetzungen der offensichtlich und eindeutig falschen Steuerfestsetzung sowie der Unmöglichkeit und Unzumutbarkeit des rechtzeitigen Vorgehens gegen diese Festsetzungen müssen kumulativ vorliegen.[242] Damit scheidet ein Erlass jedenfalls aus, wenn der Steuerpflichtige über mehrere Jahre hinweg auf Mahnungen des FA nicht reagiert und keine Steuererklärungen abgibt.[243] Ein Erlass aus persönlichen Billigkeitsgründen kann trotz jahrelanger Nichterfüllung der Erklärungspflichten aber gerechtfertigt sein, wenn besondere Umstände dafür sprechen, das Allgemeininteresse an der Einziehung der Steuern zurücktreten zu lassen. Als solche Umstände werden z. B. jugendliches Alter, Krankheit, Abhängigkeit von Dritten, Schicksalsschläge, unterdurchschnittliche Intelligenz und auch Existenzgefährdung genannt.[244] Der Vorwurf grob fahrlässiger Pflichtverletzung ist grundsätzlich nicht gerechtfertigt, wenn ein in steuerlichen Dingen unerfahrener Steuerpflichtige seine steuerlichen Belange einem Steuerberater übertragen und er auf dessen Sorgfalt vertraut hat.[245] Das Fehlverhalten des Steuerberaters ist dem Steuerpflichtigen grundsätzlich nur anzulasten, wenn er bewusst einen unzuverlässigen Berater mit der Wahrnehmung seiner Interessen beauftragt oder wenn er Pflichtverstöße des Beraters erkennt und duldet.[246]

---

240 BFH v. 4.2.1992 VII B 119/91, BFH/NV 1992, 789.
241 Niedersächsisches FG v. 7.12.1989 VI 75/89, juris; FG Köln v. 16.7.1987 6 K 442/85; FG Rheinland-Pfalz v. 9.6.1980 V 33/78, juris.
242 BFH v. 06.10.2005 V R 15/04, BFH/NV 2006, 836; BFH v. 11.8.1987 VII R 121/84, BStBl. II 1988, 512; BFH v. 30.4.1981 VI R 169/78, BStBl. II 1981, 611.
243 BFH v. 17.12.1997 III R 8/94, BFH/NV 1998, 935; BFH v. 17.12.1993 IV B 21/93, BFH/NV 1994, 606.
244 BFH v. 15.10.1992 X B 152/92, BFH/NV 1993, 80, Krankheit und finanzielle Engpässe nicht als Erlassgrund anerkennend FG des Saarlands v. 13.9.1990 1 K 35/90, juris.
245 FG Köln v. 20.5.1987 6 K 428/84, juris.
246 Niedersächsisches FG v. 24.8.1994 IX 580/89, juris.

2 Nichtabgabe der Steuererklärung

2.5.6.6 Einfluss des Erhebungsverfahrens auf die Festsetzung

Es gibt zahlreiche Fälle, in denen die Schätzungen des FA überhöht sind, weil der Steuerpflichtige tatsächlich nicht den Umsatz bzw. Gewinn erzielt, von dem das FA ausgeht. Nicht selten soll der Vollziehungsbeamte deshalb hohe Steuerforderungen in Haushalten beitreiben, die erkennbar überschuldet sind. Vielfach haben die hier angesprochenen Steuerpflichtige die Kontrolle über ihren Alltag verloren, Steuererklärungen können aus persönlichen und finanziellen Verhältnissen nicht erstellt werden. Die Vollstreckungsstelle des FA sollte im eigenen Interesse bemüht sein und der Steuerberater sollte darauf hinwirken, dass die im Vollstreckungsverfahren gewonnenen Erkenntnisse hinsichtlich der Einkommenssituation des Steuerpflichtigen auch dem für die Steuerfestsetzung und damit ggf. für die aktuelle und nächste Schätzung zuständigen Veranlagungsbezirk zukommen. Denn Angaben, die der Steuerpflichtige im Rahmen einer Eidesstattlichen Versicherung gemacht hat oder aber der Inhalt eines Protokolls über eine fruchtlose Pfändung können für eine Schätzung wichtige Anhaltspunkte bieten und **„Luftschätzungen"** vermeiden helfen. Ist die festgesetzte Steuer erkennbar nicht beizutreiben, sollte aus Kostengründen die Nichtfestsetzung gemäß § 156 Abs. 2 AO erwogen werden.[247] Es macht keinen Sinn, einen bereits in erkennbar ärmlichen Verhältnissen lebenden Steuerpflichtigen mit weiteren Steuerforderungen zu belasten.[248]

---

247 Nach § 156 Abs. 2 AO kann die Festsetzung von Steuern und steuerlichen Nebenleistungen unterbleiben, wenn entweder die Einziehung keinen Erfolg haben wird oder wenn die Kosten der Einziehung einschließlich der Festsetzung außer Verhältnis zu dem Betrag stehen.
248 Zu dieser Problematik vor allem im Bereich der Bp siehe aber 3.10.10.

3 Außenprüfung

3.1 Allgemeines

Umsatz und Gewinn werden vom Außenprüfer geschätzt, wenn erforderliche Bücher bzw. Aufzeichnungen nicht vorhanden sind oder wenn sie nach § 158 AO der Besteuerung nicht zu Grunde gelegt werden können.[1] Das Gleiche gilt, wenn der Steuerpflichtige Unterlagen entgegen einer bestehenden Verpflichtung nicht vorlegen will.[2] Das bedeutet im Umkehrschluss, dass eine ordnungsgemäße Buchführung in erster Linie eine Schutzfunktion für den Steuerpflichtigen hat.[3] Denn das FA darf demnach grundsätzlich nur schätzen, wenn die Buchführung nicht ordnungsgemäß ist oder aber wenn Verprobungen[4] ergeben, dass die Buchführung die Wirklichkeit nicht abbildet, ihr Ergebnis also nicht zutreffend sein kann. Dabei bleibt dem FA die Schätzung bei formell ordnungsgemäßer Buchführung verwehrt, wenn die Differenzen zwischen kalkulierten und erklärten Werten gering sind:

> *Beispiel:*
> Der Steuerpflichtige hat für das Jahr 01 aus seinem Einzelunternehmen einen Gewinn i.H.v. 250.000 € erklärt. Das Ergebnis der vom Prüfer durchgeführten Nachkalkulation beträgt 260.000 €. Bei ordnungsgemäßer Buchführung kann das FA keine sachliche Unrichtigkeit der Buchführung annehmen. Ist die Buchführung hingegen nicht ordnungsgemäß, wird der Steuerpflichtige sich in einem solchen Fall gegen eine Gewinnerhöhung nach § 162 AO i.H.v. 10.000 € kaum erfolgreich wehren können.

Der Steuerpflichtige, der eine ordnungsgemäße Buchführung vorlegen kann, hat somit einen erheblichen Vorteil, da das FA diese Buchführung der Besteuerung zu Grunde legen muss, solange sachliche Unrichtigkeiten nicht nachgewiesen werden können.[5]

3.2 Risiko für den Steuerpflichtigen

Die Schätzung birgt für den Steuerpflichtigen vor allem die Gefahr, höhere Umsätze und Gewinne versteuern zu müssen, als er tatsächlich erzielt hat.[6] Denn das FA ist gehalten, den Schätzungsrahmen so auszuschöpfen, dass demjenigen, der durch sein Verhalten Anlass zur Schätzung gibt, kein Vorteil gegen-

---

1 § 162 Abs. 2 S. 2 AO.
2 BFH v. 18.11.2009 VIII B 16/08, BFH/NV 2010, 389, *Seer* in Tipke/Kruse, § 162 Rz. 37.
3 Die Annahme einer besonderen Beweiskraft der Handelsbücher gehörte schon immer zu den Privilegien der Kaufleute, vgl. *Seer* in Tipke/Kruse, § 158 Rz. 1.
4 Einzelheiten hierzu siehe unter 3.6.3.
5 Wegen Einzelheiten zum Verhältnis von Verprobung und Schätzung siehe 3.4.
6 Vgl. z.B. auch *Achilles*, S. 110.

über solchen Bürgern oder Unternehmen erwächst, die ihre Pflichten ordnungsgemäß erfüllen.[7]

Wenn der Unternehmer seine Buchführung und seine steuerlichen Erklärungspflichten soweit wie möglich auf einen Steuerberater verlagert, reduziert er dadurch das Risiko einer fehlerhaften Buchführung und damit von Nachzahlungen aufgrund von Hinzuschätzungen. Das ist für den Einzelunternehmer wichtig, aber z. B. auch für den GmbH-Geschäftsführer relevant, weil er dadurch ggf. seine Haftung für Steuerschulden der GmbH nach ihrer Insolvenz verhindern kann. Denn insoweit kann ihm keine vorsätzliche oder grob fahrlässige Pflichtverletzung vorgeworfen werden.[8]

3.3 Risiko für den Steuerberater

Problematisch für den Steuerberater ist die häufig auftretende Situation, in der er aus den Unterlagen des Mandanten bereits vor einer Ap, insbesondere bei der Erstellung des Jahresabschlusses, erkennt, dass die Einnahmen unvollständig aufgezeichnet wurden.[9] Zu den daraus resultierenden Risiken und ihrer Minimierung siehe Teil 9.

3.4 Schätzungsberechtigung des Außenprüfers

Der Außenprüfer darf Umsatz und Gewinn schätzen, wenn die nach den Einzelsteuergesetzen[10] zu führenden Bücher oder Aufzeichnungen nicht vorgelegt werden oder wenn sie nicht „ordnungsgemäß" sind. Das ergibt sich aus § 158 AO. Sog. „formelle" Fehler begründen die Schätzungsbefugnis nur, wenn sie ein „sachliches Gewicht" haben.[11] Die „formellen" Fehler können allerdings so gravierend sein, dass sie die Schätzungsbefugnis selbst dann begründen, wenn konkrete materielle Mängel nicht festgestellt werden.[12]

Die in der Veranlagungs- und Prüfungspraxis auftretenden Fälle reichen vom unwissenden Kleingewerbetreibenden, der sich der Verpflichtung, Aufzeichnungen anzufertigen oder gar Bücher zu führen, nicht bewusst ist, bis zum Drogenhändler, der über Umsätze und Gewinne bewusst keine Aufzeichnungen führt. Der Grund für das Nichtvorlegen ist für die Schätzungsbefugnis des

---

7 Vgl. 1.8.
8 Vgl. § 69 AO.
9 Extremer Echtfall: WES ist höher als der aufgezeichnete Umsatz.
10 Vgl. z. B. §§ 4 EStG, 22 UStG.
11 BFH v. 4. 8. 2010 X B 19/10, BFH/NV 2010, 2229; BFH v 7. 7. 1977 IV R 205/72, BStBl. II 1978, 307; BFH v. 12. 12. 1972 VIII R 112/69, BStBl. II 1973, 555; *Kamps*, Stbg 2017, 201. Die Unterscheidung zwischen schweren formellen Mängeln und schweren materiellen Fehlern m. E. zu Recht als überholt betrachtend *Drüen* in Tipke/Kruse, § 146 Rz. 72, m. w. N. Siehe hierzu auch unter 3.5.5.1.
12 BFH v. 25. 3. 2015 X R 20/13, BStBl. II 2015, 743; Niedersächsisches FG v. 19. 1. 2017 8 V 155/16, juris. Zu der problematischen Differenzierung zwischen formellen und materiellen Mängeln siehe vor allem die Ausführungen zu dem in der Praxis wichtigsten Bereich der Kassenführung unter 3.5.5.

3.4 Schätzungsberechtigung des Außenprüfers

FA grundsätzlich ohne Bedeutung, auf ein Verschulden des Steuerpflichtigen kommt es nicht an.[13] Zur Schätzung muss es deshalb z. B. selbst dann kommen, wenn höhere Gewalt wie eine Überschwemmung oder ein Brand die Unterlagen des Steuerpflichtigen vernichtet hat.[14] Entscheidend ist allein die Tatsache, dass erforderliche Aufzeichnungen nicht vorhanden sind, d. h. der objektive Zustand zum Zeitpunkt der Prüfung.[15] Die Schätzungsbefugnis besteht auch, wenn die maßgeblichen Unterlagen zwar nicht völlig vernichtet sind, aber ihre Überprüfung z. B. wegen starker Verschmutzung nicht zumutbar ist.[16] Das ist zu bedenken, wenn es um die Auswahl eines geeigneten Lagerplatzes für die Unterlagen vergangener Jahre geht.

Der BFH hat den Begriff der **erforderlichen Aufzeichnungen** weit gefasst. Das FA ist danach z. B. zur Schätzung berechtigt, wenn zwar eine zulässige Einnahmenüberschussrechnung vorgelegt werden kann, nicht jedoch der Nachweis der entsprechenden Betriebseinnahmen und Betriebsausgaben. Durch das bloße Anfertigen einer Gewinnermittlung ohne die dazugehörigen Belege lässt sich eine Schätzung somit nicht vermeiden.

Die Erfahrung zeigt, dass viele Betriebsprüfer nicht ausreichend zwischen Verprobung und Schätzung unterscheiden.[17] Es macht aber im Hinblick auf die Rechtsfolge z. B. einen erheblichen Unterschied, ob eine Aufschlagskalkulation mit einer Abweichung von 2 % vom erklärten Ergebnis dazu dienen soll, einer formell ordnungsgemäße Buchführung ihre sachliche Richtigkeit abzusprechen (= Verprobung) oder ob vielmehr feststeht, dass die Buchführung grob fehlerhaft ist und mit dem Zahlenwerk deshalb „nur noch" eine Umsatzerhöhung (= Schätzung) in quantitativer Hinsicht gerechtfertigt werden soll. Während im ersten Fall im Zweifel zu streiten ist, sollten die Verhandlungen im zweiten Fall eher auf eine Einigung ausgerichtet werden.[18]

- Zunächst ist demnach zu fragen, ob Buchführung und Aufzeichnungen den gesetzlichen Anforderungen entsprechen, d. h. ob sie „ordnungsgemäß" sind und dadurch die Richtigkeitsvermutung des § 158 AO auslösen. Dabei sind die nachfolgend unter 3.5 dargestellten Kriterien zu beachten. Das Gesamtbild ist maßgebend: Trotz einzelner formeller Mängel kann eine Buchführung noch ordnungsgemäß sein. Die einzelnen Mängel sind also zu gewich-

---

13   BFH v. 26. 10. 2011 X B 44/11, BFH/NV 2012, 168; BFH v. 19. 7. 2010 X S 10/10 (PKH), BFH/NV 2010, 2017.
14   BFH v. 26. 10. 2011 X B 44/11, BFH/NV 2012, 168; BFH v. 9. 3. 1994 VIII S 9/93, BFH/NV 1995, 28; BFH v. 28. 6. 1972 I R 182/69, BStBl. II 1972, 819; Niedersächsisches FG v. 15. 2. 2011 15 K 355/10, juris.
15   BFH v. 14. 8. 1974 I R 189/72, BStBl. II 1974, 728.
16   BFH v. 20. 10. 1993 II R 59/91, BFH/NV 1994, 176; BFH v. 18. 12. 1984 VIII R 195/82, BStBl. II 1986, 226.
17   *Seer* in Tipke/Kruse, § 162 Rz. 53; *Schuster* in Hübschmann/Hepp/Spitaler, § 158 Rz. 6. Die Verprobung wird auch als „vorgelagerte" Schätzung bezeichnet, vgl. *Jakob*, Rz. 194, m. E. irreführend.
18   Den Unterschied zwischen Verprobung und Schätzung betonend *Schuster* in Hübschmann/Hepp/Spitaler, § 158 Rz. 12.

ten.[19] Eine Buchführung ist erst ordnungswidrig, wenn sie **wesentliche Mängel** aufweist oder wenn die Gesamtheit aller für sich betrachtet unwesentlichen Mängel diesen Schluss fordert.[20]

– Werden hingegen **keine Mängel** festgestellt **oder** sind die festgestellten **Mängel nur geringfügig**, stellt sich im zweiten Schritt die Frage, ob das FA die dadurch ausgelöste Richtigkeitsvermutung widerlegen kann.[21] Wichtig ist in diesem Stadium vor allem, dass nicht jede Differenz zwischen dem Kalkulationsergebnis des Prüfers und den vom Steuerpflichtigen ermittelten Zahlen das FA zur Schätzung berechtigt. Gewisse Unschärfen sind hinzunehmen und lassen das Ergebnis einer formell ordnungsgemäßen Buchführung unberührt.[22] An den Nachweis der sachlichen Unrichtigkeit des Buchführungsergebnisses sind wesentlich strengere Anforderung zu stellen als an die Begründung einer Schätzung bei festgestellten, zur Schätzung dem Grunde nach berechtigenden Mängeln der Buchführung.[23] Soweit im Rahmen der Verprobung wie mit Wahrscheinlichkeitsannahmen gearbeitet wird, müssen Zu- bzw. Abschläge zugunsten des Steuerpflichtigen vorgenommen werden. Nur so ergibt sich ein Verprobungsergebnis, das sicher genug ist, um die Richtigkeitsvermutung des § 158 AO zu entkräften.[24]

Bei nichtordnungsgemäßer Buchführung oder widerlegter Richtigkeitsvermutung ist das FA zur Schätzung berechtigt. Aber auch, wenn begründete Zweifel an der Richtigkeit von Aufzeichnungen bestehen, darf das FA die vorhandenen Unterlagen nicht ohne weiteres vollständig verwerfen, sondern muss ggf. weitere Ermittlungen durchführen.[25] Wichtig ist für den Steuerberater und seinen Mandanten, dabei mitzuwirken.[26] Schließlich gilt es festzustellen, ob die Schätzung des Prüfers der Realität nahe kommt oder ob vielmehr eine andere Schätzung zu einem wahrscheinlicheren Ergebnis führt.[27] Die Schätzungsberechtigung ist für jedes Jahr gesondert zu prüfen. Aus Buchführungsfehlern eines Jahres kann nicht auf die unzutreffende Buchführung in einem anderen Jahr

---

19   BFH v. 25.1.1990 IV B 140/88, BFH/NV 1990, 484; BFH v. 26.8.1975 VIII R 109/70, BStBl. II 1976, 210; FG Köln v. 27.1.2009 6 K 3954/07, EFG 2009, 1092.
20   „Materiality-Grundsatz", vgl. *Blenkers/Maier-Siegert*, BC 2005, 54, 56; *Peters*, DStR 2017, 1953, 1956: „Gewichtung". Vgl. auch Sächsisches FG v. 26.10.2017 6 K 841/15, EFG 2018, 165, Rz. 26 unter Bezugnahme auf BFH v. 25.6.1970 IV 17/65, BStBl. II 1970, 838, wonach jede Buchführung „Menschenwerk" ist und deshalb nicht vollkommen sein kann.
21   Zu den unterschiedlichen Methoden siehe 3.6.
22   Z. B. BFH v. 26.4.1983 VIII R 38/82, BStBl. II 1983, 618.
23   BFH v. 7.12.1977 I R 17/75, BStBl. II 1978, 278; Sächsisches FG v. 26.10.2017 6 K 841/15, EFG 2018, 165, Rz. 34.
24   *Schuster* in Hübschmann/Hepp/Spitaler, § 158 Rz. 6. Zum Widerlegen der Richtigkeitsvermutung insgesamt – auch zum Wahrscheinlichkeitsgrad von Verprobungen – siehe unter 3.6.
25   FG München v. 26.3.2009, 14 K 4667/06, juris.
26   Zur Bedeutung der Verletzung von Mitwirkungspflichten auf die Höhe der Schätzung siehe 1.8.
27   Siehe hierzu die Ausführungen ab 3.8.

geschlossen werden.[28] Allerdings ist das Gesamtbild des Falls in die Gewichtung der festgestellten Mängel einzubeziehen. Der Außenprüfer muss seine Beanstandungen in geeigneter Form im Betriebsprüfungsbericht darstellen.[29] Darauf sollte der Betroffene bestehen, z. B. um seine Chancen in einem evtl. Rechtsbehelfsverfahren zu erhöhen.

3.5 Richtigkeitsvermutung gemäß § 158 AO

3.5.1 Allgemeines

Buchführung und Aufzeichnungen haben nach § 158 AO die Vermutung der Richtigkeit für sich, wenn sie den Vorschriften der §§ 140 bis 148 AO entsprechen.[30] Es handelt sich um eine Art „Vertrauensvorschuss" für den Steuerpflichtigen[31] § 158 AO wird von Teilen der Literatur für überflüssig gehalten, weil Angaben des Steuerpflichtigen, die keinen Anlass zu Beanstandungen geben, vom FA stets auch ohne eine ausdrückliche gesetzliche Regelung zu berücksichtigen seien.[32]

§ 158 AO verlangt eine formell und sachlich ordnungsgemäße Buchführung bzw. entsprechende Aufzeichnungen. Bei den insoweit zu beachtenden **GoB** handelt es sich um einen unbestimmten Rechtsbegriff, den der Gesetzgeber insbesondere in § 5 Abs. 1 EStG verwendet. Einzelheiten ergeben sich aus Vorschriften des Handels- und des Steuerrechts und ihrer Auslegung im Rahmen von Rechtsprechung, Lehrmeinungen und Praxis.[33] Die GoB stellen bestimmte Anforderungen sowohl an das laufende Rechnungswesen als auch an Form und Inhalt des Jahresabschlusses. Für das Steuerrecht enthält insbesondere § 146 AO Ordnungsvorschriften für die Buchführung und für Aufzeichnungen. Diese Regelungen gelten unmittelbar auch für die Umsatzsteuer.[34]

Zu den wesentlichen Merkmalen einer ordnungsgemäßen Buchführung gehört, dass der aus Bilanz und GuV bestehende **Jahresabschluss zeitnah** im Verhältnis zum jeweiligen Stichtag aufgestellt wird.[35] „Zeitnah" wird dabei als „innerhalb der einem ordnungsgemäßen Geschäftsgang entsprechenden Zeit" definiert.[36] Für Kapitalgesellschaften gelten die Fristen nach § 264 HGB. Danach müssen große und mittelgroße Kapitalgesellschaften sowie Personengesellschaften, bei denen keine natürliche Person haftender Gesellschafter ist, den Jahresabschluss innerhalb von drei Monaten nach Ende des Wirtschaftsjahrs

---

28 Z. B. FG Nürnberg v. 27. 4. 2005 V 231/2003, juris, rkr.
29 GoBD Rz. 11.
30 Z. B. BFH v. 13. 7. 2010 V B 121/09, BFH/NV 2010, 2015.
31 *Kamps*, Stbg 2017, 201; *Rüsken* in Klein, § 158 Rz. 1; *Seer* in Tipke/Kruse, § 158 Rz. 39 und 53.
32 *Cöster* in Koenig, § 158 Rz. 2: „Selbstverständlichkeit".
33 Vgl. bereits BFH v. 12. 5. 1966 IV 472/60, BStBl. III 1966, 372.
34 Vgl. § 22 UStG, § 63 UStDV; *Heidner* in Bunjes, § 22 Rz. 4.
35 Die Unterschrift ist hierfür wohl nicht maßgebend, aber in jedem Fall erforderlich nach § 245 HGB.
36 § 243 Abs. 3 HGB.

aufstellen.[37] Für kleine Kapitalgesellschaften i. S. V. § 267 HGB kann die Frist auf sechs Monate verlängert werden, wenn dies noch einem ordnungsgemäßen Geschäftsgang entspricht. Die gesetzliche Forderung zeitnaher Bilanzaufstellung ist gerechtfertigt, um die Verhältnisse zum Stichtag zutreffend beurteilen zu können.[38] Je weiter Bilanzstichtag und Zeitpunkt der Aufstellung auseinander liegen, desto größer ist die Gefahr, dass die Verhältnisse des Bilanzstichtags nicht mehr der Realität entsprechend dargestellt werden. Bei erheblichem Überschreiten der o. g. Fristen ist die Buchführung nicht ordnungsgemäß.[39] Die Rechtsprechung ist bei der Bestimmung der „erheblichen" Überschreitung eher kasuistisch, als „Faustregel" gilt aber allgemein, dass eine Aufstellung des Jahresabschlusses innerhalb eines Jahres noch als ordnungsgemäß anerkannt wird.[40] Der Abschluss ist aber auch bei erheblicher Überschreitung der Aufstellungsfristen der Besteuerung zu Grunde zu legen, wenn seine sachliche Richtigkeit nicht beeinträchtigt ist.[41] In der Betriebsprüfungspraxis erfolgt zwar selten eine Hinzuschätzung allein wegen verspäteter Bilanzaufstellung,[42] dieser Aspekt gewinnt aber erheblich an Bedeutung, wenn einzelne Mängel der nachfolgend ab 3.5.2 dargestellten Art festgestellt werden: Denn reichen Letztere allein nicht aus, um der Buchführung die Ordnungsmäßigkeit abzusprechen, wird der Betriebsprüfer auf die verspätete Bilanzaufstellung hinweisen. Dann ergibt sich ggf. die Möglichkeit der Zuschätzung, obwohl die festgestellten einzelnen Mängel allein hierfür ggf. nicht ausgereicht hätten. Insbesondere in Branchen bzw. bei Mandanten mit einer gewissen Anfälligkeit für Fehler in der Buchführung sollte deshalb auf zeitnahe Abschlusserstellung geachtet werden, um kein zusätzliches Argument für Hinzuschätzungen zu liefern.

Beanstandungen von Buchführung und Aufzeichnungen müssen vom FA in „geeigneter Form" dargestellt werden,[43] was sich schon aus der allgemeinen Verpflichtung zur Gewährung rechtlichen Gehörs ergibt.[44] Insbesondere in streitigen Fällen sollte sich der Steuerpflichtige nicht mit pauschalen Behauptungen in Form von „Einzeilern" zufriedengeben.

---

37 Zur Frist vgl. § 264 HGB, zu den Größenmerkmalen 267 HGB.
38 BFH v. 6.12.1983 VIII R 110/79, BStBl. II 1984, 227; FG Dorf v. 9.11.1999 13 K 6611/96 E, G, EFG 2000, 304.
39 BFH v. 6.12.1983 VIII R 110/79, BStBl. II 1984, 227; BFH v. 25.4.1978 VIII R 98/75, BStBl. II 1978, 525; BFH v. 26.10.1977 I R 131/73, BStBl. II 1978, 315; FG München v. 17.10.2001 9 K 5171/88, juris.
40 Im Umkehrschluss zu BFH v. 6.12.1983 VIII R 110/79, BStBl. II 1984, 227. Siehe auch Urteilsbegründung in FG des Saarlands v. 16.1.1990 2 K 364/80, BB 1990, 598.
41 *Drüen* in Tipke/Kruse, § 146 Rz.24 und § 158 Rz.4; *Görke* in Hübschmann/Hepp/Spitaler, § 146 Rz.44. Im Ergebnis ebenso FG Berlin v. 22.1.1974 IV 137/73, EFG 1974, 332.
42 Die steuerliche Praxis in diesem Bereich m. E. zu Recht als „großzügig" bezeichnend *Görke* in Hübschmann/Hepp/Spitaler, § 146 Rz.44.
43 GoBD Rz.11.
44 Vgl. § 91 AO.

3.5.2 Ordnungsgemäße Buchführung

„Buchführung" ist die planmäßige **Darstellung der Geschäftsvorfälle**.[45] Die dabei zu beachtenden GoB können allgemein beschrieben werden als ein unbestimmter Rechtsbegriff, der insbesondere durch Rechtsnormen und Rechtsprechung geprägt und jeweils im Einzelnen auszulegen und anzuwenden ist.[46] Sie unterliegen einem ständigen Wandel und sind deshalb immer wieder vor allem vor dem Hintergrund geänderter Technik zu definieren.[47] Als Grundsatz kann festgehalten werden, dass Bücher und Aufzeichnungen ordnungsgemäß sind, wenn die Geschäftsvorfälle nachvollziehbar, vollständig, richtig, zeitgerecht und geordnet in ihrer Auswirkung erfasst und anschließend gebucht bzw. verarbeitet werden.[48] Die dabei entstehenden Kosten wurden seit jeher als vom Steuerpflichtigen hinzunehmen angesehen. Auch der Grundsatz der Wirtschaftlichkeit rechtfertigt nicht, Grundprinzipien der Ordnungsmäßigkeit zu verletzen und die Zwecke der Buchführung erheblich zu gefährden.[49]

Die nach § 239 Abs. 2 HGB und nach § 146 Abs. 1 AO erforderliche **Ordnung** verlangt eine systematische Erfassung der Geschäftsvorfälle und ihre übersichtliche, eindeutige und nachvollziehbare Verbuchung.[50] Das bedeutet u. a., dass bare und unbare Geschäftsvorfälle ebenso getrennt voneinander gebucht werden müssen wie steuerbare, steuerfreie und steuerpflichtige Umsätze. Die Buchungen müssen einzeln und sachlich richtig geordnet nach Konten erfasst werden.[51] Letztere sind nach Abschlusspositionen zu sammeln und nach Kontensummen oder Salden fortzuschreiben.[52]

Nach dem Grundsatz der **Vollständigkeit** müssen sämtliche Geschäftsvorfälle aufgezeichnet werden.[53] Geschäftsvorfälle sind alle rechtlichen und wirtschaftlichen Vorgänge, die innerhalb eines bestimmten Zeitabschnitts den Gewinn bzw. Verlust oder die Vermögenszusammensetzung in einem Unternehmen beeinflussen bzw. verändern.[54] Ein Jahresabschluss ist vollständig, wenn alle Aktiva und Passiva, Aufwendungen und Erträge sowie Privatentnahmen und Einlagen lückenlos erfasst sind. Das betrifft auch abgeschriebene Gegenstände des Anlagevermögens, die mit einem Erinnerungswert von 1 € aufzuführen sind.

Der Grundsatz der **Richtigkeit** betrifft vor allem die sachliche und nur sekundär die formelle Richtigkeit.[55] Zum Gebot der Richtigkeit gehört das Verbot, erdich-

---

45 *Rätke* in Klein, § 145 Rz. 2. Zur Einnahmenüberschussrechnung siehe unten.
46 GoBD Rz. 17, m. w. N.
47 GoBD Rz. 18. Zu speziellen Fragen aus dem Bereich der EDV siehe nachfolgend 3.5.3.
48 GoBD Rz. 19, 82.
49 BFH v. 26. 3. 1968 IV 63/63, BStBl. II 1968, 527.
50 GoBD Rz. 53.
51 „Kontenfunktion" der Buchführung.
52 GoBD Rz. 57.
53 § 146 Abs. 1 AO, § 239 Abs. 2 HGB, GoBD Rz. 36, 82; *Drüen* in Tipke/Kruse, § 146 Rz. 6.
54 GoBD Rz. 16.
55 BFH v. 25. 3. 1992 I R 69/91, BStBl. II 1992, 1010.

3 Außenprüfung

tete Geschäftsvorfälle zu verbuchen oder tatsächliche Geschäftsvorfälle mit falschen Werten zu erfassen.[56] Wesentliche Voraussetzung für die Ordnungsmäßigkeit von Buchführung und Aufzeichnungen ist in diesem Zusammenhang die Einhaltung des **Belegprinzips**.[57] Für jeden Geschäftsvorfall und jede Zahl im Jahresabschluss muss ein eindeutiger Beleg vorhanden sein.[58] Ein Buchungsbeleg kann aber mehrere Geschäftsvorfälle enthalten.[59] Ist kein Fremdbeleg vorhanden, ist ein **Eigenbeleg** zu erstellen und aufzubewahren.[60] Zu den aufzubewahrenden „internen Belegen" gehören Inventurberichte, Anlagenverzeichnisse, Lohn- und Gehaltslisten, Nachweise über Bestandsveränderungen wie Materialscheine und Buchungsanweisungen.[61] Eingabemedien ohne Belegfunktion können hingegen vernichtet werden.[62] Fehlen die nach § 147 AO aufzubewahrenden Belege, ist die Buchführung nicht ordnungsgemäß.[63] Der Steuerpflichtige muss eine erfassungsgerechte **Aufbereitung** der Buchungsbelege in Papierform oder die entsprechende Übernahme von Beleginformationen aus elektronischen Belegen sicherstellen. Die FinVerw hält eine solche Aufbereitung insbesondere bei Fremdbelegen für bedeutsam, weil der Steuerpflichtige im Allgemeinen keinen Einfluss auf die Gestaltung der ihm zugesandten Dokumente hat.[64] Belege sind möglichst unmittelbar nach Eingang oder Entstehung gegen Verlust zu sichern.[65] Das kann z.B. durch laufende Nummerierung oder durch Ablage in besonderen Ordnern oder Mappen geschehen. Eine Alternative ist das bildliche Erfassen.[66]

---

56   *Drüen* in Tipke/Kruse, § 146 Rz. 6.
57   GoBD Rz. 30, 61, 82; FG Hamburg v. 26.8.2016 6 V 81/16, juris; *Drüen* in Tipke/Kruse, § 145 Rz. 23 und § 146 Rz. 30.
58   BFH v. 24.6.1997 VIII R 9/96, BStBl. II 1998, 51; BFH v. 25.3.1988 III R 96/85, BStBl. II 1988, 655; BFH v. 26.3.1968 IV 63/63, BStBl. II 1968, 527; BFH v. 10.2.1968 I R 8/66, BStBl. II 1969, 157; FG Bremen v. 24.9.1996 294085 K 2, EFG 1997, 449.
59   GoBD Rz. 65.
60   GoBD Rz. 61; *Görke* in Hübschmann/Hepp/Spitaler, § 146 Rz. 18; FG Hamburg v. 26.8.2016 6 V 81/16, juris; GoBD Rz. 61.
61   *Görke* in Hübschmann/Hepp/Spitaler, § 146 Rz. 18.
62   *Winkeljohann/Philipps*, Beckscher Bilanzkommentar, § 257 Rz. 14.
63   BFH v. 26.2.2004 XI R 25/02, BStBl. II 2004, 599; FG Berlin-Brandenburg v. 26.7.2007 14 K 3368/06 B, juris; zur Aufbewahrungspflicht bei der Einnahmenüberschussrechnung vgl. BFH v. 15.4.1999 IV R 68/98, BStBl. II 1999, 481 und FG München v. 24.2.2005 11 K 4057/00, juris.
64   GoBD Rz. 75.
65   GoBD Rz. 67, zur Sicherung des Datenverarbeitungssystems selbst siehe dort Rz. 103.
66   Vgl. 3.5.3.6, GoBD Rz. 136.

3.5 Richtigkeitsvermutung gemäß § 158 AO

Durch die Belege soll es möglich sein, die Geschäftsvorfälle in ihrer Entstehung und Abwicklung zu verfolgen.[67] Der Buchführungsbeleg – gleich ob Fremd- oder Eigenbeleg – sollte folgende **Merkmale**[68] aufweisen:

- Eindeutige Belegnummer, z. B. Index, Paginiernummer, Dokumenten-ID, fortlaufende Rechnungsnummer,
- Belegaussteller und Belegempfänger,
- Betrag bzw. Mengen- oder Wertangaben, aus denen sich der zu buchende Betrag ergibt,
- Währungsangabe und Wechselkurs bei Fremdwährung,
- hinreichende Erläuterung des Geschäftsvorfalls,
- Währungsangabe und Wechselkurs bei Fremdwährung,
- Belegdatum,[69]
- Name des verantwortlichen Belegausstellers, falls vorhanden (z. B. Bediener der Kasse)

Sofern Buchungsbelege oder abgesandte Handels- oder Geschäftsbriefe noch weitere Informationen enthalten, die zum Verständnis und zur Überprüfung der entsprechenden Geschäftsvorfälle von Bedeutung sind, sind sie ebenfalls aufzubewahren. Die FinVerw nennt beispielhaft Mengen- oder Wertangaben, die über die o. g. hinausgehen, Einzelpreise, Valuta und Fälligkeit. Angaben zu Skonti und Rabatten, Zahlungsart sowie Angaben zur Steuerbefreiung.[70]

Werden **Einkaufsrechnungen** und **Verkaufsbelege** nicht vorgelegt, ist die Buchführung der Besteuerung nicht zu Grunde zu legen.[71] Fehlende **Rechnungen** führen ebenso zur Nichtordnungsmäßigkeit der Buchführung wie die doppelte Vergabe von Rechnungsnummern.[72] Eine Rechnung, deren Gesamtbetrag 250 € nicht übersteigt, wird als **Kleinbetragsrechnung** bezeichnet.[73] Für den Bereich der Umsatzsteuer gelten geringere Anforderungen. Die Kleinbetragsrechnung muss danach nur enthalten:

- den vollständigen Namen und die vollständige Anschrift des leistenden Unternehmers,
- das Ausstellungsdatum der Rechnung,

---

67 § 145 Abs. 1 S. 2 AO, § 238 Abs. 1 S. 2 HGB; *Görke* in Hübschmann/Hepp/Spitaler, § 146 Rz. 19.
68 Vgl. GoBD Rz. 77. Zu den weitergehenden Voraussetzungen für den Vorsteuerabzug wie z. B. zur Angabe des Steuersatzes etc. vgl. § 14 UStG und GoBD Rz. 78.
69 Zwingend nach GoBD Rz. 77.
70 GoBD Rz. 79.
71 FG Münster v. 10. 3. 1994 5 K 7389/90 F, U, juris.
72 *Rätke* in Klein, § 145 Rz. 2. Zur Frage fehlender fortlaufender Rechnungsnummerierung sowie wegen Lücken in der Rechnungsnummernabfolge siehe weiter unten.
73 Vgl. § 33 UStDV.

- Menge und Art der gelieferten Gegenstände oder Art und Umfang der sonstigen Leistung,
- das Entgelt und den darauf entfallenden Steuerbetrag in einer Summe sowie den anzuwendenden Steuersatz oder einen Hinweis auf eine geltende Steuerbefreiung.

Kleinbetragsrechnungen müssen keine Nummerierung enthalten.[74] Dennoch ist eine solche Nummerierung zu empfehlen, um nicht den Verdacht entstehen zu lassen, dass die entsprechenden Beträge nicht verbucht wurden.[75] Kleinbetragsrechnungen sind gem. § 14b UStG zehn Jahre lang aufzubewahren. Es genügt allerdings, wenn sich die Rechnungen aus dem elektronischen System reproduzieren lassen.

Fehlen **andere** aufzubewahrende **Belege** wie z. B. die empfangenen Geschäftsbriefe, gelten die Grundsätze zu den Rechnungen in gleicher Weise.[76] Nicht aufbewahrungspflichtig sind allerdings Entwürfe von Handels- und Geschäftsbriefen, die nicht abgesandt wurden.[77] Die **Sachkonten** allein haben keine Aussagekraft. Der Grundsatz „Keine Buchung ohne Beleg" hat deshalb auch im EDV-Zeitalter von seiner Bedeutung nichts verloren.[78] Das Fehlen erforderlicher Aufzeichnungen kann weder durch Zeugenaussagen zu einzelnen Vorgängen noch durch Sachverständigengutachten ersetzt werden.[79] Ob Belege „fehlen", richtet sich denknotwendig danach, welche Unterlagen überhaupt aufzubewahren sind. Dies sind nicht nur die typischen Rechnungen über Ein- und Verkäufe, sondern vielfach auch solche Aufzeichnungen, die nach anderen als steuerlichen Vorschriften anzufertigen und aufzubewahren sind. So ist z. B. die Buchführung des Hoteliers ohne Aufbewahrung der sog. Fremdenbücher nicht ordnungsgemäß mit der Rechtsfolge der §§ 158 und 162 Abs. 2 S. 2 AO.

Insbesondere bei **neuen Mandanten** muss geprüft werden, ob für die maßgebliche Branche besondere Aufzeichnungspflichten[80] bestehen. Häufig werden solche besonderen Vorschriften nicht erkannt, da die eigentlich zuständigen Behörden entsprechende Verstöße nicht verfolgen. Das heißt aber nicht, dass die Verpflichtungen nicht bestehen. Der Außenprüfer kann die Aufzeichnungen verlangen, die nach den bestehenden gesetzlichen – auch außersteuerlichen – Regelungen anzufertigen sind und nicht nur diejenigen, die tatsächlich angefertigt wurden.

Der teilweise große Umfang der zu führenden Aufzeichnungen und vorzulegenden Unterlagen hat seine Berechtigung, wenn man die Vorschrift des § 158

---

74 BMF v. 29. 1. 2004, BStBl. I 2004, 258, Tz. 45; A 14.5 abs. 14 UStAE.
75 *Achilles/Pump*, S. 235.
76 BFH v. 24. 7. 1997 VIII R 9/96, BStBl. II 1998, 51, m. w. N.
77 GoBD Rz. 5.
78 Zu digitalen Belegen siehe die Ausführungen ab 3.5.3.
79 FG Münster v. 23. 8. 2002 11 U 131/00 E, G, U, juris.
80 Außersteuerliche Buchführungs- und Aufzeichnungspflichten, die für die Besteuerung von Bedeutung sind, sind nach § 140 AO auch für das Steuerrecht zu erfüllen, vgl. GoBD Rz. 3. Zu den besonderen Aufzeichnungspflichten einzelner Branchen vgl. Teil 10.

3.5 Richtigkeitsvermutung gemäß § 158 AO

AO in dem oben genannten Sinn einer Forderung nach überprüfbaren Aufzeichnungen versteht. Denn gerade die genannten außersteuerlichen Vorschriften machen die Buchführung überprüfbar und verleihen ihr dadurch ihre Beweiskraft.[81] Die durch die Einhaltung der Ordnungsmäßigkeit entstehenden **Kosten** gehören zu den Aufwendungen, die der Steuerpflichtige in Kauf nehmen muss, weil die Art seines Betriebs sie „mit sich bringt".[82]

Die doppelte Vergabe und das Fehlen von **Rechnungsnummern** können EDV-gestützt leicht festgestellt werden.[83] Umstritten ist, ob Lücken in der Rechnungsnummernabfolge im konkreten Fall eine Hinzuschätzung rechtfertigen können. Der BFH hat das jedenfalls angenommen, wenn aufgrund einer Vielzahl von Lücken bei den Rechnungsnummern in Kombination mit nachweisbar nicht verbuchten Rechnungen die Vollständigkeit der Erfassung der Einnahmen nicht mehr als gewährleistet angesehen werden kann.[84] Damit ist jedoch noch nicht geklärt, ob eine grundsätzlich fehlende fortlaufende Nummerierung der Rechnungen, z. B. eine Generierung eindeutiger Rechnungsnummern aus Kunden- oder Veranstaltungsdaten, ohne feststehende materielle Mängel zur Schätzung berechtigt.[85]

Grundvoraussetzung einer jeden ordnungsgemäßen Buchführung sind die **Inventuren** zum Ende des Geschäftsjahres.[86] Die Wichtigkeit der Bestandsaufnahmen ergibt sich schon aus der Systematik der Gewinnermittlung.[87] Fehlende Inventuren stellen deshalb einen schweren Buchführungsmangel dar, der zur Schätzung berechtigt.[88] Die in das Inventar aufgenommenen Warenbestände müssen so genau bezeichnet werden, dass ihre Herkunft und ihr Verbleib nachgeprüft werden können. Das ist bei wertvolleren Gegenständen wie Möbel oder Schmuck i.d.R. nur durch Bezugnahme auf die entsprechende Eingangsrechnung erreichbar. Zu den aufbewahrungspflichtigen Inventurunterlagen gehören insbesondere Aufnahmelisten und Verzeichnisse wie z. B. Anlagenverzeichnis und Saldenlisten für Kreditoren und Debitoren. Sog. Zwischenträger wie Inventurschmierzettel o. Ä. müssen nur bis zur Erfüllung ihrer Funktion aufbewahrt werden.[89] Eine oberflächliche Inventur kann für

---

81 Zur „Nutzbarmachung" solcher Aufzeichnungspflichten für das Steuerrecht vgl. GoBD Rz. 3.
82 GoBD Rz. 29, Rz. 170 zum Datenzugriff, Rz. 177 zu Software.
83 „Mehrfachbelegung" bzw. „Lückenanalyse" unter IDEA. „Verschriebene" Rechnungen und dadurch verbrauchte Nummern können an dieser Stelle zum Problem bei der Bp werden. Hier sollte entsprechend dokumentiert werden.
84 BFH v. 7.2.2017 X B 79/16, BFH/NV 2017, 774; FG Hamburg v. 28.8.2017 2 K 184/15, juris.
85 Für den Fall eines Einnahmenüberschussrechners ablehnend FG Köln v. 7.12.2017, 15 K 1122/16, juris.
86 Zur Möglichkeit der Stichprobeninventur siehe *Köhler* in StBp-Handbuch, Kza. 2420.
87 „Bestandsvergleich" nach § 4 Abs. 1 EStG, der gemäß § 8 Abs. 1 KStG auch bei der Körperschaftsteuer Anwendung findet.
88 BFH v. 25.3.2015 X R 20/13, BStBl. II 2015, 743, m. w. N.
89 *Winkeljohann/Philipps*, Beck'scher Bilanzkommentar, § 257 Rz. 12.

3 Außenprüfung

den Unternehmer zur Schätzungsfalle werden, da sich aus dem Wareneinkauf und den Inventurwerten der WES errechnet.

Beispiel:
A betreibt einen Schlüsseldienst in einer Kleinstadt. Da er keine Lust hat, die Schlüsselrohlinge im Rahmen der Inventur zahlenmäßig zu erfassen, meldet er dem Steuerberater als Inventurwert den Wert des Vorjahres, obwohl er nahezu die doppelte Menge im Bestand hat. Im Rahmen einer späteren Bp errechnet der Betriebsprüfer den mutmaßlichen durch die Erstellung von Schlüsseln erzielten Umsatz auf der Grundlage der eingesetzten Schlüsselrohlinge. Dabei ergibt sich aus den Inventurwerten lt. Bilanz und den getätigten Einkäufen der entsprechende WES. Dass der Unternehmer gegen die angekündigte Hinzuschätzung i. H. v. 2.500 € einwendet, der Inventurwert sei unzutreffend, hilft ihm nicht. Denn in diesem Fall wird der Betriebsprüfer zu Recht auf einen Sicherheitszuschlag in derselben Höhe ausweichen, da die Buchführung wegen der fehlerhaften Inventur nicht ordnungsgemäß ist.[90]

Auch bei vollständigen Belegen wird der Buchführung ggf. ihre sog. formelle Ordnungsmäßigkeit abgesprochen, wenn ein Zusammenhang zwischen **Belegen und Buchungen** nicht herstellbar ist. Denn die Buchführung muss so beschaffen sein, dass sie einem sachverständigen Dritten innerhalb angemessener Zeit einen Überblick über die Geschäftsvorfälle und über die Lage des Unternehmens vermitteln kann.[91] Die Behandlung eines Belegs über das Grundbuch und das Sachkonto bis zur Bilanz muss ebenso nachvollziehbar sein wie die Aufschlüsselung der Bilanz und der GuV-Positionen bis zum Beleg.[92] Die Zuordnung zwischen dem einzelnen Beleg und der dazugehörigen Grundaufzeichnung oder Buchung kann durch unterschiedliche Maßnahmen wie Anbringen von Indices, Paginiernummern, oder Dokumenten-ID sowie zusätzlichen Identifikationsmerkmalen für die Papierablage oder für die Such- und Filtermöglichkeit bei elektronischer Belegablage gewährleistet werden.[93] „Klassisch" ist das sog. **„Kontieren"**. Dabei wird auf dem Kontoauszug bzw. im Kassenbuch oder auf der Rechnung selbst das angesprochene Konto vermerkt. Fehlt eine solche Kontierung, kann ein Zusammenhang nur über den Umweg der Geldkonten hergestellt werden, wenn diese als Sachkonto entsprechend aufgeschlüsselt sind. Erkennbar ist die Tendenz, aus Kostengründen auf die Kontierung zu verzichten.[94] Bei umfangreichen Belegen reichen jedoch i.d. R. das Beleg- oder Buchungsdatum, die Kontoauszugsnummer ohne Angabe der Blattnummer und der Positionsnummer oder auch Namen nicht aus, um die Nachprüfbarkeit zu gewährleisten.[95]

---

90 Zum Sicherheitszuschlag als eigenständiger Schätzungsmethode siehe unter 3.9.11.
91 Grundsatz der Nachvollziehbarkeit und der Überprüfbarkeit, vgl. § 145 Abs. 1 AO und § 238 Abs. 1 S. 2 HGB.
92 Gewährleistung der progressiven und der retrograden Prüfungsmöglichkeit, vgl. GoBD Rz. 32 und 33.
93 GoBD Rz. 71.
94 Zur grundsätzlichen Zulässigkeit vgl. LG Münster v. 24.9.2009, 12 O 471/07, juris, Rz. 33.
95 GoBD Rz. 73, zum Beispiel „Kontoauszug" vgl. GoBD Rz. 74.

3.5 Richtigkeitsvermutung gemäß § 158 AO

Das FA erkennt eine Buchführung auch ohne Kontierung bzw. ohne erläuternden Datensatz als ordnungsgemäß an, wenn durch organisatorische Maßnahmen sichergestellt ist, dass die Geschäftsvorfälle in angemessener Zeit nachprüfbar sind.[96]

Ob durch den Verzicht auf die Kontierung tatsächlich **Kosten eingespart** werden, ist zweifelhaft. Denn nicht nur die Arbeit des Außenprüfers, sondern auch die Tätigkeit innerhalb der Kanzlei wird durch das Fehlen der Kontierung erschwert. Zu bedenken ist weiterhin: Die Ordnungsmäßigkeit der Buchführung ist jedenfalls nicht mehr gegeben, wenn ein sachverständiger Dritter sich aufgrund des unzureichend hergestellten Zusammenhangs zwischen Buchung und Beleg nicht mehr in angemessener Zeit in der Buchführung zurechtfinden kann. Fehlen Kontierungsvermerke auf den Belegen und sind diese nicht durch Nummerierung und entsprechende Aufzeichnungen in den Sachkonten leicht kontrollierbar, kann dies deshalb zur Schätzungsbefugnis des Betriebsprüfers führen.[97] Der Grundsatz der Übersichtlichkeit einer Buchführung wird allerdings nicht dadurch verletzt, dass einzelne Nachfragen beim Buchführungspflichtigen oder seinem Beauftragten erforderlich werden.[98] Wer auf die Kontierung verzichten möchte, sollte darauf achten, dass über Nummerierungen und aussagekräftige Buchungstexte eine Verbindung zwischen Beleg und Sachkonto herstellbar ist. Der Prüfer muss ohne großen Aufwand erkennen können, wie der jeweilige Beleg gebucht wurde bzw. umgekehrt auf welchem Beleg eine bestimmte Buchung beruht.

Bei fehlender Kontierung ist die **Belegfunktion** nur erfüllt, wenn das Ablagesystem der Belege klar beschrieben und eingehalten wird und wenn sich die wichtigen Beleginhalte im Buchungssatz widerspiegeln. Besonders problematisch ist, wenn die Ablage nicht nach klaren Ordnungsprinzipien erfolgt[99] oder sich das Ordnungskriterium für die Belegablage[100] nur im Archivierungssystem, nicht aber im Buchhaltungssystem findet, und deshalb keine direkte Verbindung zwischen Beleg und Buchungssatz hergestellt werden kann.[101]

Nach § 146 Abs. 1 S. 1 AO sind Buchungen vor allem **zeitgerecht** vorzunehmen,[102] um die Übersichtlichkeit der Buchführung zu sichern und um Geschäftsvorfälle buchmäßig nicht für längere Zeit in der Schwebe halten zu können.[103] Andernfalls könnten sie – was es zu vermeiden gilt – später noch

---

96 GoBD Rz. 64; *Görke* in Hübschmann/Hepp/Spitaler, § 146 Rz. 132.
97 Eingehend zu dieser Problematik *Bührer/Heßling*, BBK 2011, 666.
98 BFH v. 26.8.1975 VIII R 109/70, BStBl. II 1976, 210, zur ordnungsgemäßen Buchführung trotz fehlender Kontierung siehe auch LG Münster v. 24.9.2009 12 O 471/07, juris.
99 Z. B. keine Sortierung nach Lieferanten und Kunden oder Vermischung von Beleg- und Buchungsdatum.
100 Z. B. die Systemnummer bei eingescannten Belegen.
101 Vgl. *Bührer/Heßling*, BBK 2011, 666.
102 GoBD Rz. 45.
103 BFH v. 12.12.1972 VIII R 112/69, BStBl. II 1973, 555; BFH v. 11.9.1969 IV R 106/68, BStBl. II 1970, 307; FG Münster v. 21.9.1999 6 K 7303/97 E, EFG 2000, 304; *Odenthal*, BC 2016, 31, 34; *Schumann*, S. 58.

anders dargestellt oder ganz außer Betracht gelassen werden.[104] Jeder Geschäftsvorfall ist deshalb möglichst unmittelbar nach seiner Entstehung in einer Grundaufzeichnung oder in einem Grundbuch zu erfassen,[105] jede nicht durch die Verhältnisse des Betriebs oder des Geschäftsvorfalls zwingend bedingte Zeitspanne zwischen dem Eintritt des Vorgangs und seiner laufenden Aufzeichnung wird von der FinVerw als „bedenklich" eingestuft,[106] zumindest die ältere Rechtsprechung ist allerdings eher großzügig. So sollen Ausnahmen jedenfalls zugelassen werden, wenn die betrieblichen Verhältnisse die Möglichkeit, Vorgänge später der Realität widersprechend darzustellen, nach menschlichem Ermessen von vornherein ausschließen.[107] Die zeitgerechte Verbuchung fördert die Richtigkeit der Buchungen.[108] Zur Beantwortung der Frage, ob eine Verbuchung zeitgerecht erfolgt, ist auf den Zeitraum zwischen Geschäftsvorfall und Buchung abzustellen.[109] Zeitgerecht bedeutet, dass nach Stattfinden eines Geschäftsvorfalls ohne schuldhaftes Zögern gebucht werden muss.[110] Geschäftsvorfall ist jeder rechtliche und wirtschaftliche Vorgang, der den Gewinn bzw. Verlust oder die Vermögenszusammensetzung in einem Unternehmen beeinflusst oder verändert.[111] Er findet dabei z.B. statt, wenn eine Leistung erbracht wird, nicht etwa, wenn der dazugehörende Beleg erstellt wird. Nicht erforderlich ist eine tägliche Verbuchung.[112] Entscheidend ist, ob durch die zu bewertenden Verzögerungen die Glaubwürdigkeit der Eintragungen beeinträchtigt wird. Hierfür wiederum ist zum einen maßgebend, wie viele Belege anfallen, d. h. je mehr Belege vorhanden sind, umso früher hat ihre Verbuchung zu erfolgen. Zum anderen muss der Steuerpflichtige aber vor allem Sicherungsvorkehrungen gegen den Verlust der Unterlagen treffen. Hierzu gehören die geordnete Belegablage, Paginierung der Belege oder auch das Führen von Rechnungseingangsbüchern.[113] Werden solche Maßnahmen nachgewiesen, wird in der Praxis auch bei größeren Betrieben ein Buchungsrückstand von **einem Monat** akzeptiert.[114] Die Aufzeichnungspflichten nach den §§ 145 ff. AO sind nicht mit den Fristen zur Abgabe einer Umsatzsteuervoranmeldung verknüpft.

Bis zur Verbuchung muss das Unternehmen für eine ausreichende **Belegsicherung** sorgen.[115] Bei Papierbelegen erfolgt das z.B. durch eine laufende Nummerierung der ausgehenden Lieferscheine und Rechnungen, durch Ablage in be-

---

104 BFH v. 11. 3. 1988 III R 62/87, BFH/NV 1989, 22, GoBD Rz. 47. Eine sog. „Wartebuchhaltung" ist nicht ordnungsgemäß, vgl. auch GoBD Rz. 46.
105 GoBD Rz. 46. Vgl. auch *Henn*, DB 2015, 2660.
106 GoBD Rz. 47.
107 BFH v. 11. 9. 1969 IV R 106/68, BStBl. II 1970, 307.
108 *Drüen* in Tipke/Kruse, § 146 Rz. 9.
109 BFH v. 25. 3. 1992 I R 69/91, BStBl. II 1992, 1010.
110 BFH v. 25. 3. 1992 I R 69/91, BStBl. II 1992, 1010.
111 GoBD Rz. 16.
112 BFH v. 24. 3. 1970 I R 38/68, BStBl. II 1970, 540.
113 *Odenthal*, BC 2016, 31, 34.
114 BFH v. 25. 3. 1992 I R 69/91, BStBl. II 1992, 1010; BFH v. 26. 8. 1975 VIII R 109/70, BStBl. II 1976, 210. Vgl. auch GoBD Rz. 52 a. E.
115 GoBD Rz. 67-70.

3.5 Richtigkeitsvermutung gemäß § 158 AO

sonderen Ordnern oder durch Vergabe eines Barcodes und anschließendes Scannen.[116] Nicht ausreichend ist z. B. das Sammeln der Belege in Gitterkörben ohne fortlaufende Nummerierung ohne Erfassung in handschriftlichen Listen oder auf Additionsstreifen, wenn die Schriftstücke nur einmal monatlich gelocht und dann auf einer Heftlasche an die Buchhaltung bzw. den Steuerberater weitergeleitet werden. Die Belegsicherung kann organisatorisch und technisch mit der Zuordnung zwischen Beleg und Aufzeichnung verbunden werden.[117]

Buchungen oder Aufzeichnungen dürfen **nicht** in einer solchen Weise **veränderbar** sein, dass der ursprüngliche Inhalt nicht mehr sichtbar ist.[118] Deshalb musste bei handschriftlicher Buchführung „mit Tinte" aufgezeichnet werden.[119] Fehlerhafte Buchungen sollen durch Stornierungen korrigiert werden, denn nach Ansicht der FinVerw besteht weder ein Bedarf noch die Notwendigkeit für weitere nachträgliche Veränderungen einer einmal erfolgten Buchung.[120]

Bei der sog. **Offenen-Posten-Buchhaltung**, welche nach § 146 Abs. 5 AO grundsätzlich zulässig ist, übernehmen die Belege die Buchfunktion.[121] Das setzt voraus, dass die Unterlagen geordnet und übersichtlich abgelegt sind und die Vollständigkeit der Ablage sichergestellt ist. Hierzu werden die Belege, insbesondere die Kopien der Ausgangsrechnungen, chronologisch abgelegt und ein Ordnungsprinzip gewählt, welches dem Unternehmen bzw. dem Steuerpflichtigen ermöglicht, jederzeit Forderungen und Schulden gegenüber den jeweiligen Geschäftspartnern festzustellen. Werden die Rechnungen beglichen, ist das auf den Durchschriften zu vermerken. Bei einer ordnungsgemäßen Offenen-Posten-Buchführung kann auf das Führen von Kontokorrentkonten[122] verzichtet werden, nicht aber auf die Buchungen auf den Sachkonten.[123] Soll die Funktion der Grundaufzeichnungen durch eine geordnete und übersichtliche Belegablage erfüllt werden, ist zu beachten, dass Letztere dabei einen gewissen „Standard" erfüllen muss. In folgenden Fällen wird **keine ausreichende Belegablage** angenommen:

– Die Belege werden ungeordnet und lose in einem Karton oder in einem Wäschekorb aufbewahrt und in dieser Form nach einem Monat entweder an den Steuerberater übergeben oder selbst gebucht,
– die Belege werden zwar täglich in Gitterkörben abgeworfen oder in besonderen Mappen aufbewahrt, aber nicht fortlaufend nummeriert, nicht in handschriftlichen Listen oder mit Hilfe von Additionsstreifen erfasst, dann

---

116 GoBD Rz. 68.
117 GoBD Rz. 70.
118 § 146 Abs. 4 AO, sog. „Radierverbot", GoBD Rz. 88, 92, 107.
119 Vgl. schon § 162 Abs. 6 RAO. Zusätzlich mussten nach dieser Vorschrift vorläufige Belege aufbewahrt und alle Belege nummeriert werden.
120 GoBD Rz. 93.
121 *Drüen* in Tipke/Kruse, § 147 Rz. 5.
122 Bzw. auf ein „Geschäftsfreundebuch".
123 FG München v. 4. 5. 2010 13 V 540/10, EFG 2012, 1982. Zu dieser Art der Buchführung siehe auch GoBD Rz. 49.

nur einmal im Monat gelocht und auf einer Heftlasche an den Steuerberater übergeben oder selbst gebucht,
- die Ausgangsrechnungen werden bei einem Steuerpflichtigen der zwar nicht buchführungspflichtig ist, aber den Aufzeichnungspflichten nach § 22 UStG unterliegt, zwar zeitnah und chronologisch nach dem Tag des Geldeingangs in einem Stehordner abgeheftet, aber ohne laufende Nummerierung der Belege und ohne Zusammenstellung, insbesondere also ohne handschriftliche Listen oder Additionsstreifen.[124]
- Die Belege werden hinter die Kontoauszüge geheftet, die Umsatzzahlen der Kontoauszüge werden aber weder mit erläuterndem Text noch mit einem Beleghinweis versehen,[125]
- bei mehr als 3.000 Rechnungen im Monat werden zahlreiche Krediteinkäufe erstmals nach vier Wochen wie Bargeschäfte buchmäßig erfasst.[126]

Das Gesetz erwähnt in § 158 AO neben der Buchführung auch Aufzeichnungen, so dass die Vorschrift auch für den **Einnahmenüberschussrechner** gilt.[127] Umstritten ist aber, welche Aufzeichnungen zu führen sind und welche Anforderungen sie erfüllen müssen.[128] Die Aufzeichnungsverpflichtungen nach **§ 22 UStG** wirken jedenfalls unmittelbar auch für Zwecke der Einkommensbesteuerung.[129] Danach sind aufzuzeichnen:[130]

- die vereinbarten Entgelte je Leistung[131] nach Steuersätzen,
- die Entgelte für ausgeführte Bauleistungen nach § 13b UStG,
- die Bemessungsgrundlage für die unentgeltlichen Wertabgaben,
- die geltend gemachten Vorsteuerbeträge. Aufzuzeichnen sind nicht nur die reinen Vorsteuerbeträge, sondern auch die leistenden Unternehmer und die Entgelte. Aufzubewahren sind die zur Überprüfung erforderlichen Unterlagen. Damit müssen im Ergebnis alle Betriebsausgaben außer den nichtvorsteuerbehafteten wie Steuern, Versicherungsprämien oder Zinsen aufgezeichnet und belegt werden,[132]
- die Aufwandsposten „Geringwertige Wirtschaftsgüter" und die Sammelposten „Geringwertige Wirtschaftsgüter".

Aus dem EStG ergeben sich weitere Aufzeichnungspflichten. So ist nach § 4 Abs. 3 S. 5 EStG ein laufendes Verzeichnis über die nicht abnutzbaren Wirt-

---

124 BFH v. 16.2.2006 X B 57/05, BFH/NV 2006, 940; BFH v. 2.9.2008 V B 4/08, juris.
125 BFH v. 16.9.1964 IV 42/61 U, BStBl. III 1964, 654.
126 BFH v. 26.3.196 IV 63/63, BStBl. II 1968, 527.
127 So z.B. FG des Saarlands v. 17.12.2008 1 K 2011/04, EFG 2009, 307, m.w.N. Siehe auch GoBD Rz. 115.
128 *Rätke*, NWB 2017, 1009.
129 BFH v. 19.3.2007 X B 191/06, BFH/NV 2007, 1134, m.w.N.
130 FG München v. 18.1.2018 10 K 3036/16, juris, Rz. 39, Rev. X R 8/18.
131 Zur Problematik der Einzelaufzeichnungspflicht siehe auch die Ausführungen zur offenen Ladenkasse unter 3.5.5.2 und zu diesem Stichwort unter 3.5.5.5.
132 FG München v. 18.1.2018 10 K 3036/16, juris, Rz. 41, Rev. X R 8/18.

3.5 Richtigkeitsvermutung gemäß § 158 AO

schaftsgüter des Anlage- und des Umlaufvermögens zu führen. Aus § 143 AO resultiert die Verpflichtung, den Wareneingang gesondert zu dokumentieren.

Bereits aus den o. g. Vorschriften ergibt sich im Ergebnis, dass im Fall einer Einnahmenüberschussrechnung die **gleichen Aufzeichnungen** anzufertigen und aufzubewahren wie bei der Gewinnermittlung durch Betriebsvermögensvergleich nach § 4 Abs. 1 EStG. Jedenfalls für den Bereich der Kassenführung scheint sich die Auffassung durchzusetzen, dass faktisch keine Unterschiede zu den Voraussetzungen der Ordnungsmäßigkeit beim Buchführungspflichtigen bestehen.[133] Aber auch für die Aufzeichnungen außerhalb des Barbereichs gilt – allgemein und über die o. g. Einzelpflichten hinausgehend –, dass sie so klar und vollständig sein müssen, dass sie einem sachverständigen Dritten den Umfang der Einkünfte innerhalb angemessener Zeit plausibel machen. Die Anfertigung und Aufbewahrung der Belege in entsprechender Anwendung der §§ 140 bis 147 AO ist notwendige Voraussetzung für den Schluss, dass die Betriebseinnahmen vollständig erfasst wurden und dass die geltend gemachten Aufwendungen durch den Betrieb veranlasst waren.[134] Die Einnahmenüberschussrechnung löst danach nur dann die Richtigkeitsvermutung des § 158 AO aus, wenn **geordnete** und **vollständige Belege** vorgelegt werden,[135] andernfalls würde eine „Besteuerung auf Zuruf" durchgeführt, welche mit den Prinzipien der AO, insbesondere dem Gebot einer gleichmäßigen Besteuerung, nicht vereinbar wäre.[136] Von einer geordneten Belegablage ist z. B. auszugehen, wenn sämtliche Ausgangsrechnungen chronologisch abgeheftet und in handschriftliche Listen eingetragen werden, auch wenn nur auf den Rechnungen, nicht aber in den angefertigten Listen, zwischen Geldeingang auf dem Bankkonto oder Barzahlung unterschieden wird.[137] Auch bei der Gewinnermittlung nach § 4 Abs. 3 EStG bestehen demnach Aufzeichnungs- und Aufbewahrungspflichten, deren Verletzung das FA zur Schätzung berechtigt.[138] Um Risiken zu vermeiden, sollten die Aufzeichnungen des „Vierdreiers" dem entsprechen, was vom Buchführungspflichtigen erwartet wird. Vom Einnahmenüberschussrechner

---

133 Z. B. *Teutemacher*, BBK 2014, 753: „Faktische Verpflichtung zum Führen eines Kassenbuchs". Vgl. hierzu das Stichwort „Einnahmenüberschussrechnung" unter 3.5.5.5. M. E. unzutreffend *Schneider/Hoffmann/Hage*, Stbg 2012, 313, die der Auffassung sind, mit der Buchführungspflicht entfalle auch die „Pflicht zur Kassenführung".
134 FG des Saarlands v. 17. 12. 2008 1 K 2011/04, EFG 2009, 307, rkr.; FG Düsseldorf v. 23. 8. 2010 17 V 972/10 A (E, G, U, F), juris. Für die Betriebsausgaben ergibt sich das schon aus Gründen der Feststellungslast, vgl. BFH v. 12. 12. 2017 VIII R 6/14, BFH/NV 2018, 606, Rz. 57.
135 BFH v. 15. 4. 1999 IV R 11/98, BStBl. II 1999, 48; BFH v. 26. 2. 2004 XI R 25/02, BStBl. II 2004, 599.
136 FG des Saarlands v. 21. 6. 2012 1 K 1124/10, EFG 2012, 1816; Niedersächsisches FG v. 8. 12. 2011 12 K 389/09, EFG 2013, 291, rkr.
137 BFH v. 16. 2. 2006 X B 57/05, BFH/NV 2006, 940.
138 FG München v. 18. 1. 2018 10 K 3036/16, juris, Rev. X R 8/18; FG Nürnberg v. 23. 1. 2012 2 K 1563/2009, juris.

3 Außenprüfung

werden insbesondere die Vorlage einer nachprüfbaren **Belegsammlung**[139] und ein **Vollständigkeitsnachweis**[140] der Einnahmen verlangt. Das FA muss den Gewinn aus den Unterlagen des Steuerpflichtigen ermitteln können.[141] Einnahmen sind auf Verlangen des FA einzeln aufzuschlüsseln. Weigert sich der Steuerpflichtige eine solche Aufschlüsselung vorzulegen und liegt dem FA eine Kontrollmitteilung vor, deren Betrag den Gesamtbetrag der erklärten Einnahmen unterschreitet, soll aber nicht automatisch eine Zuschätzung erfolgen können.[142]

M. E. gelten die teilweise strengen Anforderungen insbesondere der GoBD[143] nicht für **Kleinstbetriebe** mit sehr wenigen Geschäftsvorfällen.[144] Diese Steuerpflichtigen sammeln i. d. r. ihre Belege und erstellen nach Ablauf des Jahres im Rahmen ihrer Einkommensteuererklärung eine Einnahmenüberschussrechnung. Weitergehende Aufzeichnungen sollten nicht verlangt werden.

Beispiel:
Der Beamte B ist nebenberuflich für eine Fachzeitschrift als Schriftsteller tätig. Im Jahr 01 hat er für drei Aufsätze Abrechnungen bekommen, das Honorar ist auf sein privates Girokonto überwiesen worden. Für seine Ausgaben wie Fachliteratur und Porto hat er in diesem Jahr zwölf Belege gesammelt. Durch Gegenüberstellung der Einnahmen und der Kosten erstellt B seine Gewinnermittlung mit „Excel" und fügt sie der Einkommensteuererklärung bei. In diesem Fall sind keine weiteren Aufzeichnungen im Laufe des Jahres erforderlich, erst recht besteht kein Anlass für eine Anwendung der §§ 158 und 162 AO.

3.5.3 Ordnungsmäßigkeit der EDV-Buchführung

3.5.3.1 Allgemeines

§ 146 Abs. 5 AO enthält die gesetzliche Grundlage für die Führung der Bücher und Aufzeichnungen auf maschinell lesbaren Datenträgern.[145] Die Einzelheiten zur Ordnungsmäßigkeit einer EDV-Buchführung sind in den **GoBD** zusammengefasst.[146] Es handelt sich dabei allerdings um eine reine Verwaltungsanweisung, die die gesetzliche Aufbewahrungspflicht nur mit Innenwirkung

---

139 BFH v. 31. 7. 2009 VIII B 28/09, BFH/NV 2009, 1967; BFH v. 19. 3. 2009 IV R 57/07, BFH/NV 2009, 1298.
140 *Heinicke* in Schmidt, § 4 Rz. 375, unter Hinweis auf BFH v. 31. 7. 2009 VIII B 28/09, BFH/NV 2009, 1967.
141 BFH v. 31. 7. 2009 VIII B 28/09, BFH/NV 2009, 1967.
142 FG Schleswig-Holstein v. 13. 9. 2000 V 208/99, EFG 2001, 1470, m. E. im Ergebnis zweifelhaft.
143 Zur Ordnungsmäßigkeit unter EDV-Gesichtspunkten siehe 3.5.3.
144 Siehe auch GoBD Rz. 15.
145 AEAO zu § 146, Nr. 5. Der Erlass nennt als denkbare Datenträger beispielhaft Magnetplatten, Magnetbänder, CDs, DVDs, Blu-ray-Disks, Flash-Speicher.
146 BMF v. 28. 11. 2019, BStBl. I 2019, 1269, Erstfassung BStBl. I 2014, 1450. Zur Kritik an der fehlenden Praxisnähe b. B. *Pump*, Datev-Magazin 11/2015, S. 26. Das BMF-Schreiben gilt für Veranlagungszeiträume ab dem 1. 1. 2015, GoBD Rz. 183.

3.5 Richtigkeitsvermutung gemäß § 158 AO

interpretiert.[147] Die Vorgängerregelungen zu den GoBS[148] und den GDPdU[149] wurden aufgehoben.[150] Bei den GoBD handelt es sich um eine Verwaltungsanweisung, die grundsätzlich nur die Auffassung der FinVerw darstellt. Bei Streitigkeiten ist deshalb ggf. zu prüfen, ob die maßgebliche Bestimmung dem geltenden Recht entspricht. Zur Vorbeugung im Hinblick auf mögliche Beanstandungen durch die nächste Bp empfiehlt sich allerdings, die in den GoBD niedergelegten Anforderungen an die Buchführung nach Möglichkeit zu erfüllen. Die GoBD betreffen das gesamte Datenverarbeitungssystem, welches definiert wird als die im Unternehmen oder für Unternehmenszwecke eingesetzte Hard- und Software, mit denen Daten und Dokumente erfasst, erzeugt, empfangen, übernommen, verarbeitet, gespeichert oder übermittelt werden.[151] Neben dem Hauptsystem gehören auch Vor- und Nebensysteme dazu.[152] Der BMF-Erlass nennt beispielhaft: Anlagenbuchhaltung, Lohnbuchhaltungssystem, Kassensystem, Zahlungsverkehrssystem, Taxameter, Archivsystem, Warenwirtschaftssystem, Zahlungsverkehrssystem, Geldspielgeräte, elektronische Waagen, Materialwirtschaft, Fakturierung, Zeiterfassung, Dokumentenmanagementsystem sowie die Schnittstellen zwischen den Systemen.[153]

Die nach § 146 Abs. 5 AO zulässige EDV-Buchführung muss wie die analoge Buchführung vor allem von einem **Sachverständigen** in angemessener Zeit überprüfbar sein. Dabei kann zwar Sachverstand hinsichtlich der Ordnungsvorschriften der §§ 145 bis 147 AO und allgemeiner Datenverarbeitungssachverstand erwartet werden, nicht aber spezielle produktabhängige System- oder Programmierkenntnisse. Dabei kann zwar Sachverstand hinsichtlich der Ordnungsvorschriften der §§ 145 bis 147 AO und allgemeiner Datenverarbeitungssachverstand erwartet werden, nicht aber spezielle produktabhängige System- oder Programmierkenntnisse.[154] Auch die EDV-Buchführung muss die unter 3.5.2 dargestellten allgemeinen Voraussetzungen einer ordnungsgemäßen Buchführung erfüllen.[155] Konkrete technische Vorgaben hierzu kann die FinVerw angesichts der rasch fortschreitenden Entwicklung nicht machen, so dass im Zweifel jeweils über einen Analogieschluss festzustellen ist, ob die Ordnungsvorschriften eingehalten wurden. Der BMF-Erlass nennt hierzu als Beispiel einen Vergleich zwischen handschriftlich geführten Handelsbüchern und Unterlagen in Papierform, die in einem verschlossenen Schrank aufbewahrt werden und elektronischen Handelsbüchern und Unterlagen, die mit einem

---

147 *Drüen* in Tipke/Kruse, § 147 Rz. 3b, m. w. N.; *Henn*, DB 2019, 1816.
148 BMF v. 7. 11. 1995, BStBl. I 1995, 738.
149 BMF v. 16. 7. 2001, BStBl. I 2001, 415.
150 GoBD Rz. 183.
151 GoBD Rz. 20.
152 Zum Datenzugriff auf Vor- und Nebensysteme siehe 3.5.3.2.
153 Zur sog. Schnittstellenverprobung siehe 3.6.3.8.
154 An der Fähigkeit der Betriebsprüfer, die Einhaltung GoBD überprüfen zu können, zweifelnd *Goldshteyn/Thelen*, StBp 2015, 289, 295. Die FinVerw verfügt für schwierige Fälle über entsprechende Fachprüfer.
155 GoBD Rz. 22.

elektronischen Zugriffschutz gespeichert werden.[156] Die FinVerw lehnt es vor dem Hintergrund der komplexen Materie ab, allgemein gültige Aussagen zur Konformität einer verwendeten oder geplanten Software zu machen. Sog. „Positivtestate" werden deshalb weder im Rahmen einer Ap noch im Rahmen einer verbindlichen Auskunft erteilt.[157] Derartige Bescheinigungen von Dritten können damit lediglich ein Entscheidungskriterium für die Kaufentscheidung des Steuerpflichtigen sind, sie entfalten aber keine Bindungswirkung gegenüber dem FA.[158]

Der Steuerpflichtige sollte sich darüber informieren, ob das in seinem Unternehmen eingesetzte **Datenverarbeitungssystem** den GoBD entspricht und die Ordnungsmäßigkeit der Bücher und der sonst erforderlichen Aufzeichnungen ermöglicht. Unter einem Datenverarbeitungssystem i.S.d. GoBD wird die im Unternehmen oder für Unternehmenszwecke zur elektronischen Datenverarbeitung eingesetzte Hard- und Software verstanden, mit der Daten erfasst, erzeugt, empfangen, übernommen, verarbeitet, gespeichert und übermittelt werden. Das EDV-System muss insbesondere gewährleisten, dass alle Programme und Datenbestände, die einmal in den Verarbeitungsprozess eingeführt worden sind, nicht mehr unterdrückt oder ohne Kenntlichmachung überschrieben, gelöscht, geändert oder verfälscht werden können.[159] Auch dürfen neue Daten nicht ersetzend eingespielt werden, ohne dass dies kenntlich gemacht wird.[160] Bei der rechtlichen Beurteilung einer EDV-Buchführung ist die Unveränderbarkeit der Daten das wichtigste Kriterium.[161] Löschungen oder Korrekturen sind zumindest so zu protokollieren, dass die Voraussetzungen des § 146 Abs. 4 AO bzw. § 239 Abs. 3 HGB erfüllt werden.[162] Die Datenträger müssen gegen nachträgliche Einschiebungen, Veränderungen oder Löschungen gesichert werden und das Buchführungsprogramm Sicherungen und Sperren enthalten, die verhindern, dass einmal eingegebene Daten unsichtbar geändert werden können. Dieser Vorgang wird oft als **„Festschreibung"** bezeichnet.[163] Das Festschreibedatum muss in der Buchführung dokumentiert sein. Selbst als „seriös" geltende Buchführungsprogramme lassen häufig zu, dass der Anwender bestimmt, ob Eintragungen festgeschrieben werden und damit Veränderungen erkennbar sind oder aber ob die Erfassungen bis zum Jahresabschluss überschreibbar bleiben, was einen Verstoß gegen die GoB darstellt.[164]

Bei der **Übernahme** von Jahresbuchführungen von Mandanten besteht für den Steuerberater die Gefahr, dass die Daten der Festschreibung der Finanzbuch-

---

156 GoBD Rz. 10.
157 GoBD Rz. 180, zur Begründung siehe dort Rz. 179.
158 GoBD Rz. 181.
159 GoBD Rz. 107.
160 GoBD Rz. 108.
161 Zur Manipulation elektronischer Registrierkassen siehe 3.5.5.3.
162 GoBD Rz. 59, 107.
163 Vgl. GoBD Rz. 110.
164 Zutreffend *Wähnert*, StBp 2014, 97, FN 24.

3.5 Richtigkeitsvermutung gemäß § 158 AO

führung des Mandanten verloren gehen. Bei der Datenübernahme aus Fremdprogrammen ist deshalb vorab zu prüfen, ob die verwendete Software bzw. die maßgeblichen Exportschnittstellen eine Übergabe der sog. „Festschreibungskennzeichen" unterstützen. Ist ein Export nicht möglich, muss der Steuerberater prüfen, wie die Unveränderbarkeit der Daten auf andere Art und Weise nachgewiesen werden kann. Zu denken ist dabei z. B. an eine gesondert angefertigte Datensicherung der Buchführung des Mandanten aus dem von ihm genutzten Programm. Ein ähnliches Problem ergibt sich ggf. bei der manuellen Übernahme von Kontenwerten aus Summen- und Saldenlisten der bei Mandaten erstellten Buchführungen. In diesen Fällen besteht die Gefahr, dass in keinem System die vollständigen Buchungen mit Festschreibungen vorhanden sind. Das gilt jedenfalls dann, wenn der Steuerpflichtige die Abschlussbuchungen des Steuerberaters nicht vollständig, d. h. ohne Festschreibedatum, in sein System übernimmt. Als Gegenmaßnahme empfiehlt sich nach dem oben Gesagten

- die Umstellung der Datenübernahme der Buchführung auf Einzelbuchungssätze mit Übernahme der Festschreibungsdaten oder
- die Sicherstellung der Festschreibung sowohl beim Steuerpflichtigen als auch beim Steuerberater oder
- quasi „umgekehrt" das Einlesen der Jahresabschlussbuchungen des Steuerberaters mitsamt der Festschreibungsdaten beim Steuerpflichtigen.

Die Forderung nach Unveränderbarkeit der Daten gilt auch für **Vor- und Nebensysteme.**

Unveränderbarkeit kann erst verlangt werden, wenn der jeweilige Geschäftsvorfall gebucht ist. Dieser **Zeitpunkt** ist abhängig von der in der Unternehmensorganisation des Buchführungspflichtigen festgelegten Entscheidung. Im Ergebnis gilt ein Geschäftsvorfall als gebucht, wenn er autorisiert und nach einem Ordnungsprinzip richtig, vollständig, zeitgerecht und verarbeitungsfähig erfasst und gespeichert ist.[165] In der Praxis erfolgt die Manipulation der Buchführung bzw. der Kassendaten oft durch den Export in ein Office-Programm, weil dort Änderungen vorgenommen werden können. Ein solcher Export mit anschließendem Reimport der Daten führt zur Nichtordnungsmäßigkeit der Buchführung.[166]

Die **übliche Ablage** von Daten und elektronischen Dokumenten in einem **Dateisystem** erfüllt die Anforderung der Unveränderbarkeit regelmäßig nicht, wenn keine zusätzlichen Maßnahmen ergriffen werden, die eine Unveränderbarkeit gewährleisten.[167] Zur Gewährleistung der geforderten Unveränderbarkeit insbesondere der üblichen Word- und Excel-Dateien dürfte mangels ande-

---

165 Vgl. IDW RS FAIT 1, Tz. 37.
166 GoBD Rz. 109. Zur Einnahmenverkürzung beim Einsatz von Registrierkassen siehe 3.5.5.3.
167 GoBD Rz. 110.

rer technischer Möglichkeiten der Einsatz eines **Dokumentenmanagementsystems** bzw. eines **Enterprise-Content-Management-Systems** mit integrierter Archivierung zwingend erforderlich sein.[168] Wird z. B. die Reisekostenabrechnung eines Arbeitnehmers als Excel-Datei mitsamt den dort befindlichen Formeln auf der lokalen Festplatte gespeichert und ist das der buchungsbegründende Beleg, so werden Änderungen an oder Löschungen in der Datei systemseitig nicht protokolliert, so dass die Voraussetzungen des § 146 Abs. 4 AO nicht erfüllt, wenn kein Dokumentenmanagementsystem eingesetzt wird. Nach Ansicht der FinVerw genügt es auch nicht, die Datei zusätzlich im PDF-Format abzuspeichern oder auszudrucken, weil nicht geprüft werden kann, ob bei der Umwandlung Veränderungen vorgenommen worden sind. Vielmehr muss das Ursprungsformat erhalten bleiben und die Unveränderbarkeit für dieses Format muss sichergestellt werden. Auch wenn die Kosten für eine ordnungsgemäße Buchführung grundsätzlich vom Steuerpflichtigen zu tragen sind,[169] ist die FinVerw vor dem Hintergrund der Wirtschaftlichkeit bereit, in bestimmten Fällen mit geringem Beleganfall auf die Einrichtung eines Dokumentenmanagementsystems zu verzichten. So soll die aus dem fehlenden Dokumentenmanagementsystems resultierende Veränderbarkeit insbesondere der üblichen Office-Formate in **Ausnahmefällen** nicht beanstandet werden, wenn

- es sich um ein Kleinstunternehmen handelt,
- keine elektronischen Ausgangsrechnungen erstellt werden,
- das Unternehmen nur in geringem Umfang elektronische Eingangsrechnungen erhalten, da sie sich dem nicht entziehen können, wie dies z. B. bei Telekom-Rechnungen der Fall ist,
- das Unternehmen weder explizit noch konkludent dem Empfang elektronischer Rechnungen zugestimmt hat.

Das gilt jedoch nur, wenn das Unternehmen ergänzende Maßnahmen trifft und dokumentiert, um die Beweiskraft der Dokumente zu erhalten, wie z. B.:

- Regelmäßige Sicherungen der Daten (Backup),
- Zugriffsschutz für den Rechner bzw. die Ablageorte,
- Verwendung von Schreibschutzmaßnahmen.

Eine elektronische Aufbewahrung ist im Übrigen nicht erforderlich, wenn der Unternehmer zur Erstellung seiner Ausgangsrechnungen nach Art einer Schreibmaschine eine Word- oder Excel-Maske benutzt und die enthaltenen Daten dabei immer wieder mit neuen Daten überschreibt und der bisherige Inhalt dabei endgültig gelöscht wird. In solchen Fällen genügt die Aufbewahrung der so erstellten Papierrechnungen.[170]

---

168 *Henn/Kuballa*, DB 2016, 2749, 2754. Ein solches System kann grundsätzlich in der Hardware, in der Software oder in einer Cloud implementiert werden.
169 GoBD Rz. 29.
170 *Achilles/Pump*, S. 268.

3.5 Richtigkeitsvermutung gemäß § 158 AO

Kleinstunternehmen, bei denen die Kosten für ein Dokumentenmanagementsystem außer Verhältnis zu den erzielten Umsätzen stehen, können die Anschaffung m. E. ggf. dadurch vermeiden, dass sie die in MS Word oder MS Excel geschriebenen Rechnungen zweimal ausdrucken, anschließend einen Ausdruck versenden und den anderen zu den eigenen Unterlagen nehmen und die Datei nicht speichern. Dann besteht neben der Papierfassung kein digitales Dokument, welches nach den o. g. Grundsätzen archiviert werden müsste.

Ob für Zeiträume vor Einführung des § 146a AO, also vor dem 1.1.2020, eine Verpflichtung zur dauerhaften digitalen **Speicherung** steuerrelevanter Daten bestand, ist umstritten.[171] M. E. ergibt sich die Verpflichtung zur Speicherung quasi „von selbst", da jede Aufzeichnungspflicht ohne Aufbewahrung der entsprechenden Dokumente ohne Sinn ist, m. a. W.: Wenn der Steuerpflichtige sich dafür entscheidet, seine Geschäftsvorfälle digital zu erfassen, kann dies nur bedeuten, dass diese Erfassung später nachvollzogen werden kann, was naturgemäß eine Speicherung der Daten voraussetzt. Damit bleibt als einziger diskussionswürdiger Sachverhalt nur derjenige, in dem der Steuerpflichtige die Geschäftsvorfälle zwar elektronisch erfasst, aber anschließend vollständig ausdruckt, ohne die Daten danach zu speichern.[172] Dieser Fall dürfte in der Praxis so gut wie nie auftreten.

Der Umfang der erforderlichen **Verfahrensdokumentation** kann nur für den konkreten Einzelfall bestimmt werden, ein vollständiger Verzicht auf die Vorlage dürfte aber jedenfalls nur bei sehr einfachen, quasi aus sich selbst heraus verständlichen Buchführungssystemen in Betracht kommen.[173] Eine präzise Beschreibung der Dokumentationsanforderungen liefert die FinVerw nicht, auch die die GoBD geben lediglich einen gewissen Rahmen vor. Die FinVerw fordert von der Verfahrensdokumentation, dass sie verständlich und für einen sachverständigen Dritten in angemessener Zeit nachprüfbar ist.[174] Sie soll den organisatorisch und technisch gewollten Prozess beschreiben und sowohl eine Einzelfall- als auch eine Systemprüfung ermöglichen. Der Umfang der Verfahrensdokumentation richtet sich nach der Komplexität des jeweiligen Systems. Maßgebend ist, dass sämtlich Informationen zur Verfügung stehen, die ein sachverständiger Dritter wie der Betriebsprüfer benötigt, um die Verarbeitungsregeln zu verstehen.[175]

Bei einer **Buchführung „außer Haus"** wird die Verfahrensdokumentation vom beauftragten Rechenzentrum erstellt. Der Steuerpflichtige muss aber die tech-

---

171 Dagegen *Peters*, DB 2018, 2846, 2847; *Kulosa*, SAM 2017, 9, 11; a. A. GoBD Rz. 119.
172 So wohl auch *Peters*, DB 2018, 2846, 2847.
173 Ähnlich *Drüen* in Tipke/Kruse, § 147 Rz. 11. Zu einem Beispiel siehe Anhang 17. Nach *Brete*, DStR 2019, 258, gibt es für die Erforderlichkeit einer Verfahrensdokumentation keine Rechtsgrundlage, ebenso wohl *Peters*, DB 2018, 2846 und wistra 2019, 217, 219; a. A *Hruschka*, DStR 2019, 260.
174 GoBD Rz. 151 ff.
175 *Köhler*, StBp 2018, 231, 238.

nischen und rechtlichen Vorkehrungen treffen, um die beim Rechenzentrum vorhandene Dokumentation kurzfristig zur Verfügung zu stellen.

Die **Aufbewahrungsfrist** für die Dokumentation der eingesetzten Verfahren läuft nicht ab, soweit und solange die Aufbewahrungsfrist für die Unterlagen noch nicht abgelaufen ist, zu deren Verständnis sie erforderlich ist. Für den Zeitraum der Aufbewahrungsfrist ist zu gewährleisten und nachzuweisen, dass das in der Dokumentation beschriebene Verfahren dem in der Praxis eingesetzten Verfahren voll entspricht.[176]

Eine **fehlende** oder **unzureichende** Verfahrensdokumentation soll nicht automatisch die Verwerfung der Buchführung zur Folge haben.[177] Insbesondere bei größeren Unternehmen bzw. Datenmengen kann eine fehlende Verfahrensdokumentation allerdings die Nachvollziehbarkeit und Nachprüfbarkeit von Daten und Belegen derart einschränken, dass innerhalb einer angemessenen Zeit für einen fremden Dritten keine Prüfung möglich ist und schließlich aus diesem Grund die Nichtordnungsmäßigkeit der Buchführung anzunehmen ist.[178]

Die Verfahrensdokumentation besteht i. d. R. aus einer **allgemeinen Beschreibung,** einer **Anwenderdokumentation,** einer **technischen Systemdokumentation** und schließlich einer **Betriebsdokumentation:**

Die **allgemeine Beschreibung** wird in den meisten Fällen am besten vom Steuerpflichtigen selbst erstellt werden können, denn es geht in erster Linie um den innerbetrieblichen Ablauf und die Organisation im Betrieb. Zum Inhalt gehören die Art des Betriebs, ggf. die Angabe, aus welchen Teilbereichen er besteht, ob und ggf. welche Vorsysteme im Einsatz sind[179] und welche Module jeweils genutzt werden.

Die **Anwenderdokumentation** stellt i. d. R. der Dienstleister bzw. Systemanbieter zur Verfügung. Es handelt sich um eine allgemeine Beschreibung des Datenverarbeitungssystems sowie die Darstellung der Beziehungen zwischen den einzelnen Anwendermodulen, die Art und Bedeutung der Eingabefelder sowie um die Darstellung der maschinellen Verarbeitungsregeln und der Vorschriften zur Erstellung von Auswertungen. Wird Standardsoftware eingesetzt, muss die vom Produkthersteller gelieferte Dokumentation um die Beschreibung der anwendungsspezifischen Anpassungen und die Dokumentation des eingesetzten IKS des Anwenders ergänzt werden.[180]

Ebenfalls vom Dienstleister bzw. Systemanbieter geliefert wird im Normalfall die sog. „**Technische Systemdokumentation**". Sie enthält die wesentlichen Informationen über die Aufgabenstellung der IT-Anwendung, die Datenorgani-

---

[176] GoBD Rz. 154.
[177] GoBD Rz. 155.
[178] *Polka*, BC 2016, 277, 278; *Danielmeyer/Neubert/Unger*, AO-StB 2019, 125.
[179] Kassenmodelle, Warenwirtschaftssysteme, Kalkulationsprogramme.
[180] *Danielmeyer/Neubert/Unger*, AO-StB 2019, 125.

3.5 Richtigkeitsvermutung gemäß § 158 AO

sation und die Datenstrukturen, programmierte Verarbeitungsregeln, Verfahren zur Fehlerbehandlung, Schlüsselverzeichnisse und z. B. über Schnittstellen über andere im Unternehmen genutzte Systeme.

Die **Betriebsdokumentation** schließlich kann – wie bereits den allgemeinen ersten Teil der Verfahrensdokumentation – vielfach der Unternehmer selbst am besten erstellen, weil er über die größte Nähe zu dieser Thematik verfügt. Erwartet werden Angaben über das Datensicherungsverfahren und über Verarbeitungsnachweise. Im Ergebnis müssen hier alle Arbeits- und Organisationsanweisungen, Stammdaten, verfügbare Programme und Programmversionen beschrieben werden. Die Betriebsdokumentation sollte z. B. folgende Fragen beantworten:[181]

- Wer hat Zugriff auf die Abrechnungssysteme (Kassen, Rechnungsprogramme)?
- Wie sind diese Zugriffe gesichert (Passwort, Fingerprint, etc.)?
- Wer darf Stornierungen, Änderungen, etc. vornehmen?
- Wer darf Tagesabschlüsse vornehmen?
- Wer übernimmt die Warenverkaufskontrolle (bei Warenwirtschaftssystemen)?
- Wie ist mit Kassendifferenzen zu verfahren?
- Wer führt die Rechnungskontrolle durch?
- Wie erfolgt die Datensicherung?
- Wo werden die gesicherten Daten aufbewahrt?
- Auflistung der verfügbaren Programme mit Versionsnachweisen.

Im Zusammenhang mit der Verfahrensdokumentation sind sog. **Umwandlungs- bzw. Codierungslisten** aufzubewahren. Sie enthalten das eingegebene Programm in Programmiersprache mit seiner automatisch erzeugten Übersetzung in Maschinensprache.[182] Denn nur durch diese Dokumente kann sichergestellt werden, dass die Verfahrensdokumentation mit dem tatsächlich arbeitenden Programm übereinstimmt.

Die **Finanzgerichte** stehen der Fokussierung der FinVerw auf Vorlage einer aus ihrer Sicht ausreichenden Verfahrensdokumentation eher skeptisch gegenüber.[183] Dabei wird vor allem darauf hingewiesen, dass es sich bei der maßgeblichen Tz. 151 der GoBD um eine norminterpretierende Verwaltungsvorschrift handle, die die Gerichte nicht binde. Eine Schätzungsbefugnis wegen fehlender oder fehlerhafter Verfahrensdokumentation könne nur auf die Verletzung einer Rechtsnorm gestützt werden, wobei in diesem Kontext die §§ 140–148 AO, insbesondere § 147 AO, in Betracht kämen. Allerdings unterliegt es auch ohne Berücksichtigung der Verwaltungsanweisung keinem Zweifel, dass In-

---

181 *Danielmeyer/Neubert/Unger*, AO-StB 2019, 125, 127.
182 *Drüen* in Tipke/Kruse, § 147 Rz. 13.
183 Stellvertretend *Peters*, DB 2018, 2846, 2849.

halte und Ordnungsmäßigkeit steuerrelevanter, digital erstellter Buchführungsunterlagen durch den Prüfer und durch das FG nur überprüft werden können, wenn die Programmierung und die Funktionsweise des eingesetzten Datenverarbeitungssystems bekannt ist, was wiederum nur durch – wie auch immer geartete – Dokumentation der Verfahren erreicht werden kann. In der Literatur wird für den Fall, dass der Betriebsprüfer allein aufgrund einer nicht vorhandenen Verfahrensdokumentation mit einer Hinzuschätzung droht, die Gegenfrage empfohlen, welcher Prozess der Buchführung ohne Verfahrensdokumentation nicht nachvollziehbar sei.[184] Diese Überlegung kann auch dem Berater selbst bei der der für ihn relevanten Frage behilflich sein, wieviel Arbeitszeit in die Erstellung einer Verfahrensdokumentation bei einem konkreten Mandanten investiert wird: Entscheidend ist nicht das formelle Vorhandensein einer Verfahrensdokumentation oder ihr Umfang an sich, sondern nach wie vor die Nachvollziehbarkeit und Überprüfbarkeit der Buchführung.

Unerlässlich für eine ordnungsgemäße EDV-Buchführung ist die Absicherung der Daten gegen **Verfälschung** und **Verlust.**[185] Der Schutz des Datenverarbeitungssystems gegen Datenverluste und gegen unberechtigte Eingaben und Veränderungen gehört zu wesentlichen Voraussetzungen einer ordnungsgemäßen EDV-Buchführung.[186] Die Unveränderbarkeit der Daten und elektronischen Dokumente kann gewährleistet werden durch

- den entsprechenden Einsatz von Hardware, z. B. durch unveränderbare und fälschungssichere Datenträger,
- durch Software, z. B. durch Sicherungen, Sperren etc.,
- durch organisatorische Maßnahmen, z. B. durch Zugriffsbeschränkungen.[187]

Können Daten wegen nicht ausreichenden Schutzes nicht vorgelegt werden, ist die Buchführung nicht ordnungsgemäß, so dass grundsätzlich die Schätzungsbefugnis nach §§ 158 i. V. m. 162 AO gegeben ist.[188]

Als unzulässige Vorgänge gelten u. a.:[189]

- Durch entsprechende Einstellungen werden Protokollierungen von Stornierungen oder Änderungen an elektronischen Aufzeichnungen abgeschaltet.
- Elektronische Grundbuchaufzeichnungen aus einem Kassen- oder Warenwirtschaftssystem werden über eine Datenschnittstelle in ein Office-Programm exportiert, dort unprotokolliert editiert und anschließend reimportiert.

---

184 *Schäfer/Bohnenberger*, StB 2019, 131, 133.
185 GoBD Rz. 152, dagegen *Rätke* in Klein, § 147 Rz. 19 mit dem Hinweis, eine solche Verpflichtung sei weder § 145 AO noch § 146 AO zu entnehmen.
186 GoBD Rz. 103. Das entsprechende Verfahren ist im Rahmen der Verfahrensdokumentation zu beschreiben, vgl. GoBD Rz. 106.
187 GoBD Rz. 110.
188 GoBD Rz. 104.
189 Vgl. *Henn/Kuballa*, DB 2016, 2749, 2751.

3.5 Richtigkeitsvermutung gemäß § 158 AO

- Vorerfassungen oder Stapelbuchungen werden bis zur Erstellung des Jahresabschlusses und darüber hinaus offengehalten.
- Alle Eingaben können unprotokolliert geändert werden.
- Die Finanzbuchhaltungsdaten des Vorjahres werden unwiderruflich mit den Daten des laufenden Jahres überschrieben.

3.5.3.2 Datenzugriff

Nach § 147 Abs. 6 AO hat die Finanzbehörde das Recht, die mit Hilfe eines Datenverarbeitungssystems erstellten und aufbewahrungspflichtigen Unterlagen durch Datenzugriff zu prüfen, ohne dass dadurch der sachliche Umfang der Ap erweitert wird.[190] Der Außenprüfer kann auf gespeicherte Daten auch dann zurückgreifen, wenn die in § 147 Abs. 1 AO genannten Unterlagen zusätzlich in Papierform vorliegen.[191] Zwar ist vor allem bei kleineren Betrieben der Grundsatz der Verhältnismäßigkeit zu beachten, allerdings soll z. B. auch ein Unternehmer mit nur sechs bis sieben Angestellten im Rahmen der Lohnsteueraußenprüfung zur Vorlage der Daten über die Lohnabrechnungen in digitaler Form verpflichtet sein.[192] Die elektronische Bereitstellung von Buchführungsdaten umfasst auch die Verpflichtung, Programme zur Lesbarmachung der Daten zur Verfügung zu stellen.[193]

Auch bei einem **Berufsgeheimnisträger** darf das FA grundsätzlich die zur Prüfung erforderlich erscheinenden Unterlagen in neutralisierter Form verlangen.[194] Die Verpflichtung, den Datenzugriff zu gewährleisten, trifft folgerichtig auch Mitglieder dieser Personengruppe, zu der z. B. Rechtsanwälte und Steuerberater gehören. Sie müssen ihre Datenbestände so organisieren, dass bei einer zulässigen Einsichtnahme in die steuerlich relevanten Datenbestände keine geschützten Bereiche tangiert werden.[195] Für versehentlich überlassene Daten besteht kein Verwertungsverbot.[196]

Der Zugriff auf die Daten und die Mitwirkung des Steuerpflichtigen darf nur verlangt werden, soweit dies zur Feststellung des steuerlich erheblichen Sachverhalts **notwendig** und **verhältnismäßig** ist. Diese Art des Eingriffs muss also geeignet, erforderlich und angemessen, erfüllbar und zumutbar sein.[197]

Der Datenzugriff erfolgt überwiegend mit der bundeseinheitlichen **Software** „IDEA". Mit Hilfe sog. Makros zur können viele Prüfungshandlungen schnell

---

190 GoBD Rz. 158; zum Umfang und zur Ausübung des Rechts auf Datenzugriff siehe dort Rz. 159 ff. Zur digitalen steuerlichen Ap insgesamt z. B. *Greil/Wargowske*, FR 2019, 608.
191 BFH v. 12.11.2009 IV B 66/08, BFH/NV 2010, 671.
192 FG Baden-Württemberg v. 11.5.2007 9 K 178/06, juris, rkr.
193 FG Hamburg v. 31.10.2016 2 V 202/16, EFG 2017, 265, Rz. 30.
194 BFH v. 28.10.2009 VIII R 78/05, BStBl. II 2010, 455. Zur Problematik beim Berufsgeheimnisträger ausführlich *Pieske-Kontny*, StBp 2019, 317.
195 FG Nürnberg v. 30.7.2009 6 K 1286/2008, juris; FG Rheinland-Pfalz v. 20.1.2005 4 K 2167/04, EFG 2005, 667; FG Baden-Württemberg v. 16.11.2001 4 K 4819/08, EFG 2012, 577; GoBD Rz. 172.
196 GoBD Rz. 172.
197 FG Münster v. 7.11.2014 14 K 2901/13 AO, EFG 2015, 262, m.w.N.

3 Außenprüfung

und einfach durchgeführt werden. Der Datenzugriff macht verschiedene mathematisch-statistische Prüfverfahren[198] überhaupt erst möglich.[199]

Der Außenprüfer hat **drei Möglichkeiten** des Datenzugriffs.[200] Sie stehen ihm alternativ, nach der Gesetzesbegründung[201] auch kumulativ zur Verfügung.[202] Zwar besteht kein Rangverhältnis der einzelnen in § 147 Abs. 6 AO genannten Zugriffsmethoden, immer ist jedoch der Grundsatz der Verhältnismäßigkeit zu beachten.[203]

Das FA kann in Form eines sog. **Nur-Lesezugriffs** unmittelbar Einsicht in die gespeicherten Daten nehmen und dabei die vom Steuerpflichtigen oder von einem beauftragten Dritten eingesetzte Hard- und Software nutzen.[204] Die offensichtlich gefürchtete Fernabfrage bzw. ein Online-Zugriff erfolgt nicht.[205] Für das geprüfte Unternehmen bedeutet der „Z1-Zugriff": Dem Prüfer ist ein eigener PC zur Verfügung zu stellen, Zugangsberechtigungen sind einzurichten. Es besteht im Übrigen keine Pflicht zur Protokollierung des Datenzugriffs seitens des Prüfers. Der Vorteil besteht darin, dass die Tätigkeit des Prüfers in einem gewissen Umfang beobachtet werden kann sowie in der Ersparnis des Aufwands für den Datenexport.

Der Betriebsprüfer kann daneben oder stattdessen verlangen, dass der Steuerpflichtige selbst die Daten nach seinen Vorgaben auswertet oder von einem Dritten auswerten lässt. Das wird als **mittelbarer Datenzugriff** oder auch „Z2-Zugriff" bezeichnet.[206] Hinsichtlich des Umfangs der verlangten Mithilfe soll sich der Betriebsprüfer vor allem an der Größe und der Mitarbeiterzahl des Unternehmens orientieren. Er kann grundsätzlich verlangen, dass der Steuerpflichtige die Daten nach seinen Vorgaben auswertet, damit anschließend ein Nur-Lesezugriff durchgeführt werden kann. Ob der Steuerpflichtige die Auswertungsmöglichkeiten selbst nutzt, ist für die Rechtmäßigkeit des Prüferverlangens ohne Bedeutung. Das gilt aber nur für solche Softwarebausteine, über die der Steuerpflichtige verfügt. Eine Anschaffung bestimmter Module für Zwecke der Bp darf nicht gefordert werden.

Überwiegend macht das FA von der **dritten Variante** des Datenzugriffs Gebrauch, bei der verlangt wird, dass dem Betriebsprüfer die aufzeichnungs- und aufbewahrungspflichtigen Daten und die elektronischen Unterlagen und Do-

---

198 Siehe hierzu 3.6.3.7.
199 Wie hier *Diller/Schmid/Späth/Kühne*, DStR 2015, 311, auch mit Einzelheiten der möglichen Verfahren.
200 GoBD Rz. 163. Die „elektronische Bp" ist keine weitere Form der Ap, sondern die heute übliche Art ihrer Durchführung.
201 BT-Drs. 14/2683, 130.
202 GoBD Rz. 164. Von welcher Möglichkeit Gebrauch gemacht wird, ist eine Ermessensentscheidung.
203 GoBD Rz. 170; FG Münster v. 7. 11. 2014 14 K 2901/13 AO, EFG 2015, 262.
204 GoBD Rz. 165, zur Art der Mitwirkung Rz. 174.
205 GoBD Rz. 165.
206 GoBD Rz. 166, zur Mitwirkungspflicht Rz. 175.

3.5 Richtigkeitsvermutung gemäß § 158 AO

kumente auf einem separaten **Datenträger**, i. d. R. auf einer CD oder auf einem USB-Stick überlassen werden.[207] Dabei sind mit den gespeicherten Daten alle notwendigen Informationen z. B. über die Dateiherkunft, d. h. insbesondere über das eingesetzte System, die Dateistruktur, die Datenfelder, verwendete Zeichensatztabellen sowie interne und externe Verknüpfungen in maschinell auswertbarer Form zur Verfügung zu stellen.[208] Nur bei diesem sog. „Z3-Zugriff" ist der Prüfer berechtigt, seine Auswertungs- und Analyseprogramme einzusetzen, deren „Durchschlagskraft" allerdings vielfach überschätzt wird. Im Wesentlichen handelt es sich um Summenbildungen[209] oder um das Feststellen von Lücken z. B. in den vergebenen Rechnungsnummern bzw. von Mehrfachbelegungen.[210]

Der Steuerpflichtige ist grundsätzlich **frei** in seiner Entscheidung, ob er die in § 147 Abs. 1 AO genannten Unterlagen in **Papierform oder digital** aufbewahrt. Bücher und Aufzeichnungen gemäß § 146 AO, die tatsächlich auf Datenträgern geführt werden, müssen aber zwingend digital aufbewahrt und für den Datenzugriff vorgehalten werden, andernfalls ist die Ordnungsmäßigkeit der Buchführung nicht gegeben.[211]

Spätestens nach Bestandskraft der aufgrund der Ap ergangenen Bescheide wird der **Datenträger zurückgegeben** und die Daten werden gelöscht.[212] Der Steuerpflichtige hat keinen Anspruch auf eine entsprechende Bestätigung, denn er ist durch die gesetzlichen Bestimmungen wie z. B. durch das Steuergeheimnis nach § 30 AO hinreichend geschützt.[213]

Die Vielzahl der Buchhaltungs- und Archivierungssysteme machen es für die FinVerw unmöglich, die „GoBD-Konformität" eines vorhandenen oder vom Steuerpflichtigen geplanten Systems in Form von **Zertifikaten** oder vergleichbaren Bestätigungen zu bestätigen.[214] Zutreffend wird darauf verwiesen, dass die Ordnungsmäßigkeit eines im Rechnungswesen eingesetzten Verfahrens von mehreren Kriterien, z. B. der Richtigkeit und Vollständigkeit der eingegeben Daten, abhängt und deshalb eine solche Zertifizierung ohnehin nur einen geringen Wert hätte. Allerdings wird in der Praxis ein Betrieb, der im guten Glauben eine Software angeschafft hat, bei der sich später Zweifel hinsichtlich ihrer „GoBD-Konformität" ergeben, von der FinVerw unterstützt. Der Betriebs-

---

207 GoBD Rz. 167. Kein Anspruch auf Empfangsbestätigung nach FG Thüringen v. 20. 4. 2005 III 46/05 V, EFG 2005, 1406. Zur Mitwirkungspflicht bei der Datenträgerüberlassung vgl. GoBD Rz. 176.
208 GoBD Rz. 167. Auswertbarkeit muss nicht zwingend Ausrichtung nach der Analysesoftware der FinVerw bedeuten, siehe hierzu *Peters*, DB 2018, 2846, 2847, m. w. N.
209 Z. B. um die Höhe der in Abzug gebrachten Vorsteuer anhand der betroffenen Buchführungskonten nachzuvollziehen.
210 So kann z. B. festgestellt werden, ob derselbe Arbeitnehmer mehrfach und damit zu Unrecht als geringfügig Beschäftigter geführt wird.
211 Das ergibt sich aus § 146 Abs. 5 S. 3 AO, gl. A. *Engelberth*, NWB 2010, 2307.
212 GoBD Rz. 169.
213 *Rätke* in Klein, § 147 Rz. 63.
214 GoBD Rz. 179, 180.

prüfer wird i.d.R. – ggf. nach Rücksprache mit einem EDV-Fachprüfer – die zuständigen Sachbearbeiter in der OFD oder im Finanzministerium ansprechen. Die Oberbehörden suchen dann zusammen mit den Softwareherstellern nach Lösungen. Das Interesse der FinVerw besteht nicht darin, einer Buchführung im Nachhinein die Ordnungsmäßigkeit absprechen zu können und damit hohe Zuschätzungen durchzuführen. Vielmehr sollen Prüfungen schnell durchgeführt werden, um Zeit für die Steuerfälle zu gewinnen, bei denen die Dinge „im Argen liegen". Bei Großbetrieben und Konzernen ist das Verfahren wegen der stärkeren Präsenz der Prüfer i.d.r. problemlos, da entsprechende Maßnahmen in der EDV-Abteilung bzw. der Buchhaltung laufend miteinander abgesprochen werden.

Das FA akzeptiert alle herkömmlichen **Datenträger** zur Übersendung bzw. Übergabe der Daten. Damit können die maßgeblichen Dateien z.B. auf einem USB-Stick, einer externen Festplatte, einer CD oder einer DVD übergeben werden. Wegen des ständigen Wechsels der auf dem Markt befindlichen Medien hat der Gesetzgeber davon abgesehen, hierzu explizite Vorgaben in die Vorschrift aufzunehmen. Die Frage, ob der Steuerpflichtige verpflichtet ist, dem Betriebsprüfer das Recht zur Mitnahme des Datenträgers in das FA zu gewähren, ist in § 147 Abs. 6 AO nicht ausdrücklich geregelt. Die Formulierung „zur Verfügung stellen" deutet auf ein umfassendes Bestimmungsrecht hin. Die Mitnahme des Datenträgers ist grundsätzlich zulässig, soll aber mit dem Steuerpflichtigen abgestimmt werden.[215] Häufig fordert der Betriebsprüfer den entsprechenden Datenträger bereits vor Beginn der Prüfung an. Da anders als früher bereits mit der Prüfungsanordnung die Möglichkeit der Selbstanzeige entfällt, hat die Übergabe der Daten vor dem quasi „physischen" Beginn der Ap keine besondere rechtliche Bedeutung mehr. Formal betrachtet hat das FA keinen Anspruch auf Übersendung des Datenträgers mit den Buchführungsdaten vor Beginn der Prüfung, denn die Pflichten im Zusammenhang mit einer Ap nach den §§ 147 Abs. 6, 200 Abs. 1 S. 2 AO sind erst mit dem tatsächlichen Beginn der Prüfung zu erfüllen.[216] Da der Steuerpflichtige aber keinen Vorteil dadurch hat, die Daten bis zu diesem Zeitpunkt zurückzuhalten, sollte die frühzeitige Herausgabe im Interesse des Prüfungsklimas nicht ohne besonderen Grund abgelehnt werden.

Extrahiert der Steuerpflichtige die relevanten Daten aus seiner EDV und kopiert er sie auf einen Datenträger, um so dem Außenprüfer den Datenzugriff zu ermöglichen, so werden die Dateien dabei i.d.R. in ein herkömmliches Format[217] konvertiert. Danach sind sie i.d.R. frei veränderbar, z.B. können Buchungstexte ergänzt oder ersetzt werden. M.E. ist die Ordnungsmäßigkeit der Buchführung aber nicht beeinträchtigt, wenn die Daten innerhalb des EDV-Systems nicht veränderbar sind und die Änderungsmöglichkeit sich erst durch

---

215 GoBD Rz. 168. A. A. *Drüen* in Tipke/Kruse, § 147 Rz. 80a.
216 § 200 Abs. 1 S. 2 V. m. § 147 Abs. 6 AO.
217 Z. B. MS Excel.

die für Zwecke der Ap vorgenommene Speicherung auf einem Datenträger ergibt. Verändert der Steuerpflichtige die auf dem Datenträger befindlichen Dateien, um Geschäftsvorfälle abweichend darzustellen und den Verlauf der Ap damit zu beeinflussen, kann hierin der Versuch einer Steuerhinterziehung liegen. Der Betriebsprüfer wird bei einem entsprechenden Verdacht einen Abgleich der originären mit den kopierten Daten durchführen.

Werden die Anforderungen in Bezug auf den Datenzugriff nicht eingehalten, weist die Buchführung aber ansonsten keine Mängel auf, wird in der Praxis selten eine Schätzung in Betracht gezogen. Soweit in diesem Kontext verursachte Unklarheiten und Zweifel durch anderweitige zumutbare Ermittlungen beseitigt werden können, z. B. auf der Grundlage papierbasierter Unterlagen oder anhand von Ausdrucken, besteht hierfür auch keine Rechtsgrundlage.[218]

Der Steuerpflichtige ist nicht zur Verwendung eines EDV-gestützten Buchführungssystems verpflichtet, es besteht **kein „Digitalisierungszwang"**. Eine Papierbuchführung[219] ist deshalb theoretisch weiter zulässig und hat keine nachteiligen Folgen,[220] kommt in der Praxis aber nicht mehr vor.

Es würde dem Gesetzeszweck zuwiderlaufen, dem Betriebsprüfer z. B. lediglich den Einblick in die Datensätze der Buchführung zu gewähren, nicht aber den Online-Bildschirmzugriff auf die zugehörigen **Belege**, wenn diese digitalisiert wurden oder von vornherein nur in elektronischer Form existieren. Deshalb müssen z. B. eingescannte Belege dem Prüfer in elektronischer Form zur Verfügung gestellt werden.[221]

§ 147 Abs. 2 AO erlaubt die Aufbewahrung von Unterlagen als Wiedergabe auf einem Bildträger oder auf anderen Datenträgern.[222] Bei dieser Art der Aufbewahrung hat der Steuerpflichtige dafür Sorge zu tragen, dass die Unterlagen jederzeit[223] **lesbar gemacht** werden können und einer Auswertung zur Verfügung stehen. Ein Ausdruck auf Papier ist nicht ausreichend.[224] Bei einer EDV-Buchführung außerhalb des Unternehmens muss der Steuerpflichtige die vertraglichen Grundlagen schaffen, um seine Verpflichtung zur Lesbarmachung erfüllen zu können. Das Ausdrucken ist keine Form der Lesbarmachung im Sinne der GoBD.[225] Dem Steuerpflichtigen steht damit kein Wahlrecht dergestalt zu, dass er dem Prüfer entweder die Einsicht am Bildschirm gestattet oder aber die Unterlagen ausdruckt. Aus dem Gesetzeswortlaut ergibt sich, dass beide Möglichkeiten eröffnet werden müssen. Gemäß § 147 Abs. 5 AO hat der Steuerpflichtige ggf. Hilfsmittel bereitzustellen, mit denen die auf Bild- oder Datenträgern gespeicherten Unterlagen lesbar gemacht werden können. Das FA

---

218 Gl. A. *Rüsken* in Klein, § 162 Rz. 26.
219 Z. B. mit Hilfe eines sog. „amerikanischen Journals".
220 *Schmitz*, StBp 2002, 189, 221, 253, 258.
221 BFH v. 26.9.2007 I B 53, 54/07, BStBl. II 2008, 415.
222 GoBD Rz. 118.
223 Z. B. unmittelbar bei einer Umsatzsteuer-Nachschau gemäß § 27b UStG.
224 GoBD Rz. 157.
225 BFH v. 26.9.2007 I B 53, 54/07, BStBl. II 2008, 415; GoBD Rz. 157.

kann zwar Ausdrucke verlangen,[226] in der Praxis dürfte es sich aber immer um einzelne Dokumente, z. B. den Ausdruck einzelner Belege oder Konten, handeln. Die Aufforderung, sämtliche Konten zusätzlich zum Datenzugriff auszudrucken, ist regelmäßig ermessensfehlerhaft[227] und kann mit dem Einspruch angefochten werden.[228] Der Steuerpflichtige muss von sich aus jedenfalls keine regelmäßigen Ausdrucke des Buchungsstoffes anfertigen.[229]

Das Recht auf Datenzugriff steht dem FA nur in Bezug auf solche Daten zu, die der Steuerpflichtige nach § 147 Abs. 1 AO **aufzubewahren** hat.[230] Firmen und Steuerberater werden anstreben, soviel wie nötig und so wenig Firmendaten wie möglich preiszugeben, was verständlich ist und nicht unbedingt steuerliche Gründe hat. Die Identifizierung steuerlich relevanter Daten und damit die Begrenzung des „**digitalen Suchfelds**" gehört zu den umstrittensten Themen im Bereich des Datenzugriffs. Besteht keine Trennungsmöglichkeit, muss der Zugriff auf sämtliche Daten geduldet werden, weil ansonsten durch eine entsprechende Vermischung von steuerrelevanten und irrelevanten Daten der Datenzugriff verhindert werden könnte. Wer dem Betriebsprüfer bestimmte Daten nicht zugänglich machen möchte und nicht muss, weil sie keine steuerliche Relevanz haben, sollte entsprechende technische Vorkehrungen treffen. Der Argumentation, die dem Betriebsprüfer zur Verfügung zu stellenden steuerlich relevanten Daten ließen sich von anderen Daten[231] aus technischen Gründen nicht trennen, tritt die FinVerw mit der Begründung entgegen, bereits nach den GoBD[232] sei ein funktionsfähiges IKS vorgeschrieben, nach dem sensible Informationen des Unternehmens gegen unberechtigte Kenntnisnahme geschützt werden müssten. Deshalb sei dafür zu sorgen, dass jeweils nur berechtigte Personen auf ihre jeweiligen Programme und Daten zugreifen können. Schließlich enthielten schon die Bestimmungen des Bundesdatenschutzgesetzes eine Verpflichtung zur Trennung von Daten nach ihren Verwendungszwecken. Das Unternehmen müsse auch nach diesen Regelungen dafür sorgen, dass Angestellte ausschließlich auf die sich aus ihrer Berechtigung ergebenden Daten zugreifen können. Sofern der Steuerpflichtige diese bestehenden Regelungen beachtet habe, dürfte die Abtrennung der steuerlich relevanten Daten im Vorfeld einer Ap keine Schwierigkeiten bereiten. Im Übrigen sei es Sache des Steuerpflichtigen, für eine Trennung der Datenbestände zu sorgen.[233]

Form, Umfang und Inhalt der nach außersteuerlichen und steuerlichen Rechtsnormen aufzeichnungs- und aufbewahrungspflichtigen Daten, Datensätze,

---

226 GoBD Rz. 156:„Ohne Hilfsmittel lesbare Reproduktionen".
227 *Burchert*, INF 2001, 266; *Schaumburg*, DStR 2002, 832.
228 FG München v. 2. 3. 1999 12 K 4514/97, EFG 1999, 640. Vgl. auch *Oberhauser*, Datev-Magazin 2/2015, S. 8.
229 *Drüen* in Tipke/Kruse, § 147 Rz. 66, m. w. N.
230 BFH v. 24. 6. 2009 VIII R 80/06, BStBl. II 2010, 452.
231 Z. B. von unternehmensinternen Strategiepapieren oder Kundendateien.
232 GoBD Rz. 100. Vor dem 1. 1. 2015 soll sich die Einrichtung eines IKS aus den allgemeinen GoB ergeben haben.
233 FG Rheinland-Pfalz v. 20. 1. 2005 4 K 2167/04, EFG 2005, 667.

3.5 Richtigkeitsvermutung gemäß § 158 AO

elektronischen und nicht elektronischen Dokumente und die zu ihrem Verständnis erforderlichen Dokumente können zunächst nur **durch den Steuerpflichtigen** bestimmt werden.[234] Bei unzutreffender Qualifizierung von Daten kann die Finanzbehörde verlangen, dass der Steuerpflichtige später den Zugriff auf die zusätzlichen Daten ermöglicht,[235] denn die Daten und Unterlagen können nicht abstrakt im Vorfeld für alle Unternehmen definiert werden.[236] Für die Prüfung der Erstqualifizierung sind dem Prüfer aber alle Unterlagen zur Verfügung zu stellen, die für das Verständnis des Datenverarbeitungssystems erforderlich sind.[237] Es wird als Aufgabe des Steuerpflichtigen angesehen, die Datenbestände so zu organisieren, dass keine geschützten Bereiche tangiert werden.[238]

Die Frage der **steuerlich relevanten Daten** kann nur unternehmensspezifisch beantwortet werden. Grundsätzlich sind dem Betriebsprüfer ungeachtet der Art der Ap[239] vor allem sämtliche Daten der Finanzbuchhaltung vorzulegen.[240] Dazu gehören auch die Konten für solche Kosten, die zwar eine Minderung des handelsrechtlichen Ergebnisses zur Folge haben, aber für steuerliche Zwecke durch eine Hinzurechnung neutralisiert werden. Denn das FA muss die Möglichkeit haben, die einzelnen Teilakte der steuerlichen Gewinnermittlung nachvollziehen und prüfen zu können.[241] Steuerlich relevant sind ferner die Daten der Anlagenbuchhaltung und der Lohnbuchhaltung. Die FinVerw verlangt darüber hinaus zu Recht die Zugriffsmöglichkeit auf die Daten der **Vor- und Nebensysteme**, die aufzeichnungs- und aufbewahrungspflichtige Unterlagen enthalten.[242] Die Daten einer **Kosten- und Leistungsrechnung** sind als steuerlich relevante Daten aufbewahrungspflichtig und unterliegen deshalb dem Datenzugriff, wenn sie zur Erläuterung steuerlicher Sachverhalte benötigt werden, d. h. z. B. wenn sie in die Bewertung von Bilanzposten wie Beteiligungen oder Rückstellungen eingeflossen sind.[243] Das Gleiche gilt, wenn hiermit die Überprüfung von Verrechnungspreisen möglich ist. Mit der Kosten- und Leistungsrechnung vorgenommene Planungsrechnungen unterliegen hingegen nicht dem Datenzugriff. Der mittelbare Datenzugriff auf sog. Vor- oder Nebensysteme

---

234 Sog. „Erstqualifizierung", GoBD Rz. 6, 161.
235 Vgl. GoBD Rz. 161.
236 GoBD Rz. 6.
237 GoBD Rz. 160.
238 FG Rheinland-Pfalz v. 20. 1. 2005 4 K 2167/04, EFG 2005, 667; GoBD Rz. 161.
239 Keine Ap i. S. v. § 147 Abs. 6 AO sind die sog. betriebsnahe Veranlagung, die Liquiditätsprüfung und die Umsatzsteuer-Nachschau i. S. v. § 27b UStG.
240 Für die Lohnsteueraußenprüfung FG Münster v. 16. 5. 2008 6 K 879/07, EFG 2008, 1592, den Zugriff auf die gesamte Finanzbuchhaltung ebenfalls bejahend BFH v. 26. 9. 2007 I B 53, 54/07, BStBl. II 2008, 415.
241 BFH v. 26. 9. 2007 I B 53, 54/07, BStBl. II 2008, 415; *Schumann*, KSR 6/2015, 10.
242 GoBD Rz. 159, vgl. hierzu auch BFH v. 28. 10. 2015 X R 47/13, BFH/NV 2015, 793; BFH v. 16. 12. 2014 X R 42/13, BStBl. II 2015, 519.
243 GoBD Rz. 5. Zur Vorlagepflicht von Kostenstellenplänen siehe auch FG Münster v. 22. 8. 2000 6 K 2712/00 AO, 6 K 3116/00 AO, EFG 2001, 4.

wie Warenwirtschaftssysteme oder Registrierkassen[244] ist in technischer Hinsicht oft schwierig. Während die Buchhaltungsdaten herkömmlicher Systeme über sog. Makros i. d. R. problemlos eingelesen werden können, sind die Daten der Vorsysteme oft sehr individuell und deshalb nicht ohne Probleme auf das Notebook des Prüfers zu übertragen bzw. in die dort befindlichen Prüfprogramme einzubinden. Das gilt umso mehr bei großem Datenvolumen, da die technischen Kapazitäten der FinVerw aus Kostengründen limitiert sind. Die Daten der Vorsysteme, z. B. diejenigen eines Warenwirtschaftssystems, sind – sofern nicht schon aufbewahrungspflichtige Aufzeichnungen nach § 147 Abs. 1 Nr. 1 AO – regelmäßig sonstige Unterlagen nach § 147 Abs. 1 Nr. 5 AO, weil sie dem Verständnis der Geschäftsvorfälle und ihrer Verprobung dienen können, und damit im Ergebnis vorlagepflichtig.[245] Rechtsgrundlage für den Zugriff auf die Daten der Vorsysteme bzw. Nebensysteme ist § 147 Abs. 6 AO i. V. m. den GoBD.[246] Die FinVerw verlangt deshalb die Einhaltung der GoBD nicht nur vom Hauptsystem, sondern z. B. auch in anderen Bereichen[247] wie z. B. dem Lohnbuchhaltungssystem, den Registrierkassen,[248] dem Warenwirtschaftssystem oder dem Dokumentenmanagementsystem.[249]

Ungeachtet der Frage nach den steuerlich relevanten Daten ist zu prüfen, ob die entsprechende **Anforderung** des Betriebsprüfers ausreichend **präzisiert**, der Verwaltungsakt also „hinreichend bestimmt" ist.[250] Zwar kann und muss eine allgemein gehaltene Datenanforderung im Rahmen der Prüfungsanordnung wohl akzeptiert werden, da der Prüfer die betrieblichen Verhältnisse jedenfalls in diesem Stadium nicht genau genug kennt, um gezielt Daten anfordern zu können. Im weiteren Verlauf der Prüfung, vor allem wenn kritische Daten vorgelegt werden sollen, müssen die Daten nach Art und Umfang aber in Zweifelsfällen genau beschrieben werden.[251] Die Nichtvorlage allein dürfte jedenfalls keine Schätzungsbefugnis des FA begründen.[252]

Beim **Einnahmenüberschussrechner** kann der Datenzugriff nicht weiter reichen als die Aufzeichnungspflicht,[253] denn die Befugnisse aus § 147 Abs. 6 AO stehen der Finanzbehörde nur in Bezug auf solche Unterlagen zu, die der Steuerpflichtige nach § 147 Abs. 1 AO aufzubewahren hat,[254] d. h. damit insbesondere nicht auf freiwillige Aufzeichnungen.[255] Allerdings ist zu beachten, dass in

---

244 Siehe hierzu 3.5.5.3.
245 BFH v. 16.12.2014 X R 42/13, BStBl. II 2015, 519 und X R 47/13, BFH/NV 2015, 793.
246 *Anders/Rühmann*, BBK 2013, 627.
247 GoBD Rz. 20.
248 Zu Einzelheiten siehe 3.5.5.3.
249 Siehe 3.5.3.6.
250 Vgl. § 119 Abs. 1 AO.
251 FG Rheinland-Pfalz v. 13.6.2006 1 K 1743/05, EFG 2006, 1634, rkr.
252 FG Rheinland-Pfalz v. 13.6.2006 1 K 1743/05, EFG 2006, 1634, rkr.
253 BFH v. 24.6.2009 VIII R 80/06, BStBl. II 2010, 452.
254 BFH v. 26.9.2007 I B 53, 54/07, BStBl. II 2008, 415.
255 BFH v. 7.12.2010 III B 199/09, BFH/NV 2011, 411; BFH v. 24.6.2009 VIII R 80/06, BFH/NV 2009, 1857.

3.5 Richtigkeitsvermutung gemäß § 158 AO

der Praxis oft fehlerhaft davon ausgegangen wird, dass bestimmte Aufzeichnungen freiwillig erfolgen. So handelt es sich bei den einzeln aufgezeichneten Kasseneinnahmen nicht deshalb um freiwillige Aufzeichnungen, weil der Steuerpflichtige sich ggf. auch für eine andere Art der Einnahmenaufzeichnung hätte entscheiden können.

Gemäß § 147 Abs. 2 Nr. 2 AO müssen die Daten während der Dauer der Aufbewahrungspflicht **maschinell ausgewertet** werden können.[256] Die Art und Weise und der Umfang der Auswertbarkeit werden durch das Gesetz nicht weiter konkretisiert. Die FinVerw beurteilt Art und Umfang der maschinellen Auswertbarkeit nach den tatsächlichen Informations- und Dokumentationsmöglichkeiten und nennt als Beispiel das Datenformat für elektronische Rechnungen ZUGFeRD.[257] Dort ist vorgesehen, dass Rechnungen im PDF/A-3-Format versendet werden, welche aus einem Image, also aus einem Rechnungsbild und den in die PDF-Datei eingebetteten Rechnungsdaten im standardisierten XML-Format bestehen. Ungeachtet der tatsächlichen Nutzung bezieht sich die maschinelle Auswertbarkeit nach Ansicht der FinVerw auf sämtliche Inhalte der Daten.

M. E. kann die maschinelle Auswertbarkeit nicht hinsichtlich solcher Belege gefordert werden, die **ursprünglich** nur in **Papierform** vorlagen. Denn der Gesetzgeber wollte erkennbar eine Erleichterung für den Steuerpflichtigen im Hinblick auf seine Aufbewahrungspflicht schaffen und ihn nicht zusätzlich belasten. Ursprünglich in Papierform vorhandene Belege können daher weiterhin z. B. mikroverfilmt oder in nicht auswertbaren Formaten gespeichert werden.[258] § 147 Abs. 2 Nr. 2 AO soll den Steuerpflichtigen nicht verpflichten, bei der Archivierung auf Datenträgern eine höhere Datenverarbeitungsfähigkeit herzustellen als diejenige, die mit dem Original verbunden war.[259] Anders verhält es sich mit der Archivierung digitaler Unterlagen. Das sind solche Dokumente, die in das Datenverarbeitungssystem in digitaler Form eingehen oder die dort erzeugt werden. Sie müssen auf einem maschinell lesbaren und auswertbaren Datenträger archiviert werden. Die ausschließliche Aufbewahrung als Ausdruck oder auf Mikrofilm reicht für diese Unterlagen nicht aus. Der Begriff der maschinellen Auswertbarkeit bezieht sich naturgemäß vorrangig auf „strukturierte" Daten und nicht auf sog. „unstrukturierte" Dokumente.

Beispiele:
- Einzelhändler A wendet sich mit einem persönlichen Anschreiben an seine Kunden und bittet um Verständnis für eine nicht vermeidbare Preiserhöhung. Das Schreiben wird mit Hilfe eines PC und eines darauf installierten Textverarbeitungsprogrammes wie z. B. MS Word erstellt. Die Textdatei muss

---

256 Zur Auswertbarkeit der Daten vgl. GoBD Rz. 125.
257 GoBD Rz. 125. Zu diesem sog. „Hybridformat" vgl. *Groß/Kampffmeyer/Klas*, BC 2015, 295.
258 Gl. A. *Drüen* in Tipke/Kruse, § 147 Rz. 41d. PDF/A-3-Dateien können aufgrund der vorhandenen Suchfunktion ausgewertet werden, so dass hier Auswertbarkeit gegeben ist.
259 BFH v. 26. 9. 2007 I B 53, 54/07, BStBl. II 2008, 415.

3 Außenprüfung

grundsätzlich in auswertbarer Form gespeichert werden, weil eine Volltextsuche möglich ist.[260] Die FinVerw lässt allerdings unter Zumutbarkeitsgesichtspunkten die Aufbewahrung der ausgedruckten Dokumente genügen, wenn die Dateien nicht gespeichert werden.[261]

- Handwerker B fertigt seine Angebote mit Hilfe des Tabellenkalkulationsprogramms „MS Excel". Aufgrund der in den einzelnen Tabellen hinterlegten Formeln spart er Zeit, weil er z. B. durch die Eingabe geänderter Einkaufspreise automatisch geänderte Angebote erhält. Die Speicherung der Dateien muss in einem auswertbaren Format, wie es z. B. durch MS Excel vorgegeben ist, erfolgen.[262]

Die **FinVerw** sieht die maschinelle Auswertbarkeit als gegeben an, wenn mathematisch-technische Auswertungen, eine Volltextsuche oder auch ohne mathematisch-technische Auswertungen eine Prüfung im weitesten Sinne ermöglicht wird.[263]

Unbedingt zu beachten ist, dass bestehende maschinelle Auswertungsmöglichkeiten weder durch die Umwandlung des Dateiformats noch durch die Auswahl bestimmter Aufbewahrungsformen reduziert werden dürfen.[264] So gehen z. B. bei Speicherung einer E-Mail als PDF-Datei die Informationen des „Headers" verloren, so dass die Einzelheiten des Zugangs der E-Mail nicht mehr nachvollzogen werden können.[265] Eine unzulässige Reduzierung der maschinellen Auswertbarkeit liegt nach Ansicht der FinVerw in folgenden Fällen vor:

- Umwandlung von PDF/A-Dateien ab der Norm PDF/A-3 in ein Bildformat (z. B. TIFF, JPEG), da dann XML-Daten und ggf. auch vorhandene Volltextinformationen gelöscht werden,
- Umwandlung von elektronischen Grundaufzeichnungen z. B. der Kasse oder des Warenwirtschaftssystems in ein PDF-Format,
- Umwandlung von Journaldaten einer Finanzbuchhaltung oder Lohnbuchhaltung in ein PDF-Format.

Schließlich muss das Unternehmen bzw. der Steuerpflichtige dafür Sorge tragen, dass die Buchführungsdaten aus dem System heraus exportiert werden können. Der sog. **„Beschreibungsstandard"** wurde in diesem Zusammenhang geschaffen, um den Datenimport durch den Betriebsprüfer so einfach wie möglich zu gestalten. Eine gesetzliche Verpflichtung von Steuerpflichtige oder Softwareunternehmen, diesen Beschreibungsstandard einzusetzen, besteht zwar

---

260 GoBD Rz. 125, 126. Bei neueren PDF-Dokumenten ist eine Volltextsuche möglich, vgl. *Rätke* in Klein, § 147 Rz. 34.
261 GoBD Rz. 119, 133.
262 GoBD Rz. 127 a. E.
263 GoBD Rz. 126. Als Beispiele nennt der Erlass Bildschirmabfragen, die Nachverfolgung von Verknüpfungen und Verlinkungen oder die Textsuche nach bestimmten Eingabekriterien.
264 GoBD Rz. 129. Insbesondere bei Umwandlung in Bildformate kann eine solche unzulässige Reduzierung stattfinden.
265 GoBD Rz. 129.

grundsätzlich nicht, da die §§ 146 und 147 AO dies nicht vorsehen.[266] Die Zurverfügungstellung der Daten auf einem Datenträger im Sinne der dritten Alternative des § 147 Abs. 6 AO impliziert aber den Datentransport in einer Weise, die die Konvertierbarkeit in eine zum Einsatz von IDEA erforderliche Syntax zulässt.[267] In der Literatur wird allerdings durchaus vertreten, dass eine Ausrichtung des Datenverarbeitungsprogramms auf die Analysesoftware der FinVerw durch das Gesetz nicht gefordert werde.[268] Danach soll es genügen, wenn der Datenträger des Steuerpflichtigen ein allgemein erkennbares Datenformat habe und keine Auswertungssperren bzw. -hindernisse enthält.[269]

Sind die Buchführungsdaten **nicht auswertbar,** so kann dies m. E. nicht automatisch mit einer nichtordnungsmäßigen Buchführung mit der Folge der Schätzungsberechtigung des FA gleichgesetzt werden.[270] Entscheidend dürfte sein, inwieweit der Betriebsprüfer durch die fehlenden Auswertungsmöglichkeiten beschränkt ist. Geht es z. B. um eine sehr kurze Bp mit der Absicht, lediglich einige Kontrollmitteilungen auf ihre Erfassung zu überprüfen, so kann der entsprechende Abgleich i. d. R. auch ohne auswertbare Daten, ggf. unter Mithilfe des Steuerpflichtigen, zu bewerkstelligen sein. Soll hingegen z. B. ein Betrieb der Gastronomie einem ZRV „unterzogen" werden, dürfte die fehlende Auswertbarkeit der Buchführungsdaten durchaus eine Schätzung rechtfertigen.[271] In der Literatur werden als weitere Fälle, in denen die Nichtauswertbarkeit der Daten zur Schätzungsbefugnis führt, genannt:[272]

- Eine stichprobenhafte Überprüfung der Unterlagen in Papierform ergibt sachliche Fehler von Gewicht,
- Unternehmen mit vorwiegend elektronischem Geschäftsverkehr und digitaler Abwicklung der Geschäftsvorfälle,
- der Steuerpflichtige vereitelt den Datenzugriff als Beweisverderber.

3.5.3.3 Außer-Haus-Buchführung

Eine Außer-Haus-EDV-Buchführung bzw. Fernbuchführung erfüllt ihren Zweck nur, wenn sie über das jeweilige Rechenzentrum jederzeit verfügbar ist. Deshalb müssen alle technischen und rechtlichen Vorkehrungen getroffen werden, um eine dort vorhandene EDV-Dokumentation kurzfristig bereitzustellen.[273] Da der **Steuerpflichtige persönlich** für die Erfüllung der Buchführungs-

---

266 *Goldshteyn* in StBp-Handbuch, Kza. 3580.
267 Vgl. zu diesem Thema die ergänzenden Informationen zur Datenträgerüberlassung, die seit Erscheinen der GoBD auf der Internetseite des BMF veröffentlicht werden.
268 *Peters*, DB 2018, 2846, 2847.
269 *Drüen* in Tipke/Kruse, § 147 Rz. 41c.
270 Wie hier *Drüen* in Tipke/Kruse, § 147 Rz. 64.
271 Dann kommt insbesondere eine „griffweise" Schätzung bzw. ein Sicherheitszuschlag in Betracht, vgl. hierzu 3.9.11.
272 *Drüen* in Tipke/Kruse, § 147 Rz. 64.
273 I. d. R. innerhalb von 24 Stunden. Vgl. hierzu auch *Drüen* in Tipke/Kruse, § 147 Rz. 15 sowie *Cöster* in Koenig, § 147 Rz. 10.

und Aufzeichnungspflichten **verantwortlich** ist,[274] muss er in den Fällen einer Außer-Haus-Buchführung darauf achten, dass der Vertrag ihm ermöglicht, die Dokumentation vorzulegen. Es reicht nicht aus, den Betriebsprüfer an den Vertragspartner zu verweisen. Bis zur Verbuchung ist auf ausreichende Belegsicherung zu achten. In Fällen der Fernbuchführung kann von einer ausreichend zeitnahen Verbuchung ausgegangen werden, wenn Letztere innerhalb eines Monats erfolgt.[275]

3.5.3.4 Buchungen

Zur ordnungsgemäßen Verbuchung von Geschäftsvorfällen allgemein siehe zunächst die entsprechenden Ausführungen unter 3.5.2. Weil die Buchungstexte Grundlage der Analyse der Geschäftsvorfälle z. B. unter „IDEA" sein können,[276] zeigt sich die Tendenz, nur mit knappen und nicht aussagekräftigen Texten zu buchen. Eine andere Variante zur bewussten Verkomplizierung der Ap ist eine Abtrennung der Buchungstexte und dementsprechend die Übergabe einer um die Buchungstexte gekürzten Version der Daten an den Betriebsprüfer. Dieses Verhalten verschlechtert nicht nur das Betriebsprüfungsklima, sondern birgt die Gefahr, dass die Buchführung mangels zeitlich akzeptabler Nachvollziehbarkeit nicht mehr ordnungsgemäß ist.[277] Zwar verzichtet die FinVerw darauf, das Vorhandensein eines Buchungstextes als unabdingbare Voraussetzung der Ordnungsmäßigkeit festzuschreiben,[278] der **Geschäftsvorfall** soll aber **hinreichend erläutert** werden.[279] Das kann das faktisch nur durch einen aussagekräftigen Buchungstext erfolgen. Vielfach wird argumentiert, dass die Verbuchung schneller und damit kostengünstiger erfolgen könne, wenn wenig Text eingegeben wird. Erfahrungsgemäß stimmt diese Aussage – wenn überhaupt – nur bis zur nächsten Ap. Der Prüfer wird sich kaum mit „nackten" Buchungen zufriedengeben. Entsprechende Nachfragen sind vorprogrammiert und können die Prüfung zu einer belastenden, langwierigen und damit letztlich auch teuren Angelegenheit werden lassen.

Die FinVerw verlangt wegen der nach § 239 Abs. 3 HGB und § 146 Abs. 4 AO erforderlichen Unveränderbarkeit, dass Veränderungen und Löschungen von und an elektronischen Buchungen oder Aufzeichnungen **protokolliert** werden.[280]

Bei der Buchung der Geschäftsvorfälle ist die Erfassung folgender **Angaben** unerlässlich:[281] Eindeutige Belegnummer, Buchungsbetrag, Währungsangabe und Wechselkurs bei Fremdwährung, hinreichende Erläuterung des Geschäfts-

---

274 *Schumann*, EStB 2015, 297, 298.
275 BFH v. 10.8.1978 V R 17/73, BStBl. II 1979, 20.
276 „Textsuche".
277 BFH v. 1.10.1969 I R 73/66, BStBl. II 1970, 45; BFH v. 12.5.1966 IV 472/60, BStBl. III 372.
278 Im Entwurf zu den GoBD war das noch vorgesehen.
279 GoBD Rz. 77.
280 GoBD Rz. 58, 59, mit Beispielen.
281 GoBD Rz. 94.

vorfalls, Belegdatum, soweit nicht aus den Grundaufzeichnungen ersichtlich, Buchungsdatum, Erfassungsdatum, soweit nicht aus der Grundaufzeichnung ersichtlich, Autorisierung, sofern vorhanden Buchungsperiode bzw. Voranmeldungszeitraum, Umsatzsteuersatz, Steuerschlüssel, soweit vorhanden, Umsatzsteuerbetrag, Umsatzsteuerkonto, Umsatzsteuer-ID-Nr., Steuernummer, Konto und Gegenkonto, Buchungsschlüssel, soweit vorhanden, Sollbetrag, Habenbetrag, Eindeutige Identifikationsnummer des Geschäftsvorfalls bei sog. Splitbuchungen bzw. Teilbuchungen.[282]

3.5.3.5 Kontierungsvermerke

In der Praxis werden vermehrt elektronische Rechnungen[283] erstellt. Dabei wird die Rechnung unmittelbar als Datei bzw. als Datensatz übersandt und vom empfangenden Unternehmen elektronisch erfasst. Bei diesem Verfahren kann eine Kontierung auf dem Beleg in der herkömmlichen Art nicht erfolgen. Nach Auffassung der FinVerw sind zur Erfüllung der Belegfunktion Angaben zur Kontierung, zum Ordnungskriterium für die Ablage und zum Buchungsdatum auf dem Beleg erforderlich. Da der Originalzustand eines elektronisch übermittelten Dokumentes jederzeit prüfbar sein muss und es nur auf einem solchen Datenträger gespeichert werden darf, der Änderungen nicht mehr zulässt, kann eine „elektronische" Kontierung nicht erfolgen. Die FinVerw akzeptiert aber das **Anhängen eines Datensatzes**, der die für die Buchung notwendigen Informationen enthält.[284] Dieser Datensatz muss mit der Rechnung so verbunden werden, dass er von ihr nicht mehr getrennt werden kann. Fraglich ist aber, ob eine Kontierung der Belege heute tatsächlich in allen Fällen erforderlich ist, um die Belegfunktion zu erfüllen.[285] Insbesondere wenn die Belege originär digital vorliegen oder eingescannt wurden und aufgrund einer elektronischen Verknüpfung direkt aus der Buchung aufgerufen werden können, sollte der Buchführung nicht die Ordnungsmäßigkeit allein wegen fehlender Kontierung abgesprochen werden.[286]

3.5.3.6 Scannen und Fotografieren von Belegen

Technisch betrachtet bedeutet „Scannen" das **elektronische „Abtasten"** eines Papierdokuments und das Ablegen der so entstehenden Datei im EDV-System. Dieses Scannen soll wie das alternative digitale Fotografieren vor allem dazu dienen, mit Hilfe der EDV den entsprechenden Beleg leichter auffinden zu können und Raumkapazitäten einzusparen.[287] Papierdokumente werden

---

282 Gemeint ist die Aufteilung der Aufzeichnung eines Geschäftsvorfalls auf mehr als zwei Sachkonten.
283 Siehe auch 3.5.3.8.
284 Z. B. OFD München v. 3.6.2004, S 0316 – 32 St 324; BayLfSt v. 20.1.2017, DStR 2017, 547.
285 Zur Notwendigkeit des Kontierens allgemein siehe 3.5.2.
286 Gl. A. *Bührer/Heßling*, BBK 2011, 666. Zum Index beim elektronischen Dokument siehe 3.5.3.8 a. E.
287 Ein Nachteil kann aus Sicht des Unternehmens darin bestehen, dass Belege nicht mehr nach entsprechender Prüferanfrage „gefiltert" werden können, z. B. im Hinblick auf mögliche Korruptionsdelikte, vgl. *Gehm*, S. 215.

durch bildliche Erfassung in elektronische Dokumente umgewandelt, wobei das Verfahren zu dokumentieren ist.[288] Gemäß § 147 Abs. 2 AO besteht die Möglichkeit, „analoge" Unterlagen mit Ausnahme der Eröffnungsbilanz und der Jahresabschlüsse auch als Wiedergabe auf einem Bildträger oder auf Datenträgern aufzubewahren. Das Digitalisieren von Belegen ist damit eine zulässige Form der Aufbewahrung,[289] allerdings dürfen wegen des Grundsatzes der Unveränderbarkeit nur nahezu unbearbeitete Unterlagen bildlich erfasst werden, wenn der Beleg beweiskräftig bleiben soll.[290] Eine elektronische Signatur oder ein Zeitstempel sind dabei nicht erforderlich.[291] Der Erfassungsvorgang bedarf einer genauen Organisationsanweisung darüber, wer bildlich erfassen darf, zu welchem Zeitpunkt erfasst wird, was erfasst wird, ob eine bildliche oder inhaltliche Übereinstimmung mit dem Original erforderlich ist, wie die Qualitätskontrolle auf Lesbarkeit und Vollständigkeit erfolgt und wie Fehler protokolliert werden.[292]

Die **bildliche Übereinstimmung** zwischen dem digitalen und dem analogen Dokument ist sicherzustellen, Farben müssen dabei übereinstimmen, wenn sie für die Aussage des Belegs von Bedeutung sind. Das ist z. B. der Fall, wenn negative Zahlen nicht mit einem Minuszeichen, sondern rot dargestellt werden.[293]

Nach dem bildlichen Erfassen darf die **weitere Bearbeitung** nur mit dem elektronischen Dokument erfolgen, der Papierbeleg ist dem Bearbeitungsgang zu entziehen, damit darauf keine Vermerke etc. angebracht werden können.[294] Sollte aus organisatorischen Gründen nach dem Erfassungsvorgang eine weitere Bearbeitung des Papierbelegs erfolgen, ist der bearbeitete Beleg danach erneut zu erfassen und durch einen gemeinsamen Index muss ein Bezug zum ersten Objekt hergestellt werden.[295]

Rechnerisch oder rechtlich **fehlerhafte Rechnungen**, die bereits eingescannt wurden, dürfen nicht aus dem Archiv gelöscht werden, sondern sind mit dem zurückweisenden an den Lieferanten gerichteten Dokument zu verlinken. Da der Abweisungsprozess Teil der Rechnungsprüfung ist, ist er in der Verfahrensdokumentation in den Bereichen „ersetzendes bildliches Erfassen" oder „Rechnungsprüfung" zu beschreiben.[296] Solche fehlerhaften Rechnungen werden nicht gebucht.

---

288 GoBD Rz. 136.
289 BFH v. 26.9.2007 I B 53, 54/07, BStBl. II 2008, 415. M. E. überflüssig ist der Hinweis in GoBD Rz. 141, wonach der Verzicht auf einen Papierbeleg die Möglichkeit der Nachvollziehbarkeit und Nachprüfbarkeit nicht beeinträchtigen darf.
290 *Tom Suden*, BC 2015, 285, 286.
291 GoBD Rz. 138.
292 GoBD Rz. 136.
293 GoBD Rz. 137.
294 GoBD Rz. 139.
295 GoBD Rz. 139.
296 *Tom Suden*, BC 2015, 456.

3.5 Richtigkeitsvermutung gemäß § 158 AO

Medienbrüche gilt es zu vermeiden.

Beispiel:

E-Mails werden ausgedruckt und zum Jahresabschlussordner genommen. Der gesamte Inhalt des Jahresabschlussordners wird eingescannt und unveränderbar über ein Dokumentenmanagementsystem gespeichert. Die Ursprungs-E-Mail wird gelöscht. Bei derartigen Medienbrüchen – digital zu analog und danach wieder analog zu digital – ist nicht nachprüfbar, ob und welche Veränderungen an den Inhalten vorgenommen wurden, so dass ein Verstoß gegen die GoB vorliegt.

Die FinVerw lässt die **Vernichtung der Originalbelege** zu,[297] soweit die Unterlagen nicht nach außersteuerlichen oder steuerlichen Vorschriften im Original aufzubewahren sind[298] und wenn die Nachvollziehbarkeit und die Nachprüfbarkeit der Geschäftsvorfälle nicht beeinträchtigt werden.[299] Hinsichtlich der erstgenannten Ausnahme finden sich in der Literatur u. a. folgende

Beispiele:

- Notariell beurkundete Verträge, d. h. Urkunden mit Schnur und Prägesiegel nach dem Beurkundungsgesetz,
- Urkunden, in denen private Rechte in der Weise verbrieft sind, dass zur Geltendmachung des Rechts das Innehaben der Urkunde erforderlich ist, z. B. Wertpapiere wie Aktien oder Wechsel,
- Urkunden, die als Beweismittel nur im Original anerkannt werden, z. B. bestimmte Vollmachten,
- Jahresabschlüsse, die Eröffnungsbilanz und Unterlagen nach § 147 Abs. 1 Nr. 4a AO, sofern es sich bei diesen Unterlagen um amtliche Urkunden oder handschriftlich zu unterzeichnende nicht förmliche Präferenznachweise handelt,
- Rechnungen und Einfuhrbelege, die als Belegnachweis im Vorsteuervergütungsverfahren dienen,
- Rechnungen, die einer Betriebsstätte im Ausland zuzurechnen sind, da die ausländischen Behörden regelmäßig die Vorlage der Rechnungen und Einfuhrbelege für die Anerkennung der Kosten als Betriebsausgabe fordern.[300]

Zur Sicherung der Nachvollziehbarkeit und der Nachprüfbarkeit der Geschäftsvorfälle muss der Erfassungszeitpunkt sehr früh und dicht am Eingangspunkt der Rechnung liegen.[301] Darüber hinaus hat das Unternehmen selbst durch

---

[297] In diesem Fall wird das Scannen als „ersetzendes Scannen" bezeichnet, vgl. GoBD Rz. 140; *Wähnert*, Datev-Magazin 2/2015, 16; tom Suden, BC 2015, 285; *Henn/Kuballa*, NWB 2017, 2779. Zu Einzelheiten siehe auch die „Technische Richtlinie 03138" des BSI unter *www.bsi.bund.de*.
[298] GoBD Rz. 140.
[299] GoBD Rz. 141, A 22.1. UStAE. Die Berufsverbände haben entsprechende Musterverfahrensdokumentationen zum strukturierten Scanprozess entwickelt, vgl. z. B. *Schwenkert*, Datev-Magazin 2/2015, S. 16.
[300] Zu den Beispielen vgl. *Henn/Kuballa*, NWB 2017, 2779.
[301] *Tom Suden*, BC 2015, 285, 287.

organisatorische Maßnahmen zu verhindern, dass eine Manipulation der Belege durch die Mitarbeiter erfolgen kann. Zusätzliche Risiken durch den Erfassungsprozess selbst wie z. B. die Möglichkeit unvollständiger oder unlesbarer Erfassungsprodukte lassen sich durch organisatorische Maßnahmen wie Sichtprüfungen weitgehend ausschalten.[302]

Das Digitalisieren, Scannen und Speichern von Dokumenten in einem Dokumentenmanagementsystem ist eine „Erstellung mit Hilfe einer DV-Anlage" i. S. v. § 147 Abs. 6 AO.[303] Das Datenzugriffsrecht umfasst deshalb die digitalisierten Unterlagen, d. h. die durch das bildliche Erfassen entstandenen Dateien ungeachtet ihres Formats. Die durch das bildliche Erfassen entstandene Datei muss nicht „auswertbar" sein, die Speicherung in einem grafischen Format genügt.[304] Die Verpflichtung, die entsprechenden Daten in elektronischer Form zur Verfügung zu stellen, kann nicht durch das Angebot des Ausdruckens auf Papier abgewendet werden.[305] Bei gescannten Belegen ist es für den Betriebsprüfer leichter, Kontrollmitteilungen zu schreiben, da er hierfür die EDV nutzen kann.

Die GoBD enthalten keine Technologievorgaben, so dass hinsichtlich des bildlichen Erfassens keine Mindestauflösung vorgegeben ist. Zu empfehlen sind aber 300 dpi.[306]

3.5.3.7 E-Mails

E-Mails, die für die Besteuerung von Bedeutung sind, sind nach § 147 AO aufzubewahren.[307] Das gilt nicht, wenn die E-Mail wie der „analoge" Briefumschlag nur als Transportmittel z. B. für eine angehängte elektronische Rechnung dient und darüber hinaus keine aufbewahrungspflichtigen Informationen enthält.[308] Nach den GoBD sind aufbewahrungspflichtige E-Mails wie jedes elektronische Dokument mit einem unveränderbaren Index zu versehen, unter dem das archivierte Dokument bearbeitet und verwaltet werden kann.[309] Für die Frage, ob eine archivierte E-Mail gemäß § 147 Abs. 2 Nr. 2 AO in maschinell auswertbarer Form gespeichert werden muss, gelten die allgemeinen Grundsätze: Waren die per E-Mail übersandten Daten, d. h. die angehängten Dateien, nicht auswertbar, kann die Datei ebenfalls in einem nicht auswertbaren Format gespeichert werden. Waren die Daten hingegen ursprünglich auswertbar,[310] so

---

302 *Schwenkert*, Datev-Magazin 2/2015, 16, 18.
303 FG Münster v. 1.7.2010 6 K 357/10 AO, EFG 2010, 1961, juris, rkr.; BFH v. 9.2.2011 I B 151/10, BFH/NV 2011, 962.
304 BFH v. 26.9.2007 I B 53, 54/07, BStBl. II 2008, 415.
305 Siehe hierzu mit ausführlicher Begründung BFH v. 26.9.2007 I B 53, 54/07; BStBl. II 2008, 415.
306 *Henn/Kuballa*, NWB 2017, 2779, 2785.
307 Wegen Einzelheiten zur elektronischen Rechnung siehe 3.5.3.8.
308 GoBD Rz. 121, *Rätke* in Klein, § 147 Rz. 36; *Polka*, BC 2016, 277, 281. Kritisch hierzu *Lamprecht*, BC 2015, 403.
309 GoBD Rz. 122.
310 Z. B. Access- oder Excel-Datei.

muss die Auswertungsmöglichkeit im Rahmen der Archivierung erhalten bleiben. In vielen Betrieben ist es üblich, die E-Mails auszudrucken und sie anschließend zu löschen. Teilweise wird die Auffassung vertreten, es bestehe dann keine Pflicht zur elektronischen Aufbewahrung mehr, weil es sich nicht um „gespeicherte" Daten i. S. v. § 147 Abs. 6 AO handle.[311] Die FinVerw hält zumindest solche E-Mails für in elektronischer Form aufbewahrungspflichtig, die die Funktion eines Handels- oder Geschäftsbriefs oder eines Buchungsbelegs haben.[312] Jedenfalls sollte der Betriebsprüfer die Ordnungsmäßigkeit der Buchführung in diesem Bereich mit Augenmaß beurteilen.[313] Der innerbetriebliche E-Mail-Verkehr gehört – soweit er steuerlich von Bedeutung ist – zu den sonstigen Unterlagen gemäß § 147 Abs. 1 Nr. 5 AO und ist folglich sechs Jahre lang aufzubewahren.[314]

3.5.3.8 Elektronische Rechnungen und Belege

Beim Empfang elektronischer Rechnungen steht die Sicherung des Vorsteueranspruchs im Zentrum des Interesses. Das UStG definiert eine – den Vorsteuerabzug begründende – elektronische Rechnung als eine solche, die in einem elektronischen Format ausgestellt und empfangen wird.[315] Bereits seit dem 1. 7. 2011 gelten für elektronische Rechnungen die gleichen Anforderungen in Bezug auf Authentizität und Integrität wie für Papierrechnungen.[316] In Betracht kommen

- der Rechnungsversand per E-Mail mit angehängter Bild- oder Textdatei,
- der Rechnungsversand per De-Mail,
- die Bereitstellung auf einem Internetportal des Rechnungsausstellers bzw. Rechnungsempfängers zum Web-Download,
- die Übermittlung per Computer-Fax oder Fax-Server,[317]
- die Übermittlung im EDI-Verfahren.

Die o. g. Aufzählung ist nicht abschließend. Insbesondere dürfte auch die Übersendung maschinell lesbarer Datenträger im Bereich der elektronischen Rechnung anzusiedeln sein.[318]

Eingehende elektronische Handels- und Geschäftsbriefe und Buchungsbelege sind grundsätzlich in dem Format aufzubewahren, in dem sie empfangen wurden, wobei die Umwandlung in ein anderes Format zulässig sein soll, wenn die

---

311 Vgl. *Drüen* in Tipke/Kruse, § 147 Rz. 73, m. w. N., *Engelberth*, StBp 2011, 193. Gegen eine Aufbewahrungspflicht ausgedruckter und anschließend gelöschter E-Mails auch *Rätke* in Klein, § 147 Rz. 36.
312 GoBD Rz. 121.
313 Ausführlich zu dem gesamten Thema *Junker*, FS *Gerhard Käfer*, 2009, 181.
314 *Drüen* in Tipke/Kruse, § 147 Rz. 17b.
315 § 14 Abs. 1 S. 7 UStG.
316 *Korn* in Bunjes, § 14 Rz. 38.
317 Die nur noch selten vorkommende Übermittlung per Standard-Fax ist keine elektronische Übermittlung in dem hier interessierenden Zusammenhang.
318 *Korn* in Bunjes, § 14 Rz. 38.

maschinelle Auswertbarkeit nicht eingeschränkt und keine inhaltliche Veränderung vorgenommen wird.[319] Problematisch ist insbesondere bei den üblichen Office-Formaten allerdings die Frage nach der erforderlichen Unveränderbarkeit der Dateien, die i. d. R. nur über die Verwendung eines Dokumentenmanagementsystems sichergestellt werden kann.[320]

In der **Praxis** werden Schreiben und Rechnungen häufig mit Hilfe eines Textverarbeitungsprogramms erstellt, zum Zeitpunkt der Ap sind aber nur noch Durchschriften der Dokumente in Papierform, nicht aber die Dateien vorhanden. Die FinVerw hat in den GoBD m. E. eine sachgerechte Lösung gefunden, indem sie eine solche Situation unter Zumutbarkeitsgesichtspunkten unbeanstandet lässt.[321]

Die **Archivierung** originär digitaler Dokumente erfolgt durch Übertragung der Inhalts- und Formatierungsdaten auf einen digitalen Datenträger. Dabei muss hard- und softwaremäßig sichergestellt sein, dass während der Übertragung keine Bearbeitung möglich ist. Wie beim Scannen ist das digitale Dokument mit einem nachvollziehbaren und eindeutigen Index zu versehen.[322] Eine Bearbeitung und Verwaltung darf nur unter diesem Index möglich sein, ein bearbeitetes Dokument ist als Kopie zu kennzeichnen.

Wird durch organisatorische Maßnahmen sichergestellt, dass das elektronische Dokument auch **ohne Index** verwaltet werden kann und können diese Maßnahmen in angemessener Zeit nachgeprüft werden, wird die Buchführung nicht beanstandet.[323]

Aus der **Verfahrensdokumentation** muss sich ergeben, wie die elektronischen Belege erfasst, empfangen, verarbeitet, ausgegeben und aufbewahrt werden.[324]

3.5.3.9 Elektronische Kontoauszüge

Kontoauszüge werden von den Banken zunehmend in digitaler Form übermittelt. Die Geschäftsbedingungen zum Onlinebanking sehen die Übermittlung von Kontoauszugsdaten häufig sogar nur noch auf elektronischem Weg vor. Teilweise handelt es sich hier um Unterlagen in Bilddateiformaten,[325] teilweise um Daten in maschinell auswertbarer Form.[326] Mit dem Ausdruck des elektronischen Kontoauszugs genügt der Buchführungspflichtige nach Auffassung der FinVerw den nach § 147 AO bestehenden Aufbewahrungspflichten in beiden Fällen nicht, da es sich beim elektronischen Kontoauszug um ein originär

---

319 GoBD Rz. 131.
320 Siehe 3.5.3.1.
321 GoBD Rz. 119, 133.
322 GoBD Rz. 122.
323 GoBD Rz. 122.
324 GoBD Rz. 66. Zur Verfahrensdokumentation insgesamt siehe unter 3.5.3.1.
325 TIF- oder PDF-Format.
326 Z. B. CSV-Datei.

digitales Dokument handelt.[327] Er muss deshalb grundsätzlich durch Übertragung der Inhalts- und Formatierungsdaten auf einen maschinell auswertbaren Datenträger archiviert werden.[328] Dabei ist darauf zu achten, dass die übermittelten Daten vor dem Speichern bzw. bei einem möglichen späteren Ausdruck nicht verändert werden können. Das bereitet insbesondere bei der Übersendung von Kontoumsatzdaten in auswertbaren Formaten Schwierigkeiten. Diese Art der Übermittlung dient i.d.R. der Weiterverarbeitung der Umsatzdaten im empfangenden System. Sind sie dort aber z. B. in Form von Buchungssatzvorschlägen änderbar oder unterdrückbar, ist die Aufbewahrung der Datei nicht ausreichend.[329] Eine Alternative kann das Vorhalten des Kontoauszugs beim Kreditinstitut mit jederzeitiger Zugriffsmöglichkeit während der Aufbewahrungsfrist des § 147 Abs. 3 AO sein. Die obersten Finanzbehörden des Bundes und der Länder haben beschlossen, elektronische Kontoauszüge als Buchungsbelege anzuerkennen, wenn sie bei Eingang vom Steuerpflichtigen auf ihre Richtigkeit geprüft werden und dieses Vorgehen dokumentiert bzw. protokolliert wird.[330]

3.5.4 Aufbewahrung von Unterlagen

3.5.4.1 Allgemeines

§ 147 AO regelt die Aufbewahrung von **Buchführungs- und Aufzeichnungsunterlagen** und ergänzt die §§ 140 bis 146 AO, nach denen bestimmt wird, wer welche Aufzeichnungen anzufertigen hat und unter welchen Voraussetzungen eine Buchführung als ordnungsgemäß anerkannt wird. Jede Buchführungs- und Aufzeichnungspflicht wäre ohne gleichzeitige Aufbewahrungspflicht ohne praktische Bedeutung. Aufzeichnungen können steuerliche Zwecke nicht erfüllen, wenn sie nicht für eine Ap zur Verfügung stehen.[331] Die Aufbewahrungspflicht ist deshalb „Bestandteil" der Aufzeichnungspflicht.[332] Der Regelungsinhalt des § 147 AO beschränkt sich auf Bestimmungen zur Art und Weise und zur Dauer der Aufbewahrung. Die Vorschrift schafft somit keine über die §§ 140 ff. AO oder andere Rechtsnormen wie z. B. § 14b UStG hinausgehenden Aufzeichnungspflichten, sondern setzt diese voraus,[333] die Aufbewahrungspflicht ist akzessorisch zur Aufzeichnungspflicht.

§ 147 AO ist von **erheblicher Bedeutung,** weil das FA aus dem Fehlen von Unterlagen nur dann eine Schätzungsberechtigung ableiten kann, wenn der Steuerpflichtige die Aufzeichnungen noch nicht vernichten durfte. Für steuerliche Zwecke anzufertigende Aufzeichnungen und Bücher sind immer aufzube-

---

327 *FinVerw* DStR 2017, 398, m. E. sollte der Ausdruck eines originären PDF-Auszugs tolerierbar sein.
328 Vgl. § 147 Abs. 2 und 5 AO; GoBD Rz. 131.
329 Oft handelt es sich um Excel-Dateien.
330 BMF v. 24. 7. 2014, IV A 4 – S 0316/11/10005, juris.
331 FG Hamburg v. 22. 3. 1991 VII 164/90, EFG 1991, 636.
332 *Rätke* in Klein, Rz. 1 zu § 147 AO; *Drüen* in Tipke/Kruse, § 147 Rz. 32.
333 GoBD Rz. 113. Siehe im Einzelnen nachfolgend 3.5.4.3.

wahren. Die FinVerw nennt als Beispiele die Finanzbuchhaltung betreffend Drohverlustrückstellungen, nicht abziehbare Betriebsausgaben und organschaftliche Steuerumlagen.[334]

Die o. g. Vorschrift betrifft zur Buchführung Verpflichtete[335] und wegen § 146 Abs. 6 AO freiwillig Buchführende.[336] Die Vorschrift nennt neben Büchern auch Aufzeichnungen,[337] so dass darüber hinaus auch Einnahmenüberschussrechner betroffen sind.[338] Denn Aufzeichnungen können steuerliche Zwecke nicht erfüllen, wenn sie nicht für die Ap zur Verfügung stehen.[339]

3.5.4.2 Aufbewahrungspflichtige Unterlagen

Von der Aufbewahrungspflicht betroffen sind alle **für steuerliche Zwecke** anzufertigenden Aufzeichnungen, nicht aber Dokumente, die lediglich der internen Betriebskontrolle dienen. Das ergibt sich aus dem Grundsatz, dass die Aufbewahrungspflicht nicht weiter reicht als die Erstellungspflicht.[340] Steuerliche Buchführungs- und Aufzeichnungspflichten ergeben sich aus der AO[341] und aus den Einzelsteuergesetzen.[342] **Aufzeichnungen** werden von der FinVerw definiert als alle dauerhaft verkörperten Erklärungen über Geschäftsvorfälle in Schriftform oder auf Medien mit Schriftersatzfunktion, z. B. auf Datenträgern.[343]

Das in § 147 AO genannte **Inventar** ist der stichtagsbezogene Bestandsnachweis von Vermögen und Schulden.[344] Es handelt sich um Aufzeichnungen über körperliche Bestandsaufnahmen, deren Aufbewahrung der späteren Kontrollmöglichkeit dienen soll. Für den Umfang der Aufzeichnungspflicht sind die Verhältnisse des einzelnen Betriebs mitbestimmend.[345] Die im Rahmen der Inventur ggf. angefertigten Uraufzeichnungen wie z. B. Aufnahmezettel oder Wiegescheine sind sonstige Unterlagen gemäß § 147 Abs. 1 Nr. 5 AO und deshalb sechs Jahre lang aufzubewahren. Die Aufbewahrungsfrist für das Inventar selbst beträgt zehn Jahre. Es muss nicht unterschrieben werden.[346]

---

334 GoBD Rz. 114.
335 §§ 140, 141 AO.
336 *Burchert*, INF 2002, 680; *Märtens* in Beermann/Gosch, § 146 Rz. 100; Hessisches FG v. 26. 3. 1997 1 K 3108/93, EFG 1998, 252; a. A. *Drüen* in Tipke/Kruse, § 147 Rz. 4; *Kromer*, DStR 2001, 1018; *Schaumburg*, DStR 2002, 833.
337 Vgl. § 147 Abs. 1 Nr. 1 AO.
338 Vgl. BFH v. 26. 2. 2004 XI R 25/02, BStBl. II 2004, 599; GoBD Rz. 115; *Rätke* in Klein, § 147 Rz. 4.
339 *Seer* in Tipke/Kruse, § 147 Rz. 1.
340 Siehe unter 3.5.4.1.
341 Z. B. §§ 90 Abs. 3, 141 bis 144 AO.
342 Z. B. § 22 UStG, § 4 Abs. 3, § 4 Abs. 4a S. 6, § 4 Abs. 7, § 41 EStG. Zur Aufbewahrung freiwillig geführter Aufzeichnungen siehe unten.
343 GoBD Rz. 12.
344 Vgl. § 240 HGB.
345 *Jope*, Stbg 2009, 404, 406.
346 *Görke* in Hübschmann/Hepp/Spitaler, § 146 Rz. 40.

3.5 Richtigkeitsvermutung gemäß § 158 AO

Der zehn Jahre lang im Original aufzubewahrende **Jahresabschluss** setzt sich zusammen aus der Schlussbilanz, der Gewinn- und Verlustrechnung und ggf. dem Anhang.[347] Der Lagebericht gemäß § 289 HGB ist begrifflich hingegen nicht Bestandteil des Jahresabschlusses. Auch Konzernabschlüsse fallen unter § 147 Abs. 1 Nr. 1 AO. Bei Personengesellschaften sind evtl. Sonderbilanzen und Ergänzungsbilanzen neben der Gesamthandsbilanz aufzubewahren.

Konzerne haben zur Vermeidung von Schätzungen auf Anforderung insbesondere den Prüfungsbericht des Wirtschaftsprüfers über die Konzernabschlüsse der Konzernmuttergesellschaft, die Richtlinie der Konzernmuttergesellschaft zur Erstellung des Konzernabschlusses, die konsolidierungsfähigen Einzelabschlüsse[348] der Konzernmuttergesellschaft sowie Einzelabschlüsse und konsolidierungsfähige Einzelabschlüsse von in- und ausländischen Konzernunternehmen vorzulegen:[349]

Aufzubewahrende **Handelsbriefe**[350] sind die Korrespondenz des Kaufmanns, Geschäftsbriefe die der übrigen Buchführungs- und Aufzeichnungspflichtigen.[351] Nach § 257 Abs. 2 HGB sind Handelsbriefe nur Schriftstücke, die ein Handelsgeschäft betreffen. Dies wiederum ist der Fall, wenn es in den Schreiben inhaltlich um die Vorbereitung, Durchführung oder Rückgängigmachung eines solchen Handelsgeschäfts geht. Der Begriff des Schriftstücks ist entsprechend der technischen Entwicklung so auszulegen, dass z. B. auch Telefaxe, Telegramme, von Registrierkassen erstellte Rechnungen und E-Mails hier einzuordnen sind.

Die in § 147 Abs. 1 Nr. 2 AO genannten Handels- und Geschäftsbriefe sind wegen der unterschiedlichen Aufbewahrungsfrist[352] von den **Buchungsbelegen** gemäß § 147 Abs. 1 Nr. 4 AO abzugrenzen. Dabei ist die Einstufung als Buchungsbeleg grundsätzlich vorrangig.[353] Abgesandte oder empfangene Korrespondenz, insbesondere Eingangs- und Ausgangsrechnungen, erhalten i. d. R. einen Kontierungsvermerk und werden entsprechend verbucht. Ein solcher externer Beleg ist dann[354] ein Buchungsbeleg i. S. v. § 147 Abs. 1 Nr. 4 AO und deshalb zehn Jahre lang aufzubewahren.

Der **Belegzwang** gehört zu den wichtigsten Grundsätzen ordnungsgemäßer Buchführung. Denn nur mit Hilfe der Belege können die Buchungen auf ihre sachliche Richtigkeit überprüft werden. Folgerichtig müssen die Buchungsbelege als die wichtigsten Dokumente zehn Jahre aufbewahrt werden.[355] Ihr Be-

---

347 §§ 242 Abs. 3, 264 Abs. 1 HGB.
348 Sog. „Handelsbilanzen II".
349 AEAO zu § 200 AO, Nr. 1.
350 § 147 Abs. 1 Nr. 2 AO.
351 *Winkeljohann/Philipps*, Beck´scher Bilanzkommentar, § 257 Rz. 16.
352 Handels- und Geschäftsbriefe 6 Jahre, Buchungsbelege 10 Jahre, vgl. § 147 Abs. 3 AO und § 257 Abs. 4 HGB.
353 Vgl. *Drüen* in Tipke/Kruse, § 147 Rz. 17a.
354 GoBD Rz. 63.
355 § 147 Abs. 3 AO; § 257 Abs. 1 Nr. 4 i. V. m. Abs. 4 HGB.

weiswert und damit ihre besondere Bedeutung ergeben sich daraus, dass sie – mit Ausnahme der nur begrenzt zulässigen Eigenbelege – von Dritten erstellt werden oder zumindest unter Mitwirkung von Dritten zu Stande kommen. Äußerlich erkennbar wird die Eigenschaft „Buchungsbeleg" häufig durch den Kontierungsvermerk.

Sonstige Unterlagen sind aufzubewahren, wenn sie steuerlich von Bedeutung sind. Das ist der Fall, wenn die Unterlagen Aussagen über steuerlich relevante Vorgänge enthalten,[356] vor allem, wenn sie Kontrollzecken dienen können.[357] Als sonstige Unterlagen i. d. S. werden z. B. die Verkaufsdaten eines Warenwirtschaftssystems angesehen, weil sie dem Verständnis der Geschäftsvorfälle und ihrer Verprobung dienen können.[358]

Zu den aufbewahrungspflichtigen sonstigen Unterlagen gehören Aufsichtsrats- und Vorstandsprotokolle[359] sowie Beratergutachten,[360] soweit sie steuerlich von Bedeutung sind und nicht nur nichtsteuerliche Themen wie z. B. Marketing- oder Produktentwicklung betreffen.[361] Grundsätzlich ist anzunehmen, dass sich der Vorstand und der Aufsichtsrat auch mit steuerlichen Fragen beschäftigen.[362] Ob **Due-Diligence-Berichte**, die wegen Unternehmensveräußerungen oder -umstrukturierungen angefertigt werden, aufbewahrt und im Rahmen einer Ap vorgelegt werden müssen, ist höchstrichterlich nicht entschieden.[363] M. E. besteht grundsätzlich Aufbewahrungs- und Vorlagepflicht, weil solche Gutachten fast immer Sachverhalte erläutern, die steuerlich gewürdigt werden müssen.

Eine Vernichtung steuerlich relevanter Unterlagen ist trotz Ablaufs der maßgeblichen Frist unzulässig, wenn sie noch für **laufende Verfahren**, z. B. für eine begonnene Ap, ein Straf- oder ein Klageverfahren benötigt werden.

Ungeachtet der im Einzelfall maßgeblichen Gewinnermittlungsart ergibt sich für **freiwillig geführte Aufzeichnungen** die Aufbewahrungspflicht aus § 146 Abs. 6 AO, soweit sie steuerlich von Bedeutung sind.[364] Die Vorschrift greift nicht nur ein, wenn der Steuerpflichtige freiwillig seinen Gewinn nach § 4 Abs. 1 EStG ermittelt, sondern ist auch auf Teilbereiche wie z. B. die Kassenführung anzuwenden. Nach § 146 Abs. 6 AO gelten die Ordnungsvorschriften im

---

356 BFH v. 26.2.2004 XI R 25/02, BStBl. II 2004, 599.
357 *Dißars* in Schwarz/Pahlke, § 147 Rz. 19. Zur Aufbewahrungspflicht der Verfahrensdokumentation siehe unter 3.5.3.1.
358 Sächsisches FG v. 15.1.2013 1 V 580/12, juris.
359 BFH v. 13.2.1968 GrS 5/67, BStBl. II 1968, 365. Siehe auch FG Münster v. 18.8.2014 6 V 1932/14 AO, BB 2014, 2789. Einschränkend *Süß*, DStR 2018, 1110: Anforderung in den meisten Fällen ermessensfehlerhaft, m. E. unzutreffend.
360 A. A. *Drüen* in Tipke/Kruse, § 147 Rz. 23.
361 *Rätke* in Klein, § 147 Rz. 27.
362 *Buse*, AO-StB 2012, 373, 377.
363 *Tormöhlen*, AO-StB 2015, 264, 266, m. w. N. Eine generelle Vorlagepflicht verneinend FG Münster v. 18.8.2014 6 V 1932/14 AO, BB 2014, 2789, m. Anm. *Rudolf*, mit Betonung der Ermessensausübung im Einzelfall.
364 GoBD Rz. 28.

Ergebnis auch bei fehlender Verpflichtung, wenn der Unternehmer Aufzeichnungen von steuerlicher Bedeutung tatsächlich führt. Zu den dann einzuhaltenden Ordnungsvorschriften gehört auch § 147 AO.[365]

Solche Aufzeichnungen, die ausschließlich der **betriebsinternen Kontrolle** und nicht auch steuerlichen Zwecken dienen, sind weder aufbewahrungs- noch vorlagepflichtig. Hierzu gehören z. B. die Fahrtenbücher von Mitarbeitern, wenn aus diesen Unterlagen keine steuerlichen Folgen gezogen werden, weil das Unternehmen generell die Ein-Prozent-Regel des § 6 Abs. 1 Nr. 4 EStG anwendet.

3.5.4.3 Art der Aufbewahrung

Das Gesetz schreibt lediglich die **geordnete** Aufbewahrung der Unterlagen vor.[366] Die Verpflichtung aus § 147 AO ist allgemein betrachtet Bestandteil der Buchführungs- und Aufzeichnungspflichten, so dass die Grundsätze zur Ordnungsmäßigkeit sowohl die Anfertigung als auch die Aufbewahrung von Aufzeichnungen betreffen. Ein bestimmtes Ordnungssystem ist weder durch den Gesetzgeber noch durch die FinVerw vorgeschrieben. Die Ablage kann somit z. B. nach Zeitfolge, Konten, Belegnummern oder alphabetisch erfolgen. Zur Aufbewahrung elektronischer Unterlagen bestimmen die GoBD, dass ihr Eingang, ihre Archivierung und ggf. Konvertierung sowie die weitere Verarbeitung protokolliert werden müssen.[367] Wenn Daten in ein unternehmenseigenes Format[368] umgewandelt werden, müssen grundsätzlich beide Dateiversionen aufbewahrt werden, derselben Aufzeichnung zugeordnet und mit demselben Index verwaltet werden.[369]

3.5.4.4 Aufbewahrungsort

§ 147 AO enthält **keine Aussage** zum Ort der Aufbewahrung von Unterlagen. Dieser ergibt sich aus § 146 Abs. 2 AO. Danach sind Bücher und sonst erforderliche Aufzeichnungen nicht nur im Geltungsbereich der AO zu führen, sondern auch dort aufzubewahren, wobei aber keine Bindung an den Ort des Unternehmens besteht. Abweichend hiervon dürfen gemäß § 146 Abs. 2a AO elektronische Bücher und sonstige erforderliche elektronische Aufzeichnungen aber außerhalb Deutschlands geführt und aufbewahrt werden.[370] Der Steuerpflichtige muss hierfür der zuständigen Finanzbehörde den Standort des Datenverarbeitungssystems und bei Beauftragung eines Dritten dessen Namen und Anschrift mitteilen, seinen sich aus den §§ 90, 93, 97, 140–147 und 200 Abs. 1 AO ergebenden Pflichten ordnungsgemäß nachkommen und der Datenzugriff muss nach § 147 Abs. 6 AO ist in vollem Umfang bleiben.

---

365 Vgl. FG Hamburg v. 22. 3. 1991 VII 164/90, EFG 1991, 636.
366 § 147 Abs. 1 Nr. 1 AO.
367 GoBD Rz. 117.
368 „Inhouse-Format", sog. „temporäre Dateien" sind nicht aufzubewahren.
369 GoBD Rz. 135, auch zu Ausnahmen.
370 Vgl. z. B. *Schimmele*, AO-StB 2011, 347.

Durch die Möglichkeit des § 146 Abs. 2a AO erhalten **inländische Tochtergesellschaften** ausländischer Konzerne die Möglichkeit, ihre Buchführung auf dem Server ihrer ausländischen Muttergesellschaft zu bearbeiten und zu speichern.[371]

Hat das FA die Verlagerung der Buchführung bewilligt,[372] darf das Unternehmen die Belege im Ausland durch Scannen elektronisch speichern, die Daten dort erfassen und verarbeiten sowie auswerten und speichern. Kontierungsvermerke müssen nicht elektronisch, sondern können auch handschriftlich im Ausland angebracht werden. Hierzu sollte jedoch zur Klarheit ein entsprechender Antrag gestellt werden.[373]

Eine weitere Ausnahme vom Grundsatz der Aufbewahrung im Geltungsbereich der AO sieht § 147 Abs. 2 Nr. 2 AO für **ausländische** Betriebsstätten und Organgesellschaften, die nach ausländischem Recht zur Führung von Büchern und Aufzeichnungen verpflichtet sind und diese Verpflichtung auch erfüllt haben, vor. In diesen Fällen muss das inländische Unternehmen die für die deutsche Besteuerung bedeutsamen Ergebnisse der ausländischen Buchführung in die eigene übernehmen. Dabei sind erforderliche Anpassungen an das deutsche Steuerrecht vorzunehmen und kenntlich zu machen.[374]

In **Papierform** vorliegende Rechnungen i. S. d. UStG, auf deren Grundlage Vorsteuer in Abzug gebracht wird, müssen ohne Ausnahme im Inland verbleiben,[375] allerdings wird die Verbringung ins Ausland wegen der Möglichkeit der Speicherung auf Datenträgern teilweise für legitim gehalten, wenn nach den allgemeinen Archivierungsregeln eine zulässige Speicherung auf Datenträgern erfolgt ist.[376] § 146 Abs. 2a AO lässt die allgemeinen Archivierungsregeln unberührt. Sofern Belege, die auf Datenträgern aufbewahrt werden, vernichtet werden können, kann ihre Verbringung ins Ausland dem Steuerpflichtigen nicht nachteilig ausgelegt werden.[377]

3.5.4.5 Aufbewahrungsfrist

Der Beginn der Aufbewahrungsfrist variiert nach der Art der Unterlage bzw. der Aufzeichnung. **§ 147 Abs. 4 AO** bestimmt in Anlehnung an § 257 Abs. 4 HGB, dass der Schluss des Wirtschaftsjahrs für den Fristbeginn maßgebend ist, in dem die letzte Eintragung gemacht wurde, das Inventar, die Eröffnungsbilanz, der Jahresabschluss oder Lagebericht aufgestellt worden ist, der Handels- oder Geschäftsbrief empfangen oder abgesandt wurde, der Buchungsbeleg entstan-

---

371 *Lange/Rengier*, DB 2009, 1256.
372 Eine ohne entsprechende Genehmigung im Ausland geführte Buchhaltung ist nicht ordnungsgemäß und führt zur finanzamtlichen Schätzungsbefugnis, *Mohr* in Schnitger/Fehrenbacher, § 2 Rz. 104.
373 *Rätke* in Klein, § 146 Rz. 18.
374 Z. B. BFH v. 16.2.1996 I R 43/95, BStBl. II 1997, 128.
375 Gl. A. *Rätke* in Klein, § 146 Rz. 51 und *Drüen* in Tipke/Kruse, § 146 Rz. 41.
376 *Drüen* in Tipke/Kruse, § 146 Rz. 41.
377 Vgl. *Schimmele*, AO-StB 2011, 347, 349.

3.5 Richtigkeitsvermutung gemäß § 158 AO

den ist, die Aufzeichnung vorgenommen wurde oder die sonstigen Unterlagen entstanden sind.

Beispiel:
Abschlussbuchungsunterlagen für das Jahr 01, gefertigt am 1.2.03: Beginn der Aufbewahrungsfrist mit Ablauf des 31.12.03.

Bei der Aufbewahrung von **Rechnungen** ist darüber hinaus § 14b Abs. 1 S. 3 UStG zu beachten. Danach beginnt die Aufbewahrungsfrist mit dem Schluss des Kalenderjahrs, in dem die Rechnung ausgestellt worden ist.

Die in § 147 Abs. 1 Nr. 1, 4 und 4a AO genannten Unterlagen sind zehn Jahre, die übrigen Dokumente sechs Jahre aufzubewahren.[378] Die Aufbewahrungsfrist **endet** mit Ablauf des Kalenderjahres, das sich aus dem Fristbeginn und der Dauer der Frist ergibt. Durch § 147 Abs. 3 Nr. 2 AO wird allerdings sichergestellt, dass die Kontrollmöglichkeit für das FA erhalten bleibt, solange die Festsetzungsfrist nach § 169 AO nicht abgelaufen ist. Diese Ablaufhemmung gilt aber nur für die reguläre vierjährige Festsetzungsfrist des § 169 Abs. 2 S. 1 AO, nicht hingegen für die verlängerten Fristen in den Fällen der Steuerverkürzung bzw. Hinterziehung.[379] Ist der Beginn der Festsetzungsfrist durch eine Anlaufhemmung i. S. v. §§ 170, 171 AO hinausgeschoben, so verlängert sich die Aufbewahrungsfrist entsprechend.

Beispiel:
Der Einzelgewerbetreibende A hat in 01 Lieferscheine erhalten. Die Einkommensteuererklärung für 01 reicht er erst Anfang 04 beim FA ein. Die Lieferscheine sind als sonstige Unterlagen gemäß § 147 Abs. 1 Nr. 5 AO grundsätzlich sechs Jahre und damit bis zum 31.12.07 aufzubewahren. Allerdings ist § 147 Abs. 3 S. 3 AO zu beachten. Die Festsetzungsfrist beginnt gemäß § 171 Abs. 2 Nr. 1 AO mit Ablauf des 31.12.04 und läuft vier Jahre bis zum 31.12.08. Die Lieferscheine dürfen erst danach vernichtet werden.

Bei einer solchen Verlängerung der Aufbewahrungsfrist durch die Festsetzungsfrist sind auch die **Ablaufhemmungen** des § 171 AO zu beachten, wodurch die festen Aufbewahrungsfristen in der Praxis vielfach bedeutungslos und die Aufbewahrungsfrist quasi auf den „Sankt-Nimmerleins-Tag" ausgedehnt wird.[380]

Beispiel:
Sachverhalt wie oben. In 08 beginnt das FA mit einer Ap, die u. a. das Jahr 01 betrifft. Die Lieferscheine sind auch über den 31.12.08 hinaus bis zum Abschluss der Ap aufzubewahren, da für die Festsetzungsfrist die Ablaufhemmung des § 171 Abs. 4 AO eingreift.

---

378 Vgl. auch § 257 Abs. 4 HGB. Zur Aufbewahrungsfrist im Einzelnen siehe Anhang 18.
379 § 169 Abs. 2 S. 2 AO.
380 *Drüen* in Tipke/Kruse, § 147 Rz. 54.

3 Außenprüfung

3.5.4.6 Auslagerung von Daten und Systemwechsel

Soweit Daten in ein Archivsystem ausgelagert werden oder wenn ein Systemwechsel stattfindet, müssen die Daten quantitativ und qualitativ **gleichwertig überführt** werden.[381] Darüber hinaus müssen die Auswertungen möglich sein, die möglich wären, wenn die Daten sich noch im Produktivsystem befänden. Liegen die genannten Voraussetzungen nicht vor, ist die ursprüngliche Hard- und Software des Produktivsystems über die Dauer der Aufbewahrungsfrist vorzuhalten.[382] Sind bei einem Systemwechsel die neuen Komponenten nicht abwärtskompatibel, hat der Steuerpflichtige die Möglichkeit, die Altdaten zu konvertieren und auf das neue System zu übertragen. Hierbei muss die **Verfälschung** der Daten durch die Migration nachweislich **ausgeschlossen** werden. Auch zur Reaktivierung archivierter Daten ist vielfach eine **Datenkonvertierung** erforderlich. Eine solche steht zwar grundsätzlich im Widerspruch zu der Forderung nach Unveränderbarkeit von Buchungen, allerdings gehen die Regelungen zum Datenzugriff nach wohl h. M. vor. Die Konvertierung wird aber nur akzeptiert, wenn ausschließlich das Format der Daten umgesetzt wird, ohne dabei inhaltliche Veränderungen vorzunehmen.

3.5.5 Kassenführung

3.5.5.1 Allgemeines

Bei vielen bargeldintensiven Klein- und Mittelbetrieben, insbesondere im Einzelhandel und in der Gastronomie, ist die Frage der Ordnungsmäßigkeit der Buchführung vor allem eine Frage der Ordnungsmäßigkeit der Kassenführung. Auf den Problembereich „Kasse" richtet der Betriebsprüfer in den entsprechenden Branchen deshalb sein Hauptaugenmerk.[383]

Formelle Mängel der Kassenführung berechtigen nur insoweit zur Schätzung, als sie Anlass geben, die sachliche Richtigkeit des Buchführungsergebnisses anzuzweifeln. Eine Differenzierung zwischen **formellen und materiellen Fehlern** wird in der Theorie und im Rahmen von Schlussbesprechungen oder Rechtsbehelfsverfahren vor allem von Beraterseite oft vorgenommen. Auch die Rechtsprechung unterscheidet zuweilen diese beiden „Fehlerarten" und zieht dann unterschiedliche Konsequenzen.[384] Problematisch ist allerdings, dass keine eindeutige Definition existiert und Mängel der Kassenführung im konkreten Fall oft als „formell" bezeichnet werden, sie aber z.B. aufgrund der Art

---

[381] Zu Einzelheiten siehe GoBD Rz. 142. Zu Erleichterungen hinsichtlich des Datenzugriffs siehe GoBD Rz. 164.
[382] GoBD Rz. 143, auch zu Ausnahmen. Ggf. können Erleichterungen nach § 148 AO gewährt werden.
[383] Kassenaufzeichnungen gelten hier wohl zu Recht als „Hochrisikodaten", vgl. z.B. *Wähnert*, StBp 2011, 269. Bargeld verführt in besonderem Maße zur Steuerhinterziehung, vgl. *Kläne/Thünemann*, StBp 2017, 239.
[384] Z.B. BFH v. 25.3.2015 X R 20/13, BStBl. II 2015, 743.

3.5 Richtigkeitsvermutung gemäß § 158 AO

der Einnahmeermittlung tatsächlich materieller Natur sind.[385] Das gilt z. B. für fehlerhafte Kassenberichte, wenn die Einnahmen durch Rückrechnung aus dem Endbestand ermittelt werden.[386] Stehen Bareinnahmen bei dem geprüften Betrieb im Vordergrund, berechtigen darüber hinaus auch sog. formelle Fehler das FA zur Schätzung, welche in diesen Fällen sogar eher grob erfolgen kann.[387] D. h. insbesondere, dass bei **bargeldintensiven Betrieben**[388] bei schweren formellen Fehlern unmittelbar eine Hinzuschätzung erfolgen kann, ohne dass der Betriebsprüfer weitere als „sachlich" oder „materiell" bezeichnete Fehler nachweisen müsste.[389] Teilweise wird sogar von einer Vermutung dahingehend ausgegangen, dass eine formell ordnungswidrige Buchführung i.d.R. auch sachliche Mängel aufweist.[390] Ungeachtet einer Differenzierung zwischen formellen und materiellen Fehlern ist die Kassenführung aber nur bei **wesentlichen Mängeln** zu verwerfen. Solchen wesentlichen Mängeln steht allerdings eine Häufung von für sich gesehen unwesentlichen Mängeln gleich.[391]

Ob im Fall einer nach den o. g. Kriterien nichtordnungsgemäßen Kassenführung eine Hinzuschätzung in Betracht kommt, richtet sich u. a. nach der **Bedeutung der Barkasse** für den jeweiligen Betrieb.[392] Erzielt Letzterer im Wesentlichen Bareinnahmen, ist die Nichtordnungsmäßigkeit der Kassenführung gleichzusetzen mit der Nichtordnungsmäßigkeit der Buchführung insgesamt,[393] die Kassenaufzeichnungen sind hier das „Rückgrat" der Ordnungsmäßigkeit.[394] Werden hingegen weniger als 10 % der Umsätze bar erzielt, hat die Kasse i. d. R. kein erhebliches Gewicht,[395] so dass die Nichtordnungsmäßigkeit in diesem Bereich selten zu einer Vollschätzung führt. Darüber hinaus kann von Bedeutung sein, in welchem Bereich der Kassenführung die Nichtordnungsmäßigkeit festgestellt wurde und welchen Anteil dieser Bereich am Gesamtumsatz hat.

---

385 Die Unterscheidung zwischen schweren formellen Fehlern und schweren materiellen Fehlern deshalb m. E. zu Recht als „überholt" bezeichnend *Drüen* in Tipke/Kruse, § 146 Rz. 72.
386 Vgl. zu einer solchen sog. offenen Ladenkasse i. e. S. nachfolgend 3.5.5.2, zum Kassenbericht siehe dieses Stichwort unter 3.5.5.5.
387 FG Münster v. 23. 6. 2010 12 K 2714/06, E, U, juris; *Seer* in Tipke/Kruse, § 162 Rz. 40, 42 und § 158 Rz. 24; *Pump*, StBp 2016, 131.
388 Als bargeldintensiv gilt ein Unternehmen, bei dem der Anteil der Barumsätze am Gesamtumsatz nicht unerheblich ist, wobei es allerdings keine allgemein anerkannte Untergrenze gibt, vgl. *Schleep/Köster/Unger*, FR 2018, 548.
389 *Pump*, StBp 2016, 199, 202, unter Hinweis auf BFH v. 25. 3. 2015 X R 20/13, BStBl. II 2015, 743, Rz. 29. Im Ergebnis wohl auch *Krumm*, DB 2017, 1105.
390 *Krömker* in Lipproß/Seibel, § 158 Rz. 9.
391 BFH v. 2. 12. 2008 X B 69/08, juris.
392 BFH v. 25. 1. 1990 IV B 140/88, BFH/NV 1990, 484.
393 FG München v. 24. 2. 2011 14 K 1715/08, juris.
394 FG des Saarlands v. 24. 5. 2005 1 K 161/01, juris, rkr.
395 BFH v. 7. 6. 2000 III R 82/97, BFH/NV 2000, 1462.

3 Außenprüfung

Beispiel:

In einer Gaststätte werden eine Registrierkasse und eine manuelle Ladenkasse eingesetzt. Über die Registrierkasse werden 90 % der Einnahmen erfasst. Im Rahmen einer Ap werden hinsichtlich der Registrierkasse keine Mängel festgestellt. Bei der Überprüfung der manuellen Ladenkasse fallen dem Betriebsprüfer jedoch Kassenfehlbeträge von ungefähr 500 € pro Jahr auf. In diesem Fall ist m. E. allenfalls ein geringer Sicherheitszuschlag in Höhe der Kassenfehlbeträge, ggf. etwas höher, gerechtfertigt.[396] Da die meisten Einnahmen über die ordnungsgemäß geführte Registrierkasse erfasst werden, ist – wenn keine weiteren Feststellungen getroffen werden – für eine höhere Schätzung kein Raum.

Die besondere Bedeutung der Kassenführung in der „Barbranche" sollte aber nicht dazu verleiten, im Umkehrschluss davon auszugehen, dass z. B. Freiberufler und solche Handwerker, die ihre Einnahmen im Wesentlichen „über die Bank" realisieren, keine ordnungsgemäße Kasse führen müssten. Vielmehr können gravierende Mängel im Bereich der Kassenführung auch bei dieser Personengruppe zu **Hinzuschätzungen** führen, die dann allerdings im Ergebnis oft nur **gering** sind.

Beispiel:

Dachdecker D erzielt in 01 einen Umsatz von 400.000 €. Da er keinen Ärger mit dem FA haben will, akzeptiert er Barzahlungen nur in absoluten Ausnahmefällen, so dass in 01 nur 800 € Barumsätze angefallen sind. Die entsprechende Kassenführung ist unstreitig nicht ordnungsgemäß. Ein Sicherheitszuschlag i. H. v. z. B. 1 % des Gesamtumsatzes, also i. H. v. 4.000 €, würde hier wohl weit außerhalb des Schätzungsrahmens liegen. Der Zuschlag sollte vielmehr prozentual auf die Bareinnahmen bezogen werden, wobei dann eine Hinzuschätzung i. H. v. von 50 % bis 100 % der Barumsätze (400 € bis 800 €) sachgerecht erscheint.

Der Unternehmer kann theoretisch **frei entscheiden**, welche Art von Kassenführung bzw. welches Kassensystem er einsetzt.[397] In Deutschland gibt es insbesondere keine Verpflichtung, Bareinnahmen mit Hilfe einer Registrierkasse zu erfassen.[398] Daran haben weder der sog. Registrierkassenerlass noch die GoBD noch das KassenG[399] etwas geändert. Das Wahlrecht zwischen manuellen Aufzeichnungen und dem Einsatz einer elektronischen Kasse bedeutet jedoch nicht, dass beide Varianten nebeneinander zur Anwendung gelangen dürfen. Eine Kombination zwischen manuellen und elektronischen Einzelaufzeichnungen ist unzulässig. Das bedeutet insbesondere, dass bei Vorhandensein einer elektronischen Kasse alle Umsätze mit dieser zu erfassen sind.[400] Tatsächlich kann schon aus praktischen Gründen ab einer bestimmten Größenord-

---

396 Zum Sicherheitszuschlag siehe 3.9.11.
397 Vgl. *Teutemacher*, BBK 2012, 1073, 1075.
398 AEAO zu § 146, Nr. 3.1; *Rätke* in Klein, § 146 Rz. 20; *Schumann*, AO-StB 2015, 213, 214. Zur Alternative der manuellen Kasse siehe nachfolgend 3.5.5.2. In vielen Staaten besteht eine solche Verpflichtung.
399 Siehe hierzu die Ausführungen zur elektronischen Kasse unter 3.5.5.3.
400 *Pump*, AStW 2018, 594, 598, *Kuhni*, S. 174.

nung kaum ein Unternehmer auf die elektronische Erfassung seiner Umsätze verzichten.[401]

3.5.5.2 Manuelle Kasse

Bei Verwendung einer manuellen Kasse können die Einnahmen „technisch" entweder durch Einzelaufzeichnung oder aber durch Rückrechnung aus dem Endbestand ermittelt werden.[402]

Manuelle Einzelaufzeichnungen finden sich aus praktischen Gründen naturgemäß nur in kleinen Betrieben mit wenigen Umsätzen pro Tag. Sie sind rechtlich zulässig und ausreichend.

> *Beispiel:*
> P. ist als Physiotherapeut selbstständig tätig. Seine Umsätze aus Hausbesuchen vereinnahmt er in aller Regel bar. Zu diesem Zweck trägt er den jeweiligen Umsatz unmittelbar nach der Behandlung bzw. Zahlung in sein Kassenbuch ein. Diese Art der Einnahmenaufzeichnung und -ermittlung ist zulässig. P. ist insbesondere nicht verpflichtet, seine Umsätze mit Hilfe einer elektronischen Kasse zu erfassen.

Wichtig ist, dass die manuellen Einzelaufzeichnungen **nicht nachträglich verändert** werden können bzw. dass erforderliche Änderungen als solche erkennbar bleiben. Fehlerhafte Eintragungen sind damit sichtbar zu streichen und weder zu radieren noch zu übermalen.

Bei der sog. „**offenen Ladenkasse**" i. e. S. werden die Einnahmen nicht einzeln aufgezeichnet, sondern ihre Summe wird durch Rückrechnung aus dem **ausgezählten Endbestand** ermittelt. Der Begriff der offenen Ladenkasse wird teilweise auch als Sammelbezeichnung für alle manuellen Kassen, also auch solche mit Einzelaufzeichnung, verwendet.[403] Die Ermittlung der Einnahmen durch Auszählen des Endbestands und rechnerischer Hinzu- und Abrechnung von Entnahmen, Einlagen und Betriebsausgaben genügt dem Einzelaufzeichnungserfordernis nicht. Die Kassenführung mit Hilfe einer offenen Ladenkasse i. e. S. kann deshalb überhaupt nur zulässig sein, wenn im konkreten Fall keine Einzelaufzeichnungspflicht besteht.[404] Ist das der Fall und entscheidet sich der

---

401 Zur Begründung siehe nachfolgend 3.5.5.2.
402 Sog. retrograde Methode, vgl. bereits BFH v. 12. 5. 1966 IV 472/60, BStBl. III 1966, 371; BFH v. 1. 10. 1969 I R 73/66, BStBl. II 1970, 45. Diese Art der Kassenführung wird gemeinhin als „offene Ladenkasse" bezeichnet, siehe hierzu unten.
403 Z. B. *Teutemacher*, S. 95 und wohl überwiegend auch die FinVerw, vgl. AEAO zu § 146, Nr. 2.1.4 a. E. Den Begriff der offenen Ladenkasse mit dem Verzicht auf Einzelaufzeichnung gleichsetzend z. B. *Pump*, StBp 2017, 213 und 2018, 50 sowie in StBp-Handbuch, Kza. 2430; *Achilles*, Datev-Magazin 5/2017, 23; m. E. zutreffend. Die offene Ladenkasse ohne Einzelaufzeichnungen wird zur Vermeidung von Missverständnissen im Folgenden als offene Ladenkasse i. e. S. bezeichnet.
404 BFH v. 12. 7. 2017 X B 16/17, BFH/NV 2017, 1204, Rz. 63; BFH v. 16. 12. 2014 X R 29/13, BFH/NV 2015, 790; *Teutemacher*, S. 27. Zur Einzelaufzeichnungspflicht siehe dieses Stichwort unter 3.5.5.5.

Unternehmer für die offene Ladenkasse i.e.S., so ist vor allem das korrekte Aufnehmen und Dokumentieren der Bestände mit Hilfe eines täglichen **Kassenberichts** wesentlich für die Ordnungsmäßigkeit der Kassenführung.[405] Das Zählen muss durch den Unternehmer oder einen seiner Angestellten erfolgen, die Ermittlung der in der Kasse befindlichen Bargeldsumme durch z.B. durch einen Bankangestellten ersetzt dieses eigene Zählen auch dann nicht, wenn tatsächlich täglich der gesamte Bestand auf das betriebliche Bankkonto eingezahlt wird.[406] Fehlen die Kassenberichte, ist das FA ohne Ausnahme zur Schätzung berechtigt.[407] Der Kassenbericht ist allerdings nicht zu verwechseln mit dem freiwilligen Zählprotokoll.[408]

Bei der offenen Ladenkasse i.e.S. besteht die **Gefahr**, dass Beträge, die im Laufe des Tages aus der Kasse verausgabt wurden, sei es als Betriebsausgaben oder als Privatentnahme, bei der Ermittlung der Einnahmen nicht erfasst werden.[409] Die diese Beträge betreffenden Belege sind im Kassenbereich aufzubewahren, um die Kassensturzfähigkeit sicherzustellen.[410] Hinsichtlich der Privatentnahmen sind Eigenbelege zu fertigen, welche mit den übrigen Kassenunterlagen aufzubewahren sind. Der Kassenbestand muss nach Geschäftsschluss ausgezählt und auf dieser Grundlage ein täglicher Kassenbericht erstellt werden.[411] Auch wenn in einer gesonderten Spalte eines Kassenbuchs Bestände ausgewiesen werden, ersetzt das den bei der retrograden Einnahmeermittlung zwingend erforderlichen Kassenbericht nicht.[412] Denn gerade in den Fällen, in denen der Steuerpflichtige seine Einnahmen nicht einzeln aufzeichnet, muss die Einnahmeermittlung besonders sorgfältig dokumentiert und überprüfbar sein.[413] Deshalb wird eine bloße handschriftliche Liste der täglichen Umsätze ohne Aufbewahrung weiterer Belege nicht als ordnungsgemäße Aufzeichnung der Einnahmen anerkannt.[414] Denn in solchen Fällen ist nicht ersichtlich, von wem, wann und auf welche Weise die jeweiligen Tagesumsätze ermittelt worden sind. Die erklärten Tagesumsätze bestehen dann nur aus einer Zahl, deren Herkunft und Richtigkeit nicht nachprüfbar ist. Aber auch wenn die danach erforderlichen Kassenberichte angefertigt werden, erweist sich die offene Ladenkasse i.e.S., die oft anschaulich als **„Schubladenkasse"** bezeichnet wird,[415] in der Praxis als

---

405 Wegen Einzelheiten zum Kassenbericht siehe dieses Stichwort unter 3.5.5.5.
406 BFH v. 20.3.2017 X R 11/16, BStBl. II 2017, 992, Rz.45.
407 *Kamps*, Stbg 2017, 201, 206.
408 Siehe hierzu das Stichwort „Kassenbestand" unter 3.5.5.5.
409 Zur Problematik der offenen Ladenkasse insgesamt z.B. *Pump* in StBp-Handbuch, Kza. 2430. Insbesondere zur Gefahr der Nichterfassung entnommener Beträge vgl. *Pump*, AStW 2018, 594, 595.
410 *Pump* in StBp-Handbuch, Kza. 2430. Zur Kassensturzfähigkeit siehe dieses Stichwort in 3.5.5.5.
411 Siehe hierzu auch die Erläuterungen zu „Kassenbericht" und „Zählprotokoll" in 3.5.5.5.
412 FG Münster v. 31.8.2000 14 K 3305/98, juris.
413 Niedersächsisches FG v. 8.12.2011 12 K 389/09, EFG 2013, 291, rkr.
414 FG des Saarlands v. 13.1.2010 1 K 1101/05, EFG 2010, 772; FG Berlin-Brandenburg v. 26.7.2007 14 K 3368/06 B, rkr.
415 *Pump*, DStZ 2014, 648. Siehe auch *Huber*, StBp 2014, 317, 349: „Anachronismus".

extrem fehleranfällig.[416] Vor einem entsprechenden **„Downsizing"** von der Registrierkasse zur offenen Ladenkasse, wie es angesichts der gestiegenen Anforderungen an die Registrierkasse bisweilen direkt oder indirekt empfohlen wird, ist deshalb dringend abzuraten.[417] M. E. spricht schon die vorherige Nutzung einer Registrierkasse gegen die für die Zulässigkeit einer offenen Ladenkasse i. e. S. erforderliche Unzumutbarkeit von Einzelaufzeichnungen. Die Problematik der offenen Ladenkasse i. e. S. offenbart sich in dem Moment, in dem durch die Bp entweder die Unzulässigkeit der Nutzung einer solchen Kasse oder aber formelle Fehler festgestellt werden. Ist die Schätzungsbefugnis nämlich dem Grunde nach gegeben, ist der Steuerpflichtige dem Betriebsprüfer insoweit „ausgeliefert", als er selbst mangels Einzelaufzeichnungen die Höhe seiner Umsätze nicht kennt und erst recht nicht nachweisen kann.[418]

Schließlich ist zu beachten, dass auch beim zulässigen Einsatz einer offenen Ladenkasse i. e. S. in bestimmten Bereichen bzw. Branchen zwingend Einzelaufzeichnungen zu führen sind. So müssen z. B. Barverkäufe ungeachtet der Art des Betriebs bzw. der Tätigkeit ab 15.000 € zwingend einzeln erfasst werden.[419] Kein Verzicht auf Einzelaufzeichnung von Einnahmen wird zugelassen im Hotel- und Beherbergungsgewerbe[420] und in der Gastronomie in Bezug auf Rechnungen über Familienfeiern, Betriebsveranstaltungen, Tagungen usw.[421] Auch Juweliere, Goldschmiede und Kfz-Reparaturwerkstätten[422] müssen jeden Umsatz einzeln erfassen. Darüber hinaus ist nach § 144 AO jeder Umsatz einzeln aufzuzeichnen, wenn nach Art des Geschäftsbetriebs Waren regelmäßig an andere gewerbliche Unternehmer erkennbar zur Weiterveräußerung oder zum Verbrauch als Hilfsstoffe geliefert werden.

Eine nicht den gesetzlichen Anforderungen entsprechende elektronische Kasse[423] kann nicht quasi „hilfsweise" nach den Regeln der offenen Ladenkasse i. e. S. beurteilt werden. Ihr Einsatz führt damit immer zu einer nichtordnungsgemäßen Kassenführung mit der Rechtsfolge aus § 162 AO.[424]

---

416 *Pump/Heidl*, StBp 2014, 162; *Assmann*, StBp 1990, 169, 175. A. A. *Eichhorn*, StBp 2016, 303, 306.
417 Wie hier *Pump*, Datev-Magazin 1/2017, 29; *Achilles*, Datev-Magazin 5/2017, 23, 24; *Kläne/Thünemann*, StBp 2017, 239, 241. Das Motiv für den Einsatz einer offenen Ladenkasse ist häufig die Absicht, nicht alle Einnahmen zu versteuern, wie hier z. B. *Pump*, StBp 2018, 345.
418 *Pump* in StBp-Handbuch, Kza. 2430: „Hilflosigkeit bei der Betriebsprüfung durch fehlende Einzelaufzeichnungen". Zu weiteren Nachteilen einer offenen Ladenkasse i. e. S. siehe die Ausführungen a. E. des Gliederungspunktes.
419 BMF v. 5. 4. 2004, BStBl. I 2004, 419. Auch wenn das BMF-Schreiben formal aufgehoben wurde, sind die Aussagen nach wie vor zutreffend und weiter gültig, wie hier auch *Hülshoff/Wied*, NWB 2017, 2094, 295. Auch die GoBD erkennen die Grundsätze weiter an, vgl. GoBD Rz. 39 a. E.
420 BFH v. 27. 1. 1989 III B 130/88, BFH/NV 1989, 767.
421 BFH v. 12. 5. 1966 IV 472/60, BStBl. III 1966, 372.
422 BFH v. 9. 10. 1958 IV 119/57, juris.
423 Siehe hierzu insgesamt nachfolgend 3.5.5.3.
424 Wie hier *Pump*, AStW 2018, 371, 374.

3 Außenprüfung

Steht der Steuerpflichtige vor der Frage, ob er seine Barerlöse mit Hilfe einer offenen Ladenkasse i. e. S. oder mit Hilfe einer elektronischen Kasse erfassen soll, sind neben den steuerlichen Aspekten wie der ungeklärten Frage nach der rechtlichen Zulässigkeit[425] oder der schwierigen Situation im Fall der beabsichtigten Schätzung durch das FA[426] weitere – außersteuerliche – Erwägungen anzustellen. Hierzu gehört insbesondere, dass es im Fall der offenen Ladenkasse i. e. S. kaum Möglichkeiten gibt, Diebstähle durch Angestellte oder auch Familienangehörige zu entdecken. Die möglichen Schäden dürften die Kosten einer elektronischen Kasse fast immer deutlich übersteigen.[427]

3.5.5.3 Elektronische Kasse

In der Praxis werden die Bareinnahmen weit überwiegend nicht manuell, sondern elektronisch erfasst. In technischer Hinsicht kann dabei grundsätzlich zwischen computergestützten Kassensystemen, die ein gewöhnliches Betriebssystem und eine Festplatte besitzen, auf der alle Geschäftsvorfälle in einer Datenbank gespeichert werden, und anderen Registrierkassen unterschieden werden.[428] Eine elektronische Registrierkasse ist jedenfalls ein auf den Verkauf von Waren oder Dienstleistungen spezialisiertes Datenerfassungsgerät, das elektronische Aufzeichnungen zur Dokumentation von Einzelumsätzen erstellt. Es kann mit einer oder mehreren Eingabestationen verbunden sein.[429] Zwar ist das den diversen technische Unterscheidungen zu Grunde liegende Wissen durchaus hilfreich für die Beurteilung vermeintlicher Manipulationen, die Begriffe sind aber nicht immer scharf zu treffen und ihre Verwendung für die rechtliche Beurteilung von eher geringem Nutzen.[430] Moderne elektronische Registrierkassen sind für den Laien kaum noch von einer „Computerkasse" zu unterscheiden.[431] Gemeint ist an dieser Stelle jedenfalls ein **Datenerfassungsgerät**, mit dessen Hilfe Bargeldumsätze abgerechnet und entsprechende Belege erstellt werden können.[432] International findet sich die Bezeichnung „ECR".[433] Nachfolgend wird – mangels rechtlicher Bedeutung ohne weitere Differenzierung – der Begriff der „elektronischen Kasse" bzw. „Registrierkasse" benutzt.

---

425 Siehe hierzu die Ausführungen zur Einzelaufzeichnungspflicht unter 3.5.5.5.
426 Siehe hierzu bereits oben.
427 Zu diesem Thema z. B. *Pump*, StBp-Handbuch, Kza. 2430, IV.3.
428 Eine weitere Unterteilung in verschiedene „Kassentypen" erscheint unter technischen Gesichtspunkten möglich, aber für die rechtliche Einschätzung allenfalls von geringer Bedeutung zu sein, vgl. z. B. *Reckendorf*, BBK 2017, 479, 483.
429 Vgl. BT-Drs. 18/12221 zur KassenSichV.
430 *Reckendorf*, BBK 2016, 479, 483; *Kläne/Thünemann*, StBp 2017, 239, 240. Zur technischen Differenzierung siehe die Begriffe „App-Kassensystem", „PC-Kassensystem", „Proprietäres Kassensystem" sowie „Cloud-Kasse" unter 3.5.5.5.
431 *Kläne/Thünemann*, StBp 2017, 239, 240.
432 Nach § 1 KassenSichV sollen nicht dazu gehören: Fahrscheinautomaten, Fahrscheindrucker, elektronische Buchhaltungsprogramme, Waren- und Dienstleistungsautomaten, Taxameter, Wegstreckenzähler, Geld- und Warenspielgeräte.
433 Electronic Cash Register.

3.5 Richtigkeitsvermutung gemäß § 158 AO

Eine Registrierkasse dient bei Betrieben mit Fremdpersonal neben der Erfassung der Einnahmen insbesondere der Kontrolle der Mitarbeiter. Das soll der eigentliche Hintergrund für die Entwicklung der Registrierkasse gewesen sein, denn das Klingelgeräusch beim Öffnen der Schublade sollte danach den Ladenbesitzer auf den Vorgang aufmerksam machen. Die Registrierkassen der ersten Generation boten damit für die Finanzbehörde eher als „Nebenprodukt" die Gewähr, dass alle Einnahmen der Besteuerung unterworfen wurden, zumindest soweit Fremdpersonal die Kasse bediente.

Wird eine elektronische Kasse benutzt, müssen alle **Einzeldaten**, die durch die Nutzung der Kasse entstehen, während der Aufbewahrungsfrist von zehn Jahren jederzeit verfügbar, unverzüglich lesbar und maschinell auswertbar aufbewahrt werden.[434] Fragen der Zumutbarkeit oder der Praktikabilität stellen sich bei tatsächlich vorhandenen Einzeldaten nicht.[435] In der Vergangenheit verzichtete die FinVerw allerdings unter bestimmten Voraussetzungen auf die Vorlage der o. g. Unterlagen und ließ Tagesendsummenbons oder „Z-Bons" genügen,[436] welche natürlich keine Gewähr für die Vollständigkeit boten.[437] Die entsprechende Übergangsregelung für nicht nachrüstbare Kassen ist mit dem 31. 12. 2016 ausgelaufen.[438]

Die **Auswertung** der Registrierkasse erfolgt i. d. R. durch Fachleute der FinVerw, ggf. unter Einbeziehung der jeweiligen Kassenhersteller.[439] Im Strafverfahren werden die Kassen in aller Regel beschlagnahmt. Das sog. **„Auslesen"** elektronischer Registrierkassen ist eine zulässige Prüfungshandlung, und zwar die Auswertung aller zum Zeitpunkt der Prüfung vorhandenen Daten und nicht nur derjenigen, die den Prüfungszeitraum betreffen. Unter „Auslesen" werden das Herausfinden und das Analysieren der technischen Eigenschaften und Funktionen des Systems, insbesondere der individuellen Anpassungen verstanden. Das FA darf Einsicht in gespeicherte Daten nehmen und dabei die vom Steuerpflichtigen bzw. vom Unternehmen genutzten Registrierkassen nutzen.[440] Das gilt erst recht seit Einführung des Datenzugriffs zum 1. 1. 2002. Die Steuerfahndung verfügt in diesem Bereich über EDV-Fachleute und bittet im Zweifel ein Kriminallabor oder auch den Kassenaufsteller bzw. -hersteller um Mithilfe. Das Auslesen der Kasse führt häufig zu erheblichen Feststellungen im Hinblick auf

---

434 Wegen Einzelheiten siehe weiter unten. Die Verpflichtung zur Vorlage der Einzeldaten bestand auch schon vor dem 1. 1. 2017, vgl. zusammenfassend z. B. FG Münster v. 28. 6. 2018 6 K 1929/15 AO, juris.
435 GoBD Rz. 39.
436 BMF v. 9. 1. 1996, BStBl. I 1996, 34.
437 BFH v. 25. 3. 2015 X R 20/13, BStBl. II 2015, 743; FG Hamburg v. 26. 8. 2016 6 V 81/16, juris, Rz. 79; Niedersächsisches FG v. 23. 3. 2015 12 V 359/14; FG Münster v. 16. 5. 2013, 2 K 3030/11, juris.
438 BMF v. 26. 11. 2010, BStBl. I 2010, 1342.
439 Die Zulässigkeit einer solchen Maßnahme ergibt sich aus § 200 Abs. 1 S. 3 AO.
440 § 147 Abs. 1 und 6 AO, Sächsisches FG v. 24. 11. 2006 4 V 1528/06, juris.

Warengruppen und Personaleinsatz.[441] Oft ist z. B. zu ersehen, dass bestimmte Speisen oder Getränke so gut wie nie verkauft worden sein sollen, obwohl in erheblichem Umfang entsprechender Einkauf getätigt wurde.[442] Die Kassenauslesung vermittelt darüber hinaus oftmals Informationen darüber, wie viele Personen die Kasse bedienen und wieviele Trainingsschlüssel vorhanden sind. Mit Hilfe von Registrierkassenauswertungen können Verkürzungen allerdings nicht unmittelbar nachgewiesen werden, soweit Umsätze – was häufig geschieht – schlicht nicht eingegeben worden sind.[443] Allerdings Ist der Steuerpflichtige oftmals „gezwungen", seine Umsätze zunächst vollständig in der Kasse zu erfassen, weil er nicht selbst, sondern nur seine Angestellten kassieren. Dann muss er, um nicht den gesamten Umsatz zu versteuern, zwangsläufig einen Teil der Umsätze wieder aus der Kasse entfernen.[444] In solchen Fällen bringt die Kassenauswertung oftmals Daten zum Vorschein, die der Steuerpflichtige für gelöscht hält. Daneben können i. d. R. in diesem Zusammenhang relevante Einstellungen der Kasse wie z. B. die programmierte Nichtaufzeichnung von Stornierungen erkannt werden.

Die Beurteilung der **Ordnungsmäßigkeit** bzw. der Nichtordnungsmäßigkeit der elektronischen Kassenführung erfolgt auf Grundlage der Vorschriften der AO, insbesondere der **§ 146–146b AO**.[445] Darüber hinaus sind der **„Registrierkassenerlass"**[446] und die **GoBD**[447] zu beachten, welche allerdings als Verwaltungsanweisungen die gesetzlichen Regelungen lediglich mit Innenwirkung interpretieren.[448] Die für elektronische Kassen insgesamt maßgebenden Regelungen lassen sich wie folgt zusammenfassen:

- Registrierkassen sowie die mit ihrer Hilfe erstellten digitalen Unterlagen müssen danach vor allem den GoB entsprechen. Alle steuerlich relevanten Einzeldaten einschließlich etwaiger mit dem Gerät elektronisch erzeugter Rechnungen i. S. d. § 14 UStG sind **unveränderbar**[449] und vollständig aufzubewahren.[450] Eine Verdichtung dieser Daten bzw. die ausschließliche Speicherung der Rechnungsendsummen ist nicht zulässig. Ebensowenig ist ein ausschließliches Vorhalten aufbewahrungspflichtiger Unterlagen in ausgedruckter Form ausreichend.

---

441 Zum hohen Beweiswert einer Kassenauslesung vgl. FG Bremen v. 17. 1. 2007 2 K 229/04 (5), EFG 2008, 8.
442 Vgl. z. B. FG des Saarlands v. 30. 11. 1995 1 V 208/95, juris.
443 Vgl. Stellungnahme des Bundesrats zum KassenG v. 23. 9. 2016, BR-Drs. 407/16.
444 Zur Manipulation von Registrierkassen im Einzelnen siehe weiter unten.
445 § 146 AO ist für Zeiträume ab dem 1. 1. 2017 geändert worden. Zu dem ab dem 1. 1. 2020 zusätzlich zu beachtenden § 146a AO siehe die Ausführungen am Ende dieses Gliederungspunkts.
446 BMF v. 26. 11. 2010, BStBl. I 2010, 1342, in Abgrenzung zu BMF v. 9. 1. 1996, BStBl. I 1996, 34 auch als „neuer Erlass" oder „neue Kassenrichtlinie" bezeichnet. Auch der Begriff „2. Kassenrichtlinie" wird benutzt.
447 BMF v. 14. 11. 2014, BStBl. I 2014, 1450.
448 Z. B. *Seer* in Tipke/Kruse, § 147 Rz. 3b.
449 Vgl. § 146 Abs. 4 AO.
450 GoBD Rz. 38.

3.5 Richtigkeitsvermutung gemäß § 158 AO

- Die digitalen Unterlagen und die Strukturinformationen müssen in einem **auswertbaren Datenformat** vorliegen.[451]
- Alle **Änderungen** an Journal-, Auswertungs-, Programmier-, und Stammdaten wie z. B. Preisänderungen müssen elektronisch gespeichert werden und auslesbar sein. Ist die komplette Speicherung aller steuerlich relevanten Daten – das sind bei der Registrierkasse insbesondere Journal-, Auswertungs-, Programmier- und Stammdatenänderungsdaten – innerhalb des Geräts nicht möglich, sind diese Daten unveränderbar und maschinell auswertbar auf einem externen Datenträger zu speichern. Das Archivsystem muss die gleichen Auswertungen wie das laufende System ermöglichen.[452] Registrierkassen und PC-Kassen haben im konkreten Fall zu gewährleisten, dass alle Programme und Daten, die in den Verarbeitungsprozess eingeführt bzw. hierdurch erzeugt werden, nicht mehr unterdrückt oder ohne Kenntlichmachung überschrieben, gelöscht, geändert oder durch neue Daten ersetzt werden können.[453] Das erfolgt durch die Festschreibung unter Angabe des jeweiligen Datums.[454]
- Die konkreten **Einsatzorte und -zeiträume** der vorgenannten Geräte sind zu protokollieren und die Protokolle aufzubewahren. Außerdem müssen die Grundlagenaufzeichnungen zur Überprüfung der Bareinnahmen für jedes einzelne Gerät getrennt geführt und aufbewahrt werden. Soweit mit Hilfe eines solchen Geräts unbare Geschäftsvorfälle erfasst werden, muss aufgrund der erstellten Einzeldaten ein Abgleich der baren und unbaren Zahlungsvorgänge und ihre zutreffende Verbuchung im Buchführungs- bzw. Aufzeichnungswerk gewährleistet sein.
- Nach der sog. „alten Kassenrichtlinie"[455] reichte es zum Nachweis einer ordnungsgemäßen Kassenführung und einer lückenlosen Einnahmenerfassung unter bestimmten Voraussetzungen aus, wenn der Unternehmer lediglich vollständige Tagesendsummenbons vorlegte. Auch nachdem diese Regelung spätestens zum 1.1.2017 keine Anwendung mehr findet, sind die tatsächlich abgerufenen **Tagesendsummenbons**[456] aufzubewahren, jedenfalls wenn sie als Buchungsbelege[457] dienen, was meistens der Fall ist. Allerdings führt es außerhalb des Anwendungsbereichs der „alten Kassenrichtli-

---

451 Da diese Strukturinformationen bei kleineren und mittleren Unternehmen oft nicht bekannt sind, stellt das BMF entsprechende Informationen auf seiner Internetseite bereit.
452 GoBD Rz. 142, zu den Voraussetzungen siehe weiter unten.
453 GoBD Rz. 108.
454 Bei einigen Kassensystemen ist die Unveränderbarkeit bereits mit der Registrierung gewährleistet, vgl. *Achilles*, S. 49, unter Hinweis auf GoBD Rz. 85. Der Begriff der „Festschreibung" stammt allerdings aus der Buchführung, vgl. GoBD Rz. 85.
455 BMF v. 9.1.1996, BStBl. I 1996, 35. Teilweise findet sich für den Erlass aus 1996 auch der Begriff „1. Kassenrichtlinie". Der bis heute geltende Registrierkassenerlass aus 2010 wird dann als „2. Kassenrichtlinie" bezeichnet.
456 Siehe auch dieses Stichwort unter 3.5.5.5.
457 § 147 Abs. 1 Nr. 4 AO, FG München 5.6.2012 14 K 1400/12, juris.

nie" nicht zur Schätzungsbefugnis, wenn nicht alle der in der dieser Verwaltungsanweisung aufgeführten Angaben auf den Tagesendsummenbons ersichtlich sind.
- Die GoBD verlangen in jedem Fall eine **Programm-** sowie eine **Verfahrensdokumentation**.[458] Das Auslaufen der Übergangsregelung zum 1.1.2017,[459] nach der die Vorlage der Tagesendsummenbons ausreichte, wenn u. a. eine Programm- und Verfahrensdokumentation vorgelegt wurde, sollte nicht zu der fehlerhaften Annahme verleiten, dass mit dem 31.12.2016 die Aufbewahrungs- und Vorlagepflicht für diese Unterlagen entfallen ist.

Die Überprüfung der Registrierkasse durch das FA soll neben der Frage der formellen Ordnungsmäßigkeit vor allem klären, ob es zur **Verkürzung von Einnahmen** gekommen ist. Die einfachste Form der Einnahmenverkürzung ist dabei die Nichtbuchung von Umsätzen. Bei Betrieben mit Fremdpersonal wird häufig die Anweisung ausgegeben, nur bei solchen Gästen – nachträglich – zu bonieren, die ausdrücklich eine Quittung wünschen. Problematisch ist für den Betriebsinhaber zum einen, dass er – soweit er nicht selbst die Kasse bedient – Angestellte in die Steuerhinterziehung einweihen muss. Zum anderen besteht die Gefahr, dass das Nichterfassen von Kunden beobachtet wird und diese – aus welchen Gründen auch immer – entsprechende Informationen an die Steuerfahndung geben.

In manchen Betrieben ist zwar eine Registrierkasse vorhanden, in der die Umsätze erfasst werden, die entsprechenden Belege werden jedoch nicht gebucht. Stattdessen werden mit Hilfe einer zweiten sog. **„Schattenkasse"** oder „Phantomkasse" fiktive Belege angefertigt.[460] Das FA trifft für solche Fälle Beweisvorsorge dadurch, dass Bons und Bewirtungsbelege aus anderen Prüfungen oder aus dem Veranlagungsbereich gesammelt und bei Bedarf geprüft werden. Oft sind Anschaffungskosten für „unsichtbare" Kassen sogar versehentlich als Anlagevermögen aus dem Jahresabschluss ersichtlich oder es befinden sich entsprechende Reparaturrechnungen in den Belegen.[461] Eine zweite Registrierkasse wird aber vielfach ohne Absicht der Steuerhinterziehung, sondern tatsächlich aus Kapazitätsgründen, z. B. für Sonderveranstaltungen eingesetzt. Der Unterschied einer solchen „harmlosen" Zweitkasse zur kriminellen „Schattenkasse" ergibt sich i. d. R. schon dadurch, dass die erstgenannte im Anlagenverzeichnis aufgeführt oder ist ein entsprechender Leasingvertrag abgeschlossen wurde.

Im Gastronomiebereich werden häufig EDV-Kassen eingesetzt, die über sog. **Trainingsspeicher** verfügen und bei denen echte Kellnerspeicher zu solchen Trainingsspeichern umprogrammiert werden können.[462] Unterlagen über die

---
458 GoBD Rz.151.
459 Siehe hierzu die nachfolgenden Ausführungen.
460 *Burkhard*, DStZ 2005, 268, 269.
461 *Pump*, StBp 2016, 289, 290.
462 Fachjargon: „Den Kellner auf Training schicken." Ausführlich zu dieser Problematik *Pump/Kläne*, DStZ 2015, 974.

3.5 Richtigkeitsvermutung gemäß § 158 AO

Umsätze, die in diese Speicher eingegeben werden, sind aufzubewahren, da sonst eine Überprüfung der gesamten Umsätze nicht möglich ist. Die Einrichtung eines Trainingsspeichers allein rechtfertigt jedoch nicht die Verwerfung der Buchführung, da der eigentliche Zweck, nämlich Übungsmöglichkeiten für das Personal zu schaffen, durchaus nachzuvollziehen ist. Damit ist es aber grundsätzlich ein Leichtes, eine längere Einarbeitungszeit für eine Aushilfskraft zu behaupten und tatsächliche Umsätze über den Probekellner zu bonieren.[463] Sind jedoch „Trainingszeiten" ausgeprägt und für den Prüfer noch als solche erkennbar, wird ein Vergleich mit dem tatsächlich in den fraglichen Zeiträumen vorhandenen Personal erfolgen. Zu beachten ist, dass bei bestimmten Systemen Trainingskellner zwar im X-Bericht, nicht aber im Z-Bericht erscheinen. Werden solche Speicher dann – oft kurz vor der Ap – gelöscht und legt der Steuerpflichtige unter Berufung auf den „alten" Kassenerlass nur die Tagesendsummenbons vor, ist die Gefahr der Entdeckung nur gering. Denkbar ist allerdings, dass der Prüfer über Bewirtungsbelege als Kontrollmaterial verfügt und sich daraus Hinweise auf den „Trainingskellner" ergeben. Als Vorsorgemaßnahme bietet sich an, die Trainingsspeicher täglich abzufragen und den entsprechenden Ausdruck abzuheften. Am besten ist allerdings derjenige vor Missbrauch durch seine Mitarbeiter und gegen spätere Vorhaltungen des Betriebsprüfers geschützt, der solche Speicher entfernt oder aber entsprechend modifizierte Kassen erwirbt.[464]

Bekannt geworden sind sog. „Jumper" oder **„Phantombediener"**. Dabei sind die jeweiligen Berechtigungen nicht im System, sondern nur auf dem Bedienerschlüssel gespeichert, was das Entdeckungsrisiko minimiert. Der mit dem Schlüssel ausgestattete Mitarbeiter kann quasi unsichtbar arbeiten. Vergleichbar ist diese Art der Einnahmemanipulation mit dem Einsatz tragbarer Geräte bzw. Terminals, die im Fall der Gastronomie zwar mit dem Küchenbereich, nicht aber mit dem Abrechnungssystem verbunden sind. Bei bestimmten älteren Systemen kann dies bei der Prüfung dadurch entdeckt werden, dass die Journalrolle bei der Arbeit mit diesen Schlüsseln abweichend von der Reaktion bei der Arbeit mit anderen Schlüsseln stehen bleibt.

Einnahmen werden bei EDV-Kassensystemen oft dadurch **verkürzt,** dass die Daten im Nachhinein nicht nur auf dem Tagesendsummenbon, sondern im gesamten System verändert oder gelöscht werden. Steht die Möglichkeit des spurlosen Löschens fest, wird der Buchführung die Ordnungsmäßigkeit ggf. schon wegen ihrer „konstruktiven Anlage"[465] abgesprochen, so dass die Richtigkeitsvermutung des § 158 AO keine Anwendung findet.[466] Aus diesem Grund wurden in der Vergangenheit technische Möglichkeiten entwickelt, Daten zu verändern, ohne dass die Änderungsmöglichkeit dem eingesetzten EDV-System unmittelbar angesehen werden kann. Der grassierende Einsatz der zu diesem

---

463 BGH v. 29.1.2014 1 StR 561/13, wistra 2014, 276; *Burkhard*, DStZ 2005, 268.
464 *Pump/Kläne*, DStZ 2015, 974, 977.
465 *Härtl/Schieder*, StBp 2011, 73.
466 Ähnlich FG München v. 18.3.2008 6 V 2375/06, juris.

Zweck entwickelten Manipulationssoftware[467] stellt die wohl größte Herausforderung für die FinVerw im Bereich der Bargeldbranche dar.[468] Zwar ist es grundsätzlich ein sehr großer Aufwand, Datenbanken oder vergleichbare Strukturen manuell zu verändern und dabei die Konsistenz zu erhalten.[469] Automatisch, also mit einer geeigneten Software, ist es dagegen sehr einfach und für jeden Laien möglich, was durch die von der Steuerfahndung entdeckten Programme belegt werden kann.[470] Meistens handelt sich um speziell zugeschnittene Softwaremodule, die meist auf einem mobilen Datenträger gespeichert sind oder auf die online über einen Internetlink zugegriffen werden kann, sog. „Zapper".[471] Bisweilen – wegen der Entdeckungsgefahr aber seltener – werden entsprechende Module unmittelbar in das Programm integriert.[472] In beiden Fällen erfolgt die Aktivierung durch den Anwender nach seinem persönlichen „Bedarf". Die in der Prüfungspraxis angetroffenen Bezeichnungen solcher Zusatzprogramme zeugen bereits von erheblicher krimineller Energie: Namen wie „idprint.exe" sollen z. B. einen Druckertreiber, solche wie „Asteroids.exe" ein Computerspiel vermuten lassen.[473] Zapper tauchten zunächst im Gastronomiebereich und bei Automatenaufstellern auf, später auch bei Frisören, Apothekern und in anderen Branchen. Die Manipulation mit Hilfe von Zappern lässt sich nur schwer aufdecken, da die Änderungen im System keine oder nur sehr wenig Spuren hinterlassen. Die Verhältnisse von Speisen und Getränken oder von Waren mit unterschiedlichen Steuersätzen werden z. B. so angepasst, dass Verprobungen der der Betriebsprüfung regelmäßig keinen Erfolg versprechen. Dabei ist die Handhabung oft sehr einfach:[474] Der Code ist i. d. R. auf einem USB-Stick gespeichert. Wenn das entsprechende Programm angelaufen ist,[475] öffnet sich i. d. R. eine Maske, in die eingegeben werden kann, wie viel – prozentual oder als absoluter Betrag – des Umsatzes der Finanzbuchhaltung und damit letztlich der Besteuerung entzogen werden soll. Auf der Grundlage der erfolgten Eingabe werden die erfassten Erlöse vom Programm angepasst. Dabei werden die einzelnen erzielten Verkaufserlöse gemindert, höherpreisige Positionen durch günstigere Artikel ersetzt, oder aber es werden ganze Umsätze gelöscht. Im zuletzt genannten Fall übernimmt das Programm die Neuordnung der Journaldaten incl. neuer, lückenloser Nummerierung der Datensätze.

---

467 Zu den – auch außersteuerlichen – Rechtsfolgen des Einsatzes solcher Software vgl. *Pump*, DStZ 2013, 299.
468 Von *Härtl/Schieder* in StBp 2011, 74 m. E. zu Recht als die gefährlichste Art der Manipulation bezeichnet. Anschaulich zur Psychologie der Manipulation *Wähnert*, StBp 2013, 102.
469 Vgl. BFH v. 23. 2. 2018 X B 65/17, BFH/NV 2018, 517.
470 *Reckendorf*, BBK 2018, 420, 423.
471 Von „zap" (engl.): zerstören. Neben dem Begriff „Zapper" finden sich auch Bezeichnungen sind z. B. „Eraser", „Fixer", Styler" oder „Sneaker".
472 „Phantomware".
473 FG Rheinland-Pfalz v. 7. 1. 2015 5 V 2068/14, NZWiSt 2015, 154; *Teutemacher*, S. 148.
474 Die Nutzung gelingt auch Anwendern mit „nur geringen IT-Kenntnissen", vgl. *Wähnert*, Datev-Magazin 4/2016, 15.
475 Oft als „Analyse" oder „Auswertung" getarnt.

3.5 Richtigkeitsvermutung gemäß § 158 AO

Beispiel:
Apotheker A verfügt im Verkaufsraum über fünf Kassen, die über die eingesetzte Software mit dem Warenwirtschaftssystem verbunden sind. Er möchte nicht alle Umsätze versteuern, da er die Steuersätze in Deutschland als zu hoch empfindet. Nur einen Teil der Umsätze zu erfassen ist allerdings nur schwer möglich, weil die dem Warenlager entnommenen Artikel im Moment des Verkaufs durch den Verbund mit dem Warenwirtschaftssystem aufgezeichnet werden. Der Apotheker erwirbt deshalb für 4.000 € über einen „schwarzen" Vertriebsweg einen Zapper für sein Kassenprogramm, der wie folgt eingesetzt wird: Nach Geschäftsschluss werden die Kassen von den Angestellten geschlossen und per EDV-Eingabe wird für jede einzelne Kasse ein Tagesendsummenbon angefordert. Der dort ausgewiesene Bestand wird von den Angestellten mit dem tatsächlichen Bestand verglichen. Anschließend werden das Bargeld, die Tagesendsummenbons und jeweils ein unterschriebener Vermerk der Angestellten in die Buchhaltung gebracht. Damit hat A zunächst die Kontrolle darüber, dass die Angestellten kein Geld unterschlagen haben. Die Unterlagen werden anschließend vernichtet. Nun wird der o.g. Zapper eingesetzt, indem ein USB-Stick mit dem zentralen Rechner verbunden wird. A wird zunächst aufgefordert, einen Code einzugeben. Daraufhin kann ein Betrag eingegeben werden, der nicht versteuert werden soll. Nach Eingabe und Bestätigung wird dieser Betrag nun programmgestützt mit Hilfe eines Zufallsfaktors auf einzelne Umsätze verteilt, m.a.W.: Ein bisher mit 8,00 € erfasster Umsatz erscheint in der jeweiligen „Kassenzeile" nunmehr z.B. mit 7,80 €. Abschließend wird ein Gesamttagesendsummenbon für alle Kassen angefordert, der verbucht wird. Der Betriebsprüfer hat dann nur geringe Möglichkeiten, die Steuerhinterziehung aufzudecken. Der möglichen Nachfrage, warum dasselbe Produkt innerhalb kurzer Zeit zu verschiedenen Preisen verkauft wird, kommt A dadurch zuvor, dass er in seinen Prospekten auf eine Tiefpreisgarantie hinweist, d.h. seinen Kunden verspricht, die jeweilige Ware bei entsprechendem Nachweis durch den Kunden zu dem Preis abzugeben, den ein Mitbewerber an dem entsprechenden Tag dafür fordert.[476]

Typisch für die Funktionsweise von Zappern ist:

- Aufruf der versteckten Software mit Hilfe eines Passworts oder einer bestimmten Tastenkombination,[477]
- Darstellung der Daten der Bartransaktionen. Allerdings kann bei bestimmten Programmen auch die Aufzeichnung von Kreditkarten- und Lastschrifttransaktionen manipuliert werden,
- Löschung ausgewählter Umsatzpositionen sowie der entsprechenden Lageraufzeichnungen,
- Ersetzen ausgewählter Positionen durch preiswertere Positionen,
- alternativ zur Löschung oder Änderung von Einzelumsätzen: Eingabe eines bestimmten nicht zu versteuernden Betrags[478] und anschließende automati-

---

476 Siehe im Übrigen auch das Stichwort „Apotheke" in Teil 10.
477 FG Rheinland-Pfalz v. 7.1.2015 5 V 2068/14, NZWiSt 2015, 154; *Borgdorf*, AO-StB 2015, 121.
478 Vgl. *Webel/Danielmeyer*, StBp 2015, 353, 356: „Frei wählbarer Betrag".

sche Verteilung auf die gebuchten Umsätze, Beispiel: 1.000 € sollen nicht versteuert werden. Die Software kürzt dementsprechend alle Umsätze um 2,37 %,
- Löschung des Protokolls und anderer Spuren der Transaktionen sowie
- ggf. Speicherung der Originaldaten an einem anderen Ort.

Steht fest, dass der Steuerpflichtige eine Kassensoftware erworben hat, die im Nachhinein nicht mehr nachvollziehbare nachträgliche Manipulationen der gebuchten Daten erlaubt, ist davon auszugehen, dass die Software entsprechend ihrem Zweck eingesetzt wird, so dass der Kassenführung die Ordnungsmäßigkeit abzusprechen ist.[479] Damit ist das Argument, die Software sei zwar gekauft, aber nicht eingesetzt worden, im Besteuerungsverfahren ohne Wert, sie kann allenfalls in einem evtl. Strafverfahren verwendet werden, weil dort andere Beweislastregeln gelten.[480] M. E. muss die Annahme der Nichtordnungsmäßigkeit der Buchführung in allen Fällen gelten, in denen das eingesetzte Programm ohne Einsatz eines Zappers zwar grundsätzlich ausreichende Sperren enthält, diese durch einen Zapper aber nachweislich beseitigt werden können, und zwar auch dann, wenn dem konkreten Steuerpflichtige der Besitz eines solchen Zusatzmoduls nicht nachgewiesen werden kann. Denn das eingesetzte System produziert auch dann keine unveränderbaren Daten im Sinne der GoB, wenn für die Änderung noch ein einfaches Hilfsprogramm aufgespielt werden muss. Hiergegen wird oft vorgebracht, jedes EDV-System könne „gehackt" und damit manipuliert werden. Allerdings wird der Unterschied des Zapper-Einsatzes zum vergleichsweise schwierigen „Hacken" schnell klar, wenn man in der Praxis erlebt, wie einfach derartige Tools zu bedienen sind. In den meisten Fällen muss nach Aufruf des Programms lediglich der zu verkürzende Betrag eingegeben werden.

Die Gefahr für den Steuerpflichtigen besteht u. a. darin, dass der Vertriebsweg der „Zapper" aus anderen Verfahren bekannt wird. Ist ein Strafverfahren gegen einen Nutzer abgeschlossen, kann er anschließend als Zeuge geladen werden und ist dann verpflichtet, den Namen desjenigen zu nennen, von dem er den Zapper erworben hat bzw. der ihn in die manipulativen Möglichkeiten des Programms eingewiesen hat.[481] Verstärkt sollte neben den strafrechtlichen Konsequenzen die Haftung des Herstellers bzw. des Lieferanten der Zapper nach § 71 AO geprüft werden.[482] Denn der Vertrieb von Kassen- oder Buchhaltungsprogrammen mit dem Verkaufsargument der möglichen Manipulation kann Anstiftung oder Beihilfe zur Steuerhinterziehung sein und damit die Haftung auslösen. Benutzerfreundliche Hinweise wie „nur für Testzwecke" oder „Sind Sie sicher, dass Sie diese Änderungen vornehmen wollen",[483] dürften der

---

479 FG Düsseldorf v. 20. 3. 2008 16 K 4689/06 E, U, F, EFG 2008, 1256; FG München v. 18. 3. 2008 6 V 2375/06, juris.
480 Zu diesem Thema siehe Teil 8.
481 *Schönwitz*, Impulse 2012, 100.
482 FG Rheinland-Pfalz v. 7. 1. 2015 5 V 2068/14, NZWiSt 2015, 154.
483 *Teutemacher*, S. 149.

Strafbarkeit und damit der Haftung nicht entgegenstehen. Vor Abgabe der falschen Steuererklärung kann bereits der Tatbestand des § 379 Abs. 1 Nr. 1 AO vorliegen.[484]

Bei der Untersuchung der EDV durch die Steuerfahndung oder durch die Staatsanwaltschaft mit dem Ziel der Entdeckung einer Software zur Verkürzung von Umsätzen wird sich der Blick vor allem auf Programmdateien und Einträge im Betriebssystem richten. Ein häufig mit guten Ergebnissen zur Anwendung kommender Ansatz besteht darin, die beschlagnahmte Anwendungssoftware auf einem anderen Computer zu installieren. Dadurch werden die gesuchten bisher versteckten Funktionalitäten oft entdeckt. Im Verlauf des Verfahrens geht es meist um die Frage, ob das manipulative Zusatzmodul vom Softwarehersteller selbst stammt oder aber ohne sein Wissen entwickelt und vertrieben wurde. Der Programmierer eines Zappers muss jedenfalls über genaue Kenntnisse des „Grundprogramms" verfügen, so dass sich insoweit Ermittlungsansätze ergeben.

Indizien dafür, dass eine Kasse manipuliert wird, ergeben sich daraus, dass keine, wenig, oder inhaltlich spärliche Belege ausgegeben werden. Denn Belege bergen immer die Gefahr, dass ihre Erfassung in der Buchführung später vom FA überprüft wird.[485] So wird dem Kunden „idealer Weise" nur ein Betrag auf einem Terminal angezeigt, ohne einen Papierbeleg zu produzieren. Die Frage des Apothekers, ob das Rezept für ein Verhütungsmittel[486] noch benötigt werde oder vernichtet werden könne, spricht für sich. Für den Fall, dass der Kunde einen Beleg verlangt, besitzen viele manipulative System die Möglichkeit, Belege mit minimiertem Inhalt wie z. B. lediglich mit der Angabe von Produkt, Preis, Anzahl und Gesamtbetrag zu produzieren. Da Angaben über den ausstellenden Betrieb sowie Uhrzeit etc. fehlen, sind solche Belege als Kontrollmitteilung nahezu wertlos. Fortgeschrittene Manipulationssoftware ändert nur solche Daten, für die kein Beleg ausgegeben wurde.

Wissen der **Steuerberater** bzw. der dortige Sachbearbeiter, dass der Mandant eine Manipulationssoftware einsetzt, darf er die darauf basierende Steuererklärung nicht mit seinem Stempel und damit mit seiner Autorität versehen und sie beim FA einreichen. Andernfalls macht er sich strafbar und setzt sich der Gefahr der Haftung nach § 71 AO aus. Er „fährt dann volles Risiko".[487] Dem Vorteil lukrativer Mandate steht eine hohe Strafbarkeits- und Haftungsgefahr gegenüber. Der Steuerpflichtige, der Manipulationssoftware erwirbt, sollte sich im Hinblick auf die Entdeckungsgefahr darüber im Klaren sein, dass die Entwickler des Herstellers dem FA bzw. der Staatsanwaltschaft als Sachverständige zur Verfügung stehen. Ermittlungen gegen die Lieferanten der Software führen

---

484 *Drüen* in Tipke/Kruse, § 146 Rz. 59.
485 Deshalb sollte die FinVerw das Instrument der Testkäufe ausweiten, vgl. hierzu das Stichwort „Gastronomie" in Teil 10.
486 Mangels Erstattung durch die Krankenkassen besteht faktisch keine Aufdeckungsgefahr z. B. durch Kontrollmitteilung o. Ä.
487 *Pump/Heidl*, StBp 2014, 162, 163.

in den meisten Fällen dazu, dass diese Personen sich kooperativ verhalten, um ihre eigene Bestrafung zu mildern.[488]

Ab dem 1.1.2020 werden die sich aus den GoBD ergebenden Anforderungen an die Ordnungsmäßigkeit einer elektronischen Kassenführung gesetzlich und technisch abgesichert.[489] Die Neuregelung besteht aus folgenden Komponenten:[490]

Der Gesetzgeber hat klargestellt, dass elektronische Grundaufzeichnungen laufend, einzeln, vollständig, richtig, zeitgerecht, geordnet und unveränderbar zu erfolgen haben und auf einem Speichermedium verfügbar gehalten werden müssen.[491] Mittels einer näher beschriebenen[492] **technischen Sicherheitseinrichtung** müssen die Daten ab dem 1.1.2020 vor Verlust und solchen Veränderungen, die nicht nachverfolgt werden können, geschützt und auf spezifischen Speichermedien gesichert werden.[493] Konkret müssen alle elektronischen Aufzeichnungen über sämtliche nachfolgenden Prozesse in ihrer Integrität und Authentizität zusammen mit der jeweiligen zur maschinellen Auswertung erforderlichen Strukturinformationen vollständig erhalten bleiben. Die wesentlichen technischen Komponenten bestehen dabei aus einem **Sicherheitsmodul**, einem **Speichermedium** sowie einer **digitalen Schnittstelle**. Über letztere werden die Vorgangsdaten, insbesondere also die Daten der Geschäftsvorfälle, an die technische Sicherheitseinrichtung übergeben. Dort vergibt das Sicherheitsmodul eine eindeutige fortlaufende Transaktionsnummer, erfasst Beginn und Ende der Transaktion und erzeugt einen Prüfwert über die Daten der Transaktion. Im Rahmen einer Außenprüfung oder einer Kassen-Nachschau werden die abgesicherten Daten exportiert. Dabei werden die Integrität und die Authentizität über den Prüfwert sichergestellt. Lücken in den Aufzeichnungen werden durch die gespeicherten Zeitpunkte der Transaktionen sichtbar. Die technischen Anforderungen sollen insgesamt durch das BSI bestimmt und die technische Sicherheitseinrichtung entsprechend vom BSI zertifiziert werden.[494] Nicht zertifiziert werden das elektronische Aufzeichnungssystem und die verwendete Kassensoftware.[495]

---

488 Vgl. *Pump*, DStZ 2013, 299.
489 Trotz ggf. insoweit zweifelhaften Wortlauts dürfte auch bei abweichendem Wirtschaftsjahr keine frühere Anwendung in Betracht kommen, vgl. *Geuenich*, NWB 2017, 786, 788.
490 Gesetz zum Schutz vor Manipulationen an digitalen Grundaufzeichnungen v. 22.12.2016, BGBl. I 2016, 3152, „KassenG", ergänzt durch die KassenSichV v. 26.9.2017, BGBl. I 2017, 3515. Zur Neuregelung z.B. *Achilles*, Datev-Magazin 5/2017, 23 und *Desens*, FR 2017, 507. Zu rechtlichen und praktischen Problemen z.B. *Bellinger*, StBp 2016, 336.
491 § 146a Abs. 1 S. 1 AO.
492 Vgl. insbesondere BMF v. 12.6.2018, BStBl. I 2018, 701 mit dem Hinweis auf die technischen Richtlinien des BSI sowie AEAO zu § 146a, Nr. 3.1.1, wonach die Anforderungen durch das BSI festgelegt werden.
493 Zur Problematik der elektronischen Übermittlung siehe BMF v. 6.11.2019, BStBl. I 2019, 1010.
494 Wegen Einzelheiten siehe die jeweils aktuelle Darstellung der „Technischen Sicherheitseinrichtung für elektronische Aufzeichnungssysteme", abrufbar unter bsi.bund.de.
495 *Achilles/Pump*, S. 410.

3.5 Richtigkeitsvermutung gemäß § 158 AO

Änderungen der Kassen Hard- oder Software, die nicht die technische Sicherheitseinrichtung betreffen, lassen die Wirkung des erteilten Zertifikats unberührt. Welche elektronischen Aufzeichnungssysteme durch eine zertifizierte technische Sicherheitseinrichtung zu schützen sind und welche Anforderungen an die Sicherheitseinrichtung zu stellen sind, insbesondere wie eine Protokollierung der elektronischen Aufzeichnungen sowie deren Speicherung erfolgen müssen, bestimmt die KassenSichV.[496] Das Zertifizierungsverfahren ist eine technologieoffene und herstellerunabhängige Lösung. Bereits bestehende IN-SIKA-Smartcards können nach kleineren Anpassungen die Zertifizierung als technisches Sicherheitsmodul beanspruchen.[497] Probleme können dadurch entstehen, dass das Zertifikat für die technische Sicherheitseinrichtung verfällt. Als mögliches Szenario wird genannt, dass eine bestimmte technische Sicherheitseinrichtung selbst manipuliert wird, z. B. wenn eine neue Software am Markt auftaucht, die Manipulationen ermöglicht, die durch die verwendete Sicherheitseinrichtung nicht erkannt werden.[498]

Wie bereits oben erwähnt, sind die Grundaufzeichnungen auf einem Speichermedium zu **sichern** und über die Dauer der gesetzlichen Aufbewahrungsfrist verfügbar zu halten. Für die FinVerw soll damit die progressive und retrograde Prüfbarkeit jedes einzelnen Geschäftsvorfalls gesetzlich abgesichert werden. Beide Prüfwege müssen entsprechend den GoBD für die gesamte Dauer der Aufbewahrungsfrist und in jedem Verfahrensschritt möglich sein. Die Speicherung muss manipulationssicher auf einem nichtflüchtigen Speichermedium erfolgen. Nichtflüchtige Speichermedien sind Datenspeicher, deren gespeicherte Informationen auf Dauer erhalten bleiben, also auch dann, wenn das elektronische Aufzeichnungssystem nicht in Betrieb ist oder nicht mit Strom versorgt wird. Mit dieser Bestimmung reagiert der Gesetzgeber auf das häufig im Rahmen von Ap vorgetragene Argument, die Daten seien bei einem Stromausfall o. ä. verloren gegangen und könnten deshalb nicht mehr vorgelegt werden. Die Verfügbarkeit der gespeicherten digitalen Grundaufzeichnungen ist nicht nur durch technische, sondern auch durch organisatorische Maßnahmen sicherzustellen. Wenn für die Aufbewahrung ein externes elektronisches Archiv verwendet wird, muss sichergestellt sein, dass auch dieses manipulationssicher, nichtflüchtig und schnittstellenkonform ist. Das bedeutet, dass der Steuerpflichtige in der Lage sein muss, die betreffenden Daten über eine Schnittstelle in einer vordefinierten Datensatzbeschreibung auszugeben.[499]

Mit Wirkung ab dem 1.1.2020 hat der Gesetzgeber die lange geforderte **Belegausgabepflicht** eingeführt.[500] Danach muss der Steuerpflichtige, der seine Ge-

---

[496] KassenSichV v. 26.9.2017, BGBl. I 2017, 3515. Zur Berechtigung zum Erlass einer solchen Verordnung mit den entsprechenden Einzelheiten siehe § 146a Abs. 3 AO.
[497] *Kurczinski*, BB 2016,1, 2.
[498] *Desens*, FR 2017, 507, 5013.
[499] Zur Ausgestaltung der entsprechenden Kassentaxonomie *Greulich/Teutemacher*, Datev-Magazin 4/2018, 28.
[500] § 146b Abs. 3 AO.

schäftsvorfälle mit einem elektronischen Aufzeichnungssystem i. S. d. § 146a Abs. 1 AO erfasst, dem Kunden im unmittelbaren zeitlichen Zusammenhang mit dem jeweiligen Geschäftsvorfall einen Beleg ausstellen und zur Verfügung stellen.[501] Das kann elektronisch oder in Papierform erfolgen.[502] Die Belegausgabepflicht ist grundsätzlich ein sinnvoller Beitrag zur Betrugsbekämpfung, weil immer die Gefahr besteht, dass die Verbuchung und damit die Versteuerung des auf dem Beleg ausgewiesenen Umsatzes von der Finanzbehörde überprüft wird.[503] In anderen Ländern wie z. B. in Italien ist es üblich, dass Kunden nach dem Verlassen eines Geschäfts von Finanzbeamten auf den Beleg angesprochen werden. Allerdings ist in Deutschland anders als in anderen Ländern mit der Belegausgabepflicht des Unternehmers **keine „Belegmitnahmeverpflichtung"** des Kunden verbunden. Darüber hinaus muss der Unternehmer solche Belege, die der Kunde nicht mitnimmt, noch nicht einmal aufbewahren.[504] Damit wird in den meisten Fällen fehlender Belege behauptet werden, diese seien den Kunden zwar angeboten, von ihnen aber nicht mitgenommen worden. Verkauft der Unternehmer Waren an eine Vielzahl von nicht bekannten Personen, kann er ggf. vom FA aus Zumutbarkeitsgründen **von der Belegausgabepflicht befreit** werden.[505] Die Befreiungsmöglichkeit kommt dem Gesetzeswortlaut nach grundsätzlich sowohl für Nutzer offener Ladenkassen als auch für solche Unternehmen in Betracht, die ein elektronisches Aufzeichnungssystem nutzen, wobei jedoch m. E. fraglich ist, ob in der letztgenannten Fallgruppe tatsächlich eine Unzumutbarkeit der Belegausgabe vorliegen kann.[506] Die Möglichkeit der Befreiung soll jedenfalls unter den genannten Voraussetzungen auch für Dienstleister gelten.[507] Das FA kann eine erteilte Befreiung jederzeit widerrufen.[508] Verstöße gegen die Belegausgabepflicht sind nicht strafbewehrt.[509]

Schließlich hat der Steuerpflichtige ab dem 1. 1. 2020 einen Monat nach Anschaffung oder Außerbetriebnahme einer Registrierkasse auf amtlichem Vordruck hierzu bestimmte **Angaben** zu machen.[510] Neben den persönlichen Daten sind mitzuteilen: Die Art der zertifizierten technischen Sicherheitseinrichtung, die Art, die Anzahl und die Seriennummer der elektronischen Auf-

---

501 § 146a Abs. 2 AO, zum Anwendungszeitraum vgl. § 30 Abs. 1 zu Art. 97 EGAO, zum Inhalt des Belegs § 6 KassenSichV und AEAO zu § 146a, Nr. 5.4.
502 § 6 S. 3 KassenSichV; AEAO zu § 146a, Nr. 6.2.
503 Stellungnahme des Bundesrats zum KassenG v. 23. 9. 2016, BR-Drs. 407/16.
504 Insgesamt klargestellt in AEAO zu § 146a, Nr. 6.8.
505 §§ 146a Abs. 2 S. 2, 148 AO.
506 Gl. A. *Schumann*, der m. E. zu Recht zusätzlich darauf hinweist, dass auch die mögliche Befreiung von Nutzern offener Ladenkassen mit dem Ziel des Gesetzes nur schwer in Einklang zu bringen ist.
507 AEAO zu § 146a, Nr. 6.9.
508 § 146a Abs. 2 S. 3 AO.
509 *Achilles*, DB 2018, 18, 22.
510 § 146a Abs. 4 i. V. m. § 30 Abs. 1 EGAO. Für Registrierkassen, die der Steuerpflichtige vor dem 1. 1. 2020 angeschafft hat, ist der Vordruck bis zum 31. 1. 2020 einzureichen, vgl. § 30 Abs. 1 S. 2 zu Art. 97 EGAO.

zeichnungssysteme sowie das Datum ihrer Anschaffung bzw. Außerbetriebnahme. Die Meldung muss jeweils einen Monat nach Anschaffung oder Außerbetriebnahme des elektronischen Aufzeichnungssystems erfolgen.

Zur **Sanktionierung** von Verstößen gegen die o. g. Neuregelungen ist der Steuergefährdungstatbestand des **§ 379 Abs. 1 AO** um die Nummern 4, 5 und 6 ergänzt worden.[511] Danach droht eine Sanktion, wenn ein technisches System eingesetzt wird, das nicht den Anforderungen des § 146a AO entspricht, eine gesetzlich erforderliche zertifizierte technische Sicherheitseinrichtung fehlt oder fehlerhaft verwendet wird, oder wenn elektronische Aufzeichnungssysteme, technische Sicherheitseinrichtungen oder sonstige Software in Verkehr gebracht oder erworben werden, die nicht jeden Geschäftsvorfall vollständig, richtig, zeitgerecht und geordnet erfassen bzw. die Möglichkeit eröffnen, nachträglich nicht nachvollziehbar steuerrelevante Daten zu verändern, zu löschen oder zu unterdrücken. Geldbußen bis zu 25.000 € drohen auch demjenigen, der als Kassenhersteller entgegen dem Verbot des § 146a Abs. 1 S. 5 AO nicht zertifizierte Systeme bewirbt oder in den Verkehr bringt. Dazutreten muss, dass durch den Verstoß ermöglicht wird, dass Steuern verkürzt oder nicht gerechtfertigte Steuervorteile erlangt werden. Individuelle Ordnungswidrigkeiten durch „Leitungspersonen" können zu einer Geldbuße gegen das Unternehmen nach § 30 OWiG führen. Kann der Leitungsperson nicht nachgewiesen werden, dass sie persönlich Fehler in der Kassenführung zu verantworten hat, wird die Strafsachenstelle ggf. den Vorwurf der Aufsichtspflichtverletzung nach § 130 OWiG erheben, soweit die eigentliche Kassenführung auf nachgeordnete Mitarbeiter delegiert wurde. Solche Konstellationen dürften sich vor allem in größeren Unternehmen ergeben. Zu denken ist z. B. an Betriebe der Systemgastronomie.

Der rechtliche Rahmen für die Ordnungsmäßigkeit einer elektronischen Kassenführung lässt wie folgt **zusammenfassen**. Entscheidend sind dabei das Datum der **Anschaffung** und die **Nachrüstbarkeit** der jeweiligen Kasse:

– Vor dem 26.11.2010 angeschaffte elektronische Kassen, die nicht nachrüstbar waren, durften unter Beachtung der Anforderungen der 1. Kassenrichtlinie[512] längstens bis zum 31.12.2016 genutzt werden. Seit dem 1.1.2017 dürfen nur noch solche elektronischen Registrierkassen verwendet werden, die eine komplette Speicherung aller steuerlich relevanten Daten – insbesondere Journal-, Auswertungs-, Programmier- und Stammdatenänderungsdaten wie Artikelpreisänderungen und Änderungen der Nutzerkennung ermöglichen.

– Nach dem 25.11.2010 angeschaffte sowie davor angeschaffte nachrüstbare Kassen müssen für Zeiträume bis zum 31.12.2019 die Anforderungen der

---

511 Nach wohl h. M. reicht die abstrakte Gefahr einer Steuerverkürzung aus, vgl. z. B. *Jäger* in Klein, § 379 Rz. 15, *Matthes* in Kohlmann, § 379 Rz. 88; a. A. z. B. *Bülte* in Hübschmann/Hepp/Spitaler, § 379 Rz. 64.
512 BMF v. 9.1.1996, BStBl. I 1996, 34.

2. Kassenrichtlinie erfüllen.[513] D. h. insbesondere, dass die Einzelaufzeichnungen vollständig gespeichert und archiviert werden müssen und im Rahmen des Datenzugriffs vorzulegen sind. Ab dem 1.1.2020 gelten die Regelungen des § 146a AO, insbesondere die Verpflichtung, das dort beschriebene Sicherheitsmodul einzusetzen.

- Nach dem 25.11.2010 und vor dem 1.1.2020 angeschaffte elektronische Registrierkassen, die bauartbedingt nicht die Anforderungen des § 146a AO erfüllen und nicht entsprechend nachgerüstet werden können, müssen auch nach dem 31.12.2019 zunächst lediglich die Anforderungen der 2. Kassenrichtlinie erfüllen.[514] Sie dürfen jedoch längstens bis zum 31.12.2022 eingesetzt werden. Die Nachweise des Vorliegens dieser Voraussetzungen sind für die jeweils eingesetzte Registrierkasse der Systemdokumentation beizufügen.[515] Ist eine Nachrüstung möglich, hat sie bis zum 31.12.2019 zu erfolgen. Zweifelhaft ist allerdings, ob sich bei jedem Kassensystem zuverlässig beurteilen lässt, ob „bauartbedingt" eine Aufrüstung möglich ist.
- Nach dem 31.12.2019 angeschaffte elektronische Kassen müssen ohne Ausnahme die Voraussetzungen des § 146a AO erfüllen, d. h. insbesondere mit dem gesetzlich geforderten Sicherheitsmodul ausgestattet sein.

Ein **einheitlicher Standard** für digitale Kassensysteme wird damit jedenfalls im Ergebnis erst ab dem 1.1.2023 erreicht.[516]

3.5.5.4 Kassen-Nachschau

Das FA ist nach Maßgabe des § 146b AO berechtigt, eine sog. „Kassen-Nachschau" durchzuführen, wodurch die Entdeckungsgefahr von formellen und materiellen Mängeln sowie von Manipulationen deutlich erhöht wurde.[517] Es handelt sich um eine besondere Form der Sachverhaltsermittlung vor Ort.[518] Durch dieses eigenständige und steuerartenübergreifende Instrument soll der zuständige Amtsträger ohne vorherige Ankündigung in den Geschäftsräumen des Steuerpflichtigen die Ordnungsmäßigkeit der Aufzeichnungen und Buchungen von Kasseneinnahmen und Kassenausgaben überprüfen können. Eine Nachschau kann bei Betrieben mit elektronischen Kassen und bei solchen mit manuell geführten Kassen durchgeführt werden.[519] Es reicht aus, dass Bar-

---

513 BMF v. 26.11.2010, BStBl. I 2010, 1342.
514 Übergangsregelung nach § 30 zu Art. 97 EGAO.
515 AEAO zu § 146a, Nr. 2.2.2. Ggf. sollte eine Bestätigung des Herstellers angefordert werden.
516 Wie hier *Geuenich*, NWB 2017, 786.
517 Ausführlich zu diesem Thema *Achilles*, DB 2018, 18; *Schumann*, AO-StB 2018, 246; *Geuenich/Rbib*, NWB 2018, 2724. Dementsprechend wird die Kassen-Nachschau als Damoklesschwert beschrieben, das über jeder Kasse schwebt, vgl. *Achilles*, DB 2018, 18, 26; *Drüen* in Tipke/Kruse, § 146b Rz. 13.
518 *Drüen* in Tipke/Kruse, § 146b Rz. 9; *Stadie*, § 27b Rz. 1. Zum Instrument der Nachschau insgesamt vgl. z. B. *Bruschke*, AO-StB 2018, 376.
519 BT-Drs. 18/9535, S. 12 und S. 22; *Achilles*, DB 2018, 18, 20; *Drüen* in Tipke/Kruse, § 146b Rz. 9.

3.5 Richtigkeitsvermutung gemäß § 158 AO

geschäfte anfallen und Kassenaufzeichnungen vorgeschrieben sind.[520] Unbeachtlich sind somit insbesondere die Rechtsform des Unternehmens und die Art der Gewinnermittlung.[521] Auch bei einem Kleinunternehmer i. S. v. § 19 UStG ist deshalb eine Kassen-Nachschau zulässig.

Die Kassen-Nachschau findet gemäß § 146b Abs. 1 S. 1 AO währen der üblichen **Geschäfts- oder Arbeitszeiten** statt. Außerhalb der Geschäftszeiten ist sie zulässig, wenn im Unternehmen noch oder schon gearbeitet wird.[522]

Die Kassen-Nachschau ist **keine Bp**, so dass insbesondere die §§ 147 Abs. 6 und 201, 202 AO keine Anwendung finden.[523] Auch wird weder der Ablauf der Festsetzungsfrist gehemmt noch führt die Kassen-Nachschau zur Durchbrechung der Änderungssperre nach § 173 Abs. 2 AO.[524]

Die Kassen-Nachschau setzt keinen konkreten **Anlass** voraus, sondern kann auch routinemäßig durchgeführt werden. In der Literatur werden beispielhaft u. a. folgende Sachverhalte genannt, die zur Durchführung einer Nachschau führen:[525]

- Auffälligkeiten im Rahmen der Veranlagungstätigkeiten, z. B. Unstimmigkeiten beim inneren oder äußeren Betriebsvergleich oder fehlende Mittel zur Bestreitung des Lebensunterhalts,
- Auffälligkeiten in Umsatzsteuer-Voranmeldungen, z. B. Umsatzschwankungen oder Umsatzeinbrüche,
- Kontrollmaterial wie anonyme oder offene Anzeigen,
- zufällige Beobachtungen,[526]
- festgestellte Mängel z. B. im Rahmen einer vorangegangenen Bp,
- hohe Umsätze eines Start-Ups vor dem Hintergrund des Geldwäschegesetzes,
- Sammlung von Informationen zur Fallauswahl oder langfristigen Vorbereitung einer geplanten Bp,[527]
- Zufallsauswahl entsprechend dem Untersuchungsgrundsatz des § 88 AO, wonach insbesondere allgemeine Erfahrungen berücksichtigt werden dürfen,[528]
- Erhebungen über Gästezahlen.

---

520 *Niewerth* in Lippross/Seibel, § 146b Nr. 9.
521 *Kulosa*, SAM 1/2017, 9, 22.
522 AEAO zu § 146b, Nr. 3. A. A. *Bellinger*, DB 2019, 1292, 1295: Öffnungszeiten.
523 *Schumann*, AO-StB 2018, 246, 251; *Geuenich/Rbib*, NWB 2018, 2724; AEAO zu § 146b, Nr. 7.
524 AEAO zu § 146b, Nr. 8.
525 *Achilles*, DB 2018, 18, 19.
526 *Achilles*, DB 2018, 18, 19, nennt als Beispiel die Schaufensterscheibe eines Friseurbetriebs, auf der mit einem Herrenhaarschnitt für 5 € geworben wird.
527 BT-Drs. 18/10667, S. 29.
528 Vgl. AEAO zu § 88 Nr. 3.

Eine Kassen-Nachschau ist nicht zulässig, wenn im Fall eines straf- oder bußgeldrechtlichen **Anfangsverdacht** mit ihr de facto eine Steuerfahndungsmaßnahme ohne richterlichen Durchsuchungsbeschluss durchgeführt werden soll.[529]

Mit der Nachschau „**betraut werden**" i. S. v. § 146b Abs. 2 S. 1 AO können einerseits spezialisierte Kassenprüfer[530], aber auch andere Betriebsprüfer oder Umsatzsteuer-Sonderprüfer.

Bei den zum Zweck der Nachschau betretenen **Grundstücken** bzw. **Räumen** oder auch Fahrzeugen[531] muss es sich grundsätzlich um solche des Steuerpflichtigen handeln, sie müssen sich aber nicht in seinem Eigentum befinden. Das Betreten muss dazu dienen, Sachverhalte in engem, unmittelbarem Bezug zu Kasseneinnahmen und Kassenausgaben festzustellen. Eine **Durchsuchung** i. S. v. Artikel 13 Abs. 2 GG ist von § 146b AO **nicht gedeckt**, insbesondere dürfen verschlossene Schränke und Behältnisse nicht geöffnet werden.[532]

Die Kassen-Nachschau ist grundsätzlich während der **üblichen Geschäfts- und Arbeitszeiten** durchzuführen. Dieser zeitliche Korridor kann jedoch ausgeweitet werden, wenn im Unternehmen schon oder noch gearbeitet wird oder der Steuerpflichtige eine Nachschau außerhalb dieser Zeiten billigt.

Der im Rahmen der Nachschau **geprüfte Zeitraum** steht im Ermessen des FA, nach der Gesetzbegründung soll es sich um „Vortage" handeln.[533] Es ist damit zu rechnen, dass eher größere Zeiträume gewählt werden, weil eine Erweiterung vom Gesetz nicht vorgesehen ist und damit bei Beanstandungen wohl auf den aufwändigeren Übergang zur Ap ausgewichen werden müsste.[534] Da die Kassen-Nachschau quasi gegenwartsbezogen ist, müssen – anders als bei der Ap – Steuererklärungen bzw. Voranmeldungen für die geprüften Zeiträume noch nicht vorliegen.

Bei Beanstandungen kann der Amtsträger ohne vorherige Prüfungsanordnung unmittelbar **zur Ap** nach § 193 AO **übergehen**.[535] Ab diesem Zeitpunkt richten sich Rechte und Pflichten nach §§ 193 ff. und § 146 Abs. 2b AO und nicht mehr nach § 146b AO. Die Anordnung über den Übergang ist eine besondere Form der Prüfungsanordnung und damit ein anfechtbarer Verwaltungsakt.[536] Aus Sicht des Betriebsprüfers ist es empfehlenswert, die Gründe für den Übergang zur Außenprüfung in den Handakten zu dokumentieren.

---

529 *Geuenich/Rbib*, NWB 2018, 2724, unter Hinweis auf FG Hamburg v. 11.4.2018 6 K 44/17, juris.
530 *Märtens* in Gosch, § 146b Nr. 15.
531 AEAO zu § 146b, Nr. 3.
532 *Achilles*, DB 2018, 18, 21; *Leonard* in Bunjes, § 27b Rz. 17.
533 BT-Drs. 18/9535, 22.
534 *Achilles*, DB 2018, 18, 20.
535 § 146b Abs. 3 AO.
536 FG Hamburg v. 11.4.2018 6 K 44/17, EFG 2018, 1146.

3.5 Richtigkeitsvermutung gemäß § 158 AO

Ergänzend zur Nachschau ist eine **Beobachtung** der Kassen und ihrer Handhabung in Geschäftsräumen, die der Öffentlichkeit zugänglich sind, auch ohne Vorlage eines Ausweises zulässig. Dies kann z. B. durch Testkäufe im Vorfeld erfolgen.[537]

Zur Vermeidung von Manipulationen bzw. bewusster Veränderungen der bestehenden Verhältnisse erfolgt die Kassen-Nachschau **unangekündigt**. Dieses Überraschungsmoment ist wesentliches Element der Nachschau, welche sie deutlich von der Ap unterscheidet. Sobald der Amtsträger Geschäftsräume betreten will, die der Öffentlichkeit nicht zugänglich sind, den Steuerpflichtigen auffordert, das elektronische Aufzeichnungssystem zugänglich zu machen bzw. Aufzeichnungen, Bücher sowie die für die Führung des elektronischen Aufzeichnungssystems erheblichen sonstigen Organisationsunterlagen vorzulegen, Einsichtnahme in die Daten oder ihre Übermittlung über die einheitliche Schnittstelle verlangt oder aber den Steuerpflichtigen allgemein auffordert, Auskünfte zu erteilen, hat er sich **auszuweisen.**[538] Der Steuerpflichtige hat keinen Anspruch darauf, sich eine Kopie des Ausweises anfertigen zu können.[539]

Die betroffenen Steuerpflichtigen haben dem zuständigen Amtsträger auf Verlangen Aufzeichnungen, Bücher und sonstige relevante Organisationsunterlagen vorzulegen und entsprechende Auskünfte zu erteilen. Die **Mitwirkungspflicht** des Steuerpflichtigen betrifft sowohl die Gewährung der Einsichtnahme in die handschriftlichen oder elektronischen Kassenaufzeichnungen und -buchungen als auch die Zurverfügungstellung der Kassenaufzeichnungen und -buchungen über die **digitale Schnittstelle**.[540] Dazu sind dem Prüfer auf Anforderung auch Kassenbuchungen auf einem maschinell auswertbaren Datenträger nach den Vorgaben der digitalen Schnittstelle zur Verfügung zu stellen. Schließlich sollen auf Anforderung des Amtsträgers das Zertifikat und die Systembeschreibungen zum Kassensystem vorgelegt werden.

Für den Fall, dass die relevanten Daten bei **Dritten** liegen, sieht § 147 Abs. 6 AO vor, dass der Dritte der Finanzbehörde im Rahmen einer Ap oder einer Kassen-Nachschau Zugriff auf die aufzeichnungspflichtigen Daten des Steuerpflichtigen zu gewähren hat oder der Finanzbehörde die für den Steuerpflichtigen gespeicherten Unterlagen und Aufzeichnungen auf einem maschinell verwertbaren Datenträger zur Verfügung stellen muss.

---

537 „Kassen-Vorschau", vgl. *Drüen* in Tipke/Kruse, § 146b Rz. 15. Zum Testkauf siehe auch das Stichwort „Gastronomie" in Teil 10.
538 AEAO zu § 146b, Nr. 4, vgl. auch § 371 Abs. 2 Nr. 1 lit. e AO. Die Verpflichtung zur Vorlage des Dienstausweises ergibt sich darüber hinaus bereits als allgemeiner Grundsatz aus § 198 AO.
539 *Achilles/Pump*, S. 205.
540 *Teutemacher*, S. 137.

Soweit sog. offene Ladenkassen[541] Verwendung finden, soll es dem Prüfer erlaubt sein, einen **Kassensturz** durchzuführen.[542] Die Beschränkung auf offene Ladenkassen ist unverständlich.[543] Bei der offenen Ladenkasse i. e. S., d. h. bei summarischer Einnahmenermittlung, ist eine Kassensturzfähigkeit ohnehin nicht gegeben, da die Einnahmen überhaupt erst aus dem ausgezählten Endbestand ermittelt werden und ein Vergleich zwischen gezähltem Bestand und Aufzeichnungen bis zum Zeitpunkt der Zählung gar nicht durchgeführt werden kann.

Für Kalenderjahre ab 2020 erfolgt im Rahmen der Kassen-Nachschau gemäß § 146b Abs. 1 S. 2 AO auch die Prüfung des ordnungsgemäßen Einsatzes des **elektronischen Aufzeichnungssystems** nach § 146a Abs. 1 AO.[544] Wie bei den betrieblich genutzten Räumen kommt es dabei nicht darauf an, in wessen zivilrechtlichem oder wirtschaftlichem Eigentum das System steht.

Hinsichtlich der **Beendigung** einer Kassen-Nachschau ist wie folgt zu differenzieren: Wurden lediglich verdeckte Beobachtungen oder Testkäufe durchgeführt, muss der Amtsträger den Steuerpflichtigen darüber nicht informieren. Hat er sich hingegen ausgewiesen, ergeht ein schriftlicher Hinweis über die – ggf. ergebnislose – Nachschau. Das ist sinnvoll, weil mit dem Abschluss der Maßnahme das Recht zur Selbstanzeige wiederauflebt.

Negative Feststellungen bei einer Kassen-Nachschau können erhebliche **Folgen** haben:

- Falsche oder fehlende Belege sowie der unrichtige Einsatz eines elektronischen Aufzeichnungssystems werden ab dem 1. 1. 2020 ggf. als Ordnungswidrigkeit nach § 379 AO mit einem Bußgeld von bis zu 25.000 € geahndet.
- Nach § 26a Abs. 1 S. 1 Nr. 2 UStG kann eine Ordnungswidrigkeit vorliegen, wenn Rechnungsdoppel nicht aufbewahrt wurden.
- Führt die fehlerhafte Kassenführung zu nicht ordnungsgemäß erfassten und damit zu niedrig erklärten Einnahmen, kommen diverse Straftatbestände in Betracht. Zu nennen sind insbesondere die Steuerhinterziehung nach § 370 AO, die Fälschung technischer Aufzeichnungen nach § 268 StGB, die Fälschung beweiserheblicher Daten nach § 269 StGB und die Urkundenunterdrückung nach § 274 StGB.

Nach dem Erscheinen eines Prüfers zur Kassen-Nachschau kann keine wirksame **Selbstanzeige** mehr abgegeben werden.[545] Allerdings ist Voraussetzung, dass der Betriebsprüfer sich als solcher ausgewiesen hat.[546] Die praktische Bedeutung dieses Sperrgrunds ist allerdings gering, weil der Prüfer in den maß-

---

541 Siehe hierzu unter 3.5.5.2.
542 BT-Drs. 18/9535, S. 22; BR-Drs. 407/16, S. 19. Wegen Einzelheiten zum Kassensturz und zur Kassensturzfähigkeit siehe unter 3.5.5.5.
543 Wie hier *Achilles*, DB 2018, 18, 24.
544 Zu den Neuregelungen ab dem 1. 1. 2020 siehe 3.5.5.3 a. E.
545 § 371 Abs. 2 Nr. 1 lit. e AO.
546 *Becker*, BBK 2017, 116, 140, 141.

3.5 Richtigkeitsvermutung gemäß § 158 AO

geblichen Fällen gemäß § 146b Abs. 3 AO ohnehin zu einer regulären Ap übergehen und damit den o. g. Sperrgrund auslösen wird.[547]

Bisweilen stellt sich die Frage, wie mit sog. **"Zufallsfunden"** im Rahmen der Kassen-Nachschau zu verfahren ist. Zwar sieht § 146b AO anders als z. B. vergleichbare Bestimmungen wie § 27b Abs. 4 UStG oder § 42g Abs. 5 EStG nicht explizit vor, dass die während der Kassen-Nachschau festgestellten Verhältnisse für andere Steuerarten o. ä. ausgewertet dürfen. Das ändert aber letztlich nichts daran, dass für die betroffenen Bescheide entsprechende Änderungen erfolgen dürfen. Denn es ist kein ausdrückliches Verwertungsverbot ersichtlich und die Kassen-Nachschau ist ohnehin nicht auf die Prüfung bestimmter Steuerarten beschränkt.

Beispiel:

A ist alleiniger Gesellschafter-Geschäftsführer der A-GmbH. Im Rahmen einer Kassen-Nachschau wird festgestellt, dass A der Kasse laufend größere Beträge entnommen hat. Auf Nachfrage erklärt A, dass er entsprechende Beträge für Betriebsausgaben der A-GmbH verauslagt habe. Belege hierfür seien nicht erforderlich, weil er genau wisse, dass es sich tatsächlich um Betriebsausgabe gehandelt habe. Hier liegen unstreitig verdeckte Gewinnausschüttungen vor. Die Bescheide über Körperschaftsteuer und Gewerbesteuer können entsprechend geändert werden.

Im Zusammenhang mit einer Kassen-Nachschau eingelegte Einsprüche oder Klagen werden unzulässig, sobald die Kassen-Nachschau beendet ist. Nach Ansicht der FinVerw kommt nach diesem Zeitpunkt nur noch eine **Fortsetzungsfeststellungsklage** in Betracht.[548]

3.5.5.5 Einzelfragen zur Kassenführung

App-Kassensystem. Bereits weit verbreitet sind „Apps"[549], mit deren Hilfe handelsübliche Tablets mit Standardbetriebssystemen durch einfache Installation zu Kassen „umfunktioniert" werden. Das ist grundsätzlich zulässig. Die **Speicherung** der Daten erfolgt in solchen Fällen i. d. R. auf einem separaten Server oder einer Serverkasse mit interner oder externer Festplatte oder in einer Cloud. Zu beachten ist gerade im letztgenannten Fall jedoch, dass für die Ordnungsmäßigkeit der Daten und der Datensysteme allein der Steuerpflichtige verantwortlich ist.[550]

---

547 *Geuenich*, NWB 2017, 786, 795.
548 AEAO zu § 146b, Nr. 9.
549 Als „App" oder „Mobile App", einer Abkürzung für das deutsche Wort „Applikation" bzw. das englische Wort „application", wird eine Anwendungssoftware für Mobilgeräte bzw. mobile Betriebssysteme bezeichnet.
550 Zu diesem Problem und zu weiteren Einzelheiten siehe das Stichwort „Cloud-Kasse" weiter unten.

Auflagen. Nach abgeschlossener Ap werden dem Steuerpflichtigen wegen der festgestellten Mängel der Kassenführung häufig „Auflagen" gemacht.[551] Später festgestellte Verstöße wiegen dann umso schwerer.[552]

Außer-Haus-Umsätze. Die unberechtigte Inanspruchnahme des ermäßigten Steuersatzes ist in den letzten Jahren in das Zentrum der Prüfung von Gastronomiebetrieben gerückt. Namhafte Fast-Food-Ketten oder auch der Backwareneinzelhandel haben in der Vergangenheit die Umsatzsteuerlast vielfach durch zu häufiges Betätigen der „Außer-Haus-Taste" zu Unrecht gemindert. Besonders risikobehaftet sind Kassen, bei denen hinsichtlich der Eingabe kein „Auswahlzwang" besteht und der Außer-Haus-Verkauf als Standard voreingestellt ist. In derartigen Fällen ist damit zu rechnen, dass der erfasste Außer-Haus-Anteil zu hoch ist.[553] Die Diskussion um die Außer-Haus-Umsätze ist vielfach geprägt von fehlerhaften Annahmen hinsichtlich der materiellen Rechtslage. Mit der Frage nach der Trennung der Entgelte hat das Problem der Außer-Haus-Umsätze anders als vielfach angenommen nichts zu tun. Entscheidend ist, dass es sich bei der Abgabe von Speisen und Getränken „vor Ort" oder „zum Verzehr an Ort und Stelle" um eine **sonstige Leistung** handelt, die wie alle sonstigen Leistungen dem Regelsteuersatz unterliegt. Die Lieferung von Speisen und Getränken hingegen fällt grundsätzlich unter den ermäßigten Steuersatz, wobei aber Besonderheiten zu beachten sind. So unterliegt bspw. die Abgabe eines Kaffeegetränks grundsätzlich dem allgemeinen Steuersatz.[554] Für die Abgrenzung von sonstiger Leistung und Lieferung von Speisen kommt es darauf an, welche Elemente überwiegen. Werden aus Angst, in diesem Bereich Fehler zu machen, zu hohe Steuersätze ausgewiesen, entsteht die Steuerschuld wegen § 14c UStG in der ausgewiesenen Höhe,[555] so dass der Gewinn nachhaltig gemindert wird. Die Schätzungsbefugnis für den gesamten Umsatz bzw. Gewinn des Betriebs besteht auch, wenn der Steuerpflichtige „nur" die dem ermäßigten Umsatzsteuersatz unterliegenden Außerhausverkäufe nicht vollständig aufgezeichnet hat.[556] Aus dem Ergebnis einer sog. Schätzung nach Anteilen kann allerdings nicht unmittelbar auf die Höhe der Außer-Haus-Umsätze geschlossen werden.[557]

Ausgabenkasse. Viele Steuerpflichtige führen zur besseren Trennung, zur effektiveren Kontrolle der Angestellten oder weil keine Bareinnahmen erzielt werden, sog. reine „Ausgabenkassen". Vielfach werden die Ausgaben aus dem privaten Portemonnaie bestritten, die Belege wie z. B. Tankquittungen gesam-

---

551 Rechtlich handelt es sich um „Hinweise", echte Auflagen sind nicht zulässig.
552 Sächsisches FG v. 14. 8. 2018 6 V 765/17 zur Aufbewahrungsaufforderung von Tagesendsummenbons; FG Münster v. 24. 1. 2007 12 K 2226/05 E, juris.
553 *Reckendorf*, BBK 2017, 479, 486.
554 BFH v. 29. 8. 2013 XI B 79/12, BFH/NV 2013, 1953, Rz. 11, m. w. N; zu Ausnahmen siehe auch *Becker*, NWB 2014, 3460.
555 *Pump*, StBp 213, 216.
556 BFH v. 23. 12. 2004 III B 14/04, BFH/NV 2005, 667.
557 FG Münster v. 4. 12. 2015 4 K 2616/14, E, G, U, EFG 2016, 169. Zur Schätzung nach Anteilen siehe 3.9.3.

melt und später in einem „Kassenbericht" addiert. In diesen Fällen liegt eine ordnungsgemäße Kassenführung nur vor, wenn insgesamt eine chronologische Erfassung auch der tatsächlichen Einlagen erfolgt und so keine Kassenfehlbeträge entstehen. Dann dürfen die Belege nicht über Wochen oder Monate gesammelt werden, sondern sind unverzüglich zu erfassen. Denn auch Kassenausgaben müssen zeitnah eingetragen werden.[558] Auch bei nicht zeitnaher Verbuchung von Kassenausgaben kommt es bei der Beurteilung der Ordnungsmäßigkeit der Kassenführung auf das sachliche Gewicht des vorliegenden Buchführungsmangels an.[559] Das sog. „**Kassensystem auf Festbestand**" bedeutet, dass für eine Kasse ein Betrag bestimmt wird, der nach einem festgelegten Abrechnungszeitraum, z. B. nach einer Woche oder nach einem Monat wieder aufgefüllt wird. Für die in der Zwischenzeit anfallenden Ausgaben sind Belege zu erstellen und in die Kasse einzulegen. Zahlungseingänge mit Ausnahme der Auffüllung dürfen nicht in den Kassenbestand einfließen, da sonst eine Kasse mit variablem Bestand entstehen würde. Damit ist das Kassensystem auf Festbestand nur bei reinen Ausgabenkassen wie Porto-, Spesen- oder Repräsentationskassen anzutreffen und auch nur dafür geeignet. Nach h. M. verstößt das Festbestandssystem nicht grundsätzlich gegen § 146 Abs. 1 S. 2 AO.[560] Denn durch die Aufbewahrung der Ausgabenbelege in der Kasse und die wöchentliche oder monatliche Führung des Kassenbuches sind die Kassenausgaben ausreichend festgehalten und ist die Kassensturzfähigkeit gewährleistet. In der Prüfungspraxis ist diese Art der Kassenführung aber nur sehr selten anzutreffen.

Bankeinzahlung. Fehlende Belege über Bankeinzahlungen aus ausgewiesenen Kassenbeständen stellen einen wesentlichen Mangel der Kassenführung dar.[561] Der Steuerpflichtige hat darzulegen, woher die eingezahlten Bargeldbeträge stammen.[562] Teilweise ist aus den Bankeinzahlungsbelegen die **Uhrzeit** ersichtlich. Durch einen zeitgenauen Vergleich kann dann z. B. festgestellt werden, dass eine Einzahlung i. H. v. 5.000 € am 4.5. um 8 Uhr und damit vor Geschäftseröffnung erfolgte. Damit muss bereits am 3.5 ein entsprechender Kassenbestand vorhanden gewesen sein. Die Einnahmen des 4.5. sind nicht geeignet, diese Einzahlung zu begründen.

Banken. Sofern ein elektronisches Aufzeichnungssystem mit Kassenfunktion die Erfordernisse der „Mindestanforderungen an das Risikomanagement – MaRisk" und der Bankaufsichtlichen Anforderungen an die IT" (BAIT) der Bundesanstalt für Finanzdienstleistungsaufsicht in der in der jeweils geltenden Fassung erfüllt und von einem Kreditinstitut i. S. d. § 1 Abs. 1 KWG betrieben wird, unterliegt dieses nicht den Anforderungen des § 146a AO.[563]

---

558 BFH v. 7.7.1977 IV R 205/72, BStBl. II 1978, 307.
559 BFH v. 7.7.1977 IV R 205/72, BStBl. II 1978, 307.
560 Z. B. *Drüen* in Tipke/Kruse, § 146 Rz. 30.
561 BFH v. 2.2.1982 VIII R 65/80, BStBl. II 1982, 409.
562 FG Hamburg v. 26.6.2006 2 V 82/06, juris.
563 AEAO zu § 146a, Nr. 1.2. a. E.

Berichte. Im Rahmen von Ap kommt es vielfach um Diskussionen um die verschiedenen mit einer Registrierkasse erstellbaren Berichte, genauer gesagt um die Frage ihres Beweiswerts sowie um die Verpflichtung, sie aufzubewahren und dem Prüfer vorzulegen. Tatsächlich abgerufene und ausgedruckte Berichte oder „Reports" einer Registrierkasse bzw. einer PC-Kasse wie z. B. Finanz-, Bediener- oder Warengruppenberichte sind **aufbewahrungspflichtig,** ihr Fehlen begründet einen wesentlichen Mangel. PC-Kassen speichern derartige Berichte i.d.R. auf der Festplatte. Deshalb ist von einer manuellen Löschung auszugehen, wenn sie zum Zeitpunkt der Prüfung nicht mehr vorhanden sind. Hinsichtlich ihres Inhalts ist bei Berichten immer zu bedenken, dass sie eine Auswahl von Angaben oder Daten enthalten. Sie können deshalb die Vollständigkeit der erklärten Erlöse grundsätzlich nicht belegen. In der Praxis stößt der Betriebsprüfer auf eine Vielzahl von Berichten, von denen nachfolgend nur die wichtigsten beschrieben werden:

- **Artikelberichte** listen auf, wie viele von den programmierten Artikeln verkauft wurden und welcher Umsatz entsprechend erzielt worden ist. Damit liefern diese Berichte interessante Informationen für eine Nachkalkulation. Werden – was in der Praxis durchaus vorkommt – negative Beträge bei bestimmten Artikeln ausgewiesen, so wurden möglicherweise Beträge storniert, ohne dass entsprechende Sachverhalte vorlagen. Der Steuerpflichtige muss damit rechnen, dass der Betriebsprüfer sich Artikelberichte ausdrucken lässt. Hat der Steuerpflichtige selbst solche Berichte ausgedruckt, müssen sie aufbewahrt werden. Spätestens seit dem 1.1.2017 sind allerdings ganz allgemein die Einzeldaten maßgebend, so dass die genannten Berichte für die Frage der Ordnungsmäßigkeit der Kassenführung an Bedeutung verloren haben.[564] Dennoch bieten sie weiterhin gute Überprüfungsmöglichkeiten.

- Beim sog. **Zeitzonenbericht** handelt es sich um die Aufschlüsselung aller gespeicherten Umsätze auf die einzelnen Stunden des Tages.[565] Er dient dazu, dem Steuerpflichtigen einen Überblick darüber zu verschaffen, wie gut oder schlecht sein Geschäft zu den einzelnen Tageszeiten läuft und soll einen optimalen Einsatz von Personal ermöglichen. In den Fällen nachträglicher Stornierungen zum Zweck der Steuerhinterziehung ergibt die Überprüfung des Zeitzonenberichts häufig negative Umsätze in den umsatzschwachen Zeiten, da aus Unachtsamkeit mehr Umsätze storniert werden als tatsächlich erzielt wurden.[566]

- Für den **Warengruppenbericht** findet sich auch die Bezeichnung „PLU-Bericht". Er stellt den prozentualen und absoluten Anteil der verschiedenen Warengruppen am Gesamtumsatz dar und ist häufig in den Tagesendsummenbon eingegliedert. Im Rahmen einer Ap kommt dem Warengruppenbe-

---

564 *Teutemacher,* S. 114.
565 Auch „Stundenumsatzbericht".
566 Vgl. hierzu den Sachverhalt in FG Bremen v. 20.4.2016 1 K 88/13 (6), rkr., juris.

3.5 Richtigkeitsvermutung gemäß § 158 AO

richt im Hinblick auf Nachkalkulationen und Schlüssigkeitsprüfungen erhebliche Bedeutung zu.[567] Er ist mindestens sechs Jahre lang aufzubewahren.[568] Der Betriebsprüfer kann verlangen, dass der Warengruppenbericht für bestimmte Tage ausgedruckt wird, um z. B. eine „Schätzung nach Anteilen" durchzuführen, sofern dies technisch möglich ist.[569]

- **Kellnerberichte** beinhalten alle Buchungen und Storni des jeweiligen Angestellten, weshalb sie in erster Linie dem Betriebsinhaber als Kontroll- und Abrechnungsmöglichkeit dienen. Abfragen sind i. d. R. als X-Bericht ohne Nullstellung oder als Z-Bericht mit Nullstellung möglich. Solche Bedienerabrechnungen sind aufzubewahren,[570] ansonsten ist nicht gewährleistet, dass die erfassten Umsätze vollständig sind.[571]
- **Kettenberichte** werden zunehmend programmiert, um die Bedienung zu vereinfachen, denn durch Druck auf eine einzige Taste wird dann eine Vielzahl von Berichten ausgegeben. Alle abgerufenen Berichte sind aufzubewahren, auch wenn der Steuerpflichtige sie teilweise für steuerlich unbeachtlich hält. Die steuerliche Bedeutung ergibt sich aus den resultierenden Verprobungsmöglichkeiten für den Betriebsprüfer.

Betriebsprüfungsbericht. Die Darstellung der tatsächlichen oder vermeintlichen Mängel der Kassenführung im Betriebsprüfungsbericht ist oftmals sehr knapp und formelhaft.[572] Aus Sicht des Steuerberaters ergibt sich dadurch ein wesentlicher Angriffspunkt. Im Verfahren zeigt sich oft, dass die zur Annahme der Nichtordnungsmäßigkeit führenden Sachverhalte vom FA nur noch schlecht rekonstruiert werden können. Insbesondere stellt sich nicht selten heraus, dass nicht für alle Jahre des Prüfungszeitraums Fehler festgestellt wurden. Das kann auch in verfahrensrechtlicher Hinsicht von Bedeutung sein, vor allem, wenn die Berichtigung der Steuerbescheide auf § 173 Abs. 1 Nr. 1 AO gestützt wird.

Bewirtungskosten. Rechnungen über Bewirtungsaufwendungen müssen den Namen des Bewirtenden enthalten, bei Rechnungen über 250 € ist der Name **durch den Gastwirt** aufzutragen.[573]

Bilanzwert. Eine einfache, aber dennoch effektive **Überprüfungsmöglichkeit** ergibt sich aus dem bilanziellen Wert des Kassenkontos. Tatsächlich kommt es immer wieder vor, dass der im Jahresabschluss aufgeführte Wert nicht mit dem Kassenbuch oder den sonstigen Aufzeichnungen übereinstimmt. Das spricht gegen die Ordnungsmäßigkeit der Kassenführung und kann insbesondere beim

---

567 FG Münster v. 16.12.2004 5 K 1982/00 E,G,U, juris.
568 § 147 Abs. 1 Nr. 5 AO, § 257 Abs. 1 Nr. 4 HGB.
569 Siehe hierzu 3.9.3.
570 BFH v. 30.11.1989 I R 225/84, BFH/NV 1991, 356.
571 FG Münster v. 7.1.2015 8 V 1774/14 G, juris und FG Münster v. 16.5.2013 2 K 3030/11 E, U, EFG 2014, 86.
572 „Die Kassenführung war nicht ordnungsgemäß". Viele Betriebsprüfer haben entsprechende Textbausteine abgespeichert.
573 BFH v. 18.4.2012 X R 57/09, BStBl. II 2012, 770.

Zusammentreffen mit anderen Auffälligkeiten in diesem Bereich die Schätzungsbefugnis begründen.

Buchhalterische Erfassung. Eine andere Frage als diejenige nach der Art der Einnahmeerfassung bzw. -ermittlung ist, wie die Verbuchung der Bareinnahmen zu erfolgen hat.[574] Insbesondere um computergestützte Überprüfungen von Kassenaufzeichnungen zu unterlaufen, werden Bareinnahmen nicht selten zwar einzeln oder zumindest nach Tagen getrennt aufgezeichnet, aber zusammengefasst, z. B. nach Monaten, gebucht. In einem solchen Fall versagen zwangsläufig die heute üblichen Programmroutinen der Prüfersoftware,[575] da Kassenfehlbeträge nur dann auf der Grundlage der Buchführungsdaten festgestellt werden können, wenn zumindest das Datum der einzelnen Geldbewegungen aufgezeichnet ist. Das oft zu beobachtende Zusammenfassen in einer Buchung widerspricht aber den Grundsätzen ordnungsgemäßer Buchführung. Denn zum Wesen einer ordnungsgemäßen Buchführung gehören der Grundsatz geordneter Buchungen und das Verrechnungsverbot. Danach müssen Geschäftsvorfälle **ohne Saldierung** in ihrer zeitlichen Reihenfolge abgebildet werden.[576] Entsprechend ist schon die Buchung einer „Tageseinnahme" eine Ausnahme von diesem Grundsatz.[577] Sie kann nicht auf einen ganzen Monat ausgedehnt werden.

Cloud-Kasse. Cloud-Kassen oder „virtuelle" Kassen werden vor allem im Einzelhandel und in der Gastronomie eingesetzt. Sie bieten ggf. **betriebswirtschaftliche Vorteile,** denn Wartung und Aktualisierung erledigt in aller Regel der Anbieter. Darüber hinaus sind die Kosten oft geringer als bei einer Neuanschaffung eines herkömmlichen Systems bzw. der Nachrüstung der vorhandenen Kasse. In steuerlicher Hinsicht ist die Cloud-Kasse allerdings äußerst problembehaftet. Insbesondere dürfte die erforderliche Unveränderbarkeit der Daten i. d. R. nicht sichergestellt bzw. nicht nachweisbar sein. Die Speicherung von Daten in „Clouds" wird in der Literatur m. E. zu Recht als eine Bedrohung für die Steuergerechtigkeit beschrieben, weil die Möglichkeit der unsichtbaren Veränderung der Daten auf der Hand liegt.[578] Darüber hinaus ist der Ort der Aufbewahrung oft kritisch, denn es für den Kunden ist oft nicht erkennbar, wo sich der Server befindet.[579] Schließlich kann die zwingend notwendige Vorhaltung der Daten für zehn Jahre zum Problem werden, z. B. wenn das nutzende Unternehmen nicht mehr in der Lage ist, das monatliche Entgelt zu entrichten. Ein weiteres Problem der Cloud-Kasse ist, dass i. d. R. keine Bons gedruckt werden, sondern der Betrag dem Kunden lediglich angezeigt wird. Ab dem

---

574 Insbesondere wird zwar ein tägliches Erfassen der Einnahmen verlangt, nicht jedoch eine tägliche Verbuchung, vgl. z. B. *Henn*, DB 2019, 1816, 1817.
575 Sog. „Makros".
576 GoBD Rz. 85. Vgl. auch § 246 Abs. 1 HGB.
577 Nach der Rechtsprechung aber zulässig, vgl. z. B. BFH v. 16.12.2014 X R 42/13, BStBl. II 2015, 519.
578 *Huber*, StBp 2014, 153, 159, mit weiteren Einzelheiten zu diesem Thema.
579 *Danielmeyer/Neubert/Unger*, StBp 2017, 291, 294.

3.5 Richtigkeitsvermutung gemäß § 158 AO

1.1.2020 ist der Unternehmer, der elektronische Geräte einsetzt, zur Belegausstellung verpflichtet.[580]

Datenbanksysteme. Heute werden für die Kassenführung häufig Datenbanksysteme wie „Access" o. ä. eingesetzt.[581] Gegenüber der Bp muss das gesamte Datenbankmanagementsystem offengelegt werden, ein Z 1-Zugriff gemäß § 147 abs. 6 AO ist zu ermöglichen. Die **Verfahrensdokumentation** muss für diese Systeme beschreiben, welche Datenbanktabellen es gibt und wie die Felder in den Tabellen beschrieben werden. Systemprozeduren, sonstige Prozeduren, Verknüpfungen und Auswertungen sind zu erläutern.[582]

Datenerfassungsprotokoll. Neben den diversen Berichten bieten auch Datenerfassungsprotokolle eine gute Überprüfungsmöglichkeit. Sie werden **intern** bei vielen Kassen erstellt. In der Datei sind alle Eingaben nachvollziehbar. Sie sollen dem Hersteller oder Kassenaufsteller in Notfällen zur Rekonstruktion von Fehlern dienen. Anhand der hier aufgezeichneten Daten kann z. B. ggf. geklärt werden, wie es zu evtl. Ausfällen oder Falschbuchungen gekommen ist. Für den Betriebsprüfer oder Steuerfahnder können sich an dieser Stelle ggf. Überprüfungsmöglichkeiten ergeben. Bei Löschung von Kassenprotokollierungsdateien kommt eine Schätzung in Betracht.[583]

Defekte Kasse. Ist eine elektronische Registrierkasse defekt oder kommt es zu einem Stromausfall, dürfen und müssen für den entsprechenden Zeitraum manuell tägliche Kassenberichte erstellt werden.[584] **Reparaturrechnungen** sind nach den allgemeinen Grundsätzen aufbewahrungspflichtige Unterlagen. Damit können die **Ausfallzeiten** belegt werden.[585] Das Argument der funktionsuntüchtigen Kasse wird häufig vorgetragen, wenn der Prüfer moniert, dass die erforderlichen Aufzeichnungen nicht vorliegen. Der entsprechende Sachvortrag ist jedoch in aller Regel unglaubhaft. Wird z. B. behauptet, die Kasse sei im Prüfungszeitraum immer wieder defekt gewesen und man habe im Rahmen der jeweiligen Reparatur den Speicher jeweils vollständig löschen müssen, so stellt sich zumindest die Frage, warum nicht wenigstens für den direkt auf die Reparatur folgenden Zeitraum entsprechende Aufzeichnungen vorliegen.[586]

Diebstahl. Wird bei einem buchführungspflichtigen Steuerpflichtigen der Kassenbestand entwendet, so wird der dadurch entstehende Aufwand i. d. R. mit dem Buchungssatz „Aufwand an Kasse" verbucht. Versäumt der Steuerpflichtige, in dem Kassenbericht des auf den Diebstahl folgenden Tages den richtigen Anfangsbestand aufzuführen, so werden bei Ermittlung der Einnahmen durch

---

580 Zur Belegausgabepflicht ab dem 1.1.2020 siehe unter 3.5.5.3.
581 Die Rechtsprechung hält auf der Software MS Access basierende PC-Kassensysteme für manipulationsanfällig, vgl. FG Münster v. 29.3.2017 7 K 3675/13, E, G, U, juris, nachgehend BFH v. 23.2.2018 X B 65/17, BFH/NV 2018, 517, Rz. 10, 35.
582 BMF v. 14.11.2014, BStBl. I 2014, 1459, Rz. 160.
583 Sächsisches FG v. 30.4.2014 2 K 1355/10, juris; *Drüen* in Tipke/Kruse, § 147 Rz. 26.
584 AEAO zu § 146 AO, Nr. 2.1.6.
585 Zur Dokumentation von Ausfallzeiten AEAO zu § 146 AO, Nr. 2.1.6.
586 Sächsisches FG v. 14.8.2018 6 V 765/17, juris.

3 Außenprüfung

Rückrechnung aus dem Endbestand[587] die Einnahmen verkürzt, weil ein zu hoher Anfangsbestand abgezogen wird.

Behauptete aber **nicht bewiesene** Kassenverluste beeinträchtigen i.d.R. die Beweisvermutung der Kassenführung. An den Nachweis des Diebstahls bzw. der Unterschlagung werden strenge Anforderungen gestellt, damit Missbräuche vermieden werden. Entscheidungserhebliche Kriterien können z.B. sein, ob Ersatzansprüche geltend gemacht wurden, ob Strafanzeige erstattet wurde, eine Abmahnung bzw. Kündigung ausgesprochen wurde oder ob in anderer Weise Beweisvorsorge getroffen wurde. Der Verzicht auf Ersatzansprüche aus privaten Gründen ist als **Entnahme** zu werten, so dass der Diebstahl letztlich ergebnisneutral bleibt. Hat der aufgrund eines Dienstvertrags im Betrieb mitarbeitende Ehegatte heimlich Gelder aus der Geschäftskasse entnommen, können diese nur als Betriebsausgaben Berücksichtigung finden, wenn sich nach den gesamten Umständen auch ein fremder Mitarbeiter in gleicher Weise Zugang zur Kasse hätte verschaffen können.[588] Das wird nur selten der Fall sein.

Mit folgenden **Kontrollfragen** durch FA oder FG ist zu rechnen:
- Wer (Name und ladungsfähige Anschrift) soll das Geld entwendet haben?
- Ist Strafanzeige erstattet worden?
- Wenn nein, warum nicht?
- Ist dem mutmaßlichen Täter (Mitarbeiter) gekündigt worden?
- Ist ein zivilrechtlicher Anspruch auf Schadenersatz geltend gemacht worden?
- Wo ist der daraus resultierende Vergleich bzw. wie lautet das Schuldanerkenntnis?

Verlorene betriebliche Gelder können in dem Zeitpunkt als Betriebsausgaben geltend gemacht werden, in dem überwiegend wahrscheinlich ist, dass Ersatzansprüche gegen den Täter nicht durchgesetzt werden können, z.B. bei Anzeigen gegen Unbekannt oder wenn der Täter vermögenslos ist. Lässt sich der Zeitpunkt des Diebstahls oder der Unterschlagung nicht feststellen, so ist für die steuerliche Berücksichtigung der Zeitpunkt der Entdeckung maßgebend.[589] Der betriebliche Zusammenhang eines Bargeldbestands kann im Übrigen nicht nur durch eine geschlossene Kassenführung, sondern auch durch weitere Anhaltspunkte wie z.B. die beabsichtigte Einzahlung auf ein betriebliches Konto dargetan werden,[590] wobei die Anforderungen an die Beweisführung allerdings hoch sind.

---

587 Zur „offenen Ladenkasse" siehe 3.5.5.2.
588 BFH v. 25.10.1989 X R 69/88, BFH/NV 1990, 553, insbesondere zur umsatzsteuerrechtlichen Problematik siehe *Pump*, StBp 1994, 277.
589 So schon RFH v. 3.9.1930 VI A 1473/30, RStBl. 1930, 810.
590 BFH v. 12.12.2001 X R 65/98, juris.

3.5 Richtigkeitsvermutung gemäß § 158 AO

„**Double Till**". Als „Double Till" bezeichnet man den Einsatz zweier **baugleicher Kassen**, von denen eine zur Erfassung der echten Umsätze dient und die andere zur Erstellung fiktiver Beleg für das FA eingesetzt wird.

Eidesstattliche Versicherung. Festgestellte Mängel in der Kassenführung können nicht durch eidesstattliche Versicherungen z. B. der Personen, welche die Kasse bedient haben, beseitigt werden.[591]

Einlagen und Entnahmen. Entnahmen und Einlagen sind täglich aufzuzeichnen. Ohne eine solche tägliche Aufzeichnung ist die Kassenführung nicht ordnungsgemäß.[592] Um die Kassensturzfähigkeit sicherzustellen, sind über Einlagen und Entnahmen Eigenbelege anzufertigen und in der Kasse aufzubewahren.[593] Eine schätzungsweise Erfassung genügt den Anforderungen an eine ordnungsgemäße Kassenführung nicht.[594] Bestehen Anhaltspunkte dafür, dass zur **Vermeidung von Kassenfehlbeträgen** Einlagen erfasst wurden, wird die Kasse vermutlich nur rechnerisch und damit nicht ordnungsgemäß geführt.[595] Liegen über Entnahmen und Einlagen keine Belege vor, so handelt es sich hierbei nicht nur um einen formellen, sondern um einen materiellen Mangel.[596]

Einnahmenüberschussrechnung. Im Rahmen der Kassenprüfung kommt es oftmals zu Diskussionen darüber, welchen Einfluss die Art der Gewinnermittlung auf die an die Kassenführung zu stellenden Anforderungen hat. Dabei gilt zunächst der Grundsatz, dass auch nichtbuchführungspflichtige Gewerbetreibende sind grundsätzlich verpflichtet sind, ihre Betriebseinnahmen einzeln aufzuzeichnen.[597] Der die Einzelaufzeichnungspflicht explizit anordnende § 146 AO gilt auch für den Einnahmenüberschussrechner.[598] Das separate Aufzeichnen jeder einzelnen Einnahme ist bei der Einnahmenüberschussrechnung darüber hinaus schon deshalb erforderlich, weil die Betriebseinnahmen nach ständiger Rechtsprechung unmittelbar Privatvermögen werden und es deshalb einen betrieblichen „auszählbaren" Endbestand, der für eine summarische Einnahmenermittlung zwingend erforderlich wäre, gar nicht gibt.[599] Ungeachtet

---

591 FG München v. 14.10.2005 10 V 1834/05, juris.
592 FG Thüringen v. 20.6.2002 II 664/00, juris; FG Schleswig-Holstein v. 27.5.1992 IV 726/89, juris.
593 BFH v. 21.2.1990 X R 54/87, BFH/NV 1990, 683.
594 BFH v. 18.12.1984 VIII R 195/82, BStBl. II 1986, 226.
595 FG Münster v. 17.9.2010 4 K 1412/07, G, U, EFG 2011, 506.
596 FG Münster v. 23.2.2000 5 V 7028/99, E, G, U, juris.
597 BFH v. 26.2.2004 XI R 25/02, BStBl. II 2004, 599; BFH v. 22.2.1973 IV R 69/69, BStBl. II 1973, 480; FG Hamburg v. 16.11.2016 2 K 119/15, EFG 2017, 489; AEAO zu § 146, Nr. 2.1.7.
598 BFH v. 26.2.2004 XI R 25/02, BStBl. II 2004, 858; *Becker*, BBK 2017, 116; *Hülshoff/Wied*, NWB 2017, 2094, 2095; *Teutemacher*, S. 69 und NWB 2014, 752, 753; GoBD Rz. 25; a. A. *Nöcker*, NWB 2017, 492; *Märtens* in Hübschmann/Hepp/Spitaler, Rz. 6 zu § 146 AO; *Rätke* in Klein, § 146 Rz. 1 und in BBK 2017, 1009 sowie *Kulosa*, SAM 2017, 9, 21.
599 BFH v. 12.7.2017 X B 16/17, BFH/NV 2017, 1204, Rz. 61; BFH v. 16.2.2006 X B 57/05, juris; BFH v. 22.2.1973 IV R 69/69, BStBl. II 1973, 480; *Pump*, AStW 2018, 371, 276.

3 Außenprüfung

der Frage der Einzelaufzeichnungspflicht wird von Beraterseite häufig vertreten, im Bereich der Kassenführung seien die an den Einnahmenüberschussrechner gestellten Anforderungen niedriger als diejenige, die der bilanzierende Steuerpflichtige zu erfüllen hat. Tatsächlich stellt die Rechtsprechung aber an den Einnahmenüberschussrechner jedenfalls im Hinblick auf Bargeschäfte dieselben Anforderungen wie an den Steuerpflichtigen mit Gewinnermittlung nach § 4 Abs. 1 EStG.[600] Auch die fehlende Verpflichtung des Überschussrechners zum Führen eines Kassenbuchs[601] hat m. E. nur eine sehr eingeschränkte Bedeutung für die Beurteilung der Ordnungsmäßigkeit seiner Kassenführung. Denn auch der „Vierdreier" hat unstreitig Vorkehrungen dafür zu treffen, dass die Kassenaufzeichnungen jederzeit nachvollzogen werden können.[602] Nicht nur die Buchführung, sondern alle steuerlich relevanten Aufzeichnungen sind nach § 145 Abs. 1 S. 2 AO so zu führen, dass der Zweck, den sie für die Besteuerung erfüllen sollen, erreicht wird.[603] Auch der Einnahmenüberschussrechner muss seine Bareinnahmen deshalb vor allem kassensturzfähig festhalten, weil nur so eine jederzeitige Überprüfung möglich ist und gerade das der Zweck der Aufzeichnungen ist. Insgesamt bestehen auch nach Auffassung des BFH für den Einnahmenüberschussrechner dieselben Möglichkeiten einer ordnungsgemäßen Kassenführung wie für den buchführungspflichtigen Steuerpflichtigen.[604] Die teilweise anzutreffenden Differenzierungen sind lediglich theoretischer Natur, faktisch gibt es im Bereich der Kassenführung zwischen den Gewinnermittlungsarten **keine Unterschiede.**[605] Insbesondere sind die Einnahmen grundsätzlich einzeln aufzuzeichnen.[606] Vielfach wird sich die Verpflichtung zur ordnungsgemäßen Kassenführung beim Einnahmenüber-

---

600 *Görke* in Hübschmann/Hepp/Spitaler, Rz. 5 zu § 146 AO, unter Hinweis auf BFH v. 13.3.2013, X B 16/12, BFH/NV 2013, 902. Zu den faktisch nicht vorhandenen Unterschieden bei der Beurteilung der Ordnungsmäßigkeit der Kassenführung siehe auch weiter unten.
601 BFH v. 16.2.2006 X B 57/05, BFH/NV 2006, 940. Eine Aufforderung des FA zur Vorlage eines Kassenbuchs gemäß § 200 Abs. 1 S. 2 AO wäre deshalb nichtig, vgl. BFH v. 28.10.2009 VIII R 78/05, BStBl. II 2010, 455.
602 Niedersächsisches FG v. 8.12.2011 12 K 389/09, EFG 2013, 291, rkr.; Sächsisches FG v. 4.4.2008 5 V 1035/07, juris; *Teutemacher*, BBK 2014, 752, 754: „Erzeugung eines Prüfpfads".
603 BFH v. 24.6.2009 VIII R 80/06, BStBl. II 2010, 452, für den Einnahmenüberschussrechner auch FG Hamburg v. 1.8.2016 2 V 115/16, juris, Rz. 42.
604 Vgl. die Aufzählung in BFH v. 12.7.2017 X B 16/17, BFH/NV 2017, 1204, Rz. 63, unter Hinweis auf Niedersächsisches FG v. 8.12.2011 12 K 389/09, EFG 2013, 291, rkr., zur Einzelaufzeichnungspflicht insbesondere *Teutemacher*, S. 69.
605 Bereits vor der gesetzlichen Neuregelung ab 2017 wohl h. M., vgl. BFH v. 7.2.2008 X B 189/07, *Becker/Wiethölter*, StBp 2009, 239; *Teutemacher*, BBK 2014, 752; *Achilles*, S. 29; FG Hamburg v. 1.8.2016 2 V 115/16, juris; FG des Saarlands v. 21.6.2012 1 K 1124/10, EFG 2012, 1816; Niedersächsisches FG v. 8.12.2011 12 K 389/09, EFG 2013, 291, rkr.; FG Düsseldorf v. 23.8.2010 17 V 972/10 A (E,G,U,F), juris; FG des Saarlands v. 13.1.2010 1 K 1101/05, EFG 2010, 772; FG Köln v. 6.5.2009 15 K 1154/05, EFG 2009, 1261; FG Berlin-Brandenburg v. 17.3.2009 6 K 4146/04 B, EFG 2009, 1514.
606 Wie hier *Teutemacher*, S. 69. Zur Einzelaufzeichnungspflicht siehe auch dieses Stichwort sowie die Ausführungen unter 3.5.5.2.

schussrechner darüber hinaus aus § 146 Abs. 6 AO ergeben. Denn danach gelten die Ordnungsvorschriften auch, wenn der Unternehmer ohne entsprechende Verpflichtung Bücher und Aufzeichnungen führt, die für die Besteuerung von Bedeutung sind. Freiberufler oder kleinere Gewerbetreibende führen aber i. d. R. aus rein praktischen Gründen ein Kassenbuch, da dieses eher die Gewähr vollständiger Erfassung bietet als z. B. die offene Ladenkasse.[607] Soweit das Führen eines Kassenkontos in EDV-gestützter Listenform beim „Vierdreier" im Einzelfall als ausreichend angesehen wurde,[608] kann das m. e. allenfalls gelten, wenn das entsprechende Programm nachträgliche unsichtbare Änderungen nicht zulässt. Änderungen sind auch dann „unsichtbar" i. d. S., wenn die Veränderungen nur für IT-Spezialisten erkennbar bleiben. Der BFH hat in diesem Zusammenhang ausdrücklich nur handschriftliche Listen anerkannt.[609] Dafür, dass den im konkreten Fall vorgelegten EDV-Aufzeichnungen nicht die gleiche Aussagekraft zukommt wie solchen handschriftlichen Listen, soll die Feststellungslast allerdings grundsätzlich beim FA liegen.[610] Bei Nutzung einer elektronischen Kasse gelten für den Einnahmenüberschussrechner im Übrigen ohnehin dieselben Voraussetzungen wie für buchführungspflichtige Unternehmen.[611]

Einzelaufzeichnungspflicht. Bareinnahmen müssen gemäß § 146 Abs. 1 S. 1 AO einzeln aufgezeichnet werden. Die Art der Gewinnermittlung ist hierfür ohne Bedeutung.[612] Auch die GoB verlangen die Aufzeichnung jedes einzelnen Handelsgeschäfts, soweit zumutbar mit ausreichender Bezeichnung des **Geschäftsvorfalls**.[613] Das war für Zeiträume vor 2017 bereits ständige Rechtsprechung.[614] Die Einzelaufzeichnungspflicht ergibt sich aber nicht nur aus der AO und aus

---

607 Allerdings ist nicht jede Art des schriftlichen Festhaltens der Einnahmen ein „freiwilliges Kassenbuch", vgl. *Schlegel*, NWB 2012, 394. Zur offenen Ladenkasse siehe die Ausführungen unter 3.5.5.2.
608 FG Düsseldorf v. 13. 4. 2010 13 K 3064/07 F, juris.
609 BFH v. 16. 2. 2006 X B 57/05, BFH/NV 2006, 940. Der Beschluss ist darüber hinaus ohnehin nicht auf alle Einnahmenüberschussrechner übertragbar, vgl. *Teutemacher*, NWB 2014, 752, 754.
610 FG Düsseldorf v. 13. 4. 2010 13 K 3064/07 F, juris. M. E. unter dem Gesichtspunkt der Beweisnähe zweifelhaft, vgl. zu diesem Thema allgemein unter 1.8.
611 Z. B. *Oettinger*, Datev-Magazin 4/2016, S. 14. Zur Registrierkasse insgesamt siehe 3.5.5.3.
612 Zur Geltung des § 146 AO für die Einnahmenüberschussrechnung siehe dieses Stichwort.
613 BFH v. 1. 10. 1969 I R 73/66, BStBl. II 1970, 45, GoBD Rz. 37; *Rätke* in Klein, § 146 Rz. 22; *Pump*, BBP Sonderausgabe 2018, S. 5.
614 BFH v. 16. 12. 2014 X R 42/13, BStBl. II 2015, 519, Rz. 16; BFH v. 1. 10. 1969 I R 73/66, BStBl. II 1970, 45; BFH v. 12. 5. 1966 IV 472/60, BStBl. III 1966, 372; FG München v. 17. 5. 2011 13 V 357/11, juris; FG Berlin-Brandenburg v. 17. 3. 2009 6 K 4146/04 B, EFG 2009, 1514; FG Köln v. 20. 1. 2005 13 K 12/02, EFG 2005, 986; FG Nürnberg v. 27. 4. 2004 II 8/2003, juris, rkr.; *Rätke* in Klein, § 146 Rz. 22. Zu Ausnahmen siehe unten.

dem HGB, sondern auch aus § 22 UStG.[615] Die umsatzsteuerlichen Aufzeichnungs- und Aufbewahrungspflichten werden von den Regelungen zur Abgabenordnung nicht eingeschränkt.[616] § 22 UStG benennt die Aufzeichnungspflichten.[617] Danach müssen die Geschäftsvorfälle einzeln aufgezeichnet werden.[618]

Bei bestehender Einzelaufzeichnungspflicht stellt sich zwangsläufig die Frage danach, **welche Informationen** im Einzelnen aufzuzeichnen sind. Nach Ansicht der FinVerw müssen dokumentiert werden:[619]

– Verkaufter Artikel mit eindeutiger Bezeichnung („Aufzeichnung auf Artikelebene"),[620]
– endgültiger Einzelverkaufspreis,[621]
– dazugehöriger Umsatzsteuersatz und -betrag,
– vereinbarte Preisminderungen,
– Zahlungsart,
– Datum und Zeitpunkt des Umsatzes,
– verkaufte Menge bzw. Anzahl

Grundsätzlich sind auch der Name bzw. die Firma und die Anschrift des **Kunden** aufzuzeichnen. Der Umstand der sofortigen Bezahlung rechtfertigt zwar keine Ausnahme von diesem Grundsatz,[622] nach wohl h. M. ist die Aufzeichnung der Personenstammdaten des Kunden in der Bargeldbranche allerdings aus Zumutbarkeitsgründen entbehrlich.[623] Das soll auch gelten, wenn das System eine Kundenerfassung und Kundenverwaltung zulässt, die Kundendaten aber tatsächlich nicht oder nur teilweise erfasst werden. Eine Erfassungspflicht für die Kundendaten kann sich auch aus anderen Gesetzen ergeben, z. B. für

---

615 BFH v. 12.7.2017 X B 16/17, BFH/NV 2017, 1204, Rz. 59; BFH v. 26.2.2004 XI R 25/02, BStBl. II 2004, 599; BFH v. 2.3.1982 VIII R 225/80, BStBl. II 1984, 504; *Pump*, StBp 2017, 150, 151 und 2018, 50, 51 sowie AStW 2018, 371 und 2018, 594, 597; *Mertens*, GmbH-StPr 2018, 164, 165; *Teutemacher*, S. 69. Im Ergebnis wohl auch *Drüen* in Tipke/Kruse, § 146 Rz. 30a; a. A. zumindest für Einnahmenüberschussrechner *Rätke*, BBK 2017, 1009, 1012.
616 AEAO zu § 146, Nr. 3.5.
617 Vgl. BFH v. 12.7.2017 X B 16/17, BFH/NV 2017, 1204, Rz. 88.
618 BFH v. 12.12.2017 VIII R 5/14, BFH/NV 2018, 602; BFH v. 16.2.2006 X B 57/05, BFH/NV 2006, 940, Rz. 34; *Pump*, StBp 2015, 1 und StBp 2018, 345.
619 AEAO zu § 146, Nr. 2.1.3. Unter dem Gesichtspunkt der Zumutbarkeit ist jedoch in jedem Fall individuell darüber zu befinden, ob alle nachfolgend genannten Bestandteile aufzuzeichnen sind.
620 Bei elektronischen Kassen ist deshalb grundsätzlich eine artikelgenaue Programmierung erforderlich. Mit einfachen elektronischen Aufzeichnungssystemen lässt sich diese Anforderung schon aus technischen Gründen nicht erfüllen, wenn nur wenige PLU-Tasten zur Verfügung stehen, vgl. *Achilles/Pump*, S. 393.
621 Waren der gleichen Art mit demselben Einzelverkaufspreis können zusammengefasst werden, sofern die verkaufte Menge bzw. Anzahl ersichtlich bleibt („Warengruppe").
622 BFH v. 26.2.2004 XI R 25/02, BStBl. II 2005, 599. Zu Ausnahmen von der Einzelaufzeichnungspflicht insgesamt siehe unten.
623 Z. B. *Schumann*, AO-StB 2017, 151; *Teutemacher*, S. 29; GoBD Rz. 37 und AEAO zu § 146, Nr. 2.1.5.

3.5 Richtigkeitsvermutung gemäß § 158 AO

Geschäfte über 10.000 € aus § 2 Abs. 1 GwG, für Fahrschulen aus § 18 FahrlG oder im Hotel- und Gaststättengewerbe aus § 3 Abs. 1 BherbStatG. Die h. M. geht darüber hinaus in bestimmten Fällen quasi typisierend davon aus, dass die Kundendaten dem Unternehmen bekannt sind und die Ordnungsmäßigkeit der Buchführung u. a. davon abhängt, dass die entsprechenden daten vorgelegt werden können. Genannt werden hier Autoreparaturwerkstätten, Werkverträge über kundenspezifisch gefertigte Schmuckstücke in Juwelier, – Gold und Silberschmiedegeschäften oder auch Restaurants und Gaststätten in Bezug auf Rechnungen über Bewirtungskosten, Familien- und Betriebsfeiern, Seminarveranstaltungen oder Tagungen. Soweit der Steuerpflichtige tatsächlich über Kundendaten verfügt, sind sie aufzubewahren, sofern dem nicht gesetzliche Vorschriften entgegenstehen.[624]

Für **umsatzsteuerrechtliche Zwecke** können weitere Rechnungsangaben erforderlich sein.[625]

Strichlisten sind jedenfalls keine Aufzeichnungen i. S. e. ordnungsgemäßen Kassenführung. Sie erfüllen in ertragsteuerlicher Hinsicht nicht die Anforderungen an die Einzelaufzeichnungspflicht, da nicht für jeden Geschäftstag alle Geschäftsvorfälle mit ihrem Mindestinhalt festgehalten werden.[626] In der Literatur wird allerdings zu Recht darauf hingewiesen, dass sie zumindest aussagekräftiger sind als ein Kassenbericht und deshalb aufbewahrt werden sollten, um das Ergebnis des Kassenberichts zu untermauern bzw. prüfbar zu machen.

Der **Verzicht auf Einzelaufzeichnungen** ist für Zeiträume **ab 2017** gemäß **§ 146 Abs. 1 S. 3 AO** in bestimmten Fällen weiterhin möglich. Danach besteht bei tatsächlichem Einsatz einer manuellen Kasse[627] keine Einzelaufzeichnungspflicht „aus Zumutbarkeitsgründen beim Verkauf von Waren an eine Vielzahl von nicht bekannten Personen gegen Barzahlung".[628] Die FinVerw geht von einem Verkauf an eine Vielzahl nicht bekannter Personen aus, wenn nach der typisierenden Art des Geschäftsbetriebs alltäglich Barverkäufe an nicht bekannte Kunden getätigt werden.[629] Das setzt voraus, dass die Identität der Kunden für die Geschäftsvorfälle regelmäßig nicht von Bedeutung ist. Unschädlich ist, wenn der Verkäufer aufgrund außerbetrieblicher Gründe tatsächlich viele seiner Kunden namentlich kennt.[630] In der Literatur werden als Beispiele für Betriebe, für die Ausnahme von der Einzelaufzeichnungspflicht gilt, ge-

---

624 AEAO zu § 146, Nr. 2.1.5.
625 Vgl. §§ 14, 14a UStG, § 33 UStDV; *Achilles*, DB 2018, 2454, 2455.
626 *Pump*, StBp 2015, 1, 2.
627 Für elektronische Kassen gibt es keine Ausnahme von der Einzelaufzeichnungspflicht, § 146 Abs. 1 S. 4 AO, unabhängig davon, ob das elektronische Aufzeichnungssystem nach § 146a Abs. 3 AO mit einer zertifizierten technischen Sicherheitseinrichtung zu schützen ist.
628 „Warenverkäufer mit Massenkundschaft", vgl. *Drüen* in Tipke/Kruse, § 146 Rz. 26a.
629 AEAO zu § 146, Nr. 2.2.5, unter Hinweis auf BFH v. 16.12.2014 X R 29/13, BFH/NV 2015, 790; BFH v. 12.5.1966 IV 472/60, BStBl. III 1966, 371.
630 AEAO zu § 146, Nr. 2.2.5.

nannt:[631] Gaststätten, Cafés, Bistros, Imbissbuden[632], Trinkhallen bzw. Kioske, Lebensmittelläden, Metzgereien, Bäckereien und Konditoreien, Marktstände, Trödelmarkthändler, Schausteller, Floristikbetriebe, Tabakwaren- und Zeitschriftenhändler, Billig-Discounter, „Ein-Euro-Läden", sonstige Einzelhändler für Kleidung, Schuhe, etc. Dem Gesetzeswortlaut nach ist der Anwendungsbereich der Ausnahmeregelung gegenüber der „Einzelhandelsrechtsprechung" sogar ausgeweitet worden. So müssen die veräußerten Waren nicht mehr „von geringem Wert" sein und ausreichend ist nunmehr eine Veräußerung an eine Vielzahl lediglich nicht bekannter und nicht – wie zuvor die Rechtsprechung – an eine Vielzahl nicht bekannter und „nicht feststellbarer" Kunden. Die sich somit ergebende Erweiterung des Kreises derjenigen Unternehmen, die von einer Einzelaufzeichnung absehen dürfen[633], wird in der Literatur allerdings teilweise abgelehnt, weil die bisherige Rechtsprechung unmittelbar aus den GoB abgeleitet sei und somit für die handelsrechtliche Buchführung weitergelte.[634]

Waren i. S. d. Ausnahmeregelung sind Vorräte i. S. d. HGB, die typischerweise im Handelsverkehr umgesetzt werden.[635] Damit kommen nach dem Gesetzeswortlaut Unternehmen des Einzelhandels, des Handwerks und der Gastronomie für die Ausnahmeregelung in Betracht, nicht jedoch Dienstleistungsbetriebe.[636] Die FinVerw beanstandet allerdings nicht, wenn die Ausnahmeregelung des § 146 Abs. 1 S. 3 AO auf **Dienstleistungen** angewendet wird, die an eine Vielzahl von nicht bekannten Personen gegen Barzahlung erbracht werden und kein elektronisches Aufzeichnungssystem verwendet wird.[637] Voraussetzung ist allerdings, dass der Geschäftsbetrieb auf eine Vielzahl von Kunden ausgerichtet ist und der Kundenkontakt des Dienstleisters und seiner Angestellten im Wesentlichen auf die Bestellung und den kurzen Bezahlvorgang beschränkt ist. Ein Verzicht auf Einzelaufzeichnungen soll hingegen nicht in Betracht kommen, wenn der Kundenkontakt in etwa der Dauer der Dienstleistung entspricht und der Kunde auf die Ausübung der Dienstleistung üblicher Weise individuell Einfluss nehmen kann.[638]

---

631 *Kuhni*, S. 60.
632 Mobile Verkaufswagen und feste Ladenlokale.
633 Nach Ansicht von *Henn*, DB 2019, 1816, 1817, sind die strengen Anforderungen des BFH für die Unzumutbarkeit von Einzelaufzeichnungen durch den Gesetzgeber massiv eingeschränkt worden.
634 *Schumacher*, AO-StB 2017, 151, 152.
635 §§ 266 Abs. 2 B I Nr. 1-3, 275 Abs. 2 Nr. 5a HGB. Auch selbst hergestellte Erzeugnisse sind von der Regelung umfasst, zutreffend *Achilles/Pump*, S. 262.
636 *Teutemacher*, S. 96. Für die Rechtslage vor 2017 hatte der BFH die Ausnahme der Einzelhandelsrechtsprechung auf sog. „Kleindienstleister" ausgeweitet, vgl. BFH v. 12. 7. 2017 X B 16/17, BFH/NV 2017, 1204. Auch BFH v. 12. 5. 1966 IV 472/60, BStBl. III 1966, 372 erwähnt bereits „Dienstleister".
637 AEAO zu § 146, Nr. 2.2.6. Ablehnend *Pump*, BBP Sonderausgabe 2018, S. 11. Vgl. auch *Achilles*, DB 2018, 2454, 2457: „Erstaunlich".
638 Ärzte, Physiotherapeuten, Tätowierer, Frisöre etc.

3.5 Richtigkeitsvermutung gemäß § 158 AO

Von erheblicher Bedeutung ist, welchen Einfluss die Frage nach der **tatsächlichen Unzumutbarkeit** von Einzelaufzeichnungen auf die Zulässigkeit einer summarischen, retrograden Einnahmenermittlung hat. Nach dem Gesetzeswortlaut könnte durchaus vertretbar sein, in der Formulierung des § 146 Abs. 1 S. 3 AO[639] eine Fiktion dahingehend zu erkennen, dass in den dort genannten Fällen die Unzumutbarkeit der Einzelaufzeichnung quasi automatisch anzunehmen ist. Dennoch wird in der Literatur m. E. zu Recht angenommen, dass es sich bei der Unzumutbarkeit von Einzelaufzeichnungen aus technisch, betriebswirtschaftlichen und praktischen Gründen um ein **eigenständiges Tatbestandsmerkmal** handelt.[640] Die Position der FinVerw hierzu erscheint nicht eindeutig. Sie räumt in AEAO zu § 146, Nr. 2.2.1, die Möglichkeit ein, auf Einzelaufzeichnungen zu verzichten, wenn der Steuerpflichtige nachweisen kann, dass die Aufzeichnung eines jeden einzelnen Geschäftsvorfalls technisch, betriebswirtschaftlich und praktisch unmöglich ist. In der anschließenden Nr. 2.2.2 wird dann – ohne jede Bezugnahme – die gesetzliche Fiktion des § 146 Abs. 1 S. 3 AO[641] wiederholt. Dies könnte zum einen bedeuten, dass – wie hier vertreten – die Unzumutbarkeit der Einzelaufzeichnungen immer Voraussetzung für einen entsprechenden Verzicht ist[642] oder aber, dass es neben den als unzumutbar geltenden Fällen der Nr. 2.2.2 noch andere Fälle unzumutbarer Einzelaufzeichnungen gibt, die dann unter die allgemeine Formulierung der Nr. 2.2.1. fallen.

Im **Ergebnis** bleibt festzuhalten:

- Beruft sich der Steuerpflichtige auf die Unzumutbarkeit von Einzelaufzeichnungen, so geht dieser Vortrag jedenfalls ins Leere, wenn solche Aufzeichnungen tatsächlich vorliegen.[643]
- Der Steuerpflichtige, der – aus welchen Gründen auch immer – auf Einzelaufzeichnungen verzichten will oder sich aufgrund der betrieblichen Abläufe außer Stande sieht, Einzeldokumentationen seiner baren Geschäftsvorfälle anzufertigen, befindet sich nach derzeitiger Rechtslage in einer schwierigen Situation. Denn es besteht die Gefahr, dass der Betriebsprüfer und ggf. das FG entweder die Voraussetzungen für einen Ausnahmefall nach § 146 Abs. 1 S. 3 AO als nicht gegeben ansehen oder eine Einzelaufzeichnungspflicht aus § 22 UStG ableiten.[644] Einen Ausweg bietet ggf. **§ 148 AO**. Nach dieser Vorschrift können die FÄ für einzelne Fälle oder für be-

---

639 „Die Pflicht zur Einzelaufzeichnung nach Satz 1 besteht aus Zumutbarkeitsgründen bei Verkauf von Waren an eine Vielzahl von nicht bekannten Personen gegen Barzahlung nicht".
640 *Achilles*, DB 2018, 2454, 2457, der im AEAO eine diesbezügliche Klarstellung sieht.
641 Verkauf von Waren an eine Vielzahl von nicht bekannten Personen gegen Barzahlung, siehe hierzu oben.
642 So z. B. *Pump/Heidl*, StBp 2019, 213, 214, die die Formulierung des § 146 Abs. 1 S. 3 AO deshalb als ein redaktionelles Versehen einstufen. A. A. wohl *Wulf/Schüller*, DB 2019, 328, 330: „Unzumutbarkeit grundsätzlich anerkannt".
643 BFH v. 16.12.2014 X R 42/13, BStBl. II 2015, 519.
644 Zu der sich aus § 22 UStG ergebenden Einzelaufzeichnungspflicht siehe bereits oben.

stimmte Gruppen von Fällen **Erleichterungen** bewilligen, wenn die Einhaltung der durch die Steuergesetze begründeten Buchführungs-, Aufzeichnungs-, und Aufbewahrungspflichten Härten mit sich bringt und die Besteuerung durch die Erleichterung nicht beeinträchtigt wird. Ein entsprechender Antrag zwingt – quasi als Nebeneffekt – den Steuerpflichtigen dazu, gedanklich zu klären, ob für seinen Betrieb Einzelaufzeichnungen wirklich unzumutbar sind und wodurch die Unzumutbarkeit entsteht. Wird dem Antrag entsprochen, ist der Unternehmer abgesichert. Denn das FA hat dann gebilligt, dass in dem konkreten Betrieb keine Einzelaufzeichnungen über die Bareinnahmen angefertigt werden. Allerdings bleibt auch bei einer formellen Befreiung von der Einzelaufzeichnungspflicht das Risiko der Fehleranfälligkeit einer offenen Ladenkasse i. e. S. bestehen.[645]

Unter dem Gesichtspunkt der **Steuergerechtigkeit** erscheint es zweifelhaft, die „Ermittlung" von Einnahmen durch einen Kassenbericht ohne Einzelaufzeichnungen weiterhin zuzulassen, während der freiwillig eine Registrierkasse führende Steuerpflichtige sich mit immer strengeren Regeln und Kontrollen konfrontiert sieht.[646]

Einzelhandelsrechtsprechung. Für **Zeiträume bis 2016** hatte die Rechtsprechung unter bestimmten Voraussetzungen Ausnahmen vom Grundsatz der Einzelaufzeichnungspflicht zugelassen.[647] Der BFH war in den Sechziger und Siebziger Jahren des vorigen Jahrhunderts der Auffassung, dass es eine große Zahl von Einzelunternehmen gebe, die die Einzelaufzeichnungen aus technischen und wirtschaftlichen Gründen nicht durchführen könnten oder aber letztere zumindest einen unverhältnismäßig hohen Aufwand auslösen würden. Eine Einzelaufzeichnung konnte danach unterbleiben, wenn Waren von geringem Wert an eine unbestimmte Vielzahl nicht bekannter und auch nicht feststellbarer Personen gegen Barzahlung verkauft wurden.[648] Diese sog. „Einzelhandelsrechtsprechung" hatte zur **Verbreitung der offenen Ladenkasse** mit summarischer Einnahmenermittlung geführt.[649]

Fremdwährung. Ausländische Zahlungsmittel müssen gesondert aufgezeichnet werden, wobei erkennbar zu sein hat, ob und in welcher Höhe sie bereits in der Tageslosung enthalten sind oder noch als Betriebseinnahme erfasst werden müssen.[650] Der Tagesumrechnungskurs sollte durch **Bankmitteilungen** oder durch **Kurszettel** nachgewiesen werden. Das Finanzamt kann jedoch gestatten, dass die Umrechnung regelmäßig nach den Durchschnittskursen vorgenom-

---

645 Siehe hierzu unter 3.5.5.2.
646 Wie hier z. B. *Achilles/Pump*, S. 174.
647 Zur Einzelaufzeichnungspflicht siehe oben.
648 BFH v. 12. 5. 1966 IV 472/60, BStBl. III 1966, 372, Rz. 16, Streitjahr: 1956 (!). Nachfolgend z. B. 1. 10. 1969 I R 73/66, BStBl. II 1970, 45; BFH v. 7. 2. 2008 X B 189/07, FG Berlin-Brandenburg v. 17. 3. 2009 6 K 4146/04 B, EFG 2009, 1514. Diese Rechtsprechung wird m. E. zu Recht als von Anfang an verfehlt angesehen, Nachweise bei *Pump*, StBp 2015, 1.
649 Zur offenen Ladenkasse siehe unter 3.5.5.2.
650 *Achilles/Pump*, S. 119.

men wird, die das BMF für den der Leistungsausführung oder Entgeltsvereinnahmung vorangegangenen Monat veröffentlicht hat.

Gebrauchte Kasse. Erwerb und Einsatz einer gebrauchten Kasse sind **risikobehaftet.** Beim Erwerb gebrauchter Kassen besteht immer die Gefahr, dass nicht alle Speicher vom Vorbesitzer auf null gesetzt worden sind und dem Erwerber die entsprechenden Werte im Rahmen einer späteren Steuerfahndungsprüfung als eigene Umsätze zugerechnet werden.[651]

Geldtransit. Eine typische Fehlerquelle ist die Nichterfassung von Bareinzahlungen von der Kasse auf das Bankkonto bzw. von Einzahlungen in die Kasse, die vom Bankkonto stammen. Der tatsächliche Kassenbestand stimmt in solchen Fällen nicht mit dem Saldo des Kassenkontos überein. Die Bestandserhöhung auf dem Bankkonto wird i. d. R. als Neueinlage gebucht, so dass im Ergebnis die **Einnahmen verkürzt** werden, wenn sie über den Endbestand der Kasse ermittelt werden.[652] Dieser Fehler fällt i. d. R. nur bei Durchsicht der – ggf. privaten – Kontoauszüge auf.[653] Für den o. g. Geldtransit sind Eigenbelege anzufertigen und wie die entsprechenden Einzahlungsbelege aufzubewahren. Andernfalls liegt ein gravierender Mangel vor.[654]

Geldwäschegesetz. Einzelaufzeichnungen sind im Hinblick auf die Identität des Zahlenden immer erforderlich, wenn Bargeld im Wert von mehr als 10.000 € angenommen wird.[655] Der Unternehmer muss die Abfrage der Identität dokumentieren und seine diesbezüglichen Aufzeichnungen aufbewahren.[656]

Geschlossene Ladenkasse. Die sog. geschlossenen Ladenkassen sind eine Sonderform der Kassenführung. Hierzu gehören z. B. Sonnenbänke, Warenautomaten oder auch Unterhaltungsgeräte wie Kicker oder Billardtische. Es handelt sich um Vorsysteme i. S. d. GoBD, wenn aufzeichnungspflichtige Daten erfasst, erzeugt, empfangen, übernommen, gespeichert oder übermittelt werden. Rechtsprechung und FinVerw verlangen das tägliche Festhalten der Einnahmen, wenn die Geräte im eigenen Namen und für eigene Rechnung betrieben werden.

Großbetriebe. Unternehmen mit überwiegend bar erzielten Umsätzen in Millionenhöhe stellen eine große Herausforderung für den Prüfer und für den Steuerberater dar.[657] Eine genaue Untersuchung aller eingesetzten Kassen ist nicht möglich. Prozentuale **Sicherheitszuschläge** erreichen absolut betrachtet

---

651 *Burkhard*, DStZ 2005, 268.
652 Zur offenen Ladenkasse i. e. S. siehe unter 3.5.5.2 sowie oben das Stichwort „Einzelaufzeichnungspflicht".
653 Siehe hierzu auch das Stichwort „Überprüfung".
654 BFH v. 2. 2. 1982 VIII R 65/80, BStBl. II 1982, 409; FG Münster v. 23. 3. 2000 5 V 7028/99 E, G, U, juris; *Achilles*, S. 152.
655 § 2 Abs. 1 Nr. 16 i. V. m. § 1 Abs. 9, § 4 Abs. 4, § 8, § 10 Abs. 6 GwG.
656 Zur Aufbewahrungsfrist vgl. § 147 Abs. 3 und 4 AO i. V. m. § 8 Abs. 4 GwG.
657 Z. B. Bäckereikette mit zahlreichen Filialen. Zu Mehrfilialbetrieben siehe auch *Skalecki*, NWB 2018, 2551.

schnell astronomische Höhen.[658] Aus Sicht des Betriebsprüfers ist es empfehlenswert, den beabsichtigten Zuschlag pro Filiale und Tag zu berechnen: Bei einem Unternehmen, das aus 50 Filialen besteht, die an durchschnittlich 200 Tagen geöffnet sind, dürfte sich ein Sicherheitszuschlag von 30 € pro Öffnungstag und Filiale wesentlich leichter vermitteln lassen als ein Zuschlag für das Gesamtunternehmen i. H. v. 300.000 €.[659] Ist die Nichtordnungsmäßigkeit in mehreren Filialen festgestellt worden, konnten aber aus verfahrensökonomischen Gründen nicht alle Filialen geprüft werden, kann sich die erforderliche Zuschätzung jedenfalls dann auf den Gesamtumsatz des Unternehmens beziehen, wenn die Einnahmen in den Filialen nach ähnlichen Methoden aufgezeichnet werden.

Beispiel:
Ein Bäcker betreibt sein Unternehmen in vier Städten und insgesamt 13 Filialen. Der Gesamtumsatz beträgt 1 Mio. €. Der Betriebsprüfer hat die Kassenführung in drei Filialen untersucht und jeweils erhebliche Mängel festgestellt. Da sich die Art der Kassenführung in den übrigen Filialen nicht wesentlich von derjenigen in den geprüften Filialen unterscheidet, erfolgt der erforderliche Sicherheitszuschlag von z. B. 5 % bezogen auf den Gesamtumsatz (1.000.000 € × 5 % = 50.000 €).

Hinsichtlich der Höhe evtl. Hinzuschätzungen ist bei Betrieben mit mehreren Filialen zu beachten, dass der Unternehmensinhaber i. d. R. nicht in den Bargeldverkehr eingebunden ist, zumindest aber nicht in mehreren Filialen gleichzeitig anwesend sein kann und deshalb eine unentdeckte Manipulation schwieriger ist.[660]

GT-Speicher. Der Gesamtsummenspeicher[661] beinhaltet alle Umsätze seit Inbetriebnahme der Kasse bzw. seit dem letzten Zurücksetzen. Ein gelöschter GT-Speicher deutet auf Manipulationen hin.[662]

Gutscheine. Nach § 3 Abs. 13 S. 1 UStG ist unter einem Gutschein ein Instrument zu verstehen, bei dem die Verpflichtung besteht, es als vollständige oder teilweise Gegenleistung für eine Lieferung oder sonstige Leistung anzunehmen und bei dem der Liefergegenstand oder die sonstige Leistung oder die Identität des leistenden Unternehmers entweder auf dem Instrument selbst oder in damit zusammenhängenden Unterlagen angegeben sind. Insbesondere im Hinblick auf den **Zeitpunkt der Besteuerung** ist für Gutscheine, die nach dem 31.12.2018 ausgestellt werden[663], zu differenzieren zwischen solchen, die bei ihrer Ausstellung bzw. Übertragung Umsatzsteuer auslösen und solchen, die

---

658 Zum Sicherheitszuschlag als eigenständiger Schätzungsmethode siehe unter 3.9.11.
659 Zur Plausibilitätsprüfung von Sicherheitszuschlägen siehe unter 3.9.11.
660 *Skalecki*, NWB 2018, 2551, 2558, mit dem Hinweis, dass keine Rechtsprechung zu derartigen Fällen ersichtlich sei.
661 GT = franz.: „grand total".
662 FG Hamburg v. 23.2.2016 2 K 31/15, juris, Rz. 25.
663 Zur Rechtslage für davor ausgegebene Gutscheine vgl. z. B. *Thiele/König*, UR 2018, 933.

3.5 Richtigkeitsvermutung gemäß § 158 AO

erst bei ihrer Einlösung zu besteuern sind. Bei einem **Einzweckgutschein** i. S. v. § 3 Abs. 14 S. 1 UStG stehen der Ort der Lieferung oder der sonstigen Leistung und die geschuldete Umsatzsteuer fest. Es kann nicht von einem Einzweckgutschein ausgegangen werden, wenn er für verschiedene Leistungen eingelöst werden kann, für die unterschiedliche Steuersätze oder Steuerbefreiungen greifen. Im Fall von solchen **Mehrzweckgutscheinen** kann die Umsatzsteuer erst bei der Einlösung des Gutscheins erhoben werden.

Beispiel:

In einem Restaurant, welches die Steuer nach vereinbarten Entgelten gem. § 16 UStG berechnet, wird im September 01 ein Gutschein verkauft, der zu einem beliebigen Zeitpunkt sowohl für ein Essen vor Ort im Lokal als auch für ein Mittagessen außer Haus eingesetzt werden kann. Dadurch ist der anzuwendende Steuersatz im Moment der Ausstellung des Gutscheins noch nicht bekannt. Im November wird der Gutschein eingelöst. Die Umsatzsteuer entsteht gem. § 13 Abs. 1 Nr. 1a UStG erst mit Ablauf des Voranmeldungszeitraums 11/01.

Beim Verkauf des Gutscheins wird zunächst eine Einnahme erfasst, welche aber erfolgsneutral zu behandeln ist, da der Zufluss zu einer Verbindlichkeit gegenüber dem Kunden führt.[664] Wird der Gutschein später eingelöst, ist der entsprechende Ertrag aufzuzeichnen, was i. d. R. mit einer besonderen „Kredittaste" erfolgt.[665] Bei Feststellung von Kalkulationsdifferenzen im Gastronomiebereich beruft sich der Steuerpflichtige häufig auf die Ausgabe von Gutscheinen im Rahmen von Gutscheinbüchern oder -heften,[666] die dort herausgetrennt und beim Gastwirt eingelöst werden können. Der WES für das kostenlose Gericht stellt in einem solchen Fall Betriebsausgaben dar. Bei richtiger buchmäßiger Behandlung wird der reguläre Verkaufspreis für das Gericht zunächst eingebucht und diese Buchung anschließend storniert. Tatsächlich wird oft „null" gebucht. Gutscheine unterliegen der Aufbewahrungspflicht und sollten zusammen mit dem Stornobeleg zum Z-Bon oder zum Kassenbericht genommen werden. Sie stellen allerdings keine Kassenursprungsaufzeichnungen dar, sondern dienen dem Gastwirt als Nachweis für seinen WES, für den er die Feststellungslast trägt, weil es sich um eine steuermindernde Tatsache handelt.[667] Das Festhalten des Namens und der Anschrift der Kunden ist nicht erforderlich.[668]

Haftung des Steuerberaters. Grundsätzlich kann sich im Hinblick auf die Kassenführung eine Haftung des Steuerberaters nur ergeben, wenn er mit der Überwachung der Buchhaltung beauftragt ist. Denn dann hat er dafür zu sorgen und zu veranlassen, dass ein ordnungsgemäßes Kassenbuch geführt wird, weil

---

664 Bei Gewinnermittlung gemäß § 4 Ab. 3 EStG führt bereits der Zufluss zur Einnahme, die zivilrechtliche Verbindlichkeit gegenüber dem Kunden soll insoweit unbeachtlich sein.
665 *Teutemacher*, S. 53.
666 „2-für-1-Gutscheine".
667 BFH v. 24. 6. 1997 VIII R 9/96, BStBl. II 1998, 51; BFH v. 5. 11. 1970 V R 71/67, BStBl. II 1971, 220.
668 *Becker* in StBp-Handbuch, Kza. 3450.

es sich insofern um einen Mangel im System der Buchhaltung handelt.[669] Lässt der Steuerberater die Kassenberichte im Vorfeld einer Ap in seiner Kanzlei oder vom Steuerpflichtigen **nachschreiben**, besteht für ihn die Gefahr der Haftung wegen Steuerhinterziehung gemäß **§ 71 AO**. Zwar liegt begrifflich keine Urkundenfälschung vor, aber hinsichtlich des Entstehungsdatums der vorgelegten Kassenberichte werden gegenüber der Finanzbehörde falsche Angaben gemacht, was den Tatbestand des § 371 Abs. 1 Nr. 1 AO erfüllt. Denn dem Betriebsprüfer wird suggeriert, die nachgeschriebenen Kassenberichte seien schon während des Prüfungszeitraums angefertigt worden. In einem solchen Fall ist zwingend ein Strafverfahren wegen versuchter oder bereits vollendeter Steuerhinterziehung gegen den Unternehmer und gegen seinen Berater einzuleiten.

Internes Kontrollsystem. Bei größeren Betrieben wie z. B. Kaufhäusern ist die Ordnungsmäßigkeit der Kassenführung nur bei Vorhandensein eines IKS gewährleistet.[670] Letzteres kann definiert werden als die vom Buchführungspflichtigen zur Einhaltung der GoB umgesetzten organisatorischen **Regelungen** und **technischen Maßnahmen**, welche die Steuerung und Überwachung des gesamten IT-gestützten Buchführungssystems zum Gegenstand haben. Die Ausgestaltung des IKS ist abhängig von der Geschäftstätigkeit und der Organisationsstruktur des eingesetzten EDV-Systems. Hierdurch soll erreicht werden, dass der einzelne Anwender bzw. Bediener die Programmierung nicht manipulieren kann. Das IKS ist damit Teil des betrieblichen Risikomanagements. Folgende Kontrollfragen können gestellt werden:

- Wer regelt die Arbeitsabläufe?
- Wer hat Administratorenrechte?
- Wer darf die Grundprogrammierung ändern?
- Wer darf Stammdaten ändern?
- Von wem werden die Arbeitsabläufe kontrolliert?
- Welche Bediener haben Zugang zum System?
- Welche Rechte haben sie jeweils?
- Welche Bediener dürfen nur bonieren, welche auch stornieren?

Ein fehlendes oder nicht ausreichendes IKS ist ein formeller Mangel, der dann sachliches Gewicht mit der evtl. Folge der finanzamtlichen Schätzungsbefugnis erlangt, wenn dadurch die Nachvollziehbarkeit und Nachprüfbarkeit der Geschäftsvorfälle beeinträchtigt wird.[671]

Hausbon. Werden aus Repräsentations- oder ähnlichen Gründen Waren ohne Berechnung ausgegeben, entstehen teilweise Belege mit der Endsumme null,

---

669 BGH v. 24.6.1968 VII ZR 50/66, BB 1968, 1263.
670 GoBD Rz. 100. Das IKS ist Bestandteil der Verfahrensdokumentation, siehe dort Rz. 102. Schon die GoBS forderten die Einrichtung eines IKS, BMF v. 7.11.1995, BStBl. I 1995, 738, IV. Gesetzliche Anforderungen an ein IKS werden lediglich in § 91 Abs. 2 AktG definiert, vgl. *Köhler*, StBp 2018, 231, 235.
671 GoBD Rz. 101, 102, 155.

was in der Praxis ggf. dazu führt, dass im Rahmen von Prüfungen Zuschätzungen wegen mutmaßlich unterdrückter Umsätze vorgenommen werden sollen. Der Sachverhalt ist dann dem Prüfer gegenüber entsprechend zu erläutern, bei hohem Anteil solcher Belege nach Möglichkeit bereits im Vorfeld der Prüfung.[672]

Kassenanweisung. Risiken der Kassenführung lassen sich ggf. durch eine Kassenanweisung minimieren. Klare Richtlinien und Anweisungen für das Personal im Hinblick auf den Umgang mit Bargeld können helfen, Beanstandungen durch die Ap zu vermeiden.[673] Insbesondere sollte bei Einsatz von Registrierkassen angewiesen werden, dass die Kasse nach jedem Kassiervorgang zu schließen und eine Öffnung ohne Verkauf nachzuweisen und besonders zu dokumentieren ist. Zur Unterschlagung besonders geeignet sind manipulative Stornos. Zur Verhinderung kann angewiesen werden, auch bei kleineren Beträgen einen sog. **„Fehlbon"** zu ziehen. Der falsche Bon wird mit „Storno" beschriftet. Danach ist der richtige Betrag einzugeben und ein entsprechender Bon zu produzieren. Beide Bons sind anschließend vom Angestellten zu unterschreiben, zusammenzuheften und in die Kasse zu legen.

Kassenauftragszeile. Bei elektronischen Kassen werden die Geschäftsvorfälle in sog. Kassenauftragszeilen oder Kassenzeilen festgehalten. Die erforderliche Vollständigkeit bzw. Lückenlosigkeit ist nach Ansicht der FinVerw auch gegeben, wenn nicht alle Datenfelder eines Datensatzes ausgefüllt wurden.[674]

Kassenbericht. Kassenberichte dienen vor allem der rechnerischen Ermittlung der Tageseinnahmen bei der offenen Ladenkasse i. e. S.[675] Bei dieser Art der Kassenführung ist ihre Anfertigung zwingende Voraussetzung der Ordnungsmäßigkeit.[676] Denn werden die Bareinnahmen zulässiger Weise nicht einzeln aufgezeichnet,[677] können sie nur durch Gegenüberstellung des Kassenendbestands und des Kassenanfangsbestands ermittelt werden.[678] Die so entstehende Differenz ist um alle Beträge zu erhöhen, die im Laufe des Tages aus betrieblichen oder privaten Gründen der Kasse entnommen wurden. Schließlich sind die Einlagen abzuziehen, da sie den Kassenbestand erhöht haben, aber nicht als Einnahmen erfasst werden dürfen.[679] Im Fall der **retrograden Einnahmeermittlung** ohne Einzelaufzeichnung stellt die Verwendung nicht systemgerechter Kassenberichtsmuster, die nicht vom ausgezählten Endbestand ausgehen, einen Mangel dar, der für sich gesehen zwar nicht zur Verwerfung der Kassen-

---

672 *Reckendorf*, BBK 2016, 479, 495.
673 Wegen eines Musters siehe Anhang 5.
674 GoBD Rz. 36.
675 Zur offenen Ladenkasse siehe 3.5.5.2. Zu Fehlerquellen und Kontrollmöglichkeiten z. B. *Scherer*, StBp 1995, 193.
676 AEAO zu § 146, Nr. 3.3.
677 Siehe hierzu das Stichwort „Einzelaufzeichnungspflicht".
678 Nach Ansicht der FinVerw sind nur solche retrograd aufgebauten Kassenberichte zulässig, vgl. *Teutemacher*, S. 82. Zu einem Beispiel siehe auch Anhang 2.
679 AEAO zu § 146, Nr. 3.3.

3 Außenprüfung

führung führt,[680] aber z. B. im Zusammenhang mit Nachkalkulationen etc. die sachliche Richtigkeit der Gewinnermittlung in Zweifel ziehen kann.[681] Werden dem Endbestand des Vortages die – nicht einzeln aufgezeichneten – Einnahmen hinzugerechnet und die Betriebsausgaben abgezogen, um so den Endbestand zu ermitteln, so wird die Kasse nur rechnerisch geführt und ist damit ordnungswidrig.[682] Wird der Kassenendbestand vor Eintragung gesondert aufgeschrieben, sollen die dadurch entstehenden „Notizzettel" nicht aufbewahrt werden müssen, wenn ihnen lediglich Transportfunktion zukommt.[683]

Der Kassenbericht kann auch dann nicht durch ein **Kassenbuch** ersetzt werden, wenn in einer gesonderten Spalte Bestände ausgewiesen werden, weil das Kassenbuch nicht die rechnerische Ermittlung der Tageseinnahmen dokumentiert, sondern die rechnerische Entwicklung der Kassenbestände darstellt.[684] Andersherum ist bei zulässiger Einnahmenermittlung durch retrograde Kassenberichte kein zusätzliches progressiv aufgebautes Kassenbuch erforderlich.[685]

Das in der Praxis häufig anzutreffende **nachträgliche Erstellen** der Kassenberichte kann im Rahmen einer Bp schnell auffallen, wenn der Kassenbericht des Vortags angefordert wird. Der in der Praxis dann vielfach gegebene Hinweis, die Berichte seien beim Steuerberater, stellt dann ein klassisches „Eigentor" dar, da der Unternehmer seine Kassenberichte selbst erstellen bzw. durch einen seiner Angestellten erstellen lassen muss.

Der Einhaltung der durch den Gesetzgeber und die Rechtsprechung entwickelten **formellen Anforderungen** kommt für die Kassenberichte besondere Bedeutung zu, da sie die einzige Grundlage der Einnahmenermittlung und damit letztlich der Steuerschuld darstellen. Wegen der nach § 146 Abs. 4 AO geforderten Unveränderbarkeit von Aufzeichnungen sind Kassenberichte handschriftlich auszufüllen. Kassenberichte sollten nach Möglichkeit von zwei Angestellten unterschrieben werden.[686] Der Bestand ist täglich zu zählen, was durch ein Zählprotokoll belegt werden kann.[687] Durch eine fortlaufende Nummerierung muss es dem Betriebsprüfer ermöglicht werden, die Kassenberichte auf Vollständigkeit zu überprüfen. Demselben Zweck dient die Angabe des Datums.

---

680 *Teutemacher*, S. 98, jedenfalls in den Fällen nachträglicher Erstellung wohl a. A. *Achilles/Pump*, S. 170.
681 Zur Schätzungsbefugnis bei fehlerhaften Kassenberichten z. B. FG Hamburg v. 16. 3. 2017 2 V 55/17, juris, Rz. 32; FG Münster v. 23. 6. 2010 12 K 2714/06 E, U, juris, Rz. 41; Hessisches FG v. 20. 3. 1995 4 K 3611/88, EFG 1995, 711.
682 FG Münster v. 19. 8. 2004 8 V 3055/04 G, EFG 2004, 1812.
683 FG des Saarlands v. 15. 7. 2003 1 K 174/00, EFG 2003, 1437, m. E. zweifelhaft.
684 FG Münster v. 31. 8. 2000 14 K 3305/98, juris.
685 BFH v. 25. 10. 2012 X B 133/11, BFH/NV 2013, 341.
686 *Rätke* in Klein, § 146 Rz. 22.
687 Siehe hierzu nachfolgend das Stichwort „Kassenbestand".

3.5 Richtigkeitsvermutung gemäß § 158 AO

Auch bei der **elektronischen Kassenführung**[688] finden Kassenberichte Verwendung. Sie sind dort sogar erforderlich, wenn über das Kassensystem Barausgaben und Entnahmen bzw. Einlagen nicht erfasst werden können.

Kassenbestand. Die aufgezeichneten Bestände sind immer Gegenstand einer eingehenden Kassenprüfung. Zum Kassenbestand zählt **sämtliches Bargeld**, das sich am Bilanzstichtag im Unternehmen befindet. Einzubeziehen sind Nebenkassen, Tresore und Automaten. Ausländische Zahlungsmittel sind zum Kurs am Bilanzstichtag umzurechnen. Ein unglaubhaft hoher Kassenbestand lässt auf eine nur buchmäßige Kassenführung schließen.[689] Der lediglich „auf dem Papier" vorhandene hohe Kassenbestand soll in erster Linie Kassenfehlbeträge vermeiden.[690]

Evtl. kann durch einen Kassensturz[691] nachgewiesen werden, dass der tatsächliche nicht mit dem buchmäßig erfassten Kassenbestand übereinstimmt. Ungewöhnlich hohe Bargeldbestände über einen längeren Zeitraum sprechen gegen die materielle Richtigkeit der Kassenbuchführung.[692] Das gilt umso mehr, wenn z. B. die Rechnungen der Energieversorger oder Steuerzahlungen regelmäßig durch den Vollziehungsbeamten beigetrieben werden.[693] Ein künstlich hoher Kassenbestand wird vielfach so erzeugt, dass die getätigten Entnahmen nicht aufgezeichnet werden. Das ist für den Steuerpflichtigen besonders gefährlich, weil der Betriebsprüfer dann nicht nur der Kassenführung wegen des unglaubhaft hohen Bestands die Ordnungsmäßigkeit abspricht, sondern im Rahmen der Schätzung auch die fehlenden Entnahmen zu Lasten des Steuerpflichtigen berücksichtigt.[694]

Der im Kassenbericht aufgeführte Kassenbestand muss den **tatsächlichen Verhältnissen** entsprechen. Deshalb dürfen nicht nur glatte €-Beträge unter Außerachtlassung des übrigen Hartgelds eingetragen werden. Sind die Tagesumsätze durchweg in glatten Beträgen wie z. B. 10, 20 oder 50 € erfasst worden, so entspricht das nicht der Lebenswirklichkeit, wenn nicht tatsächlich nur solche runden Preise vorliegen.[695] Damit ist die Kassenführung nicht ordnungs-

---

688 Siehe hierzu insgesamt unter 3.5.5.3. Bei Verwendung einer elektronischen Kasse gibt es keine Ausnahme von der Einzelaufzeichnungspflicht.
689 Z. B. 20.000 € bei einer durchschnittlichen Pizzeria, zur Schätzungsbefugnis bei „astronomisch" hohen Kassenbeständen siehe auch FG des Saarlands v. 13.1.2010 1 K 1101/05, EFG 2010, 772; Niedersächsisches FG v. 29.6.2005 3 K 92/04, wistra 2006, 478; *Gehm*, S. 427.
690 FG des Saarlands v. 24.9.2003 1 K 246/00, EFG 2003, 1750; *Achilles*, S. 61.
691 Siehe zu diesem Thema allgemein das Stichwort „Kassensturzfähigkeit".
692 FG des Saarlands v. 24.5.2005 1 K 161/01, juris, rkr.
693 *Danielmeyer/Neubert/Unger*, StBp 2017, 291, 293.
694 Vgl. in diesem Zusammenhang die Ausführungen zur GVR unter 3.9.7 und 3.9.8 sowie zur Schätzung auf der Grundlage fehlender ungebundener Entnahmen unter 3.9.9.
695 *Durst*, KÖSDI 2018, 20711.

gemäß.[696] Eine ähnliche Problematik wie bei glatten Beträgen ergibt sich, wenn der Betrag nach dem Komma über viele Tage hinweg gleichbleibt, z. B. immer 15 Cent beträgt (10,15 €, 12,15 €, 3,15 € etc.). Auch das entspricht nicht der Lebenswirklichkeit.[697] Ggf. hilft die Verwendung eines sog. „Zählbretts" gegen das Vergessen der exakten Auszählung incl. Hartgeld.[698]

Insbesondere wenn die Tageseinnahmen durch Zurückrechnung aus dem jeweiligen Endbestand ermittelt werden, aber auch zur Verdeutlichung der Kassensturzfähigkeit, ist die Anfertigung eines **Zählprotokolls** sinnvoll.[699] Dabei werden die einzelnen in der Kasse befindlichen Scheine und Münzen aufgelistet. Im günstigsten Fall wird die Zählung zu zweit vorgenommen und von beiden beteiligten Personen unterschrieben. I. d. R. werden die Zählprotokolle als Anlage dem jeweiligen Kassenbericht beigefügt. Bei Verwendung elektronischer Registrierkassen kann die Anfertigung eines Zählprotokolls dazu dienen, Differenzen zwischen den Einnahmen lt. Z-Bon und den tatsächlichen Einnahmen, wie sie z. B. durch **Diebstähle** oder **Wechselgeldfehlern** entstehen können, aufzudecken und zeitnah überprüfen zu können.[700] Ein Zählprotokoll ist sinnvoll, aber für die Ordnungsmäßigkeit der Kassenführung nicht zwingend erforderlich.[701] Der Kassenbestand sollte täglich gezählt werden, auch wenn das nicht zwingend erforderlich ist.[702] Ansonsten ist eine ordnungsgemäße Korrektur im Nachhinein kaum möglich, weil nicht mehr unterschieden werden kann, ob die ggf. aufgelaufenen Differenzen zwischen tatsächlichem und rechnerischem Bestand auf fehlerhaften Wechselgeldrückgaben, nicht erfassten Privatentnahmen, Diebstahl o. ä. beruhen.[703] Die erfolgswirksame Ausbuchung nicht aufgeklärter Differenzbeträge größeren Umfangs kann der Ordnungsmäßigkeit der Kassenführung entgegenstehen.[704]

Mit Vorsicht ist die Aussage der FinVerw zu betrachten, der Steuerpflichtige könne seiner Verpflichtung zur Einzelaufzeichnung auch dadurch nachkommen, dass er die Tageslosung mit Hilfe eines Kassenberichts ermittelt und alle

---

696 FG Münster v. 9. 3. 2011 5 V 4339 G, U, juris; FG Münster v. 30. 6. 2005 12 V 1479/05 G, U, F, juris; FG Bremen v. 1. 10. 2003 2 V 628/02, EFG 2004, 78. FG Münster v. 25. 3. 1999 12 V 7314/98 U, juris und 7317/98 E, U, G, juris; FG Münster v. 7. 3. 1997 2 V 3448/96 G, juris.
697 FG Münster v. 31. 8. 2000 14 K 3305/98 G, U, F, juris.
698 *Achilles/Pump*, S. 298.
699 Zu einem Muster siehe Anhang 4. Ein Zählprotokoll empfehlend z. B. auch *Anders/Gärtner*, Stbg 2016, 67, 69. sowie *Teutemacher*, S. 90, 97: „Indizwirkung für tatsächliche materielle Bestandsaufnahme". Auch die FinVerw sieht im Zählprotokoll eine Erleichterung für den Nachweis des tatsächlichen Zählens, AEAO zu § 146, Tz. 3.3.
700 *Achilles*, S. 40.
701 BFH v. 16. 12. 2016 X B 41/16, BFH/NV 2017, 310, Rz. 26; *Schuster* in Hübschmann/Hepp/Spitaler, § 158 Rz. 17a; *Nöcker*, NWB 2017, 492, 495; AEAO zu § 145, Nr. 3.3.
702 Siehe hierzu weiter unten das Stichwort „Kassensturzfähigkeit". Für eine Verpflichtung zur täglichen Auszählung wohl *Achilles/Pump*, S. 401.
703 *Achilles*, S. 151.
704 *Braun*, PStR 2003, 80.

3.5 Richtigkeitsvermutung gemäß § 158 AO

Barbelege in geordneter, z. B. nummerierter Form sammelt.[705] Denn die Belege können die Einzelaufzeichnungen nur ersetzen, wenn für jede für jeden Geschäftsvorfall auch ein solcher Beleg vorhanden ist. Die Ermittlung der Tageslosung ausgehend vom ausgezählten Endbestand ist aber grundsätzlich nur dann eine zulässige Form der Einnahmenermittlung, wenn Waren an eine Vielzahl von nicht bekannten Personen gegen Barzahlung verkauft werden, weil der Gesetzgeber dann typisierend davon ausgeht, dass eine Einzelaufzeichnung nicht zumutbar ist. M. E. ist kein Fall denkbar, in dem die Erstellung eines Belegs für jeden Geschäftsvorfall zumutbar, die bloße Aufzeichnung dieses Geschäftsvorfalls aber unzumutbar ist. Deshalb existiert für die Regelung in AEAO zu § 146, Nr. 3.2 kein praktischer Anwendungsbereich.

Kassenbuch. Das Kassenbuch wird als das „buchmäßige Abbild" der Geschäftskasse bezeichnet.[706] Es kann grundsätzlich **handschriftlich** oder als EDV-Kassenbuch geführt werden. Beim handschriftlichen Kassenbuch sind Radierungen und die Verwendung von Tipp-Ex zu unterlassen.[707] Die Benutzung eines Computerprogramms birgt die Gefahr, dass die eingegebenen Daten veränderbar sind und der Kassenführung deshalb die Ordnungsmäßigkeit abgesprochen wird. Ein mit Hilfe des Tabellenkalkulationsprogramms „Excel" bzw. mit anderer Standardsoftware erstelltes Kassenbuch ist deshalb nicht ordnungsgemäß, weil nicht festgestellt werden kann, ob und welche Änderungen vor dem evtl. Ausdruck erfolgt sind.[708] Darüber hinaus fehlt einem solchen Kassenbuch die erforderliche Journalfunktion.[709] Das System muss deshalb programmmäßige **Sicherungen** und **Sperren** enthalten, die schon vom Zeitpunkt der **ersten Speicherung** an verhindern, dass einmal eingegebene Daten der nachträglichen Änderung preisgegeben sind.[710] Bei älteren Versionen elektronischer Kassenbücher, bei denen eine unveränderbare Speicherung nur eine Einstellungsoption ist, wird der Betriebsprüfer darauf achten, dass diese revisionssicheren Speicherungen täglich durchgeführt wurden. Die Feststellungslast für die ggf. vorhandene Möglichkeit nicht sichtbarer Veränderung soll im Übrigen das FA treffen.[711] Ist in dem Programm eine Journalfunktion nicht vorhanden, ist das Datum der Dateneingabe auf andere Art nachprüfbar zu dokumentieren. Auch „aneinandergereihte" Tageskassenberichte können grundsätzlich als Kassenbuch anerkannt werden, wenn die Ursprungsaufzeichnungen über die Bar-

---

705 AEAO zu § 146, Nr. 3.2.
706 Zu einem Muster siehe Anhang 3.
707 Sog. „Radierverbot", zur Verwendung von „Tipp-Ex" FG München v. 14.10.2004 15 K 728/02, juris.
708 FG München v. 4.5.2010 13 V 540/10, EFG 2012, 1982; FG Münster v. 9.3.2011 5 V 4339 G, U, juris; FG Hamburg v. 1.8.2016 2 V 115/16, juris; *Henn/Kuballa*, DB 2017, 2749. 2752; *Schumann*, AO-StB 2015, 213. Dennoch müssen solche Kassenbücher aufbewahrt werden, vgl. *Achilles/Pump*, S. 87.
709 *Achilles*, S. 60.
710 FG München v. 4.5.2010 13 V 540/10, EFG 2012, 1982; FG Düsseldorf v. 20.3.2008 16 K 4689/06 E, U, F, EFG 2008, 1256.
711 FG Rheinland-Pfalz v. 24.8.2011 2 K 1277/10, EFG 2012, 10, m. E. zweifelhaft.

geschäfte unmittelbar nach Auszählung der Tageskasse in die Kassenberichte übertragen werden.[712]

In der Praxis werden Kassenbücher aus unterschiedlichen Gründen oft nachlässig geführt. Weisen die Eintragungen im Kassenbuch aber ein auffällig **einheitliches Schriftbild** auf, so lässt das ggf. darauf schließen, dass sie nachträglich und damit nicht zeitnah erfolgt sind.[713] „Manipulationsprofis" benutzen deshalb verschiedene Stifte und nehmen Streichungen vor. Sind Kassenaufzeichnungen ersichtlich nachträglich erstellt worden, steht die Ordnungsmäßigkeit der Kassenführung in Frage.[714] Wird aber allein das einheitliche Schriftbild vom Betriebsprüfer als Begründung zur Versagung der Ordnungsmäßigkeit angeführt, kann dies ein Hinweis darauf sein, dass nur wenige „echte" Feststellungen[715] getroffen wurden. Wird vom Prüfer das einheitliche Schriftbild bemüht, sollte deshalb von Beraterseite besonders intensiv geprüft werden, ob die vorliegenden Mängel wirklich ausreichen, um der Kassenführung die Ordnungsmäßigkeit abzusprechen. Nicht jedes ordentliche Kassenbuch muss nachträglich erstellt worden sein. Als problematisch kann sich erweisen, wenn die Handschrift der Eintragungen im Kassenbuch der Handschrift der Kontierungsvermerke entspricht.[716] Wer als Dritter, z. B. als Steuerberater, Buchhalter oder Angehöriger, Kassenbücher nachschreibt, setzt sich der Gefahr strafrechtlicher Verfolgung und der möglichen Haftung nach § 71 AO aus.

Kassenfehlbeträge. Wenn die Ausgaben zu einem bestimmten Zeitpunkt den Tagesanfangsbestand zuzüglich Einnahmen und Einlagen übersteigen, können die Aufzeichnungen sachlich nicht richtig sein. Solche „echten" Kassenfehlbeträge beruhen i. d. R. auf der Nichterfassung von Einnahmen.[717] Sie führen grundsätzlich zur Nichtordnungsmäßigkeit der Kassenführung und berechtigen zur Schätzung,[718] sind sie aber geringfügig, kann es sich auch um unbeachtliche Buchungsversehen handeln.[719] Von Kassenfehlbeträgen ist auch auszugehen, wenn zu ihrer Vermeidung **fiktive Einlagen** erfasst werden, deren Her-

---

712 BFH v. 23.12.2004 III B 14/04, BFH/NV 2005, 667; BFH v. 13.7.1971 VIII R 1/65, BStBl. II 1971, 729.
713 *Becker* in StBp-Handbuch, Kza. 3450.
714 FG Münster v. 19.8.2004 8 V 3055/04 G, EFG 2004, 1810.
715 Z.B. das Vorliegen von Kassenfehlbeträgen, siehe hierzu dieses Stichwort.
716 Vgl. *Achilles/Pump*, S. 321: Die zutreffende Kontierung setzt buchhalterische Kenntnisse voraus, deshalb liegt insoweit ein Indiz dafür vor, dass das Kassenbuch im Büro des steuerlichen Beraters erstellt wurde.
717 FG des Saarlands v. 24.9.2003 1 K 246/00, EFG 2003, 1750, Rz. 46. Unechte" und damit irrelevante Kassenfehlbeträge können sich z.B. dadurch ergeben, dass Bareinzahlungen aus Geldabhebungen vom Bankkonto nicht ins Kassenbuch eingetragen werden. Siehe hierzu „Geldtransit" und das Beispiel in 8.4.7.
718 So bereits der BFH v. 10.6.1954 IV 68/53 U, BStBl. III 1954, 298; BFH v. 10.12.1953 IV 182/53, U, BStBl. III 1954, 82; BFH v. 9.10.1952 IV 244/52 U, BStBl. III 1954, 71; FG München v. 1.2.2005 1 V 4964/04, juris. Zur Schätzung auf der Grundlage von Kassenfehlbeträgen siehe 3.9.5.
719 BFH v. 21.2.1990 X R 54/87, BFH/NV 1990, 683: Fehlbetrag i. H. v. 8,03 DM; BFH v. 9.10.1952 IV 244/52 U, BStBl. III 1954, 71.

3.5 Richtigkeitsvermutung gemäß § 158 AO

kunft nicht nachgewiesen werden kann.[720] Kassenfehlbeträge lassen sich häufig feststellen, wenn auch die Uhrzeit bestimmter Zahlungsvorgänge beachtet wird. Typisch ist der Fall hoher Bankeinzahlungen. Stehen der Bankeinzahlung an demselben Tag erzielte Einnahmen gegenüber, so ergibt sich bei einfacher Tagesbetrachtung kein Fehlbetrag durch die Bankeinzahlung. Erst die Tatsache, dass die Bankeinzahlung bereits am frühen Morgen vor Öffnung des Speiselokals erfolgte, macht deutlich, dass mehr Geld ausgegeben als an Einnahmen erklärt wurde. In geeigneten Fällen ist deshalb auf den genauen **Zeitpunkt der Geldbewegung** zu achten. Erhebliche Kassenfehlbeträge rechtfertigen das „Verwerfen" der Buchführung.[721] Die anschließende Schätzung muss der Höhe nach aber nicht zwangsläufig auf der Grundlage der festgestellten Fehlbeträge erfolgen, sondern kann durchaus nach einer anderen Methode, z. B. auf der Grundlage einer Aufschlagskalkulation, vorgenommen werden.[722] Bei sehr geringen Kassenfehlbeträgen soll auch ein Buchungsversehen im Bereich des Möglichen liegen.[723] Der Hinweis, die Kassenfehlbeträge seien entstanden, weil Kosten aus privaten Mitteln beglichen wurden, aber die entsprechenden Einlagen nicht aufgezeichnet wurden, kann die Ordnungsmäßigkeit der Kassenführung nicht herstellen, auch wenn er der Wahrheit entspricht.[724] Kassenfehlbeträge können nicht nur durch die Nichterfassung von Einnahmen, sondern durch die zu hohe Einbuchung tatsächlich nicht entstandener Ausgaben entstehen. Dann haben die erforderlichen Zuschätzungen keine Erhöhung der Umsatzsteuer zur Folge, es sei denn, aus den gebuchten Kosten wurden Vorsteuern geltend gemacht.

Kassen-Klon. Es handelt sich um eine zu Manipulationszwecken eingesetzte Kasse, in der zwei Betriebe angelegt werden können, so dass z. B. im Ergebnis drei Kellner auf Betrieb 1 registriert werden und einer „schwarz" auf Betrieb 2.[725]

Kassenkonto. Das in der Buchführung eingerichtete Kassenkonto kann weder das Kassenbuch noch den Kassenbericht ersetzen. Es kann damit insbesondere die Funktion der Ermittlung und des Nachweises der Einnahmen nicht übernehmen. Die Einrichtung eines Kassenkontos in der Buchführung ist zwingend. Es ist nicht zulässig, betriebliche Geldflüsse ausschließlich als Entnahmen und Einlagen abzubilden.[726]

---

720 „Einlageluftbuchungen", vgl. *Schumann*, S. 70.
721 FG München v. 1.2.2005, 1 V 4964/04, juris, nachfolgende Schätzung ist aber nicht zwingend, vgl. *Thesling*, StBp 1996, 141, 143: „Gesamtwürdigung".
722 FG des Saarlands v. 25.10.2006 1 V 185/06, juris.
723 BFH v. 21.2.1990 X R 54/87, BFH/NV 1990, 683 unter Hinweis auf BFH v. 10.6.1954 IV 68/53 U, BStBl. III 1954, 298; BFH v. 9.10.1952 IV 244/52 U, BStBl. III 1954, 71.
724 BFH v. 1.10.1969 I R 73/66, BStBl. II 1970, 45.
725 *Pump/Achilles*, S. 245.
726 FG Nürnberg v. 24.5.2011 2 K 449/2008, juris.

Kassensturzfähigkeit. Die Kassensturzfähigkeit ist die **wichtigste Eigenschaft** einer ordnungsgemäßen Kassenführung.[727] Ist sie nicht gegeben, enthält die Buchführung einen schwerwiegenden Mangel.[728] Die Frage nach dem sachlichen Gewicht des Mangels stellt sich dabei nicht.[729] Eine Kasse ist insbesondere nicht kassensturzfähig, wenn keine zeitnahen Eintragungen im Kassenbuch erfolgen, die Kasse nicht tatsächlich, sondern nur rechnerisch geführt oder der Kassenbestand nicht vollständig wiedergegeben wird, z. B. wegen unzulässiger Rundungen auf volle €-Beträge. Das Erfordernis der „Kassensturzfähigkeit" bedeutet aber nicht, dass tatsächlich täglich ein Kassensturz durchgeführt werden muss.[730] Der Betriebsprüfer wird ggf. verlangen, die Tageseinnahmen für einen aktuellen Zeitraum, möglicherweise für den Tag der Prüfung oder den Tag davor, durch Belege etc. nachzuweisen. Gelingt dies nicht, können aus der aktuellen Erkenntnis entsprechende Rückschlüsse für den Prüfungszeitraum gezogen werden.[731] Ein tatsächlicher Kassensturz wird heute nur noch selten durchgeführt. Er ist jedenfalls von dem für die Kassenführung Verantwortlichen selbst in Anwesenheit des Betriebsprüfers vorzunehmen. Während der Prüfungsmaßnahme dürfen keine Ein- oder Auszahlungen, Kassenbuchungen oder Belegergänzungen erfolgen. Die erforderliche Kassensturzfähigkeit ist nicht gegeben, wenn die Kasseneinnahmen lediglich monatlich in das Kassenbuch eingetragen werden,[732] eine um einen Tag verzögerte Eintragung dürfte aber unschädlich sein.[733] Wird bei einem Kassensturz zu Geschäftsbeginn, z. B. im Rahmen einer Durchsuchung durch die Steuerfahndung, ein erheblicher Überbestand gegenüber dem Kassenbericht des Vortages festgestellt, so spricht dies für eine seit Jahren fehlerhafte Kassenführung. Bei einem Differenzbetrag von mehreren Tausend Euro scheidet eine Verursachung durch kleinere versehentliche Falscheintragungen aus.[734] Kassensturzfähigkeit ist nicht gegeben, wenn der Steuerpflichtige seine Kassenunterlagen nur sammelt und sie später zum Steuerberater bringt, der dann einmal im Monat z. B. anläss-

---

727 BFH v. 31.7.1974 I R 216/72, BStBl. II 1975, 961; BFH v. 17.11.1981 VIII R 174/77, BStBl. II 1982, 430. In der Literatur wird die Kassensturzfähigkeit im Bereich der Einnahmenüberschussrechnung teilweise für entbehrlich gehalten, z. B. *Rätke* in Klein, § 146 Rz. 31, m. E. unzutreffend, siehe unter „Einnahmenüberschussrechnung".
728 BFH v. 31.7.1969 IV R 57/67, BStBl. II 1970, 125; FG Münster v. 16.5.2013 2 K 3030/11 E, U, EFG 2014, 86; *Teutemacher*, S. 50.
729 BFH v. 12.12.1972 VIII R 112/69, BStBl. II 1973, 555.
730 BFH v. 23.12.2004 III B 14/04, BFH/NV 2005, 667; BFH v. 21.2.1990 X R 54/87, BFH/NV 1990, 683; BFH v. 17.11.1981 VIII R 174/77, BStBl. II 1982, 430; BFH v. 7.7.1977 IV R 205/72, BStBl. II 1978, 307; BFH v. 1.10.1969 I R 73/66, BStBl. II 1970, 45; FG Nürnberg v. 5.7.2006 V 313/2004, juris; gl. A. *Drüen* in Tipke/Kruse, § 146 Rz. 27. Ein tatsächlicher täglicher Kassensturz ist jedoch aus eigenem Interesse zu empfehlen, vgl. *Hülshoff/Wied*, NWB 2017, 2094, 2099.
731 FG des Saarlands v. 15.7.2003 1 K 174/00, juris.
732 BFH v. 21.2.1990 X R 54/87, BFH/NV 1990, 683.
733 *Drüen* in Schwarz/Pahlke, § 146 Rz. 6.
734 Vgl. FG Münster v. 21.4.1999 13 K 2750/95, juris. Der Überbestand im Urteilsfall betrug 14.276 €.

3.5 Richtigkeitsvermutung gemäß § 158 AO

lich der Erstellung der Umsatzsteuervoranmeldung Kassenberichte erstellt bzw. Eintragungen in ein Kassenbuch vornimmt.[735]

Kreditkartenumsätze. Im Einzelhandel wird zu einem ständig wachsenden Anteil bargeldlos, z. B. mit Kreditkarte, EC-Karte im Lastschriftverfahren mit Unterschrift oder mit Geheimnummer gezahlt. Grundsätzlich gehören die von den Kassenterminals erstellten Bons zu den aufbewahrungspflichtigen Unterlagen, die, soweit sie Grundlage der einzelnen Eintragungen in die Bücher und bzw. der Aufzeichnungen sind und ihnen deshalb Belegfunktion zukommt, zehn Jahre aufbewahrt werden müssen. Soweit es keine Buchungsbelege sind, beträgt die Aufbewahrungsfrist gemäß § 147 Abs. 2 AO sechs Jahre. Die sog. „Kassenabschlüsse" bzw. „Z-Bons" sind aufzubewahren und müssen ihrem Inhalt nach einen Abgleich mit den Abrechnungen der Kreditkartenunternehmen und den Kontoauszügen der Kreditinstitute zur Überprüfung der Betriebseinnahmen auf Vollständigkeit ermöglichen.[736] Das erfordert insbesondere auch die Angabe des jeweiligen Abrechnungsunternehmens. Kreditkartenumsätze werden vielfach in der Kasse wie Bargeld behandelt und die Einnahmen später beim entsprechenden Geldeingang auf dem Bankkonto oder am Monatsende korrigiert. Dann ist aber kein Kassensturz möglich und folglich die Ordnungsmäßigkeit der Kassenführung nicht gegeben.[737] Die FinVerw sieht jedoch lediglich einen formellen Mangel, der im Hinblick auf eine eventuelle Verwerfung der Buchführung nach § 158 AO regelmäßig außer Betracht bleiben soll.[738] Häufig besteht die Schwierigkeit, die vom Kartenzahlungsunternehmen summierten Zahlungseingänge auf dem Bankkonto mit den von den Kassenterminals erstellten Belegen abzugleichen, da die Betriebseinnahmen erst einige Tage später gutgeschrieben werden. Zur Sicherstellung der Prüfbarkeit ist zu empfehlen, die Belege der Kassenterminals nach EC- und Kreditkartenzahlungen zu sortieren, aufzuaddieren und an die sonstigen Kassenaufzeichnungen wie z. B. an den Kassenbericht oder an den Tagesendsummenbon anzuheften.

Managerschlüssel. Registrierkassen verfügen hinsichtlich der Eingabemöglichkeiten i. d. R. über unterschiedliche Hierarchieebenen. Während mit dem sog. Kellnerschlüssel oder Bedienerschlüssel nur einfache Eingaben erfolgen können, ermöglicht der sog. Managerschlüssel die Eingabe von Stornierungen z. B. auch nach Geschäftsschluss bei der Kassenabrechnung. Nicht selten erfolgen hiermit Manipulationen von Registrierkassen. Berechtigte Managerstorni müssen deshalb gut begründet sein, ggf. ist entsprechende Beweisvorsorge zu treffen.

---

735 BFH v. 21.2.1990 X R 54/87, BFH/NV 1990, 683.
736 OFD Düsseldorf v. 20.11.2000, S 0317-14-St 411-K. Die Aufbewahrungspflicht für Z-Bons gilt auch nach Auslaufen der Vereinfachungsregel des BMF v. 9.1.1996, BStBl. I 1996, 35, siehe hierzu unter „Tagesendsummenbon".
737 FG Berlin-Brandenburg v. 28.9.2015 4 V 4076/15, juris; FG Berlin-Brandenburg v. 13.8.2013 2 K 2229/10, juris; *Achilles*, S. 146; *Teutemacher*, BBK 2015, 768; a. A. *Bellinger*, BBK 2017, 369. Zur Kassensturzfähigkeit siehe dieses Stichwort.
738 GoBD Rz. 55.

Mehrere Kassen. Unternehmer, die Bargeschäfte in mehreren Geschäftszweigen oder Filialen tätigen, müssen die Entgelte getrennt aufzeichnen und die Aufzeichnungen aufbewahren.[739] Die nur summenmäßige tägliche Kassenbucheintragung ohne Einzelnachweis und ohne Grundaufzeichnungen stellt einen zur Schätzung berechtigenden wesentlichen Buchführungsmangel dar.[740] Liegen für jede Filiale Aufzeichnungen vor, müssen die Filialbareinnahmen und -barausgaben erst am nächsten Geschäftstag in das Kassenbuch eingetragen werden.[741] Eine weitere Verlängerung der Frist kommt allerdings nicht in Betracht, so dass ggf. eine dezentralisierte Kassenbuchführung mit Nebenkassenbüchern in den Filialen einzurichten ist.[742] **Geldverschiebungen** zwischen mehreren Kassen sind buchmäßig festzuhalten, weil andernfalls weder eine Abstimmung noch ein Kassensturz möglich sind.[743] Nicht aufzuzeichnen sind solche „Verschiebungen", die nur zum Zwecke der Anpassung des Wechselgelds erfolgen.[744] Jede Kasse muss für sich betrachtet kassensturzfähig sein.[745] Setzt der Unternehmer eine oder mehrere elektronische Kassen ein, müssen grundsätzlich alle Erlöse damit aufgezeichnet werden. Ist aber für einen räumlich oder organisatorisch eindeutig abgrenzbaren Bereich aus technischen Gründen oder aus Zumutbarkeitserwägungen eine Erfassung über diese Kassen nicht möglich, beanstandet es die FinVerw nicht, wenn zur Erfassung dieser Geschäftsvorfälle eine offene Ladenkasse geführt wird.[746] Fraglich ist, inwieweit Fehler einer Kasse die Ordnungsmäßigkeit der anderen Kasse bzw. der Baraufzeichnungen insgesamt beeinträchtigt, d. h. im Ergebnis von welcher Bemessungsgrundlage Hinzuschätzungen erfolgen können. Handelt es sich um einen abgrenzbaren Kassenbereich wie z. B. eine „Außer-Haus-Kasse", dürfte – jedenfalls zunächst – wohl nur in diesem Bereich eine Hinzuschätzung erfolgen.[747]

Mobile Kassen. Mobile Kassen bzw. „Handhelds" sind tragbare Geräte, die nicht selten mit allen Funktionen einer stationären Kasse ausgestattet sind.[748] Solche Kassen arbeiten heute fast immer mit **Touchscreentechnologie**. Auf dem mobilen Gerät wird i. d. R. boniert und die Orderbons werden direkt an der Küche,

---

739 Sächsisches FG v. 24.11.2006 4 V 1528/06, juris.
740 FG Nürnberg v. 27.4.2004 II 8/2003, juris; FG Hamburg v. 4.12.1990 II 104/88, EFG 1991, 507.
741 BFH v. 3.5.1983 VIII R 222/81, NJW 1983, 505.
742 BFH v. 3.5.1983 VIII R 222/81, NJW 1983, 505.
743 BFH v. 17.11.1981 VIII R 174/77, BStBl. II 1982, 430; Sächsisches FG v. 4.4.2008 5 V 1035/07; *Rätke* in Klein, Rz. 22 zu § 146 AO; *Drüen* in Tipke/Kruse, § 146 Rz. 27.
744 Z. B. ein 20 €-Schein und vier 5 €-Scheine im Tausch.
745 BFH v. 20.9.1989 X R 39/87, BStBl. II 1990, 109.
746 AEAO zu § 146, Nr. 2.2.3. Zur offenen Ladenkasse allgemein siehe 3.5.5.2, zur Frage ihrer Zulässigkeit auch das Stichwort „Einzelaufzeichnungspflicht" in 3.5.5.5.
747 *Wulf/Schüller*, DB 2019, 328, 330, unter Hinweis auf BFH v. 26.2.2018 X B 53/17, BFH/NV 2018, 820, Rz. 13.
748 Am bekanntesten sind die Geräte der Firma „Orderman" aus Österreich, die zuerst in Skihütten und Diskotheken eingesetzt wurden. Auch Tablets können mit entsprechender Software als Kassen eingesetzt werden.

3.5 Richtigkeitsvermutung gemäß § 158 AO

der Theke oder dem Büffet ausgedruckt. Die Anbindung der mobilen Kassen erfolgt i. d. R. über ein gesichertes WLAN-Netz. In den meisten Fällen sind mobile Kassen an ein Kassensystem im Hintergrund gekoppelt. Die Daten werden dabei direkt in der zentralen Kasse gespeichert, so dass Datenverluste gering sind.[749] An die mobilen Kassen kann ein tragbarer Drucker angeschlossen werden, so dass Rechnungen auch direkt am Tisch ausgedruckt werden können. Allerdings wird dem Kunden oftmals nur das Display vorgehalten. Ob die so erfassten Einnahmen letztlich in der Gewinnermittlung enthalten sind, ist nach allgemeiner Prüfungserfahrung nicht immer gewährleistet.[750]

Die Beurteilung der Ordnungsmäßigkeit solcher mobilen Kassen erfolgt nach den **allgemeinen Grundsätzen**. Das besondere **Risiko** ist darin zu sehen, dass oftmals auch ein Offline-Betrieb ohne aktuelle Funkverbindung möglich ist und ein Datenaustausch erst stattfindet, wenn das Mobilgerät wieder im Funkkontakt mit der Basisstation steht. Eine „konsolidierte" und damit vollständige Buchung der Erlöse erfordert eine entsprechende Programmierung der Basisstation und des mobilen Gerätes, so dass eine Kontrolle für den Betriebsprüfer besonders aufwändig ist. Oft erweckt die Programmierung der Hauptkasse den Eindruck einer vollständigen Erfassung der Daten der mobilen Geräte und erst die Einstellung der Handhelds zeigt, dass dies gerade nicht der Fall ist.[751]

Nachbuchen. Eine Buchführung, die bisher unverbuchte Betriebseinnahmen erst im Rahmen der Abschlussbuchungen erfasst, ist nicht ordnungsgemäß.[752]

Neugründung. Zu Beginn seines Handelsgewerbes muss der Kaufmann den Betrag seines baren Geldes gem. § 240 HGB genau verzeichnen. Beginnen die Kassenaufzeichnungen am Tag der Geschäftseröffnung ohne Einlage von **Wechselgeld**, spricht eine große Wahrscheinlichkeit dafür, dass auch die nachfolgenden Kassenbestände nicht der Wahrheit entsprechen.[753]

Nothaken. Das Öffnen der Kasse mit dem sog. Nothaken sollte ausschließlich bei Stromausfällen erfolgen und entsprechend dokumentiert werden.

Nummerierung. Die Vergabe einer fortlaufenden Nummerierung soll jedenfalls dann obligatorisch sein, wenn das eingesetzte Kassensystem die Vergabe eines solchen Kriteriums vorsieht.[754]

Öffnungszeiten. Öffnungszeiten sind für den Außenprüfer eine gute Möglichkeit, die in der Kasse erfassten Einnahmen auf Vollständigkeit zu überprüfen. Extrem ist z. B. der Fall, in dem das Geschäft an sieben Tagen geöffnet ist, der

---

749 Allerdings besteht durchaus die Gefahr, dass mobile Kassen nicht mit der zentralen Kasse verbunden werden.
750 *Teutemacher*, S. 140; *Huber*, StBp 2014, 153.
751 *Teutemacher*, S. 147.
752 BFH v. 26.10.1994 X R 114/92, BFH/NV 1995, 373; FG Münster v. 8.5.2012 1 K 602/09 E, G, U, EFG 2012, 1894. Zum Risiko des Steuerberaters, wenn er von sich aus Einnahmen nachbucht, um z. B. Kassenfehlbeträge zu vermeiden, siehe unter 8.4.7.
753 *Achilles/Pump*, S. 257.
754 BFH v. 7.2.2017 X B 79/16, BFH/NV 2017, 774; *Jansen*, StBp 2019, 139, 140.

Steuerberater aber nur Kassenbelege für fünf Tage pro Woche erhält.[755] Aber auch die Uhrzeit der Belege kann verdächtig sein: Wird der Z-Bon immer um kurz nach 18 Uhr erstellt, hat das Geschäft aber bis 19 Uhr geöffnet, spricht vieles dafür, dass die Umsätze der letzten Stunde keinen Eingang in die Buchführung gefunden haben.

„Offener Tisch". Vorabrechnungen oder Zwischenrechnungen werden vor allem in der Gastronomie zu manipulativen Zwecken genutzt. Die meisten Systeme sehen vor, dass noch nicht endgültig abgerechnete Geschäftsvorfälle spurlos wieder gelöscht werden können. Haben Kunden eine solche Vorabrechnung oder Zwischenrechnung als endgültige Rechnung erhalten und gelangt dieser Beleg zum FA, wird in aller Regel eine Durchsuchung durch die Steuerfahndung stattfinden. Damit besteht die Entdeckungsgefahr z. B. durch aufmerksame Finanzbeamte oder Konkurrenten, die das Lokal besuchen.

Organisationsunterlagen. Bevor der Betriebsprüfer sich mit den Einzelheiten der vorgefundenen Kassen auseinandersetzen kann, wird er sich bei elektronischen Kassen vor allem mit den aufzubewahrenden Organisationsunterlagen beschäftigen. Hierzu gehören:[756]

- Bedienungs- und Programmieranleitung sowie ggf. weitere Organisationsunterlagen;
- Handbücher, die für die Frage der Veränderbarkeit der Daten und damit für die Frage der Ordnungsmäßigkeit der Kassenführung aber häufig ohne großen Wert sind, da sie kaum zur Aufklärung über die technischen Hintergründe der Speicherung und der Programmierung liefern;
- Programmabrufe (erstmalig bei Einrichtung und nach jeder Änderung der Programmierung, z. B. wegen geänderter Artikelpreise);
- Protokolle über die Einrichtung und jede Änderung von Verkäufer, Kellneroder Trainingsspeichern;
- Protokolle über jede weitere Kassenprogrammierung, z. B. Anweisungen zum Unterdrücken von Daten und Speicherinhalten;
- Protokolle über Änderungen der Artikelpreise.

Die Form der im Zentrum der Rechtsprechung stehenden **Programmierprotokolle** ist unterschiedlich.[757] Optimal ist die Speicherung in unveränderbaren Logdateien oder elektronischen Journalen.[758] Die Aufbewahrungs- und Vorlagepflicht ist vom Steuerpflichtigen als dem nach dem Gesetz Verantwortlichen zu erfüllen, und zwar auch dann, wenn sich die Unterlagen beim Lieferanten der Kasse oder bei einem Serviceunternehmen befinden. Diese sind insofern lediglich Erfüllungsgehilfen nach §§ 278, 664 BGB, die ggf. als Dritte gemäß § 93 AO zur Herausgabe aufgefordert werden können. Die genannten Unterlagen

---

755 *Pump*, StBp 2014, 204, 206.
756 Z. B. FG Münster v. 26.7.2012 4 K 2071/09 E, U, EFG 2012, 1982.
757 Zur Definition vgl. *Skalecki*, NWB 2018, 2551, 2553.
758 *Anders/Rühmann*, BBK 2013, 627, 630.

3.5 Richtigkeitsvermutung gemäß § 158 AO

müssen im Betrieb greifbar sein, ein anderweitiges „Vorhandensein" z. B. beim Kassenaufsteller genügt nicht.[759] Können die Programmierprotokolle nicht vorgelegt werden, liegt ein gravierender Mangel der Kassenführung vor, denn ohne eine lückenlose Dokumentation der Kassenprogrammierung lässt sich die Vollständigkeit der Einnahmen nicht überprüfen.[760] Ein solcher Mangel steht dem Fehlen von Tagesendsummenbons bei einer Registrierkasse bzw. dem Fehlen täglicher Protokolle über das Auszählen einer offenen Ladenkasse i. e. S. gleich.[761] Bei bargeldintensiven Betrieben kann dann grundsätzlich geschätzt werden.[762] Allerdings hat der Steuerpflichtige bei fehlenden Programmierprotokollen die Möglichkeit, den Zustand der Programmierung des von ihm verwendeten Kassensystems anhand geeigneter Ersatzunterlagen nachzuweisen.[763] Eine **Ausnahme** von dem zwingenden Erfordernis der Vorlage von Programmierprotokollen bzw. eines anderweitigen Nachweises der Programmierung lässt der BFH bei Verwendung von Kassen einfacher Bauart nur für den Fall zu, dass das konkret verwendete Registrierkassensystem trotz seiner Programmierbarkeit keine Manipulationsmöglichkeiten eröffnet und das vom Steuerpflichtigen nachgewiesen werden kann.[764] Zu beachten ist, dass die steuerlich relevanten Informationen zur Programmdokumentation nach Ansicht des BFH nicht zwingend in Papierform vorliegen müssen, sondern auch im Kassensystem gespeichert sein können, worüber im Zweifel Beweis zu erheben ist.[765] Hinsichtlich der Bedeutung fehlender Programmierprotokolle wird in der Literatur eine Unterscheidung zwischen proprietären Kassen[766] und PC-Kassensystemen[767] gefordert, da die erstgenannten wesentlich schwieriger zu manipulieren sind.[768] Dem steht jedoch entgegen, dass nicht die Vorlage der Software-Programmierung, sondern eine Protokollierung der Einstellungen und Konfigurationen nebst späterer Änderungen, z. B. Bediener, Zugriffsrechte, Warengruppen mit Preisen, Druck- und Exporteinstellungen verlangt wird.[769]

PC-Kassensystem. Basis eines PC-Kassensystems sind handelsübliche PCs bzw. Notebooks mit **herkömmlichen Betriebssystemen.** Die Kassensoftware wird nach den Bedürfnissen des Unternehmens ausgewählt bzw. individuell erstellt

---

759 Z. B. FG Münster v. 20. 6. 2007 8 K 6341/02 E, U, juris.
760 *Teutemacher*, BBK 2016, 544, 551. Kritisch hierzu *Burkhard*, StBp 2018, 19.
761 BFH v. 25. 3. 2015 X R 20/13, BStBl. II 2015, 743, Rz. 27.
762 BFH v. 11. 1. 2017 X B 104/16, juris; BFH v. 25. 3. 2015 X R 20/13, BStBl. II 2015, 743, Rz. 27; Niedersächsisches FG. v. 10. 5. 2016 8 K 175/15, juris; FG Münster v. 4. 12. 2015 4 K 2616 E, G, U, juris; Sächsisches FG v. 15. 10. 2015 4 V 513/14, juris.
763 BFH v. 11. 1. 2017 X B 104/16, BFH/NV 2017, 561, Rz. 37 sowie BFH v. 25. 3. 2015 X R 20/13, BStBl. II 2015, 743, Rz. 28.
764 BFH v. 25. 3. 2015 X R 20/13, BStBl. II 2015, 743; BFH v. 11. 1. 2017 X B 104/16, BFH/NV 2017, 561 zur Schätzungsbefugnis bei fehlendem Nachweis der „Nichtmanipulation" durch den Steuerpflichtigen.
765 BFH v. 23. 2. 2018 X B 65/17, BFH/NV 2018, 517.
766 Zur Definition siehe dieses Stichwort.
767 Zur Definition siehe dieses Stichwort.
768 *Skalecki*, NWB 2018, 2551.
769 FG Köln v. 6. 6. 2018 15 V 754/18, EFG 2018,2262, Rz. 39.

und installiert. Die Speicherung der Daten erfolgt auf internen und externen Festplatten, auf sog. Flash-Speichern oder in einer Cloud.[770] Für die betriebsgewöhnliche Nutzungsdauer solcher Kassensysteme geht die FinVerw von drei Jahren aus.

Persönliche Unfähigkeit zur Kassenführung. Ist der Steuerpflichtige aufgrund persönlicher Umstände nicht in der Lage, ein vollständiges Kassenbuch zu führen, rechtfertigt dies nicht, von den allgemeinen Grundsätzen abzuweichen und nur verminderte Anforderungen an die Einnahmenaufzeichnungen zu stellen. Bei der Abfassung der Einnahmenberichte ist vielmehr ggf. die Hilfe eines sachkundigen Dritten in Anspruch zu nehmen.[771]

Preisminderungen. Preisminderungen sind hinsichtlich Höhe und ggf. Veranlassung durch entsprechende Kassenprogrammierung bzw. Tastenbelegung zu dokumentieren.[772] Das ist auch im Interesse des Unternehmers, um bei Schätzungen nicht in **Beweisnot** zu geraten.[773] Bei unzureichender Dokumentation ist der Betriebsprüfer zur Hinzuschätzung berechtigt, wobei sich die Untergrenze in derartigen Fällen oft relativ leicht errechnen lässt.[774] Ein häufiger Fehler besteht darin, Preisminderungen nicht mit dem richtigen Umsatzsteuersatz zu berücksichtigen. Nach Möglichkeit sind sie dem jeweiligen Einzelumsatz zuzuordnen.[775]

Proforma-Rechnungen. Insbesondere mit Hilfe sog. Guest-Check-Drucker oder „Belegdrucker" können Proforma-Rechnungen erstellt werden. Diese berühren den Kassenspeicher nicht, so dass Steuerverkürzungen sowohl durch nicht erfasste Einnahmen als auch durch fingierte Betriebsausgaben beim Empfänger der Rechnung möglich sind. Die **FÄ sammeln** i. d. R. Bewirtungsbelege aus anderen Prüfungen oder aus dem Veranlagungsbereich als Kontrollmitteilung. Einerseits ist die Gefahr der Entdeckung aufgrund der geringen Prüfungsdichte gering, andererseits ist die Ordnungsmäßigkeit der Buchführung i. d. R. bereits bei Vorliegen eines einzigen „Treffers"[776] nicht mehr gegeben, da nicht alle Geschäftsvorfälle erfasst worden sind. In jedem Fall sind Durchschriften sämtlicher Proforma-Rechnungen aufzubewahren. Die tatsächliche Anzahl der geschriebenen Rechnungen kann vielfach aus einem sog. Rechnungsspeicher abgelesen werden.

---

770 Zur Speicherung in einer Cloud siehe die Hinweise zum Stichwort App-Kasse.
771 FG Köln v. 27. 11. 2002 12 K 5375/00, juris.
772 AEAO zu § 146, Nr. 2.1.3.
773 *Achilles*, S. 272; *Danielmeyer/Neubert/Unger*, StBp 2016, 322, 324.
774 Anzahl der preisgeminderten Artikel lt. Registrierkasse mal Preisminderung, vgl. *Danielmeyer/Neubert/Unger*, StBp 2016, 322, 324.
775 Zur Besonderheit bei sog. Spar-Menüs siehe BFH v. 3. 4. 2013 V B 125/12, BStBl. II 2013, 973; BMF v. 28. 11. 2013, BStBl. I 2013, 1594.
776 Prüfersprache für eine Kontrollmitteilung, die zu der Erkenntnis führt, dass die dort aufgeführten Beträge nicht versteuert worden sind. Siehe auch *Achilles/Pump*, S. 277: „Hauptgewinn".

Proprietäres Kassensystem. Sog. „proprietäre" Kassensysteme sind quasi in technischer Hinsicht eine Untergruppe der elektronischen Kasse bzw. der „elektronischen Aufzeichnungssysteme".[777] Die Kasseneinzeldaten werden gespeichert und es existiert ein herstellereigenes Fiskaljournal. Als Speichermedium dient eine CF- oder SD-Karte. In aller Regel kann ein Datenexport für den Betriebsprüfer vorgenommen werden. Die Kassensoftware wird vom Hersteller durch Passwörter geschützt, so dass Anpassungen und Manipulationen durch den Nutzer erschwert sind. Die betriebsgewöhnliche Nutzungsdauer dieser Kassen wird mit sechs Jahren angenommen.

Prüferhandakte. In der Prüferhandakte bzw. im Arbeitsbogen des Außenprüfers müssen sowohl die festgestellten Mängel als auch die Grundlagen einer ggf. durchgeführten Schätzung ausreichend dokumentiert sein.[778] Aus der Nichtdokumentation erwachsende Unsicherheiten gehen zu Lasten des FA.[779]

Sammeln von Belegen. Zu den typischen Fehlern gehört das Sammeln kleinerer Ausgabenbelege und ihre zeitgleiche Erfassung im Kassenbuch. Die Kassenführung ist dann nicht ordnungsgemäß.[780] Diese Handhabung ist allenfalls dann richtig, wenn die Kosten in dem aufgezeichneten Zeitpunkt tatsächlich aus dem Kassenbestand beglichen wurden, z. B. weil sie von einem Gesellschafter oder von einem Mitarbeiter verauslagt wurden und ihm nunmehr erstattet werden. Wurde das Bargeld hingegen entsprechend dem Rechnungsdatum der Kasse entnommen, führt die so entstehende Differenz zur Nichtordnungsmäßigkeit der Kassenführung. Kassenbelege allein können ordnungsgemäße Kassenaufzeichnungen nicht ersetzen.[781] Zur eigenen Absicherung und um eine zeitgerechte retrograde und progressive Prüfung zu ermöglichen,[782] ist anzuraten, die Kassenbelege fortlaufend zu nummerieren und die korrespondierende Zeile im Kassenbuch mit der jeweils entsprechenden Zahl zu versehen. Dadurch ist die retrograde Prüfungsmöglichkeit gewährleistet.

Schecks. Schecks gehören zwar handelsrechtlich zum Kassenbestand, sind aber kein Bargeld und dürfen deshalb nicht in der Kasse als Einnahmen erfasst werden.[783] Erfolgt die Einbeziehung, ist die Kassenführung nicht ordnungsgemäß, weil in einem solchen Fall die Kasse nur rechnerisch geführt wird und nicht kassensturzfähig ist.[784] Die Ordnungsmäßigkeit entfällt erst recht, wenn durch die Einbeziehung von Schecks Kassenfehlbeträge verdeckt werden. Dies

---

777 Zur elektronischen Kasse insgesamt und insbesondere zur Bedeutung der technischen Differenzierung siehe unter 3.5.5.3.
778 Niedersächsisches FG v. 17.11.2009 15 K 12031/08, juris; zu einem Fall unzureichender Dokumentation siehe Sächsisches FG v. 4.4.2008 5 V 1035/07, juris.
779 FG des Saarlands v. 28.7.1983 I 280-281/82, EFG 1984, 5.
780 FG Köln v. 20.1.2005 13 K 1/02, EFG 2005, 986.
781 BFH v. 2.9.2008 V B 4/08, juris.
782 GoBD Rz. 32.
783 Materiellrechtlich liegt allerdings jedenfalls bei einem gedeckten Scheck bereits bei Entgegennahme ein Zufluss i. S. v. § 11 EStG vor, vgl. *Krüger* in Schmidt, § 11 Rz. 50, Stichwort „Scheck".
784 FG Münster v. 8.3.2005 6 K 15/03 E, juris.

gilt sinngemäß für Kreditkartenzahlungen, weil auch sie nicht zu einem physischen Zugang an Bargeld in der Kasse führen. Über Kreditkartenzahlung realisierte Erlöse sind bei Gutschrift auf dem Bankkonto zu verbuchen und berühren die Kassenführung nicht. Dies entspricht im Übrigen nicht nur der Logik der Kassenführung, sondern zumindest für den „Einnahmenüberschussrechner" auch dem materiellen Recht.[785] In der Literatur wird empfohlen, für Schecks in der Finanzbuchhaltung ein gesondertes Konto ähnlich dem Konto „Geldtransit" ein gesondertes Konto einzurichten, mit dessen Hilfe sich ein zuverlässiger Abgleich zwischen erhaltenen und eingelösten Schecks erreichen lässt.[786] Zum Thema siehe auch das Stichwort „Kreditkartenumsätze".

Sequenznummer. Vollkommen transaktionsbasierende Kassen erschweren die Manipulation. Dabei wird jede Buchung mit einer eindeutig im System festgehaltenen fortlaufenden Nummer erfasst, der sog. „Sequenznummer". Dadurch können Vorgänge rekonstruiert werden und das nachträgliche Löschen von Umsätzen birgt ein deutlich höheres Risiko. Im Rahmen von Ap wurden die Sequenznummern im Hinblick auf Lücken und Mehrfachbelegungen analysiert.

Sicherungen. Bei einer elektronisch unterstützten Kassenführung muss das System programmmäßige Sicherungen und Sperren enthalten, die verhindern, dass einmal eingegebene Daten unsichtbar verändert werden können, und zwar schon vom Zeitpunkt der ersten Speicherung an.[787]

Sonderkassen. Werden neben der Hauptkasse Sonderkassen geführt, ist für jede dieser Sonderkassen ein eigenes Kassenbuch erforderlich.[788] Die Ordnungsmäßigkeit wird für jede Kasse geprüft.[789] Der Steuerpflichtige sollte angehalten werden, auch solche Kassen ernst zu nehmen, die oft nur geringe Beträge enthalten, um dem Betriebsprüfer keinen Einstieg in die Diskussion um Sicherheitszuschläge zu liefern.

Stand-alone-Kassen. Stand-alone-Kassen sind nicht miteinander verbundene Kassen, die z. B. an der Theke oder in einem Biergarten aufgestellt werden. Die Daten der Kassen bleiben getrennt. Deshalb ist die Ordnungsmäßigkeit der Kassenführung für jede Kasse gesondert zu prüfen. Ist einer der Kassen die Ordnungsmäßigkeit zu versagen, ist hinsichtlich der Konsequenzen die Bedeutung dieser Kasse für den Betrieb zu berücksichtigen.

---

785 Vgl. *Heinicke* in Schmidt, § 11 Rz. 30, Stichwort „Kreditkarte".
786 *Achilles/Pump*, S. 317.
787 FG Düsseldorf v. 20. 3. 2008 16 K 4689/06 E, U, F, EFG 2008, 1256.
788 BFH v. 31. 7. 1974 I R 216/72, BStBl. II 1975, 96, Rz. 11; BFH v. 20. 10. 1971 I R 63/70, BStBl. II 1972, 273.
789 FG Berlin-Brandenburg v. 17. 3. 2009 6 K 4146/04 B, EFG 2009, 1514, m. w. N. Zu den Voraussetzungen der Ordnungsmäßigkeit einer manuellen Kasse siehe 3.5.5.2, zur elektronischen Kasse siehe 3.5.5.3.

Steuerberater. Weil Kasseneinnahmen täglich aufzuzeichnen sind,[790] kann diese Aufgabe faktisch nicht auf den Steuerberater übertragen werden, der Unternehmer muss die Kasse also zwangsläufig selbst führen.[791] Der Steuerberater sollte die Kassenführung aber regelmäßig auf ihre Ordnungsmäßigkeit überprüfen, um Ärger für den Mandanten, aber auch für sich selbst zu vermeiden.[792] Wenn er die Kassenführung nicht prüfen soll, ist die Dokumentation eines Haftungsausschlusses sinnvoll, welcher unterschrieben zur Handakte genommen wird.[793]

Steuersätze. Unterliegen Lieferungen oder sonstige Leistungen eines Unternehmers unterschiedlichen Steuersätzen, sind die Umsätze gemäß § 22 Abs. 2 UStG zwingend getrennt aufzuzeichnen. Jedes Entgelt und damit jeder Umsatz müssen einzeln aufgezeichnet werden. Geschieht das nicht, ist die Kassenführung nicht ordnungsgemäß.[794] In größeren Betrieben wie Supermärkten erfolgt die Zuordnung der unterschiedlichen Steuersätze zu jeweiligen Produkten über die Programmierung der Scannerkassen.

Stornierungen. Stornierungen kommen in der Praxis häufig vor. Je nach Anlass bzw. Vorgehen werden unterschieden:

- Sofortstorno, d. h. die sofortige Korrektur einer Eingabe noch vor dem Druck des Kassenbons. Solche Sofort-Stornos müssen grundsätzlich nicht aufgezeichnet werden. Sie bergen die Gefahr, dass das bestellte Produkt zunächst einen Datensatz im System generiert die anschließende Stornierung diesen Datensatz zwar löscht, aber eine Lücke in den Sequenznummern hinterlässt, welche bei der nächsten Bp naturgemäß zu Diskussionen führen wird.[795]
- Zeilenstorno, wenn z. B. bereits der nächste Artikel gescannt wurde,
- Komplettstorno, wenn der Kunde z. B. sein Geld vergessen hat und die Einzelstornierung der gekauften Artikel umständlicher wäre,
- Postenstorno, um einzelne Posten aus einem Beleg zu löschen, z. B. bei Warenrücknahmen, wobei darauf zu achten ist, dass ein Storno mit dem gleichen Umsatzsteuersatz wie der ursprüngliche Erlös erfasst wird,
- Trainingsstorno, z. B. für die Zeit der Einarbeitung oder zum Testen einer neuen Kasse bzw. einer neuen Programmierung,
- Kulanzstorno, wenn sich im Gastronomiebereich ein Kunde zu Recht über die Qualität beschwert und sein Geld zurückerhält.

Ungeachtet ihrer jeweiligen Ursache müssen sämtliche Stornierungen von Eingaben in eine Registrierkasse sichtbar sein,[796] und zwar „nach außen", z. B. auf

---

790 § 146 Abs. 1 S. 2 AO.
791 *Teutemacher*, S. 81.
792 Ausführlich zu dieser Problematik *Pump*, StBp 2014, 162 und 204.
793 *Pump*, StBp 2014, 204, 206 und AStW 2018, 594, 609. Vgl. zu diesem Thema auch 9.3.
794 *Pump*, StBp 2015, 1.
795 *Achilles/Pump*, S. 329, *Teutemacher*, S. 48, mit einem Beispiel.
796 Niedersächsisches FG v. 2. 9. 2004 10 V 52/04, PStR 2005, 281; *Teutemacher*, S. 56.

3 Außenprüfung

dem Tagesendsummenbon.[797] Eine entsprechende Unterdrückung durch die Kassenprogrammierung führt zu einem Mangel der Kassenführung.[798] Es widerspricht der Lebenserfahrung, dass die Eingaben in das Kassensystem über einen ganzen Tag oder sogar einen ganzen Monat ohne Fehler erfolgen und keine Stornobuchungen erforderlich werden.[799] Das gilt umso mehr, wenn die Kasse auch von ungelernten Service- und Aushilfskräften bedient wird. Weisen die der Ap vorgelegten Kassenunterlagen keine Stornobuchungen auf, ist deshalb darauf zu schließen, dass Stornobuchungen im Kassensystem nachträglich gelöscht worden sind.[800] Wegen der damit festgestellten nicht sichtbaren Veränderbarkeit der Daten ist der Kassenführung die Ordnungsmäßigkeit abzusprechen. Dies gilt erst recht, wenn nachgewiesen ist, dass das System tatsächlich die Möglichkeit bietet, „unsichtbar" zu stornieren.[801] Dem Einwand, zur Vermeidung von Betrugshandlungen sei den Angestellten die Benutzung der Stornotaste untersagt worden, hält die Rechtsprechung für unglaubhaft.[802] Der Steuerberater sollte die Kassenunterlagen, die er i.d.R. als Grundlage der laufenden Buchführung erhält, darauf untersuchen, ob Stornierungen vorhanden sind. Fehlen diese gänzlich, sollte das Thema mit dem Mandanten offen angesprochen werden.

Sog. **Belegstornos** werden vom Betriebsprüfer hinsichtlich des Sachverhalts immer besonders geprüft. Deshalb sollte der Stornobeleg zusammen mit dem ursprünglichen Kassenbeleg des Kunden mit einer entsprechenden Erläuterung an die Tagesabrechnungsunterlagen angeheftet werden. Andernfalls kann ggf. noch das Kassenjournal helfen, weil dort der Vorgang i.d.R. auf Artikelebene nachvollziehbar gezeigt wird.

Nicht erklärbare Stornierungen in erheblichem Umfang, die zu negativen Stundenumsätzen führen, können als Schätzungsgrundlage dienen.[803]

Systemwechsel. Sämtliche Informationen des Kassensystems müssen vollständig, digital, unveränderbar und in auswertbarer Art und Weise aufbewahrt werden. Bei Umstellung auf ein neues System ist zu empfehlen, die „Alt-Kasse" weiterhin aufzubewahren.[804]

---

797 FG Hamburg v. 1.8.2016 2 V 115/16, juris, Rz. 44.
798 § 146 Abs. 4 AO; FG Hamburg v. 1.8.2016 2 V 115/16, juris; FG Düsseldorf v. 20.3.2008 16 K 4689/06, EFG 2008, 1256.
799 Übliche Stornoquoten sollen zwischen 0,1 % und 1,0 % liegen, vgl. *Reckendorf*, BBK 2016, 479, 495.
800 FG Hamburg v. 7.2.2019 6 V 240/18, juris; FG Münster v. 16.5.2013 2 K 3030/11 E, U, EFG 2014, 86; Niedersächsisches FG v. 2.9.2004 10 V 52/04, PStR 2005, 281.
801 Niedersächsisches FG v. 2.9.2004 10 V 52/04, PStR 2005, 281.
802 FG Berlin-Brandenburg v. 20.10.2017 4 K 4206/14, juris, Rz. 52.
803 FG Bremen v. 20.4.2016 1 K 88/13 (6), juris, Rz. 81.
804 *Mertens*, GmbH-Stpr 2018, 164, 166.

3.5 Richtigkeitsvermutung gemäß § 158 AO

Tägliche Erfassung. § 146 Abs. 1 S. 2 AO schreibt für Kasseneinnahmen und Kassenausgaben **zwingend** eine **tägliche Aufzeichnung** vor.[805] Täglich bedeutet dabei nicht „bis 24 Uhr", wenn der Betrieb bis in die Morgenstunden geöffnet ist. Eine tägliche Erfassung i. S. d. AO liegt vielmehr auch vor, wenn sie regelmäßig nach Schließung, z. B. um 1 Uhr, erfolgt. Ohne tägliches Festhalten geschäftlicher Kassenvorgänge ist die Buchführung nicht ordnungsgemäß, die Frage nach dem sachlichen Gewicht stellt sich nicht.[806] Eine Aufzeichnung nach 14 Tagen oder nur einmal im Monat führt zur Nichtordnungsmäßigkeit der Kassenführung.[807] Aus dem Gesetzeswortlaut lässt sich hingegen keine unbedingte Pflicht zur **täglichen Verbuchung** ableiten, was in der Praxis auch nicht vorkommt, denn gebucht wird i. d. R. in periodischen Abständen, z. B. monatlich. Aus dem allgemeinen Grundsatz der geordneten Buchung ergibt sich für den Bereich der Bareinnahmen aber, dass zumindest das Datum des „Geschäftsvorfalls" Tageseinnahme und die Höhe dieser Tageseinnahme im Rahmen der Buchführung sichtbar werden muss. Unzulässig ist deshalb z. B., die Einnahmen eines Monats unter dem Datum des jeweils letzten Tages dieses Monats als Einnahme zu buchen. Praktische Bedeutung hat das vor allem für die sog. elektronische Ap. Zur Überprüfung der Kasse mit Hilfe von EDV-Programmen,[808] insbesondere für die Aufdeckung von Kassenfehlbeträgen, ist es zwingend erforderlich, dass die Tageseinnahmen mit dem jeweiligen Datum gebucht worden sind. Die Pflicht zur täglichen Aufzeichnung betrifft nicht nur Einnahmen und Ausgaben, sondern auch Entnahmen und Einlagen. Es verstößt deshalb gegen den Grundsatz der zeitgerechten Erfassung, wenn Entnahmen und Einlage erst am Ende des Monats beim gruppenweisen Erfassen der Bargeschäfte im Rahmen der Finanzbuchführung ermittelt werden.[809]

Tagesendsummenbon. Fehlende Tagesendsummenbons führten unter Geltung der „alten Kassenrichtlinie"[810] zwingend zur Nichtordnungsmäßigkeit der Kassenführung. Denn vollständige Tagesendsummenbons waren unerlässlich zur Überprüfung der Umsatzhöhe, wenn unter Berufung auf die Vereinfachungsregel des BMF keine Einzeldaten vorgelegt wurden.[811] Die „Z-Bons" waren auch aufzubewahren, wenn die dort aufgeführten Zahlen in einen Kassenbericht übertragen wurden.[812] Denn wenn diese Belege nicht vorhanden waren, waren die Eintragungen im Kassenbericht ohne jeden Wert, weil die dort aufgeführten Zahlen frei erfunden sein konnten. Boten die vorgelegten

---

805 Vgl. GoBD Rz. 48. Zu beachten ist die Verschärfung des § 146 Abs. 1 S. 2 AO durch das KassenG ab 2017: „... sind täglich festzuhalten" statt „sollen täglich festgehalten werden".
806 BFH v. 12. 12. 1972 VIII R 112/69, BStBl. II 1973, 555.
807 Sächsisches FG v. 4. 4. 2008 5 V 1035/07, juris.
808 Sog. „Makros".
809 BFH v. 24. 6. 1954 IV 296/53, U, BStBl. III 1954, 282.
810 BMF v. 9. 1. 1996, BStBl. I 1996, 34. Von dieser Regelung konnte unter bestimmten Voraussetzungen bis zum 31. 12. 2016 Gebrauch gemacht werden.
811 So schon BFH v. 12. 5. 1966, IV 472/60, BStBl. III 1966, 371. Solche Einzeldaten waren bei alten „summenspeicherbasierten" Registrierkassen auch tatsächlich nicht vorhanden.
812 BFH v. 11. 5. 2000 I B 7/00, juris.

3 Außenprüfung

Tagesendsummenbons keine Gewähr für die vollständige Erfassung der Einnahmen, weil z. B. Z-Nummern fehlen, konnte – und musste – das Zustandekommen der Tagessumme durch die Kassenstreifen, Kassenzettel und Bons nachgewiesen werden.[813] In der Prüfungspraxis hatte das dazu geführt, dass Kassenrollen etc. nach Beanstandung der Z-Bons durch den Prüfer im Laufe der Prüfung „wider Erwarten doch noch aufgefunden wurden".

Bei der Prüfung elektronischer Aufzeichnungssysteme sind die Einzeldaten und nicht mehr wie früher die Ausdrucke auf Papier maßgebend.[814] Auch nach dem Auslaufen der „alten Kassenrichtlinie" spätestens mit dem 31.12.2016 stehen die Tagesendsummenbons aber im Interesse des Prüfers. Denn sie stellen für den Buchhalter bzw. Steuerberater oftmals die Grundlage für die Erfassung der Umsätze auf den Erlöskonten dar, m. a. W. werden die Tageseinnahmen auf dieser Grundlage oft in einer Summe gebucht. Fehlende Tagesendsummenbons können dementsprechend zur Nichterfassung von Einnahmen führen, weshalb nach wie vor die Vollständigkeit dieser Buchungsbelege geprüft wird, was in erster Linie mit Hilfe der EDV erfolgt. Wenn die fortlaufende Nummer vom System aus der Anzahl der Tage seit dem 1. Januar, also letztlich aus dem Datum, generiert wird, so ist an Ruhetagen eine Lücke vorhanden. Auch wenn diese Lücken dann erklärbar sind, ergibt sich die Nichtordnungsmäßigkeit der Kassenführung bei einem solchen System ggf. aber daraus, dass mehrere Tagesendsummenbons an einem Tag dieselbe Nummer haben und folglich ggf. nur einer davon erfasst wurde. Auch sog. Leerbons oder Nullbons sind aufzubewahren.[815] Das gilt sogar, wenn nachweislich für jeden Tag ein Z-Bon vorhanden ist, denn dadurch ist nicht gewährleistet, dass es sich bei dem fehlenden Bon tatsächlich um einen Leerbon handelt. In welchen Fällen Leer- oder Nullbons generiert werden, muss sich aus der Verfahrensdokumentation ergeben.[816]

Die Nichtaufbewahrung von Tagesendsummenbons stellt ungeachtet der Schätzungsmöglichkeit ggf. eine Ordnungswidrigkeit nach §26a Abs.1 Nr.2 UStG dar.[817]

Hat der Betriebsprüfer durch eine „Lückenanalyse" Tage identifiziert, für die kein Z-Bon vorhanden ist, so kann aus Beratersicht die Prüfung der Frage lohnen, ob für die jeweils darauffolgenden Tage zwei Z-Bons vorliegen. Denn bisweilen sind nur bestimmte Mitarbeiter oder der Geschäftsinhaber befugt, den Z-Bon abzurufen. Ist der Verantwortliche bei Geschäftsschluss aber nicht anwesend, wird häufig erst am nächsten Tag der Tagesendsummenbon angefordert. Das dürfte unschädlich sein, wenn „unter dem Strich" alle Z-Bons in der Buchführung erfasst und die Einnahmen damit vollständig deklariert werden.

---

813 BFH v. 20.6.1985 IV R 41/82, BFH/NV 1985, 12.
814 *Teutemacher*, S. 114.
815 BFH v. 25.3.2015 X R 20/13, BStBl. II 2015, 743, Rz. 24; FG Münster v. 26.7.2012 4 K 2071/09 E, U, EFG 2012, 1982.
816 *Achilles/Pump*, S. 240.
817 *Gehm*, S. 233.

3.5 Richtigkeitsvermutung gemäß § 158 AO

Bei den in den Registrierkassen hinsichtlich der Tagesendsummenbons gespeicherten Daten handelt es sich um mit Hilfe eines Datenverarbeitungssystems erstellte Buchungsbelege i. S. v. § 147 Abs. 1 Nr. 4 AO, die zwingend aufzubewahren und vorzulegen sind.[818] Das gilt auch außerhalb des Anwendungsbereichs der sog. alten Kassenrichtlinie,[819] nach die Ordnungsmäßigkeit der Kassenaufzeichnungen im Wesentlichen nach der Vollständigkeit der Z-Bons beurteilt wurde. Tagesendsummenbons, die z. B. im Rahmen einer Durchsuchung aufgefunden werden, können einen Anhaltspunkt für eine sachgerechte Schätzung auf der Grundlage durchschnittlich erzielbarer Erlöse darstellen, auch wenn sie die Folgejahre betreffen.[820] Der Betriebsprüfer untersucht die Nummerierung der Tagesendsummenbons mit diversen Prüfroutinen. Wird an aufeinanderfolgenden Tagen dieselbe Nummer vergeben, dürften die Programmfunktion bzw. entsprechende manuelle Eingriffe einer näheren Betrachtung unterzogen werden.[821] Die FG sind hier teilweise großzügig. So soll die Beweiskraft der Buchführung noch gegeben sein, wenn an zwei aufeinanderfolgenden Tagen dieselbe Nummer vergeben wurde, die Fehlfunktion der Kasse nicht aufgeklärt wird und die Endsummenbons für zwei Wochen nicht vorliegen.[822] Die „Lückenanalyse" ist eine der am häufigsten benutzten Funktionalitäten der Prüfersoftware „IDEA". Damit können z. B. fehlende – damit in der Buchführung nicht erfasste – Z-Bons relativ leicht „aufgespürt" werden. Auch fallen bei einer Lückenanalyse „nach Datum" Tage auf, für die kein Z-Bon vorliegt. Allerdings müssen die fraglichen Tage nicht immer einen Zusammenhang mit unversteuerten Einnahmen haben. So kann es z. B. vorkommen, dass an einzelnen Tagen zwar kein Z-Bon erstellt wird, dieser aber jeweils unmittelbar am nächsten Morgen abgerufen wird, weil der Geschäftsinhaber erst dann wieder anwesend ist und den Abruf immer persönlich vornehmen möchte. Das bedeutet, dass für den Folgetag jeweils zwei Tagesendsummenbons vorliegen. Sind die Werte beider Z-Bons in die Buchführung aufgenommen worden, besteht insoweit kein Grund, an der vollständigen Einnahmenerfassung zu zweifeln.

Taschenkalender. Die Kassenführung eines Unternehmens, das seine Einnahmen fast ausschließlich über die Kasse erzielt, verdient kein Vertrauen, wenn weder die Kassenaufzeichnungen wie Rechnungsdurchschriften und Kassenbons aufbewahrt noch tägliche Bestandsaufnahmen gemacht, sondern die Tageseinnahmen nur als Gesamtbetrag in einem Taschenkalender festgehalten werden. In einem solchen Fall kann – soweit keine konkreteren Daten ermittelbar sind – eine Schätzung z. B. unter Zugrundelegung der Kennzahlen aus der Richtsatztabelle erfolgen.[823]

---

818   BFH v. 16.12.2014 X R 29/13, BFH/NV 2015, 790.
819   BMF v. 9.1.1996, BStBl. I 1996, 34.
820   FG Düsseldorf v. 24.11.2017 13 K 3812/15 F und 13 K 3811/15, G, U, juris.
821   Zum quasi umgekehrten Fall der „Lückenanalyse" siehe unten.
822   Sächsisches FG v. 26.10.2017 6 K 841/15, juris.
823   FG des Saarlands v. 24.9.2003 1 K 246/00, juris, zur Richtsatzschätzung allgemein siehe 3.9.2.

„Taste ins Nichts". Mit dieser Formulierung werden Manipulationen beschrieben, die darauf beruhen, dass bestimmte Programmierungen verhindern, dass Daten zwar eingegeben, aber nicht aufgezeichnet werden. Dabei wird sachlich z. B. nach Produkten, nach zeitlichen Kriterien[824] oder auch danach vorgegangen, ob ein Beleg ausgegeben wurde und deshalb die Gefahr der Aufdeckung besteht.

Tatsächliche Verständigung. Ob die Kassenführung ordnungsgemäß ist oder nicht, ist für sich betrachtet eine Rechtsfrage, über die grundsätzlich keine tV abgeschlossen werden kann.[825] Allerdings können die **Sachverhalte**, die zur Nichtordnungsmäßigkeit geführt haben, Gegenstand einer tV sein In die Vereinbarung sollten deshalb neben den Zahlen die relevanten Tatsachen aufgenommen werden, z. B. „Z-Bons lagen nicht vollständig vor" oder „In mehreren Monaten wurden Kassenfehlbeträge festgestellt". Solche Feststellungen verdeutlichen, dass es sich um einen Fall erschwerter Sachverhaltsermittlung handelt. Die tV kann dann über die nicht erfassten Einnahmen abgeschlossen werden.[826] Grundsätzlich gilt die Empfehlung, eher weniger Sachverhalt ohne unnötige Details darzustellen, um spätere Diskussionen zu vermeiden und die Rechtssicherheit zu erhöhen.

Tax-Compliance. Die Kontrolle der Kassenführung durch den steuerlichen Berater ist Bestandteil der Tax-Compliance.[827] Einige Steuerberatungsgesellschaften bieten eine Zertifizierung der Kassenführung an. Die Investition kann für den Unternehmer durchaus sinnvoll sein, wenn man an die Häufigkeit der Rechtsstreitigkeiten denkt.

Testbonierungen. Testbonierungen sollen dazu dienen, festzustellen, ob im Prüfungszeitraum oder unmittelbar vor Beginn der Prüfung Systemänderungen an der Kasse vorgenommen wurden. Zu diesem Zweck werden Geschäftsvorfälle in die auf null gestellte Kasse eingegeben. Der anschließende Abruf des Testbons zeigt, inwieweit sich z. B. Stornierungen und „Trainingsumsätze" auf den Finanzbericht auswirken und welche Daten letztlich zum Ausdruck gelangen.

Testkauf. In der Praxis besuchen Prüfer nicht selten einige Tage vor Beginn der Prüfung den Betrieb unerkannt als Gast. Solche Testkäufe sind zulässig.[828] Der Prüfer wird – falls erforderlich – einen Kassenbon oder einen ähnlichen Beleg verlangen und ihn je nach Interessenlage entweder mitnehmen oder aber unbeobachtet fotografieren bzw. sich die wichtigsten Merkmale notieren und den Beleg vor Ort liegen lassen. Ein mitgenommener Beleg wird ggf. im Rahmen

---

824 D. h. es erfolgt die Programmierung bestimmter Intervalle, in denen eingegebene Werte nicht aufgezeichnet werden.
825 Zur tV insgesamt siehe Teil 5.
826 Zu einem Muster siehe Anhang 16.
827 *Pump*, StBp 2014, 162, 167.
828 Wegen weiterer Einzelheiten zum Testkauf siehe auch das Stichwort „Gastronomie" in Teil 10. Beim Testkauf handelt es sich um die Einnahme des Augenscheins gem. § 92 Nr. 4 AO.

einer späteren Bp oder einer Kassen-Nachschau auf seine Erfassung in der Kassenführung geprüft. Den Beleg hingegen liegen zu lassen bietet sich deshalb besonders an, weil oftmals solche Geschäftsvorfälle storniert werden, bei denen sich der Unternehmer sicher ist, dass später keine diesbezügliche Kontrolle erfolgt.[829] Moderne Manipulationssysteme löschen oder kürzen von vornherein nur solche Umsätze, für die kein Beleg ausgegeben wurde. Neben der Überprüfung der richtigen Erfassung des einzelnen Umsatzes dienen Testkäufe auch dazu, die im Betrieb genutzten Kassen und ihren Standort zu registrieren, jedenfalls soweit dies in der kurzen Zeit möglich ist. Die Feststellungen können später mit den Aufzeichnungen des Steuerpflichtigen zum Einsatz und zum Standort seiner Registrierkassen verglichen werden.[830]

Trainingsspeicher. Trainingsspeicher dürfen nur entsprechend ihrer Funktion, d.h. zur Einarbeitung neuer Mitarbeiter, genutzt werden.[831] Ab dem 1.1.2020 müssen Trainingsbuchungen ab Inbetriebnahme eines elektronischen Aufzeichnungssystems als Daten erfasst, protokolliert und gekennzeichnet werden. Die Einrichtung von Trainingsspeichern führt für sich allein betrachtet nicht dazu, dass der Kassenführung die Ordnungsmäßigkeit abgesprochen wird. Letzteres ist aber der Fall, wenn die entsprechenden Daten unterdrückt werden.[832]

Tresenumsatz. Oftmals werden in Gaststätten die sog. Tresenumsätze z.B. auf einem Biederdeckel festgehalten und nicht gesondert in die ansonsten aufgestellte Registrierkasse eingegeben. M.E. ist es grundsätzlich zulässig, die Umsätze aus dem „Speisenbereich" mit einer elektronischen Kasse zu erfassen, diejenigen aus dem Thekenbereich hingegen unter den Voraussetzungen des § 146 AO mit Hilfe einer offenen Ladenkasse.[833]

Trinkgeld. Werden die von den Gästen an die Arbeitnehmer des Steuerpflichtigen gezahlten Trinkgelder nicht in der Registrierkasse erfasst, soll dies der Vollständigkeit der Buchungen und damit der Ordnungsmäßigkeit der Buchführung nicht entgegenstehen.[834] Denn diese Trinkgelder sind für die Besteuerung des Unternehmens ohne Bedeutung, da sie allein dem Kellner zustehen. Eine Aufzeichnungspflicht ergibt sich wegen der Steuerfreiheit nach § 3 Nr. 51 EStG auch nicht unter lohnsteuerrechtlichen Gesichtspunkten. Sie können als

---

829   In entsprechenden Kreisen wird empfohlen, den Umsatz zu stornieren und auf dem liegengebliebenen Beleg zu notieren, dass der Kunde unzufrieden gewesen sei und deshalb nicht gezahlt habe.
830   Zu diesen Aufzeichnungen siehe BMF v. 26.11.2010, BStBl. I 2010, 1342 sowie ab dem 1.1.2020 § 146a Abs. 4 AO.
831   Zur Manipulation mithilfe der „Azubitaste" siehe 3.5.5.3 und ausführlich *Pump/Kläne*, DStZ 2015, 974.
832   FG Münster v. 26.5.2013 2 K 3030/11 E, U, EFG 2014, 86.
833   Wie hier *Hülshoff/Wied*, NWB 2017, 2094, 2099. Zur Frage der grundsätzlichen Zulässigkeit einer offenen Ladenkasse siehe aber unter 3.5.5.2 sowie das Stichwort „Einzelaufzeichnungspflicht".
834   FG Köln v. 27.1.2009 6 K 3954/07, EFG 2009, 1092.

durchlaufende Posten in der Kasse erfasst werden.[835] Anders verhält es sich mit den Trinkgeldern für den Geschäftsinhaber. Sie stellen steuerpflichtige Einnahmen dar und sind deshalb zwingend in der Kasse zu erfassen.[836]
Umfang der Kasse. In Einzelfällen kommt es zu Diskussionen über die Frage des Umfangs und der äußeren Form der Kasse. Brieftaschen oder Geldbörsen sind jedenfalls keine Geschäftskassen, wenn darin betriebliches und privates Geld untrennbar vermischt werden.[837] Dann fehlt es an der erforderlichen „physischen" Kasse. Die m. E. unzutreffende gegenteilige Ansicht, dass die Brieftasche selbst als Kasse anzusehen sei, ist häufig im Hotelgewerbe anzutreffen. Auch wird durchaus vertreten, eine „physische" Kasse in Form einer Kassette, Kiste o. ä. sei nicht erforderlich. Durch die zunehmende Verbreitung des bargeldlosen Zahlungsverkehrs scheint diese Ansicht sogar wieder zuzunehmen. Dies gilt insbesondere in Branchen, in denen Barzahlungen die Ausnahme darstellen, z. B. bei Freiberuflern. Tatsache ist aber, dass eine Kasse tatsächlich, d. h. „körperlich" als Behälter, vorhanden sein muss,[838] weshalb insbesondere die Freiberufler unter den Mandanten entsprechend zu instruieren sind. Eine Geschäftskasse darf nicht nur buchmäßig geführt werden, sonst würde ein wesentliches Kontrollmittel zur Nachprüfung der Ordnungsmäßigkeit der Buchführung fehlen. Eine Brieftasche oder Geldbörse ist keine Geschäftskasse, wenn betriebliche und private Gelder untrennbar vermischt sind.[839] Nur wenn der bare Geschäftsverkehr im Unternehmen von völlig untergeordneter Bedeutung i. S. v. „bedeutungslos" ist, kann das Fehlen einer Geschäftskasse steuerlich unbeachtlich sein.[840]

Unterschlagung. Das Argument, bei den vom Betriebsprüfer festgestellten Differenzen handle es sich um Unterschlagungen, ist gerade in der Gastronomie häufig realitätsfern, weil dort in aller Regel darauf geachtet wird, dass die Mitarbeiter keine Gelegenheit haben, Geld „in die eigene Tasche" abzuzweigen. So erhalten Kellner häufig nur dann die bestellten Gerichte aus der Küche, wenn sie dort eine entsprechende Bestellung nachweisen können, die dann vom Geschäftsinhaber bzw. von der Buchhaltung entsprechend erfasst werden kann.

Untreue. Schon die Einrichtung oder das Halten von „schwarzen Kassen" erfüllt den Tatbestand der Untreue gemäß § 266 StGB. Dazu zählt jede Summe, die aus dem ordentlichen Buchhaltungskreislauf herausgenommen wird. Es ist uner-

---

835 Einlage und anschließende Entnahme, vgl. *Achilles/Pump*, S. 167.
836 A 10.1 Abs. 5 UStAE.
837 BFH v. 21.2.1990 X R 54/87, BFH/NV 1990, 683.
838 BFH v. 20.3.2017 X R 11/16, BStBl. II 2017, 992, Rz. 44; BFH v. 21.2.1990 X R 54/87, BFH/NV 1990, 683; BFH v. 12.1.1968 IV R 33/67, BStBl. II 1968, 341; BFH v. 6.3.1952 IV 31/52 U, BStBl. III 1952, 108; *Drüen* in Tipke/Kruse, § 146 Rz. 29: „Kassenbehälter" erforderlich; *Achilles/Pump*, S. 125, unter Hinweis auf § 240 HGB.
839 BFH v. 21.2.1990 X R 54/87, BFH/NV 1990, 683.
840 BFH v. 12.1.1968 VI R 33/67, BStBl. II 1968, 341; BFH v. 6.3.1952 IV 31/52 U, BStBl. III 1952, 108.

3.5 Richtigkeitsvermutung gemäß § 158 AO

heblich, ob dem Unternehmen ein konkreter Schaden zugefügt worden ist. Auf den guten Willen, das Geld zugunsten des Unternehmens zu verwenden, kommt es ebenfalls nicht an.[841]

Urlaub. Während seines Urlaubs muss der Steuerpflichtige durch einen Beauftragten sicherstellen, dass die Kassenbelege geordnet aufbewahrt werden, damit er nach Beendigung seines Urlaubs die entsprechenden Eintragungen in seinen Kassenberichten bzw. in seinem Kassenbuch nachholen kann.[842]

Verauslagen von Kosten. Werden Kosten vom Betriebsinhaber oder von Mitarbeitern verauslagt und werden die Beträge zu einem späteren Zeitpunkt der Kasse entnommen, dürfen die Kosten nicht mit dem Belegdatum im Kassenbuch erfasst werden, da sonst der rechnerische Bestand mit dem tatsächlichen Kasseninhalt nicht übereinstimmen kann. Maßgebend ist vielmehr der Moment, in dem das Bargeld der Kasse entnommen wird. Dieser Vorgang ist im Kassenbuch aufzuzeichnen. Werden Barausgaben regelmäßig aus dem privaten Portemonnaie bestritten und jeweils am Monatsende in einer Summe der Kasse entnommen, beeinträchtigt dies die Klarheit der Kassenführung und damit ihre Ordnungsmäßigkeit. Fehler in den Kassenaufzeichnungen können hinsichtlich zunächst privat verauslagter Kosten dadurch vermieden werden, dass solche Aufwendungen unmittelbar als Neueinlagen verbucht werden und damit weder tatsächlich noch rechnerisch Auswirkung auf den Kassenbestand haben.[843]

Verbundsystem. Elektronische Kassen können zu einem Verbundsystem zusammengefasst werden. Die sog. „Masterkasse" fungiert dabei als Leitstation der Systemeinheiten[844] und ggf. der – häufig mobilen – Datenerfassungseinheiten. Programme und Stammdaten befinden sich ausschließlich in der Masterkasse.

Verdichtete Kasseneinnahmen. Die Vorlage verdichtet gebuchter z. B. monatlicher Kasseneinnahmen ist nur zulässig, wenn sich aus weiteren Daten bzw. händischen Aufzeichnungen in angemessener Zeit die jeweilige Tageseinnahme bestimmen lässt.[845]

Verfahrensdokumentation. Der Betriebsprüfer muss in der Lage sein, sowohl einzelne Geschäftsvorfälle prüfen als auch eine Verfahrens- und Systemprüfung der elektronischen Kassen vornehmen zu können. Das setzt außer ggf. in Kleinstfällen eine Verfahrensdokumentation voraus. Ihr kommt die Aufgabe zu, den organisatorisch und technisch gewollten Prozess von der Entstehung der Information über die Indizierung, Verarbeitung und Speicherung der elektronischen Dokumente, dem eindeutigen Wiederfinden und maschinellen Auswertbarkeit, der Absicherung gegen Verlust und Verfälschung sowie der Repro-

---

841 BGH v. 29. 8. 2008 2 StR 587/07, juris.
842 FG Köln v. 27. 1. 2009 6 K 3954/07, juris.
843 Z. B. „Werbeaufwand an Neueinlage".
844 „Slavekassen".
845 GoBD Rz. 32, 42.

duktion zu beschreiben.⁸⁴⁶ In einem Prüfungszeitraum werden i.d.R. mehrere Updates der Kassensoftware installiert. Für die Verfahrensdokumentation bedeutet dies, dass sie sowohl die aktuellen als auch die historischen Informationen nachvollziehbar beinhalten muss.⁸⁴⁷ Sie ist bei Änderungen zu versionieren und eine nachvollziehbare Änderungshistorie ist vorzuhalten.⁸⁴⁸ Ein gutes Muster einer Verfahrensdokumentation ist auf der Internetseite des DFKA e.V. zu finden.

Verluste. Verluste z.B. durch Unterschlagung sind zu erfassen und zu buchen, sobald sie entdeckt werden.⁸⁴⁹ Ggf. ist eine Regressforderung zu aktivieren. Der Betriebsausgabenabzug kann jedenfalls versagt werden, wenn die Unterschlagung durch eine nachlässige Kassenführung begünstigt wurde. Gleiches gilt, wenn die Geltendmachung der o.g. Regressforderung aus privaten, z.B. verwandtschaftlichen Gründen unterbleibt. Bei Verlusten bereits vereinnahmter Beträge ist die darauf entfallende Umsatzsteuer zu entrichten. Allenfalls kann der Gewinn, nicht aber der Umsatz, durch Kassenverluste beeinträchtigt werden.⁸⁵⁰

Vermeiden der Barkasse. Bei Betrieben, die ihre Umsätze nicht überwiegend bar erzielen, sollte vom Steuerberater grundsätzlich die Frage nach der Notwendigkeit der Barkasse gestellt werden. In Industriebetrieben etc. kann sie weitgehend vermieden werden. Für die dort meist geringen Barausgaben kann z.B. dem Personal, das dafür in Betracht kommt, zu Jahresbeginn ein Vorschuss zur Verfügung gestellt werden, der im Dezember wieder ausgeglichen wird. Sind die Beträge überschaubar, kann dem Mitarbeiter ggf. zugemutet werden, das Geld kurzfristig „aus eigener Tasche" zu verauslagen und sich dann auf sein Konto erstatten zu lassen. Die Vorteile dieser Lösung sind für den Steuerpflichtigen und den Prüfer deutlich erkennbar: Der Ärger um die Kassenführung entfällt. Das spart Zeitaufwand in der Ap bzw. vermeidet nachfolgende Rechtsbehelfsverfahren. Ist die Barkasse wegen der Art des Betriebs unvermeidbar, sollte der verantwortungsbewusste Steuerberater vor allem in „gefährdeten" Branchen auf die Benutzung von Registrierkassen und ggf. auf den Einsatz eines Warenwirtschaftssystems hinwirken sowie das Kassensystem durch Stichproben z.B. im Drei-Monats-Rhythmus prüfen und so dem Mandanten helfen, seine Kasse ordnungsgemäß zu führen.

Verschlossener Behälter. Handelt es sich bei der Kasse um einen „verschlossenen Behälter" wie z.B. bei einem Geldeinwurfautomaten, so war es jedenfalls bis einschließlich 2016 zulässig, die Kasseneinnahmen erst bei der Entleerung auszuzählen.⁸⁵¹ Da die tägliche Aufzeichnung der Bareinnahmen allerdings ab dem 1.1.2017 nicht mehr als Sollvorschrift ausgestaltet, sondern gemäß § 146

---

846 GoBD Rz. 152. Zur Verfahrensdokumentation insgesamt siehe unter 3.5.3.1.
847 *Teutemacher*, S. 64.
848 GoBD Rz. 154; *Achilles/Pump*, S. 277.
849 Zur Unterschlagung siehe auch dieses Stichwort.
850 Gl. A. *Achilles*, S. 148.
851 BFH v. 20.3.2017 X R 11/16, BStBl. II 2017, 992.

3.5 Richtigkeitsvermutung gemäß § 158 AO

Abs. 1 S. 2 AO zwingend erforderlich ist, wird in der Literatur auch bei Nutzung solcher verschlossener Behälter ein tägliches Auszählen angeraten.[852]

Vertrauenskasse. Als „Kassen des Vertrauens" oder „Vertrauenskassen" bezeichnet man Kassen ohne Verkaufspersonal, Warenautomaten, Dienstleistungsautomaten, Gemüse-, Obst oder Blumenverkauf am Feldrand. Die FinVerw beanstandet bei diesen Kassen nicht, wenn sie nicht täglich, sondern erst bei Leerung ausgezählt und die Einnahmen erst dann aufgezeichnet werden.[853]

Vorprüfung. Aus der Tatsache, dass die Kassenführung im Rahmen einer Vorprüfung nicht beanstandet wurde, ergibt sich keine Aussage hinsichtlich der Ordnungsmäßigkeit der Aufzeichnungen der nachfolgenden Jahre.[854]

Vorsorge. Der Steuerberater hat wegen seiner Einnahmen aus der Erstellung der Buchhaltung und der Steuererklärungen ein eigenes Interesse am wirtschaftlichen Wohlergehen seiner Mandanten. Im Hinblick auf die Kasse ist es sinnvoll, regelmäßig das Kassensystem, vor allem ein evtl. Kassenbuch zu überprüfen. In geeigneten Fällen ist auf die Einrichtung eines Warenwirtschaftssystems hinzuwirken. Ergeben sich bei der Verbuchung der Kassenaufzeichnungen Fehlbeträge, sollten zum Ausgleich nur dann Einlagen gebucht werden, wenn der Mandant nach Rücksprache entsprechende Sachverhalte glaubhaft vorträgt und vor allem belegen kann, woher diese Einlagen stammen. Kann er dies nicht, ist mit ihm zu erörtern, ob ggf. Einnahmen nicht erfasst wurden. Bei der Nutzung von Registrierkassen sollte die Vollständigkeit der Z-Bons sowie die Uhrzeit regelmäßig kontrolliert werden. Weicht die Uhrzeit der Kasse von der tatsächlichen Uhrzeit ab, besteht der Verdacht, dass die Umsätze nach Geschäftsschluss ohne Einsatz der Registrierkasse vereinnahmt werden. Der durch die genannten Vorsorgemaßnahmen entstehende Aufwand wiegt weniger schwer als spätere Hinzuschätzungen durch die Ap und die dadurch ggf. bedingten Verfahren zu ihrer Abwehr.[855]

Vorsysteme. Häufig gibt es im Bereich der Bareinnahmen verschiedene Aufzeichnungsebenen. Vielfach wird mit der Prüfsoftware aber nur die sekundäre oder finale Summenebene geprüft, z.B. die gebuchte Tageseinnahme. Dann kommt es nur selten zur Aufdeckung von Manipulationen oder Erfassungsfehlern. Entscheidend ist die Prüfung der „Primärebene"[856] wie z.B. diejenige der Registrierkassen, Fakturiersysteme, Warenwirtschaftssysteme oder Praxisabrechnungssysteme. Die entsprechenden Unterlagen sind zwingend aufzubewahren, weil nur sie die progressive und retrograde Prüfbarkeit der Erlöse und

---

852 *Bleschick*, AO-StB 2017, 293, 294.
853 AEAO zu § 146, Nr. 3.4.
854 FG Berlin-Brandenburg v. 13.2.2017 7 V 7345/16, juris.
855 Zum Thema „Steuerberater und Kassenführung" siehe auch unter 9.3.
856 „Vorgelagerte Systeme".

damit der Buchführung ermöglichen.[857] Die Daten sind für den digitalen Zugriff zur Verfügung zu stellen.[858]

Waagen. Grundsätzlich sind Waagen mit Drucker und integriertem Kassensystem von Waagen ohne Drucker und ohne Kassenfunktion zu unterscheiden. Bei digital erfassten Wiegevorgängen einer Waage mit Speicherfunktion, die zur Erfassung der Einnahmen mit einer elektronischen Kasse verknüpft ist, unterliegen die Daten insgesamt dem Datenzugriffsrecht der FinVerw. Waagen mit Kassensystem finden sich u.a. in den Fleisch-, Wurst- und Käseabteilungen der Supermärkte. Die erforderliche Einzeldatenspeicherung erfolgt dann in aller Regel im Bereich dieser Theken, der Gesamtumsatz wird dann an der Supermarktkasse noch einmal erfasst. Ist der Fleisch-, Wurst,- oder Käsehändler ein vom Supermarkt unabhängiger Unternehmer, muss er die o. g. Einzeldaten in einem auswertbaren Format vorlegen. Sind die Umsätze hingegen dem Supermarkt zuzuordnen, stellen die Waagen Vorsysteme dar, auf die der Betriebsprüfer zugreifen darf. Verwendet der Steuerpflichtige eine Waage. Die lediglich das Gewicht und bzw. oder den Preis anzeigt und über die Dauer des einzelnen Wiegevorgangs hinaus nicht über Speicherfunktionen verfügt, wird es unter den Voraussetzungen des § 146 Abs. 1 S. 3 AO nicht beanstandet, wenn die Einzeldaten der Kasse nicht aufgezeichnet werden.[859]

Warenausgang. Die in § 144 AO genannten Unternehmer, d.h. insbesondere Großhändler, müssen den Warenausgang gesondert aufzeichnen, ansonsten drohen im Rahmen einer Ap Sicherheitszuschläge. Großhändler i. S. d. § 144 AO sind solche gewerblichen Händler, die regelmäßig an andere gewerbliche Unternehmer zur Weiterveräußerung verkaufen. Der Großhändler muss über jeden Warenausgang einen Beleg erteilen, aus dem sich der Empfänger der Ware ergibt.[860] Erleichterungen aus dem UStG gelten auch bei § 144 AO. Nach § 33 UStDV kann z.B. auf die Angabe des Namens und der Anschrift des Abnehmers verzichtet werden, wenn der Rechnungsbetrag unter 150 € liegt. Bei einem Gärtner, der seine Erzeugnisse auf dem Großmarkt bar verkauft, rechtfertigt die fehlende Einzelaufzeichnung eine Ergänzungsschätzung, die i. d. R. nur griffweise erfolgen kann. Eine geringe Zuschätzung i. H. v. 2 % des erklärten Umsatzes ist sachgerecht, auch wenn unmittelbar keine sachlichen Mängel nachgewiesen werden können.[861]

Warenwirtschaftssystem. Das Vorhandensein eines Warenwirtschaftssystems, welches meistens mit dem Kassenprogramm eine Einheit bildet, erschwert die Manipulation der Einnahmen. Da der Abgang der Ware zwingend im Warenwirtschaftssystem erfasst werden muss, sind z. B. Entnahmen und Personalverkäufe zunächst umsatzwirksam aufzuzeichnen. Die Korrektur erfolgt dann

---

857   Härtl/Schieder, StBp 2011, 33, 38.
858   Teutemacher, BBK 2012, 1073, 1074.
859   AEAO zu § 146, Nr. 2.2.4. Solche Waagen sind z. B. häufig auf Wochenmärkten anzutreffen.
860   Zu Einzelheiten vgl. § 144 Abs. 4 AO.
861   FG Düsseldorf 7. 8. 1986 XIV/IX 520/83 E, juris.

3.5 Richtigkeitsvermutung gemäß § 158 AO

häufig durch eine Zahlungsstornierung. Die Entnahmen sind dann ebenso wie die später oft bar vereinnahmten Beträge, die die Mitarbeiter zu zahlen haben, nicht erfasst. Der Betriebsprüfer wird sein Augenmerk aus den genannten Gründen auf registrierte Bons mit einer Summe von null sowie auf Stornierungen richten.

Wechselgeld. Zahlt ein Kunde wegen eines Wechselgeldfehlers zuviel, unterliegt auch der Mehrbetrag der Umsatzsteuer.[862] Andersherum führen überhöhte Wechselgeldrückgaben zu einer Minderung des Gewinns und der umsatzsteuerlichen Bemessungsgrundlage. Die Behauptung, Kassendifferenzen aufgrund fehlerhafter Wechselgeldrückgaben habe es in einem Betrieb der Barbranche im gesamten Prüfungszeitraum nicht gegeben, ist unglaubhaft.[863]

X-Abfragen. Bei den sog. X-Abfragen handelt es sich um Zwischenabfragen des angesprochenen Speichers, ohne dass die gespeicherten Daten gelöscht werden. Es erfolgt keine Nullstellung. Ausdrucke von solchen X-Abfragen enthalten keine fortlaufende Nummer, so dass sie für sich betrachtet anders als die Z-Bons[864] für Zwecke der Kontrolle der Vollständigkeit der Einnahmen von geringer Bedeutung sind. Allerdings ergibt sich eine Überprüfungsmöglichkeit durch den Vergleich von X-Bons und Z-Bons: Sind die auf den X-Bons aufgeführten Einnahmen größer als diejenigen, die auf dem dazugehörigen Z-Bon zu finden sind, spricht das für eine manipulative Aufzeichnung der Umsätze.[865]

Z-Abfragen. [866] Z-Abfragen zeigen als Ergebnis die Tagesumsätze (Z 1) oder die Umsätze anderer Perioden (Z 2). Sie bewirken eine Nullstellung der entsprechenden Speicher und eine Erhöhung des Nullstellungszählers um jeweils eine Ziffer. Der Z-Bon, der die Daten eines Tages darstellt, wird auch als „Tagesendsummenbon" bezeichnet.[867]

Zahlungswege. Werden auch EC-Zahlungen und andere unbare Erlöse über die Kasse „gebucht", müssen die unterschiedlichen Zahlungswege aufgezeichnet werden und aus den Kassenbelegen – und Daten – ersichtlich sein.

Zeitnahe Aufzeichnungen. Nicht zeitnahe Aufzeichnungen stellen einen wesentlichen Mangel der Kassenführung dar.[868] Das Erfordernis der Zeitnähe erfordert regelmäßig, dass der Steuerpflichtige die Aufzeichnungen selbst führen muss. Es ist jedenfalls nicht ausreichend, wenn er die Kassenbelege nur sam-

---

862 BFH v. 19.7.2007 V R 11/05, BStBl. II 2007, 966.
863 Wie hier *Achilles/Pump*, S. 397.
864 Siehe nachfolgend „Z-Abfrage".
865 FG Münster v. 22.12.2014 9 V 1742/14 G, juris.
866 Oft auch als „Finanzbericht" bezeichnet. Entscheidend ist nicht der vom Steuerpflichtigen oder vom Kassenhersteller benutzte Begriff, sondern die Wirkung des Z-Abrufs: Vergabe einer fortlaufenden Nummer für den Bon und Nullstellung.
867 Wegen weiterer Einzelheiten siehe deshalb dieses Stichwort.
868 BFH v. 21.2.1990 X R 54/87, BFH/NV 1990, 683; FG München v. 4.7.2008 7 V 1196/08, DStRE 2009, 520, rkr.

melt und sie dann seinem Steuerberater oder einem Buchführungshelfer übergibt, der die Zahlen dann zeitlich später aufzeichnet.[869]

3.6 Widerlegen der Richtigkeitsvermutung

3.6.1 Allgemeines

Bei formeller Ordnungsmäßigkeit der Buchführung kann eine Schätzung nur erfolgen, wenn die Richtigkeitsvermutung des § 158 AO durch einzelne Feststellungen, insbesondere zur vollständigen Verbuchung, oder aber durch Verprobungen erschüttert wird.[870] Die Rechtsprechung stellt an derartige Feststellungen hohe Anforderungen und sieht die Feststellungslast grundsätzlich beim FA.[871] Aus diesem Grund ist es von Bedeutung, ob die vom Betriebsprüfer angestellten Verprobungen vor dem Hintergrund der vermeintlichen Entkräftung der Richtigkeitsvermutung zu beurteilen sind oder ob die Schätzungsbefugnis feststeht und es deshalb nur noch um die Frage geht, in welcher Höhe eine Schätzung zu erfolgen hat.[872]

Beanstandungen der sachlichen Richtigkeit durch die Finanzbehörde müssen so konkret und fundiert sein, dass sie unter Berücksichtigung aller wesentlichen Gegebenheiten das Ergebnis der Buchführung als „mit an Sicherheit grenzender Wahrscheinlichkeit" unrichtig erscheinen lassen.[873] Das widerspricht jedoch offenkundig dem gesetzgeberischen Willen, weil unter dieser verbalen Aussagegewissheit eine numerische von mindestens 99,9 % bis zu 99,99 % verstanden wird.[874] Eine derart hohe Wahrscheinlichkeit als zwingend erforderlich für das Verwerfen der Buchführung anzusehen steht darüber hinaus im Widerspruch zu der BFH-Rechtsprechung selbst, nach der korrekt durchgeführte Kalkulationen oder Deckungsrechnungen zur Annahme der sachlichen Unrichtigkeit der Aufzeichnungen führen können.[875] Denn solche Verprobungen können ihrer Natur nach keine Aussagegewissheit von 99,9 % oder mehr haben. Ob ein sog. „Beanstandungsanlass" i. S. v. § 158 AO vorliegt, ist nicht zuletzt wegen dieser Widersprüche im Einzelfall oft schwer zu beurteilen und führt häufig zum Streit. M. E. muss das FA zur Begründung seiner Schätzungsbefugnis die sachliche Unrichtigkeit der Buchführung jedenfalls

---

869 Niedersächsisches FG v. 8.12.2011 12 K 389/09, EFG 2013, 291; Sächsisches FG v. 4.4.2008 5 V 1035/07, juris.
870 *Rüsken* in Klein, § 158 Rz. 3.
871 BFH v. 9.8.1991 III R 129/85, BStBl. II 1992, 55; FG Köln v. 27.1.2009 6 K 3954/07, EFG 2009, 1092; Sächsisches FG v. 22.3.2015 6 K 575/15, juris, Rz. 26; *Cöster* in Koenig, § 158 Rz. 9.
872 Differenzierend zwischen Verprobung und Schätzung auch *Seer* in Tipke/Kruse, § 162 Rz. 53.
873 BFH v. 24.6.1997 VIII R 9/96, BStBl. II 1998, 51; BFH v. 9.8.1991 III R 129/85, BStBl. II 1992, 55, *Seer* in Tipke/Kruse, § 158 Rz. 14.
874 *Wähnert*, StBp 2018, 199, 200, unter Hinweis auf *Köller/Nissen/Rieß/Sadorf*, S. 33.
875 Wie hier *Wähnert*, StBp 2018, 200, unter Hinweis auf BFH v. 21.2.1974 I R 65/72, BStBl. II 1974, 591; BFH v. 18.3.1964 IV 179/60 U, BStBl. II 1964, 381.

3.6 Widerlegen der Richtigkeitsvermutung

nicht nach strafrechtlichen Grundsätzen beweisen.[876] Vielmehr reicht der sog. „Gegenbeweis", also eine Zerrüttung der Vermutung des § 158 AO, aus. In der Literatur wird deshalb zu Recht ein **Gewissheitsrahmen von 90 % bis 95 %** für ausreichend gehalten.[877] Das entspricht dem für das finanzgerichtliche Verfahren allgemein geltenden Grundsatz, dass der Richter keine von allen Zweifeln freie Überzeugung anstreben darf, sondern sich in tatsächlich zweifelhaften Fällen vielmehr mit einem für das praktische Leben brauchbaren Grad von Gewissheit begnügen muss.[878]

In der **Praxis** ist es üblich, bei nachgewiesener Nichtordnungsmäßigkeit der Buchführung, aber allenfalls geringen Verprobungsdifferenzen, einen **moderaten Sicherheitszuschlag** vorzunehmen.[879] Bei nicht zu bestreitenden Mängeln der Buchführung sollte der Steuerberater prüfen, ob der Zuschlag akzeptiert werden kann. Denn das Risiko, im weiteren Verfahren[880] mit einer weitaus höheren Schätzung konfrontiert zu werden, ist in einem solchen Fall evident.

3.6.2 Einzelprüfung

Die Prüfung von Büchern und Aufzeichnungen kann am einzelnen Geschäftsvorfall ansetzen.[881] Die Vermutung der sachlichen Richtigkeit der Buchführung ist grundsätzlich widerlegt, wenn einzelne Geschäftsvorfälle nicht oder nicht richtig verbucht worden sind, d.h. wenn der Prüfer hier konkrete Einzelfälle feststellt.[882] Oft sind es **Kontrollmitteilungen**,[883] deren Abgleich mit den Sachkonten ergibt, dass Einnahmen wie z.B. Rückvergütungen von Lieferanten nicht verbucht worden sind. Dabei werden nicht selten die Konten von Angehörigen oder Bekannten genutzt, um betriebliche **Einnahmen** nicht zu verbuchen.[884] Wird ein solcher Sachverhalt bekannt, ist die Richtigkeitsvermutung der Buchführung widerlegt.

---

876 Im Übrigen ist auch im Strafrecht ein hundertprozentiger Beweis eher theoretischer Natur und deshalb nicht erforderlich, vgl. z.B. BGH v. 14.12.1989 4 StR 419/89, juris, Rz. 20ff., wonach eine Wahrscheinlichkeit von 99,5 % für eine Verurteilung ausreicht.
877 *Becker/Giezek/Webel/Wähnert*, DStR 2016, 1878, 1880, mit instruktiven Hinweisen aus dem Bereich der Kriminalistik auch *Giezek/Rupprecht/Wähnert*, BBK 2017, 236; *Schütt*, StBp 2018, 323, 324.
878 BFH v. 20.5.2010 VI R 41/09, BStBl. II 2010, 1022; BFH v. 24.3.1987 VII R 155/85, BFH/NV 1987, 560.
879 Zum Sicherheitszuschlag im Einzelnen siehe 3.9.11.
880 Fortsetzung der Prüfung, Rechtsbehelfsverfahren, Klageverfahren.
881 *Schuster* in Hübschmann/Hepp/Spitaler, § 158 Rz. 9.
882 Niedersächsisches FG v. 10.10.2012 2 K 13307/10, PStR 2013, 59; *Krumm*, DB 2017, 1105. Kritisch *Rüsken* in Klein, § 158 Rz. 2.
883 Vgl. § 194 Abs. 3 AO; *Klinghöfer* in StBp-Handbuch, Kza. 4800.
884 Sog. „Kontoleihe". Zur problematischen Situation des Kontoverleihers *Pump/Fittkau*, StBp 2007, 138, die u.a. darauf hinweisen, dass der Kontoverleiher ggf. als Verfügungsberechtigter nach §§ 34, 35 AO haftet, BFH v. 26.2.1991 VII R 3/90, BFH/NV 1991, 504. Zur Kontoleihe auch *Haunhorst*, DStR 2014, 1451; *Stoll*, DStR 2019, 1044.

3 Außenprüfung

Ebenso wie nicht erfasste Einnahmen begründen **nicht gebuchte Einkäufe** die Schätzungsbefugnis des FA.[885] Führen Kontrollmitteilungen dazu, dass bei einem Lieferanten des Steuerpflichtigen Warenausgänge aufgedeckt werden, die auf gesonderten Personenkonten verbucht wurden und hat der Steuerpflichtige die Beträge eines dieser Konten nicht als Wareneingang erfasst, so kann dies für eine Erhöhung der Einnahmen im Schätzungswege ausreichen.[886]

Auch über die nach § 162 AO angesetzten Besteuerungsgrundlagen können Kontrollmitteilungen gefertigt werden.[887] Das FA ist im Übrigen berechtigt, sich quasi selbst Kontrollmaterial zu verschaffen.[888]

Eine von der Steuerfahndung aufgefundene **„schwarze" Buchführung**, die wesentlich höhere Einnahmen als die offizielle Buchführung ausweist, berechtigt das FA dazu, die dort aufgeführten Umsätze der Steuerfestsetzung zu Grunde zu legen, wenn ausreichend Anhaltspunkte dafür bestehen, dass es sich bei der „schwarzen" Buchführung um die „echte" handelt.[889] In einem solchen Fall liegt begrifflich keine Schätzung, sondern ein vorrangiges Ermitteln vor, so dass das FA nicht wegen § 158 AO zu einer – ggf. niedrigeren – Schätzung verpflichtet ist.[890] Die Schätzungsbefugnis besteht für Zeiträume, für die solche „Nebenaufzeichnungen" nicht gefunden werden, die aber eine ähnliche Struktur wie die „doppelt belegten" Zeiträume beinhalten.[891] Aus Beratersicht ist vor allem in strafrechtlicher Hinsicht zu prüfen, ob es sich tatsächlich um eine zweite Buchführung oder aber z.B. um Plandaten oder Daten anderer Unternehmen handelt.

Akzeptiert ein Unternehmer **Kreditkarten** und hat er die entsprechenden Abrechnungen nicht aufbewahrt, so können Aufstellungen über die Umsätze ggf. durch ein Vorlageersuchen gemäß § 97 AO beim Kreditkartenunternehmen beschafft werden. Der Betriebsprüfer wird die Werbeanzeigen des Steuerpflichtigen sowie sonstige Hinweise auf akzeptierte Kreditkarten registrieren und ggf. Einsicht in die Verzeichnisse der Akzeptanzstellen der Kreditkartenfirmen neh-

---

885 Die Einnahmen sind zu erhöhen, da davon auszugehen ist, dass die Ware verwendet wurde, um damit Umsätze zu erzielen, vgl. FG Berlin-Brandenburg v. 17.6.2009 14 K 2454/05 B, juris; FG Hamburg v. 8.6.2004 I 55/03, juris.
886 FG Hamburg v. 17.4.2002 II 271/00, juris.
887 Vgl. zu im Wege der Kontrollmitteilung mitgeteilten geschätzten Trinkgeldumsätzen FG Hamburg v. 17.2.2003, VI 104/02, juris.
888 Zum Beispiel des Testkaufs siehe die Ausführungen zum Stichwort „Gastronomie" in Teil 10.
889 Vgl. FG des Saarlands v. 7.12.1990 1 K 167/90, juris; BFH v. 21.2.1991 V R 11/91, BFH/NV 1991, 844; zu Nebenaufzeichnungen auf einem Notizblock Niedersächsisches FG v. 1.8.2012 4 K 239/11, juris; zu Eintragungen in einem Kalender FG München v. 27.8.2009 3 K 2609/06, juris, rkr. Alternativ kann es sich aber auch um Planrechnungen, Konzeptdaten etc. handeln, vgl. *Bornheim/Kröber*, S. 444.
890 BFH v. 13.7.2010 V B 121/09, BFH/NV 2010, 2015.
891 FG des Saarlands v. 7.12.1990 1 K 167/90, juris; ähnlich Niedersächsisches FG v. 1.8.2012 4 K 239/11, juris.

men. Damit ist es gefährlich, Umsätze nicht zu erklären, die über ein bestimmtes Kreditkartenunternehmen z. B. über ein verstecktes Konto bezogen werden.

Einlagebuchungen nehmen der Buchführung zwar nicht per se die Ordnungsmäßigkeit,[892] problematisch sind aber Einzahlungen auf betriebliche Konten, deren Herkunft der Steuerpflichtige nicht plausibel erklären kann.[893] Solche Zugänge begründen die Schätzungsbefugnis der Finanzbehörde, ohne dass darüber hinaus eine VZR oder eine GVR durchgeführt werden muss.[894] Bei ungeklärten Einzahlungen auf private Konten gilt dies aber grundsätzlich nicht.[895]

Werden **Quittungen** über Barverkäufe aufgefunden, in denen der Empfang eines Kaufpreises eigenhändig unterschrieben ist, kann das FA vom Erhalt des Geldes ausgehen. Die Behauptung, die Belege seien für später nicht realisierte Verkäufe vorbereitet worden und später aus Versehen nicht aus den Unterlagen entfernt worden, ist unglaubhaft.[896]

Die Einzelprüfung ist Ausdruck des allgemein anerkannten **Stichprobenprinzips**.[897] Eine genaue Überprüfung einzelner Punkte lässt danach einen Schluss auf die gesamten Angaben eines Steuerpflichtigen zu. Deshalb ist die Schätzungsbefugnis gemäß § 162 Abs. 2 S. 2 AO gegeben, wenn z. B. feststeht, dass einzelne Geschäftsvorfälle nicht erfasst worden sind und nicht ausnahmsweise festgestellt werden kann, dass es sich hierbei um ein einmaliges Versehen handelt. Eine besonders aussagekräftige Form der Untersuchung und Bewertung von Stichproben ist das aus der Wirtschaftsprüfung bekannte **Monetary Unit Sampling**,[898] welches begrifflich auch als mathematisch-statistisches Verfahren bezeichnet werden kann.[899]

Beispiel:
Ein gutes Beispiel für die Anwendung des MUS sind die gebuchten Vorsteuerbeträge eines Großbetriebs (hier: 6.000.000 € im geprüften Jahr).[900] Aufgrund der Vielzahl der Datensätze können nur einzelne Belege bzw. Geschäftsvorfälle darauf untersucht werden, ob der Vorsteuerabzug aus den empfangenen Leistungen zu Recht in Anspruch genommen wurde. Die Auswahl ist dabei mehr oder weniger willkürlich und beschränkt sich auf die höchsten gebuchten Vorsteuerbeträge. Fehler werden sodann einzeln berichtigt, ohne dass Rückschlüsse auf

---

892 Zutreffend *Höft/Danelsing/Grams/Rook*, S. 142.
893 Zur grundsätzlichen Schätzungsbefugnis in diesem Fall vgl. z. B. FG München v. 29.3.2012 14 K 1597/11, juris, unter Hinweis auf BFH v. 30.7.2002 X B 40/02, BFH/NV 2003, 56.
894 BFH v. 30.3.2006 III B 56/05, BFH/NV 2006, 1485; BFH v. 4.12.2001 III B 76/01, BFH/NV 2003, 56; BFH v. 15.2.1988 X R 16/86, BStBl. II 1989, 462.
895 Zur Differenzierung je nach Zugehörigkeit des Gutschriftskontos zum Betriebs- oder Privatvermögen siehe 3.9.6.
896 FG München v. 28.5.2009 14 K 4018/06, juris.
897 Siehe hierzu *Puschnig/Bratl*, StBp 1999, 291 und 329.
898 Siehe hierzu *Giezek*, Monetary Unit Sampling – Der Einsatz statistischer Verfahren in der Wirtschaftsprüfung sowie *Giezek/Wähnert/Becker*, StBp 2016, 347.
899 Zu solchen Verfahren im Übrigen siehe unter 3.6.3.7.
900 *Giezek/Wähnert/Becker*, StBp 2016, 347.

das in dem gesamten Prüffeld vorhandene Fehlerpotential gezogen werden. Das MUS ist ein Test- und Schätzverfahren, welches auf der Grundlage der Auswertung einer aus einem Prüffeld gezogenen Stichprobe Rückschlüsse auf den Zustand des Prüffelds insgesamt zulässt. Der Prüfer unterstellt, dass in dem Prüffeld „Vorsteuerabzug" maximal eine Fehlerquote von drei Prozent enthalten ist. Sollte eine ausreichend große Stichprobe aufgrund der vorgefundenen Anzahl der Fehler diese Annahme widerlegen, ist von einer relevanten Fehlerhaftigkeit der Grundgesamtheit auszugehen, die die Schätzungsbefugnis nach §§ 158, 162 AO auslöst. Auf der Grundlage der genannten Hypothese zieht der Betriebsprüfer eine Stichprobe mit 99 Stichprobenelementen aus dem gesamten Prüffeld. Sofern er darin keinen Fehler findet, wird er die Hypothese, dass das Prüffeld ordnungsgemäß ist, mit hinreichender Sicherheit von 95 % nicht widerlegen können. Findet er hingegen mindestens einen Vorsteuerbetrag, der zu Unrecht in Anspruch genommen wurde, ist diese Hypothese zu verwerfen. Hier soll der Betriebsprüfer in den gezogenen Stichproben die Rechnung eines Kleinunternehmers aufgefunden haben, aus der unter Verstoß gegen §§ 15, 19 UStG Vorsteuer in Abzug gebracht wurde. Eine sachgerechte Schätzung würde dann zur Versagung des Vorsteuerabzugs in Höhe von 60.606 € (1/99 mal 6.000.000 €) führen.

3.6.3 Verprobung

3.6.3.1 Allgemeines

Die aufgrund der formellen Ordnungsmäßigkeit § 158 AO vermutete sachliche Richtigkeit von Buchführung und Aufzeichnungen kann durch verschiedene Verprobungen **widerlegt** werden. Unter Verprobung versteht man alle Rechenoperationen, die dazu geeignet sind, die Besteuerungsgrundlagen auf eine andere Art und Weise als der Steuerpflichtige zu errechnen und dadurch die sachliche Richtigkeit seiner Aufzeichnungen zu überprüfen.[901] Ihrem Wesen nach handelt es sich bei der Verprobung um eine Form des indirekten Beweises und nicht um eine Schätzung.[902] Sie enthält allerdings notwendiger Weise Elemente einer Schätzung, wenn – was meistens der Fall ist – mit ungesicherten Annahmen gearbeitet werden muss.[903] Solche Annahmen sind im Rahmen einer Verprobung zulässig, allerdings muss schätzungsbedingten Unschärfen Rechnung getragen werden. **Geringe Differenzen** zwischen den Ergebnissen einer Verprobung und den erklärten Umsätzen und Gewinnen führen deshalb nicht zur Schätzungsbefugnis.[904]

Schätzungs- und auch Verprobungsgrundlagen sind von der Finanzbehörde so darzulegen, dass ihre **Überprüfung möglich** ist.[905] Das FA hat sowohl die

---

901 *Seer* in Tipke/Kruse, § 158 Rz. 17.
902 Zum Verhältnis und zum Zusammenhang von Verprobung und Schätzung siehe bereits 3.4.
903 *Schuster* in Hübschmann/Hepp/Spitaler, § 158 Rz. 11.
904 BFH v. 22.8.1985 IV R 29-30/84, BFH/NV 1986, 719, sog. „Bagatellschwelle", vgl. *Seer* in Tipke/Kruse, § 158 Rz. 21 und § 162 Rz. 59.
905 Sog. „Transparenzgebot", vgl. BFH v. 14.12.2011 XI R 5/10, BFH/NV 2012, 1921, Rz. 24, m. w. N.

3.6 Widerlegen der Richtigkeitsvermutung

Grundlagen als auch die Ergebnisse z. B. einer Kalkulation sowie ggf. die Ermittlungen, die zu diesen Ergebnissen geführt haben, offenzulegen.[906] Das zahlenmäßige Ergebnis muss vom Steuerpflichtigen bzw. seinem Berater auf Schlüssigkeit hin kontrollierbar sein. Das gilt insbesondere für den ZRV[907] und für mathematisch-statistische Verprobungsmethoden[908], da sie oft auf großen Datenmengen und zahlreichen Formeln bzw. Rechenoperationen basieren, die nicht immer selbsterklärend sind.[909] In der Praxis stellt man oft fest, dass Außenprüfer die von ihnen erstellten Tabellen und das Zustandekommen der Ergebnisse nicht zufriedenstellend erklären können.[910] Sie basieren oft auf interaktiv aufgebauten Programmen, bei denen die Verarbeitung der eingegebenen Zahlen dem Anwender, d. h. also demjenigen, der die Daten erfasst, häufig verborgen bleibt. Nicht erklärbare Zahlenwerke sind aus Beratersicht jedoch nicht zu akzeptieren und daher grundsätzlich zu bestreiten.

Die unterschiedlichen Revisionsmethoden werden nachfolgend unter den Gliederungspunkten 3.6.3.2 bis 3.6.3.9 nur unter dem isolierten Gesichtspunkt der Verprobung erläutert. Zur Methodik und zu Schwachstellen im Einzelnen wird deshalb auf die weitergehende Darstellung im Bereich der Schätzung hingewiesen.[911]

3.6.3.2 Richtsätze

Schon der RFH hatte eine Schätzung in Erwägung gezogen, wenn im konkreten Fall „ein offenbares Missverhältnis zu den Erfahrungssätzen" vorlag.[912] Für sich allein dürfte der sog. externe Betriebsvergleich allerdings so gut wie nie ausreichen, um bei einer formell ordnungsgemäßen Buchführung von deren sachlicher Unrichtigkeit auszugehen.[913] Das ist schon deshalb richtig, weil die Richtsatzsammlung nur relativ große Gruppen von Betrieben abbilden kann. Bedenkt man z. B., dass der RAS in asiatischen Restaurants im Durchschnitt ungefähr 150 % über demjenigen der übrigen Gastronomie liegt, für diesen besonderen Zweig aber keine eigenen Richtsätze existieren, so wird an diesem Beispiel die beschränkte Aussagefähigkeit der Richtsätze für den konkreten Einzelfall deutlich. Die Richtsätze sind jedenfalls nicht anzuwenden, wenn der

---

906 BFH v. 25.7.2016 X B 213/15 X B 4/16, BFH/NV 2016, 1679, für klassische Kalkulationen in Papierform bereits BFH v. 17.11.1981 VIII R 174/77, BStBl. II 1982, 430, für die Pflicht zur Überlassung der Daten z. B. *Beyer*, AO-StB 2017, 166, m. E. zweifelhaft.
907 Zu Einzelheiten siehe 3.6.3.4.
908 Zu Einzelheiten siehe 3.6.3.7.
909 BFH v. 25.3.2015 X R 20/13, BStBl. II 2015, 743, Rz. 49 ff. Zum Anspruch auf Überlassung von Betriebsprüfer-Daten siehe unter 3.6.3.4.
910 Vgl. *Mack*, AO-StB 2016, 17.
911 Siehe unter 3.9.
912 RFH v. 6.9.1927 VI A 262/27, RStBl. 1927, 227 und RFH v. 23.11.1927 VI A 686/27, RStBl. 1928, 28.
913 BFH v. 24.11.1993 X R 12/89, BFH/NV 1994, 766; BFH v. 18.10.1983 VIII R 190/82, BStBl. II 1984, 88; BFH v. 7.12.1977 I R 16/75, BStBl. II 1978, 278; BFH v. 18.9.1974 I R 94/72, BStBl. II 1975, 217. Der äußere Betriebsvergleich gilt damit als die schwächste aller Verprobungsmethoden, vgl. *Schumann*, S. 119.

Betrieb des Steuerpflichtigen eine deutlich andere Umsatzgröße hat als der Richtsatzbetrieb[914] bzw. wenn seine Betriebsgröße nach anderen Kriterien diejenige der Richtsatzbetriebe wesentlich überschreitet.[915]

Der ordnungsgemäßen Buchführung ihre sachliche Richtigkeit aufgrund von Abweichungen gegenüber der Richtsatzsammlung abzusprechen ist ggf. gerechtfertigt, wenn die festgestellten **Abweichungen** eine erhebliche Größenordnung aufweisen oder falls konkrete Umstände bzw. Hinweise hinzukommen, aus denen sich ergibt, dass die Angaben des Steuerpflichtigen nicht richtig sein können.[916] Ein solcher Hinweis wird darin gesehen, dass der Steuerpflichtige selbst, z. B. im Rahmen einer Selbstanzeige, „Unredlichkeiten" zugesteht[917] oder dass die sich aus den Steuererklärungen ergebenden zur Verfügung stehenden Mittel noch nicht einmal eine bescheidene Lebensführung ermöglichen. Für diese Feststellung ist aber zusätzlich eine weitere Verprobungsmethode[918] erforderlich. Inwiefern Abweichungen von den amtlichen Richtsätzen Zweifel am sachlichen Ergebnis der Buchführung rechtfertigen, ist schließlich auch stark branchenabhängig. Je mehr die erzielten Umsätze und Gewinne von persönlicher Arbeitsleistung und Fähigkeit abhängen, desto weniger aussagekräftig ist die Richtsatzsammlung. Dies gilt vor allem, wenn der Steuerpflichtige Gründe vorbringt, die das von der Richtsatzsammlung abweichende Ergebnis erklären können.[919] Derartige Gründe können z. B. das Ausscheiden gut eingearbeiteter Mitarbeiter oder das fortgeschrittene Alter des mitarbeitenden Steuerpflichtigen sein. Das FA muss jedenfalls den Versuch machen, die Ursachen für das unwahrscheinliche Ergebnis aufzudecken, also nach Besonderheiten in den Verhältnissen des Steuerpflichtigen suchen, die das Ergebnis wahrscheinlicher machen.[920] Beim sog. äußeren Betriebsvergleich dürfte wegen der vorhandenen Unsicherheiten eine Abweichung von 10 % des Umsatzes nur „wesentlich" sein und damit die Verwerfung der Buchführung zur Folge haben, wenn WES und Aufschlagsätze des Vergleichsbetriebs genau bekannt sind, was wohl so gut wie der Fall ist.[921]

Liegen die Betriebsergebnisse innerhalb der Richtsätze, bedeutet das andersherum nicht zwingend, dass das FA keine Schätzung vornehmen darf.[922] Allerdings muss sich die Schätzungsbefugnis dann aus erheblichen Buchführungs-

---

914 BFH v. 18.10.1983 VIII R 190/82, BStBl. II 1984, 88; BFH v. 17.11.1981 VIII R 174/77, BStBl. II 1982, 430.
915 BFH v. 18.10.1983 VIII R 190/82, BStBl. II 1984, 88; BFH v. 7.12.1977 I R 16/75, BStBl. II 1978, 278.
916 BFH v. 18.9.1974 I R 94/72, BStBl. II 1975, 217; BFH v. 18.10.1983 VIII R 190/82, BStBl. II 1984, 88. Nach BFH v. 26.4.1983 VIII R 38/82, BStBl. II 1983, 618, können keine festen Prozentsätze angegeben werden, die Umstände des Einzelfalls sind maßgebend.
917 BFH v. 18.10.1983 VIII R 190/82, BStBl. II 1984, 88.
918 Z. B. ZRV, VZR.
919 BFH v. 18.9.1974 I R 94/72, BStBl. II 1975, 217.
920 BFH v. 18.9.1974 I R 94/72, BStBl. II 1975, 217.
921 Zum Fall des Betriebsnachfolgers siehe unten.
922 FG des Saarlands v. 13.1.2010 1 K 1101/05, EFG 2010, 772.

3.6 Widerlegen der Richtigkeitsvermutung

mängeln oder aus einer anderen Verprobungsmethode ergeben und die Anforderungen des FG an die „Qualität" dieser Schätzung werden entsprechend hoch sein.

Um aktuelle Daten für die Richtsatzsammlung zu erhalten, führen die FÄ jährlich sog. Richtsatzprüfungen durch. Die dort gewonnenen Daten werden gesammelt und zentral ausgewertet, um die Richtsatzsammlung zu aktualisieren. Ob der Steuerpflichtige solche Prüfungen „zur Ermittlung branchenbezogener Kennzahlen" zu dulden hat, ist umstritten.[923] Das FA kann das Problem vermeiden, indem es eine reguläre Ap durchführt und die bei dieser Gelegenheit gewonnenen Erkenntnisse in der dargestellten Weise auswertet.

Ein externer Betriebsvergleich kann von Bedeutung sein, wenn die Unternehmensführung eines **Betriebsnachfolgers** in etwa der des Vorgängers entspricht. § 30 AO steht in einem solchen Fall der Offenbarung der Vergleichszahlen des Vorgängerbetriebs nicht entgegen. Das gilt auch bei verwandtschaftlichen Beziehungen zwischen Betriebsübergeber und Betriebsübernehmer.[924]

Die Richtsatzverprobung allein aufgrund der Daten des **Jahresabschlusses** birgt die Gefahr, dass der RAS künstlich erhöht wurde, indem z. B. Wareneinkäufe auf anderen Konten verbucht wurden. So wird gelegentlich ein Teil des WES z. B. als „Werbung" gebucht, weil angeblich örtliche Vereine oder Kirchen etc. zu Werbezwecken mit unentgeltlichen Lieferungen bedacht werden. Ein solcher Sachverhalt wird nur durch Einsicht in die Buchführung transparent und bleibt dem Innendienst deshalb in aller Regel verborgen.

Es ist ein anerkannter Schätzungsgrundsatz, dass beim inneren Betriebsvergleich Merkmale eines Wirtschaftsjahres auf **andere Wirtschaftsjahre übertragen** werden können.[925]

3.6.3.3 Aufschlagskalkulation

Die Aufschlagskalkulation ist die klassische Methode der Verprobung.[926] Sie ist seit Jahrzehnten als Mittel zur Entkräftung der Richtigkeitsvermutung anerkannt.[927] Abweichungen im „Unschärfebereich" vermögen die Richtigkeitsvermutung des § 158 AO allerdings nicht zu entkräften.[928] Eine Umsatzkalkulation ist ohne Aussagekraft, wenn Eigenverbrauch, Diebstähle und Fehlmengen nicht berücksichtigt werden.[929] Die Genauigkeit einer Aufschlagskalkulation wird in der Praxis vielfach dadurch beeinträchtigt, dass ganz unterschiedliche Waren und Dienstleistungen angeboten werden, deren Kalkulationen und

---

923 Z. B. BMF v. 20.6.2003, BStBl. I 2003, 342.
924 BFH v. 4.7.2006 X B 135/05, BFH/NV 2006, 1797.
925 BFH v. 2.2.1982 VIII R 65/80, BStBl. II 1982, 409.
926 Z. B. *Bornheim/Kröber*, S. 313.
927 Z. B. BFH v. 8.9.1994 IV R 6/93, BFH/NV 1995, 573; BFH v. 9.5.1996 X B 188/95, BFH/NV 1996, 747; FG München v. 4.5.2010 13 V 540/10; FG des Saarlands v. 28.7.1983 I 280-281/82, EFG 1984, 5.
928 BFH v. 27.3.1984 VIII R 163/79, juris; BFH v. 26.4.1983 VIII R 38/82, BStBl. II 1983, 618.
929 BFH v. 21.12.1982 VIII R 27/82, juris.

3 Außenprüfung

Lohneinsatz häufig variieren und nicht ohne weiteres aus Waren- und Materialeingangsrechnungen ableitbar sind.[930]
Im Gastronomiebereich werden Schwarzumsätze häufig durch eine sog. **Kalkulation nach Anteilen** festgestellt.[931] Dabei wird z. B. der Wareneinkauf für Getränke ermittelt und mit den festgestellten Aufschlagsätzen hochgerechnet. Den so kalkulierten Getränkeumsatz zieht der Betriebsprüfer vom erklärten Gesamtumsatz ab, die Differenz stellt dann den Speiseumsatz dar. Durch Gegenüberstellung mit dem dazugehörenden WES erhält man den auf die Speisen entfallenden Aufschlagsatz. Stimmt er nicht mit dem im Betrieb ermittelten Aufschlagsatz[932] überein, ist die sachliche Richtigkeit der Buchführung nicht gegeben. Die Rechtsprechung verlangt, dass bei der Schätzung nach Anteilen den Verhältnissen der jeweiligen Gaststätte Rechnung getragen wird. Ein Hinweis auf das Verhältnis von Speisen und Getränken lt. Speisekarte reicht allein nicht aus.[933] Bei einer Kalkulation nach Anteilen gilt es besonders, die allgemeinen Schätzungsgrundsätze ins Gedächtnis zu rufen. Sind die Getränke mit den Bons verprobt worden, so sind sie nicht mehr „verhandelbar". Dann scheidet sowohl eine abweichende Schätzung als auch eine tV bezüglich der Getränke aus. Da sie ausermittelt sind, besteht hierfür wegen § 162 AO faktisch ein Schätzungsverbot.[934] Wird der Steuerpflichtige vom Betriebsprüfer mit einem „auffällig" niedrigen Aufschlagsatz konfrontiert, so ist die Berechnung hinsichtlich ihrer Aussagekraft zu hinterfragen. So kommt es z. B. durchaus vor, dass sog. Umlagerungsbuchungen, die betragsgleich als Aufwand und Ertrag in der Buchführung erfasst sind, in die Ermittlung des Aufschlagsatzes einbezogen werden und den Aufschlag entsprechend niedrig erscheinen lassen.

Die FinVerw ist bestrebt, risikobehaftete Fälle bereits anhand des Akteninhalts, also auf der Grundlage der eingereichten Abschlüsse und Steuererklärungen, herauszufiltern. Die Aufschlagskalkulation kann aber zu unzutreffenden Ergebnissen führen, wenn der **Warenbestand** nicht geprüft wird, wie es bei Verprobungen anhand der Akte naturgemäß der Fall ist:

Beispiel:[935]
Ein Textilwareneinzelhändler kauft zehn Sakkos zum Einkaufspreis von 100 €. Der Verkaufspreis beträgt 200 €. Den Erlös aus dem Verkauf von acht Sakkos (1.600 €) erklärt er nur unvollständig (1.000 €). Statt der tatsächlich noch vorhandenen zwei Sakkos weist er im Rahmen der Inventur fünf Sakkos aus. Bei einer Verprobung nach Aktenlage ergeben sich keine Auffälligkeiten, da sich aus der Differenz von Einkauf und Bestand fünf veräußerte Sakkos ergeben.

---

930 *Seer* in Tipke/Kruse, § 162 Rz. 58; *Schützeberg*, StBp 2009, 33, 35.
931 Zur grundsätzlichen Zulässigkeit dieser Methode BFH v. 11. 1. 2017 X B 104/16, BFH/NV 2017, 561, Rz. 26; FG Münster v. 4. 12. 2015 4 K 2616/14 E, G, U, juris.
932 Z. B. anhand der Speisekarten ermittelt.
933 FG Nürnberg v. 8. 5. 2012 2 K 1122/2009, DStRE 5/2013, 304, rkr.
934 Zum Grundsatz der Schätzung als dem letzten Mittel siehe unter 1.4.
935 Vgl. *Köhler*, StBp 2015, 61, 64.

3.6 Widerlegen der Richtigkeitsvermutung

In der Praxis wird oftmals versucht, Warenverprobungen durch das FA mit Hilfe von **Scheinrechnungen** „ins Leere laufen" zu lassen.

> *Beispiel:*
> Die A-GmbH beliefert die B-GmbH mit Ersatzteilen für Reparaturarbeiten an Fahrzeugen. Alleingesellschafter der A-GmbH ist A, Alleingesellschafter der B-GmbH ist B. Die A-GmbH stellt eine Rechnung über 200.000 € zuzüglich Umsatzsteuer über eine Ersatzteillieferung aus, ohne dass die Ware tatsächlich zur B-GmbH gebracht wird. Sie wird vielmehr vom Gesellschafter A „schwarz" für 300.000 € verkauft. Von dem so erhaltenen Bargeld übergibt A an den B einen Betrag in Höhe von 200.000 €. Im Ergebnis sind der Besteuerung 100.000 € auf kriminelle Weise entzogen worden. Die Inventur -ohne die verkaufte Ware – war zutreffend, entsprechende Warenverprobungen bei der A-GmbH sind nicht erfolgversprechend. Eine Aufdeckung kann nur auf andere Art und Weise erfolgen, z. B. durch eine GVR, wenn A z. B. mit den unversteuerten 100.000 € einen PKW erworben hat und die Herkunft des für die Anschaffung erforderlichen Geldbetrags dementsprechend nicht plausibel erklären kann.

Eine noch junge Verprobungsmethode ist die **Warenbestandsentwicklung**[936] oder **Warenbestandsverprobung**. Hinter diesen oder ähnlichen Begriffen verbergen sich Verprobungen, die quasi aus der Perspektive einer Aufschlagskalkulation umgekehrt versuchen, unter Zugrundelegung der erklärten Aufschläge und Wareneinkäufe einen theoretischen Warenbestand ermitteln. Ist dieser negativ, soll das ein Hinweis auf unzutreffende Angaben sein. Der BFH vermisst bisher den Nachweis, dass durch diese Methode sachgerechte Schätzungsergebnisse produziert werden können.[937] M. E. hat die Überlegung durchaus eine gewisse Logik und sollte von der FinVerw weiterverfolgt werden. Reichen die Wareneinkäufe nachweisbar nicht aus, um damit die selbst erklärten Umsätze zu erzielen, können die Aufzeichnungen inhaltlich nicht der Realität entsprechen. Umgekehrt können sich rechnerisch Warenbestände ergeben, die die im konkreten Fall vorhandenen Lagerkapazitäten übersteigen. Auch in diesem Fall kann das Ergebnis der Buchführung sachlich nicht richtig i. S. d. § 158 AO sein. Mit Hilfe der Programme der FinVerw, insbesondere der SRP, können solche „Überbestände" grafisch sehr gut sichtbar gemacht werden, in dem der maximale Lagerbestand entsprechend dargestellt wird.

Soll die Richtigkeitsvermutung des § 158 AO durch eine Kalkulation widerlegt werden und fällt das entsprechende Zahlenwerk deshalb relativ „grob" aus, weil der Steuerpflichtige seine Mitwirkung daran verweigert, so sollte der Betriebsprüfer letzteres in seiner Handakte dokumentieren. Denn unterlässt er dies und wird eine Verletzung der Mitwirkungspflichten im gerichtlichen Verfahren be-

---

[936] Vgl. BFH v. 25. 3. 2015 X R 19/14, BFH/NV 2016, 4. Diese Auswertung ist u. a. Bestandteil der SRP. Zu einem Beispiel siehe Anhang 14.
[937] In dem Sachverhalt des o. g. BFH-Falls handelte es sich um einen Einnahmenüberschussrechner, was die Skepsis des BFH gegenüber einer mit Beständen operierenden Methode naturgemäß vergrößerte, vgl. z. B. *Kulosa*, SAM 2017, 7, 20.

stritten, so können die sich daraus ergebenden Unsicherheiten zu Lasten des FA gehen.[938]

3.6.3.4 Zeitreihenvergleich

Bei erheblicher Abweichung des RAS eines **Jahres** von denen vorangegangener Jahre soll eine Schätzung auch dann gerechtfertigt sein, wenn die Buchführung des Steuerpflichtigen sonstige formelle oder materielle Mängel nicht erkennen lässt.[939] In der Praxis wird unter dem Begriff „ZRV" aber ein Vergleich des Aufschlagsatzes einzelner Perioden wie **Wochen oder Monaten** mit den übrigen entsprechenden Zeiträumen eines Jahres verstanden. Eine Monatsbetrachtung liefert i. d. R. „robustere" Werte.[940] Mehr als bei jeder anderen Verprobungsmethode können gerade beim ZRV selbst kleinste Fehler in den Ausgangsdaten oder in der Berechnung gravierende Abweichungen „produzieren".[941] Die Zahlen des Betriebsprüfers sind deshalb darauf zu untersuchen, ob durch Schätzungen und Rundungen z. B. beim Ansatz der in der maßgeblichen Periode verbrauchten Waren hohe Zuschätzungen errechnet wurden. Von den Finanzgerichten wurde die Möglichkeit der Entkräftung einer formell ordnungsgemäßen Buchführung durch einen ZRV zunächst zwar teilweise bejaht,[942] teilweise aber auch abgelehnt.[943] Der BFH hat einen Fall mit nichtordnungsgemäßer Buchführung und damit festgestellter Schätzungsbefugnis aber zum Anlass genommen, den ZRV auch als Verprobungsmethode zu beurteilen und dabei sehr hohe Anforderungen an die Durchführung dieser besonderen Art der Kalkulation gestellt.[944] Danach ist die Zulässigkeit einer solchen Schätzung mit Hilfe einer **Drei-Stufen-Theorie** zu beurteilen:

- Bei einer formell **ordnungsgemäßen** Buchführung soll der Nachweis der materiellen Unrichtigkeit nicht allein aufgrund der Ergebnisse eines ZRV geführt werden können. Als Grund für diese Einschränkung wird angeführt, der ZRV führe immer zu „Mehrergebnissen", d. h. auch wenn keine Verkürzung von Einnahmen vorliege.

- Bei **formell nicht ordnungsgemäßer** Buchführung ohne nachgewiesene materielle Mängel ist die Anwendung des ZRV nach Ansicht des BFH zwar

---

938 FG des Saarlands v. 28. 7. 1983 I 280-281/82, EFG 1984, 5.
939 FG Hamburg v. 11. 1. 1994 I 73/90, EFG 1994, 731, m. E. nur bei größeren Abweichungen ohne plausible Erklärung richtig.
940 *Pump/Wähnert*, NWB 2015, 2869, 2873. In der BWL führt der Kompromiss zwischen Robustheit und Detailliertheit von Summenkennzahlen in aller Regel zur Wahl von Monats- und Quartalsgrößen, vgl. *Wähnert*, StBp 2017, 323, 325.
941 I. d. S. wohl BFH v. 25. 3. 2015 X R 20/13, BStBl. II 2015, 743, Rz. 67. Zur Hebelwirkung siehe *Kulosa*, DB 2015, 1979, 1801, zur grundsätzlichen Eignung des ZRV als Verprobungsmethode z. B. *Schuster* in Hübschmann/Hepp/Spitaler, § 158 Rz. 15c.
942 FG Düsseldorf v. 20. 3. 2008 16 K 4689/06 E, U, F, EFG 2008, 1256 und FG Düsseldorf v. 15. 2. 2007 16 V 4691/06 A (E, U, F), EFG 2007, 814.
943 FG Köln v. 27. 1. 2009 6 K 3954/07, EFG 2009, 1092.
944 BFH v. 25. 3. 2015 X R 20/13, BStBl. II 2015, 743. Insgesamt hierzu *Becker*, DStR 2016, 1386 und 1430, der kritisiert, dass die unterschiedlichen und weiterentwickelten Formen des ZRV zu wenig Beachtung in den verallgemeinernden Aussagen des BFH gefunden haben.

3.6 Widerlegen der Richtigkeitsvermutung

nicht grundsätzlich ausgeschlossen. Er ist aber nachrangig im Verhältnis zu anderen Schätzungsmethoden. Nur wenn solche anderen Methoden nicht durchführbar sind, wird der ZRV vom BFH als Anhaltspunkt für eine Hinzuschätzung akzeptiert.

– Steht die **Schätzungsbefugnis** dem Grunde nach fest, weil z. B. genau bestimmte Einnahmen nachweislich nicht versteuert oder erhebliche Kassenfehlbeträge festgestellt wurden, geht es nicht mehr um die Beurteilung des ZRV als Verprobungs-, sondern als Schätzungsmethode.[945] Nach Ansicht des BFH kann der ZRV für die Höhe der Hinzuschätzung hinzugezogen werden, wenn sich im Einzelfall keine andere Schätzungsmethode aufdrängt, die mit vertretbarem Aufwand zu „genaueren" Ergebnissen führt.

Ein oft verkanntes, aber grundsätzliches Problem des sog. inneren Betriebsvergleichs, zu dem insbesondere die Verprobungsmethode des ZRV zu zählen ist,[946] besteht darin, dass gerade dann keine Auffälligkeiten auftreten, wenn ein bestimmtes System der Einnahmenverkürzung konstant und kontinuierlich betrieben wird. In derartigen Fällen erweckt ein innerer Betriebsvergleich ggf. sogar den trügerischen Eindruck einer vollständigen Erfassung der Einnahmen.

Beispiel:
Der erfahrene Weinhändler und Steuerhinterzieher W versteht es seit vielen Jahren, pro Woche ca. 20 Flaschen einer besonders teuren Weinsorte „schwarz" einzukaufen. Die darauf entfallenden Umsätze, die sich relativ konstant auf das gesamte Kalenderjahr verteilen, vereinnahmt er bar und er trägt sie dementsprechend nicht in das manuell geführte Kassenbuch ein. Ein ZRV ergibt bei einer solchen Konstellation keine Auffälligkeiten. Der Fehler besteht dann oft darin, dass ein entsprechend „negatives" Ergebnis als Beleg für die sachliche Richtigkeit der Aufzeichnungen angesehen wird.

Die FinVerw vieler Bundesländer haben diverse verfeinerte Methoden des ZRV[947] im Rahmen der sog. **Summarischen Risikoprüfung („SRP")**[948] miteinander verknüpft.[949] Der Begriff ist in der Diskussion zum Synonym für moderne bzw. digitale Verprobungs- und Schätzungsmethoden geworden.[950] Die SRP wird beschrieben als eine Kombination aus dem betriebswirtschaftlichen Profil des zu prüfenden Unternehmens, internen und volkswirtschaftlichen Erfahrungen von miteinander vernetzten Betriebsprüfern der teilnehmenden Bundesländer, der Anwendung von ZRV sowie weiterer auch stochastischer

---

945 Siehe hierzu 3.9.4.
946 *Schuster* in Hübschmann/Hepp/Spitaler, § 158 Rz. 15.
947 Siehe unter 3.9.4.
948 Bei der SRP handelt es sich um eine Kombination mehrerer Verprobungsmethoden auf Excel-Basis, zur Kritik vgl. *Mack*, AO-StB 2016, 17, 19 sowie *Kulosa*, DB 2015, 1797, 1799. Die FinVerw hat hierzu ein Handbuch zugänglich gemacht, vgl. *Scholz*, AO-StB 2019, 226.
949 Vgl. z. B. *Wähnert*, Datev-Magazin 4/2016, 15: „Drei unterschiedliche Zeitreihenmodelle systematisch kombiniert." Kritisch zur SRP z. B. *Petersen*, Stbg 2015, 506.
950 *Krumm*, DB 2017, 1105.

Methoden.⁹⁵¹ Bei dem komplexen EDV-Programm werden zunächst die unverdichteten Buchungsdaten des Unternehmens übernommen. Durch Abstimmsummen und Kontrolle der Anzahl der übernommenen Datensätze kann dabei in aller Regel ihre Vollständigkeit sichergestellt werden. Anschließend werden die Daten mit verschiedenen Instrumenten auf mögliche Manipulationen untersucht. So können z. B. „saisonal-quartalsweise Aufschlagsatzzeitreihen" oder „zeitraumflexible Gleitschlittenzeitreihen" generiert werden, mit der Zeiträume mit auffällig hohem RAS identifiziert werden können.⁹⁵²

Besonders aussagekräftig sind i. d. R. „**doppelskalierte Einzelgraphenzeitreihen**", bei denen das zahlenmäßige Verhältnis zwischen zwei Faktoren wie z. B. dem Wareneinkauf und dem Umsatz in den Hintergrund tritt. Wesentlich ist stattdessen die Reaktion der Faktoren aufeinander.⁹⁵³ Die Doppelskalierung dient dazu, zwei auf Abhängigkeit zu untersuchende Datenreihen hinsichtlich ihrer Einheit bzw. Größe so aneinander anzupassen, dass relative Änderungen sofort sichtbar werden. Das Auseinanderfallen der beiden Graphen zeigt dann Zeiträume an, in denen z. B. der Wareneinkauf nicht adäquat auf die gestiegene Nachfrage reagiert, was zumindest klärungsbedürftig ist, weil ein Grund nicht verbuchte Einkäufe sein können. Tabellenkalkulationsprogramme wie Excel bieten die Doppelskalierung von ZRV als Formatierungsoption an.

Der ZRV mit seinen fortschreitenden Verfeinerungen und Verbesserungen kann trotz der vom BFH vorgegebenen Einschränkungen als „Pendant" zur Verbreitung von Manipulationssoftware und ausgefeilten Doppelverkürzungen bezeichnet werden.⁹⁵⁴ Moderne Prüfungsnetze unter Einsatz digitaler Möglichkeiten wie die o. g. SRP sind effektiv und führen häufig zur Aufdeckung von Manipulationsspuren.⁹⁵⁵ Hintergrund ist u. a., dass eine stochastisch unauffällige „Säuberung" der Buchführung für einen Steuerhinterzieher schwerer zu bewerkstelligen ist als eine „kalkulatorische Glättung".⁹⁵⁶ Der von der FinVerw durchgeführte ZRV gewinnt sein enormes Aufdeckungspotenzial durch die Betrachtung verschiedener Aggregationsstufen.⁹⁵⁷ Eine grobe Aggregation der Daten, z. B. eine monatsweise Betrachtung, zeigt zunächst vor allem die tatsächliche Abhängigkeit der ausgewählten Größen auf, da die sichtbaren Kurven einen ähnlichen Verlauf aufzeigen. So dürften z. B. bei einem Blumenhändler vor allem der Wareneinkauf und der Umsatz in entsprechender Abhängigkeit stehen. Nach dem Beweis der Abhängigkeit anhand der Daten des konkreten

---

951 *Nöcker*, NWB 2017, 3050.
952 Vgl. die ausführliche Darstellung von *Becker/Giezek/Webel/Wähnert*, DStR 2016, 1878 sowie von *Wähnert*, StBp 2016, 61. Siehe auch 3.9.4.
953 FG Hamburg v. 31. 10. 2016 2 V 202/16, EFG 2017, 265, Rz. 48; *Mehret/Wähnert*, DStR 2018, 314.
954 *Becker*, DStR 2016, 1430, 1436, kritisch zu dem im Rahmen der SRP durchgeführten ZRV *Bleschick*, DStR 2017, 426.
955 *Becker/Giezek/Webel/Wähnert*, DStR 2016, 1878; *Pump/Heidl*, StBp 2014, 162, 163.
956 *Schumann*, S. 101; *Wähnert*, StBp 2007, 65.
957 Vgl. hierzu insbesondere *Wähnert*, DB 2016, 2627.

3.6 Widerlegen der Richtigkeitsvermutung

Betriebs können dann mit „schärferen Einstellungen"[958] außergewöhnliche Abläufe bzw. prüfungswürdige Sachverhalte genauer abgegrenzt werden, indem bei der Gegenüberstellung der beiden Graphen „Ablösungen" sichtbar werden. Solche „Datenstörungen" sind bei höherer Aggregation noch nicht sichtbar. Im günstigsten Fall können durch sogar einzelne dolose Handlungen wie die Eingabe sachlich nicht gerechtfertigter Stornierungen aufgedeckt werden. Je kürzer das analysierte Intervall ist, desto eher fällt der durch eine solche Stornierung bewirkte außergewöhnlich niedrige Aufschlagsfaktor auf. Die unterschiedliche Aussage verschiedener Aggregationsstufen mit fließendem Übergang macht allerdings auch deutlich, dass voll automatisierte Lösungen oder die Ausgliederung der Datenanalyse aus dem Prüfungsbereich nicht möglich sind. Die gewünschte Qualität kann nur durch das Zusammenspiel von geschultem Prüfungspersonal und variabler Technik erreicht werden.[959]

Insbesondere weil es sich auf Seiten der FinVerw im Bereich des ZRV oft um **vorlagengestützte** und weitgehend **automatisierte** Prozesse handelt und die Ergebnisse oftmals eher optisch durch Kurven und Diagramme dargestellt werden[960], ist es aus **Beratersicht** wichtig, sich die jeweilige Vorgehensweise genau erläutern zu lassen und festzustellen, inwieweit z. B. mit Annahmen hinsichtlich Packungs- oder Portionsgrößen gearbeitet wurde. Nicht erläuterte EDV-Auswertungen und optische Darstellungen ersetzen nicht die Mitteilung der Besteuerungsgrundlagen nach § 364 AO.[961] Auf Beraterseite wird vielfach ein Interesse daran bestehen, die maßgeblichen **Dateien** des Betriebsprüfers in elektronischer Form zu erhalten. Da es sich i. d. R. um herkömmliche Excel-Dateien o. Ä. handelt, ist das Zustandekommen der Zahlen und die mathematischen Abhängigkeiten auf diesem Weg am ehesten zu durchdringen. Ggf. können mit Hilfe dieses Datenmaterials sogar eigene modifizierte Berechnungen durchgeführt und anschließend in die Diskussion eingebracht werden. Der BFH hat zwar angedeutet, dass der Steuerpflichtige grundsätzlich einen Anspruch auf Überlassung der Daten haben kann[962], unter welchen Voraussetzungen und in welchem Umfang dies der Fall ist, hängt jedoch in erster Linie von der einschlägigen Rechtsgrundlage ab.[963] Dabei kann sich der Anspruch zunächst aus § 199 Abs. 2 AO ergeben. Nach dieser Vorschrift ist der Steuerpflichtige während der Außenprüfung, also insbesondere nicht erst im Rahmen der Schlussbesprechung über die festgestellten Sachverhalte und möglichen steuerlichen Auswirkungen zu unterrichten. In der Literatur wird dies dahingehend interpretiert, dass hierfür maßgebliche Dateien zur Verfügung zu stellen und zu

---

958 *Wähnert*, DB 2016, 2627, 2629.
959 Überzeugend hierzu *Wähnert*, DB 2016, 2627, 2629.
960 „Visualisierung".
961 *Mack*, AO-StB 2016, 17, 21.
962 BFH v. 25.7.2016 X B 213/15, X B 4/16, BFH/NV 2016, 1679, Rz. 13, zum Fall einer Aufschlagskalkulation.
963 Zum Ganzen *Bleschick*, DStR 2018, 1050, 1051.

erläutern sind.⁹⁶⁴ Darüber hinaus ergibt sich ein Anspruch auf Übergabe der maßgeblichen Daten in elektronischer Form ggf. aus § 364 AO im Einspruchs- bzw. aus § 75 FGO im finanzgerichtlichen Verfahren sowie aus Artikel 15 Ab. 1 S. 1 Hs. 2 DS-GVO. Nach dieser Vorschrift haben natürliche Personen das Recht auf Auskunft über die verarbeiteten personenbezogenen Daten. M. E. besteht grundsätzlich schon aus urheberrechtlichen Gründen kein Anspruch des Steuerpflichtigen auf Überlassung von Prüferdateien. Das gilt jedenfalls dann, wenn die dem Betriebsprüfungsbericht beigefügten Anlagen verständlich sind und sich rechnerisch nachvollziehen lassen.

Ebenso wie die FinVerw ggf. zur Erläuterung ihrer Zahlenwerke verpflichtet ist, besteht allerdings auf Seiten des geprüften Steuerpflichtigen eine Pflicht zur **Mitwirkung.** Stellt der Prüfer in zumutbarer Weise zu beantwortende Fragen, sollte darauf adäquat reagiert und ggf. entsprechendes Material geliefert werden. Andernfalls könnte sich eine Schätzungsbefugnis bereits aus der Grundregel des § 162 Abs. 2 S. 1 AO ergeben, nach der insbesondere zu schätzen ist, wenn der Steuerpflichtige nicht zur Mitwirkung bereit ist.⁹⁶⁵ Auf die Ordnungsmäßigkeit der Buchführung oder ihre sachliche Richtigkeit kommt es dann nicht mehr an.

3.6.3.5 Geldverkehrsrechnung

Die „Umrechnung" von Lebenshaltungskosten, Anschaffungen etc. in minimal zu deklarierende Einkünfte ist eine international übliche Überprüfungsmetode der Finanzbehörde.⁹⁶⁶ Auch im deutschen Steuerrecht ist die GVR als Methode zur Widerlegung der Richtigkeitsvermutung einer formell ordnungsmäßigen Buchführung anerkannt.⁹⁶⁷ Mit gleicher Bedeutung wird bisweilen von „Deckungsrechnung" oder „Verbrauchsbesteuerung" gesprochen. Bei der GVR handelt es sich um eine aufwändige Verprobungs- und Schätzungsmethode, so dass schon aus diesem Grund insbesondere in den häufigen Fällen einer ordnungswidrigen Buchführung kein Anspruch auf Durchführung einer GVR besteht.⁹⁶⁸ Fehlen sog. ungebundene Entnahmen und kann der Steuerpflichtige nicht belegen, wie er seinen **Lebensunterhalt** bestritten hat⁹⁶⁹, ist das FA zur Schätzung berechtigt.⁹⁷⁰ Um die ungebundenen Entnahmen aus der Summe der Entnahmen herauszufiltern, geht der Betriebsprüfer bzw. die ihm zur Verfügung ste-

---

964 *Bleschick*, DStR 2018, 1050, 1051, m. E. führt der Gesetzeswortlaut nicht zwingend zur Überlassungsverpflichtung in elektronischer Form.
965 Zu diesem Thema insgesamt 1.8.
966 Vgl. z. B. das „Redditometro" in Italien.
967 BFH v. 8. 9. 1994 IV R 6/93, juris; BFH v. 8. 11. 1989 X R 178/87, BStBl. II 1990, 268; BFH v. 28. 5. 1986 I R 265/83, BStBl. II 1986, 732; BFH v. 2. 3. 1982 VIII R 225/80, BStBl. II 1984, 504; FG Berlin v. 17. 4. 1984 VII 205/82, EFG 1984, 639; zu den teilweise hohen Anforderungen siehe BFH v. 14. 5. 1980 I R 80/79, juris; BFH v. 21. 2. 1974 I R 65/72, juris; Hessisches FG v. 15. 6. 2005 3 V 668/05, juris.
968 BFH v. 21. 2. 1990 X R 54/87, BFH/NV 1990, 683.
969 „Unterdeckung".
970 FG München v. 29. 3. 2010 14 K 2006/08, juris. Zur Methodik der GVR im Einzelnen siehe 3.9.7 sowie Anhang 15, zu ungebundenen Entnahmen vgl. insbesondere 3.9.9.

3.6 Widerlegen der Richtigkeitsvermutung

hende Software i.d.R. davon aus, dass es sich insoweit um glatte Beträge[971] handelt, was grundsätzlich wohl auch der Lebenswirklichkeit entspricht, da niemand einen Betrag von z.B. 117,83 € am Geldautomaten abhebt. Dennoch lohnt sich aus Beratersicht die Prüfung, ob die vom Prüfer zusammengestellten ungebundenen Entnahmen tatsächlich vollständig sind. Ist z.b. mit dem Filter „durch 50 teilbar" gearbeitet worden, wäre eine Abhebung i.H.v. 180 € nicht erfasst. Die ungebundenen Entnahmen sind grundsätzlich um Einzahlungen aus dem Privatbereich zu vermindern. So sind in der Praxis Fälle bekannt geworden, in denen versucht wurde, ungebundene Entnahmen und damit verfügbare Mittel lediglich auf dem Kontoauszug „darzustellen", die Beträge tatsächlich aber – zur Verschleierung oft zeitversetzt und in anderer Zusammensetzung – wieder eingezahlt wurden. Auch deshalb ist es bei Durchführung einer GVR von erheblicher Bedeutung, dass sämtliche Privatkonten bekannt sind und ausgewertet werden. Denn solche „Rückeinzahlungen" erfolgen vielfach auf andere Konten und eben nicht zurück auf das betriebliche Konto. Wegen des bei der Durchführung einer GVR unvermeidlichen Eindringens in die Privatsphäre des Steuerpflichtigen wird die Durchführung in Teilen der Literatur[972] nur dann für ermessensfehlerfrei gehalten, wenn ein besonderer Anlass wie z.B. sehr niedrige Privatentnahmen vorliegt. Der Steuerpflichtige muss jedenfalls seinen Konsum nicht belegen, so dass das FA grundsätzlich nur mit Mindestbeträgen argumentieren kann, wenn keine Anhaltspunkte für höhere Ausgaben bestehen.[973]

3.6.3.6 Vermögenszuwachsrechnung
Eine weitere, aber im Hinblick auf ggf. unentdeckte Sachverhalte eher unsichere und aufwändige Methode zur Widerlegung der Richtigkeitsvermutung ist die VZR.[974] Die Rechtsprechung sieht in dieser Verprobungsmethode allerdings diejenige mit der höchsten Beweiskraft.[975]

3.6.3.7 Mathematisch-statistische Verfahren
Auch wenn mathematische bzw. statistische Verprobungsmethoden[976] die „klassischen" Prüfungshandlungen nicht vollständig ersetzen können,[977] versucht die FinVerw zu Recht vermehrt, durch sog. **Strukturanalysen**[978] bzw. mit

---

971 Wahlweise um durch 100 oder durch 50 teilbare Beträge.
972 *Frotscher* in Schwarz/Pahlke, Vorbemerkungen zu §§ 193–203, Rz. 53.
973 Zu diesem Thema vgl. 3.9.7.
974 Grundlegend BFH v. 7.11.1990 III B 449/90, BFH/NV 1991, 724.
975 Vgl. z.B. BFH v. 2.3.1982 VIII R 225/80, BStBl. II 1984, 504; FG Baden-Württemberg v. 17.3.1998 1 K 39/96, EFG 1998, 919. Zu Einzelheiten siehe 3.9.10.
976 Vgl. zum Ganzen *Diller/Schmid/Späth/Kühne*, DStR 2015, 311.
977 Zutreffend *Freitag*, BB 2014, 1693, 1694. Differenzierend zu diesem Thema *Kulosa*, DB 2015, 1797, der feststellt, dass „die Begeisterung für die Möglichkeiten der Datenverarbeitung oft ein wenig den Blick dafür verstellt, dass rechnerische oder grafische Ergebnisse noch keine Besteuerungsgrundlagen darstellen."
978 Z.B. *Wähnert*, StC 2012, 18; ausführlich *Gebbers* in StBp-Handbuch, Kza. 3410 und StBp, 2007, 225, 257, 289.

3 Außenprüfung

den Instrumenten der **Stochastik** nachzuweisen, dass die vorgelegten Daten manipuliert wurden und somit gemäß § 158 AO der Besteuerung nicht zu Grunde zu legen sind. Hintergrund solcher Analysen ist u. a. die Erfahrung, dass Zahlen eines gleichartigen Prüffelds eine gewisse „Harmonie" aufweisen.[979] Zwar hat die Rechtsprechung ein Widerlegen der Richtigkeitsvermutung allein mit Hilfe solcher Datenuntersuchungen bisher nicht gebilligt, dennoch lohnt es sich aus Beratersicht, sich mit derartigen Prüfungsmethoden auseinanderzusetzen. Denn zum einen die Entwicklung in diesem Bereich nur sehr schwer vorherzusehen ist und zum anderen können „Auffälligkeiten" in den Daten im Zusammenwirken mit anderen Feststellungen wie z. B. Kassenfehlbeträgen die Schätzungsbefugnis bestätigen und die auch die Höhe der Schätzung aus Sicht des Steuerpflichtigen negativ beeinflussen.

Ein bemerkenswertes statistisches Verprobungsverfahren stellt die **Ziffernanalyse** dar.[980] Es handelt sich um ein Prüfinstrument, das zunächst in der Wirtschaftsprüfung zur Aufdeckung von menschlichen Eingriffen in betriebliche Zahlen eingesetzt wurde.[981] Der sog. **Chi²-Test**[982] ist ein gängiger Wahrscheinlichkeitstest, mit dem eine beobachtete Datenmenge gemäß den empirischen und theoretischen Erkenntnissen der Mathematik auf Übereinstimmung mit einer Referenzverteilung überprüft wird.[983] Irrtümlicherweise wird dieser Test regelmäßig mit der Untersuchung von Daten auf die Gleichverteilung gleichgesetzt. Tatsächlich handelt es sich um das Standardverfahren, um zwei mehrklassige Verteilungen unter Berücksichtigung der Zufallsstreuung auf Übereinstimmung zu prüfen; ob als Erwartungsideal dabei die Gleichverteilung, das Benford-Gesetz, die logarithmische Normalverteilung oder ein anderer Vergleichsbetrieb herangezogen wird, ist unerheblich.[984] Er erlangte zunächst nicht in der steuerlichen Rechtsprechung, sondern in derjenigen des BGH Bedeutung. Letzterer ermittelte auf diese Weise die Schadenshöhe in einem Fall wiederholter betrügerischer kassenärztlicher Abrechnungen.[985] In der steuerlichen Ap wird der Chi²-Test vor allem eingesetzt, um eine mathematische Überprüfung von Häufigkeitsverteilungen in den Betriebseinnahmen eines Steuerpflichtigen vorzunehmen. Durch den Test kann überprüft werden, ob eine empirisch beobachtete Verteilung mit einer angenommenen hypothetischen Verteilung übereinstimmt.[986] Ausgangsgröße ist deshalb die Differenz

---

979   Zur Größenordnung z. B. *Odenthal*, BC 2005, 249, 250.
980   Z. B. *Schuster* in Hübschmann/Hepp/Spitaler, § 158 Rz. 18.
981   Insbesondere zur Aufdeckung von Unterschlagungen.
982   Auch „Pearson's Chi²", „Chi²-Verteilung", „Helmert-Pearson-Verteilung".
983   Ein ähnlicher sog. Anpassungstest, allerdings mit höherer Abweichungstoleranz, ist der sog. Kolmogorov-Smirnov-Test, vgl. hierzu *Bachmann/Richter/Steinborn*, StBp 2019, 38.
984   *Wähnert*, Stbg 2014, 20, FN 19.
985   BGH v. 14.12.1989 4 StR 419/89, NJW 1990, 1549. Zur Beweiskraft der Methode ist zu beachten, dass der BGH sie sogar im Strafverfahren mit seinen erhöhten Beweisanforderungen („in dubio pro reo") als aussagekräftig anerkannte.
986   *Freitag*, BB 2014, 1693, 1694.

3.6 Widerlegen der Richtigkeitsvermutung

zwischen der erwarteten und der tatsächlichen Häufigkeit der Zahlen.[987] Liegt das Ergebnis des Tests zwischen 20 und 30, kann eine zufällige Abweichung von der Regelverteilung mit einer sehr hohen Wahrscheinlichkeit ausgeschlossen werden. Bei einem Wert über 30 soll nach Auffassung der FinVerw mit einer fast einhundertprozentigen Wahrscheinlichkeit eine systematische Manipulation der Zahlen vorliegen. Ein auffälliger Chi^2-Test allein führt aber nicht zur Schätzungsbefugnis.[988] In der Literatur[989] sind u. a. folgende Voraussetzungen für einen aussagekräftigen Chi^2-Test herausgearbeitet worden:

- Werden nicht alle Daten einer Kategorie untersucht, muss die Stichprobenkonstruktion dem Zufallsprinzip genügen.
- Die Datenmenge muss hinreichend groß sein. Der Mindestumfang des Datensatzes beträgt 110 bei Prüfung der ersten Ziffer und 1147 bei Prüfung der ersten beiden Ziffern.
- Die einzelnen Datenpunkte müssen unabhängig voneinander sein. Das ist z. B. bei Fahrtenbucheinträgen im Hinblick häufig gefahrene Strecken[990] oder bei wiederholten Buchungen gleichbleibender Beträge nicht der Fall.
- Die Daten müssen in derselben Maßeinheit erfasst worden sein.
- Die Daten sollten frei von psychologischen Schwellenwerten oder Barrieren sein und keine Unter- oder Obergrenzen aufweisen. Sog. „nominalskalierte" Zahlen, die lediglich der Bezeichnung dienen, eignen sich nicht für einen Chi^2-Test.

Ein Grundgedanke im Bereich der steuerlichen Prüfung ist, dass derjenige, der bei seinen Einnahmen unzutreffende Werte in das Kassenbuch oder in den Kassenbericht einträgt, unbewusst bestimmte **„Lieblingszahlen"** hat und diese entsprechend häufiger verwendet. Die im Gastronomiebereich eingesetzte Software der FinVerw ermöglicht einen Chi^2-Test quasi als Nebenprodukt zum ZRV. Dies ist verständlich, denn für den ZRV müssen die vom Steuerpflichtigen manuell aufgezeichneten Einnahmen ohnehin datentechnisch erfasst werden. Damit stehen die benötigten Daten in ZRV-Fällen zur Verfügung und können für einen Chi^2-Test ausgewertet werden. In der Rechtsprechung wurde das Ergebnis eines Chi^2-Tests zum einen als ausreichende Grundlage für die Rechtsfolge der §§ 158 und § 162 Abs. 2 S. 2 AO angesehen,[991] zum anderen aber auch festgestellt, diese Art der Datenüberprüfung könne lediglich Anhaltspunkte dafür bieten, dass Aufzeichnungen über Kasseneinnahmen unrichtig sein können.[992] Der Nachweis, dass ein festgestellter Vermögenszuwachs aus unversteu-

---

987 Zur Vertiefung der Methodik vgl. z. B. *Blenkers*, StBp 2003, 261.
988 FG Rheinland-Pfalz v. 24. 8. 2011 2 K 1277/10, EFG 2012, 10; FG Münster v. 14. 8. 2003 8 V 2651/03 E, U, EFG 2004, 9; *Meyer*, DStR 2005, 2114, 2116; *Seer* in Tipke/Kruse, § 162 Rz. 60.
989 *Freitag*, BB 2014, 1693, 1698.
990 Z. B. Fahrten zwischen Wohnung und erster Tätigkeitsstätte.
991 Z. B. FG Münster v. 10. 11. 2003 6 V 4562/03 E, U, EFG 2004, 236.
992 FG Münster v. 14. 8. 2003 8 V 2651/03 E, U, EFG 2004, 9. Ebenso *Seer* in Tipke/Kruse, § 158 Rz. 21a: „Allenfalls indizieller Charakter".

erten Einkünften stammt, erfordert nach der letztgenannten Auffassung im Regelfall entsprechende Erkenntnisse aus einer VZR oder einer GVR. Der Chi^2-Test sollte zwar nicht leichtfertig als „Zahlenspielerei" o. Ä. abgetan werden, hat aber tatsächlich in manchen Fällen allenfalls geringe Aussagekraft. Das gilt insbesondere, wenn aufgrund der Art der Geschäfte bzw. der verkauften Produkte wiederholt gleiche oder gleich strukturierte Preise vorhanden sind.[993] So wird z. B. bei einem typischen „Ein-Euro-Laden" der Chi^2-Test in aller Regel negativ sein, ohne dass dies mit nicht erklärten Einnahmen zu tun hat. Auch sind grundsätzlich Preise wie 4,99 € und 9,99 € häufiger zu finden als z. B. 5 € oder 10 €. Daher ist genau zu prüfen, ob der vom Betriebsprüfer angeführte Zahlentest tatsächlich geeignet ist, der Kassenführung die Ordnungsmäßigkeit abzusprechen. Das kann, wenn überhaupt, nur dann gelten, wenn Zahlen frei „aus dem Kopf" z. B. in einen Kassenbericht oder in ein Kassenbuch eingetragen werden, weil hier der Grundgedanke, dass jeder Mensch „Lieblingszahlen" hat,[994] zum Tragen kommt. Ansonsten ist ein auffälliger Chi^2-Test allein kein Grund, die Buchführung zu beanstanden.[995] Umgekehrt sollte ein unauffälliger Chi^2-Test nicht zu der Annahme verleiten, dies sei quasi eine Garantie dafür, dass keine Manipulationen vorgenommen worden sind. Zu denken ist z. B. an die Minderung der Tageseinnahmen um glatte Hunderterbeträge. Ein solches Vorgehen wird keine Besonderheiten der oben beschriebenen Art und Weise in den Daten hinterlassen.

Vergleichbar mit der Durchführung eines Chi^2-Tests ist die Untersuchung der deklarierten Zahlen vor dem Hintergrund des sog. **Benfordschen Gesetzes**.[996] Dieses empirische Phänomen[997] bedeutet, dass es auf der Welt mehr Zahlen mit niedrigen Anfangsziffern gibt als solche mit einer hohen ersten Ziffer. Darüber hinaus hat die statistische Forschung entdeckt, dass das Dezimalzahlensystem zu unterschiedlichen Wahrscheinlichkeiten der einzelnen Ziffern an den verschiedenen Stellen einer Zahl führt.[998] Mit der heute verfügbaren Software können insbesondere Kassenberechnungen einer entsprechenden Analyse unterzogen werden. Denn menschliche Eingriffe wie z. B. die Verkürzung von Bareinnahmen mit entsprechend manipulierten Aufzeichnungen zerstören die o. g. Häufigkeitsmuster. M. E. gilt für das Gesetz nach Benford das zum Chi^2-Test Gesagte entsprechend: Durch Abweichungen der Zahlenhäufigkeit von der Normalhäufigkeit nach Benford allein ergibt sich bei ordnungsgemäßer Buchführung keine Schätzungsbefugnis. Liegen aber Ergebnisse anderer Verprobungen vor, die die sachliche Richtigkeit der Buchführung in Zweifel ziehen, kann das Ergebnis der Zahlenanalyse ausschlaggebende Bedeutung erlangen. Denn

---

993 So auch *Huber/Wähnert*, StBp 2009, 208.
994 *Blenkers*, StBp 2003, 261.
995 FG Rheinland-Pfalz v. 24. 8. 2011 2 K 1277/10, BB 2011, 2773, vgl. hierzu *Talaska*, Stbg 2012, 72; *Krömker* in Lipross/Seibel, § 158 Rz. 6.
996 Auch „Benford's law" oder „Newcomb-Benford-Law", siehe hierzu z. B. *Huber*, StBp 2009, 65, *Mochty*, Wpg 2002, 725.
997 Es handelt sich nicht um ein mathematisches Gesetz, vgl. *Watrin* in FS für *Baetge*, S. 1192.
998 *Drüen*, PStR 2004, 18.

3.6 Widerlegen der Richtigkeitsvermutung

das mit Wirtschaftsdaten verknüpfte Benfordsche Gesetz korreliert mit der logarithmischen Normalverteilung.[999] Periodensummen wie z. B. Tageseinnahmen, die aus vielen Einzelsachverhalten zusammengesetzt sind, folgen fast ausnahmslos der Gleichverteilung, so dass auffällige Abweichungen von der natürlichen Zufallsstreuung nur sehr selten auf betriebliche Besonderheiten, sondern eher auf unbewusste Zahlenvorlieben und -abneigungen, in der Konsequenz also auf erfundene Werte und damit auf Manipulationen hindeuten.[1000]

Zur Prüfung der Umsätze kommt in geeigneten Fällen ein sog. **Z-Test** in Betracht.[1001] Es handelt sich um einen sog. Signifikanztest, bei dem Mittelwerte verglichen werden, die aus den Tagesumsätzen eines Prüfungszeitraums – z. B. eines Dreijahreszeitraums – sowie darüber hinaus aus einem oder mehreren kleineren Abschnitten – z. B. eines Monats – errechnet wurden. Das Verfahren zielt darauf ab, zu vergleichen, ob die Werte des Stichprobenzeitraums von denjenigen des längeren Zeitraums in einem erheblichen Umfang abweichen. Die Methode ist steht deshalb in engem Zusammenhang mit dem ZRV.[1002] Auch wenn insbesondere die Visualisierung, d. h. die grafische Aufbereitung des Datenmaterials, auf den ersten Blick beeindruckend sein mag, muss doch in jedem Einzelfall geprüft werden, ob die vom Betriebsprüfer hergestellten Zusammenhänge tatsächlich Mängel der Buchführung bzw. nicht erfasste Einnahmen belegen.[1003]

> *Beispiel:*
> Firma A zahlt einem Handelsvertreter Provisionen i. H. v. 5 % des vermittelten Umsatzes. Da sich die Geschäftsbeziehungen mit dem entsprechenden Kunden mittlerweile verfestigt haben, wird die Provision ab Februar 01 auf 4 % gekürzt und ab September auf 3 %. Das geänderte Verhältnis von Umsatz und Provision mag zunächst den Eindruck vermitteln, Umsätze seien teilweise nicht deklariert worden. Tatsächlich beruht die prozentual geringere Provision aber auf der gestärkten Verhandlungsposition der Firma A gegenüber ihrem Handelsvertreter.

Die **Gaußsche Normalverteilung**[1004] geht von einem additiven Zusammenwirken vieler Zufallsgrößen aus. In der grafischen Darstellung ergibt sich eine symmetrische Verteilungsform numerischer Daten, die sog. „Gaußsche Glocke". Median[1005] und Mittelwert sind identisch. Der aus der Normalverteilung abgeleitete „zentrale Grenzwertsatz" bedeutet vereinfacht, dass sich der Masse der aufsteigend sortierten Einzelwerte um den Median gruppiert, während es nur

---

999 *Wähnert*, StBp 2016, 1, 6, siehe hierzu auch weiter unten.
1000 *Becker*, DStR 2016, 1430, 1434.
1001 *Gebbers*, StBp 2012, 308, 340 und 2013, 13.
1002 Zum ZRV als Verprobungsmethode siehe 3.6.3.4, als Schätzungsmethode vgl. 3.9.4.
1003 Siehe hierzu z. B. *Krumm*, DB 2017, 1105, 1110: „Graphen und Zahlen können keine Begründung ersetzen".
1004 Die Gaußsche Normalverteilung hat auch im Rahmen des ZRV zur Eliminierung von Ausreißern Bedeutung.
1005 Die eine Hälfte der analysierten Werte liegt über diesem Wert, die andere darunter.

3 Außenprüfung

wenig extrem kleine oder große Werte gibt.[1006] Nach Auffassung des BFH ist nicht geklärt, ob monatliche Rohgewinnaufschlagsätze der Gaußschen Normalverteilung folgen und ob die in einem üblichen Prüfungszeitraum[1007] erhobene Grundgesamtheit groß genug für die Anwendung der bei einer Gaußschen Normalverteilung geltenden Gesetzmäßigkeit ist.[1008]

Der Begriff der **„logarithmischen Normalverteilung"**[1009] drückt keine symmetrische Verteilung der absoluten Werte um den Mittelwert, sondern eine symmetrische Verteilung der Logarithmen der Werte um den Median aus. Im Wirtschaftsleben sollen solche logarithmischen Normalverteilungen bei Inventuren, Warenbeständen, Lagerpositionen, Aufträgen, Umsätzen, Rechnungen, Kosten und vor allem Tageseinnahmen zu finden sein.[1010] Grundvoraussetzung für die Annahme, dass die Verteilung von Werten einer untersuchten Datenmenge der logarithmischen Normalverteilung entspricht, ist eine hinreichend große Anzahl von analysierten Werten.[1011] Die Werte werden in Klassen eingeteilt und in einem Säulendiagramm dargestellt.

Die Erfahrung zeigt, dass die Neigung zur Steuerhinterziehung in aller Regel an **umsatzstarken Tagen** deutlicher ausgeprägt ist, weil dann erstens mehr Bargeld „zur Verfügung" steht und zweitens nach der Verkürzung noch ein Umsatz verbleibt, der an schwachen Tagen tatsächlich, d.h. ohne Manipulation, nicht überschritten wird, und der Steuerpflichtige sich deshalb im Hinblick auf eine mögliche Entdeckung „auf der sicheren Seite" sieht. Durch die o.g. Strukturanalysen können sich entsprechende Hinweise ergeben, weil dann Klassen mit niedrigen Werten im Vergleich zur mathematisch-statistischen Erwartung stärker ausgeprägt sind, Klassen mit höheren Werten hingegen schwächer. Entsprechende Auswertungen der Bp können zwar nach derzeitiger Rechtsprechung allein nicht zur Verwerfung einer ordnungsgemäßen Buchführung mit der Folge der Schätzungsbefugnis führen. Dennoch sollte aus Beratersicht im Rahmen einer Ap nach betrieblichen Gründen für dieses Phänomen gesucht werden. Denn ergeben sich im Laufe im Laufe einer späteren Bp noch andere Sachverhalte, die gegen die Ordnungsmäßigkeit der Buchführung sprechen, könnten derartige Auffälligkeiten im Rahmen der Abwägung, ob eine Schätzungsbefugnis besteht, ggf. ausschlaggebende Bedeutung erlangen.

Die o.g. mathematisch-statistischen Verprobungsmethoden haben insbesondere Bedeutung als Ergänzung anderer Verprobungen sowie im Bereich des

---

1006   Harle/Olles, Rz. 1397.
1007   Z.B. drei Jahre mit 36 Monats-Einzelwerten.
1008   BFH v. 12.7.2017 X B 16/17, BFH/NV 2017, 1204, vgl. hierzu Nöcker, DStR 2017, 2470, 2474.
1009   Ausführlich hierzu Wähnert, StBp 2016, 1. Die logarithmische Normalverteilung stellt die exponentielle Variante der Normalverteilung dar.
1010   Harle/Olles, Rz. 1397.
1011   Sog. „Gesetz der großen Zahl", wonach sich die Häufigkeit, mit der ein Ereignis eintritt, seiner rechnerischen Wahrscheinlichkeit immer weiter annähert, je häufiger ein entsprechendes Experiment durchgeführt wird.

3.6 Widerlegen der Richtigkeitsvermutung

Risikomanagements der FinVerw, die mangels personeller Kapazitäten nicht alle Betriebe prüfen kann und deshalb eine Auswahl treffen muss. Die Überbetonung derartiger Verprobungen birgt allerdings die Gefahr, negative Ergebnisse fehlerhaft zu interpretieren. In der **Praxis** werden z. B. vielfach pauschale Erlöskürzungen vorgenommen. Dann mindert der Unternehmer seine Tageseinnahmen um einen glatten Betrag, z. B. um 500 €, indem er sich bei der Ermittlung der sog. „Tageslosung" um diesen Betrag „verzählt" und den Differenzbetrag entnimmt. Bei diesen pauschalen Kürzungen ergibt z. B. die Zahlenanalyse nach Benford ebenso wenig Auffälligkeiten wie ein Chi²-Test. Das einfache, aber sehr praxisrelevante Beispiel zeigt, dass Negativergebnisse von Zahlenanalysen nicht dahingehend interpretiert werden, dass keine Manipulation vorliegen kann. Auch sind sie aus Steuerberatersicht kein taugliches Argument für die These, die Buchführung sei zwingend als sachlich richtig anzusehen und eine Schätzung deshalb unzulässig.

3.6.3.8 Schnittstellenverprobung

Eine weitere Möglichkeit zur Überprüfung der sachlichen Richtigkeit von Buchführung und Aufzeichnungen ist die sog. Schnittstellenverprobung.[1012] Schnittstellen können allgemein definiert werden als Transferpunkte, die durch Arbeitsteilung entstehen und u. a. in Computerprogrammen, Funktionsbereichen und Unternehmen auftreten. Dabei ist zwischen **internen Schnittstellen** z. B. zwischen Mitarbeitern, Abteilungen oder Geschäftsbereichen und externen Schnittstellen z. B. zwischen einem Unternehmen und seinen Lieferanten oder seinen Kunden zu differenzieren.[1013] Ergibt z. B. ein Datenabgleich zwischen der Buchführung und Vorsystemen wie dem eingesetzten Warenwirtschaftssystem oder der Registrierkasse Abweichungen, die vom Unternehmer nicht aufgeklärt werden können,[1014] ist die Vermutung des § 158 AO widerlegt. Die Art der Differenzen kann darüber hinaus Anhaltspunkte für ihren Grund liefern. So deuten z. B. glatte Differenzen zwischen der Summe der Beträge lt. Kassenauftragszeilen und derjenigen der Tagesendsummenbons auf den Einsatz einer Manipulationssoftware hin.[1015]

Die **Art der Schnittstellenverprobung** ist stark von den jeweiligen Details der Vorsysteme und des Buchhaltungssystems abhängig. So kommt es z. B. vor, dass über das Warenwirtschaftssystem Rechnungen erstellt werden und der Steuerberater diejenigen Erlöse wieder ausbucht, bei denen sich ein Vermerk über eine Barzahlung auf der Rechnung befindet, weil er davon ausgeht, dass der entsprechende Betrag über die Kasse Eingang in die Erlöse findet. Bei einer Verprobung gilt es sicher zu stellen, dass die Annahme des Steuerberaters zutrifft, weil die Bareinnahmen ansonsten unversteuert bleiben. Werden die

---

1012 Ausführlich hierzu *Webel/Danielmeyer*, StBp 2015, 353; *Danielmeyer/Neubert/Unger*, StBp 2016, 322; *Becker/Danielmeyer/Neubert/Unger*, DStR 2016, 2983.
1013 *Danielmeyer/Neubert/Unger*, StBp 2015, 353, 354.
1014 Z. B. durch den Nachweis von Verschiebeeffekten zwischen den überprüften Zeiträumen.
1015 *Webel/Danielmeyer*, StBp 2015, 353, 356.

3 Außenprüfung

Wareneinkäufe in der Warenwirtschaft brutto, d. h. ohne Berücksichtigung von Skonti, Boni oder Rabatten erfasst, während die genannten Minderungen auf dem Wareneinkaufskonto der Finanzbuchhaltung gebucht werden, müssen die Werte des Warenwirtschaftssystems zwangsläufig über den Werten der Finanzbuchhaltung liegen. Ist das in bestimmten Monaten nicht der Fall, kann darin ein Hinweis auf Manipulationen zu sehen sein.[1016]

3.6.3.9 Branchenspezifische Verprobungen
Je nach Branche bieten sich Verprobungen auf der Grundlage bestimmter Kostenfaktoren oder externer Unterlagen an:

- Apotheke: Rezeptabrechnungen gegenüber den Sozialversicherungsträgern
- Ausflugsdampfer: Eintrittskarten
- Bier: Menge der eingekauften bzw. der verbrauchten Kohlensäure
- Bordell: Anzahl der eingekauften Kondome[1017]
- Diskothek: Relation Eintrittskartenverkauf zu Umsatz pro Gast
- Eisdiele: Zucker-/Milchverbrauch im Verhältnis zur Kugelgröße
- Fahrschule: TÜV-Liste, Liste der Führerscheinstelle über beantragte Führerscheine
- Gaststätte: Leergutverprobung, Kontrollmaterial wie z. B. Bewirtungsbelege von Gästen oder Dokumente von Lieferanten, Reservierungsbuch, Vergleich der Umsätze mit der Menge der entsorgten Knochenreste[1018] in einzelnen Perioden
- Hotel: Vergleich mit dem Reservierungsbuch[1019]
- Imbiss: Kosten für die Beseitigung von Knochenabfällen und für Fettentsorgung
- Kaffeeverkauf in der Gastronomie: Anzahl der verbrauchten Papieruntersetzer
- Pferdepension: Hafer- und Heuverbrauch
- Sonnenstudio: Stromverbrauch[1020]
- Spedition: Dieselverbrauch[1021]
- Tanzschule: Anzahl der Teilnehmer anhand der Kurslisten

1016 *Becker/Danielmeyer/Neubert/Unger*, DStR 2016, 2983, 2987.
1017 FG Köln v. 20.1.2005 13 K 12/02, EFG 2005, 986; siehe auch das Stichwort „Prostitution" in Teil 10.
1018 FG Hamburg v. 1.9.2004 I 187/04, juris.
1019 Siehe hierzu Teil 10.: „Hotel".
1020 In der Literatur wird insbesondere für den Bereich des ZRV empfohlen, monatliche Verbrauchswerte für Strom, Gas oder Wasser abzulesen und festzuhalten, vgl. *Achilles/Pump*, S. 118.
1021 Skeptisch FG München v. 27.4.2011 14 V 761/11, juris.

3.6 Widerlegen der Richtigkeitsvermutung

- Taxi: Kraftstoffverbrauch[1022], Reparaturrechnungen, Aufzeichnungen der Taxizentrale[1023]
- Werkstatt: AU-Plakettenverbrauch
- Zahnarzt: Auskünfte der Scheideanstalt über Altmetallaufkäufe
- Zoo: Eintrittskarten (Nummerierung)

Zu weiteren branchenspezifischen Hinweisen siehe Teil 10.

Sofern mit größeren oder wertvolleren Gegenständen gehandelt wird, kann ggf. unmittelbar nachvollzogen werden, ob die eingekaufte Ware zu Umsätzen oder Lagerbeständen geführt hat. Dies gilt umso mehr, wenn die einzelnen Gegenstände genau identifiziert werden können. Das ist z. B. bei Kraftfahrzeugen durch die jeweilige Fahrgestellnummer der Fall. In einschlägigen Branchen wird versucht, solche Verprobungen durch die Manipulation von Rechnungen zu verhindern:

> *Beispiel:*
> Teppichhändler Ö möchte einen Teil seiner Ware „am FA vorbei" verkaufen. Aus Erfahrung weiß er, dass der Betriebsprüfer die einkauften Teppiche mit der Anzahl der verkauften und der bei der Inventur erfassten Teppiche vergleicht. Er ändert deshalb die Rechnungsdurchschriften derart ab, dass die dort aufgeführten Beträge zwar unverändert bleiben, aber die Anzahl der gelieferten Teppiche erhöht wird. So führt er z. B. statt eines gelieferten Teppichs zwei Teppiche auf. Im Umfang der fiktiven Mehrlieferungen verkauft er Teppiche, ohne diese Geschäfte in seine Buchführung aufzunehmen. Eine spätere anzahlmäßige Verprobung der Ware kann in diesem Fall aus Sicht des FA nicht zum Ziel führen. Wird das Verhalten dennoch entdeckt, z. B. durch eine Aufschlagskalkulation oder durch eine Kontrollmitteilung, ist zwingend ein Verfahren wegen Steuerhinterziehung und ggf. zusätzlich wegen Urkundenfälschung einzuleiten.

3.6.3.10 Verprobung von Internetdaten

Das Internet bietet zunehmend Möglichkeiten zur Überprüfung von steuerlich relevanten Daten. Gemeint sind an dieser Stelle nicht solche Daten, die nur aus Praktikabilitätsgründen aus dem Internet und nicht aus „konventionellen" Medien abgerufen werden wie z. B. Statistiken über die Kosten des Lebensunterhalts oder Wetterdaten, sondern solche Daten, die quasi erst „durch das Internet" bzw. die sog. „neuen Medien" entstehen. Es ist zu erwarten, dass die Fin-Verw in Zukunft verstärkt Daten nutzen wird, die der Steuerpflichtige etwa in sozialen Netzwerken hinterlassen hat oder die z. B. durch Ortungsdienste aufgezeichnet worden sind. So hält z. B. Google bei entsprechender Freigabe durch den Nutzer die Ortungsdaten von Kunden in einem Restaurant fest und zeigt damit die Aufenthaltszeit an, so dass der Betriebsprüfer eine von außen

---

1022 Zum ZRV in diesem Zusammenhang siehe *Wähnert*, BBK 2013, 420.
1023 Vgl. FG Düsseldorf v. 20. 7. 2010 4 K 907/10 AO, AO-StB 2010, 328; siehe im Übrigen auch das Stichwort „Taxiunternehmen" in Teil 10.

nicht manipulierbare Besuchsprognose für jeden Tag eines gewissen Zeitraums erhält, welche dann mit den Umsatzerlösen verglichen werden kann.[1024]

3.6.4 Widerlegen der Richtigkeitsvermutung durch Erklärung des Steuerpflichtigen

Die Richtigkeitsvermutung des § 158 AO ist schließlich widerlegt, wenn der **Steuerpflichtige** die sachliche Unrichtigkeit der Buchführung **selbst einräumt**. Das sind insbesondere die Fälle der Selbstanzeige nach § 371 AO oder die Berichtigung nach § 153 AO. Ein strafrechtliches Geständnis führt damit fast immer zur steuerlichen Schätzungsbefugnis nach § 162 AO.[1025]

3.7 Überprüfung von Verprobung oder Schätzung

Ergibt sich nach den oben dargestellten Grundsätzen, dass die Buchführung bzw. die Aufzeichnungen nicht ordnungsgemäß waren bzw. dass sie zwar formell ordnungsgemäß waren, die von ihnen dadurch ausgehende Richtigkeitsvermutung aber nach Auffassung des Betriebsprüfers widerlegt werden konnte, so muss sich der Steuerberater zwangsläufig mit der Verprobung bzw. Schätzung selbst auseinandersetzen.[1026] Er sollte die vom Prüfer erstellte Kalkulation bzw. Verprobungsmethode – ggf. durch ein eigenes Zahlenwerk – überprüfen, und zwar im optimalen Fall bereits während der Prüfung, spätestens aber, oder wenn ihm der Bp-Bericht zur Stellungnahme vorliegt. Je früher die daraus resultierenden Einwendungen erhoben und je gründlicher die Zahlen aufbereitet sind, umso größer ist die Wahrscheinlichkeit, dass der Prüfer seine Feststellungen anpasst. Eine frühe Gegenwehr ist aus mehreren Gründen der beste Weg: Findet die Diskussion erst im Rechtsbehelfsverfahren statt, muss zusätzlich eine AdV erstritten werden. Dazu kommt, dass der Sachbearbeiter der Rechtsbehelfsstelle zwangsläufig zunächst nicht so vertraut mit dem Zahlenwerk sein kann wie der Prüfer, was die Verhandlungen deutlich erschwert. Etwaige fehlerhafte Schätzungen können deshalb am ehesten vermieden werden, indem das Gespräch mit dem Prüfer genutzt wird. Durch ein offenes Gespräch können frühzeitig Fehlerquellen durch sachverhaltsbezogene oder rechtliche Fehlentscheidungen des Prüfers vermieden werden. Dieser Lösungsweg der **konstruktiven Mitarbeit** ist sicherer und einfacher zu bewerkstelligen als das formalisierte Verfahren des Einspruchs. Anders kann es hingegen zu beurteilen sein, wenn die Fronten zwischen dem Steuerpflichtigen und dem Prüfer verhärtet sind. Dann kann ein Gegenargument eine höhere Durchschlagskraft z. B. in einem späteren Rechtsbehelfsverfahren haben.[1027]

War mit dem Außenprüfer keine Einigung zu erzielen, ist jedenfalls fristwahrend Einspruch einzulegen. Wegen der besonderen Problematik des Klagever-

---

1024 *Danielmeyer/Neubert/Unger*, StBp 2017, 291, 295.
1025 Zur Schätzung im Steuerstrafrecht siehe Teil 8.
1026 Siehe hierzu im Einzelnen 3.8 ff.
1027 *Dinkgraeve/Krämer*, SAM 2017, 107, 110.

3.7 Überprüfung von Verprobung oder Schätzung

fahrens ist die Zeit dann zu nutzen, um den Bearbeiter der Rechtsbehelfsstelle von der Rechtswidrigkeit der Schätzung zu überzeugen. Es ist ein weit verbreiteter Irrglaube, dass die Rechtsbehelfsstelle die Auffassung der Ap „blind" übernimmt. Der Rechtsbehelfsstellensachbearbeiter hat kein Interesse daran, Einspruchsentscheidungen zu fertigen, die anschließend vom FG aufgehoben werden.

Besonders problematisch ist es, wenn die Gegenargumente erst im Klageverfahren vorgebracht werden. Wegen § 137 FGO sind die Kosten des Verfahrens dann vom Steuerpflichtigen zu tragen, und zwar auch, wenn er in der Sache selbst Recht bekommt. Werden schlagkräftige Argumente zwar vorgetragen, können sie aber weder den Betriebsprüfer noch den Bearbeiter der Rechtsbehelfsstelle überzeugen, sollte der Vortrag dokumentiert oder noch besser zusätzlich zum Gespräch schriftlich zu den Akten gegeben werden, um die dargestellten Kostennachteile im Klageverfahren zu vermeiden.

Auch bei bereits anhängiger Klage lohnt der Versuch, noch vor der mündlichen Verhandlung, z. B. in einem Erörterungstermin, zu einer Einigung zu kommen. Eine Einigung in der mündlichen Verhandlung ist quasi ausgeschlossen, wenn der Vorsitzende Richter im Rechtsgespräch bereits die Ansicht des Senats mitgeteilt hat, dass die Schätzung nicht zu beanstanden ist. Der Terminvertreter des FA ist dann erfahrungsgemäß zu keiner Einigung durch eine tV mehr bereit. Das ist rechtmäßig und nachvollziehbar, wenn die tV während der Ap oder im Einspruchsverfahren vom Berater oder Steuerpflichtigen abgelehnt worden ist und der Aufwand des Klageverfahrens folglich hätte vermieden werden können.

Kommt es durch die Ap zu hohen Zuschätzungen z. B. aufgrund von Nachkalkulationen und erkennt der Prüfer aufgrund der Umstände im Betrieb, dass es bei der **Realisierung** der Mehrsteuern zu Problemen kommen kann,[1028] so kann bereits während der laufenden Prüfung ein Teilbericht[1029] gefertigt und können entsprechende Steuerbescheide erlassen werden. Solche Bescheide führen nicht zum Ende der Ablaufhemmung gemäß § 171 Abs. 4 AO,[1030] allerdings kommt es vor, dass der Vorbehalt der Nachprüfung versehentlich aufgehoben wird. Dann kann später keine erneute Berichtigung nach § 164 Abs. 2 AO erfolgen, da die „Zwischenbescheide" in der Abgabenordnung nicht gesondert geregelt sind und deshalb die allgemeinen Grundsätze gelten.

1028 Z. B. Flucht des Steuerpflichtigen oder Beiseiteschaffen von Vermögen.
1029 Auch „Zwischenbericht", zur Zulässigkeit siehe FG Bremen v. 1.10.2003 2 V 628/02, EFG 2004, 78.
1030 BFH v. 20.8.2003 I R 10/03, BFH/NV 2004, 7.

3 Außenprüfung

3.8 Gewinnermittlungsart

3.8.1 Bedeutung

Bei jeder Schätzung ist das FA an bestimmte materielle Maßgaben gebunden, z. B. an die im jeweiligen Einzelfall zutreffende Art der Gewinnermittlung.[1031] Unerlässlich ist deshalb aus Beratersicht die Prüfung, ob der Betriebsprüfer seiner Schätzung die richtige Gewinnermittlungsart zu Grunde gelegt hat. Oft ergeben sich erhebliche Unterschiede z. B. durch die Möglichkeit, Mehrsteuern zurückzustellen[1032] oder weil Forderungen gewinnerhöhend erfasst wurden, tatsächlich aber eine Gewinnermittlung durch Einnahmenüberschussrechnung anzunehmen ist. Die Frage der zutreffenden Gewinnermittlungsart ist auch deshalb von Bedeutung, weil der Steuerberater vor der Frage steht, auf welcher Basis er die auf den Prüfungszeitraum folgenden Abschlüsse erstellen soll bzw. ob und wie bereits vorliegende Abschlüsse für Folgezeiträume zu berichtigen sind.

3.8.2 Gewinnermittlungsart

Der Gewinn des **Buchführungspflichtigen**[1033] ist ohne Ausnahme nach § 4 Abs. 1 EStG zu schätzen, auch dann, wenn er eine für sich betrachtet zutreffende Einnahmenüberschussrechnung einreicht.[1034] Die sich aus § 140 AO ergebende Buchführungspflicht kann dabei auch Gesellschaften ausländischer Rechtsformen wie die britische Ltd. betreffen.[1035] Nach § 241a HGB ist derjenige sog. „kleiner" und damit nicht zur Buchführung verpflichteter Einzelkaufmann, der an den Abschlussstichtagen von zwei aufeinander folgenden Geschäftsjahren nicht mehr als 600.000 € Umsatzerlöse und keinen höheren Jahresüberschuss als 60.000 € erzielt. Das gilt nicht für Personenhandelsgesellschaften und Kapitalgesellschaften. Dieselben Grenzen finden sich auch in § 141 AO, wobei statt des Jahresüberschusses der Gewinn und statt der Umsatzerlöse der Umsatz angesprochen sind. Differenzen dürften hier eher zwischen Jahresüberschuss und Gewinn als zwischen Umsatzerlösen und Umsatz auftreten.[1036] Anders als im Handelsrecht reicht es für die steuerliche Buchführungspflicht aus, dass einer der genannten Schwellenwerte überschritten ist. Hinzu kommt, dass das Steuerrecht bereits beim erstmaligen Überschreiten die Buchführungspflicht vorschreibt, während sich der handelsrechtlich maßgebliche Zeitraum auf zwei

---

1031 *Oellerich* in Gosch, AO, § 162 Rz. 140.
1032 Z. B. FG Köln v. 17.1.2007 4 K 4535/04, EFG 2007, 1085, rkr., hinterzogene Steuern dürfen allerdings erst zu dem Bilanzstichtag zurückgestellt werden, der auf die Tatentdeckung folgt bzw. zu dem der Steuerpflichtige mit der Aufdeckung der Steuerhinterziehung rechnen musste, vgl. BFH v. 27.11.2001 VIII R 36/00, BStBl. II 2002, 731; BFH v. 22.8.2012 X R 23/10, BStBl. II 2013, 76.
1033 *Nöcker*, AO-StB 2016, 324, insgesamt zur Buchführungspflicht nach Handels- und Steuerrecht z. B. *Schoor* in StBp-Handbuch, Kza. 2402; *Peters*, BBP 2017, 264.
1034 Vgl. FG Münster v. 10.3.2005 8 K 7687/00 E, EFG 2005, 1017.
1035 R 4.1 IV 2 EStR.
1036 Zu den zeitlichen Grenzen und anderen Detailfragen des BilMoG siehe z. B. *Theile*, Beihefter zu DStR 18/2009.

3.8 Gewinnermittlungsart

Jahre erstreckt. Im Einzelfall kann sich deshalb eine steuerliche Buchführungspflicht ergeben, ohne dass eine handelsrechtliche Buchführungspflicht vorliegt.[1037] Bei Personengesellschaften besteht die Besonderheit, dass sich die handelsrechtliche Buchführungspflicht nur auf das Gesamthandsvermögen bezieht und somit steuerrechtlich eine Bilanzierungspflicht nach § 140 AO nur für die Gesellschaft besteht. Nach Auffassung des BFH ist die Gesellschaft aber auch für das Sonderbetriebsvermögen des Gesellschafters rechnungslegungspflichtig.[1038]

Bei einem gewerblichen Betrieb, für den **keine Buchführungspflicht** besteht und für den auch freiwillig keine Bücher geführt werden und bei Freiberuflern ist der Gewinn ebenfalls nach den Grundsätzen des Bestandsvergleichs zu schätzen,[1039] es sei denn, es kann festgestellt werden, dass der Steuerpflichtige die Gewinnermittlung nach § 4 Abs. 3 EStG gewählt hat.[1040] Hierbei gilt zunächst der Grundsatz, dass die Wahl zugunsten der Einnahmenüberschussrechnung bereits dadurch ausgeübt werden kann, dass tatsächlich nur Einnahmen und Ausgaben aufgezeichnet werden.[1041] Der BFH verlangt für die Wahl der Gewinnermittlung nach § 4 Abs. 3 EStG, dass eine geordnete Belegsammlung existiert, die bestimmte „Minimalanforderungen" erfüllt.[1042] Fehlt es an Aufzeichnungen und an geordneten Belegen, kann deshalb nicht davon ausgegangen werden, dass der Steuerpflichtige eine Wahl zugunsten der Überschussrechnung getroffen hat. In diesem Fall bleibt es deshalb bei der o. g. Grundregel der Schätzung nach § 4 Abs. 1 EStG. Sind Aufzeichnungen vorhanden, entsprechen sie aber nicht den Anforderungen einer ordnungsgemäßen Überschussrechnung, so bleibt es bei der Gewinnermittlung nach § 4 Abs. 3 EStG, wenn eine ergänzende Schätzung der Betriebseinnahmen oder Betriebsausgaben möglich ist.

Oft kommt es vor, dass der Steuerpflichtige im Zusammenhang mit einer zu Hinzuschätzungen führenden Bp seinen Gewinn nicht mehr wie bisher, sondern durch die jeweils andere Art der Gewinnermittlung bestimmen möchte bzw. er beantragt, dass die Schätzung nach den entsprechenden Grundsätzen erfolgt. Ein häufiger Grund für die Wahl des Bestandsvergleichs ist das Interesse, die anfallenden Mehrsteuern in Form von Rückstellungen bereits in den geprüften Jahren und nicht erst bei Zahlung als Betriebsausgaben anzusetzen, um so die Verzinsung nach § 233a AO insoweit zu vermeiden.[1043] Ein anderer

---

1037 Siehe zu dieser Problematik ausführlich *Grefe*, SteuStud 2010, 585.
1038 BFH v. 27.6.2006 VIII R 31/04, BStBl. II 2006, 874.
1039 BFH v. 9.2.1999 VIII R 49/97, BFH/NV 1999, 1195; BFH v. 2.3.1978 IV R 45/73, BStBl. II 1978, 431; Niedersächsisches FG v. 3.8.2011 10 K 200/09, juris; FG München v. 25.5.201 13 K 1631/08, PStR 2012, 6; *Wied* in Blümich, Rz. 133 zu § 4 EStG; *Kanzler* in Herrmann/Heuer/Raupach, Vorbemerkungen zu §§ 4–7 Rz. 12.
1040 BFH v. 30.9.1980 VIII R 201/78, BStBl. II 1981, 301.
1041 BFH v. 5.11.2015 III R 13/13, BStBl. II 2016, 468.
1042 BFH v. 19.3.2009 IV R 57/07, BStBl. II 2009, 659.
1043 Zum Zeitpunkt der Rückstellungsbildung für Steuernachzahlungen insgesamt siehe *Pflaum*, StBp 2019, 176.

Grund ist die Geltendmachung bisher unterbliebener Teilwertabschreibungen. Das häufigste Motiv für die Wahl der Einnahmenüberschussrechnung anstelle des bisher zur Anwendung gelangten Bestandsvergleichs ist die aufgrund von Prüfungsfeststellungen erforderliche Aktivierung von Forderungen. Weil die entsprechenden Umsätze bei der Einnahmenüberschussrechnung erst mit dem späteren Zufluss versteuert werden müssen, kann auch in diesem Fall die Verzinsung nach § 233a AO durch die Änderung der Gewinnermittlungsart reduziert werden. Zu der nachträglichen **Änderung der Gewinnermittlungsart** ist zwar zunächst festzustellen, dass dem Steuerpflichtigen das Wahlrecht prinzipiell unbefristet zusteht und formal allein durch die Bestandskraft der Steuerfestsetzung begrenzt wird.[1044] Das Wahlrecht entfällt danach insbesondere noch nicht mit der Einrichtung einer Buchführung. Das bedeutet aber nicht, dass der Steuerpflichtige die Wahl zwischen den Gewinnermittlungsarten solange treffen könnte, wie sich ihr Ergebnis steuerlich auswirken kann.[1045] Denn das Wahlrecht wird materiellrechtlich durch die in § 4 Abs. 3 EStG genannten Voraussetzungen beschränkt. So kommt die Wahl der Überschussrechnung nach Erstellung des Abschlusses bzw. der Bilanz nicht mehr in Betracht.[1046] Die Wahl der Gewinnermittlung durch Bestandsvergleich hingegen scheidet z. B. aus, wenn der Steuerpflichtige nicht zeitnah zu Beginn des Gewinnermittlungszeitraums eine Eröffnungsbilanz aufgestellt und eine kaufmännische Buchführung eingerichtet hat.[1047] Eine weitere Einschränkung des Wahlrechts ergibt sich in den Fällen, in denen für das betreffende Jahr gegenüber den Vorjahren ein Wechsel der Gewinnermittlungsart stattgefunden hat. Eine Änderung der Gewinnermittlungsart bedeutet dann im Ergebnis quasi einen „erneuten" Wechsel, für den die o. g. für die erstmalige Ausübung des Wahlrechts entwickelten Maßstäbe keine Anwendung finden. Eine Änderung der Gewinnermittlungsart kann bei dieser Fallgestaltung nur bei Vorliegen eines besonderen wirtschaftlichen Grundes erfolgen.[1048]

Unabhängig von der Frage der Gewinnermittlungsart ist darüber zu entscheiden, ob bei der **Umsatzsteuer** die Besteuerung nach vereinbarten oder nach vereinnahmten Entgelten vorzunehmen ist. Für die letztgenannte sog. „Ist-Versteuerung" nach § 20 UStG ist grundsätzlich ein Antrag erforderlich, welcher allerdings auch konkludent gestellt werden kann.[1049]

1044 BFH v. 21.7.2009 X R 46/08, BFH/NV 2010, 186; BFH v. 19.10.2005 XI R 4/04, BStBl. II 2006, 509.
1045 BFH v. 21.7.2009 X R 46/08, BFH/NV 2010, 186.
1046 BFH v. 19.3.2009 IV R 57/07, BFH/NV 2009, 1298.
1047 BFH v. 19.3.2009 IV R 57/07, BFH/NV 2009, 1298.
1048 BFH v. 2.6.2016 IV R 39/13, BStBl. II 2017, 154, Rz. 26, unter Hinweis u. a. auf BFH v. 29.8.1985 IV R 111/83, BFH/NV 1986, 158.
1049 BFH v. 18.8.2015 V R 47/14, BFH/NV 2015, 1876.

3.8.3 Auswirkung der Schätzung auf den Bilanzenzusammenhang

Ist der Gewinn des Vorjahrs geschätzt worden, muss für das Folgejahr eine neue, von der fehlenden oder nicht anerkannten Schlussbilanz unabhängige Anfangsbilanz aufgestellt werden.[1050] In solchen Fällen liegt schon per definitionem keine Durchbrechung des Bilanzenzusammenhangs vor, weil die falsche Schlussbilanz der Veranlagung nicht zu Grunde gelegt wurde. Vermeintliche Fehler bei der Schätzung für die vorhergehenden Jahre dürfen nicht durch „Korrekturposten" in der Anfangsbilanz ausgeglichen werden.[1051]

Hat der Außenprüfer eine sog. **„Prüferbilanz"** erstellt, so ist diese aus der Sicht des Folgejahres das Betriebsvermögen am Schluss des vorangegangenen Wirtschaftsjahrs i. S. v. § 4 EStG.[1052] Der Steuerpflichtige hat aber keinen Anspruch auf Übersendung einer solchen Bilanz, weil § 202 Abs. 1 S. 2 AO bezüglich des Prüfungsberichts lediglich anordnet, dass die für die Besteuerung erheblichen Prüfungsfeststellungen in tatsächlicher und rechtlicher Hinsicht sowie die Änderungen von Besteuerungsgrundlagen darzustellen sind, nicht dagegen, in welcher Form dies zu geschehen hat.

Das Gebot der Anknüpfung an die Vorjahresbilanz entfällt somit lediglich bei völlig freien Schätzungen ohne jede Rücksicht auf Bilanzpositionen, wie sie vor allem durch den Innendienst erfolgen.[1053] Das FA ist bei Vollschätzung des Gewinns nicht zur Erstellung einer Schlussbilanz verpflichtet. Sind bereits viele Schätzungen erfolgt, ist für das erste Jahr, für das wieder eine Steuererklärung erstellt wird, eine „Eröffnungsbilanz" zu fertigen, die das Betriebsvermögen zum „Schluss des vorangegangenen Wirtschaftsjahrs" ersetzt. Bei einer nur zwischenzeitlichen Schätzung ist jedoch an frühere Bilanzansätze anzuknüpfen, wenn diese den Grundsätzen ordnungsgemäßer Buchführung und Bilanzierung entsprechen.[1054] Für die geschätzten Zeiträume tritt AfA-Verbrauch ein. Hängen erhöhte AfA-Sätze von der Wahl des Steuerpflichtigen ab, so gilt dies nur, wenn er die erhöhten Sätze bereits zuvor geltend gemacht hat.[1055]

3.8.4 Wechsel der Gewinnermittlungsart

Steht fest, nach welcher Art der Gewinnermittlung die Schätzung zu erfolgen hat, ist zwingend zu prüfen, ob hierdurch ein Wechsel der Gewinnermittlungsart eintritt oder nicht. Ist z. B. der Gewinn für das Jahr 02 nach den Grundsätzen des Bestandsvergleichs zu schätzen, weil keine oder jedenfalls keine brauchbaren Aufzeichnungen vorliegen und hat der Steuerpflichtige den Gewinn bis 01 zu Recht gemäß § 4 Abs. 3 EStG ermittelt, ist ein Übergangsgewinn zu berech-

---

1050 BFH v. 28. 1. 1992 VIII R 28/90, BStBl. II 1992, 881.
1051 BFH v. 23. 7. 1970 IV 270/65, BStBl. II 1970, 745.
1052 BFH v. 29. 11. 1967 I 221/64, BStBl. II 1968, 261.
1053 BFH v. 22. 5. 1975 IV B 8/75, BStBl. II 1975, 732; BFH v. 29. 11. 1967 I 221/64, BStBl. II 1968, 261.
1054 BFH v. 4. 3. 1998 XI S 1/98, BFH/NV 1999, 21.
1055 FG Berlin v. 18. 11. 1996 VIII 464/95, EFG 1997, 458.

nen. Die Schätzung des Gewinns nach den Grundsätzen des § 4 Abs. 1 EStG[1056] stellt einen Wechsel der Gewinnermittlungsart dar, der wie jeder andere Übergang zum Betriebsvermögensvergleich zu behandeln ist.[1057] Die Gewinnberichtigung erfolgt im Jahr der Schätzung. Dies ist das erste Jahr des Bestandsvergleichs.

Hat das FA den Gewinn des Steuerpflichtigen, der seinen Gewinn bisher zulässiger Weise gemäß § 4 Abs. 3 EStG ermittelte, für das Jahr 01 nach den Grundsätzen des Bestandsvergleichs geschätzt, und wird der Gewinn des Jahres 02 vom Steuerberater ebenfalls durch Bilanzierung ermittelt, so sind in 02 keine Korrekturen wegen eines Wechsels der Gewinnermittlungsart vorzunehmen. Diese sind mit der Schätzung des Jahres 01 „abgegolten".

Ist der Gewinn bisher durch Bestandsvergleich ermittelt worden und erfolgt die Schätzung nunmehr nach den Grundsätzen der Einnahmenüberschussrechnung, sollte beantragt werden, zumindest die Warenbestände gewinnmindernd zu berücksichtigen, da die entsprechenden Aufwendungen sonst endgültig verloren sind.

Unabhängig von der Frage der Gewinnermittlungsart ist darüber zu entscheiden, ob bei der **Umsatzsteuer** die Besteuerung nach vereinbarten oder nach vereinnahmten Entgelten vorzunehmen ist. Für die letztgenannte sog. Ist-Besteuerung nach § 20 UStG ist grundsätzlich ein Antrag erforderlich, welcher allerdings auch konkludent gestellt werden kann.[1058]

3.9 Schätzungsmethoden

3.9.1 Allgemeines

Schätzungsmethoden sind **standardisierte Hilfsmittel**[1059], um zu dem Wert mit der größtmöglichen Wahrscheinlichkeit zu gelangen.[1060] Die Entscheidung hinsichtlich der anzuwendenden Schätzungsmethode wird grundsätzlich vom Außenprüfer getroffen, letzterer ist nach ständiger Rechtsprechung frei in seiner Methodenwahl.[1061] Der Steuerpflichtige hat keinen Anspruch auf Anwendung einer bestimmten Methode,[1062] es sei denn, er kann nachweisen, dass die von ihm präferierte Methode zu dem wahrscheinlichsten Ergebnis führt. Das FA ist auch **nicht** verpflichtet, das durch eine Schätzungsmethode gewonnene

---

1056 Als eine solche wird auch die Schätzung nach Richtsätzen angesehen.
1057 Vgl. auch BFH v. 22.5.1975 IV B 8/75, BStBl. II 1975, 732.
1058 BFH v. 18.8.2015 V R 47/14, BFH/NV 2015, 1876.
1059 *Oellerich* in Gosch, AO, § 162 Rz. 150.
1060 BFH v. 26.2.2002 X R 59/98, BStBl. II 2002, 450. Der Grundsatz der anzustrebenden größten Wahrscheinlichkeit gilt für § 162 AO insgesamt, vgl. 1.7. Zu den einzelnen Methoden siehe die Ausführungen ab 3.9.2. sowie z. B. von *Giezek/Wähnert*, BBK 2017, 998.
1061 Z.B. BFH v. 3.9.1998 XI B 209/95, BFH/NV 1999, 290; *Buciek* in Beermann/Gosch, § 162 Rz. 158.
1062 BFH v. 13.9.2016 X B 146/15, BFH/NV 2016, 1747, Rz. 16.

3.9 Schätzungsmethoden

Ergebnis durch eine **weitere Schätzungsmethode** zu untermauern.[1063] Nur in seltenen Fällen gelingt der Nachweis, dass eine **andere** als die vom FA gewählte **Schätzungsmethode** geeigneter ist und so zu einem „besseren" i. S. v. wahrscheinlicherem Ergebnis führt.[1064] Deshalb sollte sich der Berater grundsätzlich zumindest zu Überprüfungszwecken auf die vom FA gewählte Methode einlassen und dort nach Fehlern und Schwächen suchen. Ergänzend hierzu ist aber nach Möglichkeit eine eigene „Gegenschätzung" – nach derselben oder einer anderen Methode – anzufertigen, um die Kritik zu untermauern und fundiert darzustellen, dass **ein anderes Ergebnis** der Wirklichkeit näherkommt. Es reicht nicht aus, Fehler in der Schätzung des Betriebsprüfers zu finden, ohne selbst eine „bessere" i. S. v. „der Wahrheit näher kommende" Schätzung vorzunehmen.

Das Prinzip der **Abschnittsbesteuerung** erlaubt es dem FA, für ein Jahr eine andere Schätzungsmethode anzuwenden als für das Jahr zuvor. Für den Steuerberater könnte ein Ansatz zur Abwehr überhöhter Schätzungen aber darin bestehen, zu prüfen, ob die bisherige Schätzungsmethode zu einem wahrscheinlicheren Ergebnis führt. Über die anzuwendende Schätzungsmethode kann eine tV abgeschlossen werden.[1065]

Oftmals kommen **mehrere Schätzungsmethoden** zur Anwendung, sie können miteinander kombiniert oder die eine durch eine andere bekräftigt werden.[1066] Welchem Ergebnis dabei die größtmögliche Wahrscheinlichkeit zukommt, ist vom Einzelfall abhängig. Zu vermeiden sind aber „additive" Schätzungen[1067] etwa dergestalt, dass auf das Ergebnis einer Aufschlagskalkulation noch ein Sicherheitszuschlag vorgenommen wird, um „Mängel der Buchführung abzugelten". Richtig ist in einem solchen Fall vielmehr in aller Regel ein Abschlag, um den Unsicherheiten der Schätzung Rechnung zu tragen.

Die ggf. **falsche Bezeichnung** der gewählten Schätzungsmethode im Bp-Bericht oder in einer Einspruchsentscheidung hat keine rechtliche Bedeutung.[1068] Maßgebend ist allein, wie die Schätzung tatsächlich vorgenommen wird.

1063 BFH v. 13. 9. 2016 X B 146/15, juris, Rz. 16; BFH v. 1. 3. 2005 X B 158/04, BFH/NV 2005, 1014; BFH v. 3. 9. 1998 XI B 209/95, BFH/NV 1999, 290; BFH v. 15. 2. 1989 X R 16/16, BStBl. II 1989, 462.
1064 Sog. „Methodenwahlfehler". Zur Nachrangigkeit des ZRV BFH v. 25. 3. 2015 X R 20/13, BStBl. II 2015, 743, zur Nachrangigkeit des Sicherheitszuschlags BFH v. 28. 9. 2011 X B 35/11, BFH/NV 2012, 177.
1065 BFH v. 12. 8. 1999 XI R 27/98, BFH/NV 2000, 537.
1066 *Seer* in Tipke/Kruse, § 162 Rz. 52.
1067 Auch „Kaskadenschätzung" oder „Treppenschätzung".
1068 BFH v. 26. 10. 1994 X R 114/92, BFH/NV 1995, 373.

Die nachfolgend dargestellten Schätzungsmethoden gelten grundsätzlich für alle Einkunftsarten, im Bereich der Einkünfte aus LuF sind daneben allerdings Besonderheiten zu beachten.[1069]

3.9.2 Richtsatzschätzung

Bei der Richtsatzschätzung handelt es sich um einen Vergleich des geprüften Betriebs mit anderen Betrieben.[1070] Die FinVerw stellt hierzu allgemein zugängliche **Tabellen** zusammen.[1071] Die entsprechenden Erhebungen erfolgen bundesweit. Die Tabellen enthalten empirisch gewonnene Daten z. b. über das übliche Verhältnis von WES und Gewinn bei Betrieben einer bestimmten Branche. Richtsätze werden in einem Prozentsatz des wirtschaftlichen Umsatzes für den Rohgewinn, den Reingewinn und den sog. Halbreingewinn ermittelt. Bei Handelsbetrieben wird daneben der RAS angegeben. Dabei zählen Gastwirtschaften, Bäckereien und ähnliche Branchen[1072] zu den zuletzt genannten Betrieben, auch hier steht also der RAS im Zentrum der Kalkulationen. Die ermittelten Richtsätze bestehen aus einem oberen und einem unteren Rahmensatz sowie einem Mittelsatz. Der Mittelsatz ist das gewogene Mittel aus den Betrieben der jeweiligen Gewerbeklasse.

Die Zahlen der Richtsatzsammlung beziehen sich auf einen **„Normalbetrieb"**, das ist ein Einzelunternehmen mit Gewinnermittlung durch Bestandsvergleich.[1073] Deshalb müssen z. B. Übergangsgewinne erfasst werden, wenn für die Vorjahre der Gewinn nach § 4 Abs. 3 EStG ermittelt wurde oder nach einer Richtsatzschätzung zur Einnahmenüberschussrechnung übergegangen wird. Die Schwäche dieser Schätzungsmethode besteht darin, dass kein Betrieb mit einem anderen uneingeschränkt vergleichbar ist, denn Umsatz und WES in zwei Betrieben stehen niemals in genau demselben Verhältnis. Zu denken ist an die unterschiedliche Lage oder an den unterschiedlichen Kundenstamm zweier Geschäfte. Eine Richtsatzschätzung kann demnach nur akzeptiert werden, wenn die **Besonderheiten** des einzelnen Falles berücksichtigt worden sind.[1074] Das können z. B. sein: Lage des Betriebs, Produktionsprogramm, Produktpalette, Grad der Automation, Kaufkraft des Kundenkreises, Zahlungsfähigkeit der Kunden, personelle Struktur des Betriebs, vor allem Mitarbeit von Angehörigen, günstige Einkaufsmöglichkeiten sowie bilanzielle Besonderheiten[1075].

1069 Siehe hierzu das Stichwort „Land- und Forstwirtschaft" in Teil 10. Zur Besonderheit bei der Prüfung von Kapitalgesellschaften siehe dort das Stichwort „GmbH".
1070 „Externer Betriebsvergleich".
1071 Z. B. BMF-Internetseite oder jährlich im BStBl. Teil I.
1072 Oft als „BMW-Betriebe" bezeichnet: BMW = Bäcker, Metzger, Wirte.
1073 Bei der Körperschaftsteuer sind entsprechende Korrekturen erforderlich, vgl. Einleitung zur Richtsatzsammlung.
1074 BFH v. 24. 7. 1962 I 275/60 U, BStBl. III 1962, 440.
1075 Z. B. größere Anschaffungen.

3.9 Schätzungsmethoden

Die Richtsatzverprobung ist jedenfalls keine geeignete Methode bei Betrieben, deren **Größe** die der Richtbetriebe wesentlich überschreitet.[1076] Allerdings entkräftet eine **eigene Kalkulation** des Steuerpflichtigen anhand betriebsinterner Daten nicht ohne weiteres die Richtsatzschätzung des FA.[1077] Das gilt erst recht, wenn die eigene Nachkalkulation des Steuerpflichtigen dazu führt, dass die Zahlen sogar deutlich unter den seinerzeit selbst erklärten Besteuerungsgrundlagen liegen. Dann ist diese Kalkulation systematisch falsch und die entsprechenden Einwendungen gegen die Zahlen des Prüfers sind als Folge irrelevant.

Die Richtsatzsammlung ist hinsichtlich ihrer **Brancheneinteilung** sehr grob, was nicht aus einer Nachlässigkeit der Verwaltung resultiert, sondern der Vielfalt der tatsächlich vorkommenden Arten von Betrieben geschuldet ist. Der Steuerberater sollte immer prüfen, ob die Ap bzw. die Veranlagungsstelle bei der Bearbeitung der sog. Grunddaten den geprüften Betrieb richtig „einsortiert" hat.

> *Beispiel:*
> Bei einem Gewerbetreibenden, der Fleischwaren und Käse einkauft und sie ohne weitere Verarbeitung an Endverbraucher weiterverkauft, sind die betrieblichen Kennzahlen nicht anhand der Richtsätze für Schlachtereien, sondern anhand derjenigen für Lebensmitteleinzelhändler zu verproben.[1078]

Ggf. sind nur **kombinierte Werte** sachgerecht.[1079] Die richtige Eingruppierung kann erhebliche Bedeutung haben. So liegen die z.B. die Aufschlagsätze herkömmlicher Imbissbetriebe um bis zu einhundert Prozentpunkte unter denjenigen von Pizzerien. Wenn neben anderen Gerichten auch Pizzen angeboten werden, kann die Anwendung der Aufschlagsätze für Pizzerien nicht zu einem zutreffenden Ergebnis führen.

Problematisch ist aus Gründen des Steuergeheimnisses die konkrete Benennung einzelner **Vergleichsbetriebe**. Da der Steuerpflichtige gemäß §78 FGO das Recht hat, die dem FG vorliegenden Akten des FA einzusehen, müssen solche Akten dem FG stets in anonymisierter Form vorgelegt werden.[1080] Das FG darf dann die Verwertung der vom FA eingebrachten anonymisierten Daten über Vergleichsbetriebe zumindest nicht schon „im Grundsatz" ablehnen.[1081] Behauptet das FA, die in seinem Bezirk befindlichen vergleichbaren Betriebe hätten mindestens bestimmte Aufschlagsätze erzielt, so muss es die Vergleichsbetriebe benennen und die betrieblichen Merkmale offenlegen. Soll wegen des Steuergeheimnisses lediglich ein Erfahrungswert ohne Einzelangaben in das Verfahren eingeführt werden, müssen wenigstens die Anzahl der berücksich-

---

1076 BFH v. 18.10.1983 VIII R 190/82, BStBl. II 1984, 88; BFH v. 7.12.1977 I R 17/75, BStBl. II 1978, 278.
1077 FG Münster v. 31.10.2000 5 K 6660/98 E, EFG 2001, 401.
1078 BFH v. 25.3.2015 X R 19/14, BFH/NV 2016, 4, Rz. 28.
1079 Vgl. z.B. FG Schleswig-Holstein v. 6.3.2012 2 K 101/11, rkr.
1080 BFH v. 18.12.1984 VIII R 195/82, BStBl. II 1986, 226.
1081 Vgl. BFH v. 17.10.2001 I R 103/00, BStBl. II 2004, 171.

tigten Betriebe, ihre Größe, möglicherweise auch ihre Lage und die betrieblichen Besonderheiten und die genauen Aufschlagsätze angegeben werden.[1082] Die **Richtsatzsammlungen** werden vom BFH als geeignetes Schätzungsinstrument akzeptiert.[1083] Eine Steuerfestsetzung auf ihrer Grundlage ist jedenfalls angebracht und zulässig, wenn z. B. Buchführungsunterlagen nicht mehr auffindbar sind, wenn Wareneingänge nicht aufgezeichnet wurden,[1084] oder wenn Tageseinnahmen lediglich in einer Summe in einen Taschenkalender eingetragen und keine Belege über die Bareinnahmen aufbewahrt werden.[1085] Die Richtsatzschätzung ist in derartig gravierenden Fällen oft sogar die beste Lösung.[1086] In solchen Konstellationen wird der Hinweis auf betriebliche Besonderheiten wenig aussichtsreich sein, da das FA diesen Einwendungen mit dem Hinweis auf die Pflichtverletzung durch den Steuerpflichtigen mit der Folge der Ausschöpfung des Schätzungsrahmens zu seinen Lasten begegnen wird. Bei groben Pflichtverletzungen wie z. B. der Nichtaufbewahrung von Belegen oder im Fall der Kassenmanipulation ist nicht nur die Richtsatzschätzung als Schätzungsmethode, sondern sogar die Anwendung des höchsten Aufschlags gerechtfertigt.[1087] Das FA kann grundsätzlich von einer in den Vorjahren im Einvernehmen mit dem Steuerpflichtigen praktizierten Richtsatzschätzung auf der Basis des Mittelwerts abweichen.[1088]

Ist eine halbwegs „brauchbare" Buchführung vorhanden, erscheint die Richtsatzschätzung allerdings wegen der eingeschränkten Vergleichbarkeit von Betrieben i. d. R. als zu grob. Ihre Bedeutung erlangt sie deshalb vor allem im summarischen Verfahren[1089] und als **Kontrolle** für durchgeführte Kalkulationen. Anders ausgedrückt: Eine Aufschlagkalkulation oder ein ZRV, dessen Ergebnis innerhalb der Richtsätze liegt, wirkt glaubwürdiger als ein weit über den empirischen Werten ermitteltes Resultat. Nach BFH[1090] ist die jeder Schätzung anhaftende Unsicherheit jedenfalls „im Rahmen der amtlichen Richtsätze" hinzunehmen.[1091] Das FG ist dementsprechend in vielen Fällen nur bereit, der Schätzung des FA zu folgen, wenn sie sich „innerhalb der Richtsätze" be-

---

1082 BFH v. 18.10.1983 VIII R 190/82, BStBl. II 1984, 88.
1083 BFH v. 22.5.2007 X B 143/06, BFH/NV 2007, 1692.
1084 FG Münster v. 31.10.2000 5 K 6660/98 E, EFG 2001, 401; FG München v. 23.4.1991 12 K 5/88, juris.
1085 FG des Saarlands v. 24.9.2003 1 K 246/00, EFG 2003, 1750.
1086 FG Münster v. 23.3.2000 14 K 4134/97 F, juris.
1087 FG Münster v. 31.10.2000 5 K 6661/98, juris; grundsätzlich kein Anspruch auf Mittelwerte nach FG Berlin-Brandenburg v. 13.8.2013 2 K 2229/10, juris und FG Münster v. 31.10.2005, K 6660 E, EFG 2001, 401.
1088 FG des Saarlands v. 1.9.1998 1 V 226/98, EFG 1998, 1554.
1089 Vgl. zur PKH BFH v. 28.3.2001 VII B 213/00, BFH/NV 2001, 1217.
1090 BFH v. 13.3.2007 X B 37/06, BFH/NV 2007, 1138.
1091 Die Kontrollfunktion der Richtsätze beim ZRV aber einschränkend BFH v. 25.3.2015 X R 20/13, BStBl. II 2015, 743, Rz. 67.

3.9 Schätzungsmethoden

wegt.[1092] Als Grund hierfür wird häufig angeführt, dass es sich bei den Richtsatzsammlungen um Daten handle, die die FinVerw selbst ermittelt habe. Sie sei deshalb in besonderem Maße daran gebunden bzw. müsse beachtliche Gründe vortragen, um im Einzelfall von diesen Richtsätzen abzuweichen. Insofern entwickeln die Richtsätze aus der Sicht des Steuerpflichtigen bisweilen sogar eine gewisse Schutzfunktion gegen überhöhte Schätzungen. Unzutreffend ist aber der Umkehrschluss, eine Nachkalkulation könne nur dann sachgerecht sein, wenn sich ihr Ergebnis innerhalb der Richtsätze bewege. Für eine solche Annahme besteht kein Anlass, da es Betriebe gibt, die Gewinne weit oberhalb der Richtsätze der FinVerw abwerfen, z. b. wegen eines besonders zahlungskräftigen Kundenkreises oder eines exklusiven Warensortiments. Dennoch ist das FA im Verfahren aufzufordern, die von ihm festgestellten Besonderheiten des Betriebs darzulegen, die zu dem deutlichen Überschreiten der Richtsätze geführt haben sollen.[1093] Ohne eine solche Begründung wird sogar eine tV teilweise für unwirksam gehalten.[1094] Die Höchstwerte der Richtsatzsammlung dürfen bei der Schätzung jedenfalls „nicht ohne weiteres" überschritten werden.[1095] Die Überschreitung ist vielmehr vom Betriebsprüfer zu begründen durch nachgewiesenen Schwarzeinkauf[1096] oder durch andere konkrete Sachverhalte, z. B. Preislisten oder Speisekarten, aus denen sich ein höheres Preissegment ergibt.[1097]

Die „Einhaltung" der Richtsätze sollte vom **Steuerberater** überwacht werden. Ist der sich aus den ihm vorgelegten Unterlagen ergebende Gewinn in diesem Zusammenhang zu niedrig, ist zu überlegen, von sich aus Zuschätzungen vorzunehmen.[1098] Dann ist darauf zu achten, dies gegenüber dem FA deutlich zu machen. Stellt sich später heraus, dass die Hinzuschätzungen nicht ausreichend waren, so ergibt sich eine Haftung des Steuerberaters gemäß § 71 AO dadurch, dass er durch seine verdeckten Hinzuschätzungen Nachprüfungen durch das FA verhindert hat.

Der Steuerpflichtige hat **keinen Anspruch** auf eine Schätzung auf der Grundlage der Richtsatzsammlung.[1099]

Insbesondere Betriebsprüfer, die in der einer bestimmten Branche „unterwegs sind", sammeln die Daten ihrer Prüfungen, um Vergleiche anstellen zu können

---

1092 Z. B. FG Münster v. 17.9.2010 4 K 1412/07, G, U, EFG 2011, 506; FG Münster v. 15.8.2008 5 V 2479/08 U, juris, den RAS eines Imbissbetriebs lt. Bp i. H. v. 303 % auf den Höchstwert der Richtsatzsammlung i. H. v. 249 % begrenzend.
1093 Zur Notwendigkeit plausibler Gründe für ein deutliches Überschreiten der Richtsätze vgl. BFH v. 25.1.1989 I R 289/83, BStBl. II 1989, 620.
1094 Z. B. FG Münster v. 14.1.2005 11 K 2802/02 E, U, juris.
1095 BFH v. 28.3.2001 VII B 213/00, BFH/NV 2001, 1217; FG Düsseldorf v. 28.7.2009 15 K 829/06, G, U, F, juris; FG München v. 16.5.2013 2 K 3030/11 E, U, EFG 2014, 86.
1096 Zum sog. Rechnungssplitting siehe z. B. Niedersächsisches FG v. 23.3.2017 13 K 53/16 und Niedersächsisches FG v. 27.10.2000, 14 V 311/98, juris.
1097 Z. B. beim „Edelitaliener".
1098 „Anpassung" an die Richtsätze, zu Problemen siehe 9.3.
1099 FG Hamburg v. 16.3.2017 2 V 55/17, juris, Rz. 37.

und sachgerechte Schätzungen durchführen zu können. Solche „privaten" Richtsatzsammlungen stoßen jedoch auf erhebliche rechtsstaatliche Bedenken. Es wird vertreten, dass allein auf derartige Datensammlungen basierende Schätzungen schon deshalb rechtswidrig seien, weil wegen der Intransparenz des Datenmaterials die gemäß § 121 AO erforderliche Begründung fehle.[1100] M. E. ist danach zu differenzieren, wie die Begründung der Schätzung sich insgesamt darstellt. Ein „nackter" Hinweis auf eine „private" Datensammlung dürfte keine ausreichende Begründung darstellen. Anders kann es aber sein, wenn die fragliche Datensammlung nur ein Mosaikstein der Begründung ist. Vielfach dient der äußere Betriebsvergleich nur als eine Art Kontrolle oder Abrundung des sich aus anderen Berechnungen ergebenden Bildes. In solchen Fällen kann die Datensammlung eines einzelnen Prüfers oder eines einzelnen FA mit der zwangsläufigen regionalen Prägung durchaus Bedeutung haben.

3.9.3 Aufschlagskalkulation

Die Aufschlagskalkulation ist die klassische Schätzungs- und Verprobungsmethode der Ap.[1101] Sie ist der Schätzung nach Richtsätzen „überlegen"[1102] und gilt als so beweiskräftig, dass es ihrer Bestätigung durch eine zusätzliche VZR oder GVR nicht bedarf. Die Rechtsprechung hat dabei anerkannt, dass der geschätzte Mehrumsatz zugleich als Mehrgewinn angesetzt wird, da davon auszugehen ist, dass tatsächlich entstandene Ausgaben vollständig in den vorgelegten Gewinnermittlungen enthalten sind.[1103] Eine Schätzung zusätzlicher Vorsteuer scheidet mangels entsprechender Rechnungen aus.

Anknüpfungspunkt der Kalkulation ist bei Handelsbetrieben i.d.R. der WES, der sich aus den Buchführungsunterlagen ergibt. Ausgehend von betriebsinternen Unterlagen[1104] wird auf der Grundlage des WES der mutmaßliche Umsatz des Betriebs errechnet.[1105] Grundsätzlich ist für jedes geprüfte Jahr eine gesonderte Berechnung durchzuführen, allerdings können Merkmale eines Wirtschaftsjahres auf andere Wirtschaftsjahre übertragen werden.[1106] Die Genauigkeit der Aufschlagskalkulation ist oft dadurch vermindert, dass in vielen Betrieben unterschiedliche Waren und Dienstleistungen angeboten werden und Kalkulationen und Lohneinsatz dabei stark variieren sowie dadurch, dass sich

---

1100 Wenzler, AO-StB 2018, 151, 153, unter Hinweis auf *Seer* in Tipke/Kruse, § 126 Rz. 25.
1101 Z.B. *Seer* in Tipke/Kruse, § 162 Rz. 58.
1102 FG Rheinland-Pfalz v. 21.9.2012 3 K 2493/10, EFG 2013, 186.
1103 BFH v. 30.11.1989 I R 225/84, BFH/NV 1991, 356. Zu einem Fall, in dem Betriebsausgaben geschätzt wurden, vgl. Niedersächsisches FG v. 10.10.2012 2 K 13307/10, EFG 2013, 59.
1104 Kalkulationen, Speisekarten.
1105 WES = Wareneinkauf zuzüglich bzw. abzüglich Bestandsveränderungen und abzüglich solcher Ware, die aufgrund von Schwund, Verderb oder Eigenverbrauch nicht zum Verkauf gelangt, siehe z.B. FG München v. 29.10.2009 15 K 219/07, EFG 2011, 10.
1106 BFH v. 2.2.1982 VIII R 65/80, BStBl. II 1982, 409; *Seer* in Tipke/Kruse, § 162 Rz. 60.

3.9 Schätzungsmethoden

die benötigten Daten nicht ohne weiteres aus Waren- und Materialeingangsrechnungen oder aus den Verkaufspreisen ergeben.[1107]

> *Beispiel:*
> A betreibt einen Partyservice. In einer Ausgangsrechnung für ein kaltes Buffet anlässlich einer Erstkommunion für 20 Personen ist lediglich aufgeführt: 1 kaltes Buffet pauschal 500,00 € zzgl. MwSt. 19 % = 95,00 €, gesamt 595,00 €. Da in keiner Weise erkennbar ist, welche Waren geliefert wurden, ist der entsprechende WES nicht zuzuordnen.

Ist der WES wegen nicht gebuchter Einkäufe zu erhöhen, weil z. B. Schwarzeinkäufe festgestellt wurden, so ist der – ggf. zu schätzende – Mehreinsatz auf den damit erzielten Umsatz hochzurechnen. Die **Zuschätzung zum WES** ist bei Betriebsprüfern beliebt: Zwar wirkt sich der zusätzliche WES im ersten Schritt zugunsten des Steuerpflichtigen aus, durch die Anwendung des RAS werden aber teilweise um ein Vielfaches höhere Umsätze angesetzt. Das Problem wird dadurch verschärft, dass mangels vorliegender Rechnungen aus dem zusätzlichen WES keine Vorsteuer in Abzug gebracht werden kann, die Umsatzsteuer auf den Mehrumsatz gleichwohl in voller Höhe anfällt.

Die Rechtsprechung erkennt solche Zuschätzungen auch bei nicht ordnungsgemäßer Buchführung nur an, wenn Anhaltspunkte für einen solchen Schwarzeinkauf vorhanden sind.[1108] Solche Anhaltspunkte können sein:
- Die Richtsätze werden deutlich überschritten.
- Produkte stehen auf der Getränkeliste oder auf der Speisekarte, für die es keine entsprechenden Einkaufsrechnungen gibt.
- Es liegen Kontrollmitteilungen über Einkäufe vor, die nicht verbucht sind.
- Rechnungen über die Entsorgung von Altfett und über entsprechende Neueinkäufe liegen nicht vor.
- Zeugenaussagen: Werden nach den Einkaufsrechnungen nur alle zwei Wochen jeweils sieben bis acht Dönerspieße eingekauft, liegt aber eine Zeugenaussage eines Angestellten dahingehend vor, dass der Dönerspieß täglich erneuert wurde, wurden vermutlich Schwarzeinkäufe getätigt.

In welchem Umfang der gebuchte Wareneinkauf gemäß § 162 AO bei Vorliegen der o. g. Voraussetzungen erhöht werden kann, ist stark einzelfallabhängig. Die Hinzuschätzung eines Wareneinkaufs i. H. v. 30 % des gebuchten Einkaufs soll jedenfalls dann unbedenklich sein, wenn feststeht, dass Wareneinkäufe in größerem Umfang „schwarz" getätigt wurden.[1109]

Zu den häufigsten Streitpunkten gehört die Frage, wie detailliert der **WES** im Rahmen einer Nachkalkulation **aufgegliedert** werden muss, um den unter-

---
1107 *Seer* in Tipke/Kruse, § 162 Rz. 59.
1108 Z. B. FG Münster v. 14. 1. 2005 11 K 2802 E, U, juris und FG Münster v. 16. 12. 2004 5 K 1982/00 E, G, U, juris.
1109 FG Münster v. 15. 12. 1999 10 K 7869/99, juris.

schiedlichen Gewinnspannen bzw. Aufschlagsätzen der einzelnen Warenarten Rechnung zu tragen.[1110] Es wird für zulässig gehalten, gleichartige Waren mit in etwa gleich hohen Aufschlagsätzen zu einer Warengruppe zusammenzufassen und für die einzelne Warengruppe einen gewogenen mittleren Aufschlagsatz zu bilden.[1111] Besondere Bedeutung hat dabei die Verbuchung durch den Steuerpflichtigen Wenn der Wareneingang bspw. zusammengefasst für alle Betriebsbereiche verbucht worden ist, ist folgerichtig ein grobes Schätzungsverfahren zulässig.[1112] Eine Zusammenfassung zu Gruppen mit gleichen Waren ist möglich, wenn jeweils in etwa gleich hohe Aufschlagsätze Anwendung finden.[1113] Trotz dieser eher großzügigen Rechtsprechung zugunsten des FA lohnt sich ggf. der Aufwand einer Nachprüfung, ob z. B. Waren mit hohem Aufschlag zu stark in die Berechnung des „durchschnittlichen" Aufschlagsatzes eingeflossen sind. Eine getrennte Verbuchung der unterschiedlichen Warenarten kann hier im Vorfeld vor allzu groben Kalkulationen schützen. Eine Aufgliederung in bis zu **zehn Warengruppen** hält die Rechtsprechung für zumutbar,[1114] aber i. d. R. auch für ausreichend.[1115] Für Zutaten wie z. B. unentgeltlich abgegebenen Senf ist ggf. zugunsten des Steuerpflichtigen eine besondere Warengruppe zu bilden, die dann nicht zu kalkulierten Umsätzen führt.[1116]

Zu beachten ist, dass der maßgebliche **Aufschlagsatz** nur dann sachgerecht sein kann, wenn er den Umfang der der jeweiligen Produkte bzw. Gerichte am Gesamtumsatz berücksichtigt.[1117] Grob fehlerhaft ist die Anwendung des arithmetischen Mittels bestimmter Produktpreise auf den WES.

> *Beispiel:*
> Die fünf in einem China-Restaurant am meisten verkauften Speisen weisen Rohgewinnaufschlagsätze von 436,42/442,38/191,27/520,45/187,37 % auf. Das arithmetische Mittel beträgt 1.775,90 % geteilt durch 5 = 354,8 %. Das FA berechnet den mutmaßlichen Umsatz dergestalt, dass der WES mit 454,8 % (100 % + 354,8 %) multipliziert wird. Die entsprechenden Bescheide sind rechtswidrig, da eine solche Schätzung nicht sachgerecht ist.[1118]

Der für ein Jahr ermittelte RAS kann grundsätzlich für den gesamten Prüfungszeitraum angesetzt werden, wenn keine Anhaltspunkte dafür vorliegen, dass

---

1110 Zur grundsätzlichen Verpflichtung zur Aufgliederung siehe BFH v. 20.6. 1985 IV R 41/82, BFH/NV 1985, 12; BFH v. 1.8. 1984, I R 245/82, juris.
1111 BFH v. 17.11. 1981 VIII R 174/77, BStBl. II 1982, 430; zur grundsätzlichen Zulässigkeit der Gruppenbildung vgl. BFH v. 31.7. 1974 I R 261/72, BStBl. II 1975, 96.
1112 BFH v. 2.2. 1982 VIII R 65/80, BStBl. II 1982, 409; BFH v. 12.4. 1988 VIII R 154/84, BFH/NV 1989, 636.
1113 FG Bremen v. 17.1. 2007 2 K 229/04 (5), EFG 2008, 8.
1114 BFH v. 17.11. 1981 VIII R 174/77, BStBl. II 1982, 430; BFH v. 31.1,1974 VI R 335/69, BStBl. II 1975, 96.
1115 BFH v. 17.11. 1981 VIII R 174/77, BStBl. II 1982, 430, Rz. 39.
1116 BFH v. 17.11. 1981 VIII R 174/77, BStBl. II 1982, 430, Rz. 41.
1117 Siehe das Beispiel Anhang 12.
1118 Vgl. FG München v. 30.8.2011 10 V 735/11, juris.

3.9 Schätzungsmethoden

sich das Verhältnis der Einkaufs- und Verkaufspreise und die Zusammensetzung des Getränkeumsatzes im maßgeblichen Zeitraum geändert haben.[1119]

In Schätzungsfällen ist ein **wechselnder Sachvortrag** nicht selten. Dann wird z. B. zunächst behauptet, das übliche Gewicht pro Portion betrage x Gramm. Nach der neuen, auf dieser Angabe basierenden Kalkulation trägt der Steuerpflichtige vor, auf Grund neuer Wiegung habe er festgestellt, die Portionsgröße betrage y Gramm, ggf. später z Gramm. Damit erscheint die Stellungnahme flexibel und den Erfordernissen nur taktisch angepasst, sie ist deshalb im Ergebnis nicht nur ohne Wert, sondern macht die Darstellung des Steuerpflichtigen sogar insgesamt unglaubhaft.[1120] Der Mandant sollte deshalb dazu angehalten werden, mit pauschalen Angaben und Einschätzungen schon während der Ap zurückhaltend zu sein. Es ist davon auszugehen, dass Antworten auf teilweise beiläufige Fragen des Prüfers[1121] in Aktenvermerken festgehalten und ggf. später im Verfahren genutzt werden. Darüber hinaus bergen wahrheitswidrige Behauptungen im ganz allgemein die Gefahr, dass z. B. das FA oder das FG der zuständigen strafrechtlichen Ermittlungsbehörde[1122] den Sachverhalt mitteilt. Anders als der Angeklagte im Strafverfahren ist der Steuerpflichtige im Verwaltungsverfahren und im finanzgerichtlichen Verfahren zu wahrheitsgemäßen Angaben verpflichtet.

Für Unmut beim Steuerpflichtigen und seinem Berater sorgen die häufig mit der Prüfungsanordnung versandten **Fragebögen**. Formell handelt es sich nicht um einen Verwaltungsakt,[1123] so dass ein dagegen gerichteter Einspruch unzulässig ist. Ist die Prüfung bereits durchgeführt, hat der Fragebogen – seine Verwaltungsakt-Qualität unterstellt – seinen Regelungsinhalt ohnehin verloren und hat sich dadurch erledigt.[1124] Die Fragen sollten deshalb soweit wie möglich beantwortet und dazu genutzt werden, sich im Vorfeld der Prüfung ernsthaft mit den betrieblichen Parametern auseinanderzusetzen und ggf. eigene Kalkulationen durchzuführen. Das schützt vor späteren Überraschungen und bietet eine Grundlage für die Gespräche mit dem Betriebsprüfer. Können einzelne Fragen nicht beantwortet werden, kann das dem FA mitgeteilt werden, ohne dass negative Folgen zu befürchten sind, insbesondere wird die Beantwortung nicht erzwungen. Hinsichtlich der Fragebögen gilt der Grundsatz, dass keine Antwort besser als eine falsche Antwort ist. Wird die Mitwirkung jedoch generell verweigert, wird das FA im Einklang mit der Rechtsprechung hierin ein

---

1119 FG Düsseldorf v. 20. 3. 2008 16 K 4689/06 E, U, F, EFG 2008, 1256 und FG Münster v. 8. 5. 2012 1 K 602/09 E, G, U, EFG 2012, 1894.
1120 Zur Auswirkung von Falschangaben im Schätzungsfall allgemein vgl. z. B. FG Hamburg v. 7. 2. 2019 6 V 240/18, juris, Rz. 47.
1121 „Wie schwer ist denn eine Portion so ungefähr?"
1122 „StraBu" oder „BuStra" bzw. Staatsanwaltschaft. Zur Mitteilungspflicht des FG vgl. § 116 AO.
1123 BFH v. 10. 11. 1998 VIII R 3/98, BStBl. II 1999, 199.
1124 BFH v. 9. 5. 1978 VII R 96/75, BStBl. II 1978, 501. Zur Klage gegen einen solchen Fragebogen siehe Niedersächsisches FG v. 20. 6. 2011 3 K 401/08, juris.

3 Außenprüfung

Indiz dafür sehen, dass dadurch ein nachteiliges Ermittlungsergebnis vermieden werden soll.[1125]

Eine besonders Zeit sparende Kalkulationsmethode ist die sog. **„Schätzung nach Anteilen"**, in der Prüfersprache z. B. „30/70-Methode" o. Ä. genannt.[1126] Das hierdurch ausgedrückte Verhältnis Getränkeumsatz zu Speiseumsatz von 30 zu 70 ist ein Erfahrungssatz, der in der Praxis seine Bestätigung gefunden hat. Er ist deshalb auch von den FG als Erfahrungssatz anerkannt worden.[1127] In anderen Entscheidungen werden jedoch Zweifel hiergegen ausgedrückt und verlangt, dass den jeweiligen tatsächlichen Verhältnissen Rechnung getragen werden müsse, wobei ein bloßer Hinweis auf ein Speisen-Getränke-Verhältnis lt. Speisekarte nicht ausreiche.[1128] Diese Schätzungsmethode findet hauptsächlich Anwendung im Gastronomiebereich und stellt eine Art verkürzter Aufschlagskalkulation dar. Ausgangsüberlegung ist, dass bei den erzielten Umsätzen ein bestimmtes prozentuales Verhältnis zwischen Speisen und Getränken vorliegt und es nicht vorstellbar ist, dass der Steuerpflichtige ausschließlich Teile des Getränkeumsatzes in seiner Gewinnermittlung unberücksichtigt lässt, den Speisenumsatz aber vollständig in der Kasse erfasst.[1129] Das maßgebliche Verhältnis von Speise- zu Getränkeumsatz kann ggf. aus dem Kassenbericht[1130] abgeleitet werden, aus vorliegenden Kontrollmitteilungen in Form von Rechnungen gewonnen, oder aber, insbesondere, falls solche Unterlagen nicht zur Verfügung stehen, anhand von Erfahrungen typisiert geschätzt werden.[1131] Dann wird regelmäßig nur für die Getränke eine „herkömmliche" Aufschlagskalkulation durchgeführt. Der insofern häufig **brauereigebundene WES** lässt sich anhand der Abrechnungen über Bonusrückvergütungen sicher bestimmen. Schließlich wird der gesamte Umsatz „hochgerechnet": Erzielt der Steuerpflichtige z. B. durch Getränke ein Drittel des Umsatzes, so ergibt sich der mut-

---

1125 BFH v. 9.6.2005 IX R 75/03, BFH/NV 2005, 1765; BFH v. 15.2.1989 X R 16/86, BStBl. II 1989, 462.
1126 Z. B. BFH v. 11.1.2017 X B 104/16, BFH/NV 2017, 561, Rz. 26; Niedersächsisches FG v. 10.5.2016 8 K 175/15, juris.
1127 Vgl. z. B. FG Düsseldorf v. 15.2.2007 16 V 4691/06, EFG 2007, 814; FG Düsseldorf v. 20.3.2008 16 K 4689/06 E, U, F, EFG 2008, 1256 und FG Düsseldorf v. 26.3.2012 6 K 2749/11 K, G, U, F, juris; ernstliche Zweifel aber FG Düsseldorf v. 20.7.2004 18 V 2853/04, juris; zum Strafrecht vgl. *Stahl*, Selbstanzeige, Rz. 583.
1128 FG Nürnberg v. 8.5.2012 2 K 1122/2009, DStRE 5/2013, 304, rkr.; FG Düsseldorf v. 20.7.2004 18 V 2853/04, juris.
1129 FG Düsseldorf v. 8.12.2004 8 V 5628/04 A, juris.
1130 Sog. „Warengruppenberichte" oder auch „PLU-Berichte", zu einem Fall der Kassenauslesung am Tag der Durchsuchung FG Münster v. 23.6.2010, 12 K 2714/06, juris.
1131 Z. B. „zwei Getränke pro Mahlzeit", zum häufig angenommenen o. g. Verhältnis von 30/70 die Ausführungen oben, grundsätzlich ist aber den jeweiligen tatsächlichen Verhältnissen der Gaststätte Rechnung zu tragen, wobei das Verhältnis der Verkaufspreise lt. Speisekarte nicht genügen soll, vgl. FG Nürnberg v. 8.5.2012 2 K 1122/2009, DStRE 2013/5, 304.

3.9 Schätzungsmethoden

maßliche Gesamtumsatz als das Dreifache des kalkulierten Getränkeumsatzes.[1132]

Bei **Dienstleistungsbetrieben** gestaltet sich die Aufschlagskalkulation schwieriger, weil wesentlich mehr Faktoren als die eingekauften Waren für den erzielten Umsatz eine Rolle spielen und deshalb der WES nur in eingeschränktem Umfang dazu geeignet ist, Umsatzverprobungen durchzuführen. Es gilt zu beachten, dass auch bei Dienstleistungsbetrieben bestimmte Größen in einem mathematisch-logischen Zusammenhang stehen, so dass sich hier Verprobungsmöglichkeiten ergeben.

Bei **Handwerksbetrieben** kann ggf. eine Aufschlagskalkulation auf der Basis des Material- und Lohneinsatzes erfolgen:

Beispiel:

Materialeinsatz	100.000 €
Aufschlag 15 %	15.000 €
Fertigungslohneinsatz	200.000 €
Aufschlag 100 %	200.000 €
Zwischensumme	515.000 €
Zuschlag für Risiko und Gewinn 10 %	51.500 €
Wirtschaftlicher Umsatz	566.500 €

Unter Fertigungslohneinsatz wird der Wert der Dienstleistungen der im handwerklichen Bereich eingesetzten Arbeitskräfte verstanden. Dabei ist die Ausgangsbasis der Bruttolohn der Arbeitnehmer.[1133] Hinzuzurechnen sind die Lohnwerte für den produktiv mitarbeitenden Betriebsinhaber und die mitarbeitenden Familienangehörigen. Hier entsteht in den meisten Fällen der Streit: Während sich die geleisteten Stunden der Mitarbeiter aus deren Aufzeichnungen zur Abrechnung gegenüber dem Arbeitgeber ergeben[1134], fehlen solche Aufzeichnungen für den Inhaber und seine unentgeltlich mitarbeitenden Angehörigen, so dass in diesem Bereich mit Erfahrungswerten gearbeitet werden muss. Dies führt zu überzogenen Ergebnissen, wenn aus Krankheits- oder ähnlichen Gründen Ausfallzeiten entstanden sind. Entsprechende Beweismittel wie z. B. Atteste sind deshalb im eigenen Interesse aufzubewahren.

In Kalkulationsfällen sollten zunächst möglichst umfassende Informationen über die **Rechenschritte des Betriebsprüfers** eingefordert werden.[1135] Die Rechtsprechung verpflichtet die Finanzbehörde, die Schätzungsgrundlagen offen zu legen.[1136] Im nächsten Schritt sollte geprüft werden, ob die Differenzen

---

1132 Wegen der grundsätzlichen Anerkennung einer solchen Methode vgl. FG Münster v. 16.12.2004 5 K 1982/00 E, G, U, juris.
1133 Bar- und Sachbezüge, vor Abzug von Steuern und Sozialversicherungsbeiträgen.
1134 Stundenzettel o. Ä.
1135 Im Rechtsbehelfsverfahren ggf. unter Berufung auf § 364 AO.
1136 BFH v. 17.11.1981 VIII R 174/77, BStBl. II 1982, 430.

zwischen Kalkulation und Steuererklärung im tolerablen Unschärfebereich liegen.[1137] Ist dies der Fall, ist ggf. die Schätzungsbefugnis des FA bereits dem Grunde nach in Frage gestellt, wenn die Buchführung als ordnungsgemäß angesehen werden kann. Wo der Bereich dieser zu tolerierenden Unschärfe endet, ist nur im Einzelfall zu entscheiden. Bei nicht mehr als 3 % Abweichung zwischen kalkuliertem und erklärtem Umsatz dürfte es für das FA äußerst schwierig werden, die Schätzung beim FG durchzusetzen.[1138]

Zur erfolgreichen Anfechtung eines Schätzungsbescheids genügt es nicht, sich mit den Zahlen des FA auseinanderzusetzen und diese ggf. anzuzweifeln und darin enthaltene Fehler herauszustellen,[1139] ohne **selbst andere Berechnungen** anzustellen und zu zeigen, dass ihre Ergebnisse eine höhere Wahrscheinlichkeit für sich haben. Ein zu defensives, auf Kritik an den Schätzungen der Behörde beschränktes Verhalten könnte im finanzgerichtlichen Verfahren als Verstoß gegen die Mitwirkungspflicht ausgelegt werden und somit Bedeutung für die Höhe der Schätzung erlangen.[1140] Von einer solchen Verweigerung der Mitwirkung im Rahmen der Ap ist daher abzuraten. Sinnvoller ist das prophylaktische Anfertigen von Aufzeichnungen, die belegen können, dass nicht der gesamte WES tatsächlich zum Verkauf gelangt ist.[1141]

Die **Schwäche** der Aufschlagskalkulation besteht darin, dass sie nur dann zu realistischen Ergebnissen führt, wenn der tatsächliche WES zuverlässig ermittelt werden kann. Die Methode versagt folglich, wenn Waren „schwarz", d. h. ohne entsprechende Dokumentation in der Buchführung eingekauft werden.[1142] Aus diesem Grund ist der unverbuchte Einkauf weit verbreitet. Oftmals sind Großhändler beteiligt, die sogar unterschiedliche Kundenkonten[1143] eingerichtet haben, um Rabatte auf der Grundlage sämtlicher Umsätze berechnen zu können.[1144] Der Gesetzgeber hat als Gegenmaßnahme mit § 144 AO eine Vorschrift eingeführt, die insbesondere den Großhandel verpflichtet, den Warenausgang so aufzuzeichnen, dass die Finanzbehörde die Möglichkeit erhält, im Wege der Kontrollmitteilung zu überprüfen, ob der Wareneinkauf des Abnehmers insofern vollständig erfasst worden ist. Vielfach werden Waren jedoch zusätzlich ohne Verbuchung über den Einzelhandel bezogen und können somit bei der Kalkulation nicht berücksichtigt werden. Werden bei einem Lieferanten Warenausgänge aufgedeckt, die auf Wunsch des Kunden auf gesonderte Konten verbucht wurden, so kann dies für eine Erhöhung der Einnahmen im Schätzungswege ausreichen.[1145] Für eine Zuschätzung aufgrund nicht verbuch-

---

1137 BFH v. 26.4.1983 VIII R 38/82, BStBl. II 1983, 618.
1138 BFH v. 22.8.1985 IV R 29-30/84, BFH/NV 1986, 719.
1139 BFH v. 13.11.1995 V B 91/95, BFH/NV 1996, 553.
1140 Herabsetzung des Beweismaßes, oberer Schätzungsrahmen, vgl. hierzu 1.8.
1141 Verderb, Diebstahl.
1142 Sog. „Tuning", vgl. *Mack*, AO-StB 2016, 17.
1143 „Schwarz" und „weiß".
1144 Vgl. den Fall der sog. „Pommes-Connection" in den 1980er Jahren.
1145 FG Hamburg v. 17.4.2002 II 271/00, juris.

ter Wareneinkäufe müssen allerdings solche konkreten Anhaltspunkte vorliegen.[1146]

Den besten **Schutz** gegen ungerechtfertigte Zuschätzungen auf Grundlage einer Aufschlagskalkulation bieten:
- Eine sorgfältige Aufzeichnung des Wareneingangs und der Umsätze,
- ordnungsgemäße Inventuren,
- eine periodische Ermittlung des betriebseigenen Rohgewinnaufschlags,
- detaillierte einzelne Überprüfungen für einzelne Warengruppen,
- Aufzeichnungen zu Schwund, Verderb, Sonderverkäufen, Freigetränken, Rezepturen,
- das Einfordern detaillierter Einkaufsrechnungen mit entsprechender Abgrenzung von privaten Einkäufen,
- Aufzeichnungen über Schwund und Verderb sowie Freigetränke.

Ein **Warenwirtschaftssystem** kann bei größeren Betrieben und in geeigneten Branchen ebenfalls helfen, objektiv fehlerhafte Hinzuschätzungen des FA zu entdecken oder zu widerlegen. Mit ihm lassen sich der WES und der Warenbestand sowie der Verbleib der Ware kontrollieren. Denn das Warenwirtschaftssystem bildet die Warenströme im Geschäftsprozess eines Unternehmens ab. Die Fakturierung, also die Übergabe des Rechnungsausgangsbuches in die Buchhaltung, schließt i. d. R. den Verkaufsprozess eines Warenwirtschaftssystems ab.

3.9.4 Zeitreihenvergleich

Nicht zuletzt wegen der unter 3.9.3 dargelegten Schwäche der Aufschlagskalkulation hat die Prüfungspraxis den ZRV entwickelt, der i. d. R. nur mit leistungsfähiger Software durchgeführt werden kann. Diese Schätzungsmethode geht von der Abhängigkeit bestimmter Größen, insbesondere der Abhängigkeit von WES und Umsatz in einem Betrieb aus. In seiner **Grundform**[1147] wird der ZRV dergestalt durchgeführt, dass für jede Kalenderwoche oder auch für jeden Monat[1148] eines Jahres separat aus den gebuchten Betriebseinnahmen und Wareneinkäufen der erzielte Rohgewinnaufschlag ermittelt wird. Die in den einzelnen Perioden[1149] erzielten Aufschläge werden verglichen und dann nach plausiblen Erklärungen dafür gesucht, warum der höchste Aufschlag in den anderen Perioden nicht erzielt wurde. Grundsätzlich ist bei konstanten Preisen keine Schwankung möglich. Wird bspw. der Inhalt eines Bierfasses verbraucht, so wird hiermit bei konstanten Preisen grundsätzlich immer derselbe Umsatz

---

1146 FG Münster v. 16.12.2004 5 K 1982/00 E, G, U, juris.
1147 In der Prüfungspraxis wird diese Form des ZRV zwar nicht mehr durchgeführt, ihre Betrachtung ist aber für das grundsätzliche Verständnis des ZRV unverzichtbar.
1148 Monatliche Summenwerte liefern i. d. R. „robustere" Analyseparameter, vgl. *Pump/Wähnert*, NWB 2015, 2869; *Wähnert*, StBp 2017, 323, 324; *Giezek/Wähnert*, BBK 2017, 998, 1002.
1149 „Zeitreihen".

3 Außenprüfung

erzielt, und zwar im Februar ebenso wie im August und in der ersten Monatshälfte ebenso wie in der zweiten Monatshälfte. Kann keine plausible Erklärung gefunden werden, ist davon auszugehen, dass Einnahmen nicht vollständig erfasst worden sind. Der höchste in einer Periode festgestellte RAS wird dann auf den gesamten WES des Jahres angewandt und der Umsatz entsprechend hochgerechnet.[1150] Diese „Urform" des ZRV wird auch als **Standardzeitreihenvergleich** bezeichnet.[1151]

> *Beispiel:*
> In den Wochen 5 bis 15 beträgt der WES 100, der Umsatz 300 (RAS 200 %). Für das gesamte Jahr wird bei einem WES 500 ein Umsatz i. H. v. 1300 (RAS 160 %) erzielt. Der Steuerpflichtige kann für die Schwankungen innerhalb der einzelnen Perioden keine Erklärungen geben, so dass der Betriebsprüfer den Umsatz wie folgt schätzt: WES 500 zuzüglich 500 mal 200 % ergibt insgesamt 1.500. Hiergegen wendet der Steuerpflichtige nun ein, Schwund i. H. v. 10 % sei zu berücksichtigen. Jetzt rechnet der Betriebsprüfer wie folgt: Wochen 5 bis 10: WES 100 minus 10 % = 90, erklärter Umsatz wie bisher 300, RAS mithin 233,33 %. Geschätzter Umsatz: WES 500 minus 10 % = 450; Umsatz = 450 zuzüglich 450 mal 233,33 % = insgesamt 1.500 (wie bisher). Der Steuerpflichtige hat durch seine Argumentation nichts gewonnen.

Um die Aufschläge in den einzelnen Perioden berechnen zu können, müssen die aus den Rechnungen ersichtlichen Einkäufe auf den Zeitraum bis zum nächsten Einkauf **verteilt** werden. Bei der von der FinVerw eingesetzten Software findet dieser Gedanke regelmäßig Berücksichtigung. Teilweise wird aber auf der Grundlage der Buchführungsdaten, d. h. ohne die einzelnen Eingangsrechnungen ihrem Inhalt nach zu erfassen, lediglich ein sog. **„vereinfachter ZRV"**[1152] durchgeführt. Dabei behandelt der Betriebsprüfer die gebuchten Einkäufe so, als wären sie im Moment des Einkaufs verbraucht worden. Unter dieser Annahme können die monatlich gebuchten Einkäufe und Einnahmen ausgewertet werden, was im Vergleich zum detaillierten ZRV zu einer erheblichen Zeitersparnis für den unter Statistikdruck stehenden Betriebsprüfer bedeutet. Ein solcher vereinfachter ZRV ohne Verteilung des Einkaufs einer Ware bis zum nächsten Einkauf kann aber überhaupt nur eine sinnvolle Aussage enthalten, wenn das Warenlager konstant ist oder – wie häufig bei leicht verderblicher Ware – ein Warenvorrat im Grunde nicht existiert.[1153]

1150 Die FinVerw erachtet i. d. R. nicht mehr den höchsten ermittelten Aufschlag als für das ganze Jahr maßgeblich, sondern geht von einer statistischen Normalverteilung aus und blendet Ausreißer aus, siehe hierzu im Einzelnen weiter unten.
1151 Z. B. *Wähnert*, StBp 2016, 61.
1152 Häufig mit der Software IDEA.
1153 Nach BFH v. 25. 3. 2015 X R 19/14, BFH/NV 2016, 4 dürfte der „vereinfachte" ZRV in den meisten Fällen keine akzeptable Schätzungsmethode darstellen, weil der Wareneinkauf nur in Ausnahmefällen dem WES entspricht.

3.9 Schätzungsmethoden

Die **hohe Aussagekraft** des ZRV ergibt sich vor allem daraus, dass er ausschließlich von den vom Steuerpflichtigen bereitgestellten Daten ausgeht.[1154] Die aufwändige und fehlerträchtige Untersuchung der Zusammensetzung von Speisen entfällt. Auch das bekannte „Feilschen" um Prozentsätze für Warenverderb oder Schwund findet beim ZRV nicht statt. Denn wird von einem anderen Schwund- oder Verderbanteil ausgegangen, erhöht sich der Aufschlagsatz derjenigen Wochen, die als maßgeblich angesehen werden. Dieser höhere Prozentsatz wird dann auf den durch den Schwund niedrigeren WES angewandt, so dass sich im Ergebnis keine Änderungen beim kalkulierten Umsatz ergeben.

Die oben dargestellte **statische** Form des ZRV kommt nur noch selten zur Anwendung. Vielmehr werden verfeinerte und im Ergebnis „sicherere" Verfahren eingesetzt. Bei Zeitreihenvarianten, bei denen zwei oder mehrere Größen als **Einzelgraphen**[1155] dargestellt werden, steht nicht die Relation der Größen als solche im Vordergrund, sondern die Reaktionen der Faktoren aufeinander. In der grafischen Darstellung werden die verglichenen Größen auf der y-Achse dargestellt und so skaliert, dass ein Auseinanderfallen der Graphen Auffälligkeiten unmittelbar deutlich macht.[1156] Das zahlenmäßige Verhältnis der beiden Größen tritt dabei zugunsten der Darstellung der Abhängigkeit der Größen voneinander in den Hintergrund. Äußere Einflussfaktoren spielen bei dieser Variante des ZRV nur noch eine geringe Rolle, was die „Qualität" der Schätzung deutlich verbessert.[1157]

Darüber hinaus findet der ZRV i.d.R. nur noch Form des sog. **„Gleitschlittenmodells"** bzw. der **„rollierenden Zeitreihe"**[1158] Anwendung. Während der RAS z.B. für die Wochen 1 bis 10 eines Jahres beim oben beschriebenen Standard-ZRV durch Gegenüberstellung von WES und Umsatz und anschließende Mittelwertbildung erfolgt, wird beim Gleitschlittenmodell bei Betrachtung derselben Wochen ein RAS für den Zeitraum Woche 1 bis Woche 10, anschließend für den Zeitraum Woche 2 bis Woche 11, dann für Woche 3 bis 12 usw. gebildet und

---

1154 FG Düsseldorf v. 15.2.2007 16 V 4691/06, EFG 2007, 814; *Wähnert*, Stbg 2012, 535. Der BFH verlangt eine Übernahme, die „frei von Fehlern" ist, vgl. BFH v. 25.3.2015 X R 20/13, BStBl. II 2015, 743, Rz. 67, was m.E. nicht wörtlich zu nehmen ist. Geringfügige Fehler sind unvermeidbar und deshalb zu tolerieren.
1155 „Doppelskalierte Einzelgraphenzeitreihen", vgl. *Wähnert*, StBp 2016, 61, 52 und Datev-Magazin 4/2016, 15. Zur wichtigen Funktion der doppelskalierten Einzelgraphenzeitreihen im Rahmen der SRP vgl. *Becker*, DStR 2016, 1430, 1432.
1156 Unter Excel steht ein entsprechendes Auswahlmenü zur Verfügung, vgl. *Wähnert*, StBp 2016, 61, 62.
1157 *Wähnert*, StBp 2016, 61, 52, m.w.N., auf die Unterschiede der Methoden hinweisend u.a. FG Hamburg v. 31.10.2016 2 V 202/16, juris, Rz. 16.
1158 *Harle/Olles*, Rz. 1366, die dieser Methode den Vorzug geben, weil der „statische" ZRV zwar Hinweise auf Auffälligkeiten bzw. Unregelmäßigkeiten gebe, die sachliche Richtigkeit einer formell ordnungsmäßigen Buchführung aber dadurch nicht in Frage gestellt werden könne.

zum Schluss aus den zehn Zeiträumen ein Mittelwert gebildet.[1159] Noch aussagekräftiger erscheinen solche ZRV, bei denen der durchschnittliche Aufschlagsatz mehrerer aufeinanderfolgender längerer Perioden betrachtet wird. Denn auf diese Art und Weise wird die i. d. R. über eine Woche hinausgehende Umschlagdauer berücksichtigt.

Die FinVerw ist dazu übergegangen, nicht mehr den höchsten ermittelten Aufschlag als für das ganze Jahr maßgeblich zu erachten, sondern bei der Auswahl von einer statistischen Normalverteilung auszugehen und Ausreißer[1160] auszublenden.[1161] Mit Hilfe einer zeitreihenbasierten **„Quantilschätzung"**[1162] wird aus den betriebseigenen Daten des Steuerpflichtigen eine Spannbreite des Normalen herausgelesen. Dazu eignen sich Prozentstränge[1163], die zur Einteilung der Datenmenge in den Standardbereich und in sog. „Ausreißer" dienen. Überträgt man die Verhältnisse der Standardnormalverteilung, umfassen die zwischen dem 16-%- und dem 84-%-Quantil liegenden Daten die „Normalfälle". Diese Erkenntnisse werden bei der Quantilschätzung dazu genutzt, um – aus Sicht der FinVerw „defensiv" – zwischen dem 20-%- und dem 80-%-Quantil der betriebseigenen Werte zum monatlichen Aufschlagsatz oder WES den **„Regelgeschäftsbereich"** anzunehmen, d. h. den normalen Geschäftsverlauf ohne Ausreißer.[1164]

In den meisten ZRV-Fällen wird sich die Diskussion zwischen Steuerberater und Außenprüfer um die Frage drehen, wie viel Ware tatsächlich in den einzelnen Perioden **verbraucht** wurde, da regelmäßig keine Inventurwerte für die Zeitpunkte zu Beginn und am Ende der einzelnen Periode vorliegen und sich aus den Eingangsrechnungen nur der Zeitpunkt der Lieferung, nicht aber derjenige des Verbrauchs der Waren ergibt. Das ist augenscheinlich der größte

---

1159 Nach *Wolenski*, Stbg 2016, 268, hat der BFH in seinem Urteil BFH v. 25. 3. 2015 X R 20/13, BStBl. II 2015, 743, Rz. 4, dies verkannt und ist fälschlicher Weise davon ausgegangen, dass der Prüfer die RAS für jeweils zehn Wochen addiert und dann einen Mittelwert aus diesen Aufschlägen gebildet habe. Zu den unterschiedlichen Berechnungsmethoden siehe Anhang 13.
1160 Auch „Whisker" genannt, vgl. z. B. *Becker/Schumann/Wähnert*, DStR 2017, 1243, 1246.
1161 Vgl. z. B. *Wähnert*, StBp 2015, 92, 95 und StBp 2017, 323, zu Bedenken vgl. BFH v. 12. 7. 2017, X B 16/17, BFH/NV 2017, 1204, hierzu *Nöcker*, NWB 2017, 3050.
1162 Diese Schätzungsmethode bestätigend z. B. FG Hamburg v. 26. 8. 2016, 6 V 81/16, juris; FG Hamburg v. 31. 10. 2016 2 V 202/16, juris, Rz. 57; FG Berlin-Brandenburg v. 30. 6. 2017 10 V 10219/16; ablehnend FG Berlin-Brandenburg v. 24. 8. 2016 5 V 5089/16, juris; FG Berlin-Brandenburg v. 9. 1. 2017 4 V 4265/15, juris. Zu den unterschiedlichen Sachverhalten und zur Analyse der genannten Beschlüsse siehe *Becker/Schumann/Wähnert*, DStR 2017, 1243. Der BFH hat gegenüber der Quantilschätzung grundsätzlich dieselben Bedenken wie gegenüber anderen Formen des ZRV, vgl. BFH v. 12. 7. 2017 X B 16/17, BFH/NV 2017, 1204, Rz. 111.
1163 „Quantile" sind relative Ränge, mit denen im Gegensatz zu absoluten Rängen eine vergleichende Bewertung trotz unterschiedlicher Datenmengen möglich ist.
1164 FG Hamburg v. 31. 10. 2016 2 V 202/16, EFG 2017, 265, Rz. 41, unter Hinweis auf *Becker*, DStR 2016, 1430. Die übliche Verbildlichung der Trennung des Normbereichs von den starken und schwachen Ausreißern wird als „Box-Plot" bezeichnet.

3.9 Schätzungsmethoden

Schwachpunkt des ZRV.[1165] Die Methode muss nämlich deshalb mit der Unterstellung arbeiten, dass neue Ware einer bestimmten Art erst eingekauft wird, wenn der entsprechende Vorrat verbraucht ist. Das Ergebnis eines ZRV ist damit tendenziell umso wahrscheinlicher, je weniger **Lager- bzw. Kühlmöglichkeiten** dem Steuerpflichtigen zur Verfügung stehen und je regelmäßiger sich der Wareneinkauf darstellt, weil dann davon auszugehen ist, dass die eingekaufte Ware bis zur nächsten Warenlieferung verbraucht ist.[1166] Ein Hinweis auf wenig schwankende Warenbestände und damit auf eine hohe Aussagekraft des ZRV kann sich daraus ergeben, dass die – aus den Bilanzen ersichtlichen – Bestände am Anfang und am Ende eines Jahres betragsmäßig nicht weit auseinanderliegen. Insbesondere wenn die Werte über mehrere Jahre konstant niedrig sind, dürfte keine nennenswerte Vorratshaltung stattfinden, welche das Ergebnis des ZRV verfälschen könnte. In der Praxis fällt es vor allem bei einem detaillierten ZRV „mit Verteilung" regelmäßig schwer, die vom FA als Warenverbrauch angenommenen Größen so zu entkräften, dass sie nicht mehr als Schätzungsgrundlage dienen können. Das gilt insbesondere, wenn der Einkauf von Personen bestimmt wird, die in einer Branche seit längerer Zeit tätig sind und daher Über- und Unterbestände aus betriebswirtschaftlichen Gründen vermeiden. Wirksamen Schutz vor ZRV-Verprobungen können ggf. **Zwischeninventuren** z. B. am Ende eines jeden Monats bzw. sog. **permanente Inventuren**[1167] bieten. Je nach Umfang des Warenlagers und technischer Ausstattung des Betriebs sind die entstehenden Mehrkosten möglicherweise geringer als die zu befürchtende Steuernachforderung durch eine ZRV-Schätzung, zumal bei derartigen Zwischeninventuren nicht die Formalien der „echten" Inventur einzuhalten sind. Mit Hilfe solcher Bestandsaufnahmen kann der Nachweis gelingen, dass das Warenlager bestimmten Schwankungen unterliegt und damit der ZRV des FA zumindest fraglich wird. Denn schwankende Bestände weisen darauf hin, dass der Wareneinkauf nicht dem WES entspricht. Im günstigsten Fall kann nachgewiesen werden, dass gerade in der Periode, deren Aufschlag der Betriebsprüfer der Umsatzkalkulation zu Grunde gelegt hat,[1168] Waren aus dem Bestand zum Verkauf gelangt sind und nicht in gleicher Höhe ein erneuter Bestand aufgebaut worden ist. In einem solchen Fall dürfte der ZRV des FA widerlegt sein. Geringe Lagermöglichkeiten[1169] und relativ konstante Bestände in den Bilanzen des Prüfungszeitraums sprechen aber ebenso gegen ein schwankendes Warenlager[1170] wie das Vorhandensein eines erfahrenen Geschäftsleiters, der den Aufbau größerer Bestände durch sein Bestellverhalten in aller Regel vermeidet.

1165 Vgl. z. B. *Kulosa*, FR 2017, 501, 502, der auf die fehlende Aufzeichnungspflicht für den WES hinweist.
1166 Vgl. *Harle/Olles*, Rz. 1366.
1167 *Thurow*, BC 2015, 532, 533; *Blenkers/Maier-Siegert*, BC 2005, 54, 56.
1168 Z. B.: RAS in der 5. bis 20. Woche = 380 Prozent, daher Anwendung desselben auf den WES des gesamten Jahres.
1169 Z. B. keine Gefriertruhe bei einer Metzgerei.
1170 FG Münster v. 10.11.2003 6 V 4562/03 E, U, EFG 2004, 236.

3 Außenprüfung

Zweifelhaft sind insbesondere solche ZRV, bei denen der WES der als maßgeblich erachteten Periode durch geschätzte Bestandserhöhungen zum Ende dieser Periode künstlich gemindert und der RAS dadurch erhöht wird:

> *Beispiel:*
> In allen Monaten eines Jahres betrug der Wareneinkauf 2.000 €, der Umsatz 4.000 €. Der Betriebsprüfer geht davon aus, dass sich der Warenbestand vom 1.5. zum 31.5. des Jahres um 200 € erhöht hat, der WES im Mai somit 1.800 € und der RAS 4.000 €/1.800 € = 122 % betrug. Er will diesen RAS auf den WES des gesamten Jahres anwenden.

Das bedeutet für den Steuerberater, dass vor allem die **Kalenderwochen zu Beginn und am Ende** des vom Betriebsprüfer ausgesuchten mehrwöchigen Zeitraums auf etwaige Zuordnungsfehler und auf betriebliche Besonderheiten zu untersuchen sind. Zuordnungsfehler und betriebliche Besonderheiten in der Mitte des Zeitraums werden sich hingegen i. d. R. ausgleichen.

Problematisch ist das Ergebnis eines ZRV auch in den Fällen, in denen den Ausgangsrechnungen nicht immer entnommen werden kann, welche Waren der entsprechenden Leistung zu Grunde gelegen haben.[1171]

> *Beispiel:*
> A betreibt ein Restaurant in einer Kleinstadt. Einen erheblichen Teil seines Umsatzes erzielt er durch Party-Service-Leistungen z. B. im Rahmen von Erstkommunion-Feiern oder Silberhochzeiten. Nachdem er das jeweilige Buffet mit dem jeweiligen Kunden besprochen und die Leistung ausgeführt hat, erteilt er eine Rechnung mit dem Hinweis „Buffet" und dem vereinbarten Festpreis. Eine ZRV kann bei diesem Betrieb keine echte Aussage liefern, da nicht erkennbar ist, welche Waren in einer bestimmten Periode verbraucht wurden.

Zu erklärbaren Schwankungen kann es darüber hinaus kommen, wenn die Einkaufspreise für eingekaufte Rohstoffe stark schwanken, diese Veränderungen aber nicht an die Kunden weitergegeben werden können.

> *Beispiel:*
> A ist seit vielen Jahren Taxiunternehmer. In den Monaten April und Mai eines bestimmten Jahres fällt der Dieselpreis auf ein historisches Tief. Die Fahrpreise müssen aufgrund öffentlich-rechtlicher Vorschriften dennoch zunächst unverändert bleiben. In den genannten Monaten wird ein wesentlich besserer Aufschlag erzielt als im Rest des Jahres. Das ist hier aber kein Hinweis auf nicht deklarierte Einnahmen, sondern ergibt sich allein aus der o. g. Preisentwicklung.

Eine weitere Schwachstelle des ZRV ergibt sich, wenn sich die **Zusammensetzung** der umgesetzten Ware in den einzelnen Perioden des Jahres **ändert**.[1172] Dann kann das Verhältnis von Umsatz und WES in den einzelnen Perioden schwanken, ohne dass dies mit unversteuerten Einnahmen zusammenhängt,

---
1171 Problem der sog. „Sammelrechnungen", vgl. hierzu *Wähnert*, StBp 2014, 97.
1172 Sog. „Saisonale Schwankungen".

3.9 Schätzungsmethoden

sondern vielmehr damit, dass z. B. jeweils andere Speisen vermehrt bzw. weniger nachgefragt werden. So können die durchschnittlich erzielten Aufschläge bei einer Eisdiele in der kälteren Jahreszeit höher sein als im Sommer, da verhältnismäßig mehr Kaffee und Tee mit entsprechend hohen Aufschlägen umgesetzt wird. Detaillierte Aufzeichnungen, die bei entsprechender technischer Ausstattung des Betriebs[1173] erstellt werden können, können in einem solchen Fall die Schätzung des FA entkräften, wenn der auf den WES des gesamten Jahres angewandte Aufschlagsatz einer Periode mit untypisch hohem Aufschlag entnommen wurde. Schwankende Aufschlagsätze in den einzelnen Zeitabschnitten können auch mit geänderten Preisen oder Rezepten zusammenhängen. Ist das von Beraterseite nachgewiesen, besteht nur aufgrund der unterschiedlichen Aufschläge grundsätzlich kein Schätzungsanlass.

Bei der Bewertung der Ergebnisse eines ZRV sind schließlich auch **Preisveränderungen** zu beachten. So soll z. B. eine Preiserhöhung um 26 % während des Prüfungszeitraums im Regelfall ausschließen, einen durchgehenden ZRV für die Zeit vor und nach der Preiserhöhung vorzunehmen.[1174] Das Gleiche muss bei einer Veränderung der Einkaufspreise gelten. Durch die weit entwickelte Software der FinVerw ist es dem Betriebsprüfer allerdings problemlos möglich, Preisveränderungen, welche nicht an die Kunden weitergegeben werden konnten, in seine Berechnungen einzuarbeiten.

Die Ergebnisse eines ZRV sind auf den ersten Blick oft beeindruckend. Das gilt umso mehr, wenn sie vom Betriebsprüfer **grafisch** aufbereitet werden.[1175] Gerade aus diesem Grund sind die Zahlen aber genau zu analysieren. Zu prüfen ist, ob die als repräsentativ ausgewählte Periode tatsächlich die in diesem Abschnitt verbrauchten Waren enthält. Ist diese der Fall, muss untersucht werden, warum in den übrigen Perioden niedrigere Aufschläge erzielt wurden. Das muss nicht immer mit unversteuerten Einnahmen zusammenhängen.

> *Beispiel:*
> In der Periode mit einem zunächst nicht erklärbar scheinenden niedrigen Aufschlagsatz ist eine Bonuszahlung „gegen Erlöse" gebucht worden. Die niedrigen Umsätze haben deshalb nichts damit zu tun, dass der Steuerpflichtige Umsätze dieser Periode nicht in seiner Kassenbuchführung erfasst hat.

Darüber hinaus sollten die oft komplexen und detaillierten Zahlenwerke nicht darüber hinwegtäuschen, dass vielfach mit Annahmen z. B. bei Abbau oder dem Aufbau von Lagerbeständen gearbeitet werden muss. Die entstehende Scheingenauigkeit ändert nichts am Schätzungsmethodencharakter des ZRV.

1173 Z. B. Warengruppenberichte.
1174 BFH v. 12.7.2017 X B 16/17, BFH/NV 2017, 1204.
1175 Zu verbesserten Darstellungen z. B. durch „Doppelskalieren" und durch Bereinigung um Preissteigerungen z. B. *Wähnert*, StBp 2014, 97.

3 Außenprüfung

Der **BFH** hat den ZRV unter **strengen Voraussetzungen** als zulässige Schätzungsmethode anerkannt.[1176] Wer mit einer möglichen Zuschätzung aufgrund eines ZRV konfrontiert wird, kann deshalb zwar zunächst zu Recht darauf verweisen, dass der BFH aus Gründen der Methodik und des Rechtsschutzes sehr hohe Anforderungen an die Genauigkeit und die Transparenz des Zahlenwerks stellt.[1177] So wird u.a. gefordert, dass die Übernahme der vorhandenen Buchhaltungsdaten „frei von Fehlern" ist. Auch wenn Unsicherheiten, die auf unzureichenden Aufzeichnungen des Steuerpflichtigen beruhen, auch beim ZRV grundsätzlich zu Lasten des Steuerpflichtigen gehen, so verlangt der BFH wegen der dieser Schätzungsmethode immanenten Hebelwirkung jedenfalls eine Plausibilitätsprüfung, welche sich nicht allein auf einen summarischen Vergleich mit den Werten der Richtsatzsammlung beschränken darf.[1178] Weiterhin soll das Zahlenwerk im Regelfall die Umschlaghäufigkeit der einzelnen Waren bzw. Warengruppen erkennen lassen, damit beurteilt werden kann, ob die Lagerhaltung vernachlässigt werden kann, weil sich nur sehr wenig Ware im Lager befindet oder die Mengen konstant sind. Wegen der Problematik der saisonalen bzw. betrieblich-strukturell bedingten möglichen „natürlichen" Schwankungen[1179] forderte schon die ältere Rechtsprechung einen Nachweis, dass der für eine Teilperiode des Unternehmens festgestellte Aufschlagsatz auch für die übrige Zeit repräsentativ ist.[1180] Schließlich sieht der BFH das FA in solchen Fällen, in denen die genannten Anforderungen nicht erfüllt werden können, dahingehend in der Pflicht, eine Vergleichsberechnung im Sinne einer „Sensitivitätsanalyse" durchzuführen, um den Umfang der im Einzelfall möglichen „Fehlermarge" abschätzen zu können.[1181]

Der in Sachen ZRV versierte Prüfer wird einen Ausweg aus den extrem hohen Anforderungen der Rechtsprechung an den ZRV vor allem in den Fällen mangelhafter Aufzeichnungen oder verweigerter Mitwirkung legitimer Weise ggf. darin finden, eine pauschale Zuschätzung bzw. einen Sicherheitszuschlag[1182] vorzunehmen und ihn der Höhe nach durch einen ZRV „abzusichern".[1183] An

---

1176 Grundsätzlich hierzu BFH v. 25.3.2015 X R 20/13, BStBl. II 2015, 743, zur besonderen Problematik des sog. „vereinfachten" ZRV BFH v. 25.3.2015 X R 19/14, BFH/NV 2016, 4, hierzu *Thurow*, BC 2015, 532. Zum ZRV als Verprobungsmethode und dem entsprechenden „Drei-Stufen-Modell" des BFH siehe bereits unter 3.6.3.4.
1177 Im Verfahren X R 20/13 hat der BFH eine Excel-Tabelle mit 11.000 weder chronologisch noch nach Lieferanten sortierten Einzelwerten als nicht nachprüfbar angesehen. Zur Kritik an den hohen Anforderungen vor allem im Vergleich zu anderen Schätzungsmethoden vgl. z.B. *Schütt*, StBp 2018, 323.
1178 BFH v. 25.3.2015 X R 20/13, BStBl. II 2015, 743, Rz. 67.
1179 Siehe hierzu bereits weiter oben.
1180 Z.B. FG Münster v. 19.8.2004 8 V 3055/04 G, EFG 2004, 1810 mit Anm. *Büchter-Hole*; FG Münster v. 11.2.2000 9 V 5542/99 K, U, F, juris.
1181 BFH v. 25.3.2015 X R 20/13, BStBl. II 2015, 743, Rz. 69. Wesentliche Änderungen in der Betriebsstruktur gelten als Ausschlussgrund für die Anwendung des ZRV, vgl. *Kulosa*, SAM 1/2017, 9, 16.
1182 Siehe hierzu 3.9.11.
1183 Zur „mehrperspektivischen Absicherung" z.B. *Pump/Wähnert*, NWB 2015, 2869, 2875.

3.9 Schätzungsmethoden

einen ZRV als „Plausibilitätsprüfung" für eine andere Schätzungsmethode können m. E. keine so hohen Anforderungen gestellt werden wie an die tatsächlich angewandte Methode, da die Rechtsprechung gerade keine Durchführung mehrerer Methoden verlangt. Kleinere Mängel beim ZRV dürften bei dieser Betrachtung eine deutlich geringere Bedeutung haben. Im Ergebnis sollte in ZRV-Fällen aus Beratersicht nach wie vor geprüft werden, ob der Hinnahme eines sachgerechten Sicherheitszuschlags der Vorzug gegenüber einem ungewissen Einspruchs- oder Klageverfahren zu geben ist.

3.9.5 Kassenfehlbeträge

Die Schätzung nach Kassenfehlbeträgen ist der klassische Fall einer „**Ergänzungsschätzung**".[1184] Ausgangspunkt ist die Überlegung, dass aus einer Barkasse nicht mehr Geld ausgegeben werden kann als zuvor eingenommen bzw. eingelegt wurde. Übersteigen die Ausgaben eines bestimmten Zeitraums den Anfangsbestand und die Einnahmen sowie die Einlagen, entsteht ein sog. Kassenfehlbetrag. Insbesondere das mehrfache Auftreten solcher Fehlbeträge nimmt der Kassenführung ihre Ordnungsmäßigkeit. Erfolgt die dann erforderliche Gewinnschätzung auf der Grundlage der festgestellten Kassenfehlbeträge, so besteht regelmäßig Streit über die Höhe der Zuschätzung. Die im Rahmen der Kassenfehlbetragsrechnung festgestellten Minusbestände sind i. d. R. kein ausreichendes Kriterium für die Höhe der Schätzung. Soll Letztere dennoch auf der Grundlage der Kassenfehlbeträge erfolgen, so ist zur Bemessung des Gewinnzuschlags dem höchsten im Kalenderjahr festgestellten Fehlbetrag zumindest ein angemessener **Kassenbestand hinzuzurechnen**,[1185] welcher allerdings eher niedrig anzunehmen ist.[1186] Eine Hinzurechnung eines überdurchschnittlichen Bestandes bedarf einer gesonderten Begründung durch das FA.[1187]

> *Beispiel:*
> Der Betriebsprüfer stellt fest, dass am 1.5.01 ein Kassenfehlbetrag i. H. v. 174,21 € entstanden ist. Zur Berechnung der erforderlichen Hinzuschätzung ermittelt er den durchschnittlichen Kassenbestand bei Geschäftsschluss für den Monat 5/01 mit 458,87 €. Umsatz und Gewinn des Jahres 01 werden gem. § 162 AO um 174,21 € + 458,87 € = 633,08 € erhöht.

Vielfach addiert der Betriebsprüfer sämtliche Tage mit Minusbeständen auf. Damit wird ein einmal entstandener Fehlbetrag aber potenziert, was grundsätzlich nicht zu einem sachgerechten Ergebnis führt. Solche „fortlaufenden" Kassenfehlbeträge dürfen deshalb nicht addiert werden. Wechseln aber in einem Wirtschaftsjahr mehrmals Kassenminusbestände mit Kassenplusbeständen, so

---

1184 Zu dieser Art der Schätzung allgemein vgl. 1.4. Bei zahlreichen Kassenfehlbeträgen kann auch eine sog. Vollschätzung in Betracht kommen.
1185 BFH v. 20.9.1989 X R 39/87, BStBl. II 1990, 109.
1186 BFH v. 21.2.1990 X R 54/87, BFH/NV 1990, 683.
1187 BFH v. 21.2.1990 X R 54/87, BFH/NV 1990, 683.

3 Außenprüfung

soll für jeden Zeitraum mit Minusbeständen der höchste Fehlbetrag hinzugeschätzt werden können.[1188] Im Ergebnis kann die Hinzuschätzung jedenfalls durchaus höher ausfallen als die Summe der festgestellten Kassenfehlbeträge.[1189]

Insbesondere wenn der Kassenendbestand nicht wie vorgeschrieben täglich festgehalten wird, wird der mit der Buchführung beauftragte Steuerberater häufig Fehlbeträge feststellen. Dann ist zu beachten, dass er von sich aus nur Hinzuschätzungen vornehmen darf, wenn es nach sorgfältiger Prüfung zwingend erforderlich erscheint und die Finanzbehörde andernfalls ihrerseits Zuschätzungen vornehmen müsste. Ebenso wie bei der Anpassung des Buchführungsergebnisses an die Richtsätze sollte der Steuerberater darauf achten, diese Hinzuschätzungen in der Steuererklärung als solche deutlich zu machen, um sich nicht der Gefahr der Haftung gemäß § 71 AO wegen Steuerhinterziehung auszusetzen, falls sich die Hinzuschätzungen später als zu niedrig erweisen sollten. Denn in einem solchen Fall könnte die Finanzbehörde die Auffassung vertreten, das „Stimmigmachen" durch den Steuerberater habe eine weitere Überprüfung und letztlich die zutreffende höhere Schätzung durch das FA verhindern sollen.[1190]

3.9.6 Ungeklärte „Einlagen"

Die Buchung von Einlagen ist ein beliebtes Mittel zur Verheimlichung von Umsätzen. Im Ergebnis schwer verständlich ist hier die Rechtsprechung, die zwischen Zugängen auf betrieblichen und solchen auf privaten Konten differenziert.[1191] Können Zugänge auf betrieblichen Konten nicht aufgeklärt werden, so sind sie jedenfalls regelmäßig als betriebliche Einnahmen anzusehen.[1192] Wegen der vom Steuerpflichtigen selbst hergestellten Verbindung zum Betriebsvermögen durch die Buchung einer Einlage ist er bei der Prüfung, ob tatsächlich Einlagen gegeben sind bzw. wo die entsprechenden Mittel herstammen, verstärkt zur Mitwirkung verpflichtet.[1193] Bei Verletzung dieser Pflicht bzw. bei nicht verifizierten Aussagen können FA und FG von weiteren Ermitt-

---

1188 FG Rheinland-Pfalz v. 3.1.1985 1 V 16/84, juris.
1189 BFH v. 12.5.1999 IV B 89/98, BFH/NV 1999, 1448. Zum Sicherheitszuschlag siehe unter 3.9.11.
1190 Zur Thematik siehe auch 9.3.
1191 Vgl. z. B. FG München v. 30.8.2011 10 V 735/11, juris, wonach es bei einem China-Restaurant Sache des FA sein soll, die Herkunft eines nicht aufgeklärten Zuflusses von über 200.000 € nachzuweisen, m. E. unzutreffend.
1192 BFH v. 13.3.2007 X B 37/06, BFH/NV 2007, 1138; BFH v. 4.12.2001 X B 155/01, BFH/NV 2002, 476; FG Münster v. 21.12.2007 8 V 2146/07 U, juris, zur Gewinnermittlung gemäß § 4 Abs. 3 EStG vgl. FG München v. 11.12.2002 9 K 252/01, EFG 2003, 625, rkr.; FG des Saarlands v. 20.7.2004 1 V 115/04, juris: 50 % der vermeintlichen Einlagen als Einnahmen.
1193 BFH v. 13.6.2013 X B 132-133/12, BFH/NV 2013, 1593; BFH v. 15.2.1989 X R 16/86, BStBl. II 1989, 462.

3.9 Schätzungsmethoden

lungen absehen[1194] und die unaufgeklärten Kapitalzuführungen als nicht versteuerte Einnahmen ansehen.[1195] Das gilt auch, wenn das Geld kurze Zeit später in das Privatvermögen zurückgeführt wird, um z. B. Wertpapiere zu erwerben.[1196] Vom FA werden allerdings ggf. Feststellungen verlangt, die es wahrscheinlich machen, dass der ungeklärte Geldzufluss aus unversteuerten Einnahmen gerade dieses Jahres und nicht etwa aus früheren Veranlagungszeiträumen oder aus anderen Quellen stammt.[1197] Zu prüfen ist aber auch, ob eine Zuschätzung auf der Grundlage der nicht erklärten Einlagen überhaupt ausreichend ist[1198] oder ob zusätzlich Sicherheitszuschläge vorzunehmen sind bzw. eine sog. Vollschätzung z. B. auf der Grundlage einer VZR oder einer Nachkalkulation erfolgen muss. Dies kann nur im Einzelfall entschieden werden.[1199] Die Anforderungen an den Nachweis eines einmaligen Versehens mit der Folge der bloßen Gewinnkorrektur aufgrund der „Einlage" sind hoch. Eine genaue Darstellung des Buchungsversehens ist erforderlich, um weitere Hinzuschätzungen zu vermeiden. Als Kontrollfragen sind zu klären, wer buchte, wann der Vorgang buchmäßig erfasst wurde, wie der Fehler passieren konnte und warum er nicht aufgefallen ist.

Die Hinzuschätzung von Einnahmen aufgrund von nicht geklärten Zuflüssen setzt voraus, dass überhaupt ein solcher Geldeingang „von außen" feststellbar ist. So können z. B. von einer ausländischen Domizilgesellschaft an ihre inländische Zweigniederlassung ausgekehrte Darlehen selbst dann nicht als Einnahmen der Zweigniederlassung versteuert werden, wenn nicht erkennbar ist, wie die ausländische Gesellschaft ihrerseits die Beträge erwirtschaftet haben könnte.[1200] Anders kann dies sein, wenn es sich bei den Beteiligten nicht um eine Hauptniederlassung und eine inländische Zweigstelle handelt, sondern um zwei verschiedene Unternehmen.[1201]

Die Rechtsprechung hat ungeklärte Einzahlungen auf betrieblichen Konten in Einzelfällen lediglich als bisher nicht entdecktes Kapitalvermögen angesehen und insofern nur eine Hinzuschätzung nicht deklarierter Zinsen für rechtmäßig

---

1194 Insbesondere sind dann weder eine GVR noch eine VZR erforderlich, vgl. BFH v. 3.4.2013, X B 8/12, BFH/NV 2013, 1065; BFH v. 15.2.1989 X R 16/86, BStBl. II 1989, 462.
1195 BFH v. 3.4.2013 X B 8/12, BFH/NV 2013, 1065; BFH v. 30.3.2006 III B 56/05, BFH/NV 2006, 1485; BFH v. 30.7.2002 X B 40/02, BFH/NV 2003, 56; BFH v. 4.12.2001 III B 76/01, BFH/NV 2002, 476; BFH v. 15.2.1989 X R 16/86, BStBl. II 1989, 462; aber nicht zwangsläufig negative Schlussfolgerungen für den Steuerpflichtigen nach BFH v. 30.5.2008 III B 80/07, juris.
1196 BFH v. 13.6.2013 X B 132-133/12, BFH/NV 2013, 1593.
1197 FG München v. 22.1.2010 10 V 2438//09, juris, m. E. ist die Entscheidung problematisch, da die Anforderungen des FG an die Schätzung trotz fehlender Mitwirkung durch den Steuerpflichtigen sehr hoch sind.
1198 Typischer Fall der sog. „Ergänzungsschätzung".
1199 Zu einem Sicherheitszuschlag i. H. v. 15 % zu den ungeklärten Einlagen siehe FG Nürnberg v. 27.4.2005 V 231/2003, juris.
1200 Niedersächsisches FG v. 10.1.2008 6 K 63/06, EFG 2008, 772.
1201 FG Berlin v. 16.1.2002 7 K 8014/00, EFG 2002, 441, m. E. problematische Differenzierung mit ggf. nicht sachgerechten Ergebnissen.

gehalten.[1202] Allerdings wurde die o. g. Schätzungsbefugnis des FA aufgrund der Einzahlungen auf ein betriebliches Konto und der fehlenden Mitwirkung des Steuerpflichtigen dem Grunde anerkannt. Lediglich wegen ihrer Größenordnung sollten die festgestellten Einnahmen im konkreten Fall keine betrieblichen Einnahmen sein können.

Ein sog. **gemischtes Konto**, über das sowohl betriebliche als auch private Vorgänge abgewickelt werden, gilt für die Frage der Zuschätzung als betriebliches Konto.[1203] Das FA kann die Vorlage der vollständigen Kontoauszüge verlangen.[1204]

Eine Hinzuschätzung auf der Grundlage von Einzahlungen auf **private Konten** ist bei ordnungsgemäßer Buchführung grundsätzlich nur in Verbindung mit einer GVR oder einer VZR möglich,[1205] da der Steuerpflichtige nicht verpflichtet ist, einen geschlossenen Nachweis über sein privates Vermögen zu führen. Eine entsprechende Hinzuschätzung wird für rechtmäßig gehalten, wenn der Steuerpflichtige seine Mitwirkungspflichten verletzt hat und Anhaltspunkte dafür bestehen, dass Einnahmen nicht versteuert werden sollten.[1206] Außergewöhnlich hohe Einzahlungen auf **Privatkonten,** die anschließend auf ein betriebliches Konto transferiert wurden, berechtigen das FA zu Zuschätzungen in entsprechender Höhe.[1207] Sie werden damit wie Direkteinzahlungen auf das betriebliche Konto behandelt.

Die grundsätzliche Differenzierung nach der Betriebsvermögenseigenschaft des für die fraglichen Einzahlungen genutzten Kontos erscheint zweifelhaft, ist aber im Rahmen der Beratung nutzbar, indem mehrere Bankkonten – privat und betrieblich – eingerichtet werden. Dieser Hinweis soll nicht als Anregung zur Steuerhinterziehung verstanden werden, der legale Vorteil besteht vielmehr vor allem darin, dass in aller Regel keine umfangreichen Recherchen deshalb angestellt werden müssen, weil der Betriebsprüfer Geldgeschenke, kleinere Erbschaften oder sonstige Überweisungen aus privatem Anlass als nackte Zahl auf dem Kontoauszug bemerkt hat und entsprechende Nachfragen stellt.

Wegen der durchaus schwankenden Rechtsprechung[1208] ist es bei **größeren Einzahlungen** auf privaten Konten jedenfalls ratsam, den privaten Anlass zu dokumentieren und idealer Weise entsprechende Belege vorzuhalten.

1202 FG Düsseldorf v. 14.10.2002 17 K 7587/99 E, EFG 2003, 502, bestätigt durch BFH v. 7.5.2004 IV B 221/02, BFH/NV 2004, 1367.
1203 FG München v. 11.12.2002 9 K 252/01, EFG 2003, 662, bestätigt durch BFH v. 12.6.2003 XI B 8/03, BFH/NV 2003, 1323; die Kontoauszüge sind vorzulegen, bei Vernichtung ist Ersatz zu beschaffen, vgl. FG Hamburg v. 22.3.1991 VII 164/90, EFG 1991, 636.
1204 FG des Saarlands v. 30.6.2005 1 K 141/04, juris; FG Hamburg v. 22.3.1991 VII 164/90, EFG 1991, 636, insoweit bestätigt durch BFH v. 15.9.1992 VII R 66/91, BFH/NV 1993, 76.
1205 BFH v. 15.2.1989 X R 16/86, BStBl. II 1989, 462; FG Münster v. 13.5.2009 12 U 783/05 E, F, juris.
1206 FG Berlin v. 16.12.2003 7 K 7100/01, juris, i. d. S. auch Sächsisches FG v. 21.7.2003 1 V 2305/02, juris und FG München v. 4.1.2001 13 S 3919/00, juris.
1207 FG München v. 5.9.2002 13 V 1269/02, juris.
1208 Siehe vor allem BFH v. 28.1.2009 X R 20/05, BFH/NV 2009, 912.

3.9.7 Geldverkehrsrechnung

Auch im digitalen Zeitalter wird die GVR[1209] ihre Bedeutung als wichtige Verprobungs- und Schätzungsmethode behalten.[1210] Sie kann als GesamtGVR[1211] oder als TeilGVR, dann insbesondere als sog. private GVR, ausgestaltet sein. Bei der letztgenannten Methode werden die Geldbewegungen innerhalb eines geschlossenen Buchführungssystems ausgespart. Nur Entnahmen und Einlagen, d. h. Geldflüsse aus oder in den Betrieb, haben dabei Bedeutung. Das ist die am häufigsten anzutreffende Art der GVR. Zumindest in den Fällen einer „halbwegs" ordnungsgemäßen Buchführung ist es nicht sinnvoll, Geldflüsse innerhalb der Buchführung in die GVR einzubeziehen. Denn die nicht deklarierten Einnahmen werden gerade nicht gebucht und können somit nicht als Geldfluss in Erscheinung treten. Bei der privaten GVR wird demnach die betriebliche Ebene „ausgeblendet" und die finanzielle Situation aus der Sicht des Steuerpflichtigen als „Privatperson" beleuchtet. Tatsächlich findet sich in der Praxis der Ap und der Steuerfahndung zumeist die sog. „private" GVR, weil die oftmals komplizierten Buchungsvorgänge dann nicht geprüft werden müssen.[1212]

Die GVR ist ausgehend von der o. g. Überlegung eine **Gegenüberstellung** der verfügbaren Mittel und der Mittelverwendung.[1213] Wichtig ist dabei, auch die Vermögensänderungen zu erfassen, das gilt allerdings nur, sofern sie mit Geldflüssen unmittelbar zusammenhängen. Logische Fehler des FG bei der GVR führen nicht automatisch zur Zulassung der Revision, wenn das Ergebnis nicht offensichtlich realitätsfremd ist.[1214]

Der **Vergleichszeitraum** kann grundsätzlich beliebig gewählt werden. Bei einem Betrachtungszeitraum von mehr als einem Jahr ergibt sich allerdings das Problem der Verteilung evtl. Mehrbeträge auf die einzelnen Besteuerungsabschnitte. Die Verteilung eines z. B. für einen Vergleichszeitraum von drei Jahren festgestellten Vermögenszuwachses zu je einem Drittel auf die betroffenen Veranlagungszeiträume dürfte dabei allerdings regelmäßig keinen Bedenken begegnen.[1215] Vergleichszeiträume von sieben oder zwölf Jahren hält die Rechtsprechung wegen des Verteilungsproblems hingegen für weniger geeignet,[1216] aber dennoch für möglich.[1217] Zumindest eine lineare Verteilung festgestellter Mehrbeträge soll dann problematisch sein.

1209 Auch als „Deckungsrechnung" bezeichnet. Für eine Schätzung auf der Grundlage einer GVR wird auch der Begriff der „Verbrauchsbesteuerung" benutzt.
1210 *Becker/Danielmeyer/Neubert/Unger*, DStR 2016, 2983. 2989.
1211 Zu den Einzelheiten siehe BFH v. 29.11.2005 X B 111/05, BFH/NV 2006, 484.
1212 Zur privaten GVR vgl. *Brinkmann*, StBp 2007, 325.
1213 „Lebenshaltungsgleichung". Zu einem Beispiel siehe Anhang 15.
1214 BFH v. 9.3.2004 X B 68/03, BFH/NV 2004, 1112.
1215 BFH v. 21.2.1974 I R 65/72, BStBl. II 1974, 591.
1216 BFH v. 2.3.1982 VIII R 225/80, BStBl. II 1984, 504.
1217 BFH v. 27.6.2011 VIII B 138/10, BFH/NV 2011, 1662.

3 Außenprüfung

Die **verfügbaren Mittel** ergeben sich insbesondere aus
- Geldbeständen und Guthaben zu Beginn des Vergleichszeitraums,[1218]
- aufgenommenen Darlehen,[1219]
- Rückzahlungen verliehener Beträge, aus sonstigen privaten Geldzuflüssen,[1220]
- den erklärten Einkünften.

Für den Bargeldbestand zu Beginn des Betrachtungszeitraums soll nach Möglichkeit auf die Verhältnisse der Vorjahre abgestellt werden, der Betrachtungszeitraum wird dadurch nicht etwa unzulässiger Weise ausgedehnt.[1221] Die Höhe der Einkünfte sagt für sich gesehen nicht unbedingt etwas über den Umfang der insofern zur Verfügung stehenden Mittel aus. Hat der buchführungspflichtige Steuerpflichtige z. B. einen Gewinn i. H. v. 100.000 € erzielt, diesen aber nicht entnommen, so standen insofern keine Mittel zur Verfügung. Im Einzelnen sind die Einkünfte insbesondere dahingehend zu korrigieren bzw. dergestalt zu erfassen, dass in Abzug gebrachte AfA- und Pauschbeträge hinzugerechnet werden, durch die Pauschbeträge bisher abgegoltene tatsächliche Aufwendungen abgerechnet werden und hinsichtlich der Einkünfte aus Gewerbebetrieb, die durch Betriebsvermögensvergleich ermittelt wurden, nicht der Gewinn, sondern die Einlagen und Entnahmen berücksichtigt werden. Eine Differenz zwischen den Entnahmen, die in der GVR als zur Verfügung stehende Mittel erfasst sind, und den Entnahmen lt. Kapitalkontenentwicklung des Jahresabschlusses muss nicht zwingend die Fehlerhaftigkeit der GVR belegen, weil Entnahmen nicht nur als Barentnahmen denkbar sind.

Die **Mittelverwendung** als zweite Vergleichsgröße ergibt sich aus
- privatem Geldverbrauch,[1222]
- Anschaffungskosten von Wirtschaftsgütern,
- Rückzahlung von Schulden, Anstieg von Geldbeständen vom Anfang bis zum Ende des Vergleichszeitraums[1223] und
- der Hingabe von Darlehen.

1218 Die Feststellung der Bestände ist dabei unerlässlich, BFH v. 2.3.1982 VIII R 255/80, BStBl. II 1984, 504. Für den Bargeldbestand zu Beginn des Betrachtungszeitraums soll nach Möglichkeit auf die Verhältnisse der Vorjahre abgestellt werden, der Betrachtungszeitraum wird dadurch nicht ausgedehnt, BFH v. 24.11.1988 IV R 150/86, BFH/NV 1989, 416.
1219 Zur Glaubhaftmachung siehe 3.10.3.
1220 Steuerfreie Einnahmen, Arbeitslosengeld, Kindergeld, Wohngeld, Eigenheimzulage, Auszahlung von Lebensversicherungen, empfangene Schenkungen, Erbschaften etc.
1221 BFH v. 24.11.1988 IV R 150/86, BFH/NV 1989, 416.
1222 Lebenshaltungskosten, Mieten, Steuern etc.
1223 Anfangs- und Endbestände werden teilweise als existenzielle Bestandteile der GVR angesehen, vgl. BFH v. 25.7.1991 XI R 27/89, BFH/NV 1991, 796; FG Münster v. 29.3.2017 7 K 3675/3 E, G, U, juris. M. E. kann insoweit aber eine sachgerechte Schätzung erfolgen.

3.9 Schätzungsmethoden

Das **größte Problem des Betriebsprüfers ist die Ermittlung der Lebenshaltungskosten**.[1224] Sie sind, wenn bessere Erkenntnisquellen nicht vorhanden sind, aufgrund statistischer Durchschnittswerte zu ermitteln.[1225] Die vom FA häufig benutzten Tabellen, die nach unterschiedlichen „Haushaltsklassen" differenzieren, liefern im Allgemeinen zuverlässige Werte.[1226] Der Steuerpflichtige hat jedenfalls dann keinen Anspruch darauf, dass lediglich Sozialhilfesätze berücksichtigt werden, wenn seine Lebensumstände darauf schließen lassen, dass ihm ein höheres Einkommen zur Verfügung steht. Er genügt seiner Mitwirkungspflicht nicht, wenn er eine bescheidene Lebensführung nur behauptet.[1227] Soweit die Ausgaben nicht gedeckt sind, erfolgt eine Hinzuschätzung zum Gewinn, wenn feststeht, dass andere Quellen als der Betrieb bzw. die dem FA bekannten anderen einkünfterelevanten Tätigkeiten nicht zur Verfügung standen.[1228]

Vielfach wird im Zusammenhang mit der Diskussion über die individuellen Lebenshaltungskosten die Ansicht vertreten, das FA dürfe den „Privatbereich" nicht prüfen, sondern müsse die Ermittlungen auf den Betrieb beschränken. Ein Hinweis darauf soll darin liegen, dass eine Ap i.d.R.[1229] überhaupt nur zulässig ist, wenn ein Betrieb vorhanden ist.[1230] Dann sei es nicht sachgerecht, gleichsam „im Windschatten" dieser Regelung die Privatsphäre des Steuerpflichtigen zu untersuchen. Gegen eine solche Ansicht spricht jedoch bereits die Tatsache, dass in der Prüfungsanordnung[1231] die „Einkommensteuer" und nicht etwa der „Gewerbebetrieb" als Prüfungsgegenstand genannt wird. Zum Prüfungsumfang gehören damit auch Sonderausgaben, außergewöhnliche Belastungen, Überschusseinkünfte etc., d.h. der Privatbereich des Steuerpflichtigen. Ziel der Ap bei Einzelunternehmen und mittelbar auch bei Personengesellschaften ist die Ermittlung der zutreffenden Einkommensteuer. Hierbei müssen vielfach Besteuerungsmerkmale berücksichtigt werden, die mit betrieblichen Vorgängen nichts zu tun haben. Eine Beschränkung der Ap auf den Betrieb des Steuerpflichtigen ist daher nicht geboten.[1232] Eine Ausdehnung der Ap auf die Privatsphäre des Steuerpflichtigen, insbesondere auf die Entwicklung des Privatvermögens und den privaten Konsum, wird jedenfalls dann für zulässig erachtet, wenn hierzu eine besondere Veranlassung besteht.[1233] Solche Situa-

---

1224 Vgl. hierzu z. B. den Sachverhalt in Sächsisches FG v. 19.5.2014 5 K 1165/10, EFG 2014, 1497.
1225 Vgl. die Nachweise in BFH v. 25.7.1991 XI R 27/89, BFH/NV 1991, 796; *Seer* in Tipke/Kruse, § 162 Rz. 65; zur Ermittlung des Privatverbrauchs siehe auch weiter unten.
1226 LG Freiburg (Breisgau) v. 15.11.2000 VIII Qs 13/00, PStR 2001, 164.
1227 BFH v. 1.7.1987 I R 284-286/83, BFH/NV 1988, 12.
1228 BFH v. 28.5.1986 I R 265/83, BStBl. II 1986, 732.
1229 Zu den Ausnahmen siehe § 193 Abs. 1 Alt. 2 und Abs. 2 AO.
1230 § 193 Abs. 1 Alt. 1 AO.
1231 § 196 AO.
1232 BFH v. 5.11.1981 IV R 179/79, BStBl. II 1982, 208.
1233 Z. B. *Stahl*, KÖSDI 11/2001.

tionen, die auch zur Vorlagepflicht der **privaten Kontoauszüge** führen, können sich z. B. ergeben, wenn

- eine nicht ordnungsgemäße Buchführung vorliegt,
- Kassenfehlbeträge nachgewiesen wurden,
- Zuflüsse lt. Kontrollmitteilung nicht erfasst sind,
- ungeklärte Geldzuflüsse auf einem Sparbuch vorliegen und die Verbuchung von Scheckgutschriften für unzweifelhaft steuerpflichtige Einkünfte auf den bisher vorgelegten Konten nicht festgestellt werden konnten,[1234]
- auffällig geringe oder unregelmäßige ungebundene Entnahmen vorliegen,
- der RAS lt. Steuererklärung sehr niedrig ist oder stark schwankt,[1235]
- die Herkunft von Einlagen ungeklärt ist.[1236]

Dies gilt auch für den Privatbereich von Gesellschaftern einer Personengesellschaft, die über § 194 AO in die Prüfung einbezogen werden können oder auch für die Privatkonten des Gesellschaftergeschäftsführers einer GmbH, wenn die Vollständigkeit der Einnahmen durch eine GVR geprüft werden soll.[1237]

Bei der Frage nach der Berechtigung des Prüfers, „private" Unterlagen[1238] anzufordern, ist im Übrigen zu unterscheiden zwischen der Mitwirkungspflicht bei der Erstellung der GVR allgemein und der Vorlagepflicht von „privaten Urkunden" i. e. S. Denn allgemein ist der Steuerpflichtige bei allen Ermittlungen des FA – also auch im Rahmen einer GVR – zur **Mitwirkung** verpflichtet.[1239] Diese Mitwirkungspflicht geht allerdings nicht so weit, dass ein geschlossener Nachweis über die Herkunft des Privatvermögens durch den Steuerpflichtigen selbst geführt werden müsste.[1240] Der Steuerpflichtige hat demnach durchaus einen gewissen Entscheidungsspielraum dahingehend, in welchem Umfang er an der Erstellung einer GVR mitwirkt. Sofern er seine Mitwirkung zulässiger Weise auf ein Minimum beschränkt, wird das FA bei der für das Ergebnis der GVR wichtigen Schätzung des privaten Verbrauchs in aller Regel nur mit Mindestausgaben arbeiten können.[1241] Das gilt jedenfalls dann, wenn keine deutlichen Anzeichen für einen erhöhten Privatverbrauch wie teure Hobbys, exklusive Urlaubsreisen oder Anschaffungen z. B. aus einer bei der Versicherung eingereichten Hausrat-

---

1234 FG Rheinland-Pfalz v. 7.10.1993 4 K 1392/91 und 1012/92, juris.
1235 FG Hamburg v. 11.1.1994 I 73/90, EFG 1994, 731.
1236 *Wiethölter*, StBp 2001, 330.
1237 *Becker* in StBp-Handbuch, Kza. 3450.
1238 Z. B. Auszüge von privaten Konten, Rechnungen über private Ausgaben und über den Erwerb privater Wirtschaftsgüter.
1239 §§ 90 Abs. 1, 200 Abs. 1 AO, BFH v. 17.11.1981 VIII R 174/77, BStBl. II 1982, 430.
1240 BFH v. 7.6.2000 III R 82/97, BFH/NV 2000, 1462; BFH v. 28.5.1986 I R 265/83, BStBl. II 1986, 732.
1241 FG des Saarlands v. 25.2.2008 1 K 2037/04, EFG 2008, 1507. Werte liefert z. B. das Statistische Bundesamt. Der Ansatz von Durchschnittswerten ist aber erst zulässig, wenn der Steuerpflichtige trotz Aufforderung keine Nachweise seiner tatsächlichen Ausgaben beibringt, vgl. Sächsisches FG v. 25.1.2010 6 V 2080/09, juris.

3.9 Schätzungsmethoden

liste ersichtlich sind.[1242] Verfügt der Steuerpflichtige nicht über Unterlagen, mit denen der Privatverbrauch rekonstruiert werden kann, so ist jedenfalls bei der notwendigen Schätzung nicht von einer Minderung des Beweismaßes zu seinen Lasten auszugehen. Vor einer zu defensiven Taktik ist aber dringend zu warnen, wenn ein Verwendungsüberhang bereits sicher festgestellt werden kann. Nicht selten sind z.b. solche Fälle, bei denen schon die Ausgaben lt. Steuererklärung[1243] die dem Steuerpflichtigen nach dessen eigenen Angaben zur Verfügung stehenden Mittel übersteigen. In einer solchen Situation trifft den Steuerpflichtigen eine erhöhte Erklärungs-, Darlegungs- und Nachweispflicht.[1244] Erschwerend kommt hinzu, dass der BFH umso strengere Anforderungen an die zu erbringenden Nachweise stellt, je ungewöhnlicher der vorgetragene Sachverhalt ist.[1245] Als ungewöhnlich ist dabei anzusehen, wenn jemand, der aufgrund seiner beruflichen Tätigkeit einen entsprechenden sozialen Status genießt und sich in dazu passenden gesellschaftlichen Kreisen bewegt, vorgibt, den Lebensstil eines Hartz IV-Empfängers zu haben und entsprechend niedrige Ausgaben gehabt haben will. Vielfach wird der Betriebsprüfer oder Steuerfahnder in eindeutigen Fällen deshalb zunächst eine unvollständige GVR erstellen, z. B. unter gänzlicher Außerachtlassung des privaten Verbrauchs. Zeigen sich so bereits Verwendungsüberhänge, wird die Beweislast de facto umgekehrt[1246] und dem Steuerpflichtigen ist folglich die Mitwirkung zu empfehlen, um eine Schätzung nach Beweislastgrundsätzen, d.h. im Ergebnis im ungünstigen Bereich des Schätzungsrahmens, zu vermeiden.[1247] Schätzungen bzw. Verprobungen der Ap im Bereich des Privatverbrauchs kann evtl. dadurch entgegengetreten werden, dass für die aktuelle Zeit genaue Aufzeichnungen geführt werden und diese mit Hilfe des sog. Verbraucherpreisindex auf das Streitjahr zurückgerechnet werden.[1248]

Auch bei Vorlage der privaten Kontoauszüge bleiben solche Einnahmen **unentdeckt**, die ohne Belege bar vereinnahmt und unmittelbar wieder bar verausgabt werden. Wird z. B. eine aufwändige Urlaubsreise aus „Schwarzgeld" bestritten, kann ein entsprechender Nachweis der Einnahmen durch eine GVR nicht erfolgen, da weder Einnahmen noch Ausgaben bekannt sind. Dieser Nachweis könnte nur gelingen, wenn dem Prüfer die Urlaubsreise bekannt wäre und er gezielt nach ihrer Finanzierung forschen könnte. Der geschickte Steuerhinterzieher wird aus diesem Grund mit Hilfe der nicht deklarierten Bareinnahmen insbesondere außergewöhnliche Kosten begleichen, deren Existenz nicht nachgewiesen werden kann und oft gar nicht vermutet wird.[1249] In der Praxis be-

---

1242 Sächsisches FG v. 30.8.2007 1 K 30/06, juris, rkr.
1243 Z.B. Sonderausgaben gemäß § 10 EStG, außergewöhnliche Belastungen gemäß § 33 EStG.
1244 BFH v. 2.3.1982 VIII R 225/80, BStBl. II 1984, 504.
1245 BFH v. 28.5.1968 IV R 202/67, BStBl. II 1968, 650.
1246 Hessisches FG v. 11.11.1966 10 K 220/85, juris.
1247 Vgl. 1.8 und 1.9. Zur Mitwirkungspflicht beim Erstellen von VZR und GVR allgemein vgl. auch *Assmann*, DB 1989, 851.
1248 Vgl. Niedersächsisches FG v. 15.3.2007, 10 K 560/00, juris, rkr.
1249 Urlaubsreisen, Anschaffung von Schmuck, Luxusrestaurants, private Arztrechnungen.

sonders häufig ist die Umwidmung verkürzter Betriebseinnahmen in „Schwarzlöhne", welche durch eine GVR wegen ihrer Systematik i.d.R. nicht ohne weiteres aufgedeckt wird.[1250] Zu Recht wird deshalb in der Literatur darauf hingewiesen, dass Vermögens- und Liquiditätsrechnungen zwar gut geeignet sind, um einen **Mindeststeuerschaden** zu beziffern, die Ergebnisse aber oft zu günstig für den Steuerpflichtigen sind.[1251] Weniger geschickt ist es im Hinblick auf eine GVR indes, zwangsläufige und normale Kosten mit „Schwarzgeld" zu begleichen. Dann wird der Betriebsprüfer zu Recht die Frage stellen, mit welchem Geld z.B. getankt oder eingekauft wurde.

Zur Verschleierung von Schwarzgeschäften werden häufig **Angehörige oder Bekannte** eingebunden. Werden z.B. Honorare eines Freiberuflers über ein Konto des Sohnes eingezogen,[1252] so scheitert insofern die GVR, da der Vermögenszuwachs bei der Prüfung des Steuerpflichtigen nicht in Erscheinung tritt. Ap und Steuerfahndung sind deshalb gut beraten, ggf. Konten und Vermögen von Angehörigen in ihre Überlegungen einzubeziehen. Durch den **Kontenabruf** nach § 93 Abs. 7 AO werden nicht nur die auf den Namen des Steuerpflichtigen lautenden Konten bekannt, sondern auch solche, über die er lediglich verfügungsberechtigt ist. Die Verweigerung der Zustimmung zum Kontoabruf stellt im Übrigen einen eigenen Schätzungsgrund dar, wenn tatsächliche Anhaltspunkte für die Unrichtigkeit oder Unvollständigkeit der vom Steuerpflichtigen gemachten Angaben zu steuerpflichtigen Einnahmen oder Betriebsvermögensmehrungen bestehen.[1253]

Einzelheiten zur GVR können ggf. auch der **zivilrechtlichen Rechtsprechung** entnommen werden. Denn sie hat auch dort Bedeutung, z.B. zur Ermittlung des Rückzahlungsanspruchs eines Insolvenzverwalters über das Vermögen einer OHG gegen den Gesellschafter.[1254]

3.9.8 Bargeldverkehrsrechnung

Die einfachste Form der Teilgeldverkehrsrechnung ist die Bargeldverkehrsrechnung. Dabei werden die tatsächlich geleisteten Barausgaben den Beträgen gegenübergestellt, die dem Steuerpflichtigen durch Barabhebungen oder durch unmittelbaren Erhalt von Bargeld zur Verfügung standen. Die Methode ist generell geeignet, ungeklärte Einnahmen aufzudecken.[1255] In jedem Fall ist ein Bargeldanfangsbestand zu berücksichtigen, der notfalls zu schätzen ist.[1256] Die Forderung nach Erfassung eines solchen Anfangsbestands ist m.E. ohne prakti-

---

1250 *Giezek/Wähnert*, DB 2018, 470, 471.
1251 *Giezek/Wähnert*, BBK 2017, 998, 1001.
1252 Sog. „Kontoleihe".
1253 § 93 Abs. 7 S. 1 Nr. 5 i.V.m. § 162 Abs. 1 S. 2 AO letzte Alternative.
1254 BGH v. 20.3.1986 II ZR 270/84, BB 1986, 2242.
1255 BFH v. 25.7.1991 XI R 27/89, BFH/NV 1991, 796; FG Hamburg v. 9.6.1986 I 41/82, EFG 1987, 50.
1256 BFH v. 28.1.2009 X R 20/05, BFH/NV 2009, 912; BFH v. 4.12.2001 III B 76/01, BFH/NV 2002, 476; BFH v. 25.7.1991 XI R 27/89, BFH/NV 1991, 796.

3.9 Schätzungsmethoden

schen Wert, da ohne weitere Anhaltspunkte in der heutigen Zeit des überwiegend bargeldlosen Zahlungsverkehrs ohne Rechtsfehler von einem sehr geringen Bestand ausgegangen werden kann.

Der Vorteil der Methode besteht darin, dass sie dort ansetzt, wo nicht deklarierte Einnahmen üblicher Weise anfallen, nämlich im Bargeldbereich. Wie bei der privaten BarGVR besteht die größte Unsicherheit im Bereich der privaten Ausgaben. Erschwert wird die BarGVR durch die zunehmenden Kreditkartenumsätze, die dazu geführt haben, dass immer weniger Konsum mit Bargeld bestritten wird. Die Kreditkartenabrechnungen sind für die GVR aber insofern interessant, als sie Details des Konsumverhaltens transparent machen, so dass die als zur Verfügung stehend festgestellten Bargeldbeträge nur noch mit dem danach verbleibenden Bedarf verglichen werden müssen.

Beispiel:
Der Steuerpflichtige will sämtlichen Konsum mit Hilfe seiner EC-Karte bestritten haben. Tatsächlich ergeben sich aus den Kontoauszügen erhebliche Lastschriften des Kartenunternehmens. Mit Hilfe der Kreditkartenabrechnungen kann der Betriebsprüfer aber feststellen, dass keine Lastschriften zugunsten von Lebensmittel- und Bekleidungsgeschäften getätigt wurden. Für diese Kosten müssen also andere Mittel zur Verfügung gestanden haben.

3.9.9 Fehlende ungebundene Entnahmen

Die GVR wird häufig dadurch **abgekürzt**, dass aus der Buchführung die sog. ungebundenen Entnahmen ermittelt werden und diese unter dem Gesichtspunkt einer ausreichenden Deckung des Lebensbedarfs beurteilt werden. **Ungebundene Entnahmen** sind in diesem Zusammenhang solche, bei denen sich nicht bereits aus der Buchführung eine besondere Verwendung im privaten Bereich ergibt. Häufig werden z.B. die privaten Versicherungsprämien des Unternehmers vom betrieblichen Konto beglichen und als besondere Art der Entnahme[1257] kenntlich gemacht. Diese Entnahmen sind „gebunden" und stehen deshalb nicht für den allgemeinen Lebensunterhalt zur Verfügung. Gebundene Entnahmen können bei der Gegenüberstellung des Lebensbedarfs und der aus den Entnahmen zur Verfügung stehenden Mittel außer Betracht bleiben und vereinfachen somit das Rechenwerk. Je mehr private Verpflichtungen den betrieblichen Zahlungsverkehr berühren, umso genauer wird damit automatisch die Schätzung. Die Vereinfachung der GVR auf der Grundlage ungebundener Entnahmen stellt grundsätzlich eine **zulässige Schätzungsmethode** dar, sofern sich die Entnahmen aus der Buchführung ergeben, innerhalb der Entnahmen eine gewisse Differenzierung vorgenommen wird und wenn andere Einkünfte, z.B. solche des Ehegatten, berücksichtigt werden.[1258] Hinsichtlich der ungebundenen Entnahmen greift der Betriebsprüfer teilweise auf entspre-

---

1257 „Private" Versicherungen, Vorsorge. I.d.R. werden hierfür in der Buchführung separate Konten eingerichtet.
1258 FG Köln v. 24.4.1986 V K 77/83, EFG 1986, 474.

chende Buchführungskonten zu.[1259] Der Steuerberater sollte bei Erstellung des Jahresabschlusses darauf achten, ob die dort erfassten Beträge für den Lebensunterhalt ausreichen und ggf. entsprechende Nachfragen an den Mandanten richten. Dabei ist zu prüfen, ob das entsprechende Konto tatsächlich entsprechend seiner Funktion bedient wurde und ob z. B. auch auf anderen Konten solche „freien Entnahmen" verbucht wurden. Bei der Verprobung sind die getätigten Einlagen gegenzurechnen, da diese Beträge nicht zur Bestreitung des Lebensunterhalts zur Verfügung stehen.

Fehlende oder vermeintlich nicht ausreichende ungebundene Entnahmen rechtfertigen nicht automatisch eine Hinzuschätzung. Denn in vielen Fällen existieren private Konten,[1260] von denen der Lebensunterhalt bestritten werden kann, so dass insofern keine Entnahmen erforderlich sind. Ein typischer Fehler besteht allerdings darin, von anderen Quellen bereits auszugehen, wenn z. B. Einkünfte aus nichtselbstständiger Arbeit erzielt werden, ohne weiter zu prüfen, ob diese Mittel auch für den Lebensunterhalt eingesetzt wurden.

Beispiel:
Die Ehegatten A und B werden zusammen zur Einkommensteuer veranlagt, A betreibt eine Kfz-Reparaturwerkstatt, B ist als Managerin tätig. Der Sachbearbeiter im Veranlagungsbezirk konnte aus der eingereichten Kapitalkontenentwicklung für das Jahr 01 zwar erkennen, dass aus dem Betrieb des Ehemanns keine Entnahmen getätigt wurden. Mit Blick auf die Anlage N von B, aus der sich ein Nettogehalt i. H. v. 120.000 € ergab, hat er den Gedanken der fehlenden Mittel für den Lebensunterhalt nicht weiterverfolgt. Der Betriebsprüfer stellt später fest, dass sämtliche auf dem Gehaltskonto der Ehefrau gutgeschriebenen Beträge zur Kapitalanlage verwendet werden. Das Fehlen ungebundener Entnahmen aus dem Betrieb des Ehemanns kann deshalb mit diesen Einkünften nicht erklärt werden.

3.9.10 Vermögenszuwachsrechnung

Die VZR ähnelt hinsichtlich ihrer Ausgangsüberlegung der GVR.[1261] Anknüpfungspunkt ist jeweils die Überlegung, dass ein Steuerpflichtiger innerhalb eines bestimmten Zeitraums nicht mehr Vermögen bilden kann als ihm an Geldmitteln nach Abzug seiner Ausgaben aus den erklärten Quellen zur Verfügung steht. Wird z. B. der entnommene Gewinn vollständig für Kosten wie Miete, Lebensmittel, Kleidung oder Versicherungen verbraucht, kann das Sparbuch am Jahresende nicht um 100.000 € angewachsen sein. Dieser Zuwachs muss vielmehr aus einer anderen Quelle, möglicherweise aus verschwiegenen Einnahmen stammen. Die Rechtsprechung hält die VZR für eine der aussagekräftigsten Schätzungsmethoden. Der ungeklärte Vermögenszuwachs ist als eigenständiger Schätzungsgrund und als sicherer Anhalt für die Höhe der

---
1259 Z. B. Datev-Konto 1800.
1260 Z. B. ein Gehaltskonto des Ehegatten oder ein Konto mit positiven Vermietungseinkünften.
1261 Siehe hierzu 3.9.7.

3.9 Schätzungsmethoden

Schätzung anerkannt.[1262] Wird mit einer dem Einzelfall angepassten VZR ein **ungeklärter Vermögenszuwachs** aufgedeckt, so trägt der Steuerpflichtige die objektive **Beweislast** für die Herkunft des Geldes.[1263] Bei besonders ungewöhnlichen Sachverhalten genügt bereits das Vorhandensein erheblicher Vermögenswerte bei geringen erklärten Einkünften, um das FA zu berechtigen, von nicht versteuerten Einnahmen auszugehen. Wer z. B. Bargeld und Edelsteine von zusammen annähernd 500.000 € in seinem häuslichen Umfeld aufbewahrt, hat die Herkunft dieses Vermögens plausibel darzulegen.[1264]

Die Schwierigkeiten liegen für den Prüfer wie bei der GVR vor allem im Bereich der Sachverhaltsermittlung, da bestimmte Größen nur unter Mitwirkung des Steuerpflichtigen zuverlässig ermittelt werden können. Das gilt umso mehr, als der Steuerpflichtige für seine privaten Sparkonten weder eine Buchführung einrichten noch für die dortigen Guthaben einen Herkunftsnachweis erbringen muss.[1265] Dies wird teilweise zur Annahme von Mindestbeträgen führen und damit dem wenig mitwirkenden Steuerpflichtigen bessere „Ergebnisse" bringen.

Der Geldbedarf ergibt sich als Summe aus Vermögenszuwachs und Ausgaben. Die Feststellung der Vermögensentwicklung wird i. d. R. für einen Zeitraum von mehr als einem Jahr durchgeführt, denn bei regelmäßiger Schwarzgeldbildung wird diese dadurch besser sichtbar. Zu lange Zeiträume werden aber eher skeptisch beurteilt, da die erforderliche Aufteilung eines Mehrbetrags auf die einzelnen Besteuerungszeiträume nicht mehr möglich sei.[1266]

Die VZR erfasst das gesamte Vermögen des Steuerpflichtigen Entsprechend der Konzeption der VZR als erweiterter GVR[1267] ist darauf zu achten, dass letztlich **Geldflüsse** abgebildet werden müssen. Tätigt der Steuerpflichtige z. B. einen Anbau an einem privaten Wohngebäude für 10.000 €, ist die Wertsteigerung mit eben diesem Betrag zu erfassen. Steigen die Kurse privater Wertpapiere, ist ein Vermögenszuwachs nicht zu erfassen, da er nicht mit einem Abfluss liquider Mittel „erkauft" wurde. Der BFH empfiehlt deshalb zu Recht einen Ansatz des Vermögens mit den ggf. nachträglichen Anschaffungs- oder Herstellungskosten.[1268] Sind sowohl beim Anfangs- als auch beim Endvermögen Immobilien oder andere Vermögenswerte nicht berücksichtigt worden, stellt dies grundsätzlich nur einen „optischen" Mangel der VZR dar, der ihrer Aussagekraft

---

1262 BFH v. 28. 5. 1986 I R 265/83, BStBl. II 1986, 732; BFH v. 13. 11. 1969 IV R 22/67, BStBl. II 1970, 189; BFH v. 3. 8. 1966 IV R 75/66, BStBl. III 1966, 650.
1263 BFH v. 2. 7. 1999 V B 83/99, BFH/NV 1999, 1450; BFH v. 7. 11. 1990 III B 449/90, BFH/NV 1991, 724; *Cöster* in Koenig, § 158 Rz. 16, m. w. N.
1264 FG des Saarlands v. 16. 11. 2005 1 K 268/00, PStR 2006, 81, rkr.
1265 Z. B. FG Köln v. 2. 5. 2007 5 K 4125/06, juris, rkr. Zur Aufklärung von ungeklärten Einzahlungen siehe 3.9.6.
1266 BFH v. 2. 3. 1982 VIII R 225/80, BStBl. II 1984, 504.
1267 BFH v. 8. 11. 1989 X R 178/87, BStBl. II 1990, 268.
1268 BFH v. 8. 11. 1989 X R 178/87, BStBl. II 1990, 268, zu derartigen Problemen siehe auch die Beispiele in 3.10.1.

nicht entgegensteht, soweit die sowohl am Anfang als auch am Ende des Betrachtungszeitraums vorhandenen Werte leicht zu identifizieren sind.

Die VZR führt i. d. R. zu sehr **komplexen Zahlenwerken**. Die Rechtsprechung verlangt vom FA aber im Hinblick auf die Begründungspflicht nach § 121 Abs. 1 AO zumindest das Bemühen, die VZR so zu gestalten, dass der Grundgedanke dieser Schätzungsmethode erkennbar bleibt.[1269]

3.9.11 Sicherheitszuschlag

Der bisweilen auch als „Unsicherheitszuschlag" bezeichnete Sicherheitszuschlag stellt eine griffweise Schätzung dar, die in einem „vernünftigen" Verhältnis zu den erklärten oder nicht verbuchten Umsätzen stehen muss.[1270] Der Sicherheitszuschlag hat trotz fortschreitender Digitalisierung noch seine Berechtigung[1271] und ist weiterhin eine **zulässige Schätzungsmethode**.[1272] Insbesondere bei schwerwiegenden Pflichtverletzungen wie bei nachgewiesenen, in der Buchführung nicht erfassten Einnahmen oder dem Einsatz einer Manipulationssoftware, darf ohne Bindung an das Maß einer großen oder gar überwiegenden Wahrscheinlichkeit griffweise ein Sicherheitszuschlag angesetzt werden.[1273] Das gilt zunächst für die Einnahmen bzw. Umsätze,[1274] es soll dabei aber je nach Einzelfall zulässig sein, die Umsatzerhöhung gleichzeitig als Mehrgewinn anzusehen.[1275] Bei der Bemessung des Sicherheitszuschlags kann der Grad des Verschuldens des Steuerpflichtigen berücksichtigt werden.[1276] In der Rechtsprechung findet sich zum Thema Sicherheitszuschlag eine erhebliche

---

1269 BFH v. 11. 2. 1999 V R 40/98, BStBl. II 1999, 382; BFH v. 8. 11. 1989 X R 178/87, BStBl. II 1990, 268.
1270 BFH v. 13. 7. 2000 IV R 55/99, BFH/NV 2001, 3; BFH v. 26. 10. 1994 X R 114/92, BFH/NV 1995, 373.
1271 *Bleschick*, DStR 2018, 1105, 1106.
1272 *Nöcker*, NWB 2018, 2850, 2851, unter Hinweis auf BFH v. 20. 3. 2017 X R 11/16, BStBl. 2017, 992.
1273 BFH v. 1. 12. 1998 III B 78/97, BFH/NV 1999, 741; RFH v. 17. 9. 1925 VI B 158/25, RStBl. 1925, 257; FG München v. 29. 3. 2010 14 K 2006/08, juris; FG Berlin-Brandenburg v. 24. 8. 2016 5 V 5089/16, juris; FG München v. 24. 2. 2011 14 K 1715/08, juris. Auch bei „nur" formellen Mängeln ist ein Sicherheitszuschlag möglich, vgl. Urteilsbegründung in BFH v. 2. 6. 2006 I B 41/05, BFH/NV 2006, 1687.
1274 Siehe FG München v. 29. 3. 2010 14 K 2006/08, juris.
1275 BFH v. 30. 11. 1989 I R 225/84, BFH/NV 1991, 356.
1276 BFH v. 1. 10. 1992 IV R 34/90, BStBl. II 1993, 259; *Rüsken* in Klein, § 162 Rz. 7.

3.9 Schätzungsmethoden

Bandbreite.[1277] Die stark differierenden Prozentsätze lassen sich vor allem dadurch erklären, dass es grundsätzlich **zwei "Arten"** von Sicherheitszuschlägen gibt:[1278]

Einerseits wird mit „Sicherheitszuschlag" eine eher **geringe** Zuschätzung zu den Einnahmen bzw. zum Gewinn bezeichnet, welche vor allem einem Bedürfnis der Praxis Rechnung trägt und dort sehr häufig vorkommt.[1279] Eine solche Gewinn- bzw. Umsatzerhöhung kann als „Sicherheitszuschlag erster Stufe" bezeichnet werden[1280] und ist u. a. deshalb beliebt, weil die Frage der Ordnungsmäßigkeit abweichend von der eigentlichen Systematik der AO oftmals unbeantwortet bleibt. Damit werden in der Realität Fragen nach der Verantwortlichkeit oder auch solch nach strafrechtlichen Folgen umgangen. Die Zulässigkeit solcher Sicherheitszuschläge ergibt sich wohl noch am ehesten, wenn man sie als Vereinbarung über nicht mehr aufklärbare Sachverhalte im Sinne einer tV begreift.[1281]

Andererseits wird der Sicherheitszuschlag aber auch als pauschale oder „griffweise" Zuschätzung[1282] zu den Einnahmen bzw. zum Gewinn in den zahlreichen Fällen verstanden, in denen die Richtigkeitsvermutung des § 158 AO wegen festgestellter Mängel entweder gar nicht erst eingreift oder aber aufgrund einer Verprobung[1283] als widerlegt angesehen werden muss. Das sind i. d. R. Fälle mit **hohen** Zuschlägen, da schwerwiegende Buchführungsmängel vorliegen und bei jeder Schätzung der Grundsatz gilt, dass der Steuerpflichtige, der seine Pflichten verletzt, daraus keinen Vorteil ziehen soll und das FA deshalb den Schätzungsrahmen in solchen Fällen zu Lasten des Steuerpflichtigen

---

1277 2 %: Niedersächsisches FG v. 19.1.2017 8 V 155/16, juris; FG Düsseldorf v. 12.5.2010 XIV 520/83, juris; FG Düsseldorf v. 7.8.1986 XIV/IX 520/83 E, juris; 2,5 %: BFH v. 7.2.2017 X B 79/16, BFH/NV 2017, 774; FG Rheinland-Pfalz v. 30.8.2000, 1 K 3051/98, juris; 3,25 %: FG Münster v. 30.6.2005 12 V 1479/05 G, U, F, juris; 5 %: Sächsisches FG v. 14.8.2018 6 V 765/17; FG Köln v. 6.6.2018 15 V 754/18, EFG 2018, 2262, Rz. 41; FG Münster v. 9.3.2011 5 V 4339 G, U; FG Köln v. 2.5.2007 5 K 4125/06, juris, rkr.; 8 %: FG Düsseldorf v. 26.3.2012 6 K 2749/11 K, G, U, F, juris; 10 %: BFH v. 10.5.2012 X B 71/11, BFH/NV 2012, 1461, Rz. 9; Niedersächsisches FG v. 23.3.2017 13 K 53/16; FG Berlin-Brandenburg v. 24.8.2016 5 V 5089/16, juris; FG München v. 27.1.2006 9 V 3845/05, juris; FG Münster v. 18.11.1999 15 V 6554/99 U;, rkr.; 15 %: BFH v. 2.6.2014 III B 101/13, BFH/NV 2014, 1374; 20 %: BFH v. 5.12.2007 X B 4/07, BFH/NV 2008, 587; FG Rheinland-Pfalz v. 21.9.2012 3 K 2493/10, juris; FG München v. 24.8.2010 5 V 1474/10, juris; 40 %: FG Düsseldorf v. 28.3.2008 11 V 110/08 A (E, G, U, F, H (L)), juris.
1278 Gl. A. *Seer* in Tipke/Kruse, § 162 Rz. 45; *Nöcker*, NWB 2018, 2850, 2851.
1279 M. E. unzutreffend *Neufang/Bohnenberger*, AO-StB 2017, 15, 20, die davon ausgehen, ein Sicherheitszuschlag dürfe nur bei schwerwiegenden Pflichtverletzungen erfolgen.
1280 *Brinkmann*, StBp 2014, 29, 30.
1281 Zur tV siehe Teil 5.
1282 Zur Definition vgl. z. B. *Barthel*, Stbg 2017, 315, 321, der eine solche „drastisch vereinfachende" Art der Schätzung nur für zulässig erachtet, wenn sie in beiderseitigem Einvernehmen erfolge, m. E. unzutreffend.
1283 Zu den einzelnen Verprobungsmethoden vgl. z. B. *Frotscher* in Schwarz/Pahlke, § 158 Rz. 9 ff.

ausschöpfen kann.[1284] Eine derartige Zuschätzung stellt quasi einen „Sicherheitszuschlag zweiter Stufe" dar.[1285]

Sicherheitszuschläge von **mehr als 10 %** sind demnach m. E. nur in der zweiten Fallgruppe bei schweren Verstößen gegen die Ordnungsmäßigkeit der Buchführung akzeptabel.[1286] Bei solchen hohen Zuschätzungen ist vor allem zu prüfen, ob das Ergebnis insgesamt noch wirtschaftlich möglich ist.[1287] Wenn durch den Sicherheitszuschlag z. B. die amtlichen Richtsätze verlassen werden, ist dies ein Indiz dafür, dass die Zuschätzung zu hoch ausgefallen ist. Statt eines prozentualen Zuschlags können im Übrigen auch absolute Beträge angesetzt werden, wenn das sachgerecht erscheint.[1288] Solche „festen" Beträge sind jedenfalls nicht schon grundsätzlich willkürlich.[1289]

Eine Zuschätzung z. B. aufgrund einer Kalkulation und eine weitere Zuschätzung als Sicherheitszuschlag sind nur zulässig, wenn beide Methoden nicht an dieselben Unsicherheiten anknüpfen.[1290] Allerdings können Sicherheitszuschläge neben der Hinzurechnung nicht geklärter „Einlagen" vorgenommen werden, wenn die ungeklärten Geldflüsse zur Nichtordnungsmäßigkeit der Buchführung geführt haben.[1291]

Der Sicherheitszuschlag ist eine **„vollwertige" Schätzungsmethode**.[1292] Wie bei der Anwendung anderer Schätzungsmethoden auch ist das FA nicht verpflichtet, das Ergebnis durch eine weitere Schätzungsmethode wie z. B. durch eine GVR o. Ä. zu untermauern.[1293] Der pauschale Zuschlag ist insbesondere eine sachgerechte Schätzungsmethode im summarischen Verfahren der AdV, weil aufwändigere Methoden innerhalb des dort zur Verfügung stehenden Zeitrahmens oftmals keine Anwendung finden können.[1294]

Ein Sicherheitszuschlag ist grundsätzlich nur gerechtfertigt, wenn die festgestellten Mängel der Buchführung einen Zusammenhang mit der **Einnahmenseite** haben. So kann der Zuschlag z. B. nicht mit der fehlenden Aufzeichnung

---

1284 BFH v. 19.7.1985 III R 189/82, BFH/NV 1986, 446; BFH v. 1.10.1992 IV R 34/90, BStBl. II 1993, 259; BFH v. 1.12.1998 III B 78/97, BFH/NV 1999, 741; BFH v. 21.6.2000 IV B 138/99, BFH/NV 2001, 2; FG des Saarlands v. 15.2.2005 1 K 323/01, juris, rkr.; FG Hamburg v. 18.11.2009 6 K 90/08, AO-StB 2010, 238; BFH v. 7.9.2010 3 K 13/09, EFG 2010, 2057.
1285 *Brinkmann*, StBp 2014, 29, 30.
1286 So auch FG Münster v.18.11.1999 15 V 6554/99 U, juris.
1287 Vgl. BFH v. 20.3.2017 X R 11/16, BStBl. II 2017, 992. Siehe zu diesem Thema auch 1.9.
1288 Z. B. BFH v. 12.7.2017 X B 16/17, BFH/NV 2017, 1204, Rz. 145, 151: 3.000 € pro Jahr.
1289 BFH v. 3.2.2011 V B 132/09, BFH/NV 2011, 760.
1290 FG München v. 1.6.2005 9 K 4739/02; FG des Saarlands v. 15.7.2003 1 K 174/00, EFG 2003, 1437. Die Klage wurde dennoch abgewiesen, weil sich das Gesamtergebnis noch innerhalb der Richtsätze bewegte.
1291 FG München v. 4.7.2008 7 V 1196/08, juris.
1292 A. A. *Barthel*, StBp 2016, 80, 83, allerdings mit dem m. E. nicht überzeugenden Argument, der Begriff finde sich nicht im Gesetz. Auch „Kalkulation", „GVR" etc. sind keine gesetzlichen Begriffe.
1293 BFH v. 28.4.2014 X B 12/14, BFH/NV 2014, 1383.
1294 FG Berlin-Brandenburg v. 13.2.2017 7 V 7345/16, juris.

3.9 Schätzungsmethoden

des Pkw- und Telefoneigenverbrauchs begründet werden, wenn keine Anzeichen für die Angaben des Steuerpflichtigen im Hinblick auf seine Einnahmen ersichtlich sind.[1295] Analog zum Sicherheitszuschlag kann im Bereich der Ausgaben ein pauschaler Abschlag erfolgen, wenn die Voraussetzungen für die Anwendung des § 162 AO in diesem Bereich vorliegen.[1296]

Der BFH fordert für die Rechtmäßigkeit eines Sicherheitszuschlags eine **ausreichende Begründungstiefe**.[1297] Er verlangt

- nachprüfbare Ausführungen dazu, warum andere Schätzungsmethoden wie z. B. eine GVR oder eine VZR nicht durchgeführt werden konnten,
- eine Begründung zur Höhe des Zuschlags im konkreten Fall und schließlich
- die Überprüfung, ob das Schätzungsergebnis plausibel ist.

In der Literatur wird darauf hingewiesen, dass es aufgrund der o. g. BFH-Anforderungen abweichend von einer „bisher geübten Praxis" nicht mehr möglich sei, aus einer Vielzahl möglicher Zuschläge ohne Darlegung konkreter Erwägungen einen Wert herauszugreifen.[1298] Ob in der Praxis pauschale Zuschätzungen tatsächlich eher undifferenziert vorgenommen werden, ist nicht nachprüfbar und von subjektiver Wahrnehmung abhängig. M. E. sollten jedenfalls an die Voraussetzungen der Rechtmäßigkeit eines Sicherheitszuschlags, wie der BFH sie fordert, keine zu hohen Anforderungen gestellt werden. Die Durchführung einer anderen Schätzungsmethode, z. B. einer GVR oder einer VZR, scheitert in den meisten Fällen an der fehlenden Mitwirkung des Steuerpflichtigen Denn die genannten Schätzungsmethoden erfordern die Einbeziehung privater Konten und Geldbewegungen. Gibt der Steuerpflichtige entsprechende Unterlagen nicht heraus, ist die Wahrscheinlichkeit, dass eine dennoch durchgeführte Berechnung nach den genannten Methoden zu einem wahrscheinlicheren Ergebnis als ein Sicherheitszuschlag führt, sehr gering. Deshalb dürfte der letztgenannte im Hinblick auf das Postulat des Vorrangs anderer Methoden zumindest bei fehlender Mitwirkungsbereitschaft des Steuerpflichtigen rechtmäßig sein. Soweit der BFH eine Begründung für die Höhe des Sicherheitszuschlags im konkreten Fall fordert, stellt sich die Frage, ob eine solche Begründung überhaupt gegeben werden kann. In der o. g. Entscheidung ist kein Beispiel für eine solche Begründung gegeben worden. Tatsächlich wird es eine echte Begründung, warum ein Sicherheitszuschlag i. H. v. 10 % wahrscheinlicher als ein solcher i. H. v. 15 % genausowenig geben wie für die umgekehrte Annahme. Damit lässt sich die o. g. BFH-Entscheidung m. E. an dieser Stelle nur im Zusammenhang mit der Forderung nach einer plausiblen Schätzungshöhe sinnvoll interpretieren. Wenn sich Umsatz und Gewinn – nach Vornahme des

---

1295 FG Düsseldorf v. 13.4.2010 13 K 3064/07 F, juris.
1296 BFH v. 10.5.2012 X B 71/11, BFH/NV 2012, 1461.
1297 BFH v. 12.12.2017 VIII R 5/14, BFH/NV 2018, 602; BFH v. 20.3.2017 X R 11/16, BStBl. II 2017, 992; *Nöcker*, NWB 2018, 2850; *Bleschick*, AO-StB 2017, 293; *Ebner*, AO-StB 2017, 319, ähnlich *Zaumseil*, BB 2011, 2071.
1298 *Bleschick*, AO-StB 2017, 293, 294.

3 Außenprüfung

Zuschlags – noch als wirtschaftlich vernünftig erweisen, weil z. B. die Richtsätze eingehalten werden, so ist damit zugleich eine Begründung für den Sicherheitszuschlag im konkreten Fall gegeben. Das muss jedenfalls gelten, wenn der Steuerpflichtige seine Mitwirkungspflichten verletzt hat. Denn dann ist das FA sogar verpflichtet, den Schätzungsrahmen im Zweifel zuungunsten des Steuerpflichtigen auszuschöpfen.[1299]

3.9.12 Hochrechnung

Fundierte Schätzungen und auch ihre inhaltliche Prüfung durch den Steuerberater sind sehr aufwändig. Das gilt erst recht, wenn mehrere Besteuerungszeiträume betroffen sind. Deshalb wird im Einvernehmen mit dem Steuerpflichtigen bzw. seinem Berater von der Ap oft eine Hochrechnung bzw. Übertragung bestimmter Parameter von einem präzise geprüften Jahr auf andere Zeiträume vorgenommen. So müssen z. B. Durchschnittswerte pro Tag etc. nur einmalig genau ermittelt werden. Das geschieht durch die Auswertung aller verfügbaren Besteuerungsgrundlagen. Die aus objektiven Erkenntnismitteln wie Stichproben oder Auskunftsersuchen bei Kreditkartenunternehmen gewonnen Daten werden dann einvernehmlich in allen Jahren zu Grunde gelegt.[1300] Die Ergebnisse können zur Überprüfung mit den Richtsätzen abgeglichen werden. Selbst im Strafrecht mit seinen strengeren Beweisregeln werden solche Hochrechnungen anerkannt. Im Besteuerungsverfahren ist aus Beratersicht zu prüfen, ob für jedes Jahr die Voraussetzungen einer Bescheidberichtigung vorliegen. Eine Änderung kommt in Außenprüfungsfällen in aller Regel nur in Betracht, wenn der ursprüngliche Steuerbescheid unter Vorbehalt der Nachprüfung steht oder durch die Ap neue Tatsachen für das jeweilige Jahr bekannt geworden sind.[1301]

3.10 Typische Einwendungen

3.10.1 Allgemeines

Nimmt das FA Hinzuschätzungen vor, sollte sich der Steuerberater zunächst der anerkannten Aussagekraft der oben beschriebenen Verprobungsmethoden bewusst sein. Nach Ansicht des BFH sind insbesondere die VZR[1302] und die GVR[1303] so zuverlässig, dass sie das Buchführungsergebnis widerlegen und in Höhe der errechneten Fehlbeträge nicht verbuchte Betriebseinnahmen bzw. einen Saldo aus nicht verbuchten Betriebseinnahmen und nicht erfassten Betriebsausgaben nachweisen können.[1304] Wird z. B. mit einer dem Einzelfall angepassten VZR ein ungeklärter Vermögenszuwachs aufgedeckt, so trägt der

---

1299 Zu diesem Thema siehe 1.9.
1300 Z. B. der Umfang der Leerfahrten bei Taxiunternehmen oder das Verhältnis der neunzehnprozentigen zu den siebenprozentigen Umsätzen beim Heilpraktiker.
1301 Dann kann die Änderung auf § 173 Abs. 1 Nr. 1 AO gestützt werden.
1302 Vgl. 3.9.10.
1303 Vgl. 3.9.7.
1304 BFH v. 8.11.1989 X R 178/87, BStBl. II 1990, 268.

3.10 Typische Einwendungen

Steuerpflichtige deshalb die objektive Beweislast für die Herkunft des Geldes.[1305] Bleibt die Herkunft ungeklärt, kann das FA von steuerpflichtigen Einnahmen ausgehen.[1306]

Vertritt der Betriebsprüfer die Auffassung, der Steuerpflichtige müsse über bisher nicht deklarierte Mittel verfügen, sollte der Steuerberater zunächst prüfen, inwieweit die Berechnungsgrundlagen unvollständig sind. „Fehler" kommen häufig vor, weil dem Betriebsprüfer die privaten Verhältnisse des Steuerpflichtigen nicht in ausreichendem Umfang bekannt sind. Ggf. stammen z.B. zunächst ungeklärt erscheinende Geldzuflüsse tatsächlich aus der Aufnahme (privater) Darlehen, die dem Betriebsprüfer unbekannt waren, da sie aus den vorgelegten Unterlagen nicht ergaben. Zu achten ist darauf, dass Wertveränderungen nicht als Vermögenszuwachs erfasst werden und keine Doppelerfassungen erfolgen, z.B. bei folgenden Sachverhalten:

- Das Wertpapierdepot des Steuerpflichtigen ist durch Zukäufe und Kurssteigerungen um 100.000 € angewachsen. Als gestiegenes Vermögen oder als Geldverbrauch sind nur die Zukäufe mit dem jeweiligen Kaufpreis, nicht aber die Kurssteigerungen zu erfassen.
- Werden Einzahlungen auf Sparverträge beim privaten Verbrauch erfasst, darf das gestiegene Guthaben nicht zusätzlich als Vermögenszuwachs angesetzt werden.
- Wird ein privates Kfz mit Kredit angeschafft, so ist nicht nur die Verwendung des Geldes, sondern auch der Anstieg der Schulden zu erfassen, so dass sich aus diesem Vorgang keine Auswirkungen im Rahmen der VZR ergeben dürfen.

Gewarnt werden muss vor der Darstellung **unzutreffender Sachverhalte**, mit deren Hilfe ungeklärte Vermögenszuwächse erklärt werden sollen. Eine im Strafverfahren zulässige wahrheitswidrige Schutzbehauptung des Beschuldigten begründet im Besteuerungsverfahren den Anfangsverdacht der Steuerhinterziehung. Gefährlich ist auch, im Verfahren mit Unterlagen zu arbeiten, die dem FA nicht vorgelegt wurden:

Hat das FA Umsätze hinzugeschätzt, weil nicht alle Ausgangsrechnungen aufbewahrt wurden und Kalkulationsdifferenzen vorlagen und trägt der Berater vor, der vom FA dabei angenommene Wert von x € pro Einheit der gelieferten Ware sei zu hoch und betrage nach seiner genauen Berechnung vielmehr y €, so kann das ein klassisches „Eigentor" sein. Denn dieser Sachvortrag kann nur bedeuten, dass doch alle Ausgangsrechnungen vorhanden sind. Sonst hätte ein genauer Durchschnittspreis nicht errechnet werden können. Konsequenterweise werden FA oder FG den Steuerpflichtigen zur Vorlage aller Unterlagen auffordern, aus denen der Durchschnittspreis errechnet worden ist.

1305 BFH v. 7.11.1990 III B 449/90, BFH/NV 1991, 724.
1306 BFH v. 2.7.1999 V B 83/99, BFH/NV 1999, 1450.

Jede Schätzung muss im konkreten Einzelfall **wirtschaftlich möglich**[1307] sein. Deshalb kann es lohnen, das Ergebnis auf Plausibilität zu prüfen:

- Sind die angenommenen Umsätze mit diesem Wasser- oder Stromverbrauch zu erzielen?
- Reichen die Lagerkapazitäten dafür aus?
- Kann man auf einer solchen Fläche solche Umsätze tätigen?
- Passt der angenommene Umsatz zu der Zahl der Stühle, der Bedienungskräfte?
- Ist der sich rechnerisch ergebende „Output" je Arbeitskraft realistisch?

Auch wenn die finanzamtliche Schätzung kritisch zu betrachten ist, reicht die entsprechende Darlegung allein nicht aus. Ein Steuerpflichtiger, der eine abweichende Schätzung herbeiführen will, ist gehalten, erweisbare Tatsachen und Erfahrungssätze vorzutragen, die geeignet sind, einen anderen als den von der Finanzbehörde geschätzten Betrag als wahrscheinlicher erscheinen zu lassen.[1308] Pauschale Einwendungen genügen nicht.[1309] Die erforderliche eigene Schätzung[1310] kann allerdings vielfach aus den Berechnungen des Betriebsprüfers abgeleitet werden, indem die Einwendungen dort quasi „eingearbeitet" werden.

3.10.2 Spielbank- und Lottogewinne

Der Steuerpflichtige muss die von ihm als Begründung für Geldzugänge angeführten Spielbankgewinne **nachweisen.**[1311] Während sich aber „weiße" Geldquellen[1312] wie Lottogewinne und Erbschaften oder Darlehen i.d.R. durchaus belegen lassen, bereitet dies bei Spielbankgewinnen erhebliche Schwierigkeiten.[1313] Insbesondere gibt es keine entsprechenden Urkundsbeweise. Gegen das tatsächliche Vorliegen eines Spielbankgewinns spricht schon die Tatsache, dass ein solcher äußerst selten vorkommt. Selbst bei nachgewiesenen Spielbankbesuchen spricht die Lebenserfahrung eher für Verluste als für Gewinne. Denn Glücksspiele sollen Überschüsse für den Betreiber erzielen, so dass die Spieler statistisch gesehen grundsätzlich Verluste erleiden.[1314] Die Lebenserfahrung zeigt daher, dass zumindest Dauerspieler ärmer statt reicher werden. Das FG hat in der o.g. Entscheidung auch ausgeführt, dass Zeugenbeweise in diesem Zusammenhang untauglich seien. Insbesondere Einzahlungen auf einem Sparbuch, die in zeitlichem Zusammenhang mit nachgewiesenen Spielbankbesuchen stehen, sind schon deshalb kein Beweis für Spielgewinne, weil nicht

---

1307 Zum Schätzungsrahmen siehe 1.9.
1308 BFH v. 5.2.1993 VII B 103/92, BFH/NV 1993, 351.
1309 BFH v. 13.3.2000 III B 62/99, BFH/NV 2000, 1119; FG Hamburg v.17.6.2004 I 6/04, juris.
1310 Sog. „Gegenschätzung".
1311 BFH v. 13.6.2013 X B 132-133/12, BFH/NV 2013, 1593; FG Baden-Württemberg v. 17.3.1998 1 K 39/96, EFG 1998, 919.
1312 *Höft/Danelsing/Grams/Rook*, S.78.
1313 *Bornheim/Kröber*, S.444.
1314 FG Baden-Württemberg v. 17.3.1998 1 K 39/96, EFG 1998, 919.

3.10 Typische Einwendungen

bekannt ist, mit welchen Beträgen der Steuerpflichtige die Spielbank betreten hat.[1315] Das Gleiche gilt, wenn der Steuerpflichtige sich beim Umtausch seiner Chips von der Spielbank einen Scheck ausstellen lässt, um durch dessen Einlösung einen mutmaßlichen Spielbankgewinn belegen zu können. Auch in dieser Variante ist nicht festzustellen, welche Summe bei Betreten des Casinos in Chips umgewandelt wurde. Damit sind die Casinoeintrittskarte oder die Registrierung des Steuerpflichtigen in der Besucherkartei der Spielbank kein ausreichender Nachweis.[1316] Ebenso untauglich ist die Behauptung, streitige Einlagen oder Fehlbeträge beim Lebensunterhalt stammten aus Pferdewetten.[1317] So ist es unwahrscheinlich, dass ein Steuerpflichtiger über fünf Jahre hinweg durchschnittliche Reingewinne von mehr als 20.000 € erzielt hat.[1318] Ein Spielbankgewinn hilft damit zur Aufklärung von Fehlbeträgen im Besteuerungsverfahren grundsätzlich nicht weiter, da er nicht ausreichend nachgewiesen werden kann. Er hat damit, wenn überhaupt, lediglich als „Schutzbehauptung" im Strafverfahren Bedeutung. Auch dort wird er aber kaum eine sinnvolle Verteidigungslinie darstellen.

3.10.3 Darlehen

Zur Begründung ungeklärter Geldzuflüsse werden häufig Darlehen erfunden.[1319] FA bzw. FG verlangen a priori, den vermeintlichen **Darlehensgeber** zu benennen und ggf. als Zeugen zu stellen.[1320] Das ist erforderlich, damit das FA prüfen kann, ob es sich um ein fingiertes Darlehen handelt.[1321] Weigert sich der Steuerpflichtige, den Darlehensgeber zu benennen, so kann das FA davon ausgehen, dass Betriebseinnahmen verdeckt werden sollen.[1322] Eigenerklärungen und Bestätigungen naher Angehöriger sind allein kein ausreichendes Mittel zur Glaubhaftmachung.[1323]

Bei behaupteten **ausländischen Darlehensgebern** gelten die erhöhten Mitwirkungspflichten des § 90 Abs. 2 AO.[1324] Legt der Steuerpflichtige keine schriftlichen Unterlagen vor und behauptet er mithin, das entsprechende Darlehen sei lediglich mündlich vereinbart worden, so wird dieses Vorbringen häufig als unglaubhaft angesehen. Eine Pflicht zur Vernehmung eines im Ausland ansässigen **Zeugen** besteht nicht, entsprechende Maßnahmen stehen im Ermessen

---

1315 FG Köln v. 26.3.1986 1 K 41/84, juris.
1316 Zu den strengen Anforderungen an den Nachweis von Spielbankgewinnen im Allgemeinen siehe bereits BFH v. 03.8.1966 IV R 75/66, BStBl. III 1966, 650 und ausführlich *Assmann*, StBp 1999, 35.
1317 BFH v. 17.8.1978 IV R 21/78, juris.
1318 FG München v. 4.1.2001 13 S 3919/00, juris.
1319 Zur grundsätzlichen Erfassung angeblicher Darlehensmittel als steuerpflichtige Einnahmen vgl. BFH v. 29.1.1992 X R 145/90, BFH/NV 1992, 439.
1320 Vgl. hierzu – auch zum vermeintlichen Ehrenwort – BFH v. 29.10.1959 IV 579/56 S, BStBl. III 1960, 26.
1321 BFH v. 27.9.1967 I 231/64, BStBl. II 1968, 67.
1322 BFH v. 29.10.1959 IV 579/56 S, BStBl. III 1960, 26.
1323 BFH v. 3.6.1987 III R 205/81, BStBl. II 1987, 675.
1324 BFH v. 19.12.2007 X B 34/07, BFH/NV 2008, 597.

des FG.[1325] Insbesondere im finanzgerichtlichen Verfahren gelten für die Formulierung eines auf die Befragung eines ausländischen Zeugen gerichteten Beweisantrag besondere Anforderungen. Denn die förmliche Ladung eines Auslandszeugen ist als Hoheitsakt auf fremdem Hoheitsgebiet zu qualifizieren und deshalb unzulässig.[1326] Deshalb reicht es nach Ansicht des BFH nicht aus, einen Beweisantrag zu stellen, in dem der Zeuge unter Angabe seiner ausländischen Adresse genannt wird. Der Beweisantrag ist vielmehr nur dann ordnungsgemäß gestellt, wenn der beweisführende Beteiligte im Rahmen des Beweisantrags die Bereitschaft erklärt, für das Erscheinen des Zeugen zu einem rechtzeitig anberaumten Termin Sorge tragen zu wollen.[1327] Angeblich aus dem Ausland kommende Darlehensmittel können den Einkünften jedenfalls zugeschätzt werden, wenn der Steuerpflichtige an der Aufklärung des Vermögenszuwachses nicht mitwirkt.[1328]

Auch wenn zwischen Personen bestimmter **ausländischer Kulturkreise** wie z. B. dem islamischen, mündliche, zinslose und hinsichtlich des Rückzahlungszeitpunkts unbestimmte Darlehensvereinbarungen eine stärkere Verbreitung aufweisen als im deutschen Kulturkreis, so verdrängt dies grundsätzlich nicht die insbesondere bei der Prüfung bargeldintensiver Betriebe allgemein geltenden Darlegungs- und Nachweisanforderungen.[1329] Jedenfalls bleiben die Darlegung der Mittelherkunft beim Darlehensgeber und der Nachweis des tatsächlichen Geldflusses grundsätzlich erforderlich.

Echte **Darlehensverträge** enthalten nach Auffassung der FinVerw und wohl auch nach derjenigen der meisten Finanzgerichte Vereinbarungen über Gelderhalt, Verzinsung, Zinszahlungen, Zahlungsverzug, Rückzahlung und Besicherung. Werden Vereinbarungen im Nachhinein fingiert und dann dem FA oder dem FG vorgelegt, sind die dort aufgeführten Regelungen oft nicht detailliert und schon deshalb wenig glaubhaft. Gibt der mutmaßliche Darlehensgeber nachträglich eine Erklärung im Sinne des Steuerpflichtigen ab, können ein fehlender schriftlicher Vertrag[1330] und fehlende Überweisungen/Quittungen hierdurch nicht ausgeglichen werden.[1331] Deshalb hat der Steuerpflichtige ausreichende Beweisvorsorgemaßnahmen zu ergreifen. Er muss schon bei der Vereinbarung und der tatsächlichen Abwicklung des Darlehens ausreichende und übliche Unterlagen wie die o. g. schriftlichen Verträge und Quittungen über

---

1325 FG Berlin-Brandenburg v. 20.10.2017 4 K 4206/14, juris, Rz. 58.
1326 *Seer* in Tipke/Kruse, § 82 Rz. 14.
1327 BFH v. 17.11.2010 III B 158/09, BFH/NV 2011, 299; BFH v. 8.12.2000 VIII B 73/00, juris. Zum Thema siehe auch *Hendricks/Höpfner*, Ubg 2019, 121.
1328 BFH v. 29.1.1992 X R 145/90, BFH/NV 1992, 439.
1329 BFH v. 31.5.2016 X B 73/15, juris; zur grundsätzlichen Berücksichtigungsmöglichkeit ausländischer Sitten und Gebräuche im Zusammenhang mit ungeklärten Vermögenszuflüssen siehe FG Rheinland-Pfalz v. 11.3.2010 6 K 1729/07, juris, rkr.
1330 Zur Ungewöhnlichkeit eines nur mündlichen Darlehensvertrages siehe schon RFH v. 23.1.1935 VI A 827/34, RStBl. 1935, 306.
1331 FG Berlin v. 12.5.1981 V 151/79, EFG 1982, 113.

3.10 Typische Einwendungen

Hingabe und Rückzahlung[1332] zeitgerecht beschaffen und aufbewahren.[1333] Der BFH[1334] hält es sogar für zumutbar, bereits bei Vertragsabschluss einen zivilrechtlichen Anspruch gegen den Vertragspartner zu vereinbaren, mit dem sich dieser zur Überlassung von Unterlagen verpflichtet, die der Steuerpflichtige auf Anforderung des FA zum Nachweis des Darlehens vorzulegen hat.

Geprüft wird, ob die angeblichen Darlehensgeber finanziell in der Lage waren, die entsprechenden Beträge hinzugeben. Weiterhin ist von Interesse, welche Vereinbarungen im Einzelnen getroffen worden sein sollen. Insbesondere das FG sollte im Zweifel den mutmaßlichen Darlehensgeber als Zeugen vernehmen. Oft genügt schon die Anforderung einer ladungsfähigen Anschrift des mutmaßlichen Darlehensgebers, um den Kläger von der unrichtigen Darstellung abzubringen. Wird der vermeintliche Darlehensgeber als Zeuge geladen, wird u. a. danach gefragt, wie die **Auszahlung** des Darlehens im Detail erfolgte. Das FA wird hilfsweise selbst diese Fragen an die Zeugen stellen und in diesem Zusammenhang ihre Ladung beantragen.[1335] Wird eine Barauszahlung behauptet, wird vom angeblichen Darlehensgeber der Nachweis gefordert, dass er seinerseits das Geld in zeitlichem Zusammenhang mit der Darlehenshingabe von einem seiner Konten abgehoben hat. Andernfalls stellt sich die Frage, wie er sonst in den Besitz einer solchen Bargeldsumme gelangt sein will. Dazu wird die Vorlage der Sparbücher bzw. der Kontoauszüge verlangt. Das FG wird die Akten ggf. der Staatsanwaltschaft vorlegen und um Überprüfung auf strafbares Verhalten des Klägers und/oder der Zeugen bitten.[1336]

Erhalten Mandanten Darlehen aus dem privaten Bereich, sollten hierüber **Nachweise** aufbewahrt werden. Für die Dokumentation als Beweisvorsorge sind vor allem der schriftliche Darlehensvertrag und die entsprechenden Zahlungsnachweise über Darlehensauszahlungen und Zinszahlungen wichtig. Kommt es viele Jahre später zu Diskussionen über derartige Vorgänge, so sind ohne diese Dokumentation die Rekonstruktion und die Glaubhaftmachung erfahrungsgemäß fast unmöglich. Zur Beweisvorsorge gehört neben dem schriftlichen Darlehensvertrag und den Zahlungsnachweisen auch die buchmäßige Behandlung als Darlehen.

Abzuraten ist davon, tatsächlich nicht vorhandene Darlehen zu behaupten, da in aller Regel weitere Ermittlungen provoziert werden mit ggf. negativen Folgen. Dazu gehört auch das Steuerstrafverfahren, sofern keine Verjährung eingetreten ist.

1332 Vgl. *Brozat*, DStR 1983, 76.
1333 FG Berlin v. 12. 5. 1981 V 151/79, EFG 1982, 113.
1334 BFH v. 16. 4. 1980 I R 75/78, BStBl. II 1981, 492.
1335 Unter bestimmten Voraussetzungen besteht aus persönlichen Gründen wie z. B. Verwandtschaft ein Zeugnisverweigerungsrecht gemäß § 383 ZPO. Im Ergebnis wird die fehlende Aussage des verwandten Zeugen der Klage aber kaum zum Erfolg verhelfen.
1336 Ggf. Eidesdelikte, Prozessbetrug.

Im finanzgerichtlichen Verfahren sind ausländische Zeugen nicht vom Gericht zu laden.[1337] Vielmehr muss der Kläger sie auf eigene Kosten in der Sitzung stellen.[1338] Dabei ist der Begriff „ausländischer Zeuge" ggf. irreführend. Relevant ist nämlich das Beweisthema: Bei einem **Auslandssachverhalt** ist der Zeuge zu stellen. Einem Antrag auf Vertagung wegen Verhinderung des „Auslandszeugen" muss das FG nicht nachgehen, wenn die Verhinderung nicht nachprüfbar entschuldigt ist und der Beweisführer keine Angaben dazu macht, wann der Zeuge für eine Aussage zur Verfügung steht.[1339]

Zusammenfassend ist festzuhalten, dass ein Darlehen oder auch eine Schenkung aus dem Ausland in Jedem Fall vom FG intensiv geprüft werden. Mit folgenden Nachfragen bzw. Nachforschungen ist zu rechnen:

- Von welchem Konto (Nummer und Bank) ist das Geld abgehoben worden?
- Wo sind die Kontoauszüge?
- Wer hat das Geld abgehoben?
- Wo ist der entsprechende Beleg?
- Wurde das Konto in fremder oder in einheimischer Währung geführt?
- Wie und wann ist das Geld in € gewechselt worden?
- Wo ist der Beleg?
- Wie ist das Bargeld nach Deutschland gekommen?
- Wer hat das Geld transportiert?
- Wo sind die Reiseunterlagen?
- Stimmen die Daten mit den Reisebelegen überein?
- Gab es im fraglichen Zeitraum Devisenausfuhrverbote oder entsprechende Meldepflichten?

Ohne die entsprechenden nachweise wird die Behauptung als unglaubhaft angesehen und das FG geht hinsichtlich der ungeklärten Geldzuflüsse von steuerpflichtigen Einnahmen aus.[1340]

Vereinzelt wird vorgetragen, durch monatliche Auszahlungen von einem Kreditkartenkonto und spätere Einzahlungen bzw. Rückzahlungen auf andere oder auf dasselbe eigene Konto habe man sich quasi selbst ein Darlehen verschafft. Das wird schon wegen der damit verbundenen hohen Zinsbelastung als unglaubhaft angesehen.[1341]

1337 § 76 Abs. 1 S. 4 FGO i. V. m. § 90 Abs. 2 AO, vgl. z. B. FG Nürnberg v. 27. 4. 2005 V 231/2003, juris.
1338 BFH v. 21.4.1995 VIII B 133/94, BFH/NV 1995, 954; BFH v. 3.12.1996 I B 8-9/96, BFH/NV 1997, 580; BFH v. 18.12.2010 V B 78/09, BFH/NV 2011, 622.
1339 BFH v. 8.8.2006 X B 161/04, BFH/NV 2006, 2119.
1340 Z. B. FG Berlin-Brandenburg v. 20.10.2017 4 K 4206/14, juris.
1341 BFH v. 24.11.1999 V B 141/99, BFH/NV 2000, 728.

3.10.4 Unterstützung durch Angehörige oder Bekannte

Wird versucht, die fehlenden Mittel durch die mutmaßliche finanzielle Unterstützung durch Angehörige oder Bekannte zu erklären, so muss mit intensiven Nachfragen seitens des FA und ggf. des FG gerechnet werden. So wird der angeblich Unterstützende Nachweise vorlegen müssen, aus denen sich zweifelsfrei ergibt, dass er finanziell überhaupt in der Lage war, die entsprechenden Beträge aufzubringen **und** dass er tatsächlich zum Lebensunterhalt des Steuerpflichtigen beigetragen hat. Der mutmaßliche Unterstützer wird ggf. als Zeuge geladen werden. Dann ergeben sich die gleichen Risiken strafrechtlicher Verfolgung wie bei der Behauptung falscher Darlehensverhältnisse.[1342] Es geht jedenfalls zu Lasten des Steuerpflichtigen, wenn er behauptet, dass er seinen Lebensunterhalt durch Zuwendungen von Bekannten bestritten hat, er diese Bekannten aber nicht mit ladungsfähiger Anschrift nennt. Dies gilt sogar, wenn die Benennung nach seiner Auffassung unzumutbar ist, zumindest dann, wenn die Gründe für die Unzumutbarkeit nicht näher erläutert werden.[1343] Es ist im Übrigen unglaubhaft, dass Bekannte ohne Gegenleistung Geldmittel in beträchtlicher Höhe zuwenden, damit diese in den Lebensunterhalt eines Dritten fließen.[1344] Der Nachweis von Barabhebungen des angeblich Unterstützenden beweist nicht, dass die entsprechenden Mittel an den Unterstützten weitergereicht wurden.[1345] Im Übrigen soll nach der Lebenserfahrung derjenige, der viel geschenkt bekommt, seinerseits Geschenke machen müssen, was ebenfalls Geld koste.[1346]

Jüngere Selbstständige werden häufig vor allem zu Beginn ihrer Tätigkeit noch von den Eltern unterstützt. Reichen die Einkünfte aus der eigenen Tätigkeit in dieser Phase noch nicht aus, um den Lebensunterhalt zu bestreiten, so besteht die Gefahr, dass im Rahmen einer Ap in Höhe der Zuwendungen Einkünfte angenommen werden. Wird eine solche Situation im Rahmen der Erstellung der Steuererklärung festgestellt, ist der Mandant deshalb zur Beweisvorsorge anzuhalten. Sie besteht im Idealfall darin, dass die Unterstützungsleistungen von einem Konto des Unterstützenden auf ein Konto des Steuerpflichtigen überwiesen werden, da die Rechtsprechung verständlicher Weise vor allem Barzuwendungen skeptisch gegenübersteht. Auch nachgewiesene Abhebungen vom Konto des Unterstützenden ohne Nachweis der Zuwendung helfen nur wenig, da damit noch nichts darüber ausgesagt ist, ob das Geld tatsächlich an den Unterstützten gelangt ist oder aber z.B. wieder auf ein anderes Konto des vermeintlich Unterstützenden eingezahlt wurde.

Ähnlich verhält es sich mit der häufig zu beobachtenden Unterstützung im Rahmen eines Hausbaus oder beim Erwerb einer Immobilie. Zur Glaubhaftma-

---

1342 Siehe 3.10.3.
1343 FG Berlin v. 17.4.1984 VII 205/82, EFG 1984, 639.
1344 Sächsisches FG v. 12.7.2007 1 K 112/04, EFG 2008, 88.
1345 Sächsisches FG v. 30.8.2007 1 K 30/06, juris, rkr.
1346 Sächsisches FG v. 30.8.2007 1 K 30/06, juris, rkr.

chung ist anzuraten, dass die Eltern oder andere unterstützende Verwandte entweder einmalig unbar einen größeren Betrag zur Verfügung stellen oder direkt einzelne Rechnungen per Banküberweisung begleichen. Die Zurverfügungstellung einzelner glatter Beträge, die unregelmäßig übergeben werden, ist im Zusammenhang mit der Errichtung eines Eigenheims wenig glaubhaft. Bei Schenkungen kann es dienlich sein, den Zweck der Schenkung, z. B. die Ausstattung von Büroräumen o. Ä., zu dokumentieren. Kann dann die entsprechende Investition belegt werden, ist die Schenkung grundsätzlich plausibel. Der Berater sollte rechtzeitig auf spätere Beweisnöte hinweisen und die Beteiligten auf eine Dokumentation als Beweisvorsorge aufmerksam zu machen.

3.10.5 „Fremdes Geld"

Sind Vermögenszuwächse festgestellt worden, soll es sich nach den Angaben mancher Steuerpflichtige um „fremdes Geld" handeln. Kann der Steuerpflichtige seine Behauptung nicht durch Belege stützen, so ist er schon deshalb unglaubhaft, weil ein Geschäftsmann im Normalfall mit fremdem Geld sorgfältig umgeht und deshalb über entsprechende Verwahrungsverträge und Überweisungsbelege bzw. Quittungen verfügt. Ist nur der Steuerpflichtige zugriffsberechtigt und verfügt nur er tatsächlich über das Konto, so sind ihm die Guthaben und Einzahlungen darauf jedenfalls dann zuzurechnen, wenn in keiner Weise ersichtlich oder nachvollziehbar ist, wem diese Beträge sonst zuzurechnen sein sollten.[1347]

Bei behaupteten **Treuhandverhältnissen** ist zu beachten, dass es üblich ist, gegenüber dem Treugeber Rechenschaft zu legen. Darüber hinaus gilt hier § 159 AO,[1348] und zwar unabhängig vom Vorliegen eines Auslandsbezugs.[1349] Den Nachweis einer Treuhandvereinbarung hat derjenige zu führen, der sich darauf beruft, eine Sache oder ein Recht als Treugeber zu besitzen,[1350] wobei die Bezeichnung der Vereinbarung z. B. als „Treuhandvertrag" keine Bedeutung hat.[1351] Der Hinweis, die zugerechneten Werte hätten aus eigenen Einkünften nicht angesammelt werden können, reicht nicht aus, um die Vermutung des § 159 AO zu widerlegen.[1352] Zum Nachweis des Treuhandverhältnisses werden die Vorlage des Original-Treuhandvertrages sowie eine Erläuterung zu den wirtschaftlichen Hintergründen mit entsprechenden Nachweisen gefordert.[1353] Die konsequente Durchführung einer Treuhandabrede erfordert eine klare Trennung von Treugut, Eigenvermögen und fremdem Vermögen.[1354] Der Einwand, es habe sich bei den auf dem eigenen Konto befindlichen Beträgen um

---

1347 FG München v. 23. 9. 2008 6 K 4169/06, juris.
1348 Beweispflicht des Treuhänders.
1349 BFH v. 24. 10. 2006 XI B 112/05, BFH/NV 2007, 201.
1350 FG München v. 2. 4. 2003 9 K 3107/00, juris.
1351 BFH v. 20. 1. 1999 I R 69/97, BStBl. II 1999, 514.
1352 BFH v. 16. 10. 1986 II R 220/83, BFH/NV 1988, 424.
1353 FG Köln v. 21. 6. 1996 3 K 1001/91, EFG 1997, 537, rkr.
1354 FG Nürnberg v. 13. 3. 2008 IV 96/2005, juris, rkr.

3.10 Typische Einwendungen

Gelder einer anderen Firma gehandelt, wird widerlegt, wenn es diese andere Firma gar nicht gibt. Das kann vom FA durch schriftlich befragte Zeugen, die Prüfung von Telefon und Postfach sowie durch Auskünfte der Bank über das auf dem Briefkopf angegebene Konto und den Kontoinhaber geklärt werden.[1355] Jedenfalls ist davon auszugehen, dass die Behauptung, Vermögenswerte nur als Treuhänder zu besitzen, entsprechende Nachforschungen beim mutmaßlichen Treugeber nach sich ziehen. Das kann durch schriftliche Zeugenbefragung des FA oder des FG erfolgen.

Die Auskunftsverweigerungsrechte bestimmter Berufsgeheimnisträger[1356] bleiben nach § 159 Abs. 2 AO unberührt. Das bedeutet zwar, dass diese Personen grundsätzlich die Auskunft darüber verweigern dürfen, wem die von ihnen verwahrten Fremdgelder gehören, ohne dass dadurch unmittelbar die Rechtsfolgen des § 159 Abs. 1 AO eintreten. Die Rechtsprechung verlangt jedoch, dass sie alles Zumutbare tun, um den Nachweis zu erbringen, dass es sich bei den verwahrten Rechten oder Sachen nicht um eigenes, sondern um fremdes Vermögen handelt,[1357] Diese Bemühungen sind zu belegen. Eine bloße Berufung auf das Auskunftsverweigerungsrecht genügt deshalb nicht.[1358]

Frei erfundene Treuhänder sind häufig im Ausland ansässig, damit diese selbst im Inland nicht steuerpflichtig sind. Darüber hinaus wird darauf spekuliert, das FA werde den Sachverhalt schlechter aufklären können. Das ist oft ein teurer Trugschluss. Denn § 90 Abs. 2 AO führt zu einer erhöhten Mitwirkungspflicht bzw. einer entsprechenden Beweislastverteilung, so dass es vielfach einer weiteren Aufklärung durch das FA gar nicht bedarf, weil negative Schlüsse gezogen werden können.

Dennoch ist zu beachten: Die Zurechnung nach § 159 Abs. 1 AO betrifft allein die persönliche Zurechnung der in dieser Vorschrift genannten Vermögensgegenstände, nicht aber die Frage, ob die damit verbundenen Vermögensmehrungen als steuerpflichtige Einnahmen zu beurteilen sind.[1359] Diese Frage ist nach materiellem Recht zu beantworten, und zwar für jede Steuerart gesondert.

Werden Guthaben nur zum Schein auf den Namen eines im Ausland ansässigen Dritten angelegt, ändert dies nichts daran, dass die entsprechenden Erträge dem Steuerpflichtigen zuzurechnen sind. Diese sind ggf. zu schätzen.[1360]

3.10.6 Verkauf von Privatvermögen und Erbschaften

Es ist davon abzuraten, ungeklärte Vermögenszuwächse durch den Verkauf z. B. von Schmuck oder Kunstgegenständen zu erklären, wenn das nicht der

---

1355 Vgl. FG Münster v. 8.6.1995 5 K 6916/88 U, juris.
1356 § 102 AO, z. B. Rechtsanwälte und Steuerberater.
1357 BFH v. 7.3.1989 VIII R 355/82, BFH/NV 1989, 753.
1358 BFH v. 21.4.1995 VIII B 133/94, BFH/NV 1995, 954; BFH v. 7.3.1989, VIII R 355/82, BFH/NV 1989, 753.
1359 BFH v. 28.2.1990 I R 165/85, BFH/NV 1991, 75.
1360 BFH v. 12.2.2010 VIII B 192/09, BFH/NV 2010, 833.

Wahrheit entspricht. Will der Steuerpflichtige wertvolle Gegenstände an ihm völlig unbekannte Personen verkauft haben, so widerspricht dieses Vorbringen schon der Lebenserfahrung. Hochwertige Kunstgegenstände werden darüber hinaus in aller Regel versichert, so dass der Nachweis möglich sein müsste, dass sich entsprechende Gegenstände im eigenen Vermögen befunden haben. Zu bedenken ist ferner, dass Verkäufe von Privatvermögen ggf. weitere Umsatzsteuer auslösen können, wenn dadurch eine nachhaltige Betätigung i. S. v. § 2 UStG gegeben ist und die Umsatzgrenze des § 19 UStG überschritten wird. FA und FG werden sich zur entsprechenden Überprüfung Quittungen vorlegen und die Zeugen für den vorherigen Besitz und den Verkauf benennen lassen. Letztendlich liegt die Feststellungslast beim Steuerpflichtigen, so dass das Argument des Verkaufs von Privatvermögen ohne Belege keinen Erfolg haben wird. Erfolgt der Verkauf über Internetportale wie „eBay", dürfte ein Nachweis möglich sein.

Sollen Lebensunterhalt oder Anschaffungen durch eine Erbschaft finanziert worden sein, wird das FA zunächst prüfen, ob der Steuerpflichtige lt. Erbschein überhaupt Erbe war. Ggf. wird es eine Inventarliste und Unterlagen von Versicherungen anfordern und die Abgabe einer Erbschaftsteuererklärung prüfen. Hat der Steuerpflichtige kein Bargeld, sondern andere Vermögenswerte geerbt, muss er die Veräußerung glaubhaft machen.[1361]

3.10.7 Vorhandene Mittel zu Beginn des Betrachtungszeitraums

Will der Steuerpflichtige zu Beginn des Betrachtungszeitraums einer GVR oder einer VZR größere Barbeträge zu Hause aufbewahrt haben, so spricht bereits die Diebstahlgefahr gegen diese Behauptung. Darüber hinaus muss die Ansammlung derartiger Beträge in den Vorjahren überhaupt möglich gewesen sein. Schließlich wird das FA prüfen, ob das sonstige Verhalten des Steuerpflichtigen im Hinblick auf seine Finanzen die Aufbewahrung hoher Bargeldbestände im heimischen Tresor glaubhaft erscheinen lässt. Müssen z. B. teure Darlehen aufgenommen oder bedient werden oder legt der Steuerpflichtige sein Geld i. d. R. zinsgünstig in Sparbriefe etc. an, so wird ihm das FA zu Recht entgegenhalten, dass die gleichzeitige Aufbewahrung größerer Bargeldsummen unglaubhaft ist. Wer in seiner häuslichen Umgebung z. B. Bargeld i. H. v. 400.000 € aufbewahrt, muss die Herkunft dieses Vermögens plausibel darlegen und beweisen, um eine Einbeziehung in die steuerliche Bemessungsgrundlage zu vermeiden.[1362] Grundsätzlich ist die „Barreserve" schon deshalb kein taugliches Gegenargument, da sie auch aus unversteuerten Betriebseinnahmen gebildet worden sein kann.[1363] Sollen Bankeinzahlungen im maßgeblichen Zeitraum aus Umschich-

---

[1361] Siehe hierzu die Ausführungen oben.
[1362] FG des Saarlands v. 16.11.2005 1 K 268/00, PStR 2006, 81; 60.000 € im Tresor unglaubhaft nach FG München v. 4.7.2008 7 V 1196/08, DStRE 2009, 520.
[1363] FG Münster v. 2.1.1998 1 K 32/97 E, U, G, juris.

3.10 Typische Einwendungen

tungen bereits vorhandener Geldanlagen stammen, müssen diese Vermögensbewegungen im Einzelnen dargelegt und glaubhaft gemacht werden.[1364]

3.10.8 Steuerfreie Auslandseinkünfte

Sollen im Vergleichszeitraum Geldmittel aus steuerfreien ausländischen Einkünften zur Verfügung gestanden haben, so sind diese Angaben vom Steuerpflichtigen aufzubereiten. Dazu gehören die Vorlage der Bücher, die Umrechnung der Einkünfte auf verfügbare Mittel, die Darstellung des Geldverkehrs im Ausland und die Darstellung des Geldtransfers vom Ausland ins Inland mit entsprechenden Nachweisen. Nur so können die Höhe und die Verbringung von Zahlungsmitteln nachvollzogen werden.[1365] Hinsichtlich der ausländischen Einkünfte gilt die erhöhte Mitwirkungspflicht nach § 90 Abs. 2 AO. Der Steuerpflichtige muss deshalb z. B. auch die Versteuerung im Ausland durch Steuerbescheide der dortigen Behörden belegen.

Bei der nachträglichen Angabe steuerfreier ausländischer Einkünfte ist Vorsicht geboten, wenn diese dem Progressionsvorbehalt unterliegen und eine Erklärung bisher unterblieben ist. Dann drohen strafrechtliche Konsequenzen. Kapitalerträge sind in aller Regel im Inland steuerpflichtig, auch wenn sie für Anlagen in einem ausländischen Depot angefallen sind.[1366] Das gilt insbesondere für Zinsen aus Ländern, mit denen kein DBA besteht.

3.10.9 Versicherung an Eides Statt

Oft wird versucht, zur Entkräftung einer finanzamtlichen Schätzung eine entgegenstehende Eidesstattliche Versicherung abzugeben. Hierbei ist zunächst zu beachten, dass der Steuerpflichtige keinen Anspruch auf die Abnahme einer solchen Eidesstattlichen Versicherung hat, die Entscheidung steht vielmehr im Ermessen des FA. Eine Ablehnung ist zumindest dann nicht missbräuchlich, wenn das FA von der vom Steuerpflichtigen angebotenen Eidesstattlichen Versicherung absieht, weil einfachere Erkenntnismittel vorhanden sind.[1367] Bei schuldhafter Verletzung von Mitwirkungspflichten kommt die Zulassung einer Eidesstattlichen Versicherung als Beweismittel regelmäßig ohnehin nicht in Betracht. Ist die Buchführung nicht ordnungsgemäß, muss das FA deshalb das Angebot der Abgabe einer Eidesstattlichen Versicherung nicht annehmen.[1368] Der Beweiswert einer Versicherung an Eides Statt ist im steuerlichen Verfahren auch deshalb gering, weil es sich bei ihr nicht um objektive Tatsachen, sondern nur um eine nicht überprüfbare Aussage eines Beteiligten handelt. Anonyme

---

1364 BFH v. 21.1.1986 VII R 196/83, BFH/NV 1986, 515.
1365 BFH v. 21.1.1986 VII R 196/83, BFH/NV 1986, 515.
1366 Wohnsitzprinzip.
1367 So bereits BFH v. 17.1.1956 I 242/54 U, BStBl. III 1956, 68.
1368 BFH v. 13.8.1964 IV 96/60, HFR 1964, 436.

Eidesstattliche Erklärungen und „Ehrenworte" vermeintlicher Darlehensgeber sind im Verfahren mangels Überprüfbarkeit ohnehin wertlos.[1369] Im finanzgerichtlichen Verfahren gilt der Grundsatz der Unmittelbarkeit der Beweisaufnahme.[1370] Ein mittelbares Beweismittel wie eine ohne Aufforderung abgegebene Eidesstattliche Versicherung kann zulässiger Weise nur verwendet werden, wenn die Erhebung des unmittelbaren Beweises unmöglich, unzulässig oder unzumutbar erscheint.[1371] Allerdings soll der Grundsatz der Unmittelbarkeit der Beweisaufnahme verletzt sein, wenn das FG die Einvernahme eines vom Kläger benannten Zeugen unterlässt und stattdessen das Urteil darauf stützt, dass der eidesstattlichen Versicherung dieses Zeugen kein Beweiswert zukomme.[1372]

Aus der Regelung des § 162 Abs. 2 S. 1 AO, wonach u. a. dann zu schätzen ist, wenn der Steuerpflichtige eine Versicherung an Eides Statt verweigert, kann nicht im Umkehrschluss gefolgert werden, dass eine Schätzung ausscheidet, wenn ein Steuerpflichtiger von sich aus freiwillig eine Eidesstattliche Versicherung abgibt.[1373]

3.10.10 Aktuelle Einkommens- und Vermögenslage

Geht es um die Schätzung von Umsätzen und Gewinnen, ist der Hinweis auf die derzeitige schlechte Einkommens- und Vermögenslage des Steuerpflichtigen, z. B. auf seinen gegenwärtigen Bezug von Sozialhilfe, nicht geeignet, die Schätzung zu widerlegen. Spätere Entwicklungen in der Einkommens- und Vermögenslage haben keinen Einfluss auf die Rechtmäßigkeit der die Vorjahre betreffenden Steuerbescheide und haben dafür keine Aussagekraft,[1374] weil Vermögen sehr schnell verbraucht oder aber im Ausland angelegt werden kann, denn es fehlt an der Überprüfbarkeit der Aussage. Damit ist auch das Argument untauglich, die vom FA angenommenen Gewinne seien überhöht, weil man das entsprechende Geld offensichtlich nicht habe. Zwar trägt der Steuergläubiger grundsätzlich die Beweislast für belastende Umstände.[1375] Das betrifft in dieser Form aber nur die Umstände, die die Erfüllung gesetzlicher Tatbestandsmerkmale z. B. des UStG oder des EStG und die Voraussetzungen der Schätzung gemäß § 158 i. V. m. § 162 AO als sog. Schätzungsanlässe und negativ z. B. die fehlende Festsetzungsverjährung begründen. Die Beweislast für den Verbleib des Geldes, das das FA denknotwendig bei seinen Hinzuschätzungen annimmt,

---

1369 FG Düsseldorf v. 14.10.2002 17 K 7587/99 E, EFG 2003, 502; zum Ehrenwort gegenüber dem vermeintlichen Darlehensgeber siehe auch BFH v. 29.10.1959 IV 579/56 S, BStBl. III 1960, 26.
1370 § 81 Abs. 1 S. 1 FGO. Dieser Grundsatz gilt auch im AdV-Verfahren.
1371 BFH v. 8.11.2005 X B 105/05, BFH/NV 2006, 347.
1372 BFH v. 16.11.1998 VII B 187/98, BFH/NV 1999, 942.
1373 FG Baden-Württemberg v. 22.5.2003 4 K 75/98, juris.
1374 FG Münster v. 13.10.2003 5 K 6984/02 E, juris.
1375 *v. Groll* in Gräber, § 96 Rz. 50 ff.

3.10 Typische Einwendungen

hat das FA damit aber gerade nicht zu führen. Entscheidend ist allein, ob für das jeweilige Streitjahr die Voraussetzungen des § 162 AO vorliegen.

Insbesondere bei extrem **schlechten Lebensumständen** sollte gegenüber dem FA bzw. FG aber von Beraterseite durchaus die Frage aufgeworfen werden, warum ein Steuerpflichtiger, der angeblich mehrere Jahre lang über hohe Einkünfte verfügt hat, mit diesem Geld keine anderen Wohnbedingungen etc. angestrebt hat. Die Frage stellt sich insbesondere, wenn der Steuerpflichtige in erkennbar ärmlichen Verhältnissen lebt. Dies sollte ggf. Anlass für eine Anpassung der Schätzung sein.

Aus Sicht des FA ist es verfehlt, wenn der Prüfer die Auswahl seiner Fälle vor allem danach ausrichtet, ob sich **Niederschlagungen** in den entsprechenden Steuerakten befinden. Häufig werden diese Fälle vom Prüfungsgeschäftsplan abgesetzt oder es wird besonders niedrig geschätzt. Diese Vorgehensweise ist unter Wettbewerbsgesichtspunkten äußerst problematisch. Zudem wird dabei übersehen, dass sich ggf. Haftungsansprüche gemäß §§ 69, 71 AO ergeben können.

3.10.11 Einstellung des Betriebs

Ist der Betrieb zwischenzeitlich wegen Unrentabilität eingestellt worden, wird oft dahingehend argumentiert, dass es hierzu nicht gekommen wäre, wenn die vom FA angenommenen Renditen hätten erzielt werden können. Diesem Einwand wird dann seitens des FA entgegengehalten, dass es bei den angeblich zutreffenden „schlechteren" Zahlen nicht verständlich ist, warum der Betrieb nicht viel früher eingestellt wurde.[1376]

3.10.12 Sachverständigengutachten

Die Schätzung nach § 162 AO ist Beweiswürdigung und folglich keine der Beweiserhebung zugängliche Tatsache, sondern eine Schlussfolgerung.[1377] Deshalb sind z. B. grundsätzlich weder die FinVerw noch das FG verpflichtet, zur Höhe des maßgeblichen RAS ein Sachverständigengutachten einzuholen.[1378] Aber auch wenn ein Gutachten eingeholt wird, besteht danach keine davon ausgehende Bindungswirkung für die gerichtliche Entscheidung.

Ein von einem **Beteiligten** vorgelegtes Sachverständigengutachten ist als Privatgutachten zunächst lediglich ein urkundlicher Beleg für den Beteiligtenvortrag. Es kann grundsätzlich nicht als Nachweis für die Richtigkeit des Vortrags betrachtet werden.[1379]

1376 Z. B. Niedersächsisches FG v. 1.8.2012 4 K 239/11, juris.
1377 BFH v. 19.9.2001 XI B 6/01, BStBl. II 2002, 4.
1378 BFH v. 27.2.2007 X B 7/06, BFH/NV 2007, 1167.
1379 BFH v. 31.1.2011 III B 107/09, BFH/NV 2011, 804.

3.11 Verfahrensrechtliche Einwendungen

3.11.1 Allgemeines

Noch vor der materiellen Prüfung der Schätzung ist immer danach zu fragen, ob die Ap insgesamt, einzelne Ermittlungsmaßnahmen des Prüfers und schließlich der die Schätzung umsetzende Bescheid verfahrensrechtlich rechtmäßig waren bzw. sind. Denn auch eine gut begründete Schätzung ist für das FA wertlos, wenn die bisherige Steuerfestsetzung nach den Vorschriften der AO nicht geändert werden kann oder wenn dem Erlass des Änderungsbescheids ein anderes verfahrensrechtliches Hindernis entgegensteht.

3.11.2 Verfahrensfehler vor und während der Außenprüfung

Nach ständiger Rechtsprechung besteht im Besteuerungsverfahren kein allgemeines gesetzliches **Verwertungsverbot** für Tatsachen, die unter Verletzung von Verfahrensvorschriften ermittelt wurden.[1380] Auch eine Verletzung der die Ap regelnden §§ 193–203 AO führt deshalb bei sog. einfachen verfahrensrechtlichen Mängeln jedenfalls nicht zu einem endgültigen Verwertungsverbot.[1381] Anders verhält es sich allenfalls bei sog. qualifizierten materiellrechtlichen Mängeln. Sie können auch nicht durch erneute Ermittlungsmaßnahmen geheilt werden.[1382] Mängel der zuletzt genannten Art liegen aber nur vor, wenn die Ermittlung von Tatsachen den verfassungsrechtlich geschützten Bereich des Steuerpflichtigen berührt, weil z. B. Verfahrensverstöße vorliegen, die als schwerwiegend zu beurteilen sind oder bewusst oder willkürlich begangen wurden. Diese Fälle sind in der Praxis äußerst selten.

Beispiele:
- Durch Auskunft eines Angehörigen des Steuerpflichtigen ohne Belehrung nach § 101 I 2 AO verschaffte Erkenntnisse;
- Ermittlungen mittels rechtswidriger Beugemittel i. S. v. § 136a StPO gegen den geprüften Steuerpflichtigen oder eine sonstige Auskunftsperson.[1383]

Die **Prüfungsanordnung** nach § 196 AO ist die rechtliche Grundlage für alle Prüfungsmaßnahmen. Fehlt sie oder ist sie rechtswidrig, sind deshalb grundsätzlich sämtliche Prüfungsmaßnahmen rechtswidrig und die Ergebnisse der Ermittlungen nicht verwertbar,[1384] soweit es sich nicht um eine erstmalige Festsetzung oder die Änderung eines unter Vorbehalt der Nachprüfung stehen-

---

1380 BFH v. 29.8.2017 VIII R 17/13, BStBl. II 2018, 408; BFH v. 23.1.2002 XI R 11/01, BStBl. II 2002, 328; BFH v. 25.11.1997 VIII R 4/94, BStBl. II 1998, 461; *Lindwurm*, AO-StB 2018, 110; *Steinhauff*, AO-StB 2018, 130.
1381 Zur fehlerhaften Prüfungsanordnung und zur unterbliebenen Schlussbesprechung siehe unten.
1382 *Rüsken* in Klein, § 193 Rz. 50.
1383 *Rüsken* in Klein, § 193 Rz. 50.
1384 BFH v. 1.9.1992 VII R 53/92, BFH/NV 1993, 515; BFH v. 24.6.1982 IV B 3/82, BStBl. II 1982, 659; FG München v. 12.9.2013 10 K 3728/10, BB 2014, 1054, m.w.N. *Müller*, AO-StB 2016, 229, 232.

3.11 Verfahrensrechtliche Einwendungen

den Bescheids handelt.[1385] Unterlässt der Steuerpflichtige die Anfechtung der Prüfungsanordnung oder hat die Anfechtung keinen Erfolg, wird sie bestandskräftig und der Steuerpflichtige ist in dem letztlich entscheidenden Verfahren der Steuerfestsetzung mit dem Einwand ausgeschlossen, die Anordnung sei rechtswidrig. Die Ergebnisse der Ap können dann uneingeschränkt verwertet werden.[1386] Aber auch wenn die Prüfungsanordnung rechtswidrig war und dies festgestellt wird, profitiert der Steuerpflichtige trotz des formellen Verwertungsverbots der auf der Grundlage der Prüfungsanordnung getroffenen Feststellungen hiervon kaum. Denn das FA kann nunmehr eine rechtmäßige Prüfungsanordnung erlassen und die Ap wiederholen,[1387] wobei faktisch mindestens die Feststellungen aus der ersten Prüfung getroffen werden. Eine Anfechtung der Prüfungsanordnung kann aber unter Verjährungsgesichtspunkten „effektiv" sein.[1388] Eine nach Beginn der Prüfung erlassene Prüfungsanordnung ist im Übrigen rechtmäßig, wenn die Ap noch nicht abgeschlossen ist.[1389] Geht es um die Wirksamkeit der Prüfungsanordnung, z. B. um die Frage der ordnungsgemäßen Bekanntgabe, kann die Entscheidung Einfluss auf den Eintritt der Ablaufhemmung haben.[1390]

Der Einwand einer **unterbliebenen Schlussbesprechung** hilft dem Steuerpflichtigen i. d. R. nicht weiter, weil die Schlussbesprechung nachgeholt werden kann, z. B. im Rahmen des Rechtsbehelfsverfahrens.[1391] Zudem führt eine unterbliebene Schlussbesprechung nicht ohne weiteres zur Fehlerhaftigkeit der Steuerbescheide.[1392] Es handelt sich zwar um einen Verfahrensfehler, er ist jedoch z. B. geheilt, wenn der Steuerpflichtige sich zum Bericht des Betriebsprüfers umfassend äußern konnte.[1393]

3.11.3 Fehlende Berichtigungsvorschrift

Die Änderung der Steuerbescheide aufgrund von Feststellungen der Ap muss von einer Berichtigungsvorschrift der AO gedeckt sein. Dabei kommt es nur auf das tatsächliche Vorliegen der entsprechenden Voraussetzungen an, nicht hingegen auf die korrekte Benennung der Vorschrift im Bescheid.[1394] Liegt für ein Jahr des Prüfungszeitraums ausnahmsweise noch kein Steuerbescheid vor oder

---

1385 BFH v. 4.10.2006 VIII R 53/04, BStBl. II 2007, 227, sog. „Tanzkapellenentscheidung".
1386 BFH v. 12.6.1986 VI R 201/80, BFH/NV 1987, 11; BFH v. 17.7.1985 I R 214/82, BStBl. II 1986, 21; BFH v. 27.7.1983 I R 210/79, BStBl. II 1984, 285; BFH v. 24.6.1982 IV B 3/82, BStBl. II 1982, 659; *Müller*, AO-StB 2016, 229, 233.
1387 BFH v. 20.10.1988 IV R 104/86, BStBl. II 1989, 180; BFH v. 7.11.1985 IV R 6/85, BStBl. II 1986, 435.
1388 *Rüsken* in Klein, § 196 Rz. 50.
1389 FG Münster v. 21.4.2010 6 K 3514/09 AO, EFG 2010, 1754.
1390 Siehe 3.11.2.
1391 FG Nürnberg v. 24.5.2011 2 K 449/2008, juris.
1392 BFH v. 27.10.2003 III B 13/03, BFH/NV 2004, 312; BFH v. 24.5.1989 I R 85/85, BStBl. II 1989, 900; FG Köln v. 15.7.2014 6 V 1134/14, BB 2015, 2736; AEAO zu § 201, Nr. 4.
1393 FG München v. 24.8.2010 5 V 1474/10, juris, rkr.; FG München v. 2.5.1995 1 V 4197/92, EFG 1995, 867.
1394 BFH v. 21.10.2014 VIII R 44/11, BStBl. II 2015, 593.

3 Außenprüfung

steht die Steuerfestsetzung unter Vorbehalt der Nachprüfung gemäß § 164 AO, ergeben sich für das FA insofern keine Schwierigkeiten. Ist der Bescheid aber bestandskräftig und wird im Rahmen einer Ap festgestellt, dass die Buchführung nicht den Vorschriften der §§ 140 ff. AO entspricht, so kann die Berichtigung in aller Regel nach § 173 Abs. 1 Nr. 1 AO erfolgen. Das ist in der Rechtsprechung anerkannt,[1395] weil z. B. die Art der Kassenführung für den Veranlagungsbezirk nicht erkennbar ist.[1396] Allerdings ist zu prüfen, ob tatsächlich für alle Jahre des Prüfungszeitraums entsprechende Feststellungen vorliegen. Die Ausführungen im Bericht der Ap sind hierzu oftmals sehr allgemein gehalten. Sind aber z. B. tatsächlich nur in einem Jahr des Prüfungszeitraums Kassenfehlbeträge feststellbar und ergaben sich bezüglich der Kassenführung ansonsten keine Beanstandungen, so ist eine Berichtigung nach § 173 Abs. 1 Nr. 1 AO nur für das Jahr der nachgewiesenen Fehlbeträge zulässig.

Nach § 129 AO kann die Finanzbehörde Schreibfehler, Rechenfehler und ähnliche offenbare Unrichtigkeiten, die beim Erlass eines Verwaltungsakts unterlaufen sind, berichtigen. Im finanzgerichtlichen Verfahren gilt die vergleichbare Vorschrift des § 107 FGO. Offenbare Unrichtigkeiten i. d. S. sind mechanische Fehler, die ebenso mechanisch, d. h. ohne weitere Prüfung, erkannt und berichtigt werden können.[1397] Ein mechanisches Versehen liegt nicht vor, wenn die Möglichkeit eines Rechtsirrtums, eines Denkfehlers oder einer unvollständigen Sachverhaltsaufklärung besteht.[1398] Feststellungen der Ap können nur in seltenen Ausnahmefällen auf Grundlage des § 129 AO in Bescheide umgesetzt werden. Wird die Änderung auf diese Berichtigungsvorschrift gestützt, lohnt deshalb in aller Regel der Prüfung, ob die genannten Voraussetzungen vorliegen.

3.11.4 Ablauf der Festsetzungsfrist

Ein geänderter Bescheid darf nur innerhalb der Festsetzungsfrist ergehen. Dabei bestimmt sich der Fristbeginn nach § 170 AO. Zur Überprüfung, ob bereits Verjährung eingetreten ist, muss danach vor allem der Zeitpunkt der Erklärungsabgabe festgestellt werden. Denn die Festsetzungsfrist beginnt zwar grundsätzlich mit Ablauf des Jahres, in dem die Steuer entstanden ist, für die Einkommensteuer 01 also zum Beispiel zum 1.1.02 um 0 Uhr. Ist die Steuererklärung aber nicht im Folgejahr beim FA eingereicht worden, verschiebt sich der Beginn der Frist auf den Beginn des Jahres, das der Erklärungsabgabe folgt: Wurde die o. g. Steuererklärung für das Jahr z. B. in 03 abgegeben, beginnt die Frist am 1.1.04. Allerdings ist die **Anlaufhemmung** nach § 170 Abs. 2 Nr. 1 AO auf drei Jahre begrenzt, d. h. die Frist beginnt für die Einkommensteuer 01 spätestens am 1.1.05, auch wenn die Erklärung z. B. in 08 oder überhaupt nicht abgegeben wird.

1395 BFH v. 16.1.1964 V 94/61 U, BStBl. III 1964, 149; FG Münster v. 8.5.2012 1 K 602/09, E, G, U, EFG 2012, 1894.
1396 FG Münster v. 31.5.2000 14 K 3305/98, juris.
1397 BFH v. 27.5.1998 IV B 151/97, BFH/NV 1998, 1452.
1398 BFH v. 13.11.1997 V R 138/92, BFH/NV 1998, 419.

3.11 Verfahrensrechtliche Einwendungen

Die **Festsetzungsfrist** beträgt grundsätzlich vier Jahre.[1399] Sie verlängert sich aber auf fünf Jahre in den Fällen der leichtfertigen Verkürzung und auf zehn Jahre bei Vorliegen einer Steuerhinterziehung.[1400] Aus der verlängerten Frist ergibt sich die Problematik, dass im Rahmen des Besteuerungsverfahrens über das Vorliegen strafrechtlicher Tatbestände zu entscheiden ist.[1401]

Die meisten Bescheide aufgrund einer Ap ergehen innerhalb der Festsetzungsfrist, weil die **Ablaufhemmung** nach § 171 Abs. 4 AO gilt. Danach läuft die Festsetzungsfrist nicht ab, wenn zuvor mit einer Ap begonnen wird oder wenn der Beginn der Prüfung auf Antrag des Steuerpflichtigen hinausgeschoben wird.[1402] Die Ablaufhemmung tritt allerdings nicht ein, wenn die zu Grunde liegende Prüfungsanordnung unwirksam ist[1403] oder erfolgreich angefochten und deshalb aufgehoben wird.[1404] Eine Ap i. S. v. § 171 Abs. 4 AO setzt nach h. M. eine solche wirksame Prüfungsanordnung voraus, andernfalls soll es sich lediglich um Einzelermittlungen ohne besondere Rechtsfolgen handeln.[1405] In Zweifelsfällen ist genau zu prüfen, ob tatsächlich mit der Ap begonnen wurde oder ob der Betriebsprüfer nur „zum Schein" tätig wurde, um den Ablauf der Festsetzungsfrist zu verhindern.[1406] Seine Maßnahmen müssen allerdings nicht von besonderem Gewicht sein, es genügt z. B., wenn er Unterlagen und Auskünfte anfordert.[1407] Nach Ansicht des BFH muss im Allgemeinen davon ausgegangen werden, dass Maßnahmen eines Außenprüfers zur Ermittlung eines Steuerfalls „Prüfungshandlungen" sind.[1408] Dazu können auch Schreiben des Prüfers an den Steuerpflichtigen gehören.[1409] Der Ablauf der Festsetzungsfrist ist gehemmt, wenn die Prüfungsanordnung zwar fehlerhaft und daher rechtswidrig, aber noch wirksam ist. Wird die Prüfung nachträglich, d. h. nach ihrem Beginn angeordnet, so tritt die Ablaufhemmung nach § 171 Abs. 4 AO erst ab dem Zeitpunkt der Bekanntgabe ein. Das hat für das FA den Nachteil, dass eine „erneute" Prüfungsanordnung z. B. in den Fällen, in denen erst sehr spät die Nichtigkeit festgestellt wird, dann außerhalb der Festsetzungsfrist ergangenen Bescheiden nicht mehr zur Rechtmäßigkeit verhelfen kann.

Auch eine **Zweitprüfung**[1410] kann zur Ablaufhemmung führen. Zu denken ist z. B. an den Fall, dass gegen einen Steuerbescheid aufgrund einer Ap Einspruch

---

1399 § 169 Abs. 2 S. 1 Nr. 2 AO.
1400 § 169 Abs. 2 S. 2 AO.
1401 Sog. „strafrechtliche Vorfrage", Einzelheiten hierzu siehe unter 8.5.
1402 Das Verschieben muss durch den Antrag des Steuerpflichtigen verursacht sein.
1403 BFH v. 16. 5. 1990 X R 147/87, BStBl. II 1990, 942.
1404 *Neufang/Bohnenberger*, StB 2017, 15, 19.
1405 *Frotscher* in Schwarz/Pahlke, § 171 Rz. 38a.
1406 Zu „tatsächlichen Prüfungshandlungen vgl. z. B. BFH v. 4. 11. 1992 XI R 32/91, BStBl. II 1993, 425 und FG Köln v. 31. 8. 2000 15 K 6221/95, EFG 2000, 1368.
1407 Niedersächsisches FG v. 13. 5. 2004, 6 K 312/00, EFG 2004, 1652: Anforderung von Bilanzberichten.
1408 BFH v. 19. 3. 2009 IV R 26/08, BFH/NV 2009, 1405.
1409 BFH v. 19. 3. 2009 IV R 26/08, BFH/NV 2009, 1405.
1410 Bei der Prüfung der Zulässigkeit ist ggf. das gesetzliche Übermaßverbot zu beachten, vgl. *Apitz* in StBp-Handbuch, Kza. 3125.

eingelegt wird, der Ablauf der Festsetzungsfrist deshalb zunächst nach § 171 Abs. 3a AO gehemmt ist und das FA nunmehr eine erneute Ap für denselben Prüfungszeitraum anordnet. Dann gilt die Ablaufhemmung des § 171 Abs. 4 AO bis zum Abschluss dieser Prüfung.[1411]

Durch eine **Lohnsteueraußenprüfung** wird die Festsetzungsfrist in Bezug auf die Einkommensteuer der betroffenen Arbeitnehmer nicht gehemmt, so dass sich hier für das FA u. U. Schwierigkeiten bei der Umsetzung der Feststellung ergeben, wenn die Mehrsteuer nicht beim Arbeitgeber realisiert werden kann.[1412]

3.11.5 Verwirkung

Im Ausnahmefall kann es dazu kommen, dass das FA sein Recht auf Bescheidänderung verwirkt. So soll z. B. eine unverhältnismäßig lange andauernde Steuerfahndungsprüfung zu rechtswidrigen Steuerbescheiden führen können.[1413] Grundsätzlich reicht jedoch allein der Zeitablauf für die Annahme der Verwirkung nicht aus, da der Gesetzgeber das Problem ausdrücklich durch die Regelungen zur Festsetzungsfrist gelöst hat.[1414]

3.11.6 Treu und Glauben

Die Finanzbehörden sind verpflichtet, die nach dem Gesetz entstandenen Steueransprüche geltend zu machen und die maßgebenden Feststellungen der Besteuerungsgrundlagen durchzuführen. Nur ausnahmsweise können sie nach dem Grundsatz von Treu und Glauben daran gehindert sein.[1415] Allgemein gilt, dass das FA nach den Grundsätzen von Treu und Glauben an eine bestimmte Verhaltensweise gebunden sein kann, wenn es dem Steuerpflichtigen zugesichert hat, einen konkreten Sachverhalt, dessen steuerrechtliche Beurteilung zweifelhaft erscheint und der für die wirtschaftliche Disposition des Steuerpflichtigen bedeutsam ist, bei der Besteuerung in einem bestimmten Sinne zu beurteilen.[1416] Dem Einwand, ein solcher bestimmter Sachverhalt sei durch die Vorprüfung nicht beanstandet worden, so dass das FA nach den Grundsätzen von Treu und Glauben an einer entsprechenden Änderung der Bescheide gehindert sei, steht regelmäßig das Prinzip der **Abschnittsbesteuerung** entge-

---

1411 BFH v. 24.4.2003 VII R 3 /02, BStBl. II 2003, 739.
1412 BFH v. 9.3.1990 VI R 87/89, BStBl. II 1990, 608; BFH v. 15.12.1989 VI R 151/86, BStBl. II 1990, 526.
1413 FG Rheinland-Pfalz v. 17.12.2010 6 V 1924/10, EFG 2011, 757.
1414 Siehe hierzu und zu Gegenmeinungen FG Düsseldorf v. 12.12.2000, 6 K 8964/98 K, G, U, F, EFG 2001, 865.
1415 BFH v. 18.4.1991 V R 67/86, BFH/NV 1992, 217. Zur verbindlichen Zusage und zur verbindlichen Auskunft als besondere Ausprägungen des Grundsatzes von Treu und Glauben siehe die nachfolgenden Gliederungspunkte.
1416 BFH v. 16.3.1983 IV R 36/79, BStBl. II 1983, 459; BFH v. 19.3.1981 IV R 49/77, BStBl. II 1981, 538; BFH v. 4.8.1961 VI 269/60 S, BStBl. III 1961, 562.

3.11 Verfahrensrechtliche Einwendungen

gen.[1417] Das FA hat in jedem Veranlagungs- bzw. Besteuerungszeitraum die einschlägigen Besteuerungsgrundlagen – ggf. erneut – zu prüfen und rechtlich zu würdigen. Eine als falsch erkannte Rechtsauffassung muss es zum frühestmöglichen Zeitpunkt aufgeben.[1418] Das gilt auch, wenn die fehlerhafte Auffassung in einem Prüfungsbericht niedergelegt worden ist.[1419] Eine Bindung der FinVerw über den Zeitraum der jeweiligen Steuerfestsetzung hinaus besteht danach grundsätzlich nicht.[1420] Insbesondere begründet eine ggf. unrichtige Handhabung durch die FinVerw nicht den Anspruch, auch in Zukunft unzutreffend besteuert zu werden.[1421] Eine zeitraumübergreifende Bindung an ein Ergebnis einer früheren Ap bzw. an frühere Veranlagungen, welche dem Grundsatz der Abschnittsbesteuerung zuwider läuft, kann nur in seltenen Ausnahmefällen eintreten, wenn das FA über die bisherige Sachbehandlung hinaus einen Vertrauenstatbestand geschaffen hat, der sich – eindeutig und zweifelsfrei – auch auf die zukünftige Sachbehandlung eines bestimmten Vorgangs bezieht.[1422] Weitere Voraussetzung ist, dass der Steuerpflichtige im Hinblick auf das entsprechende Verhalten des FA konkrete Dispositionen getroffen hat, die im Zweifel nachzuweisen sind.[1423]

Im Übrigen gilt der Grundsatz von Treu und Glauben nur für das konkrete Steuerschuldverhältnis zwischen dem Steuerpflichtigen und „seinem" FA.[1424] Aus diesem Grund können insbesondere keine Ansprüche aus der steuerlichen Behandlung bestimmter Sachverhalte im Rahmen von Prüfungen bei Bekannten oder Konkurrenten abgeleitet werden.

Der Einwand, das FA sei nach den Grundsätzen von Treu und Glauben an einer Bescheidänderung gehindert, wird nicht selten zu einer Frage des Sachverhalts und der Feststellungslast. Verspricht das FA z. B. für den Fall der Einigung eine Stundung und wird diese später nicht gewährt, ist es grundsätzlich Sache des Steuerpflichtigen bzw. diejenige seines Beraters, das damalige Stundungsversprechen nachzuweisen.[1425]

1417 BFH v. 13.2.2008 I R 63/06, BStBl. II 2009, 414; FG Münster v. 21.4.1999 13 K 2750/95, juris; zur Ausnahme der ausdrücklichen Zusicherung vgl. z. B. BFH v. 16.12.1998 II R 50/96, BFH/NV 1999, 900.
1418 BFH v. 13.4.1967 V 235/64, BStBl. III 1967, 442; BFH v. 29.5.2007 III B 37/06, BFH/NV 2007, 1865.
1419 Niedersächsisches FG v. 20.11.2015 6 K 151/15, juris.
1420 BFH v. 3.7.1986 IV R 66/84, BFH/NV 1987, 89; BFH v. 19.11.1985 VIII R 25/85, BStBl. II 1986, 520; BFH v. 22.6.1971 VIII 23/65, BStBl. II 1971, 749; FG Hamburg v. 16.3.2017 2 V 55/17, juris, Rz. 37. Zum Vorsteueraufteilungsmaßstab z. B. FG Münster v. 15.5.1997 5 K 1707/95, juris.
1421 BFH v. 14.6.2006 XI B 130-132/05, BFH/NV 2006, 2023.
1422 BFH v. 13.2.2008 I R 63/06, BStBl. II 2009, 414.
1423 BFH v. 22.8.1990 III R 27/88, BFH/NV 1991, 572.
1424 FG Baden-Württemberg v. 17.9.2003 2 K 102/00, EFG 2003, 1754.
1425 FG Baden-Württemberg v. 25.7.1996 6 K 174/93, EFG 1997, 45, rkr.

3.11.7 Verbindliche Zusage

Die verbindliche Zusage nach §§ 204 ff. AO soll vor allem der Planungssicherheit des Steuerpflichtigen dienen.[1426] Grundsätzlich können mit diesem Instrument nur solche Sachverhalte geregelt werden, die Gegenstand einer Ap waren. Das ergibt sich aus dem Wortlaut der Vorschrift und aus ihrem systematischen Zusammenhang mit den §§ 193 ff. AO. Zwar kann eine verbindliche Zusage nur auf – allerdings formfreien – Antrag gegeben werden, ein fehlender Antrag kann aber gemäß § 126 Abs. 1 Nr. 1 AO geheilt werden, indem der Antrag nachträglich gestellt wird. Ein Rechtsanspruch auf Erteilung einer verbindlichen Zusage besteht nicht.[1427] Allerdings handelt es sich um eine „Sollvorschrift", so dass eine Zusage nur in Ausnahmefällen vom FA verweigert werden kann.[1428]

3.11.8 Verbindliche Auskunft

Gemäß § 89 Abs. 2 AO kann der Steuerpflichtige aus Gründen der Planungs- und Entscheidungssicherheit eine verbindliche Auskunft darüber verlangen, wie ein in Zukunft liegender Besteuerungstatbestand steuerlich zu beurteilen ist.[1429] Die verbindliche Auskunft ist wie die verbindliche Zusage eine Ausnahme vom Prinzip der Abschnittsbesteuerung.[1430] Wesentliche Voraussetzung für die Erteilung ist ein **Antrag** des Steuerpflichtigen, in dem der Sachverhalt, der in der Zukunft verwirklicht werden soll, genau beschrieben ist. Alternative Sachverhalte können in diesem Verfahren nicht beurteilt werden, das FA hat nicht den gesetzlichen Auftrag, steuergestaltend tätig zu werden. Die bloße Ankündigung des FA, einem bestimmten Begehren zu entsprechen, ist keine verbindliche Auskunft.[1431] Das FG prüft den Inhalt einer erteilten verbindlichen Auskunft nur darauf, ob die gegenwärtige rechtliche Einordnung des zur Prüfung gestellten Sachverhalts in sich schlüssig und nicht evident rechtsfehlerhaft ist.[1432] Eine Bindung des FA an eine verbindliche Auskunft besteht ggf. dann nicht, wenn der Steuerberater den Sachverhalt im Antrag offensichtlich „Missverständnisse herausfordernd" formuliert hat.[1433]

3.11.9 Tatsächliche Verständigung

Eine tV betrifft Sachverhalte der Vergangenheit und wird in den meisten Fällen abgeschlossen, um eine Ap einvernehmlich und für beide Seiten mit Rechtssi-

---

[1426] *Intemann* in Koenig, § 204 Rz. 1.
[1427] Vgl. § 201 AO: „soll".
[1428] *Intemann* in Koenig, § 204 Rz. 45.
[1429] Zu Einzelheiten siehe z. B. *Werder/Dannecker*, BB 2014, 926; *Thiele*, FR 2016, 947; *Seer*, FR 2017, 161 sowie *Bruns*, DStR 2017, 2360, insbesondere zu Gebührenfragen.
[1430] Siehe hierzu oben „Treu und Glauben".
[1431] BFH v. 14. 9. 1994 I R 125/93, BFH/NV 1995, 369.
[1432] BFH v. 29. 2. 2012 IX R 11/11, BFH/NV 20102, 1350, hierzu kritisch *Werder/Dannecker*, BB 2014, 926.
[1433] FG München v. 16. 6. 2004 4 K 3589/03, juris.

cherheit zu beenden.[1434] Soll eine tV, die frühere Zeiträume betrifft, der Berichtigung von Bescheiden **nachfolgender Zeiträume** entgegenstehen, geht es also z. B. um eine tV für die 01 bis 03, die eine Änderung von Bescheiden für 04 bis 06 verhindern soll, so hat dieser Einwand i. d. R. keinen Erfolg, weil die tV schon ihrer Natur nach die Vergangenheit und nicht die Zukunft betrifft.[1435] Lediglich in Fällen wie der Festlegung der Nutzungsdauer eines Wirtschaftsguts oder bei der Abgrenzung von Herstellungskosten und Erhaltungsaufwand wirkt die tV automatisch in die nachfolgenden Veranlagungszeiträume hinein.[1436] Wurde im Rahmen der Ap eine tV für den Prüfungszeitraum abgeschlossen, so dürfen die Steuerfestsetzungen nur im Sinne dieser Vereinbarung geändert werden.

3.12 Einspruch

Wird der Berater mit Schätzungsbescheiden konfrontiert, so sind die Erfolgsaussichten eines Einspruchs oder ggf. einer Klage zu prüfen. Insbesondere wenn der steuerliche Berater den Fall erst nach der Ap übernimmt, wird ist es für ihn dabei in aller Regel sinnvoll sein, sich um **Akteneinsicht** zu bemühen.[1437] Anders als im finanzgerichtlichen Verfahren[1438] besteht nach der AO aber insoweit kein Rechtsanspruch.[1439] Allerdings muss das FA eine ordnungsgemäße Ermessensentscheidung treffen und dabei die Interessen der Verwaltung einerseits und die berechtigten Belange des Steuerbürgers andererseits gegeneinander abwägen.[1440] Die FÄ sind angewiesen, vor allem bei einem **Beraterwechsel** Akteneinsicht zu gewähren.[1441] Die Durchsicht der Steuerakten[1442] verhindert unliebsame Überraschungen, wenn der Steuerpflichtige selbst Ausführungen in der Sache gemacht hat oder sogar eine tV abgeschlossen hat. Auf der anderen Seite lassen sich so ggf. Anhaltspunkte für eine tV nutzen, die zwar vorbereitet wurde, aber nicht zu Stande gekommen ist. Aus den Notizen und Aktenvermerken lassen sich zudem vielfach Lösungsansätze für eine kooperative Beendigung des Einspruchs- und Klageverfahrens erkennen, die

---

1434 Wegen Einzelheiten dieses Rechtsinstituts, insbesondere zu den Wirksamkeitsvoraussetzungen einer tV, siehe Teil 5.
1435 Hierfür stehen die verbindliche Auskunft und die verbindliche Zusage zur Verfügung, siehe bereits oben.
1436 BFH v. 13. 8. 1997 I R 12/97, BFH/NV 1998, 498, zur Fortgeltung der Einigung über Wertansätze auch FG Nürnberg v. 12. 6. 2008 IV 229/2005, juris, rkr. durch BFH v. 16. 10. 2009 III B 170/08, BFH/NV 2010, 237.
1437 Vgl. zu diesem Thema z. B. *Dißars*, NJW 1997, 481; zur Akteneinsicht in die Prüferhandakte siehe *Streck*, Stbg 1995, 135.
1438 Vgl. § 78 FGO.
1439 *Bruschke*, AO-StB 2014, 373, 374. Eine nur mit dem Ziel der Akteneinsicht erhobene Klage ist unzulässig, vgl. § 40 Abs. 2 FGO, zur Zurückweisung des Antrags als rechtsmissbräuchlich BFH v. 18. 1. 1991 VI B 134/89, BFH/NV 1991, 475. Einen Anspruch auf Akteneinsicht aus der DSGVO ableitend *Wulf/Bertrand*, Stbg 2019, 400, unter Hinweis auf FG des Saarlands v. 3. 4. 2019 2 K 1002/16, juris.
1440 BFH v. 4. 6. 2003 VII B 138/01, BStBl. II 2003, 790.
1441 BMF v. 17. 12. 2008 BStBl. I 2009, 6.
1442 BFH v. 7. 5. 1985 VII R 25/82, BStBl. II 1985, 571.

sonst – ohne Akteneinsicht – nicht genutzt werden könnten. Der zeitliche Aufwand für die Einsichtnahme wird immer deutlich aufgefangen durch die vollständige Kenntnis des Streitstoffs und die dadurch ggf. erstmals erkannten Impulse für eine Lösung. Die Schätzung ist auf Fehler rechtlicher Art zu untersuchen. Nur so können objektiv aussichtslose Einsprüche und Klagen vermieden werden. Durch eine unterlassene eigene Fallprüfung kann sich ggf. sogar ein Regressrisiko ergeben.[1443]

Einspruchs- und Klageverfahren sind für den **Steuerberater** oft ein **finanzielles Verlustgeschäft**. Lediglich bei umfangreichen Mandaten dürften die durch die üblichen Erlöse z. B. aus der Lohnbuchhaltung und aus der Erstellung von Jahresabschlüssen und Steuererklärungen erzielten Umsätze solche Verfahren quasi „beinhalten". Ansonsten kann die Vereinbarung eines Stundenlohns der richtige Weg sein, um zu prüfen, ob ein Einspruch eingelegt oder der Klageweg beschritten werden soll. Nur so kann der Berater sich selbst intensiv um den Schätzungsfall kümmern und sich eine fundierte Meinung bilden. Das kann auch für den Mandanten die beste Lösung sein, zumal die Gefahr der Verböserung verringert wird, wenn nicht vorschnell Einspruch eingelegt wird. Zwar kann eine solche Verböserung durch Rücknahme des Einspruchs grundsätzlich verhindert werden. Faktisch wird das FA aber nach anderen Wegen wie z. B. einer Berichtigung nach § 173 AO suchen, um die aus seiner Sicht materiellrechtlich zutreffende Steuerfestsetzung durchzuführen.

Die Frage nach dem zutreffenden **Sachverhalt** ist im Betriebsprüfungsfall meist entscheidend. Die entsprechende Ermittlung ist die Grundaufgabe des Prüfers, damit aber auch der wesentliche Ansatz der Abwehr überhöhter Schätzungen. Wenn es gelingt, durch **eigene Ermittlungen** des steuerlichen Beraters die Vermutungen und Schlussfolgerungen des Prüfers zu widerlegen bzw. deren Plausibilität nachvollziehbar und substantiiert in Frage zu stellen, ist der Weg für eine Einigung geebnet. Die Ermittlung der wirklichen Besteuerungsgrundlagen, wenn auch nur in einem eingeschränkten Rahmen, ist der beste Weg, um für den Mandanten z. B. eine tV zu erhalten.[1444]

Sofern gegen die aufgrund der Ap ergangenen Bescheide Einspruch eingelegt wurde, ist ggf. **Aussetzung der Vollziehung** zu beantragen.[1445] Die AdV wird in der Praxis bei offenem Ausgang des Einspruchsverfahrens gewährt, auch nach der Rechtsprechung setzt die AdV nicht voraus, dass die für die Rechtswidrigkeit des Bescheids sprechenden Gründe überwiegen.[1446] Der Antrag sollte allerdings auf den Betrag beschränkt werden, der aus Sicht des Steuerberaters nicht gerechtfertigt ist. Es ist fehlerhaft, die Aussetzung der gesamten Nachzahlung zu beantragen, wenn die Zuschätzungen dem Grunde nach berechtigt und ledig-

---

1443 Zur Situation des Steuerberaters im Schätzungsfall insgesamt siehe Teil 9.
1444 Zur tV insgesamt siehe Teil 5.
1445 Zu einem Beispiel siehe Anhang 1.
1446 BFH v. 11.1.2018 VIII B 67/17, juris; BFH v. 4.5.2017 IV B 10/17, BFH/NV 2017, 1009; BFH v. 23.5.2016 V B 20/16, juris; BFH v. 20.7.2012 V B 82/11, BStBl. II 2012, 809.

3.12 Einspruch

lich zu hoch ausgefallen sind. Auch wenn der Antrag zunächst Erfolg hat, weil ihm das FA z. B. aus Gründen der Verfahrensökonomie bzw. der Arbeitsüberlastung ohne besondere Prüfung stattgibt, ist der zu Unrecht ausgesetzte Betrag später ab dem Zeitpunkt der alten Fälligkeit mit **0,5 % pro Monat** zu **verzinsen**. Die Konditionen dieses vom Staat gewährten „Darlehens" sind nicht lukrativ.[1447] Will der Steuerpflichtige einen uneingeschränkten vorläufigen Rechtsschutz erhalten, d. h. will er insbesondere vermeiden, dass das FA eine AdV nur gegen Erbringung einer Sicherheitsleistung gewährt,[1448] so muss er die Umstände glaubhaft machen, die dem Sicherungsbedürfnis des FA genügen oder es als unangemessen erscheinen lassen.[1449] Denn die Anforderung einer Sicherheitsleistung als Voraussetzung der AdV ist grundsätzlich zulässig, wenn der Steueranspruch gefährdet ist. Ein solche Gefährdung wird bereits angenommen, wenn die wirtschaftliche Lage des Steuerpflichtigen die alsbaldige Begleichung der Steuerschuld nach ihrer endgültigen Festsetzung fraglich erscheinen lässt[1450] oder wenn die Vollstreckung gefährdet ist.[1451] Andersherum hat der Steuerpflichtige also nur dann einen Anspruch darauf, dass die grundsätzlich zu gewährende AdV ohne Sicherheitsleistung angeordnet wird, wenn der angefochtene Steuerbescheid mit großer Wahrscheinlichkeit rechtswidrig ist oder es dem Steuerpflichtigen aus wirtschaftlichen Gründen unzumutbar ist, die Sicherheit zu leisten.[1452]

Änderungsbescheide werden gemäß § 365 AO bzw. gemäß § 68 FGO automatisch Gegenstand des Einspruchs- oder Klageverfahrens. Dann ist der AdV-Antrag ggf. anzupassen. Er ist erledigt, wenn es durch den Änderungsbescheid dazu kommt, dass kein aussetzungsfähiger Betrag mehr vorhanden ist.[1453] Dann kann und sollte der Antrag zurückgenommen oder der Rechtsstreit (AdV-Verfahren) für erledigt erklärt werden.

Es ist verfehlt, ausdrücklich die AdV eines mit der Steuerfestsetzung verbundenen **Zinsbescheids** zu beantragen. Hierfür fehlt i. d. R. das Rechtsschutzbedürfnis, da es sich um einen Folgebescheid handelt.[1454]

Nach der Rechtsprechung ist es nicht Aufgabe der Gerichte im AdV-Verfahren, einen unvollständig begründeten und bestrittenen Steueranspruch durch eigene Ermittlungen zu belegen. Die Verwaltung hat gegenüber dem Steuer-

---

1447 Zur möglichen Verfassungswidrigkeit des § 238 S. 1 AO siehe z. B. *Ortheil*, BB 2015, 675.
1448 Zu dieser Möglichkeit vgl. § 361 Abs. 2 S. 5 AO, für das finanzgerichtliche Verfahren § 69 Abs. 2 S. 3 FGO. Bei der Gewerbesteuer entscheidet die Gemeinde über die Frage der Sicherheitsleistung. Zu Art. 19 Abs. 4 GG als Grenze der Anforderung einer Sicherheitsleistung vgl. *Drüen*, DStR 2014, 1803.
1449 BFH v. 31. 1. 1997 X S 11/96, BFH/NV 1997, 512.
1450 BFH v. 22. 6. 1967 I B 7/67, BStBl. III 1967, 512.
1451 BFH v. 14. 2. 1984 VIII B 112/83, BStBl. II 1984, 443.
1452 FG Hamburg v. 22. 1. 2001 II 438/01, juris.
1453 Z. B. negative Steuerschuld, auch wenn der Steuerpflichtige eine Erhöhung des negativen Betrags begehrt, BFH v. 28. 11. 1974 V B 44/74, BStBl. II 1975, 240.
1454 BFH v. 23. 12. 2002 IV B 13/02, BFH/NV 2003, 737; FG Münster v. 22. 12. 2011 5 V 3562/11 U, juris.

3 Außenprüfung

pflichtigen und gegenüber dem Gericht eine Mitteilungs- und Begründungspflicht. Lässt sie es daran fehlen, bestehen ernstliche Zweifel an der Rechtmäßigkeit des entsprechenden Bescheids,[1455] so dass AdV zu gewähren ist.

Auch wenn AdV wegen **unbilliger Härte** beantragt wird,[1456] sind die Erfolgsaussichten des Rechtsbehelfs in der Hauptsache zu berücksichtigen. Bestehen keine Zweifel an der Rechtmäßigkeit des angefochtenen Verwaltungsakts, kommt eine AdV wegen unbilliger Härte nicht in Betracht.[1457] Sie scheidet jedenfalls aus, wenn Zweifel an der Rechtmäßigkeit fast ausgeschlossen sind.[1458] Die AdV wegen unbilliger Härte setzt voraus, dass der Betroffene seine wirtschaftliche Lage im Einzelnen vorträgt und glaubhaft macht.[1459] Die Vollziehung eines noch nicht bestandskräftigen Steuerbescheids ist unbillig hart, wenn durch seine Vollziehung wirtschaftliche Nachteile drohen, die über die eigentliche Zahlung hinausgehen und die nicht oder nur sehr schwer wieder gutzumachen wären, oder wenn sogar die wirtschaftliche Existenz des Steuerpflichtigen gefährdet wäre.

Die Voraussetzungen, unter denen auf die Festsetzung von Aussetzungszinsen verzichtet werden kann, decken sich mit den Voraussetzungen für Billigkeitsmaßnahmen nach § 163 AO und § 227 AO.[1460]

AdV gemäß § 361 AO wird fast immer gewährt, wenn eine **Bankbürgschaft** gestellt wird. Dadurch kann der hinsichtlich der Kosten riskantere Antrag gemäß § 69 FGO vermieden oder zurückgenommen werden.

3.13 Finanzgerichtliches Verfahren

3.13.1 Allgemeines

Auch in Schätzungssachen steht vor Erhebung der Klage die Prüfung, ob eine Rechtsverletzung i. S. v. § 40 Abs. 2 FGO vorliegt. Dafür ist allein der Tenor des Bescheids maßgeblich. Eine Rechtsverletzung durch die Begründung des Steuerbescheids ist nicht möglich. Der dem Erhebungsverfahren zuzuordnende kassenmäßige Teil des Steuerbescheids betrifft nicht die Steuerfestsetzung. Er ist folglich für die Anfechtungsklage nicht relevant.

Vor Erhebung einer Klage ist grundsätzlich immer ein Einspruchsverfahren[1461] durchzuführen. Von der Notwendigkeit eines abgeschlossenen Vorverfahrens sieht die FGO folgende Ausnahmen vor: Nach § 45 FGO ist eine Klage als sog. **Sprungklage** auch ohne Vorverfahren zulässig, wenn die Behörde, die über den

---

1455 Hessisches FG v. 9.3.2004 6 V 4121/03, EFG 2004, 1001.
1456 § 361 Abs. 2 S. 2, Alt. 2 AO.
1457 BFH v. 26.10.2011 I S 7/1, BFH/NV 2012, 583; BFH v. 2.11.2004 XI S 15/04, BFH/NV 2005, 490; BFH v. 26.2.1998 III S 8/97, juris; FG München v. 17.3.2008 14 V 3635/07, juris und FG München v. 7.10.2004 6 V 3036/04, juris.
1458 FG Hamburg v. 11.8.2010 5 V 129/08, juris.
1459 BFH v. 29.3.2001 III B 79/00, BFH/NV 2001,1244.
1460 BFH v. 21.7.1993 X R 104/91, BFH/NV 1994, 597.
1461 Siehe hierzu 3.12.

3.13 Finanzgerichtliches Verfahren

außergerichtlichen Rechtsbehelf zu entscheiden hat, innerhalb eines Monats nach Zustellung der Klageschrift dem Gericht gegenüber zustimmt. Die zweite Ausnahme ist die **Untätigkeitsklage** nach § 46 FGO. Danach ist ein abgeschlossenes Vorverfahren entbehrlich, wenn über einen Rechtsbehelf ohne Mitteilung eines zureichenden Grundes in angemessener Frist sachlich nicht entschieden worden ist. Eine solche Untätigkeitsklage kommt jedenfalls nicht in Betracht, wenn das Einspruchsverfahren mit stillschweigender Einwilligung des Klägers bzw. seines Bevollmächtigten zum Ruhen gebracht worden ist.[1462]

Durch **§ 96 Abs. 1 S. 1 FGO** erhält das FG die gleiche Schätzungsbefugnis wie sie das FA im Verwaltungsverfahren hat,[1463] aber auch die gleiche Verpflichtung zur Schätzung.[1464] Dies gilt ebenfalls für das Aussetzungsverfahren.[1465] Das FG kann seine Wahrscheinlichkeitsüberlegungen an die Stelle derjenigen des FA setzen, selbst wenn die Schätzung des FA nicht fehlerhaft ist.[1466] Es ist auch nicht an die Schätzungsmethode des FA gebunden.[1467] Das FG muss seine Schätzung begründen,[1468] kann sich dabei aber grundsätzlich auf die Punkte beschränken, die substantiiert bestritten werden.[1469] Das FG darf insbesondere bei Nichtvorlage von Unterlagen auf die Schätzung des FA Bezug nehmen und diese grundsätzlich ohne weitere Einschränkungen übernehmen. Dann liegt keine mangelhafte Sachaufklärung i. S. d. § 76 FGO vor, da die Aufklärungspflicht des FG durch die Mitwirkungspflicht der Beteiligten begrenzt wird.[1470] Das FG darf im Allgemeinen aber erst eine Verletzung der Mitwirkungspflichten durch den Kläger annehmen, wenn es den Beteiligten zuvor ausdrücklich und konkret zur Mitwirkung aufgefordert hat.[1471]

Das FG hat eine Schätzung i. d. S. auch dann selbst vorgenommen, wenn es die **Schätzung des FA** prüft und als eigene übernimmt. Es handelt sich um eine Beweiswürdigung, die revisionsrechtlich dem materiellen Recht zuzuordnen ist.[1472] Unter dem Gesichtspunkt der Gewährung rechtlichen Gehörs ist das FG nur verpflichtet, eine von ihm in Betracht gezogene, andere Schätzungsmethode vorab mitzuteilen, wenn diese den bereits erörterten Schätzungsmethoden nicht mehr ähnlich ist oder dadurch die Einführung neuen „Tatsachen-

---

1462 FG Münster v. 23. 8. 2000 10 K 4222/98 U, EFG 2001, 185.
1463 Z. B. BFH v. 14. 9. 1993 VII R 84, 85/92, BFH/NV 1994, 683; das gilt auch für die anzuwendende Schätzungsmethode, vgl. BFH v. 24. 6. 2008, X B 143/07, juris.
1464 BFH v. 12. 8. 1999 XI R 27/98, BFH/NV 2000, 537. Zum sog. „Schätzungsbefehl" der AO siehe unter 1.1.
1465 FG Münster v. 14. 3. 1988 V 772/88 V, EFG 1989, 473.
1466 BFH v. 17. 10. 2001 I R 103/00, BFH/NV 2002, 134; Sächsisches FG v. 19. 5. 2014 5 K 1165/10, EFG 2014, 1497.
1467 *Seer* in Tipke/Kruse, § 162 Rz. 52.
1468 § 96 Abs. 1 S. 3 FGO.
1469 BFH v. 6. 2. 1991 II R 87/88, BStBl. II 1991, 459; *v. Groll* in Gräber, § 96 Rz. 19.
1470 BFH v. 11. 4. 2001 I B 130/00, BFH/NV 2001, 1284.
1471 BFH v. 19. 11. 2011 X R 65/09, BStBl. II 2012, 345.
1472 BFH v. 12. 10. 2005 VIII B 241/04, BFH/NV 2006, 326, zum BFH-Verfahren siehe unter 3.13.3.

3 Außenprüfung

stoffs" erforderlich wird.[1473] Das FG darf sich auch Feststellungen und Zeugenaussagen aus einem steuerstrafrechtlichen Ermittlungsverfahren zu Eigen machen. Denn es bleibt den Beteiligten unbenommen, durch entsprechende Beweisanträge die Verwendung unmittelbarer Beweismittel anstelle des mittelbaren Beweismittels sicherzustellen.[1474]

Nicht jeder Betriebsprüfungsfall ist ein Fall des § 162 AO. Das FG darf nicht gemäß § 96 FGO schätzen, wenn das FA die Besteuerungsgrundlagen ermittelt hat. Hat der Prüfer z. B. aus vorhandenen Unterlagen wie Quittungen oder Kontoauszügen oder auf der Grundlage von Auskunftsersuchen an Kreditinstitute die Umsätze festgestellt, kann das FG nur prüfen, ob die Berechnung rechnerisch fehlerfrei erfolgt ist, Spielraum für eine eigene Schätzung besteht nicht.

Macht das FG von seiner eigenen Schätzungsbefugnis Gebrauch, so hat es das Verböserungsverbot zu beachten, das sich aus der Rechtsschutzfunktion des Klageverfahrens ergibt.[1475] Dabei bezieht sich dieses Verböserungsverbot aber auf die streitige Steuer, nicht auf einzelne Besteuerungsgrundlagen. Sind dem Steuerpflichtigen z. B. im Klageverfahren höhere Vorsteuern zu gewähren, sind die Umsätze aber zu niedrig geschätzt worden, so können beide Aspekte saldiert und die Klage abgewiesen werden. Das gerichtliche Verböserungsverbot bezieht sich auf das einzelne Streitjahr, auch wenn mehrere Zeiträume in einem Klageverfahren zusammengefasst sind.[1476]

Die Einschätzung der Erfolgsaussichten wird wesentlich erleichtert, wenn der steuerliche Berater folgende Aspekte gezielt prüft, um die Erfolgsaussichten der Klage systematisch und nicht nur gefühlsmäßig abzuschätzen:

- Ist der Schätzungsbescheid wirksam bekanntgegeben worden?
- Ist der Bescheid bestandskräftig?
- Ist zulässiger Weise Einspruch erhoben worden?
- Ist die Klage rechtzeitig erhoben worden?
- Die Klage kann sich bei einem Schätzungsbescheid, der einen bestandskräftigen Bescheid ändert, nur auf das Änderungsvolumen gemäß § 351 AO beziehen. Das ist beim Klageantrag zu beachten. Eine Ausnahme gilt nur, wenn der Änderungsbescheid nichtig ist.
- Die Klage muss derjenige einreichen, der von dem rechtswidrigen Bescheid betroffen ist. Ist z. B. ein Umsatzsteuerbescheid gegen den Ehemann als Unternehmer gerichtet, so können die Eheleute nicht gemeinsam klagen, auch wenn sie bei der Einkommensteuer zusammenveranlagt werden. Ist ein Umsatzsteuerbescheid fehlerhaft gegen die einzelnen Gesellschafter einer GbR ergangen, so ist die letztgenannte nicht klagebefugt.

1473 BFH v. 2.2.1982 VIII R 65/80, BStBl. II 1982, 409.
1474 BFH v. 20.6.2006 V B 144/05, BFH/NV 2006, 2092.
1475 BFH v. 1.12.2010 XI R 46/08, BFH/NV 2011, 712; v. Groll in Gräber, § 96 Rz. 5, m.w.N.
1476 FG Münster v. 20.6.2007 8 K 6341/02, E, U, juris.

- Die Schätzung kann zu einem Erstbescheid führen. Dann darf die Festsetzungsfrist nicht abgelaufen sein.
- Die Schätzung, die einen materiell bestandskräftigen Erstbescheid ändert, erfordert einen Änderungstatbestand. Es muss also eine steuerliche Änderungsnorm eingreifen.[1477] Dabei kommt es allein darauf an, ob die jeweiligen Tatbestandsmerkmale gegeben sind. Die Angabe einer falschen Änderungsnorm ist unschädlich.
- Liegt eine wirksame tV vor, darf das Gericht den Fall nicht anders würdigen. Eine wirksame tV darf auch vom gerichtlichen Prüfer nicht ignoriert werden.

Vor Erhebung einer Klage ist zwingend die Möglichkeit des § 172 Abs. 1 Nr. 2 lit. a AO zu prüfen: Nach § 172 Abs. 1 S. 3 AO kann der Bescheid auch nach Erlass der Einspruchsentscheidung durch das FA geändert werden. Eine solche schlichte Änderung ist kostenfrei. Sie kommt z. B. in Betracht, wenn bisher nicht vorhandene Nachweise nunmehr beigebracht werden können. Der Änderungsantrag muss vor Ablauf der Klagefrist gestellt worden sein, danach ist er unzulässig.

Die Beratung eines Mandanten sollte die realistischen Erfolgsaussichten offenlegen. Ein geschöntes Bild zu geben, nur um den Streit aus nicht sachlichen Gründen führen zu können, wird als mandatswidrig angesehen.[1478] Ergibt die Prüfung, dass Klage erhoben werden soll, muss in der Klageschrift das **Klagebegehren** ausreichend **bezeichnet** werden.[1479] Das erfordert, dass substantiiert, d. h. nicht nur formel- oder floskelhaft, sondern materiell und fallbezogen vorgetragen wird, inwiefern der Verwaltungsakt rechtswidrig ist und den Kläger in seinen Rechten verletzt.[1480] Grundsätzlich ist nicht die Aufhebung des Bescheids zu beantragen, sondern ein betragsmäßiger Antrag zu stellen. Die Aufhebung ist nur in Ausnahmefällen zu beantragen, z. B. wenn der Bescheid nichtig ist oder wenn das FA einen Änderungsbescheid erlassen hat, ohne dass die Voraussetzungen einer Berichtigungsvorschrift nach der AO vorlagen. In anderen Fällen ist das Klagebegehren mit dem Antrag auf ersatzlose Aufhebung nicht ausreichend bezeichnet.[1481] Ist nur ein Teil der Hinzuschätzung zu hoch, sollte ein entsprechend bezifferter Klageantrag gestellt werden, durch den die realistischere Hinzuschätzung deutlich wird. Sind z. B. Umsätze i. H. v. 150.000 € hinzugeschätzt worden, aber 80.000 € nach der eigenen Kalkulation realistisch, kann der Antrag entsprechend zahlenmäßig gestellt werden.[1482] Es reicht für die Bestimmung des Anfechtungsbegehrens aus, wenn die anderweitig anzusetzende Besteuerungsgrundlage dem Betrag nach bezeichnet wird, eine Be-

---

1477 Z. B. §§ 129, 172, 173, 174, 175 AO, 35b GewStG.
1478 *Streck/Mack/Kamps*, Rz. 23.
1479 Zu einem Muster einer Klageschrift siehe Anhang 6.
1480 BFH v. 30.4.2001 VII B 325/00, BFH/NV 2001, 1227; BFH v. 31.1.1996 II R 95/93, BFH/NV 1996, 564; BFH v. 26.11.1979 GrS 1/78, BStBl. II 1980, 99.
1481 BFH v. 23.1.1997 IV R 84/95, BStBl. II 1997, 462.
1482 Gegen das Erfordernis des bezifferten Antrags *Streck* u. a., Stbg 1993, 415.

rechnung der sich dadurch ergebenden Steuer ist nicht erforderlich.[1483] Ein „bezifferter" Antrag liegt auch vor, wenn z. B. beantragt wird, „den Steuerbescheid in Gestalt der Einspruchsentscheidung aufzuheben und entsprechend den Angaben des Klägers auf Basis einer realistischeren Schätzung neu zu fassen". Der Klageantrag ist auch in den Fällen hinreichend bestimmt, in denen der Kläger die Aufhebung der Einspruchsentscheidung beantragt hat und in der Einspruchsentscheidung die zwischen dem Kläger und dem FA noch verbleibenden Streitpunkte einzeln und unter Schilderung der zu Grunde liegenden Lebenssachverhalte aufgeführt worden sind.[1484] Die Klage ist jedenfalls gegen den Steuerbescheid „in Gestalt der Einspruchsentscheidung" und nicht nur isoliert gegen die Einspruchsentscheidung zu richten.[1485] Eine Klage allein gegen die Einspruchsentscheidung ist grundsätzlich ein Prozessfehler, da dadurch das Klagebegehren auf die Überprüfung der Rechtmäßigkeit der Einspruchsentscheidung reduziert wird. Ein fehlerhafter Antrag führt dazu, dass die Klage ganz oder zum Teil keinen Erfolg hat. Klageanträge ohne Sachaussage, die lediglich formelhaftes Vorbringen enthalten,[1486] sind zu vermeiden. Solche unzulänglichen Anträge können zur Unzulässigkeit der Klage führen. Das gilt insbesondere, wenn das FG eine Ausschlussfrist nach §§ 65, 79b FGO gesetzt hat.

Einem Antrag auf Verlängerung einer nach § 65 Abs. 2 i. V. m. § 79b FGO gesetzten Frist muss zu entnehmen sein, **wie lange** diese Frist verlängert werden soll. Die Ankündigung, der Aufforderung „in den nächsten Tagen" nachzukommen, reicht nicht aus.[1487]

Im Klageantrag sind die nach Auffassung des Klägers unzutreffenden Ansatzpunkte der Schätzung **konkret** zu benennen oder es muss dargelegt werden, aus welchem Grund eine Schätzung nicht hätte erfolgen dürfen.[1488] Emotionale Ausführungen wie „maßlos überhöhte Schätzung", „Mondschätzung" oder „Strafschätzung" sind kein Beitrag, um die Erfolgsaussichten der Klage zu erhöhen.

Der bloße Hinweis auf die Einspruchsentscheidung und die Bescheide reicht jedenfalls zur Bezeichnung des Klagebegehrens nicht aus, wenn die Bescheide auf der Durchführung einer Prüfung beruhen, die zu einer Vielzahl von auszuwertenden Feststellungen geführt hat.[1489]

Sind maßgebliche Unterlagen **beschlagnahmt** worden, so kann vom Kläger dennoch die Bezeichnung des Klagebegehrens verlangt werden. Er muss dann

---

1483 BFH v. 17. 1. 2002 VI B 114/01, BStBl. II 2002, 306, m. w. N.; BFH v. 17. 4. 1996 I R 91/95, BFH/NV 1996, 900.
1484 BFH v. 30. 6. 2004 VI B 89/02, BFH/NV 2004, 1541.
1485 BFH v. 16. 7. 1992 VII R 61/91, BFH/NV 1993, 39.
1486 „Ich erhebe Klage gegen die zu hohe Schätzung vom ...".
1487 FG des Saarlands v. 7. 12. 1999 1 K 210/99, juris.
1488 BFH v.15. 10. 2008 I B 133/08, juris.
1489 BFH v.18. 2. 2003 VIII B 218/02, BFH/NV 2003, 1186.

3.13 Finanzgerichtliches Verfahren

zumindest die Angaben machen, die ihm ohne die beschlagnahmten Unterlagen möglich sind.[1490]

Durch den Antrag auf „Aufhebung" des Schätzungsbescheids wird das Klagebegehren nicht ausreichend bezeichnet, wenn Anhaltspunkte dafür vorliegen, dass der Kläger tatsächlich nur eine Herabsetzung der festgesetzten Steuer begehrt.[1491]

Maßgeblich ist immer der **Klageantrag**, der in der mündlichen Verhandlung gestellt wird. In vielen Klageschriftsätzen findet sich dementsprechend die zulässige Formulierung „Wir werden beantragen, ..." Oft werden in der mündlichen Verhandlung noch Fehler im Klageantrag deutlich, vor allem, wenn der Kläger selbst an der Verhandlung teilnimmt. Oft wirkt der Vorsitzende dann auf einen sinnvollen Klageantrag hin und macht ggf. einen Formulierungsvorschlag.

Lässt das FG ausdrücklich die Revision zu, so ist viel Mühe für das sonst arbeitsintensive Erarbeiten einer NZB gespart.[1492] Deshalb sollte stets **hilfsweise** für den Fall des Unterliegens die Zulassung der Revision beantragt werden.

Die Klage ist gemäß § 47 FGO innerhalb **eines Monats** nach Bekanntgabe der Einspruchsentscheidung nach § 64 FGO schriftlich beim zuständigen FG einzureichen. Eine Klageerhebung per E-Mail genügt dem Schriftformerfordernis der Klage grundsätzlich nicht, etwas anderes gilt aber dann, wenn der E-Mail eine unterschriebene und eingescannte Klageschrift als Datei angehängt wird und diese bei Gericht ausgedruckt wird, wobei dann der Ausdruck im FG für den Zeitpunkt des Einreichens maßgebend sein soll.[1493] Ist die Frist unverschuldet versäumt worden, kann gemäß § 56 FGO Wiedereinsetzung in den vorigen Stand gewährt werden.[1494]

Ist Klage eingereicht worden, ordnet das FG zur gütlichen Beilegung des Rechtsstreits häufig einen **Erörterungstermin** an.[1495] Dadurch kann eine mündliche Verhandlung häufig vermieden werden. In vielen Fällen erledigt sich der Rechtsstreit nach dem Erörterungstermin durch Rücknahme der Klage[1496] oder durch die Zusage des FA, den angefochtenen Bescheid antragsgemäß zu ändern. Die Durchführung eines Erörterungstermins liegt im Ermessen des Gerichts, ein Anspruch darauf besteht nicht.[1497] Auch wenn es in dem Termin nicht zu einer

---

1490 BFH v. 19.1.2000 II B 112/99, BFH/NV 2000, 1103. Zur Problematik der Bezeichnung des Klagebegehrens siehe auch die Ausführungen unter 2.5.3.2.
1491 BFH v. 8.7.1998 I R 23/97, BStBl. II 1998, 628.
1492 Siehe hierzu 3.13.3.
1493 *Sauer/Schwarz*, Rz. 326, unter Hinweis auf FG des Saarlands v. 9.10.2015 2 K 1323/15, EFG 2016, 47 und FG Düsseldorf v. 9.7.2009 16 K 572/09, EFG 2009, 1769.
1494 Zu Einzelheiten siehe unter 2.5.3.2.
1495 *Koch* in Gräber, § 79 Rz. 5.
1496 Die Rücknahme ist grundsätzlich unwiderruflich, vgl. BFH v. 12.8.2009 X S 47/08 (PKH), BFH/NV 2009, 1997 mit Darstellung von Ausnahmen.
1497 BFH v. 30.10.1997 X B 12/97, BFH/NV 1998, 599.

3 Außenprüfung

Einigung kommt, bietet er den Vorteil, dass die Ansicht des Berichterstatters bzw. der Stand der Meinungsbildung bekannt werden. Wenn der Sachverhalt zwischen den Beteiligten unstreitig ist, so dass letztlich über eine reine Rechtsfrage zu entscheiden ist, kann u. U. auf eine **mündliche Verhandlung verzichtet** werden. Zu beachten ist aber, dass ein solcher Verzicht grundsätzlich nicht widerrufen werden kann und gleichzeitig den Verzicht auf die Durchführung einer Beweisaufnahme bedeutet. Denn sobald der Kläger und das FA auf mündliche Verhandlung verzichtet haben, kann jederzeit durch Urteil im schriftlichen Verfahren entschieden werden.

Anders als im Verwaltungsverfahren haben der Kläger und sein Bevollmächtigter[1498] nach § 78 FGO einen gesetzlichen Anspruch auf **Akteneinsicht**.[1499] Er besteht allerdings nicht bei unzulässigen Rechtsmitteln[1500] sowie in den seltenen Fällen, in denen die Akten und Unterlagen unter keinem Gesichtspunkt geeignet sind, der Verwirklichung des Rechtsschutzes zu dienen.[1501] Der Anspruch auf Akteneinsicht kann bis zum rechtskräftigen Abschluss des Verfahrens geltend gemacht werden[1502] und umfasst alle Akten, die dem Gericht im konkreten Fall vorgelegt worden sind,[1503] also z. B. auch die Akten anderer Behörden und solche Unterlagen, die das FA vorgelegt hat, ohne hierzu aufgefordert worden zu sein.[1504] Das bedeutet aber umgekehrt, dass es keinen Anspruch auf Einsicht in solche Akten gibt, die dem Gericht nicht vorliegen und für deren Entscheidungserheblichkeit keine Anhaltspunkte bestehen.[1505] Zu den Steuerakten, die auf Verlangen dem FG vorzulegen sind, gehören auch die Arbeitsakten bzw. Handakten des Betriebsprüfers.[1506] Allerdings besteht kein Anspruch darauf, dass das FG sich Akten vorlegen lässt, die es aus seiner Sicht zur Entscheidungsfindung nicht benötigt.[1507] Anders als z. B. in Zivil- oder Strafsachen ist im Steuerprozess die Einsichtnahme auf der Geschäftsstelle des Gerichts die Regel. Die Gewährung von Akteneinsicht durch **Übersendung** in die Kanzlei eines Verfahrensbevollmächtigten kommt als Abweichung vom gesetzlich vorgesehenen Regelfall der Einsicht an Gerichtsstelle nur ausnahmsweise

---

1498 § 62 Abs. 2 und 4 FGO, BFH v. 20. 12. 1994 VII R 57/93, BFH/NV 1995, 533.
1499 Gegen eine ablehnende Entscheidung des FG ist die Beschwerde gegeben, BFH v. 25. 3. 1997 VII B 31/97, BFH/NV 1997, 599.
1500 BFH v. 29. 10. 1998 X B 132/98, BFH/NV 1999, 510.
1501 BFH v. 6. 2. 1996 X R 79/95, BFH/NV 1996, 567; BFH v. 27. 9. 1995 VIII B 90, 91/95, BFH/NV 1996, 245.
1502 BFH v. 28. 7. 2005 VII B 207/05, BStBl. II 2006, 41.
1503 Nach § 71 Abs. 2 FGO hat das FA die Akten zwar nach Erhalt der Klageschrift zu übersenden, tatsächlich erfolgt das nach Aufforderung durch das FG, vgl. *Sauer/Schwarz*, Rz. 698. Auch elektronische Akten sind zu übersenden, vgl. BFH v. 12. 3. 2019 XI B 9/19, BFH/NV 2019, 837.
1504 *Bruschke*, AO-StB 2014, 373, 376.
1505 BFH v. 18. 3. 2008 V B 107/07, BFH/NV 2008, 1367.
1506 BFH v. 25. 7. 1994 X B 333/93, BStBl. II 1994, 802. Ausnahme: Vertrauliche Mitteilungen Dritter.
1507 BFH v. 8. 12. 2006 XI B 59/06, BFH/NV 2007, 737.

3.13 Finanzgerichtliches Verfahren

in Betracht und erfolgt in der Praxis sehr selten.[1508] Mit der Verbreitung der elektronischen Gerichtsakte und dem sich aus § 78 Abs. 2 S. 2 FGO ergebenden Anspruch auf **elektronische Aktenübermittlung** wird dieses Thema in Zukunft allerdings an Bedeutung verlieren. Die Entscheidung über den Ort der Akteneinsicht außerhalb des Gerichts steht im Übrigen im **Ermessen** des FG.[1509] Bei seiner Entscheidung muss das Gericht den Ermessensrahmen nach § 78 FGO beachten und die für und gegen die Akteneinsicht außerhalb des Gerichts sprechenden Interessen gegeneinander abwägen.[1510] Der Beteiligte kann auf seine Kosten **Fotokopien** fertigen lassen.[1511] Daraus lässt sich aber kein Recht auf Anfertigung von Fotokopien des gesamten Inhalts der dem FG vorliegenden Akten ableiten, auch dann nicht, wenn angeboten wird, die Kopien mit einem eigenen Gerät herzustellen.[1512] Vom Recht auf Akteneinsicht sollte grundsätzlich Gebrauch gemacht werden, weil dem Sachverhalt insbesondere in Schätzungssachen mehr Bedeutung zukommt als den unterschiedlichen Rechtsmeinungen.[1513] Für die Akteneinsicht spricht insbesondere, dass das FG nicht verpflichtet ist, die Beteiligten darauf hinzuweisen, welchen Inhalt die vom beklagten FA vorgelegten Akten haben und wie es die dort enthaltenen Erkenntnisse verwerten will.[1514] Damit ist es insofern Sache des Beteiligten, seinen Anspruch auf rechtliches Gehör umzusetzen.

Beweisanträge über konkret behauptete entscheidungserhebliche Tatsachen dürfen nicht deshalb abgelehnt werden, weil das Gericht bereits – z. B. aufgrund eines ihm schlüssig erscheinenden Schätzungsergebnisses – vom Gegenteil überzeugt ist. Entscheidungserheblich sind bei Schätzungen alle Tatsachen, die das Schätzungsergebnis im Rahmen des gewählten Verfahrens beeinflussen.[1515]

Ein zulässiger Antrag auf Erhebung eines **Zeugenbeweises** setzt nicht stets die Angabe einer ladungsfähigen Anschrift des Zeugen voraus. Der Zeuge muss aber „individualisierbar" sein. Dafür kann es genügen, den Namen des Zeugen und z. B. seinen Arbeitgeber anzugeben.[1516] Ein Antrag auf Erhebung eines Zeugenbeweises ist nicht ordnungsgemäß gestellt, wenn weder Name noch Anschrift des Zeugen mitgeteilt werden und diese Angaben auch nicht aus anderen, dem Gericht zur Verfügung stehenden Unterlagen ersichtlich sind.[1517]

1508 Vgl. hierzu z. B. BFH v. 2. 9. 2009 III B 246/08, BFH/NV 2010, 49 m. w. N., kritisch *Fu* in Schwarz/Pahlke, § 78 Rz. 29. Wegen der grundsätzlichen Möglichkeit der Akteneinsicht im Büro des Bevollmächtigten z. B. BFH v. 16. 11. 1998 VI B 162/98, BFH/NV 1999, 649.
1509 BFH v. 26. 1. 2006 III B 166/05, BFH/NV 2006, 963.
1510 *Sauer/Schwarz*, Rz. 603a, unter Hinweis auf BFH v. 16. 11. 1998 VI B 162/98, BFH/NV 1999, 649.
1511 § 78 Abs. 2 FGO.
1512 BFH v. 18. 2. 2008 VII S 1/08 (PKH), BFH/NV 2008, 1169.
1513 *Brandis* in Tipke/Kruse, § 78 Rz. 2.
1514 BFH v. 20. 12. 2005 V B 222/04, BFH/NV 2006, 774.
1515 BFH v. 7. 2. 2008 IV B 58-60/07, juris, zur revisionsrechtlichen Bedeutung eines solchen Verfahrensmangels siehe unter 3.13.3.
1516 BFH v. 19. 10. 2011 X R 65/09, BStBl. II 2012, 345.
1517 BFH v. 18. 5. 2011 X B 124/10, BFH/NV 2011, 1838.

3 Außenprüfung

Darüber hinaus sind die Tatsachen zu bezeichnen, über welche die Vernehmung des Zeugen stattfinden soll.[1518] Aussagen, die Dritte in einem anderen Verfahren gemacht haben, dürfen im Finanzgerichtsprozess nicht im Wege des Urkundsbeweises verwertet werden, wenn sich dem FG eine eigene Vernehmung dieser Personen als Zeugen aufdrängen muss.[1519] Eine dem Gericht vorgelegte schriftliche Bestätigung eines möglichen Zeugen kann die Zeugeneinvernahme grundsätzlich nicht ersetzen.[1520]

Der für die Höhe der Kosten des Verfahrens maßgebliche **Streitwert** ist auch in Schätzungsfällen grundsätzlich der Unterschiedsbetrag zwischen der vom FA festgesetzten Steuer und der vom Kläger für zutreffend gehaltenen Steuer. Liegt kein Antrag vor oder lassen sich einem Antrag keine Anhaltspunkte für die Streitwertermittlung entnehmen, wird der Sache der Regelstreitwert oder „Auffangwert" i.H.v. 5.000 € zu Grunde gelegt.[1521] Der Streitwert beläuft sich mindestens auf 1.500 €.[1522] Bei Streitigkeiten über die Rechtmäßigkeit der Anordnung einer Ap wird der Streitwert mit 50 % der mutmaßlichen Mehrsteuern angenommen, was regelmäßig eine Schätzung erforderlich macht. Werden im Verlauf des Verfahrens Teile der Klage unstreitig, empfiehlt sich aus Kostengründen die entsprechende Einschränkung des Klageantrags.[1523]

Einer Klage gegen den **Zinsbescheid** nach § 233a AO fehlt es generell am Rechtsschutzbedürfnis, wenn die Klage – was meist der Fall ist – nur mit Einwendungen gegen den Steuerbescheid und damit die Steuerfestsetzung begründet wird, da es sich um einen Folgebescheid handelt.[1524] Darüber hinaus ist der Bescheid in aller Regel bestandskräftig oder es liegt, falls doch gegen ihn Einspruch eingelegt wurde, keine entsprechende Einspruchsentscheidung vor, so dass es an dem für die Zulässigkeit erforderlichen erfolglosen Vorverfahren fehlt. Aufgrund der Grundlagenbescheidfunktion der angefochtenen Steuerfestsetzung wird der Zinsbescheid im Fall des Klagerfolgs von Amts wegen geändert, so dass auch insofern eine ausdrücklich gegen die Zinsfestsetzung gerichtete Klage überflüssig ist.

3.13.2 Gerichtseigene Prüfer und andere Sachverständige

Das FG ist zur Sachaufklärung verpflichtet und darf grundsätzlich erst dann nach den Regeln der Beweislast entscheiden, wenn seine Ermittlungen, ggf. bei Dritten durch schriftliche Zeugenbefragung, nicht zum Erfolg führen. Wegen der speziellen Materie[1525] der Betriebsprüfungsfälle machen die FG häufig von der Möglichkeit Gebrauch, Schätzungen, die das FA im Rahmen einer Ap vorge-

---

1518 BFH v. 16.5.2013 X B 131/12, BFH/NV 2013, 1260.
1519 BFH v. 1.2.2001 V R 6/00, BFH/NV 2001, 941.
1520 BFH v. 3.12.1996 I B 8/9/96, BFH/NV 1997, 580.
1521 § 52 Abs. 4 GKG.
1522 § 52 Abs. 4 GKG.
1523 *Sauer/Schwarz*, Rz. 389.
1524 BFH v. 23.12.2002 IV B 13/02, BFH/NV 2003, 737.
1525 Siehe hierzu vor allem die Ausführungen zu den einzelnen Schätzungsmethoden in 3.9.

3.13 Finanzgerichtliches Verfahren

nommen hat, durch gerichtseigene Prüfer bewerten zu lassen. Dies darf jedoch nicht zu falschen Schlussfolgerungen etwa derart führen, dass es einen Anspruch auf erneute Prüfung durch einen gerichtseigenen Prüfer gäbe oder dass ein Schätzungsergebnis nur zutreffend sein könnte, wenn der Gerichtsprüfer zu genau denselben Ergebnissen gelangt wie der Prüfer des FA.

Wird eine Überprüfung durch einen gerichtlichen Prüfer für sinnvoll gehalten, muss ein entsprechender **Antrag begründet** werden. Dabei ist darzulegen, warum gerade in diesem Fall der Einsatz eines anderen Prüfers ein wesentlich anderes Ergebnis hervorbringen kann. Das Gericht wird vorrangig prüfen, ob eine wirksame tV seiner Prüfung entgegensteht. Dann ist der Inhalt der tV nicht gerichtlich überprüfbar und der Einsatz des Prüfungsbeamten unzulässig.

Die Beauftragung eines gerichtlichen Prüfers kann u. a. auf **Anregung des Klägers** erfolgen. Das löst keine über die allgemeinen Gerichtsgebühren hinausgehenden Kosten aus.

Oft ist es weder möglich noch erforderlich, im Rahmen des Klageverfahrens eine vollständige Überprüfung der finanzamtlichen Feststellungen vorzunehmen. Bisweilen wird es – nicht zuletzt abhängig vom Vortrag der Beteiligten – darum gehen, einzelne Teile einer Schätzung nachzuvollziehen. Maßgebend ist der Umfang des **Prüfungsauftrags**. Er kann sich auf die Feststellung des gesamten Sachverhalts, die Überprüfung der finanzamtlichen Schätzung und/oder die Überprüfung der dagegen gerichteten bereits bekannten oder neuen Einwendungen, wie z. B. im Gastronomiebereich auf nachträglich vorgelegte Rezepte oder Speisekarten, beziehen.

Wenn der gerichtliche Prüfer zu Abweichungen von den Feststellungen des FA gelangt, muss der **Senat** nach den dargestellten Grundsätzen selbst entscheiden, ob die Differenzen dazu führen, dass die Schätzung des FA als entkräftet anzusehen ist. Vielfach wird der Einsatz des gerichtlichen Prüfers demnach von vornherein keinen Sinn machen, insbesondere wenn Buchführungsunterlagen nicht bzw. nicht mehr vorhanden sind.[1526] Der Vorschlag eines gerichtseigenen Prüfers ist jedenfalls für den Senat nicht bindend.[1527]

Der finanzgerichtliche Prüfer ist in erster Linie **Sachverständiger**,[1528] sein Einsatz ist deshalb zu begründen.[1529] Die dienstrechtliche Zugehörigkeit des Prüfers zum FG ist Ausdruck von Neutralität und Unparteilichkeit. Ein Sachverständiger kann aus denselben Gründen abgelehnt werden, die zur Ablehnung eines Richters berechtigen.[1530] Die Ablehnung wegen Besorgnis der Befangenheit ist begründet, wenn ein Anlass vorliegt, der geeignet ist, Misstrauen gegen die Unparteilichkeit des Sachverständigen zur rechtfertigen. Das ist der Fall,

---

1526 FG Münster v. 23. 3. 2000 14 K 4134/ 97 F, juris.
1527 BFH v. 28. 4. 2014 X B 12/14, BFH/NV 2014, 1383.
1528 BFH v. 2. 8. 2005 IV B 185/03, BFH/NV 2005, 2224; BFH v. 7. 11. 1995 VIII B 31/95, BFH/NV 1996, 344.
1529 §§ 81 Abs. 1 S. 2 und § 82 FGO i. V. m. §§ 402 ff. ZPO-Sachverständigenbeweis.
1530 § 82 FGO i. V. m. § 406 Abs. 1 S. 1, § 42 Abs. 1 und 2 FGO.

3 Außenprüfung

wenn der Beteiligte davon ausgehen kann, dieser Sachverständige werde sein Gutachten nicht unvoreingenommen abgeben.[1531] Allgemein gegen die Einsetzung eines finanzgerichtlichen Prüfers gerichtete Ausführungen rechtfertigen keine Ablehnung.[1532]

Das Gebot des **gesetzlichen Richters**[1533] führt dazu, dass das Tätigwerden des gerichtlichen Prüfers an einen gerichtlichen Auftrag gebunden ist. Einzelheiten regelt ggf. der Beweisbeschluss.[1534] In ihm wird das Beweisthema benannt.[1535] Saldierungsfähige Sachverhalte, die dem gerichtlichen Prüfer bekannt werden, können aber weitergegeben werden,[1536] denn das Gericht hat letztlich den Tenor des Steuerbescheids zu prüfen.[1537] Die Schätzung kann im Ergebnis zutreffend sein, auch wenn die vom Betriebsprüfer des FA angestellten Überlegungen oder die im Bericht gegebene Begründung fehlerhaft sind bzw. vom Gericht nicht gebilligt werden.

Während der **vorbereitenden Sachaufklärung** kann der gerichtseigene Prüfer ohne förmlichen Beweisbeschluss durch eine bloße Verfügung beauftragt werden.[1538] Eine vorherige Mitteilung an die Beteiligten ist aber sinnvoll.[1539]

Der Prüfer des FG hält keine **Schlussbesprechung** ab und führt i. d. R. keine **Erörterungsgespräche** mit den Beteiligten. Die rechtliche Würdigung der vom gerichtseigenen Prüfer festgestellten Tatsachen obliegt dem Gericht. Allerdings ist eine vernünftige Tatsachenfeststellung ohne Einbeziehung rechtlicher Aspekte kaum möglich, so dass die Forderung nach einer scharfen Trennung unrealistisch ist. Es kommt entscheidend darauf an, dass die Verantwortung für die Entscheidungsfindung beim Gericht liegt. Dies sollte im Bericht deutlich gemacht werden.

Es ist grundsätzlich nicht sinnvoll zu versuchen, die Beauftragung des gerichtseigenen Prüfers zu verhindern. Denn dem Kläger wird so die **Chance** eröffnet, dass ein Dritter eine neue, neutrale Prüfung durchführt. Entgegen einer weit verbreiteten Ansicht steht der gerichtliche Prüfer nicht auf Seiten der FinVerw. In der Praxis werden vielmehr zahlreiche Steuerbescheide auf der Grundlage seines Gutachtens aufgehoben.

Die **Unmittelbarkeit der Beweisaufnahme**[1540] verbietet die Auslagerung des eigentlichen gerichtlichen Entscheidungsprozesses auf den Sachverständigen. Die Bestimmung von Schätzungskriterien obliegt in erster Linie dem FG und ist

---

1531 BFH v. 7.11.1995 VIII B 31/95, BFH/NV 1996, 344.
1532 BFH v. 30.9.1999 V B 99/99, BFH/NV 2000, 341.
1533 Art. 101 GG.
1534 § 82 FGO i. V. m. §§ 358, 358a ZPO.
1535 Z. B. die Ordnungsmäßigkeit der Buchführung.
1536 §§ 404a, 407 ZPO.
1537 § 100 Abs. 1 FGO.
1538 § 79 Abs. 1 S. 1 FGO; keine Beweisgebühr nach Hessisches FG v. 22.2.1988 2 Ko 235/88, EFG 1988, 389.
1539 *Koch* in Gräber, § 81 Rz. 13.
1540 § 76 FGO.

3.13 Finanzgerichtliches Verfahren

weder regelmäßig noch in bestimmten Einzelfällen durch ein Sachverständigengutachten vorzubereiten.[1541]

Eine Sachverhaltsfeststellung zur Höhe der Schätzung oder vorrangig zur Ordnungsmäßigkeit der Buchführung i. S. v. § 158 AO durch einen Prüfungsauftrag an den gerichtseigenen Prüfer ist fehlerhaft, wenn die **persönliche Zurechnung** von Umsätzen/Einnahmen noch offen ist. Diese Frage muss ggf. vorab durch Teilurteil bzw. Zwischenurteil geklärt werden.

Der gerichtseigene Prüfer muss zuerst die Frage klären, ob die Voraussetzungen des § 158 AO erfüllt sind. Grundsätzlich ist in einem zweiten Schritt die Schätzung der Höhe nach zu prüfen. Es besteht aber auch die Möglichkeit, lediglich ein Teilgutachten zur Schätzungsbefugnis anfertigen zu lassen. Nachdem diese Frage geklärt ist, können sich die Beteiligten hinsichtlich der Höhe der Schätzung z. B. im Wege einer tV einigen.[1542] Für diese Möglichkeit spricht, dass dadurch erhebliche zeitliche Ressourcen bei den gerichtseigenen Prüfern und bei den Beteiligten eingespart werden können.

Das FG kann auch **externe Sachverständige** wie z. B. einen Professor für Steuerrecht mit der Erstellung eines Gutachtens beauftragen. Es besteht jedoch keine Verpflichtung des FG, seine Entscheidung durch ein Sachverständigengutachten – weder extern noch intern durch einen gerichtseigenen Prüfer – vorzubereiten.[1543] Wird aber die Einholung eines Gutachtens beschlossen und gibt das FG dadurch zu erkennen, dass es ihm in einem bestimmten Bereich an der erforderlichen Sachkunde mangelt, gelangt es aber nach Vorlage des Gutachtens zu der Erkenntnis, dieses sei mangelhaft und unverwertbar und entscheidet deshalb ohne Beachtung des Gutachtens, so liegt ein Verstoß gegen die Pflicht zur Sachaufklärung vor. Etwas anderes gilt nur, wenn die Urteilsbegründung Ausführungen enthält, die geeignet sind, die entsprechende Sachkunde des Gerichts zu begründen.[1544] Allerdings kann sich die Einholung eines weiteren Gutachtens aufdrängen, wenn ein bereits vorliegendes Gutachten nicht dem Stand der Wissenschaft entspricht, widersprüchlich ist oder unsachliche Erwägungen enthält.[1545]

Beweisanträgen, die so **unbestimmt** sind, dass im Grunde erst die Beweiserhebung selbst die entscheidungserheblichen Tatsachen und Behauptungen aufdecken soll, muss das FG regelmäßig nicht stattgeben.[1546] Das Beweisthema muss benannt und das voraussichtliche Ergebnis der Beweisaufnahme in Bezug auf einzelne Tatsachen angegeben werden.[1547] Eine Beweisaufnahme zu einem streitigen Thema darf nicht abgelehnt werden, wenn der dem Beweisantrag

---

1541 BFH v. 3. 5. 2012 III B 27/11, BFH/NV 2013, 497.
1542 Zur tV insgesamt siehe Teil 5.
1543 BFH v. 27. 2. 2007 X B 7/06, BFH/NV 2007, 1167.
1544 BFH v. 26. 1. 1988 VIII R 29/87, BFH/NV 1988, 788.
1545 BFH v. 16. 8. 2005 X B 35/05, BFH/NV 2005, 2237.
1546 BFH v. 29. 1. 2008 V B 201/06, BFH/NV 2008, 827.
1547 BFH v. 12. 12. 2007 I B 134/07, BFH/NV 2008, 736.

zugrundeliegende Tatsachenvortrag konkret genug ist, um die Erheblichkeit des Vorbringens beurteilen zu können.[1548] Einer Beweiserhebung durch Einholung eines **Sachverständigengutachtens** zur Überprüfung der Richtigkeit einer Kalkulation des Steuerpflichtigen bzw. der Fehlerhaftigkeit der Kalkulation des FA bedarf es aus den zuvor genannten Gründen nicht, wenn keine Tatsachen benannt werden, deren Richtigkeit durch die beantragte Beweiserhebung erwiesen werden soll. Der Beweisantrag ist dann als Antrag auf Erhebung eines **Ausforschungsbeweises** unzulässig.[1549] Darunter versteht die Rechtsprechung solche Beweisermittlungsanträge, die so unbestimmt sind, dass erst die Beweiserhebung selbst die entscheidungserheblichen Tatsachen und Behauptungen aufdecken kann, zu denen dann in einem weiteren Schritt der eigentliche Beweis zu erheben ist.[1550] Es reicht nicht aus, die Richtigkeit der eigenen Kalkulation insgesamt als zu beweisende Tatsache zu benennen.

Will ein Beteiligter einem Sachverständigen in der mündlichen Verhandlung Fragen zu seinem Gutachten stellen und verlangt er zu diesem Zweck die Ladung des Sachverständigen, muss der Antrag grundsätzlich so rechtzeitig vor dem Termin der mündlichen Verhandlung gestellt werden, dass das FG das Erscheinen des Sachverständigen zur mündlichen Verhandlung anordnen kann.[1551]

Eile ist geboten, wenn das FG den Kläger im Rahmen einer **Ausschlussfrist** nach § 79b FGO dazu auffordert, innerhalb einer bestimmten Frist Erklärungen abzugeben oder Beweismittel herbeizuschaffen.[1552] Eine solche Aufforderung ist aber nur dann wirksam, wenn die vom Richter für aufklärungs- oder beweisbedürftig erachteten Punkte so genau bezeichnet werden, dass es dem betroffenen Beteiligten möglich ist, die Anordnung ohne weiteres zu befolgen. Diesem Erfordernis genügt eine richterliche Verfügung nicht, die z.B. unter Bezugnahme auf einen Schriftsatz des Prozessgegners allgemein zu einer Stellungnahme und pauschal zur Vorlage von zahlreichen Unterlagen auffordert.[1553]

Eine **Richterablehnung** kommt nur in Betracht, wenn ein Grund vorliegt, der geeignet ist, Misstrauen gegen die Unparteilichkeit des Richters zu rechtfertigen.[1554] Nach ständiger Rechtsprechung[1555] ist ein solcher Fall nur gegeben, wenn ein Verfahrensbeteiligter nach den äußeren Umständen einen vernünftigen Grund für die Annahme hat, der von ihm abgelehnte Richter werde sich aus

---

1548 BFH v. 1.2.2007 VI B 118/04, BStBl. II 2007, 538.
1549 Zu dieser Thematik siehe BFH v. 6.9.2005 IV B 14/04, BFH/NV 2005, 2166. Ausführungen zum unzulässigen Ausforschungsbeweis auch in BFH v. 23.2.2018 X B 65/17, juris.
1550 BFH v. 23.2.2018 X B 65/17, BFH/NV 2018, 517.
1551 BFH v. 27.5.1998 V B 21/98, BFH/NV 1998, 1505.
1552 Zur Ausschlussfrist zur Bezeichnung des Klagebegehrens siehe unter 3.13.1.
1553 BFH v. 25.4.1995 IX R 6/94, BStBl. II 1995, 545.
1554 § 51 Abs. 1 FGO i.V.m. § 42 Abs. 2 ZPO.
1555 Z.B. BFH v. 2.3.1978 IV R 120/76, BStBl. II 1978, 404.

einer in seiner Person liegenden individuellen Ursache heraus bei seiner Entscheidung von nicht sachgerechten Motiven leiten lassen.

3.13.3 Bundesfinanzhof

3.13.3.1 Revision

Gegen das finanzgerichtliche Urteil kann beim BFH Revision eingelegt werden, wenn sie vom FG im Urteil oder vom BFH aufgrund einer NZB[1556] zugelassen worden ist. Im Revisionsverfahren kann der BFH zwar uneingeschränkt überprüfen, ob die Voraussetzungen für eine Schätzung im konkreten Fall vorlagen.[1557] Eine dem Grunde nach zulässige Schätzung kann hingegen nur **eingeschränkt** überprüft werden,[1558] denn nach § 118 Abs. 2 AO ist der BFH an die tatsächlichen Feststellungen des FG gebunden. Nach der Rechtsprechung sind Schätzungen sind „in ihrer Gesamtheit", also einschließlich der methodischen Überlegungen,[1559] diesen tatsächlichen Feststellungen zuzuordnen.[1560] § 118 FGO hat Vorrang vor § 96 FGO.[1561] Der BFH hat damit anders als das FG auch keine eigene Schätzungsbefugnis.

Die Bindung des BFH an die Vorinstanz betrifft auch die Frage, welche **Schätzungsmethode** dem Ziel, die Besteuerungsgrundlagen möglichst wirklichkeitsnah zu bestimmen, am besten gerecht wird.[1562] Inhaltlich ist die revisionsrechtliche Überprüfung von Schätzungsergebnissen danach insgesamt auf die Prüfung ihrer **Schlüssigkeit, wirtschaftlichen Möglichkeit und Plausibilität** begrenzt, wobei wegen § 118 Abs. 2 FGO nur festgestellte Tatsachen auf diese Aspekte überprüft werden können.[1563] Auch einen neuen Tatsachenvortrag, über den das FG mangels Kenntnis nicht entscheiden konnte, kann der BFH nicht in seine Entscheidung einbeziehen.

Einwendungen gegen die Vollständigkeit und Richtigkeit des im angefochtenen Urteil dargestellten Tatbestands sind vom Berater unmittelbar nach Zugang des Urteils zu prüfen. Ggf. ist ein Antrag auf **Tatbestandsberichtigung** nach § 108 FGO erforderlich,[1564] welcher innerhalb von zwei Wochen nach Zustellung des Urteils zu stellen ist. Sonst greift § 118 Abs. 2 FGO ein. Der Antrag kann aber nicht damit begründet werden, dass es sich bei den vom Gericht gewählten

---

1556 Siehe hierzu unter 3.13.3.2.
1557 BFH v. 12.4.1988 VIII R 154/84, BFH/NV 1989, 636.
1558 *Buciek* in Beermann/Gosch, § 162 Rz. 184.
1559 BFH v. 1.12.1998 III B 78/97, BFH/NV 1999, 741; BFH v. 24.3.2010 VI B 132/09, BFH/NV 2010, 1828.
1560 Für die typischen Kalkulationsfälle z. B. BFH v. 9.5.1996 X B 188/95, BFH/NV 1996, 747; *Rüsken* in Klein, § 162 Rz. 60.
1561 BFH v. 20.12.2006 V B 57/06, BFH/NV 2007, 745.
1562 BFH v. 24.1.2013 V R 34/11, BStBl. II 2013, 460; *Schumann*, S. 192.
1563 BFH v. 5.12.2007 X B 4/07, BFH/NV 2008, 587. Zur deshalb notwendigen Überprüfung des finanzgerichtlichen Urteils siehe unten.
1564 BFH v. 1.4.2008 X B 92/07, BFH/NV 2008, 1337; eine abweichende Sachverhaltsdarstellung ist für sich nicht geeignet, die Bindung des BFH an den vom FG festgestellten Sachverhalt zu beseitigen, vgl. BFH v. 4.8.2010 X B 198/09, BFH/NV 2010, 2102.

3 Außenprüfung

Formulierungen um Unrichtigkeiten oder Unklarheiten i. S. d. § 108 FGO handelt, wenn die vorgeschlagenen sprachlichen Änderungen keinen Einfluss auf die Entscheidung haben.[1565] Auch wenn die Schätzung in ihrer Gesamtheit zu den tatsächlichen Feststellungen des FG gehört, die für das Revisionsgericht bindend sind, entbindet das das FG aber nicht von der Pflicht, die Umstände, die zu der Schätzung geführt haben, im Einzelnen klar und nachvollziehbar darzulegen.[1566]

Soll trotz der o. g. eingeschränkten Überprüfbarkeit durch den BFH gegen ein finanzgerichtliches Urteil vorgegangen werden, ist zunächst zu prüfen, ob im Urteil die Revision zugelassen worden ist. Ist das der Fall, kann sie unmittelbar beim BFH eingelegt werden.[1567] Bei Nichtzulassung bleibt nur der Weg der NZB.[1568]

I. d. R. ist es sinnvoll, den **Revisionsantrag** erst im Rahmen der nachfolgenden Revisionsbegründungsschrift zu stellen.[1569]

In **formeller** Hinsicht ist im Revisionsverfahren insbesondere zu beachten:[1570]

- Die Revision ist nach § 120 FGO schriftlich einzulegen. Die Bezeichnung als „Revision" ist nicht erforderlich, es reicht aus, wenn der Schriftsatz als Revision erkennbar ist.[1571]
- Die Revision ist innerhalb eines Monats nach Zustellung des finanzgerichtlichen Urteils beim BFH einzulegen.
- Die Revision ist innerhalb von zwei Monaten nach Zustellung des vollständigen Urteils zu begründen,[1572] bei Zulassung durch den BFH aufgrund einer NZB innerhalb eines Monats nach Zustellung des Beschlusses über die Zulassung der Revision.[1573]
- Die Frist zur Revisionsbegründung kann verlängert werden, der entsprechende Antrag muss aber innerhalb der Revisionsbegründungsfrist vorliegen. Ggf. sollte bei der zuständigen Serviceeinheit des BFH nachgefragt werden, ob die Verlängerung bewilligt ist.
- Vor dem BFH besteht Vertretungszwang, so dass die Revision wirksam nur von einem Rechtsanwalt, Steuerberater oder Wirtschaftsprüfer sowie den übrigen in § 62 Abs. 4 FGO genannten Personen eingelegt werden kann.
- Unzulässige Revisionen werden vom BFH durch Beschluss verworfen.[1574]

1565 FG München v. 27.4.2010 14 K 3491/08, juris.
1566 BFH v. 26.2.2004 XI R 25/02, BStBl. II 2004, 599, m. w. N.
1567 § 120 Abs. 1 FGO.
1568 Siehe hierzu unter 3.13.3.2.
1569 § 120 Abs. 2 FGO.
1570 Zu einem Muster siehe Anhang 10.
1571 *Sauer/Schwarz*, Rz. 832.
1572 § 120 Abs. 2 S. 1. Hs. 1 FGO.
1573 § 120 Abs. 2 S. 1. Hs. 2 FGO.
1574 § 126 Abs. 1 FGO.

3.13 Finanzgerichtliches Verfahren

- Ist die Revision unbegründet, wird sie vom BFH zurückgewiesen.[1575]
- Hat sie hingegen Erfolg, bestehen grundsätzlich zwei Möglichkeiten: Der BFH kann nach § 126 Abs. 3 Nr. 1 FGO in der Sache selbst entscheiden oder das angefochtene Urteil nach § 126 Abs. 3 Nr. 2 FGO aufheben und die Sache zur anderweitigen Verhandlung und Entscheidung an das FG zurückverweisen.

Die **Überprüfung** des angefochtenen Urteils im Revisionsverfahren ist durch das Revisionsbegehren, d. h. durch den Antrag **begrenzt**. Der BFH darf dem Revisionskläger damit nicht mehr und nichts anderes zusprechen, als dieser mit seinem Antrag begehrt, weshalb eine Verböserung ausgeschlossen ist, wenn nicht auch der Gegner Revision, die sog. „Anschlussrevision", eingelegt hat.

3.13.3.2 Nichtzulassungsbeschwerde

Hat das FG die Revision nicht zugelassen, kann hiergegen beim BFH **NZB** eingelegt werden.[1576] Dann muss in schlüssiger Weise zumindest einer der in § 115 FGO aufgezählten und nachfolgend erläuterten **Revisionsgründe dargelegt** werden. Hierzu sind konkrete und substantiierte Angaben erforderlich. Mit Einwänden gegen die materiellrechtliche Richtigkeit wird ein Revisionszulassungsgrund nicht dargetan.[1577] Auch ist die Rüge der falschen Rechtsanwendung und der falschen tatsächlichen Würdigung des Streitfalls durch das FG im Rahmen einer Schätzung im Verfahren der NZB unbeachtlich.[1578] Das gilt insbesondere für Einwendungen gegen die Richtigkeit von Schätzungen wie z. B. mögliche Verstöße gegen anerkannte Schätzungsgrundsätze, Denkgesetze und Erfahrungssätze sowie materielle Rechtsfehler.[1579] In der Praxis besteht der Fehler häufig darin, dass dies nicht beachtet wird und die NZB wie eine Revision begründet wird.[1580]

Die Revision ist u. a. zuzulassen, wenn die Rechtssache **grundsätzliche Bedeutung** hat.[1581] Das ist nur der Fall, wenn eine Rechtsfrage offen ist, die im konkreten Verfahren voraussichtlich klärungsfähig ist. Zunächst muss der Beschwerdeführer also eine bestimmte Rechtsfrage herausstellen, d. h. sie vor allem konkret formulieren. Die grundsätzliche Bedeutung ist nicht dargelegt, wenn die Beschwerde nicht erkennen lässt, welche **vom Einzelfall losgelöste** Rechtsfrage in einem Revisionsverfahren geklärt werden soll.[1582] Die Klärungsfähigkeit des Rechtsproblems setzt voraus, dass die Rechtsfrage für diesen Fall ent-

---

1575 § 126 Abs. 2 FGO.
1576 Zu einem Muster siehe Anhang 9.
1577 BFH v. 10. 6. 2010 IX B 202/09, BFH/NV 2010, 1841.
1578 BFH v. 17. 2. 2004 X B 142/03, juris.
1579 BFH v. 22. 12. 2000 XI B 128/99, BFH/NV 2001, 800.
1580 Im Revisionsverfahren sind gerade die genannten Rechtsfehler Gegenstand der Prüfung. Zur erfolgreichen Begründung einer NZB z. B. *Nöcker*, AO-StB 2017, 159.
1581 § 115 Abs. 2 Nr. 1 FGO.
1582 BFH v. 12. 7. 2005 X B 104/04, BFH/NV 2005, 1860; *Bleschick*, S. 104, m. w. N.

3 Außenprüfung

scheidungserheblich ist. Um das Vorliegen dieses Revisionszulassungsgrundes darlegen zu können, muss sich der Prozessbevollmächtigte mit der einschlägigen Rechtsprechung vor allem des BFH auseinandersetzen und ausführen, in welchem Umfang und aus welchen Gründen die Beantwortung dieser Rechtsfrage umstritten bzw. zweifelhaft ist.[1583] Die zu klärende Rechtsfrage muss allgemeiner Natur sein, d. h. insbesondere, dass sie einem für alle Fälle geltenden Leitsatz zu beantworten sein muss und nicht nur die Anwendung des Rechts auf einen Einzelfall betrifft. Eine Rechtsfrage ist nicht klärungsbedürftig, wenn sich ihre Beantwortung unmittelbar aus dem Gesetz ergibt oder wenn hierüber bereits entschieden worden ist. Im letztgenannten Fall kann die NZB nur Erfolg haben, wenn neue vor allem in der Literatur oder der Rechtsprechung behandelte Aspekte dargelegt werden können, die der BFH bisher noch nicht in seine Entscheidung einbezogen hat.

In Schätzungsfällen liegt in aller Regel keine grundsätzliche Bedeutung vor.[1584] **Nicht ausreichend** dargelegt wird die grundsätzliche Bedeutung insbesondere mit dem Vorbringen,

- der BFH habe über einen vergleichbaren Fall oder über eine bestimmte Rechtsfrage noch nicht entschieden, ohne dies näher zu begründen und zu belegen,
- in einem ähnlichen Fall sei bereits ein Revisionsverfahren anhängig,
- eine Entscheidung sei für eine größere Zahl von Fällen bedeutsam,
- das angefochtene Urteil verstoße gegen Bundesrecht oder
- eine vom FG angewandte Vorschrift sei verfassungswidrig. Vernünftige Zweifel an der Verfassungsmäßigkeit einer für die Entscheidung des Streitfalls maßgeblichen steuerrechtlichen Vorschrift können aber zur grundsätzlichen Bedeutung führen, wenn es für die künftige Entscheidung im Revisionsverfahren auf die Gültigkeit dieser Norm ankommt und im Fall der Verfassungswidrigkeit mit einer rückwirkenden Änderung zu rechnen ist.[1585]

Darüber hinaus ist die Revision zuzulassen, wenn die **Fortbildung des Rechts** eine Entscheidung des BFH erfordert.[1586] Es handelt sich um einen Unterfall der grundsätzlichen Bedeutung,[1587] die Zulassungsgründe nach § 115 Abs. 2 Nr. 1 und Nr. 2 FGO lassen sich nicht klar voneinander trennen.[1588] Das oben zur Grundsatzrevision Gesagte gilt deshalb für diesen Zulassungsgrund entsprechend.

1583 BFH v. 9.4.2014 XI B 128/13, BFH/NV 2014, 1224; BFH v. 27.5.2010 VIII B 23/09, BFH/NV 2010, 1839.
1584 BFH v. 11.4.1996 V B 133/95, BFH/NV 1996, 718; BFH v. 6.11.1995 V B 97/95, BFH/NV 1996, 343.
1585 Sauer/Schwarz, Rz. 818.
1586 § 115 Abs. 2 Nr. 2 Alt. 1 FGO.
1587 Bleschick, S. 125, unter Hinweis auf BFH v. 30.6.2004 VII B 257/02, BFH/NV 2005, 3.
1588 BT-Drs. 14/4722, 67; BFH v. 2.11.2004 IV B 32/03, BFH/NV 2005, 377.

3.13 Finanzgerichtliches Verfahren

Ein Zulassungsgrund ist auch gegeben, wenn eine die einheitliche Rechtsprechung gefährdende **Divergenz** vorliegt.[1589] Das ist der Fall, wenn das FG bei gleichem oder vergleichbarem Sachverhalt in einer entscheidungserheblichen Rechtsfrage eine andere Auffassung vertritt als der BFH, das BVerfG, der Gemeinsame Senat der obersten Gerichtshöfe des Bundes, ein anderes oberstes Bundesgericht oder ein anderes FG. Das FG muss seiner Entscheidung einen abstrakten tragenden Rechtssatz zu Grunde gelegt haben, der mit den ebenfalls tragenden Rechtsausführungen in der Divergenzentscheidung des anderen Gerichts nicht übereinstimmt.[1590] Zur schlüssigen Darlegung einer Divergenzrüge gehört u. a. eine hinreichend genaue Bezeichnung der vermeintlichen Divergenzentscheidungen sowie die Gegenüberstellung tragender, abstrakter Rechtssätze aus dem angefochtenen Urteil des FG einerseits und aus den behaupteten Divergenzentscheidungen andererseits, um eine Abweichung deutlich erkennbar zu machen. Darüber hinaus ist auszuführen, dass es sich im Streitfall um einen vergleichbaren Sachverhalt und um eine identische Rechtsfrage handelt.[1591] Eine relevante Abweichung von einer Entscheidung des BFH setzt voraus, dass in der Divergenzentscheidung über eine revisible Rechtsfrage entschieden wurde. Keine Abweichung i. S. e. Divergenzrevision liegt vor, wenn das FG erkennbar von den Rechtsgrundsätzen der BFH-Rechtsprechung ausgeht, diese aber fehlerhaft auf die Besonderheiten des Streitfalls anwendet.[1592] Ebenso wenig rechtfertigen bloße Subsumtionsfehler die Zulassung der Revision, das gilt nach der Rechtsprechung sogar für offensichtliche und schwerwiegende Rechtsfehler.[1593] In Beschlüssen, die in einem NZB-Verfahren ergangen sind, werden keine Rechtsfragen entschieden, so dass sie als Divergenzentscheidungen ausscheiden.[1594]

Bei der Gegenüberstellung abstrakter und tragender **Rechtssätze** ist ein abstrakter Rechtssatz herauszuarbeiten, der mit einem abstrakten Rechtssatz in der Divergenzentscheidung eines anderen Gerichts nicht übereinstimmt. Zusätzlich müssen die beiden Rechtssätze jeweils tragend, d. h. entscheidungserheblich gewesen sein.

Unter den Tatbestand des § 115 Abs. 2 Nr. 2 Alt. 2 FGO fällt auch der sog. **qualifizierte Rechtsanwendungsfehler.** In Ausnahmefällen wird danach die Revision auch zugelassen, wenn ein FG-Urteil an einem besonders schwerwiegenden Rechtsanwendungsfehler leidet, der es objektiv willkürlich oder greifbar gesetzeswidrig erscheinen lässt und geeignet ist, das Vertrauen in die Rechtsprechung zu beschädigen. Es geht dabei ausschließlich um solche Urteile, die unter

---

[1589] Vgl. § 115 Abs. 2 Nr. 2 Alt. 2 FGO.
[1590] Ständige Rechtsprechung, z. B. BFH v. 13. 7. 2011 X B 117/10, BFH/NV 2011, 2075.
[1591] BFH v. 5. 10. 2010 X B 72/10, BFH/NV 2011, 273.
[1592] BFH v. 31. 8. 1995 VIII B 21/93, BStBl. II 1995, 890.
[1593] BFH v. 8. 3. 2004 VII B 138/03, BFH/NV 2004, 974.
[1594] BFH v. 13. 6. 2013 X B 132-133/12, BFH/NV 2013, 1593; BFH v. 13. 7. 2010 V B 121/09, BFH/NV 2010, 2015.

3 Außenprüfung

keinem rechtlichen Gesichtspunkt vertretbar erscheinen.[1595] Der BFH lässt die Revision nun aber zu, wenn eine Schätzung weit außerhalb der Wahrscheinlichkeit liegt,[1596] weil solche Schätzungen willkürlich und mit der rechtsstaatlichen Ordnung unvereinbar sind.[1597] Das setzt voraus, dass die Schätzung greifbar gesetzwidrig[1598] i. S. v. offensichtlich realitätsfremd[1599] ist bzw. dass das FA bewusst zum Nachteil des Steuerpflichtigen geschätzt hat oder in keiner Weise erkennbar ist, ob und ggf. welche Schätzungserwägungen das FG vorgenommen hat.[1600] Ein derartiger Verfahrensfehler muss vom steuerlichen Berater im entsprechenden Schriftsatz deutlich herausgearbeitet werden.

Sind dem FG **entscheidungserhebliche Verfahrensfehler** unterlaufen und werden sie in der NZB schlüssig und substantiiert dargelegt,[1601] so hebt der BFH das Urteil auf und weist die Rechtssache an das FG zurück.[1602] Will der Beschwerdeführer lediglich eine erneute Prüfung durch das FG, kann er das nur über den Zulassungsgrund des Verfahrensfehlers erreichen.[1603] Dabei geht es immer nur um Verfahrensfehler des FG hinsichtlich der Vorschriften des Gerichtsverfahrensrechts, insbesondere also nicht um Verfahrensfehler des FA im Besteuerungsverfahren.[1604] Zu den wesentlichen Verfahrensfehlern gehören die Verletzung des Anspruchs auf rechtliches Gehör, die nicht hinreichende Sachaufklärung und die unzureichende Berücksichtigung des Akteninhalts. Die Rüge, die **Schätzung** des FA sei **unrichtig,** ist im Verfahren der NZB grundsätzlich unbeachtlich. Mit ihr wird insbesondere kein Verfahrensmangel bezeichnet.[1605]

Soll das FG den Anspruch des Klägers bzw. Beschwerdeführers auf **rechtliches Gehör** verletzt haben, muss dargelegt werden, aufgrund welchen Verhaltens des FG sich der Beschwerdeführer zu bestimmten Tatsachen oder ihrer rechtlichen Beurteilung nicht oder nicht ausreichend äußern konnte. Dabei gilt es allerdings zu bedenken, dass der Beschwerdeführer jede zumutbare Gelegenheit wahrgenommen haben muss, sich Gehör zu verschaffen, denn der Anspruch auf rechtliches Gehör wird durch die Mitverantwortung des Beteiligten begrenzt.[1606] So kann z. B. derjenige keine Verletzung seines Anspruchs auf recht-

---

1595 *Ruban* in Gräber, § 115 Rz. 68 zu § 115.
1596 Z. B. Abweichen von Richtsätzen um 300 %, Gewinn von 94 % des Umsatzes.
1597 BFH v. 13.10.2003 IV B 85/02, BStBl. II 2004, 25; BFH v. 12.8.2003 IV B 189/01, BFH/NV 2003, 1604.
1598 BFH v. 3.3.2006 V B 15/05, BFH/NV 2006, 1366. Beschränkung auf Ausnahmefälle nach BFH v. 1.4.2008, X B 154/04 BFH/NV 2008, 1116. Nur bei nichtigen Bescheiden anzunehmen nach BFH v. 4.6.2014 X B 95/13, BFH/NV 2014, 1355.
1599 BFH v. 21.1.2009 X B 125/08, BFH/NV 2009, 951; BFH v. 12.11.2008 V B 41/08, BFH/NV 2009, 402; *Ruban* in Gräber, § 115 Rz. 69.
1600 BFH v. 3.2.2011 V B 132/09, BFH/NV 2011, 760, m. w. N.
1601 § 115 Abs. 2 Nr. 3 FGO.
1602 § 116 Abs. 6 FGO.
1603 Sog. „Verfahrensrüge".
1604 BFH v. 13.1.2010 IX B 109/09, BFH/NV 2010, 917.
1605 *Rüsken* in Klein, § 162 Rz. 61, m. w. N.
1606 BFH v. 10.7.2012 IX B 179/11, BFH/BV 2012, 1633.

3.13 Finanzgerichtliches Verfahren

liches Gehör rügen, der trotz ordnungsgemäßer Ladung unentschuldigt nicht zum Termin erscheint.[1607] Der Anspruch auf rechtliches Gehör soll aber z. B. verletzt sein, wenn das FG die Ladungsfrist von zwei Wochen[1608] nicht einhält. In einem solchen Fall muss der Beschwerdeführer nicht darlegen, weshalb er an der mündlichen Verhandlung nicht teilgenommen hat und weshalb er keinen Antrag auf Verlegung des Termins gestellt hat.[1609]

NZB werden häufig auf die Behauptung des Vorliegens einer sog. **Überraschungsentscheidung** gestützt. Das bedeutet, dass das FG die Beteiligten nicht auf rechtliche Gesichtspunkte hingewiesen hat, mit deren Bedeutung für das Verfahren sie nicht rechnen mussten und dass der Rechtsstreit dadurch eine Wendung genommen hat, mit der auch ein gewissenhafter und kundiger Prozessbeteiligter selbst unter Berücksichtigung der Vielzahl vertretbarer Rechtsauffassungen nach dem bisherigen Verlauf der Verhandlung nicht rechnen musste. Das bedeutet aber nicht, dass das FG ausnahmslos alle entscheidungserheblichen Aspekte erörtern müsste. Allgemein gilt, dass der Anspruch auf Schutz vor einer Überraschungsentscheidung nicht verletzt ist, wenn das FG rechtliche Gesichtspunkte, die im bisherigen Verfahren nicht im Vordergrund standen, in der Entscheidung als maßgeblich herausstellt.[1610] Hat das FG nach § 96 FGO ohne vorherige Ankündigung selbst geschätzt, ist das grundsätzlich keine die Zulassung der Revision rechtfertigende Überraschungsentscheidung.[1611] Das FG ist grundsätzlich nicht verpflichtet, die Beteiligten darauf hinzuweisen, dass es von seiner gesetzlichen Schätzungsbefugnis Gebrauch machen will. Zur Vermeidung einer Überraschungsentscheidung muss es den Beteiligten aber eine von ihm in Betracht gezogene **Schätzungsmethode** vorweg mitteilen, wenn diese Methode bisher nicht erörtert worden ist und den bereits erörterten Methoden nicht mehr ähnlich ist bzw. die Einführung neuen Tatsachenstoffs erforderlich macht.[1612]

Ein zur Zulassung der Revision führender Verfahrensfehler ist die **nicht hinreichende Sachaufklärung**. Hintergrund ist der Grundsatz des § 76 Abs. 1 FGO, wonach das FG den Sachverhalt von Amts wegen aufzuklären hat und Feststellungen treffen muss, denen nach seinem materiellrechtlichen Standpunkt entscheidungserhebliche Bedeutung zukommt. Zweifeln muss insoweit nachgegangen werden, als sie sich nach Aktenlage und Beteiligtenvortrag aufdrängen.[1613] Die Nichtberücksichtigung von Umständen, die richtiger Weise in die Schätzung hätten einfließen müssen, kann verfahrensfehlerhaft i. d. S. sein.[1614]

1607 BFH v. 15.7.2013 IX B 22/13, BFH/NV 2013, 1608.
1608 § 91 Abs. 1 S. 1 FGO.
1609 BFH v. 17.9.2014 IX B 37/14, BFH/NV 2015, 52.
1610 BFH v. 4.3.2009 X B 38/08, juris.
1611 BFH v. 12.8.1999 XI R 27/98, BFH/NV 2000, 537.
1612 BFH v. 10.9.2013 XI B 114/12, BFH/NV 2013, 1947; *Seer* in Tipke/Kruse, § 119 Rz. 47a, m. w. N.
1613 BFH v. 30.4.2013 IX B 156/12, juris.
1614 BFH v. 9.5.1996 X B 188/95, BFH/NV 1996, 747; BFH v. 31.5.1991 V S 1/91, BFH/NV 1992, 119.

Beweisanträge über konkret behauptete entscheidungserhebliche Tatsachen dürfen nicht abgelehnt werden, weil das Gericht bereits – z.B. auf Grund eines ihm schlüssig erscheinenden Schätzungsergebnisses – vom Gegenteil überzeugt ist. Eine solche Ablehnung kann einen Verfahrensfehler i. S. v. § 115 Abs. 2 Nr. 3 FGO darstellen und zur Aufhebung des Urteils führen.[1615] Keine mangelhafte Sachaufklärung liegt aber z. B. vor, wenn der Kläger einer Aufforderung, erforderliche Unterlagen vorzulegen, nicht nachgekommen ist.[1616]

Für die Rüge, das FA habe einen Beweisantrag übergangen, ist z. B. vorzutragen, dass die unterlassene Beweisaufnahme in der mündlichen Verhandlung vor dem FG gerügt, eine Protokollierung der Rüge verlangt und – falls das Gericht eine Protokollierung abgelehnt hat – eine **Protokollberichtigung** beantragt worden ist.[1617] Die Behauptung, eine Beweisaufnahme habe sich dem FG aufdrängen müssen, genügt zur Darlegung des vermeintlichen Verfahrensfehlers der unterlassenen Beweisaufnahme jedenfalls nicht, wenn der fachkundig vertretene Kläger auf die mündliche Verhandlung verzichtet und damit zu erkennen gegeben hat, dass er selbst eine Beweisaufnahme, die eine mündliche Verhandlung voraussetzt, nicht für erforderlich hält.[1618]

Darüber hinaus kann eine nicht hinreichende **Berücksichtigung des Akteninhalts** als Verfahrensfehler i. S. v. § 115 Abs. 2 Nr. 3 FGO zur Zulassung der Revision führen. Allerdings ist zunächst grundsätzlich davon auszugehen, dass das Gericht die vorliegenden Akten und die Aussagen der Beteiligten bei der Entscheidungsfindung berücksichtigt hat. Deshalb hat eine mit der nicht hinreichenden Berücksichtigung des Akteninhalts nur Aussicht auf Erfolg, wenn konkret dargelegt werden kann, dass eine nach Aktenlage feststehende Tatsache oder z. B. eine Zeugenaussage nicht berücksichtigt bzw. gewürdigt wurde, auf die aber unter Zugrundelegung der materiellrechtlichen Auffassung des FG ankam.[1619]

Schließlich muss ein Urteil in einer Schätzungssache nach dem Grundsatz des **gesetzlichen Richters** vom richtigen Senat des FG bzw. vom richtigen Einzelrichter gefällt worden sein. Das kann nur mit Hilfe des Geschäftsverteilungsplans des FG geprüft werden, der im Internet einsehbar ist. Bei großen Gerichten besteht i. d. R. eine Spezialzuständigkeit für bestimmte Steuerarten. Für einen Verstoß gegen das Prinzip des gesetzlichen Richters spricht, wenn dieser „Spezialsenat" entschieden hat, obwohl der Streitfall nur die typische Frage einer Hinzuschätzung betraf. Bei einem Verstoß gegen den Grundsatz des gesetzlichen Richters ist die Revision wegen § 119 FGO zwar erfolgreich, für den Kläger ergibt sich aber „unter dem Strich" kein Vorteil, wenn das Urteil im

---

1615 BFH v. 7.2.2008 IV B 58/07, juris.
1616 BFH v. 11.4.2001 I B 130/00, BFH/NV 2001, 1284.
1617 BFH v. 18.3.2010 V B 57/08, BFH/NV 2010, 1312.
1618 BFH v. 25.11.2009 X B 209/08, BFH/NV 2010, 458.
1619 BFH v. 15.12.2008 IX B 39/08, juris.

3.13 Finanzgerichtliches Verfahren

Übrigen auf einer nachvollziehbaren Beweiswürdigung beruht. Dann ist nach Zurückverweisung an das FG keine andere Entscheidung zu erwarten.

Bei sog. **verzichtbaren Verfahrensmängeln** ist stets darauf zu achten, in der mündlichen Verhandlung nicht auf das Rügerecht zu verzichten. Das Rügerecht geht ggf. schon durch das bloße Unterlassen einer rechtzeitigen Rüge verloren, ein Verzichtswille ist hierfür nicht erforderlich. Anders kann dies bei fachkundig vertretenen Verfahrensbeteiligten nur sein, wenn sie die Rüge aufgrund des Verhaltens des FG für entbehrlich halten durften.[1620] Da das Rügerecht bereits durch Unterlassen verloren gehen kann, sollte darauf bestanden werden, dass eine erhobene Rüge in das Protokoll aufgenommen wird. Bei diesbezüglicher Weigerung des Gerichts kann ein Antrag auf Protokollberichtigung gestellt werden. Zu den verzichtbaren Mängeln gehören die Verletzung der Sachaufklärungspflicht, die Nichtgewährung rechtlichen Gehörs, vor allem durch das Übergehen von Beweisanträgen, die Verletzung der Unmittelbarkeit der Beweisaufnahme, die Verletzung von Vorschriften für die Niederschrift über die mündliche Verhandlung und die Nichteinhaltung der Ladungsfrist.

Als **Verfahrensrüge** kann regelmäßig **nicht** geltend gemacht werden, dass das FG zur Schätzung der Besteuerungsgrundlagen nicht befugt war, dass die falsche Schätzungsmethode gewählt wurde oder dass die Schätzung zu hoch ausgefallen ist.[1621]

Oft wird ein Urteil auf **mehrere Begründungen** gestützt. Eine Zulassung der Revision kommt in solchen Fällen nur in Betracht, wenn hinsichtlich jeder dieser Begründungsstränge ein Zulassungsgrund schlüssig geltend gemacht wird.[1622]

Zusammenfassend ist bezüglich des Inhalts einer NZB zu betonen, dass sie **nicht wie eine Revision** begründet werden darf. Das ist der Standardfehler in diesem Bereich. Es geht in der Beschwerde nicht darum, Rechtsfehler des angefochtenen Urteils darzustellen, sondern die Schranken der Zulassung zu überwinden. Gegenstand der NZB ist damit allein das Vorliegen eines der o.g. Revisionszulassungsgründe, m.a.W.: Es ist darzustellen, warum z.B. die Rechtssache grundsätzliche Bedeutung hat oder zur Fortbildung des Rechts im allgemeinen Interesse liegt, nicht aber, warum der angesetzte Gewinn zu hoch ist.

Oft wird im Rahmen einer NZB auf die wirtschaftlichen bzw. **finanziellen Auswirkungen** des Verfahrens für den Mandanten hingewiesen. Da es sich dabei jedoch nie um einen hinreichenden Grund für die Zulassung der Revision handelt, sind solche Ausführungen an dieser Stelle unangebracht und daher zu vermeiden.

1620 BFH v. 28.4.2011 III B 78/10, BFH/NV 2011, 1108.
1621 Vgl. z.B. BFH v. 3.2.2011 V B 132/09, BFH/NV 2011, 760.
1622 BFH v. 15.12.2011 X B 138/10, BFH/NV 2012, 595; BFH v. 23.12.2004 III B 14/04, BFH/NV 2005, 667; *Nöcker*, AO-StB 2014, 310, 313.

3 Außenprüfung

In **formeller Hinsicht** muss bei der NZB beachtet werden:

- Die NZB ist einen Monat nach Zustellung des vollständigen Urteils per Post, Telefax, Computerfax oder im elektronischen Rechtsverkehr einzulegen.[1623]
- Eine Einlegung mit einfacher E-Mail ist nicht möglich.
- Für die Begründung der Beschwerde sieht die FGO eine besondere Frist von zwei Monaten vor,[1624] welche auf Antrag auf drei Monate verlängert werden kann.[1625]
- Die NZB muss vom Prozessbevollmächtigten eigenhändig unterschrieben werden.
- Eine „hilfsweise" eingelegte NZB ist als bedingt eingelegtes Rechtsmittel unzulässig.[1626]
- Der sog. erleichterte Vollmachtnachweis gilt auch für das Verfahren vor dem BFH.
- Danach ist die Vorlage der Prozessvollmacht nur erforderlich, wenn das FA den Vollmachtsmangel rügt.[1627]

Wird einer NZB **stattgegeben,** ist die Einlegung der Revision grundsätzlich nicht erforderlich, das Beschwerdeverfahren wird automatisch als Revisionsverfahren fortgesetzt.[1628] Das gilt nicht, wenn der BFH das Urteil wegen eines Verfahrensmangels aufhebt,[1629] denn dann bedarf es keiner Revision, da das FG neu entscheiden muss. Nach Zulassung gilt immer der Grundsatz der **„Vollrevision",** d.h. das Revisionsgericht ist nicht auf die Prüfung der Rechtsfrage beschränkt, die zur Zulassung der Revision geführt hat, weil mit der Zulassung der Revision der sie tragende Grund seine Bedeutung verliert.[1630]

Wird die NZB **abgelehnt,** werden das finanzgerichtliche Urteil rechtskräftig und der mit der Klage angefochtene Bescheid rechtskräftig.[1631] Gegen den Beschluss ist die Anhörungsrüge nach § 133a FGO statthaft, wenn der BFH aus Sicht des Klägers seinen Anspruch auf rechtliches Gehör in entscheidungserheblicher Weise verletzt hat, weil er ein Vorbringen des Klägers nicht zur Kenntnis genommen hat.[1632]

1623 § 116 Abs. 2 S. 1 FGO.
1624 § 116 Abs. 3 S. 1 FGO.
1625 § 116 Abs. 3 S. 2 FGO. Zur Wiedereinsetzung bei unverschuldeter Fristversäumnis siehe § 56 FGO.
1626 BFH v. 16.7.1997 II B 47/97, BFH/NV 1998, 51; BFH v. 22.9.1995 VII R 52/95, BFH/NV 1996, 241; BFH v. 6.6.1989 VII B 16/89, BFH/NV 1990, 117.
1627 § 62 Abs. 3 S. 6 FGO.
1628 § 116 Abs. 7 FGO. Das Verfahren erhält dementsprechend ein neues Aktenzeichen.
1629 §§ 116 Abs. 6 und 7, 115 Abs. 2 Nr. 3 FGO.
1630 *Seer* in Tipke/Kruse, § 118 Rz. 105.
1631 § 116 Abs. 5 S. 3 FGO.
1632 *Nöcker*, AO-StB 2014, 310, 315.

3.13 Finanzgerichtliches Verfahren

3.13.3.3 Prüfschema NZB und Revision

Zunächst ist festzustellen, ob das FG die Revision zugelassen hat. Findet sich hierzu keine Äußerung im Urteil, ist die Revision nicht zugelassen worden. Das FG muss die Möglichkeit der Revision also nicht ausdrücklich ausschließen.

Wenn die Revision **zugelassen** worden ist, sollten folgende Fragen geprüft werden:

- Ist die Einlegung der Revision sinnvoll?
- Welche Kosten entstehen für den Prozessbevollmächtigten?
- In welchem Umfang ist das Urteil zweifelhaft?
- Ist die relevante Frage wirklich klärungsfähig?
- Was ergibt die Abwägung von Chancen und Prozesskostenrisiko?

Die Revision muss von einem Bevollmächtigten erstellt und innerhalb von einem Monat nach Zustellung des vollständigen Urteils beim BFH eingelegt werden.

Wenn die Revision **nicht zugelassen** worden ist, kann gegen das Urteil NZB erhoben werden. Auch hier muss ein Prozessbevollmächtigter tätig werden. Bei der Prüfung, ob eine NZB sinnvoll ist, sollte beachtet werden:

- Die Schätzung betrifft fast immer einen Einzelfall. Damit scheidet in diesem Bereich die grundsätzliche Bedeutung als Revisionsgrund i. d. R. aus.
- Eine Schätzung ist eine Beweiswürdigung. Sie ist die Aufgabe der Tatsacheninstanz und damit die des FG. Eine für falsch gehaltene Beweiswürdigung ist im Wege der NZB schon dann nicht angreifbar, wenn die Würdigung möglich ist. Eine „Urteilschelte", also der Vortrag, dass das Urteil falsch ist, ist eine im NZB-Verfahren nicht ausreichende Begründung. Es wird dann in Wirklichkeit eine Revision begründet.
- Die NZB muss allgemeine Probleme für eine Vielzahl von Schätzungsfällen aufzeigen. Eine Ausnahme hiervon bilden nur die offensichtlich realitätsfremden Urteile.
- Die in der NZB aufgeworfene Rechtsfrage muss im Revisionsverfahren klärungsfähig sein. Bei einer Schätzung ist das selten der Fall.
- Eine auf grundsätzliche Bedeutung gestützte NZB kann auch zurückgewiesen werden, wenn sich das Urteil des FG aus anderen Gründen als im Ergebnis zutreffend erweist und deshalb die aufgeworfene Rechtsfrage nicht entscheidungserheblich ist.

3.13.4 Prozesskostenhilfe

Beim FG kann bei Vorliegen der entsprechenden Voraussetzungen ein Antrag auf PKH gestellt werden. Der Antrag ist nicht fristgebunden, so dass er schon vor Erhebung der Klage oder Einlegung des Rechtsmittels zulässig ist und noch bis zur rechtskräftigen Beendigung des Verfahrens gestellt werden kann.[1633] Eine Klageerhebung, die unter der Bedingung erfolgt, dass PKH gewährt wird, ist allerdings unwirksam.[1634]

Die Gewährung von PKH ist ausgeschlossen, wenn die Deckungszusage einer **Rechtsschutzversicherung** besteht.[1635] Im Übrigen muss der Antragsteller die hinreichende Erfolgsaussicht auch im Schätzungsfall zumindest schlüssig darlegen, und zwar ggf. mit entsprechenden Beweisen.[1636] Dabei dürfen die **Anforderungen** allerdings nicht überspannt werden.[1637] Pauschale Behauptungen sind unzureichend.[1638] Bei summarischer Prüfung der wichtigsten Umstände müssen Erfolgschancen erkennbar sein.[1639] An einer hinreichenden Erfolgsaussicht fehlt es mit der Folge der Ablehnung des PKH-Antrags, wenn gegenüber der Schätzung nur unsubstantiierte Behauptungen aufgestellt werden.[1640] Will der Kläger eine abweichende Schätzung herbeiführen, so ist er im PKH-Verfahren gehalten, erweisbare Tatsachen oder Erfahrungssätze vorzutragen, die geeignet sind, einen anderen als den von der Finanzbehörde geschätzten Betrag als wahrscheinlicher erscheinen zu lassen.[1641]

Die zur Gewährung von PKH erforderliche hinreichende **Erfolgsaussicht** ist z. B. gemindert, wenn der Kläger seinen besonderen Mitwirkungs- und Nachweispflichten nicht nachgekommen ist, die ihn deshalb treffen, weil sein Vorbringen im Widerspruch zu eigenem Tun steht und einen Sachverhaltskomplex betrifft, der – im Verhältnis zum FA gesehen – ausschließlich seiner Wissens- und Einflusssphäre angehört.[1642]

Eine Prozessführung ist **mutwillig** mit der Folge der Nichtgewährung von PKH, wenn der Antragsteller im Einspruchsverfahren seinen steuerlichen Mitwirkungspflichten nicht nachkommt, seinen Antrag mit der Klagebegründung einschränkt und das FA nach Begründung der Klage unmittelbar den in der Hauptsache angefochtenen Bescheid ändert.[1643]

Beruft sich der Steuerpflichtige im PKH-Verfahren darauf, Schätzungsbescheide litten offenkundig an einem **schwerwiegenden Fehler** i. S. d. § 125 AO, so muss er diesen Fehler im Einzelnen darlegen und zusätzlich seine eigene abweichende Schätzung erläutern. Die erforderliche hinreichende Erfolgsaus-

---

1633 *Stapperfend* in Gräber, § 142 Rz. 59.
1634 Sächsisches FG v. 16. 6. 1998 I 695/97, EFG 1998, 1421.
1635 BFH v. 30. 1. 2004 VII S 22/03 (PKH), juris.
1636 § 117 Abs. 1 S. 2 ZPO; BFH v. 23. 6. 1994 XI B 74/93, BFH/NV 1995, 151. Zu verschärften Anforderungen im Schätzungsfall vgl. BFH v. 9. 3. 1998 X B 42/97, BFH/NV 1998, 1125.
1637 BFH v. 30. 6. 2004 VI B 89/02, BFH/NV 2004, 1541; *Jesse*, Rz. 785: „Keine zu großen Anforderungen".
1638 BFH v. 11. 8. 2000 IV B 27/00, BFH/NV 2001, 191; BFH v. 27. 8. 1986 VIII B 84/85, BFH/NV 1987, 119.
1639 BFH v. 27. 1. 1989 III B 130/88, BFH/NV 1989, 767.
1640 BFH v. 6. 2. 1991 X B 184/90, BFH/NV 1991, 405.
1641 BFH v. 13. 3. 2000 III B 62/99, BFH/NV 2000, 1119.
1642 BFH v. 3. 7. 1990 X B 99/89, BFH/NV 1991, 163.
1643 FG Rheinland-Pfalz v. 10. 2. 2009 6 K 1881/08, EFG 2009, 768.

3.13 Finanzgerichtliches Verfahren

sicht soll sich nicht daraus ergeben, dass Belege beschlagnahmt worden sind, von denen der Steuerpflichtige nur vermutet, dass sie die Schätzung zu seinen Gunsten beeinflussen können.[1644] In einem solchen Fall ist ggf. aus dem Gedächtnis heraus darzustellen, welche Unterlagen das Ergebnis wie beeinflussen könnten. Im Übrigen wird es in der Praxis für zulässig gehalten, die beschlagnahmten Unterlagen an einen Steuerberater zu treuen Händen herauszugeben, damit dieser die Buchführung bzw. Steuererklärung erstellen kann.

Die Abgabe einer **Erklärung** über die persönlichen und wirtschaftlichen Verhältnisse auf dem vorgeschriebenen amtlichen Vordruck[1645] ist unabdingbare Voraussetzung für die Gewährung von PKH.[1646] Das Fehlen der Angaben kann allein zur Ablehnung des Prozesskostenhilfegesuchs führen, das Gleiche gilt bei einem fachkundig vertretenen Antragsteller für unvollständige Angaben.[1647] Der Vordruck ist i.d.R. von der Internetseite des jeweiligen Gerichts herunterzuladen. Die Angaben müssen den tatsächlichen Verhältnissen zum Zeitpunkt des Ausfüllens entsprechen, Belege sind beizufügen.[1648] Reicht der Beteiligte den Vordruck auch nach einem Hinweis des Gerichts nicht ein, wird der Antrag auf PKH abgelehnt.[1649]

Verfügt ein Beteiligter nicht über ausreichende Mittel zur Prozessführung, hat er grundsätzlich Anspruch auf **Wiedereinsetzung** in den vorigen Stand gemäß § 56 FGO, wenn er seinen PKH-Antrag mit der Erklärung über seine persönlichen und wirtschaftlichen Verhältnisse auf dem dafür vorgesehenen Formblatt bis zum Ablauf der Rechtsmittelfrist eingereicht hat und über diesen Antrag erst nach Ablauf der Frist entschieden wird.[1650]

Ob ein Beteiligter die Kosten für die Prozessführung aufwenden kann, richtet sich vor allem nach seinem **Einkommen,** welches nach den Vorschriften des Sozialrechts bestimmt wird. Für Arbeitnehmer bedeutet das insbesondere, dass Lohnsatzleistungen einbezogen werden. In der nach § 117 Abs. 2 ZPO erforderlichen Erklärung über die persönlichen und wirtschaftlichen Verhältnisse des Antragstellers sind auch Angaben über das Einkommen und das Vermögen des Ehegatten zu machen.[1651] Keine PKH wird gewährt bei missbräuchlicher Bedürftigkeit. Sie wird z.B. angenommen, wenn freie Geldmittel ausgegeben werden, ohne Mittel für ein bevorstehendes Verfahren zurückzubehalten.

1644 BFH v. 17.1.1994 X B 154/93, BFH/NV 1994, 608.
1645 § 117 Abs. 2 ZPO.
1646 BFH v. 8.4.1987 V S 12/87, BFH/NV 1988, 390; zur Abgabe innerhalb der Rechtsmittelfrist im NZB-Verfahren siehe BFH v. 12.10.2005 X S 17/05 (PKH), juris; zur hinreichenden Aussagekraft siehe z.B. BFH v. 27.11.1992 III B 80/92, BFH/NV 1993, 325.
1647 Niedersächsisches FG v. 28.1.2015 15 K 196/14, EFG 2015, 748.
1648 § 117 Abs. 2 Nr. 1 ZPO.
1649 Zur Frage der Unzulässigkeit oder Unbegründetheit vgl. *Stapperfend* in Gräber, § 142 Rz. 72.
1650 BFH v. 28.9.2005 X S 15/05 (PKH), BFH/NV 2005, 2249; BFH v. 28.4.2004 VII S 9/04, BFH/NV 2004, 1288; *Sauer/Schwarz*, Rz. 462a.
1651 BFH v. 16.7.1991 III S 2, 3/91, BFH/NV 1992, 191.

3 Außenprüfung

Der Beteiligte muss grundsätzlich sein **Vermögen** für die Rechtsverfolgung einsetzen. So kann z. B. die Verwertung von Bausparguthaben oder Wertpapieren verlangt werden. Von diesem Grundsatz gibt es allerdings Ausnahmen,[1652] wie z. B. kleinere Barbeträge von ca. 2.600 € zuzüglich 256 € für jede vom Antragsteller unterhaltene Person.[1653] Von besonderer Bedeutung ist die Ausnahme des angemessenen **Hausgrundstücks**.[1654] Seine Zurückbehaltung ist nicht schädlich für die Gewährung der PKH.

Ergeben sich Bedenken gegen einen Schätzungsbescheid, z. B. in einem AdV-Beschluss gemäß § 69 FGO, so wird das FA diesen Bedenken vielfach durch Erlass eines Änderungsbescheids Rechnung tragen. Wird gegen diesen Änderungsbescheid geklagt und PKH beantragt, so ist eine Gewährung unwahrscheinlich. Denn der Steuerpflichtige muss aufgrund des AdV-Beschlusses damit rechnen, dass die Klage abgewiesen wird. Damit fehlt es für die PKH an der erforderlichen Erfolgsaussicht.

Die **Ablehnung** der PKH ist nicht mit der Beschwerde anfechtbar.[1655] Jedoch kann die Ablehnung im Hinblick auf die mögliche Nichtgewährung rechtlichen Gehörs im Verfahren der NZB oder Revision geltend gemacht werden.[1656]

Ist der Antrag auf PKH abgelehnt worden, kann zu einem späteren Zeitpunkt ein **erneuter Antrag** gestellt werden, weil gerichtliche Entscheidungen im PKH-Verfahren nicht in materieller Rechtskraft erwachsen.[1657] Der neue Antrag hat aber nur Aussicht auf Erfolg, wenn er auf neue Gründe bzw. Belege gestützt wird und nicht nur rechtliche und tatsächliche Gesichtspunkte vorgebracht werden, die bereits in der vorangegangenen PKH-Entscheidung Gegenstand der gerichtlichen Erörterung waren.[1658]

Manche Steuerpflichtige erhalten generell und damit auch für das gerichtliche AdV-Verfahren gemäß § 69 FGO oder die Anfechtungsklage keine PKH. Dieser Ausschluss von der PKH betrifft juristische Personen,[1659] aber auch die GbR.[1660] Ein Ausnahmefall kann z. B. gegeben sein, wenn eine Vielzahl von Arbeitsplätzen betroffen ist,[1661] weil dann das Unterlassen der Rechtsverfolgung allgemeinen Interessen zuwiderlaufen würde. Zur Darlegung des Ausnahmefalls reicht es aber nicht aus, die Verletzung des Anspruchs auf steuerliche Gleichbehandlung unter Beachtung des Willkürverbots nur zu behaupten.[1662] Durch die

---

1652 Sog. „Schonvermögen", vgl. 115 ZPO.
1653 Vgl. *Philippi* in Zöller, § 115 Rz. 57, m. w. N., die genannten Beträge sind nicht bindend.
1654 Vgl. § 90 Abs. 2 Nr. 8 SGB XII.
1655 § 128 Abs. 2 FGO, BFH v. 27. 4. 2009, III B 49/09, juris.
1656 BFH v. 6. 7. 2012 V B 37/12, BFH/NV 2013, 43.
1657 BFH v. 24. 9. 2004 III S 7/04, juris.
1658 BFH v. 21. 11. 2007 X S 33/07 (PKH), BFH/NV 2008, 395.
1659 Z. B. GmbH, AG, Ltd., a. A. ggf. EUGH v. 22. 12. 2010, C-279/09.
1660 BFH v. 3. 8. 2007 V S 18/07 (PKH), juris; BFH/NV 2007, 2309; *Fittkau*, Die GbR im Umsatzsteuerrecht, S. 168; zum Beispiel der Rechtsanwaltssozietät vgl. BGH v. 10. 2. 2011 IX ZB 145/09, DStRE 2011, 917.
1661 *Fittkau*, Die GbR im Umsatzsteuerrecht, S. 169.
1662 BFH v. 16. 10. 2009 II S 17/09 (PKH), BFH/NV 2010, 223.

3.13 Finanzgerichtliches Verfahren

Übertragung von Gesellschaftsanteilen kann die Nichtgewährung von PKH im Übrigen nicht umgangen werden.[1663] PKH an eine inländische juristische Person setzt schließlich voraus, dass auch Erklärungen der Gesellschafter über ihre persönlichen und wirtschaftlichen Verhältnisse auf einem amtlichen Vordruck mit entsprechenden Belegen eingereicht werden.[1664]

Die **Beiordnung** eines Rechtsanwalts oder Steuerberaters erscheint nicht erforderlich i. S. v. § 121 Abs. 2 ZPO, wenn in der Hauptsache nur Fragen tatsächlicher Art ungeklärt sind, die nach Sachlage allein vom Kläger beantwortet werden können.[1665] Damit sind diejenigen Fälle gemeint, in denen im Prozess nur nachgereicht werden soll, was schon Gegenstand außergerichtlicher Mitwirkungspflichten war, die der Steuerpflichtige ohne fachkundige Hilfe bewältigen konnte.

Die PKH deckt die Gerichtskosten und die Kosten des eigenen Vertreters ab. Zwar werden die Kosten des gegnerischen Rechtsbeistands nicht abgedeckt, was aber im finanzgerichtlichen Verfahren nicht von Belang ist, da das FA als beklagte Behörde keinen Anspruch auf Kostenerstattung hat.[1666]

Zuständig für die Entscheidung über einen Antrag auf Gewährung von PKH ist das Gericht, das in erster Instanz über die Hauptsache zu entscheiden hat.[1667] Nach Ergehen des finanzgerichtlichen Urteils muss der BFH über die Gewährung der PKH entscheiden, und zwar auch dann, wenn weder Revision noch NZB anhängig sind.[1668]

Die PKH ist beim jeweiligen Prozessgericht für **jede Instanz** gesondert für diese zu beantragen. Der Antrag kann gestellt werden, solange das Verfahren in der betreffenden Instanz noch nicht rechtskräftig beendet ist.[1669]

Zu erwägen ist ggf. ein sog. **isolierter PKH-Antrag.**[1670] So wird ein Antrag auf PKH bezeichnet, bei dem PKH nicht für eine bereits erhobene Klage, sondern für eine evtl. noch zu erhebende Klage beantragt wird. Dadurch kann der Steuerpflichtige eine Aussage über die Einschätzung seines Falls durch das Gericht erhalten, ohne das hohe Kostenrisiko der eigentlichen Klage zu tragen. Denn ein Antrag auf PKH löst, gleich ob isoliert oder zusammen mit dem Einreichen der Klage gestellt, keine Gerichtsgebühren aus. Das Risiko eines solchen isolierten Antrags besteht in der möglichen Versäumung der Klagefrist, welche durch den PKH-Antrag nicht gehemmt ist. Im Rahmen des isolierten PKH-Antrags sollte zur Vermeidung von Unklarheiten nicht vom Kläger, sondern vom Antragsteller gesprochen werden. Ggf. ist ein Klageentwurf beizufü-

---

1663 BFH v. 11.8.2010 V S 11/10 (PKH), BFH/NV 2010, 2107.
1664 BFH v. 4.4.1996 V S 1/96 u. a., BFH/NV 1996, 795.
1665 BFH v. 27.12.2000 XI B 123/00, BFH/NV 2001, 919.
1666 § 139 Abs. 2 FGO.
1667 § 127 ZPO.
1668 *Stapperfend* in Gräber, § 142 Rz. 87, m. w. N.
1669 *Sauer/Schwarz*, Rz. 462.
1670 § 142 Abs. 1 FGO i. V. m. § 114 ZPO.

gen, welcher auch so bezeichnet wird. Auch wenn im PKH-Verfahren erkennbar wird, zu welcher Entscheidung das Gericht tendiert, ist zu beachten, dass hier noch keine abschließende Würdigung erfolgt.[1671]

3.13.5 Aussetzung der Vollziehung

Während das FA jederzeit ohne Antrag aussetzen kann,[1672] wird das FG nur tätig, wenn ein entsprechender Antrag vorliegt.[1673] Gemäß §64 FGO ist ein solcher **Antrag schriftlich** zu stellen.[1674] Entsprechend dem summarischen Charakter des Aussetzungsverfahrens sind die entscheidungserheblichen Tatsachen vom Antragsteller darzulegen und glaubhaft zu machen.[1675]

Die AdV ist immer zunächst gemäß §361 AO beim FA zu beantragen. Die ggf. folgende Ablehnung durch das FA ist die **Zugangsvoraussetzung** für das anschließende Verfahren beim FG nach §69 FGO,[1676] und zwar unabhängig davon, ob das FA bereits über den Einspruch entschieden hat oder nicht. Eine bloße Befristung der AdV bis zum Ergehen der Einspruchsentscheidung ist keine Ablehnung, die den Zugang zum FG ermöglicht.[1677] Gleiches gilt für die übliche Mitteilung über den Ablauf der AdV nach Erlass der Einspruchsentscheidung[1678] und für die Gewährung der AdV unter dem Vorbehalt des Widerrufs.[1679]

Ist mit dem FA eine Gewährung von AdV gegen **Sicherheitsleistung** abgesprochen worden, so ist ein Antrag gemäß §69 FGO wegen AdV ohne Sicherheitsleistung unzulässig. Insofern fehlt eine Ablehnung durch die Behörde als Grundvoraussetzung der Zulässigkeit, weil der Steuerpflichtige dort das bekommen hat, was er begehrt hatte, nämlich eine AdV gegen Sicherheitsleistung. Ein Antrag an das FG auf AdV ohne Sicherheitsleistung[1680] ist unzulässig, wenn der vom FA beschiedene Antrag nicht das Begehren enthielt, einen Ausspruch darüber zu treffen, dass die AdV nicht von einer Sicherheitsleistung abhängig gemacht werden dürfe und das FA folgerichtig über diese unselbstständige Nebenbestimmung weder ausdrücklich noch konkludent entschieden hat.[1681]

1671 BFH v. 18.5.1988 X B 185/87, BFH/NV 1988, 731; BFH v. 2.10.1986 VII B 39/86, juris.
1672 §361 Abs.2 AO, §69 Abs.2 FGO.
1673 §69 Abs.3 S.1 FGO.
1674 Zu einem Beispiel siehe Anhang 8.
1675 §155 FGO i.V.m. §920 Abs.2 und 294 Abs.1 ZPO.
1676 A.A. FG München v. 11.12.2012 2 V 3070/12, EFG 2013, 465.
1677 *Koch* in Gräber, §69 Rz.71, m.w.N.
1678 BFH v. 6.2.2012 IX S 29/11, BFH/NV 2012, 769; BFH v. 5.2.2009 VIII S 33/08; BFH v. 15.6.2005, IV S 3/05, BFH/NV 2005, 2014.
1679 BFH v. 12.5.2000 VI B 266/98, BStBl.II 2000, 536.
1680 Wegen verfassungsrechtlicher Grenzen für die Anordnung einer Sicherheitsleistung vgl. *Spilker*, DStR 2010, 731.
1681 FG Münster v. 15.2.2005 11 V 6300/04 G, EFG 2005, 804.

3.13 Finanzgerichtliches Verfahren

Der unmittelbar an das FG gerichtete AdV-Antrag kann zulässig sein, wenn die **Vollstreckung droht.**[1682] Eine Vollstreckung droht aber erst dann, wenn sie unmittelbar bevorsteht und dem Steuerpflichtigen nicht mehr zugemutet werden kann, bei der Behörde einen AdV-Antrag zu stellen. Das ist z. B. der Fall, wenn bereits Gegenstände gepfändet wurden.[1683]

Hat das FG Zweifel an der Zulässigkeit des unmittelbar beim FG gestellten Antrags gemäß § 69 FGO geäußert, so sollte sofort der Antrag nach § 361 AO beim FA gestellt werden. Das führt zwar nicht dazu, dass der bisher gestellte Antrag zulässig wird. Insofern ist eine Zugangsvoraussetzung und keine heilbare Zulässigkeitsvoraussetzung betroffen. Jedoch besteht die Möglichkeit, nunmehr einen neuen, zulässigen Antrag nach § 69 FGO zu stellen. Das FG kann dann über diesen neuen Antrag entscheiden. Der Antragsteller sollte den alten Antrag zurücknehmen. Gebührenmäßig gibt es nur ein Verfahren nach § 69 FGO. Ggf. kann angeregt werden, dass das streitige „erste" Verfahren gerichtsgebührenfrei im Prozessregister gelöscht wird.

Das Aussetzungsverfahren ist ein **Eilverfahren,** weshalb z. B. die Erhebung eines Zeugenbeweises nicht verlangt werden kann.[1684] Zur Vermeidung von Verfahrensnachteilen sind deshalb **präsente Beweismittel**[1685] erforderlich. Bloße Beweisangebote erfüllen diese Anforderungen nicht. Präsente Beweismittel sind allerdings entbehrlich, soweit der Sachverhalt bisher unstreitig war und auch vom FA als Antragsgegner nicht streitig gestellt wird. Aus Sicht des FA ist es wichtig, auch im AdV-Verfahren die Prüferhandakte an das FG zu übersenden. Dann kann – und muss – sich das FG seine Überzeugung auch auf der Grundlage der dort dokumentierten Feststellungen bilden.

Trotz Gewährung der AdV muss der Antragsteller die **Kosten** eines gerichtlichen AdV-Verfahrens tragen, wenn der Erfolg seines Antrags darauf beruht, dass die erforderlichen Unterlagen nachgereicht worden sind und wenn der Rechtsstreit durch rechtzeitige Vorlage hätte vermieden werden können.[1686] Deshalb sollten bereits im Rahmen der Antragstellung beim FA alle relevanten Belege vorgelegt und alle Argumente vorgetragen werden.

Hat das FG den Antrag auf AdV abgelehnt, kann eine Aufhebung oder Änderung des Beschlusses nur wegen veränderter oder im ursprünglichen Verfahren ohne Verschulden nicht geltend gemachter Umstände beantragt werden.[1687]

1682 Vgl. § 69 Abs. 4 S. 2 Nr. 2 FGO.
1683 BFH v. 26. 5. 2004 V S 5/04, BFH/NV 2004, 1414.
1684 BFH v. 22. 3. 1988 VII R 39/84, BFH/NV 1990, 133.
1685 FG Baden-Württemberg v. 4. 12. 1985 II-V 25/85, EFG 1986, 261; BFH v. 22. 3. 1988 VII R 39/84, BFH/NV 1990, 133. Zur Erforderlichkeit des präsenten Beweismittels und zur Entbehrlichkeit weitergehender Sachverhaltsermittlungen siehe BFH v. 21. 12. 1993 VIII B 107/93, BStBl. II 1994, 330; BFH v. 28. 7. 1987 V B 68/86, BFH/NV 1988, 198.
1686 § 137 i. V. m. § 138 Abs. 2 S. 2 FGO.
1687 § 69 Abs. 6 S. 2 FGO; BFH v. 23. 7. 1990 IV B 60/89, BFH/NV 1991, 699.

3 Außenprüfung

Auch ein **erneuter Antrag** ist nur unter diesen Voraussetzungen zulässig.[1688] Es ist deshalb sinnvoll, bereits den ersten Antrag auf AdV sorgfältig zu begründen.

Allein wegen einer oder mehrerer **Versicherungen an Eides Statt** muss das FG keine AdV gewähren. Im ersten Schritt ist zu verifizieren, ob der durch die Eidesstattliche Versicherung erklärte Inhalt wirklich das Beweisthema bzw. die erforderliche Glaubhaftmachung betrifft. Danach muss das FG eine Gesamtwürdigung vornehmen und entscheiden, ob es von einer Glaubhaftmachung ausgeht.

Der Antrag auf AdV nach § 69 FGO ist im Übrigen eine **kostengünstige Möglichkeit**, um die voraussichtliche Beurteilung der Sach- und Rechtslage durch das FG für den Fall der Klage zu erfahren. Im Ergebnis erhält man – bei wesentlich reduziertem Streitwert – eine Einschätzung der Erfolgsaussichten der Klage. Ist die Klage bereits erhoben, kann die Anregung eines Erörterungstermins sinnvoll sein.[1689]

Wird statt einer beantragten uneingeschränkten Aussetzung nur eine AdV gegen Sicherheitsleistung ausgesprochen, kann es sachgerecht sein, die Kosten des Verfahrens in Anlehnung an § 136 Abs. 1 S. 1 FGO gegeneinander aufzuheben.

3.13.6 Risiken für Prozessbevollmächtigte

Nach verlorenem Prozess entsteht oft Streit zwischen Steuerberater und Mandant, wenn die Rechnung mit den Gerichtskosten eintrifft. Der Mandant schaltet daraufhin nicht selten einen Anwalt ein, der gegenüber der Gebührenrechnung des steuerlichen Beraters aufrechnet, weil dieser seine Beratungsleistung schlecht erbracht habe. Dieses Risiko lässt sich vermeiden, wenn der Prozess, insbesondere bei schlechten Erfolgsaussichten, z. B. bei Vorliegen einer wirksamen tV, nicht geführt wird, wenn eine ausdrückliche schriftliche Belehrung mit Unterschrift des Klägers über das Prozessrisiko erfolgt oder wenn jeweils ein angemessener **Vorschuss** verlangt wird.

Ein weiteres Risiko für den Prozessbevollmächtigten besteht darin, dass das FA ggf. gegen den Kostenerstattungsanspruch des Klägers **aufrechnet**, nachdem die Klage ganz oder teilweise erfolgreich war.[1690] Ist der Mandant ansonsten nicht liquide, ist durch diese Aufrechnung das Honorar gefährdet. Soll die Aufrechnungsmöglichkeit bestritten werden, ist der Erlass eines Abrechnungsbescheids zu beantragen. In diesem muss das FA darlegen, dass und warum die Aufrechnung wirksam ist. Der Aufrechnung kann z. B. entgegengehalten werden, dass die Hauptforderung nicht besteht.[1691]

1688 FG München v. 13.4.2010 14 V 495/10, juris.
1689 Siehe hierzu 3.13.1.
1690 BFH v. 30.7.1996 VII B 7/96, BFH/NV 1997, 93. Vgl. zum Thema insgesamt *Pump/Leibner*, INF 2004, 78.
1691 BFH v. 19.10.1982 VII R 64/80, BStBl. II 1983, 541.

4 Benennung von Gläubigern und Zahlungsempfängern

4.1 Allgemeines

Schulden und Ausgaben sind nach § 160 Abs. 1 AO nicht zu berücksichtigen, wenn die dazugehörigen Gläubiger oder Zahlungsempfänger nicht benannt werden. Dadurch sollen Steuerausfälle verhindert werden,[1] die dadurch entstehen können, dass der Schuldner bzw. der Zahlende Verbindlichkeiten oder Aufwendungen steuerlich geltend macht, beim Gläubiger bzw. beim Zahlungsempfänger aber keine korrespondierende Erhöhung der steuerlichen Bemessungsgrundlage eintritt, weil er dem FA unbekannt ist. Gläubiger i. S. d. § 160 AO ist der wirtschaftliche Eigentümer der Forderung, Empfänger derjenige, dem der in der Ausgabe enthaltene Wert letztendlich zur Verfügung steht.[2] Das FA soll durch die Möglichkeit des sog. Benennungsverlangens in die Lage versetzt werden, die Steuerpflicht des Zahlungsempfängers zu prüfen[3] und dadurch Steuerausfälle zu verhindern.[4] § 160 AO stellt damit eine Art steuerlicher **Gefährdungshaftung** des Zahlenden dar.[5] Auch Lohnkosten können gekürzt bzw. außerbilanziell hinzugerechnet werden, wenn die vermeintlichen Lohnempfänger nicht ausreichend benannt werden.[6] Ein Benennungsverlangen gegenüber dem leistenden Steuerpflichtigen ist grundsätzlich gerechtfertigt, wenn die Vermutung naheliegt, dass der Zahlungsempfänger die erlangten Einnahmen nicht versteuert hat.[7]

§ 160 AO kommt erst zur Anwendung, wenn zumindest glaubhaft ist, dass die streitige Ausgabe tatsächlich entstanden ist und grundsätzlich steuerlich abzugsfähig wäre.[8] Ist nur die Höhe der Ausgaben nicht genau bestimmbar, ist vor der Prüfung eines Abzugsverbots nach § 160 AO grundsätzlich zunächst eine **Schätzung** nach § 162 AO durchzuführen. § 160 AO knüpft an das Ergebnis der Schätzung an.[9] § 160 AO findet auch auf geschätzte Aufwendungen Anwen-

---

1 BFH v. 17.11.2010 I B 143/10, BFH/NV 2011, 198; BFH v. 15.3.1995 I R 46/94, BStBl. II 1996, 51; BFH v. 30.3.1983 I R 228/78, BStBl. II 1983, 654.
2 BFH v. 11.10.2013 III B 50/13, BFH/NV 2014, 289; BFH v. 21.7.2009 IX B 55/09, BFH/NV 2010, 3; BFH v. 25.11.1986 VIII R 350/82, BStBl. II 1987, 286; zu Vermittlung und Weiterleitung siehe 4.10.
3 BFH v. 30.3.1983 I R 228/78, BStBl. II 1983, 654; BFH v. 17.12.1980, I R 148/76, BStBl. 1981, 333.
4 BFH v. 1.4.2003 I R 28/02, BFH/NV 2003, 1241; *Schuster* in Hübschmann/Hepp/Spitaler, § 160 Rz. 26.
5 BFH v. 16.3.1988 I R 151/85, BStBl. II 1988, 759; *Gehm*, StBp 2015, 283; *Schuster* in Hübschmann/Hepp/Spitaler, § 160 Rz. 26. Vgl. auch *Jakob*, Rz. 199: Den Zahler „in die Enge treiben."
6 Zu Taxifahrern z. B. FG Düsseldorf v. 5.6.2007 7 V 1123/07 A (E, U, AO), juris.
7 BFH v. 13.7.2011 X B 187/10, BFH/NV 2011, 1899.
8 Zu fingierten Ausgaben siehe 4.2.
9 BFH v. 9.3.2016 X R 9/13, BStBl. II 2016, 815; *Mihm*, AO-StB 2016, 251.

dung, weil derjenige, der z.B. keine Aufzeichnungen vorlegt, nicht besser stehen darf als derjenige, der den Empfänger nicht benennt.[10] Eine vorhergehende Schätzung ist allerdings bloßer Formalismus und ist deshalb entbehrlich, wenn die fraglichen Aufwendungen nach § 160 AO ohnehin nicht abzugsfähig wären, weil der Empfänger nicht benannt werden kann.[11] Es sollte aber stets geprüft werden, ob im konkreten Fall trotz Nichtbenennung zumindest ein Teil der – ggf. in einem ersten Schritt geschätzten – Aufwendungen abzugsfähig sein kann.[12]

§ 160 AO umfasst nicht nur **illegale Aufwendungen**,[13] sondern z.B. auch Zahlungen für legale Wareneinkäufe oder Beratungsleistungen.

Beispiel:
I.d.R. kaufen Schrotthändler[14] ihre Ware von unbekannten Privatpersonen. Gemäß § 160 AO können aber grundsätzlich nur solche Einkäufe steuermindernd berücksichtigt werden, bei denen der Name und die Anschrift des jeweiligen Lieferers angegeben werden können.[15]

Die Bezeichnung der Kosten ist für die Rechtsfolge unerheblich. Ein bewusstes Verbuchen auf unzutreffenden Konten kann jedoch strafrechtlich relevant sein.[16] Der Steuerberater sollte dafür sorgen, dass **Belege** über Betriebsausgaben die notwendigen Angaben insbesondere zum Zahlungsempfänger beinhalten. Andernfalls kann er später mit Haftungsansprüchen des Mandanten konfrontiert werden. Ein Haftungsanspruch des Mandanten setzt aber voraus, dass unstreitig Betriebsausgaben vorliegen und der Abzug vom FA tatsächlich nur wegen § 160 AO versagt wurde. Die Haftung des Steuerberaters entfällt jedenfalls dann, wenn der Steuerpflichtige sich nach entsprechender Beanstandung durch den Betriebsprüfer weigert, die Zahlungsempfänger genau zu benennen.[17]

Soweit Aufwendungen nach § 160 AO nicht zum Abzug zugelassen werden, erfolgt eine **außerbilanzielle Hinzurechnung** wie in den Fällen des § 4 Abs. 5 EStG. Entsprechende Feststellungen einer Ap haben damit keine Auswirkung

---

10 BFH v. 2.3.1966 IV 248/63, BStBl. III 1966, 360.
11 BFH v. 24.6.1997 VIII R 9/96, BStBl. II 1998, 51.
12 Siehe hierzu 4.5.
13 Die Auffassung, der Zweck des § 160 AO bestehe darin, einem unlauteren Geschäftsgebaren entgegenzuwirken, ist m.E. unzutreffend, vgl. auch BFH v. 9.4.1987, IV R 142/85, BFH/NV 1987, 689: Allenfalls „Nebenzweck".
14 Zum Schrotthandel siehe BFH v. 10.3.1999 XI R 10/98, BStBl. II 1999, 434; Niedersächsisches FG v. 30.7.1996 XI 431/92, EFG 1998, 1499 und FG Düsseldorf v. 5.12.1996, 14 K 4740/92 F, EFG 1997, 588; weitere Hinweise siehe in Teil 10 zum Stichwort „Schrotthandel".
15 BFH v. 10.3.1999 XI R 10/98, BStBl. II 1999, 434; FG Rheinland-Pfalz v. 14.10.2010 6 K 2450/09, juris.
16 Siehe hierzu 4.14.
17 BGH v. 20.2.2003 IX ZR 384/99, DB 2003, 1899.

auf das Kapitalkonto, was z. B. bedeutsam werden kann, wenn ein Gesellschafter einer Personengesellschaft zwischenzeitlich aus dieser ausgeschieden ist.[18]

Die **Rechtsfolge** der Nichtbenennung ist allein die Korrektur der steuerlichen Bemessungsgrundlage, das Benennungsverlangen kann nicht alternativ mit Zwangsmitteln gemäß § 328 ff. AO durchgesetzt werden.[19]

4.2 Sachlicher Anwendungsbereich

§ 160 AO erfasst Schulden, Lasten, Betriebsausgaben, Werbungskosten und andere Ausgaben,[20] die zu einer Minderung der steuerlichen Bemessungsgrundlage führen. Durch die allgemeine Fassung der Vorschrift sollen **alle steuerlich relevanten Schulden bzw. Ausgaben** erfasst werden. Der Anwendungsbereich des § 160 AO ist insbesondere nicht auf Ertragsteuern beschränkt. So werden z. B. bei der Erbschaftsteuer solche Schulden nicht berücksichtigt, bei denen der Gläubiger auf Verlangen des FA nicht benannt wird. Im Bereich der Sozialabgaben und Sozialleistungen findet § 160 AO keine Anwendung.[21]

Wird aufgrund eines Zahlungseingangs eine **Verbindlichkeit** erfolgsneutral eingebucht und vermutet das FA, dass es sich dabei um Erlöse handelt, so ist das kein Fall des § 160 AO,[22] denn die Vorschrift ist aufgrund ihrer Systematik nicht dazu geeignet, durch ihre Anwendung Betriebseinnahmen hinzuzurechnen.[23]

Bei der **Veräußerung** eines Wirtschaftsguts kann es aufgrund von § 160 AO dazu kommen, dass der Veräußerungserlös ohne Abzug der Anschaffungskosten bzw. des Buchwerts als Gewinn zu versteuern ist, wenn der Empfänger der für die Anschaffung geleisteten Zahlungen nicht benannt wird. Denn dann ist der in der GuV in Abzug gebrachte Buchwert außerbilanziell hinzuzurechnen. Für die Anwendung des § 160 AO ist es unbeachtlich, ob die Ausgaben sofort abzugsfähig sind oder ob sie zunächst **aktiviert** werden müssen und erst dann abgeschrieben werden können.[24] Allein der Ausweis einer Forderung rechtfertigt zwar noch kein Benennungsverlangen,[25] Letzteres wird aber zulässig, sobald die Forderung wertberichtigt wird.[26] Die Gewinnkorrektur kann in Aktivierungsfällen aber nur den entsprechenden Abschreibungsbetrag erfassen, da nur er sich in dem maßgeblichen Veranlagungszeitraum auf die steuerliche

---

18 Vgl. zu einem solchen Fall FG München v. 27.11.2008 15 K 2915/04, EFG 2009, 843.
19 *Cöster* in Koenig, § 160 Rz. 50.
20 Z. B. auch Sonderausgaben und außergewöhnliche Belastungen.
21 *Frotscher* in Schwarz/Pahlke, § 160 Rz. 3.
22 BFH v. 16.3.1988 I R 151/85, BStBl. II 1988, 759; FG Berlin v. 16.1.2002 7 K 8014/00, EFG 2002, 441.
23 Einnahmen sind bei unklaren Zahlungseingängen ggf. nach § 162 AO hinzuzurechnen, vgl. zu diesem Thema 3.9.6 und 3.10.3.
24 BFH v. 11.7.2013 IV R 27/09, BStBl. II 2013, 989; BFH v. 22.5.1968 I 59/65, BStBl. II 1968, 727; BFH v. 25.4.1963 IV 376/60 U, BStBl. III 1963, 342.
25 FG Hamburg v. 28.9.2007 6 K 202/04, EFG 2008, 426.
26 BFH v. 11.7.2013 IV R 27/09, BStBl. II 2013, 989.

4 Benennung von Gläubigern und Zahlungsempfängern

Bemessungsgrundlage ausgewirkt hat.[27] Sind Waren ohne Lieferantenbenennung zum Stichtag noch bilanziert, kann der Gewinn nicht wegen fehlender Empfängerbenennung erhöht werden, da er durch die bloße Lieferung und Bezahlung noch nicht gemindert wurde. Eine Anwendung des § 160 AO kommt erst in dem Jahr in Betracht, in dem die Ware aus dem Betriebsvermögen ausscheidet[28] und der Gewinn sich dadurch verringert. Für die Frage der Zumutbarkeit kommt es aber immer auf den Zeitpunkt der Zahlung an.[29]

Fingierte Betriebsausgaben und **Scheinrechnungen** sind kein Fall des § 160 AO.[30] Bei solchen Ausgaben fehlt es an einer ausreichend nachgewiesenen betrieblichen Veranlassung.[31] Deshalb ist die steuerlich relevante Veranlassung von Ausgaben grundsätzlich vor der Anwendung des § 160 AO zu prüfen.[32] Für den Betriebsausgabenabzug belegt allein eine Eingangsrechnung über bezogene Leistungen nicht die betriebliche Veranlassung. Die Leistung muss vielmehr vom Rechnungsaussteller tatsächlich erbracht worden sein.[33] Für den Steuerberater ist die Verbuchung solcher Scheinrechnungen besonders gefährlich, da es sich um eine Verletzung der Pflicht zu gewissenhaften Berufsausübung handelt.[34] Eine wirksame Selbstanzeige im steuerstrafrechtlichen Sinn ändert daran nichts.

Oftmals bleibt in der Praxis ungeklärt, ob es sich bei den in Abrechnungspapieren dargestellten Leistungen tatsächlich um **echte Sachverhalte** handelt. Dann kann der Abzug im Ergebnis an § 160 AO scheitern. Denn wird der Empfänger nicht benannt, kann offenbleiben, ob es sich um Scheinrechnungen handelt, weil der Abzug ohnehin ausgeschlossen ist.

In der Betriebsprüfungspraxis wird die Anwendung des § 160 AO häufig nur in Betracht gezogen, wenn Provisionen, Geschenke oder „Beratungsleistungen" gezahlt und unmittelbar als Aufwand verbucht werden. Dementsprechend erscheinen vielen Außenprüfern nur Aufwandskonten mit den Bezeichnungen „Provisionen", „nützliche Aufwendungen" o.ä. im Hinblick auf § 160 AO prüfungswürdig. Tatsächlich spielt die Kontobezeichnung für die Anwendung dieser Vorschrift aber keine Rolle. Aufwendungen i.S.v. § 160 AO können auch auf dem Wareneinkaufskonto oder im Zusammenhang mit der Anschaffung von Anlagevermögen auftreten.[35]

Insbesondere bei der Prüfung kleinerer **GmbH** und ihrer Gesellschafter ist aus steuersystematischen Gründen danach zu fragen, ob tatsächlich nichtabzugsfä-

---

27 In „Abschreibungsfällen" können über § 160 AO ggf. weit zurückliegende Zeiträume aufgearbeitet werden, vgl. Bruschke, AO-StB 2019, 86.
28 Z.B. durch Veräußerung oder Diebstahl.
29 Siehe unter 4.1.
30 *Seer* in Tipke/Kruse, § 160 Rz. 3.
31 § 4 Abs. 4 EStG, vgl. z.B. FG Hamburg v. 14.12.2004 VII 15/01, juris.
32 FG des Saarlands v. 25.4.1995 1 V 303/94, EFG 1995, 769.
33 FG Hamburg v. 27.2.2014 2 V 4/14, PStR 2014, 196.
34 Vgl. hierzu LG Frankfurt a.M. v. 11.12.2009 5/35 StL 7/09, DStR 2011, 725.
35 Zur Anschaffung von Anlagevermögen siehe bereits weiter oben.

4.2 Sachlicher Anwendungsbereich

hige Betriebsausgaben oder aber verdeckte Gewinnausschüttungen vorliegen. Eine vorschnelle Anwendung des § 160 AO kann ansonsten zu unzutreffenden Ergebnissen führen:

Beispiel:
Gastwirt G betreibt sein Lokal seit Jahren in Form einer GmbH, deren Alleingesellschafter er ist. In den letzten Jahren wurden erhebliche Gewinne erzielt, die G wegen seines hohen Geschäftsführergehalts nicht ausschütten musste. Da nunmehr im privaten Bereich erhebliche Investitionen anstehen, möchte G die angesammelten Gewinne verwenden, ohne sie zuvor als Ausschüttung versteuern zu müssen. Er entnimmt deshalb monatlich entsprechende Beträge aus der Kasse, um damit privat Handwerkerrechnungen begleichen zu können. Auf Nachfrage erläutert er seinem Steuerberater, dass es sich dabei um Schmiergelder handle, die erforderlich seien, um Feiern und Veranstaltungen ausrichten zu können. Dieser verbucht die Beträge als „nützliche Aufwendungen". Bei einer späteren Ap erhöht der Prüfer das Einkommen außerbilanziell um die genannten Beträge, da der Empfänger nicht ausreichend bezeichnet sei. G hat sein Ziel erreicht. Zwar haben die Zahlungen für die privaten Handwerkerrechnungen das Einkommen nicht gemindert. G musste aber keine Ausschüttung als Einkünfte aus Kapitalvermögen versteuern, wie dies bei einer späteren offenen Ausschüttung der Fall gewesen wäre. Dass tatsächlich eine verdeckte Gewinnausschüttung vorliegt, hätte vermutlich nur durch umfangreiche Ermittlungen auf der Gesellschafterebene festgestellt werden können.

Vor allem in der **Baubranche** kommt es vor, dass zur Geltendmachung von Vorsteuern sog. **Abdeckrechnungen** erstellt werden. Obwohl mangels Identität von Leistendem und Rechnungsaussteller keine Vorsteuern gezogen werden können, gilt dies nicht automatisch analog für den Bereich der Ertragsteuern bzw. für § 160 AO. Zwar müssen z. B. bei den typischen Servicegesellschaften im Baugewerbe grundsätzlich die Hintermänner benannt werden,[36] dennoch kann je nach Sachverhalt trotz Nichtbenennung häufig zumindest ein Teil der in Form von Schwarzlöhnen entstandenen Kosten abgezogen werden.[37]

Eine Anwendung von § 160 AO scheidet nach den Regelungen der **Bauabzugsteuer** aus, wenn der Empfänger von Bauleistungen seiner Verpflichtung aus § 48 Abs. 1 EStG nachkommt, von der Gegenleistung einen Steuerabzug i. H. v. 15 % für Rechnung des Leistenden vornimmt, diesen Steuerbetrag anmeldet und an das FA abgeführt hat. Das gilt grundsätzlich auch dann, wenn der Zahlungsempfänger eine inaktive Domizilgesellschaft ist.[38]

---

36 FG Bremen v. 11.1.2005 2 V 79/04 (5), EFG 2005, 671; FG Düsseldorf v. 19.7.2001 10 K 332/99 F, EFG 2001, 1340.
37 Vgl. zu einem solchen Fall FG Nürnberg v. 4.12.2003 V 185/2002, juris.
38 Siehe hierzu 4.8.

4 Benennung von Gläubigern und Zahlungsempfängern

4.3 Abgrenzung zu Geschenken

Aufwendungen fallen als Geschenke unter das Abzugsverbot des § 4 Abs. 5 Nr. 1 EStG, wenn sie nur den allgemeinen Zweck haben, Geschäftsbeziehungen anzuknüpfen, zu sichern oder zu verbessern und es an bestimmten Gegenleistungen des Empfängers im Zusammenhang mit einzelnen Aufträgen fehlt, d.h. wenn keine **konkrete Gegenleistung** für die Zuwendung festgestellt werden kann. Dann haben die Leistungen unentgeltlichen Charakter, denn sie verpflichten den Empfänger nicht zu einer bestimmten Gegenleistung und sind daher für ihn unverbindlich. Für ein solches nichtabzugsfähiges Geschenk spricht insbesondere, wenn erst gezahlt wird, nachdem der Zahlungsempfänger die vermeintliche Gegenleistung bereits erbracht hat. Es ist zu prüfen, welcher konkrete Zweck mit der Geldhingabe dann überhaupt noch verfolgt werden konnte.[39] Ob eine Vermögenszuwendung unentgeltlich als Geschenk oder entgeltlich im Hinblick auf eine Gegenleistung des Empfängers gemacht wird, entscheidet die hierüber zwischen den Beteiligten getroffene Vereinbarung. Ein Geschenk liegt zivilrechtlich nur vor, wenn sich beide Seiten über die Unentgeltlichkeit einig sind. Da für den Abzug von Aufwendungen jedoch nicht ausschlaggebend sein kann, welche Vorstellungen der Empfänger mit der Zuwendung verbindet, ist für den Abzug als Betriebsausgaben allein maßgebend, warum der Leistende aus seiner Sicht die fragliche Zuwendung getätigt hat. Als Gegenleistungen kommen alle Handlungen in Betracht, die im betrieblichen Interesse liegen. Es muss sich dabei nicht zwingend um eine vermögensrechtliche Zuwendung handeln. Allerdings muss die Gegenleistung hinreichend konkretisiert sein und die Zuwendung muss im Hinblick auf eine ganz bestimmte Handlung des Empfängers erfolgen. Es reicht nicht, wenn lediglich allgemein das Wohlwollen des Empfängers „erkauft" werden soll. Dann liegt zwar zivilrechtlich ein sog. „Zweckgeschenk", steuerrechtlich aber immer noch ein Geschenk i. S. v. § 4 Abs. 5 Nr. 1 EStG mit der Folge der Nichtabzugsfähigkeit vor.

Der Steuerpflichtige sollte sich bei Zuwendungen der hier interessierenden Art darüber im Klaren sein, dass ggf. das Thema „Geschenk" mit der Folge der Nichtabzugsfähigkeit nach § 4 Abs. 5 EStG angesprochen wird. Dann ist glaubhaft darzulegen und ggf. nachzuweisen, dass entsprechende Zahlungen im Zusammenhang mit einer **konkreten Gegenleistung** gestanden haben. Der Vortrag, dass kein nichtanzugsfähiges Geschenk, sondern ein – vorbehaltlich der Anwendung des § 160 AO – abzugsfähiges Schmiergeld vorliegt, ist insbesondere dann glaubhaft, wenn die Zahlung branchenüblichen Gepflogenheiten entspricht und die Zuwendung in einem angemessenen Verhältnis zu dem zu Grunde liegenden Geschäft steht.

---

39 FG Nürnberg v. 19.10.1999 I 177/97, EFG 2000, 5.

4.4 Abgrenzung zu strafbaren Vorteilszuwendungen

Gemäß § 4 Abs. 5 Nr. 10 EStG sind solche Zuwendungen nicht abzugsfähig, die eine strafbare Vorteilszuwendung darstellen.[40] Das FA soll entsprechende Sachverhalte der Staatsanwaltschaft zur Kenntnis bringen. Der Steuerpflichtige kann das ggf. vermeiden, wenn der Zahlungsempfänger nicht benannt wird und die Abzugsfähigkeit der Ausgaben deshalb nicht nach § 4 Abs. 5 Nr. 10 EStG, sondern nach § 160 AO versagt wird.[41] Nach Ansicht des BVerfG ist die Angabe eines Zahlungsempfängers steuerrechtlich nicht geboten, das entsprechende Unterlassen deshalb nicht strafbewehrt.[42] Allein aus einer Weigerung des Steuerpflichtigen, den Empfänger zu benennen, auf eine Bestechungshandlung zu schließen, ist nicht zulässig.[43] Zu strafrechtlichen Aspekten des § 160 AO im Einzelnen siehe unter 4.14.[44]

4.5 Anteilige Kürzung

Der Person des vermeintlichen Zahlungsempfängers kann für die Frage des Umfangs des Abzugsverbots erhebliche Bedeutung zukommen. Auf der **ersten Stufe** hat das FA nach pflichtgemäßem Ermessen zu entscheiden, ob überhaupt ein Benennungsverlangen an den Steuerpflichtigen geboten ist. Dies ist der Fall, wenn die Vermutung nahe liegt, dass der Empfänger den Bezug nicht versteuert hat.[45] Das gilt auch, wenn dem Steuerpflichtigen mit Sicherheit Betriebsausgaben entstanden sind.[46] Auf einer **zweiten Stufe** allerdings wird entschieden, ob und inwieweit die in § 160 AO genannten Ausgaben, bei denen der Empfänger nicht genau bezeichnet ist, zum Abzug zuzulassen sind.[47] Damit kann es also durchaus dazu kommen, dass trotz Nichtbenennung der Zahlungsempfänger sämtliche Beträge abzugsfähig bleiben, wenn z. B. feststeht, dass das zu versteuernde Einkommen des Zahlungsempfängers unterhalb des für die Besteuerung relevanten Betrages liegt.[48] Sind Zahlungsempfänger z. B. in erster Linie Krankenhausbedienstete, Feuerwehrleute oder Polizeibeamte mit einem wahrscheinlichen **Steuersatz** „in der Proportionalzone oder der unteren Progressionszone", kann grundsätzlich ein Teil der Betriebsausgaben trotz Nichtbenennung anzuerkennen sein, um die Differenz zwischen der prozentualen Steuer-

---

40 Zusammenfassend *Pelz*, DStR 2014, 449. Zur Neufassung des § 299 StGB ab dem 26.11.2015 vgl. *Heuking/von Coelln*, BB 2016, 323. Die Einführung des § 4 Abs. 5 Nr. 10 EStG hat den Anwendungsbereich des § 160 AO verringert, vgl. *Jakob*, Rz. 204.
41 BMF v. 10.10.2002 BStBl. I 2002, 1031, Rz. 32.
42 BVerfG v. 9.2.2005 2 BvR 1108/03, HFR 2005, 900.
43 OLG Karlsruhe v. 6.3.1985 3 Ws 80/84, wistra 1985, 163.
44 Zum Verhältnis von § 160 AO zu § 4 Abs. 5 Nr. 10 EStG vgl. auch *Gehm*, StBp 2015, 283, 287.
45 Ständige Rechtsprechung, z. B. BFH v. 9.8.1989 I R 66/86, BStBl. II 1989, 995.
46 BFH v. 9.8.1989 I R 66/86, BStBl. II 1989, 995.
47 BFH v. 15.5.1996 X R 99/92, BFH/NV 1996, 891; BFH v. 9.8.1989 I R 66/86, BStBl. II 1989, 995; BFH v. 12.9.1985 VIII R 371/83, BStBl. II 1986, 537.
48 BFH v. 15.5.1996 X R 99/92, BFH/NV 1996, 891.

4 Benennung von Gläubigern und Zahlungsempfängern

belastung der Klägerin und derjenigen der Zahlungsempfänger auf der zweiten Stufe der Ermessensausübung zu berücksichtigen.[49] Hat der Steuerpflichtige aber selbst nur einen sehr niedrigen Steuersatz, ist der Betriebsausgabenabzug regelmäßig in voller Höhe zu versagen.[50] Der **mutmaßliche Steuerausfall** spielt also eine entscheidende Rolle, wenn es aus Beratersicht darum geht, wenigstens einen Teil der Betriebsausgaben zu „retten". Allerdings soll eine geringere Progression des Zahlungsempfängers nur zu berücksichtigen sein, wenn sie „feststeht".[51] Bei der Bemessung des nicht abzugsfähigen Betrages ist neben der ggf. niedrigeren Progression[52] des vermeintlichen Zahlungsempfängers zu berücksichtigen, dass bei diesem im Zusammenhang mit den maßgeblichen Einnahmen ggf. Betriebsausgaben entstanden sind, die bisher noch nicht steuerlich geltend gemacht worden sind.[53] Teilweise werden nichtabzugsfähige Betriebsausgaben nur in Höhe der vermeintlichen Handelsspanne des Leistenden angenommen, weil davon ausgegangen werden könne, dass letzterer zur Ausführung der fraglichen Lieferungen einen entsprechenden Wareneinkauf tätigen muss.[54] Durch § 160 AO soll keine Steuer erhoben werden, die mit an Sicherheit grenzender Wahrscheinlichkeit nicht entstanden ist.[55] Im Ergebnis soll die Spanne der nichtabzugsfähigen Beträge in der Praxis zwischen 50 und 75 % der geltend gemachten Aufwendungen liegen.[56] Bei der Ermessensentscheidung über die Versagung des Betriebsausgabenabzugs kann neben dem Steuerausfall der mögliche Ausfall von **Sozialversicherungsbeiträgen** berücksichtigt werden.[57] Zur Prüfung der Plausibilität der Zurechnung nichtabzugsfähiger Ausgaben wird häufig der danach verbleibende Rohgewinn mit demjenigen lt. Richtsatzsammlung[58] verglichen. Dabei ist aber zu bedenken, dass insbesondere der Einsatz von Schwarzarbeitern und der dadurch entstehende Wettbewerbsvorteil häufig die Erwirtschaftung eines mehr als branchenüblichen Rohgewinns zur Folge hat.[59] Im Bereich des § 160 AO ist im Übrigen eine tV grundsätzlich zulässig.[60]

---

49 BFH v. 9.8.1989 I R 66/86, BStBl. II 1989, 995.
50 FG Hamburg v. 12.5.2016 6 K 249/15, BB 2016, 2518.
51 FG Hamburg v. 7.9.2010 3 K 13/09, EFG 2010, 2057, rkr.
52 Siehe die Ausführungen oben.
53 BFH v. 15.10.1998 IV R 8/98, BStBl. II 1999, 333; BFH v. 18.9.1997 X S 7/97, BFH/NV 1998, 279; BFH v. 30.3.1983 I R 228/78, BStBl. II 1983, 654; BFH v. 17.12.1980 I R 148/76, BStBl. II 1981, 333; FG Nürnberg v. 4.12.2003 V 185/2002, juris.
54 Niedersächsisches FG v. 31.3.2005 6 K 24/99, juris.
55 *Frotscher* in Schwarz/Pahlke, § 160 Rz. 82.
56 *Bruschke*, AO-StB 2019, 86, 92.
57 FG Hamburg v. 7.9.2010 3 K 13/09, EFG 2010, 2057; a.A. FG Hamburg v. 3.6.2009 5 K 140/07, juris; *Seer* in Tipke/Kruse, § 160 Rz. 1.
58 Siehe hierzu allgemein 3.6.3.2.
59 Vgl. hierzu FG Nürnberg v. 4.12.2003 V 185/2002, juris.
60 FG Düsseldorf v. 2.12.2008 6 K 2722/06 K, EFG 2010, 546. Zur tV insgesamt siehe Teil 5.

4.6 Art und Umfang der Benennung

Der Steuerpflichtige ist dem Benennungsverlangen nicht in dem erforderlichen Umfang nachgekommen, wenn Personen genannt werden, von deren Empfängereigenschaft sich das FA oder das FG trotz Erfüllung der Amtsermittlungspflicht nicht überzeugen können.[61] Grundsätzlich kann das FA neben dem **Namen** des Zahlungsempfängers die Angabe seiner **Wohnanschrift** verlangen. Im Sinne einer zutreffenden und gleichmäßigen Steuererhebung hat die Finanzbehörde ein berechtigtes Interesse an der Adresse des Zahlungsempfängers, um ohne besondere Schwierigkeiten und Zeitaufwand in der Lage zu sein, die ggf. mit den Zahlungen steuerpflichtige Person zu ermitteln und die Beträge bei dieser zu erfassen.[62] Mit der bloßen Angabe des Namens des Empfängers ohne Adresse wird den Anforderungen des § 160 AO deshalb nicht entsprochen. Die Benennung ist in ausreichendem Umfang erfolgt, wenn eine Adresse angegeben wurde, unter der der Empfänger erreichbar war, als die Leistung erbracht wurde, auch wenn er später unbekannt verzogen ist.[63]

Die FG sehen sich nicht verpflichtet, eine als Geldübergeber fungierende Person als Zeugen zu hören.[64] Bei **Arbeitnehmern** als Zahlungsempfänger ist grundsätzlich die jeweilige Wohnanschrift anzugeben.[65] Die Angabe der Anschrift des Arbeitgebers reicht in diesen Fällen nicht aus, weil die Suche nach dem Zahlungsempfänger hier auf erhebliche Schwierigkeiten stoßen kann.[66] Ist der Zahlungsempfänger eine gewerbliche **Personengesellschaft**, so reicht die Benennung der Firma aus. Das ist ausreichend, weil die einkommensteuerpflichtigen Personen über das Handelsregister festgestellt werden können und ohnehin zu prüfen ist, ob die Zahlungen die Umsatzsteuer der Gesellschaft erhöhen bzw. in deren einheitliche und gesonderte Gewinnfeststellung einzubeziehen sind. In GbR-Fällen reicht die Angabe der Gesellschafter, an die die Zahlungen erfolgt sind.[67] Nicht ausreichend ist die Benennung von Personen, die nur möglicherweise als die wahren Zahlungsempfänger in Betracht kommen, vor allem dann nicht, wenn die Benannten den Empfang der Beträge ihrerseits bestreiten.[68] **Falsche Namen** können die Abzugsfähigkeit nicht herbeiführen, auch wenn die benannte Person tatsächlich existiert.[69] Die Benennung eines verstorbenen Empfängers kann nicht ohne weiteres mit der Nichtbenennung des Empfängers gleichgesetzt werden, denn der Betriebsausgabenabzug hängt nicht davon ab, dass der Empfänger noch lebt.[70]

---

61 BFH v. 27.11.2000 IV B 23/00, BFH/NV 2001, 424.
62 BFH v. 15.3.1995 I R 46/44, BStBl. II 1996, 51.
63 BFH v. 6.4.1993 XI B 94/92, BFH/NV 1993, 633.
64 FG Münster v. 27.6.1997 4 K 1136/95 E, G, EFG 1998, 79.
65 Gemeint sind die Arbeitnehmer eines anderen Steuerpflichtigen.
66 Zu Klinikärzten BFH v. 15.3.1995 I R 46/44, BStBl. II 1996, 51.
67 BFH v. 25.11.1986 VIII R 350/82, BStBl. II 1987, 286.
68 BFH v. 30.8.1995 I R 126/94, BFH/NV 1996, 267.
69 BFH v. 4.4.1996 IV R 55/94, BFH/NV 1996, 801.
70 *Bruschke*, AO-StB 2019, 86, 89.

Ein Zahlungsempfänger ist auch dann **hinreichend bekannt** und der Steuerpflichtige hat seine Verpflichtung aus § 160 AO erfüllt, wenn das FA mangels ausreichender Beweismittel oder aus anderen Gründen den Steueranspruch gegenüber dem benannten Empfänger nicht durchsetzen kann.[71]

4.7 Zumutbarkeit des Benennungsverlangens

Das Benennungsverlangen ist ermessensfehlerhaft, wenn es nicht notwendig, unverhältnismäßig, unzumutbar oder aus solchen Gründen nicht erfüllbar ist, die dem Steuerpflichtigen nicht vorgeworfen werden können. Fälle nicht notwendiger oder unverhältnismäßiger Benennungsverlangen kommen in der Praxis nur selten vor. Maßgeblich für die Frage der Zumutbarkeit ist, ob der Steuerpflichtige das in seiner Macht Stehende getan hat, um ein – ggf. späteres – Benennungsverlangen erfüllen zu können. Die Rechtsprechung den Abzug z. B. trotz Nichtbenennung zu, wenn der Steuerpflichtige selbst Opfer einer für ihn nicht durchschaubaren Täuschung geworden ist und sich ihm keine Zweifel hinsichtlich seines Geschäftspartners aufdrängen mussten.[72] In bestimmten Branchen wie der Baubranche werden dabei allerdings bewusst strenge Maßstäbe angesetzt.[73] Zweifel mit der Folge zur Verpflichtung weitergehender Ermittlungen soll der Steuerpflichtige z. B. haben, wenn

- der Geschäftspartner „offensiv" Unbedenklichkeitsbescheinigungen etc. vorlegt,[74]
- Honorarzahlungen ausnahmslos per Barscheck erfolgen und bei der Weiterberechnung von Bauleistungen ein Aufschlag von teilweise über 20 % möglich ist,[75]
- im Baugewerbe Barzahlungen in Millionenhöhe an als Subunternehmen auftretende Scheinfirmen geleistet werden, ohne dass spezifizierte Rechnungen vorliegen,[76]
- hohe Barzahlungen für „Personalgestellung" geleistet werden,[77]
- hohe Geldsummen an neu gegründete ortsfremde Firmen geleistet werden,[78]
- der Empfänger keinen Telefonanschluss besitzt, kein Konto unterhält und sich sein Büro z. B. in einem Wochenendhaus befindet.[79]

---

71 BFH v. 24.10.2006 I R 90/05, BFH/NV 2007, 849.
72 BFH v. 24.6.1997 VIII R 9/96, BStBl. II 1998, 51; BFH v. 4.4.1996 IV R 55/94, BFH/NV 1996, 801; FG Köln v. 6.5.2008 8 K 1385/05, EFG 2008, 421.
73 FG Düsseldorf v. 11.2.2009 2 K 508/08 F, PStR 2009, 279, rkr.
74 FG Düsseldorf v. 11.2.2009 2 K 508/08 F, PStR 2009, 279, rkr.
75 FG Düsseldorf v. 15.7.1999 3 V 3741/98 A (G, U, F), juris.
76 Hessisches FG v. 13.1.2003 4 V 3133/02, juris.
77 BFH v. 30.11.2004 XI B 48/04, BFH/NV 2005, 1209.
78 FG Bremen v. 11.1.2005 2 V 79/04 (5), EFG 2005, 671.
79 BFH v. 4.4.1996, IV R 55/94, BFH/NV 1996, 801.

4.7 Zumutbarkeit des Benennungsverlangens

Bescheinigen die Behörden für eine Gesellschaft das tatsächliche Betreiben eines Bauunternehmens und die Erfüllung der sozialversicherungsrechtlichen und steuerlichen Pflichten, so ist es ermessensfehlerhaft, dem Steuerpflichtigen das Risiko aufzuerlegen, dass sich nach Ausführung der Arbeiten und nach Bezahlung herausstellt, dass die Gesellschaft nicht Empfänger der Zahlung gemäß § 160 AO war.[80] Deshalb ist es sinnvoll, bei verdächtigen Anbietern folgende Kriterien zu prüfen und diese Überprüfung zu dokumentieren.

- Eintragung in das Handelsregister
- Steuernummer oder ID-Nummer
- Gewerbeanmeldung
- Ggf. Freistellungsbescheinigung zum Steuerabzug
- Anmeldung der Firma bei Sozialversicherungsträgern
- Anmeldung der Firma bei der Industrie- und Handelskammer
- Unbedenklichkeitsbescheinigung der Berufsgenossenschaft
- Unbedenklichkeitsbescheinigung der Krankenkasse
- Unbedenklichkeitsbescheinigung des FA
- Reisegewerbekarte

Allerdings ergibt sich bei Vorhandensein der o.g. Dokumente nicht zwingend ein entsprechender Vertrauensschutz.[81]

Auf die Benennung des Empfängers i.S.v. § 160 AO kann nach Auffassung der FinVerw **verzichtet** werden, wenn dieser mit an Sicherheit grenzender Wahrscheinlichkeit im Inland nicht steuerpflichtig ist. Die bloße Möglichkeit der fehlenden Steuerpflicht im Inland reicht allein nicht aus, um von der Rechtsfolge des § 160 AO abzusehen. Die Anwendung des § 160 AO ist vielmehr erst ausgeschlossen, wenn dem FA oder dem FG Tatsachen bekannt sind, die eine Steuerpflicht des Zahlungsempfängers unwahrscheinlich erscheinen lassen.[82] Nach Nr. 4 des AEAO zu § 160 AO soll das FA deshalb – soweit keine Anhaltspunkte für eine straf- oder bußgeldbewehrte Vorteilszuwendung vorliegen – auf den Empfängernachweis verzichten, wenn feststeht, dass die Zahlung im Rahmen eines üblichen Handelsgeschäfts erfolgte, der Geldbetrag in das Ausland abgeflossen ist und der Empfänger nicht der deutschen Steuerpflicht unterliegt. Hierzu ist der Empfänger in einem solchen Umfang zu bezeichnen, dass seine Steuerpflicht im Inland mit hinreichender Sicherheit ausgeschlossen werden kann. Die Verwaltungsanweisung erscheint auf den ersten Blick zwar relativ „großzügig", allerdings ist es faktisch kaum möglich, die inländische

---

80 FG Düsseldorf v. 19.7.2001, 10 K 332/99 F, EFG 2001, 1340.
81 Vgl. BFH v. 13.12.2016 X B 23/16, BFH/NV 2017, 564, Rz.25, wonach es sich bei den genannten Dokumenten im Wesentlichen um sog. „Formalpapiere" handle, die ohne besondere Voraussetzungen bzw. Überprüfungen ausgestellt würden. M. E. ist das Gesamtbild entscheidend.
82 BFH v. 25.2.2004 I B 66/02, BFH/NV 2004, 919.

4 Benennung von Gläubigern und Zahlungsempfängern

Steuerpflicht des Zahlungsempfängers auszuschließen, wenn dieser nicht benannt wird.[83]

Die Benennung der Zahlungsempfänger wird für unzumutbar gehalten, wenn die gegen diese bestehenden Steueransprüche ohnehin **verjährt** sind.[84]

Aus der Person bzw. dem Verhalten des Zahlungsempfängers oder der von ihm beauftragten Person wird sich – wenn überhaupt – nur in extremen Ausnahmefällen eine Unzumutbarkeit des Benennungsverlangens ergeben. So soll es der Zulässigkeit einer Aufforderung nach § 160 AO z.B. grundsätzlich nicht entgegenstehen, wenn als unmittelbarer Zahlungsempfänger ein **Strohmann** auftritt, der einem Milieu angehört, in dem durch Einsatz körperlicher Gewalt ein Schweigegebot gegenüber staatlichen Stellen wie dem FA durchgesetzt wird. Es soll vom Zweck des § 160 AO gedeckt sein, den Steuerpflichtigen mittelbar dazu anzuhalten, Geschäfte mit derartigen Personen zu unterlassen und dadurch diejenigen, die nicht zu einer offenen Teilnahme am Wirtschaftsverkehr bereit sind, wirtschaftlich zu isolieren.[85]

Besondere Probleme bereitet im Bereich des § 160 AO der oft lange zeitliche Abstand zwischen der streitigen Zahlung und dem finanzamtlichen Benennungsverlangen. Zwar gilt hier der allgemeine Grundsatz, dass einer durch Zeitablauf bedingten Beweisnot des beweisbelasteten Steuerpflichtige durch **Absenkung des Beweismaßes** Rechnung zu tragen ist,[86] doch wird andererseits ein Benennungsverlangen sogar dann für rechtmäßig gehalten, wenn ein solches bei einer vorausgegangenen Prüfung bei gleichen Verhältnissen unterblieben ist.[87]

Nicht zu verwechseln mit der Fragenach der Zumutbarkeit des Benennungsverlangens ist diejenige nach einem strafrechtlichen **Verschulden,** auch wenn der betroffene Steuerpflichtige naturgemäß das Gefühl hat, durch die Versagung des Betriebsausgabenabzugs – wofür auch immer – „bestraft" zu werden. Voraussetzung für die außerbilanzielle Hinzurechnung nach § 160 AO ist allein, die Tatsache, dass der Steuerpflichtige einem zumutbaren Benennungsverlangen nicht nachkommt, die Gründe hierfür dafür sind unbeachtlich. Der Steuerpflichtige muss für die Anwendung des § 160 AO deshalb insbesondere nicht in der Absicht oder in dem Bewusstsein gehandelt haben, dem Empfänger bei einer Steuerverkürzung behilflich zu sein.[88]

---

83 Siehe hierzu FG Hamburg v. 13.2.2004 VII 86/03, juris.
84 BFH v. 25.11.1986 VIII R 350/82, BStBl. II 1987, 286.
85 BFH v. 13.12.2016 X B 23/16, BFH/NV 2017, 564, Rz. 30.
86 *Binnewies*, Stbg 2004, 516 unter Hinweis auf BFH v. 3.3.2004 X R 17/98, BFH/NV 2004, 1237.
87 FG Baden-Württemberg v. 28.9.1978 III 86/77, EFG 1979, 110.
88 *Schuster* in Hübschmann/Hepp/Spitaler, § 160 Rz. 26.

4.8 Ausländische Gesellschaft

Die Benennung einer ausländischen Gesellschaft als Zahlungsempfänger ist nicht ausreichend i. S. v. § 160 AO, wenn die Gesellschaft mangels eigener wirtschaftlicher Betätigung die ausbedungenen Leistungen nicht erbringen konnte.[89] Von entscheidender Bedeutung ist, ob es sich bei der die fragliche Zahlung empfangenden Gesellschaft um eine Domizilgesellschaft handelt.[90] Das ist eine Gesellschaft, die i. d. R. über kein eigenes Personal verfügt und die keine eigene wirtschaftliche Geschäftstätigkeit entfaltet.[91] In solchen Fällen kommt anstelle der Anwendung des § 160 AO ggf. der Ansatz einer verdeckten Gewinnausschüttung in Betracht, wenn für die Zahlungen dem Grunde oder der Höhe nach eine betriebliche Veranlassung nicht vorliegt.[92] Denn unbegründete Gewinnverlagerungen würden von einem ordentlichen und gewissenhaften Geschäftsleiter nicht hingenommen.[93]

Die **IZA** beim BZSt erstellt laufend eine zentrale Sammlung von Informationen zu Auslandsgesellschaften.[94] Zu beachten ist, dass die IZA ausschließlich im Inland ermittelt, ohne im Ausland eigene Feststellungen zu treffen. Liegen nach Ansicht des BZSt die Voraussetzungen einer Domizilgesellschaft vor, erteilt sie regelmäßig einen sog. **„Domizilvermerk"**. Auf dieser Grundlage kann das FA zwar grundsätzlich Auskünfte nach § 160 AO verlangen,[95] aber der Domizilvermerk entfaltet grundsätzlich keine unmittelbaren Rechtswirkungen im Hinblick auf die Abzugsfähigkeit der an die betroffene Gesellschaft geleisteten Zahlungen.[96] Der Außenprüfer sollte gebeten werden, den Domizilvermerk des BZSt zu übersenden. Ggf. ergeben sich hieraus schon Missverständnisse, die aufgeklärt werden können und zur Aufhebung des Vermerks führen. Nicht jede ausländische Gesellschaft, die in ihrem „Herkunftsland" wirtschaftlich nicht aktiv ist, ist eine „Briefkastengesellschaft".[97] Die Auskünfte der IZA entfalten keine unmittelbaren Rechtswirkungen.[98] Allerdings muss das FA nicht „wasserdicht" beweisen, dass es sich bei der benannten Gesellschaft um eine Domizilgesellschaft handelt, um die Angabe der „dahinter stehenden" Personen verlangen zu können. Vielmehr reichen Anhaltspunkte wie die Bestellung eines Re-

---

89 Z. B. FG Köln v. 18. 4. 2013 10 K 1043/10, EFG 2013, 1370.
90 Nach BFH v. 17. 10. 2001 I R 19/01, BFH/NV 2002, 609 führt dies allein aber nicht zur Versagung des Betriebsausgabenabzugs.
91 BFH v. 5. 11. 2001 VIII B 16/01, BFH/NV 2002, 312; BFH v. 10. 11. 1998 I R 108/97, BStBl. II 1999, 121.
92 *Kohlhepp* in Schnitger/Fehrenbacher, § 8 Rz. 545, Stichwort „Domizilgesellschaft".
93 FG Münster v. 18. 10. 1999 9 K 5420/96 K, G, juris, rkr.
94 § 5 Abs. 1 Nr. 6 FVG. Wegen Einzelheiten zur IZA siehe BMF v. 7. 9. 2007, BStBl. I 2007, 754. Gesammelt werden u. a. Informationen über Rechtscharakter, statuarischer Sitz, Beteiligte, wirtschaftliche Aktivitäten der jeweiligen Gesellschaft.
95 FG Köln v. 8. 11. 1993 6 V 158/93, EFG 1994, 506.
96 BFH v. 25. 11. 1999 I B 34/99, BFH/NV 2000, 677.
97 Vgl. z. B. für den Fall einer in England registrierten Limited FG München v. 19. 3. 2002 6 K 5037/00, EFG 2002, 880.
98 BFH v. 25. 11. 1999 I B 34/99, BFH/NV 2000, 677.

4 Benennung von Gläubigern und Zahlungsempfängern

präsentanten, Zahlung einer „günstigen" Steuer speziell für Sitzunternehmen o. Ä. aus. Dass es sich bei einer Gesellschaft um eine Domizilgesellschaft handelt, kann u. a. dann angenommen werden, wenn die Ansässigkeit und die Bankverbindung sind in unterschiedlichen Staaten befinden.[99]

Zwar kann eine ausländische Gesellschaft auf der Grundlage von Entscheidungen aus dem Inland wirtschaftlich aktiv sein. Dieses Argument birgt jedoch aus Beratersicht die Gefahr, dass das FA in einem solchen Fall wegen inländischer Geschäftsleitung von der unbeschränkten Körperschaftsteuerpflicht der Gesellschaft ausgeht.[100]

Handelt es sich beim Zahlungsempfänger tatsächlich um eine **Domizilgesellschaft** ohne echte eigene wirtschaftliche Aktivität, so sind die **„hinter dieser Gesellschaft stehenden"** Personen oder Personenmehrheiten zu benennen.[101] In der Prüfungspraxis hat dies dazu geführt, dass bei Zahlungen an ausländische Gesellschaften standardmäßig nach diesen hinter der Gesellschaft stehenden Personen oder Personenmehrheiten gefragt wird. Eine vorschnelle Recherche und ggf. Beantwortung ist hier aus Beratersicht nicht angebracht, denn die Angabe der hinter der Gesellschaft stehenden Personen kann nicht verlangt werden, wenn kein **objektiver Anhaltspunkt** dafür besteht, dass der Geschäftspartner, also die die Gesellschaft, nicht selbst der endgültige Empfänger oder Gläubiger ist. Unsubstantiierte Behauptungen des FA reichen in dieser Hinsicht nicht aus.[102] Die Frage nach den „Hintermännern" ist für den Steuerpflichtigen umso problematischer, als dass der Kreis dieser „hinter der Gesellschaft stehenden" Personen weit gefasst wird. Hiermit sollen nämlich nicht nur die formalen Anteilseigner,[103] sondern die „echten" Anteilseigner gemeint sein.[104] Teilweise werden sogar die **Auftragnehmer** der ausländischen Gesellschaft als „hinter der Gesellschaft stehend" und damit als die zu benennenden Personen betrachtet[105] oder es wird gefordert, diejenigen Personen zu bezeichnen, die der Gesellschaft die finanziellen Mittel zur Verfügung gestellt haben.[106] Einem so pauschalen Vorgehen der Ap mit der Folge der vielfach kaum zu erfüllenden Auskunftsverpflichtung ist entgegenzutreten, da das Benennungsverlangen des § 160 AO insbesondere zumutbar sein muss.[107] Zumutbar kann für den Steuerpflichtigen aber nur die Mitteilung solcher Informationen sein, die in seiner Wissens- und

---

99 FG Hamburg v. 22. 1. 2018 2 V 305/17, IStR 2018, 281, Rz. 37, allerdings mit dem zusätzlichen Indiz, dass sich der Sitz der Gesellschaft auf den Virgin Islands befand.
100 Vgl. § 1 Abs. 1 KStG.
101 BFH v. 10. 11. 1998 I R 108/97, BStBl. II 1999, 121; BFH v. 30. 8. 1995 I R 126/94, BFH/NV 1996, 267; BFH v. 25. 8. 1986 IV B 76/86, BStBl. II 1987, 481; FG Hamburg v. 22. 1. 2018 2 V 305/17, IStR 2018, 281.
102 BFH v. 19. 1. 1994 I R 40/92, BFH/NV 1995, 181.
103 Häufig Treuhänder, vgl. auch BFH v. 25. 8. 1986 VIII R 284/83, BStBl. II 1986, 481.
104 Häufig Treugeber, vgl. auch BFH v. 5. 11. 1992 I R 8/91, BFH/NV 1994, 357; FG Münster v. 13. 3. 1997 5 K 2954/96 F, EFG 1998, 251.
105 BFH v. 10. 11. 1998 I R 108/97, BStBl. II 1999, 121, m. E. problematisch.
106 FG Düsseldorf v. 5. 3. 2008 6 V 4329/07 A, juris.
107 Siehe 4.6.

4.8 Ausländische Gesellschaft

Tätigkeitssphäre liegen, d. h. die sich aus seinen eigenen Vertragsbeziehungen ergeben. Nicht verlangt werden können Nachforschungen dahingehend, welche Verträge sein Auftraggeber zur Erbringung seiner Leistungen eingegangen ist.

Sofern Bereitschaft besteht, dem Informationsverlangen des FA nachzukommen, ist mit dem Betriebsprüfer abzustimmen, welche Nachweise in welcher Form erbracht werden sollen.[108] Sonst besteht die Gefahr, dass immer neue Belege und Begründungen gefordert werden, der Prüfer die Messlatte der Mitwirkung gerade so hoch legt, dass der Steuerpflichtige seiner nicht nachkommt bzw. nicht nachkommen kann. Werden die vom Prüfer genau bestimmten Unterlagen[109] aber beigebracht und kann nachgewiesen werden, dass dadurch die Anfrage ihrem Wortlaut nach erfüllt wurde, kann § 160 AO nicht mehr zur Anwendung kommen, weil das Benennungsverlangen erfüllt wurde.[110] Der Wortlaut der Vorschrift deutet darauf hin, dass es nur ein Benennungsverlangen gibt, dass entweder erfüllt wird oder nicht.[111]

Die FinVerw tendiert dazu, den **Vorsteuerabzug** aus Rechnungen einer Gesellschaft, die als Domizilgesellschaft angesehen wird, zu versagen. Betriebsausgabenabzug und Vorsteuerabzug richten sich aber nach ihren eigenen Regeln.[112] Der ertragsteuerlich geprägte Begriff der Domizilgesellschaft hat für das Umsatzsteuerrecht aber allenfalls mittelbare Bedeutung, nämlich weil es bei Gesellschaften der hier angesprochenen Art häufig an der selbstständigen und nachhaltigen Entfaltung einer wirtschaftlichen Tätigkeit und damit an der Unternehmereigenschaft fehlt. Gerade diese Unternehmereigenschaft des Leistenden ist für den Vorsteuerabzug maßgebend. Es gibt aber keinen allgemeinen Rechtssatz, nach dem Domizilgesellschaften keine Unternehmereigenschaft besitzen können. Für ihre Unternehmereigenschaft ist es z. B. ohne Bedeutung, ob eine Gesellschaft die von dem inländischen Vertragspartner übernommenen Aufträge mit eigenen gewerblichen Kräften ausführt oder sich eines oder mehrerer Nachunternehmer bedient.[113] Leistet eine Gesellschaft aber nur Servicedienste dadurch, dass sie es den Kunden gegen Provision ermöglicht, unter fremdem Namen Verträge abzuschließen und Rechnungen zu erstellen sowie Geld zu vereinnahmen, scheidet ein Vorsteuerabzug aus, weil es an der Identität zwischen Leistendem und Rechnungsaussteller fehlt.[114] Der Vorsteuerabzug setzt voraus, dass der in der Rechnung angegebene Sitz des Leistenden

---

108 Wenn diese nicht ohnehin vorliegt, sollte um eine schriftliche Anfrage gebeten werden.
109 Der Steuerpflichtige muss wissen, was er tun soll, vgl. BFH v. 25. 11. 1986 VIII R 350/82, BStBl. II 1987, 286, FG Baden-Württemberg v. 16. 12. 1992 14 K 33/91, EFG 1993, 277.
110 I. d. S. BFH v. 25. 2. 2004 I B 66/02, BFH/NV 2004, 919.
111 „... dem Verlangen nicht nachkommt": dem = bestimmter Artikel.
112 BFH v. 29. 9. 2005 III B 11/05, BFH/NV 2006, 61.
113 FG Köln v. 7. 12. 2006 10 K 1419/03, EFG 2007, 468; FG Münster v. 17. 7. 2001 15 K 7089/99 U, EFG 2001, 1397.
114 FG Düsseldorf v. 31. 5. 2001 5 V 7603/00 A (U), EFG 2001, 1626.

tatsächlich bestanden hat,[115] wofür der Steuerpflichtige die Feststellungslast trägt.[116] Extrem **hohe Barzahlungen** lassen vermuten, dass der Zahlungsempfänger nicht der Leistende ist.[117] Die Vorsteuer ist jedenfalls nicht abzugsfähig, wenn die erbrachte Leistung nicht ausreichend beschrieben ist. So besteht z. B. kein Vorsteuerabzug, wenn die Leistung mit „Beratungsleistung" bezeichnet ist und sich nicht aus den Rechnungsangaben leicht und eindeutig ergibt, über welche Leistung abgerechnet worden ist.[118]

Eine sog. **Basisgesellschaft** ist hinsichtlich ihrer Merkmale und ihrer Zielrichtung mit einer Domizilgesellschaft vergleichbar.[119] Die Praxis versteht unter diesem gesetzlich nicht definierten Begriff eine ausländische Kapitalgesellschaft in einem steuergünstigen Land, die bestimmte Aktivitäten für den Steuerinländer übernimmt.[120] Der Unterschied zur Domizilgesellschaft besteht darin, dass der Anteilseigner in aller Regel bekannt ist. In diesen Fällen prüft das FA seltener die Voraussetzungen des § 160 AO, sondern eher den Ort der tatsächlichen Geschäftsleitung. Befindet sich letzterer im Inland, ist die Gesellschaft unbeschränkt körperschaftsteuerpflichtig.[121]

4.9 Erhöhte Anforderungen nach § 16 AStG

§ 16 AStG sieht eine erweiterte Nachweispflicht bei Geschäftsbeziehungen in **Niedrigsteuerländern** vor. In den dort genannten Fällen müssen zusätzlich zur Benennung des Zahlungsempfängers alle mittelbaren und unmittelbaren Beziehungen zwischen dem Steuerpflichtigen und dem Empfänger bzw. Gläubiger offengelegt werden, um die Prüfung zu ermöglichen, ob eine Verlagerung von Einkünften vorliegt.[122]

Geschäftsbeziehungen sind dabei alle Beziehungen zwischen zwei Steuerrechtssubjekten, die sich auf die Erfüllung des Zwecks des jeweiligen Unternehmens richten. Ein Gesellschaftsverhältnis ist keine geschäftliche Beziehung i. d. S.[123]

Als Geschäftspartner kommen Gesellschaften und „Personen" in Betracht, womit grundsätzlich alle Rechtsformen abgedeckt sind. M. E. gehören aufgrund

---

115 BFH v. 27.6.1996 V R 51/93, BStBl. II 1996, 620; zur Versagung des Vorsteuerabzugs bei typischen „Abdeckrechnungen" insbesondere in der Baubranche vgl. FG Köln v. 6.5.2008 8 K 1385/05, EFG 2008, 1250. Zur fehlenden Identität zwischen Rechnungsaussteller und Leistendem vgl. BFH v. 31.1.2002 V B 108/01, BStBl. II 2004, 622.
116 BFH v. 6.12.2007 V R 61/05, BStBl. II 2008, 695.
117 BFH v. 26.8.2004 V B 243/03, BFH/NV 2005, 255.
118 BFH v. 16.12.2008 V B 228/07, BFH/NV 2009, 620.
119 Teilweise werden die Begriffe auch synonym verwendet, ebenso der Ausdruck „Briefkastengesellschaft", vgl. *Buciek* in Beermann/Gosch, § 160 Rz. 110.
120 *Streck/Binnewies* in Streck, Beratungs-ABC Rz. 1.
121 Vgl. § 1 KStG, BFH v. 23.6.1992 IX R 182/87, BStBl. II 1992, 972.
122 BFH v. 24.3.1987 I B 156/86, BFH/NV 1988, 208; *Schmitz*, IStR 1997, 193.
123 *Krause* in Kraft, § 16 Rz. 19.

der eindeutigen Gesetzesintention auch Stiftungen und Trusts dazu, auch wenn es sich formell weder um Gesellschaften noch um „Personen" handelt.[124]

§ 16 AStG kommt zur Anwendung, wenn der Geschäftspartner im Ausland nicht oder nur unwesentlich besteuert wird, sei es auf Grund allgemeiner Gesetze in dem ausländischen Staat oder auf Grund einer Vorzugsbesteuerung.[125] Steuersätze von bis 10 % indizieren dabei eine „unwesentliche" Besteuerung. Maßgeblich ist aber grundsätzlich nicht die generelle Steuerlast des Geschäftspartners, sondern diejenige hinsichtlich der mit der maßgeblichen Geschäftsbeziehung in Zusammenhang stehenden Einkünfte.

Bei der in § 16 AStG beschriebenen Konstellation ist nicht nur der Gläubiger bzw. Empfänger zu bezeichnen, sondern zusätzlich sind **alle Beziehungen** zwischen dem Steuerpflichtigen und dem Gläubiger bzw. Empfänger offen zu legen.[126] Unter § 16 AStG fallen alle Beziehungen, die für eine steuerliche Beurteilung von Bedeutung sein können, also auch gesellschaftsrechtliche und persönliche Beziehungen. Auch die Tätigkeit des Steuerpflichtigen in Organen der ausländischen Gesellschaft kann hierunter zu verstehen sein. Auch mittelbare Beziehungen[127] müssen offengelegt werden, und zwar selbst dann, wenn sie nicht mehr bestehen, aber im Prüfungszeitraum bestanden haben.

4.10 Vermittlung und durchlaufende Posten

Die Rechtsprechung lehnt eine „doppelte Anwendung" des § 160 AO für den Fall ab, dass Gelder an einen Vermittler mit der Anweisung gezahlt werden, sie an Dritte weiterzuleiten.[128] Dann soll der Betriebsausgabenabzug lediglich den – in der Kette ersten – zahlenden Firmen, nicht aber dem Vermittler versagt werden. Ob tatsächlich eine Vermittlung vorliegt, ist aber vielfach schwer feststellbar,[129] über diese Frage entsteht deshalb regelmäßig Streit. Maßgebend ist, ob der vom Steuerpflichtigen Benannte tatsächlich das „leistende Unternehmen" ist. Eine als Generalübernehmer auftretende Firma übt z. B. nur dann die hierfür erforderliche wirtschaftliche Funktion aus, wenn sie das finanzielle Risiko gegenüber dem Bauträger trägt und die Überwachung der beauftragten Subunternehmer übernimmt.[130]

Der Außenprüfer ist mit der benannten Person vielfach „unzufrieden" und geht davon aus, dass sie nur zwischengeschaltet war. Es ist in der Tat nicht von der Hand zu weisen, dass häufig „Strohmänner" eingesetzt werden, damit der wahre Zahlungsempfänger im Dunkeln bleibt. Zur Beantwortung der Frage,

---

124 Mit dieser Begründung die Einbeziehung von Trusts in die Regelung des § 16 AStG ablehnend *Krause* in Kraft, § 16 Rz. 21.
125 Zum Verhältnis von § 160 AO und § 16 AStG vgl. *Gosch*, StBp 1991, 81.
126 Vgl. BFH v. 24. 3. 1987 I B 156/86, BFH/NV 1988, 208.
127 Z. B. über ausländische Gesellschaften.
128 FG München v. 26. 10. 2000 10 V 388/00, EFG 2001, 189.
129 Vgl. hierzu die Rechtsprechungsübersicht bei *Christian/Schwelm*, DStZ 1997, 324.
130 Hessisches FG v. 6. 2. 2002 4 K 1505/99, EFG 2002, 1563.

wer der letztendlich zu Benennende ist, nimmt der BFH eine auf den eigentlichen Leistungsgrund für die Zahlung aufbauende Auslegung des Empfängerbegriffs vor. Entscheidend soll danach sein, wer bei wirtschaftlicher Betrachtung die vom Steuerpflichtigen durch seine Zahlung entgoltene **Leistung** erbringt.[131] Diese Person muss man benennen, um eine außerbilanzielle Einkommenserhöhung nach § 160 AO zu vermeiden.

Aus Sicht des zahlenden Unternehmens ist das Auftreten eines **Vermittlers** problembehaftet. Ist erkennbar, dass die die Zahlung empfangende Person den Wert für einen anderen entgegennimmt, so ist derjenige, für den die Zahlung entgegengenommen wird, der Zahlungsempfänger i.S.v. § 160 AO. In diesem Fall soll es dem Unternehmen zuzumuten sein, sich über den Namen und die Anschrift Gewissheit zu verschaffen, um ein späteres Benennungsverlangen des FA erfüllen zu können.[132] Für den Steuerpflichtigen kann dies zu einer unüberwindbaren Hürde werden, denn er muss ggf. ganze **Lieferketten** darlegen, um die Abzugsfähigkeit seiner Zahlungen zu erreichen.[133]

Behauptet das FA eine Vermittlung und möchte es zusätzlich zur bereits benannten Person den aus seiner Sicht tatsächlichen Zahlungsempfänger offenbart haben, so ist der Prüfer oder Bearbeiter zunächst aufzufordern – im Rechtsbehelfsverfahren ggf. unter Hinweis auf § 364 AO – die Vermutung der Vermittlung durch **Nachweise** zu begründen. Der Steuerberater sollte anschließend darlegen, warum tatsächlich keine Vermittlung, sondern ein Eigengeschäft vorliegt. Treten Vermittler oder Boten auf und wird der tatsächliche Zahlungsempfänger benannt, müssen die Namen der zwischengeschalteten Personen nicht zusätzlich preisgegeben werden. Der genaue **Zahlungsweg** an den wirtschaftlich Berechtigten muss **nicht** benannt werden.[134]

Ähnlich wie mit der Vermittlung verhält es sich mit echten **durchlaufenden Posten**.[135] Sie berühren nicht das Betriebsvermögen des Steuerpflichtigen, so dass schon aus diesem Grund kein Raum für die Anwendung des § 160 AO besteht.[136] Die fraglichen Beträge dürfen nicht etwa als Einnahmen angesetzt und der vermeintliche „Betriebsausgabenabzug" dann wegen Nichtbenennung versagt werden.

Von den Fällen der Vermittlung ebenfalls deutlich zu unterscheiden ist die **Verrechnung von Erlösen** mit den damit zusammenhängenden Ausgaben. Dieses Verfahren wird häufig praktiziert. Das Problem des § 160 AO kann aber nicht dadurch umgangen werden, dass die mit Hilfe von Provisionen erzielten

---

131 BFH v. 17.11.2010 I B 143/10, BFH/NV 2011, 198.
132 BFH v. 25.11.1986 VIII R 350/82, BStBl. II 1987, 286.
133 Zu einem solchen Beispiel siehe den Sachverhalt in FG Münster v. 26.2.1998 8 K 4318/95 E, EFG 1998, 920.
134 FG München v. 22.2.2000 2 K 1746/99, EFG 2000, 769.
135 Vgl. zum materiellen Recht z.B. § 4 Abs. 3 S. 2 EStG, § 10 Abs. 1 S. 6 UStG.
136 BFH v. 4.12.1996 I R 99/94, BStBl. II 1997, 404; *Cöster* in Koenig, § 160 Rz. 19. Zur Nichtanwendung des § 160 AO auf durchlaufende Posten auch BFH v. 6.9.2018 IV R 26/16, BFH/NV 2018, 1260.

Umsätze unmittelbar um die Provisionen gekürzt werden. Begrifflich liegen in voller Höhe Betriebseinnahmen und daneben – ggf. nicht abziehbare – Betriebsausgaben vor.[137] Der Verrechnung steht schon das handelsrechtliche Saldierungsverbot des § 246 Abs. 2 HGB entgegen. Eine solche saldierende Verbuchung kann strafrechtlich vor allem dann problematisch sein, wenn das FA die Abzugsfähigkeit von Aufwendungen derselben Art in den Vorjahren versagt hatte.[138]

4.11 Beweisvorsorge

Nach dem Gesagten ist vor allem auf entsprechende Beweisvorsorge durch das Unternehmen bzw. den Steuerpflichtigen hinzuwirken. Zu überprüfen sind nach Möglichkeit das Leistungsvermögen des Unternehmens, die Geschäftsadresse, Bank- und Telefonverbindung,[139] die Eintragungen im Handelsregister oder in Branchenbüchern sowie die Angaben auf Briefbögen. Ggf. sind Kopien der **Personalausweise**[140] der Handelnden zu verlangen oder Fotos der Beteiligten zu fertigen, auch wenn dies auf den ersten Blick etwas ungewöhnlich erscheinen mag. Im Rahmen der Beweisvorsorge ist in Betracht zu ziehen, einen zugelassenen **Wirtschaftsinformationsdienst** mit entsprechenden Recherchen zu beauftragen. Insbesondere bei Geschäften größeren Umfangs können die anfallenden Kosten im Hinblick auf § 160 AO durchaus gut investiert sein, denn externe Begutachtungen haben bezüglich der Glaubhaftmachung ungewöhnlicher Sachverhalte oftmals eine größere Wirkung als der eigene Vortrag.

Sofern eine hinter einer **Domizilgesellschaft** stehende natürliche Person als maßgebender Zahlungsempfänger benannt wird, werden in der Praxis – neben der ohnehin erforderlichen Darstellung der Geschäftsbeziehung – zusätzlich zur Angabe der vollen Anschrift ein Existenznachweis und eine Bestätigung des Leistungsempfangs gefordert. Ein sog. Negativbeweis z. B. in Form einer Bestätigung einer Domizilgesellschaft, dass hinter ihr stehende Personen nicht der deutschen Steuerpflicht unterliegen, ist als nicht ausreichend angesehen worden.[141] Ebensowenig soll die Vorlage von Unbedenklichkeitsbescheinigungen[142] oder die Feststellung einer Umsatzsteuer-Identifikationsnummer[143] den Steuerpflichtigen von einer eingehenden Prüfung, wer tatsächlich sein Geschäftspartner ist, entbinden.[144]

---

137 FG Hamburg v. 13.2.2004 VII 86/03, juris.
138 Zu den strafrechtlichen Aspekten des § 160 AO insgesamt siehe unter 4.14.
139 Verdächtig ist in diesem Zusammenhang, wenn nur eine Mobiltelefonnummer angegeben wird.
140 Z.B. *Gehm*, StBp 2015, 283, 284.
141 Vgl. hierzu auch z.B. BFH v. 24.3.1987 I B 156/86, BFH/NV 1988, 208; BFH v. 1.6.1994 X R 73/91, BFH/NV 1995, 2.
142 Von Krankenkassen, Berufsgenossenschaften, Arbeitsagenturen.
143 BFH v. 20.4.2005 X R 40/04, BFH/NV 2005, 1739.
144 FG Bremen v. 11.1.20-05 2 V 79/04, EFG 2005, 671.

4 Benennung von Gläubigern und Zahlungsempfängern

Nach Möglichkeit sind **Barzahlungen zu vermeiden,** die Kosten für eine Auslandsüberweisung könnten ggf. gut investiert sein, wenn dadurch die Abzugsfähigkeit bestimmter Aufwendungen erhalten bleibt. Nach h. M. in FinVerw und Rechtsprechung werden im seriösen Geschäftsverkehr große Beträge nicht bar ausgezahlt. Werden solche Barzahlungen verlangt, muss deshalb die Identität des Geschäftspartners geklärt werden, denn ein späteres Benennungsverlangen des FA hält die Rechtsprechung grundsätzlich für zumutbar.[145] Barzahlungen hoher Geldsummen an neu gegründete ortsfremde Firmen sprechen gegen eine undurchschaubare, der Anwendung des § 160 AO ggf. entgegenstehende Täuschung.[146] Überhaupt wird durchgängig umso mehr an Vorsicht bzw. Beweisvorsorge vom zahlenden Unternehmer verlangt, je **ungewöhnlicher** der Ablauf des Geschäfts sich darstellt. Ausreichend Anlass, sich über die „Redlichkeit" der Zahlungsempfänger zu vergewissern, soll z. b. bestehen, wenn Firmen erst kurz vor Auftragsvergabe errichtet wurden und diese unaufgefordert Unterlagen zum Nachweis ihrer Existenz vorlegen und noch dazu Zahlungen ausnahmslos per Barscheck erfolgen sollen.[147] Für eine Scheingesellschaft spricht neben der verlangten Barzahlung auch eine Zahlungsweise ohne Abschlagszahlungen sowie das Fehlen einer detaillierten Rechnungsstellung ohne genaue Leistungsbeschreibung.[148]

Ungeachtet der Benennung nach § 160 AO müssen **materiellrechtlich abzugsfähige Ausgaben** vorliegen. Damit besteht die Gefahr, dass das FA – im ungünstigen Fall bei weit fortgeschrittenem Verfahren – die Argumentation wechselt und den Nachweis fordert, dass z. b. überhaupt Betriebsausgaben vorliegen. Dem ist im Rahmen der Beweisvorsorge Rechnung zu tragen. Bei den typischen Beratungsleistungen und Gutachten[149] dürften die Eingangsrechnung und allgemein gehaltene Vereinbarungen nicht ausreichen. Darüber hinaus sind die tatsächlich bezogenen Leistungen durch weitere Dokumente, die z. B. erläutern, in wie und in welche Ausgangsumsätze diese Eingangsleistungen eingeflossen sind, zu verifizieren.

Im Streit um § 160 AO hängt für den Steuerpflichtigen damit alles davon ab, ob das gesamte **Geschehen glaubhaft** gemacht werden kann. Die geschilderte Geschäftsabwicklung und die benannte Person oder Gesellschaft müssen einen stimmigen Sachverhalt ergeben, der ggf. durch geeignete Zeugen zu belegen ist. Neben der Aufbewahrung entsprechender Belege ist eine ausführliche interne Dokumentation anzuraten, um auch nach Jahren noch Nachfragen des FA beantworten zu können. Auch die Chronologie des Benennungsverlangens bzw. des entsprechenden Verfahrens (Veranlagung, Ap, Rechtsbehelfsverfahren, Klageverfahren) sollte im Auge behalten werden. Denn dauert dieses bereits übermäßig lange an oder begründet das FA die Versagung des Betriebsaus-

---

[145] BFH v. 30.11.2004 XI B 48/04, BFH/NV 2005, 1209.
[146] FG Bremen v. 11.1.2005 2 V 79/04, EFG 2005, 671.
[147] FG Düsseldorf v. 15.7.1999 3 V 3741/98 A (G, U, F), juris.
[148] FG des Saarlands v. 13.1.2010 1 K 1101/05, EFG 2010, 772.
[149] Z. B. „Marktanalysen", vgl. FG Nürnberg v. 23.7.1998 IV 353/95, juris.

gabenabzugs abweichend von der Argumentation im Vorverfahren erst im Rahmen des Klageverfahrens mit § 160 AO, so ist der durch den Zeitablauf entstandenen Beweisnot des Steuerpflichtigen ggf. durch eine **Absenkung des Beweismaßes** Rechnung zu tragen.[150]

4.12 Verfahrensfragen

Zuständig für die Anordnung der Empfängerbenennung ist die Finanzbehörde, die den für die Steuerfestsetzung maßgeblichen Sachverhalt aufklären muss. Das ist i.d.R. das für die Veranlagung zuständige FA oder der mit der Außenprüfung betraute Amtsträger. Letzterer darf eine Benennung auch im Hinblick auf Tatbestände verlangen, auf die sich die Prüfung nicht erstreckt.[151] Das Benennungsverlangen des FA stellt **keinen** selbstständig angreifbaren **Verwaltungsakt** dar. Es handelt sich lediglich um eine nach pflichtgemäßem Ermessen zu treffende **Vorbereitungsmaßnahme** im Rahmen einer gesonderten Feststellung oder einer Steuerfestsetzung.[152] Dies bedeutet zum einen, dass die rechtswidrige Anwendung des § 160 AO nur durch Einspruch oder Klage gegen den Steuerbescheid geltend gemacht werden kann, in dem die entsprechenden Ausgaben nicht zum Abzug zugelassen worden sind. Die fehlende Eigenschaft als Verwaltungsakt hat aber zum anderen zur Folge, dass die Benennung des Zahlungsempfängers nicht erzwungen werden kann.[153] Ein zur Durchsetzung eines Benennungsverlangens festgesetztes Zwangsgeld ist deshalb rechtswidrig.

Vorläufiger Rechtsschutz ist nur im Wege der einstweiligen Anordnung nach § 114 FGO zu erreichen, eine AdV des Benennungsverlangens scheidet wegen der o.g. fehlenden Verwaltungsakteigenschaft aus. Im Verfahren gegen Steuerbescheide, in denen Ausgaben wegen § 160 AO nicht zum Abzug zugelassen worden sind, kann nach allgemeinen Grundsätzen AdV beantragt werden.

Gemäß § 160 Abs. 2 AO bleiben die in § 102 AO genannten **Auskunftsverweigerungsrechte** zum Schutz bestimmter Personengruppen unberührt.[154] Die in § 102 AO genannten Personen sind damit in eigener wie in fremder Steuersache nicht verpflichtet, Auskünfte zu erteilen. Nach geänderter h.M.[155] bedeutet dies, dass das FA den Abzug von Schulden und Ausgaben zulassen muss, auch wenn der Empfänger vom Berufsträger i.S.v. § 102 AO nicht benannt wird und damit bewusst Steuerausfälle in Kauf genommen werden. Für Journalisten, denen nach § 102 Abs. 1 Nr. 4 AO ein Auskunftsverweigerungsrecht zusteht, gilt die Besonderheit, dass § 160 AO nach der genannten Bestimmung unberührt

---

150 BFH v. 3.3.2004 X R 17/98, BFH/NV 2004, 1237, hierzu ausführlich *Binnewies*, Stbg 2004, 516.
151 BFH v. 9.4.1987 IV R 142/85, BFH/NV 1987, 689.
152 BFH v. 10.11.1998 VIII R 3/98, BStBl.II 1999, 199; BFH v. 20.4.1988, BStBl.II 1988, 927, juris; BFH v. 12.9.1985 VIII R 371/83, BStBl.II 1986, 537; a.A. *Seer* in Tipke/Kruse, § 160 Rz.7.
153 BFH v. 10.11.1998 VIII R 3/98, BStBl.II 1999, 199.
154 Das betrifft z.B. Geistliche, Mitglieder des Bundestages, Rechtsanwälte, Steuerberater.
155 *Seer* in Tipke/Kruse, § 160 Rz. 27.

bleibt. Das bedeutet, dass das FA für den Fall der Nichtbenennung im Ergebnis die Hinzurechnung auch vornehmen kann, wenn der Journalist sich zu Recht auf sein Auskunftsverweigerungsrecht beruft.

Fungiert ein Rechtsanwalt oder eine andere durch § 160 Abs. 2 AO geschützte Person als Vermittler oder Bote, hilft dies dem Zahlenden im Hinblick auf das Benennungsverlangen des FA nicht. Denn zu benennen sind die Personen, an die die entsprechenden Zahlungen **letztendlich geleistet** werden.[156]

Die Benennung kann bis zur letzten mündlichen Verhandlung vor dem FG **nachgeholt** werden.[157] Wird der Empfänger erst nach Ergehen eines die Abzugsfähigkeit der Ausgaben ausschließenden Bescheids ermittelt, wird darin teilweise eine zur Berichtigung nach § 173 Abs. 1 Nr. 2 AO führende neue Tatsache gesehen.[158] M. E. liegt ein rückwirkendes Ereignis i. S. v. § 175 Abs. 1 Nr. 2 AO vor.

§ 160 AO beinhaltet **keine eigene Berichtigungsvorschrift**, so dass eine Änderung bestandskräftiger Bescheide nur unter den Voraussetzungen der §§ 129, 164 oder 173 ff. AO in Betracht kommt.[159] Oft wird § 173 AO einschlägig sein, aus Beratersicht ist allerdings zu prüfen, ob sich aus dem Grundsatz von Treu und Glauben Änderungshindernisse ergeben.[160] Eine Änderung des Bescheids nach § 173 Abs. 1 Nr. 1 AO zuungunsten des Steuerpflichtigen kommt nicht in Betracht, wenn der Steuerpflichtige einem nach Bestandskraft des Steuerbescheids gestelltem Benennungsverlangen nicht nachkommt. Nach der Rechtsprechung soll es sich insoweit nicht um eine neue Tatsache handeln.[161]

4.13 Klageverfahren

4.13.1 Finanzgericht

Gemäß § 96 Abs. 1 FGO findet § 160 AO im finanzgerichtlichen Verfahren Anwendung. Das FG ist daher nicht allein auf die Ermessensüberprüfung beschränkt,[162] sondern hat nach den oben genannten Grundsätzen über die Anwendbarkeit des § 160 AO dem Grunde und der Höhe nach zu entscheiden. Das FG kann auch aus eigener Motivation zur Vorbereitung seiner Entscheidung ein Benennungsverlangen an den Steuerpflichtigen richten und anschließend ein abweichendes, eigenes Ermessen ausüben. Damit hat § 160 AO auf „zweifache Weise" Bedeutung im Finanzgerichtsverfahren.[163]

---

156 Siehe unter 4.9.
157 BFH v. 27. 6. 2001 I R 46/00, BFH/NV 2002, 1, *Cöster* in Koenig, § 160 Rz. 52.
158 *Seer* in Tipke/Kruse, § 160 Rz. 33.
159 BFH v. 19. 1. 2017 III R 28/14, BStBl. II 2018, 743; BFH v. 16. 1. 2013 X R 9/13, BStBl. II 2016, 815.
160 *Bruschke*, AO-StB 2019, 86, 88.
161 BFH v. 9. 3. 2016 X R 9/13, BStBl. II 2016, 815; *Mihm*, AO-StB 2016, 251.
162 Vgl. § 102 FGO.
163 *v. Groll* in Gräber, § 96 Rz. 11.

4.13.2 Bundesfinanzhof

Der BFH ist als Revisionsgericht nur befugt, die finanzgerichtliche Vorentscheidung auf Ermessensfehler zu überprüfen.[164] Umso wichtiger ist es aus Sicht der Beratung, bereits im finanzgerichtlichen Verfahren die entscheidenden Sachverhalte ausführlich darzustellen. Die Frage, welche Sachverhaltsaufklärung dem Steuerpflichtigen zumutbar ist und welche Anforderungen an seine Aufklärungsbemühungen zu stellen sind, ist eine Tat- und keine Rechtsfrage. Ihre Beantwortung ist deshalb Aufgabe des FG.[165]

4.14 Strafrechtliche Aspekte

Die bloße Nichtbenennung eines Zahlungsempfängers ist **nicht strafbewehrt**,[166] § 160 AO hat keine straf- oder bußgeldrechtliche Funktion.[167] Der Steuerpflichtige nimmt bei Nichtbenennung lediglich hin, dass die Zahlung gemäß § 160 Abs. 1 AO nicht abzugsfähig ist. Allein aus diesem Verhalten auf das Vorliegen einer Bestechungstat zu schließen, ist nicht zulässig. Dies gilt auch, wenn die Firma die fraglichen Zahlungen von vornherein nicht als Betriebsausgaben abgezogen hat. In diesen Fällen besteht demnach auch keine Mitteilungspflicht gemäß § 4 Abs. 5 Nr. 10 EStG. Da das Verschweigen des Zahlungsempfängers grundsätzlich nur die Nichtabzugsfähigkeit der betroffenen Kosten zur Folge hat, erst recht sind Durchsuchungen oder ähnlich einschneidende Ermittlungsmaßnahmen allein wegen der Nichtbenennung unzulässig.[168]

Eine **Steuerhinterziehung** im Zusammenhang mit § 160 AO kann aber vorliegen, wenn der Steuerpflichtige aufgrund von finanzamtlichen Benennungsverlangen in der Vergangenheit weiß, dass das FA wegen § 160 AO bestimmte Aufwendungen nicht zum Abzug zugelassen hat, und er deshalb davon ausgehen muss, auch in den Folgejahren hinsichtlich gleichartiger Aufwendungen mit einem Benennungsverlangen konfrontiert zu werden. Wenn der Unternehmer in dieser Situation die Offenlegung der maßgeblichen Aufwendungen vermeidet, indem er die fraglichen Kosten in einer anderen Aufwandsposition „versteckt", ist die Absicht der Steuerverkürzung evident. Gleiches gilt unter diesen Umständen auch bei der Benennung eines fingierten Empfängers.[169]

Macht ein Steuerpflichtiger im Rahmen der strafrechtlichen Würdigung unversteuerter Einnahmen geltend, er habe diese teilweise verwendet, um damit

---

164 BFH v. 24.6.1997 VIII R 9/96, BStBl. II 1998, 51.
165 BFH v. 25.2.2004 I B 66/02, BFH/NV 2004, 919.
166 BGH v. 28.11.2002 5 StR 145/02, NStZ 2004, 575; BGH v. 22.11.1985 2 StR 64/85, wistra 1986, 109; OLG Karlsruhe v. 6.3.1985 3 Ws 80/84, wistra 1985, 163; *Gehm*, S. 235; *Bornheim/Kröber*, S. 462; *Schuster* in Hübschmann/Hepp/Spitaler, § 160 Rz. 6.
167 *Seer* in Tipke/Kruse, § 160 Rz. 3.
168 *v. Groll* in Gräber, § 96 Rz. 12, unter Hinweis auf die Rechtsprechung des BVerfG.
169 BGH v. 8.5.1979 1 StR 51/79, DB 1980, 56, grundsätzlich soll eine fingierte Rechnung noch nicht dazu führen, dass der Steuerpflichtige das Vorbereitungsstadium verlässt, BGH v. 22.11.1985 2 StR 64/85, wistra 1986, 109.

4 Benennung von Gläubigern und Zahlungsempfängern

Zahlungen an nicht benannte Dritte zu leisten, hängt die Annahme einer vollendeten Steuerhinterziehung vor allem davon ab, ob das FA bei richtigen Angaben die Zahlungen ohne Empfängerbenennung als abzugsfähige Betriebsausgaben anerkannt hätte oder nicht.[170]

Beispiel:
Bei einem Diskothekenbetreiber mit einem Jahresumsatz von 1 Mio. € werden Manipulationen der elektronischen Registrierkassen und dementsprechend nicht versteuerte Umsätze i. H. v. 50.000 € pro Jahr festgestellt. Im Strafverfahren wird vorgetragen, die Einnahmen seien zu mindestens 80 % als Arbeitslohn an Personal „weitergereicht" worden. Die Identität der entsprechenden „Aushilfskellner" könne aber nicht mehr ermittelt werden. Diese Schutzbehauptung ist im Strafverfahren wertlos. Ob die Zahlung an Aushilfen tatsächlich erfolgte, kann dahinstehen, da das FA wegen § 160 AO den Abzug ohnehin versagt hätte. Damit sind die gesamten 50.000 € strafrechtlich relevant.

Der bloßen Mitteilung der IZA, dass es sich bei der die fraglichen Zahlungen empfangenden Gesellschaft um eine **„Briefkastenfirma"** handelt,[171] soll für sich gesehen keine strafrechtliche Bedeutung zukommen.[172]

4.15 Haftung des Steuerberaters

Hat das FA den Abzug von Ausgaben nach § 160 AO versagt, stellt sich ggf. die Frage, ob der der Steuerberater für den dadurch eingetretenen Schaden haftet. Dabei gilt auch in diesem Bereich zunächst der Grundsatz, dass der Steuerberater seinen Mandanten umfassend beraten muss. Wenn er z. B. davon Kenntnis hat, dass hohe Barzahlungen an nicht näher überprüfte ausländische Unternehmer gezahlt werden, muss er grundsätzlich auf die Möglichkeit der Anwendung des § 160 AO hinweisen. Tut er das nicht und hält der Mandant deshalb an seiner Praxis fest, so haftet der Steuerberater grundsätzlich aus dem Mandatsverhältnis, wenn später ein steuerlicher Schaden dadurch entsteht, weil das FA den Abzug der Kosten wegen Nichtbenennung der Zahlungsempfänger nach § 160 AO versagt. Allerdings muss der Mandant nachweisen, dass tatsächlich Betriebsausgaben vorlagen, denn nur dann kommt § 160 AO zur Anwendung.[173] In der Praxis werden entsprechende Schadenersatzklagen oftmals an dieser Hürde scheitern.

---

170 BFH v. 17.2.1999 IV B 66/98, BFH/NV 1999, 1188.
171 Zu diesem Thema siehe unter 4.7.
172 OLG Hamm v. 18.8.1994 15 W 209/94, BB 1995, 137. Zur IZA-Mitteilung siehe bereits unter 4.8.
173 *Gehm*, StBp 2015, 283, 288.

5 Tatsächliche Verständigung

5.1 Allgemeines

Eine erhebliche **Verfahrensvereinfachung** im Bereich des § 162 AO stellt die nach der Rechtsprechung zulässige tV dar.[1] Ihre Bindungswirkung wird vom BFH aus dem allgemeinen Grundsatz von Treu und Glauben abgeleitet.[2] Die tV ist kein Ersatz für eine Schätzung, sondern sichert diese verfahrensrechtlich ab.[3]

Sprachlich ist der Begriff der „tatsächliche Verständigung" irreführend, weil nicht die Verständigung als „tatsächlich" im Sinne von „wirklich" oder „real" beschrieben werden soll, sondern mit dem Adjektiv „tatsächlich" vielmehr gemeint ist, dass es hier um eine Verständigung über Tatsachen, d. h. über Sachverhalte geht.[4] Eine Einigung über **Rechtsfragen** ist deshalb unbeachtlich und nicht bindend,[5] da eine solche Vereinbarung mit dem Grundsatz der Gesetzmäßigkeit der Besteuerung unvereinbar wäre.[6] Dennoch scheint sich in der Literatur die Auffassung durchzusetzen, dass mit einer tV zumindest im Ergebnis auch eine bindende Einigung über schwierige Rechtsfragen erzielt werden kann.[7] Unstreitig ist jedenfalls, dass eine tV möglich ist, wenn Sachverhalts- und Rechtsfragen dergestalt ineinandergreifen, dass bei der Einigung über einen bestimmten tatsächlichen Ablauf die rechtliche Folgerung vorgegeben ist.[8] Dass eine Rechtsnorm in der Verständigung aufgeführt wird, bedeutet nicht zwingend, dass hierdurch unzulässiger Weise eine Rechtsfrage geregelt wird.[9] Für die Wirksamkeit ist es jedenfalls unschädlich, wenn die tV mittelbar den Tatbestandsbereich einer Norm erfasst.[10]

---

1 BFH v. 28.6.2001 IV R 40/00, BStBl. II 2001, 714; BFH v. 12.8.1999 XI B 27/98, BFH/NV 2000, 537; BFH v. 31.7.1996 XI R 78/95, BStBl. II 1996, 625; BFH v. 11.12.1984 VIII R 131/76, BStBl. II 1985, 354. Eine gesetzliche Regelung fehlt, vgl. *Seer*, BB 2015, 214. Zu Einzelheiten siehe BMF v. 30.7.2008, BStBl. I 2008, 831, zu einem Muster siehe Anhang 16.
2 Kritisch hierzu *Seer* in Tipke/Kruse, vor § 118 AO Rz. 15.
3 A. A. *Rüsken* in Klein, § 162 Rz. 30: tV „anstelle" von Schätzung; ebenso *Meyer*, DStR 2005, 2114, 2119.
4 Die Terminologie wird als „schief" bezeichnet von *Seer*, BB 2015, 214.
5 Ständige Rechtsprechung, z. B. BFH v. 15.3.2000 VI B 44/99, BFH/NV 2000, 1073.
6 BFH v. 17.6.2003 X B 40/03, BFH/NV 2003, 1216; BFH v. 15.3.2000 IV B 44/99, BFH/NV 2000, 1073.
7 Z. B. *Greite*, NWB F 2, 8411 m.w.N.
8 FG Münster v. 22.11.2005 15 K 7321/01 E, juris, m.w.N.; BFH v. 8.10.2008 I R 63/07, BStBl. II 2009, 121; *Seer*, BB 2015, 214, 215.
9 BFH v. 8.10.2008 I R 63/07, BStBl. II 2009, 121.
10 Vgl. BFH v. 8.10.2008 I R 63/07, BStBl. II 2009, 121 zur Verwendung des Begriffs „Verdeckte Gewinnausschüttung" in der tV.

5 Tatsächliche Verständigung

Die Rechtsprechung hält u. a. in folgenden Fällen eine tV für **zulässig**:
- Aufteilung von Umsätzen auf unterschiedliche Steuersätze,[11]
- Ausgabe von Rechnungen mit falschem Steuerausweis,[12]
- Einkunftserzielungsabsicht,[13]
- Fachbücher als Werbungskosten,[14]
- Angemessenheit eines Geschäftsführergehalts,[15]
- Angemessenheit einer Miete,[16]
- Nutzungsdauer eines Wirtschaftsguts,[17]
- Sachbezüge,[18]
- Schätzungsverfahren,[19]
- die Höhe nichtabzugsfähiger Schmiergelder,[20]
- Teile einer GVR, z. B. Vorliegen einer Schenkung,[21]
- verdeckte Gewinnausschüttungen,[22]
- WES.[23]

Über **„Quantitäten"** können Vereinbarungen getroffen werden.[24] Für den Steuerpflichtigen ist die tV damit in den typischen Betriebsprüfungsfällen eine Möglichkeit der „Schadensbegrenzung". Insbesondere in Steuerfahndungsfällen wird deshalb häufig von dieser Möglichkeit Gebrauch gemacht. Die tV dient der Effektivität der Besteuerung und allgemein dem Rechtsfrieden. Problematisch ist es dabei aber u. a., wenn Einnahmen in anderen Zeiträumen berücksichtigt werden als in denen, in die sie materiellrechtlich gehören. Dann kann die Bindungswirkung der tV fraglich sein.[25] Das gilt vor allem dann, wenn auf Vorschlag des FA überhöhte Zuschläge quasi als Gegenleistung dafür in Kauf

---

11 FG Münster v. 25.11.2004 5 K 4049/01 U, juris.
12 BFH v. 8.9.1994 V R 70/91, BStBl. II 1995, 32.
13 BFH v. 20.9.2007 IV R 20/05, BFH/NV 2008, 532.
14 BFH v. 21.5.1992 IV R 70/91, BStBl. II 1992, 1015.
15 BFH v. 13.8.1997 I R 12/97, BFH/NV 1998, 498.
16 Niedersächsisches FG v. 17.1.1994 VI 529/92, juris.
17 BFH v. 5.10.1990 III R 19/88, BStBl. II 1991, 45.
18 FG Köln v. 24.8.2000 7 K 2853/94, EFG 2000, 1247.
19 BFH v. 12.8.1999 XI R 27/98, BFH/NV 2000, 537.
20 FG Düsseldorf v. 2.12.2008 6 K 2722/06 K, EFG 2010, 546, rkr.
21 Niedersächsisches FG v. 15.3.2007 10 K 560/00, juris.
22 FG Köln v. 21.12.2001 4 K 6549/97, EFG 2003, 1159, bestätigt durch BFH v. 22.9.2004 III R 9/03, DStRE 2005, 10; FG Münster v. 22.11.2005 15 K 7321/01 E, juris; BFH v. 8.10.2008 I R 63/07, BStBl. II 2009, 121.
23 BFH v. 12.8.1999 XI R 27/98, BFH/NV 2000, 537, zum Schrotthandel z. B. FG München v. 17.9.2002 6 K 3622/01.
24 Sie sind der Hauptanwendungsbereich der Schätzung, vgl. *Jakob*, Rz. 189. Zur Schätzung sog. „Grundsachverhalte" allgemein vgl. 1.3.
25 FG München v. 22.5.2009 15 V 182/09, juris.

5.1 Allgemeines

genommen wurden, dass auf eine zeitliche Ausdehnung der Ap verzichtet wurde.[26]

Eine tV kann **in jedem Stadium** des Steuerfestsetzungsverfahrens, im Rechtsbehelfs- und im Rechtsmittelverfahren abgeschlossen werden.[27] Es ist sinnvoll, sich spätestens in der Ap im Rahmen einer tV zu einigen, wenn der Vorschlag des FA inhaltlich zumindest akzeptabel ist.[28] Wenn das gelingt, werden so die Kosten für das Einspruchs- und Klageverfahren und die Risiken hinsichtlich des Verfahrensausgangs vermieden.

Eine tV setzt keine **Schriftform**[29] und damit auch keine Unterschrift voraus,[30] beides ist aber aus Beweisgründen allen Beteiligten anzuraten.[31] Denn oft entsteht Streit darüber, ob eine tV überhaupt abgeschlossen wurde bzw. welchen Inhalt sie hatte. Soweit man die Schriftform für erforderlich hält, muss die tV jedenfalls nicht analog § 126 BGB dokumentiert und von den Beteiligten unterschrieben sein, ihr Abschluss kann sich dann vielmehr auch aus einem zwischen FA und Steuerpflichtigem geführten Schriftwechsel oder aus einem an Amtsstelle aufgenommenen Protokoll ergeben.[32] Die Annahme einer wirksamen tV, die im Rahmen eines Telefonats mit dem Sachbearbeiter abgeschlossen sein soll, wird von der Rechtsprechung abgelehnt.[33]

Eine tV kann **nicht stillschweigend** geschlossen werden, sondern es bedarf einer ausdrücklichen Einverständniserklärung der beiden Parteien. Insbesondere ist keine entsprechende Zustimmung darin zu sehen, dass sich der Steuerpflichtige gegen das Rechenwerk des Betriebsprüfers zunächst nicht zur Wehr gesetzt hat.[34]

Eine tV liegt jedenfalls nicht vor, wenn auf Seiten des Steuerpflichtigen erkennbar **kein Rechtsbindungswille** dahingehend bestanden hat, z.B. Zuschätzungen zu akzeptieren und diese nicht in einem weiteren Verfahren überprüfen lassen zu können.[35] Auch eine Einspruchsentscheidung, die nicht auf den Abschluss einer tV abstellt, sondern lediglich auf Art und Höhe der Schätzung,

---

26 *Apitz* in StBp-Handbuch, Kza. 3310.
27 BFH v. 6.2.1991 I R 13/86, BStBl. II 1991, 673; zur tV in der mündlichen Verhandlung vgl. BFH v. 3.2.2011 V B 132/09, BFH/NV 2011, 760.
28 Ähnlich *Tormöhlen*, AO-StB 2016, 218, 220.
29 Z.B. FG Münster v. 28.9.2000 4 K 6019/97, juris; *Rüsken* in Klein, § 162 Rz. 32a, m.w.N.
30 BFH v. 31.7.1996 XI R 78/95, BStBl. II 1996, 625; BFH v. 6.2.1991 I R 13/86, BStBl. II 1991, 673; FG Baden-Württemberg v. 24.10.2003 14 K 175/01, EFG 2004, 862, also auch keine schriftliche Belehrung und keinen schriftlichen Hinweis auf ihre Bindungswirkung, vgl. BFH v. 5.10.2004 X B 31/04, juris.
31 *v. Wedelstädt*, DB 1991, 515, 517.
32 *Seer* in Tipke/Kruse, vor § 118 AO Rz. 27.
33 FG Rheinland-Pfalz v. 18.4.1994 5 K 2452/93, rkr., juris.
34 *Apitz* in StBp-Handbuch, Kza. 3310.
35 Sächsisches FG v. 7.1.2010 8 K 1624/05, juris.

5 Tatsächliche Verständigung

spricht gegen das Zustandekommen einer tV.[36] Die fehlende Schriftform wird häufig als Indiz für einen fehlenden Rechtsbindungswillen angesehen.[37]

Ein **Indiz** für das Vorliegen einer tV kann allerdings die Aussage im Außenprüfungsbericht sein, eine Einigung im Sinne der Berichtsabfassung sei erzielt worden.[38] Das Gleiche gilt für die Zahlung der Mehrsteuern.[39]

Über die Einigung im Rahmen einer tV kann das FG **Beweis** erheben, indem es die an den Verhandlungen über die Sachverhaltsfeststellung beteiligten Amtsträger und den Steuerberater als Zeugen vernimmt.[40]

Wird die erfolgte Zustimmung zu einer tV in einem **Erörterungstermin** bestritten, kann dem die Beweiskraft des entsprechenden Protokolls entgegenstehen. Das gilt umso mehr, wenn Anträge auf Protokollberichtigung erfolglos waren.[41]

Auch nach Abschluss einer tV können ggf. **Prozesszinsen** nach § 236 AO geltend gemacht werden. Darin liegt kein Verstoß gegen die Grundsätze von Treu und Glauben.[42]

5.2 Wirksamkeitsvoraussetzungen

5.2.1 Erschwerte Sachverhaltsermittlung

Eine tV ist nur dann zulässig, wenn es um **schwer zu ermittelnde** Sachverhalte geht. Das ist der Fall, wenn sich Tatsachen nur mit überdurchschnittlichem Arbeits- bzw. Zeitaufwand oder Zeitdauer ermitteln lassen. Hiervon ist in den typischen Ap-Fällen immer auszugehen, wenn die Buchführung nicht ordnungsgemäß ist und deshalb der Besteuerung nicht zu Grunde gelegt werden kann.[43] Die tV soll aber nicht dazu genutzt werden, den mit der Steuerfestsetzung oder mit einer Ap üblicher Weise anfallenden Aufwand der Beteiligten zu verringern, was in der Praxis aber oft der Fall sein dürfte.

Vorsteuern dürfen nicht geschätzt werden, wenn die materiellrechtlichen Voraussetzungen nach § 15 UStG nicht erfüllt sind. Entscheidend ist damit, ob feststeht, dass die Eingangsleistungen erbracht wurden und dass die tauglichen Eingangsrechnungen bis um 31.12. des maßgeblichen Jahres im Original vorliegen oder vorgelegen haben. Zumindest in kleineren Fällen kann dies mühelos durch die Anforderung von Kopien vom Lieferanten nachgewiesen werden.[44] Damit fehlt es an einer erschwerten Sachverhaltsermittlung als Voraussetzung der tV.

---

36 Sächsisches FG v. 7.1.2010 8 K 1624/05, juris.
37 *Rüsken* in Klein, § 162 Rz. 32a, m.w.N. Zu Rechtsfolgen und zu ähnlichen Indizien siehe unten.
38 *Pump*, StBp 2002, 76, a.A. wohl *Seer* in Tipke/Kruse, § 201 Rz. 13 und vor § 118 AO Rz. 27.
39 FG Baden-Württemberg v. 25.7.1996 6 K 174/93, EFG 1997, 45.
40 FG Münster v. 28.9.2000 5 K 6019/97, juris.
41 BFH v. 7.9.2006 IX B 199/05, BFH/NV 2007, 75.
42 FG Bremen v. 16.3.1993 2 92 103 K 2, EFG 1993, 632.
43 Siehe hierzu 3.4.
44 Weitere Einzelheiten zur Schätzung von Vorsteuern siehe unter 1.11.

5.2.2 Ordnungsgemäße Vertretung

5.2.2.1 Vertretung des FA

Das FA muss durch den für die **Veranlagung** zuständigen **Sachgebietsleiter** oder „Teamleiter" vertreten sein.[45] Das ist grundsätzlich nur der für die Veranlagungsstelle zuständige Sachgebietsleiter oder der Sachgebietsleiter der Rechtsbehelfsstelle.[46] Eine Ausnahme gilt für die sog. „veranlagende Ap", dort reicht die Teilnahme des Sachgebietsleiters der Ap.[47] Die Steuerfahndung sowie besondere Prüfungsämter erlassen i.d.R. selbst keine Bescheide, sondern übersenden ihre Berichte den Festsetzungsämtern zur Auswertung. Auch wenn die Auswertung in den meisten Fällen automatisch erfolgt, sind die FÄ nicht an den Inhalt der Berichte gebunden. Die genannten Prüfungsdienste müssen deshalb zur Wirksamkeit einer tV den zuständigen Sachgebietsleiter des Veranlagungsfinanzamts in das Verfahren einbinden.[48] Teilweise wird eine vorherige Absprache mit der Veranlagungsstelle und eine entsprechende Information des Steuerpflichtigen für ausreichend gehalten.[49] Anstelle des zuständigen Sachgebietsleiters kann sein geschäftsplanmäßiger Vertreter die tV abschließen, nicht aber ein anderer Beamter als „Vertreter".[50] Die Funktionsbezeichnung der anwesenden Beamten muss nicht aus dem Protokoll ersichtlich sein. Entscheidend ist allein, dass der Steuerpflichtige davon ausgehen musste und konnte, dass ein entscheidungsbefugter Beamter anwesend war.[51] Die FinVerw stellt hinsichtlich der Frage des „entscheidungsbefugten" Beamten auf das **„Zeichnungsrecht"** ab,[52] welches innerhalb des FA klar geregelt ist. Besteht im konkreten Fall ein Zeichnungsvorbehalt des Vorstehers, kann deshalb nur dieser die tV abschließen.[53] Das Abstellen auf das Zeichnungsrecht wird kritisiert, weil der Steuerpflichtige die behördeninternen Abgrenzungen im Hinblick auf die Entscheidungsbefugnis nicht kennt.[54]

War der zur Entscheidung befugte Sachgebietsleiter entgegen der BFH-Forderung beim Zustandekommen der tV nicht anwesend, soll nach Ansicht des BFH auch seine nachträgliche **Genehmigung** ihr nicht mehr zur Wirksamkeit verhelfen können.[55] Die FinVerw hält die „nachträgliche Zustimmung" gegenüber

---

45   BFH v. 31.7.1996 XI R 78/95, BStBl. II 1996, 625; BFH v. 5.10.1990 III R 19/80, BStBl. II 1991, 45.
46   Das Rechtsbehelfsverfahren wird auch als „verlängertes Veranlagungsverfahren" bezeichnet.
47   BFH v. 27.2.2007 X B 178/06, BFH/NV 2007, 1073; Niedersächsisches FG v. 19.9.2007 12 K 334/05, EF 2008, 180; Im Fall der Auftragsprüfung kann bei veranlagender Bp auch das beauftragte FA eine tatsächliche Verständigung abschließen.
48   BFH v. 27.2.2007 X B 178/06, BFH/NV 2007, 1073, m.w.N.; Seer in Tipke/Kruse, § 201 Rz.9. Zur Steuerfahndung BFH v. 27.6.2018 X R 17/17, juris.
49   FG des Saarlands v. 1.2.1991 1 K 113/90, juris.
50   BFH v. 28.7.1993 XI R 68/92, BFH/NV 1994, 290.
51   FG Münster v. 30.5.2005 11 K 2674/03 E, EFG 2006, 1306.
52   BMF v. 30.7.2008, BStBl. I 2008, 831, Tz.5.3.
53   BFH v. 31.3.2004 I R 71/03, BStBl. II 2004, 742.
54   Vgl. Seer in Tipke/Kruse, vor § 118 AO Rz.25: „Intransparentes Verwaltungsinternum".
55   Vgl. BFH v. 27.6.2018 X R 17/17, juris. BFH v. 28.7.1993 XI R 68/92, BFH/NV 1994, 290.

5 Tatsächliche Verständigung

allen Beteiligten aber für ausreichend,[56] allerdings nicht, wenn ein unzuständiger Beamter am Abschluss der tV beteiligt war.[57] Die Genehmigung gilt aber „ex nunc", so dass der Steuerpflichtige bis zur Nachholung der Zustimmung sein Einverständnis widerrufen kann.[58] Das FA soll in der schriftlichen tV einen Hinweis dergestalt geben, dass die tV bis zur nachträglichen Zustimmung durch den für die Steuerfestsetzung zuständigen Amtsträger schwebend unwirksam ist.[59] Durch die vom BFH erzwungene Einbindung des Sachgebietsleiters der Veranlagungsstelle kann die tV als Belastung für alle Beteiligten empfunden werden.[60] Als Ausweg bietet sich m. E. das häufig praktizierte „Umlaufverfahren" an. Dabei wird die tV vom zuständigen Sachgebietsleiter im unmittelbaren Anschluss an die Besprechung und Einigung ggf. an einem anderen Ort wie z. B. im FA unterschrieben und direkt danach dem Steuerpflichtigen übergeben. Ein solches Verfahren steht m. E. der Wirksamkeit der tV nicht entgegen und ist unter dem Gesichtspunkt fortschreitender Technik auch zeitgemäß.[61] Der BFH hält die Genehmigung entgegen der bisherigen Rechtsprechung[62] für denkbar, wenn andere verfahrensrechtliche Sicherungen erfolgen, durch die die erforderliche Warnfunktion gewährleistet wird.[63] Ist die Einigung ein sich lange hinziehender Prozess, in den der maßgebliche Sachgebietsleiter eingebunden ist, indem er z. B. einen schriftlichen Formulierungsvorschlag unterschreibt, den der Steuerpflichtige anschließend annimmt, ist m. E. von einer ordnungsgemäßen Vertretung i. S. d. Rechtsprechung auszugehen.[64]

Der bloße Erlass von **Änderungsbescheiden** nach einer Ap stellt keine Genehmigung einer im Rahmen der Prüfung getroffenen tV dar.[65]

5.2.2.2 Vertretung des Steuerpflichtigen
Ist der Steuerpflichtige vertreten und selbst nicht anwesend, muss eine entsprechende Vollmacht vorliegen. Eine uneingeschränkte **Vollmacht** nach § 80

---

56 BMF v. 30.7.2008, BStBl. I 2008, 831, Tz. 5.3.; ebenfalls für die Möglichkeit der nachträglichen Genehmigung z. B. FG Hamburg v. 4.12.1991 II 125/89, EFG 1992, 379; *Greite*, NWB F 2, 8407; *Buciek*, DStZ 1999, 389, 397; *Fittkau* in Pump/Leibner, § 364a Rz. 55; *Wüllenkemper*, EFG 2013, 187, unter Hinweis auf die Belastungssituation der Sachgebietsleiter in den FÄ, offen gelassen in BFH v. 13.2.2008 I R 63/06, BStBl. II 2009, 414; BFH v. 25.11.1997 IX R 47/94, BFH/NV 1998, 580.
57 BMF v. 30.7.2008, BStBl. I 2008, 831, Tz. 5.3.
58 BMF v. 30.7.2008, BStBl. I 2008, 831, Tz. 5.5, S. 7, *Baum*, NWB F 2 S. 9959.
59 BMF v. 30.7.2008, BStBl. I 2008, 831, Tz. 5.5, S. 6.
60 Zu den mitunter für die Praxis verheerenden Auswirkungen der entgegenstehenden BFH-Forderung nach Anwesenheit des Sachgebietsleiters und zu Ausweichüberlegungen vgl. *Fittkau*, DStZ 2003, 231.
61 Ähnliche Verfahren sind in anderen Rechtsbereichen durchaus üblich, vgl. z. B. § 48 Abs. 2 GmbHG.
62 Z. B. BFH v. 7.7.2004 X R 24/03, BStBl. II 2004, 975, 977.
63 BFH v. 27.6.2018 X R 17/17, juris, Rz. 24, unter Hinweis auf die von der FinVerw vorgesehene Schriftlichkeit der tV, der Unterschrift durch die Beteiligten sowie den Hinweis auf die Bindungswirkung, vgl. BMF v. 30.7.2008, BStBl. I 2008, 831, Tz. 5.5.
64 Zutreffend FG Münster v. 22.11.2005 15 K 7321/01 E, juris.
65 BFH v. 11.6.2014 IX B 6/14, BFH/NV 2014, 1496.

5.2 Wirksamkeitsvoraussetzungen

Abs. 1 S. 2 AO umfasst die Befugnis zum Abschluss einer tV. Eine Beschränkung anderslautende Beschränkung muss sich aus der Vollmachtsurkunde selbst ergeben. Im Zweifel hat der Steuerpflichtige nachzuweisen, dass er die Befugnis des Beraters gegenüber dem FA entsprechend eingeschränkt hatte.[66] Ohne schriftliche Vollmacht kann sich die Bevollmächtigung aus Indizien wie dem tatsächlichen Tätigwerden und der Bezahlung der Rechnung bzw. allgemein aus der Anwendung der zivilrechtlichen Grundsätze der Anscheins- und Duldungsvollmacht ergeben.[67] Nicht selten wird später behauptet, der Berater habe ohne Vollmacht gehandelt. Das Problem lässt sich vermeiden, wenn das FA auf einer schriftlichen Vollmacht besteht und diese zu den Akten nimmt. Ist das nicht geschehen, so muss der Nachweis von Auftrag und Vollmacht vom bisherigen Berater angefordert oder letzterer ggf. als Zeuge befragt werden. Hat der Berater die tV tatsächlich ohne entsprechende Vollmacht abgeschlossen, kann das berufsrechtliche Folgen gemäß §§ 33, 57 und 89 ff. StBerG haben.

Bei wirksamer Bevollmächtigung eines Steuerberaters oder Rechtsanwalts bedarf es keiner **persönlichen Teilnahme** des Steuerpflichtigen an der tV. Ein Steuerberater, den eine GmbH durch eine wirksame Vollmacht zur Vertretung vor dem FG berechtigt hat, kann daher in einer ohne den Geschäftsführer der GmbH durchgeführten Schlussbesprechung Erklärungen abgeben, die die GmbH binden.[68]

Bei **eigener Anwesenheit** muss sich der Steuerpflichtige die im Zusammenhang mit der tV abgegebene Willenserklärung seines Steuerberaters auch dann zurechnen lassen, wenn er die Rechtsfolgen z. B. von Zuschätzungen erst später mit seinem Steuerberater bespricht.[69]

5.2.3 Kein offensichtlich unzutreffendes Ergebnis

Die Bindungswirkung der tV setzt voraus, dass diese nicht zu einem offensichtlich unzutreffenden Ergebnis führt,[70] was immer dann der Fall ist, wenn sie gegen die Regeln der Logik oder gegen allgemeine Erfahrungssätze verstößt.[71] Das ist im Rahmen einer Gesamtwürdigung aller Umstände zu beurteilen.[72] Die Rechtsprechung verneint solche offensichtlich unzutreffenden Ergebnisse teilweise bereits dann, wenn der Steuerpflichtige und sein Berater an der tV teilgenommen haben.[73] Denn wer den Steuerpflichtigen schon bisher steuerlich betreut hat und damit die Verhältnisse im Betrieb seines Mandanten kennt, wirkt

---

66 Vgl. § 80 AO.
67 Niedersächsisches FG v. 19.9.2007 12 K 334/05, EFG 2008, 180.
68 Niedersächsisches FG v. 17.1.1994 VI 529/92 V, juris.
69 FG Rheinland-Pfalz v. 10.12.1999 3 K 2696/96, rkr., juris.
70 *Greite*, NWB F 2, 1421; *Rüsken* in Klein, § 162 Rz. 31c; BFH v. 3.8.2005 I B 20/05, BFH/NV 2005, 1972; BFH v. 25.11.2009 V B 31/09, BFH/NV 2010, 959.
71 *Seer*, BB 2015, 214, 216, unter Hinweis auf BMF v. 30.7.2008, BStBl. I 2008, 831, Tz. 8.1.
72 BFH v. 26.10.2005 X B 41/05, BFH/NV 2006, 243.
73 FG Münster v. 23.8.2007 5 K 781/04 U, juris; FG Münster v. 30.5.2006 11 K 2674/03 E, juris; FG Münster v. 22.11.2005 15 K 7321/01 E, juris; FG Münster v. 28.9.2000, 5 K 6019/97 E, juris.

5 Tatsächliche Verständigung

nach dieser Vorstellung nicht auf den Abschluss einer inhaltlich abwegigen tV hin.

Nicht offensichtlich unzutreffend ist das Ergebnis der tV auch dann, wenn der Steuerpflichtige erst in langwieriger Kleinarbeit die Unrichtigkeit der Hinzuschätzungen nachweist und die Hinzuschätzungen zu Gewinnen geführt haben, die nur einige Prozentpunkte über dem oberen Grenzbereich der amtlichen Richtsatzsammlung liegen.[74] Unwirksam soll eine tV hingegen sein, wenn bei der Umsatzsteuer lediglich der ertragsteuerliche Gewinn als Umsatz hinzugeschätzt wird.[75]

Enthalten die Grundannahmen oder das Rechenwerk einer tV **logische Fehler**, die dazu führen, dass das Ergebnis offensichtlich unzutreffend ist, so entfällt die Bindungswirkung insgesamt. Die tV kann dann insbesondere nicht in eine weiterhin bindende Vereinbarung „umgedeutet" werden, die den Inhalt hätte, der sich bei isolierter Korrektur der Fehler ergibt.[76]

Ergeben sich im Rahmen einer Ap für **Folgejahre** der Größenordnung nach andere Hinzuschätzungen als in den Zeiträumen, für die eine tV abgeschlossen wurde, so bedeutet das nicht, dass die Vereinbarung ein offensichtlich unzutreffendes Ergebnis beinhaltet hat. Denn die Hinzuschätzungen aufgrund der Folgebetriebsprüfung müssen nicht zutreffend sein. Vielmehr ist denkgesetzlich nicht ausgeschlossen, dass diese Besteuerungsgrundlagen im Verhältnis zu denjenigen der tV zu günstig ausgefallen sind. Mit den Ergebnissen der Folgeprüfung wird jedenfalls weder belegt, dass die Besteuerungsgrundlagen lt. tatsächlicher Verständigung offensichtlich zu hoch waren.

Das Überschreiten der amtlichen **Richtsätze** bedeutet nicht automatisch, dass das Ergebnis der tV offensichtlich unzutreffend ist.[77]

5.2.4 Kein unzulässiger Druck

Eine tV kann unwirksam sein, wenn sie unter unzulässigem **Druck** auf den Steuerpflichtigen oder durch unzulässige **Beeinflussung** zu Stande gekommen ist. Das ist insbesondere anzunehmen, wenn für den Fall des Nichtabschlusses einer Vereinbarung mit Konsequenzen für ein anhängiges Strafverfahren gedroht wird.[78] Andererseits kann eine Willenserklärung des Steuerpflichtigen, die zu einer tV geführt hat, nicht deshalb angefochten werden, weil die Erklärung nur aus Sorge vor weiteren „lästigen Ermittlungen" oder unter dem Druck eines laufenden Steuerstrafverfahrens abgegeben worden ist.[79] Keine unzulässige Druckausübung liegt in dem Hinweis, die Ap bei Nichtabschluss der tV

---

74 FG Baden-Württemberg v. 9.6.1999 2 K 292/97, EFG 1999, 932.
75 Niedersächsisches FG v. 12.2.2009 16 K 1/08, rkr.
76 BFH v. 21.9.2015 X B 58/15, BFH/NV 2016, 48.
77 FG Nürnberg v. 13.1.2017 4 K 1172, EFG 2017, 357, rkr.
78 FG Köln v. 12.1.1994 6 K 1909/87, juris.
79 Vgl. FG Berlin v. 13.1.1987 VII 474/84, EFG 1987, 439.

über einen erheblichen Zeitraum fortführen zu müssen.[80] Ebenso wenig steht es der Wirksamkeit der Einigung entgegen, wenn die Steuerfahndung damit gedroht hat, im Fall des Nichtabschlusses der tV bisher noch nicht verfolgte Ermittlungsansätze doch zu verfolgen.[81]

Unstreitig ist eine tV während eines laufenden **Strafverfahrens** möglich. Grundsätzlich ist es auch nicht zu beanstanden, wenn Steuer- und Strafverfahren faktisch voneinander abhängig gemacht werden,[82] es besteht insofern also kein Kopplungsverbot.[83] Unzulässiger Druck und damit eine unwirksame tV liegt vor, wenn dem Steuerpflichtigen für den Fall des Nichtabschlusses der Vereinbarung mit unzulässigen negativen Konsequenzen für das anhängige Strafverfahren gedroht wird.[84] Für eine entsprechende Behauptung trägt aber der Steuerpflichtige die Beweislast.[85] Wird in der Vereinbarung ausgeführt, dass die strafrechtliche Würdigung der Strafsachenstelle vorbehalten bleibt, kann keine Nötigung zum Abschluss der tV wegen der Androhung von straf- und bußgeldrechtlichen Konsequenzen vorliegen.[86]

Soll eine tV mit der Begründung unzulässigen Drucks angefochten werden, ist dieser Einwand spätestens im Verfahren vor dem FG geltend zu machen, wobei pauschales Vorbringen keine Aussicht auf Erfolg hat.[87] Der BFH ist an die insofern von der ersten Instanz getroffenen Feststellungen gebunden.[88]

5.3 Wirkung der tV

Die tV **bindet** die Beteiligten für das gesamte Festsetzungsverfahren, ggf. auch zuungunsten des Steuerpflichtigen, was einen wesentlichen Unterschied zur verbindlichen Zusage darstellt.[89] Das FA hat den vereinbarten Sachverhalt der entsprechenden Steuerfestsetzung oder Feststellung zu Grunde zu legen. Die Bindungswirkung tritt sofort, d. h. mit Abschluss der Vereinbarung ein.[90] Rechtsmittel gegen solche Bescheide, die auf einer tV beruhen, sind deshalb nur dann Erfolg versprechend, wenn die Zulässigkeit oder die Wirksamkeit der tV mit guten Gründen bestritten werden kann. Sie sind allerdings nicht von vornherein unzulässig.[91] Über den Gegenstand der tV selbst wird sich weder die

---

80 Hessisches FG v. 3.7.2006 1 V 325/06, juris.
81 FG Köln v. 20.10.2011 15 K 3692/08, EFG 2012, 574.
82 FG Köln v. 24.10.2001 6 K 2899/97, PStR 2002, 219, rkr.
83 BFH v. 28.10.1998 X R 93/95, BFH/NV 1999, 937, a. A. *Seer* in Tipke/Kruse, § 85 Rz. 65; bei konkreten Verdachtsmomenten ist zwingend ein Strafverfahren einzuleiten, vgl. z. B. FG München v. 22.5.2009, 15 V 182/09, juris.
84 BFH v. 28.10.1998 X R 93/95, BFH/NV 1999, 937.
85 FG Münster v. 29.1.1996 8 V 5581/95 E, U, EFG 1996, 464.
86 Hessisches FG v. 3.7.2006 1 V 325/06, juris.
87 Niedersächsisches FG v. 20.11.2012 15 K 268/10, BB 2013, 2454.
88 § 118 Abs. 2 FGO; BFH v. 8.4.2010 V B 20/08, BFH/NV 2010, 1616.
89 Vgl. § 206 Abs. 2 AO.
90 BFH v. 31.7.1996 XI R 78/95, BStBl. II 1996, 625; zu den Auswirkungen einer tV vgl. *Pump*, StBp 2002, 78.
91 BFH v. 6.2.1991 I R 13/86, BStBl. II 1991, 673.

5 Tatsächliche Verständigung

Rechtsbehelfsstelle des FA noch das FG mit dem Steuerpflichtigen auseinandersetzen. Denn an einer zulässigen und wirksamen tV müssen sich die Beteiligten festhalten lassen.

Der genaue Umfang der Bindungswirkung ergibt sich vor allem aus dem in der tV bezeichneten Sachverhalt. Wird dort z. B. als unklarer Sachverhalt die nichtordnungsgemäße Buch- und Kassenführung bezeichnet, sind damit sämtliche nicht erfasste Umsätze erfasst, so dass es dem FA z. B. verwehrt ist, zusätzliche Einnahmen aufgrund von ungeklärten Einzahlungen in den Änderungsbescheiden anzusetzen.[92]

Will der **Steuerberater** sich von einer tV lossagen und behauptet er die Unwirksamkeit derselben, muss es sich der Gefahr bewusst sein, dass das FA in Zukunft mit ihm keine Vereinbarungen dieser Art treffen wird. Für den Berater ist es deshalb gefährlich, wenn „sein Wort nicht mehr gilt".[93]

Für den **Betriebsprüfer** bietet der Abschluss einer tV den Vorteil, dass die Ausführungen im Bp-Bericht weniger ausführlich sein müssen. Ohne tV besteht immer die Gefahr, dass das FG z. B. die Feststellungen zur angenommenen Nichtordnungsmäßigkeit der Buchführung als nicht ausreichend detailliert und belegt ansieht.[94] Wurde hingegen eine tV dahingehend abgeschlossen, dass erforderliche Belege fehlen etc., ist das FG von einer weiteren Überprüfung der Ordnungsmäßigkeit der Buchführung faktisch ausgeschlossen.

Problematisch sind sog. **Paketlösungen**, d. h. die Zusammenfassung mehrerer streitiger Sachverhalte. Das ist möglich,[95] birgt aber die Gefahr, dass die Unwirksamkeit eines einzelnen Bestandteils nach den Grundsätzen des Wegfalls der Geschäftsgrundlage zur Unwirksamkeit der gesamten tV insgesamt führt.[96] Dazu kann es insbesondere dann kommen, wenn Veranlagungszeiträume einbezogen werden, die formal nicht Streitgegenstand sind und deren verfahrensrechtlicher Stand den Parteien im Zeitpunkt des Abschlusses der tV nicht präsent ist.[97] Die FÄ sind jedenfalls angewiesen, nach Möglichkeit eine tV nur über einzelne Sachverhalte abzuschließen.[98] Gleichwohl ist es z. B. möglich, eine solche tV dergestalt abzuschließen, dass in einigen Jahren des Prüfungszeitraums Änderungen erfolgen, für andere Jahre hingegen eine Berichtigung – z. B. wegen Geringfügigkeit – unterbleibt. Eine solche Vereinbarung kann nicht dadurch unterlaufen werden, dass später für die Jahre mit unveränderter Festsetzung Änderungsanträge nach § 172 Abs. 1 Nr. 2 lit. a AO gestellt werden.[99]

---

92 FG Münster v. 16.5.2019 5 K 1303/18 U, EFG 2019, 1341.
93 Vgl. *Streck*, Die Außenprüfung, FN 11, Rz. 500.
94 Vgl. z. B. Sächsisches FG v. 4.4.2008 5 V 1035/07, juris.
95 BFH v. 20.9.2007 IV R 20/05, BFH/NV 2008, 532.
96 FG München v. 22.5.2009 15 V 182/09, EFG 2009, 1807.
97 BFH v. 11.4.2017 IX R 24/15, BStBl. II 2017, 1155.
98 BMF v. 30.7.2008, BStBl. I 2008, 831.
99 BFH v. 6.2.2015 IX B 97/14, BFH/NV 2015, 821.

5.3 Wirkung der tV

Die tV bindet auch im **Rechtsbehelfsverfahren**.[100] Sie ist ebenso vom FG zu beachten. Das Gericht kann bei Vorliegen einer tV deshalb lediglich ihre Zulässigkeit überprüfen: War die Vereinbarung zulässig, hat das FG sie der Entscheidung zu Grunde zu legen.[101] Das FG darf in solchen Fällen keine eigenen Ermittlungen anstellen. Die Klage gegen einen Bescheid, der das Ergebnis einer tV exakt widerspiegelt, wird ggf. als unzulässig angesehen werden.[102]

Die tV entfaltet **keine Bindungswirkung**, wenn sich herausstellt, dass der Steuerpflichtige in seinem Kenntnisbereich befindliche, für die Entscheidung erhebliche Tatsachen zurückgehalten hat und das FA bei entsprechender Kenntnis nicht zum Abschluss der tV bereit gewesen wäre.[103] Bei Manipulationen z. B. des Kassenbuchs kann das FA eine Zweitprüfung auch dann anordnen, wenn für die betroffenen Jahre eine tV abgeschlossen worden ist.[104] Ebenso entfaltet die tV keine Bindungswirkung bei **bewusst falschen Angaben** des Steuerpflichtigen im Vorfeld oder unmittelbar bei ihrem Abschluss. Neben der Unwirksamkeit der tV liegt dann i. d. R. eine Steuerhinterziehung vor.[105] Es handelt sich insofern um eine gesonderte Tat mit eigenem Unrechtsgehalt.[106]

Ein Verzicht auf **Aussetzungszinsen** aus sachlichen Billigkeitsgründen wird auch dann als nicht gerechtfertigt angesehen, wenn aufgrund einer tV ein Rechtsbehelfsverfahren für mehrere Veranlagungszeiträume beendet wird und sich teilweise Erstattungen und teilweise Nachzahlungen ergeben. Ein Verzicht soll allenfalls ermessensgerecht sein, wenn sich die Situation einer sog. Verrechnungsstundung ergibt.[107]

Von einer tV sind unmittelbar nur bereits realisierte Besteuerungsgrundlagen betroffen. Das Prinzip der Abschnittsbesteuerung führt dazu, dass für **nachfolgende Zeiträume** grundsätzlich keine Bindungswirkung von der tV ausgeht.[108] In bestimmten Fällen, z. B. bei der Festlegung der Nutzungsdauer eines Wirtschaftsguts oder bei der Abgrenzung von Herstellungskosten und Erhaltungsaufwand, liegt es aber in der Natur der Sache, dass die tV automatisch in die nachfolgenden Veranlagungszeiträume „hineinwirkt".[109] Für die Zukunft besteht ansonsten die Möglichkeit der verbindlichen Auskunft gemäß § 89 AO bzw. der verbindlichen Zusage gemäß § 204 AO. Eine tV kann ausnahmsweise dann für nachfolgende Zeiträume binden, wenn sie von allen Beteiligten i. d. S.

---

100 v. Wedelstädt, DB 1991, 1712.
101 v. Wedelstädt, DB 1991, 515, 517.
102 FG Hamburg v. 22.8.2005 III 12/05, juris.
103 Seer in Tipke/Kruse, § 162 Rz. 117, § 85 Rz. 66, m. w. N.
104 FG Münster v. 20.4.2012 14 K 4221/11 AO, EFG 2012, 1516.
105 BFH v. 8.10.2008 I R 63/07, BStBl. II 2009, 121; BFH v. 20.9.2007 IV R 20/05, BFH/NV 2008, 532; BFH v. 11.12.1984, VIII R 131/76, BStBl. II 1985, 354.
106 BGH v. 26.10.1998 5 StR 746/97, wistra 1999, 103.
107 FG Düsseldorf v. 4.12.1998 18 K 5362/97 AO, juris.
108 FG des Saarlands v. 26.6.2008 1 K 1208/03, EFG 2008, 1742.
109 BFH v. 13.8.1997 I R 12/97, BFH/NV 1998, 498, zur Fortgeltung der Einigung über Wertansätze auch FG Nürnberg v. 12.6.2008 IV 229/2005, rkr. durch BFH v. 16.10.2009 III B 170/08, BFH/NV 2010, 237.

verstanden worden ist oder verstanden werden musste.[110] Jede tV bezieht sich auf schwer ermittelbare historische Sachverhalte. Eine rechtlich zwingende Übertragung der Einigung auf zukünftige Zeiträume ist auch bei **Dauersachverhalten** nicht geboten.[111] Aus pragmatischen Gründen kann eine entsprechende neue Schätzung in Anlehnung an die tV aber durchaus sinnvoll sein, wenn keine veränderten Umstände vorliegen und die tV auch weiterhin als sachgerecht angesehen wird.

Vielfach entsteht Streit darüber, wie die tV **umzusetzen** ist. Das kann z. B. an missverständlichen Formulierungen liegen oder aber an einem unterschiedlichen Verständnis bestimmter Begriffe.[112] Rechtsfolge eines – vermeintlich oder tatsächlich – absprachewidrigen Verhaltens des FA oder des Steuerpflichtigen ist nicht etwa ein wie auch immer geartetes Kündigungsrecht. Der jeweils andere kann vielmehr am Inhalt der Verständigung festgehalten werden, d. h. er unterliegt der Verpflichtung, sein Verhalten an der tV auszurichten. Diese Verpflichtung ist ggf. durch das FG auszusprechen.[113]

Eine tV im Steuerverfahren kann Auswirkung auf das **Sozialrecht** haben. Hat z. B. ein Arbeitgeber im Rahmen einer mit der Finanzbehörde erzielten tV Schwarzlohnzahlungen in konkret benannter Höhe ausdrücklich eingeräumt, soll ein nachfolgendes unsubstantiiertes Bestreiten der Richtigkeit der eigenen Angaben der Berücksichtigung der Einigung als Grundlage für eine Nacherhebung von Sozialversicherungsbeiträgen nicht entgegenstehen.[114]

Die steuerliche tV ist kein **Geständnis** i. S. d. StPO.[115] Sie ist ein Kompromiss und muss schon deshalb nicht der Wahrheit entsprechen.[116] Damit hat die tV keine strafrechtliche Relevanz,[117] die in ihr zum Ausdruck kommenden Unsicherheiten, die auch in den Standardtexten der FinVerw regelmäßig formuliert werden, sprechen wegen des In-dubio-pro-reo-Grundsatzes eher gegen eine Verurteilung, zumindest kann das Ergebnis der tV in aller Regel nicht ohne Abschläge in das Strafverfahren übernommen werden.[118]

---

110 BFH v. 13. 2. 2008 I R 63/06, BStBl. II 2009, 414; *Rüsken* in Klein, § 162 Rz. 31b.
111 Eine Einigung über die Nutzungsdauer eines Wirtschaftsguts soll aber hinsichtlich der AfA für die Folgejahre bindend sein, FG Baden-Württemberg v. 26. 3. 1992 3 K 132/86, EFG 1992, 706 und FG Hamburg v. 4. 12. 1991 II 125/89, EFG 1992, 379.
112 Insbesondere die Begriffe „Umsätze" und „Einnahmen" sind präzise zu verwenden. Vor allem ist deutlich zu machen, ob es sich um Brutto- oder Nettobeträge handelt.
113 FG München v. 2. 7. 2008 1 K 2598/07, juris.
114 LSG Niedersachsen-Bremen v. 1. 3. 2017 L 2 R 476/16, PStR 2017, 133.
115 *Schmidt*, DStR 1998, 1737; *Seer*, BB 2015, 214, 219; *Randt* in Joecks/Jäger/Randt, § 404 Rz. 153.
116 „So könnte es gewesen sein."
117 *Streck/Schwedhelm*, DStR 1996, 713.
118 *Gehm*, S. 367.

5.4 Änderung und Aufhebung

Die tV kann ihrem Wesen nach **grundsätzlich weder aufgehoben noch geändert** werden.[119] Denn dieses Rechtsinstitut ist vom BFH in seiner Grundsatzentscheidung nur deshalb als zulässig erachtet worden, weil mit ihr eine Vereinfachung und Beschleunigung des Verfahrens zu erreichen sei. Diese Verfahrensvereinfachung wird aber nur erreicht, wenn bei wirksamer tatsächlicher Verständigung eine weitergehende Prüfung des Sachverhalts unterbleiben kann. Dennoch ist eine einvernehmliche Aufhebung einer tV wohl allgemein anerkannt. Die einseitige Behauptung einer solchen einvernehmlichen Aufhebung ist jedoch grundsätzlich nicht glaubhaft. Im Zweifelsfall spricht schon die Lebenserfahrung gegen das Vorliegen einer solchen übereinstimmenden Lösung von der tV. Denn es stellt sich die Frage, warum man sich z.B. nach einer mehrstündigen Schlussbesprechung mühsam einigen sollte, um das Ergebnis danach wieder aufzuheben. Deshalb muss auch bei vorhandener Übereinstimmung der Beteiligten im Hinblick auf die Aufhebung der tV ein erheblicher Grund i.S.v. §§ 119, 123 BGB vorliegen, der zeitnah geltend zu machen ist.[120] Die Beanstandung einer tV muss m.E. darüber hinaus unverzüglich gemäß § 121 BGB – also ohne schuldhaftes Zögern – erfolgen. Die üblichen Einwendungen erst im Einspruchs- oder Klageverfahren erfüllen diese Voraussetzungen nicht.

Irren sich Steuerpflichtiger **und** FA darüber, dass die tV wie vereinbart in einem Steuerbescheid umgesetzt werden kann, soll dieses Risiko nach Ansicht des BFH nicht allein der Steuerpflichtige tragen. In solchen Fällen wird deshalb der **Wegfall der Geschäftsgrundlage** angenommen mit der Folge, dass die Bindungswirkung entfällt.[121] Deshalb wird dazu geraten, die Entstehung der tV nachvollziehbar im Protokoll zu dokumentieren zu lassen, um dem Vorwurf entgegentreten zu können, eine ggf. bestehende mangelnde Umsetzbarkeit stelle einen einseitigen Motivirrtum i.S.v. § 119 BGB dar, der nicht zu einem Wegfall der Geschäftsgrundlage führen könne.[122]

Die Aufhebung oder Änderung der Einigung kann nur zu einer Änderung eines bereits auf der Grundlage der tV ergangenen Bescheids führen, wenn letzterer nach den Vorschriften der AO noch **geändert** werden kann, weil er z.B. unter Vorbehalt der Nachprüfung ergangen ist. Die Aufhebung oder Änderung einer tV eröffnet allein keine Berichtigungsmöglichkeit. Die nachträglich festgestellte Unwirksamkeit der tV ist weder eine neue Tatsache[123] noch ein rückwirkendes

---

119 A.A. BMF v. 30.7.2008, BStBl.I 2008, 831, Tz.7.1. Siehe zu diesem Thema auch *Eich*, AO-StB 2001, 236.
120 Nach h.M. handelt es sich bei der tV um einen öffentlich-rechtlichen Vertrag, so dass die zivilrechtlichen Regeln über die Anfechtung analog anwendbar sind, vgl. *Eich*, AO-StB 2001, 236; BFH v. 1.9.2009 VIII R 78/06, BFH/NV 2010, 593.
121 BFH v. 11.4.2017 IX R 24/15, BStBl.II 2017, 1155. Ausführlich hierzu *Riegel/Amler*, BB 2018, 605.
122 *Oellerich*, AO-StB 2017, 297.
123 Vgl. § 173 AO.

5 Tatsächliche Verständigung

Ereignis.[124] In der vom Steuerpflichtigen im Zusammenhang mit einer tV abgegeben Erklärung, dass nach den durchgeführten Änderungen alle Einsprüche gegen die Steuerbescheide erledigt sein sollen, liegt eine Zustimmung i.S.v. § 172 Abs. 1 Nr. 2 lit. a AO. Die tV kann dann unabhängig von den Voraussetzungen des § 173 Abs. 1 Nr. 1 AO umgesetzt werden.[125] Eine Zustimmung zu einer Änderung zuungunsten des Steuerpflichtigen kann auch darin liegen, dass der steuerliche Berater sich in der Schlussbesprechung mit einer bestimmten, vom Außenprüfer vorgeschlagenen Behandlung eines Sachverhalts einverstanden erklärt, auch wenn die Erklärung lediglich in Anwesenheit von Angehörigen der Betriebsprüfungsstelle abgegeben wird.[126] Zur Wirksamkeit einer solchen Zustimmung ist – anders als bei der tV – die Anwesenheit des für die Veranlagung zuständigen Sachgebietsleiters ebensowenig erforderlich wie die Befugnis der Betriebsprüfungsstelle, selbst Bescheide erlassen zu können. Die verfahrensrechtliche Änderungsmöglichkeit ist im Übrigen für jeden Zeitraum und für jede Steuerart gesondert zu prüfen. So kann es z. B. zu einer Minderung der Einnahmen bei der Einkommensteuer, aber – mangels Berichtigungsvorschrift – nicht gleichzeitig zu einer Minderung der Umsätze bei der Umsatzsteuer.[127]

Eine tV ist aus Beratersicht jedenfalls nicht „aus der Hand zu geben", wenn ein möglicherweise günstigeres Ergebnis im weiteren Verlauf des Verfahrens nicht in einen entsprechenden Bescheid umgesetzt werden kann, aber andererseits ein ggf. schlechteres Ergebnis droht, für dessen Umsetzung eine Berichtigungsvorschrift vorhanden ist.

Beispiel:
Während der Steuerfahndungsprüfung eines Gastronomiebetriebs mit offensichtlich grob fehlerhafter Kassenführung und unstreitiger Hinterziehung kommt es zur Diskussion über die Höhe der Hinzuschätzungen. Im Rahmen der Schlussbesprechung wird eine tV des Inhalts abgeschlossen, dass Umsatz und Gewinn in jedem Jahr des Prüfungszeitraums um 30.000 € zu erhöhen sind. Die in Wirklichkeit erzielten Umsätze scheinen höher zu sein, die Ap hat aber erkannt, dass höhere Steuerforderungen nicht beizutreiben wären, der Steuerpflichtige aber durchaus bereit war, die tV zu unterschreiben und eine Anzahlung zu leisten. Die Bescheide werden bestandskräftig. Bei der Prüfung der Bescheide und des Ap-Berichts fällt im Steuerberatungsbüro auf, dass dem Steuerfahnder bei seinen Berechnungen einige geringfügige Rechenfehler zu Lasten des Mandanten unterlaufen sind. Hier wäre es fehlerhaft, mit dem FA eine einvernehmliche Aufhebung der tV anzustreben. Eine sich daran ggf. anschließende erneute Ap würde vermutlich weitere Einzelheiten der Steuerhinterziehung aufdecken. Eine erneute Schätzung „nach oben" wäre dann nach § 173 Abs. 1 Nr. 1 AO möglich. Der Steuerpflichtige hingegen kann in dieser Situation nichts ge-

---

124 Vgl. § 175 Abs. 1 Nr. 2 AO.
125 BFH v. 3.8.2005 I B 20/05, BFH/NV 2005, 1971.
126 BFH v. 5.6.2003 IV R 38/02, BStBl. II 2004, 2.
127 Vgl. zu einem solchen Sachverhalt BFH v. 28.4.2011 III B 78/10, BFH/NV 2011, 1108.

winnen: Auch wenn die Feststellungen zu seinen Gunsten überwiegen würden, wäre keine Berichtigungsvorschrift vorhanden. Insbesondere liegen die Voraussetzungen des § 129 AO nicht vor. Denn die Rechenfehler haben nur bei der Prüfung und Schätzung eine Rolle gespielt, sie sind aber nicht „beim Erlass des Bescheids" unterlaufen. Die Anwendung des 173 Abs. 1 Nr. 2 AO scheitert am groben Verschulden des Steuerpflichtigen, weil er nicht rechtzeitig Einspruch eingelegt hat und seine Buchführung nicht ordnungsgemäß war.

5.5 Gemeinsame Entscheidung mit dem Mandanten

Niemand ist gezwungen, sich im Rahmen einer tV zu einigen. Dem Mandanten sollte aber bei entsprechender Verhandlungsbereitschaft des FA deutlich gemacht werden, dass die tV im Verhältnis zur sonst drohenden Schätzung durch das FA den Vorteil hat, dass ohne weitere Risiken und Verfahren vermutlich niedrigere Besteuerungsgrundlagen angesetzt werden und damit eine geringere Nachzahlung anfällt. Zur Vermeidung falscher Vorstellungen sollte aber andererseits schon vor der Schlussbesprechung darauf hingewiesen werden, dass die spätere Anfechtung oder der Widerruf einer wirksamen tV fast nie erfolgreich ist. Selbst wenn im Einzelfall der Nachweis der Unwirksamkeit geführt werden kann, entstehen für dieses Verfahren Beratungsgebühren. Die Schätzung selbst wird nach Feststellung der Unwirksamkeit der tV vermutlich höher ausfallen. Eine tV ist deshalb nur abzuschließen, wenn das Ergebnis aller Voraussicht nach vom Mandanten akzeptiert wird.

Es lassen sich fast immer bessere Ergebnisse erzielen, wenn der Steuerpflichtige und sein Berater konkrete Vereinbarungen auch zur Tilgung der Mehrsteuern bspw. wie folgt anbieten:

- Einmalzahlung bis ... €
- Bankbürgschaft für ... €
- Grundschuld über ... €
- Drei Monatsraten à ... €

Rechtlich ist das kein Inhalt der tV. Dennoch kann deren Wirksamkeit von der Einhaltung dieser Tilgungsvereinbarung abhängig gemacht werden:

Beispiel:

„Diese tV steht unter der auflösenden Bedingung, dass folgende Tilgungsmodalitäten eingehalten werden: Bis zum 30.6. wird eine Einmalzahlung von 100.000 € geleistet. Ab dem 1.8. erfolgen monatliche Zahlungen in Höhe von 10.000 € bis zur Höhe des sich aus der Umsetzung dieser tV ergebenden Mehrsteuern incl. Nebenleistungen."

Insbesondere bei komplexeren Sachverhalten mit einer erheblichen Größenordnung ist es sinnvoll, sich über die **Formulierung** der tV bereits vor der Schlussbesprechung zu verständigen und den Text festzulegen. Der Aufwand dafür ist gut investiert, weil dann im Termin selbst in aller Regel nach einer kurzen Zusammenfassung der Sach- und Rechtslage nur noch die Unterschrift erfolgt. Das ist für alle Beteiligten eine erhebliche Zeitersparnis.

5.6 Verfahrensrechtliche Hinweise

Ist der Steuerpflichtige anders als das FA der Ansicht, eine tV sei **wirksam** zu Stande gekommen, so ist das spätestens im Verfahren vor dem FG zu thematisieren. Ansonsten handelt es sich später um einen neuen Tatsachenvortrag, der vom BFH nicht berücksichtigt werden kann.[128] Wird eine tV abgeschlossen, sie aber fehlerhaft in einen Änderungsbescheid umgesetzt, ist das Einspruchs- oder Klageverfahren fortzusetzen, bis über die richtige Umsetzung bzw. über den Inhalt der Einigung entschieden ist.[129]

Die tV selbst ist **kein Verwaltungsakt**, der isoliert gegen sie gerichtete Einspruch demnach immer unzulässig. Die Voraussetzungen der Wirksamkeit einer tV werden im Verfahren über die Anfechtung des Festsetzungs- oder Feststellungsbescheids, welcher den Inhalt der Vereinbarung umsetzt, geprüft.[130]

5.7 Prüfschema tV

Folgendes Prüfschema bzw. folgende Kontrollfragen können ggf. hilfreich sein:[131]

- Handelt es sich um eine Sachverhaltsfrage?
- War dieser Sachverhalt schwierig zu ermitteln?
- Erfüllt die tV die formalen Anforderungen?
- Waren beide Seiten so vertreten, dass die tV wirksam geschlossen werden konnte?[132]
- Wurde die tV später von beiden Seiten widerrufen?
- Werden Anfechtungsgründe angeführt und liegen sie vor?
- Wurden sie rechtzeitig geltend gemacht? In Betracht kommen arglistige Täuschung, widerrechtliche Drohung, Irrtum.[133]
- Ist die tV im Bescheid zutreffend umgesetzt worden?

---

128   BFH v. 4.8.2010 X B 198/09, BFH/NV 2010, 2102.
129   FG München v. 2.7.2008 1 K 2598/07, juris; FG des Saarlands v. 13.9.1990 1 K 177/90, EFG 1991, 140.
130   BFH v. 12.6.2017 III B 144/16, BStBl. II 2017, 1165.
131   Vgl. z. B. FG Münster v. 21.4.2011 5 K 2028/09 U, juris.
132   Siehe hierzu 5.2.2.
133   Ein relevanter Irrtum i. d. S. liegt nicht vor, wenn der Steuerpflichtige falsche Vorstellungen von der steuerlichen Auswirkung hatte. Zur Täuschung durch den Betriebsprüfer vgl. *Eich*, DStR 2001, 236, 238.

6 Schätzung bei bestimmten Auslandssachverhalten (§ 162 Abs. 3 AO)

6.1 Hintergrund der Regelung

Hauptanwendungsbereich der §§ 90 Abs. 3, 162 Abs. 3 und 4 AO ist die steuerrechtliche Überprüfung der Verrechnungspreise.[1] Das sind konzerninterne Preise für Waren oder Dienstleistungen, die nicht durch den Markt, sondern intern durch das Unternehmen festgelegt werden. Neben betriebswirtschaftlichen Aspekten wie z. B. der Vereinfachung der innerbetrieblichen Abrechnung wird bei der Festlegung der Verrechnungspreise insbesondere das Ziel verfolgt, Gewinne und Umsätze in den Staaten anfallen zu lassen, in denen sie am niedrigsten besteuert werden, und damit die sog. **Konzernsteuerquote** zu minimieren. Die wirtschaftliche Bedeutung der Verrechnungspreise wird daran deutlich, dass nach seriösen Schätzungen mehr als die Hälfte des Welthandels auf Transaktionen zwischen verbundenen Unternehmen entfällt. Die Überprüfung der Verrechnungspreise durch die nationalen Verwaltungen nimmt dementsprechend zu.[2]

Die FinVerw war der Auffassung, bereits aus § 90 Abs. 2 AO eine Dokumentationspflicht für internationale Verrechnungspreise ableiten zu können. Der BFH[3] ist dieser Ansicht aber nicht gefolgt, da die Aufzeichnungspflichten in den §§ 140 ff. AO abschließend geregelt seien. Der Gesetzgeber hat darauf mit neuen Vorschriften[4] reagiert und umfangreiche Aufzeichnungspflichten im Hinblick auf Auslandsbeziehungen eingeführt, um hierdurch die gestörte „Waffengleichheit" wiederherzustellen.[5] Dem Betriebsprüfer soll es durch die **Dokumentation** nach § 90 Abs. 3 AO ermöglicht werden, ein zutreffendes Verständnis für die maßgeblichen Geschäftsbeziehungen und Geschäftsvorfälle sowie dafür gewinnen zu können, wie die Verrechnungspreise innerhalb des Konzerns festgesetzt werden. Fragen der „Dokumentationstiefe" lassen sich nur im Verfahren gegen einen entsprechenden Steuerbescheid oder gegen die Festsetzung eines Strafzuschlags klären.[6]

Sofern die Aufzeichnungen für ein Unternehmen, das Teil einer **multinationalen Unternehmensgruppe** ist, erstellt werden, muss ab 2017 zusätzlich zur „eigentlichen" Dokumentation ein Überblick über die weltweite Geschäftstätigkeit und die in der Gruppe angewandte Systematik zur Bestimmung der Ver-

---

1 Zu einem umfangreichen Glossar zu dieser Thematik vgl. BMF v. 19.5.2014, BStBl. I 2014, 838; zu den erhöhten Anforderungen an die Dokumentation ab 2017 z. B. v. *Lück*, BB 2017, 2524; *Seer* in Tipke/Kruse, § 162 Rz. 69.
2 Siehe hierzu *Freudenberg*, BB 2014, 1515.
3 BFH v. 17.10.2001 I R 103/00, BStBl. II 2004, 171.
4 § 90 Abs. 3 S. 3 AO und § 162 Abs. 3 und 4 AO.
5 *Schmidt/Gröger*, Stbg 2003, 474.
6 Siehe hierzu 6.9.

6 Schätzung bei bestimmten Auslandssachverhalten (§ 162 Abs. 3 AO)

rechnungspreise vorgelegt werden. Das gilt, wenn der Umsatz des Unternehmens 100 Mio. € oder mehr beträgt.[7] Ein multinationales Unternehmen besteht nach der gesetzlichen Definition aus mindestens zwei in verschiedenen Staaten ansässigen, i. S. d. § 1 Abs. 2 AStG einander nahestehenden Unternehmen oder aus mindestens einem Unternehmen mit mindestens einer Betriebsstätte in einem anderen Staat.[8]

6.2 Verwaltungsanweisungen

Die **GAufzV**[9] konkretisiert und typisiert Art, Inhalt und Umfang von Aufzeichnungen i. S. v. § 90 Abs. 3 AO. Ergänzend sind die sog. „VGV"[10] zu beachten. Die genannten Anweisungen verdienen besondere Beachtung, da sie umfassende Interpretationen der gesetzlichen Begriffe und Bestimmungen beinhalten und dadurch den betroffenen Unternehmen offenbaren, welche Anforderungen das FA an die im Rahmen der Ap vorgelegten Unterlagen stellt. Leider enthält die Verordnung eine Fülle unbestimmter Rechtsbegriffe, was die Handhabung in der Praxis schwierig macht.[11]

6.3 Unmittelbarer Anwendungsbereich des § 90 Abs. 3 AO

§ 90 Abs. 3 AO betrifft unmittelbar alle unbeschränkt oder beschränkt Steuerpflichtige, die Geschäftsbeziehungen mit nahestehenden Personen i. S. v. § 1 Abs. 2 AStG unterhalten. Der Begriff des Steuerpflichtigen ist dabei i. S. v. § 33 AO und damit weit zu verstehen. Es erfolgt keine Einschränkung auf Steuersubjekte mit Gewinneinkünften. Zu beachten ist aber, dass für kleinere Unternehmen und solche, die andere als Gewinneinkünfte erzielen, Erleichterungen vorgesehen sind.[12]

Von einer **nahestehenden Person** i. S. v. § 1 Abs. 2 AStG ist auszugehen, wenn die Person an dem Steuerpflichtigen mindestens zu einem Viertel unmittelbar oder mittelbar beteiligt ist oder auf den Steuerpflichtigen mittelbar oder unmittelbar einen beherrschenden Einfluss ausüben kann oder umgekehrt wenn der Steuerpflichtige an der Person wesentlich beteiligt ist oder auf diese Person unmittelbar oder mittelbar einen beherrschenden Einfluss ausüben kann. Nahestehende Personen liegen aber auch vor, wenn ein Dritter sowohl an der Person als auch an dem Steuerpflichtigen wesentlich beteiligt ist oder auf beide unmittelbar oder mittelbar einen beherrschenden Einfluss ausüben kann.[13] Schließlich ist der Begriff der „nahestehenden Person" auch erfüllt, wenn die

---

7 § 90 Abs. 3 S. 3 AO.
8 § 90 Abs. 3 S. 4 AO.
9 BMF v. 12. 7. 2017, BGBl. I 2017, 2367; zu ausgewählten Aspekten der Neuregelung ab 2017 *Engelen*, DStR 2018, 370.
10 BMF v. 12. 4. 2005, BStBl. I 2005, 570 und BMF v. 25. 8. 2009, BStBl. I 2009, 888.
11 Gl. A. *Seer*, IWB 2012, 350.
12 Siehe hierzu unter 6.7.
13 Vgl. BFH v. 10. 4. 2013 I R 45/11, BFH/NV 2013, 1657.

Person oder der Steuerpflichtige imstande ist, bei der Vereinbarung der Bedingungen einer Geschäftsbeziehung auf den Steuerpflichtigen oder die Person einen außerhalb dieser Geschäftsbeziehung begründeten Einfluss auszuüben oder wenn einer von ihnen ein eigenes Interesse an der Erzielung der Einkünfte des anderen hat.

Geschäftsbeziehung ist jede den Einkünften zu Grunde liegende schuldrechtliche Beziehung, die keine gesellschaftsvertragliche Vereinbarung ist und die entweder beim Steuerpflichtigen oder bei der nahestehenden Person Teil einer Tätigkeit ist, auf die die §§ 13, 15, 18 oder 21 EStG anzuwenden sind oder im Fall eines ausländischen Nahestehenden anzuwenden wären, wenn die Tätigkeit im Inland ausgeübt würde. Die GAufzV stellt nicht nur auf Geschäftsbeziehungen i. S. v. § 1 AStG ab, sondern erfasst auch Beziehungen ohne Leistungsaustausch.[14]

6.4 Stammhaus und Betriebsstätte

Gemäß § 90 Abs. 3 S. 4 AO gelten die Aufzeichnungspflichten des § 90 Abs. 3 AO auch für Geschäftsbeziehungen zwischen einem inländischen „Stammhaus" und seiner ausländischen Betriebsstätte und für Geschäftsbeziehungen zwischen einer inländischen Betriebsstätte und ihrem ausländischen Stammhaus. Der Gesetzgeber wollte erkennbar alle Vorgänge dokumentieren lassen, die für die steuerliche Abgrenzung bei grenzüberschreitenden Sachverhalten von Bedeutung sind. Die Ergänzung war erforderlich, weil es zwischen dem Stammhaus und einer Betriebsstätte als einem Unternehmensteil begrifflich an einer Geschäftsbeziehung fehlt. Die Erweiterung der Regelung betrifft – unabhängig von § 1 Abs. 2 AStG – alle im Inland beschränkt oder unbeschränkt steuerpflichtigen Unternehmen mit ausländischen Betriebsstätten.

6.5 Sachverhaltsdokumentation

Der Steuerpflichtige muss Aufzeichnungen über den Inhalt der **Geschäftsbeziehung** zu der ausländischen nahestehenden Person anfertigen.[15] Die Sachverhaltsdokumentation besteht aus einer Darstellung der zwischen den nahestehenden Unternehmen existierenden rechtlichen und wirtschaftlichen Rahmenbedingungen. Dazu gehört die Beschreibung des **Konzernaufbaus**, z. B. seiner rechtlichen und operativen sowie seiner Beteiligungsstruktur, der unterschiedlichen **Tätigkeitsbereiche** und der wesentlichen Transaktionsarten innerhalb des Konzerns sowie die Vorlage der wesentlichen **Verträge** und sonstigen Dokumente, die für die Preisfindung von Bedeutung waren.[16] Im Bereich der Sachverhaltsdokumentation kommt es insbesondere auf den jeweiligen

---

14 Konzerninterne Arbeitnehmerentsendung, Umlageverträge, Pools.
15 Zu Einzelheiten siehe §§ 1 Abs. 1, 2, 4 und 5 GAufzV.
16 Z.B. Preislisten, wegen weiterer Einzelheiten siehe § 1 Abs. 2 und § 4 Nr. 1 bis 3 GAufzV sowie Tz. 3.4.11.4 VGV.

Unternehmenstyp an.[17] Nur bei der Gruppe der Unternehmen mit sog. „Routinefunktion" soll die international verbreitete transaktionsbezogene Nettomargenmethode zulässig sein.

6.6 Angemessenheitsdokumentation

Neben der Beschreibung des maßgeblichen Sachverhalts hat der Steuerpflichtige die wirtschaftlichen und rechtlichen Grundlagen für die den Grundsatz des Fremdvergleichs beachtenden Vereinbarungen aufzuzeichnen. Die Verpflichtung zur Erstellung einer solchen Angemessenheitsdokumentation ergibt sich zwar nicht unmittelbar aus der Gesetzesformulierung, war aber ersichtlich vom Gesetzgeber gewollt[18] und wurde durch § 1 Abs. 3 GAufzV konkretisiert. Nach der Begründung zur GAufzV genügen Budgets, Ziele und andere interne Daten nicht, um die Angemessenheit der gewählten Verrechnungspreise nachweisen zu können. Vielmehr sind Daten aus vergleichbaren Geschäften zwischen dem Steuerpflichtigen und Dritten (interner Vergleich) sowie stets Aufzeichnungen über innerbetriebliche Daten, die eine Plausibilitätskontrolle ermöglichen, bereitzustellen.

Innerhalb vieler Konzerne bestehen Anweisungen, die eine bestimmte Preisermittlung vorsehen. Ist diese sog. **Verrechnungspreisrichtlinie** am Maßstab des Fremdvergleichs orientiert, kann auf geschäftsvorfallbezogene Aufzeichnungen verzichtet werden, wenn stattdessen anhand von Beispielsfällen die Einhaltung der Richtlinie nachgewiesen wird.[19]

6.7 Sonderregelung für kleinere Unternehmen

Kleinere Unternehmen und Unternehmen, die aus Geschäftsbeziehungen mit Nahestehenden keine Gewinneinkünfte i. S. v. § 2 Abs. 2 Nr. 1 EStG erzielen, erfüllen ihre Dokumentationspflichten gemäß § 6 Abs. 1 GAufzV, indem auf Anfrage bereits vorhandene Unterlagen vorgelegt und Auskünfte gegeben werden, die das ernsthafte Bemühen erkennen lassen, die untersuchte Geschäftsbeziehung unter Einhaltung des Fremdvergleichsgrundsatzes zu gestalten. Eine gesonderte Dokumentation ist nicht erforderlich, auch nicht für außergewöhnliche Geschäftsvorfälle.[20] Kleinere Unternehmen i. d. S. sind definiert als Unternehmen, bei denen die Summe der Entgelte für die Lieferung von Gütern und Waren aus Geschäftsbeziehungen mit nahestehenden Personen i. S. v. § 1 Abs. 2 S. 5 AStG unter 6 Mio. € pro Jahr liegen und bei denen die Vergütungen für andere Leistungen in solchen Geschäftsbeziehungen weniger als 600.000 € pro Jahr betragen.[21]

---

17 Tz. 3.4.10.2 VGV.
18 BT-Drs. 15/119.
19 Tz. 3.4.13 VGV.
20 *Seer* in Tipke/Kruse, § 90 Rz. 55; BR-Drs 583/03, 15.
21 § 6 Abs. 2 GAufzV, BGBl. I 2017, 2367; *Seer* in Tipke/Kruse, § 90 Rz. 55.

6.8 Grundtatbestand (§ 162 Abs. 3 AO)

Die durch § 162 Abs. 3 und 4 AO normierten Sanktionen sollen die Unternehmen zur Vorlage der vorgehend erläuterten Aufzeichnungen nach § 90 Abs. 3 AO anhalten und dem Betriebsprüfer so die Verrechnungspreisprüfung erleichtern.[22] Die Vorschrift ist mit Wirkung vom 24.12.2016 durch das sog. Anti-BEPS I-Gesetz[23] neu gefasst worden. Sie regelt die Rechtsfolge der Verletzung von Dokumentationspflichten i. S. d. § 90 Abs. 3 AO.

§ 162 Abs. 3 AO findet Anwendung bei Nichtvorlage der Aufzeichnungen, Vorlage von im Wesentlichen unbrauchbaren Aufzeichnungen oder in Fällen der nicht zeitnahen Erstellung von Aufzeichnungen für außergewöhnliche Geschäftsvorfälle.[24] Als Rechtsfolge der genannten Tatbestände wird widerlegbar zu Lasten des Steuerpflichtigen **vermutet,** dass seine inländischen Einkünfte, zu deren Ermittlung die Aufzeichnungen i. S. d. § 90 Abs. 3 AO dienen, höher als die von ihm erklärten Einkünfte sind.

Gemäß § 90 Abs. 3 S. 6 AO soll das FA die Vorlage der Dokumentation nur **für Zwecke der Ap** verlangen. Zwar kann das Vorlageverlangen grundsätzlich bereits mit der Prüfungsanordnung verbunden werden.[25] Da das FA aber nach § 2 Abs. 6 S. 2 GAufzV die Geschäftsbereiche und Geschäftsbeziehungen benennen soll, die Gegenstand der Prüfung sein sollen, dies aber regelmäßig erst während der Ap möglich ist,[26] dürfte eine solche Anforderung in vielen Fällen zu wenig konkret und damit rechtswidrig sein.

Nicht vorgelegt werden Aufzeichnungen, wenn sie der zuständigen Finanzbehörde auf eine entsprechende Anforderung hin nicht zugänglich gemacht werden, eine unaufgeforderte Vorlage verlangen hingegen weder § 90 Abs. 3 noch § 162 Abs. 3 AO. Die Aufforderung zur Vorlage ist ein eigenständiger Verwaltungsakt ist, der bestandskräftig werden kann, so dass eine unterbliebene oder erfolglose Anfechtung dazu führt, dass einer Schätzung nach § 162 Abs. 3 AO nicht entgegengehalten werden kann, dass die Aufforderung rechtswidrig gewesen sei.[27]

Das größte Konfliktpotenzial ergibt sich aus dem Begriff der **„im Wesentlichen unverwertbaren"** Aufzeichnungen, da hier die Meinungen naturgemäß auseinandergehen.[28] Die Maßstäbe für eine ordnungsgemäße Buchführung dürften sinngemäß anzuwenden sein.[29] Aufzeichnungen sind jedenfalls im Wesent-

---

22 BT-Drs. 15/119, 52.
23 BGBl. I 2016, 3000.
24 Zur Definition vgl. z. B. *Kircher/Stumpf,* BB 2014, 2776. Der Begriff der außergewöhnlichen Geschäftsvorfälle ist zu unbestimmt, *Seer* in Tipke/Kruse, § 90 Rz. 46; a. A. *Söhn* in Hübschmann/Hepp/Spitaler, § 90 Rz. 202.
25 § 2 Abs. 6 S. 4 GAufzV.
26 Gl. A. *Seer* in Tipke/Kruse, § 90 Rz. 52.
27 *Buciek* in Beermann/Gosch, § 162 Rz. 198.
28 Als Beispiel einer sehr „großzügigen" Interpretation vgl. *Schoppe/Stumpf,* BB 2014, 1116.
29 *Seer* in Tipke/Kruse, § 162 Rz. 67.

6 Schätzung bei bestimmten Auslandssachverhalten (§ 162 Abs. 3 AO)

lichen unverwertbar, wenn sie keine Angaben über Art und Inhalt der Geschäftsbeziehungen enthalten, keine Überprüfung erlauben, ob und inwieweit der Steuerpflichtige den Fremdvergleichsgrundsatz beachtet hat, z. B. weil sie erhebliche Mängel im Bereich der Sachverhalts- und/oder Angemessenheitsdokumentation enthalten, der Steuerpflichtige keine oder eine offenbar ungeeignete Verrechnungspreismethode angewandt hat und die entsprechenden Unterlagen für eine geeignete Methode nicht verwendbar sind.

Es reicht nicht aus, dass die für die Überprüfung der Verrechnungspreise erforderlichen Daten an irgendeiner Stelle in der Buchführung bzw. im Belegwesen enthalten sind und den Betriebsprüfer darauf zu verweisen, er könne sich die Daten quasi „zusammensuchen". Es muss vielmehr ein **abgeschlossener Informationsbestand** zur Verfügung gestellt werden, d. h. eine von Buchführung und Belegwesen losgelöste und aus sich selbst heraus verständliche Darstellung.

Die **Anforderungen** an die Aufzeichnungen i. S. v. § 90 Abs. 3 AO dürfen nicht überspannt werden.[30] Die negative Beweisvermutung wird nur bei schwerwiegenden Pflichtverletzungen ausgelöst. Eine Dokumentation ist erst dann unverwertbar, wenn die Mängel so gravierend sind, dass die Dokumentation für die Rechtfertigung der angesetzten Verrechnungspreise keine Aussagekraft hat.

Die Vermutung der tatsächlich höheren Einkünfte führt zur Schätzungsberechtigung des FA. Können die „zutreffenden" Einkünfte nur innerhalb eines bestimmten Rahmens, insbesondere nur auf Grund von Preisspannen bestimmt werden, kann dieser Rahmen zu Lasten des Steuerpflichtigen ausgeschöpft werden. Die Besteuerungsgrundlagen dürfen nach Methoden und aufgrund von Daten geschätzt werden, deren Beweiswert außerhalb einer solchen Schätzung nicht für eine Gewinnberichtigung ausreicht.[31]

Nach § 162 Abs. 3 S. 3 AO kann das FA eine Schätzung auf die für den Steuerpflichtigen ungünstigste Grenze der Bandbreite[32] angemessener Verrechnungspreise auch in den Fällen vornehmen, in denen sich Zweifel an der Richtigkeit des erklärten Gewinns nur deshalb nicht ausräumen lassen, weil eine ausländische dem Steuerpflichtigen nahestehende Person ihre Mitwirkungspflichten nach § 90 Abs. 2 AO oder ihre Auskunftspflichten nach § 93 Abs. 1 AO nicht erfüllt. Diese Vorschrift wird in der Literatur kritisiert, weil sie Pflichtverletzungen eines Dritten als Anlass für eine Schätzung der Einkünfte des Steuerpflichtigen bestimmt.[33] Der praktische Anwendungsfall besteht darin, dass eine inländische Tochtergesellschaft Schwierigkeiten hat, Unterlagen von ihrer ausländi-

---

30 Zur Notwendigkeit der Pflichtenbegrenzung vgl. *Seer*, NWB 2012, 350.
31 Z. B. Richtsatzvergleich, Verzinsung des eingesetzten Kapitals gemäß § 1 Abs. 3 AStG, Branchendurchschnittswerte.
32 „Negative Bandbreitenschätzung", *Schoppe/Stumpf*, BB 2014, 1116, 1118.
33 Vgl. z. B. *Seer* in Tipke/Kruse, § 162 Rz. 71a: „Gesetzgeberische Missgeburt und Fremdkörper im System".

schen Muttergesellschaft zu bekommen, die das FA angefordert hat. Dann sind die Voraussetzungen des § 162 Abs. 3 S. 3 AO grundsätzlich erfüllt.

Für den Bereich der **Funktionsverlagerung** hat die FinVerw ein „standardisiertes vereinfachtes Schätzungsverfahren" entwickelt.[34] Der Steuerpflichtige ist dadurch aber nicht daran gehindert, abweichende Werte vorzulegen und glaubhaft zu machen.

Allgemein wird für die Einkünfte Korrektur nach § 162 Abs. 3 AO eher **Zurückhaltung** angemahnt, nicht zuletzt deshalb, weil es völkerrechtlichen Verpflichtungen widerspreche, durch Ausschöpfen der Bandbreiten Doppelbesteuerungen zu provozieren.[35]

6.9 Zuschlag (§ 162 Abs. 4 AO)

Legt der Steuerpflichtige die angeforderten Aufzeichnungen **nicht** vor oder sind die vorgelegten Aufzeichnungen im Wesentlichen **nicht verwertbar**, so ist ein Zuschlag i. H. v. mindestens 5 % und höchstens 10 % des sich nach der Berichtigung nach § 162 Abs. 3 AO ergebenden Mehrbetrags der Einkünfte[36] festzusetzen. Der Zuschlag beträgt mindestens 5.000 €.

Auch bei **verspäteter** Vorlage verwertbarer Aufzeichnungen ist ein Zuschlag festzusetzen.[37] Dieser beläuft sich auf mindestens 100 € für jeden vollen Monat der Fristüberschreitung, maximal auf 1.000.000 €. Hat der Steuerpflichtige die Aufzeichnungen nicht zeitnah erstellt,[38] aber rechtzeitig vorgelegt, ist kein Zuschlag festzusetzen.

Soweit dem FA hinsichtlich der Höhe des Zuschlags ein **Ermessensspielraum** eingeräumt ist, sind neben dessen Zweck, den Steuerpflichtigen zur Erstellung und fristgerechten Vorlage der Aufzeichnungen anzuhalten, insbesondere die gezogenen Vorteile und bei verspäteter Vorlage auch die Dauer der Fristüberschreitung zu berücksichtigen. Bei Betrachtung der gezogenen Vorteile ist ggf. die konkrete steuerliche Situation im Konzern zu beachten. Verfügt die Gesellschaft z. B. über hohe Verlustvorträge oder liegt ein Organkreis vor, in dem das höhere Einkommen z. B. des Organträgers durch ein entsprechend niedrigeres Einkommen der Organgesellschaft kompensiert wird, wird dieser Vorteil nahe null sein, so dass sich der Zuschlag dann auf den Mindestbetrag i. H. v. 5 % des Korrekturbetrags belaufen wird.

Die Festsetzung eines Zuschlags kann unterbleiben, wenn die Nichterfüllung der Pflichten nach § 90 Abs. 3 AO **entschuldbar** erscheint oder ein Verschulden nur geringfügig ist. Dies ist wohl die „Schwachstelle" der Vorschrift. Mit den Begriffen „entschuldbar" und „geringfügiges Verschulden" hat der Gesetzgeber

---

34 BMF v. 13.10.2010, BStBl. I 2010, 774, Rz. 162 ff.
35 *Seer* in Tipke/Kruse, § 162 Rz. 70.
36 Bemessungsgrundlage ist also insbesondere nicht die Mehrsteuer.
37 § 162 Abs. 4 S. 3 AO.
38 § 90 Abs. 3 S. 3 AO.

6 Schätzung bei bestimmten Auslandssachverhalten (§ 162 Abs. 3 AO)

erhebliches Konfliktpotenzial geschaffen. Rechtsprechung und Praxis müssen in Zukunft das Verschulden i. S. d. genannten Vorschrift präzisieren und werden dabei wohl auf die Rechtsprechung zu den §§ 110 AO und 173 AO zurückgreifen.

Da es sich bei dem festgesetzten Zuschlag um einen eigenen Verwaltungsakt handelt, ist er ggf. mit einem eigenständigen Rechtsbehelf anzufechten, wenn hinsichtlich der Höhe des Korrekturbetrags ein Rechtsstreit geführt werden soll. Zwar ist die Höhe des Korrekturbetrags Ausgangsgröße für die Bemessung des Zuschlags, gleichwohl ist der Körperschaftsteuerbescheid kein entsprechender Grundlagenbescheid für die Zuschlagsfestsetzung. Die Bestandskraft der Zuschlagsfestsetzung muss deshalb durch eigenständigen Einspruch verhindert werden

7 Schätzung bei fehlendem Grundlagenbescheid
7.1 Allgemeines

Nach § 155 Abs. 2 AO kann ein Bescheid bereits ergehen, bevor ein für ihn relevanter Grundlagenbescheid vorliegt. Folgerichtig ermöglicht und verlangt § 162 Abs. 5 AO die Schätzung der sich aus dem fehlenden Grundlagenbescheid ergebenden Besteuerungsgrundlagen. Gemeint sind damit Konstellationen, in denen Besteuerungsgrundlagen gesondert und damit verbindlich festgestellt werden müssen, dies aber – aus welchen Gründen auch immer – noch nicht geschehen ist. Sie können dann nach § 162 Abs. 5 AO im Folgebescheid nicht nur der Höhe, sondern auch dem Grunde nach geschätzt werden.[1] Das Fehlen eines Grundlagenbescheids ist als Schätzungsanlass ausreichend, besondere Schwierigkeiten bei der Sachverhaltsermittlung oder eine Pflichtverletzung wie bei § 162 Abs. 1 bis 4 AO müssen nicht zusätzlich vorliegen, um § 162 Abs. 5 AO anwenden zu können.[2] Das für den Folgebescheid zuständige FA darf zwar schätzen, es hat keine Befugnis, die Besteuerungsgrundlagen des Grundlagenbescheids selbst zu ermitteln.[3]

§ 162 Abs. 5 AO entspricht insbesondere einem **Bedürfnis der Praxis**. Typisch ist der Fall, dass dem Steuerpflichtigen aufgrund einer Mitteilung der Gesellschaft, an der er beteiligt ist, die im Grundlagebescheid noch festzustellenden Werte bereits bekannt sind und er sie deshalb in seiner Einkommensteuererklärung aufführt. Ohne § 162 Abs. 5 AO könnte der Wert nicht angesetzt werden, was in den meisten Fällen eine spätere Berichtigung erforderlich machen würde. Die als **vorübergehende** Festsetzung konzipierte Schätzung nach § 162 Abs. 5 AO unterscheidet sich demnach schon ihrer Funktion nach deutlich von den Schätzungen nach § 162 Abs. 1 bis 4 AO, welche grundsätzlich endgültigen Charakter haben.[4]

Das FA darf bei Erlass des Folgebescheids nicht einfach den für den Steuerpflichtigen ungünstigsten Fall unterstellen, z. B. den Ansatz geltend gemachter **Verluste** ausschließen,[5] sondern muss die Erklärung und ggf. die Begründung des Steuerpflichtigen würdigen bzw. Kontakt mit dem für den Erlass des Grundlagenbescheids zuständigen FA aufnehmen.[6] Teilweise wird die Auffassung vertreten, die Ergebnisse der Erklärung seien grundsätzlich ohne weitere Prüfung zu übernehmen und lediglich offensichtliche Fehler dürften korrigiert

---

1 BFH v. 20.7.2010 X B 70/10, BFH/NV 2010, 2007.
2 BFH v. 18.7.2012 X S 19/12, BFH/NV 2012, 2008; *Rüsken* in Klein, § 162 Rz. 55.
3 *Seer* in Tipke/Kruse, § 162 Rz. 86.
4 *Trzaskalik* in Hübschmann/Hepp/Spitaler, § 162 Rz. 55.
5 BFH v. 24.2.1981 VIII B 14/78, BStBl. II 1981, 416; ausführlich zum unreflektierten Ansatz von null € *Eggesiecker/Ellerbeck*, BB 2013, 2658. Zu Verlusten siehe auch 7.2.
6 Für Akteneinsicht beim Feststellungsfinanzamt bzw. Auskunftsersuchen *Rüsken* in Klein, § 162 Rz. 55.

7 Schätzung bei fehlendem Grundlagenbescheid

werden.[7] Nach Auffassung des BFH muss das FA jedenfalls überprüfbare Gründe darlegen, wenn es mit seiner Schätzung von der Erklärung des Steuerpflichtigen abweichen will.[8] Auch ein „geschätzter" Grundlagenbescheid entfaltet Bindungswirkung für den Folgebescheid.[9] Werden die Besteuerungsgrundlagen später abweichend festgestellt, erfolgt die Berichtigung des Folgebescheids gemäß **§ 175 Abs. 1 Nr. 1 AO.** Was jedoch auf den ersten Blick unproblematisch erscheint, erweist sich evtl. als schwierig, wenn nach Schätzung der festzustellenden Besteuerungsgrundlagen ein Grundlagenbescheid entgegen der Erwartung nicht erlassen wird.[10] Dann kann eine Berichtigung nach dem Wortlaut des § 175 Abs. 1 Nr. 1 AO nicht erfolgen, da ein Grundlagenbescheid nicht „ergeht" und auch nicht „geändert oder aufgehoben wird". Sofern Zweifel daran bestehen, dass überhaupt eine Feststellung erfolgt oder ein sog. negativer Feststellungsbescheid[11] ergeht, sollten deshalb Bescheide, in denen die Größen aus einem noch nicht vorliegenden Grundlagenbescheid nach § 162 Abs. 5 AO geschätzt wurden, sorgfältig geprüft werden. Vor allem bei Verlusten ist der Folgebescheid aus Sicht des Steuerpflichtigen ggf. „offen zu halten", z. B. durch den Antrag auf eine vorläufige Steuerfestsetzung nach § 165 AO oder durch einen Einspruch.

Da es sich bei der Schätzung von Besteuerungsgrundlagen aus Grundlagenbescheiden um eine **vorläufige Maßnahme**[12] handelt, hält der BFH folgerichtig solche Steuerbescheide, in denen das FA bei der Einkommensteuerveranlagung über Gewinnanteile an einer Personengesellschaft endgültig entscheidet, für rechtswidrig.[13] Dennoch soll das FA verpflichtet sein, die später noch einheitlich und gesondert festzustellenden Besteuerungsgrundlagen vor Erlass des Folgebescheids selbst zu überprüfen.[14]

Ist die Erklärung für den Grundlagenbescheid bereits eingereicht worden, liegt aber noch kein Bescheid vor, sollte sich das FA beim Erlass des Folgebescheids unter Anwendung des § 162 Abs. 5 AO grundsätzlich an den Werten dieser Erklärung orientieren.[15] Abweichungen hiervon sind zumindest zu begründen.

Die Verpflichtung zur Abgabe der Einkommensteuererklärung der **Gesellschafter** wird nicht dadurch suspendiert, dass die Feststellungserklärung für

---

7 FG Münster v. 17.4.1986 XII 7739/85 V, EFG 1987, 3 und FG Rheinland-Pfalz v. 24.9.1980 I K 166/80, EFG 1981, 2.
8 BFH v. 20.7.2010 X B 70/10, BFH/NV 2010, 2007.
9 § 182 AO; *Seer* in Tipke/Kruse, § 162 Rz. 85.
10 Derartige Situationen können z. B. auftreten, wenn zwischen mehreren FÄ Streit über die Zuständigkeit besteht.
11 Dieser würde die Änderung ermöglichen, vgl. BFH v. 25.6.1991 IX R 57/88, BStBl. II 1991, 821.
12 § 155 Abs. 2 AO.
13 BFH v. 12.11.2003 X B 57/03, BFH/NV 2004, 602.
14 BFH v. 20.7.2010 X B 70/10, BFH/NV 2010, 2007.
15 BFH v. 3.8.2000 III B 179/96, BStBl. II 2001, 33.

die Mitunternehmerschaft noch nicht erstellt ist.[16] Ggf. ist an der entsprechenden Stelle im Einkommensteuererklärungsvordruck auf den ausstehenden Feststellungsbescheid hinzuweisen.[17]

7.2 Verluste aus Beteiligungen

Besonders problematisch ist die erstmalige Geltendmachung vor allem hoher Verluste. Dass das FA einen Verlust später im Wege der Berichtigung berücksichtigen will, hilft dem Steuerpflichtigen in den einschlägigen Fällen nur wenig, weil nach dem finanzmathematischen Aufbau der Verlustbeteiligungsgesellschaften insbesondere ein schnelles Wirksamwerden der Steuerminderung wichtig ist. Aus diesem Grund entstehen die meisten Konflikte im Vorauszahlungsverfahren. Grundsätzlich gilt, dass die Entscheidung des FA über die Anpassung oder die erstmalige Festsetzung von Vorauszahlungen eine Ermessensentscheidung darstellt.[18] Verfahrenstechnische Probleme ergeben sich daraus, dass hinsichtlich der Vorauszahlungen kein förmlicher Grundlagenbescheid i.S.v. § 155 Abs.2 AO ergeht, so dass § 162 Abs.5 AO im Rahmen des Vorauszahlungsverfahrens nur sinngemäß zur Anwendung gelangt.

7.3 Verfahrensfragen

Die FÄ sind gehalten, eine unverzügliche Anfrage an das Betriebsstättenfinanzamt zu senden, wenn die Berücksichtigung eines Verlustes durch den Beteiligten beantragt wird, aber noch nicht einmal eine vorläufige Mitteilung für Vorauszahlungszwecke vorliegt.[19] Erst wenn nach **sechs Monaten** eine Äußerung des Betriebsstättenfinanzamts nicht erfolgt, sollen die FÄ zum Mittel der Schätzung greifen. Von dem Beteiligten sind dann entsprechende Unterlagen anzufordern. Das Gesetz enthält aber keine Einschränkung dahingehend, dass festzustellende Besteuerungsgrundlagen erst dann zu schätzen wären, wenn eine bestimmte Frist verstrichen ist. Allerdings kann jedoch kaum gefordert werden, dass das FA eine Steuererklärung nur deshalb schneller bearbeitet, weil der Steuerpflichtige eine überdurchschnittlich hohe Erstattung erwartet. Insgesamt erscheinen die genannten sechs Monate eher moderat, so dass nur in Einzelfällen der Nachweis eines rechtswidrigen Verhaltens gelingen wird. Davon abgesehen bietet die AO kein Verfahren, in dem die Nichtveranlagung über einen Zeitraum von sechs Monaten überhaupt gerügt werden könnte. Erst nach Ablauf von sechs Monaten könnte eine Untätigkeitsklage erwogen werden, sie sollte aber aus Gründen des Kostenrisikos gut überlegt sein. Denn den FÄ wird in derartigen Fällen regelmäßig die dort herrschende Personalknappheit zugutegehalten.

---

16 BFH v. 12.12.2003 XI B 86/03, BFH/NV 2004, 466; BFH v. 11.6.1997 X R 14/95, BStBl. II 1997, 642.
17 Z.B. durch die Formulierung „von Amts wegen eintragen".
18 BFH v. 22.10.1981 IV R 81/79, BStBl. II 1982, 446.
19 BMF v. 13.7.1992, BStBl. I 1992, 404.

7 Schätzung bei fehlendem Grundlagenbescheid

Grundsätzlich kann im Hinblick auf Feststellungen in einem Grundlagenbescheid keine **AdV** im Einspruchsverfahren gegen den Folgebescheid erreicht werden.[20] Vielmehr ist die AdV des Grundlagenbescheids zu beantragen.[21] Im Fall der Stattgabe wird die Vollziehung des Folgebescheids dann von Amts wegen ausgesetzt.

---

20 BFH v. 4.7.2002 VIII B 72/02, BFH/NV 2002, 1445.
21 Vgl. § 361 Abs. 3 S. 1 AO, § 69 Abs. 2 S. 4 FGO; FG München v. 26.4.2006 9 K 4317/05, juris, rkr.

8 Strafrechtliche Aspekte der Schätzung

8.1 Nebeneinander von Steuer- und Strafverfahren

Besteuerungs- und Strafverfahren gehen vom Legalitätsprinzip aus, das den Staat an Recht und Gesetz bindet.[1] Gemäß § 393 Abs. 1 AO richten sich die Rechte und Pflichten des Steuerpflichtigen und der Finanzbehörde im Besteuerungsverfahren und im Strafverfahren[2] streng nach den jeweils geltenden Vorschriften.[3] Beide Verfahren sind prinzipiell voneinander **unabhängig**, obwohl sie im Ausnahmefall sogar von demselben Amtsträger geführt werden.[4] Der Zweck, mit Hilfe des Besteuerungsverfahrens den Finanzbedarf des Staates zu decken, steht gleichrangig neben dem Zweck des Steuerstrafverfahrens, mit Hilfe von Sanktionen dieses Aufkommen zu sichern.[5] Auch europarechtlich ist geklärt, dass steuerliche Zuschläge wie z. B. Hinzuschätzungen neben einer strafrechtlichen Sanktion zulässig sind, wenn die steuerliche „Sanktion" keinen strafrechtlichen Charakter hat.[6]

Das Nebeneinander von Besteuerungs- und Strafverfahren führt aus Beratersicht häufig zu der Frage, ob gegen eine bestimmte Maßnahme der Steuerfahndung der **Rechtsweg** zum FG oder zu den ordentlichen Gerichten gegeben ist.[7]

Das FA ist nicht verpflichtet, das Besteuerungsverfahren während eines anhängigen Strafverfahrens **auszusetzen**.[8] Das Gleiche gilt für das finanzgerichtliche Verfahren.[9] Die fehlende Vorgreiflichkeit des Strafverfahrens spricht darüber hinaus gegen die Anwendung des § 363 AO.[10] Will der Steuerpflichtige eine Schätzung während eines anhängigen Strafverfahrens nicht akzeptieren, ist er damit faktisch gezwungen, sich zur Sache einzulassen. Das Problem wird ggf. durch den Einsatz von Präklusionsvorschriften[11] noch verschärft. Durch diesen Sachzwang werden seine Rechte im Strafprozess, insbesondere sein Aussageverweigerungsrecht, erheblich beeinträchtigt. Daraus kann aber kein Mitwirkungsverweigerungsrecht im Besteuerungsverfahren hergeleitet werden. Anders kann es allenfalls sein, wenn die Finanzbehörde den Steuerpflichtigen

---

1 Vgl. für das Steuerrecht § 85 AO, für das Strafrecht § 152 StPO.
2 Zum Verhalten nach Einleitung eines Strafverfahrens z. B. *Durst*, PStR 2012, 274.
3 AO bzw. StPO; *Schützeberg*, StBp 2009, 33, 36; *Peters*, wistra 2019, 217: „Zwitterstellung".
4 Vgl. z. B. BFH v. 4.11.1987 II R 102/85, BStBl. II 1988, 113.
5 BFH v. 19.8.1998 X R 37/97, BStBl. II 1999, 7; *Durst*, KÖSDI 2011, 17579.
6 EuGH v. 26.2.2013 C-617/10, NJW 2013, 1415. Zu unzulässigen Strafschätzungen und den steuerlichen Rechtsfolgen siehe 1.9 und 1.10.
7 Siehe zu diesem Thema BFH v. 29.10.1986 I B 28/86, BStBl. II 1987, 440.
8 BFH v. 15.9.2000 V B 78/00, BFH/NV 2001, 198.
9 BFH v. 8.8.2006 VI B 6/06, BFH/NV 2006, 2039.
10 BFH v. 17.12.1992 VIII B 88/92, BFH/NV 1993, 419.
11 § 364b AO und § 65 Abs. 2 S. 2 i. V. m. § 79b FGO. Nach AEAO zu § 364b, Nr. 2 soll der Vorbehalt der Nachprüfung mit der Fristsetzung aufgehoben werden, was den Druck auf den Steuerpflichtigen bzw. Beschuldigten erhöht.

8 Strafrechtliche Aspekte der Schätzung

durch bewusste Androhung einer Übermaßschätzung zur Mitwirkung zwingt. In der Praxis dürfte ein entsprechender Nachweis aber kaum zu führen sein. Im „Normalfall" kann das FA deshalb im Ergebnis eine Informationslücke, die dadurch entsteht, dass der Steuerpflichtige von seinem Aussageverweigerungsrecht Gebrauch macht, durch eine ggf. nachteilige Schätzung schließen.[12]

Häufig wird ohne Begründung **Einspruch** gegen die Schätzungsbescheide eingelegt. Anschließend versucht man, das Strafverfahren zu Ende zu bringen und anschließend das Rechtsbehelfsverfahren durch Einreichen der Begründung wieder aufzunehmen. Problematisch ist es bei einem solchen Vorgehen, eine AdV zu erreichen. Dann wird hierfür zumindest eine betragsmäßig relevante Teilzahlung oder aber zumindest eine entsprechende Sicherheitsleistung erforderlich werden. Falls entsprechende Liquidität verfügbar gemacht werden kann, sollte aber ohnehin über eine „freiwillige" Zahlung nachgedacht werden. Denn sollte der Einspruch nicht oder nicht in vollem Umfang Erfolg haben, fallen Aussetzungszinsen i. H. v. 0,5 % pro Monat an, was für den Mandanten in vielen Fällen teurer als ein entsprechender Bankkredit ist. Zudem wirkt sich die Begleichung der Steuerschulden oftmals günstig auf das Strafverfahren, dort vor allem auf das Strafmaß, aus.[13]

Durch auf Begründung des Bescheids gerichteten Antrag gemäß § 364 AO kann das **Einspruchsverfahren** oft faktisch zur Ruhe gebracht und eine Ausschlussfrist verhindert werden.[14] Das FA bzw. die Steuerfahndung werden nämlich jedenfalls im frühen Verfahrensstudium häufig nicht bereit sein, detaillierte Ausführungen zu den Ermittlungsergebnissen zu machen. Werden die Besteuerungsgrundlagen aber entgegen § 364 AO nicht mitgeteilt, so liegt eine erhebliche Verletzung des Anspruchs auf rechtliches Gehör vor. Zur Vermeidung des Problems wird der Einspruch oft zunächst nicht weiter bearbeitet. Ein ähnlicher Effekt lässt sich in der Praxis häufig mit einem Antrag auf Durchführung eines Erörterungstermins gemäß § 364a AO erzielen. Ignoriert das FA einen Antrag nach § 364 AO oder einen solchen nach § 364a AO, kommt hinsichtlich der dann ohne ausreichende Anhörung ergangenen Einspruchsentscheidung eine Aufhebung derselben nach § 100 Abs. 1 S. 1 FGO[15] oder nach § 100 Abs. 2 S. 2 FGO in Betracht, ohne dass in der Sache selbst zu entscheiden ist.[16]

Gemäß § 393 Abs. 1 S. 2 AO sind im Besteuerungsverfahren **Zwangsmittel** gegen den Steuerpflichtigen unzulässig, wenn er dadurch gezwungen würde, sich selbst zu belasten.[17] Eine Schätzung soll nach der Rechtsprechung aber kein Zwangsmittel i. d. S. darstellen.[18] Die Verhängung von Zwangsmitteln zur

---

12 FG des Saarlands v. 10.10.2006 1 V 186/06, juris.
13 *Bornheim/Kröber*, S. 301.
14 Vgl. hierzu z. B. *Heissenberg*, KÖSDI 2000, 12310; *Bornheim/Kröber*, S. 436.
15 BFH v. 7.7.1976 I R 66/75, BStBl. II 1976, 680.
16 BFH v. 10.11.1989 VI R 124/88, BStBl. II 1990, 414.
17 Vgl. zum Ganzen z. B. *Teske*, wistra 1988, 207.
18 BFH v. 19.9.2001 XI B 6/01, BStBl. II 2002, 4, zu diesem Thema siehe auch 8.3.

Beschaffung von Unterlagen kann auch noch bei laufenden Vorfeldermittlungen der Steuerfahndung gemäß § 208 Abs. 1 Nr. 3 AO erfolgen.[19] Voraussetzung für die Erlangung der Straffreiheit durch eine Selbstanzeige ist, dass Angaben zu allen strafrechtlich nicht verjährten Taten eine Steuerart betreffend in vollem Umfang berichtigt werden,[20] mindestens aber zu allen Steuerstraftaten der jeweiligen Steuerart innerhalb der letzten zehn Kalenderjahre.[21] Damit sind folgende **Fristen** auseinanderzuhalten:

- Die **strafrechtliche Verjährung** der Steuerhinterziehung gemäß § 78 StGB und 376 AO beginnt gemäß § 74a StGB mit der Vollendung der Tat, d. h. mit dem Eintritt des Taterfolgs.[22] Bei falschen Angaben ist das die Bekanntgabe des zu günstigen Steuerbescheids.[23] Die Verjährungsfrist beträgt nach § 78 Abs. 3 Nr. 4 StGB fünf Jahre, bei besonders schwerer Steuerhinterziehung zehn Jahre. Die strafrechtliche Verjährung ist als erste zu prüfen, denn es bleibt grundsätzlich dabei, dass eine Selbstanzeige nur sinnvoll ist, wenn die maßgebliche Tat noch nicht verjährt ist.[24]
- Die **steuerliche Festsetzungsverjährung** gemäß § 169 ff. AO beginnt grundsätzlich mit Ablauf des Jahres, in dem die Steuererklärung eingereicht wurde, spätestens aber mit Ablauf des dritten Jahres, das auf die Entstehung der Steuer folgt. Sie beträgt grundsätzlich vier Jahre, im Fall einer Steuerverkürzung fünf und bei Steuerhinterziehung zehn Jahre.[25] Hinsichtlich des Fristendes finden die Ablaufhemmungen des § 171 AO Beachtung.
- Die Frist gemäß § **371 Abs. 1 AO** stellt auf Kalenderjahre ab, während sich § 78 Abs. 3 StGB und § 376 AO auf „Jahre" beziehen. Deshalb wird empfohlen, in Zweifelsfällen eher ein Jahr „zu viel" nachzuerklären, um die Unwirksamkeit wegen Unvollständigkeit sicher zu vermeiden.[26] Der Berichtigungszeitraum kann länger als der strafrechtlich unverjährte Zeitraum sein.[27]

8.2 Steuerhinterziehung durch Nichtabgabe der Erklärung

Wird eine abzugebende Steuererklärung[28] nicht eingereicht, liegt ein pflichtwidriges In-Unkenntnis-Lassen der Finanzbehörde und damit ggf. eine Steuer-

---

19 BFH v. 1.2.2012 VII B 234/11, BFH/NV 2012, 913.
20 Vgl. *Schauf* in Kohlmann, § 371 Rz. 125: „Steuerartspezifische Lebensbeichte".
21 Zu den mit der Regelung ab dem 1.1.2015 verbundenen Unsicherheiten vgl. *Bilsdorfer*, DStR 2015, 1660. Zur Schätzung im Rahmen einer Selbstanzeige insgesamt siehe unter 8.9.
22 BGH v. 6.9.2011 1 StR 633/10, wistra 2012, 29.
23 *Schauf* in Kohlmann, § 376 Rz. 96, m. w. N. Zur Tatvollendung bei unterbliebener oder zu später Erklärungsabgabe siehe 8.2.
24 *Schauf* in Kohlmann, § 371 Rz. 114.
25 Vgl. § 169 AO.
26 *Spatscheck*, DB 2013, 1073.
27 *Heuel*, AO-StB 2016, 261, 262.
28 Vgl. hierzu § 149 AO.

hinterziehung vor.[29] Für die Frage der Tatvollendung ist dabei zwischen Fälligkeitssteuern und Veranlagungssteuern zu unterscheiden. Bei den Fälligkeitssteuern[30] ist der Tatbestand des § 370 Abs. 1 Nr. 2 AO mit dem Ablauf des gesetzlichen Fälligkeitstermins erfüllt. Denn zu diesem Zeitpunkt hätte eine Steueranmeldung mit Selbstberechnung der Steuer eingereicht werden müssen.[31] Für den Verjährungsbeginn wird bei der Umsatzsteuer allerdings auch für die Voranmeldungen darauf abgestellt, ob die Abgabefrist für die Jahreserklärung verstrichen ist.[32] Bei den Veranlagungssteuern ist die Steuerhinterziehung durch Unterlassen bereits dann beendet, wenn das zuständige FA die Veranlagungsarbeiten für den betreffenden Besteuerungszeitraum im Wesentlichen abgeschlossen hat, weil der Steuerpflichtige bei pflichtgemäßer Abgabe der Erklärung spätestens zu diesem Zeitpunkt veranlagt worden wäre.[33] Dieser Moment wird allgemein als **95-%-Zeitpunkt** bezeichnet.[34] Ggf. ist eine Zeitspanne der Bearbeitung fristgerecht eingereichter Steuererklärungen von einem Jahr zu Grunde zu legen.[35]

Wird der Steuerpflichtige mit dem Vorwurf konfrontiert, bereits das Verstreichenlassen des gesetzlichen Abgabetermins[36] stelle eine zeitliche Steuerverkürzung dar, so kann dem regelmäßig entgegengehalten werden, die Beauftragung eines Steuerberaters verbunden mit der Verlängerung der Abgabefrist sei beabsichtigt gewesen.

Ein nach dem 95-%-Zeitpunkt ergehender Schätzungsbescheid kann den Steuerpflichtigen im Nachhinein grundsätzlich nicht mehr entlasten, auch wenn er zu einer zu hohen Steuerfestsetzung führt. Die Gegenmeinung geht allerdings zum Teil sogar so weit, die zeitliche Steuerhinterziehung vollständig zu negieren, wenn das FA die Möglichkeit zur Schätzung „ungenutzt habe verstreichen lassen".[37] Denn es fehle dadurch an der Kausalität zwischen Nichtabgabe der Steuererklärung und eingetretener Verkürzung. In der Praxis erfolgt keine strafrechtliche Verfolgung der ausschließlich zeitlichen Steuerverkürzung, d. h. in den Fällen, in denen, wenn auch zu spät, schließlich eine zutreffende Steuererklärung eingereicht wird. Hintergrund ist u. a., dass bei dieser Form der Steu-

---

29 § 370 Abs. 1 Nr. 2 AO, zur Schätzung wegen Nichtabgabe im Besteuerungsverfahren insgesamt siehe Teil 2.
30 Umsatzsteuer, Lohnsteuer, Kapitalertragsteuer.
31 Z. B. § 18 UStG, § 41a EStG.
32 BGH v. 17. 3. 2009 1 StR 627/08, NJW 2009, 1979.
33 BGH v. 22. 8. 2012 1 StR 317/12, wistra 2013, 65.
34 D. h., dass 95 % der Veranlagungen für das entsprechende Jahr in dem maßgeblichen FA durchgeführt sind, vgl. z. B. BayOLG v. 9. 11. 2000, 4 St RR 126/2000, wistra 2001, 194; BGH v. 24. 6. 2009, 1 StR 229/09, wistra 2009, 396; alternativ z. B. OLG Hamm v. 2. 8. 2001 2 Ws 156/01, wistra 2001, 474: immer 15.10. des Folgejahres. Nach BGH v. 26. 10. 2016 1 StR 172/16, juris soll es auf den Stand der Veranlagungsarbeiten in dem jeweiligen Veranlagungsbezirk ankommen, m. E. zweifelhaft.
35 BGH v. 19. 1. 2011 1 StR 640/10, wistra 2012, 484.
36 Vgl. § 149 AO.
37 *Hild*, DB 1996, 2300.

8.2 Steuerhinterziehung durch Nichtabgabe der Erklärung

erverkürzung lediglich der Verspätungsschaden des Staates als maßgebliches Strafzumessungsunrecht angesehen wird.[38]

Die zeitliche Steuerhinterziehung wird im Hinblick auf die zu späte Steuerfestsetzung[39] nur sehr **selten strafrechtlich verfolgt**, zumindest kann in aller Regel eine Einstellung des Verfahrens erreicht werden.[40] Wer eine wahrheitsgemäße Erklärung einreicht, wird de facto nicht bestraft, auch wenn die Abgabe sehr spät erfolgte. Der Nachweis eines bedingten Vorsatzes kann jedenfalls nicht geführt werden, wenn die regelmäßige Fristüberschreitung von Seiten des FA über Jahre hingenommen wurde, ohne dass die Steuerverkürzung auf Zeit Folgen hatte.[41]

Der überwiegende Teil der Steuerhinterziehungen wird nicht durch die verspätete Abgabe von Steuererklärungen begangen, sondern durch falsche Angaben bzw. unzulässiges **Verschweigen** steuerlich relevanter Sachverhalte. Ein Zusammenhang zwischen der Steuerhinterziehung durch Nicht- oder Falschangaben und der finanzamtlichen Schätzung besteht zunächst einmal nicht. Die Frage der Steuerhinterziehung stellt sich aber dann, wenn das FA die Besteuerungsgrundlagen vor Abgabe der Steuererklärung zu niedrig schätzt. War die Frist zur Abgabe der Steuererklärung abgelaufen, so hat der Steuerpflichtige das FA pflichtwidrig „über steuerlich erhebliche Tatsachen in Unkenntnis gelassen"[42] und dadurch eine zu niedrige Steuerfestsetzung bewirkt. Dem Wortlaut nach ist der Tatbestand der Steuerhinterziehung also erfüllt, zumal im Steuerstrafrecht für vorsätzliches Handeln der dolus eventualis für vorsätzliches Handeln ausreicht.[43] Dennoch erscheint eine solche Auffassung insbesondere im Vergleich zu den Voraussetzungen der Steuerverkürzung auf Zeit als verfehlt. Denn so würde derjenige zum Steuerhinterzieher, der bis zum 31.7.[44] eines Jahres die Steuererklärung für das Vorjahr nicht einreicht und am 15.8. eine zu niedrige Schätzung erhält, während derjenige, der ebenfalls bis zum 31.7. keine Steuererklärung einreicht, aber keinen Schätzungsbescheid erhält, erst in dem Moment in die Nähe der Hinterziehung geriete, in dem das FA die wesentlichen Veranlagungsarbeiten für das Vorjahr abgeschlossen hätte. Die Schätzung des FA würde somit maßgeblichen Einfluss auf das Vorliegen eines Steuervergehens haben, was mit strafrechtlichen Grundsätzen nur schwer vereinbar ist.

---

38 Vgl. BGH v. 29.4.1997 5 StR 168/97, wistra 1997, 262.
39 Zur möglichen Straftat wegen des bewussten Ausnutzens der hohen Verzinsung nach § 233a AO siehe unten.
40 Wegen Geringfügigkeit nach § 398 AO oder § 153 StPO, als unwesentliche Nebenstraftat nach § 154 AO oder gegen Zahlung einer Geldauflage nach § 153a AO.
41 BGH v. 24.1.1990 3 StR 329/89, wistra 1990, 195.
42 Vgl. § 370 Abs. 1 Nr. 2 AO.
43 Vorsätzlich handelt danach derjenige, der die relevanten Umstände für möglich gehalten und billigend in Kauf genommen hat, vgl. z. B. BGH v. 20.12.2011 VI ZR 309/10, DB 2012, 573.
44 Ab 2018, vorher 31.5.

8 Strafrechtliche Aspekte der Schätzung

Zusammenfassend gilt:

- Der Erlass eines Schätzungsbescheids kann die **Steuerhinterziehung verhindern,** wenn die „geschätzte Steuer" höher als die tatsächlich festzusetzende ist oder ihr entspricht.[45] Die Tat bleibt dann „im Versuch stecken".[46] Wird dem Steuerpflichtigen vor Erlass des Schätzungsbescheids die Einleitung eines Ermittlungsverfahrens bekanntgegeben, scheidet die Annahme vollendeter Taten aus.[47]
- Schätzt das FA **zu niedrig,** tritt nur in Höhe der nicht festgesetzten Steuer der Taterfolg ein. Die nachgereichte Erklärung ist grundsätzlich eine Selbstanzeige nach § 371 AO, die allerdings nur wirksam wird, wenn die Nachzahlung bei Fälligkeit entrichtet wird.[48] Auch bei einer günstigen Schätzung ist die Steuererklärung einzureichen, um strafrechtliche Konsequenzen auszuschließen.
- Die mehrjährige **Hinnahme** von Schätzungen begründet den **Anfangsverdacht** der Steuerhinterziehung. Der Steuerpflichtige sollte die negative Wirkung eines möglichen Eingriffs der Steuerfahndung auf seine Geschäftsbeziehungen bedenken. Nicht selten kommt es zu Kreditkündigungen etc.

Die Bearbeiter in den FÄ sind im Übrigen gehalten, spätestens nach drei Veranlagungen ohne Erklärungseingang[49] ein Strafverfahren einzuleiten. Für die Steuerfahndung sind in diesem Zusammenhang vor allem die Dauerschätzfälle interessant, bei denen die mit den Schätzungsbescheiden festgesetzten Steuern gezahlt werden. Eine solche kommentarlose Begleichung der Steuerschuld spricht für eine zu niedrige Schätzung und ein strafrechtlich relevantes Hinnehmen durch den Steuerpflichtigen.

Bei der **Strafzumessung**[50] im Nichtabgabefall ist nicht zugunsten des Angeklagten zu berücksichtigen, dass er die nach der Steuererklärung geschuldeten Steuern vermutlich ohnehin nicht hätte bezahlen können. Denn für eine strafbare Steuerverkürzung genügt die konkrete Gefährdung des Steueranspruchs. Seine Erfüllung ist hingegen erst Gegenstand des dem Festsetzungsverfahren nachgelagerten Erhebungs- und Vollstreckungsverfahrens.[51]

Eine besondere Art des Straftatbestands nach § 370 AO ist die bewusste Nichtabgabe der Steuererklärung in der Hoffnung, dass das FA eine zu hohe Schätzung vornimmt, was dann bei späterer Erklärungsabgabe zu einer entsprechen-

---

45 BGH v. 22.8.2012 1 StR 317/12, NStZ 2013, 410.
46 *Rolletschke* in Rolletschke/Kemper, § 370 Rz. 66.
47 *Buse,* StBp 2013, 175, 179.
48 § 371 Abs. 3 AO, bei einer hinterzogenen Steuer von mehr als 25.000 € ist ein Zuschlag nach der Staffelung des § 398a AO zu entrichten, vgl. § 371 Abs. 2 Nr. 3 AO i.V.m. § 398a AO. Andernfalls tritt keine Straffreiheit ein.
49 Sog. „Dauerschätzfälle".
50 Vgl. § 267 Abs. 3 S. 1 StPO.
51 BGH v. 17.3.2009, 1 StR 479/08, wistra 2009, 315.

8.3 Abgabe der Erklärung nach Einleitung des Strafverfahrens

den **Verzinsung** i. H. v. 0,5 % pro Monat nach § 233a AO zugunsten des Steuerpflichtigen führt.

Beispiel:

A hat seine Steuererklärung für das Jahr 01 nicht eingereicht, so dass das FA im Januar 03 einen Einkommensteuerbescheid nach § 162 AO erlässt. A wartet noch weitere Mahnungen etc. ab und reicht die Steuererklärung Anfang 04 ein. Die sich daraus ergebende Erstattung wird ab dem 1.4.03 mit 0,5 % pro Monat verzinst. Es handelt sich um einen nicht gerechtfertigten Steuervorteil, der durch verspätete Angaben, nämlich die nicht fristgerechte Abgabe der Erklärung, erlangt wurde. A muss deshalb grundsätzlich mit der Einleitung eines Bußgeld- bzw. Strafverfahrens rechnen.

8.3 Abgabe der Erklärung nach Einleitung des Strafverfahrens

Der einer Steuerstraftat beschuldigte Steuerpflichtige hat trotz des ihm im Strafverfahren zugestandenen Aussageverweigerungsrechts[52] im Besteuerungsverfahren die von der AO vorgeschriebenen Mitwirkungspflichten zu erfüllen, weil jede andere Auffassung zu einer Privilegierung des in ein Strafverfahren verwickelten Steuerpflichtige führen würde.[53] Folgerichtig ist bei Nichtabgabe der Steuererklärung eine Schätzung während eines anhängigen Strafverfahrens zulässig,[54] sogar wenn der Steuerpflichtige sich in Untersuchungshaft befindet.[55] Für die dem strafrechtlich relevanten Zeitraum nachfolgenden Veranlagungszeitraum bejaht der BGH die o. g. Pflichten uneingeschränkt,[56] so dass durch die Nichtabgabe ein neuer Straftatbestand verwirklicht werden kann.[57] Für den strafbefangenen Zeitraum selbst soll die Pflicht zur Abgabe zwar in strafrechtlicher Hinsicht suspendiert sein,[58] das ändert aber wegen § 393 Abs. 1 AO nichts daran, dass das FA einen Schätzungsbescheid erlassen kann. Durch diese Konstellation wird das strafrechtliche Nemo-tenetur-Prinzip faktisch unterlaufen, insbesondere weil weder FA noch FG verpflichtet sind, das Steuer-

---

52 Nemo-tenetur-Grundsatz, lat.: Nemo tenetur se ipsum accusare = Niemand wird gezwungen, sich selbst anzuklagen.
53 BFH v. 15.11.2006 XI B 19/06, BFH/NV 2007, 400; BFH v. 23.7.1999 XI B 170/97, BFH/NV 2000, 7; BFH v. 6.5.1997 VII B 23/97, BFH/NV 1997, 641; BGH v. 26.4.2001 5 StR 587/00, wistra 2002, 150; für ein Mitwirkungsverweigerungsrecht *Graf/Bisle*, INF 2006, 144.
54 BFH v. 26.2.2010 VIII B 17/08, BFH/NV 2010, 1083; BFH v. 13.1.2006 VIII B 7/04, BFH/NV 2006, 914; BFH v. 9.5.2006 XI B 104/05, BFH/NV 2006, 1801; BFH v. 19.10.2005 X B 88/05, BFH/NV 2006, 15; BFH v. 19.9.2001 XI B 6/01, BStBl. II 2002, 4.
55 FG München v. 1.3.2001 10 K 10081/87, juris.
56 BGH v. 10.1.2002 5 StR 452/01, wistra 2002, 149 und BGH v. 13.10.1992 5 StR 253/92, wistra 1993, 66; allerdings besteht ein strafrechtliches Verwertungsverbot der Informationen für den strafbefangenen Zeitraum, vgl. BGH v. 12.1.2005 5 StR 191/04, wistra 2005, 148.
57 Die Verpflichtung soll auch bestehen, wenn sich aus der Erklärung z. B. für 05 Schlussfolgerungen für den streitbefangenen Zeitraum 01 bis 04 ergeben, BGH v. 26.4.2001 5 StR 587/00, wistra 2001, 341.
58 BGH v. 23.1.2002 5 StR 540/01, wistra 2002, 150.

8 Strafrechtliche Aspekte der Schätzung

verfahren, gleich welchen Zeitraum es betrifft, gemäß § 363 AO bzw. § 74 FGO auszusetzen.[59] Sinnvoll ist es deshalb, beim FA einen Antrag auf Fristverlängerung zu stellen. Ggf. kann ein Kompromiss dahingehend gefunden werden, dass hinsichtlich der Bemessungsgrundlagen, die der Sache nach Gegenstand des Strafverfahrens sind, keine Erklärung abgegeben wird und alle anderen Sachverhalte offenbart werden. Hier sind in jedem Fall „aktive Verhandlungen" anzuraten, um den Vorwurf weiterer Steuerhinterziehung zu vermeiden. Erlässt das FA aber Schätzungsbescheide, sind diese unabhängig davon mit dem Einspruch anzufechten.[60]

Nach § 393 Abs. 1 S. 2 AO sind **Zwangsmittel** im Besteuerungsverfahren unzulässig, wenn der Steuerpflichtige dadurch gezwungen würde, sich selbst wegen eines Steuervergehens zu belasten. Der übliche pauschale Hinweis auf die Möglichkeit der Verhängung eines Zwangsgelds in einem Erinnerungsschreiben zur Abgabe der Steuererklärung stellt aber keine konkrete Zwangsmittelandrohung dar. Sie zieht deshalb kein strafrechtliches Verwertungsverbot nach sich, wenn der beschuldigte Steuerpflichtige zuvor ordnungsgemäß gemäß § 136a StPO belehrt wurde.[61]

Es ist grundsätzlich wenig vorteilhaft, bei einem anhängigen Strafverfahren einen Zwischenstreit um die Pflicht zur Abgabe der Steuererklärung zu führen. Das kostet Energie, hat kaum Erfolgsaussichten und ist sehr häufig nur emotional, nicht aber rational begründet. Eine gute Beratung muss dies verhindern und auf die Einreichung der Steuererklärung unter Beachtung der o.g. Besonderheiten hinwirken. Denn sogar die **Beschlagnahme** von Unterlagen steht nach Ansicht des BFH der Pflicht zur Erklärungsabgabe nicht entgegen.[62] Der Steuerpflichtige muss seinen Erklärungspflichten zumindest nach Maßgabe der objektiven Gegebenheiten nachkommen.[63] Im Fall der beschlagnahmten Unterlagen sind bei der diesbezüglichen Eingrenzung folgende Überlegungen hilfreich:

- Was wurde lt. Beschlagnahmeprotokoll mitgenommen?
- Ist Akteneinsicht möglich?
- Über welche Daten verfügt der Steuerberater?
- Können Umsatzsteuervoranmeldungen ausgewertet werden?
- Welche Unterlagen können auf anderem Weg verfügbar gemacht werden?
- Mit welchem Minimalinhalt (Steuernummer, persönliche Angaben, Angaben zur Zusammenveranlagung, zu nicht betroffenen Einkunftsarten, zu

---

59 BFH v. 1.12.2005 XI B 21/05, BFH/NV 2006, 496.
60 *Bornheim/Kröber*, S. 301.
61 BGH 17.3.2005 5 StR 328/04, BFH/NV Beilage 2006, 92.
62 BFH v. 26.2.2010 VIII B 17/08, BFH/NV 2010, 1083; a.A. FG Bremen v. 24.2.2004 2 V 582/02, juris.
63 FG des Saarlands v. 16.1.1981 I 501-504/78, juris.

Werten aus Feststellungsbescheiden) kann die Steuererklärung eingereicht werden?[64]
- Im Übrigen ist im Rahmen der Steuererklärung auf die beschlagnahmten Unterlagen zu verweisen.

Die Beschlagnahme von Buchhaltungsunterlagen beim Steuerberater kann nur **selten erfolgreich angefochten** werden. Denn die Unterlagen sind nur solange beschlagnahmefrei, wie sie der Steuerberatung dienen, längstens also bis zur Erstellung und Freigabe des jeweiligen Jahresabschlusses.[65] Danach ist die Möglichkeit der Beschlagnahme gegeben, weil die Unterlagen schon nach § 200 Abs. 1 AO der Ap vorgelegt werden müssten.[66] Manipulierte Buchführungsunterlagen können als „Tatwerkzeuge"[67] immer beschlagnahmt werden. Hiervon zu unterscheiden ist allerdings die Beschlagnahme der **Handakten** des Steuerberaters, welche nicht zulässig ist. Die Ermittlungsbehörden sind insoweit lediglich befugt, eine grobe Papierkontrolle nach Art eines „Daumenkinos" durchzuführen, um sicher zu gehen, dass sich keine vergessenen Beweismittel zwischen den geschützten Beweismitteln der Handakte befinden.

8.4 Schätzung im Strafverfahren

8.4.1 Allgemeines

Schätzungen im Steuerstrafverfahren beschäftigen Rechtsprechung und Literatur seit vielen Jahrzehnten.[68] Grundsätzlich gilt im Strafverfahren: Können Zweifel hinsichtlich einer Tatfrage nicht behoben werden, ist die Feststellung des Sachverhalts durch Schätzung grundsätzlich nicht möglich – in dubio pro reo.[69] Eine „freie Schätzung" ohne zureichende Anhaltspunkte ist unzulässig.[70] Die Vorschriften des Strafrechts unterscheiden sich nämlich elementar von denjenigen des Steuerrechts.[71] Während z.B. ungeklärte Einzahlungen auf einem betrieblichen Bankkonto die Hinzuschätzung zu den Einnahmen zulassen,[72] ist eine entsprechende Schlussfolgerung strafrechtlich nicht ohne weite-

---

64 Das Einreichen nur des Mantelbogens ohne die Anlagen zu den Einkünften genügt allerdings nicht, vgl. FG Berlin-Brandenburg v. 14.6.2006 3 K 1087/05, EFG 2006, 1759; FG Berlin v. 26.11.2002 7 K 7434/01, EFG 2003, 398.
65 LG Essen v. 12.8.2009 56 Qs 7/09, DStR 2010, 624.
66 LG Halle v. 7.6.2017 2 Qs 1/17 und 2 Qs 2/17, juris, siehe auch *Tormöhlen*, AO-StB 2017, 267.
67 § 97 Abs. 2 S. 3 StPO.
68 Vgl. z.B. *Marschall*, DStR 1979, 587; *Stypmann*, wistra 1983, 95; *Dörn*, wistra 1993, 1 und 50; *Joecks*, wistra 1990, 52; *Bornheim*, AO-StB 2004, 138; *Schützeberg*, StBp 2009, 33; *Brinkmann*, StBp 2013, 250, 291, 321.
69 „Im Zweifel für den Angeklagten", vgl. BVerfG v. 15.10.1990 2 BvR 385/87, HFR 1991, 45 sowie BFH v. 14.8.1991 X R 86/88, BStBl. II 1992, 128; BFH v. 16.1.1973 VIII R 52/69, BStBl. II 1973, 273.
70 BGH v. 24.5.2007 5 StR 58/07, wistra 2007, 345; OLG Celle v. 27.6.1956, BB 1957, 24.
71 § 162 AO ist im Strafverfahren nicht unmittelbar anwendbar, vgl. z.B. *Cöster* in Koenig, § 162 Rz. 12.
72 Siehe unter 3.9.6.

8 Strafrechtliche Aspekte der Schätzung

res möglich. Hierfür müssen vielmehr Feststellungen hinsichtlich Auftraggeber sowie zu Art und Ziel der Aufträge, zu dem im Einzelfall vereinbarten Entgelt sowie zu Umfang und Zeitpunkt der Leistungsausführung getroffen werden.[73] Auch kann der Strafrichter dem Angeklagten fehlende Mitwirkung nicht zur Last legen, während die Passivität des Steuerpflichtigen im Steuerfestsetzungsverfahren regelmäßig zur Herabsetzung des Beweismaßes führt und daher nachteilig für den Steuerpflichtigen ist.[74] Im Strafverfahren genügt eine Wahrscheinlichkeit nicht, stattdessen wird die sichere Überzeugung über die Höhe der geschätzten Besteuerungsgrundlagen gefordert.[75] Der „In-dubio-pro-reo"-Grundsatz geht aber nicht soweit, dass eine **mathematische Gewissheit** für eine Verurteilung erforderlich wäre. Vielmehr muss der Strafrichter seinem Urteil von mehreren denkbaren Geschehensabläufen nicht immer den für den Angeklagten günstigsten zu Grunde legen, sondern denjenigen, für den nach seiner freien Überzeugung die größte Wahrscheinlichkeit spricht. So muss sich das Strafgericht z. B. bei der Festsetzung eines RAS nicht zugunsten des Angeklagten an den untersten Werten der in der Richtsatzsammlung genannten Spannen orientieren, wenn Anhaltspunkte für eine bessere Ertragslage wie z. B. für einen besonders guten Standort bestehen.[76]

Die bisherige Zurückhaltung der strafgerichtlichen Rechtsprechung gegenüber finanzamtlichen Schätzungen hat sich insgesamt deutlich verringert, vor allem wenn die Einlassungen des Steuerpflichtigen allzu lebensfremd sind.[77] Die Schutzwirkung des „In-dubio-pro-reo"-Grundsatzes, welcher oft pauschal ins Feld geführt, sollte von Verteidigerseite nicht überschätzt werden. Denn Voraussetzung für die Anwendung des Zweifelsatzes, dass sich der Richter im jeweiligen Einzelfall über die entscheidungserheblichen Tatsachen keine Klarheit verschaffen kann.[78] Das ist aber nicht automatisch dadurch der Fall, dass die Höhe der hinterzogenen Steuern geschätzt werden muss.

Die **Schätzung** der hinterzogenen Steuer im Strafverfahren ist danach grundsätzlich zulässig.[79] Sie ist insbesondere notwendig, wenn keine oder nur mangelhafte Aufzeichnungen vorhanden sind. Denn ein Freispruch kommt nicht in Betracht, wenn die Schuld des Täters als solche feststeht. Eine fehlende oder grob fehlerhafte Buchführung darf nicht zur Befreiung von strafrechtlicher

---

73 OLG Düsseldorf v. 17.2.1986 5 Ss 232/85-178/85 III, wistra 1987, 307.
74 Zum Thema „Mitwirkung" im Besteuerungsverfahren vgl. 1.8.
75 BGH v. 4.9.1979 5 StR 491/79, juris. Im Zweifel darf im Strafverfahren nur der Betrag zu Grunde gelegt werden, hinsichtlich dessen feststeht, dass er mindestens hinterzogen worden ist. Das wird zu Recht als „sinnentsprechende Anwendung des In-dubio-pro-reo-Grundsatzes" bezeichnet, vgl. *Rüsken* in Klein, § 162 Rz. 19a.
76 BGH v. 28.7.2010 1 StR 643/09, AO-StB 2010, 291; BGH v. 29.1.2014 1 StR 561/13, wistra 2014, 337. Zur Anwendung der Richtsatzsammlung im Strafverfahren siehe unter 8.4.2.
77 Siehe hierzu BGH v. 26.10.1998 5 StR 746/97, wistra 1999, 103.
78 BVerfG v. 23.9.1987 2 BvR 814/87, NJW 1988, 477.
79 BGH v. 10.8.2016 1 StR 233/16, juris; BGH v. 4.2.1992 5 StR 655/91, wistra 1992, 147; BGH v. 24.9.1985 1 StR 313/85, wistra 1986, 65; *Ransiek* in Kohlmann, § 370 Rz. 486.

8.4 Schätzung im Strafverfahren

Verantwortung führen.[80] Allerdings darf die Schätzung nicht „vorschnell" erfolgen[81] und es bestehen Einschränkungen bezüglich des Schätzungsrahmens.[82] Der BGH hat für die Durchführung einer Schätzung im Strafverfahren Im Einzelnen folgende Kriterien festgelegt:[83]

- Für eine annähernd genaue Berechnung fehlen aussagekräftige Beweismittel, d. h. es liegen keine ausreichenden Belege und Aufzeichnungen vor.
- Die Parameter der Schätzung müssen tragfähig sein.
- Die Schätzung kann aus verfahrensökonomischen Gründen angezeigt sein, wenn z. B. eine exakte Berechnung einen unangemessenen Aufklärungsaufwand erfordert und bei exakter Berechnung für den Schuldumfang nur vernachlässigbare Abweichungen zu erwarten sind.
- Bei der strafrechtlichen Würdigung des Schätzungsergebnisses ist der Grundsatz „in dubio pro reo" zu beachten. Anders als im Besteuerungsverfahren kann deshalb der Schätzungsrahmen gegenüber dem nichtmitwirkenden Beschuldigten nicht ohne weiteres zu seinen Lasten ausgeschöpft werden. Im Ergebnis sind nur solche Schätzungen zulässig, die den strafprozessualen Grundsätzen entsprechen.[84] Das bedeutet faktisch, dass die Schätzung ausgehend von der oberen Grenze ggf. soweit zu reduzieren ist, bis das Gericht die volle Gewissheit vom Vorliegen der geschätzten Tatsachen erreicht hat.
- Die Grundlagen der Schätzung müssen im tatrichterlichen Urteil für das Revisionsgericht nachvollziehbar dargestellt werden.[85]

Der Tatrichter muss selbstständig aufgrund freier Beweiswürdigung gemäß § 261 StPO die Besteuerungsgrundlagen ermitteln, die für Grund und Umfang der Steuerverkürzung maßgeblich sind und die zur vollen Überzeugung des Gerichts feststehen müssen.[86] Die Angaben des Außenprüfers im Bp-Bericht oder auch entsprechende Zeugenaussagen können dafür aber durchaus als Grundlage dienen, sie müssen vom Strafrichter aber im Einzelnen und eigenverantwortlich unter Berücksichtigung der strafrechtlichen Verfahrensgrundsätze geprüft und nachvollzogen werden.[87]

Bei **Auslandsbeziehungen** ist zu bedenken, dass § 90 Abs. 2 AO zwar keine unmittelbare Anwendung im Strafverfahren findet, der Angeklagte aber Unsicherheiten, wie sie gerade aus der Verletzung von Mitwirkungspflichten nach § 90 Abs. 2 AO erwachsen sind, im Rahmen der Schätzung im Strafverfahren

---

80 *Tormöhlen*, AO-StB 2013, 256.
81 *Ransiek* in Kohlmann, § 370 Rz. 486.
82 BFH v. 20. 6. 2007 II R 66/06, BFH/NV 2007, 2057, m. w. N.
83 Vgl. z. B. BGH v. 10. 11. 2009 1 StR 283/09, wistra 2010, 148.
84 Vgl. BGH v. 5. 5. 2004 5 StR 139/03, wistra 2004, 391; BGH v. 18. 4. 1978 5 StR 692/77, DB 1979, 142.
85 Z. B. BGH v. 6. 10. 2014 1 StR 214/14, wistra 2015, 63. Siehe auch unter 3.4.10.
86 *Ransiek* in Kohlmann, § 370 Rz. 486.
87 BGH v. 24. 5. 2017 1 StR 176/17, juris.

8 Strafrechtliche Aspekte der Schätzung

gegen sich gelten lassen muss. Das gilt insbesondere, wenn der Angeklagte vorhandene Aufzeichnungen vernichtet hat.[88]

Von besonderer Bedeutung ist im Strafverfahren die der Schätzung zu Grunde zu legende **Gewinnermittlungsart**.[89] Denn für die relativ kurze strafrechtliche Verjährung kann es einen erheblichen Unterschied machen, ob ein geschätzter oder ein im Rahmen einer Schätzung zu berücksichtigender nachgewiesener Umsatz nach den Grundsätzen des Bestandsvergleichs z. B. schon im Jahr 01 oder erst bei Zufluss im Jahr 03 zu berücksichtigen ist.[90]

Obwohl sich die Schätzungsbefugnis des Strafgerichts aus § 261 StPO und nicht aus § 162 AO ergibt, kommen die im Besteuerungsverfahren anerkannten Schätzungsmethoden in Betracht.[91] Sie können ggf. miteinander kombiniert werden.[92] Für das Steuerrecht ist unstreitig, dass der Betriebsprüfer die Schätzungsmetode grundsätzlich frei bestimmen kann und das Ergebnis auch nicht durch eine weitere Schätzungsmethode untermauern muss.[93] Im Bereich des Strafrechts kann der Beschuldigte bzw. sein Berater mit einer eigenen, zu einem günstigeren Ergebnis führenden Schätzung ggf. belegen, dass die Schuld in dem der von der Anklagebehörde bezeichneten Umfang nicht bewiesen ist. Dem Tatgericht kommt jedenfalls bei der Entscheidung, welche Schätzungsmethode dem vorgegebenen Ziel, der Wirklichkeit durch Wahrscheinlichkeitsüberlegungen möglichst nahe zu kommen, am besten gerecht wird, grundsätzlich ein Beurteilungsspielraum zu.[94] Die revisionsgerichtliche Überprüfung beschränkt sich in diesem Bereich darauf, ob das Tatgericht nachvollziehbar dargelegt hat, warum es sich der gewählten Schätzungsmethode bedient hat und weshalb diese dafür geeignet ist.[95]

Die nachfolgenden Ausführungen zu den Schätzungsmethoden im Strafverfahren betreffen in erster Linie Einkünfte aus **Gewerbebetrieb**. Im Bereich der Einkünfte aus **Kapitalvermögen** stellen die Strafgerichte tendenziell höhere Anforderungen an die schätzende Behörde. Teilweise soll ein festgestellter Kontostand allein nicht ausreichen, um Zinsen schätzen zu können, wenn der Verlauf der Anlage nicht erkennbar ist.[96]

---

88 BGH v. 26.10.1998 5 StR 746/97, wistra 1999, 103.
89 Zu diesem Thema vgl. 3.8.
90 Vgl. BGH v. 6.9.2011,1 StR 633/10, wistra 2012, 29; *Rau*, PStR 2012, 98.
91 BGH v. 28.7.2010 1 StR; 643/09, AO-StB 2010, 291; BGH v. 24.5.2007, 5 StR 58/07, wistra 2007, 345; BGH v. 5.8.1997, 5 StR 210/97; *Rolletschke* in Rolletschke/Kemper, § 370 Rz. 107; *Dörn*, StBp 1990, 25, 29. Hinweise zu den strafrechtlichen Aspekten der einzelnen Methoden siehe 8.4.2 bis 8.4.9.
92 BGH v. 24.5.2007 5 StR 58/07, wistra 2007, 345.
93 BFH v. 1.3.2005 X B 158/04, BFH/NV 2005, 1014; BFH v. 3.9.1998 XI B 209/95, BFH/NV 1999, 290.
94 BGH v. 14.6.2011 1 StR 90/11, BFH/NV 2011, 1821.
95 BGH v. 10.11.2009 1 StR 283/09, wistra 2010, 148.
96 AG Nbg v. 2.8.2012 46 Ds 513 Js 1382/11, wistra 2014, 113.

8.4.2 Richtsatzschätzung

Zum Besteuerungsverfahren siehe zunächst 3.9.2. Die Ansicht des BGH zur Anwendung der amtlichen Richtsätze im Strafverfahren[97] ist insofern überraschend, als die Richtsatzverprobung sogar in dem aus Sicht des Staates „leichter" zu führenden Besteuerungsverfahren wegen der fehlenden Vergleichbarkeit von Betrieben als eher „stumpfes Schwert" gilt.[98] Der BGH hat dennoch die Anwendung der Richtsätze wegen der im Urteilsfall fehlenden Buchführung für möglich gehalten[99] und darüber hinaus das Fehlen ordnungsgemäßer Aufzeichnungen sogar als **Strafschärfungsgrund** betrachtet.[100] Es bleibt aber trotz bzw. gerade wegen der o. g. Entscheidung dabei, dass ein Rückgriff auf die amtlichen Richtsätze im Strafverfahren voraussetzt, dass keine konkretere Schätzungsmöglichkeit besteht[101] und dass zur **konkreten Situation** des Betriebs Feststellungen getroffen und evtl. betriebliche Besonderheiten im Vergleich zu den „Normbetrieben" der Richtsatzsammlung ausreichend berücksichtigt werden.[102] Wird ein Mittelwert der Richtsatzsammlung zur Bestimmung des Schuldumfangs angesetzt, muss der Tatrichter darlegen, aus welchen Umständen er geschlossen hat, dass dieser Wert bei dem konkreten Betrieb erreicht worden ist.[103] Aus Verteidigersicht bietet diese Art der Schätzung deshalb viele Angriffsflächen, weil durch die Darstellung der o. g. besonderen Merkmale des betroffenen Betriebs ggf. eine niedrigere Schätzung erreicht werden kann. Bei noch jungen Betrieben kann der Hinweis lohnen, dass für die Richtsatzsammlung regelmäßig solche Betriebe herangezogen werden, die sich schon seit längerer Zeit am Markt befinden und entsprechend höhere und stabilere Gewinne erzielen.

Anders als im Steuerrecht[104] können FA oder Staatsanwaltschaft im Strafverfahren die Nennung der Vergleichsbetriebe nicht ohne weiteres mit dem Hinweis auf das Steuergeheimnis nach § 30 AO abwehren. Eine Nichtbenennung steht aber m. E. der Anwendung der Richtsätze im Strafverfahren nicht entgegen.[105]

Zu beachten ist im Strafverfahren schließlich, dass die Anwendung der amtlichen Richtsätze keineswegs zwingend ist. So können durchaus Zahlen aus anderen Erhebungen, z. B. solche des Statistischen Bundesamts, Beachtung finden, wenn der Schuldumfang mit Hilfe eines externen Betriebsvergleichs be-

---

97 BGH v. 6.10.2014 1 StR 214/14, wistra 2015, 63; BGH v. 29.1.2014 1 StR 561/13, wistra 2014, 276; BGH v. 28.7.2010 1 StR 643/09, wistra 2011, 28; BGH v. 24.5.2007 5 StR 58/07, wistra 2007, 345; *Esskandari/Bick*, DStZ 2015, 963, 970.
98 Vgl. 3.6.3.2.
99 *Wulf/Schüller*, DB 2019, 328, 335: „Bemerkenswert".
100 BGH v. 28.7.2010 1 StR 643/09, wistra 2011, 28.
101 BGH v. 20.12.2016 1 StR 505/16, juris.
102 *Gehm*, S. 436; *Webel*, S. 276.
103 BGH v. 20.12.2016 1 StR 505/16, juris, Rz. 16.
104 Vgl. hierzu BFH v. 18.12.1984 VIII R 195/82, BStBl. II 1986, 226.
105 Vgl. BGH v. 28.7.2010 1 StR 643/09, wistra 2011, 28; ggf. a. A. *Erb*, SAM 2007, 122, 129.

8 Strafrechtliche Aspekte der Schätzung

stimmt werden soll. In Grenzfällen lohnt im Übrigen die Prüfung, ob der maßgebliche Betrieb überhaupt zutreffend „einsortiert" wurde. Als Beispiel sei hier nur auf die erheblich differierenden Aufschlagsätze von „Pizzerien" und „Imbissbetrieben" hingewiesen. Ggf. liefern Mischwerte ein sachgerechteres Ergebnis.[106]

8.4.3 Geldverkehrsrechnung

Zum Besteuerungsverfahren siehe zunächst 3.9.7. Auch im Strafverfahren kann die GVR Anwendung finden.[107] Aus dem Aufwand für die **Lebensführung** und aus der **Vermögensbildung** des Angeklagten[108] kann im Vergleich zu den erklärten Einkünften häufig auf einen Mindestbetrag geschlossen werden, den der Angeklagte der Besteuerung entzogen hat.[109] Die Rechtsprechung betont jedoch, dass alle Konten des Beschuldigten in die Berechnung einbezogen werden müssen.[110] Dadurch, dass die GVR losgelöst von steuerlichen Begriffen und Sachverhalten Vermögenswerte und Geldbewegungen analysiert, findet sie grundsätzlich große Akzeptanz. Sowohl das Finanz- als auch das Strafgericht müssen bei festgestellten Fehlbeträgen sämtliche Anhaltspunkte dafür würdigen, dass Mittel aus anderen Quellen als aus verschwiegenen Einkünften zur Verfügung gestanden haben könnten.[111] Hier liegt aus Sicht des Beschuldigten die größte Chance, die Vermutung der unversteuerten Umsätze zu entkräften. Dabei sind die Anforderungen an den Nachweis von Darlehen, Spielbankgewinnen, Erlösen aus dem Verkauf von Privatvermögen, Erbschaften etc. allerdings hoch, bei entsprechenden Belegen bzw. glaubhaften Zeugenaussagen dürfte die Steuerhinterziehung insoweit aber regelmäßig widerlegt sein. Auch ein in einer GVR errechneter, ungeklärter Fehlbetrag lässt darüber hinaus nur dann einen zuverlässigen Schluss auf entsprechend hohe gewerbliche Einkünfte zu, wenn das Gericht zu der Überzeugung gelangt, dass der Gewerbebetrieb Betriebseinnahmen und Gewinne in der angenommenen Höhe überhaupt abwerfen konnte. Zur Beantwortung dieser Frage kann sowohl ein innerer als auch ein äußerer Betriebsvergleich durchgeführt werden.[112]

Von noch größerer Bedeutung als im Besteuerungsverfahren ist im Strafverfahren die Tatsache, dass bestimmte Parameter im Rahmen der GVR, insbesondere der private Verbrauch, nicht bekannt sind und deshalb geschätzt werden müssen. Wird ein anderer „Lebensstil" nicht nachgewiesen, kann in diesem Bereich nur mit Mindestbeträgen wie z. B. den Hartz-IV-Regelsätzen gearbeitet werden. Insofern hat eine Ausrichtung am „In-dubio-pro-reo-Grundsatz" zu erfolgen.[113]

---

106 Vgl. BGH v. 28.7.2010 1 StR 643/09, wistra 2011, 28: Mischwert aus den Aufschlägen für Döner-Imbiss und für Pizzeria.
107 *Dürrer*, S. 129; LG Freiburg v. 15.11.2000 VIII Qs 13/00, PStR 2001, 164.
108 Sparguthaben, Wertpapiere, Erwerb und Bebauung von Grundstücken usw.
109 *Joecks* in Joecks/Gast/Randt, § 370 Rz. 83.
110 BGH v. 4.2.1992 5 StR 655/91, wistra 1992, 147.
111 BFH v. 1.7.1987 I R 284-286/83, BFH/NV 1988, 12.
112 BFH v. 1.7.1987 I R 284-286/83, BFH/NV 1988, 12.
113 *Hild*, DB 1996, 2300, 2303.

8.4 Schätzung im Strafverfahren

Der teilweise vertretenen Auffassung, im Strafverfahren müssten Schätzungen seitens des FA bzw. der Staatsanwaltschaft immer durch eine GVR „abgesichert" werden,[114] ist m. E. nicht zu folgen, da die GVR eine eigene, anderen Methoden gegenüber gleichwertige Schätzungsmethode darstellt und die Behörde grundsätzlich nicht verpflichtet ist, die erforderliche Schätzung auf unterschiedliche Art und Weise durchzuführen.

8.4.4 Vermögenszuwachsrechnung

Zum Besteuerungsverfahren siehe zunächst 3.9.10. Die VZR ähnelt der GVR. Anknüpfungspunkt ist bei beiden Methoden die Überlegung, dass ein Steuerpflichtiger innerhalb eines bestimmten Zeitraums nicht mehr Vermögen bilden und nicht mehr Ausgaben tätigen kann, als ihm an Geldmitteln aus den erklärten Quellen zur Verfügung steht. Wird bspw. der entnommene Gewinn und sonstigen Geldflüsse vollständig für den Lebensunterhalt verbraucht, können die Sparguthaben im gleichen Zeitraum nicht um 200.000 € angewachsen sein. Es muss dann eine andere Quelle, möglicherweise verschwiegene Einnahmen, vorhanden gewesen sein. Der ungeklärte Vermögenszuwachs ist als eigenständiger Schätzungsgrund und als sicherer Anhalt für die Höhe der Schätzung anerkannt.[115] Wird mit einer VZR ein ungeklärter Vermögenszuwachs aufgedeckt, so trägt der Steuerpflichtige die objektive Beweislast für die Herkunft des Geldes.[116]

Bei besonders **ungewöhnlichen Sachverhalten** genügt bereits das Vorhandensein erheblicher Vermögenswerte bei geringen erklärten Einkünften, um das FA zu berechtigen, von nicht versteuerten Einnahmen auszugehen. Wer z. B. Vermögenswerte von 500.000 € in seinem häuslichen Umfeld aufbewahrt, hat die Herkunft dieses Vermögens plausibel darzulegen.[117] Die Schwierigkeiten liegen aus Sicht der Anklagebehörde wie bei der GVR[118] vor allem im Bereich der Sachverhaltsermittlung, da bestimmte Größen, insbesondere der private Geldbedarf, nur unter Mitwirkung des Beschuldigten zuverlässig ermittelt werden können. Das wird teilweise zur Annahme von Mindestbeträgen führen und damit dem wenig mitwirkenden Beschuldigten bessere Verhandlungsergebnisse bringen.

Die Feststellung der Vermögensentwicklung wird i. d. R. für einen Zeitraum von mehr als einem Jahr durchgeführt, denn bei regelmäßiger Schwarzgeldbildung wird diese dadurch besser sichtbar. Zu lange Zeiträume werden aber eher skeptisch beurteilt, da die erforderliche Aufteilung eines Mehrbetrags auf die einzel-

---

114 *Erb*, SAM 2007, 122, 128.
115 BFH v. 28.5.1986 I R 265/83, BStBl. II 1986, 732; BFH v. 13.11.1969 IV R 22/67, BStBl. II 1970, 189; BFH v. 3.8.1966 IV R 75/66, BStBl. III 1966, 650.
116 BFH v. 2.7.1999 V B 83/99, BFH/NV 1999, 1450; BFH v. 7.11.199 III B 449/90, BFH/NV 1991, 724.
117 FG des Saarlands v. 16.11.2005 1 K 268/00, PStR 2006, 81, rkr.
118 Siehe hierzu 8.4.3.

nen Besteuerungszeiträume nicht mehr möglich sei.[119] Die Zuordnung ist im Strafverfahren besonders problematisch, weil hier die Schuld für jede Tat, d. h. im Zweifel für jede unrichtige Steuererklärung zu definieren ist.

8.4.5 Aufschlagskalkulation

Zu dieser Schätzungsmethode im Besteuerungsverfahren siehe zunächst 3.9.3. Insbesondere in Gastronomiefällen ist die Aufschlagskalkulation die Standardmethode zur Schätzung der Besteuerungsgrundlagen, ebenso häufig findet sie aber auch Anwendung zur Bestimmung des Schuldumfangs im Strafverfahren.[120] Die Aussagekraft dieses „inneren Betriebsvergleichs" wird allerdings dadurch beeinträchtigt, dass in vielen Betrieben ganz unterschiedliche Waren und Dienstleistungen angeboten werden, bei denen Kalkulation und Lohneinsatz häufig kaum miteinander vergleichbar sind und auch nicht ohne weiteres aus Waren- und Materialeingangsrechnungen oder Verkaufspreisen abgeleitet werden können.

Im Gastronomiebereich werden Schwarzumsätze häufig durch eine sog. **Kalkulation nach Anteilen** festgestellt.[121] Dabei wird z. B. der Wareneinkauf für Getränke ermittelt und mit den festgestellten Aufschlagsätzen hochgerechnet. Den so kalkulierten Getränkeumsatz zieht der Prüfer vom erklärten Gesamtumsatz ab. Die Differenz stellt den Speiseumsatz dar. Durch Gegenüberstellung mit dem dazugehörenden WES erhält man schließlich den auf die Speisen entfallenden Aufschlagsatz. Stimmt er nicht mit dem im Betrieb ermittelten Aufschlagsatz[122] überein, spricht der Betriebsprüfer der Buchführung ihre sachliche Richtigkeit ab und nimmt auf der Grundlage seines Zahlenwerks entsprechende Zuschätzungen vor. Die Schätzung nach Anteilen hat auch strafrechtlich Bedeutung, allerdings ist – wie im Besteuerungsverfahren – zu prüfen, ob die angesetzten Prozentsätze für Getränke und Speisen für den konkreten Betrieb tatsächlich zutreffend sind.[123]

Gegen die Bestimmung des Umfangs der Steuerhinterziehung durch eine Aufschlagskalkulation können sämtliche aus dem Besteuerungsverfahren bekannten **Einwendungen** vorgebracht werden. Zu prüfen ist aus Verteidigersicht deshalb, ob es Sachverhalte gibt, die dazu geführt haben, dass nicht die von der Bp errechneten Umsätze erzielt werden konnten. In Betracht zu ziehen sind: Tatsächliche Verwendung anderer Rezepte oder anderer Speisekarten, Schankverluste, überlange Bierleitungen, größere Portionen als vom Prüfer angenommen, Freirunden, Rabatte, Naturalrabatte, Preisnachlässe, Warendiebstahl, Schwund, Verderb, Verbrauch von Materialien zu Test- und Werbezwecken,

---

119 BFH v. 2. 3. 1982 VIII R 225/80, BStBl. II 1984, 504.
120 Eine strafrechtliche Relevanz von Kalkulationsergebnissen bejahend *Breite*, StBp 2007, 70, 75; *Tormöhlen*, AO-StB 2013, 256, 258 mit dem zusätzlichen Hinweis auf die Zulässigkeit von Testkäufen.
121 Im Fachjargon „30/70-Methode" o. ä. genannt.
122 Z. B. anhand der Speisekarten ermittelt.
123 FG Nürnberg v. 8. 5. 2012 2 K 1122/2009, juris.

8.4 Schätzung im Strafverfahren

unzureichende Aufgliederung des WES,[124] usw. Idealer Weise liegen über diese Sachverhalte Unterlagen wie entsprechende Monatslisten vor, tatsächlich ist das aber selten der Fall. Aufgrund der Fülle der möglichen Gegenargumente, aber auch wegen ihrer kaum vorhandenen Nachweismöglichkeit, ist eine Vereinbarung im Strafverfahren ebenso wie eine Einigung im Besteuerungsverfahren vom „guten Willen" aller Beteiligten abhängig. Im Zweifel gilt aber hinsichtlich jeder einzelnen Größe der „In-dubio-pro-reo"-Grundsatz, was die Position des FA bzw. der Staatsanwaltschaft erheblich verschlechtert. Das gilt umso mehr, als die unter Zeit- und Statistikdruck durchgeführte steuerliche Prüfung in aller Regel nach dem Muster „Nichtordnungsgemäße Buchführung feststellen-Größenordnung finden-Einigung erzielen" stattfindet. Viele wichtige Details des Falls werden dann zwangsläufig nicht in einer für das Strafverfahren erforderlichen Form ermittelt und dokumentiert.

8.4.6 Zeitreihenvergleich

Zum Besteuerungsverfahren siehe zunächst 3.9.4. Der ZRV kann auch im Strafverfahren Bedeutung haben. Wenig bekannt ist, dass diese Schätzungsmethode sogar ihren Ursprung in der Rechtsprechung des BGH zum Abrechnungsbetrug durch Ärzte und damit im Strafrecht hat.[125] Mehr als bei jeder anderen Schätzungsmethode können beim ZRV kleine Fehler in den Ausgangsdaten oder in der Berechnung gravierende Abweichungen produzieren.[126] Die Berechnungen des FA werden deshalb durch das Strafgericht insbesondere darauf untersucht, ob durch Schätzungen und Rundungen z. B. beim Ansatz der in der maßgeblichen Periode verbrauchten Waren hohe Zuschätzungen „errechnet" wurden.[127] Angreifbar sind insbesondere solche ZRV, bei denen der WES der als maßgeblich erachteten Periode durch geschätzte Bestandserhöhungen zum Ende dieser Periode künstlich gemindert und der RAS dadurch erhöht wird.

> *Beispiel:*
> Bei der Prüfung des China-Restaurants C geht der Betriebsprüfer davon aus, dass aus den Einkäufen der letzten zehn Wochen des Jahres 01 Waren mit einem Einkaufspreis von 3.000 € in den Warenbestand zum 31.12.01 eingeflossen sind. Bei der Ermittlung des Aufschlagsatzes für den Zeitraum von der 43. bis zur 52. Woche des Jahres vermindert er den Einkauf um diesen Betrag, um den nach seiner Meinung zutreffenden WES dieser Periode zu erhalten. Es ergibt sich dort ein RAS von 350 %, während für das gesamte Jahr ein Aufschlag i. H. v. 250 %

---

124 Hier kann schon die Darstellung des Warensortiments und der jeweils unterschiedlichen Aufschläge zu Zweifeln an der Kalkulation führen.
125 BGH v. 14.12.1989 4 StR 419/89, NJW 1990, 1549. *Diller/Schmid/Späth/Kühne*, DStR 2015, 311, 315 weisen allerdings darauf hin, dass es um die Rechtsfolgeebene ging und damit umstritten bleibe, ob die Richtigkeit von Werken des Rechnungswesens auf der Grundlage statistischer Methoden erfolgen könne.
126 Zu dieser Hebelwirkung z. B. *Kulosa*, DB 2015, 1797, 1801, 1802.
127 Zur entsprechenden Skepsis gegenüber den Berechnungen des FA vgl. für das Steuerrecht insbesondere BFH v. 25.3.2015 X R 20/13, BStBl. II 2015, 743, hierzu ausführlich *Kulosa*, DB 2015, 1797.

8 Strafrechtliche Aspekte der Schätzung

erzielt wurde, welcher sich auch in ähnlicher Höhe für die einzelnen Perioden des ZRV ergeben hat (mit Ausnahme des o.g. Zeitabschnitts von der 43. bis zur 52. Woche). Hier ist offensichtlich, dass der hohe Aufschlagsatz durch die Annahme „produziert" wurde, ein erheblicher Teil des Wareneinkaufs sei für den Aufbau des Bestands zum 31.12.01 verwendet worden. Hierfür müssten von der Anklagebehörde weitere Nachweise erbracht werden. Insbesondere ist danach zu fragen, ob nicht quasi kompensierend solche Waren im Zeitraum von der 43. bis zur 52. Woche verbraucht worden sind, die zu Beginn dieser „Zeitreihe" aus den vorhergehenden Einkäufen vorhanden waren.

Der BFH hält den ZRV bereits im Steuerrecht nur unter sehr engen Voraussetzungen für eine geeignete Verprobungs- und Schätzungsmethode.[128] Für das Strafverfahren mit seinen erhöhten Anforderungen dürfte diese besondere Art der Nachkalkulation damit erheblich an Bedeutung verloren haben.[129]

8.4.7 Kassenfehlbeträge

Zum **Besteuerungsverfahren** siehe zunächst 3.9.5. „Minusbestände" der Kasse sind auch strafrechtlich relevant.[130] Wird die strafrechtliche Zuschätzung mit festgestellten Kassenfehlbeträgen begründet, ist aus Verteidigersicht im ersten Schritt zu prüfen, ob es sich tatsächlich um echte Fehlbeträge handelt. Oft verhält es sich so, dass Ausgaben und Einnahmen mit den falschen Daten im Kassenbuch erfasst wurden, z. B. mit dem Datum des Belegs, welches nicht zwingend mit dem Zeitpunkt des Zahlungsvorgangs übereinstimmen muss.

Beispiel:
Der Kassenanfangsbestand am 1.7.01 beträgt unstreitig 100 €. Am 1.7. werden Einnahmen i. H. v. 500 € erzielt. Weitere Geldbewegungen finden an diesem Tag nicht statt. Am 2.7. werden abermals 500 € Einnahmen erzielt, eine Lieferantenrechnung i. H. v. 800 € wird bar beglichen. Erst am 3.7.01 morgens nimmt der Unternehmer die ersten Eintragungen im Kassenbuch für den Monat Juli vor. Dabei schreibt er die Bezahlung der o. g. Rechnung unter dem 1.7.01 auf, da die Rechnung dieses Datum trägt. In 04 findet eine Bp statt, die u. a. das Jahr 01 umfasst. Mit Hilfe eines „IDEA-Makros" stellt der Betriebsprüfer am 1.7.01 einen Kassenfehlbetrag i. H. v. 200 € fest. Es handelt sich um den klassischen Fall eines „unechten" Fehlbetrags, weil die Rechnung in der Realität nicht am 1.7.01, sondern erst am 2.7.01 beglichen wurde und der entsprechende Geldbetrag erst zu diesem Zeitpunkt die Kasse verlassen hat. Tatsächlich war also ausreichend Geld in der Kasse, um die Rechnung zu bezahlen.

Insbesondere wenn der Kassenendbestand nicht wie vorgeschrieben täglich festgehalten wird, wird der mit der Buchführung beauftragte Steuerberater häufig schon bei seiner Arbeit Fehlbeträge feststellen. Oft erfolgt ein entsprechender EDV-mäßiger Hinweis, wenn „die Kasse gebucht" wird. Dann ist zu

---

128 BFH v. 25.3.2015 X R 20/13, BStBl. II 2015, 743, vgl. hierzu *Brandt*, StBp 2015, 304.
129 Kritisch zur BFH-Rechtsprechung z. B. *Becker*, DStR 2016, 1386, 1430. Wegen Einzelheiten siehe 3.9.4.
130 *Webel*, S. 283; *Gehm*, S. 427, 438.

beachten, dass der Steuerberater von sich aus nur Hinzuschätzungen vornehmen darf, wenn es nach sorgfältiger Prüfung zwingend erforderlich erscheint und die Finanzbehörde andernfalls ihrerseits Zuschätzungen vornehmen müsste.[131] Für den Berater ist es im Hinblick auf Beihilfevorwürfe und evtl. Haftung nach §71 AO aber gefährlich, eine Anpassung an die amtlichen Richtsätze vorzunehmen, ohne das FA auf diese „freiwillige" Zuschätzung hinzuweisen.[132] Am sichersten ist es in einem solchen Fall, dem FA die Nachbuchung der Einnahmen unverzüglich anzuzeigen und – soweit möglich – eine Aufstellung des Mandanten über bisher fehlende Einnahmen sowie eine von ihm unterschriebene aktuelle Vollständigkeitserklärung beizufügen.[133]

8.4.8 Sicherheitszuschlag

Zum Besteuerungsverfahren siehe zunächst 3.9.11. Der sog. Sicherheitszuschlag oder besser die „pauschale Zuschätzung" soll schon im Steuerverfahren in einem „vernünftigen" Verhältnis zu den erklärten oder nicht verbuchten Umsätzen stehen,[134] so dass dies erst recht in dem von der Unschuldsvermutung geprägten Strafverfahren gelten muss. Der Sicherheitszuschlag im engeren Wortsinn[135] zur Abgeltung „formeller" Mängel, der seine Ursache eher in der Verfahrensökonomie hat, hat regelmäßig keine strafrechtliche Relevanz. Bei **schwerwiegenden Pflichtverletzungen** wie bei nachgewiesenen, in der Buchführung nicht erfassten Umsätzen oder beim festgestellten Einsatz einer Manipulationssoftware darf aber auch im Strafverfahren griffweise ein Sicherheitszuschlag angesetzt werden.[136] Die Bezeichnung „Sicherheitszuschlag" ist für eine solche pauschale Zuschätzung insoweit irreführend, als dass er bestehende Unsicherheiten betont und damit im Strafverfahren wegen des In-dubio-pro-reo-Grundsatzes unangebracht erscheint.[137] Tatsächlich liegen bei jeder Schätzung Unsicherheiten vor, sie sind gerade der Grund für die Schätzung. Da der Sicherheitszuschlag bzw. die pauschale Zuschätzung eine vollwertige Schätzungsmethode darstellt[138], und der BGH die Schätzung im Strafverfahren zulässt[139], kann dort auch von einem solchen Zuschlag Gebrauch gemacht werden, um den Umfang der Schuld zu bestimmen.

---

131 BGH v. 20.6.1991 IX ZR 226/90, NJW 1991, 2833.
132 Zur Haftungsgefahr für den Berater durch „Stimmigmachen" siehe *Pump/Leibner*, AO-StB 2004, 35; *Pump*, StBp 2016, 199, 201.
133 *Achilles/Pump*, S. 252.
134 BFH v. 13.7.2000 IV R 55/99, BFH/NV 2001, 3; BFH v. 26.10.1994 X R 114/92, BFH/NV 1995, 373.
135 „Sicherheitszuschlag erster Stufe", vgl. *Brinkmann*, StBp 2014, 29, 30; *Nöcker*, NWB 2018, 2850, 2851.
136 „Sicherheitszuschlag zweiter Stufe", vgl. *Brinkmann*, StBp 2014, 29, 30; *Nöcker*, NWB 2018, 2850, 2851.
137 So wohl auch *Gehm* in StBp-Handbuch, Kza. 6010. Gegen einen Sicherheitszuschlag im Strafverfahren auch *Ransiek* in Kohlmann, § 370 Rz. 486 sowie *Beyer*, DB 2017, 985, 987: „Überzeugungshürde beim Sicherheitszuschlag oft nicht erreicht."
138 Siehe unter 3.9.11.
139 Siehe unter 8.4.1.

8 Strafrechtliche Aspekte der Schätzung

8.4.9 Mathematisch-statistische Methoden

Zu mathematisch-statistischen Schätzungsmethoden im Besteuerungsverfahren siehe zunächst 3.6.3.7. „Modernen" Verprobungsmethoden wie dem Benfordschen Gesetz oder dem Chi²-Test steht das Strafrecht bisher eher **skeptisch** gegenüber.[140] Sie können bereits nach der steuerlichen Rechtsprechung eine VZR, eine GVR oder eine andere sichere Kalkulationsmethode nicht ersetzen.[141] Das ergibt sich ungeachtet der Bewertung der Aussagekraft schon daraus, dass es sich um Verprobungsmethoden handelt, nicht aber um Schätzungsmethoden zur Quantifizierung des Steuerschadens.[142] Man kann im konkreten Fall zwar darüber streiten, ob ein auffälliger Chi²-Test die Manipulation der Kassenaufzeichnungen belegt oder nicht. Über die Höhe der ggf. nicht erfassten Umsätze sagt das Testergebnis aber jedenfalls nichts aus.

Beispiel:
In der Pizzeria P werden die Tageseinnahmen handschriftlich in ein Kassenbuch eingetragen. Ungeachtet der tatsächlichen Einnahmen wird täglich „200 €" eingetragen. Selbstverständlich ergibt sich ein auffälliger Chi²-Test, da nur die Ziffern 2 und 0 auftauchen. Die Höhe der vermutlich nicht erfassten Einnahmen ist durch eine Kalkulation oder eine andere Schätzungsmethode zu bestimmen.

Zumindest hinsichtlich der **Rechtsfolgenbemessung** stehen dem Strafrichter aber durchaus statistische Wahrscheinlichkeitsüberlegungen zur Verfügung. Aus Sicht der **Strafverteidigung** bieten mathematisch-statistische Verprobungsmethoden in geeigneten Fällen die Möglichkeit, Zweifel an der behaupteten Steuerhinterziehung zu erzeugen.

Beispiel:
In der Pizzeria P werden die Tageseinnahmen handschriftlich in ein Kassenbuch eingetragen. Nach Durchführung einer Bp wird gegen den Inhaber ein Strafverfahren eingeleitet. Der Vorwurf geht dahin, dass P nicht die Einnahmen aus den nun nicht mehr vorhandenen Z-Bons der Registrierkasse in das Kassenbuch eingetragen habe, sondern stattdessen von ihm frei erfundene, niedrigere Werte. Deshalb sei die vom Betriebsprüfer angesetzte Kalkulationsdifferenz von 4 % zu den erklärten Einnahmen als vorsätzlich nicht deklariert und die darauf entfallende Steuer als hinterzogen anzusehen. Ein vom Steuerberater durchgeführter Chi²-Test bezogen auf die Tageseinnahmen ergibt keinen auffälligen Wert. Die geringe Kalkulationsdifferenz kann hier im Besteuerungsverfahren angesetzt werden, weil die Buchführung wegen der fehlenden Z-Bons nicht ordnungsgemäß ist und sich daraus die Schätzungsbefugnis dem Grunde nach ergibt. Im Strafverfahren mit seinen aus Sicht der Behörden schwierigeren Beweisregeln ist fraglich, ob eine Steuerhinterziehung angenommen werden kann. In dieser Situ-

---

140 Vgl. *Gehm*, S. 433: „Keine Rolle im Steuerstrafverfahren."
141 FG Münster v. 14.8.2003 8 V 2651/03, E, U, EFG 2004, 9.
142 Ggf. a. A. *Wähnert*, StBp 2011, 107. Danach sollen aus mathematisch-statistischen Verprobungsmethoden ggf. auch Schätzgrößen abgeleitet werden können.

ation kann der unauffällige Chi²-Test durchaus zum Freispruch führen, weil er ein Indiz dafür ist, dass keine erfundenen, sondern „echte" Zahlen Eingang in das Kassenbuch gefunden haben.

8.4.10 Betriebsausgaben

Bei der Höhe der zu berücksichtigenden Betriebsausgaben oder „Betriebskosten" gelten zwar die aus dem Steuerverfahren bekannten Grundsätze der Feststellungslast nicht, was sich im Einzelfall zugunsten des Beschuldigten auswirken könnte. Das für die Strafsache zuständige Gericht soll z.B. nicht ohne Begründung einen geringeren Betriebskostenanteil annehmen können als vom Angeklagten vorgetragen.[143] Auf der anderen Seite ist nicht auszuschließen, dass das Strafgericht für die Frage des Schuldumfangs das Kompensationsverbot des § 370 Abs. 4 S. 3 AO anwendet. Dann sind die – ggf. geschätzten – Betriebsausgaben aber dennoch im Rahmen der Strafzumessung zu beachten.[144]

8.4.11 Übernahme der steuerlichen Schätzung durch das Strafgericht

Teilweise wird die finanzamtliche oder finanzgerichtliche Schätzung des FA vom Strafrichter übernommen. § 396 Abs. 1 AO bietet hierfür verfahrensrechtliche Hilfe, denn die Vorschrift erlaubt die Aussetzung des Strafverfahrens, bis über den Steueranspruch entschieden ist.[145] Zieht das Gericht die Akten eines strafrechtlichen Ermittlungsverfahrens bei, hat es die Beteiligten davon zu benachrichtigen. Andernfalls verletzt es deren Anspruch auf rechtliches Gehör.[146] Die ungeprüfte Übernahme der Schätzung in das Strafverfahren ist unzulässig,[147] auch wenn die steuerliche Schätzung als sachverständige Zeugenaussage interpretiert wird.[148] Der Strafrichter darf Schätzungen der Finanzbehörde aber übernehmen, wenn er sie **überprüft** hat und von ihrer Richtigkeit auch unter Beachtung der vom Besteuerungsverfahren abweichenden strafrechtlichen Verfahrensgrundsätze **überzeugt** ist.[149] Verstöße hiergegen können wegen unzutreffender Ermittlung des Schuldumfangs mit der Revision angegriffen werden. Der Strafrichter muss sich selbst mit den Normen des materiellen Steuerrechts befassen und sie auf den Einzelfall anwenden.[150] Die kritiklose Übernahme der Schätzungsergebnisse verstößt gegen die strafprozessuale Grundregel des § 261 StPO, wonach das Gericht allein nach seiner freien, aus

---

143 BGH v. 19.7.2007 5 StR 251/07, wistra 2007, 470.
144 *Ransiek* in Kohlmann, § 370 Rz. 488.
145 In der Praxis sind Strafrichter für solche „Vorgaben" häufig dankbar, vgl. *Durst*, KÖSDI 2011, 17579.
146 BFH v. 26.7.2012 IX B 164/11, BFH/NV 2012, 1643.
147 BGH v. 13.7.2011 1 StR 154/11, BFH/NV 2011, 1823; BGH v. 26.4.2001 5 StR 448/00, wistra 2001, 308.
148 BGH v. 17.3.2005 5 StR 461/04, Beilage zu BFH/NV 1/2006, 90.
149 BGH v. 19.7.2007 5 StR 251/07, wistra 2007, 470 und BGH v. 24.5.2007 5 StR 58/07, wistra 2007, 345. Dies wird als „Übernahmerechtsprechung" bezeichnet, vgl. z.B. *Beyer*, AO-StB 2018, 353, 356.
150 Z.B. BGH v. 12.8.1999 5 StR 269/99, wistra 1991, 175.

8 Strafrechtliche Aspekte der Schätzung

der Verhandlung geschöpften Überzeugung entscheidet. Der BGH wird in diesem Zusammenhang vor allem skeptisch, wenn das Urteil genau – z. B. incl. Schreib- und Rechenfehlern – der Anklageschrift entspricht.

Bestreitet der Angeklagte im Strafverfahren eine vorliegende steuerliche Schätzung nicht, kann hierin unter bestimmten Umständen ein **Geständnis** hinsichtlich des Taterfolgs gesehen werden.[151]

Oft werden die Werte des FA oder der Steuerfahndung grundsätzlich übernommen, aber hiervon ein **„strafrechtlicher Abschlag"** gemacht, um die erwähnte Beweislastsituation im Strafverfahren zu berücksichtigen.[152] Dies soll zwar verfassungsrechtlich unbedenklich sein,[153] wird aber dennoch nach der wohl h. M. für unzulässig gehalten,[154] da es sich bei dieser Vorgehensweise im Grunde auch um ein ungeprüftes Übernehmen der finanzamtlichen Schätzung handelt. Der Verteidiger wird darüber hinaus nicht ohne Grund vortragen, solche Abschläge sprächen für die Unsicherheit der Schätzungen, sie belegten den Mangel im Hinblick auf die erforderliche strafrechtliche Feststellung der hinterzogenen Steuern.[155] Allerdings muss der geschätzte strafrechtliche Mindestschuldumfang nicht immer bzw. zwingend unterhalb der im Steuerverfahren geschätzten Werte liegen.[156]

Stellt der strafrechtliche Abschlag aus Beratersicht eine mögliche Lösung dar, so lohnt sich oftmals der Hinweis, das FA sei im Besteuerungsverfahren selbst davon ausgegangen, dass die Schätzung sich am **oberen Rand** des Schätzungsrahmens befinde. Derartige Erläuterungen finden sich nahezu in allen Betriebsprüfungs- und Steuerfahndungsberichten verbunden mit der Begründung, dass der Steuerpflichtige seine Mitwirkungspflichten verletzt habe und nicht bessergestellt werden dürfe als derjenige, der seinen Pflichten in ausreichendem Umfang nachkomme.[157]

Für den Ausgang des Strafverfahrens kann es günstig sein, das Besteuerungsverfahren mit einer **tV** abzuschließen.[158] Sie kommt nämlich gerade dann in Betracht, wenn Zweifel am Sachverhalt bestehen und er nicht vollständig aufgeklärt werden kann.[159] Das spricht zumindest für einen „strafrechtlichen Abschlag", ggf. soll eine Bestrafung sogar ganz ausscheiden.[160]

---

151 *Bornheim/Kröber*, S. 308, unter Hinweis auf BGH v. 12. 5. 1959 1 StR 6/59, ZfZ 1959, 301.
152 Vgl. *Rolletschke* in Rolletschke/Kemper, § 370 Rz. 108; *Ransiek* in Kohlmann, § 370 Rz. 488.
153 BVerfG v. 15. 10. 1990 2 BvR 385/87, wistra 1991, 175; Für einen strafrechtlichen Abschlag *Kamps/Wulf*, DStR 2003, 2045 und *Hellmann* in Hübschmann/Hepp/Spitaler, § 370 Rz. 165, m. w. N.
154 *Joecks*, wistra 1990, 52; *Dörn*, wistra 1993, 1 ff.; *Stypmann*, wistra 1983, 95.
155 *Stypmann*, wistra 1983, 97.
156 *Volk*, FS Kohlmann 2003, 579.
157 Typischer Weise wird das BFH-Urteil v. 31. 8. 1967 V 241/64, BStBl. III 1967, 686 angeführt. Zur Thematik allgemein und zu weiterer Rechtsprechung siehe unter 1.9.
158 Vgl. zu diesem Rechtsinstitut insgesamt Teil 5.
159 In den verwendeten Standardtexten ist regelmäßig eine entsprechende Formulierung enthalten.
160 *Gehm*, S. 439, m. w. N.

Ein „vorgezogenes" Strafurteil kann vom FA im Besteuerungsverfahren ggf. dazu genutzt werden, die dort genannten Beträge quasi als Untergrenze für die Schätzung anzusehen. Ggf. ist auf den vorherigen Abschluss des Besteuerungsverfahrens z. B. durch eine tV hinzuwirken.

Schon wegen der unterschiedlichen prozessualen Rahmenbedingungen ergeben sich häufig erhebliche Differenzen im Hinblick auf den Sachverhalt, der dem jeweiligen Urteil zu Grunde gelegt wird. Geht bspw. die Steuerfahndung bei Erstellung des steuerlichen Abschlussberichts von nicht erfassten Wareneinkäufen i. H. v. 100.000 € aus, können im Strafverfahren hiervon aber nur 20.000 € durch die Staatsanwaltschaft bewiesen werden, so gehen Strafurteil und Steuerbescheid zwangsläufig von unterschiedlichen Voraussetzungen aus.

Warum ein Steuerpflichtiger bestimmte Unterlagen nicht vorlegen kann, ist im Besteuerungsverfahren grundsätzlich ohne Bedeutung.[161] Im Strafverfahren hingegen kann die Verletzung von Buchführungs- und Aufzeichnungspflichten ein Strafschärfungsgrund sein, der auch für die Frage zu berücksichtigen ist, ob eine Freiheitsstrafe noch zur Bewährung ausgesetzt werden kann.[162]

Soweit der Angeklagte die ihm zur Last gelegten Hinterziehungsbeträge nicht einräumt, muss das Strafurteil auch die Berechnung der jeweils hinterzogenen Steuern **nachvollziehbar darstellen.**[163] Ein bloßer Hinweis auf die „Vorarbeit" der Finanzbehörde genügt nicht.[164] Verstöße gegen diese Pflicht können einen revisionsfähigen Fehler begründen. Allerdings kann auf eine Berechnungsdarstellung verzichtet werden, wenn ein sachkundiger Angeklagter, der zur Berechnung der hinterzogenen Steuern in der Lage ist, ein Geständnis abgelegt hat.[165]

8.4.12 Verständigung im Steuerstrafverfahren

Seit der grundlegenden Entscheidung des BVerfG zum sog. **strafrechtlichen Deal**[166] mit den dort festgelegten hohen Anforderungen ist in der Praxis offensichtlich eine deutliche Zurückhaltung gegenüber dieser Form der Verfahrensbeendigung zu beobachten.[167] Die Finanzbehörde kann ebenso wie die Staatsanwaltschaft mit den Beteiligten den Verfahrensstand erörtern. Als Teil der FinVerw ist die **BuStra** Verfahrensbeteiligte, auch wenn sie das Verfahren nicht selbstständig gemäß § 386 AO führt. In der Praxis besteht zumeist ein Interesse an einer „Gesamtlösung", d. h. an einem gleichzeitigen Abschluss von Steuer-

---

161 Siehe unter 3.4.
162 BGH v. 28.7.2010 1 StR 643/09, AO-StB 2010, 291.
163 BGH v. 6.10.2014 1 StR 214/14, wistra 2015, 63; BGH v. 3.8.1995 5 StR 63/95, wistra 1995, 345.
164 BGH v. 9.4.2004 5 StR 579/03, wistra 2004, 424, 425.
165 BGH v. 26.4.2001 5 StR 448/00, wistra 2001, 308; zur grundsätzlichen Erforderlichkeit der Darstellung auch im Fall des Geständnisses vgl. BGH v. 22.5.2012 1 StR 103/12, juris.
166 BVerfG v. 19.3.2013 2 BvR 2628/10, 2 BvR 2883/10 2 BvR 2155/1, AO-StB 2013, 127.
167 *Tormöhlen*, AO-StB 2016, 287.

und Strafverfahren. Für die steuerliche Seite bietet sich hier die tV an.[168] Sie kann auch während eines laufenden Strafverfahrens abgeschlossen werden.[169] Für eine parallele oder isolierte Verständigung im Strafverfahren muss es sich zunächst um einen hierfür geeigneten Fall handeln.[170] Steuerstrafsachen werden im Allgemeinen als solche geeigneten Fälle angesehen, weil sie meist sehr komplex sind und deshalb ohne Verständigung eine lange Verfahrensdauer zu erwarten ist. Eine Verständigung kann erfolgen hinsichtlich der Rechtsfolgen, die Inhalt des Urteils oder der dazu ergangenen Beschlüsse sein können, der sonstigen verfahrensbezogenen Maßnahmen im Erkenntnisverfahren sowie des Prozessverhaltens der Beteiligten.[171] Das Ziel der Verteidigung ist häufig auf eine Freiheitsstrafe im **bewährungsfähigen Bereich** von bis zu zwei Jahren gerichtet. Bewährungsauflagen dürfen in einem solchen Fall nur ausgesprochen werden, wenn und soweit sie in dem Verständigungsvorschlag des Gerichts nach § 257c Abs. 3 S. 1 StPO enthalten sind.[172]

Bei Mandanten mit limitierter Liquidität ist es sinnvoll, bei einer angestrebten strafrechtlichen Einigung zeitgleich über die **Stundung** der Mehrsteuern zu verhandeln. Denn eine im Rahmen einer Stundungsvereinbarung gezahlte Rate hat die Vermutung der sachgerechten Schadenswiedergutmachung für sich, und zwar auch, wenn ihre absolute Höhe eher gering ist. Im Rahmen der Vollstreckung geleistete Teilzahlungen indizieren hingegen ggf. genau das Gegenteil.[173]

8.4.13 Vermögensabschöpfung

Bei den Steuerstraftaten i. S. v. §§ 369 ff. AO ist der Steuerfiskus Verletzter i. S. d. § 73 Abs. 1 S. 2 StGB. Daher können Ansprüche des FA durch die Anordnung des dinglichen Arrests nach §§ 111b ff. StPO gesichert werden. Insbesondere Im Rahmen von Steuerfahndungsprüfungen kommt es deshalb häufig zur Vermögensabschöpfung.[174] Dadurch soll das Vermögen des der Steuerstraftat Beschuldigten für die durch die Steuerstraftat verursachten Schäden zur Schadenwiedergutmachung genutzt werden. Da der Zugriff auf das Tätervermögen so früh wie möglich erfolgen muss, wird er i. d. R. bereits durch die Steuerfahndung durchgeführt. Gemäß § 73b StGB können dabei der Umfang des Erlangten und die Höhe des maßgeblichen Steueranspruchs **geschätzt** werden. In der

---

168 Zu diesem Thema insgesamt siehe Teil 5.
169 BFH v. 31.7.1996 XI R 78/95, BStBl. II 1996, 625; BMF v. 30.7.2008, BStBl. I 2008, 831.
170 § 257c Abs. 1 S. 1 StPO. Nach dieser Vorschrift kann im Rahmen der Hauptverhandlung eine Obergrenze für den Fall eines Geständnisses angegeben werden.
171 § 257c Abs. 2 S. 1 StPO.
172 *Tormöhlen*, AO-StB 2016, 287, 289, unter Hinweis auf BGH v. 11.9.2014 4 StR 148/14, AO-StB 2015, 11 und OLG Rostock v. 2.6.2015 20 Ws 110/15, AO-StB 2016, 12.
173 *Apitz* in StBp-Handbuch, Kza. 3310.
174 Zur Rechtslage ab dem 1.7.2017, insbesondere zur Abstimmung von Steuer- und Strafrecht, vgl. *Maciejewski/Schumacher*, DStR 2017, 2021, insbesondere zu ersten Praxiserfahrungen *Peters*, AO-StB 2018, 144.

Praxis werden dabei keine übermäßigen Anforderungen gestellt, eine überschlägige Berechnung wird als ausreichend angesehen.

Die Vermögensabschöpfung führt oft zu Betriebsausgaben, so dass eine vertiefte ertragsteuerliche Prüfung aus Sicht des Fiskus häufig keinen Sinn macht, da ohnehin kein zu versteuerndes Einkommen verbleibt. In einer „geschätzten" Bilanz ist dem Grunde nach eine Rückstellung für ungewisse Verbindlichkeiten zu bilden.[175] Die Abzugsverbote nach § 4 Abs. 5 Nr. 8 und § 12 Nr. 4 EStG stehen der Berücksichtigung des Verfallsbetrages als Betriebsausgaben nicht entgegen. Bei der Umsatzsteuer findet aufgrund der Vermögensabschöpfung keine Minderung der Bemessungsgrundlagen statt, da sich die erzielten Umsätze durch die Vermögensabschöpfung nicht ändern.[176]

8.5 „Strafrechtliche Vorfrage"

Viele Vorschriften des Steuerrechts setzten eine Entscheidung darüber voraus, ob ein Straftatbestand verwirklicht wurde:

- Die auf fünf bzw. zehn Jahre **verlängerten Festsetzungsfristen** nach § 169 Abs. 2 S. 2 AO gelten nur bei leichtfertiger Steuerverkürzung bzw. bei Steuerhinterziehung.[177] Eine Bp ist im Übrigen für solche Zeiträume zulässig, für die erst noch festzustellen ist, ob die Voraussetzungen einer verlängerten Festsetzungsfrist gegeben sind.[178] Dem Steuerpflichtigen kann ein leichtfertiges Verhalten seines Steuerberaters in diesem Zusammenhang nicht zugerechnet werden.[179]
- Hinterziehungszinsen nach § 235 AO. Sie setzen schon begrifflich einen entsprechenden strafrechtlichen Sachverhalt voraus.[180]
- Die Änderungssperre nach § 173 Abs. 2 AO. Bescheide, die aufgrund einer Ap erlassen wurden, können nur geändert werden, wenn eine leichtfertige Steuerverkürzung oder eine Steuerhinterziehung festgestellt werden kann.
- Schließlich setzt die Haftung nach § 71 AO das Vorliegen einer Steuerhinterziehung voraus.

FA und FG entscheiden im Hinblick auf die o. g. Vorschriften **eigenständig** über das Vorliegen eines Straftatbestands als sog. „Vorfrage".[181] Es besteht keine Bindung an die tatsächlichen Feststellungen in einem vorangegangenen Straf-

---

175 FG München v. 25.5.2011 13 K 1631/08, PStR 2012, 6.
176 Zur steuerrechtlichen Behandlung der Vermögensabschöpfung siehe auch *Maciejewski/Schumacher*, DStR 2016, 2553.
177 Zur Abgrenzung vgl. z. B. *Tormöhlen*, AO-StB 2015, 324.
178 BFH v. 13.1.2010 X B 113/09, BFH/NV 2010, 600, m.w.N.
179 BFH v. 29.10.2013 VIII R 27/10, BStBl. II 2014, 295.
180 Vgl. FG München v. 8.10.2009 15 K 1779/06, EFG 2010, 298.
181 BFH v. 5.3.1979 GrS 5/77, BStBl. II 1979, 570; BFH v. 18.12.1986 I B 49/86, BStBl. II 1988, 213; BFH v. 4.5.2005, XI B 230/03, BFH/NV 2005, 1485; FG München v. 29.11.1978 III 153-154/77 Z, EFG 1979, 315; zur Bindung des FG an das Strafgericht wegen der Einheit der Rechtsordnung siehe aber BFH v. 31.3.2011, V S 14/10, juris.

8 Strafrechtliche Aspekte der Schätzung

verfahren.[182] Dem FA bzw. dem FG ist es damit nicht verwehrt, aufgrund seiner eigenen Feststellungen zu der Überzeugung zu gelangen, dass eine Steuerhinterziehung zu bejahen ist.[183] Sie können auch dann rechtmäßiger Weise eine Steuerhinterziehung annehmen, wenn der Steuerpflichtige zuvor freigesprochen worden ist.[184] FA und FG sind aber trotz der eigenen Entscheidungsbefugnis hinsichtlich des Vorliegens strafrechtlicher Tatbestände berechtigt, sich die tatsächlichen Feststellungen, Beweiswürdigungen und rechtlichen Beurteilungen des Strafgerichts zu eigen zu machen, wenn sie nach Überprüfung von ihrer Richtigkeit überzeugt sind.[185] Das gilt vor allem, wenn keine substantiierten Einwendungen gegen die Feststellungen im Strafurteil erhoben werden.[186] Das FG ist an einer Berücksichtigung der Feststellungen in Strafurteilen nicht deswegen gehindert, weil der im finanzgerichtlichen Verfahren betroffene Kläger am Strafverfahren nicht beteiligt war.[187] Erstmalig im finanzgerichtlichen Verfahren gegen die Richtigkeit der strafgerichtlichen Feststellungen erhobene Einwendungen werden oft als unbeachtliche Schutzbehauptungen gewürdigt.[188] FA und FG müssen die im Strafverfahren aufgetretenen Zeugen nicht „erneut" hören.[189] Die richterliche Verpflichtung, sich ein eigenes Urteil im finanzgerichtlichen Verfahren zu bilden,[190] bedeutet aber, dass eine **unreflektierte Übernahme** der strafgerichtlichen Feststellungen unzulässig ist. Insbesondere darf das FG solche Argumente nicht ignorieren, die im Strafverfahren bewusst oder unbewusst nicht vorgetragen wurden.

Eine **Verurteilung** oder ein **Geständnis** haben zwar grundsätzlich **Indizwirkung** für das Besteuerungsverfahren, kann dort aber durch glaubhaften Sachvortrag erschüttert werden.[191] Aus einem Einstellungsbeschluss nach § 153a StPO und der entsprechenden Zustimmungserklärung des Beschuldigten kann nicht geschlossen werden, die ihm zur Last gelegte Tat sei nachgewiesen worden.[192] Das gilt ebenfalls für eine Verfahrenseinstellung nach § 154 StPO[193] oder

---

182 Ständige Rechtsprechung, z. B. BFH v. 24. 5. 2013 VII B 155/12, BFH/NV 2013, 1613; BFH v. 2. 2. 2001 IV B 162/99, BFH/NV 2001, 890.
183 BFH v. 4. 5. 2005 XI B 230/03, BFH/NV 2005, 1485.
184 BFH v. 17. 3. 2010 X B 120/09, BFH/NV 2010, 1240.
185 BFH v.23. 4. 2014 VII R 41/12, BStBl. II 2015, 117; BFH v. 17. 3. 2010 X B 120/09, BFH/NV 2010, 1240; BFH v. 30. 7. 2009 VIII B 214/07, BFH/NV 2009, 1824; BFH v. 25. 1. 2006 X B 125/05, BFH/NV 2006, 806.
186 BFH v. 24. 9. 2013 XI B 75/12, BFH/NV 2014, 164; BFH v. 13. 7. 1994 I R 112/93, BStBl. II 1995,198.
187 BFH v. 24. 9. 2013 XI B 75/12, BFH/NV 2014, 164.
188 Z. B. FG Münster v. 21. 6. 1994 15 K 5555/92 U, EFG 1994, 1117.
189 FG Hamburg v. 16. 2. 2005 II 263/02, juris.
190 BFH v. 18. 2. 2000 V B 149/99, BFH/NV 2000, 974.
191 BFH v. 30. 7. 2009 VIII B 214/07, BFH/NV 2009, 1824.
192 BVerfG v. 16. 1. 1991 1 BvR 1326/90, juris; BFH v. 29. 6. 2006 VII B 186/05, BFH/NV 2006, 1866; *Rätke* in Klein, Rz. 40 zu § 88 AO; *Ratschow* in Gräber, § 96 Rz. 124; ggf. a. A. FG Münster v. 15. 10. 2003 1 K 165/99 E, U, EFG 2004, 542, vgl. *FinVerw* v. 19. 10. 2015, DStR 2016, 130.
193 BVerfG v. 29. 5. 1990 2 BvR 1343/88, NJW 1990, 2741.

8.5 „Strafrechtliche Vorfrage"

nach § 170 Abs. 2 StPO sowie für eine Verständigung im Strafverfahren.[194] Eine solche Einstellungsentscheidung kann nämlich jederzeit revidiert werden, wenn entsprechender Anlass besteht. Dementsprechend verhindern eine Einstellung des Strafverfahrens oder ein Freispruch auch keine steuerlichen Konsequenzen.[195] Bei eingestelltem Strafverfahren wird das FA darüber hinaus ggf. **ergänzende Ermittlungen** vornehmen. Werden aber z. B. in einem solchem Fall Hinterziehungszinsen festgesetzt, müssen allerdings spätestens in der Einspruchsentscheidung die Umstände aufgeführt werden, aus denen sich der objektive und der subjektive Tatbestand des § 370 AO ergibt.[196]

Fraglich ist – insbesondere in den Fällen verweigerter Mitwirkung – ob hinsichtlich der Hinterziehungshandlungen steuerrechtliche Beweiserleichterungen oder die strengeren strafrechtlichen **Beweismaßstäbe** gelten. Fest steht, dass für das gesamte Besteuerungsverfahren die Vorschriften der AO und der FGO Anwendung finden. Für die Feststellung der Steuerhinterziehung ist damit grundsätzlich kein höherer Grad von Gewissheit erforderlich als für die Feststellung anderer Tatsachen.[197] Insbesondere ist eine Verurteilung nicht erforderlich.[198]

Problematisch ist in dem zuvor dargestellten Zusammenhang jedoch die Aussage des BFH, der Grundsatz **„In-dubio-pro-reo"** gelte auch im Besteuerungsverfahren,[199] d.h. auch bei unstreitiger Verletzung der Mitwirkungspflicht müsse die Steuerhinterziehung mit an Sicherheit grenzender Wahrscheinlichkeit, also letztlich mit „strafrechtlicher Gewissheit" festgestellt werden können.[200] Vom BFH selbst wurde die Forderung nach Anwendung der strafrechtlichen Beweisregeln[201] allerdings so interpretiert, dass das FA hinsichtlich der vermeintlichen Steuerhinterziehung zwar die Feststellungslast trägt,[202] sich wegen der steuerverfahrensrechtlichen Kriterien aber sowohl die Ermittlungspflichten der Behörde als auch das anzuwendende Beweismaß mindern, wenn der Steuerpflichtige seinen Mitwirkungspflichten nicht genügt.[203]

---

194 Zur fehlenden Bindungswirkung einer Verständigung im Strafverfahren für das Besteuerungsverfahren ausfuhrlich *Beyer*, AO-StB 2018, 353.
195 BFH v. 17.3.2010 X B 120/09, BFH/NV 2010, 1240; FG des Saarlands v. 16.11.2005 1 K 268/00, juris.
196 Vgl. *FinVerw* v. 19.10.2015, DStR 2016, 130.
197 Z.B. BFH v. 19.1.2006 VIII B 114/05, BFH/NV 2006, 709.
198 BFH v. 19.3.1998 V R 54/97, BStBl. II 1998, 466.
199 BFH v. 11.7.2007 IV B 121/06, BFH/NV 2007, 2241; BFH v. 19.3.1998 V R 54/97, BStBl. II 1998, 466.
200 BFH v. 20.6.2007 II R 66/06, BFH/NV 2007, 2057; BFH v. 7.11.2006 VIII R 81/04, BStBl. II 2007, 364; BFH v. 14.8.1991 X R 86/88, BStBl. II 1992, 128; BFH v. 18.12.1986 I B 49/86, BStBl. II 1988, 213; FG München v. 8.10.2009 15 K 1779/06, EFG 2010, 298.
201 BFH v. 10.10.1972 VIII R 117/69, BStBl. II 1973, 68.
202 BFH v. 11.5.2012 II B 63/11, BFH/NV 2012, 1455; BFH v. 16.7.2009 VIII B 64/09, BFH/NV 2009, 1485; BFH v. 5.3.1979 GrS 5/77, BStBl. II 1979, 570.
203 BFH v. 2.7.1998 IV R 39/97, BStBl. II 1999, 28; BFH v. 19.3.1998 V R 54/97, BStBl. II 1998, 466.

8 Strafrechtliche Aspekte der Schätzung

Die Antwort auf die Frage, ob bei einer finanzamtlichen Schätzung im konkreten Fall eine Steuerhinterziehung vorliegt, entscheidet insbesondere darüber, ob eine **andere Person** als der Steuerschuldner im Wege der **Haftung nach § 71 AO** für die Mehrsteuern aufkommen muss. Für den Geschäftsführer einer GmbH kann sich z. B. die Gefahr der Haftung wegen Steuerhinterziehung[204] ergeben, wenn er zu niedrige Steuerfestsetzungen trotz besseren Wissens auf sich beruhen lässt.[205] Seine Haftung ist dabei unabhängig davon, dass die Hinterziehung zum Vorteil der GmbH begangen worden ist.[206] Beschäftigt eine GmbH Arbeitnehmer ohne entsprechende lohnsteuerliche Anmeldung, liegt eine Steuerhinterziehung vor.[207] Damit haftet der verantwortliche Geschäftsführer persönlich nach §§ 69, 71 AO. Lohnzahlungen aus einer schwarzen Kasse können darüber hinaus zur Verurteilung wegen Untreue führen. Die Existenz einer solchen Kasse wirft schließlich die Frage nach der Herkunft der Mittel für ihre Bildung auf, so dass die Haftung für weitere Steuerhinterziehungen wahrscheinlich ist. Der Geschäftsführer einer GmbH leistet eine die Haftungsinanspruchnahme nach § 71 AO ermöglichende Beihilfe zur Steuerhinterziehung, wenn die GmbH sein privates Girokonto für Zahlungseingänge in erheblichem Umfang nutzen kann.[208] Die Rechtsprechung nimmt einen ursächlichen Zusammenhang zwischen der Verletzung der Steuererklärungspflicht und dem eingetretenen Steuerausfall an, wenn durch die Hinnahme einer zu niedrigen Schätzung eine Vollstreckungsmöglichkeit des FA vereitelt wurde.[209] Den zur Haftung führenden Tatbestand der Beihilfe zur Steuerhinterziehung erfüllt u. a., wer geschätzte Umsätze des Haupttäters trotz des bekannten Umstands, dass ordnungsgemäße Einnahmeaufzeichnungen nicht vorliegen, in die Umsatzsteuervoranmeldungen und -erklärungen übernimmt.[210] Das kann m. E. aber nur gelten, wenn in den Erklärungen nicht auf diesen Umstand hingewiesen wird. Geht es um die Haftung wegen Steuerhinterziehung, so stellt sich ähnlich wie im Besteuerungsverfahren die Frage, ob ein **Geständnis** die Grundlage für einen entsprechenden Bescheid sein kann.[211] Ein sog. strafrechtlicher „Deal"[212] soll jedenfalls allein nicht ausreichen, um einen Bescheid nach § 71 AO begründen zu können.[213]

Eine **frühe Begleichung** der – ggf. fraglichen – Steuerschuld kann bei niedrigem Zinsniveau und bei vorhandener Liquidität des Mandanten sinnvoll sein.

---

204 Ggf. neben einer – eigenständig zu prüfenden – Haftung nach § 69 AO.
205 FG München v. 10. 6. 2008 7 K 2382/07 und FG München v. 15. 1. 2008 14 V 3441/07, juris.
206 FG des Saarlands v. 13. 9. 2001 1 K 113/00, juris.
207 FG des Saarlands v. 4. 2. 2002 1 K 138/00, juris.
208 FG München v. 5. 5. 2009 14 K 4844/06, juris.
209 FG München v. 10. 6. 2008 7 K 2382/07, juris.
210 FG Münster v. 20. 9. 2006 5 K 4518/02 U, EFG 2007, 488, rkr. Allgemein zur Haftung des Steuerberaters bei Beteiligung an der Steuerhinterziehung des Mandanten *Streck/Mack*, Stbg 1989, 300.
211 Zu dieser Problematik allgemein siehe schon die Ausführungen weiter oben.
212 Vgl. § 257c StPO.
213 VG München v. 21. 7. 2011 M 10 K 10/1558, PStR 2012, 83.

Denn durch die Zahlung wird der Lauf der hohen Hinterziehungszinsen i. H. v. 0,5 % pro Monat[214] in jedem Fall unterbrochen. Darüber hinaus können sich positive Auswirkungen auf die Strafzumessung ergeben. Die Berechnung der Hinterziehungszinsen darf sich nur auf den „strafrechtlichen Wert" beziehen. In der Praxis gehen die FÄ häufig von der gesamten Nachzahlung aus, obwohl nur ein Teil strafrechtlich relevant ist.

8.6 „Geschätzte" Selbstanzeigen

Das Steuerstrafrecht ist im Vergleich zum allgemeinen Strafrecht von der Besonderheit der strafbefreienden **Selbstanzeige** geprägt. Es handelt sich um eine auf den Einzelfall bezogene Form der Amnestie,[215] durch die weder der Tatbestand noch die Schuld des Täters beseitigt wird. Nach § 371 Abs. 1 AO wird derjenige grundsätzlich straffrei, der unterbliebene Angaben rechtzeitig nachholt oder falsche Angaben berichtigt.

Eine Selbstanzeige kann insbesondere nicht mehr wirksam abgegeben werden, wenn die **Prüfungsanordnung** bereits bekanntgegeben wurde.[216] Auch eine rechtswidrige Prüfungsanordnung löst dabei die Sperrwirkung aus.[217] Es kommt auf den tatsächlichen Zugang der Prüfungsanordnung an, welcher im Zweifel durch die Finanzbehörde zu beweisen ist. Die Drei-Tage-Fiktion des § 122 Abs. 2 AO soll zwar nicht gelten, wegen der o. g. Nachweispflicht des FA kann jedoch derjenige, der eine Prüfungsanordnung tatsächlich vor dem dritten Tag nach ihrer Aufgabe zur Post erhält, faktisch noch einige Stunden bzw. Tage lang eine Selbstanzeige abgeben, indem er einen Zugang entsprechend der Drei-Tage-Fiktion behauptet.

Die Möglichkeit der strafbefreienden Selbstanzeige entfällt auch, wenn die **Einleitung** des Straf- oder Bußgeldverfahrens wegen der Tat bekanntgegeben worden ist[218] oder ein Amtsträger der Finanzbehörde zur steuerlichen Prüfung, zur Ermittlung einer Steuerstraftat oder einer Steuerordnungswidrigkeit erschienen ist.[219] Der Umfang, in dem die die Selbstanzeige keine Wirkung mehr entfalten kann, ergibt sich aus der Prüfungsanordnung.[220]

Ferner ergibt sich eine Sperrwirkung dann, wenn eine der **Steuerstraftaten** im Zeitpunkt der Berichtigung, Ergänzung oder Nachholung der fehlenden oder falschen Angaben ganz oder zum Teil bereits **entdeckt** war und der Täter dies

---

214 § 238 Abs. 1 AO.
215 *Kemper*, DStR 2014, 928.
216 Zu den Auswirkungen auf die Mitwirkung während der Ap siehe *Pflaum*, StBp 2013, 217.
217 *Zanziger*, DStR 2011, 1397, m. w. N. Eine nichtige Prüfungsanordnung hat hingegen keine Sperrwirkung.
218 § 371 Abs. 2 Nr. 1b AO. Seit dem 1. 1. 2015 sperrt die Bekanntgabe der Verfahrenseinleitung an den Täter auch die Selbstanzeigemöglichkeit für den Gehilfen der Steuerhinterziehung, z. B. *Beneke*, BB 2015, 407, 408.
219 § 371 Abs. 2 Nr. 1c AO.
220 BGH v. 15. 1. 1988 3 StR 465/87, wistra 1988, 151 und BGH v. 19. 4. 1983 1 StR 859/82, wistra 1983, 146.

8 Strafrechtliche Aspekte der Schätzung

wusste oder bei verständiger Würdigung der Sachlage damit rechnen musste.[221] Die Frage der Entdeckung ist vor allem vor dem Hintergrund der o. g. von unterschiedlichen Regierungen angekauften Steuerdaten-CDs vielfach diskutiert worden.[222] Zu beachten ist jedenfalls, dass nach wohl h. M. „entdeckt" bedeutet, dass ein Vergleich der gewonnenen Informationen mit den steuerlichen Verhältnissen des Betroffenen vorgenommen worden sein muss im Sinne einer Gesamtwürdigung des Sachverhalts.[223] Die Tatsache allein, dass der Name eines Steuerpflichtigen sich auf einer Steuerdaten-CD befindet, führt dann nicht zur Sperrwirkung. Es gibt keinen Erfahrungssatz etwa dergestalt, dass derjenige, der Kapital anonym ins Ausland verbringt, auch in der Steuererklärung unrichtige Angaben hinsichtlich der daraus erzielten Erträge macht.[224] Die insgesamt großzügige Auslegung des Begriffs der „Tatentdeckung" wird m. E. zu Recht als nicht gerechtfertigtes Geschenk des deutschen Staates angesehen.[225]

Nach § 371 Abs. 2 Nr. 3 AO ist eine Selbstanzeige schließlich grundsätzlich nicht mehr möglich, wenn die verkürzte Steuer oder der nicht gerechtfertigte Steuervorteil **25.000 €** je Tat **übersteigt.**[226] In den letztgenannten Fällen ist aber § 398a AO zu beachten: Von der Strafverfolgung wird danach abgesehen, wenn der Täter innerhalb einer ihm bestimmten angemessenen Frist die aus der Tat zu seinen Gunsten hinterzogenen Steuern entrichtet und einen Geldbetrag entsprechend der sich aus § 398a AO ergebenden Staffel[227] zugunsten der Staatskasse zahlt. Für die 25.000 €-Grenze ist auf die jeweilige Steuerart und den jeweiligen Veranlagungszeitraum abzustellen. Es findet keine Addition mehrerer Hinterziehungsbeträge statt.[228] Die Höhe des Zuschlags kann den geständigen Steuerpflichtigen ggf. wirtschaftlich überfordern. Aus Verteidigersicht ist zu überlegen, ob in einer Hauptverhandlung ggf. ein günstigeres Ergebnis erreicht werden kann, da sich z. B. ein Strafbefehl an der persönlichen Leistungsfähigkeit bemisst.[229]

Die in der Selbstanzeige gemachten Angaben müssen dem entsprechen, was der Steuerpflichtige bei ordnungsgemäßer Erfüllung seiner Mitwirkungspflichten bereits vorher hätte mitteilen müssen.[230] Oft ist der Steuerpflichtige aber **selbst nicht in der Lage,** den Umfang der bisher nicht versteuerten Beträge

---

221 § 371 Abs. 2 Nr. 2 AO.
222 Ausführlich *Schöler,* DStR 2015, 503.
223 *Kemper* in Rolletschke/Kemper, § 371 Rz. 327.
224 BFH v. 20. 6. 2007 II R 66/06, BFH/NV 2007, 2057; BFH v. 15. 1. 2013 VIII R 22/10, DB 2013, 799.
225 *Kemper* in Rolletschke/Kemper, § 371 Rz. 332. Zur Frage der Tatentdeckung in Steuerdaten-CD-Fällen ausführlich *Schöler,* DStR 2015, 503.
226 § 371 Abs. 2 Nr. 3 AO.
227 Ab dem 1. 1. 2015 gilt z. B. für hinterzogene Beträge über 1.000.000 € ein Zuschlag i. H. v. 20 %.
228 *Rolletschke* in Rolletschke/Kemper, Rz. 15 zu § 398a AO.
229 *Benecke,* BB 2015, 407, 410.
230 *Schauf* in Kohlmann, § 371 Rz. 60; *Joecks* in Joecks/Jäger/Randt, § 370 Rz. 50.

8.6 „Geschätzte" Selbstanzeigen

genau zu beziffern. Das ist z. B. der Fall, wenn über Jahre hinweg Beträge ohne Rechnung bar vereinnahmt wurden und ohne Versteuerung für den privaten Konsum eingesetzt wurden. In dieser Situation hätte der Steuerpflichtige grundsätzlich keine Möglichkeit einer strafbefreienden Selbstanzeige, da er selbst keine genauen und damit richtigen Angaben zur Höhe der tatsächlich erzielten Umsätze und Gewinne machen kann, eine wirksame Selbstanzeige aber erfordert, dass das FA in die Lage versetzt wird, den Sachverhalt ohne weitere Mithilfe des Täters aufzuklären.[231] Nach der wohl h. M. kann eine Steuererklärung mit strafbefreiender Wirkung aber mit geschätzten Zahlen abgegeben werden, wenn der Steuerpflichtige durch seine Angaben eine zutreffende Steuerfestsetzung ermöglicht.[232] „Zutreffend" kann hier nur bedeuten „dem § 162 AO gerecht werdend". Deshalb darf nicht „frei" geschätzt werden, der Steuerpflichtige muss vielmehr die Grundlagen seines Zahlenwerks wie Umsatz, WES, Aufschlagsätze etc. deutlich machen. Die Selbstanzeige im Sinne einer „Materiallieferung" ist insgesamt so zu gestalten, dass das FA die Angaben überprüfen oder eine eigene Schätzung durchführen kann. Der Steuerpflichtige verliert seinen Anspruch auf Straffreiheit jedenfalls nicht schon dadurch, dass die zahlenmäßige Berechnung der Steuer noch eine gewisse eigene Aufklärung durch das FA erfordert, z. B. durch Beiziehung von Steuerakten oder Anfragen bei Stellen, die dem FA gegenüber zur Auskunft verpflichtet oder dazu bereit sind.[233] Für die Wirksamkeit der Selbstanzeige kommt es nicht darauf an, ob das „Material" der Berichtigungserklärung für das FA neu ist oder der Täter das zumindest glaubt.[234] Nicht ausreichend ist die schlichte **Übergabe** der Buchhaltungsunterlagen an die FinVerw.[235]

Tendenziell sollte die Schätzung dabei eher zu hoch als zu niedrig ausfallen, um den Einwand der unvollständigen Selbstanzeige zu vermeiden.[236] In diesem Bereich hat sich die Situation durch die Rechtsprechung des BGH[237] und die daraus resultierende Neuregelung des § 371 AO deutlich verschärft. Früher war es üblich, eine unbewusst unvollständige Selbstanzeige als wirksame Teilselbstanzeige anzusehen und das Verfahren im Übrigen nach § 153a StPO einzustellen. Nunmehr ist eine unvollständige Selbstanzeige **insgesamt unwirksam**. Bei unvollständigen Angaben in einem Jahr des Berichtigungszeitraums nach § 371 Abs. 1 AO betrifft die Unwirksamkeit sogar die anderen Jahre dieses Zeitraums,

---

231 BGH v. 20.7.1965 1 StR 95/65, DStR 1966, 150.
232 BGH v. 5.9.1974 4 StR 369/74, NJW 1974, 2293, OLG Köln v. 28.8.1979 1 Ss 574-575/79, StB 1980, 283; *Rüping* in Hübschmann/Hepp/Spitaler, § 371 Rz.78ff.; *Schauf* in Kohlmann, § 371 Rz. 254; *Joecks* in Joecks/Jäger/Randt, § 371 Rz. 55; a. A. ggf. *Jäger* in Klein, § 371 Rz. 26.
233 *Joecks* in Joecks/Jäger/Randt, § 371 Rz. 60.
234 BGH v. 5.9.1974 4 StR 369/74, NJW 1974, 2293; LG Stuttgart v. 21.8.1989 10 KLs 137/88, wistra 1990, 72, 73.
235 *Schauf* in Kohlmann, § 371 Rz. 63, a. A. *Joecks* in Joecks/Jäger/Randt, § 371 Rz. 63.
236 Zu beachten ist aber die Nachzahlung der hinterzogenen Steuern und seit dem 1.1.2015 der Zinsen nach § 235 AO bzw. der entsprechend angerechneten Zinsen nach § 233a AO als unabdingbare Voraussetzung der Straffreiheit, vgl. § 371 Abs. 3 AO.
237 BGH v. 20.5.2010 1 StR 577/09, wistra 2010, 304.

8 Strafrechtliche Aspekte der Schätzung

auch wenn die dafür gemachten Angaben vollständig waren.[238] Umso mehr muss die Empfehlung gelten, bei „geschätzten" Selbstanzeigen Sicherheitszuschläge vorzunehmen. Die wirtschaftliche Belastung durch die Steuernachzahlung dürfte in aller Regel einer Verurteilung wegen Steuerhinterziehung vorzuziehen sein. Allerdings sollte dabei beantragt werden, aufgrund der Selbstanzeige erlassene Bescheide unter dem Vorbehalt der Nachprüfung zu erlassen, da eine spätere Berichtigung nach § 173 Abs. 1 Nr. 2 AO nach neuester Rechtsprechung am groben Verschulden scheitern soll.[239] In Grenzfällen ist die Neuregelung der Selbstanzeige im Übrigen nicht so auszulegen, dass der Betrag lt. Selbstanzeige auf den Cent genau mit demjenigen der späteren Steuerfestsetzungen übereinstimmen muss.[240] Unschärfen sind wohl weiterhin zu tolerieren.[241]

Nutzlos ist die bloße **Ankündigung** einer Selbstanzeige ohne weitere Angaben. Eine solche Absichtserklärung ist ohne Wert und erhöht die Gefahr, dass eine Prüfungsanordnung ergeht oder die Tat anderweitig „entdeckt" wird, bevor die tatsächliche Selbstanzeige eingereicht werden kann. Dann kann eine Selbstanzeige nach § 371 Abs. 2 AO nicht mehr wirksam abgegeben werden.[242]

Der Ankauf sog. „Steuerdaten-CDs" durch die deutsche FinVerw hat den Beratungsbedarf im Bereich der Einkünfte aus Kapitalvermögen ansteigen lassen. Bei verheimlichten Auslandskonten ist eine Selbstanzeige aus den o. g. Gründen unwirksam, wenn der Steuerpflichtige von mehreren Konten nur diejenigen offenbart, deren Entdeckung er fürchtet. Voraussetzung der Straffreiheit ist, dass hinsichtlich aller bisher nicht bekannten Konten „reiner Tisch gemacht" wird.[243] Häufig ist der Steuerpflichtige selbst nicht in der Lage, die bisher nicht deklarierten Besteuerungsgrundlagen genau zu beziffern. Eine Selbstanzeige ist aber grundsätzlich nur wirksam, wenn das FA aufgrund der gemachten Angaben die Steuer ohne langwierige, größere Nachforschungen richtig errechnen und festsetzen kann.[244] Die Zahlen sollten vom Berater bei Abgabe der Selbstanzeige in einem ersten Schritt eher zu hoch geschätzt werden, um keine „unvollständige" Selbstanzeige abzugeben.[245] Zumindest muss der fragliche Sachverhalt so genau wie möglich dargestellt werden. Anschließend sollte versucht

---

238 *Schauf* in Kohlmann, § 371 Rz. 125.
239 FG Hamburg v. 7.2.2013 3 K 119/12, AO-StB 2013, 246. Die Erstellung der Erträgnisaufstellung durch die Bank ist auch kein rückwirkendes Ereignis nach § 175 Abs. 1 Nr. 2 AO.
240 BGH v. 25.7.2011 1 StR 631/10, wistra 2011, 428: „Toleranzspanne" von maximal 5 %. Siehe hierzu *Buse*, StBp 2013, 175, 178. Zum eigenen Sicherheitszuschlag in dieser Höhe vgl. *Geuenich*, NWB 2011, 1050.
241 Gl. A. *Buse*, StBp 2011, 153, vgl. auch BT-Drs. 17/5067, S. 19: „nicht auf Euro und Cent genau." Zum Thema siehe auch *Spatscheck/Höll*, Stbg 2012, 561.
242 Zur Sperrwirkung vgl. § 371 Abs. 3 AO.
243 BGH v. 20.5.2010 1 StR 577/09, BFH/NV 2010, 1595.
244 BGH v. 5.9.1974 4 StR 369/74, NJW 1974, 2293; LG Hamburg v. 18.6.1986 117/86 Ns, wistra 1988, 120.
245 Dafür z. B. *Streck*, DStR 1996, 288 und *Joecks* in Franzen/Gast/Joecks, § 371 Rz. 78, a. A. evtl. *Rolletschke*, wistra 2002, 17.

8.6 „Geschätzte" Selbstanzeigen

werden, eine Frist zur Abgabe einer zweiten Erklärung zu erhalten, welche dann genauere Zahlen enthält. Sinnvoll und vertrauensbildend ist dabei, das FA über die unternommenen Schritte, insbesondere über die Anforderung von Unterlagen zu unterrichten und ggf. die entsprechenden Anschreiben an die Banken in Kopie vorzulegen. In den typischen Bankenfällen sollten nach Möglichkeit angefordert werden: Erträgnisaufstellungen, Depotverzeichnisse, Wertschriftenbelege, Kontoauszüge, Transaktionslisten, Vermögensverwaltungsverträge, Lebensversicherungsverträge, Statuten über Stiftungen und Trusts. Sinnvoll ist es i.d.R., die genannten Unterlagen für die letzten zehn Jahre anzufordern, auch wenn die Selbstanzeige ggf. nur für die letzten fünf Jahre erstattet wurde. Denn es ist erfahrungsgemäß mit entsprechenden Nachfragen durch die Finanzbehörde zu rechnen.

Eine sog. „gestufte Selbstanzeige" oder auch „Selbstanzeige in Stufen" ist unwirksam, wenn dem FA zunächst nur dem Grunde nach, d.h. ohne realistisch geschätzte Zahlen, mitgeteilt wird, dass bestimmte Angaben unzutreffend waren und die fehlenden Angaben demnächst nachgeholt werden.[246]

In der Praxis entsteht regelmäßig Verwirrung, wenn nach Abgabe einer Selbstanzeige die **Einleitung eines Strafverfahrens** bekanntgegeben wird. Der Steuerpflichtige und sein Berater befürchten dann häufig, dass die Selbstanzeige nicht wirksam war. Die Mitteilung über die Einleitung des Strafverfahrens ist in dieser Situation jedoch eine eher als formell zu betrachtende Handlung. Ist die Selbstanzeige wirksam, wird das Verfahren eingestellt.

Der **Steuerberater** ist nicht verpflichtet, seinen Mandanten zu einer Selbstanzeige zu bewegen, wenn er Kenntnis von dessen möglicherweise begangener Steuerhinterziehung erhält.[247] Er gehört auch nicht zu dem in § 153 AO verpflichteten Personenkreis, so dass er aufgrund von Verschwiegenheitspflicht und Mandantentreue gehalten ist, sein Wissen für sich zu behalten.[248] Rät ein Anwalt oder Steuerberater auf Befragen von einer Selbstanzeige ab, wird hierin noch keine Beeinträchtigung der Strafverfolgung gemäß §§ 257, 258 StGB gesehen.[249] Je nach Einzelfall ist aber die Niederlegung des Mandats zu erwägen. Hat der Steuerberater an einer Steuerhinterziehung eines Mandanten teilgenommen oder ist er Mittäter, kann er für sich allein Selbstanzeige erstatten, und zwar auch gegen den Willen des Mandanten. Die Treuepflicht aus dem Mandatsverhältnis soll dem nicht entgegenstehen, weil nicht verlangt werden könne, dass der Steuerberater eine Bestrafung auf sich nimmt, um seinen Mandanten zu schonen.[250] Schickt ein Steuerberater versehentlich ohne Freigabe seines Mandanten eine Selbstanzeige an die FinVerw ab, fehlt es trotz Pflicht-

---

246 Statt vieler *Tormöhlen*, AO-StB 2013, 385, 386 unter Hinweis auf BGH v. 20.5.2010 1 StR 577/09, BFH/NV 2010, 1595.
247 BGH v. 20.12.1995 5 StR 412/95, wistra 1996, 184.
248 BGH v. 20.12.1995 5 StR 412/95, wistra 1996, 184.
249 BGH v. 20.5.1952 StR 748/51, BGHSt 2, 375.
250 *Eich*, KÖSDI 2011, 17706.

verletzung an einem ersatzfähigen Schaden.[251] Entscheidend für die Ablehnung eines Regressanspruchs in einem solchen Fall ist nach Auffassung des BGH, dass die Steuernachzahlung im Einklang mit dem materiellen Steuerrecht steht.

Stellt jemand als Rechtsnachfolger, z. B. als Erbe fest, dass der Rechtsvorgänger unrichtige Steuererklärungen abgegeben hat, ist er nach § 153 AO zur Nacherklärung verpflichtet. Liegt beim Rechtsvorgänger keine Steuerhinterziehung vor, gilt der normale vierjährige Verjährungszeitraum des § 169 AO. Handelt es sich aber um hinterzogene Steuern, muss die Nacherklärung sich auf den zehnjährigen Verjährungszeitraum beziehen.

In weniger schweren Fällen kommt ggf. die **bußgeldbefreiende Selbstanzeige** nach § 378 Abs. 3 AO in Betracht. Ihre Wirksamkeitsvoraussetzungen entsprechen denen des § 371 AO. Ein wesentlicher Unterschied besteht aber darin, dass hier auch nach dem Schwarzgeldbekämpfungsgesetz noch eine Teilselbstanzeige möglich ist.[252]

Steuerberater, die Mandanten von der Erstattung einer Selbstanzeige abhalten oder pflichtwidrig und schuldhaft keine wirksame Selbstanzeige erstatten, sind schadenersatzpflichtig, sofern bei einer ordnungsgemäßen Selbstanzeige die Bestrafung abzuwenden gewesen wäre.[253]

Eine **„missglückte" Selbstanzeige** führt zwar nicht zur Straffreiheit, hat aber i. d. R. eine positive Auswirkung auf das Strafmaß. Um eine solche „missglückte" Selbstanzeige handelt es sich jedoch nicht, wenn eine wirksame Selbstanzeige gerade durch das besondere Verhalten des Steuerpflichtigen in der Vergangenheit unmöglich wurde, z. B. weil er sich bewusst keine Unterlagen von einer ausländischen Bank hat zusenden lassen, um die Entdeckungsgefahr bezüglich der von ihm nicht deklarierten Kapitaleinkünfte möglichst gering zu halten.[254]

Grundsätzlich kann **jeder Beteiligte** eine Selbstanzeige abgeben, die Erteilung einer Vollmacht ist möglich.[255]

Innerhalb der Finanzbehörde ist die **BuStra**[256] für die Feststellung der Wirksamkeit einer Selbstanzeige zuständig. Ein Außenprüfer kann – z. B. im Bericht – lediglich seiner Auffassung hierzu mitteilen. Hat er sie als wirksam bezeichnet, kann der Steuerpflichtige deshalb daraus keine Rechte ableiten.[257]

Die Straffreiheit aufgrund einer Selbstanzeige setzt voraus, dass die aus der Tat hinterzogenen Steuern, die Hinterziehungszinsen und die Zinsen nach § 233a AO, soweit sie auf die Hinterziehungszinsen angerechnet werden, innerhalb einer bestimmten angemessenen Frist **entrichtet** werden.[258] Der entspre-

---

251 BGH v. 9. 11. 2017 IX ZR 270/16, juris.
252 *Zanziger*, DStR 2011, 1397, 1403.
253 LG Saarbrücken v. 23. 1. 2012 9 O 251/10, AO-StB 2013, 36.
254 LG München II v. 13. 3. 2014 W5 KLs 68 Js 3284/13, juris.
255 *Simon/Vogelberg*, S. 182.
256 Auch „StraBuSt".
257 *Kemper* in Rolletschke/Kemper, § 371 Rz. 642.
258 Vgl. § 371 Abs. 3 AO.

8.6 „Geschätzte" Selbstanzeigen

chende Betrag ist nicht zwangsläufig mit der Summe identisch, die das FA z. B. nach einer Ap als Steuer für den Prüfungszeitraum nacherhebt. Denn es kommt nur auf den Betrag an, der durch die unrichtigen Angaben verkürzt wurde, andere durch die Ap festgestellte Mehrsteuern berühren die Entscheidung über die Wirksamkeit einer Selbstanzeige nicht.[259]

Auch im Fall einer **leichtfertigen Steuerverkürzung** kann eine Selbstanzeige abgegeben werden,[260] wobei folgende Unterschiede bestehen:[261]

- Der Steuerpflichtige muss nicht alle Taten der jeweiligen Steuerart in vollem Umfang aus den letzten zehn Kalenderjahren aufdecken,
- es gibt nur den Sperrgrund der Verfahrenseinleitung, also insbesondere nicht den der Prüfungsanordnung, des Prüfererscheinens oder der Tatentdeckung,
- Hinterziehungszinsen müssen nicht entrichtet werden,
- für leichtfertige Steuerverkürzungen über 50.000 € ist eine bußgeldbefreiende Selbstanzeige auch ohne Zuschlagszahlung nach § 398a AO möglich.

---

259 *Kemper* in Rolletschke/Kemper, § 371 Rz. 406.
260 § 378 Abs. 3 AO.
261 *Tormöhlen*, AO-StB 2015, 324, 327.

9 Schätzung aus Steuerberatersicht

9.1 Allgemeines

Schätzungsbescheide stellen eine besondere Herausforderung für den Steuerberater dar. Das ergibt sich nicht nur aus den komplexen Rechtsproblemen um den anzufechtenden Steuerbescheid selbst, sondern auch aus den mitunter schwierigen Themen rund um die Frage, inwieweit der Berater für ggf. zu hohe Schätzungen verantwortlich ist und für den daraus resultierenden Schaden einstehen muss.

9.2 Schätzung wegen Nichtabgabe der Steuererklärung

Das ständige Überschreiten der Abgabefristen stellt eine **Berufspflichtverletzung** dar.[1] Hat der Steuerberater alle Unterlagen vom Mandanten erhalten und lässt er es zum Einspruch oder gar zur Klage gegen einen Schätzungsbescheid kommen, um erst in der mündlichen Verhandlung die Steuererklärung zu übergeben, liegt grundsätzlich ein berufswidriges Verhalten vor.[2] Der Berater muss dem Mandanten dann ggf. alle Schäden und Mehrkosten ersetzen, die durch die Schätzung entstehen. Die Nichtabgabe eigener Steuererklärungen kann ebenfalls eine Berufspflichtverletzung sein, da sich der Berater auch in eigenen steuerlichen Angelegenheiten korrekt zu verhalten hat.[3] Ggf. wird die Steuerberaterkammer eingeschaltet.

Für die Beratungspflichten im Zusammenhang mit einem Schätzungsbescheid gilt zunächst der allgemeine Grundsatz, dass der Steuerberater den Mandanten umfassend zu beraten und ungefragt über alle bedeutsamen steuerlichen Einzelheiten und deren Folgen zu unterrichten hat.[4] Damit wird der Schätzungsbescheid für den Berater zur zivilrechtlichen Haftungsgefahr.[5] Ein Mitverschulden des Steuerpflichtigen scheidet aus, wenn der Steuerberater auf seinen Mandanten **beschwichtigend** einwirkt und ihm rät, im Hinblick auf einen rechtswidrigen Schätzungsbescheid nichts zu veranlassen.[6]

Zwar muss im Haftpflichtprozess der Mandant eine objektive Vertragsverletzung des Steuerberaters schlüssig vortragen[7] und im Zweifel den Nachweis erbringen, dass er dem beauftragten Steuerberater sämtliche relevanten Unterlagen und die ihm persönlich zugegangenen Steuerbescheide vorgelegt hat. Der

---

1 § 57 StBerG; OLG Düsseldorf v. 22.1.1983 5 StO 3/83, StB 1984, 113. Zur Schätzung wegen Nichtabgabe insgesamt siehe Teil 2.
2 OLG München v. 16.11.1973 StO 2/73, juris.
3 OLG Düsseldorf v. 22.1.1983 5 StO 3/83, StB 1984, 113.
4 OLG Bamberg v. 28.4.2006 6 U 23/05, DB 2006, 1262.
5 Zu strafrechtlichen Problemen siehe Teil 8.
6 OLG Düsseldorf v. 9.1.2004 23 U 34/03, juris.
7 Vgl. OLG Koblenz v. 19.8.2010 5 U 247/10, DStRE 2011, 594.

9 Schätzung aus Steuerberatersicht

Steuerberater seinerseits ist aber in der Pflicht, entsprechenden Schriftverkehr, Gesprächsnotizen oder -protokolle vorzulegen, mit deren Hilfe er belegen kann, dass er seiner Belehrungs- und Hinweispflicht in ausreichendem Umfang nachgekommen ist. Im Zweifel muss er den Gang der Besprechung im Einzelnen schildern und insbesondere konkrete Angaben dazu machen, welche Belehrung und Ratschläge er erteilt und wie der Mandant darauf reagiert hat.[8]

Für den Steuerberater besteht zwar **keine allgemeine Dokumentationspflicht**,[9] dennoch sollte über alle wichtigen Besprechungen ein Aktenvermerk gefertigt werden, in dem alle Warnungen, Hinweise und Ratschläge festgehalten werden. Alternativ können diese in ein Schreiben an den Mandanten aufgenommen werden.

Die Tatsache, dass die Erklärung nicht fristgerecht fertiggestellt wurde, kann dem Steuerberater nicht ohne weiteres angelastet werden, da das Schulden eines solchen Leistungserfolgs mit dem Wesen eines **Dienstvertrags** nicht in Einklang gebracht werden kann und der Steuerberater darüber hinaus bei der Erstellung der Erklärung in hohem Maße von der Mitarbeit des Mandanten abhängig ist.[10] Die evtl. Schadenersatzpflicht des Beraters richtet sich in den Fällen verspäteter Abgabe im Übrigen nicht nach den Grundsätzen über die positive Forderungsverletzung, sondern nach den Vorschriften über die Folgen des Verzugs und der vom Schuldner zu vertretenen Unmöglichkeit. Kann eine durchgeführte Schätzung nicht mehr beseitigt werden, so kommen die Vorschriften über die Unmöglichkeit der Leistung zur Anwendung.[11] Der dem Mandaten entstandene Schaden besteht bei Bescheiden ohne Vorbehalt der Nachprüfung in der Differenz zwischen den infolge der Schätzung evtl. zu hoch festgesetzten Steuern und denjenigen, die bei rechtzeitiger Abgabe der Steuererklärungen tatsächlich angefallen wären,[12] bei Bescheiden mit Vorbehalt der Nachprüfung z. B. darin, dass die sich aus dem Bescheid ergebende Zahlungsverpflichtung vollstreckt wurde oder darin, dass Säumniszuschläge erhoben wurden.[13]

In Problemfällen sind die **Unterlagen** rechtzeitig und aus Nachweisgründen schriftlich vom Mandanten anzufordern.[14] Insbesondere bei Dauermandaten, bei denen die Rechtsprechung einen strengen Sorgfaltsmaßstab anlegt,[15] sollte regelmäßig eine entsprechende Anmahnung erfolgen. Idealer Weise werden dabei die Unterlagen genau bezeichnet und dem Steuerpflichtigen die negativen Folgen der Nichtabgabe von Steuererklärungen vor Augen geführt. Im

---

8 BGH v. 23.11.2006 IX ZR 21/03, juris.
9 BGH v. 13.2.1992 IX ZR 105/91, NJW 1992, 1695.
10 BGH v. 17.10.1991 IX ZR 255/90, DB 1992, 523.
11 BGH v. 9.6.1982 IVa ZR 9/81 Celle, VersR 1982, 850.
12 OLG Köln v. 17.12.1996 3 U 96/96, juris.
13 OLG Köln v. 3.7.2003 8 U 79/02, juris.
14 BGH v. 17.10.1991 IX ZR 255/90, DB 1992, 523.
15 Zum erweiterten Pflichtenkreis des Dauermandats vgl. BGH v. 20.11.1997 IX ZR 62/97, DStRE 1998, 74.

Hinblick auf spätere Haftpflichtverfahren sollte die entsprechende Korrespondenz ausreichend dokumentiert werden.[16] Ungeachtet der Beweislastregeln ist darauf zu achten, den Eingang der vom Mandanten zur Verfügung gestellten Unterlagen zu dokumentieren. Dadurch können evtl. Zweifel am verspäteten Erhalt ausgeräumt werden.

Hinsichtlich der **Verjährung** eines Ersatzanspruchs des Mandanten ist zu differenzieren: Wird dem Steuerberater vorgeworfen, pflichtwidrig keinen Einspruch eingelegt zu haben, beginnt die Verjährung mit dem Eintritt der Bestandskraft des Bescheids. Geht es hingegen um eine nicht ordnungsgemäße Begründung im Rechtsbehelfsverfahren, beginnt die Verjährung mit Bekanntgabe der Einspruchsentscheidung.[17]

Aus der **Nichtanfechtung** eines Schätzungsbescheids kann dem Steuerberater nur dann ein Vorwurf gemacht werden, wenn er von der Existenz des Bescheids vor Ablauf der Rechtsbehelfsfrist Kenntnis gehabt hat. Wenn er das bestreitet und der Bescheid nur auf den Namen des Mandanten lautet, so muss Letzterer darlegen und ggf. beweisen, dass er dem Steuerberater rechtzeitig vor Ablauf der Rechtsbehelfsfrist Kenntnis von dem Bescheid verschafft hat.[18]

9.3 Unvollständiger oder unrichtiger Jahresabschluss

Wenn der Steuerberater vertraglich alle anfallenden steuerlichen Angelegenheiten für den Mandanten erledigt und die laufende Buchführung sowie Bilanz und GuV aufgrund der vom Mandanten im Kassenbuch gefertigten Grundaufzeichnungen und weiteren Belege erstellt, liegt zivilrechtlich ein **Dienstvertrag** vor, der eine Geschäftsbesorgung zum Gegenstand hat.[19] Den Steuerberater trifft keine Verpflichtung zur Überprüfung der gesamten Beleg- und Buchführung über Stichproben und Hinweise auf erkannte Mängel hinaus. Die ordnungsgemäße Führung der buchhalterischen Grundaufzeichnungen und die Sammlung der Belege sind dem Tätigkeitsbereich der Buchführung und nicht demjenigen des Steuerberaters zuzuordnen.[20] Für die Lieferung der Grundaufzeichnungen und der Belege trägt allein der Mandant die Verantwortung. Dabei muss der Steuerberater nicht von vornherein Zweifel an der Vollständigkeit und Richtigkeit der Aufzeichnungen des Mandanten haben.[21] Oftmals erkennt er aber bereits bei der Erstellung der Steuererklärung, dass die Angaben des Steuerpflichtigen unrichtig bzw. unvollständig sind. In der Praxis werden dann oft Anpassungen durch den Steuerberater vorgenommen, die Zuschätzung des FA damit quasi vorweggenommen. Solche Anpassungen[22] sind gefährlich,

---

16 Faxsendeprotokolle, Postausgangsbuch.
17 BGH v. 20.6.1996 IX ZR 100/95, BB 1996, 1859.
18 LG Wiesbaden v. 9.11.1982 8 O 14/82, StB 1984, 229.
19 OLG Düsseldorf v. 18.10.1984 18 U 124/84, juris.
20 LG Hannover v. 13.10.1992 14 O 16/93, DStR 1993, 1235.
21 OLG Düsseldorf v. 18.10.1984 18 U 124/84, juris.
22 Oft als „Stimmigmachen" bezeichnet, vgl. hierzu *Pump/Leibner*, AO-StB 2004, 35 und 3.9.5.

9 Schätzung aus Steuerberatersicht

denn der Steuerberater darf nach der Rechtsprechung der Zivilgerichte allenfalls dann Zuschätzungen zu den ihm von seinem Mandanten mitgeteilten Umsätzen vornehmen, wenn es dringlich erforderlich erscheint, um sonst drohende mindestens ebenso große Nachteile von seinem Mandanten abzuwenden. Der Steuerberater muss damit die Wahrscheinlichkeit des Nachweises von Mehrerlösen prüfen, bevor er Zuschätzungen vornimmt.[23] Andersherum ist in dieser Situation nicht nur im Verhältnis zum Mandanten, sondern auch im Verhältnis zum FA Vorsicht geboten. Denn ein Steuerberater oder einer seiner Angestellten, der Steuererklärungen vorbereitet oder erstellt, die allein auf den durch den Mandanten mitgeteilten Umsätzen oder auf einer Hochrechnung der vorgelegten Wareneinkaufsbelege basieren, kann ggf. als Hinterziehungsgehilfe strafrechtlich belangt bzw. vom FA in Haftung genommen werden.[24] Beihilfevorsatz ist gegeben, wenn der Betreffende weiß, dass die Einnahmen nicht aufgrund ordnungsgemäßer Aufzeichnungen ermittelt worden sind, er gegenüber dem FA aber gleichwohl den Anschein ihrer Richtigkeit erweckt. Damit ist es riskant, eine Anpassung an die amtlichen Richtsätze vorzunehmen, ohne das FA auf diese „freiwillige" Zuschätzung hinzuweisen.[25]

Kommt es wegen einer **nichtordnungsgemäßen Buchführung** bzw. wegen mangelhafter Aufzeichnungen zur Schätzung, stellt sich die Frage nach der Haftung des Steuerberaters für den Schaden. A priori ist dabei festzuhalten, dass eine Schätzung durch das FA grundsätzlich nicht zu einem Schaden führt. Denn das FA ist bei einer Steuerfestsetzung auf der Grundlage des § 162 AO nicht frei und muss die Besteuerungsgrundlage zu Grunde legen, die bei fehlerfreier Gewinnermittlung zu Grunde zu legen gewesen wäre.[26] Auch ist ein Schaden auszuschließen, wenn zwischen dem Mandanten und dem FA während einer Bp eine Einigung über die Schätzung erzielt wurde. Denn eine solche Einigung gilt als Indiz für eine als zutreffend anerkannte Schätzung.[27] Ein relevanter Schaden liegt demnach grundsätzlich nur vor, wenn die geschätzten Besteuerungsgrundlagen tatsächlich zu hoch sind. Hierfür trifft den Mandanten die Darlegungs- und Beweislast, was sich für diesen in der Praxis oft als zu hohe Hürde erweist, insbesondere weil das FA im steuerlichen Verfahren – quasi „im Dienste" des Steuerberaters – die durchgeführte Schätzung mit ausführlicher Begründung rechtfertigen wird. Der Steuerpflichtige muss im Regressverfahren somit darlegen und nachweisen, welche Umsätze bzw. Gewinne unzutreffend geschätzt wurden und wie eine zutreffende Ermittlung ausgesehen hätte.[28] Insbesondere reicht ein bloßer Verweis auf die Beanstandung der Buchführung durch den Betriebsprüfer nicht aus, um eine Pflichtverletzung des Steuerbera-

---

23 BGH v. 20.6.1991 IX ZR 226/90, NJW 1991, 2833.
24 Vgl. FG Münster v. 21.9.2006 S K 4518/02 U, EFG 2007, 488.
25 Zur Haftungsgefahr für den Berater vgl. *Pump/Leibner*, AO-StB 2004, 35.
26 BFH v. 28.11.2007 X R 11/07, BStBl. II 2008, 335.
27 LG Wuppertal v. 10.5.2006 19 O 121/05, juris.
28 *Karadag*, Stbg 2017, 87, 88, unter Hinweis auf OLG Hamm v. 23.9.2008 I-25 U 114/07, juris.

9.3 Unvollständiger oder unrichtiger Jahresabschluss

ters zu begründen.[29] Schließlich wird ein Schadenersatzanspruch aus Sicht des Mandanten auch deshalb nur selten durchsetzbar sein, weil die Folgen unvollständiger Grundaufzeichnungen vor allem in seinen eigenen Verantwortungsbereich fallen.[30] Der Steuerberater haftet gegenüber dem Mandanten nur für die Verletzung von Pflichten, die er im Mandatsverhältnis rechtlich bindend übernommen hat.[31] Hat er nach dem Inhalt des Beratungsvertrags die betrieblichen Steuererklärungen und Jahresabschlüsse zu fertigen, ist dieser Tätigkeitsbereich zu trennen von der ordnungsgemäßen Führung der buchhalterischen Grundaufzeichnungen und der Sammlung der Belege.[32] Allein aus der Übernahme der steuerberatenden Tätigkeit kann deshalb insbesondere keine stillschweigende Verpflichtung des Steuerberaters zur Führung eines **Kassenbuchs** hergeleitet werden, da der Kaufmann nach den Vorschriften des HGB selbst zur Kassenbuchführung verpflichtet ist.[33] Dennoch kann es im Einzelfall problematisch werden, wenn der Steuerberater sich auf den Standpunkt stellt, er sei von seinem Mandanten nicht entsprechend beauftragt worden und schulde deshalb keine Beratungsleistung hinsichtlich der Kassenführung.[34] Denn er ist nach der insoweit gefestigten Rechtsprechung über den konkreten Inhalt des Beratervertrags hinaus verpflichtet, den Mandanten auf von ihm als Steuerberater erkannte Risiken hinzuweisen, die der Mandant erkennbar nicht sieht.[35] Äußert sich der Steuerberater gegenüber seinem Mandanten zu Fragen der Kassenführung, ohne ausdrücklich einen entsprechenden Auftrag erhalten zu haben, so müssen diese Äußerungen allerdings fachlich korrekt sein, sonst haftet der Steuerberater gegenüber dem Mandanten und gegenüber geschädigten Dritten.[36]

Beim Thema **„Kassenführung"** besteht für den Steuerberater der Konflikt darin, dass eine gute Beratung, die eine ständige Überprüfung der tatsächlichen Gegebenheiten im Betrieb erfordert, auf der einen Seite sehr zeitintensiv ist, auf der anderen Seite aber den einzig sinnvollen Schutz gegen spätere Nachforderungen aufgrund einer Bp darstellt. Denn in der Praxis wird der Kassenführung regelmäßig die Ordnungsmäßigkeit abgesprochen. In der Literatur wird deshalb ein Umdenken weg von der reinen Deklarationsberatung hin zu intensiver Beratung auch und vor allem im Bereich der Kassenführung angeraten.[37] Tatsächlich dürften bei entsprechender Umsetzung die Mehrkosten aus Sicht des

---

29 LG Münster v. 15.7.1987 2 O 266/87, GI 1987, 161.
30 OLG Hamm v. 14.7.1982 25 U 275/81, ZIP 1983, 90.
31 *Hölscheidt*, Datev-Magazin 4/2016, 19.
32 LG Hannover v. 13.10.1992 14 O 16/93, DStR 1993, 1235.
33 OLG Oldenburg v. 18.4.1988 7 O 721/87, BB 1989, 1026.
34 *Hölscheidt*, Datev-Magazin 4/2016, 19. Zur grundsätzlich nicht bestehenden Verpflichtung zur Überprüfung der Kasse LG Kassel v. 12.6.1985 5 O 56/85, juris.
35 BGH v. 23.2.2012 IX ZR 92/08, DB 2012, 799 und BGH v. 21.7.2006 IX ZR 6/02, DStR 2006, 160.
36 *Hölscheidt*, Datev-Magazin 4/2016, 19, unter Hinweis auf BGH v. 6.6.2013 IX ZR 204/12, DStR 2013, 2081 und BGH v. 14.6.2012 IX ZR 145/11, DStR 2012, 1825.
37 Vgl. z.B. *Pump*, StBp 2016, 131.

9 Schätzung aus Steuerberatersicht

Mandanten oftmals die drohenden Mehrsteuern aufgrund einer Ap mit den typischen Beanstandungen der Einnahmenerfassung deutlich unterschreiten.

Die **Kalkulation** einzelner Artikel oder Artikelgruppen aus dem Geschäft des Mandanten ist nicht Aufgabe des Steuerberaters.[38] In den häufigen Fällen, in denen das FA aufgrund von Kalkulationsdifferenzen Sicherheitszuschläge[39] vornimmt, ist der Steuerberater allenfalls schadenersatzpflichtig, wenn er auf bestehende Buchführungsmängel nicht hingewiesen hat und das vom Steuerpflichtigen nachgewiesen werden kann.

Es gilt der **Grundsatz,** dass es nicht Aufgabe des Steuerberaters und nicht Inhalt eines ordnungsgemäßen Steuerberatungsvertrags sein kann, den Auftraggeber davor zu bewahren, dass er tatsächlich geschuldete Steuern zahlt.[40] Bei evidenten Mängeln, Unstimmigkeiten und Unklarheiten jedoch, die für den Steuerberater im Rahmen seiner vertraglichen Tätigkeit bei der gebotenen Sorgfalt erkennbar sind, muss dieser den Mandanten darauf hinweisen.[41]

Hohe Anforderungen stellt die Rechtsprechung an den Steuerberater, wenn er die sog. **„Vollbuchführung"** übernimmt.[42] Der Pflichtenkreis des Auftraggebers soll nicht dadurch erweitert werden, dass sich die Buchführung des Steuerberaters als unbrauchbar erweist. Die Beseitigung der Mängel gehöre vielmehr zu den vertraglich geschuldeten Tätigkeiten, die der Steuerberater selbst und auf eigene Kosten vorzunehmen hat.

Im Verhältnis zum FA kann eine fehlerhafte Buchführung zur Haftungsgefahr für den Steuerberater werden. Er kann für verkürzte Steuern in Anspruch genommen werden, wenn er die mangelhafte Finanzbuchhaltung seines Mandanten bewusst duldet und er weiß, dass diese ausschließlich darauf zielt, Steuern zu hinterziehen.[43]

Insgesamt empfiehlt sich die nachfolgend dargestellte **Vorgehensweise:**

- Ist für den Berater die Richtigkeit der vom Mandanten ihm gegenüber erklärten Einnahmen zweifelhaft, weil z. B. ihre Ermittlung nicht nachvollziehbar ist oder der RAS ohne Erklärung erheblich unter demjenigen der Richtsatzsammlung liegt, sollten zunächst weitere Erläuterungen und vor allem die zu Grunde liegenden Aufzeichnungen angefordert werden.
- Der Steuerberater, der erkannt hat, dass der Mandant zur Steuerunehrlichkeit neigt, muss ihn mit allen ihm zur Verfügung stehenden Mitteln von

---

38 OLG Hamm v. 14.7.1982 25 U 275/81, juris.
39 Zum Thema „Sicherheitszuschlag" allgemein siehe 3.9.11.
40 OLG Düsseldorf v. 27.2.1986 18 U 172/85, StB 1986, 337.
41 OLG Hamm v. 27.3.2009 25 U 58/07, DStR 2010, 1403.
42 Vgl. z. B. OLG Düsseldorf v. 6.11.2001 23 U 16/01, juris. Über die Bereitstellung der Belege hinaus braucht der Steuerpflichtige in einem solchen Fall keinerlei Initiative zu ergreifen.
43 FG Nürnberg v. 10.12.2002 II 536/2000, DStRE 2003, 1251. Zur Verbuchung von Scheinrechnungen siehe 4.2.

9.3 Unvollständiger oder unrichtiger Jahresabschluss

weiteren rechtswidrigen Handlungen abhalten. Ansonsten besteht die Gefahr, zum Mitschuldigen zu werden.[44]

- Kann der Mandant nicht zur Steuerehrlichkeit gebracht bzw. zurückgebracht werden bzw. werden die o. g. Unterlagen nicht beigebracht, ist die Rückgabe oder Kündigung des Auftrags zu erwägen.[45] Der Steuerberater darf nicht weiter tätig werden, wenn er für eine pflichtwidrige Handlung in Anspruch genommen werden soll. Ist der Mandant nicht an einer Steuerhinterziehung interessiert, aber – aus welchen Gründen auch immer – nicht in der Lage, ordnungsgemäße Einnahmenermittlungen vorzulegen, bleibt dem Steuerberater keine andere Möglichkeit, als eine realitätsnahe Schätzung durchzuführen. Das ist gegenüber dem FA deutlich zu machen. Neben dem entsprechenden ausdrücklichen Hinweis sollten aus diesem Grund gerundete Zahlen verwendet werden, da sie den Schätzungscharakter verdeutlichen.[46]

- Liegt ein Schätzungsbescheid vor und können hiergegen keine ordnungsgemäßen Unterlagen vorgelegt werden, sollte eine Einigung mit dem FA auf eine möglicherweise niedrigere Schätzung angestrebt werden. Idealer Weise wird darüber eine tV abgeschlossen.[47]

- Schließlich ist dem Mandanten gegenüber deutlich zu machen, dass er in Zukunft vermutlich nicht mehr mit „einem blauen Auge" davonkommen wird und es unabdingbar ist, nunmehr ordnungsgemäße Aufzeichnungen zu führen. Zum eigenen Schutz sollte dieser Hinweis schriftlich formuliert und zu den Handakten genommen werden.

Ein etwaiger **Regressanspruch** gegen den Steuerberater scheitert oft an einem überwiegenden Mitverschulden des Mandanten.[48] Letzterer ist darüber hinaus nachweispflichtig für das Entstehen und die Höhe seines Schadens.[49] Maßgebend ist dabei die Differenzmethode, also ein Vergleich der infolge des haftungsbegründenden Ereignisses entstandenen Vermögenslage mit derjenigen, die sich ohne dieses Ereignis ergeben hätte.[50]

---

44 *Müller*, AO-StB 2015, 139, 142; OLG Köln v. 9.6.1993 13 U 22/93, DStR 1994, 443; OLG Düsseldorf v. 12.3.1985 3 Ws 64/85, Stbg 1987, 294; OLG Koblenz v. 15.12.1982 1 Ss 559/82, wistra 1983, 270.
45 Das Niederlegen des Mandats bei anhaltenden Mängeln der Kassenführung empfehlend *Berger/Teutemacher*, PStR 2017, 165.
46 Z. B. Umsatz = 25.000 €, Gewinn = 10.000 €.
47 Zu diesem Rechtsinstitut insgesamt siehe Teil 5.
48 Vgl. OLG Düsseldorf v. 2.12.1993 13 U 25/93, juris, zur verdeckten Gewinnausschüttung durch falsche Verbuchung von Kundenschecks.
49 BGH v. 23.10.2003 IX ZR 249/02, NJW 2004, 444 und BGH v. 20.1.2005 IX ZR 416/00, juris.
50 *Laumen*, DStR 2015, 2570, m.w.N.

9.4 Berufshaftpflichtversicherung

In den **Streit um Honorar und Schadenersatz** sollte die Berufshaftpflichtversicherung rechtzeitig einbezogen werden. Stellt der Mandant im Honorarprozess eine **Schadenersatzforderung** zur **Aufrechnung,** muss der Steuerberater seiner Berufshaftpflichtversicherung davon Mitteilung machen und sie bei Vergleichsverhandlungen hinzuziehen. Andernfalls ist der Versicherer leistungsfrei, wenn der Mandant ohne seine Beteiligung einen Gesamtvergleich auch über die Schadenersatzforderung schließt und der Vergleich im Hinblick auf die Kostenregelung offenkundig nachteilig ist.[51]

9.5 Ansprüche des Steuerberaters gegen den Mandanten

Sind die Besteuerungsgrundlagen eines Mandanten zu Recht geschätzt worden, weil er Steuern hinterzogen hat, so ist zuvor nicht nur die Allgemeinheit, sondern auch der Steuerberater geschädigt worden, weil sein Honorar ausgehend von zu niedrigen Besteuerungsgrundlagen berechnet worden ist. Deshalb ist zu empfehlen, diesen Anspruch im Rahmen eines Einzelvertrags abzusichern, damit der Steuerberater das entgangene Honorar problemlos nachfordern kann. Durch einen solchen Vertrag kann zugleich deutlich gemacht werden, dass sich der steuerliche Berater von etwaigen Verkürzungen distanziert.[52]

---

51 LG Kassel v. 4.5.2010 5 O 1883/09, juris.
52 *Pump*, StBp 2016, 364.

10 Branchenhinweise und Einzelfragen

Apotheke. Zwischen Apothekern und Großhändlern werden Rabattkonditionen sowie Art und Weise der Abrechnung schriftlich geregelt. Legt der Apotheker die diesbezüglichen Unterlagen nicht vor, wird das FA ein Auskunftsersuchen an den Großhändler richten. Die o. g. **Rabatte** werden nicht selten z. B. in Form von Reisen o. Ä. gewährt. Bei Nichtversteuerung ist neben der Einkommensteuer auch die Umsatzsteuer in Form zu hoher Vorsteuern betroffen. Der Apotheker erhält vom Großhändler neben den Einzelrechnungen und Lieferscheinen noch Sammelrechnungen. Dort sind häufig nur die Rechnungsnummern aufgeführt. Der Betriebsprüfer kann die Vorlage der Einzelrechnungen verlangen. Nur dadurch ist ersichtlich, ob z. B. Gegenstände für den privaten Bereich des Apothekers erworben wurden. Nur die Einzelrechnungen berechtigen zum Vorsteuerabzug. Apotheken können ihre Forderungen gegen die Verrechnungsstelle aufgrund der eingereichten Rezepte erst verbuchen, wenn ihnen der Betrag durch die Verrechnungsstelle mitgeteilt wird. Die Ordnungsmäßigkeit der Buchführung ist nicht zu beanstanden, wenn nur für die Verrechnungsstelle und nicht für jede einzelne Krankenkasse ein Kontokorrentkonto geführt wird.

Die Entwicklung der im Apothekenbereich unverzichtbaren und gesetzlich vorgeschriebenen **Warenwirtschaftssystem** ist weit fortgeschritten. Schon lange wird mit einem einheitlichen Stammdatensatz[1] und mit einer Pharmazentralnummer (PZN) gearbeitet, wodurch jede Ware eindeutig bestimmt werden kann. Bei den Warenwirtschaftssystemen ist grundsätzlich zwischen POR[2]- und POS[3]-Systemen zu unterscheiden. Die bei Apotheken üblichen sehr komplexen Warenwirtschaftssysteme führen nicht selten zu der Diskussion, welche Daten dem Betriebsprüfer vorzulegen sind. Dabei gilt der Grundsatz, dass die Separierung der steuerlich relevanten Daten Sache des Steuerpflichtigen ist, bei fehlender Trennungsmöglichkeit sind notfalls mehr Daten herauszugeben, denn die Nichtvorlage der „Steuerdaten" führt zur Nichtordnungsmäßigkeit der Buchführung. Hat der Steuerpflichtige sich dafür entschieden, seine Umsätze nicht durch einen Kassenbericht bzw. durch eine offene Ladenkasse i. e. S.[4] zu ermitteln, sondern durch die elektronische Erfassung jedes einzelnen Umsatzes, so handelt es sich insofern nicht um „freiwillige" Aufzeichnungen, die nach BFH ggf. nicht vorlagepflichtig wären.[5] Vielmehr sind die „Kassenauftragszeilen" steuerlich relevante Daten, die aufzubewahren und für den Datenzugriff zur

---

1 Sog. ABDA-Stammdatensatz.
2 Point of recording = Wiederbestellpunkt.
3 Point of sale = Wiederverkaufspunkt.
4 Siehe hierzu 3.5.5.2.
5 BFH v. 24. 6. 2009 VIII R 80/06, BStBl. II 2010, 452.

10 Branchenhinweise und Einzelfragen

Verfügung zu stellen sind.[6] In den letzten Jahren ist bei Apotheken vermehrt der Einsatz sog. **„Zapper"** bzw. von versteckten manipulativen Zusatzmodulen, sog. „Phantomware"[7] festgestellt worden. Mit diesen Tools ist es ohne besondere EDV-Kenntnisse möglich, nach Geschäftsschluss feste Beträge wie z. B. 500 € der Besteuerung zu entziehen. Der Verkürzungsbetrag wird dann z. b. gleichmäßig auf eine Vielzahl von Produkten verteilt, so dass die Manipulation im Rahmen einer Ap kaum festzustellen ist, insbesondere, weil auch das Warenwirtschaftssystem entsprechend manipuliert wird.

Eine bei Apotheken vielfach anzutreffende Art der Einnahmenverkürzung ist der missbräuchliche Gebrauch der **„Offene-Posten-Funktion"**. Der Apotheker bzw. seine Angestellten müssen die Möglichkeit haben, Warenabgänge im Warenwirtschaftssystem zu verzeichnen, ohne dass zeitgleich ein Umsatz erfasst wird. Wird ein Medikament an den Kunden herausgegeben, soll oder kann die Zahlung aber erst später erfolgen, wird durch die Verwendung der „Offene-Posten-Funktion" der Abgaben im Warenwirtschaftssystem erfasst,[8] aber kein entsprechender Umsatz. Die Erfahrung, dass der entsprechende offene Posten oftmals nicht erfolgswirksam aufgelöst wird, wenn der Kunde später bar bezahlt.

Die Grundidee der üblichen Verprobung besteht darin, aus den Umsätzen der Kassenrezepte auf den dazugehörenden WES zurückzurechnen. Das ist zumindest theoretisch möglich, weil die Marge des Apothekers in diesem Bereich gesetzlich vorgeschrieben ist. Der nicht auf Kassenrezepte entfallende WES betrifft den „risikobehafteten" Bereich der Privatrezepte und der sog. **„OTC-Produkte"**.[9] Ergibt die Gegenüberstellung dieses WES mit dem entsprechenden Umsatz einen auffällig niedrigen RAS, so kann dies ein Anhaltspunkt für nicht deklarierte Einnahmen sein. Die o. g. Rückrechnung auf den auf die Kassenrezepte entfallenden WES ist problematischer als sie zunächst erscheint. Als Grundlage dienen oft die Abrechnungen der Rechenzentren, bei denen der Apotheker die Rezepte einreicht.[10] Da der gesetzliche Anspruch des Apothekers sich grundsätzlich auf die Verpackung bezieht, arbeitet der Betriebsprüfer häufig mit Annahmen hinsichtlich der Packungsgröße bzw. -anzahl, was die Verprobung insofern sehr unsicher macht. Im Übrigen muss ein niedriger Aufschlag in dem „risikobehafteten" Bereich nicht immer auf unversteuerte Einnahmen zurückzuführen sein. Die Konkurrenzsituation lässt Apotheken immer häufiger zu ausgefallenen Rabattaktionen greifen. So wird teilweise angeboten, Produkte zu dem Preis abzugeben, den der Kunde bei einem Mitbewerber registriert hat.

---

6   BFH v. 16.12.2014 X R 42/13, BStBl. II 2015, 519, vgl. hierzu z. B. *Schumann*, KSR 6/2015, 10.
7   Siehe hierzu die Ausführungen zur Manipulation von Registrierkassen unter 3.5.5.3.
8   Das ist erforderlich, um die Nachbestellung auszulösen.
9   OTC = over the counter, typischer Fall ist das frei verkäufliche und von den Krankenkassen sen häufig nicht erstattete Aspirin.
10 Die Rechenzentren rechnen ihrerseits mit den Krankenkassen ab.

Wenn der Apotheker **Ware vernichtet,** erhält er regelmäßig eine sog. „Vernichtungsbescheinigung". Daraus ergeben sich die einzelnen Artikel und auch ihr Wert, manchmal allerdings auch nur der Wert. Solche Vernichtungsbescheinigungen dürfen nicht als Betriebsausgaben verbucht werden, weil für diesen Vorgang ohnehin eine Bestandsänderung im System mit entsprechender Gewinnauswirkung durchgeführt wird. Dennoch sollten die Bescheinigungen aufbewahrt werden, weil sie den Grund der Bestandsveränderung dokumentieren. Darüber hinaus können ggf. schwächere Roherträge mit ihrer Hilfe begründet werden.

Steuerhinterziehung kann für einen Apotheker erhebliche berufliche Konsequenzen haben. So kann ggf. die Erlaubnis zum Betrieb einer Apotheke entzogen oder auch die Apotheker-Approbation entzogen werden.[11]

Arzt. Medizinische Aufzeichnungen in der **Patientenkartei** stellen keine Aufzeichnungen der Einnahmen dar, durch die eine Schätzung der nicht anderweitig aufgezeichneten Bareinnahmen verhindert werden könnte.[12] Im Strafverfahren gegen Patienten eines Arztes unterliegt die Patientenkartei dem Beschlagnahmeverbot nach § 97 Abs. 1 StPO. Wird der Arzt hingegen selbst beschuldigt, gilt das Verbot nicht, wenn der Einblick in die Kartei zur Aufklärung der Straftat erforderlich ist und ein solcher Eingriff nicht unverhältnismäßig erscheint.[13] Vertragsärzte sind verpflichtet, eine zertifizierte Praxisverwaltungssoftware zu nutzen.[14] Soweit ein Arzt Medikamente an Patienten gegen Entgelt abgibt, gilt die Steuerbefreiung nach § 4 Nr. 14 UStG nicht.[15]

Augenarzt. Für Augenärzte existieren keine Richtsätze, anhand derer ein äußerer Betriebsvergleich möglich wäre.[16]

Automatenaufsteller. Bei Geldspielgeräten mit Röhrenfüllung ohne Türöffnung ergeben sich die Betriebseinnahmen grundsätzlich aus dem Kasseninhalt, wie er auf den Kassenstreifen ausgedruckt ist. Allerdings ist dieser Betrag um die auf den **Statistikstreifen** aufgeführten Röhrenauffüllungen und Röhrenentnahmen zu korrigieren. Zur Auslesung von Geldspielautomaten bedarf es eines Auslesegeräts, das über eine Schnittstelle mit dem Geldspielautomaten verbunden wird. Die vom Spielautomaten generierten und gespeicherten Daten werden dann vom internen Speichermedium des Automaten auf den Speicher des Auslesegeräts übertragen und von dort aus ausgedruckt. Solche Auslesestreifen werden häufig mit Hilfe von Adaptern manipuliert, die zwischen die Schnittstelle des Automaten und das Auslesegerät gesteckt werden.[17] Da die Manipula-

---

11 Zum Nichtentzug der Approbation trotz Steuerhinterziehung siehe z. B. VG Aachen v. 10.1.2019 5 K 4827/17, juris, hierzu *Roth*, PStR 2019, 49.
12 FG des Saarlands v. 17.12.2008 1 K 2011/04, EFG 2009, 307, rkr.
13 BVerfG v. 14.9.1989 2 BvR 1062/87, juris; BGH v. 3.12.1991 1 StR 120/90, NJW 1992, 763.
14 LSG BBg v. 17.2.2009 L 7 B 115/08 KA ER, PATR/Q-med 2009, 47.
15 BFH v. 26.5.1977 V R 95/76, BStBl. 1977, 879.
16 FG Düsseldorf v. 13.4.2010 13 K 3064/07 F, juris.
17 BGH v. 16.4.2015 1 StR 490/14, HFR 2015, 979. Neben der Steuerhinterziehung liegt auch ein Fall des § 268 Abs. 1 StGB vor.

10 Branchenhinweise und Einzelfragen

tionsmöglichkeit bekannt ist, ist das FA zur Schätzung befugt, wenn die ausgelesenen Daten der Zählwerke nicht mit den Daten der vorgelegten Statistikstreifen übereinstimmen.[18] Liegen die Streifen nicht vor, ist das FA unmittelbar zur Schätzung berechtigt.[19] Mangels ausdrücklicher Erwähnung fallen Geldspielgeräte nicht in den Anwendungsbereich des sog. Registrierkassenerlasses.[20] Die o. g. Einnahmenaufzeichnungen müssen dennoch vorgelegt werden, da sie tatsächlich vorhanden und damit denknotwendig zumutbar sind. Das Verhältnis von steuerfreien zu steuerpflichtigen Erlösen kann zur Bestimmung der abziehbaren Vorsteuerbeträge herangezogen werden, wenn diese wegen Nichtordnungsmäßigkeit der Buchführung geschätzt werden müssen.[21] Bei Geldspielautomaten in Gaststätten o. Ä. können sog. Wirteanteile als Betriebsausgaben zu berücksichtigen sein.[22] Die Vergnügungsteuer ist zur Ermittlung der Bemessungsgrundlage für die Umsatzsteuer nicht aus der Gegenleistung herauszurechnen.[23]

Autovermietung. Zu den wesentlichen aufbewahrungspflichtigen Unterlagen gehören die Beförderungsaufträge.[24] Wegen der vielfältigen Preistarife ist eine Nachkalkulation des Umsatzes kaum möglich. Die Verprobung erfolgt u. a. über die **Kilometerstände** der einzelnen Fahrzeuge. In den Mietverträgen ist der Kilometerstand von wesentlicher Bedeutung für die Preisfestsetzung, sowohl Mieter als auch Vermieter haben ein Interesse an der zutreffenden Notierung. Hier bieten sich Verprobungsmöglichkeiten mit den Versicherungsunterlagen im Hinblick auf Schadensabwicklungen und Reparaturrechnungen.

Bäckerei. Verprobungs- und Schätzungsmöglichkeiten ergeben sich bei Filialbetrieben aus den **Lieferscheinen,** die für die Belieferung der einzelnen Verkaufsstellen ausgestellt werden. Sie dienen der internen Kontrolle der Mitarbeiter, können vom Betriebsprüfer aber zur Kalkulation des Umsatzes genutzt werden. I. d. R. werden nach Geschäftsschluss die Retouren auf dem Lieferschein vermerkt, so dass sich die verkaufte Ware aus der Differenz ergibt. Bäckereien werden häufig als Backwarenabteilungen in Einzelhandelsmärkten eingerichtet. Die dafür von der jeweiligen Bäckerei zu entrichtende Miete bemisst sich dann häufig nach ihren Ausgangsumsätzen, die über den Marktleiter an die Zentrale gemeldet werden, damit von dort die Abrechnung erfolgt. Diese

---

18 Vgl. zur Vergnügungsteuer FG Berlin-Brandenburg v. 13.6.2017 6 K 6146/16, juris.
19 Vgl. FG Berlin-Brandenburg v. 13.6.2017 6 K 614/16, EFG 2017, 1855; Niedersächsisches FG v. 25.3.2003 6 K 961/99, EFG 2003, 1215; Sächsisches FG v. 15.3.2001 1 V 78/00, EFG 2001, 802.
20 BMF v. 26.11.2010, BStBl. I 2010, 1342. Siehe hierzu die entsprechenden Ausführungen zur Registrierkasse unter 3.5.5.3.
21 Sächsisches FG v. 23.1.2007 4 K 1042/04, juris, rkr.
22 Z. B. 30 % der Summe der geschätzten Erlöse aus der Aufstellung der Geldspielgeräte. Bei Barzahlung von Wirteanteilen muss der Gastwirt dem Nachweis erbringen können, dass die Beträge in seinen Einnahmen enthalten sind, vgl. *Achilles/Pump*, S. 392.
23 BFH v. 22.4.2010 V R 26/08, BStBl. II 2010, 883.
24 § 49 Abs. 4 PBefG.

Meldungen können zu Verprobungszwecken mit den deklarierten Umsätzen verglichen werden oder ggf. eine sachgerechte Schätzungsgrundlage bilden.

Bausparkassenvertreter. Die Verprobung der erklärten Umsätze erfolgt anhand der monatlichen bzw. jährlichen Abrechnungen der Bausparkasse. In vielen Fällen werden die vom Bausparkassenvertreter zu zahlenden Beträge wie Miete für PC-Ausstattung, private Versicherungsbeiträge oder Zins- und Tilgungsleistungen für von der Bausparkasse gewährte Darlehen mit den Provisionen verrechnet und nur die „Nettobeträge" überwiesen. Bei Verbuchung nach dem Bankkonto besteht die Gefahr, dass nur diese Nettobeträge als Einnahmen erfasst werden.

Bauunternehmer. Bauunternehmer gehören zu einer besonders häufig geprüften Branche.[25] Zu den typischen Überprüfungsmethoden gehört die **Baustellenverprobung**. Material wird oft direkt an die Baustelle geliefert. Dann besteht die Möglichkeit, die Baustellen mit den Ausgangsrechnungen abzugleichen. Differenzen sprechen für eine unvollständige Erlöserfassung. Ähnlich kann mit den Stundenzetteln der Arbeiter verfahren werden. Auch sind i.d.R. die Baustellen zu ersehen, so dass geprüft werden kann, ob im Zusammenhang mit der jeweiligen Baustelle auch entsprechende Erlöse erfasst worden sind. Bei illegaler Arbeitnehmerüberlassung soll eine Gewinnschätzung i.H.v. 40%[26] bis 43%[27] der Nettoeinnahmen vertretbar sein. Die vom Betriebsinhaber zur Erlangung von Versicherungsschutz jährlich an die **Berufsgenossenschaft** abzugebende Meldung über die Arbeitsstunden und über die Anzahl der beschäftigten Arbeitnehmer kann im Rahmen einer Lohnkalkulation[28] wichtige Anhaltspunkte liefern und wird deshalb regelmäßig zu Verprobungszwecken herangezogen. Die **Stundenzettel** sind im Bau- und Baunebengewerbe Grundlage für die Berechnung der Beiträge zur Zusatzversorgungskasse. Auch zum Nachweis für die Gewährung von Wintergeld hat der Unternehmer für das Arbeitsamt während der Förderzeit für jeden Arbeitstag Aufzeichnungen über die auf der Baustelle geleisteten sowie ausgefallenen Stunden zu führen und diese drei Jahre aufzubewahren. In Steuerhinterziehungsfällen kann dem Bauunternehmer die Ausübung seines Berufes ggf. nach § 70 StGB untersagt werden, insbesondere wenn die Hinterziehung mit schwerwiegenden Verletzungen der Buchführungs- und Aufzeichnungspflichten verbunden ist.[29]

Bestattungsunternehmen. Ausgangsgröße einer Umsatzkalkulation ist der WES. Er besteht im Wesentlichen aus dem Einkaufspreis für Särge, Beschläge und Sargausschläge. Für den Sargausschlag entstehen Lohnkosten. Der auf die Summe anzuwendende Gemeinkostenaufschlag kann aus allen Ausgaben abzüglich WES im Verhältnis zum Wareneinkauf errechnet werden. Der auf die

---

25 Ausführlich zu Problembereichen und Prüfungsmethoden *Köhler* in StBp-Handbuch, Kza. 3485.
26 FG des Saarlands v. 15.11.1989 1 K 194/87, juris.
27 FG München v. 19.8.1992 1 K 1497/90, juris.
28 Z.B. bei der Prüfung von Dachdeckern, Fliesenlegern, Frisören etc.
29 BGH v. 12.9.1994 5 StR 487/94, wistra 1995, 22.

10 Branchenhinweise und Einzelfragen

sich ergebenden Selbstkosten anzuwendende Gewinnaufschlag beträgt nach den Erfahrungswerten der FinVerw 15 % bis 25 %. Geprüft wird immer der Zufluss von **Provisionen**, die Bestatter regelmäßig für die Vermittlungen von Todesanzeigen erhalten. Diese belaufen sich – ebenfalls nach den Erfahrungswerten der FinVerw – auf 15 % bis 20 % der Nettoauftragssumme. Die Bestattungsunternehmen ihrerseits zahlen nicht selten Provisionen an Krankenhausbedienstete, Rettungskräfte o. Ä. Hier kann sich das Problem des § 160 AO stellen.[30] Ein Vorsteuerabzug ist nicht möglich, da es an der Unternehmereigenschaft des Leistenden und an einer Eingangsrechnung fehlt.

Biergarten. Die Einnahmen reagieren i. d. R. unmittelbar auf eine sich verändernde **Wetterlage** und korrespondieren deshalb mit den Wetterdaten. Siehe im Übrigen auch das Stichwort „Gastronomie".

Blumenhandel. Im Bereich des Blumeneinzelhandels wird eine Schätzung von Schwund durch Bruch und Verwelken i. H. v. lediglich 10 % für sachgerecht gehalten. Bei einer Nachkalkulation können Anfangs- und Endbestände grundsätzlich außer Betracht bleiben.[31]

Buchhandel. Wichtig ist die Aufbewahrung der Lieferscheine, weil die Abrechnungen der Großhändler und der Verlage die gelieferten Titel häufig nicht aufführen, sondern auf die Lieferscheine Bezug nehmen. Damit besteht die Gefahr, dass Vorsteuern wegen fehlender Leistungsbeschreibung nicht abzugsfähig sind und der Buchführung die Ordnungsmäßigkeit versagt wird, wenn die Lieferpapiere nicht vorhanden sind. Wegen der Buchpreisbindung kann der Betriebsprüfer davon ausgehen, dass Verkäufe zum vorgeschriebenen Preis erfolgt sind. Kalender und Hörbücher unterliegen hingegen nicht der Preisbindung. Warenverluste sind auch im Buchhandel regelmäßig Diskussionsgegenstand im Rahmen von Ap, insbesondere wenn Abweichungen von den Werten lt. Richtsatzsammlung festgestellt werden oder Kalkulationsdifferenzen auftreten. Bei großen Buchhandlungen dürften diesem Argument regelmäßig die elektronischen Ausgangskontrollen entgegenstehen. Bei der Warenbewertung ist an Beschädigungen und Verschmutzungen im Straßenverkauf durch Witterungseinflüsse zu denken. Auch die Ansichtsexemplare sind i. d. R. wertgemindert.

Busunternehmen. Eine Manipulation der Lenk- und Ruhezeiten ist durch die Einführung digitaler **Fahrtenschreiber** mit Chipkarten erschwert worden. Sofern z. B. bei Bussen, die im Linienverkehr eingesetzt sind, genau nach Kilometern und Einsatztagen abgerechnet wird, kann die Überprüfung beim jeweiligen Auftraggeber erfolgen. Im reinen Linienverkehr ist es aufgrund der schwankenden Fahrgastzahlen und der unterschiedlichen Tarife wesentlich schwieriger, die Umsätze zu verproben. Wie bei Taxiunternehmen oder auch Fahrschulen können Werkstattrechnungen zu Verprobungszwecken genutzt

---

30 Siehe hierzu 4.4.
31 FG Schleswig-Holstein v. 27. 5. 1992 IV 726/89, juris.

werden. Ist aufgrund der Nichtordnungsmäßigkeit der Buchführung die Möglichkeit der Schätzung gegeben, wird sie oftmals auf der Grundlage einer durchschnittlichen Fahrgastzahl erfolgen müssen.

China-Restaurant. Die gebuchten Lohnaufwendungen stehen häufig in einem krassen Missverhältnis zu den tatsächlich eingesetzten Arbeitskräften. Hintergrund ist nicht selten, dass Schleuser- und Schlepperkosten abgearbeitet werden müssen. Steuerrechtlich ergibt sich aus der insofern unvollständigen Buchführung die Schätzungsbefugnis. In die Nachkalkulation dürfen vor allem Gerichte mit **extrem niedrigem WES**[32] nur entsprechend ihrem mutmaßlichen Anteil am Umsatz einbezogen werden, um realistischere Werte zu erhalten.[33] Ein RAS von 588 % soll im Bereich asiatischer Restaurants durchaus erzielbar sein.[34]

Cocktailbar. Die Nachkalkulation von Umsätzen einer Cocktailbar ist nur dann geeignet, eine Schätzungsbefugnis zu begründen, wenn sich die Kalkulation auf die tatsächlich gehandelten Waren und ihre Verkaufspreise bezieht. Die Richtigkeitsvermutung des § 158 AO ist nicht entkräftet, wenn der Prüfer – obwohl der Verkauf von Cocktails und sonstigen Mixgetränken den maßgeblichen Anteil des Umsatzes bildet – nicht die Getränke als solche kalkuliert, sondern stattdessen ihre Einzelbestandteile als verkaufte Getränke behandelt.[35]

Crêpes-Bäcker. Steigt der WES um 25 %, während die Umsätze lediglich um 12 % zunehmen, kann dies bei einer Crêpes-Bäckerei den Schluss zulassen, dass die Gewinnermittlung unrichtig ist.[36]

Dachdecker. Die FinVerw geht bei Verprobungen und Schätzungen von folgenden Parametern aus: Der Aufschlag auf den Materialeinsatz beträgt bei Geschäftskunden zwischen 5 und 15 %, bei Privatkunden 20 %. Zur überschlägigen Berechnung des auf den Lohn entfallenden Umsatzanteils wird ein Aufschlag auf den Lohn von 40 % bis 100 % angenommen.[37]

Detektei. Im Zentrum der Prüfung stehen die nach § 38 Abs. 1 Nr. 2 i. V. m. Abs. 3 GewO zu führenden Auftragsbücher.

Diskothek.[38] Die Durchschnitts-Rohgewinnaufschläge auf den WES betragen zwischen 280 % und 600 %. Diese Aufschläge beziehen sich auf den wirtschaftlichen Warenumsatz ohne Berücksichtigung sonstiger Einnahmen wie Eintrittsgelder. Der Anteil der Eintrittsgelder am Gesamtumsatz liegt zwischen

---

32 Sog. „Ausreißer". Der RAS bei der klassischen „Frühlingsrolle" soll z. B. 1.400 bis 1.500 % betragen!
33 BGH v. 24. 5. 2007 5 StR 58/07, wistra 2007, 345; FG Düsseldorf v. 15. 2. 2007 16 V 4691/06 A (E, U, F), EFG 2007, 814.
34 FG Nürnberg v. 13. 1. 2017 4 K 1172/16, EFG 2017, 357, Rz. 35, rkr.
35 Sächsisches FG v. 26. 10. 2017 6 K 841/15, juris.
36 FG Hamburg v. 7. 4. 2005 VI 377/03, juris.
37 „Produktivlohn zu Verkaufspreisen".
38 Zu einem ausführlich dargestellten Sachverhalt vgl. z. B. FG Berlin-Brandenburg v. 17. 3. 2009 6 K 4146/04 B, juris.

10 Branchenhinweise und Einzelfragen

20 % und 25 %, die Garderobenanteile zwischen 1 % und 10 % des Umsatzes. Dabei ist zu beachten, dass an Öffnungstagen mit besonderem Unterhaltungsprogramm regelmäßig zusätzliche Eintrittsgelder erhoben werden, oftmals in Verbindung mit einem Freigetränk oder einem Verzehrbon. Wegen der starken Nachfrage nach Longdrinks und alkoholfreien Getränken sind die hohen **Eiszugabemengen** bei diesen Getränkegruppen für eine zutreffende Kalkulation von entscheidender Bedeutung. Die Flüssigkeitsverdrängung durch Eisanteile kann 30 % bis 50 % der Schankvolumina erreichen, was zu entsprechend hohen Gewinnen führt. Ein Eiswürfel aus der Eismaschine verdrängt etwa 2 cl Flüssigkeit. Neben der Kalkulation können **GEMA-Daten** und **Eintritts- und Verzehrkarten**[39] dem Prüfer als Verprobungsmöglichkeiten dienen. Die praktischen Schwierigkeiten, bei überfüllten Tanzveranstaltungen einzelne Geschäftsvorfälle zu erfassen, rechtfertigt keinen Verzicht auf Grundaufzeichnungen. Werden Sonderkassen eingesetzt, müssen hierfür gesonderte Kassenbücher geführt werden.[40] § 162 AO findet über kommunale Abgabengesetze auch im Bereich der Vergnügungsteuer Anwendung.[41]

„Dönerladen". Da es für Döner-Imbisse[42] keine speziellen Richtsätze gibt, kommen entweder kombinierte Werte aus denjenigen für Pizzerien, Gaststätten und Imbissen[43] oder direkt diejenigen für Imbissbetriebe[44] zur Anwendung. Der Gesamtschwund kann grundsätzlich mit 38 % berücksichtigt werden.[45] In strafrechtlicher Hinsicht ist das Gericht nicht verpflichtet, innerhalb eines von einem Sachverständigen angegebenen Bewertungsrahmen von dem günstigsten Wert auszugehen.[46] Werden Fladenbrote auch isoliert weiterverkauft, ist insofern auf eine besonders sorgfältige Dokumentation zu achten, da der Betriebsprüfer ansonsten von entsprechendem Döner-Verkauf ausgehen wird.

Druckerei. Aktuelle Kalkulationsgrundlagen können auf der Internetseite des Bundesverbandes für Druck und Medien e. V. eingesehen werden.

Eisdiele. Die Umsatzkalkulation bei Eisdielen ist immer wieder Gegenstand der finanzgerichtlicher Urteile.[47] Die Möglichkeit der Einnahmenverkürzung ergibt sich hier insbesondere daraus, dass ein Teil des Wareneinkaufs unproblema-

---

39 Aufbewahrungspflichtige Unterlagen.
40 FG Berlin-Brandenburg v. 17. 3. 2009 6 K 4146/04 B, EFG 2009, 1514.
41 Vgl. z. B. den Sachverhalt in VG Neustadt v. 21. 3. 2017 1 K 814/16 NW, juris. Zur Schwierigkeit der Erfassung von Bareinnahmen mit Hilfe von Registrierkassen siehe FG Berlin-Brandenburg v. 17. 3. 2009 6 K 4146/04 B, juris.
42 Zu einem entsprechenden Sachverhalt vgl. FG Hamburg v. 23. 2. 2016 2 K 31/15, juris, rkr.
43 FG Schleswig-Holstein v. 6. 3. 2012 2 K 101/11, juris, rkr. Zur Hinzuschätzung beim Dönerrestaurant siehe auch *Tormöhlen*, AO-StB 2016, 218.
44 FG Hamburg v. 7. 2. 2019 6 v 240/18, juris, Rz. 48.
45 BGH v. 28. 7. 2010 1 StR 643/09, AO-StB 2009, 291.
46 BGH v. 18. 5. 2011 1 StR 209/11, juris.
47 FG Münster v. 19. 8. 2004 8 V 3055/04 G, juris; FG Münster v. 31. 8. 2000 14 K 3305/98 G, U, F, juris; FG Münster v. 15. 12. 1999 10 K 7869/99, juris.

tisch über Lebensmitteldiscounter erfolgen kann.[48] Zu den typischen Einwendungen in Eisdielenfällen gehört die erstaunliche Behauptung, ein Teil des eingekauften Zuckers sei nicht zum Verkauf gelangt, sondern zur Reinigung der Eismaschinen verwendet worden. Das Argument ist untauglich, da Zucker einen idealen Nährboden für Keime bildet und zur Reinigung vollkommen ungeeignet ist. In den meisten FÄ gibt es Betriebsprüfer, die sich mit der Spezialmaterie „Eisdiele" besonders gut auskennen. Der Steuerberater wird nicht umhin, sich mit den mitunter schwer zu durchschauenden Berechnungen – meist getrennt nach Frucht- und Speiseeis – auseinanderzusetzen. Die **Kugelgröße** ist dabei der wichtigste Parameter. Die Größenangabe auf den Portionierern beschreibt die Ausbeute aus einem Liter: Mit einem 1/30 Portionierer ergibt ein Liter Eis theoretisch 30 Kugeln. Geringe Abweichungen können bei einer durchschnittlichen Eisdiele zu Umsatzabweichungen im fünfstelligen Bereich führen. Insbesondere weil das FA ggf. im Vorfeld der Prüfung einen Testkauf durchgeführt hat, ist dem Steuerpflichtigen anzuraten, genau zu dokumentieren, welche Portionierer in welchen Zeiträumen eingesetzt wurden.[49] Die beliebte 30/70-Schätzung[50] führt bei Eisdielen nicht zu sachgerechten Ergebnissen. Verprobungsmöglichkeiten ergeben sich für den Betriebsprüfer ggf. aus der verbrauchten Dextrose bzw. Glucose, mit der wegen seiner gefrierhemmenden Wirkung ein Teil des Kristallzuckers ersetzt wird, da nur ein bestimmter Prozentsatz im Eis verarbeitet werden kann, weil es sonst nicht mehr gefriert.

Fahrschule. Nach § 18 FahrlG hat der Inhaber der Fahrschule oder der verantwortliche Leiter des Ausbildungsbetriebs besondere **Aufzeichnungen** zu führen über:

- Name und Geburtsdatum des Fahrschülers
- Klasse der erstrebten Fahrerlaubnis
- Beginn und Ende der Ausbildungszeit
- Kalendertage und Stundenzahl des erteilten theoretischen und praktischen Unterrichts
- Name des Fahrlehrers, der den praktischen Unterricht erteilt hat
- Art und Typ des Lehrfahrzeugs
- Tag und Ergebnis der Prüfungen
- Das erhobene Entgelt für den theoretischen und praktischen Unterricht, für die Vorstellung zur Prüfung und die allgemeinen Aufwendungen des Fahrschulbetriebs

Das FA ist zur Schätzung berechtigt, wenn die nach dem FahrlG aufzubewahrenden Unterlagen nicht vorgelegt werden können.[51] Als Schätzungsgrundlage

---

48 Dosenfrüchte, Sprühsahne etc.
49 BFH v. 6.5.2011 V B 8/11, juris; FG Münster v. 17.9.2010, EFG 2011, 506.
50 Sog. Schätzung nach Anteilen, vgl. hierzu 3.9.3.
51 FG Rheinland-Pfalz v. 1.4.2014 5 K 1227/13, EFG 2014, 1320.

10 Branchenhinweise und Einzelfragen

können Listen der **Führerscheinstelle** über beantragte Führerscheine dienen.[52] Der Inhaber einer Fahrschule kann Fahrlehrer umsatzsteuerrechtlich auch dann als Subunternehmer beschäftigen, wenn ihnen keine Fahrerlaubnis zugeteilt worden ist.[53]

Fensterbauer. Fensterbauer verarbeiten vorrangig Aluprofile mit einer üblichen Läge von 6 m. Der durch An- und Gehrungsschnitte und durch das Entstehen von Reststücken produzierte **Schrott** bzw. die dadurch erzielten Erlöse stehen regelmäßig im Zentrum der Prüfung. Die FinVerw geht von einer Abfallquote i. H. v. 20 % bis 25 % aus. Allerdings dürfte die Quote bei Industrieverglasungen niedriger liegen, weil in diesem Bereich keine Gehrungsschnitte anfallen.

Fladenbrotbäckerei. Wegen der großen Hebelwirkung der Hefekalkulation ist es gerechtfertigt, nicht vom ungünstigeren Ende der Schwankungsbreite auszugehen.[54]

Fleischerei. Es gibt eine Reihe besonderer Aufzeichnungspflichten, die für Verprobungs- und Schätzungszwecke genutzt werden können. So ergeben sich z. B. aus den sog. **Tierbeschauzetteln,** deren Vollständigkeit beim Veterinäramt erfragt werden kann, alle geschlachteten und vom Veterinär beschauten Vieheinheiten. Aus dem dreimal jährlich zugestellten Beitragsbescheid des Bundesamts für Ernährung und Forstwirtschaft ergeben sich ebenfalls Art und Anzahl der geschlachteten Tiere. Auch wenn eine Fleischerei keine Speisen zum Verzehr an Ort und Stelle anbietet, sind mangels Aufzeichnungen unentgeltliche Wertabgaben zum vollen Steuersatz anzusetzen.[55]

Fliesenleger. Die FinVerw geht bei der Erlöskalkulation von folgenden Parametern aus: Aufschläge auf das Material 12 % bis 28 %, Aufschlag auf Fremdleistungen 10 bis 18 %. Dem produktiven Lohneinsatz werden erfahrungsgemäß 120 % bis 160 % zugeschlagen. Risiko- und Gewinnzuschläge sollen in einem Bereich von 4 % bis 8 % liegen.

Frisör. Bei der Kalkulation von Frisörbetrieben, die vor allem auf der Grundlage der produktiven Arbeitsstunden erfolgt, kommt es regelmäßig zu Diskussionen über die sog. **„Wartezeit",** d. h. die Arbeitszeit, für die Lohnkosten anfallen, die aber nicht zu Umsätzen führen. Der BFH steht einem pauschalen Ansatz dieser Zeiten seit jeher skeptisch gegenüber.[56] Im Normalfall ergeben sich am Samstag keine relevanten Wartezeiten. Durch Vergleich der Einnahmen an einem solchen Samstag mit den Einnahmen an einem anderen Wochentag kann auf die an Letzterem anfallenden Wartezeiten geschlossen werden. Die Diskussion um die produktiven Stunden ist für beide Seiten wenig befriedigend. Der Steuerpflichtige ist z. B. naturgemäß der Meinung, die Angestellten hätten ausrei-

---

52 FG Thüringen v. 30.1.2013 3 K 212/11, juris, Rz. 22.
53 BFH v. 17.10.1996 V R 63/94, BStBl. II 1997, 188.
54 FG Nürnberg v. 17.10.2018 5 K 642/18, EFG 2019, 321, Rz. 43, NZB X B 149/18.
55 FG Mecklenburg-Vorpommern v. 17.3.2010 3 K 108/06, juris.
56 BFH v. 18.9.1974 I R 94/72, BStBl. II 1975, 217.

10 Branchenhinweise und Einzelfragen

chend Gelegenheit, auch außerhalb der eigentlichen Tätigkeit mit den Kunden zu sprechen, da nur so Stammkundschaft entstehe, während der Betriebsprüfer der Ansicht ist, der Betriebsinhaber sei ausschließlich an produktiven Stunden interessiert.

Von o. g. Problematik ausgehend ist eine Verprobung nach **Art einer Ausbeutekalkulation** im Vordringen. Grundüberlegung ist, dass z. B. für eine Dauerwelle ein ganz bestimmter Materialeinsatz erforderlich ist. Die Problematik besteht aber darin, dass die komplizierte Nachkalkulation erhebliches Fachwissen erfordert, welches sich der unter Statistikdruck stehende Betriebsprüfer kaum aneignen kann. Darüber hinaus dürfte der „normale" Haarschnitt noch immer ohne besonderen Materialeinsatz erfolgen. Schließlich ist fraglich, ob die Einkaufsrechnungen überhaupt so detailliert sind, dass sie eine Verprobung ermöglichen. Der Steuerpflichtige sollte jedoch prophylaktisch noch mehr als sonst auf seinen Warenbestand achten. Schwund und Diebstahl sind zu vermeiden und ansonsten genau aufzuzeichnen, damit diese Mengen nicht später als Verbrauch „hochkalkuliert" werden. Mit der Kalkulationsmethode ist i. d. R. die Versendung detaillierter Fragebögen[57] verbunden. Hinsichtlich der Rechtmäßigkeit derartiger Fragebögen fehlt eine höchstrichterliche Entscheidung. Die grundsätzliche Empfehlung kann insofern nur lauten, einerseits die Mitwirkung nicht völlig zu verweigern, andererseits aber nur solche Fragen zu beantworten, bei denen eine eindeutige Aussage getroffen werden kann. Aus der Nichtbeantwortung einzelner Fragen darf dem Steuerpflichtigen isoliert jedenfalls kein Nachteil entstehen.

Kann der Frisör Widersprüche beim Abgleich der Eintragungen auf den Kundenkarteien mit den gebuchten Tageseinnahmen nicht aufklären, ist das FA ggf. zu einer Hinzuschätzungen berechtigt[58] I.d.R. verlangt der Außenprüfer zu Beginn der Prüfung die Vorlage der **Terminkalender.** Sie fallen jedoch weder unter die aufbewahrungspflichtigen Unterlagen nach § 147 Abs. 1 Nr. 1 AO noch gehören sie zu den Belegen, die nach § 147 Abs. 1 Nr. 5 AO aufbewahrt werden müssen.[59] In modernen Frisörbetrieben werden allerdings vermehrt EDV-Erlössysteme eingesetzt, in denen auch die Terminkalender eingebunden sind.[60] Wenn diese Systeme die Einzelaufzeichnungen aus den Bedienerzetteln übernehmen, treten die Daten an die Stelle der Papieraufzeichnungen und unterliegen damit der Aufbewahrungspflicht und dem Datenzugriff der FinVerw.

---

57 Z. B. Differenzierung zwischen „Ansatz-, Strähnchen-, und Neufärbung", „Auftragen des Mittels per Schwammtechnik oder mit der Applikationsflasche".
58 Niedersächsisches FG v. 1.8.2012 4 K 239/11, allerdings kam im Streitfall hinzu, dass die Tagesendsummenbons handschriftlich abgeändert worden waren.
59 FG Rheinland-Pfalz v. 24.8.2011 2 K 1277/10, EFG 2012, 10.
60 Neben Kundenkarteien, Warenwirtschaftssysteme, Kartenerfassungsgeräten.

Gastronomie. Prüfungen im Gastronomiebereich enden in den meisten Fällen mit Hinzuschätzungen.[61] **Speise- und Getränkekarten** sind wichtige Kalkulationsgrundlagen und deshalb aufzubewahren und dem Prüfer vorzulegen.[62] Bei den Mandanten ist dieses Bewusstsein oft nicht ausgeprägt, weil die Aufbewahrung alter Speisekarten außerhalb der steuerlichen Vorschriften keinen besonderen Sinn macht. Hier gilt es Vorsorge zu treffen, ggf. solche Unterlagen zu den eigenen Handakten zu nehmen und die Geltungsdauer zu vermerken, da diese vielfach nicht mehr rekonstruiert werden kann.

Die FÄ führen **Testkäufe**[63] durch, um die daraus gewonnenen Erkenntnisse im Rahmen von Ap verwerten zu können. Dadurch können sich Erkenntnisse im Hinblick auf den WES, die Rezepturen oder die späteren Mengenangaben ergeben. Die Auswertung der Ergebnisse solcher Testkäufe ist grundsätzlich zulässig,[64] erforderlich ist aber insbesondere eine zeitliche Nähe zwischen Testkauf und Verprobungszeitraum.[65] Verfahrensrechtlich handelt es sich um eine Inaugenscheinnahme,[66] wobei sich insbesondere bei Testkäufen im Vorfeld einer Ap das Problem der unzulässigen Ermittlungen „ins Blaue hinein" stellen kann.[67] Das FA wird diese Ermittlungsmaßnahmen ggf. damit rechtfertigen, dass erhebliche Abweichungen von den Richtsätzen aus den Akten erkennbar waren oder dass bereits bei der Vorprüfung Zuschätzungen vorgenommen werden mussten. Die Steuerfahndung hat u.a. über die Labore des LKA gute Auswertungsmöglichkeiten. Eine Ausbeutekalkulation auf der Grundlage von Testkäufen ist grundsätzlich ein geeignetes Instrument zur Ermittlung bzw. Schätzung von Umsätzen.[68] Gegen einen Testkauf als solchen ist kein Rechtsbehelf gegeben. Damit kann im Zweifel nur die darauf beruhende Steuerfestsetzung angegriffen werden.[69] Kritisch ist vor allem ein zu langer Zeitraum zwischen dem Testkauf und dem geprüften Jahr.

Eine sog. **Sitzplatzkalkulation** ist für sich allein wegen ihrer Ungenauigkeit wenig geeignet, die materielle Ordnungswidrigkeit der Buchführung zu erweisen. Als Kalkulationsmethode kann sie allerdings dazu dienen, die im Rahmen

---

61 *Wenzler*, AO-StB 2017, 127; *Högemann*, StBp 2000, 585, zur Haftung *Pump/Fittkau*, S. 119 ff.; ausführlich zur Abwehr von Zuschätzungen *Dinkgraeve/Krämer*, SAM 2017, 107 und 123.
62 FG München v. 29.10.2009 15 K 219/07, EFG 2011, 10; FG Baden-Württemberg v. 13.5.1997 6 K 273/96, StE 1997, 493; FG Baden-Württemberg v. 18.2.1997 6 V 49/96, EFG 1997, 928; ggf. a. A. – keine generelle Aufbewahrungspflicht – BFH v. 14.12.2011 XI R 5/10, BFH/NV 2012, 1921.
63 Formal betrachtet handelt es sich dabei um eine Augenscheineinnahme gemäß § 98 AO, vgl. *Seer* in Tipke/Kruse, § 98 Rz. 2.
64 Niedersächsisches FG v. 2.9.2004 10 V 52/04, PStR 2005, 281.
65 FG Münster v. 17.9.2010 4 K 1412/07 G, U, EFG 2011, 506.
66 § 98 AO.
67 Vgl. *Beimler*, StBp 2006, 210.
68 FG Münster v. 17.9.2010 4 K 1412/07 G, U, EFG 2011, 506; Niedersächsisches FG v. 2.9.2004 10 V 52/04, PStR 2005, 281. Zur Ausbeutekalkulation siehe weiter unten.
69 *Binnewies/Bertrand*, AO-StB 2016, 165, 167.

einer anderen Schätzungsmethode gewonnenen Ergebnisse zu überprüfen und zu bestätigen.[70]

Von einer **Ausbeutekalkulation** spricht man, wenn aus bestimmten Einkaufseinheiten auf Verkaufseinheiten geschlossen wird, z. B. aus der Menge der eingekauften Bierfässer auf die Menge der verzapften Biere.[71] Dann muss zunächst bestimmt werden, wie viele „Biere" aus einem Fass „erzeugt" werden können.[72] Die entsprechende Anzahl multipliziert mit dem Verkaufspreis je Einheit ergibt den Sollumsatz. Bei dieser Art der Kalkulation ergeben sich regelmäßig Diskussionen um **Schwund** und **Schankverlust**, weil hierdurch verlorene Flüssigkeit naturgemäß nicht zu Umsatz führt. „Echte" Gründe für den Schankverlust können sein: Verschütten von Getränken, Flaschenbruch, zu hohe Dosierung durch das Personal – unabsichtlich durch erhöhten Stress oder absichtlich, um das Trinkgeld zu steigern –, zu starke Schaumbildung, Verspritzen beim Fassanstich, Reinigungsverlust bei Zapfanlagen, sog. „Nachtwächter"[73], oder schließlich Getränkediebstahl durch das Personal. Einige dieser Argumente sind relativ gut nachzuvollziehen oder aber zu widerlegen. Der Prüfer wird sich z. B. immer überzeugen, wie lang die Bierleitung ist. Es ist deshalb unklug, im Einspruch oder im Klageverfahren vorzutragen, die Bierleitung sei fünf Meter lang, wenn sich die Bierfässer in Wirklichkeit unter dem Zapfhahn befinden. Allgemein lässt das FA wohl Schankverluste von 3 % bis 5 % unbeanstandet. Ein Sachverständigengutachten über die Höhe des Schankverlustes ist jedenfalls nicht einzuholen, wenn das FA oder später das FG die Schätzung im Ergebnis auch dann für zutreffend hält, wenn es den behaupteten Schankverlust als wahr unterstellt.[74] Bei sog. All-you-can-eat-Buffets führt die hygienerechtlich vorgeschriebene Entsorgung bereits zubereiteter Lebensmittel dazu, dass die entsprechende Ware nicht zu Umsätzen führt, was bei einer Gesamtkalkulation des Umsatzes zu berücksichtigen ist.[75] Zu den typischen Argumenten im Gastronomiebereich gehört der Hinweis des Steuerpflichtigen, die Ausbeutekalkulation sei zu ändern, weil nur **frisches Fleisch, Gemüse und Obst** verwendet werde. Hier muss der Berater prüfen, ob ein solches Argument nicht schnell anhand der Einkaufsrechnungen widerlegt werden kann. So entfallen die angeblichen Zubereitungsverluste bei frischem Fisch, wenn nach den Belegen nur gefrorener Fisch eingekauft wird. Angesichts des hohen Anteils von sog. „Convenience Food" auch in der Spitzengastronomie ist hier eine kritische Prüfung angezeigt. Ergeben sich aus den Einkaufsrechnungen viele Hinweise auf Convenience-Produkte, so rechtfertigt das – falls die Voraussetzungen dem Grunde nach vorliegen – höhere Gewinnschätzungen als nach der Richtsatzsammlung

---

70 FG Hamburg v. 1.8.2016 2 V 115/16, juris, Rz. 52; FG Münster v. 21.4.1999 13 K 4801/95, juris.
71 Zum „Auslitern" vgl. z. B. BFH v. 1.8.1984 I R 245/82, juris.
72 „Ausbeute".
73 Flüssigkeit vom Vortag in der Leitung einer Zapfanlage, die weggeschüttet wird.
74 BFH v. 25.2.2004 III B 126/03, juris.
75 *Dinkgraeve/Krämer*, SAM 2017, 107.

vorgesehen. Das Thema „Bratverlust" spielt bei Pommes etc. eine große Rolle. Die Lebensmitteluntersuchungsämter stellen den FÄ oft sehr detaillierte Werte zur Verfügung. Die Ausbeutekalkulation des Betriebsprüfers kann grundsätzlich durch den Nachweis entkräftet werden, dass **größere Portionen** als von ihm angenommen verkauft werden.[76] Problematisch ist das immer wieder vorgetragene Argument der Frei- oder Lokalrunden. Hier wird spätestens das FG die Namen von Zeugen mit ladungsfähiger Anschrift anfordern. Das Argument, im Prüfungszeitraum hätten – aus welchen Gründen auch immer – weniger Gäste das Lokal besucht, ist unbeachtlich, da ein solcher Sachverhalt keinen Einfluss auf den mit den eingekauften Waren erzielten Umsatz hat.

Ein wechselnder Sachvortrag ist zu vermeiden. Wird z. B. zunächst behauptet, das übliche Gewicht pro Portion betrage x Gramm, nach einer neuen, auf dieser Angabe basierenden Kalkulation aber y Gramm, ggf. später z Gramm, sind die Angaben den Erfordernissen nur taktisch angepasst und damit unglaubhaft. Der Mandant sollte deshalb dazu angehalten werden, mit pauschalen Angaben und Einschätzungen schon während der Ap zurückhaltend zu sein. Es ist davon auszugehen, dass Antworten auf beiläufig erscheinende Fragen des Prüfers z. B. zu Portionsgrößen oder Zubereitungen in Aktenvermerken festgehalten und ggf. später im Verfahren genutzt werden.

Für die Einwendungen gegen Schätzungen werden in der Prüfung oder später oft **Rezepte** vorgelegt, nach denen gearbeitet werde. Das ist insbesondere bei Eisdielen und Pizzerien üblich. Werden geänderte Rezepte vorgelegt, so ist besondere Vorsicht geboten. Es lohnt die Schlüssigkeit durchzurechnen, da sich dann ggf. höhere Umsätze als erklärt ergeben, was gegen den Wahrheitsgehalt der neuen Rezepte spricht. Fachprüfer für Gastronomie verfügen über umfangreiche Rezeptsammlungen aus vergleichbaren Betrieben als Grundrezept mit den üblichen Mengenangaben.

Häufig werden mehr **Verkäufe „außer Haus"** aufgezeichnet als tatsächlich anfallen. Das Motiv ist der ermäßigte Umsatzsteuersatz.[77] Die Verprobung erfolgt regelmäßig über das eingekaufte Verpackungsmaterial.[78]

Bei der Prüfung der Außengastronomie erfolgt nicht selten ein Vergleich der Umsätze mit den Wetterdaten. Der Deutsche Wetterdienst stellt diese gegen Entgelt zur Verfügung, darüber hinaus sind auch kostenlos Daten im Internet verfügbar. Bei der Prüfung von wetterabhängigen Branchen wie Eisdielen und Gastronomie im Freien werden Temperatur und Niederschlag zur Erstellung entsprechender ZRV ausgewertet. Strenge mathematische Abhängigkeiten nach dem Motto „für jedes Grad Celsius mehr werden 2 % mehr Eis verkauft" existieren zwar nicht, gleichwohl stützt es die These des Betriebsprüfers, wenn

---

76 FG München v. 17.5.2011 13 V 357/11, juris, Rz. 19. Die Bp geht häufig von den von Verbänden wie der DEHOGA publizierten Werten aus.
77 § 12 Abs. 2 Nr. 1 UStG. Siehe hierzu das Stichwort „Außer-Haus-Umsätze" unter 3.5.5.5.
78 Z. B. Pizzaboxen. Vgl. z. B. den Sachverhalt in BFH v. 14.12.2011 XI R 5/10, BFH/NV 2012, 1921, Rz. 8.

in den Monaten mit seiner Meinung nach fehlenden Umsätzen[79] besseres Wetter vorherrschte als in den anderen Zeiträumen.

Die der Richtsatzsammlung zu entnehmenden Beträge für **unentgeltliche Wertabgaben** sind grundsätzlich auch anzusetzen, wenn der Ehepartner und die Kinder aus organisatorischen oder gesundheitlichen Gründen in der Gaststätte keine Mahlzeiten einnehmen können. Denn es kommt nicht auf die Einnahme fertiger Gerichte an. Wenn ein Steuerpflichtiger Lebensmittel für seinen Betrieb einkauft und dabei die ihm zur Verfügung stehenden günstigen Einkaufsmöglichkeiten nutzt, wird er mit großer Wahrscheinlichkeit auch zugleich für die private Küche seines Haushalts einkaufen.[80] Hat er den Eigenverbrauch nicht aufgezeichnet, muss er die Ungenauigkeiten aufgrund einer an der Richtsatzsammlung orientierten Schätzung gegen sich gelten lassen.[81] Die Diskussion um den Eigenverbrauch führt dann nicht zum Ziel, wenn WES und RAS feststehen. Dann bedeutet ein geringerer Eigenverbrauch zwangsläufig höhere Erlöse, da mehr WES zur Erzielung von Umsätzen zur Verfügung stand.

Für die Beurteilung der **gewerberechtlichen Zulässigkeit** ist es ohne Belang, ob Steuerschulden auf Schätzungen der Besteuerungsgrundlagen beruhen.[82]

Gebäudereinigung. Nach den Vorschriften des **AEntG** sind insbesondere der Beginn, das Ende und die Dauer der täglichen Arbeitszeit aller in der Gebäudereinigung Beschäftigten aufzuzeichnen. Die entsprechenden Unterlagen müssen mindestens zwei Jahre lang aufbewahrt werden. Da die Nachweise objektbezogen zu führen sind, ermöglichen sie die Nachkalkulation der einzelnen Aufträge und können somit zu Verprobungszwecken herangezogen werden. Dabei werden die produktiven Stunden mit einem durch Aufschläge ermittelten Stundenverrechnungssatz multipliziert.[83]

GmbH. Feststellungen auf der **Ebene des Gesellschafters** führen allein nicht zu Zuschätzungen bei der GmbH.[84] Die Annahme einer die körperschaftsteuerliche Bemessungsgrundlage erhöhenden verdeckten Gewinnausschüttung kommt grundsätzlich nur in Betracht, wenn dem Gesellschafter im maßgeblichen Zeitraum keine andere Einnahmequelle zur Verfügung stand, aus der die fraglichen Beträge stammen könnten.[85] Die Rechtsprechung hat verdeckte Gewinnausschüttungen vor allem in den Fällen angenommen, in denen auf der

---

79 Z. B. durch einen ZRV ermittelt.
80 Vgl. zu diesem Problem FG Berlin v. 30. 4. 1985 VII 481/84, EFG 1985, 581 und Sächsisches FG v. 19. 9. 2006 1 K 698/01, DStRE 2007, 1117.
81 FG des Saarlands v. 14. 2. 1991 2 K 222/86, EFG 1981, 772.
82 OVG NRW v. 20. 3. 2019 4 B 1844/18, juris.
83 Allgemein zur Aufschlagskalkulation auf der Grundlage von Material und Löhnen vgl. 3.9.3.
84 BFH v. 18. 6. 2003 I B 178/02, BFH/NV 2003, 1450; BFH v. 26. 2. 2003 I R 42/02, BFH/NV 2003, 1221; FG Münster v. 16. 3. 2004 15 K 5392/99 U, juris, *Seer* in Tipke/Kruse, § 162 Rz. 60a.
85 BFH v. 18. 6. 2003 I B 178/02, BFH/NV 2003, 1450; BFH v. 26. 2. 2003 I R 52/02, BFH/NV 2003, 1221; FG Köln v. 25. 7. 2002 13 K 2889/02, EFG 2003, 6; *Schwedhelm* in Streck, § 8 Anh. Rz. 1245.

Ebene der GmbH Kassenfehlbeträge und auf der Ebene des Gesellschafters gleichzeitig ungeklärte Vermögenszuwächse festgestellt wurden.[86] Voraussetzung für die Annahme einer verdeckten Gewinnausschüttung ist jedenfalls nicht, dass die GmbH die fraglichen Beträge dem Gesellschafter freiwillig überlässt. Somit kann auch die Veruntreuung durch den Gesellschafter die Rechtsfolgen des § 8 Abs. 3 S. 2 KStG auslösen.[87] Stehen dem Alleingesellschafter-Geschäftsführer keine ausreichenden Mittel zur Bestreitung seines Lebensunterhalts zur Verfügung, so können ggf. höhere Einkünfte aus nichtselbstständiger Arbeit anzunehmen sein.[88] Überweist ein Steuerpflichtiger, der nur Minderheitsgesellschafter einer GmbH ist, aber Vollmacht über ihre Konten hat, Gelder von einem betrieblichen Konto der GmbH auf seine eigenen privaten Konten und stellt er so selbst die Verbindung zwischen dem Konto der GmbH und seinen eigenen Konten her, so sind die Grundsätze maßgebend, die der BFH für den umgekehrten Fall der ungeklärten Einlagen auf ein Betriebskonto aufgestellt hat.[89]

Feststellungen auf der **Ebene der GmbH**[90] führen zwangsläufig zu der Frage, ob die hinzugeschätzten Beträge verdeckte Gewinnausschüttungen darstellen, d. h. ob die Geldbeträge dem Gesellschafter zugeflossen sind oder ob sie als nichtabzugsfähige Betriebsausgaben gemäß § 160 AO behandelt werden müssen, weil unbekannte Personen die fraglichen Summen unterschlagen oder gestohlen haben. Für die Körperschaftsteuerveranlagung der Gesellschaft ist die Unterscheidung ohne Bedeutung, für den Einkommensteuerbescheid des Gesellschafters ist sie aber relevant, weil er nur im Fall der verdeckten Gewinnausschüttung, nicht aber wegen nichtabzugsfähiger Betriebsausgaben der GmbH zu ändern ist. Denkt man an die Schwierigkeiten, die das FA mit den in Betracht kommenden Haftungstatbeständen[91] hat und an die Tatsache, dass viele GmbH nach umfangreichen Prüfungsfeststellungen in Insolvenz geraten, so wird die besondere praktische Bedeutung der Unterscheidung zwischen verdeckten Gewinnausschüttungen und nicht abzugsfähiger Betriebsausgaben für die Frage der Realisierbarkeit möglicher Steuerforderungen erkennbar. Ein weiterer Unterschied zwischen der Lösung nach § 160 AO und derjenigen nach § 8 Abs. 3 S. 2 KStG besteht darin, dass bei Annahme einer verdeckten Gewinnausschüttung ggf. nicht nur eine Verkürzung der Körperschaftsteuer, sondern auch der Einkommensteuer anzunehmen ist.[92] Einheitlich erscheint die Rechtsprechung zur Differenzierung zwischen verdeckter Gewinnausschüttung und § 160 AO noch dahingehend, dass geringe Sicherheitszuschläge infolge von Buchführungsmängeln eher zu nichtabzugsfähigen Betriebsausgaben gemäß

---

86 FG Münster v. 17. 12. 2004 9 K 1163/02, juris; FG München v. 8. 4. 2004 7 V 4179/03, juris.
87 BFH v. 14. 10. 1992 I R 17/92, BStBl. II 1993, 352.
88 BFH v. 10. 10. 1986 VI R 12/83, BFH/NV 1987, 698.
89 FG des Saarlands v. 1. 6. 2012 1 K 1533/10, EFG 2012, 2083.
90 Ohne gleichzeitige relevante Feststellungen auf der o. g. Gesellschafterebene.
91 Z. B. § 69 AO.
92 *Gehm*, S. 179.

§ 160 AO führen.⁹³ In solchen Fällen wird unterstellt, dass Mitarbeiter oder unbekannte Dritte die fehlenden Bargeldbeträge an sich genommen haben. Problematisch sind aber größere Zuschätzungen z. B. aufgrund von Kalkulationsdifferenzen oder erheblichen Kassenfehlbeträgen. Der BFH will teilweise „davon ausgehen", dass der zusätzliche Gewinn an die Gesellschafter ausgekehrt worden ist, also eine verdeckte Gewinnausschüttung vorliegt, wenn der Verbleib des Geldes nicht feststellbar ist.⁹⁴ Entsprechend wird vertreten, dass nicht in der Buchführung erfasste Betriebseinnahmen einer GmbH aus Schwarzgeschäften zu verdeckten Gewinnausschüttungen führen, wenn eine Verwendung der Beträge für betriebliche Zwecke nicht nachgewiesen werden kann.⁹⁵ Nach anderen Entscheidungen soll eine verdeckte Gewinnausschüttung an den Gesellschafter allerdings nur angenommen werden können, wenn festgestellt wird, dass er das Geld erhalten hat.⁹⁶ Ein evtl. Schadenersatzanspruch steht der Annahme einer verdeckten Gewinnausschüttung dann nicht entgegen.⁹⁷

Sind steuerlich relevante Zuflüsse auf einem Konto festgestellt worden, das der GmbH zuzurechnen ist, liegen keine verdeckten Gewinnausschüttungen vor, vielmehr ist lediglich das Einkommen der GmbH zu erhöhen. Werden von diesem Konto Schmiergelder gezahlt, handelt es sich um ein Problem des § 160 AO.⁹⁸

Damit stellt sich die Frage nach dem richtigen Verhalten des Gesellschafters, wenn behauptet wird, dieser habe die bei der GmbH festgestellten Fehlbeträge erhalten. Zum einen hat das FA einen schweren Stand, wenn Nachweise für einen entsprechenden Zufluss fehlen. Zum anderen wird die fehlende Mitwirkung des Gesellschafters teilweise zum Anlass genommen, einen solchen Zufluss zu unterstellen. Leistet der Gesellschafter keinen angemessenen Beitrag zur Beantwortung der Frage nach dem Verbleib der Beträge, so mindert sich die Beweislast des FA für das Vorliegen einer verdeckten Gewinnausschüttung entsprechend.⁹⁹ In kleineren Fällen ist deshalb zwar eher zu einem defensiven Verhalten zu raten, um die Beweislastverteilung zu nutzen, bei erheblichen, nachvollziehbaren Differenzen scheint die Mitwirkung angebracht.¹⁰⁰

---

93 BFH v. 2.6.2006 I B 41/05, BFH/NV 2006, 1687; für eine generelle Vorrangigkeit nichtabzugsfähiger Betriebsausgaben vor der Annahme von verdeckten Gewinnausschüttungen *Schwedhelm* in Streck, KStG, § 8 Rz. 205.
94 BFH v. 22.9.2004 III R 9/03, BStBl. II 2005, 160; FG Hamburg v. 11.8.2010 5 V 129/08, juris; FG des Saarlands v. 20.4.2012 1 K 1156/10, EFG 2012, 1875; *Weber-Grellet* in Schmidt, § 20 Rz. 73.
95 Vgl. Begründung in BFH v. 24.6.2014 VIII R 54/10, BFH/NV 2014, 1501, Rz. 29; Niedersächsisches FG v. 18.10.2012 6 K 169/10, juris; FG Hamburg. v. 26.8.2016 6 V 81/16, juris; Pieske-Kontny, StBp 2019, 157, 159.
96 BFH v. 18.5.2006 III R 25/05, BFH/NV 2006, 1747.
97 BFH v. 29.5.1996 I R 118/93, BStBl. II 1996, 92.
98 *Schwedhelm* in Streck, § 8 Anh Rz. 1049; zu § 160 AO insgesamt siehe Teil 4.
99 BFH v. 22.9.2004 III R 9/03, BStBl. II 2005, 160.
100 Das gilt aber in erster Linie für das Steuerverfahren. Bei drohendem oder eingeleitetem Strafverfahren ist aus Beratersicht ggf. eher defensiv zu handeln.

Soweit von verdeckten Gewinnausschüttungen auszugehen ist, kann der Einkommensteuerbescheid des Gesellschafters nach § 32a Abs. 1 KStG geändert werden. Die Vorschrift stellt ihrem Wortlaut nach zwar eine Ermessensvorschrift dar, das Ermessen ist aber auf null reduziert, wenn die Steuerfestsetzung für den Gesellschafter ohne die Änderung sachlich unrichtig wäre und daher jede andere Entscheidung als die Änderung als unrichtig angesehen werden müsste. Die Berichtung kann aufgrund der besonderen Ablaufhemmung nach § 32a Abs. 1 KStG selbst dann erfolgen, wenn die Festsetzungsfrist für den Einkommensteuerbescheid grundsätzlich abgelaufen wäre. Die Änderung eines Einkommensteuerbescheids des Gesellschafters wegen der Erfassung von Schwarzeinnahmen und nicht hinsichtlich der Berücksichtigung einer verdeckten Einlage kann hingegen die Berichtigung der an die Gesellschaft gerichteten Körperschaft- bzw. Feststellungsbescheide nach § 32a Abs. 2 KStG nicht rechtfertigen.[101]

Goldschmied. Bei nicht ordnungsgemäßer Buchführung rechtfertigen ungeklärte Warenbestandsveränderungen die Erhöhung der erklärten Umsatzerlöse. Der Vortrag, Schmuckgegenstände, die beim Räumungsverkauf nicht verkauft wurden, seien eingeschmolzen worden, ist unter wirtschaftlichen Gesichtspunkten unglaubhaft und kann daher ohne Nachweise der Besteuerung nicht zu Grunde gelegt werden.[102]

Griechisches Restaurant. Eine Differenz i. H. v. 14 % zwischen eingekauftem und verkauften Pita-Brot innerhalb eines Jahres kann die Annahme begründen, dass das materielle Ergebnis der Buchführung mit an Sicherheit grenzender Wahrscheinlichkeit falsch ist.[103] Bei Nachkalkulationen ist der **Fleischeinsatz** pro Gyros-Gericht die entscheidende Größe.[104]

Handelsvertreter. Handelsvertreter, die nur wenige Firmen vertreten, wird zugemutet, die erzielten Provisionen ggf. durch Rückfrage bei den vertretenen Firmen zu ermitteln, wobei allerdings keine umfangreichen und zeitraubenden Ermittlungen angestellt werden müssen.[105]

Handwerker. Bei Handwerksbetrieben erfolgt eine Nachkalkulation i. d. R. anhand der Lohnzettel o. ä. Aufzeichnungen der geleisteten **Arbeitsstunden**. Auf der Grundlage der Ausgangsrechnungen und der für die Stunden berechneten Preise kann dann der erzielte Umsatz kalkuliert werden, wobei zusätzlich das eingesetzte und berechnete Material einzubeziehen ist. Musste der Handwerker häufig preisliche Zugeständnisse machen und z. B. aus seiner Sicht weniger vorteilhafte Festpreise vereinbaren, so wird der vom Prüfer kalkulierte Umsatz

---

101 BFH v. 11.9.2018 I R 59/16, BStBl. II 2019, 368.
102 FG Düsseldorf v. 15.4.2008 10 K 4875/05 U, juris, rkr.
103 FG Münster v. 17.9.2010 4 K 1412/07 G, U, EFG 2011, 506.
104 Vgl. hierzu die Urteilsbegründung in FG Münster v. 27.3.2003 15 K 6144/02 U, juris, zu Testkäufen siehe oben „Gastronomie"; zur Beweiswürdigung in einem Steuerfahndungsfall Niedersächsisches FG v. 29.6.2005 3 K 92/04, wistra 2006, 478.
105 *Seer* in Tipke/Kruse, § 162 Rz. 42.

weit über den Erlösen lt. Buchführung liegen. Die zwingend folgende Diskussion um Zuschätzungen lässt sich ggf. vermeiden oder zumindest günstig beeinflussen, wenn Nachweise vorgelegt werden können, aus denen sich die o. g. Abschläge ergeben. Damit ist das vielfach anzutreffende Verhalten der Steuerpflichtige, Angebote „nur mündlich" oder „auf einem Schmierzettel" zu machen, damit beim Betriebsprüfer „keine falschen Vorstellungen entstehen", falsch und gefährlich. Im Gegenteil ist es ggf. hilfreich, Angebote und Kostenvoranschläge sauber auszuarbeiten und zusammen mit dem später vereinbarten Preis aufzubewahren. Im Idealfall werden die Abweichungen zur Rechnung später erläutert, indem z. b. die Argumente[106] des jeweiligen Kunden aufgezeichnet werden. Keine generelle Aufbewahrungspflicht besteht hingegen für Kalkulationsunterlagen, es sei denn, sie dienten als Unterlage zur Preisbildung bei der Bewerbung um öffentliche Aufträge. Durch die Möglichkeit, Handwerkerrechnungen im Rahmen der Einkommensteuererklärung geltend zu machen,[107] ergeben sich Überprüfungsmöglichkeiten für die FÄ durch Kontrollmitteilung. Auch bei Handwerkern ergeben sich heute erhebliche Manipulationsmöglichkeiten im Bereich der EDV.[108] Eine Ausnahme von der Einzelaufzeichnungspflicht[109] kommt für Handwerker schon deshalb nicht in Betracht, weil sie ihre Auftraggeber namentlich kennen.

Hausverwalter. Die FinVerw geht bei Verprobungen bzw. erforderlichen Schätzungen davon aus, dass für die Verwaltung 3,5 % bis 5,5 %, bei kleineren Objekten 5,5 % bis 15 % der Bruttomieteinnahmen zzgl. Heizungs- und Warmwasserkosten pro Monat incl. Umsatzsteuer berechnet werden.

Heilpraktiker. Heilpraktikern steht nach h. M. kein Auskunftsverweigerungsrecht nach § 102 Abs. 1 Nr. 3c AO zu. Der Betriebsprüfer wird deshalb zu Verprobungszwecken Einsicht in die Patientenkartei verlangen. Soweit der Heilpraktiker den Bereich der ihm durch das Heilpraktikergesetz ermöglichten Tätigkeitsbereiche verlässt, indem er z. B. nicht erlaubte Präparate verwendet oder aber auf einem Gebiet tätig wird, für das der sog. Arztvorbehalt greift, gilt insofern die Steuerbefreiung nach § 4 Nr. 14 lit. a UStG nicht.[110] In einschlägigen Fällen greift die Steuerfahndung besonders oft zum Mittel der **Observation** und der Dokumentation per Video-Aufzeichnung.[111] Dann werden die Patientenzahlen entsprechend ausgewertet. Ein Abgleich erfolgt mit den bei der späteren Durchsuchung sichergestellten Aufzeichnungen. Wie in vielen anderen Branchen ist

---

106 Z. B. ein für den Kunden günstigeres Vergleichsangebot der Firma XY.
107 § 35a EStG.
108 Siehe das Beispiel bei *Huber*, StBp 2014, 153, 155.
109 Siehe dieses Stichwort unter 3.5.5.5.
110 Zu umsatzsteuerrechtlichen Problemen bei Heilpraktikern vgl. *Pump*, StBp 2013, 301. Zu § 4 Nr. 14 UStG *Fuhrmann/Strahl*, DStR 2005, 166.
111 Zur Überwachung per Videoaufzeichnung allgemein siehe Niedersächsisches FG v. 29. 6. 2005 3 K 92/04, wistra 2006, 478.

10 Branchenhinweise und Einzelfragen

auch bei Heilpraktikern die betriebliche Veranlassung von Kosten ein häufiger Prüfungsschwerpunkt.[112]

Hotel. Die **Meldescheine** sind aufzubewahren.[113] Gleiches gilt für den **Reservierungskalender** bzw. den **Gästeplaner**.[114] Denn anhand dieser Unterlagen können die Einnahmen überprüft werden, sie sind deshalb für die Besteuerung von Bedeutung. Bei unterbliebener Aufbewahrung ist die Buchführung nicht ordnungsgemäß. Die im Hotelbereich eingesetzte Software erlaubt vielfach durch die spurlose Löschung abgerechneter Übernachtungen. Der Betriebsprüfer wird deshalb einen Abgleich mit dem Reservierungskalender vornehmen. Wenn ein großer Teil der Reservierungen vermeintlich nicht zu Abrechnungen geführt hat, ist dies unglaubhaft. Ggf. erfolgen weitere Ermittlungen im Einzelfall, was neben den steuerstrafrechtlichen Konsequenzen auch nachteilige Auswirkungen auf die bestehenden Kundenbeziehungen hat.

Illegale Beschäftigung. Bei der Bestimmung des Beitragsschadens i. S. v. § 266a StGB bzw. der hinterzogenen Lohnsteuer kann die Höhe des an Arbeitnehmer ausgezahlten Schwarzlohns geschätzt werden, soweit zu einer konkreteren Bestimmung keine zuverlässigen Beweismittel zur Verfügung stehen oder nur mit unverhältnismäßig hohem Aufwand und ohne nennenswerten zusätzlichen Erkenntnisgewinn zu beschaffen sind.[115]

Imbiss. Gründe für die häufigen Schätzungen im Imbissbereich sind die Überforderung des Personals mit der Kassenführung, aber durchaus auch die Verlockung, dass vor allem in diesem Bereich durch „**Schwarzeinkäufe**" Umsätze nicht deklariert werden können, ohne dass der RAS auffällig niedrig wird. So wurden systematische Hinterziehungen bekannt, bei denen Großhändler mit den jeweiligen Imbissbetreibern zusammengearbeitet haben,[116] indem Lieferungen zum Teil bar und ohne Rechnung ausgeführt wurden. Die Großhändler sind deshalb gemäß § 144 AO verpflichtet, ihren Warenausgang detailliert aufzuzeichnen, damit das FA entsprechende Kontrollen bei den Kunden durchführen kann. Verstöße können zur Haftung des Großhändlers für die von seinen Kunden hinterzogenen Steuern führen.[117] Für den einzelnen Imbiss gilt, dass für einen Sicherheitszuschlag neben einer Zuschätzung aufgrund einer Nachkalkulation mit unterschiedlichen Aufschlagsätzen jedenfalls dann kein Raum ist, wenn die Aufzeichnungen über den WES vollständig waren.[118] Die Richt-

---

112 Vgl. z. B. zum Porsche als Betriebsvermögen eines Heilpraktikers FG Münster v. 25.11.2010 3 K 2414/07 E, EFG 2012, 23.
113 BFH v. 27.1.1989 III B 130/88, BFH/NV 1989, 767. Allerdings sind sie nach § 30 Abs. 4 Bundesmeldegesetz vom Tag der Anreise an lediglich ein Jahr lang aufzubewahren und dann innerhalb von drei Monaten zu vernichten. § 147 Abs. 3 S. 2 AO steht dem nicht entgegen, weil aufgrund der o. g. Vorschrift ein sog. „Vernichtungszwang" besteht.
114 FG München v. 17.5.2011 13 V 357/11, juris.
115 BGH v. 10.11.2009 1 StR 283/09, NStZ 2010, 635, 636; *Büttner*, PStR 2019, 161.
116 Sog. „Pommes-Connection".
117 BFH v. 21.1.2004 XI R 3/03, BStBl. II 2004, 919.
118 FG München v. 1.6.2005 9 K 4739/02, juris.

satzsammlungen für Gastwirtschaften und Speisewirtschaften sind bei der Ermittlung der Warenentnahmen eines Imbissbetriebs nicht anzuwenden.[119] Die Ermittlung des WES durch Rückrechnung aus der Menge entsorgter Knochenreste wird als methodisch geeignet angesehen.[120]

Immobilienmakler. Das Fehlen von Aufzeichnungen nach § 10 MaBV berechtigt das FA zur Schätzung, soweit der Makler bzw. Versicherungskaufmann in einem Zeitraum von drei Jahren angeblich nur einen Immobilienvermittlungsumsatz getätigt, aber rund 40 Immobilieninserate in Zeitungen aufgegeben hat.[121] Fehlende und ohne Erläuterung stornierte Ausgangsrechnungen begründen zumindest im Zusammenhang mit anderen Indizien die Schätzungsbefugnis.[122] Bei Provisionen an den in der Maklerbranche tätigen Gesellschafter-Geschäftsführer kann es sich um verdeckte Gewinnausschüttungen handeln, wenn sie überhöht sind bzw. dazu führen, dass der Gesellschaft kein Gewinn verbleibt.[123]

Inkassounternehmen. Zur Einnahmenverprobung bieten sich die bilanziell ausgewiesenen **Fremdgelder** an. Vielfach werden die vereinnahmten Beträge in voller Höhe als Fremdgeld, d.h. als Verbindlichkeit ausgewiesen, obwohl auch die vom Inkassounternehmen zu versteuernden Honorare hierin enthalten sind. Ggf. ist hier aus Sicht des Unternehmens eine Verständigung mit dem FA eher angebracht als ein Rechtsstreit, da es sich im Ergebnis lediglich um eine zeitliche Verschiebung handelt.

Insolvenz. Das FA prüft insolvente Firmen nur sehr zurückhaltend, weil befürchtet wird, Mehrsteuern könnten nicht oder nur in geringem Umfang realisiert werden. Das führt jedoch dazu, dass auch Folgewirkungen, z.B. die gewinnerhöhende Ausbuchung von Verbindlichkeiten bei Kunden oder Lieferanten, nicht ausreichend überprüft werden. Die **vorzeitige Vernichtung** der Handelsbücher führt im Insolvenzfall nicht nur zur steuerlichen Schätzung, sondern ist auch strafbar nach §§ 283 Abs. 1 Nr. 6, 283b Abs. 1 Nr. 2 StGB.[124]

Internethandel. Durch den Handel über „eBay"[125] etc. können unterschiedliche steuerliche Tatbestände verwirklicht werden. Der Online-Verkäufer wird gewerblich tätig i.S.v. § 15 EStG, wenn er selbstständig, nachhaltig und mit Gewinnerzielungsabsicht tätig wird. Sog. **„Powerseller"** erfüllen diese Vorausset-

---

119 FG Düsseldorf v. 21.1.2011 3 V 4022/10 A (E, U), EFG 2011, 1177.
120 FG Hamburg v. 1.9.2004 I 187/04, juris.
121 FG des Saarlands v. 9.3.2004 1 V 20/04, juris.
122 Vgl. zu einem entsprechenden Sachverhalt FG Hamburg v. 16.2.1998 II 386/97, juris.
123 Hessisches FG v. 15.1.2004 4 K 3169/02, EFG 2005, 479.
124 BFH v. 19.8.2002 VIII R 30/01, BStBl. II 2003, 131; FG München v. 23.5.2001 9 K 5141/98, EFG 2001, 1357.
125 Das Angebot bei eBay hat sich von einem Consumer-to-Consumer-Marktplatz („Flohmarkt") zu einer Business-to-Consumer-Plattform entwickelt, d.h. bei den angebotenen Waren handelt es sich zunehmend um Neuware kommerzieller Anbieter.

10 Branchenhinweise und Einzelfragen

zungen regelmäßig.[126] Ist der Internet-Handel nur ein weiterer – ggf. verheimlichter – Zweig eines bestehenden Betriebs, fällt jede Veräußerung in den gewerblichen Bereich.

Steht die Schätzungsbefugnis fest, weil z. B. keine ordnungsgemäße Buchführung vorliegt, kann aus den **Angeboten** eines Gewerbetreibenden in Online-Portalen auf entsprechende Umsätze geschlossen werden.[127] Werden „über eBay" gewerbliche Einkünfte erzielt, dürften im Hinblick auf die Buchführungsgrenzen des §241a HGB und §141 AO zumindest in den typischen Fällen eine Gewinnermittlung nach §4 Abs. 3 EStG und die entsprechenden Aufzeichnungspflichten zum Tragen kommen. Aufzubewahren sind alle Eingangs- und Ausgangsrechnungen sowie die **Kontoauszüge**.[128] Macht der eBay-Kunde vom Bezahlsystem „PayPal" Gebrauch, kann er die Kontoauszüge in verschiedenen, teilweise veränderbaren Formaten herunterladen. Ausdrucke dieser elektronischen Kontoauszüge genügen nach derzeitiger Rechtslage den Anforderungen an eine ordnungsgemäße Buchführung nicht. In den meisten Fällen wird der Kaufpreis durch Standardüberweisung auf ein bei eBay hinterlegtes Konto überwiesen. Es besteht aber die Möglichkeit, dem Käufer per E-Mail ein anderes Konto zu benennen. Das Fehlen eines Zahlungseingangs auf dem bekannten Bankkonto ist deshalb kein Nachweis dafür, dass das Geschäft nicht zu Stande gekommen ist.

Sind die über ein Internetportal getätigten Umsätze als **Neben- oder Hilfsgeschäfte** eines bestehenden Unternehmens anzusehen, unterliegen sie uneingeschränkt der Umsatzsteuer. Ansonsten ist im Einzelfall zu prüfen, ob durch die Tätigkeit z. B. als „Internethändler" selbst die Unternehmereigenschaft begründet wird, dabei ist der leistende Unternehmer nach dem sog. objektiven Empfängerhorizont des Meistbietenden zu bestimmen. Das ist bei der Verwendung eines Pseudonyms[129] derjenige, der sich diesen Nutzernamen von eBay bei der Kontoeröffnung hat zuteilen lassen.[130] Der Verkauf einer Vielzahl von Gegenständen über eBay kann eine der Umsatzsteuer unterliegende nachhaltige unternehmerische Tätigkeit sein; die Beurteilung als nachhaltig hängt dabei nicht von einer bereits beim Einkauf vorhandenen Wiederverkaufsabsicht ab.[131] Grundsätzlich führt aber die bloße Veräußerung von bereits vorhandenem Privatvermögen nicht zur Unternehmereigenschaft. Das gilt selbst in den Fällen, in denen es sich um wirtschaftlich bedeutende Veräußerungen handelt, welche sich über eine längere Zeit hinziehen.[132] Für eine unternehmerische

---

126 Zur Steuerpflicht der Veräußerung von 140 Pelzmänteln vgl. BFH v. 12.8.2015 XI R 43/13, BStBl. II 2015, 919.
127 Niedersächsisches FG v. 10.10.2012 2 K 13307/10, EFG 2013, 59 zum Fall eines Reifenhändlers.
128 Zu den Aufzeichnungspflichten eines eBay-Händlers im Einzelnen siehe Niedersächsisches FG v. 29.11.2011 13 K 7/08, juris.
129 „Nickname".
130 FG Baden-Württemberg v. 19.12.2013 1 K 1939/12, EFG 2014, 790, rkr.
131 BFH v. 26.4.2012 V R 2/11, BStBl. II 2012, 634; *Wacker* in Schmidt, §15 Rz. 17 und 89.
132 BFH v. 29.6.1987 X R 23/82, BStBl. II 1987, 744.

10 Branchenhinweise und Einzelfragen

Tätigkeit spricht, wenn im Zusammenhang mit dem Verkauf des Privatvermögens ein händlergemäßes Verhalten beginnt, weil der Verkäufer z. B. gezielt zusätzliche Einkäufe tätigt oder die Zahl der Verkaufsfälle eine Betriebsorganisation erforderlich macht, wie sie bei Händlern üblich ist.[133] Die – wenn auch nur seltene – Veräußerung angekaufter Gebrauchtfahrzeuge führt zur Umsatzsteuerpflicht. Für eBay-Händler ist dabei grundsätzlich die Differenzbesteuerung nach § 25a UStG interessant, da sie Ware häufig von Privatpersonen ankaufen und somit keine Vorsteuer in Abzug bringen können. Gerade hier werden häufig keine zeitnahen Aufzeichnungen geführt, was das FA zur Schätzung berechtigt. Sofern der eBay-Händler Wirtschaftsgüter eingelegt hat, kann von der Differenzbesteuerung kein Gebrauch gemacht werden.

Zur Verprobung von eBay-Umsätzen liegt dem FA häufig **Kontrollmaterial** vor, da eBay die Kundendaten speichern darf und auch speichert und weil das FA diese Daten bei Unstimmigkeiten regelmäßig anfordert.[134] Einen ersten Anhaltspunkt für eine solche Anforderung stellen die sog. Bewertungsprofile dar. Die eBay-Mitteilungen umfassen die Anzahl der durchgeführten **Auktionen**, die jeweilige Artikelbezeichnung samt erfolgreichem Höchstgebot und das Abschlussdatum der Aktion. Aus Beratersicht ist darauf zu achten, dass dort bisweilen auch solche Angebote aufgeführt sind, die nicht zum Erfolg bzw. zu „echtem" Umsatz geführt haben. Es kann sich dabei z. B. um Eigenangebote zur Mindestpreissicherung oder um sog. **„geplatzte" Umsätze** handeln. Zu weiteren Verprobungszwecken werden häufig die Erlöse aus Versandkosten mit den Verkaufserlösen verglichen. Sind die durchschnittlich auf den einzelnen Verkauf entfallenen Erlöse aus Porto und Versand in einem Zeitabschnitt signifikant hoch, deutet dies auf fehlende Erlöse hin. Das gilt insbesondere dann, wenn grundsätzlich keine besonderen Unterschiede im Warensortiment bestehen. Ggf. ist streitig, ob bestimmte eBay-Accounts dem jeweiligen Steuerpflichtigen zuzurechnen sind. Die Zurechnung kann sich dann u. a. daraus ergeben, dass über einen fraglichen Account Ausgaben des Steuerpflichtigen überwiesen wurden.[135] Sammelauskunftsersuchen der Steuerfahndung, z. B. die Aufforderung, für einen bestimmten Zeitraum solche Nutzer zu benennen, die Umsätze von mehr als 17.500 € getätigt haben, sind grundsätzlich zulässig.[136]

Juwelier. Im Bereich der handwerklichen Fertigung, z. B. bei der Herstellung von Schmuckstücken im Kundenauftrag durch einen Goldschmied, gilt **ausnahmslos** das Gebot der **Einzelaufzeichnung**. Die Sonderregelung für Barverkäufe von geringwertigen Waren an nicht bekannten Kunden findet keine Anwendung.[137] Das Fehlen entsprechender Aufzeichnungen führt deshalb zur Schätzungsbefugnis des FA.

---

133 BFH v. 9.9.1993 V R 24/89, BStBl. II 1994, 57.
134 Vgl. z. B. Bayerisches LfSt v. 7.6.2006, S 0230 – 10 St 41 M.
135 Niedersächsisches FG v. 3.8.2011 10 K 200/09, juris.
136 BFH v. 16.5.2013 II R 15/12, BB 2013, 2081, mit Anmerkung *Geuenich*.
137 Siehe hierzu das Stichwort „Einzelaufzeichnungspflicht" in 3.5.5.5.

453

10 Branchenhinweise und Einzelfragen

Kegelbahn. Der Einwand, eine vorhandene Kegelbahn habe in den Jahren des Prüfungszeitraums nicht genutzt werden können, kann für eine Nachkalkulation der **Gaststätte**, in der sich die Bahn befindet, keine Bedeutung haben, da sich keine Auswirkung eines solchen Sachverhalts auf die mit den eingekauften Waren erzielten Umsätze ergibt.[138]

Kfz-Handel. Werden im Kfz-Handel An- und Verkäufe in zweistelliger Millionenhöhe fast ausschließlich durch **Barzahlung** entgolten, die verspätet aufgezeichnet werden, und fehlen nachprüfbare Grundaufzeichnungen, sprechen diese Umstände gegen eine redliche Abwicklung des Geschäftsverkehrs und können die Schätzungsbefugnis des FA begründen.[139] Inseriert ein Gebrauchtwagenhändler auch nicht in seinem Bestand geführte Fahrzeuge, kann seine Buchführung nicht als ordnungsgemäß angesehen werden und können entsprechende Umsätze hinzugeschätzt werden.[140] Nach § 16 FZV müssen Kfz-Händler die Fahrten mit rotem Dauerkennzeichen in ein Fahrtenbuch eintragen. Da solche Kennzeichen bei Probe- und Überführungsfahrten eingesetzt werden, ergeben sich hier Verprobungsmöglichkeiten.[141] Irritationen ergeben sich bei der Prüfung von Kfz-Händlern nicht selten beim RAS. Bei der Ermittlung des WES sind die Lieferkosten z.B. für die Überführung erhöhend zu berücksichtigen. Zulassungsboni und sog. Verkaufshilfen mindern den WES, wodurch häufig ein vermeintlich zu niedriger RAS aufgeklärt werden kann. Werden im Kfz-Handel An- und Verkäufe in erheblicher Höhe fast ausschließlich durch Barzahlungen entgolten, die nicht zeitnah und nicht an Hand nachprüfbarer Grundaufzeichnungen festgehalten werden, spricht dies gegen eine redliche Abwicklung des Geschäftsverkehrs und damit für die Zulässigkeit von Hinzuschätzungen.[142]

Kfz-Reparaturwerkstatt. Autoreparaturwerkstätten kennen die Namen ihrer Kunden und müssen deshalb alle Umsätze selbst dann **einzeln aufzeichnen**, wenn ansonsten auf solche Einzelaufzeichnungen verzichtet werden könnte.[143] Bei Prüfungen in dieser Branche wird regelmäßig versucht, aus den eingekauften Materialien auf die die erzielten Umsätze zu schließen. Eine solche Verprobung geht ggf. ins Leere, wenn das Ersatzmaterial vom Kunden selbst beschafft wird. Bei größeren Werkstätten bieten die **Auftragszettel**, die bei Entgegennahme der Fahrzeuge ausgestellt werden, eine gute Verprobungsmöglichkeit, weil grundsätzlich entsprechende Umsätze erfasst sein müssten. Das Fehlen

---

138 FG Düsseldorf v. 8.12.2004 8 V 5628/04, juris.
139 FG des Saarlands v. 24.5.2005 1 K 161/01, juris, rkr.
140 FG Hamburg v. 30.3.2007 7 K 10/06, juris, rkr.; zur Schätzung anhand von Inseraten bei einem „Schwarzhändler" siehe FG des Saarlands v. 5.6.1991 2 K 203/85, juris.
141 FG Hamburg v. 20.5.2019 6 K 109/18, juris, vgl. hierzu *Wegner*, PStR 2019, 211.
142 FG des Saarlands v. 24.5.2005 1 K 161/01, juris, rkr.
143 BFH v. 9.10.1958 IV 119/57, juris. Zur evtl. Möglichkeit des Verzichts auf Einzelaufzeichnungen siehe 3.5.5.2 und das Stichwort „Einzelaufzeichnungspflicht" unter 3.5.5.5.

10 Branchenhinweise und Einzelfragen

dieser Auftragsbelege soll der Ordnungsmäßigkeit der Buchführung allerdings nicht entgegenstehen.[144]

Kino. Eintrittskarten können lediglich von solchen Druckereien bezogen werden, die von der SPIO autorisiert sind. Da sie darüber hinaus noch laufend nummeriert sind, ergeben sich gute Verprobungsmöglichkeiten. Bei Verwendung von Computerkassensystemen wird die Software von der SPIO geprüft und versiegelt. Kinobetreiber haben eine monatliche **Meldung an die FFA** abzugeben, in der die Anzahl der Besucher und die Höhe der Erlöse anzugeben sind. Damit kommt insbesondere der Verprobung von Speisen und Getränken Bedeutung zu, da die in diesem Bereich erzielten Einnahmen nicht von anderen Stellen kontrolliert werden.

Kiosk. Aufgrund der Verschiedenartigkeit von Kiosken[145] oder „Trinkhallen" ist es aus Sicht des Betriebsprüfers sinnvoll, eine sorgfältige Betriebsbesichtigung durchzuführen und dabei insbesondere das Warensortiment in Augenschein zu nehmen. Da in aller Regel kein in kaufmännischer Weise eingerichteter Geschäftsbetrieb vorliegt, besteht im Normalfall keine Buchführungspflicht nach § 140 AO, es sei denn, die Kaufmannseigenschaft wird durch Eintragung in das Handelsregister begründet. Häufig werden bei der Diskussion von Nachkalkulationen **Schwund und Verderb** geltend gemacht. Dabei ist jedoch zu beachten, dass in einem Kiosk überwiegend verpackte Lebensmittel, Artikel mit hoher Umschlagshäufigkeit und unverderbliche Waren geführt werden. Nicht verkaufte Zeitungen und Zeitschriften werden i.d.R. vom Lieferanten zurückgenommen und vergütet. Der Anteil der Tabakwaren, bei denen Aufschläge von lediglich 4% bis 12% erzielt werden, liegt teilweise bei 90%. Leergut ist im Rahmen einer ggf. durchgeführten Inventur nicht zu erfassen, da es im Eigentum des Getränkeabfüllers steht.

Kleinunternehmer. Handelt es sich bei dem geprüften Steuerpflichtige um einen Kleinunternehmer i.S.v. § 19 UStG und wird die Schätzungsbefugnis aus einer Verletzung von Aufzeichnungspflichten abgeleitet, so ist zu bedenken, dass der Gesetzgeber hinsichtlich der erforderlichen Dokumentation der Umsätze an diese Gruppe von Unternehmern **geringere Anforderungen** stellt.[146]

Kosmetikstudio. Kosmetikstudios gelten als bargeldintensiv, so dass in jedem Fall ein detailliertes Kassenbuch und ein Kassenkonto zu führen sind. Das gilt auch bei Gewinnermittlung gemäß § 4 Abs. 3 EStG.[147]

Land- und Forstwirtschaft. Im Bereich der LuF wird die Schätzung des Gewinns historisch und politisch bedingt abweichend von der Grundregel der AO

---

144 Niedersächsisches FG v. 17.11.2009 15 K 12031/08, juris, rkr.
145 Zu einem Kiosk-Schätzungsfall vgl. z.B. Niedersächsisches FG v. 8.12.2011 12 K 389/09, EFG 2013, 291.
146 § 22 Abs. 6 Nr. 1 UStG i.V.m. § 65 UStDV. Zu den Erleichterungen im Einzelnen siehe A 22.5 Abs. 3 UStAE.
147 FG des Saarlands v. 21.6.2012 1 K 1124/10, EFG 2012, 1816. Siehe hierzu auch das Stichwort „Einnahmenüberschussrechnung" in 3.5.5.5.

10 Branchenhinweise und Einzelfragen

nicht als das „letzte Mittel"[148], sondern als eine Subventionsmaßnahme verstanden.[149] Zur Schätzung von Einkünften aus LuF stehen dabei zunächst grundsätzlich dieselben Verfahren zur Verfügung wie für die Schätzung von Einkünften aus Gewerbebetrieb oder solchen aus selbstständiger Tätigkeit.[150] Daneben haben sich für den Bereich der LuF aber auch **bestimmte Schätzungsmethoden** entwickelt, die aus den o.g. Gründen i.d.R. selten die tatsächlichen wirtschaftlichen Ergebnisse widerspiegeln. Erfüllt der Land- und Forstwirt einerseits nicht mehr die Voraussetzungen des § 13a EStG, erreicht er aber auch die Buchführungsgrenzen des § 4 Abs.1 EStG nicht, soll er nach dem Willen des Gesetzgebers jedenfalls nicht zu einer Gewinnermittlung gezwungen werden.[151] Bei einem buchführungspflichtigen Landwirt, der keine nach §§ 140, 141 AO erforderlichen Bücher geführt hat, soll den Anforderungen an eine Schätzung nach § 162 AO genügt sein, wenn die Gewinne nach anerkannten, für die betreffende Landwirtschaft brauchbaren Schätzungsmethoden ermittelt werden.[152]

Bei der **Richtsatzschätzung** wird der Gewinn in Anlehnung an die Ergebnisse vergleichbarer buchführender Betriebe geschätzt. Ausgangsgröße ist ein sog. normales landwirtschaftliches Betriebseinkommen, das sich aus dem Produkt aus der Anzahl der landwirtschaftlich genutzten Hektar und einem „Betriebseinkommen" je Hektar ergibt. Aus diesem Grund wird diese Schätzungsmethode auch als **Schätzung nach „Hektarsätzen"** bezeichnet. Hinzugerechnet werden anschließend ggf. der Nutzungswert der Wohnung, die vereinnahmten Pachtzinsen, das Betriebseinkommen aus Sondernutzungen und übernormaler Tierhaltung, Mehrgewinne aus Saatkartoffelanbau und aus Zuchtviehverkäufen, Gewinne aus anderen Betriebszweigen und Nebenbetrieben sowie sonstige besondere Gewinne, wie z.B. solche aus dem Verkauf von Grundstücken. In Abzug zu bringen sind hingegen Pachtzinsen, betriebliche Schuldzinsen, Lohnaufwand für Fremdlöhne sowie Sonderabschreibungen und erhöhte Absetzungen. Grundsätzlich können keine individuellen gewinnmindernden Besonderheiten geltend gemacht werden, weil es sich um pauschaliertes Verfahren handelt.[153] Der Vorteil der Richtsatzschätzung ist u.a., dass sie grundsätzlich auch vom Innendienst vorgenommen werden kann. Sie kann vor allem in den Fällen, in denen weder ein Betriebsprüfer noch ein Sachverständiger eingeschaltet ist, die Methode sein, die dem „tatsächlichen" Gewinn am nächsten kommt.[154]

---

148 Vgl. 1.4.
149 Kein „Notbehelf", vgl. *Kanzler* in Leingärtner, Rz. 21 zu Nr. 28.
150 Siehe hierzu 3.9.2 bis 3.9.12.
151 BFH v. 11.8.1992 VII R 90/91, BFH/NV 1993, 346.
152 *Seer* in Tipke/Kruse, § 162 Rz.22, unter Hinweis auf BFH v. 3.12.1981 IV R 99/77, BStBl. II 1982, 273; BFH v. 8.11.1984 IV R 33/82, BStBl. II 1985, 352; BFH v. 29.3.2001 IV R 67/99, BStBl. II 2001, 484, sog. „Schätzungslandwirt". Zu den einzelnen Methoden siehe nachfolgend.
153 BFH v. 6.11.2003 IV R 27/02, BFH/NV 2004, 753.
154 BFH v. 8.11.1984 IV R 33/82, BStBl. 1985, 352; BFH v. 29.3.2001 IV R 67/99, BStBl. II 2001, 484.

10 Branchenhinweise und Einzelfragen

Liegen die Voraussetzungen der Gewinnermittlung nach § 13a EStG vor, gibt der Land- und Forstwirt aber keine Steuererklärung ab oder sind seine Angaben unvollständig oder unrichtig, so ist der Gewinn in Anlehnung an die Gewinnermittlung nach Durchschnittssätzen unter Anwendung des § 13a Abs. 3 bis 7 EStG ergänzend zu schätzen, falls die vorhandenen Unterlagen hierfür eine ausreichende Grundlage bilden.[155]

Für die Schätzung nach **Standarddeckungsbeiträgen** und Standard-Outputs ist i.d.R. die Einschaltung eines amtlichen **landwirtschaftlichen Sachverständigen** erforderlich.[156] Dabei wird ein Standarddeckungsbeitrag je Hektar einer Fruchtart bzw. je Tiereinheit einer Vieheinheit aus ihren Bruttoleistungen abzüglich der zuzurechnenden variablen Spezialkosten unter Ansatz standardisierter Erträge, Preise und Kosten ermittelt. Deshalb setzt die Anwendung dieser Schätzungsmethode das Vorhandensein von Aufzeichnungen über Tierbestände, Käufe und Verkäufe voraus.[157] Liegen sie nicht vor, scheidet diese Schätzungsmethode aus.[158]

Land- und Forstwirte, die die **Durchschnittsbesteuerung** des § 24 UStG anwenden, sind insoweit weitgehend von den Aufzeichnungspflichten des § 22 UStG befreit. Grundsätzlich müssen sie nur die Lieferungen und den Eigenverbrauch der in der Anlage zum UStG nicht aufgeführten Sägewerkserzeugnisse, Getränke und alkoholischen Flüssigkeiten aufzeichnen, die gemäß § 24 Abs. 1 S. 1 Nr. 2 UStG dem Regelsteuersatz unterliegen.[159]

Lebensmitteleinzelhandel. Bei vielen Betrieben ist es erforderlich, die **Entnahmen** von Nahrungsmitteln für die Familie des Inhabers zu schätzen. Sie erhöhen den Gewinn und unterliegen als unentgeltliche Wertabgaben der Umsatzsteuer. Entsprechende Durchschnittswerte können der Richtsatzsammlung entnommen werden. Neben den dort aufgeführten Pauschbeträgen sind keine Zuschläge oder Abschläge wegen individueller persönlicher Ess- oder Trinkgewohnheiten, krankheitsbedingter Abweichungen von den üblichen Ernährungsgewohnheiten oder urlaubsbedingter Abwesenheitszeiten zu berücksichtigen.[160] Dies kann nur durch individuelle Aufzeichnungen erreicht werden.

Maler und Lackierer. Aus dem Kalender des geprüften Jahres und den aufgezeichneten Urlaubs- und Krankheitstagen können zunächst die Anwesenheitstage der einzelnen Arbeiter und davon ausgehend ihre Anwesenheitsstunden ermittelt werden.[161] Davon sind die sog. **unproduktiven Stunden** in Abzug zu bringen. Sie belaufen sich nach statistischen Erhebungen bei Malern und Lackierern auf 8 % bis 10 %.

---

155 BFH v. 20.9.1973 IV R 236/69, BStBl. II 1974, 74.
156 *Kanzler* in Leingärtner, Rz. 23 zu Nr. 28.
157 BFH v. 29.3.2001 IV R 67/99, BStBl. II 2001, 484.
158 BFH v. 29.3.2001 IV R 67/99, BStBl. II 2001, 484.
159 § 67 UStDV.
160 FG München v. 23.4.2009 14 K 4909/06, juris.
161 Zur Lohnverprobung bei Handwerksbetrieben siehe das Beispiel in 3.9.3.

10 Branchenhinweise und Einzelfragen

Marktstand. Hinsichtlich der ertragsteuerlichen Aufzeichnungspflichten gelten für Markthändler keine Besonderheiten. Es reicht deshalb nicht aus, die tägliche Summe der Einnahmen im Kassenbuch sowie in einem Umsatzsteuerheft gemäß § 22 Abs. 5 UStG einzutragen.[162] Vielmehr gilt auch in diesem Bereich grundsätzlich die Einzelaufzeichnungspflicht.[163] Liegen die Voraussetzungen einer Schätzung vor, kann ein Abschlag vom durchschnittlichen Rohgewinnaufschlag der Betriebe mit festem Ladenlokal gerechtfertigt sein.[164]

Metallverarbeitung. Im Zentrum der Prüfung metallverarbeitender Betriebe stehen die häufig nicht versteuerten Schrotterlöse. Für die Lieferung von Abfall- und **Schrott** gilt bei der Umsatzsteuer die Steuerschuldnerschaft des Leistungsempfängers.[165] In der Praxis überrascht der Ideenreichtum, mit dem angeblich nicht angefallene Schrotterlöse begründet werden. So entspricht es z. B. nicht der Lebenserfahrung, wenn vorgetragen wird, eine Abfallmulde werde vom Entsorger kostenlos zur Verfügung gestellt, als Gegenleistung könne letzterer den Schrott behalten. Ebensowenig realitätsnah ist eine behauptete Wertlosigkeit des Schrotts, die daraus resultiere, dass er nicht getrennt gesammelt werde. Denn an jeder Maschine wird i. d. R. nur ein Werkstück aus einer Metallsorte verarbeitet, so dass dort nur eine Sorte Metall anfällt und eine Trennung insoweit nicht erforderlich ist. Bisweilen wird die Wertlosigkeit mit einer Verschmutzung mit Kühlmitteln begründet. Das kann jedoch leicht widerlegt werden, da derartiger Sondermüll kostenpflichtig entsorgt werden muss und entsprechende Abrechnungen deshalb in der Buchhaltung vorhanden sein müssten.

Optiker. Zu Verprobungszwecken bietet sich die regelmäßig über EDV geführte **Kundenkartei** an. Sie ist schon deshalb zu führen, weil der Augenoptiker die Vorschriften des MPG beachten muss und deshalb z. B. Aufzeichnungen über die Sehstärke der Kunden anzufertigen hat. Im Gläserbereich kommt durch Bruch und Verschleifen zu Warenverlusten von bis zu 5 %.

Partyservice. Die Leistungen eines Partyservice sind grundsätzlich der **Regelbesteuerung** unterliegende Dienstleistungen.[166] Eine Ausnahme kommt allenfalls in Betracht, wenn lediglich sog. Standardspeisen ohne Dienstleistungselemente geliefert werden.[167] Hat der Steuerpflichtige keine Aufzeichnungen über die Entgeltaufteilung in Umsätze zum Regelsteuersatz und solche zum ermäßigten Steuersatz geführt, so kann er einer **Aufteilungsschätzung** des FA wegen des Prinzips der Abschnittsbesteuerung weder in späteren Zeiträumen

---

162 FG Hamburg v. 16. 3. 2017 2 V 55/17, juris, Rz. 44. Zum Inhalt des Umsatzsteuerhefts siehe BMF v. 30. 4. 2012, BStBl. I 2012, 579.
163 Zu evtl. Ausnahmen siehe das Stichwort „Einzelaufzeichnungspflicht" unter 3.5.5.5.
164 FG Hamburg v. 18. 12. 2012 1 K 172/10, juris.
165 Vgl. § 13b Abs. 2 Nr. 7 UStG.
166 FG Hamburg v. 1. 8. 2016 2 V 115/16, juris.
167 BFH v. 10. 6. 2011 V B 74/09, BFH/NV 2011, 1547.

erstellte Aufzeichnungen noch eine im Rahmen einer Ap für vorangegangene Zeiträume erzielte Einigung entgegenhalten.[168]

Pensionspferdehaltung. Umsätze aus dem Einstellen und Betreuen von Reitpferden, die von ihren Eigentümern zur Ausübung von Freizeitsport genutzt werden, unterliegen dem **Regelsteuersatz**, weil es sich nicht um das „Halten von Vieh" i. S. v. § 12 Abs. 2 Nr. 3 UStG handelt.[169]

Personengesellschaft. Die Schätzungsbefugnis kann sich im Einzelfall auch auf die **Gewinnverteilung** im Rahmen einer einheitlichen und gesonderten Gewinnfeststellung beziehen.[170]

Personenschifffahrt. Fahrkarteneinkäufe können als Grundlage einer Verprobung bzw. Schätzung herangezogen werden. Sind die diesbezüglichen Unterlagen nicht mehr vorhanden, kann sich daraus die Schätzungsbefugnis des FA ergeben.[171]

Pizzataxi. Die Verprobung erfolgt häufig auf der Grundlage des eingekauften Verpackungsmaterials. Dem Mandanten ist deshalb äußerst sorgfältiger Umgang mit den Verpackungen anzuraten, Verluste sind zu dokumentieren.

Pizzeria. Siehe zunächst oben „Gastronomie". Zur Kassenführung und zur Nachkalkulation bei einer Pizzeria finden sich in der Rechtsprechung zahlreiche Beispiele.[172] Im Rahmen einer Ausbeutekalkulation wird häufig zunächst nur der „Hauptumsatzträger" Pizza einer genauen Betrachtung unterzogen. Aus der Menge des eingekauften Mehls kann mit Hilfe exakter Auswiegungen, in Fahndungsfällen oft am Tag der Durchsuchung, die Anzahl der verkauften Pizzen relativ genau bestimmt werden.

Beispiel:

Eingesetztes Mehl	3.574 kg
Ergibt Teigmasse lt. Rezept	5.498 kg
Anzahl der Pizzen (280 g)	19.635 Stück
Nettoumsatz (Preis pro Pizza 4 € netto)	78.540 €

Der prozentuale Anteil der Pizzen am Gesamtumsatz kann anschließend oft durch Auslesen der EDV-Kasse bestimmt werden, so dass sich schließlich der zu schätzende Gesamtumsatz durch eine einfache Rechnung ergibt. Weitere Einzelheiten zur Nachkalkulation ergeben sich aus der Rechtsprechung sowie aus allgemein erhältlichen Rezepten. Es wird z. B. als unglaubhaft eingestuft, wenn mehr als die Hälfte des in einer Pizzeria eingesetzten Mehls für Brotbeigaben, Streumehl und andere Küchenzwecke verwendet worden sein soll.[173] Für ein

---

168 FG Münster v. 16.1.2007 15 K 2797/04 U, juris.
169 FG München v. 11.3.2010 14 K 3774/08, juris.
170 Sächsisches FG v. 2.9.2002 1 K 41/98, EFG 2003, 363.
171 BFH v. 11.12.1984 VIII R 131/76, BStBl. II 1985, 354.
172 Vgl. mit ausführlicher Darstellung FG Bremen v. 1.10.2003 2 V 628/02, EFG 2004, 78.
173 FG Bremen v. 17.1.2007 2 K 229/04 (5), EFG 2008, 8.

10 Branchenhinweise und Einzelfragen

Nudelgericht als Hauptgericht wird ein Mittelwert von 100 g Rohgewicht angesetzt.[174]

Eine Ausnahme von der Pflicht zur Einzelaufzeichnung kommt für den Pizzaservice schon deshalb nicht in Betracht, weil die Kunden aufgrund der Bestellung namentlich bekannt sind.[175]

Privatpersonen. Nach § 193 Abs. 2 Nr. 2 AO ist eine Ap bei „Privatpersonen"[176] ohne Beachtung einer starren Einkünftegrenze zulässig, wenn die für die Besteuerung erheblichen Verhältnisse der Aufklärung bedürfen und eine Prüfung an Amtsstelle nach Art und Umfang des zu prüfenden Sachverhalts nicht zweckmäßig ist.[177] In der Praxis wird eine solche Ap allerdings oft angeordnet, ohne dass die o. g. Voraussetzungen tatsächlich vorliegen. Allein aus dem Vorliegen außerordentlich hoher Einkünfte aus nichtselbstständiger Arbeit ohne das Bestehen weiterer Unstimmigkeiten kann z. B. das erforderliche sog. „abstrakte Aufklärungsbedürfnis" nicht abgeleitet werden.[178] Die Ap bei sog. „Einkunftsmillionären" ist darüber hinaus durch die zweite Alternative des § 193 Abs. 1 Nr. 1 AO legitimiert.[179] Betroffen sind Steuerpflichtige, bei denen die Summe der positiven Einkünfte nach § 2 Abs. 1 Nr. 4–7 EStG mehr als 500.000 € im Kalenderjahr beträgt. Dabei entfaltet der Einkommensteuerbescheid weder für die Qualifikation der Einkünfte noch für ihre Höhe eine formelle Bindungswirkung.[180] Nicht in die maßgebliche Einkünftegrenze von 500.000 € einzubeziehen sind die Einkünfte aus Kapitalvermögen, die wegen der Abgeltungsteuer gemäß § 43 Abs. 5 EStG nicht in die Veranlagung einfließen,[181] wohl aber solche, die nach durchgeführter Günstigerprüfung im Rahmen der Veranlagung berücksichtigt werden.[182] Bei der Ermittlung der Einkünftegrenze können Verluste innerhalb einer Einkunftsart verrechnet werden, ist das Ergebnis einer ganzen Einkunftsart allerdings negativ, ist sie nicht in die Berechnung einzubeziehen. Soweit Überschusseinkünfte wegen materiellrechtlicher Subsidiaritätsklauseln[183] oder wegen Umqualifizierungsvorschriften[184] den Gewinneinkünften zugeordnet werden, sind sie nicht in die Einkünftegrenze des § 147a AO einzubeziehen.[185] Maßgebend ist also die finale Einkunftsart. Zur Absicherung einer potentiellen Ap haben die genannten Personen nach § 147a AO Aufzeich-

---

174 Z. B. Richtwerte für die Einkaufsplanung unter chefkoch.de.
175 *Pump*, StBp 2017, 84, 87; *Achilles*, S. 57, m. w. N.
176 Gemeint sind an dieser Stelle Steuerpflichtige, die keine Gewinneinkünfte erzielen.
177 Dieser Begründung steht nicht entgegen, dass die Prüfung später ggf. tatsächlich in den Räumen des FA durchgeführt wird, vgl. BFH v. 26. 7. 2007 VI R 68/04, BStBl. II 2009, 338.
178 BFH v. 23. 2. 2011 VIII B 63/10, BFH/NV 2011, 964.
179 Zu Einzelheiten siehe *Brinkmann*, StBp 2011, 125.
180 *Cöster* in Koenig, § 147a Rz. 8.
181 AEAO zu § 147a AO; *Rätke* in Klein, § 147a Rz. 6.
182 FG Schleswig-Holstein v. 22. 5. 2017 2 V 22/17, juris; BFH v. 15. 6. 2016 III R 8/15, BStBl. II 2017, 25.
183 §§ 20 Abs. 8, 21 Abs. 3 EStG.
184 Z. B. § 15 Abs. 1 Nr. 2 EStG.
185 *Drüen* in Tipke/Kruse, § 147a Rz. 10.

nungen und Unterlagen über die den Überschusseinkünften zu Grunde liegenden Einnahmen und Werbungskosten sechs Jahre aufzubewahren. Diese Verpflichtung entsteht mit Beginn des Jahres, das auf das Jahr des Überschreitens der o. g. Grenze folgt. Sie endet mit Ablauf des „fünften aufeinander folgenden"[186] Jahres, in dem die Grenze nicht überschritten ist. Ist absehbar, dass die Grenze von 500.000 € nur in einem Jahr und dann wieder nicht überschritten wird, soll eine Erleichterung nach § 148 AO gewährt werden können.[187]

Unabhängig von der o. g. Einkünftegrenze kann das FA die Aufbewahrung der Unterlagen verlangen, wenn der Steuerpflichtige seine Mitwirkungspflichten nach § 90 Abs. 2 S. 3 AO nicht erfüllt hat. Diese besonderen Mitwirkungspflichten betreffen Privatpersonen und Unternehmen, die über Geschäftsbeziehungen zu Finanzinstituten in Staaten oder Gebieten verfügen, welche mangels entsprechendem DBA nicht verpflichtet sind, Auskünfte zu erteilen oder die faktisch keine Auskünfte erteilen, vereinfacht ausgedrückt also Steuerpflichtige mit Bankkonten oder Depots in solchen Ländern, in welchen die Ermittlungen der deutschen Finanzbehörde regelmäßig ins Leere gehen. Dies ist offensichtlich die Reaktion des Gesetzgebers auf die wenig kooperative Haltung bestimmter Staaten im Hinblick auf das Ziel einer weltweit effektiveren Besteuerung von Zinseinkünften. Die Vorschrift ist zwar aktuell noch nicht von praktischer Bedeutung, da die FinVerw klargestellt hat, dass momentan kein Staat oder Gebiet die dort genannten Voraussetzungen erfüllt.[188] Ggf. werden jedoch in Zukunft Staaten aus Sicht der FinVerw als nicht kooperativ eingestuft werden, so dass § 90 Abs. 2 S. 3 AO seine Wirkungen entfalten kann.

Das Gesetz beschreibt die aufzubewahrenden **Unterlagen** als „Aufzeichnungen und Unterlagen über die den Überschusseinkünften zu Grunde liegenden Einnahmen und Werbungskosten." § 147a AO begründet nur Aufbewahrungspflichten, aber keine Aufzeichnungspflichten.[189] Die „Qualität" der Ap wird deshalb weiter hinter derjenigen der Bp im engen Wortsinn nach der ersten Alternative des § 193 Abs. 1 AO zurückbleiben.[190] Das gilt umso mehr, als die Ordnungskriterien der §§ 145, 146 AO für Aufzeichnungen nach § 147a AO nicht gelten.[191] M. E. sind zumindest Rechnungen, schriftliche Verträge, Depot- und Kontoauszüge[192] sowie sonstige Zahlungsnachweise wie Quittungen aufzubewahren.[193] Dies ergibt sich schon aus der Überlegung, dass ohne solche

---

186 Gemeint ist, dass die Verpflichtung entfällt, wenn die genannten Voraussetzungen fünf Jahre hintereinander nicht vorgelegen haben.
187 *Dißars*, BB 2010, 2085, 2087.
188 BMF v. 5. 1. 2010, BStBl. I 2010, 19.
189 M. E. zu Recht kritisch *Seer* in Tipke/Kruse, § 193 Rz. 26, auch die Formulierung in der Gesetzesbegründung („Aufzeichnungspflichten für Private") in BT-Drs. 16/13106, 12 ist ungenau, zustimmend *Drüen* in Tipke/Kruse, § 147a Rz. 3.
190 Gl. A. *Seer* in Tipke/Kruse, § 193 Rz. 26.
191 *Dißars* in Schwarz/Pahlke, § 147a Rz. 1 und *Rätke* in Klein, § 147a Rz. 27.
192 Siehe hierzu aber weiter unten.
193 Zu einer Auflistung von vorzulegenden Unterlagen vgl. z. B. *Dißars*, BB 2010, 2086.

10 Branchenhinweise und Einzelfragen

Unterlagen zutreffende Steuererklärungen nicht erstellt werden können.[194] Zum Teil wird die Auffassung vertreten, die gesamten Auszüge eines bestimmten Kontos seien aufzubewahren und vorzulegen, wenn auf diesem Konto Einnahmen oder Ausgaben im Zusammenhang mit den Überschusseinkünften angefallen sind.[195] Die gegenteilige Auffassung hält nur die tatsächlich betroffenen Auszüge für aufbewahrungspflichtig.[196] M. E. erfasst die Verpflichtung zur Aufbewahrung schon deshalb das gesamte Konto, weil von dem Zeitpunkt der Auszugerstellung und beim Homebanking ggf. sogar von der Art des Abrufens durch den Steuerpflichtigen abhängig ist, welche Buchungen auf dem Auszug erscheinen. Darüber hinaus erfordert m. E. die Vollständigkeitsprüfung der Einnahmen die Vorlage sämtlicher Auszüge. Ähnlich ungeklärt ist die Aufbewahrungspflicht von Depotauszügen.[197] Da nach der eindeutigen gesetzlichen Definition nur Unterlagen über Einnahmen und Werbungskosten aufzubewahren sind, sind Belege über außergewöhnliche Belastungen, Sonderausgaben oder Lebenshaltungskosten nicht vorzuhalten. Aus Sicht des Steuerpflichtigen kann es aber durchaus sinnvoll sein, solche Unterlagen aufzubewahren, denn in bestimmten Fallkonstellationen ist es hilfreich, insbesondere außergewöhnlich hohen Konsum belegen zu können.

Bei den sog. Einkunftsmillionären existiert für die Verwaltung des Vermögens fast immer eine Art **„Buchführung"**. M. E. müssen dann nicht nur die damit zusammenhängenden Unterlagen aufbewahrt und vorgelegt, sondern auch ein Zusammenhang zwischen Belegen, Kontoauszügen und letztendlich den Werten lt. Steuererklärung für den Prüfer erkennbar gemacht werden. Ziel jeder steuerlichen Aufbewahrungspflicht ist es, die Angaben des Unternehmens oder des Bürgers überprüfbar machen. Zu bedenken ist darüber hinaus, dass die aufgezeigten Zusammenhänge ohnehin dokumentiert sind, da sonst die Steuererklärung nicht hätte erstellt werden können. Die dort dargestellte Besteuerungsgrundlage hat einen rechnerischen Ursprung.[198] Damit kann aber das „Übermaßverbot" nicht durch die Aufforderung verletzt sein, die Zahl weiter aufzugliedern bzw. ihr Entstehen nachzuweisen. Auch wenn kein eindeutiger gesetzlicher Verweis in § 147a AO erfolgt ist, so ist m. E. allein wegen der Position der Vorschrift innerhalb des Gesetzes darüber hinaus die Regel des § 145 Abs. 2 AO zu beachten. Danach sind Aufzeichnungen so zu führen, dass der Zweck, den sie für die Besteuerung erfüllen sollen, erreicht wird. Der Zweck der Aufzeichnungen nach § 147a AO ist die effektive Durchführung einer Ap.[199] Die

---

194 *Drüen* in Tipke/Kruse, § 147a Rz. 3, m. w. N.
195 *Obenhaus*, Stbg 2009, 389; *Dißars*, BB 2010, 2085, 2086.
196 *Rätke* in Klein, § 147a Rz. 14; *Drüen* in Tipke/Kruse, § 147a Rz. 12.
197 Für eine entsprechende Pflicht zur Aufbewahrung z. B. *Rätke* in Klein, § 147a Rz. 13, dagegen u. a. *Cöster* in Koenig, § 147a Rz. 9.
198 Sog. „retrograde Prüfung".
199 BT-Drs. 16/13106, 12. Gegen eine die Prüfung erleichternde Verpflichtung zur Summenziehung etc. wohl *Rätke* in Klein, § 147a Rz. 27.

10 Branchenhinweise und Einzelfragen

Aufbewahrungspflicht nach § 147a AO betrifft auch ausländische Einnahmen.[200]
Soweit die nach den vorstehenden Ausführungen vorzulegenden Unterlagen in digitaler Form aufbewahrt wurden, sind sie wie sonst die Buchführungsunterlagen so vorzulegen, dass eine digitale Ap i. S. v. § 147 Abs. 6 AO damit durchgeführt werden kann.[201]
Bestehen objektive Anhaltspunkte für das Bestehen von Geschäftsbeziehungen zu Finanzinstituten in nicht bzw. wenig kooperierenden Ländern[202], so hat der Steuerpflichtige nach Aufforderung durch das FA die Richtigkeit und Vollständigkeit seiner Angaben **an Eides Statt** zu versichern[203] und dem FA eine Vollmacht zu erteilen, mit der dieses in seinem Namen mögliche Auskunftsansprüche gegenüber den Kreditinstituten außergerichtlich oder gerichtlich geltend machen kann. Es bleibt abzuwarten, inwieweit Vollmachten der genannten Art ausländische Kreditinstitute tatsächlich zu Auskünften veranlassen werden bzw. in welchem Umfang das FA gerichtliche Verfahren zur Auskunftserteilung anstreben wird. Zu erwarten ist wohl eher, dass in einem solchen Fall von der Schätzungsbefugnis nach § 162 Abs. 2 S. 3 AO Gebrauch gemacht wird. Danach wird im Fall der Verletzung der o. g. Mitwirkungspflichten widerlegbar vermutet, dass steuerpflichtige Einkünfte in den genannten Staaten vorhanden sind bzw. dass sie die erklärten Einkünfte übersteigen.

Prostitution. Selbstständig tätige Prostituierte unterhalten einen **Gewerbebetrieb** i. S. v. § 2 Abs. 1 S. 2 GewStG i. V. m. § 15 Abs. 2 EStG und erzielen somit Einkünfte aus Gewebebetrieb.[204] Auch unter Berücksichtigung der branchenspezifischen Besonderheiten kann bei der Ermittlung des Gewinns aus Prostitution durch Einnahmenüberschussrechnung kann nicht auf die Aufzeichnung der einzelnen Geschäftsvorfälle und die Aufbewahrung von Belegen über die Betriebseinnahmen und Betriebsausgaben verzichtet werden.[205] **Aufzeichnungspflichten** ergeben sich nicht nur aus der AO und dem UStG, sondern auch aus dem **ProstSchG**.[206] Aufgrund der Besonderheiten der Branche ist ein effektiver Steuervollzug kaum zu erreichen.[207] Umsätze und Gewinn sind häufig nach § 162 AO zu bestimmen, da die Aufzeichnungen selten ordnungsgemäß sind und die Neigung zur Steuerhinterziehung in diesen Gewerbezweig be-

---

200 Gl. A. *Rätke* in Klein, § 147a Rz. 12.
201 *Rätke* in Klein, § 147a Rz. 39.
202 Zur Definition vgl. § 90 Abs. 2 S. 3 AO.
203 Die Versicherung kann allerdings nicht erzwungen werden, vgl. § 90 Abs. 2 S. 3 a. E. AO.
204 BFH v. 20. 2. 2013 GrS 1/12, BStBl. II 2013, 441; *Pieske-Kontny*, StBp 2018, 186, auch zur historischen Entwicklung.
205 FG Hamburg v. 16. 11. 2016 2 K 110/15, juris. Zu den Aufzeichnungspflichten im Bereich der Prostitution insgesamt *Pieske-Kontny*, StBp 2018, 186.
206 Vgl. insbesondere § 28 ProstSchG, wonach die Namen der Prostituierten, Arbeitstage und Zahlungen aufzuzeichnen und die Aufzeichnungen zwei Jahre lang aufzubewahren sind.
207 *Götz*, StBp 2018, 246.

10 Branchenhinweise und Einzelfragen

sonders ausgeprägt ist.[208] Grundsätzlich sind die Arbeitszeiten, die mögliche Anzahl der Kunden pro Tag und die Preise der jeweiligen Leistungen in die Schätzung einzubeziehen,[209] oftmals sind aber nur sehr grobe Schätzungsverfahren anzuwenden.[210] Verbreitet ist das sog. **"Düsseldorfer Modell"**, bei dem ein einheitlicher Tagessatz[211] pro Miet- bzw. Tätigkeitstag gezahlt wird. Dies soll der Idee nach zwar lediglich eine Vorauszahlung sein, faktisch handelt es sich aber um eine Abgeltungsteuer, da i.d.R. keine Erklärung eingereicht wird und vom FA auch nicht verlangt wird. Dadurch soll keine durch Vollzugsmängel hervorgerufene Belastungsungleichheit entstehen, die zu einer gleichheitswidrigen Benachteiligung führt.[212] Der BFH hat allerdings in anderen Verfahren wesentlich höhere Umsätze angenommen als diejenigen, die dem Düsseldorfer Verfahren entsprechen.[213] Ein Anspruch auf diese Art der Besteuerung besteht nicht.[214] Die Steuerfahndung ist berechtigt, Prostituierten im Rahmen von Kontrollbesuchen die Teilnahme am Düsseldorfer Verfahren nahe zu legen.[215] Ein Bordellbetreiber hat keinen Anspruch auf Erstattung der von ihm im Rahmen seiner Teilnahme am Düsseldorfer Verfahren geleisteten Zahlungen, da er nach Ansicht der FinVerw das entsprechende Geld von den Prostituierten einbehalten hat, welche dadurch ihrerseits einen Anspruch auf Anrechnung auf eine etwaige Jahressteuer erworben haben.[216] Das sehr grobe Schätzungsverfahren ist rechtlich bedenklich, da vermutlich nur ein geringer Bruchteil der materiellrechtlich geschuldeten Steuer festgesetzt wird, das Ziel jeder Schätzung aber sein muss, der Wirklichkeit möglichst nah zu kommen. Das FA steht vor dem Problem, dass es wegen der Verletzung von Anzeigepflichten durch die Prostituierten keine Kenntnis von deren Tätigkeit hat. Hinzu kommen häufige örtliche Wechsel und das Agieren unter Künstlernamen. Will der Betreiber am Verfahren teilnehmen, so hat er eine sog. Sammelliste zu führen. In diese sind die Namen aller an dem jeweiligen Kalendertag anwesenden Prostituierten einzutragen. Die Teilnahme am Düsseldorfer Verfahren ist den entsprechenden Mandanten grundsätzlich durchaus anzuraten, da hierdurch die in diesem Be-

---

208 Zu einem Fall fehlender Aufzeichnungen und entsprechender Schätzung vgl. z.B. Niedersächsisches FG v. 14.10.2010, 16 K 154/09, juris.
209 FG Hamburg v. 20.2.2013 2 K 169/11, EFG 2013, 907, rkr.
210 Z.B. Schätzung der Bareinnahmen in doppelter Höhe der unbar vereinnahmten Beträge, vgl. FG Münster v. 18.7.2005 5 V 769/05 U, juris.
211 Die „Tagessätze" sollen sich zwischen 10 und 25 € bewegen, eine Tätigkeit an 30 Tagen im Monat wird unterstellt. Zum Düsseldorfer Modell vgl. BFH v. 12.5.2016 VII R 50/14, BStBl. II 2016, 730 und FG Düsseldorf v. 1.6.2012, 1 K 2723/10 U, juris; *Götz*, StBp 2018, 246.
212 BFH v. 16.6.2011 XI B 120/10, BFH/NV 2011, 1740.
213 BFH v. 13.12.2013 X B 46/13, BFH/NV 2014, 488: 240 Arbeitstage, 150-250 € pro Dienstleistung; BFH v. 19.1.2011 X B 68/10, BFH/NV 2011, 818: 200 Arbeitstage, drei Kunden pro Tag, 50 € pro Dienstleistung.
214 FG Düsseldorf v. 6.11.1995 18 V 1857/95 A (E, U), EFG 1996, 177; im Ergebnis auch Niedersächsisches FG v. 27.10.2010 16 K 65/10, juris, rkr.: Antrag auf pauschale Schätzung anstelle der Schätzung auf der Grundlage von Aufzeichnungen abgelehnt.
215 BFH v. 22.12.2006 VII B 121/06, BStBl. II 2009, 839.
216 BFH v. 12.5.2016 VII R 50/14, BStBl. II 2016, 730.

reich üblichen Straf- bzw. Steuerfahndungsverfahren vermieden werden können. Grundlage einer Schätzung außerhalb des Düsseldorfer Verfahrens können sog. **Meldescheine**[217] sein, die ein Bordellbetreiber auf Verlangen der Polizei vorzulegen hat. Bei der Schätzung von Umsatz und Gewinn einer Prostituierten werden ihre Angaben zur Arbeitszeit und zur Anzahl der Kunden i.d.R. berücksichtigt.[218] Die Anzahl der **eingekauften Kondome** soll eine zulässige Schätzungsgrundlage bei der Prüfung von Bordellbetrieben darstellen.[219]

Alle Zahlungen eines Kunden erfolgen faktisch an den Bordellbetreiber und sind Grundlage seiner Umsatzermittlung, und zwar unabhängig davon, ob die Prostituierten ihrerseits als Subunternehmer oder als Arbeitnehmer anzusehen sind.[220] Da die Erfassung der Umsätze als solche des Bordellbetreibers rechtlich geklärt ist,[221] ist eine abweichende steuerliche Behandlung auch für den Steuerberater eine Steuerhinterziehung gemäß § 370 AO. Über § 71 AO kann sich zusätzlich zu den strafrechtlichen Konsequenzen eine Haftung für die Steuerschulden des Mandanten ergeben. Bei der Umsatzsteuerhinterziehung eines Bordellbetreibers ist diesem ein Vorsteuerabzug im Verhältnis zu den bei ihm tätigen Prostituierten nicht zugute zu halten, wenn es an den für den Vorsteuerabzug erforderlichen Rechnungen mit gesondert ausgewiesener Umsatzsteuer fehlt.[222] Häufig werden nur niedrige Umsätze aus „Zimmervermietung" erklärt.[223] Bei einer solchen faktischen Nichtversteuerung der Bordellumsätze ist es eine allgemein übliche und anerkannte Schätzungsmethode, einen durchschnittlichen Umsatz aus den **Kreditkartenabrechnungen** zu bestimmen und diesen anhand der aus den Vermietungsumsätzen bekannten Zahlen der Gäste auf einen Gesamtumsatz hochzurechnen. Die Methode ist als Schlussfolgerung aus den feststehenden Kreditkartenumsätzen sachgerecht und besser als eine griffweise Schätzung, für die der Umsatz pro Gast mangels Aufzeichnungen oder anderer Anhaltspunkte fehlt.

Die Umsätze aus einer solchen **„Zimmervermietung"** sind nicht nach § 4 Nr. 12 lit. a UStG befreit, weil es sich um eine einheitliche sonstige Leistung handelt, die sich wesentlich von der bloßen Vermietung und Verpachtung zu Wohnzwecken oder zur sonstigen gewerblichen Nutzung unterscheidet.[224]

---

217 Vgl. z.B. § 27 Meldegesetz NRW, zur diesbezüglichen Mentalität siehe aber die Ausführungen vorher.
218 Hessisches FG v. 15.11.2006 6 V 2066/06, juris.
219 FG Köln v. 20.1.2005 13 K 12/02, EFG 2005, 986, rkr.
220 FG München v. 25.10.2011 2 K 1939/08, juris, rkr; FG Düsseldorf v. 23.8.2010 17 V 972/10 A (E, G, U, F), juris.
221 Siehe auch BFH v. 29.1.2008 V B 201/06, BFH/NV 2008, 827; FG München v. 25.10.2007 14 K 4564/04, juris.
222 BGH v. 2.11.1995 5 StR 414/95, wistra 1996, 106.
223 Zur Einordnung als gewerbliche Einkünfte wegen weitergehender organisatorischer Maßnahmen siehe Hessisches FG v. 20.3.1995 4 K 3611/88, EFG 1995, 711, rkr.
224 FG Nürnberg v. 30.3.2010 2 K 1093/2008, DStRE 2011, 692, rkr.

10 Branchenhinweise und Einzelfragen

Bei Prostituierten, die in einen Bordellbetrieb eingegliedert sind, handelt es sich in aller Regel um **Arbeitnehmer**.[225] Kein Arbeitsverhältnis wird aber angenommen, wenn das Entgelt auf eigene Rechnung vereinnahmt wird und lediglich eine feste tägliche Zimmermiete an den Betriebsinhaber abgeführt wird.[226] Nachhaltigkeit i. S. d. UStG soll auch bei gelegentlicher Prostitution gegeben sein.[227] Legt das FA zur Bestimmung des Umsatzes und der Gewinne einer Prostituierten deren eigene Angaben zur Anzahl der Kunden zu Grunde und entsprechen diese Angaben den Erfahrungswerten der Steuerfahndung, ist die Steuerfestsetzung grundsätzlich nicht zu beanstanden.[228] Die selbstständig ausgeübte Tätigkeit einer Prostituierten führt zu gewerblichen Einkünften und nicht zu solchen nach § 22 Nr. 3 EStG.[229]

Eine **unterbliebene Zeugenbefragung** der Prostituierten kann ggf. einen der Schätzung entgegenstehenden Verfahrensmangel darstellen.[230] Sowohl Betriebsprüfungen als auch Rechtsbehelfs- und Finanzgerichtsverfahren sind in der Praxis naturgemäß von besonderen Schwierigkeiten hinsichtlich der Sachverhaltsfeststellung geprägt. Eine unterbliebene Zeugenbefragung der Prostituierten kann ggf. einen der Schätzung entgegenstehenden Verfahrensmangel darstellen.[231]

Raumausstatter. I. d. R. wird eine sog. „Mischkalkulation" durchgeführt. Beim Materialeinsatz liegen die Aufschläge nicht selten bei 100 %, speziell bei Handelswaren zwischen 30 % und 70 %. Ein Geselle arbeitet nach den Erfahrungen der FinVerw i. d. R. ca. 1.800 Stunden im Jahr.

Rauschgifthandel. Die Besteuerung von „Branchen" wie der des Rauschgifthandels leidet wie das dort anzuwendende Strafrecht an der regelmäßigen Unaufklärbarkeit des Sachverhalts. Die steuerliche Rechtsprechung hat deshalb zu Recht die Annahme eines Rauschgifthandels bejaht, wenn entsprechende Indizien vorliegen und der Steuerpflichtige sich weigert, Auskunft darüber zu geben, wovon er seinen Lebensunterhalt bestritten hat.[232] In einem solchen Fall darf das FA eine Schätzung vornehmen, die sich eher als „Wahrscheinlichkeitsannahme" darstellt. Das ist der seltene Fall einer zulässigen Grundsachverhaltsschätzung.[233]

---

225 FG des Saarlands v. 1.2.2007 1 V 1273/06, juris.
226 FG München v. 18.6.2009 15 K 2482/06, EFG 2010, 50, zum üblicherweise vorliegenden Arbeitsverhältnis siehe FG des Saarlands v. 1.2.2007 1 V 1273/06, juris.
227 BFH v. 29.10.1987 V R 130/85, BFH/NV 1988, 128.
228 Hessisches FG v. 15.11.2006 6 V 2026/06, juris.
229 BFH v. 20.2.2013 GrS 1/12, BStBl. II 2013, 441.
230 BFH v. 16.12.2014 X B 114/14, juris. Zur gegenüber der Schätzung grundsätzlich vorrangigen Sachverhaltsermittlung siehe 1.4., zur differenziert zu betrachtenden Rechtslage bei Verletzung von Mitwirkungspflichten siehe auch 1.8.
231 BFH v. 16.12.2014 X B 114/14, BFH/NV 2015, 511. Zur gegenüber der Schätzung grundsätzlich vorrangigen Sachverhaltsermittlung siehe 1.4., zur differenziert zu betrachtenden Rechtslage bei Verletzung von Mitwirkungspflichten aber auch 1.8.
232 Vgl. Hessisches FG v. 23.4.1990 10 K 5057/88, juris.
233 Siehe zu diesem Thema allgemein 1.3.

Rechtsanwalt. Auch bei gesetzlich zur Verschwiegenheit verpflichteten und zur Verweigerung von Auskünften berechtigten Personen kann eine Ap angeordnet werden.[234] Damit müssen z. B. Ausgangsrechnungen trotz der anwaltlichen **Verschwiegenheitspflicht** und trotz der Strafbarkeit bei unbefugter Verletzung gemäß § 203 Abs. 1 Nr. 3 StGB vorgelegt werden. Das FA ist berechtigt, von einer **Rechtsanwaltskammer** Auskünfte über für die Besteuerung erhebliche Sachverhalte eines Kammermitglieds einzuholen.[235] § 102 Abs. 1 Nr. 3 AO schützt nur mandatsbezogene Geheimnisse. Bei Rechtsanwälten und Notaren bieten sich zur Einnahmenverprobung **Anderkonten** und sog. **Fremdgeldkonten** an. Unstimmigkeiten in diesem Bereich deuten auf nicht verbuchte Honorare hin. So werden z. B. Zahlungen von Versicherungen oder vom Prozessgegner zunächst in voller Höhe erfolgsneutral dem Fremdgeldkonto zugerechnet, obwohl darin auch das Honorar enthalten ist. Vielfach bestehen dadurch buchmäßig erhebliche Fremdgeldbestände, die faktisch nicht geschuldet werden. Bei der Differenz handelt es sich um Einnahmen bzw. Umsätze. Das gilt auch für Anzahlungen, die auf ein Treuhandkonto gebucht werden.[236] Bei den für die Mandanten verauslagten Posten stellt sich immer die Frage, ob es sich um durchlaufende Posten oder um Entgelt für steuerpflichtige Leistungen des Anwalts handelt. Die Gebühr für die Einsichtnahme in die Grundbücher, die Aktenversendungspauschale und die Beratungshilfegebühr sind bei Inrechnungstellung gegenüber dem Mandanten z. B. umsatzsteuerbare Leistungen. Durchlaufende Posten sind hingegen z. B. Gerichtskostenvorschüsse und Zeugengebühren.[237] Rechtsanwälte setzen zunehmend eine Kanzleisoftware ein, die eine zeitsparende Mandantenverwaltung und Rechnungserstellung ermöglicht. Diese Software bietet ggf. Verprobungs- und Prüfungsmöglichkeiten. U. a. kann mit relativ geringem Aufwand die fortlaufende und unveränderliche Rechnungsnummerierung geprüft werden.

Reifenhandel. Bei einem Reifenhändler, der vorrangig Bargeschäfte tätigt, können ggf. auf der Grundlage einer BarGVR[238] Umsätze hinzugeschätzt werden. Aus Angeboten in Online-Portalen kann auf entsprechende steuerpflichtige Umsätze geschlossen werden.[239] Vom Kunden zurückgenommene gebrauchte Autoreifen oder Felgen werden häufig nicht im Warenwirtschaftssystem erfasst,[240] so dass hier eine besondere Überprüfung angezeigt ist.

Schlosserei. Bei der Nachkalkulation der Umsätze geht das FA i. d. R. von einem Aufschlag auf den Materialeinsatz i. H. v. 18 % bis 30 % aus. Die produktiven

---

234   BFH v. 8. 4. 2008 VIII R 61/06, BStBl. II 2009, 579. Hinweise zur elektronischen Bp bei Rechtsanwälten bei *Viskorf*, DB 2005, 1929.
235   BFH v. 19. 12. 2006 VII R 46/05, BStBl. II 2007, 365.
236   Für die Umsatzsteuer vgl. FG Berlin-Brandenburg v. 14. 7. 2009 5 K 7461/05 B, EFG 2009, 2056.
237   Vgl. zum Ganzen *Klein*, NWB F 7, 6929.
238   Siehe hierzu 3.9.8.
239   Zu einem solchen Fall auch unter strafrechtlichen Aspekten siehe Niedersächsisches FG v. 10. 10. 2012, 2 K 13307/10, EFG 2013, 59.
240   *Webel/Danielmeyer*, StBp 2015, 353, 354.

10 Branchenhinweise und Einzelfragen

Stunden eines Gesellen sollen sich auf 1.500 bis 1.700 im Jahr belaufen. Einen Schwerpunkt der Prüfung stellt immer die vollständige Erfassung der Schrotterlöse dar.

Schönheitschirurgie. Operationen sind **umsatzsteuerpflichtig**, wenn sie nicht medizinisch indiziert sind.[241] Für die Umsatzsteuerfreiheit reicht es nicht aus, dass sie nur von einem Arzt ausgeführt werden können.[242] Wenn eine Maßnahme sowohl gesundheitlichen als auch ästhetischen Zwecken dient, soll das die Steuerbefreiung nicht von vornherein ausschließen. Maßgebend ist der Schwerpunkt der Leistung. Die Patientenunterlagen sind deshalb zur Erlangung der Steuerbefreiung vom Arzt entsprechend aufzubereiten und zu erläutern.[243] Dass es sich bei bestimmten Leistungen um Schönheitsoperationen handelt, erkennt der Betriebsprüfer oftmals an den **glatten Beträgen**, die i. d. R. aus individuellen Vereinbarungen resultieren.

Schornsteinfeger. Häufig übergibt der Schornsteinfegermeister den Gesellen eine Zusammenstellung der von ihnen durchzuführenden Arbeiten. Die Gesellen kassieren die Gebühren, tragen sie in die Zusammenstellung ein und rechnen später mit dem Meister ab. Dieser übernimmt die Gebühren in sein **„Kehrbuch"**, welches nach § 14 Abs. 1 der SchornsteinfegeVO aufzubewahren ist. Die Zusammenstellungen und Berechnungen der Gesellen dürfen bei einem solchen Ablauf nicht vernichtet werden.[244]

Schriftsteller. Die Betriebsausgaben eines nebenberuflichen Schriftstellers können grundsätzlich nicht nach den Grundsätzen über die Ermittlung von Durchschnittssätzen für die abziehbare Vorsteuer geschätzt werden.[245] Die Fin-Verw erkennt **ohne Nachweis** grundsätzlich 25 % der Einnahmen, aber maximal 614 € als **Betriebsausgaben** an. Bei hauptberuflicher schriftstellerischer oder journalistischer Tätigkeit können ohne Nachweis 30 % der Einnahmen bis 2.455 € in Abzug gebracht werden.[246]

Schrotthandel. Führt ein Schrotthändler keine Aufzeichnungen über seinen Wareneinkauf, so ist es grundsätzlich nicht ermessensfehlerhaft, ihn gemäß § 160 AO zur Benennung der Zahlungsempfänger aufzufordern.[247] Für diese Branche gelten grundsätzlich keine Besonderheiten, obwohl es hier besonders schwierig ist, die jeweiligen Lieferanten zu identifizieren. Der **WES** kann grundsätzlich mit 20–30 % des Umsatzes geschätzt werden. Die Nichtbeanstandung eines höheren Prozentsatzes führt grundsätzlich nicht zu einer Bindung des

---

241 BFH v. 7.10.2010 V R 17/09, BFH/NV 2011, 865; BFH v. 18.2.2008 V B 35/06, BFH/NV 2008, 1001.
242 BFH v. 15.7.2004 V R 27/03, BStBl. II 2004, 862.
243 FG Köln v. 28.2.2013 15 K 4521/07, BB 2013, 982, rkr.
244 Sie sind als Uraufzeichnungen aufbewahrungspflichtig nach § 147 Abs. 1 Nr. 5 i. V. m. Abs. 3 AO.
245 FG Köln v. 16.10.1991 12 K 136/88, EFG 1992, 244; *Biedermann*, Stbg 1982, 83.
246 EStH 18.2. Zum Verhältnis solcher Pauschalierungen zu § 162 AO vgl. 1.6.
247 Zu § 160 AO insgesamt siehe Teil 4. Zu einem umfangreichen Beispiel Niedersächsisches FG v. 27.1.2016 3 K 155/14, 3 K 157/14, EFG 2016, 960.

10 Branchenhinweise und Einzelfragen

FA.[248] Gegen einen höheren WES spricht insbesondere die Tatsache, dass bei den üblichen Haussammlungen oftmals kein Aufwand für den Wareneinkauf anfällt. Eine im Rechtsbehelfsverfahren getroffene Einigung über die prozentuale Höhe des WES ist allerdings für die streitigen Zeiträume bindend. Das gilt sogar dann, wenn sie nicht schriftlich festgehalten worden ist, aber anderweitig nachgewiesen werden kann.[249] Bei Ankauf bestimmter Materialien hat der Schrotthändler das **Reverse-Charge-Verfahren** nach § 13b UStG zu beachten.[250] Damit soll erreicht werden, dass Vorsteuern abgezogen werden, ohne dass die entsprechende Umsatzsteuer vom Lieferanten entrichtet wird.

Sonnenstudio. Die für die Nachkalkulation maßgeblichen Betriebsstunden können der heute üblichen **PC-Zentralsteuerung** entnommen werden. Über die Auslesemöglichkeiten der Mikrochips des jeweiligen Herstellers wird sich der Betriebsprüfer ggf. im Internet informieren. Die früher benutzten und zur Verprobung geeigneten Münzzähler sind kaum noch vorzufinden.

Spedition. Bei der klassischen **Dieselverprobung** wird aus der Menge des eingekauften Treibstoffs auf die gefahrenen Kilometer und damit auf die mutmaßlich erzielten Einnahmen geschlossen. Die Methode ist sehr ungenau, weil viele schlecht zu quantifizierende Faktoren eine Rolle spielen.[251] Sie wird deshalb von der Rechtsprechung als Verprobungsmethode teilweise abgelehnt.[252] Daneben wird häufig ein Abgleich mit der angefallenen Mautgebühr erfolgen. In diesem Zusammenhang können sogar Einzelfahrtennachweise erstellt werden. Im Fernverkehr ist nach § 28 Abs. 2 GüKG zwingend ein Fahrtenbuch zu führen, was ebenso Verprobungsmöglichkeiten bietet wie die obligatorischen Begleitpapiere.[253] Ein Transportunternehmen kann die Vorsteuern aus Rechnungen der bei ihm als Subunternehmer eingesetzten Fahrer nicht abziehen, wenn sich die Hauptleistungspflichten des Subunternehmers nur unwesentlich von den Pflichten eines im Arbeitsverhältnis stehenden Fahrers unterscheiden.[254]

Steuerberater. Während der Ap kommt es nicht selten zum Streit um die Vorlage der **Handakten**. Sie enthalten häufig Kostenblätter und Abrechnungen, die zur Verprobung der Honorare dienen können. Solche Aufzeichnungen sind unter steuerrechtlichen Gesichtspunkten als Einnahmebelege grundsätzlich aufbewahrungs- und vorlagepflichtig. Für die Handakte selbst ergibt sich die Aufbewahrungspflicht aus § 66 StBerG. Zu beachten ist aber, dass Steuerbera-

---

248 FG Rheinland-Pfalz v. 14.10.2010 6 K 2450/09, juris.
249 FG München v. 17.9.2002 6 K 3622/01, juris.
250 § 13b Abs. 2 Nr. 7 UStG, eingefügt durch JStG 2010, BGBl. I 2010, 1768, A 13b.1 II2a-22c UStAE.
251 Alter der Fahrzeuge bzw. der Motoren, Beladungen, Geschwindigkeiten, Streckenverhältnisse, Anzahl der Leerfahrten, zu den Schwierigkeiten siehe auch FG München v. 27.4.2011, 14 V 761/11, juris.
252 FG München v. 27.4.2011 14 V 761/11, juris.
253 Zu letzteren siehe § 413 HGB.
254 Sächsisches FG v. 12.2.2004 2 K 291/00, juris.

tern ebenso wie z. B. Rechtsanwälten in der AO ein Auskunftsverweigerungsrecht eingeräumt ist.[255] Allerdings gilt das Auskunftsverweigerungsrecht nicht für solche Mandanten, die auf eine Geheimhaltung ihrer Identität verzichtet haben. Ein solcher Verzicht ist in aller Regel dort anzunehmen, wo der Berufsträger an der Erstellung von Steuererklärungen seiner Mandanten mitgewirkt und dies gegenüber dem FA kenntlich gemacht hat.[256] Die Rechtsprechung hat den Konflikt dahingehend gelöst, dass zumindest neutralisierte Fassungen der Handakten vorgelegt werden müssen.[257]

Straßenhändler. Für Unternehmer, die keine gewerbliche Niederlassung begründet haben oder die außerhalb einer solchen entweder von Haus zu Haus oder anderen öffentlichen Orten Umsätze ausführen oder auch nur Gegenstände erwerben, gelten hinsichtlich ihrer umsatzsteuerlichen Aufzeichnungspflichten Sonderregelungen.[258] Sie sind von den Aufzeichnungspflichten des § 22 UStG weitgehend befreit und müssen stattdessen ein **Steuerheft** nach amtlich vorgeschriebenem Vordruck führen, letzteres bei der Gewerbeausübung bei sich tragen und auf Verlangen den Vertretern der zuständigen Behörden wie z. B. denjenigen der Finanzbehörde, der Polizei oder des Ordnungsamts vorzuzeigen. Durch die Führung des Steuerheftes werden sämtliche Aufzeichnungspflichten nach § 22 Abs. 2 UStG i. V. m. §§ 63-67 UStDV erfüllt.[259] Auch Kleinunternehmer i. S. v. § 19 UStG fallen grundsätzlich unter die Verpflichtung zur Führung des Steuerheftes.[260] Allerdings werden Unternehmer – nicht nur Kleinunternehmer von dieser Verpflichtung zur Führung des Steuerheftes u. a. befreit, wenn bzw. soweit sie

- im Inland eine gewerbliche Niederlassung besitzen und ordnungsgemäße Aufzeichnungen i. S. v. § 22 UStG i. V. m. §§ 63-66 UStDV führen,
- ihre Umsätze nach Durchschnittssätzen für land- und forstwirtschaftliche Betriebe besteuert werden,
- mit Zeitungen und Zeitschriften handeln und
- aufgrund gesetzlicher Vorschriften verpflichtet sind, Bücher zu führen, oder ohne eine solche Verpflichtung freiwillig Bücher führen.

Stuckateur. Wie bei allen Betrieben der Baubranche wird von der Ap i. d. R. die Bewertung der teilfertigen Leistungen thematisiert. Hilfreich sind hier gut geführte **Bauakten.** Auf die dort ersichtlichen Einzelkosten können prozentual die anteiligen Gemeinkosten aufgeschlagen werden. Bei der Aufschlagskalkulation geht die FinVerw von einem Aufschlag auf den WES und auf Fremdleistun-

---

255 Vgl. § 102 AO.
256 BFH v. 8. 4. 2008 VIII R 61/06, BStBl. II 2009, 579.
257 BFH v. 11. 12. 1957 II 100/53 U, BStBl. III 1958, 86. Man spricht dann ggf. von „geschwärzten" Akten. Zum sog. „digitalen Schwärzen" vgl. auch AEAO zu § 146, Nr. 1.3.
258 „Straßenhändler" oder „Reisegewerbetreibende".
259 *Heidner* in Bunjes, § 22 Rz. 45. Daneben sind jedoch die allgemeinen für die Ertragsteuer geltenden Aufzeichnungspflichten zu beachten.
260 *Heuermann* in Sölch/Ringleb, § 22 Rz. 168.

gen i. H. v. 10 % bis 20 % aus. Bei den üblichen Putzarbeiten beträgt das Verhältnis von Lohneinsatz zu WES ca. 75 : 25.

Tanzschule. Obwohl keine rechtliche Verpflichtung zum Führen von Kurslisten besteht, sind diese aufzubewahren, wenn sie vorhanden sind. Anhand dieser Aufzeichnungen können die Umsätze nachkalkuliert werden. Der **Verkauf** von Ton- und Bildträgern und von Tanzschuhen stellt eine gewerbliche Tätigkeit dar. Hier erfolgt die Verprobung auf der Grundlage des WES.

Taxiunternehmen. Prüfungsfeststellungen bei Taxiunternehmen sind seit langem Gegenstand der Rechtsprechung.[261] Die Betriebe sind verpflichtet, ihre Einnahmen einzeln aufzuzeichnen, von den evtl. Ausnahmen für Einzelhändler[262] kann nicht Gebrauch gemacht werden.[263] Seit dem 1. 1. 2017 ist die Benutzung eines **Fiskaltaxameters** vorgeschrieben. Bei Verwendung eines solchen Fiskaltaxameters müssen die Daten über die Geschäftsvorfälle einzeln, lückenlos und unveränderbar elektronisch aufgezeichnet und für die Dauer der Aufbewahrungsfrist maschinell auswertbar aufbewahrt werden. Angaben zum Kunden müssen allerdings nicht aufgezeichnet werden.[264] Dabei ergeben sich die Daten, die ein Taxameter „liefern" können muss, bereits aus eichrechtlichen Vorschriften:[265]

- Betriebseinstellung (frei, besetzt),
- Zählwerksdaten (Anzahl der Summenspeicher),
- allgemeine Daten, z. B. Datum der Sicherung, Taxikennung,
- gesamte vom Taxi zurückgelegte Wegstrecke,
- gesamte mit Fahrgästen zurückgelegte Wegstrecke,
- Gesamtzahl der ausgeführten Fahrgastübernahmen,
- Gesamtsumme der in Rechnung gestellten Fahrpreise,
- Gesamtsumme der in Rechnung gestellten Zuschläge,
- Preisdaten der einzelnen Fahrt (Gesamtsumme, Fahrpreis, Berechnung des Fahrpreises, Zuschlag, Datum, Fahrtbeginn, Fahrtende, zurückgelegte Wegstrecke),
- Tarifdaten.

In der Prüfungspraxis findet sich allerdings eine Vielzahl unterschiedlicher Geräte, z. B. sog. **EU-Taxameter** und auch **„Altgeräte"**. Der Einsatz solcher Altgeräte ist unter bestimmten Voraussetzungen auch nach dem 31. 12. 2016 zulässig.[266] Sind diese Geräte vor dem 30. 10. 2016 regelkonform eingebaut wor-

---

261 Instruktiv zu Aufzeichnungspflichten und Nachprüfbarkeit der Unterlagen bereits BFH v. 13. 10. 1960, IV 291/57, juris.
262 Siehe unter 3.5.5.5., Stichwort „Einzelaufzeichnungspflicht".
263 Zutreffend *Ritzrow*, StBp 2015, 51.
264 GoBD Rz. 37.
265 Vgl. *Achilles/Pump*, S. 346, unter Hinweis auf die Europäischen Messgeräterichtlinien (MID) 2004/22/EG; 2014/32/EU.
266 Art. 23 der Messgeräterichtlinie2004/22/EG.

den, dürfen sie ohne zeitliche Begrenzung weiter genutzt werden. Für die Besteuerung hat das allerdings zur Folge, dass alle Geschäftsvorfälle gem. § 146 AO einzeln auf Papier aufgezeichnet werden müssen und die entsprechenden Unterlagen aufzubewahren sind.[267]

Als mögliche Ermittlungsmaßnahme kommen sog. **Kontrollfahrten** zur Beobachtung der Taxameter-Verwendung in Betracht. Es ist davon auszugehen, dass der beauftragte Amtsträger vor einer Kassen-Nachschau bei einem Taxiunternehmen verschiedene Kontrollfahrten mit unterschiedlichen Leistungsmerkmalen[268] durchführt, um zu überprüfen, ob sich der Fahrer an die gesetzlichen Vorgaben hält.[269]

Besondere Bedeutung haben die sog. **Schichtzettel**.[270] Eine steuerrechtliche Verpflichtung zur Führung solcher Schichtzettel existiert allerdings nicht. Nach der Rechtsprechung des BFH handelt es sich vielmehr um eine Erleichterung, die der Unternehmer nicht in Anspruch nehmen muss, wenn er stattdessen jede einzelne Bareinnahme aufzeichnet.[271] Fehlen Einzelaufzeichnungen und Schichtzettel, ist das FA zur Schätzung berechtigt.[272] Eine Schätzung vermeidende Schichtzettel müssen folgende Angaben enthalten:

- Name des Fahrers
- Datum, Schichtbeginn, Schichtende,[273]
- Kennzeichen der Taxe,
- Summe der Totalkilometer lt. Taxameter
- Summe der Besetzkilometer lt. Taxameter,
- Anzahl der Touren lt. Taxameter,
- Summe der Einnahmen lt. Taxameter,
- Kilometerstand lt. Tachometer bei Schichtbeginn und bei Schichtende,
- Einnahmen für Fahrten ohne Nutzung des Taxameters,
- Zahlungsart (bar, EC-Cash, Kreditkarte),
- Gesamteinnahmen,
- Angaben über Lohnabzüge der angestellten Fahrer,
- Angaben von sonstigen Abzügen, z. B. Verrechnungsfahrten,

---

267 Zur Einzelaufzeichnungspflicht siehe bereits oben.
268 Fahrten innerhalb und außerhalb des Pflichtfahrbereichs, mit und ohne zuschlagspflichtiges Gepäck, mit und ohne Trinkgeld.
269 *Pieske-Kontny*, StBp 2019, 208, 210.
270 *Ritzrow*, StBp 2015, 51. Die Besetztfahrtenanteil wird oft auf 50 % bis 60 % der um Werkstatt-, Privat- und ähnliche Fahrten bereinigen Fahrleistung geschätzt.
271 BFH v. 18.3.2015 III B 43/14, BFH/NV 2015, 978 und BFH v. 2.6.2017 X B 107/16, juris. Wie hier *Achilles/Pump*, S. 344.
272 BFH v. 7.2.2007 V B 161/05 V B 162/05, BFH/NV 2007, 1208; BFH v. 26.2.2004 XI R 25/02, BStBl. II 2004, 599; FG Hamburg v. 24.1.2005 II 27/03, juris.
273 Die Verpflichtung zu diesen Angaben ergibt sich bereits aus dem Mindestlohngesetz, vgl. *Achilles/Pump*, S. 344.

10 Branchenhinweise und Einzelfragen

- Summe der verbleibenden Resteinnahmen,
- Summe der an den Unternehmer abgelieferten Beträge.

Zur **Umsatzkalkulation** können herangezogen werden:[274] Laufleistung der Fahrzeuge, durchschnittliche Tourenlänge, Anzahl der Konzessionen, Tarif und Auslastung, Besetztquote[275], Grundgebühr. Anhaltspunkte für den Schätzungsrahmen ergeben sich ggf. aus dem Geschäftsbericht des Deutschen Taxen- und Mietwagenverbands.[276]

Da bekannt ist, dass die **Kilometerstände** regelmäßig Ausgangspunkt für Überprüfungen der Umsätze sind, kommt es in diesem Bereich häufig zu **Manipulationen**,[277] insbesondere vor TÜV- und Werkstattbesuchen. Das Zurücksetzen des Tachometers[278] kann vom Betriebsprüfer häufig durch einen Abgleich mit Rechnungen über Instandhaltungen und Ölwechsel aufgedeckt werden. In Steuerfahndungsfällen werden die „Tacho-Kombiinstrumente" beschlagnahmt und von Fachwerkstätten bzw. -firmen auf Manipulationen untersucht. Im Übrigen haben die FÄ heute sichere Methoden, um die tatsächliche Gesamtkilometerleistung zu ermitteln, denn jeder Hersteller kann die Motorsoftware entsprechend auslesen und steht hierfür ggf. als Sachverständiger zur Verfügung. Die Arbeitszeiten der Taxifahrer können mit Bußgeldbescheiden bzw. Fotos von Radarmessgeräten abgeglichen sowie bei den Taxizentralen erhoben werden.[279] Sofern die gefahrenen Kilometer z. B. aus dem Dieselverbrauch abgeleitet werden, ist zu beachten, dass nicht alle zurückgelegten Kilometer abgerechnet werden können. Von der Summe der vermeintlich zurückgelegten Kilometer sind neben den Leerfahrten z. B. auch Fahrten zur Werkstatt oder zum TÜV abzuziehen. Nur die verbleibenden „Besetztzeiten" dürfen in die Umsatzkalkulation einbezogen werden.[280]

Privatfahrten sind täglich aufzuzeichnen, woran der Unternehmer im Hinblick auf mögliche Kalkulationen durch die Bp schon ein Eigeninteresse haben sollte. Schätzungen am Monats- oder Jahresende sind hier weder zulässig noch hilfreich. Werden in den Steuererklärungen keine Privatfahrten angesetzt, ist davon auszugehen, dass das Fahrzeug nicht privat genutzt wurde, abweichende Darstellungen z. B. im Rahmen einer späteren Bp werden dann als Schutzbehauptung anzusehen sein.[281]

Die **Kalkulation auf Stundenbasis** basiert auf einem Vergleich der bezahlten Stunden der Arbeitnehmer zuzüglich Arbeitsstunden des Unternehmers mit einem ermittelten Stundeneinsatz. In Steuerfahndungsfällen können die tat-

---

274 Vgl. FG Düsseldorf v. 1.4.2008 14 V 4646/07 A, juris.
275 Anhand der Taxameterauswertung.
276 FG Hamburg v. 18.11.2009 6 K 90/08, AO-StB 2010, 238.
277 „Tachojustierung".
278 Als „allgemein bekannt" beschrieben in OVG BBg v. 12.6.2012, OVG 1 S 35.12, juris.
279 Siehe hierzu FG Düsseldorf v. 20.7.2010 4 K 907/10 AO, juris.
280 Der Besetzfahrtenanteil beträgt bezogen auf die bereinigte Fahrleistung beträgt im Stadtbereich 50–60 %, wobei das FA i. d. R. den unteren Rahmenwert ansetzt.
281 *Achilles*, S. 131.

sächlichen Stunden vielfach aus den beschlagnahmten Schichtplänen hergeleitet werden, ansonsten wird der Betriebsinhaber aufgefordert, zu jeder Stunde eines Wochentags die Anzahl des eingesetzten Personals mitzuteilen. Bei Durchführung von Schulfahrten ist darauf zu achten, dass sich insoweit während der Ferien die Einsatzzeiten verringern. Den so kalkulierten Einsatzstunden aller für den Betrieb eingesetzten Personen vergleicht der Betriebsprüfer mit den sich aus der Lohnbuchhaltung ergebenden bezahlten Stunden. Differenzen belegen Schwarzlöhne und unversteuerte Einnahmen.

Bei Hinzuschätzungen wird regelmäßig davon ausgegangen, dass mit den Mehreinnahmen **zusätzliche Lohnkosten** verbunden waren.[282] Betreibt eine GmbH ein Taxiunternehmen, so können bei einer Nachkalkulation festgestellte Fehlbeträge als verdeckte Gewinnausschüttungen das Einkommen erhöhen.[283] Im Bereich der Taxiunternehmen werden Schätzungen oftmals auf der Grundlage von Gutachten vorgenommen.[284] Bei der Nachforderung von Sozialversicherungsbeiträgen kann der Sozialversicherungsträger hinsichtlich des zu Grunde zu legenden Arbeitslohns auf die Schätzung des FA zurückgreifen.[285]

Tennishalle. Zur terminlichen Abstimmung werden **Belegungslisten** erstellt, die eine Verprobungsmöglichkeit bieten und aufbewahrungspflichtig sind.[286] Ein Vergleich der Öffnungszeiten mit dem gebuchten Personalaufwand kann weitere Erkenntnisse bringen. Denn so kann u. a. festgestellt werden, ob die sich aus den gebuchten Personalkosten ergebenden Stunden ausreichen, um die Öffnungszeiten abzudecken.

Textileinzelhandel. Hinsichtlich der bestehenden Einzelaufzeichnungspflicht[287] genügen Angaben wie „Hose" oder „Jacke" nicht. Weitere Angaben wie Marke, Modelltyp, Größe, Farbe, Material, Artikel- oder Chargennummer müssen hinzutreten, um den leistungsgegenstand zu identifizieren und die Warenströme nachverfolgen zu können.[288] Bei Gewerbetreibenden, die auf **Wochen- und Flohmärkten** im Rahmen eines Reisegewerbes Textilien veräußern, ist der Ansatz eines RAS i. H. v. 300 % nicht ungewöhnlich. Die Rechtsprechung hält es für wenig glaubhaft, wenn der Händler Ware häufig zum Einkaufspreis abgegeben haben will oder sie in großem Umfang durch Beschädigung unverkäuflich geworden sein soll.[289]

Tierarzt. Betreibt der Tierarzt eine **Hausapotheke,** hat er insofern die Aufzeichnungspflichten nach der TÄHAV zu beachten. Wie bei Apotheken muss ein

---

282 FG Hamburg v. 3. 6. 2009 5 K 140/07, juris: 50 % der Erlöse.
283 FG Hamburg v. 11. 8. 2010 5 V 129/08, juris.
284 Z. B. FG Köln v. 27. 8. 2013 3 V 3747/12, EFG 2014, 5, mit Anm. *Wagner.*
285 FG Düsseldorf v. 19. 2. 2013 S 27 R 2401/12 ER, juris.
286 § 147 Abs. 1 Nr. 5 AO.
287 Siehe hierzu dieses Stichwort unter 3.5.5.5.
288 *Achilles,* DB 2018, 2454, 2455.
289 FG Hamburg v. 16. 3. 2017 2 V 55/17, juris, Rz. 36.

Wareneingangsbuch geführt werden,[290] welches zu Verprobungs- und ggf. Schätzungszwecken genutzt werden kann.

Trockenbau. Der BGH geht im Rahmen einer strafrechtlichen Schätzung[291] von einer **Lohnquote** von 60 % vom Nettoumsatz aus.[292] Werden nicht nur reine Lohnleistungen erbracht, sondern auch Material eingekauft, so wird dieses in aller Regel dem Kunden in Rechnung gestellt und ist folglich im Umsatz enthalten. M. E. ist dieser Teil des Umsatzes aus der Bemessungsgrundlage der 60-%-Schätzung lt. BGH auszuscheiden. Das Gleiche gilt für im Umsatz enthaltene weiterberechnete Fremdleistungen.[293]

Versicherungsvertreter. Versicherungsvertreter können häufig die Anzahl der für sie bei der Versicherungsgesellschaft geführten Konten frei wählen. Auch wenn hierfür durchaus organisatorische Gründe vor allem auf Seiten der Gesellschaft ausschlaggebend sein mögen, wird hierdurch die Überprüfung der Umsätze deutlich erschwert. Neben der „Jahresprovisionsbescheinigung" sollte ausdrücklich eine **„Gesamtprovisionsbestätigung"** angefordert und dabei erläutert werden, dass dort sämtliche von der Gesellschaft bar oder unbar gezahlten Beträge aufzuführen sind. Verrechnungen mit Zahlungen des Vertreters, z. B. für Büromiete oder für Prämien eigener Versicherungen, sind transparent zu machen. Liegen Anhaltspunkte dafür vor, dass bei Versicherungsvertretern infolge von Schätzungsbescheiden zu niedrige Steuern festgesetzt wurden, besteht für ein Sammelauskunftsersuchen an einen Verein der Versicherungswirtschaft, der Daten zu Versicherungsvertretern erhebt, ein hinreichender Anlass.[294]

Videokabinen. Betreiber sog. „Videokabinen" mussten die Geldbestände der Geldeinwurfautomaten bis zum 31.12.2016 nur bei Entleerung und damit nicht zwingend täglich zählen und festhalten.[295] Ab dem 1.1.2017 müssen Bareinnahmen ohne Ausnahme täglich erfasst werden.

Wachdienst. Beim klassischen Wachdienst beträgt der Anteil des Personalaufwands an den Umsatzerlösen ca. 75 %. Bei größeren Abweichungen sollte der Steuerberater nach Gründen suchen. Ein höherer Prozentsatz deutet auf die Nichtverbuchung von Erlösen hin, ein erheblich niedrigerer auf die Zahlung von „Schwarzlöhnen".[296]

Waffenhandel. Die nach dem WaffG zu führenden Waffenhandels- und Munitionshandelsbücher sind wegen § 140 AO auch für die Ap relevant.[297] Bei Be-

---

290 BFH v. 26.5.1977 V R 95/76, BStBl. II 1977, 879.
291 Zu den grundsätzlich gegenüber dem Besteuerungsverfahren engeren Voraussetzungen siehe 8.4.
292 BGH v. 2.12.2008 1 StR 416/08, juris.
293 BGH v. 8.6.2011 1 StR 213/11, wistra 2011, 344; FG Köln v. 24.10.2012 15 K 66/12, EFG 2013, 654.
294 FG Hamburg v. 18.4.2013 1 K 89/12, EFG 2013, 1195.
295 BFH v. 20.3.2017 X R 11/16, BStBl. II 2017, 992, vgl. hierzu *Bleschick*, AO-StB 2017, 293.
296 Hier als Nichtabführung von Lohnsteuer zu verstehen.
297 Niedersächsisches FG v. 14.7.1997 IX 998/89, EFG 1997, 1484.

trieben der Waffenherstellung und des Waffenhandels sowie bei Betreibern einer Schießstätte oder eines Bewachungsunternehmens sind die Behörden gem. § 39 Abs. 2 WaffG berechtigt, Betriebsgrundstücke und Geschäftsräume während der Betriebs- und Arbeitszeit zu betreten, um dort Prüfungen und Besichtigungen vorzunehmen sowie sich die geschäftlichen Unterlagen vorlegen zu lassen und in diese Einsicht zu nehmen.[298]

Warenautomaten bestehen aus einer Steuerungseinheit und einem oder mehreren Zahlungssystemen. Wegen der erheblichen Manipulationsmöglichkeiten ist zur Einhaltung der Grundsätze einer ordnungsgemäßen Kassenführung bereits nach bestehender Rechtslage ein kryptografischer Manipulationsschutz erforderlich.[299]

Weihnachtsmarkt. Der Betrieb eines Steuerpflichtigen, der nur zeitweilig auf Weihnachtsmärkten und sonstigen Sondermärkten einen Verkaufsstand betriebt, weicht gegenüber dem Normalbetrieb des Einzelhandels aus der Richtsatzsammlung ab, was im Rahmen der Schätzungsbefugnis einen Abschlag vom durchschnittlichen Rohgewinn rechtfertigt.[300]

Wiederverkäufer. Wiederverkäufer i. S. v. § 25a UStG haben ergänzend zu den Pflichten nach § 22 UStG für die einzelnen Lieferungen, auf die sie die Differenzbesteuerung anwenden, die Verkaufspreise bzw. die Werte nach § 10 Abs. 4 S. 1 Nr. 1 UStG, die Einkaufspreise sowie die daraus ermittelten **Bemessungsgrundlagen** aufzuzeichnen. Neben den Einzeldifferenzen[301] muss nach § 25a Abs. 6 UStG auch die Gesamtdifferenz[302] dokumentiert werden. Von besonderer Bedeutung ist, dass der Unternehmer das Vorliegen der Voraussetzungen für die Differenzbesteuerung nachweisen muss. Zwar soll ein Verstoß gegen die Aufzeichnungspflichten nicht automatisch zum Ausschluss der Differenzbesteuerung führen.[303] Das Fehlen der erforderlichen Aufzeichnungen kann aber zu Zweifeln am Vorliegen der Voraussetzungen führen. Kann z. B. wegen fehlender Aufzeichnungen über die Einkäufe nicht nachgewiesen werden, von wem die wiederverkauften Gegenstände angekauft wurden, wird die Anwendung der Regeln zur Differenzbesteuerung in aller Regel versagt.[304] Wenn der Wiederverkäufer neben der Differenzbesteuerung die Besteuerung nach den allgemeinen Vorschriften vornimmt, muss er getrennte Aufzeichnungen führen.[305] In der Buchführung wird die Differenzbesteuerung i. d. R. über **zwei Erlöskonten** abgebildet. Hierbei wird ein Konto ohne Umsatzsteuerautomatik und ein Konto mit Umsatzsteuerautomatik für die Marge eingerichtet. Um auf dem letztgenannten Erlöskonto buchen zu können, muss die Marge zuvor personell er-

---

298 *Bruschke*, AO-StB 2018, 376, 379.
299 Zutreffend *Lüngen/Resing*, StBp 2015, 300, 302.
300 FG Hamburg v. 18. 12. 2012 1 K 172/10, juris.
301 § 25a Abs. 3 UStG.
302 § 25a Abs. 4 UStG.
303 Hessisches FG v. 14. 2. 2008, 6 V 1019/07, juris.
304 *FinVerw* v. 21. 5. 2015, DStR 2015, 1387.
305 § 25a Abs. 6 S. 2 UStG.

mittelt werden. Für den Betriebsprüfer ergibt sich insoweit eine Überprüfungsmöglichkeit, er wird deshalb die entsprechenden Aufzeichnungen anfordern.

Wirtschaftsprüfer. Schätzungen eines Wirtschaftsprüfers in eigener Sache kann ein gewisser **Vertrauensvorschuss** zukommen, wenn grundsätzlich keine steuererhöhenden Feststellungen getroffen werden.[306]

Wohnheim. Die Zahlungen der öffentlichen Kassen wegen zugewiesener Asylbewerber erfolgen per **Überweisung** und werden deshalb schon wegen der Entdeckungsgefahr i.d.R. versteuert. Anders ist es hingegen mit den Betriebseinnahmen aufgrund von Übernachtungen anderer Sozialhilfeempfänger und solcher Mieter, die lediglich Mietzuschüsse erhalten oder ihre Miete aus Arbeitslosengeld etc. bestreiten. Eine grobe Verprobung kann anhand des **Wasserverbrauchs** vorgenommen werden. Sinkende Belegungszahlen bei steigender Verbrauchsmenge sind grundsätzlich nicht plausibel. Wasserschäden und Rohrbrüche sollten deshalb zusammen mit dem dadurch bedingten Mehrverbrauch dokumentiert werden, um entsprechende Verprobungen des Betriebsprüfers entkräften zu können.

Zahntechniker. Eine Umsatzkalkulation als Verprobungs- oder Schätzungsmethode ist bei Zahntechnikern grundsätzlich nicht möglich. Die Überprüfung erfolgt deshalb anhand der Bestellscheine oder Auftragszettel der Zahnärzte. Unregelmäßigkeiten werden häufig in Bezug auf die Rückvergütungen der Scheideanstalten festgestellt. Hier erfolgt die Bezahlung häufig per Scheck, was ggf. dazu verleitet, diesen nicht auf dem betrieblichen Konto einzulösen und nicht als Einnahme zu erfassen.

Zeitschriftenwerber. Zeitschriftenwerber, die im Rahmen einer sog. „Drückerkolonne" mit erheblicher persönlicher und wirtschaftlicher Abhängigkeit beschäftigt werden, sind Arbeitnehmer.[307]

---

[306] FG Hamburg v. 13.9.2002 VI 163/01, EFG 2003, 975.
[307] FG München v. 1.4.2010 8 V 3819/09, juris.

Anhang

Anhang 1 Aussetzungsantrag beim FA

Steuerberater ...

An das FA A-Stadt

Mandant Herr A, Steuernummer ...

Einspruch gegen den Bescheid über ... vom ...

Sehr geehrte Damen und Herren,

mit Schreiben vom ... wurde gegen den o.g. Steuerbescheid fristgerecht Einspruch eingelegt. Hiermit beantrage ich die Aussetzung der Vollziehung gem. § 361 AO i.H.v. 2.357,68 € ab Fälligkeit. Der auszusetzende Betrag ergibt sich aus einer angenommenen Hinzuschätzung zu den Betriebseinnahmen in Höhe von 6.000 €. Zur Berechnung im Einzelnen verweise ich auf die beigefügten Anlagen.

Nur in Höhe dieser 6.000 € ist eine Hinzuschätzung gerechtfertigt. Die von der Betriebsprüfung vorgenommene Erhöhung der Einnahmen um 18.000 € ist zu hoch.

Begründung: ...

Damit bestehen in dem dargestellten Umfang ernstliche Zweifel an der Rechtmäßigkeit des angefochtenen Steuerbescheids, welche eine Aussetzung der Vollziehung erforderlich machen.

Mit freundlichem Gruß

(Steuerberater)

Anhang 2 Kassenbericht

Name des Betriebs: ...
Kassenbericht vom ...   Lfd. Nummer: ...

Kassenbestand bei Geschäftsschluss:			_____ €
Zuzüglich:	Wareneinkäufe	+_____ €	
	Sonstige Ausgaben	+_____ €	
	Entnahmen (privat)	+_____ €	
	Bankeinzahlungen	+_____ €	
Abzüglich:	Einlagen (privat)	-_____ €	
	Bestand Vortag	-_____ €	_____ €
Einnahmen:			_____ €

Datum: _____ 1. Unterschrift: _____ 2. Unterschrift _____

Anhang 3 Handschriftliches Kassenbuch

	Monat:		Kontonummer:			Blattnummer:		
	Datum	Ein-nahme	Ausgabe	Bestand	Gegen-konto	Belegnr.	Rech-nungsnr.	Text
1								
2								
3								
4								
5								
6								
7								
8								
9								
10								
11								
12								
13								
14								
15								
16								
17								
18								
19								
20								
				Summe		Unter-schrift		
				Bestand Anfang				
				gesamt				

Sinnvoll sind darüber hinaus Prüf- und Buchungsvermerke.

Anhang 4 Zählprotokoll

Scheine bzw. Münzen	Anzahl	Betrag
500,00 €		
200,00 €		
100,00 €		
50,00 €		
20,00 €		
10,00 €		
5,00 €		
2,00 €		
1,00 €		
0,50 €		
0,20 €		
0,10 €		
0,05 €		
0,02 €		
0,01 €		
Kassenendbestand		

Anhang 5 Muster einer Kassenanweisung

Vorbemerkung: Die nachfolgenden Beispiele für Einzelregelungen einer Kassenanweisung müssen weder zwingend zum Bestandteil der konkreten Anweisung gemacht werden noch können sie so allgemein und gleichzeitig so detailliert sein, dass durch die bloße Übernahme der Formulierungen ein einhundertprozentiger Schutz vor Beanstandungen durch den Betriebsprüfer erreicht werden könnte. Die nachfolgend aufgeführten Aspekte sind deshalb als Anregung und als Grundlage für eine dem konkreten Fall anzupassende Anweisung zu verstehen.

Mögliche Formulierungen im Einzelnen:

1. „Diese Kassenanweisung ist Bestandteil des Arbeitsvertrags und strikt einzuhalten. Verstöße können arbeitsrechtliche Konsequenzen haben. Unterschlagung und Diebstahl führen zur Kündigung und werden bei den Ermittlungsbehörden zur Anzeige gebracht."
2. „Weder auf noch neben der Kasse darf Geld aufbewahrt werden. Zulässige Aufbewahrungsorte sind ausschließlich die Kassen im Laden, der Tresor (in den übrigen Geschäftsräumen) und – vorübergehend – Geldbomben, die der Einzahlung auf das Bankkonto dienen."
Hinweis: Nur so kann vermieden werden, dass sich Zweifelsfragen hinsichtlich des Eigentums an den Bargeldbeträgen und an ihrer jeweiligen rechtlichen Qualifikation (Wechselgeld des Kunden, vereinnahmter Umsatz? Bereits boniert?) ergeben.
3. „Privates Geld darf von den Angestellten weder im Verkaufsraum noch in den Kleidungsstücken aufbewahrt werden."
Hinweis: Erforderlichenfalls sollten Spinde oder andere Behältnisse zur Verfügung zu stellen, damit die Mitarbeiter die Möglichkeit haben, die Verkaufsräume tatsächlich ohne eigenes Geld zu betreten. Damit ist sichergestellt, dass sämtliches Geld innerhalb der Verkaufsräume Eigentum des Unternehmens ist. Unterschlagungen und Diebstähle sind so bedeutend einfacher aufzudecken und nachzuweisen.
4. „Jeder Umsatz muss unmittelbar nach Abschluss des Verkaufs- bzw. Beratungsvorgangs in die Registrierkasse eingegeben bzw. in das Kassenbuch eingetragen werden. Nach Abschluss der Bonierung ist das Geld vom Kunden entgegenzunehmen und evtl. Wechselgeld auszuhändigen. Das erhaltene Bargeld ist unmittelbar in die Kasse einzusortieren. Sodann ist die Kasse zu schließen."
5. „Das Wechseln von Bargeld von einer Kasse in eine andere Kasse ist betragsgenau zu dokumentieren, d. h. es ist zwingend, einen entsprechenden Beleg anzufertigen."

Hinweis: Die Ordnungsmäßigkeit jeder einzelnen Kasse wird vom FA geprüft. Jede Kass muss für sich gesehen kassensturzfähig sein. Damit muss auch für die Geldbewegung innerhalb des Bargeldkreislaufs in den davon betroffenen Kassen ein Beleg vorhanden sein.

6. „Die Kasse darf nur mit Hilfe der entsprechenden Taste und nur im Zusammenhang mit einem Verkaufsvorgang geöffnet werden. Sog. Nullbons sind grds. verboten. Soweit in absoluten Ausnahmefällen eine Kassenöffnung ohne Verkauf notwendig sein, ist ein entsprechender Bon zu ziehen, von der Verkaufskraft zu unterschreiben. Der Grund ist anzugeben."
7. Fehlerhafte Eingaben sind zu stornieren. Zuerst ist ein Fehlbon zu ziehen und mit „Storno" zu beschriften. Danach ist der richtige Betrag einzugeben und anschließend ein erneuter Bon zu produzieren. Beide Bons werden von der Verkaufskraft unterschrieben, zusammengeheftet und in der Kasse abgelegt.

Anhang 6 Klage beim Finanzgericht

Steuerberater ...

An das
Finanzgericht Musterstadt

Klage des

Hans M., wohnhaft in ...

– Kläger –

Prozessbevollmächtigter: Steuerberater ...

gegen

das FA Musterhausen

– Beklagter –

Steuernummer: ..., Rbl.-Nr. ...

wegen Einkommensteuer 2017

Namens und im Auftrag des oben bezeichneten Klägers erhebe ich hiermit Klage. Vorbehaltlich einer Antragserweiterung beantrage ich,

1. den Einkommensteuerbescheid vom ... in der Gestalt der Einspruchsentscheidung vom ... dahingehend zu ändern, dass die Einkommensteuer unter Minderung der bisher erfolgten Zuschätzungen zum Gewinn aus Gewerbebetrieb um 5.000 € auf lediglich 1.000 € auf ... festgesetzt wird. Die Berechnung ergibt sich aus der Anlage zu dieser Klage,
2. dem FA die Kosten des Verfahrens aufzuerlegen,

Anhang

3. die Zuziehung eines Bevollmächtigten für das Vorverfahren für notwendig zu erklären,
4. das Urteil wegen der Kosten für vorläufig vollstreckbar zu erklären und
5. hilfsweise für den Fall des Unterliegens die Revision zuzulassen.

Begründung:

...

(Steuerberater)

Anlagen:
Prozessvollmacht
Kopie dieser Klage
Kopie des Einkommensteuerbescheids
Kopie der Einspruchsentscheidung
Steuerberechnung zum Klageantrag

Anhang 7 Klage mit Antrag auf Wiedereinsetzung in den vorigen Stand

Steuerberater ...

An das
Finanzgericht Musterstadt

Klage des

Hans M., wohnhaft in ...,

– Kläger –

Prozessbevollmächtigter: Steuerberater ...

gegen

das FA Musterhausen

– Beklagter –

Steuernummer: ..., Rbl.-Nr. ...

wegen Einkommensteuer 01

Namens und im Auftrag des oben bezeichneten Klägers erhebe ich hiermit Klage und beantrage

1. den Einkommensteuerbescheid ... vom ... in der Gestalt der Einspruchsentscheidung vom ... dahingehend zu ändern, dass die Einkommensteuer nach Maßgabe der beigefügten Steuererklärung auf ... festgesetzt wird.
2. dem FA die Kosten des Verfahrens aufzuerlegen,

Anhang

3. die Zuziehung eines Bevollmächtigten für das Vorverfahren für notwendig zu erklären,
4. das Urteil wegen der Kosten für vorläufig vollstreckbar zu erklären.

Zugleich beantrage ich, wegen Versäumung der Klagefrist Wiedereinsetzung in den vorigen Stand zu gewähren:

I. Begründung zum Antrag auf Wiedereinsetzung:

...

II. Begründung zur Klage:

...

(Steuerberater)

Anlagen:
Prozessvollmacht
Kopie dieser Klage
Kopie des Einkommensteuerbescheids
Kopie der Einspruchsentscheidung
Steuerberechnung zum Klageantrag

Anhang 8 Antrag auf Aussetzung der Vollziehung beim FG

Steuerberater ...

An das
Finanzgericht Musterstadt

Antrag des

Hans M., wohnhaft in ...

– Antragsteller –

Prozessbevollmächtigter: Steuerberater ...

gegen

das FA Musterhausen

- Beklagter -

Steuernummer: ..., Rbl.-Nr. ...

wegen Einkommensteuer 01

Namens und im Auftrag des oben bezeichneten Antragstellers beantrage ich, die Vollziehung des Einkommensteuerbescheides ... (ggf.: in Gestalt der Einspruchsentscheidung vom ...) in Höhe von ... € auszusetzen und dem Antragsgegner die Kosten des Verfahrens aufzuerlegen.

Anhang

Begründung:

1. Der Antrag ist zulässig, weil das FA den Aussetzungsantrag vom ... mit Bescheid vom ... abgelehnt hat.
2. Es bestehen ernstliche Zweifel an der Rechtmäßigkeit der Steuerfestsetzung, weil
...
3. Die Vollziehung des Bescheids stellt für meinen Mandanten eine unbillige Härte dar, weil ...

(Steuerberater)

Anlagen:
Prozessvollmacht
Kopie dieses Antrags
Kopie des Einkommensteuerbescheids
Kopie der Einspruchsentscheidung
Kopie des AdV-Antrags beim FG
Kopie der Ablehnung durch das FA
Steuerberechnung zum Antrag

Anhang 9 Nichtzulassungsbeschwerde

Steuerberater ...

An den
Bundesfinanzhof
Ismaninger Str. 109
81675 München

In dem Rechtsstreit des

Hans M., wohnhaft in ...,

– Kläger und Beschwerdeführer –

Prozessbevollmächtigter: Steuerberater ...

gegen

das FA Musterhausen

– Beklagter und Beschwerdegegner –

vertreten durch den Vorsteher

wegen Einkommensteuer 01

lege ich namens und im Auftrag des Klägers Beschwerde wegen Nichtzulassung der Revision gegen das Urteil des Finanzgerichts ...vom ..., Az..., ein. Die Zulassung der Revision wird hiermit beantragt.

<u>Begründung</u>:
Die Rechtssache hat grundsätzliche Bedeutung ...

alternativ:
Die Fortbildung des Rechts erfordert eine Entscheidung des BFH ...

alternativ:
Die Sicherung einer einheitlichen Rechtsprechung erfordert eine Entscheidung des BFH ...

alternativ:
Es liegt ein Verfahrensmangel vor. Die Entscheidung des Finanzgerichts beruht auf diesem Verfahrensmangel ...

(Steuerberater)

Anlagen:
Zweitschrift dieser Beschwerde für das FA
Kopie des angefochtenen Urteils

Anhang 10 Revision

Steuerberater ...

An den
Bundesfinanzhof
Ismaninger Str. 109
81675 München

In dem Rechtsstreit des

Hans M., wohnhaft in ...,

– Kläger und Revisionsführer –

Prozessbevollmächtigter: Steuerberater ...

gegen

das FA Musterhausen

– Beklagter und Revisionsgegner –

wegen Einkommensteuer 01

lege ich namens und im Auftrag des Klägers Revision gegen das Urteil des Finanzgerichts ... vom ..., Az., ein. Die Revision ist zulässig, weil sie vom FG in dem angefochtenen Urteil zugelassen worden ist (alternativ): weil sie vom BFH aufgrund der Nichtzulassungsbeschwerde mit dem Az. vom ... zugelassen worden ist.

Es wird hiermit beantragt, die Frist zur Begründung der Revision bis zum ... zu verlängern, weil ...

(Steuerberater)

Anhang

Anlagen:
Zweitschrift
Kopie des angefochtenen Urteils

Anhang 11 Antrag auf Prozesskostenhilfe

Steuerberater X. Y.

An das
Finanzgericht Musterstadt

In dem Finanzrechtsstreit

des Hans M., wohnhaft in ...

– Antragsteller –

Prozessbevollmächtigter: Steuerberater ...

gegen

das FA Musterhausen

– Antragsgegner –

vertreten durch den Vorsteher

wegen Einkommensteuer 01

Namens und im Auftrag des Antragstellers und unter Beifügung einer Originalvollmacht beantrage ich,

1. dem Antragsteller für das oben genannte Verfahren Prozesskostenhilfe zu bewilligen,
2. dem Antragsteller den Unterzeichner für das Klageverfahren als Prozessbevollmächtigten gem. § 142 Abs. 2 FGO beizuordnen.

Anhang

Diesem Antrag ist eine Erklärung des Antragstellers über seine persönlichen und wirtschaftlichen Verhältnisse sowie die dazugehörenden Belege auf dem gem. § 117 Abs. 1 i. V. m. Abs. 3, 4 ZPO vorgeschriebenen amtlichen Vordruck bei.

Eine Zustimmung zur Weitergabe der Erklärung und der Belege an den Antragsgegner wird nicht erteilt.

Begründung:

Der Antragsteller kann aufgrund seiner persönlichen und wirtschaftlichen Verhältnisse (vgl. Erklärung gem. § 117 Abs. 3, 4 FGO) die Kosten der Prozessführung nicht aufbringen und ist daher bedürftig i. S. d. § 114 ZPO.

Die beabsichtigte Klage gegen den Einkommensteuerbescheid 01 vom 12.5.02 in Gestalt der Einspruchsentscheidung vom 12.10.02 bietet hinreichend Aussicht auf Erfolg und ist nicht mutwillig i. S. d. § 114 Abs. 1 ZPO. Das ergibt sich aus dem beigefügten Entwurf der Klageschrift. Das Klageverfahren soll nur durchgeführt werden, wenn die beantragte Prozesskostenhilfe bewilligt wird.

Die Beiordnung des Prozessbevollmächtigten gem. § 142 Abs. 2 FGO ist erforderlich, weil es vorliegend um eine schwierige steuerliche Frage geht, wie sich aus dem Entwurf der Klageschrift ergibt.

X. Y.

(Steuerberater)

Anlagen:

Erklärung über die persönlichen und wirtschaftlichen Verhältnisse
Belege zur o. g. Erklärung (Gehaltsabrechnungen etc.)
Entwurf der Klageschrift

Anhang 12 Beispiel Aufschlagskalkulation

Es handelt sich um einen Lebensmittelhandel (ohne Tabakwaren und Spirituosen) mit angeschlossenem Imbiss. Die Angaben zu den Aufschlägen basieren auf den Angaben des Stpfl. und auf entsprechenden Preislisten.

WES Art	WES Betrag	Aufschlag %	Aufschlag in €	kalk. Umsatz
Lebensmittel	200.000 €			
Wertabgabe Pers.	- 4.000 €			
Einsatz für Imbiss	- 20.000 €			
verbleiben	176.000 €	26 %	45.760 €	221.760 €
Fleischwaren	50.000 €			
Wertabgabe Pers.	- 2.000 €			
verbleiben	48.000 €	62 %	29.760 €	77.760 €
Obst/Gemüse	20.000 €			
Schwund	- 3.000 €			
Verbleiben	17.000 €	30 %	5.100 €	22.100 €
Getränke	30.000 €			
Wertabgabe Pers.	- 4.000 €			
Verbleiben	26.000 €	25 %	6.500 €	32.500 €
Imbiss	35.000 €			
Wertabgabe Pers.	- 3.000 €			
Verbleiben	32.000 €	100 %	32.000 €	64.000 €
Kalkulierter Umsatz gesamt:				218.120 €

Anhang 13 Beispiel Zeitreihenvergleich

Es handelt sich um einen Betrieb der Gastronomie. Die Problematik der Bestände soll bei dieser Betrachtung aus Vereinfachungsgründen nicht thematisiert werden, so dass modellhaft von einer Identität von Wareneinkauf und WES ausgegangen wird.

Woche	Einkauf	Umsatz	RAS	Methode 1	Methode 2
1	10.244,83 €	31.241,77 €	204,95 %		
2	11.297,51 €	31.250,88 €	176,62 %		
3	11.499,98 €	29.498,42 €	156,51 %		
4	10.502,15 €	30.256,88 €	188,10 %		
5	6.397,88 €	31.200,50 €	387,67 %		
6	8.752,02 €	28.749,87 €	228,49 %		
7	11.157,68 €	30.452,26 €	172,93 %		
8	10.798,55 €	31.754,21 €	194,06 %		
9	11.222,15 €	29.456,85 €	162,49 %		
10	9.854,44 €	31.478,02 €	219,43 %	209,12 %	200,16 %
11	9.951,20 €	32.260,45 €	224,19 %	211,05 %	202,03 %
12	10.255,41 €	31.006,40 €	202,34 %	213,62 %	204,92 %
13	11.012,12 €	29.833,45 €	170,91 %	215,06 %	206,74 %
14	9.950,23 €	28.950,50 €	190,95 %	215,35 %	207,13 %
15	9.755,87 €	31.540,12 €	223,29 %	198,91 %	197,42 %
16	10.477,98 €	32.212,10 €	207,43 %	196,80 %	195,82 %
17	11.754,12 €	21.541,13 €	83,26 %	187,84 %	185,66 %
18	9.855,44 €	32.241,14 €	227,14 %	191,14 %	188,71 %
19	9.743,12 €	30.214,78 €	210,11 %	195,91 %	193,61 %
20	9.655,80 €	31.212,10 €	223,25 %	196,29 %	193,92 %
21	11.155,62 €	32.541,14 €	191,70 %	193,04 %	190,78 %
22	11.920,30 €	30.412,80 €	155,13 %	188,32 %	185,62 %
23	10.240,17 €	31.745,98 €	210,01 %	192,23 %	189,56 %
24	8.554,89 €	29.002,12 €	239,01 %	197,03 %	193,53 %
25	10.120,25 €	31.541,47 €	211,67 %	195,87 %	192,49 %
26	9.555,23 €	30.412,47 €	218,28 %	196,96 %	193,37 %
27	11.233,84 €	31.214,84 €	177,86 %	**206,42 %**	**204,35 %**
28	9.743,00 €	29.577,98 €	203,58 %	204,06 %	202,07 %
29	11.212,14 €	30.998,98 €	176,48 %	200,70 %	198,54 %
30	10.254,88 €	31.214,78 €	204,39 %	198,81 %	196,82 %
31	10.480,42 €	31.514,84 €	200,70 %	199,71 %	197,76 %

Anhang

Woche	Einkauf	Umsatz	RAS	Methode 1	Methode 2
32	9.554,12 €	29.499,01 €	208,76 %	205,07 %	203,84 %
33	9.958,74 €	30.451,87 €	205,78 %	204,65 %	203,40 %
34	10.498,72 €	31.222,54 €	197,39 %	200,49 %	199,82 %
35	10.450,56 €	29.478,52 €	182,08 %	197,53 %	196,85 %
36	9.880,40 €	30.541,77 €	209,11 %	196,61 %	196,04 %
37	10.222,10 €	30.222,14 €	195,65 %	198,39 %	198,00 %
38	9.845,70 €	29.546,89 €	200,10 %	198,04 %	197,67 %
39	11.112,40 €	31.458,97 €	183,10 %	198,71 %	198,41 %
40	10.498,70 €	31.546,99 €	200,48 %	198,32 %	198,03 %
41	9.850,10 €	29.147,77 €	195,91 %	197,84 %	197,55 %
42	9.955,13 €	30.245,97 €	203,82 %	197,34 %	197,11 %
43	11.110,00 €	32.444,90 €	192,03 %	195,97 %	195,73 %
44	10.112,10 €	32.546,10 €	221,85 %	198,42 %	198,13 %
45	10.546,12 €	32.255,74 €	205,85 %	200,79 %	200,54 %
46	9.544,80 €	28.451,70 €	198,09 %	199,69 %	199,49 %
47	11.112,50 €	31.264,99 €	181,35 %	198,26 %	197,92 %
48	10.445,62 €	30.510,11 €	192,09 %	197,46 %	197,13 %
49	10.444,11 €	31.546,88 €	202,05 %	199,35 %	199,13 %
50	9.578,74 €	29.541,10 €	208,40 %	200,15 %	199,86 %
51	10.700,80 €	31.287,40 €	192,38 %	199,79 %	199,46 %
52	11.456,78 €	32.510,80 €	183,77 %	197,79 %	197,34 %

Beispiel 27. Woche:

Der **RAS** ergibt sich als Quotient aus Gewinn der Woche (31.214,84 € – 11.233,84 €) und WES (11.233,84 €).

Der RAS nach **Methode 1** ist das arithmetische Mittel der RAS der Wochen 18 bis 27 (2064,18 % / 10).

Der RAS nach **Methode 2** ergibt sich als Quotient aus dem Gewinn der Wochen 18 bis 27 (310.538,84 € – 102.034,66 €) und dem WES dieser Periode (102.034,66 €).

Anhang 14 Beispiel Warenbestandsentwicklung

M	J	Umsatz	Entnahme	notwendiger Wareneinsatz	Einkauf	Bestandsveränderung	laufender Bestand
						Anfangsb.:	215,00 €
01	01	7.201,00 €	250,00 €	2.073,04 €	2.154,00 €	80,96 €	295,96 €
02	01	6.253,00 €	250,00 €	1.833,04 €	1.862,00 €	28,96 €	324,92 €
03	01	8.542,00 €	250,00 €	2.412,53 €	2.588,00 €	175,47 €	500,39 €
04	01	4.628,00 €	250,00 €	1.421,65 €	1.458,00 €	36,35 €	536,75 €
05	01	9.652,00 €	250,00 €	2.693,54 €	2.787,00 €	93,46 €	630,20 €
06	01	4.528,00 €	250,00 €	1.396,33 €	1.480,00 €	83,67 €	713,87 €
07	01	5.628,00 €	250,00 €	1.674,81 €	1.485,00 €	- 189,81 €	524,06 €
08	01	6.258,00 €	250,00 €	1.834,30 €	1.758,00 €	- 76,30 €	447,76 €
09	01	5.214,00 €	250,00 €	1.570,00 €	1.251,00 €	- 319,00 €	128,76 €
10	01	6.328,00 €	250,00 €	1.852,03 €	1.140,00 €	- 712,03 €	**- 583,27 €**
11	01	5.781,00 €	250,00 €	1.713,54 €	1.245,00 €	- 468,54 €	**- 1.051,81 €**
12	01	4.528,00 €	250,00 €	1.396,33 €	1.225,00 €	- 171,33 €	**- 1.223,14 €**
01	02	6.258,00 €	250,00 €	1.834,30 €	1.287,00 €	- 547,30 €	**- 1.770,44 €**
02	02	5.826,00 €	250,00 €	1.724,94 €	1.857,00 €	132,06 €	**- 1.638,38 €**
03	02	5.647,00 €	250,00 €	1.679,62 €	1.778,00 €	98,38 €	**- 1.540,00 €**
04	02	6.258,00 €	250,00 €	1.834,30 €	1.998,00 €	163,70 €	**- 1.376,30 €**
05	02	6.477,00 €	250,00 €	1.889,75 €	2.568,00 €	678,25 €	**- 698,05 €**
06	02	8.215,00 €	250,00 €	2.329,75 €	3.125,00 €	795,25 €	97,20 €
07	02	6.589,00 €	250,00 €	1.918,10 €	2.410,00 €	491,90 €	589,10 €
08	02	4.587,00 €	250,00 €	1.411,27 €	1.245,00 €	- 166,27 €	422,84 €
09	02	5.264,00 €	250,00 €	1.582,66 €	1.587,00 €	4,34 €	427,18 €
10	02	5.268,00 €	250,00 €	1.583,67 €	1.668,00 €	84,33 €	511,51 €
11	02	6.866,00 €	250,00 €	1.988,23 €	2.101,00 €	112,77 €	624,28 €
12	02	5.271,00 €	250,00 €	1.584,43 €	1.358,00 €	- 226,43 €	397,85 €

Rohgewinnaufschlagsatz: 295 %

Hinweis:
Von Oktober 01 bis Mai 02 ergeben sich negative Warenbestände, was auf nicht gebuchte Einkäufe hinweist.

Anhang 15 Private Geldverkehrsrechnung

A. **Anfangsbestände und Zuflüsse**
1. Guthaben bei Kreditinstituten am 1.1.
2. Entnahmen bei Gewinnermittlung nach § 4 Abs. 1 EStG
3. Gewinn bei Einnahmenüberschussrechnung zzgl. AfA
4. Überschusseinkünfte zzgl. AfA und Pauschbeträge
5. Steuerfreie Einnahmen
6. Erlös aus dem Verkauf privater Wirtschaftsgüter
7. Aufnahme von privaten Darlehen
8. Rückfluss aus eigenen hingegeben Darlehen (z. B. an Verwandte)
9. Steuererstattungen, soweit nicht bereits berücksichtigt
10. Erstattung von Versicherungsleistungen
11. Zahlungen aus öffentlichen Kassen (Kindergeld, Krankengeld, Elterngeld, Arbeitslosengeld, Sozialhilfe, etc.)
12. Außergewöhnliche Zuflüsse wie Erbschaften, Lottogewinne

Summe

B. **Endbestände und Ausgaben**
1. Guthaben bei Kreditinstituten am 31.12.
2. Einlagen
3. Hingabe eigener privater Darlehen, z. B. an Verwandte
4. Tilgung selbst aufgenommener Darlehen im privaten Bereich
5. Wohnkosten, insbesondere Miete
6. Kfz-Kosten
7. Hausrat, Bekleidung, Lebensmittel, Körperpflegeartikel
8. Zahlungen an Angehörige incl. „Taschengeld"
9. Kosten für Urlaub und Gesundheit (z. B. Zuzahlungen Zahnarzt)
10. Kosten für Hobbys u. Ä.
11. Prozesskosten und Strafen
12. Persönliche Steuern
13. Kosten für den Erwerb privater Wirtschaftsgüter

Summe

Ist die Summe B. größer als die Summe A., müssen weitere bisher nicht bekannte Mittel, ggf. aus steuerpflichtigen Einkünften zur Verfügung gestanden haben.

Anhang

Hinweis: Zu- und Abflüsse können in der Tabelle notwendigerweise nur beispielhaft aufgezählt werden. Ziel der Geldverkehrsrechnung muss es immer sein, alle Geldbewegungen zu erfassen.

Anhang 16 Tatsächliche Verständigung

Finanzamt Musterstadt   Musterstadt, den

Protokoll

über eine Verhandlung zur Vereinfachung und Beschleunigung des Besteuerungsverfahrens (tatsächliche Verständigung)

Einspruchs- und Klageverfahren der Firma ..... GmbH in Musterstadt wegen ....

Teilnehmer: Herr StB ..., Herr ... (Geschäftsführer), Herr RD ..., Herr StOI ...

Vorbemerkung

Nach der höchstrichterlichen Rechtsprechung des Bundesfinanzhofs ist es zulässig, zwischen dem Finanzamt und dem Steuerpflichtigen eine Einigung über die Annahme eines bestimmten Sachverhalts und über eine bestimmte Sachbehandlung mit bindender Wirkung herbeizuführen (BFH BStBl II 1985, 354; BStBl II 1991, 45 und BStBl II 1991, 673). Die tatsächliche Verständigung kommt in Betracht, wenn die Beteiligten entsprechend den Umständen des Einzelfalls ihre Aufklärungs- und Mitwirkungspflichten erfüllt haben und ein Schätzungs-, Bewertungs- oder Beweiswürdigungsspielraum verbleibt. Mit dem Abschluss der Vereinbarung sind die Beteiligten an die vereinbarte Tatsachenbehandlung gebunden. Diese ist damit späteren Rechtsstreitigkeiten entzogen. Die Vereinbarung bedarf grundsätzlich der Umsetzung in den Verwaltungsakt, für den die tatsächliche Verständigung bestimmt ist (Verwirklichung der tatsächlichen Verständigung). Ihre Bindungswirkung bleibt auch dann bestehen, wenn dieser Verwaltungsakt unter dem Vorbehalt der Nachprüfung steht oder teilweise vorläufig ergangen ist. Eine Änderung des die tatsächliche Verständigung enthaltenen Verwaltungsakts lässt die Bindungswirkung der Vereinbarung grundsätzlich unberührt. Der geänderte Verwaltungsakt muss daher insoweit regelmäßig von denselben Tatumständen ausgehen. Eine Aufhebung oder Änderung des Verwaltungsakts, dessen Bestandteil die tatsächliche Verständigung ist, ist nur möglich, wenn dies nach den verfahrensrechtlichen Bestimmungen zulässig ist.

Anhang

Ergebnis der Verhandlung

Die Teilnehmer der Verhandlung stimmen darin überein, dass hinsichtlich der Fragen
1.
2.
3.
wegen erschwerter Sachverhaltsermittlung die Voraussetzungen für eine tatsächliche Verständigung vorliegen.

Zum Zweck der Verfahrensvereinfachung bzw. der Verfahrensbeschleunigung und zur Herstellung des Rechtsfriedens wird deshalb verbindlich vereinbart, bei der Besteuerung folgende Sachverhalte zu Grunde zu legen:
1.
2.
3.
Der Einspruch gegen den Einkommensteuerbescheid für das Jahr 01 wird zurückgenommen.

Der Vertreter des Finanzamts verpflichtet sich, einen entsprechend geänderten Bescheid zu erlassen.

Prozessuale Erklärungen

Die Beteiligten erklären in dem beim Finanzgericht ... anhängigen Klageverfahren mit dem Aktenzeichen ... wegen ... den Rechtsstreit in der Hauptsache für erledigt.

Die Beteiligten des Verfahrens regen an, die Kosten gegeneinander aufzuheben.

Unterschriften

für die Steuerpflichtige   für das Finanzamt

Herr ..., Steuerberater   Herr ..., Sachgebietsleiter

Anhang 17 Inhaltsverzeichnis Verfahrensdokumentation (Beispiel)

1. Vorbemerkungen
2. Ziel der Verfahrensdokumentation und Überblick
   a) Zielsetzung und Anwendungsbereich
   b) Unternehmen
   c) Rechtliche Grundlagen
   d) Maßgebliche Dokumente
   e) Abgrenzung der Bearbeitungsbereiche
3. Organisation des IT-gestützten Verfahrens
   a) Eingesetzte Hard- und Software
   b) Zuständigkeiten
   c) Internes Kontrollsystem
   d) Datenschutz
4. Verfahren und Maßnahmen im Einzelnen
   a) Vorsortierung des Posteingangs
   b) Prüfung des Posteingangs auf Echtheit etc.
   c) Identifikation der zu scannenden Belege (rechtliche und faktische Prüfung)
   d) Vorbereitung der zu scannenden Dokumente
   e) Scannen/Digitalisierung
   f) Kontrolle auf Vollständigkeit und Lesbarkeit sowie Plausibilitätskontrolle
   g) Ggf. erforderliche Nachverarbeitung
   h) Archivierung mit Integritätskontrolle
   i) Vernichtung der Papierbelege
5. Unterlagen, die im Zusammenhang mit der Verfahrensdokumentation gelten
6. Historie der vorgenommenen Änderungen
7. Glossar/Definitionen

Anhang 18 Aufbewahrungsfristen gem. § 257 HGB bzw. § 147 AO

Abhängigkeitsberichte bzw. -erklärungen	10	Jahre
Ablaufdiagramme	10	Jahre
Abtretungserklärungen	6	Jahre
Arbeitsanweisungen	10	Jahre
Abrechnungsunterlagen (soweit Buchungsbelege)	10	Jahre
Abschlussbuchungsbelege	10	Jahre
Abschreibungsunterlagen	10	Jahre
Abwertungsbelege	10	Jahre
Aktenvermerke (soweit Buchungsbelege)	10	Jahre
Anmeldungen zur Krankenkasse	6	Jahre
Angebote, die zu Aufträgen geführt haben	6	Jahre
Angestelltenversicherungsbelege	10	Jahre
Anhang zum Jahresabschluss	10	Jahre
Anlagenverzeichnis	10	Jahre
Anträge auf Arbeitnehmersparzulage	6	Jahre
Anwesenheitslisten, soweit für Lohnabrechnung erforderlich	10	Jahre
Arbeitnehmersparzulagenverträge	6	Jahre
Aufsichtsratsvergütung, Belege über A., soweit Buchungsbelege	6	Jahre
Auftragsbücher	6	Jahre
Ausfuhrunterlagen zum Nachweis der Steuerbefreiung	6	Jahre
Ausgangsrechnungen	10	Jahre
Außendienstabrechnungen, soweit keine Buchungsbelege	6	Jahre
Bareinkaufsrechnungen	10	Jahre
Barverkaufsrechnungen	10	Jahre
Baubücher	10	Jahre
Beförderungspapiere	6	Jahre
Beherrschungsverträge	10	Jahre
Beitragsabrechnung der Sozialversicherungsträger	10	Jahre
Bestandsverzeichnisse	10	Jahre
Betriebsprüfungsberichte	6	Jahre
Betriebsunfallunterlagen	6	Jahre
Bewertungsunterlagen, soweit steuerlich relevant	10	Jahre
Bewirtungsunterlagen	10	Jahre
Bilanzen	10	Jahre
Bilanzkonten	10	Jahre

Anhang

Bilanzunterlagen	10	Jahre
Bruttolohnlisten	6	Jahre
Buchungsanweisungen	10	Jahre
Buchungsbelege	10	Jahre
Buchungsprotokoll	10	Jahre
Code-Pläne	10	Jahre
Codierungslisten	10	Jahre
Darlehnsunterlagen nach Darlehensende	6	Jahre
Datensicherungsregeln	10	Jahre
Dauerauftragsunterlagen, soweit Buchungsbelege	10	Jahre
Depotauszüge (Inventarunterlagen)	10	Jahre
Eingangsrechnungen	10	Jahre
Einheitswertunterlagen	10	Jahre
Einnahmenüberschussrechnung	10	Jahre
Erlösjournale	10	Jahre
Eröffnungsbilanzen	10	Jahre
Ersatzkassenunterlagen	6	Jahre
Essensmarkenabrechnungen	10	Jahre
Fahrtkostenerstattungen, Belege über F.	10	Jahre
Frachtbriefe	6	Jahre
Gehaltsabrechnungen, soweit Buchungsbeleg	10	Jahre
Gehaltslisten	10	Jahre
Geschäftsberichte	10	Jahre
Geschäftsbriefe (außer Rechnungen bzw. Gutschriften)	6	Jahre
Geschenknachweise	6	Jahre
Gesellschaftsverträge	10	Jahre
Gewährleistung, Belege über G.	6	Jahre
Gewinnabführungsverträge	10	Jahre
Gewinn- und Verlustrechnung	10	Jahre
Grundbuchauszüge	10	Jahre
Gutachten, soweit bei Bewertung berücksichtigt	10	Jahre
Haftungsverhältnisunterlagen (als Bilanzunterlagen)	10	Jahre
Handelsbilanz	10	Jahre
Handelsbriefe	6	Jahre
Handelsregisterauszüge	6	Jahre
Inventar	10	Jahre
Investitionszulagenunterlagen	6	Jahre
Jahresabschluss	10	Jahre
Jahresabschlusserläuterungen	10	Jahre
Jubiläumsunterlagen, soweit Buchungsbelege	10	Jahre
Kapitalerhöhungsunterlagen	6	Jahre

Anhang 18 Aufbewahrungsfristen gem. § 257 HGB bzw. § 147 AO

Kassenbücher	10	Jahre
Kontenpläne mit Änderungen	10	Jahre
Kontoauszüge	10	Jahre
Konzernabschlüsse	10	Jahre
Konzernlagebericht	10	Jahre
Kurzarbeit, Anträge auf K.	6	Jahre
Lagebericht	10	Jahre
Lagerbuchführung	10	Jahre
Leasingunterlagen	6	Jahre
Lieferscheine, soweit Buchungsbelege	10	Jahre
Lohnkonto	6	Jahre
Mahnbescheide und Mahnungen	6	Jahre
Organschaftsabrechnungen	10	Jahre
Organschaftsverträge nach Ablauf	10	Jahre
Pachtunterlagen nach Ablauf des Pachtverhältnisses	6	Jahre
Patentunterlagen nach Ablauf des Patents	6	Jahre
Pensionsrückstellungsunterlagen	10	Jahre
Portokassenbücher	10	Jahre
Preislisten (soweit Bewertungsunterlagen)	10	Jahre
Privatentnahmebelege	10	Jahre
Prüfungsberichte (Abschlussprüfung)	10	Jahre
Reisekostenabrechnungen für Arbeitnehmer	10	Jahre
Reisekostenabrechnungen für Unternehmer	10	Jahre
Rückstellungsunterlagen	10	Jahre
Sozialpläne	6	Jahre
Sozialversicherung, Nachweise über Beiträge zur S.	6	Jahre
Spendenbescheinigungen	10	Jahre
Steuerbescheide	10	Jahre
Steuererklärungen	10	Jahre
Steuerrückstellungsberechnungen	10	Jahre
Telefonkosten, Nachweise über T.	10	Jahre
Testate	10	Jahre
Überstundenlisten	6	Jahre
Umbuchungsbelege	10	Jahre
Umwandlungsbilanzen	10	Jahre
Umwandlungsunterlagen	6	Jahre
Unfallversicherungsunterlagen	6	Jahre
Urlaubslisten für Rückstellungen	10	Jahre
Verrechnungspreisunterlagen	10	Jahre
Versicherungspolicen	6	Jahre
Vollständigkeitserklärungen (Jahresabschluss)	10	Jahre

Anhang

Warenzeichen, Unterlagen über W.	6	Jahre
Werbegeschenkenachweise	10	Jahre
Wertberichtigungen, Unterlagen über W.	10	Jahre
Zinsabrechnungen	10	Jahre
Zinsberechnungen als Buchungsbeleg	10	Jahre
Zinsabrechnungsunterlagen	6	Jahre
Zollbelege	10	Jahre
Zwischenbilanzen, z. B. wegen Gesellschafterwechsel	10	Jahre

Literatur

Abenheimer, Steuerliche Pflichten und Haftungsrisiken des Geschäftsführers und Insolvenzverwalters in Krise bzw. Insolvenz der GmbH, GmbHR 2005, 869

Achilles, Kassenführung – Bargeschäfte sicher dokumentieren, 2016

Achilles, Kassengesetz, Datev-Magazin 5/2017, 23

Achilles, Kassen-Nachschau, DB 2018, 18

Achilles, Einzelaufzeichnungspflicht: Theorie und Praxis im Licht des AEAO zu § 146, DB 2018, 2454

Achilles/Pump, Lexikon der Kassenführung, 2018

Adler, Erklärungspflicht trotz Strafverfahrens, PStR 2002, 202

Adomat, Das ordnungsgemäße Kassenbuch – eine große Herausforderung, Beilage zu NWB 51/2014

Amler/Riegel, Zu lässig bei der Zulässigkeit? Zulässigkeitsprobleme bei AdV-Anträgen im FG-Verfahren, BB 2015, 796

Anders/Gärtner, Manipulationssicherheit in der Bargeldbranche durch Einzelaufzeichnungen, Stbg 2016, 67

Anders/Rühmann, Aufbewahrungspflicht für Protokolle und Kassenprogrammierung, BBK 2013, 627

Apitz, Schätzungen im Rahmen der Außenprüfung, DStR 1985, 304

App, Bedeutung allgemeiner Zahlungsfristen für die strafbefreiende Wirkung einer Selbstanzeige, DStR 1987, 37

Apitz, Nichtigkeit von Schätzungsbescheiden, DStZ 1994, 588

Apitz, Verfahrensrechtliche Aspekte der Schätzung im Rahmen der Betriebsprüfung, StBp 1996, 96 (Teil I) und 1996, 119 (Teil II)

Apitz, Digitale Buchführung und Datenzugriff der Finanzverwaltung ab 1.1.2002, StBp 2002, 33

Apitz, Schätzungsbescheide bei willkürlicher Schätzung, StBp 2002, 107

Apitz, Benennung von Gläubigern und Zahlungsempfängern, StBp 2003, 97

Apitz, Digitaler Datenzugriff – Praxisbeispiel, StBp 2007, 152 (Teil I) und 174 (Teil II)

Apitz, Auslegungsfähigkeit einer tatsächlichen Verständigung, StBp 2008, 93

App, Überblick über das Steuerstrafrecht und die Gefahren, die dem Berater drohen, StB 1995, 211

Arndt, Der Umgang mit Schätzungsbescheiden – Steuerberater- und Mandantenpflichten, Kanzleiführung professionell 11/2006, 192

Assmann, Kassenführung – Kassenaufzeichnungen, StBp 1990, 169

Assmann, Umsatzkalkulationen bei Außenprüfungen, StBp 1991, 97

Assmann, Anerkennungsprobleme von Spielbankgewinnen bei der Geldverkehrsrechnung, StBp 1999, 35

Literatur

Assmann, Schätzungen bei Außenprüfungen, StBp 2001, 255 (Teil I) und 281 (Teil II)

Assmann, Besteuerung des Hotel- und Gaststättengewerbes, 7. Auflage 2013

Assmann/Seil, Umsatznachkalkulationen bei Außenprüfungen, StBp 1992, 39

Ax/Große/Melchior/Lotz/Ziegler, Kommentar zur AO und zur FGO, 20. Auflage 2010

Bachmann/Richter/Steinborn, Führt ein anderer Anpassungstest in der Außenprüfung zu einer anderen Schlussfolgerung? – Chi-Quadrat und Kolmogorov-Smirnov-Anpassungstest in der Summarischen Risikoprüfung, StBp 2019, 38

Bäcker, Falsch gebucht, GmbH-Stpr 1997, 192

Bahnes/Ambroziak, Widerborstige Wiedereinsetzung, AO-StB 2009, 369

Balmes, Digitales Zeitalter der Außenprüfung – Rechtzeitige Vorsorgemaßnahmen zur Konfliktvermeidung, AO-StB 2002, 121

Balmes/Jochim, Kosten des Steuerstreits, DStZ 2001, 272

Balzert, Lehrbuch Grundlagen der Informatik, 1999

Barkmann, Übertragung der steuerlichen Schätzungsmethoden in das Steuerstrafverfahren, Diss. Kiel 1991

Barthel, Schätzung aufgrund von Kassenmängeln, StBp 2016, 80

Barthel, Betriebsprüfung: Maßstäbe zur Überprüfung von Schätzungen, Stbg 2016, 388

Barthel, Betriebsprüfung: Die griffweise Schätzung, Stbg 2017, 315

Barthel, Skalierte Außenprüfung, Stbg 2018, 115

Bartone, Verfahrensrechtliche Fragen beim Insolvenzverfahren, AO-StB 2004, 142

Baum, Grundsätze zum Datenzugriff und zur Prüfbarkeit digitaler Unterlagen, NWB F 2, 7641, 7648

Baum, Strafbefreiungserklärungsgesetz: Der Weg in die Steuerehrlichkeit, NWB F 2, 8435

Baum, Tatsächliche Verständigung über den zugrundeliegenden Sachverhalt, NWB F 2, 9957

Baur, Zur Tatentdeckung bei der Selbstanzeige, BB 1983, 498

Becker, Die private Nutzung im Betriebsvermögen befindlicher Kraftfahrzeuge, StBp 2006, 187 (Teil I) und 217 (Teil II)

Becker, Beweismittelunterdrückung gem. § 274 Abs. 1 Nr. 1 und 2 StGB, StBp 2008, 29 (Teil I), 61 (Teil II), 104 (Teil III)

Becker, Kassenführung und kryptografischer Manipulationsschutz: Freiwillig und technologieoffen?, BBK 2015, 1049

Becker, Außenprüfung digital – Prüfungsmethoden im Fokus, DStR 2016, 1386 (Teil I) und 1430 (Teil II)

Becker, Das Kassengesetz auf dem Gabentisch – und was nun?, BBK 2017, 116

Becker/Bur, Formelle Fehler von Prüfungsanordnungen und deren Rechtsfolgen, StBp 1995, 121

Becker/Danielmeyer/Neubert/Unger, „Digitale Offensive" der Finanzverwaltung: Die Schnittstellenverprobung, DStR 2016, 2983

Becker/Giezek/Webel/Wähnert, Der Beanstandungsanlass nach § 158 AO, DStR 2016, 1878

Becker/Schumann/Wähnert, Aktuelle Rechtsprechung zur Neuen Prüfungstechnik: Summarische Risikoprüfung (SRP) und Quantilsschätzung, DStR 2017, 1243

Becker/Wähnert, Entwurf der GoBD als konkretisierende Praxishilfe für die elektronische Buchführung und Aufzeichnung, BBK 2013, 836

Becker/Wiethölter, Aufbewahrung der Belege und Einzelaufzeichnungen von Betriebseinnahmen bei Gewinnermittlung nach § 4 Abs. 3 EStG, StBp 2009, 239

Beck'scher Bilanzkommentar, 11. Auflage 2018

Beermann/Gosch, Kommentar zur AO und zur FGO, Loseblatt

Beimler, Testeinkäufe bei Betriebsprüfungen, StBp 2006, 210

Bellinger, Zum Umfang des Datenzugriffsrechts gem. § 147 Abs. 6 AO in Daten der Warenwirtschaftssysteme des Einzelhandels, StBp 2011, 272 (Teil I) und 305 (Teil II)

Bellinger, Umfang der Datenzugriffsrechte nach § 147 Abs. 6 AO in Kasseneinzeldaten aus Warenwirtschaftssystemen von Apotheken, StBp 2013, 278

Bellinger, Gesetz zum Schutz vor Manipulationen an digitalen Grundaufzeichnungen – Rechtliche und praktische Probleme, StBp 2016, 336

Bellinger, Bargeldlose Zahlungen mit EC-Karten im Rahmen der Kassenführung, BBK 2017, 369

Bellinger, Das Kassengesetz 2016 aus Sicht der Steuerberatung, DB 2019, 1292

Benecke, Die Reform der strafbefreienden Selbstanzeige, BB 2015, 407

Benford, The Law of Anomalous Numbers, Proc Am Philos Soc, 1938

Bergan/Martin, Die elektronische Bilanz, DStR 2010, 1755

Berger, Vermögenszuwachs- und Gesamtgeldverkehrsrechnung, BB 1990, 325

Berger/Teutemacher, Beihilfe des Beraters zur Steuerhinterziehung, PStR 2017, 165

Bergmann, Kann der BGH Gefängnis für Steuersünder erzwingen, die mehr als eine Million Steuern hinterziehen?, BB v. 10.4.2012, I.

Berkan, Überprüfbarkeit der steuerrechtlichen Schätzungsmethoden im Steuerstrafverfahren, Diss. Kiel 1991

Beyer, Auswirkungen der Neuregelung der Selbstanzeige anhand von Beispielen, AO-StB 2011, 150

Beyer, Wird eine Selbstanzeige mit Schätzwerten nur noch geduldet? – Ein Plädoyer für Rechtssicherheit in der Praxis der Selbstanzeigeberatung, AO-StB 2013, 385

Beyer, Praktische Hinweise zu Selbstanzeigen bei steuerlichen Berichtigungen im Unternehmensbereich, BB 2016, 2527

Literatur

Beyer, Abgabe elektronischer Steuererklärungen – Wen trifft die strafrechtliche Verantwortung, NWB 2016, 1304

Beyer, Anspruch des Steuerpflichtigen auf Überlassung von Kalkulationen des Betriebsprüfers in elektronischer Form, AO-StB 2017, 166

Beyer, Neue Aspekte zu Schätzungen bei der Umsatzsteuer, NWB 2017, 420

Beyer, Praxisfall: Ist der Angeklagte im Besteuerungsverfahren an eine Verständigung im Strafverfahren gebunden? – Auseinandersetzung mit Treu und Glauben als Bindeglied beider Verfahren, AO-StB 2018, 353

Beyer, Betriebsprüfung: Grenzen für Sicherheitszuschläge, DB 2018, 985

Biedermann, Zur Schätzung der Betriebsausgaben bei nebenberuflicher Schriftstellerei unter Anwendung des Durchschnittsatzes nach §§ 69, 79 UStDV, Stbg 1982, 83

Bilsdorfer, Private Konten und Außenprüfung, NWB F 17,1725

Bilsdorfer, Die Bedeutung von Schätzungen für das Steuerstraf- und Steuerordnungswidrigkeitenrecht, DStZ 1982, 298

Bilsdorfer, Die tatsächliche Verständigung – Ein Mittel zur Streitvermeidung, INF 1991, 195

Bilsdorfer, Der Bundesfinanzhof, die Pkw-Nutzung und das Fahrtenbuch, DStR 2012, 1477

Bilsdorfer, Gut gemeint ist nicht gleich gut gemacht – Stolpersteine bei der Selbstanzeige nach § 371 Abs. 1 AO, DStR 2015, 1660

Binnewies, Beweislastverteilung und Beweisnot im Zusammenhang mit § 160 AO, Stbg 2004, 516

Binnewies/Bertrand, Zur Verwertbarkeit der Ergebnisse eines Testkaufs der Finanzbehörde, AO-StB 2016, 165

Birkenfeld, Das große Umsatzsteuer-Handbuch, Loseblatt

Bisle, „Chi-Quadrat-Test" und Zeitreihenvergleich: Keine Schätzung bei ordnungsgemäßer Buchführung, PStR 2012, 15

Bittner, Grundsätze ordnungsgemäßer DV-gestützter Buchführungssystem (GoBS), BBK F 7, 989

Blenkers, Chi-Test – oder „Jeder Mensch hat seine Lieblingszahl", StBp 2003, 261

Blenkers/Maier-Siegert, Neue Methoden der Betriebsprüfung: Wie können sich Unternehmen bei Durchführung des Zeitreihenvergleichs wappnen?, BC 2005, 54

Bleschick, Die Revisionszulassungsgründe des § 115 Abs. 2 Nr. 1 und 2 FGO im Spannungsverhältnis zwischen Individualrechtsschutz und Allgemeininteresse, Bochumer Schriften zum Steuerrecht, Band 26, 2011

Bleschick, Der kalkulierte Beanstandungsanlass: Kein Nachweis von Mehrergebnissen durch die Summarische Risikoprüfung – Darstellung der Summarischen Risikoprüfung, DStR 2017, 353

Bleschick, Der kalkulierte Beanstandungsanlass: Kein Nachweis von Mehrergebnissen durch die Summarische Risikoprüfung – Würdigung der Summarischen Risikoprüfung und deren Vergleich mit den etablierten Schätzungsmethoden, DStR 2017, 426

Bleschick, Geldeinwurfautomaten als Kassen- (Un-)Sicherheitszuschläge, Anmerkung zu BFH v. 20. 3. 2017, X R 11/16, AO-StB 2017, 293

Bleschick, Überprüfung elektronischer Daten im Besteuerungsverfahren durch den Außenprüfer, DStR 2018, 1050 (Teil I) und 1105 (Teil II)

Bleschick, Die Kassen-Nachschau – Grenzen und Rechtsschutzmöglichkeiten, DB 2018, 2390

Blum/Weiss/Abele, Die Aufteilung von Grundstückskaufpreisen im Ertragsteuerrecht, StBp 2007, 231

Blumers, Aussetzung des Strafverfahrens nach § 396 AO am Beispiel Spenden, DB 1983, 1571

Blümich, Kommentar zum EStG, Loseblatt

Borgdorf, Anmerkung zu FG Rheinland-Pfalz v. 7. 1. 2015, 5 V 2068/14, AO-StB 2015, 121

Borgdorf, Anmerkung zu BFH v. 12. 7. 2017, X B 16/17, AO-StB 2017, 266

Bornheim, Grenzen und Möglichkeiten der tatsächlichen Verständigung, AO-StB 2004, 363 (Teil I), 399 (Teil II)

Bornheim, Die Schätzung im Steuerstrafverfahren bietet viele Angriffspunkte, PStR 1999, 184

Bornheim, Nachweis der Steuerhinterziehung mittels Schätzung, AO-StB 2004, 138

Bornheim, Verteidigungsstrategien gegen Schätzungen, AO-StB 2003, 49 (Teil I) und 94 (Teil II)

Bornheim/Kröber, Steuerstrafverteidigung, 3. Auflage 2015

Brandt, Anmerkung zu BFH v. 25. 3. 2015, X R 20/13, BStBl. II 2015, 743, StBp 2015, 304

Braun, Hinzuschätzung aufgrund fehlerhafter Buchführung, PStR 2003, 80

Brete, Die Nachkalkulation unter besonderer Berücksichtigung von Gastronomiebetrieben, StBp 2007, 70

Brete, Das bevorzugte Anfordern von Steuererklärungen, StuW 2009, 362

Brete, Hinzuschätzung als verdeckte Gewinnausschüttung bei der GmbH und beim Gesellschafter, GmbHR 2010, 911

Brete, Das Märchen von der Verfahrensdokumentation, DStR 2019, 258

v. Briel, Steuerliche Berücksichtigung von Kosten im Strafverfahren, BB 1999, 2539

v. Briehl/Ehlscheid, Steuerliche Berücksichtigung von Kosten im Steuerstrafverfahren, BB 1999, 2539

v. Briehl/Ehlscheid, Steuerstrafrecht, 2011

Brinkmann, Die private Geldverkehrsrechnung, StBp 2007, 325

Literatur

Brinkmann, Außenprüfung bei Privatpersonen – Rechtsgrundlagen eines Schreckgespenstes, StBp 2011, 125

Brinkmann, Strafrechtliche Aspekte der Schätzung, StBp 2013, 250 (Teil I), 291 (Teil II), 321 (Teil III)

Brinkmann, Der so genannte Sicherheitszuschlag, StBp 2014, 29 (Teil I) und 69 (Teil II)

Brinkmann, Die Begründung des Sicherheitszuschlags, StBp 2018, 212

Brinkmann, Problemfelder bei der Prüfung von Ärzten, StBp 2008, 214 (Teil I) und 253 (Teil II)

Brozat, Die Konkretisierung der erhöhten Mitwirkungspflicht bei Zahlungen ins Ausland, DStR 1983, 76, 77

Brüninghaus/Bodenmüller, Tatbestandsvoraussetzungen der Funktionsverlagerung, DStR 2009, 1285

Bruns, Die verbindliche Auskunft aus Perspektive der Finanzverwaltung – Zügige Bearbeitung und aktuelle Gebührenfragen, DStR 2017, 2360

Bruschke, Datenzugriff und Prüfung digitaler Unterlagen, StB 2002, 42

Bruschke, Tatsächliche Verständigung mit dem Finanzamt – ein Mittel zur Konfliktlösung, StB 2004, 258

Bruschke, Die Schätzung von Besteuerungsgrundlagen bei der Nichtabgabe von Steuererklärungen, DStZ 2006, 222

Bruschke, Der Verspätungszuschlag nach § 152 AO – Voraussetzungen und Abwehrmaßnahmen, DStZ 2007, 22

Bruschke, Der Verspätungszuschlag als Druckmittel besonderer Art, DStZ 2009, 1791

Bruschke, Konfliktlösung durch eine tatsächliche Verständigung mit dem Finanzamt, DStR 2010, 2611

Bruschke, Die „Geschäftsführerhaftung" nach § 69 AO, DStZ 2012, 407

Bruschke, Haftungsfragen beim Rechnungssplitting, DStZ 2013, 831

Bruschke, Das Recht auf Akteneinsicht im steuerlichen Verfahren – Besonderheiten in Besteuerungs-, Finanzgerichts- und Steuerstrafverfahren, AO-StB 2014, 373

Bruschke, Die Nachschau und ähnliche Maßnahmen als Instrument der Steueraufsicht, AO-StB 2018, 376

Bruschke, Benennungsverlangen nach § 160 AO, AO-StB 2019, 86

Buciek, Bindende Erklärungen der Finanzverwaltung, DStZ 1999, 389

Bührer/Heßling, Ordnungsgemäße Buchführung nur mit Kontierungsvermerk auf dem Beleg?, BBK 2011, 666

Bürger, Bagatellabweichungen bei Selbstanzeigen, BB 2012, 34

Büttner, Schätzung: Schwarzlöhne im Baugewerbe: Schätzung der Lohnsummen, PStR 2019, 161

Bunjes, Kommentar zum UStG, 16. Auflage 2017

Burchert, Einführung des Zugriffsrechts der Finanzverwaltung auf DV-gestützte Buchführungssysteme, INF 2001, 230 (Teil I), 263 (Teil II)

Burchert, Prüfungsmöglichkeiten der Finanzverwaltung im Rahmen der Umsatzsteuer-Nachschau, INF 2002, 293

Burchert, Aktuelle Fragen zur Umsetzung des Datenzugriffs durch die Finanzverwaltung, INF 2002, 677

Burghardt/Groß, Schutz vor Manipulationen an digitalen Grundaufzeichnungen, Wpg 2018, 796

Burkhard, Die Praxis der Strafzumessung im Steuerstrafrecht, PStR 1999, 87

Burkhard, Probleme mit dem Akteneinsichtsrecht im Steuerstrafverfahren, DStR 2002, 1794

Burkhard, Probleme beim EDV-Datenzugriff der Finanzverwaltung, DStZ 2003,112

Burkhard, Wie werden elektronische Registrierkassen umgangen?, DStZ 2005, 208

Burkhard, Verwerfung der Buchführung bei fehlenden Kassen-Programmierprotokollen – Zugleich Kritik an FG Münster, Urteil v. 29. 3. 2017 7 K 3675/13 E, G, U, StBp 2018, 19

Busch, Schmiergelder und Betriebsausgaben, StBp 1985, 228

Buse, Die Neuregelung der Selbstanzeige, StBp 2011, 153

Buse, Urkundenvorlagepflicht im Rahmen einer Außenprüfung – Mitwirkungspflichten des Steuerpflichtigen nach der BFH-Rechtsprechung, AO-StB 2012, 373

Buse, Aktuelle Entscheidungen zum Steuerstrafrecht, StBp 2013, 175

Buse, Aktuelle Entscheidungen zum Steuerstrafrecht, StBp 2015, 342

Buse, Anmerkung zu BGH v. 20. 12. 2016, 1 StR 505/16, AO-StB 2017, 207

Carlé, Schätzungen bei Auslandssachverhalten, AO-StB 2004, 360

Carlé, Änderung von Steuerbescheiden, KÖSDI 2011, 17588

Carlé, Die Abwehr von Schätzungen in Betriebsprüfungen, KÖSDI 2005, 14717

Christian/Schwelm, Benennung von Gläubigern und Zahlungsempfängern nach § 160 AO, DStZ 1997, 324

Creifelds, Rechtswörterbuch, 22. Auflage 2017

Damas, Die praxisgerechte Verfahrensdokumentation – Ein Umsetzungsbeispiel für Ärzte und Zahnärzte, StBp 2019, 291

Danielmeyer/Neubert/Unger, Praxiserfahrungen zu Vorsystemen – Prüffeld Visualisierte Schnittstellenverprobung, StBp 2016, 322

Danielmeyer/Neubert/Unger, Die Betriebsprüfung von A–Z, StBp 2017, 291

Danielmeyer/Neubert/Unger, Anforderungen an die elektronische Verfahrensdokumentation betrieblicher Prozesse – Sicher in die nächste Betriebsprüfung!, AO-StB 2019, 125

Dannecker, Die Bedeutung der Pflicht zur Benennung von Gläubigern und Zahlungsempfängern nach § 160 AO im Rahmen der Steuerhinterziehung, wistra 2001, 241

Dannecker/Werder, Mehrfache Gebühren für eine verbindliche Auskunft, BB 2011, 2268

Literatur

Darlinghaus, Digitale Betriebsprüfung bei SAP und R/3-Buchführungssystemen, StB 2003, 141

Deckers/Fiethen, E-Steuer – Die Finanzverwaltung im elektronischen Zeitalter – Pflichten zur elektronischen Übermittlung, MMR 2013, 158

Degen, Mahnen und Klagen per E-Mail – Rechtlicher Rahmen und digitale Kluft bei Justiz und Anwaltschaft, NJW 2008, 1473

Diller/Schmid/Späth/Kühne, Zifferntests in der Betriebsprüfung – Chancen und Risiken, DStR 2015, 311

Dinkgraeve/Krämer, Effektive Abwehr von Hinzuschätzungen bei Gastronomiebetrieben, SAM 3/2017, 107 (Teil I) und 4/2017, 123 (Teil II)

Dißars, Die Akteneinsicht im steuerlichen Verwaltungsverfahren, NJW 1997, 481

Dißars, Aufbewahrungspflichten bei Überschusseinkünften nach § 147a AO, BB 2010, 2085

Dörn, Übermacht der Steuerfahndung?, BB 1992, 2407

Dörn, Schätzung im Steuerstraf- und im Besteuerungsverfahren, wistra 1993, 1

Dörn, Der Steuerberater an der Grenze zum Steuerstraf- und Steuerordnungswidrigkeitenverfahren, DStR 1993, 374

Dörn, Anforderungen an die Durchsuchung im Steuerstrafverfahren, Stbg 1993, 471

Dörn, Betriebsausgaben und Steuerhinterziehung, Stbg 1996, 153

Dörn, Verdacht der Steuerhinterziehung in Schätzungsfällen?, Stbg 2000, 407

Dörn, Erweiterte Befugnisse für die Finanzbehörden, StuW 2002, 1024

Dörn, Steuerhinterziehung in Schätzungsfällen, NStZ 2002, 189

Dörn, Behauptete Darlehen in der Betriebsprüfung, StBp 2003, 24

Dötsch/Pung/Möhlenbrock, Kommentar zum KStG, Loseblatt

Drenseck, Einkommensteuerreform und objektives Nettoprinzip, FR 2006, 1

Desens, Neuer Schutz vor Manipulationen an digitalen Grundaufzeichnungen, FR 2017, 507

Drüen, Die Kontrolle der Kassenbuchführung mit Hilfe statistischer Testverfahren, PStR 2004, 18

Drüen, Kooperation im Besteuerungsverfahren, FR 2011, 101

Drüen, Das Gebot effektiven Rechtsschutzes als Schranke der Anordnung einer Sicherheitsleistung im Finanzprozess, DStR 2014, 1803

Dürrer, Beweislastverteilung und Schätzung im Steuerstrafrecht

Durst, Chancen und Risiken des Besteuerungsverfahrens für das Strafverfahren, KÖSDI 2011, 17579

Durst, Zum Verhalten nach Einleitung eines Strafverfahrens, PStR 2012, 274

Eberlein, Zugriff der Finanzverwaltung auf Daten und Datenverarbeitungssysteme im Rahmen der steuerlichen Außenprüfung, DStZ 2002, 249

Ebner, Der Steuerberater in der Strafverteidigung, (§ 392 AO), SteuerStud 2008, 577

Literatur

Ebner, Die Begründung der Schätzungshöhe, AO-StB 2017, 319
Eckhoff, Vom konfrontativen zum kooperativen Steuerstaat, StuW 1996, 107
Eggesiecker/Ellerbeck, Einkommensteuerbescheide vor Grundlagenbescheiden – Rosenpickerei beim Ansatz von Beteiligungseinkünften, BB 2013, 2658
Eich, Schätzung bei fehlerhafter Kassenführung, AO-StB 2001, 151–154
Eich, Die Anfechtung einer tatsächlichen Verständigung – Vermeidungsstrategien gegen nachteilige Rechtsfolgen, AO-StB 2001, 236
Eich, Beratungsrelevante Aspekte im Fall der Beihilfe zur Steuerhinterziehung, KÖSDI 2003, 13696
Eich, Rechte und Pflichten im Besteuerungsverfahren nach Einleitung eines Steuerstrafverfahrens, KÖSDI 2009, 16456
Eich, Strafbarkeitsrisiken und Haftungsgefahren für den Berater bei Steuerhinterziehung des Mandanten, KÖSDI 2011, 17706
Eichhorn, Zur Rechtmäßigkeit der Vorabanforderung von Steuererklärungen, DStR 2009, 1887
Eichhorn, Ein Plädoyer für die offene Ladenkasse, StBp 2016, 303
Eichhorn, Wegweiser des BFH zur Diskussion über die „offene Ladenkasse" und zur Hinzuschätzungspraxis in der Betriebsprüfung, DStR 2017, 2470
Engelberth, Datenzugriff und Aufzeichnungspflichten, NWB 2010, 2307
Engelberth, Aufbewahrung digitaler Unterlagen bei Bargeschäften, StBp 2011, 193
Engelberth, Die neue E-Bilanz, StBp 2013, 160 (Teil I) und 193 (Teil II)
Engelen, Ausgewählte Aspekte und Erwägungen zur neugefassten Gewinnabgrenzungsaufzeichnungsverordnung, DStR 2018, 370
Englisch, Bindende tatsächliche und rechtliche Verständigungen zwischen Finanzamt und Steuerpflichtigem, Diss. Bonn 2004
Englisch, Das neue MWSt-Sonderregime für Gutscheine, ifst-Schrift 515(2017)
Erb, Verteidigungsansätze in Schätzungsfällen, SAM 2007, 122
Ernst, Der grafische Reihenvergleich als neuere indirekte Prüfungsmethode der steuerlichen Betriebsprüfung, StBp 1986, 78
Esskandari/Bick, Steuerstrafrecht – Rechtsprechung der Strafgerichte 2013/2014, DStZ 2015, 963
Farr, Der Vollstreckungsaufschub bei Steuernachforderungen, StBp 2016, 78
Fiedler/Riegel, Finanzgerichtsprozesse erfolgreich führen – die Krux mit dem Beweis bei Auslandssachverhalten, BB 2014, 3100
Fischer, Der BFH verabschiedet das sog. Aufteilungs- und Abzugsverbot – Der Beschluss des Großen Senats des BFH vom 21.9.2009 zu § 12 Nr. 1 S. 2 EStG, NWB 2010, 412
Fittkau, Die Genehmigung der tatsächlichen Verständigung durch das Veranlagungsfinanzamt, DStZ 2003, 231
Fittkau, Checkliste zur tatsächlichen Verständigung (tV), AO-StB 2007, 154
Fittkau, Die GbR im Umsatzsteuerrecht, 2008

Literatur

Flick/Wassermeyer/Becker, Kommentar zum AStG, Loseblatt

Flore/Dörn/Gillmeister, Steuerfahndung und Steuerstrafverfahren, 2. Auflage 1999

Franke-Roericht, „Wenn die Kasse klüngelt": Beihilfe durch Verkauf von Kassenmanipulationssoftware, PStR 2015, 66

Franke-Roericht/Roth, Einzelaufzeichnungspflicht, technischer Manipulationsschutz und Kassen-Nachschau, Stbg 2016, 247

Freitag, Chi-Quadrat-Anpassungstest und Benford's Law: Statistische Testverfahren im Rahmen steuerlicher Prüfungen, BB 2014, 1693

Freudenberg, Schätzung von Besteuerungsgrundlagen, INF 1987, 205

Freudenberg, Operational Transfer Pricing: Notwendigkeit eines Verrechnungspreismanagements bei Auslandsinvestitionen, BB 2014, 1515

Fritz/Bonenberger, Die Schätzung im Steuerverfahren, StuB 2000, 1006

Füllsack/Bürger, Die Neuregelung der Selbstanzeige, BB 2011, 1239

Fuhrmann/Strahl, Rechtsentwicklungen und Streitpunkte zu §4 Nr. 14 UStG, DStR 2005, 166

Gast-de Haan, Abzugsfähigkeit von Schmiergeldern, NWB F 2, 5433

Gebbers, Die Strukturanalyse, StBp 2007, 225 (Teil I), 257 (Teil II), 289 (Teil III)

Gebbers, Durchführung eines Z-Tests zur Prüfung der Umsätze, StBp 2012, 308 (Teil I), 340 (Teil II), 2013, 13 (Teil III)

Gebhardt, Schätzung bei Steuererklärungen auf Papier, AO-StB 2012, 246

Gehm, Ahndungsmöglichkeiten einer nicht ordnungsgemäßen Kassenbuchführung bei nicht zur Buchführung verpflichteten gesetzlich verpflichteten Unternehmen, StuB 2000, 1255

Gehm, Kosten eines Strafverfahrens – Möglichkeiten der einkommensteuerlichen Geltendmachung, EStB 2015, 30

Gehm, Benennung von Gläubigern und Zahlungsempfängern gemäß § 160 AO – Risikoprofil in der Praxis, StBp 2015, 283

Gehm, Kompendium Steuerstrafrecht, 3. Auflage 2017

Gehm, Schätzungen im ertragsteuerlichen Bereich – eine aktuelle Betrachtung, EStB 2019, 237

Georgius/Groß, Datenzugriff unter Einsatz von Prüfersoftware, Stbg 2006, 157

Gerhards, Die elektronische Rechnung – praxisorientierte Bestandsaufnahme, DStZ 2013, 156

Geuenich, Verschärfung der strafbefreienden Selbstanzeige, NWB 2011, 1050

Geuenich, Anmerkung zu BFH II R 15/12, BB 2013, 288

Geuenich, Digitale Kassensysteme: Verschärfte Compliance-Anforderungen ab 2020, NWB 2017, 786

Geuenich/Rbib, Verwaltungsregeln für die (digitale) Kassenprüfung vor Ort, NWB 2018, 2724

Giezek, Monetary Unit Sampling – Der Einsatz statistischer Verfahren im Rahmen der Jahresabschlussprüfung, 2011

Giezek/Rupprecht/Wähnert, Wie sicher muss ein Verprobungsergebnis sein?, BBK 2017, 236

Giezek/Wähnert, Schätzungsmethoden der Betriebsprüfung im Vergleich, BBK 2017, 998

Giezek/Wähnert, Wahrscheinlichkeitstheorie in der Betriebsprüfung – von der qualifizierten Stichprobenprüfung zur Ziffernanalyse, DB 2018, 470

Giezek/Wähnert, Künstliche Intelligenz vs. Anwendergelenkten Softwareeinsatz – Ist KI generell leistungsfähiger oder nur besser zu verkaufen?, DB 2019, 1707

Giezek/Wähnert/Becker, Anwendung des Monetary Unit Sampling (MUS) in der steuerlichen Betriebsprüfung – Qualifizierte Untersuchung und Bewertung von Stichproben, StBp 2016, 347

Gimmler/Greil, Bedeutung der deutschen Verrechnungspreisdokumentationsvorschriften für die Betriebsprüfungspraxis, StB 2009, 233

Gläser, Steuerberatervergütung und Gerichtsgebühren im Finanzprozess nach dem Zweiten Kostenrechtsmodernisierungsgesetz, DStR 2014, 717

Göb/Karrer, Die neue Aktualität der statistischen Stichprobenprüfung, WPg 2010, 593

Götz, Das Düsseldorfer Verfahren und die Regelungen für die Besteuerung im ProstSchG – Eine kritische Bestandsaufnahme, StBp 2018, 246

Goldshteyn, Digitalisierung von Papierdokumenten und Einsichtsmöglichkeiten im Rahmen der Umsatzsteuer-Nachschau, StBp 2010, 166

Goldshteyn, Auswirkungen des Steuerhinterziehungsbekämpfungsgesetzes auf Steuerpflichtige mit Überschusseinkünften, StBp 2010, 68

Goldshteyn, Aufbewahrungspflichten bei Bargeschäften, DB 2011, 614

Goldshteyn/Thelen, Extra fiscum recta doctrina non est? – Kritische Anmerkungen zu den GoBD und ihrer Rechtsqualität, BB 2015, 326

Goldshteyn/Thelen, Neue GoBD im Falle einer IT-gestützten Buchführung, StBp 2015, 289

Gombert, Die Schätzung der Besteuerungsgrundlagen nach § 162 der Abgabenordnung, Diss. Berlin 2001

Gosch, Ermessensausübung i. R .d. Benennungsverlangens nach § 160 AO und Verhältnis zu § 16 AStG, StBp 1991, 81

Gotzens, Nützliche Aufwendungen und das Abzugsverbot nach § 4 Abs. 5 Nr. 10 EStG, DStR 2005, 673

Gräber, Kommentar zur FGO, 8. Auflage 2015

Graf, Vollständigkeitserklärungen für Einnahme-Überschussrechnungen? – Prüfung der Sinnhaftigkeit für die Beratungspraxis, BBK 2017, 152

Graf/Bisle, Steuererklärungspflichten im Steuerstrafverfahren, INF 2006, 144

Grams, Prozesskostenhilfe im finanzgerichtlichen Verfahren, StB 1995, 68

Grashoff, Grundzüge des Steuerrechts, 14. Auflage 2018

Literatur

Grefe, Buchführungsbefreiungen von Einzelunternehmern nach Handels- und Steuerrecht – Vergleichende Analyse von § 241a HGB und § 141 AO, SteuerStud 2010, 585

Greite, Grenzen der tatsächlichen Verständigung, NWB F 2, 8406

Greite, Anteiliger Abzug von Werbungskosten für einen privat angeschafften PC, NWB F 6, 4505

Greive, Staaten gegen Steuerflucht, Die Welt v. 17. 9. 2014

Greuenich, Bagatellfehler bei strafbefreienden Selbstanzeigen, NWB 2011, 4024

Greulich/Teutemacher, Einheitlich geplant – Standardisierung von Kassendaten, Datev-Magazin 4/2018, 27

Grezesch, Steuererklärungspflichten im Strafverfahren, DStR 1997, 1273

Griesel, Eklatante Fehler bei der Kassenbuchführung, PStR 2007, 154

Groß, Die Anpassung der Unternehmens-EDV an die Vorgaben zum Datenzugriff der Finanzverwaltung, DStR 2002, 1121

Groß, Beratungshilfe/Prozesskostenhilfe/Verfahrenskostenhilfe, 13. Auflage 2015

Groß, Update GoBD, mobiles Scannen und E-Rechnung, Ubg 2019, 475

Groß/Georgius, Weitere Intensivierung der digitalen Betriebsprüfung durch den Einsatz von Prüfmakros, DStR 2006, 2067

Groß/Kampffmeyer/Eller, Klärungsbedarf in der praktischen Umsetzung des Rechts auf Datenzugriff im Rahmen steuerlicher Außenprüfungen, DStR 2005, 1214

Groß/Kampffmeyer/Klas, ZUGFeRD aus dem Blickwinkel von Tax-Compliance und IT-Governance. Vom digitalen Glücksfall zur rechtskonformen Implementierung

Grube, zum – vielfältigen – Rechtsschutz gegen nichtige Steuerbescheide, DStZ 2011, 569

Gunsenheimer, Die Einnahmenüberschussrechnung nach § 4 Abs. 3 EStG, 14. Auflage 2015

Günther, Die Schätzung von Besteuerungsgrundlagen bei Nichtabgabe von Steuererklärungen (§ 162 AO), AO-StB 2015, 108

Günther, Zeitreihenvergleich als Schätzungsmethode i. S. v. § 162 AO, StBp 2015, 255

Günther, Nichtigkeit von Verwaltungsakten – Letzter Rettungsanker bei versäumten Einspruchsfristen und chancenlosen Anträgen auf Änderung, AO-StB 2016, 201

Günther, Der Vorbehalt der Nachprüfung (§ 164 AO) in der Besteuerungspraxis, AO-StB 2016, 329

Habammer/Pflaum, Bleibt die Selbstanzeige noch praktikabel?, DStR 2014, 2267

Hachmeister/Kahle/Mock, Bilanzrecht, 2018

Hagen, Das Empfängerbenennungsverlangen nach § 160 AO, DStZ 2004, 564

Literatur

Hagen, Mitwirkungs- und Aufzeichnungspflichten des Stpfl. bei Sachverhalten mit Auslandsbezug und Rechtsfolgen bei Pflichtverletzung, StBp 2005, 33

Hagenkötter, Die digitale Steuerprüfung, NJW 2002, 1977

Harle/Olles, Datenzugriff auf Einzelaufzeichnungen im Einzelhandel – Das Urteil des Hessischen FG v. 24.4.2013 – ein Bumerang?, StBp 2013, 333

Harle/Olles, Die moderne Betriebsprüfung, 2. Auflage 2014

Harms, Steuerliche Beratung im Dunstkreis des Steuerstrafrechts, Stbg 2005, 12

Harrmann, Einsatz von Verprobungsverfahren in der Betriebsprüfung, DB 1989, 540

Härtl, Einzelaufzeichnungspflicht und Datenzugriff auf digital aufgezeichnete Geschäftsvorfälle von Bargeschäften – (Kein) Datenzugriff bei Registrierkassen, Apotheken, StBp 2014, 1 (Teil I) und 45 (Teil II)

Härtl/Schieder, Ordnungsmäßigkeit digital geführter Erlösaufzeichnungen – Elektronische Registrierkassen und digitale Erlöserfassungssysteme im Brennpunkt des Steuerrisikos Erlöskürzung, StBp 2011, 33 (Teil I), 68 (Teil II), 97 (Teil III)

Hartmann, Aufzeichnungs- und Aufbewahrungspflichten bei der Gewinnermittlung nach § 4 Abs. 3 EStG, StBp 1992, 139

Haubner, Aufsichtsverletzungen hinsichtlich steuerlicher Pflichten im Betrieb, AO-StB 2017, 84

Haunhorst, Das gerichtliche Verfahren zur Aussetzung der Vollziehung von Steuerbescheiden bei nachfolgender Einspruchsentscheidung, DStZ 2000, 325

Haunhorst, Die sog. Kontoleihe – Eine Gefälligkeit mit Risiken und Nebenwirkungen, DStR 2014, 1451

Heil, Das neue Signaturgesetz, NWB F 19, 2793

Heil, Die elektronische Abrechnung in Buchführung und Steuerrecht, BBK 2000, 903

Heil, Die Kassenführung, BBK 2000, 55

Heinlein, Gewinnschätzung bei fehlenden Besteuerungsrundlagen oder bei erklärten unangemessenen Ergebnissen durch das Finanzamt, StBp 1976, 125

Heißenberg, Beweiserhebung in der mündlichen Verhandlung, KÖSDI 1990, 7929

Heißenberg, Offenbarungszwang der Finanzverwaltung und Akteneinsicht im Verwaltungsverfahren, KÖSDI 2000, 12310

Hellmann, Steuerstrafrechtliche Risiken umsatzsteuerfreier innergemeinschaftlicher Lieferungen, wistra 2005, 161

Hendricks/Hildebrand, Praxisforum Steuerrechtsschutz: Ersetzendes Scannen und Steuerstreit, Ubg 2018, 666

Hendricks/Höpfner, Praxisforum Steuerrechtsschutz: Beweisführung durch Auslandszeugen bei Auslandssachverhalten, Ubg 2019, 121

Henn, GoBD-Zweifelsfragen: Erfassung in Grundbüchern oder Grundaufzeichnungen sowie zeitgerechte Buchungen und Aufzeichnungen, DB 2015, 2660

Henn, Die GoBD 2019 (GoBD 2.0) – ein sinnvolles Update?, DB 2019, 1816

Henn/Kuballa, Streitpunkt: Unveränderbarkeit von (elektronischen) Büchern, Aufzeichnungen und Unterlagen, DB 2016, 2749

Henn/Kuballa, Steuerrechtliche Anforderungen an die Aufbewahrung elektronischer Unterlagen, NWB 2017, 2779

Henneberg, Der Steuerpflichtige im Spannungsfeld zwischen Besteuerungsverfahren und Strafverfahren, BB 1988, 2181

Herrmann/Heuer/Raupach, Kommentar zum EStG und zum KStG, Loseblatt

Herzig/Briesemeister/Schäperclaus, E-Bilanz: Finale Fassung des BMF-Schreibens und der Taxonomien, DB 2011, 2509

Herrf, Schätzungen durch Finanzbehörden und FG, Streitfragen und Probleme, KÖSDI 1998, 11545

Herrfurt, Gesetz zum Schutz vor Manipulationen an digitalen Grundaufzeichnungen verabschiedet, StuB 2017, 57

Herrmann/Heuer/Raupach, Kommentar zum EStG und zum KStG, Loseblatt

Hesdahl, Der Prüfungsbeamte des Finanzgerichts, Diss. Gießen 1992

Heuel, Selbstanzeigeberatung nach dem BGH-Beschluss vom 20. 5. 2010 – ein Himmelfahrtskommando?, AO-StB 2010, 246

Heuel, Geschätzte Selbstanzeige und die Behandlung durch die Finanzämter, StBW 2014, 790

Heuel, Positionspapier des BMF und Erlass des FinMin Nordrhein-Westfalen zur Einzelfragen der §§ 371, 398a AO, AO-StB 2016, 261

Heuel/Beyer, Selbstanzeige und Umsatzsteuer – ein Ritt auf der Rasierklinge?, UStB 2011, 287

Heuel/Beyer, Sicherheit der elektronischen Daten bei der Durchsuchung der Steuerberaterkanzlei, AO-StB 2011, 245

Heuel/Beyer, Die Rettung verunglückter Selbstanzeigen, AO-StB 2013, 140

Heuel/Beyer, Die „neue" Selbstanzeige – ein kleines Update, AO-Stbg 2016, 161

Heuermann, Anmerkung zu BFH v. 18. 8. 2015, V R 47/14, StBp 2016, 25

Heuking/von Coelln, Die Neuregelung des § 299 StGB – Das Geschäftsherrenmodell als Mittel zur Bekämpfung der Korruption?, BB 2016, 323

Hilbertz, Rückstellung für die Nachbetreuung von Versicherungsverträgen, NWB 2011, 3934

Hild, Schätzungen im Steuer- und Strafrecht, DB 1996, 2300

Hilgard, Archivierung und Löschung von E-Mails im Unternehmen, ZIP 2007, 985

Hillmer, Mitwirkungspflichten bei Einbuchung ungeklärter Einlagen, BC 2013, 424

Hillmer, Ordnungsmäßigkeit der Buchführung: Einzelaufzeichnungen meist, aber nicht immer erforderlich, BC 2018, 60

Hillmer, Ordnungsmäßigkeit der Kassenführung im Fokus der Finanzverwaltung, BC 2018, 462

Höft/Danelsing/Grams/Rook, Schätzung von Besteuerungsgrundlagen, 2014

Högemann, Neuere Entwicklungen bei der Schätzung im Rahmen der steuerlichen Betriebsprüfung, insbesondere im Rahmen der Gastronomie, INF 2000, 585

Höink/Hermes, Umsatzsteuer: die elektronische Rechnung – Wunsch und Wirklichkeit, BB 2018, 2263

Hölscheidt, Wenn Mandanten Fehler machen, Datev-Magazin 4/2016, 19

Hoffmann, Das angemessene Geschäftsführergehalt im Schätzungsintervall des FG, GmbHR 2003, 1197

Hofmann, Gewerbeuntersagung wegen steuerlicher Unzuverlässigkeit, DStR 1999, 201

Hollatz, Anforderungen an ein ordnungsgemäßes Fahrtenbuch, NWB F 6, 4679

Homp/Prasse, Prüfungskriterien für die Ordnungsmäßigkeit der Buchführung bei „Software on Demand", Stbg 2006, 503

Hopp/Bruns, Aktuelle Rechtsentwicklungen beim Verzögerungsgeld gem. § 146b AO, DStR 2012, 1485

Huber, Weiter entwickelte und neue Methoden der Überprüfung, Verprobung und Schätzung, StBp 2002, 199 (Teil I), 233 (Teil II), 258 (Teil III)

Huber, Manipulationssysteme, Urkundenunterdrückung und Beweisverderber – von der Systemkontrolle zur Generalschätzung, StBp 2003, 193

Huber, Aufzeichnungssystem und Prüfungsebenen, StBp 2005, 153

Huber, Digitale Ziffernanalyse versus Strukturanalyse und die logische Herleitung von Benford (NBL), StBp 2009, 65

Huber, Gedanken zur Zukunft des steuerlichen Risikomanagements im Erlösbereich, StBp 2014, 121 (Teil I), 153 (Teil II), 185 (Teil III), 221 (Teil IV), 245 (Teil V), 277 (Teil VI), 317 (Teil VII)

Huber/Reckendorf/Zisky, Die Unveränderbarkeit der (Kassen-)Buchführung nach § 146 Abs. 4 AO im EDV-Zeitalter und INSIKA, BBK 2013, 567

Huber/Wähnert, Das Kölner Zeitreihenurteil und das Projekt „NiPt", StBp 2009, 207

Hübschmann/Hepp/Spitaler, Kommentar zur AO und zur FGO, Loseblatt

Hüfgen/Drüen, Die Kontrolle der Kassenbuchführung mit Hilfe des Chi^2-Tests, PStR 2004, 44

Hülshoff/Wied, Einzelaufzeichnungspflichten bei Bargeschäften – Besonderheiten bei Einnahmenüberschussrechnern, NWB 2017, 2094

Hülster, Grenzen der Korrektur von Verrechnungspreisen in der Betriebsprüfung, IStR 2016, 874

Hundt-Eßwein, Haftung im Steuerrecht, NWB F2, 6973

Hunsmann, Praxishinweise zur Einstellung nach § 398a AO, PStR 2011, 227

Hunsmann, Neues zur Selbstanzeige im Steuerrecht, NJW 2011, 275

Literatur

Intemann/Cöster, Rechte und Pflichten bei der digitalen Außenprüfung – Zugleich Besprechung des sog. Frage-und-Antwort-Katalogs des BMF, DStR 2004, 1981

Jäger, Erklärungspflicht trotz Strafverfahrens?, PStR 2002, 49

Jäger, Strafzumessung im Steuerstrafrecht, DStZ 2012, 737

Jahke/Gallert, Disziplinarrechtliche Konsequenzen von Steuerhinterziehung und Selbstanzeige durch Beamte, DStR 2014, 1476

Jakob, Abgabenordnung, 5. Auflage 2010

Jakobs, Umfang und Korrektur eines bestandskräftigen Umsatzsteuer-Schätzungsbescheids, NWB F 2, 8399

Jansen, Bedeutung der digitalen Grundaufzeichnungen aus Kassensystemen für die Finanzverwaltung – Stellt die Nichtvorlage „nur" einen formellen Mangel dar?, StBp 2019, 139

Jehke/Haselmann, Der Schutz des Steuergeheimnisses nach einer Selbstanzeige, DStR 2015, 1036

Jesse, Einspruch und Klage im Steuerrecht, 3. Auflage 2009

Jochum, Die Mitwirkungspflichten des Steuerpflichtigen in der Außenprüfung: Grundlagen, Datenzugriff, internationale Sachverhalte, Sanktionen

Joecks, Steuerliche Schätzung im Strafverfahren, wistra 1990, 52

Joecks/Jäger/Randt, Steuerstrafrecht, 8. Auflage 2015

Jope, Die Aufbewahrungspflichten des Handels- und des Steuerrechts – Änderungen aufgrund des JStG 2009, Stbg 2009, 404

Junker, Geschäftsinformationen zwischen Papier und Bytes – Archivierungspflicht für geschäftliche E-Mails, FS für Gerhard Käfer, 181

Kahle/Kindich, Die finalen Verwaltungsgrundsätze Betriebsstättengewinnaufteilung als (vorläufiger) Abschluss der Umsetzung des „Authorised OECD Approach", GmbHR 2017, 341

Kahlen, Ungeklärte Vermögenszuwächse, PStR 1999, 74

Kaligin, Steuervermeidung durch Auslandsgesellschaften, Stbg 2002, 581

Kaligin, Mitwirkung bei der Steuerfahndung – Der Bluff der Steuerfahndung, Stbg 2002, 85

Kaligin, § 153 AO – eine Universalnorm zur Beendigung von Steuerstrafverfahren?, Stbg 2010, 500

Kaligin, Baugewerbe im fiskalischen Zwielicht, StBp 2011, 338

Kaligin, Betriebsprüfung und Steuerfahndung, 2014

Kaminski/Strunk, Die Gewinnabgrenzungsaufzeichnungsverordnung, StBp 2004, 1 (Teil I), 29 (Teil II)

Kamps, Streit um Schätzung, Verprobung und Kassenführung insbesondere bei bargeldintensiven Geschäftsbranchen in der Betriebsprüfung, Stbg 2017, 201

Kamps/Wulf, Neue Rechtsprechung zur Geltung des Grundsatzes „in dubio pro reo" im Verfahrensrecht der AO, DStR 2003, 2045

Literatur

Karadag, Kasse – Schätzung – Haftung, Risiken bei der steuerlichen Betreuung von Buchführungsmandaten, Stbg 2017, 87

Kelterborn, Zur Wirksamkeit von Selbstanzeigen bei „geringfügiger Unvollständigkeit", DStR 2012, 640

Kemper, Die mangelhafte Besteuerung der Prostitution, DStR 2005, 543

Kemper, Wieder ein neuer § 371 AO? Mögliche Einschränkungen der Regelung zur Abgabe einer strafbefreienden Selbstanzeige, DStR 2014, 928

Kempermann, Amtsermittlung, Mitwirkungspflichten und Beweislast bei Auslandssachverhalten, FR 1990, 437

Kerssenbrock/Kirch, Zu den Folgen des § 5b EStG, Stbg 1212, 241

Kessler/Haller, Vorsteueraufteilung bei gemischt-genutzten Gebäuden – die Fläche ist der Schlüssel, DStR 2014, 553

Kindshofer, Vermögenszuwachsrechnung und Geldverkehrsrechnung, PStR 2003, 7

Kircher/Stumpf, Die Konkretisierung des Begriffs „außergewöhnlicher Geschäftsvorfall" im Sinne des § 90 Abs. 3 Satz 3 AO, BB 2014, 2776

Kirchhof/Söhn/Mellinghoff, Kommentar zum EStG, Loseblatt

Kläne, Registrierkassen im Fokus der Außenprüfung – Aktuelle Entwicklung und Rahmenbedingungen, NWB 2013, 923

Kläne/Oldenburg, Von der Kassenrichtlinie zum Kassengesetz, StBp 2017, 239

Kleemann/Kalina-Kerschbaum, Aktualisierung von GoBS und GDPdU durch das BMF geplant – Die Praxis wartet auf sachgerechte Lösungen, DStR 2013, 1098

Klein, Kommentar zur AO, 14. Auflage 2018

Klein, Anwaltliche und notarielle Rechnungsposten – Durchlaufender Posten oder umsatzsteuerbare und umsatzsteuerpflichtige Leistungen, NWB F 7, 6929

Klingebiel, Erlösnachkalkulation und sachliche Richtigkeit der Buchführung, NWB F 17, 2127

Klingebiel, Ordnungsgemäße Kassenführung und sachliche Richtigkeit der Buchführung, NWB F 17, 2293

Klingebiel, Geldverkehrsrechnung und sachliche Richtigkeit der Buchführung – Voraussetzungen für Hinzuschätzungsberechtigungen bei Außenprüfungen, NWB F 17, 2233

Klos, Die Formen der Steuerkontrolle durch die Finanzbehörden, StW 2005, 189

Klos/Weyand, Praktische Probleme des Einsatzes von Außenprüfungen zu steuerstrafrechtlichen Ermittlungen, StBp 1989, 157

Koch, Eis – Praxishandbuch der traditionellen und handwerklichen Speiseeisherstellung, 3. Auflage 2008

Koenig, Kommentar zur AO, 3. Auflage 2014

Literatur

Köhler, Bilanzanalyse als Mittel zur Auswahl prüfungsbedürftiger Fälle? – Möglichkeiten und Grenzen der Nutzung von E-Bilanz-Daten, StBp 2015, 61 (Teil I), 108 (Teil II) und 139 (Teil III)

Köhler, Erleichterungen bei Aufzeichnungspflichten gem. § 22 UStG – Korrelation zwischen Kassenführung und Trennung der Entgelte?, StBp 2017, 105

Köhler, Grundzüge des Rechnungswesens als Grundlage für eine Verfahrensdokumentation – Darstellung anhand eines Beispiels aus der Materialwirtschaft, StBp 2018, 231

Köhler, Grundzüge des Rechnungswesens als Grundlage für eine Verfahrensdokumentation – Prüfungsmöglichkeiten im Zusammenhang mit einem DV-gestützten Rechnungswesen aus Sicht der Betriebsprüfung, StBp 2018, 291

Köller/Nissen/Rieß/Sadorf, Probabilistische Schlussfolgerungen in Schriftgutachten – Zur Begründung und Vereinheitlichung von Wahrscheinlichkeitsaussagen in Sachverständigengutachten, 2004

Kohlmann, Kommentar zum Steuerstrafrecht, Loseblatt

Kottke, Verbindliche Zusage und tatsächliche Verständigung – Unterschiede und Gemeinsamkeiten, DB 1999, 820

Kowallik, Vom innerbetrieblichen Kontrollsystem für Steuern zum Tax Compliance Management System, DB 2017, 385

Kraft, Kommentar zum AStG, 2009

Kratzsch, Die Wechselwirkung von Strafverfahren und tatsächlicher Verständigung bzw. Schätzung, PStR 1/2005, 10

Kraus, Die Richtsatzschätzung zur Ermittlung des steuerpflichtigen Gewinns des Gewerbetreibenden, Diss. Gießen, Bielefeld 1981

Krause, Besonderheiten der Beweislast bei der Feststellung von Steuerdelikten im finanzgerichtlichen Verfahren, DStR 1998, 553

Kromer, Datenzugriff der Finanzverwaltung auf die IT-Systeme des Unternehmens ab 2002: Umfang und Lösungsansätze, DStR 2001, 1017

Krömker, Haftung des Täters und Gehilfen einer Steuerhinterziehung, AO-StB 2002, 389

Kronawitter, Schätzung von Besteuerungsgrundlagen wegen Nichtabgabe der Steuererklärung, ZKF 2015, 31

Krüger, Die verfahrensrechtliche Bedeutung der sog. Nichtabgabefälle, StBp 2000, 97 (Teil I), StBp 2000, 129 (Teil II)

Krüger/Schult/Vedder, Digitale Betriebsprüfung: GDPdU in der Praxis – Grundsätze zum Datenzugriff und zur Prüfbarkeit digitaler Unterlagen

Krumm, Rechtsfragen der digitalen Betriebsprüfung (Summarische Risikoprüfung), DB 2017, 1105

Kruner/Zühlke, eCommerce im www – Können dem Steuerbetrug im Netz keine Grenzen gesetzt werden?, StBp 2010, 269 (Teil I) und 313 (Teil II)

Kühn/von Wedelstädt, Kommentar zur AO und zur FGO, 22. Auflage 2018

Kuhni, Prüfungssichere Kassenführung in bargeldintensiven Unternehmen, 2. Auflage 2017

Kulosa, Zugang zum BFH bei schwerwiegenden Rechtsfehlern – Plädoyer für mehr Großzügigkeit, DStR 2013, 1523

Kulosa, Mathematisch-statistische Schätzungsmethoden in der Betriebsprüfung, DB 2015, 1797

Kulosa, Replik zum Beitrag von Wolenski zum Zeitreihenurteil des X. Senats des BFH, Stbg 2016, 271

Kulosa, Herausforderungen der digitalen Betriebsprüfung, u. a. bei bargeldintensiven Betrieben, FR 2017, 501

Kulosa, Neue Vorgaben der Rechtsprechung zur Kassenbuchführung und zu Schätzungsmöglichkeiten der Finanzverwaltung, SAM 2017, 7

Külz/Odenthal, Beihilfe des Steuerberaters zur Steuerhinterziehung seines Mandanten, PStR 2017, 37

Kurczinski, Kassengesetz auf der Zielgeraden – Zeit für mehr Rechtssicherheit der Steuerpflichtigen, BB 2016, 1, 2

Kutschke, Grobe Schätzungsfehler und Nichtigkeit, DStR 1993, 1815

Kuzma, Die Nämlichkeit des Geldes, StBp 2009, 146

Lamprecht, GoBD und das E-Invoicing, BC 2015, 403

Lange/Rengier, Die Verlagerung der elektronischen Buchführung in das Ausland – zur Auslegung von § 146 Abs. 2a und 2b AO, DB 2009, 1256

Laumen, Beweisführungs- und Beweislastprobleme bei der zivilrechtlichen Haftung von Steuerberatern, DStR 2015, 2514 (Teil I) und 2570 (Teil II)

Leibner/Pump, Die sog. Dienstwagensteuer in der Einkommensteuer, StB 2003, 322

Leibner/Pump, Risiken der Drittwirkung für den Haftungsschuldner, AO-StB 2003, 118

Leingärtner, Die Besteuerung der Landwirte, Loseblatt

Leibold, Der Deal im Steuerstrafrecht, 2016

Levenig, Fallstricke bei der Kassen- und Buchführung in der Gastronomie, BBK 2018, 615

Lewandowski/Ackermann, Elektronische Kommunikation mit dem Finanzamt, DStR 2014, 1646

Liepert/Sahm, Einzelaufzeichnungspflicht bei Kassen – Referentenentwurf des Gesetzes zum Schutz vor Manipulationen an digitalen Grundaufzeichnungen, BB 2016, 1313

Lindgens, Diese Software nutzen Außenprüfer, Consultant 3/2002

Lindwurm, Verwertungsverbot nur bei schwerwiegenden Verfahrensverstößen, AO-StB 2018, 110

Lippross/Seibel, Basiskommentar Steuerrecht, Loseblatt

Littmann/Bitz/Pust, Kommentar zum EStG, Loseblatt

Loll, Die GoBD Tauglicher Maßstab für die Ordnungsmäßigkeit der Buchführung?, NWB 2015, 2242

Lorenz, „Brauchen Sie eine Rechnung"?: Ein Irrweg und sein gutes Ende, NJW 2013, 3132

Literatur

Lorenz/Ackermann/Schmischke, Die Kapitalverzinsung als Renditekennziffer bei der Bestimmung steuerlich angemessener Verrechnungspreise, BB 2011, 1185

v. *Lück,* Verrechnungspreisdokumentation und Country-by-Country Reporting – erhöhte Anforderungen an multinationale Unternehmen, BB 2017, 2524

Lüngen/Resing, Ordnungsgemäße Kassenführung beim Betrieb von Warenautomaten, StBp 2015, 300

Luer/Lühn, Die vorzeitige Anforderung von Steuererklärungen – ihre Voraussetzungen und ihre Grenzen, BB 2012, 2019

Maciejewski/Schumacher, Die steuerrechtliche Behandlung der strafrechtlichen Vermögensabschöpfung, DStR 2016, 2553.

Maciejewski/Schumacher, Endlich eine (steuerrechtliche) Lösung? – Verbleibender Abstimmungsbedarf zwischen Straf- und Steuerrecht nach der Reform der Vermögensabschöpfung, DStR 2017, 2021

Mack, Strafschätzungen im Steuerverfahren akzeptieren, um Steuerstrafverfahren zu vermeiden?, Stbg 2012, 2016

Mack, Problematische Betriebsprüfung: Abgleiten ins Strafverfahren und Vertretungskonsequenzen, Stbg 2013, 156

Mack, Überprüfung und Schätzung im so genannten bargeldintensiven Handel – Problematik der Prüfsysteme von elektronischen Kassensystemen, AO-StB 2016, 17

Mack/Schüller, Checklisten: Finanzgerichtsverfahren – was ist vom Berater zu beachten?, PStR 2018, 281

Maidorn, Der automatisierte Kontenabruf – Rechtsschutz gegen einen „Realakt", NJW 2006, 3752

Marfels, Der Geldeinwurfautomat als Kasse: Ohne tägliche Aufzeichnungen drohen Sicherheitszuschläge, BBP 2017, 253

Marschall, Bedeutung der Schätzung im Steuerstrafverfahren, DStR 1979, 587

Marx, Steuerstraf- und bußgeldrechtliche Verantwortung des Steuerberaters, DStR 1993, 1901

Marx, Datenzugriff, SteuerStud 2000, 404

Marx/Berg, Rückstellungen für Dokumentationsverpflichtungen nach HGB, IFRS und EStG, DB 2006, 169

Mäscher, Steuerhinterziehung und Feststellungslast bei verdeckter Gewinnausschüttung, PStR 2011, 92

Mäscher, Freigebige Zuwendungen im Geschäftsverkehr, DStR 2015, 193

v. *Meegen,* Neue Methoden der Außenprüfung, Stbg 2003, 488

Mehret/Wähnert, Prüfungsnetze vs. Einzelmethoden: Ein wichtiger, (bisher) verkannter Vorteil der Summarischen Risikoprüfung (SRP), DStR 2018, 314

Meixner, Fehlerhafte Kassen-/Buchführung und Schätzungsbescheide – Ein Fall der Steuerberaterhaftung?, DStR 2018, 2352

Merker, Die E-Bilanz, StW 6/2013, 83

Mertens, Schätzungsbefugnisse des Betriebsprüfers bei Fehlern in der Kassenbuchführung, GmbH-Steuerpraxis, 2018, 164

Meyer, Abwehrstrategien gegen die Schätzung von Besteuerungsgrundlagen im Betriebsprüfungsverfahren, DStR 2005, 2114

Michels, Prüfungsanordnung, juris Lexikon Steuerrecht

Mihm, Selbstanzeige eines Finanzbeamten, AO-StB 2001, 222

Mihm, Anmerkung zu BFH v. 9. 3. 2016, X R 9/13, AO-StB 2016, 251

Mitsch/Stumm, Die Schätzung von Besteuerungsgrundlagen mittels Vermögenszuwachsrechnung, INF 2005, 539

Mochty, Die Aufdeckung von Manipulationen im Rechnungswesen – Was leistet Benford's law, Wpg 2002, 725

Möller, Finanzkontrolle Schwarzarbeit – Die (steuerliche) Prüfung nach dem SchwarzArbG, StBp 2013, 165

Mösbauer, Die an die Buchführung und die sonst erforderlichen Aufzeichnungen zu stellenden formellen Anforderungen, DB 2002, 498

Moosburger, Besteuerung im Rotlichtmilieu – versagt der Finanzbeamte im Bordell?, wistra 2005, 18

Moritz, Steuerhinterziehung und die Voraussetzungen der Haftung gem. § 71 AO, BB 2013, 1562

Müller, Das Nebeneinander von Außenprüfung und Steuerstrafverfahren, AO-StB 2001, 245

Müller, Anmerkung zu Niedersächsisches FG v. 22. 1. 2000, 5 V 205/99, EFG 2001, 177

Müller, Die steuerstraf- und bußgeldrechtliche Verantwortung des Steuerberaters, StBp 2009, 299

Müller, Wann ist ein Schätzungsergebnis nichtig?, AO-StB 2010, 240

Müller, Die Bedeutung der Gläubiger- und Empfängerbenennung nach § 160 AO im Steuerstrafrecht, StBp 2010, 82

Müller, Die steuerstrafrechtliche Verantwortung der beratenden Berufe, AO-StB 2015, 139

Müller, Außenprüfung und Verjährung – Unterschiede zwischen Außenprüfung- und Steuerfahndungsverfahren, AO-StB 2016, 229

Nacke, Zweifelsfragen und Prüfungsschwerpunkte bei der Lohnsteuerhaftung, DStR 2005, 1297

Neckels, Überlegungen und Vorschläge zur Entlastung der Finanzgerichte von den Schätzungsfällen, DStZ 1989, 523

Neubert, Die digitalen Methoden der modernen Betriebsprüfung, AO-StB 2018, 291

Neufang, Arbeitszimmer nach der Entscheidung des BVerfG – Was nun?, StB 2010, 343

Neufang/Bohnenberger, Schätzungsbefugnis im Rahmen einer Betriebsprüfung – Hinweise für eine erfolgreiche Abwehrberatung, StB 2017, 15

Literatur

Neufang/Haak, Steuerliche Behandlung eines Pkw als Privat-, Betriebs- oder Unternehmensvermögen, StBp 2014, 291

Neufang/Schmidt, Vordruck EÜR und Beratungspraxis – Ein rechtswidriger Beitrag zur Verkomplizierung des Steuerrechts?, Stbg 2004, 161

Neufang/Stahl, Mindestanforderungen für ordnungsgemäßes Fahrtenbuch, StB 2012, 392

Neuling, Tax Compliance im Unternehmen: schlichte Anzeige (§ 153 AO) vs. Selbstanzeige, DStR 2015, 558

Neuthinger, Akribisch archivieren, handwerk magazin 8/2015, 65

Noak, Digitaler Rechtsverkehr: Elektronische Signatur, elektronische Form und Textform, DStR 2001, 1893

Nöcker, Zeitreihenvergleich im Gleitschlitten versus Programmierprotokolle der Registrierkasse, NWB 2015, 3548

Nöcker, Die Nichtzulassungsbeschwerde zum BFH, AO-StB 2014, 310

Nöcker, Nichtigkeit der (Straf-)Schätzung? – Hilfe gegen hohe Schätzungen bei Versäumung der Einspruchsfrist nur im Ausnahmefall, AO-StB 2016, 271

Nöcker, Buchführungspflichten des Einzelgewerbetreibenden, AO-StB 2016, 324

Nöcker, Anmerkungen zur Ordnungsmäßigkeit der Kassenführung, NWB 2017, 492

Nöcker, Gewusst wie – error in iudicando und die fehlerhafte Aktenauswertung, AO-StB 2017, 159

Nöcker, Quantile in der BFH-Rechtsprechung, NWB 2017, 3050

Nöcker, Die neuen BFH-Urteile zur Schätzung bei einem Einnahmenüberschussrechner, NWB 2018, 2850

Obenhaus, Die Bedeutung des Steuerhinterziehungsbekämpfungsgesetzes für die Praxis, Stbg 2009, 389

Oberhauser, Der Druck wächst, Datev-Magazin 2/2015, 8

Obermair, Stundung, Vollstreckung, Insolvenzantrag – Das Verhalten des Finanzamts bei wirtschaftlichen Schwierigkeiten des Abgabenschuldners, BB 2006, 582

Ochs/Wargowske, Zum „Ort" des Datenzugriffs gem. § 147 Abs. 6 S. 2 AO – Eine erste Anmerkung zu BFH v. 16.12.2014, VIII R 52/12

Odenthal, Die computergestützte Suche nach Auffälligkeiten in Buchhaltungssystemen – Wirtschaftskriminalität im Fokus der Betriebsprüfung, BC 2005, 49

Odenthal, Im Rausch der Zahlen: Grundlegende Entscheidung des BFH zum Zeitreihenvergleich, BBK 2015, 673

Odenthal, Neue GoBD-Anforderungen und betriebliche Praxis, BC 2016, 31

OECD, Electronic sales suppression: A threat to tax revenue, 2013

OECD, Transfer Pricing Guidelines for Multinational Enterprises and Tax Administrations 2017

Oellerich, Wegfall der Geschäftsgrundlage bei einer tatsächlichen Verständigung, Anmerkung zu BFH IX R 24/15, AO-StB 2017, 297

Oettinger, Einnahmen speichern und auswerten, Datev-Magazin 4/2016, 13

Offerhaus, Die tatsächliche Verständigung, DStR 2001, 2093

Offerhaus, Zur Ordnungsmäßigkeit von Kassenaufzeichnungen, StBp 1982, 123

Olbertz, Benennung von Zahlungsempfängern nach § 160 AO, DB 1990, 2289

Olbertz, Tatsächliche Verständigung im Steuerrecht, StW 1994, 201

Ortheil, Wann wird bzw. wurde der Zinssatz von 6 % p. a. gemäß § 238 Abs. 1 AO verfassungswidrig?, BB 2015, 675

Parsch/Nuzinger, Selbstanzeigeberatung in der Praxis, 2013

Paus, Realitätsferne Schätzung des Verpflegungsmehraufwands bei doppelter Haushaltsführung, FR 2011, 519

Pedak, Probleme der Bekanntgabe von Steuerbescheiden an den faktischen Geschäftsführer, seine Haftung und die Anwendung des § 166 AO, StBp 2014, 52

Pegel, Neue Haftungsfalle für Steuerberater durch Änderungen bei der strafbefreienden Selbstanzeige, Stbg 2011, 348

Pelz, Aktuelle Rechtsprobleme des § 4 Abs. 5 Nr. 10 EStG und seine Folgen, DStR 2014, 449

Peters, Aktuelles aus der digitalen Außenprüfung, DStR 2017, 1953

Peters, Wann besteht die Pflicht zur Führung von Büchern nach HGB und Abgabenordnung?, BBK 2017, 264

Peters, Erste Praxiserfahrungen nach der Neuregelung der Vermögensabschöpfung im Steuerstrafrecht, AO-StB 2018, 144

Peters, Aus der digitalen Betriebsprüfung: Datenzugriff und Verfahrensdokumentation, DB 2018, 2846

Peters, Voraussetzungen und Grenzen von Schätzungsbefugnissen im steuerlichen bzw. finanzgerichtlichen Verfahren, wistra 2019, 217

Petersen, Benford's Law und die Betriebsprüfung, Stbg 2015, 506

Pflaum, Wann sind Rückstellungen für Steuernachzahlungen zu bilden?, StBp 2019, 176

Pflaum, Einzelfragen der tatsächlichen Verständigung – unter besonderer Berücksichtigung des BMF-Schreibens vom 30. Juli 2008, StW 4/2009, 63

Pflaum, Selbstanzeige nach Prüfungsanordnung und Auswirkungen auf die Mitwirkung während einer Außenprüfung, StBp 2013, 217

Pieske-Kontny, Betriebsprüfung und Dokumentenarchivierung, StBp 1988, 33

Pieske-Kontny, Steuerliche Aufzeichnungspflichten im „horizontalen Gewerbe", StBp 2018, 186

Pieske-Kontny, Buchungsfehler bei einer GmbH als vGA?, StBp 2019, 157

Pieske-Kontny, Die Kassen-Nachschau gem. § 146b AO im Taxigewerbe, StBp 2019, 208

Pieske-Kontny, Zum Vorlageverlangen nach § 147 Abs. 6 AO im Rahmen einer Außenprüfung bei einem Berufsgeheimnisträger, StBp 2019, 317

Literatur

Podewils/Hellinger, Strafrechtliche Risiken für steuerliche Berater, DStZ 2013, 662

Polka/Jansen, Aktuelle Entwicklungen bei der elektronischen Außenprüfung: Verhaltensempfehlungen, BC 2014, 93

Polka, GoBD – Praxisbeispiele aus Beratersicht, BC 2016, 277

Posch, Digitale Ziffernanalyse: Eine Erweiterung des Newcomb-Benford-Verfahrens, StBp 2010, 338

Pulte, Steuer- und handelsrechtliche Aufbewahrungspflichten, NWB F 18, 795

Pump, Steuerstrafrechtlicher Schutz gegen unredliche Konkurrenten durch die Finanzbehörden, DStZ 1986, 6

Pump, Vorteilhafte Gestaltungen durch sog. tatsächliche Verständigungen im Steuerrecht, INF 1990, 485

Pump, Die Beleihung und Verwertung eigenen Vermögens als Stundungs- und Erlasskriterium, DStZ 1991, 265

Pump, Ist der von der Betriebsprüfung festgestellte Mehrumsatz gleich Mehrgewinn?, StBp 1989, 163

Pump, Sind Einspruch und Klage gegen den aufgrund einer Schätzung ergangenen Steuerbescheid sinnvoll, wenn dieser unter dem Vorbehalt der Nachprüfung steht?, StBp 1992, 43

Pump, Die Voraussetzungen einer verbindlichen Zusage, INF 1992, 97

Pump, Die Mandatsniederlegung im Besteuerungsverfahren und im Rechtsstreit vor dem Finanzgericht und Bundesfinanzhof, INF 1993, 483

Pump, Die Auswirkungen von Diebstahl, Unterschlagung und Untreue bei der Umsatzsteuer, StBp 1994, 277

Pump, Die Androhung der Verböserung im Einspruchsverfahren – Ein Gegenmittel zur einseitigen Nachbesserung trotz Einvernehmens in der Schlussbesprechung, StBp 1997, 305

Pump, Der Grundsatz der Abschnittsbesteuerung im Besteuerungsverfahren, INF 1998, 490

Pump, Die Änderungszusage im finanzgerichtlichen Verfahren, INF 2000, 423

Pump, Die Einigung im Sinne der Berichtsabfassung, StBp 2002, 76

Pump, Die Offenkundigkeit als Grundprinzip für die Zurechnung von Umsätzen, UStB 2003, 83

Pump, Die Aufrechnung des Finanzamts nach verlorenem Prozess gegen den Kostenerstattungsanspruch des Klägers, INF 2004, 78

Pump, Der Großhändler als Haftungsschuldner, StBp 2005, 356

Pump, Wie lassen sich Fehler durch falsche Fristberechnung bei Zustellung mit Postzustellungsurkunde vermeiden?, AO-StB 2011, 339

Pump, Rechtsfolgen bei Verwendung von Manipulationssoftware, DStZ 2013, 299

Pump, Steuerliche und steuerstrafrechtliche Probleme der Heilpraktiker im Umsatzsteuerrecht, StBp 2013, 301

Literatur

Pump, Die Sicherung des Steuer- und Sozialversicherungsaufkommens bei Taxiunternehmern durch § 30 AO, VR 2013, 361

Pump, Die ungenutzten Möglichkeiten zur Sicherung von Einzeltransaktionen gem. § 146 Abs. 4 AO bei Registrierkassen und Taxametern – INSIKA als technische Lösung, um Vollzugsdefizite bei bargeldintensiven Betrieben zu vermeiden, DStZ 2014, 250

Pump, Der teure Verzicht auf Verwendung einer Registrierkasse, DStZ 2014, 648

Pump, Die Einzelaufzeichnungspflicht von Barerlösen bei offenen Ladenkassen bei Umsatzsteuer und Einkommensteuer – Kryptische Rechtsprechung und der Einsatz von Registrierkassen, StBp 2015, 1

Pump, Bargeld sicher erfassen, Datev-Magazin 11/2015, 26

Pump, Zivilrechtliche Einbindung des Kassendienstleisters, StBp 2016, 327

Pump, Entscheidung für Kassenführung mit Registrierkasse, StBp 2016, 262

Pump, Steuerhinterziehung bei Verwendung von Registrierkassen, StBp 2016, 289

Pump, Unnötige Fehlerquellen durch die Kassenführung mit der Schubladenkasse, StBp 2016, 199

Pump, Die Kassenführung im bargeldintensiven Betrieb am Beispiel des Friseurs (§§ 158, 162 AO) – Vermeidung zivilrechtlicher Streitigkeiten, StBp 2016, 364

Pump, Weg von der offenen Ladenkasse, Datev-Magazin 1/2017, 27

Pump, Die offene Ladenkasse mit summarischer Kassenführung als Systemfehler gem. § 158 AO – Auszählung der Tageslosung versus Einzelaufzeichnungs- und Belegpflicht, StBp 2017, 84

Pump, Die offene Ladenkasse mit Kassenbericht im bargeldintensiven Betrieb und § 22 UStG, StBp 2017, 150

Pump, Die Einzelaufzeichnungspflichten des § 146 AO n. F. als Ende der offenen Ladenkasse, StBp 2017, 213

Pump, Die sachgerechte Entscheidung zwischen elektronischer und manueller Kassenführung i. S. d. § 158 AO – Sicherung der Richtigkeitsvermutung als praxisrelevante Entscheidungshilfe, StBp 2017, 339

Pump, Aufzeichnungs- und Belegpflichten bei der Einnahmen-Überschussrechnung (EÜR) – Die Rechtslage bis 29. 12. 2016, StBp 2018, 50

Pump, Ist die Kassenführung beim Warenverkauf gem. § 146 Abs. 1 Satz 3 AO ohne Einzelaufzeichnungen zulässig?, AStW 2018, 371

Pump, Die Einzelaufzeichnung der Geschäftsvorfälle als allein zulässige und zweckmäßige Kassenführung, AStW 2018, 594

Pump, Die Einzelaufzeichnungspflicht bei der Einnahmen-Überschussrechnung (EÜR) ab 1. 1. 2017 – Aufzeichnungs- und Belegpflichten gem. § 146 AO, StBp 2018, 345

Pump, So macht der Prüfer keine Kasse bei der Nachschau – Leitfaden für das Gastronomie-Mandat, BBP Sonderausgabe 2018

Literatur

Pump/Fittkau, Tatsächliche Verständigung und Zinsfestsetzung, AO-StB 2004, 402

Pump/Fittkau, Zurechnung von Umsätzen zum richtigen Unternehmer, StBp 2007, 7

Pump/Fittkau, Kann, darf oder muss die Vorsteuer geschätzt werden?, UStB 2008, 48 und 85

Pump/Fittkau, Die Vermeidung der Haftung des GmbH-Geschäftsführers für Steuerschulden der GmbH, 2012

Pump/Fittkau, Kontoleihe – Rechtsfolgen und Haftung des sog. Kontoverleihers, StBp 2007, 138

Pump/Heidl, Hilfestellung bei der Kassenführung durch den steuerlichen Berater-Ärger wegen § 162 AO durch unzulängliche Kassenführung, StBp 2014, 162 (Teil I) und 204 (Teil II)

Pump/Heidl, Fehlende oder fehlerhafte Aufzeichnungen gem. § 22 UStG als Ursache für Mehrsteuern – Fehlerquellen durch Kassenführung bei der Schubladenkasse und beim Einsatz der Registrierkasse, StBp 2015, 131 (Teil I) und 165 (Teil II)

Pump/Heidl, Die Kassenführung der Marktbeschicker als Problem von Rechtsprechung, Gesetzgeber und Rechtsverordnungen – Problemverursachung durch retrograde Kassenberichte, StBp 2019, 213

Pump/Kläne, Trainingsspeicher bzw. Trainingskellner als Ursache der fehlerhaften Kassenführung bei Registrierkassen – Funktion, Missbrauch und Ansätze zur Problemvermeidung, DStZ 2015, 974

Pump/Krüger, Selbstanzeige ist kein Strafaufhebungsgrund für sämtliche Straftaten – Die Rechtsrisiken bei der Selbstanzeige, DStR 2013, 1972

Pump/Krüger, Wie können Betreuer (ehrenamtliche Betreuer und Berufsbetreuer) ihre steuerliche Haftung nach § 69 AO aus der Vermögensbetreuung vermeiden?, BtPrax 2013, 51

Pump/Leibner, Kommentar zur AO, Loseblatt

Pump/Leibner, Die Haftung von Steuerberater und Mandant nach § 71 AO, AO-StB 2004, 35

Pump/Leibner, Die Aufrechnung des Finanzamts nach verlorenem Prozess gegen den Kostenerstattungsanspruch des Klägers, INF 2004, 78

Pump/Wähnert, Das BFH-Urteil zum Zeitreihenvergleich als Verprobungs- und Schätzungsmethode, NWB 2015, 2869

Puschnig/Bratl, Die Stichprobenpraxis, StBp 1999, 291 und 329

Quedenfeld/Füllsack, Verteidigung in Steuerstrafsachen, 4. Auflage 2012

Radermacher, Bordellbesteuerung unter Anwendung des § 160 AO, AO-StB 2007, 213 (Teil I) und 239 (Teil II)

Rätke, Gesetz zum Schutz vor Kassenmanipulationen, BBK 2016, 497

Rätke, Gibt es eine Aufzeichnungspflicht für die Kasse bei der EÜR?, BBK 2017, 1009

Ramme, Betriebliches Datenmanagement im Blickpunkt der Betriebsprüfung, DB 2014, 1515

Randt, Schmiergeldzahlungen bei Auslandssachverhalten, BB 2000, 1006
Randt, Der Steuerfahndungsfall, 2004
Randt, Tatsächliche Verständigung, PStR 2008, 266
Ratschow, Recht auf Sachverständigenbeweis, DStR 2018, 2100
Rau, Schätzung im Steuerstrafverfahren – ein Dauerbrenner, PStR 2012, 98
Rau, Statistisch-mathematische Methoden der steuerlichen Betriebsprüfung und die Strukturanalyse als ergänzende Alternative, 2012
Reckendorf, Das Spannungsfeld von Registrierkassen und Betriebsprüfungen, BBK 2016, 479
Reckendorf, Was sind eigentlich Programmierprotokolle?, BBK 2017, 796
Reckendorf, Kassenführung und Registrierkassen im Spiegel der Rechtsprechung: Rückkehr zur Normalität?, BBK 2018, 420
Reichling, Voraussetzungen und Grenzen von Schätzungsbefugnissen im Steuerstrafverfahren, wistra 2019, 222
Richter/Kruczynski/Kurz, Die E-Bilanz: Ein Beitrag zum Steuerbürokratieabbau?, DB 2010, 1604
Riegel/Amler, Die tatsächliche Verständigung – Entfallen der Bindungswirkung bei Fehlen oder Wegfall der Geschäftsgrundlage, BB 2018, 605
Ritzrow, Umsatz- und Gewinnschätzung, StBp 2003, 265
Ritzrow, Gewinnermittlung nach § 4 Abs. 3 EStG – Die BFH-Rechtsprechung im letzten Jahrzehnt, EStB 2010, 218
Ritzrow, Aufzeichnungs- und Aufbewahrungspflichten für Taxiunternehmen – Folgen bei Nichtbeachtung dieser Pflichten, StBp 2015, 51 (Teil I) und 74 (Teil II)
Roeder/Friedrich, Regelungsmängel der BsGaV, BB 2015, 1053
Rolletschke, Die Nachzahlungsfrist des § 371 Abs. 3 AO, DStZ 1999, 287
Rolletschke, Steuerhinterziehung bei Schätzung eines steuerlich geführten Steuerpflichtigen (Veranlagungssteuern), DStZ 2001, 671
Rolletschke, Die gestufte Selbstanzeige, wistra 2002, 17
Rolletschke, Steuerverkürzung auf Zeit/Steuerverkürzung auf Dauer, DStZ 2006, 78
Rolletschke/Kemper, Steuerstrafrecht, Loseblatt
Rondorf, Rechnungserteilung und Vorsteuerabzug aus Rechnungen ab 2004, NWB F 7, 6275
Roßnagel, Das neue Recht der elektronischen Signaturen, NJW 2001, 1817
Roth, Drohung durch die Steuerfahndung: Anfechtung der tatsächlichen Verständigung, AO-StB 2012, 213
Roth, Verwaltungsgericht Aachen: Apotheker behält die Approbation, PStR 2019, 49
Rudolf, Anmerkung zu FG Münster v. 18.8.2014, 6 V 1932/14 AO, BB 2014, 2789

Literatur

Rübenstahl, (Un-)Zulässigkeit von Benennungsverlangen (§ 160 AO) bei Überweisungen an intransparente Domizilgesellschaften, StBp 2011, 329

Rüsken, Beweis durch beigezogene Akten, BB 1994, 765

Rüsken, Rechtsbehelfe gegen willkürliche Gerichtsentscheidungen, DStZ 2000, 815

Rüsken/Bleschick, Revisionszulassung und Revision – eine Handreichung zu deren Begründung, DStR Beihefter 2015, 47

Rüster, Susanne, Der Stpfl. im Grenzbereich zwischen Besteuerungsverfahren und Strafverfahren, Diss. Berlin 1988

Sahan, Keine Steuererklärungspflicht bei Gefahr strafrechtlicher Selbstbelastung, Heymanns, Schriften der Bucerius Law School, Band II/5

Salditt, Steuerhinterziehung durch tatsächliche Verständigung, StuW 1998, 283

Sauer/Schwarz, Handbuch des finanzgerichtlichen Verfahrens, 8. Auflage 2016

Schaefer, Strafmaß bei Steuerhinterziehung, NJW-Spezial 2009, 88

Schäfer/Bohnenberger, Die Verfahrensdokumentation – Erforderlich, freiwillig oder unnötig?, StB 2019, 131

Schaumburg, Der Datenzugriff und andere Kontrollmöglichkeiten der Finanzverwaltung, DStR 2002, 829

Schaumburg/Schaumburg, Grenzüberschreitende Sachverhaltsaufklärung im finanzgerichtlichen Verfahren: Der Zeuge im Ausland, FR 1997, 749

Scherer, Kassenberichte – Fehlerquellen und Kontrollmöglichkeiten, StBp 1995, 193

Schiffer, Praktische Hinweise zur Vorbereitung auf Betriebsprüfungen, BB 2015, 343

Schimmele, Verlagerung der elektronischen Buchführung ins Ausland (§ 146 Abs. 2a, 2b AO), AO-StB 2011, 347

Schleep/Köster/Jungen, Digitale Grundaufzeichnungen bargeldintensiver Unternehmen – Ordnungsmäßigkeit und Prüfung, BB 2018, 548

Schlegel, Kassenaufzeichnungsmängel bei der Einnahmenüberschussrechnung, NWB 2012, 394

Schlich, Kassennachschau und wie digitale Unterlagen künftig aufbewahrt werden müssen, PStR 2016, 93

Schmidt, Tatsächliche Verständigung im Steuerverfahren und ihre Auswirkungen auf das Steuerstrafverfahren, DStR 1998, 1733

Schmidt, Kommentar zum EStG, 35. Auflage 2016

Schmidt-Liebig, Die Schätzung im Steuerrecht, NWB F 17, 1847

Schmidt-Liebig, Verfahrensrechtliche Überlegungen bei Schätzungen des FA, DStR 1996, 1669

Schmidt-Liebig, Digitaler Datenzugriff der Finanzverwaltung im Lichte der aktuellen Rechtsprechung, StuB 2008, 43

Schmidt-Troje/Schaumburg, Der Steuerrechtsschutz, 3. Auflage 2008

Schmieszek, Anmerkung zu BFH X B 53/17, AO-StB 2018, 233

Schmittmann, „Der gläserne Steuerpflichtige?": Anmerkungen zu den Grundsätzen des BMF zum Datenzugriff und zur Prüfbarkeit digitaler Unterlagen, WPg 2001, 1050

Schmittmann, Digitaler Datenzugriff der Finanzverwaltung im Lichte der aktuellen Rechtsprechung, StuB 2008, 43

Schmitz, Elektronischer Geschäftsverkehr und seine steuerliche Kontrolle, StBp 1998, 197

Schmitz, Aktueller Leitfaden zur Selbstanzeige unter Berücksichtigung neuester Rechtsprechung und Literatur, DStR 2001, 1821

Schmitz, Die steuerliche Anerkennung und Prüfbarkeit elektronischer Rechnungen sowie Probleme im Zusammenhang mit der Buchführung im Ausland, StBp 2002, 153

Schmitz, Zweifelsfragen im Zusammenhang mit dem Zugriffsrecht der Finanzverwaltung auf DV-gestützte Buchführungssysteme, StBp 2002, 189 (Teil I) und StBp 2002, 221 (Teil II)

Schneider, Das Benford-Gesetz als statistisches Instrument zur Aufdeckung von Unregelmäßigkeiten, INF 2004, 677

Schneider/Hoffmann/Hage, Hinzuschätzungen bei Bargeldgeschäften, Stbg 2012, 313

Schnitger/Fehrenbacher, Kommentar zum KStG, 2012

Schnorberger/Haverkamp/Etzig, Die neue Gewinnabgrenzungsaufzeichnungsverordnung – Kritische Würdigung der finalen Fassung, BB 2017, 2455

Schöler, Tatentdeckung beim Ankauf von Steuer-CDs, DStR 2015, 503

Scholz, Einsatz der Zeitreihenanalytik in der Prüfungspraxis – heute: BFH-Rechtsprechung im Kontext zur Summarischen Risikoprüfung, BBK 2016, 604

Scholz, Betriebsprüfung: SRP – jetzt allgemein zugänglich, AO-StB 2019, 226

Schönwitz, Zapper, Schlepper, Bauernfänger, impulse 2012, 100

Schoor, Zur Vorlagepflicht privater Bankkonten im Rahmen der Außenprüfung, StBp 1988, 67

Schoppe, Verrechnungspreise – Warum nicht mal zum FG?, BB 2014, 2199

Schoppe/Stumpf, Was sind „im Wesentlichen unverwertbare" Aufzeichnungen?, BB 2014, 1116

Schraut/Stumpf, Das Verzögerungsgeld nach § 146 Abs. 2b AO – bislang ungeklärte Rechtsprobleme im Rahmen der Außenprüfung, BB 2014, 2910

Schreiber, Aufzeichnungspflichten für internationale Verrechnungspreise, Stbg 2003, 474

Schröder, Betriebsanalyse als Instrument der steuerlichen Betriebsprüfung und Wirtschaftsprüfung

Schröder/Muus, Handbuch der steuerlichen Betriebsprüfung – StBp-Handbuch, Loseblatt

Schroer, Datenzugriff und Prüfung digitaler Unterlagen durch die Finanzverwaltung beim Steuerberater, INF 2002, 54

Literatur

Schuh, Die unterschätzte Dokumentation, Datev-Magazin 6/2016

Schumacher/Leister, Buchführungsfehler und Betriebsprüfung, 6. Auflage 2018

Schuhmann, Schätzung der Besteuerungsgrundlagen unter dem Vorbehalt der Nachprüfung, DStZ 1986, 161

Schumann, Voraussetzungen und Verfahren der abgabenrechtlichen Schätzung nach § 162 Abs. 1 und 2 AO – insbesondere im Fokus der steuerlichen Außenprüfung, Diss. Mainz 2009

Schumann, Zugriff auf Kassendaten eines Einzelunternehmens, KSR 6/2015, 10

Schumann, GoBD kompakt – Zentrale Aspekte des BMF-Schreibens vom 14.11.2014, EStB 2015, 297-302

Schumann, Kasse machen, aber richtig! – Anforderungen an eine ordnungsmäßige Kassenführung, AO-StB 2015, 213

Schumann, Das neue Kassengesetz 2016, AO-StB 2017, 151

Schumann, § 146b AO – Regelungen und Anwendungsfragen zur Kassen-Nachschau, AO-StB 2018, 246

Schumann/Wähnert, Die Quantilsschätzung – Schätzung anhand eines objektivierten Leistungsfähigkeitsmaßes, Stbg 2012, 535

Schüßler, Der Datenzugriff der Finanzverwaltung im Rahmen der digitalen Außenprüfung, Bochumer Schriften zum Steuerrecht, Band 22, 2010

Schütt, Mathematisch-statistische Methoden in der Außenprüfung – Über Pauschalierungen, Widersprüchlichkeiten und zu hohen Anforderungen im Kontext des Zeitreihenvergleichs, StBp 2018, *StBp* 2018, 323

Schützeberg, Die Schätzung im Besteuerungs- und Strafverfahren, StBp 2009, 33

Schützeberg, Der persönliche, sachliche und zeitliche Umfang der Sperrwirkung bei der Selbstanzeige nach § 371 AO, StBp 2009, 223

Schwamberger, Haftung des Steuerberaters bei nicht ordnungsgemäßer Kassenführung des Mandanten, KP 2015, 170

Schwartz, Praxisprobleme mit der zweiten Selbstanzeige: Tatentdeckung durch die Abgabe einer (unwirksamen) Selbstanzeige, wistra 2011, 81

Schwarz/Pahlke, Kommentar zur AO und zur FGO, Losblatt

Schwenke, Neuausrichtung der Rechtsprechung zur Abzugsfähigkeit sog. Gemischter Aufwendungen, FR 2011, 1051

Schwenker, Gesetzliche Neuregelung zum Schutz vor Manipulation bei den elektronischen Registrierkassen, DStR 2017, 225

Schwenkert, Erkennen Sie den Unterschied?, Datev-Magazin 2/2015, 16

Seer, Der Konflikt zwischen dem Schweigerecht des Beschuldigten im Steuerstrafverfahren und seiner Mitwirkungspflicht im Besteuerungsverfahren, StB 1987, 128

Seer, Der Einsatz von Prüfungsbeamten durch das FG, Diss. Köln 1993

Seer, Das Rechtsinstitut der sog. tatsächlichen Verständigung im Steuerrecht, BB 1999, 78

Seer, Verständigungen im Steuerverfahren, Habilitationsschrift 1996

Seer, Konsensuale Paketlösungen im Steuerstrafverfahren, FS für Günther Kohlmann, Köln 2003, 535

Seer, Reform des Veranlagungsverfahrens, StuW 2003, 40

Seer, Verrechnungspreisdokumentation bei verbundenen Unternehmen – Notwendigkeit der Pflichtenbegrenzung, IWB 2012, 350

Seer, Verständigungen an der Schnittstelle von Steuer- und Strafverfahren, BB 2015, 214

Seer, Verbindliche Auskunft, FR 2017, 161

Sikora, Die Abführung der Arbeitnehmeranteile zur Sozialversicherung – Straf- und zivilrechtliche Verantwortlichkeit des GmbH-Geschäftsführers nach aktueller Rechtsprechung, NWB F 18, 4611

Skalecki, Ordnungsgemäße Kassenführung bei Mehrfilialbetrieb mit proprietärem Kassensystem, NWB 2018, 2551

Skupien, Ordnungsgemäße Kassenführung – so geht's!, MBP 2014, 33

Sölch/Ringleb, Kommentar zum UStG, Loseblatt

Sombrowski, Hinzuschätzungen als nicht abzugsfähige Betriebsausgabe i. S. d. § 160 AO oder verdeckte Gewinnausschüttung i. S. d. § 8 Abs. 3 Satz 2 KStG, StBp 2005, 219

Sonnemann, Zum Umfang der Pflichten eines Steuerberaters, insbesondere wenn er Mängel der Belegsammlung Buchführung in dem von ihm betreuten Betrieb kennt, DStR 1993, 1236

Sosna, Einsatz statistischer Methoden zur Risikoanalyse, Recherche und Lokalisierung von Steuerausfällen, StBp 2000, 41 und 60

Sosna, Statistische Ziffernanalyse, StBp 2004, 249

Spaniol/Becker, Einkünfte aus ungeklärtem Vermögenszuwachs „nach § 162 AO" – (k)eine neue Einkunftsart?, INF 2004, 414

Späth, Pflichtverletzung des Steuerberaters bei verspäteter Erstellung von Steuererklärungen für seinen Mandanten, StB 1992, 183

Spatscheck, Fallstricke der Selbstanzeige, DB 2013, 1073

Spatscheck/Alvermann, Die Aufforderung zur Gläubiger- oder Empfängerbenennung nach § 160 AO, DStR 1999, 1427

Spatscheck/Höll, Geringfügigkeitsgrenze bei unbewussten Abweichungen in der Selbstanzeige, Stbg 2012, 561

Spilker, Verfassungsrechtliche Grenzen für die Anordnung einer Sicherheitsleistung im steuerrechtlichen einstweiligen Rechtsschutz, DStR 2010, 731

Spriegel, Probleme der Schätzung im Steuerstrafverfahren, wistra 1987, 48

Stadie, Rückwirkender Vorsteuerabzug bei nachträglicher Ausstellung einer Rechnung, UR 2004, 49

Stahl, Schätzungen im Steuerrecht: Voraussetzungen – Methoden – Grenzen, KÖSDI 1990, 7917

Stahl, Verständigungen im Steuer- und Steuerstrafrecht, KÖSDI 1998, 11627

Stahl, Steuerfolgen und strafrechtliche Risiken ungeklärter Vermögenszuwächse und -minderungen, KÖSDI 2001, 13071

Literatur

Stahl, Die Neuregelung der Selbstanzeige, KÖSDI 2011, 17442

Stahl/Rau, Neue Entwicklungen im Steuerstrafrecht, KÖSDI 2010, 16958

Steinhauff, Gerichtliche Überprüfbarkeit ablehnender Stundungsentscheidungen des FA, AO-StB 2016, 274

Steinhauff, Außenprüfung – Verwertungsverbote im Außenprüfungsverfahren, AO-StB 2018, 130

Sterzinger, Vorsteuerfalle bei gemischt-genutzten Gebäuden aufgrund unzureichender Zuordnung, BB 2014, 479

Stoll, Neues zur sog. Kontoleihe, DStR 2019, 1044

Stolz, Der Steuerberater als Strafverteidiger, PStR 1998, 212

Streck, Betriebsprüfung und Steuerstrafverfahren, BB 1980, 1537

Streck, Beratungswissen zu Hinterziehungszinsen, DStR 1991, 369

Streck, Die tV in der Praxis, StuW 1993, 366

Streck u. a., Bezifferung des Klageantrags ist nicht erforderlich, Stbg 1993, 415

Streck, Akteneinsicht in die Betriebsprüfungshandakte, Stbg 1995, 135

Streck, Die Selbstanzeige – Beratungssituation, DStR 1996, 288

Streck, KStG, 8. Auflage 2014

Streck, Die Außenprüfung, 3. Auflage 2016

Streck/Mack, Haftungsrisiken des Steuerberaters bei der Beteiligung an der Hinterziehung des Mandanten, Stbg 1989, 300

Streck/Mack/Kamps, Der Steuerstreit, 3. Auflage 2012

Streck/Spatscheck, Steuerliche Mitwirkungspflicht trotz Strafverfahren?, wistra 1988, 334

Streck/Spatscheck/Talaska, Die Steuerfahndung, 5. Auflage 2016

Strobel, Stichproben, Datev-Magazin 4/2017, 27

Strunk, Zugriff der Finanzverwaltung auf Daten des Betriebes bei der Betriebsprüfung, BB 2001, 703

Strunz, Die steuerliche Aufbewahrungspflicht von Unterlagen bei Ärzten, DStZ 1991, 662

Stypmann, Methoden zur Feststellung der Steuerverkürzung und Schätzung im Steuerstrafverfahren, wistra 1983, 95

Süß, Vorstandunterlagen in der Außenprüfung, DStR 2018, 1110

Szymborski, Beratungshilfe im Steuerrecht – Änderungen des Beratungshilfegesetzes durch den Regierungsentwurf vom 15. 8. 2012, DStR 2012, 1984

Taetzner/Büssow, Grundsätze zum Datenzugriff und zur Prüfbarkeit digitaler Unterlagen – Quo vadis?, BB 2002, 69

Talaska, Hinzuschätzungen – Ungeeignetheit eines Chi-Quadrat-Tests, Stbg 2012, 72

Teske, Das Verhältnis von Besteuerungs- und Strafverfahren unter besonderer Berücksichtigung des Zwangsmittelverbotes (§ 393 Abs. 1 Satz 2 und 3 AO), wistra 1988, 207

Teutemacher, Checkliste für eine ordnungsgemäße Kassenführung, BBK 2012, 1073

Teutemacher, Ordnungsgemäße Kassenführung bei der Einnahmen-Überschussrechnung nach § 4 Abs. 3 EStG – Faktische Pflicht zur Führung eines Kassenbuchs, BBK 2014, 752

Teutemacher, Buchung von EC-Karten-Umsätzen in der Kassenführung, BBK 2015, 768

Teutemacher, Zulässigkeit einer Schätzung mittels Zeitreihenvergleichs, BBK 2016, 544

Teutemacher, Kassenführung bei Nutzung einer „offenen Ladenkasse" ab 2017, BBK 2016, 1197

Teutemacher, Handbuch zur Kassenführung, 2. Auflage 2017

Theile, Beihefter zu DStR 18/2009

Thesling, Mängel der Buchführung und ihre Rechtsfolgen, StBp 1996, 141

Thiele/König, Die umsatzsteuerrechtliche Behandlung von Gutscheinen – Eine kritische Betrachtung der Neuregelungen, UR 2018, 933

Thurow, Schätzungsmethode des Zeitreihenvergleichs nur unter Einschränkungen zulässig, BC 2015, 330

Thurow, Keine Schätzung durch Zeitreihenvergleich bei formell ordnungsmäßigen Aufzeichnungen, BC 2015, 532

Thurow, Anmerkung zu BFH v. 31.5.2016, X B 73/15, BC 2016, 347

Tiedtke/Szczesny, Anwendungsbereich der Änderungsvorschrift des § 173 Abs. 1 Nr. 2 AO bei verschuldeter Versäumung der Einspruchsfrist, DStR 2005, 1122

Tipke/Kruse, Kommentar zur AO und zur FGO, Loseblatt

Tom Suden, GoBD: Anforderungen an die ordnungsgemäße Archivierung elektronischer Eingangsrechnungen, BC 2015, 285

Tom Suden, GoBD: Behandlung von (eingescannten) unberechtigten Rechnungen, BC 2015, 456

Tormöhlen, Befugnisse der Steuerfahndung bei Sachverhalten, bei denen Strafverfolgungsverjährung, aber noch keine Festsetzungsverjährung eingetreten ist, wistra 1993, 174

Tormöhlen, Schätzung im Steuerstrafrecht, AO-StB 2013, 256

Tormöhlen, Aktuelle Rechtsprechung zur Außenprüfung, AO-StB 2015, 264

Tormöhlen, Problemfelder der leichtfertigen Steuerverkürzung, AO-StB 2015, 324

Tormöhlen, Anmerkung zu FG Hamburg v. 23.2.2016, AO-StB 2016, 218

Tormöhlen, Beweisanträge im Steuerstrafprozess, AO-StB 2017, 237

Tormöhlen, Beschlagnahmefähigkeit von Buchführungsunterlagen, Anm. zu LG Halle 2 Qs 1/17, AO-StB 2017, 267

Tsambikakis, Der Haftbefehl im Steuerstrafverfahren, PStR 2013, 159

Tsambikakis/Buchholz, Die Schätzung im Besteuerungsverfahren: Rechtsprechungsübersicht zu § 162 AO, PStR 2014, 287

Literatur

Tsambikakis/Buchholz, Die Schätzung im Steuerstrafverfahren, PStR 2015, 10

Valder, Anforderungen an elektronische Kassenführung weiter verschärft, PStR 2016, 290

Valder, Kann ein PV-gestütztes Kassensystem als nicht manipulierbar abgesehen werden?, PStR 2017, 200

Velle, Anmerkung zu BFH X B 79/16, UStB 2017, 224

Viebrock/van Lück/Szrubarski, Steuerlicher Abzug von Beratungskosten im Zusammenhang mit der Selbstanzeige, DStR 2015, 391

Vinken, Elektronisches Steuerverfahren, FR 2013, 403

Viskorf, Elektronische Betriebsprüfung bei Rechtsanwälten und Steuerberatern, DB 2005, 1929

Vogel, Zur Bindung der Steuergerichte an Bewertungs- und Pauschalierungsrichtlinien, StuW 1991, 254

Vögele/Borstell/Engler, Verrechnungspreise, 4. Auflage 2015

Vogelsang/Stahl, BP-Handbuch, 2008

Volk, FS für Günter Kohlmann zum 70. Geburtstag 2003, 579

Wacker/Högemann, Überhöhte Anforderungen der Finanzverwaltung an die Kassenführung, BBK 13/2013, 621

Wagner, Umgang mit der strafbefreienden Selbstanzeige „zweiter Klasse", DStZ 2011, 875

Wagner, Anmerkung zu FG Köln v. 27.8.2013, 3 V 3747/12, EFG 2014, 9

Wähnert, Die Anwendung von Wahrscheinlichkeitstests in der Außenprüfung und die richtige Interpretation der Ergebnisse, StBp 2007, 65

Wähnert, Anwendbarkeit, Aussagekraft und Grenzen stochastischer Manipulationstests, StBp 2008, 312

Wähnert, Digitale Manipulation-Bedrohung für das Steueraufkommen, StBp 2010, 56

Wähnert, Beweislast und Schätzung im Zusammenhang mit modernen Verprobungsnetzen, StBp 2011, 107

Wähnert, Die Bedeutung von Indizienketten im Besteuerungsverfahren, StBp 2011, 269

Wähnert, Das große Potenzial von Strukturvergleichen in der Revision, StC 2012, Nr. 4, 18

Wähnert, Kann Manipulation dauerhaft unsichtbar bleiben?, StBp 2013, 102

Wähnert, Aussagekraft und Belastbarkeit von Zeitreihenvergleichen – Erkenntnisse der Neuen Interaktiven Prüfungstechnik (NiPt), BBK 2013, 420

Wähnert, Deutung von Zeitreihenauffälligkeiten – Die Stabilität wirtschaftlicher Abhängigkeiten, StBp 2014, 97

Wähnert, Interaktive Außenprüfung – Möglichkeiten der gemeinsamen Sachverhaltsaufklärung im digitalen Zeitalter, Stbg 2014, 20

Wähnert, Verteilungsbasierte Schätzungen im Steuer(straf)recht – Die Überlegenheit von Verteilungen gegenüber Kennzahlen, StBp 2015, 92

Wähnert, Auch digital ist legal, Datev-Magazin 2/2015, 14

Literatur

Wähnert, Logarithmische Normalverteilung als Prüfungsmittel für Wirtschaftsdaten – Die Logik eines leistungsfähigen Verteilungsmusters, StBp 2016, 1

Wähnert, Die Unterschiedlichkeit von Zeitreihenmodellen – Wie sehr sich Zeitreihenvarianten in der Prüfungsanwendung unterscheiden, StBp 2016, 61

Wähnert, Engmaschige Prüfungsnetze, Datev-Magazin 4/2016, 15

Wähnert, Zeitgemäße Datenanalyse der Betriebsprüfung, DB 2016, 2627

Wähnert, Die Quantilsschätzung: Schätzungsmöglichkeiten mit summarischen Methoden, BBK 2008, 1086

Wähnert, Schätzungen mit Hilfe von Zeitreihenanalysen, StBp 2017, 323

Wähnert, Das Beweismaß des Besteuerungsverfahrens – Warum eine Konkretisierung des Beanstandungsanlasses aus § 158 AO unverzichtbar ist, StBp 2018, 199

Wargowske/Greil, Digitale steuerliche Außenprüfung, FR 2019, 608

Watrin, Statistische Methoden in der steuerlichen Betriebsprüfung, in FS für Baetge 2007

Watrin/Struffert, Benford's Law und Chi-Quadrat-Test – Chancen und Risiken des Einsatzes bei steuerlichen Prüfungen, DB 2006, 1748

Waza, Steuerverfahrensrechtliche Problemfelder in der Insolvenz, NWB F 2, 8237

Webel, Steuerfahndung – Steuerstrafverteidigung, 3. Auflage 2015

Webel/Danielmeyer, Schnittstellenverprobung elektronischer Betriebsverwaltungen – das kommende Standardprüffeld?, StBp 2015, 353

v. Wedelstädt, Tatsächliche Verständigung, DB 1991, 515

v. Wedelstädt, Rechtsschutz bei Schätzungsveranlagungen, AO-StB 2002, 275

v. Wedelstädt, Abschnittsbesteuerung: keine Bindung an frühere Besteuerungsperioden – Trotzdem: Wege zur Planungssicherheit, AO-StB 2013, 219

v. Wedelstädt, Wann darf das Finanzamt schätzen?, AO-StB 2008, 244

Wegner, Schätzung von Besteuerungsgrundlagen wegen Nichtabgabe einer Steuererklärung, PStR 2008, 92

Wegner, Anmerkung zu VG Ansbach v. 26.11.2013, 4 K 13.01022, juris, PStR 2014, 36

Wegner, Betriebsprüfung: Schätzung der Besteuerungsgrundlagen bei einem Gebrauchtwagenhändler, PStR 2019, 211

Weigl, Fallstricke und die Erledigung im Prozesskostenhilfeverfahren – Kostenvermeidungsinteresse des Mandanten und Gebühreninteresse des Prozessvertreters, AO-StB 2013, 19

Weimann, Richtiger Umgang mit Rechnungen per E-Mail und Telefax, UStB 2006, 309

Weinbrenner, Gesetzliche Rahmenbedingungen der neuen elektronischen Auslandsbuchführung gem. § 146 Abs. 2a, Abs. 2b AO, DStR 2009, 2082

Weinbrenner, Selbstanzeige gem. § 371 AO n. F. und Einspruch gegen den Steuerbescheid – Zugleich eine Besprechung von LG Heidelberg, Beschluss v. 16.11.12, 1 Qs 62/12, DStR 2013, 1268

Literatur

Wenk/Jagosch/Strasser, Die E-Bilanz – Ein Projekt mit Fallstricken, DStR 2011, 586

Wenzler, Die tatsächliche Verständigung im Steuerrecht – Bindungswirkung auch im Sozialrecht?, AO-StB 2016, 149

Wenzler, Betriebsprüfung in der Gastronomie – irgendwas ist immer, AO-StB 2017, 127

Wenzler, Äußerer Betriebsvergleich anhand privater Richtsatzsammlung des Prüfers? – Konsequenzen unzulässiger Datensammlungen mit Verstößen gegen das Steuergeheimnis, AO-StB 2018, 151

Werder/Dannecker, Entwicklungen bei der verbindlichen Auskunft, BB 2014, 926

Werder/Rudolf, Compliance-Berichte in der steuerlichen Betriebsprüfung, BB 2014, 3094

Werder/Rudolf, Drohende Konsequenzen bei lückenhafter Tax Compliance, BB 2016, 1433

Werner, Der steuerliche Berater als Zeuge im (Steuer-)Strafverfahren, PStR 2002, 62

Weyand/Diversy, Insolvenzdelikte – Unternehmenszusammenbruch und Strafrecht, 10. Auflage 2015

Wiethölter, Anforderung von Privatkonten, StBp 2001, 330

Wiethölter, Die Kassenführung, StBp 2003, 129

Wiggen, Die Beweiskraft des Zeitreihenvergleichs, StBp 2008, 168

Wilmans/Renz, Internationale Verrechnungspreise, Handbuch für Praktiker, 2013

Winter, Strafverteidigungskosten steuerlich absetzbar?, GmbHR 1/2003, R 5

Wolenski, Das Zeitreihenurteil des X. Senats des BFH v. 25.3.2015, Stbg 2016, 268

Wolenski, Antwort auf Kulosas Replik zur Kritik am Zeitreihenurteil des X. Senats des BFH, Stbg 2016, 272

Wulf/Bertrand, DSGVO sei Dank? – Geänderte Rahmenbedingungen für die Akteneinsicht im Besteuerungs- und Finanzgerichtsverfahren, Stbg 2019, 400

Wulf/Ruske, Erste Stellungnahme des BFH zum Zeitreihenvergleich – Zum Urteil des BFH v. 25.03.2015 X R 20/13, SAM 2015, 158

Wulf/Schüller, Vorgaben des BFH zur Kassenbuchführung und Schätzungsbefugnisse des FA im digitalen Zeitalter, DB 2019, 328

Wüllenkemper, Anmerkung zu FG Rheinland-Pfalz v. 21.9.2012, 3 K 2493/10, EFG 2013, 186

Zacharias/Rinnewitz/Spahn, Zu den Anforderungen an eine strafbefreiende Selbstanzeige i.S.d. § 371 AO unter besonderer Berücksichtigung des Grundsatzes der Vollständigkeit der selbstangezeigten hinterzogenen Beträge, DStZ 1998, 391

Literatur

Zainhofer, Möglichkeiten und Grenzen des Nachweises von Steuerstraftaten bei Betriebsprüfungen mittelständischer Unternehmen, StV 1983, 518

Zanziger, Die Einschränkungen der Selbstanzeige durch das Schwarzgeldbekämpfungsgesetz – Klärung erster Zweifelsfragen, DStR 2011, 1397.

Zaumseil, Tatsächliche Verständigung in Umsatzsteuerfällen, UStB 2009, 39

Zaumseil, Die Begründung des Steuerverwaltungsakts als Rechtmäßigkeitsvoraussetzung von Schätzungsbescheiden, BB 2011, 2071

Zaumseil, Die Neuregelung des Verspätungszuschlags nach § 152 AO, BB 2019, 861

Zöller, ZPO, 31. Auflage 2015

Zwirner, Gesonderte steuerliche Aufzeichnungspflichten wegen BilMoG, DStR 2011, 802

Stichwortverzeichnis

A

Abdeckrechnung 339, 350
Ablaufhemmung 137, 237, 295, 297, 448
Abschlusspositionen 93
Abschnittsbesteuerung 243, 298, 300, 369, 458
Abwickler 54
Access 169
Akteneinsicht 41, 47, 78, 301, 310 f., 383, 394
Aktenvermerk 46, 56, 251, 301, 424, 444
All-you-can-eat 443
Altdaten 138
Altfett 249
Änderungsbescheid 46
Anfangsverdacht 160
Angebot 122, 449, 453
Angehöriger 31, 144, 188, 213, 244, 253, 272, 283, 287 f., 294, 372
Angemessenheitsdokumentation 378, 380
Anlaufhemmung 137, 296
Anpassungstest 228
Anteile, Schätzung nach A. 220, 252, 402
Anwenderdokumentation 110
Apotheker 150, 431
Approbation 433
Arbeitnehmerpauschbetrag 32
Arbeitsakte 310
Arbeitserleichterung 27
Arbeitsmittelpauschale 33
Archivierung 108, 121, 129 f., 135
Artikelbericht 166
Arzt 433, 468

Aufgliederung des WES 250, 403
Aufschlagskalkulation 89, 189, 219 ff., 225, 235, 243, 246, 248 ff., 402 f., 445, 470
Aufsichtsrat 134
Auftragsprüfung 363
Auftragszettel 454, 477
Aufzeichnungspflicht 109, 120, 131 f., 205, 259
Augenarzt 433
Auktion 453
Ausbeutekalkulation 441 ff., 459
Außengastronomie 444
Außer-Haus-Buchführung 123 f.
Außer-Haus-Umsätze 164, 444
Ausforschungsbeweis 316
Ausgabenkasse 164
Auskunftsersuchen 26 f., 53, 55, 280, 306, 383, 431
Auskunftsverweigerungsrecht 289, 355 f., 449, 470
Ausland 40, 81, 127, 136, 283, 286, 289, 291 f., 345, 347, 351, 416
Auslesen 145, 459
Auslitern 443
Ausreißer 256, 258, 437
Ausschlussfrist 66, 73 ff., 308, 316, 388
Aussetzung der Vollziehung 48, 65, 68, 82 ff., 236, 278, 292, 302 ff., 330, 332 ff., 355, 386, 388
Aussetzungszinsen 83, 304, 369, 388
Auswertbarkeit 115, 121 ff., 130, 207
Automatenaufsteller 433
Autovermietung 434
Azubitaste 205

Stichwortverzeichnis

B

Bäckerei 434, 437
Bagatellschwelle 216
Bankbürgschaft 304, 373
Bankeinzahlung 165, 189
Bargeldintensiver Betrieb 138 f., 455
BargeldintensiverBetrieb 139
Barzahlung 103, 175 ff., 187, 233, 354, 434, 454
Basisgesellschaft 350
Bauabzugsteuer 339
Bausparkassenvertreter 435
Baustellenverprobung 435
Beanstandungsanlass 212
Bedeutung der Barkasse 139
Bedienungsanleitung 194
Begründung der Schätzung 50, 248
Begründungstiefe 279
Beiordnung 76, 331
Bekanntgabe 61 ff., 70, 295, 297, 309, 389, 415, 425
Belegablage 98 ff., 103
Belegausgabepflicht 155, 169
Belegdrucker 196
Belegfunktion 99
Belegmitnahmeverpflichtung 156
Belegprinzip 94
Belegsammlung 104, 239
Belegsicherung 100, 124
Belegstorno 200
Belegungsliste 474
Belegzwang 133
Benennung von Gläubigern und Zahlungsempfängern 335 ff.
Benford'sches Gesetz 228, 230, 233
Beratergutachten 134
Beratungshilfe 51 f.
Berufshaftpflichtversicherung 430
Berufspflichtverletzung 423
Beschlagnahme 394

Beschlagnahmeprotokoll 394
Beschlagnahmeverbot 433
Beschlagnahmte Unterlagen 70, 329
Beschreibungsstandard 122
Besetztfahrtenanteil 472
Bestandsaufnahme 31, 186
Bestattungsunternehmen 435
Bestechung 341
Besteuerung auf Verdacht 24
Beteiligungen, Verluste aus B. 385
Betriebsdokumentation 111
Betriebskosten 407
Betriebsnachfolger 219
Betriebsprüfungsbericht 50, 91, 167, 226
Betriebsvergleich 223, 399, 402
Beweisangebot 333
Beweisantrag 49, 284, 315 f., 324 f.
Beweismaß, Reduzierung des B. 31, 36
Beweismittelersatz 26
Beweisnähe 37, 61, 173
Beweisnot 196
Beweisverderber 24, 37, 123
Beweisvorsorge 40, 148, 170, 191, 285, 287 f., 353 ff.
Bewirtungskosten 167, 175
Bezifferter Klageantrag 307
Bier 234
Biergarten 436
Bierleitung 402
Bilanzenzusammenhang 241
Bilanzierungspflicht 239
Bilanzwert 167
Bildschirmabfrage 122
Blumenhandel 436
Bonus 252
Bordell 234
Box-Plot 258
Branchen 256

Stichwortverzeichnis

Briefkastenfirma 358
Brieftasche 31, 206
Buchhandel 206, 436
Buchungsbeleg 94, 133 f., 136
Buchungsrückstand 100
Buchungstext 99, 116, 124
Buchungsversehen 188
Bußgeld 162, 393, 473
Busunternehmen 436
BZSt 347

C

China-Restaurant 250, 264, 403, 437
Chi^2-Test 228 ff., 233, 406
Cloud-Kasse 144, 163, 168
Cocktailbar 437
Codierungsliste 111
Convenience Food 443
Crêpes-Bäckerei 437
CSV-Datei 130

D

Dachdecker 435
Datenerfassungsprotokoll 169
Datenkonvertierung 138
Datenträgerüberlassung 115 f., 123
Datenverarbeitungssystem 94, 106, 110, 112 f., 119, 135, 203
Datenzugriff 97, 105, 113 ff., 135, 138, 431, 441
Dauersachverhalt 370
Deckungsrechnung 212
Defekte Kasse 169
DEHOGA 444
Denkgesetze, Verstoß gegen D. 77, 319
Depotauszug 462
Detektei 437
Diebstahl 144, 169 f., 186, 219, 254, 338, 441
Dienstleister 253

Dienstleistung 144, 176, 219, 248, 253, 375, 402, 458
Differenzbesteuerung 453, 476
Digitale Schnittstelle 154, 161
Digitales Dokument 109, 131
Digitalisierungszwang 117
Diskothek 234, 437
Divergenz 321
Dokumentenmanagementsystem 105, 108 f., 120, 127 f.
Dolus eventualis 391
Domizilgesellschaft 353
Domizilvermerk 347
Doppelskalierte Einzelgraphenzeitreihen 224
Doppelskalierung 224
Double Till 171
Downsizing 143
Drei-Stufen-Theorie 222
Drohverlustrückstellung 132
Drückerkolonne 477
Due-Diligence-Bericht 134
Durchlaufende Posten 352
Durchschnittsbesteuerung 457
Düsseldorfer Modell 464

E

EBay 290, 451 ff.
E-Bilanz 57
EC-Karte 191, 273
ECR 144
EDI-Verfahren 129
Effektive Besteuerung 21, 360, 461
Ehrenwort 283, 292
Eidesstattliche Versicherung 86, 171, 291 f., 334
Eigenbeleg 94 f.
EinheitlichesSchriftbild 188
Einkäufe, nicht gebuchte E. 214

Stichwortverzeichnis

Einkaufsrechnung 95, 249, 255, 441, 443
Einkunftsmillionär 460, 462
Einlagebuchung 215
Einlageluftbuchung 189
Einlagen 93, 141, 165, 171, 183, 185, 188 f., 201, 209, 263 ff., 270, 274, 278, 283, 446
Einnahmenüberschussrechnung 54, 89, 93 f., 103 f., 171, 173, 190, 238 ff., 242, 244, 455, 463
Ein-Prozent-Regel 33, 135
Einstellungsbeschluss 412
Einstweilige Anordnung 48
Eintrittskarten 234 f., 455
Einzelaufzeichnungspflicht 102, 141, 144, 171 ff., 177 ff., 183, 185, 192, 205, 449, 453 f., 458, 471 f., 474
Einzeldaten 145 ff., 166, 201 f., 210
Einzelhandel 138, 168, 176, 191, 254, 476
Einzelhandelsrechtsprechung 176, 178
Einzweckgutschein 181
Eisdiele 234, 261, 438
Elektronische Kasse 144 ff.
Elektronische Rechnung 121, 125, 128 f.
Elektronische Signatur 63, 81, 126
Elektronischer Kontoauszug 130
E-Mail 63, 122, 127 ff., 309, 326, 452
Empfangsvollmacht 61
Enterprise-Content-Management-System 108
Entnahmen 31, 93, 141 f., 171, 185 f., 189, 201, 210, 226 f., 267 f., 273 f., 457
Eraser 150
Erfahrungswert 34, 245, 253, 436, 466
Ergänzungsbilanz 133

Ergänzungsschätzung 29, 210, 263, 265
Erinnerungswert 93
Erlöskonto 476
Ermittlungspflicht 343, 413
Erörterungstermin 237, 309, 362
Ersetzendes Scannen 127
Erstqualifizierung 119
Excel 104, 107 ff., 116, 122, 128, 131, 187, 223 ff., 257, 262

F
Fahrgestellnummer 235
Fahrkarten 459
Fahrschule 234, 439 f.
Fahrtenschreiber 436
Fax 62, 129
Fehlbetrag 188 f., 263, 400
Fehlbon 183
Fehlermarge 262
Fensterbauer 440
Fernbuchführung 123
Fertigungslohneinsatz 253
Festbestand, Kassensystem auf F. 165
Festschreibung 106
Feststellungslast 33, 35 f., 39, 61, 63, 103, 173, 181, 187, 212, 290, 299, 350, 407, 413
Filiale 179 f., 192
Finanzbericht 204, 211
Fiskaltaxameter 471
Fixer 150
Fladenbrot 438, 440
Flaschenbruch 443
Fleischerei 440
Fliesenleger 440
Flohmarkt 451
Formelle Fehler 139, 143
Fragebogen 251, 441

Freiberufler 54, 140, 173, 206, 239
Freigetränk 255, 438
Freiwillige Aufzeichnungen 120
Fremdbeleg 94
Fremdenbücher 96
Fremdes Geld 288 f.
Fremdgeldkonto 467
Fremdvergleich 378
Fremdwährung 95, 124, 178
Frisör 150, 435, 440 f.
Fristverlängerung 56, 74, 394

G

Garderobenanteile 438
Gärtner 210
Gästeplaner 450
Gastronomie 442
Gastwirt 167, 181, 339, 434
Gaußsche Normalverteilung 231 f.
Gebäudereinigung 445
Gebrauchte Kasse 179
Gefährdungshaftung 335
Gegenbeweis 213
Gegenschätzung 243, 282
Gehör, rechtliches G. 59, 311, 322 f., 326, 388, 407
Geldauflage 391
Geldbörse 206
Geldgeschenke 266
Geldspielgerät 105, 433 f.
Geldtransit 179, 188, 198
Geldverkehrsrechnung 179, 185, 215, 221, 226 f., 230, 248, 265 ff., 278 ff., 290, 360, 400 f., 406
Gemischt-veranlasste Aufwendungen 49
Gerichtseigener Prüfer 313 ff.
Gerichtskosten 331, 334, 467
Gesamtsummenspeicher 180
Geschäftsbrief 95 f., 129, 133, 136

Geschäftsfreundebuch 101
Geschäftsvorfall 40, 93 ff., 98 ff., 104, 107, 109, 117, 120, 123 f., 127, 132, 134, 144, 147, 154, 156 f., 168, 174 f., 177, 182 f., 187, 192, 194, 196, 204 f., 207, 213, 215, 375, 378 f., 438, 463, 471 f.
Geschenke 287, 338, 340
GeschlosseneLadenkasse 179
GesetzlicherRichter 314, 324
Geständnis 236, 370, 408 f., 412, 414
Gestufte Selbstanzeige 419
Getränkediebstahl 443
Getränkekarte 442
Gewerbeabmeldung 24
Gewinnermittlungsart 134, 238 ff., 398
Gewinnerzielung 26
Gewinnerzielungsabsicht 451
Gewinnverteilung 459
Glatte Beträge 227
Gleitschlittenmodell 257
Glücksspiel 282
Goldschmied 448, 453
Griechisches Restaurant 448
Griffweise Schätzung 35, 276, 405, 465
Großhändler 210, 254, 431, 436, 450
Größte Wahrscheinlichkeit 22, 26, 396
Grundbuch 98, 100
Grundlagenbescheid 45, 312, 382 ff.
Grundsachverhalt 24 ff., 35, 466
Guest-Check-Drucker 196
Gutachten 134, 293, 314 ff., 354, 474
Gutschein 180 f.

H

Handakte 62, 160, 199, 221, 310, 395, 429, 442, 469 f.
Handelsbilanz 133

Stichwortverzeichnis

Handelsvertreter 26, 231, 448
Handheld 192 f.
Handwerker 122, 140, 253, 339, 448 f., 457
Hartgeld 185
Hauptumsatzträger 459
Hausbesuch 141
Hausbon 182
Hebelwirkung 222, 262, 403, 440
Hefekalkulation 440
Heilpraktiker 280, 449 f.
Hektarsätze, Schätzung nach H. 456
Hinterziehungszinsen 411, 413, 415, 420 f.
Hochrechnung 220, 252, 256, 280, 402, 426
Hochrisikodaten 138
Hoher Kassenbestand 185
Hotel 143, 175, 206, 234, 450

I

IDEA 97, 113, 123 f., 203, 256, 404
IKS 118, 182
Illegale Arbeitnehmerüberlassung 435
Illegale Aufwendungen 336
Illegale Beschäftigung 450
Imbiss 234, 400, 450
Immobilienmakler 451
Index 95, 125 f., 128, 130, 135
In-dubio-pro-reo 370, 396, 400, 403, 405, 413
Inkassounternehmen 451
INSIKA 155
Insolvenz 84, 88, 446, 451
Insolvenzverwalter 53
Internethandel 451
Inventar 97, 132, 136
Inventur 97
Ist-Versteuerung 240

J

Jahresabschluss 29, 32, 54, 56, 69, 73, 80, 91, 93 f., 106, 133, 136, 148, 167, 219, 268, 425 ff.
Journal 122, 147, 157
Jumper 149
Juwelier 453

K

Kalkulationsdifferenzen 181, 281, 428, 436, 447
Kalkulationsgrundlagen 438, 442
Kapitalvermögen 29, 43 f., 265, 339, 398, 418, 460
Kaskadenschätzung 243
Kassenanweisung 183
Kassenaufsteller 145, 169, 195
Kassenauftragszeile 183, 233, 431
Kassenauslesung 146, 252
Kassenbericht 183
Kassenbuch 98, 141, 167, 173, 181, 184, 187 ff., 192, 196 ff., 207, 209, 223, 229, 404, 406, 425, 455, 458
Kassenfehlbetrag 140, 165, 168, 185, 188 f., 193, 197, 204, 223, 263 f., 270, 296, 404 f., 446
KassenG 140, 146, 154, 156, 201
Kassenkonto 167, 173, 179, 189, 455
Kassen-Nachschau 158 ff., 205
Kassenrichtlinie 146 f., 157 f., 201 ff.
Kassentyp 144
Kassenzettel 202
Kegelbahn 454
Kellnerbericht 167
Kettenbericht 167
Kfz-Handel 454
Kfz-Reparaturwerkstatt 454
Kiosk 455
Klageantrag 68 f., 73, 306, 308 f.
Klagebegehren 67, 69 f., 307 ff., 316
Kleinbetragsrechnung 95

Stichwortverzeichnis

Kleindienstleister 176
Kleinstbetrieb 104
Kleinunternehmer 159, 455, 470
Knochenabfälle 234
Kolmogorov-Smirnov-Test 228
Konsum 227, 269, 273, 417, 462
Kontenabruf 28, 272
Kontieren 98
Kontoauszug 98, 130, 227, 266
Kontoleihe 213, 272
Konvertieren von Daten 116, 123, 135, 138
Konzern 375
Konzernabschluss 133
Konzernsteuerquote 375
Konzession 473
Kopplungsverbot 367
Kosmetikstudio 455
Kostenrisiko 67, 331
Kreditinstitut 131, 165
Kreditkarte 191, 198, 214
Kundendaten 174, 453
Kundenkartei 441

L

Lackierer 457
Land- und Forstwirtschaft 455
Landeskriminalamt 442
Lebenserfahrung 200, 282, 287, 290, 371, 458
Lebenshaltungsgleichung 267
Lebenshaltungskosten 226, 268 f., 462
Lebensmitteleinzelhandel 457
Lebensunterhalt 24, 50, 80, 226, 273 f., 283, 287, 290, 401, 466
Leerbon 202
Lesbarmachung 113, 117
Lesezugriff 114
Lieblingszahlen 229

Lohnsteuerhilfeverein 52
Lohnverprobung 457
Lokalrunde 444
Lottogewinn 282
Lückenanalyse 97, 202 f.
Luftschätzung 86

M

Makros 113, 120, 168, 201
Maler und Lackierer 457
Managerschlüssel 191
Mandantentreue 419
Manipulationssoftware 150, 153, 224, 233, 276, 405
Manuelle Einzelaufzeichnungen 141
Manuelle Kasse 141
Marktstand 458
Masterkasse 207
Materialeinsatz 253, 437, 441, 466 f.
Materiality-Grundsatz 90
Materialwirtschaft 105
Mathematische Gewissheit 396
Medienbruch 127
Mehrere Kassen 192
Mehrfachbelegung 115
Mehrsteuern 25, 237 ff., 312, 362, 373, 410, 414, 421, 428, 451
Mehrzweckgutschein 181
Meldescheine 450, 465
Metallverarbeitung 458
Methodenwahlfehler 243
Migration 138
Mindeststeuerschaden 272
Missglückte Selbstanzeige 420
Mitwirkungspflicht 35, 38, 40, 53, 72, 114 f., 161, 254, 269 ff., 289, 291, 305, 413
Mobile Kasse 192 f.
Monetary Unit Sampling 215

Stichwortverzeichnis

N
Nachbuchenvon Betriebseinnahmen 193
Nachrüstbarkeit 145, 157
Naturalrabatt 402
Nebenaufzeichnungen 214
Nebenkasse 185
Nebensystem 105, 107
Nemo-tenetur-Prinzip 393
Nettomargenmethode 378
Nichtabgabe der Steuererklärung 53 ff.
Nichtbeanstandungsgrenzen 33
Nichtiger Schätzungsbescheid 42
Nichtzulassungsbeschwerde 77 f., 309, 317 ff., 331
Niederlegen des Mandats 429
Niederschlagung 293
Niedrigsteuerland 350
Normalverteilung 231 f.
Nothaken 193
Nullbon 202
Nutzungsdauer 29 ff., 196 f., 301, 360, 369 f.

O
Observation 449
Offene Ladenkasse 102, 139, 141 ff., 162, 170, 173, 178 f., 183, 192, 195, 205, 431
Offener Tisch 194
Office-Programm 107, 112
Öffnungszeiten 159, 193, 474
Onlinebanking 130
Online-Zugriff 114
Optiker 458
Orderman 192
Ordnungsmäßigkeit der Buchführung 99, 115 f., 129, 138, 175, 196, 205 f., 212, 226, 232, 278, 314 f., 368, 431, 455

Organisationsunterlagen 161, 194
OTC-Produkt 432

P
Paketlösung 368
Papierbuchführung 117
Partyservice 249, 458
Patientenkartei 433, 449
Pauschale Einwendungen 282
Pauschalierung 33, 468
Pauschbetrag 32 ff., 268
PayPal 452
PC-Kasse 147, 166, 195
PDF-Datei 121 f.
Pensionspferdehaltung 459
PermanenteInventur 259
Personaleinsatz 146
Personengesellschaft 459
Personenkonten 214
Personenschifffahrt 459
Persönliche Unfähigkeit zur Kassenführung 196
Pferdepension 234
Pflichtverletzung 35
Phantombediener 149
Phantomkasse 148
Phantomware 150, 432
Physiotherapeut 141
Pizzabox 444
Pizzataxi 459
Pizzeria 185, 400, 406, 459
Planungsrechnung 119
Plausibilitätsprüfung 262
Portionsgröße 225, 444
Positivtestat 106
Postausgangsbuch 63, 425
Postenstorno 199
Postzustellungsurkunde 62, 70
Powerseller 451
Präsente Beweismittel 333

Stichwortverzeichnis

Praxisabrechnungssystem 209
Preisbindung 436
Preisminderung 174, 196
Preisnachlass 402
Privatperson 267, 336, 453, 460 f.
Privatvermögen 171, 215, 265, 289 f., 400, 452
Probekellner 149
Proforma-Rechnung 196
Programmabruf 194
Programmierprotokoll 194 f.
Programmroutine 168
Progressive Prüfung 98, 155, 197, 209
Proprietäres Kassensystem 197
Prostitution 234, 463, 466
Protokollberichtigung 324 f., 362
Protokollierungsdatei 169
Provision 231, 349
Prozessbetrug 285
Prozesskostenhilfe 75 ff., 327 ff.
Prozesszinsen 84, 362
Prüferbilanz 241
Prüfersoftware 168
Prüfungsanordnung 415
Prüfungsauftrag 313

Q
Quantilschätzung 258
Quittung 148, 215, 284, 288, 290, 306, 461

R
Rabatt 95, 234, 254, 402, 431 f.
Radierverbot 101, 187
Raumausstatter 466
Rechenzentrum 109, 123
Rechnungsnummer 95, 97, 115, 431
Rechnungssplitting 247
Rechtsanwalt 54, 318, 331, 356, 365, 467

Rechtsanwendungsfehler 321
Rechtsanwendungsgleichheit 21
Rechtsbehelfsfrist 47
Rechtsschutzversicherung 328
Regelbesteuerung 458
Regelsteuersatz 164, 457 ff.
Registrierkasse 106 f., 120, 133, 140, 143 ff., 156 ff., 166, 169, 173, 178, 183, 186, 191, 195 f., 199, 201, 203, 205, 208 f., 233, 358, 406, 432, 434, 438
Registrierkassenerlass 140, 146 f., 434
Reifenhandel 467
Reisegewerbe 345, 470, 474
Reitpferde 459
Reservierungskalender 450
Retrograde Prüfung 98
Reverse-Charge-Verfahren 469
Revision 69, 74, 77 f., 267, 309, 317 ff., 324, 326 f., 330, 407
Rezept 444
Richterablehnung 316
Richtigkeitsvermutung 35, 89 ff., 277, 437
Richtsätze 217 ff., 244 ff., 249, 264, 278, 280, 366, 399 f., 405, 426, 433, 438
Richtsatzsammlung 246
Rohgewinnaufschlagsatz 217, 219, 222, 224, 244, 249 f., 256 f., 260, 270, 293, 396, 403, 428, 432, 437, 445, 450, 454, 474
Rollierende Zeitreihe 257
Rückstandsanzeige 84
Rückstellung 23, 30, 119, 239, 411
Rückvergütung 213, 252, 477

S
Sachkonto 98 f.
Sachverständigengutachten 67, 78, 96, 293 f., 315 f., 443

Stichwortverzeichnis

Sachverständiger 105
Sachverständiger Dritter 99, 109
Saisonale Schwankungen 260
Sammeln von Belegen 197
Sammelrechnung 260, 431
Säumniszuschlag 65, 82, 424
Scannen 101, 125 ff., 130, 136
Scannerkasse 199
Schadenersatz 52, 170, 358, 420, 424, 427 f., 430, 447
Schankverlust 402, 443
Schattenkasse 148
Schätzung nach Anteilen 402
Schätzungsandrohung 59 f.
Schätzungsarten 29
Schätzungsbefehl 21, 305
Schätzungserwägungen 32, 43, 45 f., 322
Schätzungsmethode 35, 50, 77, 242 ff., 305, 317, 323, 398, 401 ff., 406, 443, 456 f.
Schätzungsrahmen 21, 35, 40 ff., 46, 73, 78, 87, 254, 277, 280, 282, 397, 473
Schätzungsverbot 48, 220
Schätzungsverbote 48 ff.
Scheck 197
Scheingenauigkeit 261
Scheinrechnung 221, 338, 428
Schichtzettel 472
Schlosserei 467
Schlussbesprechung 138, 225, 294 f., 314, 365, 371 ff.
Schlüsseldienst 98
Schmiergeld 339 f., 360, 447
Schnittstellenverprobung 105, 233 f.
Schönheitschirurgie 468
Schornsteinfeger 468
Schriftsteller 104, 468
Schrotthandel 468

Schubladenkasse 142
Schutzbehauptung 281, 283, 358, 473
Schwarze Buchführung 214
Schwarzeinkauf 247, 249, 450
Schwarzlöhne 272, 474
Schwund 248, 255 ff., 402, 436, 438, 441, 443, 455
Selbstanzeige 116, 162, 218, 236, 338, 389, 392, 415 ff.
Selbstbindung der Verwaltung 33
Sensitivitätsanalyse 262
Sequenznummer 198
Sicherheitsleistung, AdV gegen S. 303
Sicherheitsmodul 154 f., 158
Sicherheitszuschlag 30, 34 f., 98, 123, 140, 180, 213, 243, 262, 264 f., 276 ff., 405 f., 418, 428, 450
Signifikanztest 231
Sitzplatzkalkulation 442
Sneaker 150
Softwarehersteller 116, 153
Sonderbilanz 133
Sonderkasse 198
Sonnenstudio 234, 469
Sozialhilfeempfänger 477
Sozialversicherungsbeiträge 253, 342, 370, 474
Spar-Menü 196
Spedition 234, 469
Speisekarte 220, 247 ff., 252, 313, 402, 442
Sperrwirkung 415, 418
Sphärenverantwortlichkeit 36 f.
Spielautomat 433
Spielbankgewinn 282 f., 400
Splitbuchung 125
Sprungklage 304
Stammhaus 377

Stichwortverzeichnis

Stand-alone-Kasse 198
Standarddeckungsbeiträge 457
Standardmethode 402
Standard-Output 457
Standardzeitreihenvergleich 256
Start-Up 159
Statistikdruck 256, 403, 441
Statistikstreifen 433
StatistischeMethoden 406 f.
Statistisches Bundesamt 270
StatistischeVerfahren 227 ff.
Steuerberater 469
Steuerheft 470
Steuerliche Auswirkung 27, 38
Stichprobe 123, 208, 215 f., 280, 425
Stichprobeninventur 97
Stichprobenprinzip 215
Stimmigmachen 264, 405, 425
Stochastik 228
Stornierungen 101, 111 f., 146, 166, 191, 199 f., 204, 211, 225
Stornoquote 200
Strafbefehl 416
Strafmaß 420
Strafrechtliche Vorfrage 297, 411 ff.
Strafrechtlicher Abschlag 408
StrafrechtlicherDeal 409
Strafschärfung 399, 409
Strafschätzung 22, 42, 308, 387
Strafurteil 409, 412
Strafzumessung 392
Strafzuschlag 375
Straßenhändler 470
Strategiepapier 118
Streitwert 48, 312, 334
Strichliste 175
Strohmann 25, 346
Strukturanalyse 227, 232
Stuckateur 470

Stundenzettel 435
Styler 150
Subvention, Schätzung als S. 456
Summarische Risikoprüfung 221, 223 f., 257
Systemgastronomie 157

T

Tablet als Kasse 163
Tagesendsummenbon 145, 147 ff., 151, 166, 191, 195, 200 ff., 211, 233, 441
Tageslosung 178, 186, 233
Tägliche Erfassungder Bareinnahmen 201
Tankquittung 164
Taste ins Nichts 204
Tatbestandsberichtigung 317
Tätowierer 176
Tatsächliche Verständigung 204, 300 f., 334, 342, 359 ff.
Taxameter 105, 144, 471 ff.
Taxiunternehmen 235, 280, 436, 471 f., 474
Technische Sicherheitseinrichtung 154 f., 157
Teilbericht 237
Teilschätzung 29
Teilwert 23, 30, 240
Temporäre Dateien 135
Tennishalle 474
Teppichhändler 235
Terminkalender 441
Testat 106
Testkauf 153, 161 f., 204 f., 439, 442
Textdatei 121, 129
Textileinzelhandel 474
Tierarzt 474
Tipp-Ex 187
Tochtergesellschaft 380
Trainingskellner 149

Stichwortverzeichnis

Trainingsspeicher 148
Transaktionsbasierende Kasse 198
Transaktionsnummer 154
Treppenschätzung 243
Tresenumsatz 205
Tresor 290
Treu und Glauben 298 ff., 356, 359, 362
Treuhandverhältnis 288 f., 467
Trinkhalle 176, 455
Trockenbau 475
Tuning 254
Typisierung 32 ff.

U

Übergangsregelung 145, 148, 158
Übernahme der Schätzung in das Strafverfahren 407
Überprüfung der Kasse 201, 427
Überraschungsentscheidung 323
Ultima ratio 26, 36
Umlagerungsbuchung 220
Umsatzstarke Tage 232
Umsatzsteuervoranmeldung 50, 54 f., 60, 100, 191, 394, 414
Unbedenklichkeitsbescheinigung 344 f., 353
Unbillige Härte 83, 304
Ungebundene Entnahmen 226 f., 270, 273 f.
Unschärfen 90, 216, 418
Untätigkeitsklage 305
Unterschlagung 170, 183, 206, 208
Unterschriftszettel 80
Untersuchungsgrundsatz 32, 38, 159
Untersuchungshaft 393
Untreue 206, 414
Unveränderbarkeit 106 f., 112, 124, 126, 130, 138, 147, 168, 184
Update 208

V

Verauslagen von Kosten 207 f.
Verbildlichung 258
Verbindliche Auskunft 300 f.
Verbindliche Zusage 300 f.
Verbleib des Geldes 292, 447
Verböserung 23, 302, 319
Verbraucherpreisindex 271
Verbrauchsbesteuerung 226, 267
Verbundsystem 207
Verdeckte Gewinnausschüttung 31, 163, 339, 360, 445 ff., 451, 474
Verderb 455
Vereinfachter Zeitreihenvergleich 256
Verfahrensdokumentation 109 ff., 126, 130, 134, 148, 169, 182, 202, 207 f.
Verfahrensfehler 77, 294 f., 322 ff.
Verfahrensrüge 325
Vergleichsbetrieb 218, 228, 245, 399
Vergnügungsteuer 434, 438
Verifikationsprinzip 22
Verjährung 68, 285, 296, 389, 398, 425
Verkaufsbeleg 95
Verlagerung der Buchführung 136
Vermeiden der Barkasse 208
Vermittler 352
Vermögensabschöpfung 410 f.
Vermögenszuwachs, ungeklärter V. 275
Vermögenszuwachsrechnung 215, 218, 227, 230, 248, 265 f., 271, 274 ff., 279 ff., 290, 401 f., 406
Vernichtungsbescheinigung 433
Verpackungsmaterial 444
Verprobung 87, 89 f., 120, 134, 150, 212, 216 ff., 248, 253, 274, 404, 406, 432, 434, 438, 440 f., 444 f., 449, 451, 453 ff., 458 f., 467, 469, 471, 475, 477

Verrechnungspreis 119, 375 f., 378, 380
Verrechnungsstundung 369
Verschwiegenheitspflicht 419, 467
Versicherung an Eides Statt 28, 291 f., 334, 463
Verspätungszuschlag 56 f.
Vertrauenskasse 209
Veruntreuung 446
Verurteilung 213, 370, 396, 412 ff., 418
Verwendungsüberhang 271
Verwertungsverbot 113, 163, 294, 393 f.
Verwirkung 47, 298
Visualisierung 225, 231
Vollbuchführung 428
Vollrevision 326
Vollschätzung 23, 29, 139, 241, 263, 265
Vollstreckungsaufschub 84 f.
Vollstreckungsmaßnahmen 81
Vordruck 56, 156, 329, 331, 470
Voreilige Schätzung 59
Vorfeldermittlung 389
Vorgelagerte Schätzung 89
Vorgelagertes System 209
Vorjahresvergleich 60
Vorprüfung 209, 298, 442
Vorstandsprotokoll 134
Vorsteuer 362
Vorsystem 105, 107, 110, 120, 179, 209 f., 233
Vorteilszuwendung 341, 345

W
Waage 105, 210
Wachdienst 475
Warenausgang 210, 254, 450
Warenautomat 179, 209, 476

Warenbestand 220 f., 255, 260, 403, 441
Warenbestandsverprobung 221
Wareneingang 103, 214, 250
Wareneinsatz 98, 181, 218 ff., 244, 248 ff., 252, 254 f., 257, 259 ff., 360, 402 f., 417, 432, 435, 437, 442, 445, 450, 454, 468, 470
Warengruppe 146, 166, 174, 195, 250, 255, 262
Warengruppenbericht 166
Warenwirtschaftssystem 105, 112, 151, 210, 233, 255, 431 f., 467
Wartebuchhaltung 100
Wasserverbrauch 477
Wechselgeld 186, 192 f., 211
Wechselgeldfehler 186
Wechselnder Sachvortrag 251
Wegfall der Geschäftsgrundlage 368, 371
Weihnachtsmarkt 476
Werkstatt 235, 472 f.
Wetterdaten 235, 436, 444
Wiederverkäufer 476
Wiegeschein 132
Willkürliche Schätzung 32
Wirteanteil 434
Wirtschaftlich mögliche Schätzung 41, 77, 278, 282
Wirtschaftsprüfer 318, 477
Wohnheim 477

X
X-Abfrage 211

Z
Z1-Zugriff 114
Z2-Zugriff 114
Z3-Zugriff 115
Z-Abfrage 167, 211
Zählbrett 186

Zählprotokoll 142, 184, 186
Zahlungsweg 352
Zahnarzt 235
Zahntechniker 477
Zapper 150 ff., 432
Z-Bon 145, 181, 186, 194, 202 f., 211
Zeichnungsrecht 363
Zeichnungsvorbehalt 363
Zeiterfassung 105
Zeitgerechte Buchung 99
Zeitliche Steuerhinterziehung 390 f.
Zeitnahe Aufzeichnungen 211
Zeitreihenvergleich 123, 217 f., 222 ff., 229, 231, 234 f., 243, 246, 255 ff., 403 f., 444 f.
Zeitschriften 455
Zeitschriftenhändler 176
Zeitschriftenwerber 477
Zeitstempel 126
Zeitzonenbericht 166

Zertifikat 115, 155, 161
Zertifizierung 115, 155, 204
Zeuge 27, 40, 49, 285
Zeugnisverweigerungsrecht 285
Ziffernanalyse 228
Zinsbescheid 303, 312
Zoo 235
Z-Test 231
Zufallsfund 163
Zuruf, Besteuerung auf Z. 103
Zwangsgeld 57 ff., 355
Zwangsmittel 394
Zwangsmittelverbot 58
Zweitkasse 148
Zweitprüfung 297, 369
Zwischenbericht 237
Zwischenbilanz 70
Zwischeninventur 259
Zwischenrechnung 194

STEUERRECHT UND STEUERBERATUNG

Im Konfliktfall gut beraten

Das steuerliche Erhebungs- und Vollstreckungsverfahren bietet reichlich Stoff für Konflikte. Wie Sie trotz hoher Komplexität die Rechte Ihres Mandanten wirkungsvoll vertreten, erfahren Sie in diesem Buch. Dr. Carsten Farr bietet Ihnen hervorragende Einblicke in die aktuelle gerichtliche und behördliche Praxis – sowie eine detaillierte Auswertung der Rechtsprechung und Verwaltungsmeinung.

Im Fokus:

- Aufrechnung, Verrechnung, Umbuchung
- Stundung und Vollstreckungsaufschub
- Erlass von Steuern und Säumniszuschlägen
- Vollstreckung

Jetzt in Neuauflage!

Vollstreckungsschutz, Stundung und Erlass –
sowie weitere Wege zur
Wahrung steuerlicher Rechte

Von Dr. iur. Carsten Farr

3., neu bearbeitete Auflage 2020,
192 Seiten, € (D) 39,80
ISBN 978-3-503-18899-4
Steuerrecht und Steuerberatung,
Band 46

Online informieren und bestellen:
www.ESV.info/18899

Erich Schmidt Verlag GmbH & Co. KG
Genthiner Str. 30 G · 10785 Berlin
Tel. (030) 25 00 85-265
Fax (030) 25 00 85-275
ESV@ESVmedien.de · www.ESV.info

ERICH SCHMIDT VERLAG

Auf Wissen vertrauen

STEUERRECHT UND STEUERBERATUNG

Wesentliche Betriebsgrundlage

Die Betriebsaufspaltung ist eine flexible Gesellschaftsform für Unternehmen. Haftungs- und Steuervorteile machen sie besonders für den Mittelstand attraktiv. Dr. Thomas Kaligin präsentiert Ihnen einen umfassenden Überblick:

▸ Rechtliche Ausgestaltung der Betriebsaufspaltung

▸ Steuerliche Aspekte: Voraussetzungen, laufende Besteuerung, Beendigung der Betriebsaufspaltung

▸ Betriebswirtschaftliche Vorteile und ein Vergleich mit konkurrierenden Rechtsformen

**Die Betriebs-
aufspaltung**
Ein Leitfaden für die Rechts-, Steuer- und Wirtschaftspraxis

Von RA **Dr. jur. Thomas Kaligin**, Fachanwalt für Steuerrecht

11., neu bearbeitete Auflage 2019, 384 Seiten, € (D) 64,–
ISBN 978-3-503-18762-1

Steuerrecht und Steuerberatung, Band 47

Die 11. Auflage des bewährten Standardwerks berücksichtigt u. a. die sich weiter spezifizierende Rechtsprechung zur personellen und sachlichen Verflechtung und neue Verwaltungsanweisungen aufgrund von Auswirkungen durch das Erbschaftsteuergesetz.

Online informieren und bestellen:
www.ESV.info/18762

Auf Wissen vertrauen

Erich Schmidt Verlag GmbH & Co. KG
Genthiner Str. 30 G · 10785 Berlin
Tel. (030) 25 00 85-265
Fax (030) 25 00 85-275
ESV@ESVmedien.de · www.ESV.info

STEUERRECHT UND STEUERBERATUNG

Vermietungsverluste absichern

Die Hürde der Liebhaberei für Vermietungsverluste
Geldanlage Immobilie: Ferien-, Luxus-, Wohn- und Gewerbeimmobilien
Verbilligung – Befristung – Totalüberschussprognose
Von **Michael Stein**
2., neu bearbeitete Auflage 2019, 423 Seiten, € (D) 59,–
ISBN 978-3-503-18287-9
Steuerrecht und Steuerberatung, Band 56

Wenn es um die private Vermietung von Immobilien geht, wird regelmäßig um die steuerliche Behandlung von Verlusten gestritten: vor allem darüber, ob die Vermietung steuerrechtlich zu berücksichtigen oder als nicht anerkannte Liebhaberei zu beurteilen ist.

Das Wichtigste im Überblick

Einen leicht verständlichen Ratgeber zum schnellen Nachschlagen bietet Ihnen die kompakte Ausgabe des bewährten Buchs von Michael Stein.

▸ Anschaulich und praxisnah erläutert werden Einkunftserzielungsabsicht, Totalüberschussprognose, Vermietung auf Dauer bzw. für kurze Zeit, Ferienwohnungen u. a., unter

▸ Auswertung ausgewählter Rechtsprechung und aktueller Verwaltungsanweisungen.

Online informieren und bestellen:
www.ESV.info/18287

Erich Schmidt Verlag GmbH & Co. KG
Genthiner Str. 30 G · 10785 Berlin
Tel. (030) 25 00 85-265
Fax (030) 25 00 85-275
ESV@ESVmedien.de · www.ESV.info